編輯代表 郭 潤 直

民 法 注 解

第Ⅴ卷

物 權 (2)

第211條～第278條

博 英 社

머 리 말

「民法注解」는 民法 전체를 그의 條文順序에 따라 敍述하는 이른바 「코멘타르」(Kommentar)이다. 「코멘타르」에는 그 內容과 目的에 따라 여러 種類의 것이 있다. 이 注解書는 각 條文마다 관련되는 중요한 判決들을 引用해가면서 確定된 判例理論을 밝혀주고, 한편으로는 理論 내지 學說을 모두 그 出典을 正確하게 표시하고, 또한 論據를 客觀的으로 敍述하여 民法 각 條項의 具體的 內容을 밝히려는 것이므로, 獨逸學者들이 말하는 이른바 wissenschaftlicher Großkommentar라고 말할 수 있다. 그 目的하는 바는, 위와 같은 敍述을 통해서 우리의 民法學의 現在水準을 浮刻시키고, 아울러 우리 民法 아래에서 생기는 法的 紛爭에 대한 올바른 解答을 찾을 수 있게 하려는 데 있다.

위와 같은 內容과 目的을 가진 「民法注解」가 우리의 法學發展을 위하여 필요하다는 確信에서 그 刊行을 企劃하게 되었는데, 그 理由는 다음과 같다. 우리의 民法學이 獨自의 길을 걷기 시작한 지 近 50年이 되어간다. 또한 現行 民法이 制定·公布된 때로부터 따진다면 30餘年이 된다. 이 期間 동안에 民法을 硏究하는 데 가장 基本的인 道具의 역할을 하는 法律文獻으로서 民法의 각 分野에 관한 體系的 解說書 내지 一般硏究者를 위한 이른바 敎科書(Lehrbuch)가 相當數 나와 있고, 또한 個別的 問題에 관한 論文도 적지 않게 發表되어 있다. 그러나 一般硏究者를 위한 敎科書라는 것은 著者의 主觀이 크게 作用하여, 著者에 따라 敍述에 起伏이 심하고 不充分한 점이 많다. 한편, 論文에서 표시되는 見解가 반드시 確實한 것은 아니다. 確實한 見解가 담겨진 論文이란 매우 적다고 하여도 過言이 아닐 것이다. 一般硏究用 敎科書나 論文이 상당히 있다 하여도 여전히 있게 마련인 空白이나 不充分한 점을 硏究者 個個人이 그때 그때 自力으로 채워나간다는 것은 보통 어려운 일이 아니며, 또한 많은 時間과 精力을 쏟아야 하는 힘든 일이다. 만일에 學說·判例를 網羅的·客觀的으로 敍述하고 있어서 모든 硏究者가 마음놓고 信賴할 수 있는 것이 하나 있다면, 各自 그것을 바탕으로 해서 獨自의 理論이나 見解를 펴나가는 데 集中할 수 있을 것이다. 그런데 그러한 學界 共有의 資産이라고 할 수 있는 것을 우리는 아직 가지고 있지 않다. 바로 그러한 구실을 할 수 있는 것 하나를 마련해 보겠다는 생각에서 이「民法注解」의 刊行을 꾀하게 된 것이다.

民法은 매우 큰 法律이어서, 그 전체에 관한 大「코멘타르」를 어느 特定人이 單獨으로 지어낸다는 것은 발달된 現代 民法體系 아래에서는 期待하기 어렵다. 多數의 研究者가 共同으로 協力해서 마련하는 것이 가장 적절한 방법이다.「民法注解」도 그런 방법으로 만들기로 하였다. 그 筆陣을 정하는 것은 매우 어려운 일이었으나, 여러 사정을 고려하여 앞으로 우리의 民法學을 이끌어 갈 비교적 젊은 研究者들을 많이 포함시켜서 筆陣을 구성하였다.

「民法注解」의 刊行은 우리의 法學史上 劃期的인 事業이라고 自負하고 있다. 그러나 처음으로 試圖하는 일인데다가, 또한 多數의 執筆者를 動員하여야 했기 때문에 均衡 있는 敍述을 期待할 수 없었다. 時間이 흐르면 法令은 變動되고 새로운 理論과 判例가 出現하게 됨은 필연이다. 그러한 變化는「民法注解」의 改訂을 불가피하게 할 것이다. 여러 가지 不充分한 점이나 흠은 改訂版을 낼 때에 是正・補充할 豫定으로 있다. 그러한 改訂을 거듭하면서「民法注解」는 더 滿足스러운 것으로, 또한 우리 나라에서 매우 값진 法律文獻의 하나로 發展할 것이다.

全部 15卷 정도로 豫定하고 있는 이 尨大한 出版을 快히 맡아 준 博英社에 대하여 깊은 謝意를 表示한다.

1992年 2月 20日

編輯代表

郭 潤 直

物權編 執筆者

權五坤(대법원 재판연구관)

金相容(한양대학교 법과대학 교수)

金滉植(법원행정처 법정국장)

南孝淳(서울대학교 법과대학 전임강사)

閔日榮(법원행정처 송무심의관)

朴炳大(대구고등법원 판사)

朴在允(광주고등법원 부장판사)

朴海成(서울고등법원 판사)

徐廷友(서울고등법원 부장판사)

梁承泰(법원행정처 송무국장)

梁彰洙(서울대학교 법과대학 부교수)

柳元奎(대법원 재판연구관)

尹眞秀(대법원 재판연구관)

李東明(법원행정처 법정심의관)

李仁宰(법원행정처 인사관리심의관)

李在洪(서울고등법원 판사)

田桂元(법원도서관장)

鄭東潤(고려대학교 법과대학 교수)

曺大鉉(대구지방법원 김천지원장)

崔秉祚(서울대학교 법과대학 부교수)

胡文赫(서울대학교 법과대학 부교수)

(가나다順. 現職은 1992년 10월 31일 기준)

物權編 執筆內容

前　論 …… 金滉植
第185條, 第186條 …… 金滉植
第187條 …… 李在洪
第188條～第191條 …… 李仁宰
明認方法 …… 李在洪
第192條～第195條 …… 崔秉祚
第196條 …… 李仁宰
第197條～第200條 …… 崔秉祚
第201條～第203條 …… 梁彰洙
第204條～第210條 …… 崔秉祚
第211條, 第212條 …… 金相容
第213條, 第214條 …… 梁彰洙
第215條 …… 金滉植
第216條 …… 金相容
第217條 …… 柳元奎
第218條～第244條 …… 金相容
第245條～第248條 …… 尹眞秀
第249條～第251條 …… 李仁宰
第252條～第261條 …… 權五坤
名義信託 …… 權五坤
第262條～第278條 …… 閔日榮
共同所有 後論 …… 李東明
用益物權 前論 …… 朴在允
第279條～第301條 …… 朴在允
第302條 …… 閔日榮
第303條～第319條 …… 朴炳大

第320條～第328條 ……………………………………………… 胡 文 赫
第329條～第344條 ……………………………………………… 梁 承 泰
第345條～第355條 ……………………………………………… 鄭 東 潤
第356條 ……………………………………………………… 南 孝 淳
第357條 ……………………………………………………… 朴 海 成
第358條～第367條 ……………………………………………… 南 孝 淳
第368條 ……………………………………………………… 曺 大 鉉
第369條, 第370條 ……………………………………………… 南 孝 淳
第371條 ……………………………………………………… 曺 大 鉉
第372條 ……………………………………………………… 田 桂 元
擔保物權 後論 ………………………………………………… 徐 廷 友

凡　　例

1. 條　　文

民 §49 Ⅱ iii ← 民法 第49條 第2項 第3號

民 §312-2 ← 民法 第312條의 2

民 附則 §10 ← 民法 附則 第10條

2. 判　　例

(1) 一　　般

大判 80.7.8, 79다1928(集 28-2, 101) ← 大法院 1980年 7月 8日 宣告 79다1928判決(대법원판결집 제28권 2집 민사편 101면)

大決 76.11.24, 76마275(公 551, 9634) ← 大法院 1976年 11月 24日 告知 76다275決定(법원공보 551호 9634면)

大判 80.9.24, 80다1220(要集 民 I-1, 161) ← 大法院 1980年 9月 24日 宣告 80다1220判決(大法院判決要旨集 民事・商事編 I-1卷 161면)

서울高判 72.12.30, 72나1357등(高集 72-2, 521) ← 서울高等法院 1972年 12月 30日 宣告 72나1357, 1358判決(고등법원판결집 1972년 민사편 제2권 521면)

(2) 기타의 裁判法院 및 裁判種類의 表示

大判(全) ← 大法院全員合議體判決

大邱高判 ← 大邱高等法院判決

서울民地判 ← 서울民事地方法院判決

密陽支院判 ← 馬山地方法院密陽支院判決

(3) 判例의 出典

集 ←「大法院判決集」(또는「大法院判例集」)

全集 ←「大法院全員合議體判決集」

公 ←「法院公報」

高集 ←「高等法院判決集」

下集 ←「下級審判決集」

月報 ←「判例月報」

新聞 ←「法律新聞」

總覽 ←「判例總覽」

要集 ←「大法院判決要旨集」

3. 法令略語

(1) 法　律

法律	略語
假登記擔保等에 關한 法律	假擔
家事審判法	家審
家事審判處理規則	家審規
建築法	建築
競賣法(폐)	競
古物營業法	古物
公益法人의 設立, 運營에 關한 法律	公益法人
工場抵當法	工抵
供託法	供
供託事務處理規則	供規
鑛業法	鑛業
鑛業財團抵當法	鑛抵
國家賠償法	國賠
國稅基本法	稅基
國稅徵收法	稅徵
國籍法	國籍
國土利用管理法	國土管
歸屬財產處理法	歸屬
勤勞基準法	勤基
勞動組合法	勞組
農地改革法	農改
農地賃貸借管理法	農賃
農村近代化促進法	農近
道路法	道
都市計劃法	都計
獨占規制 및 公正去來에 關한 法律	獨占
民法	民
民事訴訟法	民訴
法人稅法	法人
法院組織法	法組
辯護士法	辯
不動產登記法	不登
不動產登記特別措置法	不登特措
不在宣告等에 關한 特別措置法	不在特措
不正競爭防止法	不正競
佛敎財產管理法(폐)	佛財
非訟事件節次法	非訟
私立學校法	私學
山林法	山林
商法	商
相互信用金庫法	信金

船舶法	船舶
涉外私法	涉私
所得稅法	所稅
訴訟促進等에 關한 特例法	訴促
水難救護法	水救
水產業法	水業
手票法	手票
身元保證法	身保
信託法	信託
約款의 規制에 關한 法律	約款
漁業法	漁
어음法	어음
溫泉法	溫泉
外國人土地法	外土
外國換管理法	外換
遺失物法	遺失
利子制限法	利制
人事訴訟法	人訴
立木에 關한 法律	立木
自動車管理法	自管
自動車抵當法	自抵
自動車損害賠償保障法	自賠
傳統寺刹保存法	寺保
著作權法	著作
住宅賃貸借保護法	住賃
重機管理法	重管
重機抵當法	重抵
證券去來法	證去
地方稅法	地稅
集合建物의 所有 및 管理에 關한 法律	集建
土地區劃整理事業法	區整
土地收用法	土收
特許法	特許
破產法	破
河川法	河川
航空法	航空
行政訴訟法	行訴
行政審判法	行審
憲法	憲
憲法裁判所法	憲裁
刑法	刑
刑事訴訟法	刑訴
戶籍法	戶籍
會社整理法	會整

(2) 法律의 施行令 또는 施行規則은 法律略語에 「令」 또는 「規」를 붙인다.

(3) 外國法律

獨民 ← 獨逸民法

佛民 ← 프랑스民法

瑞民 ← 스위스民法

瑞債 ← 스위스債務法

日民 ← 日本民法

墺民 ← 오스트리아民法

伊民 ← 伊太利民法

希民 ← 그리스民法

4. 文獻略語

(1) 教科書：著者名만으로 인용한다.

郭潤直, 物權法(1990)

金基善, 韓國物權法(1985)

金相容, 物權法(1991)

金容漢, 物權法論(1985)

金曾漢, 物權法講義(1984)

金顯泰(上), 新物權法(上)(1963)

金顯泰(下), 新物權法(下)(1964)

方順元, 物權法(全)(1960)

李根植, 民法講義(上)(1977)

李英俊, 物權法(1991)

張庚鶴, 物權法(1987)

崔　栻, 新物權擔保物權法(1960)

玄勝鍾, 民法(總則・物權)(1975)

黃迪仁, 現代民法論(1987)

(2) 定期刊行物

法學 ←「서울大學校 法學」

民判硏 ←「民事判例硏究」

諸問題 ←「民事裁判의 諸問題」

新聞 ←「法律新聞」

司論 ←「司法論集」

司行 ←「司法行政」

月報 ←「判例月報」

(3) 기　타

註釋民總 ← 金曾漢・朱宰璜 編輯代表, 註釋 民法總則

5. 外國文獻(기타는 그 각 本國에서 통용되는 方式에 의함)

(1) 獨　逸

Staudinger ← Staudingers Kommentar zum BGB, 12. Aufl.

MünchKomm ← Münchener Kommentar zum BGB, 2. Aufl.

Erman ← Handkommentar zum Bürgerlichen Gesetzbuch, 8. Aufl.

Baur ← F. Baur, Lehrbuch des Sachenrechts, 15. Aufl.(1989)

Westermann ← Harry Westermann, Sachenrecht, 5. Aufl.(1966)

(2) 日　本

日注民 ← 有斐閣 刊行, 注釋民法

차 례

第3章 所有權

第1節 所有權의 限界

第2節 所有權의 取得

第3節 共同所有

第3章 所 有 權

前 論

차 례

Ⅰ. 所有權의 意義 및 重要性

1. 所有權의 意義

所有權은 物件을 使用·收益·處分할 수 있는 權利이다(民 §211). 그러므로 所有權(Eigentum; ownership)은 物件을 지배할 수 있는 本權으로서 物件을 現實的으로 지배함으로써 성립되는 占有權과 구별되며, 所有權은 물건이 갖는 使用價値와 交換價値를 모두 지배할 수 있는 完全物權으로서 물건이 갖는 使用價値 또는 交換價値만을 지배할 수 있는 制限物權과도 구별된다.

이와 같이 所有權은 物件이 갖는 가치를 전면적으로 지배할 수 있는 物權이며 또한 觀念性을 갖는 權利이다. 그리고 소유권은 物件의 使用·收益·處分權能이 각각 독립한 권리로서 所有權이란 이름하에 하나로 結合되어 있는 權利(a bundle of rights)가 아니다. 所有權은 渾一的인 권리로서 所有權에서부터 物件의 使用·收益·處分權能이 유출되어 나온다. 다시 말하면 오늘날 所有權은 각각 독립한 使用權·收益權·處分權을 구성요소로 하는 여러 개의 權利가 결합되어 있는 權利가 아니라, 所有權에서부터 이러한 權能이 유출되어 나오는 渾一的인 권리이다.

이러한 完全物權인 소유권은 역사적으로 그 시대의 社會·經濟·政治秩序에 따라서 그 개념이 변천되어 왔으며, 오늘날 所有權은 本質的으로는 物件이 갖는 價値를 全面的으로 지배할 수 있는 자유로운 權利이지만, 法律에 의한 制限을 받을 수 있고, 現實的으로도 많은 制限을 받고 있다. 그래서 소유권은 無制約的인 權利는 아니며 法律에 의한 제한을 받는 권리이다. 그리하여 우리 民法도 §211에서 所有權을 「法律의 範圍內에서」 물건을 使用·收益·處分할 수 있는 權利로 규정하고 있다.

그리고 所有權은 物件을 전면적으로 支配할 수 있는 權利이다. 그러므로 소유권의 客體는 物件이다. 그런데 物件이 아닌 非有體的 利益을 전면적으로 지배하여 이를 享有할 수 있는 權利를 知的所有權(geistiges Eigentum; intellectual property)이라 하여 所有權에 관한 法理에 의해서 이를 보호하고 있다. 이 知的所有權은 物件을 지배할 수 있는 권리가 아니라 非有體的 利益을 全面的·排他的으로 지배할 수 있는 權利이므로 無體財產權(lmmaterialgüterrecht)이라 하며 所有權과 확실히 구별하기도 한다.

2. 所有權의 重要性

所有權은 財產權 중에서 가장 중심된 權利이다.[1] 그래서 근대 民法의 基本原理 중의 하나인 財產權絶對의 原則을 所有權絶對의 原則이라고도 하는 것이다. 역사적으로도 人間과 物件과의 法的 關係는 언제나 所有權을 중심으로 하여 발전해왔다. 특히 所有權 중에서도 土地所有權은 더욱더 그러하다. 그리고 所有權은 私所有權의 有用性과 優越性에 그 중요성이 있으며 근대 民法과 憲法은 私所有權의 유효성과 우월성을 承認하고, 이를 法律로 규정하여 保障·保護하고 있다.

역사적으로 살펴보면 動產에 관해서는 일찍부터 私所有權이 인정되어 使用·收益·處分의 자유가 인정되었다. 그러나 不動產, 그 중에서도 土地에 관해서는 로마法에서 私所有權이 인정되기 했지만, 近代에 와서야 비로소 확실하게 法的으로 보장받게 되었다. 즉 私有財產制度의 保障의 내용으로서 生產手段인 土地에 관한 私所有權이 인정되었다. 生產手段인 토지에 관한 私所有權의 인정과 보장은 資本主義經濟體制의 근간이다. 社會主義經濟體制下에서는 動產과 建物에 대한 私所有權은 인정되지만 생산수단인 土地에 관해서는 사소유권은 否認되고 소위 社會主義的 所有, 즉 國家所有·集團的 所有 등을 인정하고 있을 뿐이다. 이처럼 所有權의 重要性은 바로 私所有權이 갖는 有用性과 優越性에 있다.

또한 私所有權의 인정과 보장은 인간의 行動의 자유의 前提가 된다. 즉 私所有權이 인정되고 보장됨으로써 인간은 營業의 活動, 居住移轉, 職業選擇 등의 자유를 享有할 수 있는 것이다.[2] 그리고 私所有權의 인정은 인간의 人格의 자유로운 展開를 가능케 하는 財產的 기초를 제공하는 것이다. 따라서 私所有權의 인정은 契約自由의 原則의 前提가 되는 것이다.

그래서 近代社會 이래로 私所有權은 그 유용성과 우월성 때문에 이를 制度的으로 보장하고 보호해 오고 있다. 그렇지만 私所有權도 自由放任的으로 보호가 되면 社會的으로 남용의 弊害가 발생하므로 이를 방지하는 目的과 防止할 수 있는 범위 내에서 制限이 加하여질 수 있다. 그러나 아무리 所有權에 대한 制限과 規制가 加하여진다고 하더라도 私所有權의 社會的 有用性과 優越性

1) 바이마르 憲 §153 Ⅰ 및 獨基 §14 Ⅰ 과 Ⅱ 은 財產權을 總稱하여 所有權이란 表現으로 규정하고 있다.
2) MünchKomm/Sachenrecht, 2. Aufl.(1986), Vormerkung zum §903, Rdn 2.

이 그 本來의 기능을 충분히 발휘할 수 있도록 制限과 規制가 이루어져야 하는 것이다.

Ⅱ. 所有權에 관한 法律概觀

所有權에 관한 法律은 크게 所有權의 內容·取得 및 保護에 관한 法律과 不動產所有權의 變動에 따른 登記에 관한 法律 및 所有權制限에 관한 法律로 나누어 볼 수 있다. 그리고 별도로 知的所有權에 관한 法律을 살펴볼 수 있다. 所有權에 관한 法律은 무수히 많으나 간략하게 서술하기로 한다.

1. 民法上의 所有權規定

民法은 第2編 物權法 第3章에서 所有權에 관하여 規定하고 있다. 第3章의 所有權에 관한 내용을 다시 細分해보면 第1節(民 §§ 211-244)에서는 所有權의 내용과 취득에 관해서 규정하고 있다. 所有權의 一般的 內容 및 土地所有權의 범위, 그리고 所有權에 基한 物權的 請求權과 私法上의 所有權의 제한으로서 相隣關係에 관하여 규정하고 있다. 그리고 第2節(民 §§ 245-261)에서는 所有權의 취득에 관하여 규정하고 있는데, 法律行爲에 의한 所有權取得이 아니라 모두 原始取得에 관한 내용으로서 구체적인 所有權取得의 원인으로는 取得時效, 動產의 善意取得, 無主物의 先占, 遺失物 拾得, 埋藏物의 發見과 添附, 즉 附合·混和·加工에 관해서만 規定하고 있다. 그리고 第3節에서는 共同所有를 共有·合有·總有의 세 가지로 나누어 규정하고 있다.

2. 集合建物法의 區分所有權에 관한 規定

一棟의 건물이 構造上·利用上 독립성이 있는 다수의 部分建物(즉, 區分建物)로 구성되어 있는 建物을 총칭하여 集合建物이라 한다. 집합건물에 있어서는 集合建物을 구성하고 있는 개개의 區分建物에 관하여 區分所有權登記를 하게 되면 區分所有權이 성립하게 된다. 구분건물은 構造上·利用上의 독립성이 인정되는 專有部分과 區分所有者들이 공동으로 사용하는 共用部分으로 구성되어 있으며, 區分建物의 垈地에 관해서는 垈地使用權을 구분소유자들이 共有 또는 準共有하게 된다. 특히 垈地使用權 중 등기된 垈地使用權을 垈地權이라 한다. 區分所有權은 區分建物의 專有部分을 객체로 하는 소유권으로서 民法上의 자유로운 所有權과는 달리 一棟의 建物의 共同使用으로 인하여 많은 制約을 받는 단체주의적 성격을 띠고 있으며, 區分所有權은 垈地使用權과의 一體性의 원리에 의하여 區分所有權과 垈地使用權과의 分離處分이 금지되고 있다.

이러한 특수한 所有權인 區分所有權에 관한 法律에 의하여 民法上의 구분소유권에 관한 規定인 民 §215는 사실상 그 適用의 여지가 없어지게 되었다.

3. 不動產所有權의 登記에 관한 不動產登記法 및 기타 登記에 관한 特別法들

不動產所有權에 관해서는 실체법상의 所有權도 중요하지만, 그 부동산소유권의 登記에 관한 節次法인 不動產登記法 및 不動產登記에 관한 각종의 特別措置法에서도 부동산등기에 特別規定을 두어 그 중요성이 나타나고 있다. 구체적으로 살펴보면 일찍부터 不動產所有權의 변동 중 賣買로 인한 不動產所有權移轉登記에는 賣渡證書가 慣行上 이용되었으며, 1988년 10월 1일부터는 賣渡證書의 사용이 폐지되고, 賣買와 交換으로 인한 不動產所有權移轉登記申請에는 檢認契約書를 登記原因書面으로 제출케 하였으며(不登 §40 Ⅱ), 1990년 9월 1일부터는 不動產登記特別措置法에 의하여 계약을 원인으로 不動產所有權移轉登記를 신청할 때에는 반드시 檢印契約書를 登記原因書面으로 제출케 하였다[3](不登特措 §3 Ⅰ). 그리고 檢認을 단순한 檢印으로 바꾸었다. 그리고 限時法으로 未登記不動產의 登記를 하게 할 목적으로 制定되어 시행되었던 分配農地所有權移轉登記에 관한 特別措置法(施行期間, 1961. 5. 5-1965. 6. 30), 一般農地의 所有權移轉登記에 관한 特別措置法(施行期間, 1964. 9.17-1965. 6. 30), 林野所有權移轉登記에 관한 特別措置法(施行期間, 1969. 6. 20-1971. 12. 19), 不動產所有權移轉登記에 관한 特別措置法(施行期間, 1978. 3. 1-1984. 12. 31), 收復地域內 所有者未復舊土地의 復舊登錄과 保存登記에 관한 特別措置法(施行期間, 1983. 6. 30-1991. 12. 31)에서는 登記하지 않고 占有하여 利用하고 있는 者의 法的 地位를 사실상의 所有權으로 인정하여, 그 事實上의 所有者가 단독으로 登記를 申請할 수 있도록 하였다.

이상에서와 같이 不動產所有權은 實體法上으로도 그 중요성이 인정되지만 節次法上으로도 특별한 保護를 받고 있다.

3) 不動產登記法에서는 賣買와 交換으로 인한 所有權移轉登記時에 檢認契約書를 登記原因書面으로 제출케 하였으나 不動產登記特別措置法에서는 契約을 原因으로 하는 不動產所有權移轉登記申請時에는 檢印契約書를 登記原因書面으로 제출토록 확대하였다. 그리고 檢認을 檢印으로 바꾸었다.

4. 慣習法上의 明認方法에 의한 樹木 또는 未分離果實의 所有權의 公示

樹木의 集團, 개개의 樹木 및 未分離의 果實에 대한 소유권은 慣習法上 明認方法에 의해서 公示될 수 있다. 所有權移轉의 방법에 의하여 성립하는 讓渡擔保權을 제외한 그 이외의 物權은 明認方法에 의하여 公示될 수 없다.

5. 所有權에 대한 制限法律들

所有權에 대한 制限法律은 무수히 많다. 다른 어떤 物權보다도 所有權에 대한 規制法律이 많고 광범위하다. 憲法을 위시하여 수많은 法律에 의하여 所有權에 대한 制限을 하고 있다. 근대의 자유로운 所有權에서부터 현대의 私權의 社會性·公共性에 의하여 制限을 받고 있으며, 土地所有權은 특히 土地公概念의 理念下에서 다른 어떠한 財産權보다도 더 광범위하고 엄격한 制限을 받고 있다. 所有權에 대한 制限法律은 소유권의 제한에서 자세히 論하기로 한다.

6. 知的所有權에 관한 法律

知的所有權에 관해서는 著作權法, 特許法, 發明保護法, 實用新案法, 商標法, 컴퓨터프로그램保護法 등에 의해서 保護하고 있으며, 그 侵害에 대한 救濟方法은 金錢에 의한 損害賠償 이외에 原狀回復을 위한 請求權을 인정하고 있는 것이 특징이다.

Ⅲ. 所有權의 社會的 機能 : 私有財産制와 私所有權

1. 私有財産制의 制度的 保障

인간이 理性的 存在로서 그의 인격의 자유로운 展開를 위해서는 최소한의 財産的 基礎가 마련되어야 한다. 다시 말하면 人格的 主體로서의 인간이 자기 인격의 發現을 위해서는 私有財産制度의 制度的 保障이 필요하다.

私有財産制는 佛蘭西人權宣言 §17에서 개인의 所有權은 公共의 필요가 인정되고 정당한 補償을 支給하는 외에는 侵害할 수 없다고 함으로써 制度的으로 保障될 것이 宣言되었다. 私有財産制度의 의미는 재산의 私的所有를 제도적으로 보장하는 뜻이다. 그러나 社會主義國家에 있어서는 生産手段을 제외한 物件에 대해서는 個人所有가 許容되므로 오늘날 私有財產制度의 의미는 생산수단의 私的所有를 許容한다는 뜻으로 이해된다. 따라서 資本主義經濟體制下에서는 土地를 중심으로 하는 生產手段에 대한 私所有權을 制度的으로 保障하고 있다. 이러한 私有財產制度는 각국의 憲法에서 이를 明文으로 보장하고 있다. 바이마르憲法, 獨逸基本法 등이 그러하며, 우리 나라도 制憲憲法 이래로 변함없이 私有財產制度를 憲法에서 규정하여 제도적으로 보장하고 있다.

그래서 우리 憲法은 §23 I 本文에서 私有財產制度의 制度的 保障을 선언하고, §13 II 에서 遡及立法에 의한 財產權의 박탈을 금지하고, §119 I 에서 개인의 經濟上의 창의를 존중하여 資本主義經濟體制에 입각하여 私有財產制를 제도적으로 보장하며 私的所有財產의 所有・利用・處分의 자유를 인정하고 있다. 이와 같이 私有財產制를 제도적으로 보장하고 있기 때문에 制限에 있어서는 私有財產制度의 본질을 침해하는 것은 許容되지 않는다. 資本主義經濟體制를 유지하는 나라에서는 그 憲法에서 私有財產制를 보장하고 있든, 그렇지 않든 私有財產制는 보장되고 있다고 할 수 있다.

私有財產制는 생산수단의 私有를 허용하는 法律制度로서 私有財產制의 보장은 社會主義經濟體制에 대한 資本主義經濟體制의 本質的 特性의 하나이다. 그러면 왜 憲法에서 私有財產制를 보장하고 있는 것일까? 그 思想的 根據는 어디 있는 것일까? 이에 관해서는 여러 가지 學說이 주장되고 있다.

첫째, 人間性理論에 의하면 자유로운 인간이 그의 인격의 자유를 實現하고 自己責任으로 그의 삶을 스스로 꾸려나가는 財產的 기초로서 私有財產制는 保障하여야 한다는 것이다. 즉 인간의 自由와 自己責任的 삶의 正當性을 전제로 하여 이를 保障・實現하기 위한 條件 또는 內容으로서 私有財產制를 보장한다는 주장이다. 이 人間性理論은 獨逸憲法裁判所가 견지하고 있는 근거이기도 하다.

둘째, 社會的 機能效用論은 사유재산제의 보장은 社會의 존립을 보장하고 社會의 福祉와 富를 증대시켜 결국 社會構成員의 행복을 증진시킴에 그 근거가 있다고 한다. 다시 말하면 私有財產制를 보장하는 경우가 이를 否定하는 경우보다 이 法은 특히 獨占資本主義體制下에서의 私有財產制認定의 根據로 주장되었다.[4] 經濟的 效用性이 크다는 데 私有財產制 보장의 근거가 있다는 것이다.

셋째, 勞動에 의한 所有理論으로서 자신의 勞動을 통해서 만든 것은 무엇

4) Ulricke Sieling-Wenderling, "Die Entwicklung des Eigentumsbegriffs vom Inkrattreten des Bürgerlichen Gesetzbuches bis zum Ende des Nationalsozialismus", Die Entwicklung des Eigentumsbegriffs in Kapitalismus, 87(1976).

이든 자기의 소유로 가질 수 있다는 주장이다.

생각건대, 私有財產制의 보장은 결국 인간의 人格의 자유의 실현과 自己責任的 삶의 기초에서 구해야 할 것이다. 인간은 자유롭게 태어나서 자기의 인격을 자유롭게 전개하고, 스스로의 責任下에서 삶을 꾸려나가기 위한 基礎 내지 前提條件으로서 私有財產制가 保障된다고 이해하여야 할 것이다.

그러나 私有財產制의 보장은 絶對的인 것이 아니라 制限될 수 있다. 그렇지만 私有財產制에 대한 제한에는 私有財產制의 보장근거에 비추어 그 한계가 있는 것이다. 그 限界는 人格의 自由展開를 불가능하게 하거나 自己責任的 삶을 꾸려나갈 수 없을 정도로의 制限은 許容될 수 없다는 데서 찾을 수 있을 것이다. 그러한 정도의 制限은 私有財產制의 本質的 侵害가 된다고 보아야 할 것이다. 말할 것도 없이 私有財產制가 언제나 장점만을 갖고 있는 것은 아니다. 私有財產制는 과잉경쟁으로 인하여 인간을 사악하게 만들고, 人間疎外, 인간의 非人間化 현상을 초래하며, 階級葛藤, 恐慌을 초래하며, 때로는 帝國主義的 戰爭을 초래할 수도 있다. 이러한 私有財產制의 문제점에 관해서는 일찍이 社會主義者들이 資本主義를 비판하면서 제기한 것이고, 歷史的으로도 그러한 弊害를 초래한 것이 명백하다. 무엇보다도 私有財產制의 보장에 의해서 가진 者와 갖지 못한 者間의 對立現象을 초래한다는 것에 대해서 주목해야 할 것이다.

본래 資本主義의 정신은 營利慾만의 추구가 아닌 倫理的 自制와 節制를 수반하는 經濟思想임에도 불구하고, 資本主義가 발달함에 따라서 資本主義 본래의 윤리가 거부되고 오로지 利己的인 營利追求에만 몰두하게 되었다. 이러한 資本主義 내지 私有財產制가 갖는 社會的 弊害를 극복하기 위한 代案으로서는 두 가지 방향으로 제시되었다. 하나는 資本主義 자체를 완전히 否認하고, 따라서 私有財產制를 폐지하고 생산수단을 國有化하자는 社會主義 思想이고, 다른 하나는 資本主義가 갖는 장점을 살리면서 그 弊害를 점진적으로 改善하자는 改良主義思想이다.

분명히 資本主義 내지 私有財產制는 생산의 증대라는 장점이 있는 반면 分配의 不平等을 초래할 수 있는 문제점을 갖고 있다. 分配의 不平等의 해소를 資本主義 그 자체의 否認으로 해결하고자 하면 分配할 것이 없는 경우에는 分配의 평등도 이룰 수 없는 것이다. 이것이 昨今의 東歐社會主義國家의 經濟現實에서 찾아볼 수 있는 것이다. 資本主義의 모순의 是正은 資本主義의 장점을 살리면서, 즉 生產의 增大를 도모하면서 分配面에서는 國家가 조정과 규제를 가하는 방향으로 그 해결방안이 모색되어야 할 것이다. 그래서 改良主義的 方法이 타당할 것으로 생각된다.

2. 私所有權의 有用性

私有財産制는 바로 所有權의 主體를 인격을 가진 개인으로 하고 國家나 團體로 하지 않는 財産制度이며, 私所有權을 일반적으로 허용하는 財産秩序이다.

私有財産制를 否認하는 社會主義下에서도 역시 私所有權(private ownership)이 조금은 인정되고 있다. 그것은 社會主義革命에 의해서 社會主義的 所有制度로 移行해 감에 있어서 모든 財貨에 관한 社會主義的 所有形態로 나아가지 못하고 社會主義革命 이전에 존재하였던 私所有權을 혁명 후에도 그대로 방치해 둔 극히 부분적으로 남아 있는 所有形態의 하나이다. 그러므로 社會主義下에서의 私所有權은 舊秩序下에서의 私所有權이 완전히 社會主義的 所有形態로 변천하지 못한 殘存에 불과하지 사회주의적 소유형태의 일부는 아니다. 社會主義的 所有形態下에서 개인에게 소유권이 인정되는 動産에 대한 所有權을 個人的 所有權(personal ownership)이라 한다. 그것은 動産에 한해서 인정되며 處分과 相續이 許容되는 所有權이다.

이와 같이 私所有權은 私有財産制下에서의 중심된 權利이며, 그것의 자유로운 行使와 處分・相續이 허용된다.

古代와 中世에서도 私所有權이 인정되었다. 그러나 그 시대의 所有權의 내용은 制限과 規制를 받는 權利이었으며, 따라서 行使・處分・相續 등에 制限이 따랐다. 그래서 私有財産制下에서의 私所有權과는 그 내용에 있어서 相異하였다. 그리고 私有財産制度는 生産手段에 대한 私所有權을 인정하는 제도이다.

社會主義下에서도 생산수단에 대한 所有權이 인정된다. 다만 生産手段에 대한 所有權은 개인이 가질 수 없고 國家 또는 集團으로서의 團體에 歸屬되고 있다. 그리고 社會主義下에서도 생산수단 이외의 財貨에 대해서는 個人所有權이 인정되므로 그 점에서는 資本主義經濟體制下에서나 마찬가지이다. 그래서 私有財産制를 法的 根幹으로 하는 資本主義의 특징은 바로 생산수단에 대한 私所有權을 인정하는 점이다. 이것이 社會主義와 가장 큰 차이점이며, 社會主義下에서는 생산수단에 대한 私所有權이 否認되기 때문에 私有財産制가 허용되지 않는다고 하는 것이다. 生産手段으로서 私所有權이 인정될 수 있는 財貨는 바로 土地이다. 그런데 私有財産制下에서는 토지를 하나의 상품으로 이해하고 土地所有權을 商品所有權으로 파악하고 그것에 따라서 立法하였다. 다시 말하면 생산수단인 土地를 하나의 資源으로 파악하지 않고 商品으로 파악하는 데서 資本主義 내지 私有財產制下에서의 私所有權의 특징이 있는 것이다.

이와 같이 私有財產制下에서 사소유권을 인정·보장하는 것은 私所有權의 有用性과 優越性 때문이다. 私所有權의 인정·보장은 개인의 自由와 創意에 의한 財貨의 利用을 통해서 生產의 증대를 가져오고, 그것은 결국 社會全體의 富를 가져오기 때문이다. 그것은 사소유권을 否認하는 것보다, 私所有權의 인정·보호가 優越하다는 것의 反證이 되는 것이다. 그래서 근대 民法과 憲法은 이러한 私所有權의 유용성과 우월성을 인정하고, 그것을 제도적으로 보호하고 있는 것이다. 그리고 私所有權의 보호는 契約의 자유, 營業의 자유, 職業選擇의 자유의 전제가 되는 것이다. 따라서 私所有權의 보호는 人間의 自由와 밀접한 관련을 가지고 있다.

결국 私有財產制는 생산수단의 私所有權을 인정하고 보호하는 制度이며, 사소유권의 인정과 보호는 私所有權의 有用性 때문이다. 이와 같은 私所有權의 有用性 인정에 의한 사소유권의 보호는 財產法領域에서의 자유의 保障이며, 개인으로 하여금 自己責任的 삶의 가능성을 提供하는 것이다. 그래서 私所有權은 그것을 自由放任的으로 보호하면 濫用의 弊害를 낳지만, 그 유용성과 우월성은 認定되고 保護되어야 하는 것이다.

Ⅳ. 所有權概念의 沿革

1. 所有權概念의 歷史性

所有權概念은 역사와 더불어 변천해 왔다. 즉 所有權概念은 論理的 範疇에 속하는 것이 아니라 歷史的 範疇에 속하는 것이다.[5] 다시 말하면 所有權概念은 그 시대의 그 국가의 社會·經濟·政治秩序 및 思想을 반영하는 역사적인 範疇에 속하는 것이다. 그래서 所有權을 그 時代의 產物(ein Kind seiner Zeit)이라고도 한다.[6]

근대의 私法, 특히 民法은 전반적으로 로마法的 要素와 게르만法的 要素가

5) Otto von Gierke, Deutsches Privatrecht BⅡ, 348(1905), Fußnote 2; 郭潤直, 大陸法, 166(1962).

6) Soergel-Siebert, Bürgerliches Gesetzbuch(Kommentar), B. 5, 197(1978).

交錯하여 이루어져 있다. 그리고 所有權概念도 로마법적 요소와 게르만법적 요소가 서로 相異하여 그것이 서로 交錯·調和하면서 발전하여 왔기 때문에 로마法과 게르만法上의 소유권의 개념 및 그 제한에 관하여 고찰함이 所有權概念의 변천의 이해에 기초가 된다. 한편 所有權概念의 歷史的 發展을 고찰함에 있어서는 動產所有權은 큰 意義가 없다.

所有權概念의 史的 發展은 土地, 즉 不動產을 대상으로 하여 論하고 있으며 土地에 대한 所有關係의 史的 發展을 이해함으로써 비로소 所有權概念의 변천을 명백히 이해할 수 있다. 왜냐하면 土地는 動產보다도 경제적으로 또는 사회적으로 높은 價値가 부여되어 있을 뿐만 아니라 所有權의 制限에 있어서도 動產과 土地에 차이가 있으며 後者에 대한 制限이 강하기 때문이다.

로마法上의 所有權(dominium; proprietas)概念은 古典時代에 형성되어 유스티니아누스法에서 확실히 되었다.[7] 로마법상의 所有權은 어떤 사람이 하나의 物件에 대하여 가질 수 있는 포괄적인 支配權인 私權이었다. 즉 여러 종류의 制限이 있긴 했으나 본질적으로는(von vornherein) 제한이 없는 私法的 完全支配權(privatrechtliche Vollherrschaft)이었다.[8] 즉 로마법에서의 所有權은 소유자가 排他的·獨占的으로 목적물을 使用(uti)·收益(frui)·處分(abuti)할 수 있는 絶對的 權利이었다. 그리고 所有權은 언제나 동일한 내용을 가지고 있어서 때와 장소에 따라 그 內容을 달리할 수 없는 추상적인 權利이었다.[9]

또한 로마法上의 所有權은 한편으로는 物權에 대한 단순한 事實的 支配인 占有(possessio)와 구별되었고, 다른 한편으로는 役權·用益權·擔保權 등과 같은 制限物權과 구별되었다. 이와 같이 로마법상의 所有權은 個人主義에 입각하여 私權으로서 物件에 대한 완전한 支配權이었으며 占有와 制限物權과 구별되는 概念이었다.

물론 로마법상의 所有權이 私權으로서 物件에 대한 완전한 支配權이었다고 하지만 전혀 무제약적인 것은 아니었다. 本質的으로는 制限이 없었지만 例外的으로 一般利益, 즉 公共의 利益을 해칠 정도의 濫用이 되어서는 아니되었다.[10] 公益을 위한 所有權制限은 여러 가지 원인에서 찾아볼 수 있으며, 12銅版

7) 占有 및 制限物權과 구별된 로마法上의 所有權概念은 古典時代에 형성되었으나 古典後期의 野蠻法(Vulgarrecht)이 古典時代의 所有權概念을 해체하였다. 그 후 유스티니아누스法에서 所有權의 概念을 명백히 하였다.

8) Max Kaser, Römisches Privatrecht, 9. Aufl., 90(1976).

9) 玄勝鍾, 西洋法制史, 168(1968).

10) Max Kaser(註 8), 94.

法(Zwölftafelgesetz: BC. 450)에 이미 규정되어 있었다. 주로 農業的·衛生警察的 禁止이었으며 宗教的 性格의 所有權制限도 있었다.

이처럼 로마법상의 所有權概念은 私權으로서 物件에 대하여 使用·收益·處分할 수 있는 완전한 支配權으로 원래부터 無制約的 性質을 가지고 있었다. 그리고 이와 같은 所有權概念은 動產이나 不動產을 구별하지 않고 인정되었다.[11] 이에 반하여 게르만법상의 所有權概念은 個人主義的 完全支配權인 로마法上의 所有權概念과는 달리 團體主義的 色彩를 띠고 있으며 物件의 用益에 중점을 두고 발전하였다.

게르만法에서는 所有權이라는 概念 그 자체도 13세기에 최초로 나타났으며 北獨逸에서는 Eigentum으로, 南獨逸에서는 Eigenschaft라는 용어로 발전하였다.[12] 所有權이라는 用語가 文書에 나타나기 이전에 所有物이라는 개념의 용어로 不動產에 대해서는 eigen, 相續財產에 대해서는 hereditas 혹은 eigen und erbe라고 불렀으며 動產에 대해서는 varnde habe 혹은 varend gut이라고 불렀다.[13] 이와 같이 게르만법에서는 動產과 不動產이 지니는 社會的 意義가 각각 달랐으며, 따라서 所有權에 있어서도 兩者는 그 작용을 달리하는 점이 많았다. 그러므로 動產所有權은 物件의 排他的·絶對的인 支配權이라는 점에서 로마법상의 所有權(dominium; proprietas)과 동일하지만 土地所有權은 기타의 制限物權과 마찬가지로 土地의 用益에 핵심을 두었다.[14]

다시 말하면 게르만법에 있어서는 로마법에 있어서와 같이 抽象的·觀念的인 개념의 구성이 충분치 못하여 所有權의 중요한 내용은 目的物을 使用·收益하는 데 있다고 생각하였으며, 따라서 所有權과 기타의 制限物權과의 概念分化를 알지 못하였다. 즉 制限物權은 所有權의 내용이 分化·獨立한 것이었다. 환언하면 所有權에서 잘라낸 斷面, 즉 部分權(Teilrecht)이 制限物權이었다. 그러므로 기르케(Otto von Gierke: 1841~1921)는 制限物權을 가리켜서 獨立한 所有權의 斷片(verselbständigter Eigentumssplitter)이라고 표현하였다.[15]

이와 같이 게르만법에 있어서의 所有權은 他物權과 同質的이며, 하등의 本質的인 차이가 없었다. 所有權과 他物權은 用益權이라는 本質에 있어서 동일하

11) W. W. Buckland & Arnold D. McNair, Roman Law and Common Law, revised by F. H. Lawson, Cambridge University Press, 60(1974).
12) 黃迪仁, 로마法·西洋法制史, 254(1981).
13) Otto v. Gierke(註 5), 350-351.
14) 玄勝鍾(註 9), 167.
15) Otto v. Gierke(註 5), 359.

였으며, 다만 그 범위·내용에 있어서 차이가 있었다. 또한 게르만法上의 所有權은 구체적으로 經濟的 目的에 따라 여러 가지 態樣으로 당연히 制限될 수 있는 權利로 생각되었다. 그리하여 所有權의 態樣에 있어서도 영구적인 所有權과 期限附所有權, 條件附所有權 등이 있었고 自由所有權과 負擔附所有權, 制限的所有權 등이 있었다.[16)]

게르만法上의 所有權은 私法上의 권리인 동시에 公法的 要素를 포함하는 權利이었다. 즉 게르만법에 있어서는 公法·私法의 구별이 없어, 게르만法上의 所有權은 私法上의 支配權일 뿐만 아니라 公法的 義務가 소유권의 내용에 포함되어 義務思想이 현저히 나타났다.[17)] 그래서 所有權은 濫用될 수 없었으며 정당한 利用에만 허용되었다.

所有權의 내용은 絶對的인 것이 아니었으며 公共에 대한 義務를 지고 있었다.[18)] 이와 같이 所有權概念은 個人主義에 바탕을 둔 로마법적 概念과 團體主義에 기초를 두고 발전한 게르만法的 概念이 그 시대의 社會的·經濟的·政治的 思想의 변화에 따라 서로 強하게 또는 弱하게 交錯하면서 발전하여 왔다. 다른 측면에서 보면 絶對的 完全支配權인 로마法的 所有權概念과 制限可能한 義務拘束的인 게르만法的 所有權概念이 相互作用하면서 所有權概念은 역사적으로 발전하여 왔다.

所有權概念은 歷史的 範疇임과 동시에 하나의 價値概念이다. 所有權概念의 확정은 그때그때의 社會的 價値評價에 의해서 결정되었으며, 그 가치평가는 憲法과 그 憲法의 기초 위에서 제정된 法律에서 표현되고 있다.[19)] 價値概念으로서의 所有權은 個人的 利益(Individualinteresse)과 共同體利益(Gemeinschaftsinteresse), 즉 私的利益과 公的利益 사이의 항구적인 較量(Abwägung)을 요청하는 것이다.[20)]

2. 封建的 所有權

原始社會에 있어서는 土地는 民族·團體 또는 村落住民의 共同所有에 속하였고 다음에는 家族에 속하게 되었다. 土地에 대하여 제일 먼저 個人所有權

16) Otto v. Gierke(註 5), 351-352.
17) 黃迪仁(註 12), 255.
18) Otto v. Gierke(註 5), 358.
19) Soergel-Siebert(註 6), 157.
20) Soergel-Siebert(註 6), 157.

이 인정된 것은 宅地(Haus und Hof)에 대해서 이었고 農耕地에 대해서 個人所有權이 인정되게 된 것은 더 후의 일이었으며 그 초기에는 村落住民의 總有에 속하였다.

중세에 들어 오면서 封建制度가 확립되어 감에 따라 土地總有制는 무너져 가고 고대의 村落共同體가 가졌던 土地에 대한 管理·處分의 權能을 내용으로 하는 團體的 權利는 封建領主의 손에 들어가고, 고대 村落住民의 土地에 대한 자유로운 利用權은 領主에게, 小作料 기타 각종의 賦租를 지급해야 하는 附擔附利用權으로 변하였다. 法制史家들은 이러한 領主의 소유권을 上級所有權(Obereigentum), 農民의 소유권을 下級所有權(Untereigentum)이라 한다.[21]

上級所有權과 下級所有權으로의 소유권의 權能의 分割을 分割所有權(geteiltes Eigentum)이라 하며, 중세의 封建的 土地所有權概念은 바로 分割所有權의 개념으로 특징지워진다. 이같은 分割所有權의 개념은 중세의 法秩序 속에서 政治的·社會的·經濟的 支配組織의 物權法的 表現이라 할 수 있다.[22] 分割所有權의 概念은 이미 로마법을 연구의 대상으로 하였던 註釋學派(Glossatoren)에 의해서 二重所有權(doppeltes Eigentum)으로 理論을 정립한 것을 繼承하여 이루어졌다.[23]

본래 로마법에서는 訴權의 분류로서 占有訴權(actio directa)과 準訴權(actio utilis)이라는 구별이 있었는데, 註釋學派는 이 구별을 所有權에 적용하여 地上權(superficies), 永借權(emphyteusis)과 같은 강력한 制限物權을 準所有權(dominium utile)이라고 부르고, 보통의 所有權을 固有所有權(dominium directium)이라고 불러 兩者를 대립시켰다.[24] 이와 같은 註釋學派의 法理論은 12세기에 이미 獨逸에 계수되어 固有所有權은 上級所有權으로 領主에게 속하고, 準所有權은 下級所有權으로 領民, 從士(Vasallen)에게 귀속하였다.[25] 이와 같은 註釋學派의 二重所有權의 개념구성은 레엔(Lehen)制에 讓受되어 所有權의 내용분할의 獨逸法的 觀念이 형성될 수 있었다. Utile의 단어 속에서 Nutz 혹은 Gewer의 의미를 부여하고 上級所有權은 Proprietät 혹은 실체에 관한 權利(Proprietätsrecht oder Recht an der Substanz)로 한정되었다. 그래서 dominium

21) 郭潤直, 物權法, 268(1990).
22) Otto v. Gierke(註 5), 368.
23) Otto v. Gierke(註 5), 368; Mitteis-Lieberich, Deutsches Privatrecht, 8. Aufl., 84 (1978).
24) 玄勝鍾(註 9), 171.
25) Mitteis-Lieberich(註 23), 84.

directium과 dominium utile가 합해져야 완전한 所有權이 되며 각각은 不完全한 所有權에 불과하였다.[26)]

獨逸에서는 上級所有權이 領主에게 귀속하였으나 佛蘭西와 英國에서는 國王에게 귀속하였으며 國王의 지위의 強化를 위한 수단으로 이용되었다. 이같은 分割所有權의 개념은 중세의 數世紀 동안 유럽인의 法意識 속에 살아 있는 힘을 가졌으나 都市法에서 下級所有權에 의한 上級所有權의 해체가 시작되었다.[27)]

近世에 와서도 프로이센一般州法(Allgemeines Landrecht für die Preußischen Staaten; ALR: 1794年制定)과 墺地利民法典[28)](Österreisches Allgemeines Bürgerliches Gesetzbuch; ABGB 1811年制定)에는 여전히 分割所有權을 인정하고 있었다. 그러나 佛蘭西民法(Code civil ; C.c.; 1804年制定)과 獨逸民法(BürgerlichesGesetzbuch; 1896年制定)은 分割所有權의 개념을 채용하지 않았다.

分割所有權으로 특징지워지는 封建的 土地所有權은 토지지배의 現實性과 不可分的으로 결합되어 있는 권리이며, 土地의 구체적인 用益性 및 收益性을 파악하는 권리로 나타났다. 즉 近代的 土地所有權의 특질의 하나가 觀念性인데 반하여 土地支配의 현실성이라는 것이 특징이다. 封建社會에 있어서는 物件의 사실상의 支配를 중시한 것이며, 현실적으로 占有하고 있기 때문에 權利로서 保護받았다. 土地에 대한 현실적인 支配權은 동일한 土地 위에 중첩적으로 존재하였으며 그 土地支配에 現實的·具體的 收益을 찾아낼 수 있는 者는 모두 權原者인 것이었다. 따라서 封建的 土地所有權은 토지의 領有와 保有라는 上下關係에 있는 주체자들간의 支配從屬의 관계로 나타나며 地代와 貢租의 結合·未分離 상태로 나타났다.[29)]

---

26) Otto v. Gierke(註 5), 370.

27) Otto v. Gierke(註 5), 372. 上級所有權이 해체되어 下級所有權이 완전한 所有權으로 변화하는 것을 Appropriation이라고 하였다.

28) 墺民 § 357와 § 359는 分割所有權을 다음과 같이 규정하고 있다.
墺民 § 357 : 物件의 실체에 관한 權利와 用益權이 동일한 사람에게 合體되어 있는 경우에는 그 所有權은 완전하고 不可分이다. 그러나 物件의 실체에 관한 權利만이 어느 사람에게 속하고 당해 物件의 用益에 관한 排他的인 권리가 다른 사람에게 속하면 그 所有權은 分割되어 있는 것이고 兩者가 不完全的이다. 전자를 上級所有權者(Obereigentümer)라 하고 후자를 用益所有權者(Nutzungseigentümer)라 한다.
墺民 § 359 : 實體에 관한 權利와 用益에 관한 權利의 分離는 한편으로는 所有權者의 處分에 의하여, 다른 한편으로는 法律의 規定에 의하여 성립한다. 上級所有權者와 用益所有權者 사이에 介在하는 事情의 相違性을 고려하여 구분하면 所有權이 구분되어 있는 財產은 封土財產, 永小作財產 및 世襲借地料財產으로 나누어진다. 그러나 封土財產은 종래의 封土法에서, 그리고 永小作財產과 世襲借地料財產은 永續契約(Bestandvertrag)의 章에서 규정한다.

29) 金容圭, "韓國의 近代的 土地所有權에 관한 考察", 法學의 諸問題(高秉國還曆記念), 9 (1969).

封建的 土地所有는 政治的·經濟的·社會的 支配關係의 물권법적 표현이기 때문에 土地에 대한 단순한 經濟的·私的支配關係가 아니고 政治的·公的支配關係를 내포하고 있으므로 여러 가지 政治的·身分的 負擔과 制限을 수반하고 있었다. 따라서 封建的 土地所有에 있어서 領主는 토지와 결합된 권리로서 領民에게 軍事的 役務의 要求와 土地에 대한 處分의 禁止·制限 등 각종의 封建的 規制를 강요할 수 있었고 隸屬農民은 土地와 結合된 義務로서 각종의 負擔과 拘束을 받고 있었다. 이러한 봉건적 토지소유권의 拘束性의 思想은 기독교로부터 영향을 받은 바도 크며 이와 같은 拘束性의 사상은 封建時代를 통하여 유지되었다.[30)]

封建的 土地所有權은 土地所有權의 내용을 분할하여 領主와 領民이 分有하였으며, 현실적인 用益을 갖는 者는 모두 所有權者로 인정되었다. 그리고 土地所有權은 단순히 土地에 대한 支配權만이 아닌 身分拘束的인 土地所有權이었다고 할 수 있다.

3. 近代的 所有權

封建社會를 무너뜨리고 성립한 近代社會는 個人主義와 自由主義라는 시대적 사상을 배경으로 하여 개인을 封建的인 여러 拘束으로부터 解放하고 모든 사람을 평등하게 다루며, 그의 자유로운 활동을 保障하는 것을 指導原理로 하여 출발하였다. 즉 人格絶對主義를 배경으로 하는 個人主義的 法原理에 의해 法體系가 세워졌다고 말할 수 있다.[31)]

이러한 指導原理에 입각하여 土地所有關係는 모든 封建的 拘束을 벗어난 近代的 個人의 絶對的 自由所有權[32)]으로 志向하였다. 종래의 負擔附土地所有權은 負擔이 없는 자유롭고 완전한 개인 所有權으로 될 수 있게 되었다. 近代的 土地所有權이 성립하는 과정에서 중요한 역할을 한 것의 하나는 近代初期의 啓蒙思想과 自然法思想이며 다른 하나는 近代初期에 있어서의 로마법의 繼受이었다.[33)]

---

30) 전윤철, "所有權理論의 變遷과 그 現代的 概念", 法制月報 3, 58(1970.9).

31) 郭潤直, 總則, 67(1989).

32) 絶對的 自由所有權이라는 의미는 첫째, 封建領主의 諸權利에 의한 制限에서 벗어났다는 것과 둘째, 所有權者의 自由意思에 의한 物件의 全面的 支配가 국가에 의하여 최고도로 중시되어 강력히 보장된다는 것과 셋째, 所有權 이외의 制限物權의 내용은 일정한 制限된 범위 내의 것인데 반해, 所有權은 全面的이라는 것이다.

33) 전윤철(註 30), 58.

그리고 이러한 近代的 土地所有權을 法理論的으로 정립하여 土地所有權을 無制約的인 個人的 完全한 지배권으로 발전시켜 憲法 기타 法律에 規定케 한 것은 19세기 판덱텐法學者들(Pandektisten)의 공적이었다.[34] 판덱텐法學者들은 自然法 및 啓蒙主義와 經濟的 自由主義의 영향하에서 不可侵의 神聖한 所有權概念을 구성하였다. 즉 로마법상의 私權인 所有權概念을 기초로하여 게르만법상의 所有權概念 속에 포함되었던 公法的 要素는 의도적으로 모두 捨象하고 자유롭고 제한이 없는 私的인 所有權概念을 형성하였다.

近代的 土地所有權의 특징은 자유로운 私的土地所有權의 성립을 전제로 하고 一物一權主義의 原則 아래서 所有者의 全面·獨占的 支配를 표현하고 政治的·共同體的 諸負擔에서 해방됨으로써 土地에 대한 순수한 物的價値의 支配權으로 파악되었다. 즉 첫째로 私的·個人的 財產權이라는 점과 둘째로 抽象性·絶對性·無制約性·包括性·彈力性·恒久性을 가지고 있는 것이 그 특색이다.[35]

中世의 封建的 土地所有權은 소유권의 내용이 분할되어 上級所有權者와 下級所有權者에게 分有되었으나 근대적 토지소유권은`土地에 대한 완전한 包括的 支配權으로서 所有權은 그것이 가지는 使用·收益·處分의 諸權能의 集合이 아니며, 그러한 권능의 源泉인 渾一한 支配權能에서 流出하는 것이었다. 즉 土地所有權은 정당한 利益이 있는 한 土地의 上下에 미치며 使用價値와 交換價値에 대한 일부의 권능만 가지는 制限物權과 구별되었다. 또한 近代的 土地所有權의 절대성에서 소유권은 存續期間이 있을 수 없고 所有權은 소멸시효에 걸리지 않는 것으로 되었다.[36]

이와 같이 근대적 토지소유권개념은 일반의 所有權絶對思想 내지 原則에 포함되어 所有權은 국가보다도 먼저 존재하는, 바꾸어 말하면 法 이전에 존재하는 神聖不可侵한 것이며, 국가에 의해서도 아무런 制約을 받지 않는 近代私法의 基本原則의 하나를 이루고 있다.

이 原則이 立法에 최초로 채용된 것은 美國의 버지니아權利章典(Bill of Rights, 1776)이었다. 同 權利章典 §1는 "모든 사람은 태어날 때부터 자유롭고 獨立한 일정한 權利를 가진다. 이들 權利는 人民이 사회를 組織함에 있어서 契約에 의해서도 人民의 子孫으로부터 박탈할 수 없다. 그러한 權利란 財產을 取

34) Palandt, Bürgerliches Gesetzbuch(Kurz-Kommentar), 39. Aufl., 964(1980).
35) 金容圭(註 29), 58.
36) 金曾漢, 總則(방송통신대학교재), 139(1981).

得·所有하고 幸福과 安寧을 추구·획득하는 수단을 수반해서 生命과 自由를 향유하는 權利이다"라고 하였다.

버지니아權利章典보다 더 所有權絶對의 원칙을 명확하게 선언한 것은 佛蘭西人權宣言(1789.8.27)과 그 뒤를 이은 佛蘭西의 憲法과 民法이다. 佛蘭西人權宣言은 그 §17에서 "所有權은 神聖不可侵한 권리이므로 法律에 의하여 公的 必要가 명백히 인정되고 또 事前에 정당한 補償을 支給한다는 條件下에서가 아니면 이 權利를 剝奪할 수 없다"고 하여 所有權絶對思想을 명백히 表示하였고, 佛蘭西憲法이 이 文言을 채용하였으며 그 후 近世 각국의 憲法에 다소의 表現上의 차이는 있어도 採用·規定되어 있다.

그리고 佛民 §544는 "所有權이라 함은 法律 또는 規則에 의하여 禁止된 使用을 하지 않는 한 絶對無制約的으로 物件의 收益과 處分을 하는 權利를 말한다"고 規定하고 있다.

美國의 獨立宣言(Declaration of Independence: 1776) 및 修正憲法(1791년 改正) §5에서도 財產權의 絶對性을 천명하고 있다. 美國 修正憲法 §5는 "누구든지 法律의 定하는 正規의 節次에 의하지 아니하고는 生命·自由 또는 財產을 剝奪당하지 아니하며 또 정당한 補償없이 그 私有財產을 公共利用의 목적으로 收用되지 아니한다"고 規定하고 있다. 이와 같이 近代市民社會의 당초에 있어서는 財產의 所有가 市民生活의 기초이고 그 侵害를 당하는 것은 생명 그 자체의 파괴를 가져온다는 條件下에서 所有權의 保障이 생활의 보장을 의미하고 따라서 封建勢力으로부터 市民生活의 해방은 所有權의 해방을 필수 불가결의 것으로 하고 있었다.[37]

近代的 所有權은 소유권 속에서 所有者의 인격의 자유가 실현되고, 따라서 所有權의 침해는 物質的인 利益의 侵害에 그치지 않고 所有者의 인격의 자유의사가 侵害됨을 전제로 하였다.[38] 이와 같이 近代的 自由所有權이 일단 成立하자 그것은 契約自由의 原則과 결합하여 資本으로서의 作用을 하게 되어 資本主義는 급격히 발달하여 生產力의 비약적 증가와 富의 경이적인 增大를 가져와 經濟的 繁榮을 초래하였다.[39]

이처럼 近代初期에 있어서는 所有權 내지 財產權은 國家 이전의 神聖不可侵한 權利로 인정되었으며, 이러한 所有權 내지 財產權의 絶對性과 契約自由는

37) 近代市民革命은 自由의 尊重과 所有權의 不可侵性을 本質的인 것으로 하였다.
38) 張庚鶴, "韓國人의 所有權觀念", 法曹春秋, 12(1973. 10~11).
39) 金哲洙, 憲法學概論, 470(1973).

近代資本主義社會 또는 近代市民社會의 法律的 支柱가 되었다.[40] 近代的 所有權이 國家 이전의 神聖不可侵의 권리이었다고 하더라도 전혀 制限이 없는 權利라고는 생각될 수 없었으며, 특히 行政法規에 의하여 실질적으로는 制限되어 있었음을 또한 否認할 수 없다. 그러나 近世初期의 立法에서는 그것은 어디까지나 消極的인 부득이한 범위의 제한이었다.

그러한 制限은 所有權의 絶對性을 손상하는 것은 아니었으며, 또한 所有權이 法令의 범위 내에서만 존립한다는 것을 표시한다는 것도 아니었다. 요컨대, 近代的 私所有權이 확립된 初期에 있어서는 그의 자유로운 行使를 放任하는 것이 公共의 福利에도 적합한 것으로 생각되었으며, 그 당시에는 公共의 福利와 所有權의 자유는 서로 대립하는 것이 아니었다.[41]

특히 近代的 土地所有權은 土地를 資源으로 파악한 것이 아니라 하나의 商品으로 파악하는 商品所有權이었다. 그래서 近代的 土地所有權은 土地를 그 量이 無限한 상품으로 이해하고 土地의 資金化를 촉진할 수 있는 土地所有權의 개념구성과 함께 그것을 制度化하였다. 물론 不動產登記制度로 不動의 土地를 法律的으로 안전하게 移轉할 수 있게 함으로써 土地를 擔保로 하여 金融의 원활화를 이루도록 촉진하였다.

한편 計劃法的 側面에서 고찰해보면 近代的 土地所有權은 土地를 어떻게 利用할 것인가 하는 것은 土地所有者의 自由意思에 맡기었으며 土地를 개발할 것인가 開發하지 않을 것인가 하는 것도 土地所有者의 자유로운 意思決定에 달렸으며 土地로부터 발생하는 利益을 충분히 보장해주는 機能을 다하도록 土地所有權概念이 구성되었다.

4. 現代的 所有權

近代初期의 所有權絶對의 原則은 20세기의 전후를 통하여 資本主義의 발전으로 드러난 矛盾의 격화와 더불어 修正을 겪게 되었다. 私有財產, 즉 生產手段이나 生產物 등의 私的所有는 貨幣를 매개로 하는 交換을 통하지 않고서는 그 기능을 발휘할 수 없었다. 바꾸어 말하면 近代社會에 있어서의 所有權이 그의 社會的 機能을 다하기 위해서는 필연적으로 交換關係 따라서 그의 法的 表現인 契約關係와 결합하여야만 했다.

40) 金哲洙, 新憲法學槪論, 362(1981).
41) 郭潤直(註 21), 271.

여기서 物件을 支配하여야 하는 所有權이 契約과 결합함으로써 사람을 支配하는 결과를 초래하게 되었다. 즉 産業資本主義의 高度化에 따라 近代市民法體系의 자유로운 所有權의 原則은 契約의 자유와 결합하여 현실적으로 社會的 및 經濟的 弱者인 都市勤勞者나 小作農家의 生活利益을 압박하여 버렸던 것이다. 따라서 資本主義的 所有權下에서는 所有權의 不可侵이나 자유를 강조하는 思想은 타인의 勞動의 搾取의 자유를 公認하고 타인의 生活을 위협하는 자유를 옹호하는 것이 된다는 것과 같은 현상이 실현되었던 것이다.[42] 여기서 財産의 私的·個人主義的 性質이 生産이 가지는 社會主義的 性質과의 모순을 깊게 하여 所有權의 社會的·公共的 側面이 강조되게 되었다.

특히 資本 내지 企業이 대규모화하고 獨占資本이 주는 社會的 惡影響이 현저하여 감에 따라 財産을 개인의 私的支配에 맡김으로써 초래되는 弊端이 지적되고 個人財産을 社會·公共的 觀點에서 조절해야 할 필요성이 생겼다. 여기에서 所有權의 保障에서 所有權의 制限이라는 現代的 課題가 등장하였던 것이다.

近代的 土地所有權은 그 주체를 抽象的 人格者(Person)으로 보았으나 現實的인 具體的인 人間(Mensch)은 결코 自由·平等하지 않다는 것을 깨닫게 되어 현대에 와서는 個人의 良心만 가지고 되지 않는 곳에 社會의 良心이 발동하지 않을 수 없었던 것이다.[43] 個人主義와 自由主義의 法思想을 修正하여 보다 나은 福祉社會를 이루기 위하여 20세기적 社會本位의 團體主義的 法思想이 대두하였으며, 모든 인간에게 인간다운 生活을 향유시키는 것을 理想으로 소유권의 社會化思想이 대두하여 所有權의 社會的 拘束性(Sozialgebundenheit des Eigentums)이 강조되고 그와 함께 所有權의 權利內在的 義務가 또한 강조되었다.

所有權의 社會化思想은 私法理論에 있어서 相隣關係, 權利濫用禁止의 原則, 信義誠實의 法理와 함께 자본주의의 獨占段階 초기에 출현하여 市民生活의 均衡的 利益을 도모하기 위한 法的 手段으로 대두되게 된 것이며, 이를 통하여 土地所有權의 公的制限에 대한 근거를 마련하게 되었던 것이다. 예링(R. Jhering, 1818～92)의 法社會學的 目的論이나 기르케(Otto v. Gierke)의 團體主義的 法理論은 소유권의 社會的 色彩를 짙게 했고, 그들은 제1차대전 전부터 民

42) 趙千壽, "獨逸에 있어서의 所有權의 制限", 立法調査月報, 85(1972. 8. 9).
43) 전윤철(註 21), 61.

法學者에게 영향을 주어 所有權의 社會化思想을 이룩하게 했던 것이다.[44)]

결국 土地所有者은 自由, 無制約的인 權利에서 公共의 利益을 위하여 消極的·例外的으로 제한을 받으며 義務를 수반하는 相對的 權利로 변화하였다. 이러한 경향은 法律의 規定으로 나타났다. 獨逸民法은 그 第1草案(1888년)에서는 所有權을 恣意的으로(nach Willkür) 利用할 수 있는 권리라 하였던 것을 任意로(nach Belieben)라는 부드러운 표현으로 고치고 다시 法律의 범위 내에서라는 制約을 두어 그 §903는 所有權의 내용을 "物件의 所有者는 法律 또는 제3자의 권리의 범위 내에서 任意로 그의 所有物을 처분하고 또한 타인의 一切의 干涉을 배제할 수 있다"라고 規定하였다. 확실히 獨逸民法上의 所有權은 個人主義에 기초하고 있으며[45)] 自由主義的·資本主義的 時代의 표현으로 통한다.[46)] 그러나 獨逸民法上의 所有權의 내용이 社會的 拘束과는 멀다고 하는 것은 잘못이다.[47)] 그것은 憲法上의 所有權制限規定과 관련하여 볼 때 명백하다.

獨逸의 바이마르共和國憲法(1919년 制定) §153 I 은 "所有權은 憲法에 의하여 보장된다. 그 내용과 한계는 法律로 정한다"라고 하고, 同條 Ⅳ에서는 "所有權은 義務를 진다. 所有權의 행사는 동시에 公共의 福利에 대한 봉사이어야 한다"고 規定하여 所有權의 義務性을 명백히 하였다. 바이마르共和國憲法은 특히 土地의 분배와 이용에 대하여 特別規定을 두어 그 §155 I 에서는 "土地의 분배와 이용은 國家가 이를 監督하고 그 濫用을 막으며 또 모든 獨逸人에게 건강한 住居를 제공하며 모든 獨逸人의 家族 특히 子女가 많은 가족에게 그의 需要에 상응하는 住居 및 農業家產地를 확보한다는 목적을 향해 노력하도록 國家가 감시한다"고 하고 土地所有者의 노력에 의하지 않은 土地增價, 즉 開發利益(development value; betterment)의 社會還收의 근거규정을 두어 同條 Ⅲ은 "土地를 개척하고 이용하는 것은 土地所有者가 公共에 대하여 지는 義務로 한다. 勞力 또는 資本을 使用하지 아니하고 발생한 價格의 증가는 公共을 위하여 이를 利用하여야 한다"고 하여 土地所有權의 社會的 義務性을 所有權行使의 公共福利適合義務에 나아가서 土地價値의 質的制限에까지 확대시켰다. 제2차대전 이후의 立法도 대체로 이러한 경향을 따르고 있다. 獨逸基本法(1949년 制定)도 그 §14 I 에서 所有權 및 相續權은 보장된다. 그 내용 및 제한은 法律로써 정한

44) 鄭權燮, 土地所有權制限에 관한 硏究, 6(1975).
45) Palandt(註 34), 364.
46) Fritz Baur, Lehrbuch des Sachenrecht, 10. Aufl., 208(1978).
47) Baur(註 46), 208.

다"고 하고 本條 Ⅱ에서는 "所有權은 義務를 수반한다. 그 行使는 동시에 公共의 福利에 기여하여야 한다"고 하여 所有權의 社會的 義務性을 밝히고 있다.

우리의 憲法도 制憲憲法 이래 현행 憲法에 이르기까지 계속해서 所有權은 財産權에 포함되어 "모든 국민의 財産權은 보장된다. 그 내용과 한계는 法律로 정한다. 財産權의 行使는 公共福利에 적합하도록 하여야 한다"(§23 Ⅰ, Ⅱ)고 선언하고 다시 民法은 §2에서 "權利의 行使와 義務의 履行은 信義에 좇아 誠實히 하여야 한다. 權利는 濫用하지 못한다"고 하고, §211는 舊民法이 所有權을 「自由로」 行使할 수 있는 권리라고 한 것을(舊民 §206) 「自由로」를 削除하여 "法律의 범위 내에서 그 所有物을 使用·收益·處分한 權利가 있다"고 規定함으로써 所有權 특히 土地所有權의 社會的 拘束性의 일반적 경향에 호응하고 있다.

이와 같이 現代的 土地所有權은 絶對的 자유로운 近代的 土地所有權이 契約의 자유와 결합하여 가져온 社會的·經濟的 弱者의 支配·服從을 강요하는 社會的 問題를 시정하기 위하여 所有權의 社會的 義務가 강조되고 所有權은 前國家的·自然法的 權利가 아니라 法律의 범위 내에서 인정되는 實定法的·相對的 權利로 변화한 것이다. 現代的 土地所有權의 社會的 義務性의 歷史的 遠由는 게르만법상의 소유권의 義務思想에서 찾을 수 있을 것이다.

5. 所有權槪念의 分化

近代民法은 모두가 所有權은 渾一性을 갖는 權利로서 所有權에서부터 使用·收益·處分權能이 流出되는 것으로 파악하고 그러한 所有權槪念을 立法하였다. 그런데 近者에 와서는 所有權의 여러 권능을 分離·獨立시켜 각각 독립한 權利로 하여 일부는 私人에게, 일부는 國家 또는 公共團體에 귀속시킬려고 하며 부분적으로는 特別法에 의하여 이를 실천에 옮기고 있다.

이와 같이 所有權, 특히 土地所有權槪念의 분화현상은 토지문제가 社會問題로 발전하여 이에 대한 規制를 私權의 社會性·公共性의 原理에 의해서는 해결할 수 없으므로 근원적으로 土地所有權槪念을 재정립하여 사회문제를 유발할 수 있는 所有權의 一部權能을 國家 또는 公共團體가 갖고 개인에게는 오로지 現在狀態로의 利用權만을 인정하고자 한다. 그러나 이러한 토지소유권개념의 分化는 특정한 地域에 한해서 실현되고 있을 뿐이며 全面的으로 실현되지는 않고 있다.

구체적인 土地所有權의 分化現象을 살펴보면 英國에서는 1947년의 都市農

村計劃法(Town and Country Planning Act)에서 土地所有權에서 開發權(development right)을 분리하여 이 開發權을 公有化한 바 있으며, 美國에서는 開發權讓渡制(transfer of development right)에 의하여 開發權을 土地所有權에서 분리하여 독립한 權利로 하긴 했으나 그것을 公有化하지는 않고 開發權에 市場流通性을 부여하였다. 이와 같이 英美에서 開發權을 土地所有權에서 분리하여 公有化 또는 市場流通性을 부여한 것은 英國에서는 綠地의 保全과 土地로부터 발생하는 土地價值增減의 調整, 즉 開發利益과 開發損失의 調整을 위하여서였으며, 美國에서는 綠地의 보전, 歷史的 建物의 보전을 위한 그 건물주변의 開發抑制, 生態界의 保護, 開發損失의 補償方法으로 활용함에 그 목적이 있었다.

佛蘭西에서는 1975년에 土地改革法을 제정하여 土地所有權에서 建築權을 분리하고 이 建築權의 일부를 公有化하였다. 그것이 바로 建築密度上限制이다.[48]

獨逸에서는 立法으로까지 發展은 되지 않았지만 所有權을 處分所有權(Verfügungseigentum)과 利用所有權(Nutzungseigentum)으로 나누어 處分所有權은 地方自治團體(Gemeinde)가 갖고 利用所有權은 私人에게 귀속케 하고자 구상하고 있다. 여기서 利用所有權과 處分所有權의 分離內容을 살펴보면 먼저 處分所有權은 地方自治團體에 移轉歸屬되어 特定私人에게 利用所有權을 일정기간 동안 설정해주고 利用所有權의 取得者와 土地利用의 形態, 利用方式, 利用期間, 利用代價 등을 합의할 수 있는 權利이다. 여기서 處分이라는 개념은 私法解釋學(Privatrechtdogmatik)에서와 같이 土地를 法律行爲에 의하여 讓渡하거나 土地에 負擔을 지울 수 있는 權能이 아니다.[49] 處分所有權者는 土地를 스스로 이용할 수 없으며 占有할 權利도 갖지 않으며 제3자에 대한 所有物返還請求權도 갖지 않는다. 결국 處分所有權에 의하여 土地에 관한 구체적인 目的設定은 利用所有權의 도움이 있어야만 수행될 수 있다.

地方自治團體는 處分所有權을 私的權利主體에게 양도할 權限은 없으며 處分所有權을 거래할 수도 없으며, 價值評價도 할 수 없고 물론 擔保權을 설정할 수도 없다. 다만 地方自治團體는 處分所有權을 公法人이나 營造物에 移轉할 수는 있다. 그것에 반하여 利用所有權은 양도할 수 있고 부담을 지울 수 있는 去來可能한 私的物權이다. 利用所有權은 토지를 占有하고 利用하고, 특히 建築할

48) 이에 관해서는 民 §212에서 자세히 설명하기로 한다.

49) Der Bundesminister für Raumordnung, Bauwesen und Städtebau, Neue und modifizierte Rechtsformen der Bodennutzung, 68(1970).

수 있는 權能을 갖고 있다. 그러므로 利用所有權은 處分所有權보다도 더 완전한 所有權에 가깝다.[50] 그러나 다른 한편에 있어서는 利用所有權은 일정기간 동안만 허용되는 것이며 利用所有權者는 임의로 土地利用의 형태, 建物의 종류를 결정할 수 있는 것이 아니라 地方自治團體의 處分所有權에 의하여 구속된다. 利用所有權의 處分所有權에 의한 拘束은 이용소유권자와 처분소유권자인 地方自治團體와의 契約에 의하여 이루어진다. 이 契約內容이 제3자에 대하여 效力을 미치게 하기 위해서는 利用所有權의 이같은 모든 制限內容이 物權化되도록 規定되어야 한다.[51] 그리고 利用所有權者의 土地利用의 代價로서 지방자치단체에 대한 補償支給을 가능할 수 있도록 하는 것도 고려될 수 있다.

利用所有權의 利用期間이 종료하면 利用所有權이 更新되어 계속되거나 아니면 處分所有權者에게로 移轉된다. 이러한 土地所有權分化를 위한 主張과 立法은 土地所有權에 다시 分割所有權의 모습으로 회귀하는 것 같은 모습을 보여주고 있다.

우리 나라에서는 지금까지 所有權의 權能의 分化·獨立의 주장이나 시도는 없으나 所有權中心主義에서 利用權中心主義로 옮겨가야 한다는 주장이나 오늘날 강하게 주장되고 있는, 소위 土地公槪念도 극단적으로 발전해나가면 결국 土地所有權槪念의 分化로까지 발전할 可能性을 배제할 수 없을 것이다.

V. 우리 나라의 土地所有權의 歷史的 形成

1. 土地調査事業 및 舊民法 以前

우리 民 §211에서 規定하고 있는 所有權槪念은 우리 고유의 所有權槪念 내지 所有制度를 바탕으로 하여 規定된 것이 아니라 西洋에서 생성되고 발전되어온 所有權槪念을 立法한 것이다. 西洋에서 생성되고 발전되어온 所有權槪念이 우리 나라에서 立法化된 것은 1912년 朝鮮民事令에 의해서 依用된 日本民法上의 所有權槪念이 최초라 할 수 있다.

日本民法이 依用되기 전에는 우리 나라에서는 西洋에서 생성·발전된 所有權槪念과 동일한 所有權이 인정되지 않았는가? 이에 관해서는 學說이 對立

50) Der Bundesminister für Raumordnung, Bauwesen und Städtebau(註 49), 68.
51) Der Bundesminister für Raumordnung, Bauwesen und Städtebau(註 49), 69.

되고 있고 學說의 대립은 土地所有權을 중심으로 하여 전개되고 있다. 土地所有權에 관해서는 적어도 朝鮮後期에 이르러서는 이미 우리 나라에서도 近代的인 所有權觀念과 私所有權이 인정되고 있었다는 學說[52]이 있으나, 한편으로 朝鮮時代는 토지는 國有이었고 백성은 耕作權(즉 利用權)만을 갖는 分割所有權의 형태로 존재하였으나 土地調査事業을 실시하고 日本民法이 依用되고서부터 비로소 근대적인 土地所有權概念이 우리 나라에서 확립되었다고 한다.

그런데 朝鮮時代의 土地制度가 國有이었느냐 私有이었느냐에 관한 論爭의 根底에는 王土思想을 어떻게 이해하느냐에 집중되어 있는 것 같다. 王土思想은 中國·韓國·日本 및 東亞細亞 諸國에서 古來로부터 土地에 관한 사상으로서 강하게 지속되어 왔다. 이 王土思想은 詩經의 詩句인 "하늘 아래 王의 땅이 아님이 없고, 온 땅끝까지에 王의 신하가 아닌 이가 없도다"(溥天之下, 莫非王土, 率土之濱, 莫非王臣)에 표현된 土地와 人民에 대한 王의 絶對的 支配權의 사상으로 이해되어 왔다. 이러한 王土思想은 土地國有論者에게는 土地國有論이 根據가 되어 왔으며, 특히 우리 나라에서는 土地國有論을 가장 줄기차게 오랫동안 뒷받침하여 온 유별난 특징적 歷史的 根據로 인용되어 왔다.

그러나 최근에 들어와서 土地私有論을 주장하는 學者들에 의하면 王土思想은 결코 土地國有를 뜻하는 것이 아니고 國法의 적용을 받는 土地를 뜻함에 불과하며, 土地에 대한 權利의 行使는 國法이 허용하는 限度 내에서만 有效하다는 것을 의미하는 理念의 표현으로 이해하고 있다.[53] 우리의 過去歷史를 거슬러 살펴보면 國王이 人民에게 土地를 分給함에 있어서 크게 公田과 私田으로 나누고 그 모두를 國田, 즉 王土라 하였다.

筆者의 拙見으로는 王土思想은 土地란 國王의 所有, 다시 말하면 國民 모두의 것이라는 理念的 宣言으로 이해될 수 있지 않을까 생각한다. 그래서 理念的으로 모든 土地는 國民 전체의 所有이고 다만 公田이든 私田이든 그것은 耕作利用權이 特定人의 生存 동안만 인정되느냐 아니면 代代로 계속되느냐의 차이에 의한 구분으로 이해할 수 있지 않을까 생각된다.

이와 같은 解釋은 英美不動產法의 生成過程과도 비교될 수 있다고 보여진다. 즉 土地는 모두 國王의 所有이고 保有權만 개인이 갖는 것으로서 그것에는 保有期間의 制限이 있는 것도 있고, 전혀 制限이 없는 것도 있다. 그래서 王土

52) 愼鏞廈, 朝鮮土地調査事業硏究, 16(1982).

53) 朴秉濠, 韓國法制史巧, 124-131(1974).

思想을 획일적으로 土地國有論의 근거로만 보는 것이나 또는 모든 土地는 國法의 適用을 받아야 한다는 法的 픽션(fiction)으로 理論構成한다는 것도 무리가 있지 않을까 생각된다.

2. 土地調査事業에 의한 査定과 舊民法에서의 所有權概念에 관한 規定

日帝는 朝鮮을 합병한 후 日本資本의 조선의 土地支配를 지원하기 위하여 封建的 土地制度를 근대적 토지제도로 전환하여 확립한다는 명분하에 土地調査事業을 실시하였다. 사실 土地調査에 관한 事業은 大韓帝國이 이미 독자적으로 1898년에 量田事業으로 추진하였으나 對內外的인 사정에 의하여 1903년에 중단되고 말았다.[54]

그 후 日帝는 合邦 후 즉시 1910년 10월에 臨時土地調査局官制를 정하고 土地調査事業에 착수하였다. 그리고 나서 1912년에는 土地調査令(制令 제2호, 1912. 8. 13)을 제정하여 土地에 관하여 所有權을 가진 者는 臨時土地調査局長에게 토지의 所有者 및 그 疆界를 신고하도록 하고(土地調査令 §4), 臨時土地調査局長은 地方土地調査委員會의 자문을 받아 토지의 所有者 및 그 疆界를 査定하여 이를 30일간 公示하고(土地調査令 §9), 査定에 대하여 불복이 있는 者는 30일의 公示期間 만료 후 60일 이내에 高等土地調査委員會에 신청하여 그 裁決을 구할 수 있도록 하였다(土地調査令 §11). 이와 같이 土地所有權은 申告에 대한 査定의 確定 또는 査定에 대한 裁決에 의하여 확정되었다(土地調査令 §15).

査定은 그 法的 性質은 行政處分이었지만 기존의 土地所有權의 確認이 아니라 査定에 의해서 所有權이 결정되었으며, 따라서 査定에 의하여 土地所有權을 原始取得하였다.[55] 또한 査定은 絶對的 效力을 가졌기 때문에 査定 이전의 所有權 유무를 가지고 다툴 수 없었다. 그리고 裁決이 있게 되면 査定日에 遡及하여 土地所有權取得의 效力이 발생하였다. 土地調査事業의 施行과 더불어 朝鮮民事令(制令 제7호, 1912. 3. 18)을 제정하여 日本民法은 依用하게 되어 西洋에서 생성·발전된 近代的 所有權概念이 立法으로 규정되었다. 또 한편 舊民法에 의한 近代的 土地所有權概念의 規定과 함께, 그리고 査定 또는 裁決이 處罰받을 행위에 기하여 이루어졌거나 査定 또는 裁決의 證據가 된 文書가 僞造 또는 變造

54) 愼鏞廈(註 52), 18.

55) 朝鮮高等法院判決 17. 3. 27(民集 4, 207)(總 2-2(A), 470); 朝高 18. 5. 17(民集 5, 421)(總 2-2(A), 470); 朝高 19. 4. 15(民集 6, 210)(總 2-2(A), 471); 郭潤直, 不登, 52 (1987).

된 것일 때에는 査定이 확정되었거나 또는 裁決이 있은 날로부터 3년 내에 高等土地調査委員會에 再審을 신청할 수 있었다(土地調査令 §16).

그리고 朝鮮不動産登記令(制令 제9호, 1912. 3. 18)을 제정하여[56] 土地調査事業의 査定에 의하여 확정된 土地所有權을 등기할 수 있는 方案을 강구하였다. 이와 같이 日帝는 日本民法의 依用을 통해서 西洋에서 生成·發展된 近代的 所有權概念을 규정하고 朝鮮不動産登記令에 의해서 登記制度를 마련함으로써 不動産所有權을 登記할 수 있도록 法的 裝置를 마련하고 구체적으로는 土地調査事業을 통해서 이를 실천해 나갔다.

어떻든 현재 우리 民法에서 規定되어 있는 所有權概念과 우리가 運用하고 있는 不動産登記制度는 서양에서 생성·발전된 近代的 所有權概念과 登記制度에서부터 발생한 것이며, 우리 固有法에서의 所有權概念과 不動産公示制度를 바탕으로 하여 發展된 것은 아니다. 비록 土地調査事業 이전에 이미 우리 나라에서 근대적인 所有權概念과 비교될 수 있는 私所有權이 확립되어 있었다고 하더라도 土地調査事業을 통한 査定에 의해서 土地所有權을 확립한 것은 우리 固有法上의 土地所有權概念에 바탕을 두고 所有權은 확립한 것은 아니다. 그래서 오늘날 우리 나라에서의 土地所有權의 權原의 뿌리(root of title)는 土地調査事業에 의한 査定에 있다고 아니할 수 없다.

이와 같은 土地調査事業은 1917년 12월에 終了하고 土地調査事業時에서 조사하지 못했던 林野를 포함한 기타의 토지에 대해서 朝鮮林野調査令(制令 제5호, 1918. 5. 1)을 제정하여 1917년부터 1935년까지의 기간동안 土地調査事業에서의 방법과 동일한 방법으로 査定(1917년부터 1924년까지) 또는 裁決(1919년부터 1935년까지)에 의하여 林野에 대한 所有權을 확립하였다.

Ⅵ. 所有權의 憲法的 保障

우리 憲法은 所有權을 財産權保護規定에 포함해서 이를 보호하고 있다. 그래서 憲 §23 I 본문에서 財産權保護規定을 두어 所有權을 보호하고 있으며,

---

56) 同法은 1914년 5월 1일부터 시행되었다. 왜냐하면 土地調査事業에 의한 土地臺帳이 完了되지 않으므로 인하여 土地登記簿를 만들 수 없었기 때문이다. 그래서 1918년 6월 30일까지는 土地調査가 完了된 土地에 대해서는 登記制度를, 完了되지 않은 土地에 대해서는 證明制度를 倂用하다가 土地調査事業이 完了되고 난 후 1918년 7월 1일부터는 全國的으로 登記制度가 실시되었다.

§13 Ⅱ에서는 遡及立法에 의한 財産權의 剝奪을 금지하고 있으며, §23 Ⅱ에서는 公共必要에 의한 재산권에 대한 收用·使用 또는 制限은 法律로써 할 수 있되 정당한 補償을 지급하도록 하고 있으며, 憲 §37 Ⅱ에 의해서 財産權에 대한 제한을 한다 하더라도 財産權의 본질적 내용을 침해해서는 안 됨을 明定하고 있다.

所有權은 財産權 중에서도 가장 중요한 재산권이므로 이러한 憲法의 規定에 의하여 保護를 받게 된다. 특히 憲 §23 Ⅰ의 財産權保護規定을 어떻게 해석할 것인가에 관해서는 學說이 대립되고 있다. 즉 憲 §23 Ⅰ은 財産權을 自由權的 基本權으로 보장하고 있다는 견해가 있고 또한 §23 Ⅰ은 私有財産制度의 制度的 保障規定으로 파악하는 學說도 있다. 그러나 다수의 學說은 折衷的인 見地에서 憲 §23 Ⅰ은 旣取得財産權에 관해서는 자유권적 기본권으로, 未取得財産權에 대해서는 私有財産制度에 관한 제도적 보장규정으로 파악한다.[57] 이러한 財産權保障에 관한 學說의 대립은 어느 學說을 취하느냐에 따라서 財産權制限의 범위와 정도에 관한 차이를 초래하게 된다.

생각건대, 憲 §23 Ⅰ은 財産權을 自由權的 基本權으로 보호하면서 동시에 私有財産制度를 제도적으로 보장하고 있다고 해석된다.

한편 知的所有權에 관해서도 憲 §22 Ⅱ에서 이를 보호하고 있다. 또한 우리 憲法은 經濟의 章에서 自由市場經濟秩序를 원칙으로 하고(憲 §119 Ⅰ), 社會的 經濟正義의 실천을 위해서 國家가 市場秩序에 대하여 規制와 調整을 가할 수 있도록 하여(憲 §119 Ⅱ) 所有權의 행사의 자유를 보장하고 있다.

이와 같이 憲法에서 所有權을 財産權에 포괄하여 보호하고 있지만 다른 한편으로는 制限을 받을 수도 있음을 예정하고 있다. 즉 財産權의 行使는 公共福利에 적합하여야 하고(憲 §22 Ⅱ), 法律에 의해서 제한할 수 있도록 하고 있다(憲 §23 Ⅲ). 특히 土地所有權은 다른 財産權보다도 더 엄격한 公的規制를 받을 수 있음을 憲法에서 이미 예정하고 있다(憲 §§120, 121, 122). 所有權制限에 관해서는 별도로 자세히 論하기로 한다.

57) 金哲洙, 憲法學概論, 395(1988); 權寧星, 憲法學原論, 456, 456(1988).

Ⅶ. 所有權의 性質

근대 民法에서의 所有權은 物件을 全面的·獨占的으로 支配할 수 있는 權利이다. 이와 같은 내용의 所有權은 다음과 같은 性質을 가지고 있다.

1. 觀 念 性

所有權은 物件을 전면적으로 지배할 수 있는 權利로서 현실적으로 物件을 지배함으로써 成立하는 占有權과는 다른 觀念性을 갖는다. 즉 로마법에서는 本權과 占有權을 구분하고 本權은 다시 所有權과 制限物權으로 구분하였다. 그래서 소유권은 物件을 지배할 수 있는 관념적인 權利로서 근대에 로마법의 繼受에 의해서 근대 民法은 로마법상의 所有權槪念에 따라서 관념적인 權利로 규정하였다. 그러나 게르만법에서는 게베레(Gewere)적 所有觀念에 의하여 所有權도 物件에 대한 현실적 지배가 있어야 成立할 수 있었다.

2. 全 面 性

所有權은 物件이 갖는 使用價値와 交換價値를 전면적으로 지배할 수 있는 權利이다. 따라서 使用價値나 交換價値만을 지배할 수 있는 制限物權과 구별된다. 이와 같은 所有權은 物件이 갖는 사용가치와 교환가치를 全面的으로 지배하므로 完全物權이다.

3. 渾 一 性

所有權은 所有權의 각 권능, 즉 使用權能, 收益權能, 處分權能이 각각 독립한 權利로서 所有權이란 이름하에 결합되어 있는 여러 가지 權利의 집합이 아니라 所有權에서부터 이러한 각각의 權能이 유출하는 性質을 갖고 있다. 이러한 所有權의 성질을 소유권의 渾一性이라 하며 抽象性이라고도 한다.[58] 따라서 所有權의 渾一性 때문에 所有權과 制限物權이 동일인에게 歸屬하면 制限物權은 混同에 의해서 消滅한다.

로마법상의 所有權은 渾一性을 가졌으나 게르만법상의 所有權은 혼일성을 갖지 못하는 分割所有權의 형태를 유지하였다. 英美財産法에서는 오늘날도 所

58) Wolff/Raiser, Sachenrecht, 10. Aufl., 175(1957).

有權은 각각 독립한 권리인 여러 가지의 權利가 結合되어 있는 權利로 이해되고 있다. 그래서 分割所有權의 형태를 유지하고 있다.

獨逸民法 制定 당시에도 所有權은 혼일적인 權利로 규정할 것인가, 여러 權能이 독립한 권리로서 결합되어 있는 權利로 규정할 것인가에 관해서 論爭이 있었으나 渾一的인 權利로 규정하였다.

4. 彈 力 性

所有權은 所有目的物 위에 地上權 기타의 制限物權을 설정하면 소유권의 權能의 행사가 부분적으로 중지되다가 그러한 制限物權이 소멸하면 所有權 본래의 完全物權으로 회복된다. 所有權의 이러한 성질을 彈力性(Elastizität)이라 한다. 그런데 利用權이 강화되면 소유권의 彈力性은 이름뿐인 有名無實한 것으로 되어버린다.[59] 사실 이러한 현상은 法定地上權을 實定法에 의해서도 慣習法에 의해서도 폭넓게 인정하므로 土地所有權은 탄력성을 잃고 地料徵收權化하는 傾向을 보이고 있다.

5. 恒 久 性

所有權은 存續期間의 제한도 없으며, 또한 消滅時效에도 걸리지 않는다(民 § 162 Ⅱ). 所有權의 이러한 성질을 恒久性이라 한다. 이와 같은 所有權의 항구성 때문에 所有權에 대하여 永久的 處分禁止의 特約이나 存續期間을 約定하는 것은 許容될 수 없으며 그러한 約定은 無效이다.[60]

Ⅷ. 所有權의 種類

所有權의 종류는 그 分類基準에 따라서 다양하게 分類할 수 있다. 그러나 여기서는 우리 나라에서 論議되거나 法律에서 규정되어 있는 所有權의 종류만을 論하기로 한다. 所有權의 종류에 따라서 각각 그 適用法規가 相異하므로 所有權의 종류를 나누어 볼 實益이 있다.

---

59) 張庚鶴, 物權, 363(1987).

60) 鄭權燮 執筆, 執筆者代表 黃迪仁, 註釋民法(Ⅱ): 物權法, 335(1990).

1. 不動產所有權과 動產所有權

所有權의 客體에 따라서 부동산을 客體로 하는 소유권을 不動產所有權이라 하며, 動產일 때 動產所有權이라 한다. 不動產所有權은 그 不動產所有權의 移轉을 목적으로 하는 契約은 언제나 檢印契約書에 의하여야 하며(不登特措 §3), 따라서 不動產所有權移轉은 목적으로 하는 契約은 要式行爲라고 할 수 있다. 그리고 契約에 의한 不動產所有權移轉登記는 有償契約에 의한 경우는 反對給付의 履行日로부터, 無償契約에 의한 경우에는 契約締結日로부터 60일 이내에 반드시 登記를 신청하여야 하며(不登特措 §2 I), 이를 懈怠하면 登錄稅의 5배 이하의 過怠料가 賦課된다(不登特措 §11).

그리고 不動產의 保存登記도 그 保存登記를 하지 않은 동안에 所有權移轉을 목적으로 하는 契約을 체결한 때에는, 所有權保存登記를 할 수 있었음에도 이를 하지 않은 경우에는 그 契約締結日로부터, 그 契約을 締結한 후에 그 所有權保存登記를 申請할 수 있게 된 경우에는 그 所有權保存登記를 申請할 수 있게 된 날로부터 60일 이내에 먼저 保存登記를 하여야 한다. 이를 懈怠한 때에도 역시 登錄稅의 5배 이하의 過怠料가 賦課된다(不登特措 §§2 Ⅳ, 11). 그리고 不動產所有權의 취득에는 善意取得이 인정되지 않는다.

이와 같은 不動產所有權의 중요한 특징에 비해서 動產所有權에는 그 取得에 있어서 善意取得이 인정되어(民 §§249-251) 無權利者로부터의 動產所有權의 取得이 인정된다.

2. 土地所有權과 建物所有權

不動產所有權은 다시 그 所有權의 대상이 土地이냐 建物이냐에 따라서 土地所有權과 建物所有權으로 나누어 볼 수 있다. 土地는 인간이 生產한 物件이 아니고, 그 量이 有限하며, 인간의 生活과 生產의 기반이 되기 때문에 建物所有權에 비해서 公法的 規制가 심하다. 특히 우리 나라에서는 土地公概念의 理念下에 土地所有權은 다른 어떤 財產權보다도 強한 公法的 規制下에 있다. 土地去來의 許可制, 申告制, 農地와 山地의 賣買證明制는 土地所有權에 있어서만 인정되는 제도이다. 그리고 稅制에 있어서도 土地超過利得稅, 綜合土地稅는 土地所有權에만 인정, 부과된다. 그에 반해 建物은 인간이 만든 物件이기 때문에 土地와는 성질이 다르고, 建物所有權은 土地所有權에 비해서 公法的 規制가 弱

하다. 그러나 土地所有權에는 인정될 수 없는 區分所有權이 인정되는 것이 특징이다.

3. 私的所有權과 公的所有權

所有權者가 私人이냐 國家, 地方自治團體 또는 公法人이냐에 따라서 私人일 때 私所有權 또는 私的所有權이라 하며, 國家 기타 公法人일 때 公的所有權이라 한다.

私的所有權과 公的所有權의 차이점은 私的所有權의 객체는 법률의 범위 내에서 所有物을 使用·收益·處分할 수 있는 融通物이나, 公的所有權의 객체는 私的인 거래의 대상이 되지 못하는 不融通性인 데 있다. 물론 公的所有權의 객체라 하더라도 公用廢止가 있다든가 일시적으로 公的所有로 한 물건은 私的去來의 객체로 할 수 있다.

4. 單獨所有權과 共同所有權

하나의 物件을 一人이 所有할 때 이를 單獨所有權(Alleineigentum)이라 하고, 數人이 공동으로 所有할 때 이를 共同所有權(Miteigentum)이라 한다. 共同所有權은 다시 數人의 共同所有者間의 人的結合의 정도에 따라서 共有(Miteigentum nach Bruchteilen)(民 §§ 262-270), 合有(Miteigentum zur gesamten Hand)(民 §§ 271-274), 總有(Gesamteigentum)(民 §§ 275-277)로 나누어진다.

5. 區分所有權

一棟의 建物이 구조상·이용상의 獨立性이 있는 數個의 部分建物로 구성되어 있는 集合建物에 있어서 구조상·이용상의 독립성이 있는 部分建物로서 그 부분건물에 관하여 독립한 登記가 되어 있을 때 그 構造上·利用上의 독립성이 인정되는 部分建物(이를 區分建物이라고도 한다)을 객체로 하는 所有權이 區分所有權이다. 좀더 정확히 말하자면 독립한 登記가 되어 있는 一棟의 建物의 構造上·利用上의 獨立性이 인정되는 部分建物의 專有部分을 객체로 하는 所有權이 區分所有權이다.

이 區分所有權은 一棟의 建物의 일부분이므로 자연히 다른 區分所有權과의 利害調整을 위하여 強한 制約을 받는 團體主義的 性格을 띠고 있으며, 垈地使用權과의 分離處分이 금지되는 一體性의 원리가 지배하는 특징을 지니고 있다. 區分所有權에 관해서는 民 §215 및 集合建物法이 規律하고 있다.

6. 信託的所有權

"假登記擔保 등에 관한 法律"에 의하여 양도담보가 制限物權인 讓渡擔保權으로 규율되기 전에 양도담보권이 慣習法上의 物權으로 인정되고 있었던 당시에 通說[61]과 判例[62]가 양도담보를 信託的所有權移轉說에 따라서 이론구성을 하였을 때 讓渡擔保權者의 소유권을 信託的所有權이라 하였다.

지금은 多數說[63]과 判例[64]는 讓渡擔保權을 제한물권인 담보물권으로 파악하고 인정하므로 讓渡擔保權者가 형식적으로 所有權을 취득하지만 실질적으로는 擔保物權인 讓渡擔保權을 취득할 뿐이다. 그러나 少數說은 아직도 讓渡擔保權者의 소유권을 신탁적소유권으로 파악하고 있다.[65]

慣習法에 의하여 讓渡擔保權이 규율될 당시에는 양도담보의 설정에 의해서 讓渡擔保權者는 經濟的으로는 擔保의 目的을 위해서, 法的으로는 所有權을 이전받으나 讓渡擔保權設定者와의 관계에서는 擔保의 목적을 넘어서 所有權을 행사하지 않을 義務는 負擔하는 것으로 理論構成하였다. 그래서 讓渡擔保目的物에 대해서 讓渡擔保權利者와 讓渡擔保設定者間의 대내적 관계에서는 讓渡擔保設定者가 소유자이지만 대외적 관계에서는 讓渡擔保權權利者가 所有者로서 讓渡擔保權者로부터 讓渡擔保目的物을 讓受한 者는 善意이든 惡意이든 所有權을 취득한다고 하였다.

이와 같이 讓渡擔保에 있어서 對內的으로는 所有者가 아니나 對外的으로는 所有者인 讓渡擔保權利者의 소유권을 信託的所有權(fiduziarisches Eigentum)이라 하였다.

7. 關係的所有權, 表見所有權

名義信託의 有效性을 判例가 인정하므로 명의신탁에 있어서 名義信託者와 名義受託者와의 對內的 關係에서는 명의신탁자가 所有者이고 명의수탁자로부터 名義信託目的物을 讓受한 者는 善意이든 惡意이든 유효하게 소유권을 취득

61) 郭潤直, 477(1969); 金顯泰, 物權(下), 232(1964).
62) 大判 54. 11. 18, 4283民上(要集, 641); 大判 62. 12. 27, 62다724(要集, 641); 大判 69. 10. 23, 69다1338(要集, 642); 大判 71. 2. 24, 75다1608(要集, 642).
63) 郭潤直(註 21), 684; 金容漢, 物權, 632(1985).
64) 大判 90. 4. 24, 89다카1884(公 874-1135).
65) 李英俊, 物權, 883(1990).

한다. 이와 같이 名義信託에 있어서 對內的·對外的 所有權者가 서로 달라지는 경우의 所有權을 關係的所有權이라고 하기도 하고 특히 名義受託者의 對外的 所有權을 表見所有權이라고 하는 주장[66]이 있다.

생각건대, 名義信託의 有效性은 부인되어야 할 것이며 渾一的인 所有權이 對內的·對外的으로 所有者가 달라질 수 있다는 것은 所有權의 본질에 반한다고 아니할 수 없다. 그래서 關係的所有權, 表見所有權 등의 주장은 타당하지 못하다고 생각된다.

8. 事實上의 所有權

우리 民法은 物權變動에 관하여 成立要件主義를 취하므로 物權行爲를 하고 不動產의 점유를 移轉받았으나 移轉登記를 하지 않는 者는 所有權을 취득할 수 없다. 그러나 物權行爲를 하고 占有의 移轉을 받은 者를 移轉登記를 하지 않았다고 하여 法的 保護 밖에 둘 수는 없다. 이러한 登記하지 않았으나 占有의 移轉을 받은 者의 法的 地位를 限時法으로 제정된 각종의 不動產登記에 관한 각종의 特別措置法에서는 사실상의 所有權으로 保護하고 있고 또한 이러한 사실상의 所有者의 登記請求權은 消滅時效에 걸리지 않는다는 것이 判例[67]의 태도이다.

分配農地所有權移轉登記에 관한 特別措置 §2, 林野所有權移轉登記에 관한 特別措置法, 不動產所有權移轉登記에 관한 特別措置法, 收復地域內 所有者未復舊土地의 復舊登錄과 保存登記 등에 관한 特別措置法, 地稅 §182 등의 「事實上의 所有權」은 物權的 期待權으로 설명할 수 있을 것으로 생각된다. 이와 같이 舊民法上의 對抗要件主義에서 新民法에서 成立要件主義를 취하므로 登記하지 않은 事實上의 所有權이 발생하게 되고 그 事實上의 所有權을 法的 保護 밖에 둘 수는 없으며 物權的 期待權으로 保護함이 마땅한 것으로 생각된다.[68]

---

66) 高翔龍, 名義信託論의 再檢討小考, 民法學論叢(郭潤直記念論文集), 195-202(1985).

67) 大判 76. 11. 6, 76다148(要集, 260); 大判 76. 11. 21, 76다342(要集, 260); 大判 77. 3. 8, 74다2796(要集, 260); 大判 77. 8. 23, 77다622(要集, 260); 大判 80. 11. 25, 80다1986(要集, 261).

68) 그런데 宅地所有上限에 관한 法律 §21 Ⅱ 但書에서는 宅地가 名義信託된 경우에 있어서 名義信託者의 法的 地位를 事實上의 所有權으로 규정하고 있는데, 物權的 期待權으로서의 事實上의 所有權과 동일한 개념은 아니다.

9. 時間的所有權

英美不動產法에서는 하나의 不動產을 數人이 特定時期에 特定期間 동안만 소유할 때 그러한 所有權을 時間的所有權(time ownership)이라 하며, 특수한 所有權의 한 유형으로 나누고 있다. 예컨대, 12인이 하나의 別莊을 각각 1개월씩 每年 특정한 달씩 所有하고 利用할 때 그 特定期間 동안 각각 單獨所有權이 인정된다. 이러한 일정한 기간동안만의 所有權을 時間的所有權이라 한다. 이러한 時間的所有權은 소유권의 항구성에 반하므로 인정될 수 없다.

그러나 우리 나라에서도 時間的所有權에 유사한 所有權이 나타나고 있다. 즉 共有登記를 한 콘도미니엄회원권의 경우에 있어서 그 會員이 콘도미니엄의 共有者이지만 그 利用에 있어서는 일정한 기간동안만 가능하다. 물론 이와 같은 法的 現象은 共有者相互間 및 콘도미니엄관리자와의 特約에 의한 利用權의 制限으로 설명이 가능하지만 所有權의 유형의 측면에서 보면 일종의 時間的所有權으로 설명할 수도 있을 것이다.

Ⅸ. 知的所有權

所有權은 物件에 대한 包括的·獨占的 支配權으로서 물건을 使用·收益·處分할 수 있는 물권이다. 所有權의 객체인 물건은 有體物과 電氣 기타 管理할 수 있는 自然力이다. 그런데 著作·發明 등의 精神的·知能的 創造物을 독점적으로 이용하는 것을 內容으로 하는 權利를 知的所有權(intellectual property; geistiges Eigentum) 또는 無體財產權(lmmaterialgüterrecht)이라 한다. 따라서 知的所有權 내지는 無體財產權은 그 객체가 無體物이라는 점에서 有體物을 객체로 하는 所有權과 다르다.

知的所有權은 다시 工業所有權과 著作權으로 나누어진다. 著作權과 工業所有權은 모든 知的創作物에 대한 權利라는 점에서는 동일하다. 그러나 著作權은 文化分野에 대한 권리인 데 반하여, 工業所有權은 產業分野에 대한 권리라는 점에서 근본적인 차이점이 있다.[69] 따라서 공업소유권은 著作權보다 훨씬 財產的 色彩가 강하고 저작권은 工業所有權보다도 人格權的인 色彩가 강하다. 즉

69) 黃迪仁·鄭順姬·崔現鎬, 著作權法, 131(1988).

工業所有權은 財產的 利益만을 그 내용으로 하는 데 반하여, 著作權은 著作人格權과 著作財產權으로 구성되어 있다.

工業所有權은 다시 협의와 광의로 분류할 수 있다. 즉 狹義의 공업소유권은 特許權, 實用新案權, 意匠權, 商標權을 의미하지만 廣義의 공업소유권에는 협의의 공업소유권 이외에도 不正競爭防止法·商法 등에 의하여 보호받는 것까지도 포함된다.[70] 廣義의 工業所有權을 좀더 자세히 분석해보면 광의의 工業所有權은 크게 新規의 創作에 관한 權利와 新規標識에 관한 權利로 분류할 수 있다.

創作에 관한 權利는 다시 실용적인 創作, 즉 發明과 考案에 관한 權利와 裝飾的인 創作 또는 考案에 관한 權利로 나누어지고 전자에는 特許權과 實用新案權이, 후자에는 意匠權이 이에 속한다. 標識에 관한 권리로는 姓名, 商號, 原產地의 名稱, 原產地 表示 또는 出處表示에 관한 권리가 있다.[71]

이상의 著作權과 工業所有權을 총칭하는 知的所有權을 하나의 表로 만들어 보면 아래와 같다.

- 知的所有權
  - 著 作 權
    - 著作人指權
    - 著作財產權
  - 工業所有權
    - 知的創作物에 관한 權利
      - 노우하우(know-how)
      - 特許權
      - 實用新案權
      - 意匠權
    - 營業標識에 관한 權利
      - 商標權(서비스·마크 포함)
      - 商號權
      - 不正競爭防止法上의 權利

이와 같은 知的·精神的 創作物에 대한 독점적 지배권을 知的所有權이라 하며 所有權으로 표시하는 것은 近代市民法에서 소유권을 절대적인 權利로 보호하므로 이러한 知的產物도 소유권이란 이름을 붙임으로써 所有權처럼 철저히 보호하고자 함에 있다고 한다. 이러한 精神的 創作에 관한 권리를 英美에서는 知的所有權이라 하지만 獨逸에서는 Josef Kohler의 주장 이래 無體財產權(Immaterialgüterrecht)이라 한다. 왜냐하면 精神的 創作에 관한 권리는 無體物

70) 黃迪仁 外(註 69), 131.
71) 李秀雄 著, 李範燦 監修, 新工業所有權, 21(1978).

에 관한 財産權으로서 有體物에 대한 所有權과는 다르기 때문이라는 것이다.

우리 나라에서는 최근에 실무상으로 無體財産權을 산업재산권으로, 工業所有權을 산업소유권으로 부르기로 하였다. 그러나 工業所有權을 산업소유권으로 칭하는 것은 合理性이 인정될 수도 있으나 知的所有權, 즉 無體財産權을 산업재산권으로 칭하는 것은 적절치 못한 것으로 생각된다. 왜냐하면 著作權은 著作財産權만을 내용으로 하는 權利가 아니라 著作人格權도 포함하는 權利이기 때문이다.

이러한 知的所有權은 國內法에 의해서 國內에서 보호받을 뿐만 아니라 國際法[72]에 의해서 국제적으로도 보호받고 있다.

X. 所有權과 入住權(또는 당첨권)

所有權은 物件에 대한 使用·收益·處分을 내용으로 하는 權利이다. 그런데 建物 특히 集合建物에 있어서는 公營住宅의 경우에는 그 건물의 着工과 同時에, 民營住宅의 경우에는 10% 정도의 工程이 진행되었을 때 分讓을 하여 분양을 받은 者의 法的 地位를 입주권 또는 당첨권이라 하여 그것이 轉轉流通되며, 또 한편으로 所稅令 §44 Ⅳ ii는 이와 같은 入住權을 "不動産을 取得할 수 있는 權利"로 규정하여 入住權의 양도로 인한 讓渡差益에 대해서는 讓渡所得稅를 賦課하며, 이 입주권의 價額算定에 있어서는 實去來價額을 기준으로 함이 原則이지만 國稅廳이 指定·告示하는 特定地域에서는 基準時價[73]를 적용한다.

그리고 아파트가 완공된 후에도 分讓을 받은 入住者에게 所有權移轉登記를 해주지 않고 建築業者名義로 保存登記를 하고 입주자에게는 入住權만을 許與하고 입주자는 그 택지에 대한 諸稅公課金을 부담하며 소유자처럼 入住建物을 使用·收益·處分하지만 所有權移轉登記를 받지 못하고 있는 경우가 있다. 이와 같이 建物이 완공되었음에도 불구하고 入住者名義로 移轉登記를 해주지

72) 知的所有權의 國際的 保護에 관한 代表的인 國際條約으로는 1883년의 파리조약으로 불리우는 「工業所有權保護同盟條約」이 있으며, 1886년의 베른조약, 1952년의 世界著作權協約 등이 있다.

73) 基準時價는 國稅廳이 정한 入住權의 價額이다. 기준시가를 적용하는 이유는 實去來價額을 포착하기가 쉽지 않고 當事者間의 入住權讓渡契約書에 實去來價額에 비해서 현저히 낮은 가격으로 표시하기 때문이다. 基準時價는 대체로 實去來價額에 육박하는 價額이다.

않는 이유는 그 건물의 建築時에 建築費의 일부를 建築業者가 債務者로서 貸出받았으나 입주자에게로의 債務引受가 이루어지지 않아 擔保目的物인 建物의 移轉登記를 일시적으로 하지 못하는 데 있다. 물론 建物이 완공된 후의 入住權의 양도시에는 讓渡所得稅가 부과된다.

이와 같이 建物이 완공 전에도, 완공 후에도 入住權이란 이름으로 불리어지지만 완공 전에는 建物이 존재하지 않음에 반하여 建物이 완공된 후에는 建物이 존재하므로 그 法的 性質은 서로 다르다고 아니할 수 없다. 그러나 建物의 완공 전이든 후이든 入住權者는 장래에 所有權을 취득할 수 있는 期待를 갖고 있음에는 동일하다. 그래서 所有權과 入住權을 比較·考察해 볼 필요가 있는 것이다.

建物이 완공되기 전에 入住權은 物件이 존재하지 않으므로 그 法的 性質은 債權이다. 즉 入住權者는 건축업자에 대하여 約定한 시기까지 建物을 완공하여 完工時에 入住者名義로 所有權移轉登記를 이행하여 줄 것을 請求할 수 있는 債權이다. 그러므로 이러한 入住權의 讓渡는 債權讓渡이다. 그리고 建物이 완공된 후의 入住權은 이 建物이 완공되어 建築業者名義로 保存登記가 이루어져 있고 入住者가 점유하여 사용하고 있으나 所有權移轉登記만이 이루어지지 않았을 뿐 事實上에 있어서는 所有者로서 入住建物에 대한 權利를 행사하고 있으므로 建物이 완공된 후의 入住權은 債權이라고 할 수는 없으며 物權的 期待權이라고 하여야 할 것이다.

[金 相 容]

第1節　所有權의 限界

前　　論

차　례

Ⅰ. 序　說

所有權槪念은 歷史와 더불어 변천하여 왔다. 즉 所有權槪念은 理論的 範疇에 속하는 것이 아니라 歷史的 範疇에 속하는 것이다.[1] 따라서 所有權의 觀念 내지 그것의 法律的 構成은 시대에 따라 또는 社會·經濟的 制度에 따라서 다

1) 郭潤直, 大陸法, 166(1962).

르다.[2] 다시 말하면 所有權槪念은 民族과 時代에 따라 많은 다양한 내용으로 변천하여 왔다.[3] 이와 같이 所有權의 개념은 論理的으로 固定된 것이 아니고 社會·經濟的 事情의 변화에 따라서 역사적으로 변천하여 온 것이다. 이와 함께 所有權에 대한 制限 역시 역사적으로 변천하여 왔다. 그러므로 所有權의 制限은 역사적으로 거슬러 살펴보아야 한다.

그리고 所有權槪念의 歷史的 發展을 고찰함에 있어서 動産所有權은 별 意味가 없다. 소유권개념의 史的 發展은 土地, 즉 不動産을 대상으로 하여 論하고 있으며, 土地에 대한 所有關係의 史的 發展을 이해함으로써 비로소 所有權槪念의 변천을 명백히 이해할 수 있다. 所有權의 制限도 역시 動産所有權의 制限보다는 不動産, 특히 土地所有權에 대한 제한에 집중된다. 왜냐하면 토지는 動産보다는 經濟的 또는 社會的으로 높은 價値가 부여되어 있을 뿐만 아니라 所有權制限에 있어서도 動産과 土地에 차이가 있으며, 土地에 대한 제한이 훨씬 더 강하였기 때문이다. 이와 같이 所有權의 制限에 대한 고찰은 土地所有權을 중심으로 하여 그것에 대한 制限의 역사적 변천을 살펴보아야 한다. 이미 論述한 바와 같이 所有權에 대한 制限은 그 시대의 社會·經濟的 事情에 따라서 그 內容과 強弱의 정도가 각각 다르다. 그러므로 所有權制限에 대한 고찰은 時代마다의 社會·經濟的 事情에 대한 理解가 선행되어야 한다.

오늘날 近代的 所有權槪念의 형성의 뿌리가 로마법과 게르만법에 있듯이 所有權에 대한 制限 역시 로마법과 게르만법에까지 거슬러 올라가 살펴보아야 한다. 所有權制限의 역사적 변천에 관해서는 자세히 後述할 것이지만 所有權은 어느 시대를 막론하고 전혀 制限이 없는 絶對·無制限的인 權利로 인정되지는 않았다. 制限의 強弱의 정도는 시대에 따라서 변천하여 왔지만 所有權에 대한 制限은 어느 시대를 막론하고 존재하였다.

우리 民 §211에서는 所有權은「法律의 範圍內에서」物件을 使用·收益·處分할 수 있는 權利로 규정되어 있다. 그러므로 所有權은 絶對·無制約的인 權利가 아니라 法律에 의해서 制限될 수 있음을 명백히 밝히고 있다. 所有權에 대한 制限은 私法에 의해서도 公法에 의해서도 이루어지고 있다. 특히 所有權에 대한 制限은 公法에 의해서 이루어지고 있으며, 그 중에서도 公法에 의한 不動産所有權制限이 심하다. 그래서 不動産所有權에 대한 制限이 私法인 物權

2) 郭潤直, 判例教材物權法, 314(1980).
3) Otto von Gierkee, Deutsches Privatrecht, B Ⅱ, 348(1905).

法과 병존하는 또 하나의 法體系인 不動産公法으로 발전되었다. 그러므로 所有權에 대한 制限에 대한 이해 없이는 所有權의 실체를 정확히 이해할 수 없을 정도이다.

다시 말하면 不動産公法에 의한 不動産所有權의 制限으로 인하여 物權法上의 所有權은 虛有權으로 변한 감마저 없지 않다. 不動産所有權에 대한 公法的 制限은 특히 우리 나라에서 強하게 나타나고 있다. 소위 土地公槪念이란 理念 아래 土地所有權은 매우 強한 公法的 制限을 받고 있다.

本節에서는 所有權制限의 필요성과 당위성에 관해서 살펴보고 所有權制限의 역사적 변천에 관하여 자세히 고찰한 후 現行法秩序下에서의 所有權制限의 구체적 내용에 관해서 私法的 制限과 公法的 制限으로 나누어 면밀히 살펴보고, 특히 土地所有權制限의 이념으로 주장되고 있는 土地公槪念에 대하여 검토하고자 한다. 그리고 所有權의 制限이 法律에 의해서 가능하다 하더라도 無制限의 制限이 아니라 일정한 制限된 범위 내에서만 가능한 것이다. 그것은 우리 憲法이 허용하고 있는 財産權制限의 범위 내에서만 所有權制限이 가능한 것이다. 그래서 마지막으로는 所有權制限의 限界에 관해서 살펴보기로 한다.

Ⅱ. 所有權制限의 必要性

오늘날 所有權에 대한 制限은 매우 심하다. 특히 土地所有權에 대한 制限은 훨씬 더 엄격하다. 그런데 所有權의 制限의 필요성에 관하여는 근대의 自由所有權에 대한 制限에 대한 論議에서부터 시작된다. 왜냐하면 근대 이전에는 자유로운 所有權이 아니라 制限을 받는 負擔附所有權이 一般的 所有形態이었기 때문이었다. 이러한 負擔附所有權에서 해방된 自由所有權은 근세에 와서 비로소 가능하였다. 近世의 自由所有權은 근세의 시대사상이었던 自由主義와 個人主義를 바탕으로 하여 形成되었다.

이 自由所有權은 近代民法의 기본원리의 하나였던 私有財産權絶對의 原則의 중심내용을 이루었다. 그래서 근세의 自由所有權은 契約自由의 原則과 더불어 近代産業資本主義를 발전시킨 法律的 支柱가 되었다. 이러한 자유로운 所有權과 契約自由의 原則에 의하여 近世産業資本主義는 고도로 발달할 수 있었다. 또한 이러한 자유로운 近代的 所有權은 美國의 버지니아權利章典(1776) §1,

美國獨立宣言(1776) 및 佛蘭西人權宣言(1789) §17 등에서 선언되고, 佛蘭西憲法(1791) §87, 美國修正憲法(1791) §5 및 佛民 §544에서 구체적으로 규정되었다. 물론 이러한 근대의 自由所有權은 절대적인 權利로 선언되고 규정되긴 하였지만 전혀 제한이 없는 權利는 아니었다. 그러나 그러한 制限은 소유권의 絶對性과 自由性을 損傷하는 것은 아니었으며, 또한 所有權이 法令의 制限 내에서만 존재한다는 것을 의미하는 것도 아니었다.[4)]

바로 이러한 근대의 自由所有權는 정치적으로는 自由放任主義(laissez faire), 그리고 경제적으로는 自由競爭의 원리에 입각한 時代事情下에서 형성되었으며, 이러한 자유로운 所有權의 인정과 보장은 "보이지 않는 손"(invisible hand)의 調和에 의하여 公共의 福利에도 이바지할 것으로 생각되었다. 따라서 근세에는 公共의 福利와 所有權의 자유는 서로 대립하는 것이 아니라 개인에게 自由所有權을 인정함으로써 公共의 福利는 자연히 이루어지는 것으로 생각되었다.

그러나 近世産業資本主義가 점차 高度化해 감에 따라서 근세의 자유로운 所有權은 契約自由의 原則과 더불어 強者가 弱者를 合法的으로 지배하는 모순을 낳기 시작하였다. 구체적으로는 近代産業資本主義의 高度化에 따라 近代市民法의 法律的 支柱인 자유로운 所有權의 原則은 契約의 自由와 結合하여 현실적으로 社會的 및 經濟的 弱者인 都市勤勞者나 小作農民을 압박해버렸던 것이다. 따라서 자유로운 所有權의 인정과 보장은 타인의 勞動의 착취의 자유를 公認하고 타인의 생활을 위협하는 자유를 옹호하는 것과 같은 現象이 초래되었던 것이다.[5)] 그래서 자유로운 所有權에 대한 制限의 필요성이 인정되고 그것에 따라 自由所有權의 修正이 불가피하게 되었다. 즉 所有權은 物件에 대한 支配權임에도 불구하고 契約과 結合함으로써 사람을 지배하는 결과를 초래하는 社會的 矛盾을 是正하기 위해서 所有權의 絶對性·自由性에 대한 修正을 가할 필요성이 인정되었다.

이러한 自由所有權에 대한 制限의 필요성은 産業資本主義가 獨占資本主義로 移行해 감에 따라 더욱더 절실한 課題로 되었다. 그래서 私權의 社會性·公共性이 주장되고, 所有權도 公共의 복리와 조화될 수 있는 범위 내에서만 인정되어야 한다는 주장이 제기되었다. 이와 같이 現代에 들어와서는 이러한 시대

4) 郭潤直, 271(1986).
5) 趙千壽, "獨逸에 있어서의 所有權의 制限", 立法調査月報, 85(1972. 8. 9).

의 변화에 따라서 所有權에 대한 制限이라는 現代的 課題가 등장하게 되었고, 私所有權의 행사는 公共福利에 적합하여야 한다든가, 所有權은 濫用되어서는 아니된다는 法思想이 定立되고, 더 나아가서 所有權의 社會的 拘束性(Sozialgebundenheit des Eigentums)이 강조되기에 이르렀다. 그래서 근세의 絶對的 自由所有權은 현대에 와서는 상대적으로 制限을 받는 所有權으로 발전되었다. 이러한 所有權制限의 필요성의 인식과 法思想의 정립은 立法으로 나타났다.

獨民 §903는 所有權은 所有物을 "法律에 반하지 않는 범위 내에서" 「임의로」(nach Belieben) 處分하고, 타인의 干涉을 排除할 수 있는 權利로 규정하였으며, 그 후 바이마르憲法(1919) §153 Ⅲ은 "所有權은 義務를 진다. 所有權의 行使는 동시에 公共의 福利에 대한 奉仕이어야 한다"고 규정하였다. 본基本法(1949) §14 Ⅱ은 더욱더 "所有權은 義務를 진다. 그 行使는 同時에 公共福利에 기여하여야 한다"고 하여 소유권의 社會的 義務性을 밝히고 있다. 瑞民 §641 Ⅰ도 역시 所有權은 "法秩序의 範圍內에서" 「任意로」 所有物을 처분할 수 있는 權利로 규정하였다. 우리 憲 §23 Ⅱ과 우리 民 §211도 역시 소유권의 社會的 義務性과 所有權은 法律의 범위 내에서 행사될 수 있는 權利로 규정하고 있다.

이와 같은 現代的 所有權은 産業資本主義가 獨占資本主義로 이행하여 감에 따라서 근세의 自由所有權이 낳은 社會的 弊害를 시정하기 위하여 制限을 받는 所有權으로 발전된 것이다. 그것은 근세의 所有權은 인간을 모두 理性을 가진 人格者(Person)로 보아 인간에게 자유로운 所有權을 보장하면 社會는 조화롭게 발전할 것으로 믿었으나 現實的·具體的 人間(Mensch)은 결코 自由·平等하지 않다는 것을 깨닫게 되어 현대에 와서는 개인의 良心만 가지고 되지 않는 곳에 社會의 良心이 발동하지 않을 수 없었다. 여기에 所有權制限의 필요성과 당위성이 있는 것이다.

그런데 오늘날에 와서는 所有權 그 중에서도 土地所有權에 대해서는 다른 財産權보다도 엄격한 公法的 制限을 받는 권리로 발전되었다. 그것은 土地의 有限性과 特殊性이 인식되고 모든 국민으로 하여금 인간다운 生活을 할 수 있도록 하는 福祉社會의 실현과 都市化·産業化의 進展에 따라서 예전에 미쳐 경험하지 못했던 土地投機라는 지극히 非正常的인 土地去來가 盛行하므로 土地所有權에 대해서는 強한 公法的 規制를 가하기에 이르렀다.

近世의 自由所有權은 계약자유의 원칙과 결합하여 빚은 強者의 弱者의 合

法的 支配라는 社會的 弊害를 是正할 필요성에서부터 所有權에 대한 制限의 당위성이 인정되었다. 그 결과 所有權은 制限을 받는 現代的 所有權으로 발전되었다. 그러나 오늘날에 있어서는 土地 그 자체의 유한성과 특수성, 土地資源配分의 형평성의 實現과 土地利用의 效率性 提高 및 土地去來의 정상화를 위해서 土地所有權에 대한 보다 강한 制限의 필요성과 당위성이 인정되고 있다.

Ⅲ. 所有權制限의 歷史的 變遷

1. 概 說

所有權 특히 土地所有權의 내용은 그 시대의 社會·經濟秩序에 따라 확정되었다는 것에 관해서는 이미 살펴본 바 있다. 이처럼 所有權의 내용은 그 시대의 政治的·經濟的 思想 및 與件에 따라서 변천을 계속하여 왔다. 그래서 土地所有權은 그 시대의 產物(ein Kind seiner Zeit)이라 할 수 있다.[6] 이와 같이 所有權의 내용이 역사적으로 변천을 거듭하여 왔으며, 또 한편으로는 所有權의 歷史的 發展은 소유권의 보장과 그 제한의 對立過程이었다. 다시 말하면 所有權은 자유와 구속의 兩極 사이에서 조화와 균형을 유지해 온 것이다. 지금까지는 所有權保障을 중심으로 所有權概念의 역사를 살펴보았으나 여기서는 側面을 달리하여 所有權制限의 역사적 변천을 시대별로 나누어 고찰하고자 한다.

근대 民法은 전반적으로 로마法的 要素와 게르만法的 要素가 교차하여 이루어졌다. 따라서 所有權概念도 역시 로마법적 요소와 게르만법의 요소가 서로 相異하여 그것이 서로 交錯·調和하면서 발전하여 왔기 때문에 로마법과 게르만법의 所有權의 개념 및 그 제한에 대해서부터 고찰하는 것이 所有權制限의 변천에 관한 이해의 기초가 될 것이다. 그러므로 로마법과 게르만법상의 所有權의 개념 및 그 제한을 출발점으로 하여 오늘에 이르기까지의 所有權制限, 그 중에서 土地所有權에 대한 制限을 중심으로 살펴보고자 한다.

2. 로마法上의 所有權制限

로마法上의 所有權(dominium; proprietas)概念은 古典時代(B.C. 27– / A.D. 284)에 형성되어 유스티니아누스大帝(A.D. 527– / A.D. 565) 시대에 확립되었다. 古典時代의 所有權은 占

6) Soergel-Siebert, Kommentar zum Bürgerlichen Gesetzbuch, Bd. 5, 11. Aufl., 157(1978).

有 및 制限物權과 구별되는 개념으로 형성되었으나 古典後期의 野蠻法(Vulgarrecht)이 고전시대의 소유권개념을 해체시켰다가 다시 유스티니아누스法에서 고전시대의 所有權概念이 復活되었다.

로마법상의 所有權은 어떤 사람이 하나의 物件에 대하여 가질 수 있는 포괄적인 支配權인 私權이었다. 즉 여러 종류의 制限이 있기 했으나 본질적으로는(von vornherein) 制限이 없는 私法的 完全支配權(privatrechtliche Vollherrschaft)이었다.[7] 즉 로마법에서의 所有權은 所有者가 排他的·獨自的으로 목적물을 使用(uti)·收益(frui)·處分(abuti)할 수 있는 絶對的 權利이었다. 그리고 이와 같은 所有權概念은 動產이나 不動產을 구별하지 않고 인정되었으며,[8] 所有權은 언제나 동일한 내용을 가지고 있어서 때와 장소에 따라 그 내용을 달리할 수 없는 抽象的인 權利이었다.[9]

물론 로마법상의 所有權이 私權으로서 物件에 대한 완전한 支配權이었다고 하지만 전혀 無制約的인 것은 아니었다. 본질적으로는 制限이 없었지만 예외적으로 一般利益, 즉 公共의 利益을 해칠 정도의 濫用이 되어서는 아니되었다.[10] 公益을 위한 所有權制限은 여러 가지 원인에서 찾아볼 수 있었으며, 12銅版法(Zwölftafelgesetz, B.C. 450)에서 이미 所有權制限에 관하여 規定되어 있었다. 그것은 주로 農業的·衛生警察的 禁止이었으며 宗教的 性格의 所有權制限도 있었다. 이와 같이 로마법상의 所有權의 본질은 無制限이었지만 一般利益을 위한 제한이 허용되었고 그 行使에 있어서는 所有者의 意思 또는 慣習과 條理에 의한 제한을 받았다.

私法上으로는 相隣關係에 의한 정도에 불과하였으나 公法上의 義務 또는 宗教規範·習俗規範에 의한 제한은 결코 輕視할 수 없었다. 그리고 法務官은 所有權의 濫用을 禁止하는 수단을 취하였으며, 法學者들은 權利의 행사는 合理的인 利益을 限界로 한다고 하였다. 이러한 所有權의 남용의 금지는 基督教의 영향으로 더욱 발달되었다.

---

7) Max Kaser, Römisches Privatrecht, 9. Aufl., 90(1976).

8) 로마법에서는 物件을 動產과 不動產으로 나누지 않고 手中物(res nec mancipi)과 非手中物(res nec mancipi)로 나누었다. 手中物과 非手中物의 구분에 관해서는 學說이 대립되고 있는데, 多數說에 의하면 手中物은 農事에 특히 중요한 物件이었고, 非手中物은 그렇지 않은 物件이었다고 한다. 그러나 近者의 有力한 學說은 手中物은 家長이 그의 社會的 機能을 營爲함에 필요한 物件이 手中物이고 그렇지 않은 物件이 非手中物이라고 한다.

9) 玄勝鍾, 西洋法制史, 168(1968).

10) Max Kaser(前註 7), 94.

3. 게르만法上의 所有權制限

게르만法上의 所有權槪念은 個人主義的 完全支配權인 로마법상의 소유권 개념과는 달리 團體主義的 色彩를 띠고 있으며, 物件의 用益에 중점을 두고 발전되었다.

게르만法에서는 動産과 不動産이 지니는 社會的 意義가 각각 달랐으며, 따라서 所有權에 있어서도 兩者는 그 작용을 달리하는 점이 많았다. 그러므로 動産所有權은 物件의 排他的・絶對的인 지배권이라는 점에서 로마법상의 所有權(dominium: proprietas)과 동일하였지만 土地所有權은 기타의 制限物權과 마찬가지로 土地의 用益에 핵심을 두었다.[11] 이처럼 게르만법상의 土地所有權이 用益權을 중심으로 구성된 이유는 土地는 처분의 대상이 아니라 用益의 목적이라는 농경사회의 社會・經濟構造에 있었다.[12]

다시 말하면, 게르만법에 있어서는 로마법에 있어서와 같이 抽象的・觀念的 構成이 충분치 못하여 所有權의 중요한 내용은 目的物을 使用・收益하는 데 있다고 생각하였으며, 따라서 所有權과 기타의 制限物權과의 槪念分化를 알지 못하였다. 즉 制限物權은 所有權의 내용이 分化・獨立한 것이었다. 환언하면 所有權에서 잘라낸 斷面, 즉 部分權(Teilrecht)이 制限物權이었다. 그러므로 기르케(Otto von Gierke, 1841～1921)는 制限物權을 가리켜서 독립한 所有權의 斷片(verselbständigter Eigentumssplitter)라고 表現하였다.[13]

이와 같이 게르만법에 있어서의 所有權은 他物權과 同質的이며, 하등의 본질적인 차이가 없었다. 所有權과 他物權은 用益權이라는 본질에 있어서 동일하였으며, 다만 그 범위・내용에 있어서 차이가 있었다. 또한 게르만법상의 所有權은 구체적으로 經濟的 目的에 따라 여러 가지 態樣으로 당연히 制限될 수 있는 權利로 생각되었다. 그리하여 所有權의 態樣에 있어서도 영구적인 所有權과 期限附所有權, 條件附所有權 등이 있었고 自由所有權과 負擔附所有權, 制限的 所有權 등이 있었다.[14]

게르만法上의 所有權은 私法上의 權利인 동시에 公法的 要素를 포함하는 權利이었다. 즉 게르만법에 있어서는 公法・私法의 구별이 없어, 게르만법상의

11) 玄勝鍾(前註 9), 167.
12) 玄勝鍾 著, 曺圭昌 增補, 게르만法, 311(1989).
13) Otto v. Gierke(前註 3), 359.
14) Otto v. Gierke(前註 3), 351-52.

所有權은 私法上의 支配權일 뿐만 아니라 公法的 義務가 所有權의 내용에 포함되어 義務思想이 현저히 나타났다.[15] 그래서 所有權은 濫用될 수 없었으며, 정당한 利用에만 許容되었다. 所有權의 내용은 絶對的인 것이 아니었으며 公共에 대한 義務를 지고 있었다.[16]

4. 中世封建社會에 있어서의 所有權制限

中世封建社會에 있어서의 土地所有權인 봉건적 토지소유권은 단순한 土地에 대한 지배권이 아니라 身分拘束的인 소유권이었다. 따라서 中世封建社會의 土地所有權은 무거운 負擔을 지는 負擔附所有權이었다.

중세에 들어 오면서 封建制度가 확립되어 감에 따라 土地에 대한 管理·處分의 權能을 내용으로 하는 團體的 權利는 封建領主의 손에 들어가고, 고대村落住民의 土地에 대한 자유로운 利用權은 領主에게, 小作料 기타 각종의 賦租를 支給해야 하는 負擔附利用權으로 변하였다. 이러한 領主의 所有權을 上級所有權(Obereigentum), 農民의 所有權을 下級所有權(Untereigentum)이라 한다.

土地의 管理·處分權能을 내용으로 하는 上級所有權과 耕作·利用權을 내용으로 하는 下級所有權으로서의 所有權의 권능의 분할을 分割所有權(geteiltes Eigentum)이라 하며, 중세의 封建的 土地所有權概念은 바로 分割所有權의 개념으로 특징지워진다. 이같은 分割所有權의 개념은 중세의 法秩序 속에서 政治的·社會的·經濟的 支配組織의 物權法的 表現이라 할 수 있다.[17]

分割所有權으로 특징지워지는 封建的 土地所有權은 토지지배의 現實性과 不可分的으로 결합되어 있는 權利이며, 土地의 구체적인 用益性 및 收益性을 파악하는 권리로 나타났다. 즉 近代的 土地所有權의 특질의 하나가 觀念性인데 반하여 土地支配의 현실성이라는 것이 특징이다. 封建社會에 있어서는 物件의 事實上의 支配를 중시한 것이며, 現實的으로 占有하고 있기 때문에 권리로서 보호를 받았다. 土地에 대한 현실적인 支配權은 동일한 土地 위에 중첩적으로 존재하였으며, 그 土地支配에 現實的·具體的 收益을 찾아낼 수 있는 者는 모두 權原者인 것이었다. 따라서 封建的 土地所有權은 土地의 領主와 保有라는 上下關係에 있는 주체자들간의 支配從屬의 관계로 나타나며 地代와 貢租의 結合·未分離 상태로 나타났다.

15) 黃迪仁, 로마法·西洋法制史, 255(1981).
16) Otto v. Gierke(前註 3), 358.
17) Otto v. Gierke(前註 3), 368.

封建的 土地所有는 政治的·經濟的·社會的 支配關係의 물권법적 표현이기 때문에 土地에 대한 단순한 經濟的·私的支配關係가 아니고 政治的·公的支配關係를 내포하고 있으므로 여러 가지 政治的·身分的 負擔과 制限을 수반하고 있었다. 따라서 封建的 土地所有에 있어서는 領主는 土地와 結合된 권리로서 領民에게 軍事的 役務의 要求와 土地에 대한 처분의 禁止·制限 등 각종의 封建的 規制를 強要할 수 있었고 隸屬農民은 土地와 結合된 義務로서 각종의 負擔과 拘束을 받고 있었다.

이러한 封建的 土地所有權의 拘束性의 思想은 基督教로부터 영향을 받은 바가 크며 이와 같은 拘束性의 사상은 封建時代를 통하여 유지되었다.[18] 이와 같이 封建的 土地所有權은 土地所有權의 내용을 分割하여 領主와 領民이 分有하였으며 현실적인 用益을 갖는 者는 모두 所有權者로 인정되었다. 그리고 土地所有權은 단순히 土地에 대한 支配權만이 아닌 身分拘束的인 負擔을 지는 土地所有權이었다.

5. 近世自由主義時代의 所有權制限

封建社會를 무너뜨리고 성립한 근대사회는 個人主義와 自由主義라는 시대적 사상을 배경으로 하여 개인을 封建的인 여러 拘束으로부터 해방하고 모든 사람을 平等하게 다루며 그의 자유로운 활동을 保障하는 것을 指導原理로 하여 출발하였다. 즉 人格絶對主義를 배경으로 하는 個人主義的 法原理에 의해 法體系가 세워졌다고 말할 수 있다.[19] 이러한 指導原理에 입각하여 土地所有關係는 모든 封建的 拘束을 벗어난 近代的 個人의 絶對的 自由所有權[20]으로 지향하였다. 종래의 負擔附土地所有權은 負擔이 없는 자유롭고 완전한 個人所有權으로 될 수 있게 되었다.

이와 같이 近代的 土地所有權概念은 일반의 所有權絶對思想 내지 原則에 포함되어 所有權은 국가보다도 먼저 존재하는, 바꾸어 말하면 法 이전에 존재하는 神聖不可侵한 것이며, 국가에 의해서도 아무런 制約을 받지 않는 近代私法의 기본원칙의 하나를 이루고 있다.

---

18) 전윤철, "所有權理論의 變遷과 그 現代的 概念", 法制月報 3, 58(1970. 9).

19) 郭潤直, 總則, 67(1989).

20) 絶對的 自由所有權이라는 意味는, 첫째 封建領主의 諸權利에 의한 制限에서 벗어났다는 것과, 둘째 所有權者의 自由意思에 의한 目的物件의 全面的 支配가 國家에 의하여 最高度로 重視되어 강력히 保障된다는 것과, 셋째 所有權 이외의 制限物權의 내용은 일정한 제한된 범위 내의 것인데 반해 所有權은 全面的이라는 것이다.

그리고 近代市民社會의 당초에 있어서는 財産의 소유가 市民生活의 기초이고, 그 侵害를 당하는 것은 生命 그 자체의 破壞를 가져온다는 條件下에서 所有權의 보장이 생활의 보장을 의미하고, 따라서 封建勢力으로부터 市民生活의 해방은 所有權의 해방을 필수불가결의 것으로 하고 있었다.[21)]

近代的 所有權은 所有權 속에서 소유자의 인격의 자유가 실현되고, 따라서 所有權의 침해는 물질적인 利益의 침해에 그치지 않고 所有者의 인격의 自由意思가 침해됨을 전제로 하였다.[22)] 이와 같이 近代的 自由所有權이 일단 성립하자, 그것은 契約自由의 原則과 結合하여 자본으로서의 작용을 하게 되어 資本主義는 급격히 발달하여 生産力의 비약적 증가와 富의 경이적인 增大를 가져와 경제적 번영을 초래하였음은 歷史上 명백하다.

이처럼 近代初期에 있어서는 所有權 내지 財産權은 國家 이전의 神聖不可侵한 權利로 인정되었다. 그러나 近世自由主義時代에 소유권의 不可侵性·神聖性·絶對性을 인정한 것은 시민의 私的所有權을 지키려는 데 있었으며, 그 實質은 所有權이 절대적인 것도 아니었고, 神聖한 것도 아니었고, 不可侵的인 것도 아니었다.[23)]

따라서 近代的 所有權이 國家 이전의 신성불가침의 權利이었다고 하더라도 전혀 제한이 없는 權利라고는 생각될 수 없었으며, 특히 行政法規에 의하여 실질적으로는 制限되어 있었음을 또한 否認할 수 없다. 그러나 近世初期의 立法에서는 그것은 어디까지나 消極的인 부득이한 범위의 制限이었다. 물론 그러한 제한은 所有權의 절대성을 損傷하는 것은 아니었으며, 또한 所有權이 法令의 범위 내에서만 存立하다는 것을 표시한다는 것도 아니었다. 이와 같이 所有權槪念은 로마법에서 創設될 당초부터 一般利益을 위한 제한이 수반되었고, 佛蘭西人權宣言은 당시의 歷史的 背景下에서 시민의 私的所有權을 보호한다는 견지에서 所有權이 不可侵的이고 神聖한 權利라고 하면서도 公共의 필요가 명백할 때에는 法律로써 정당한 事前補償과 함께 그 所有權을 제한할 수 있다고 하였다. 그외 다른 宣言 및 所有權에 관한 法律規定에서도 所有權은 法律에 의해서 制限될 수 있음을 명백히 하고 있다. 다만 近世自由主義時代에 있어서의 所有權에 대한 制限은 公共의 利益을 위해서 가능하였다. 그러나 所有權에 대한 제한이 가능은 하였지만 그 제한은 消極的·例外的 最少限度의 制限이었다.

21) 近代市民革命은 자유의 존중과 所有權의 不可侵性을 본질적인 것으로 하였다.
22) 張庚鶴, "韓國人의 所有權觀念", 法曹春秋 110, 12(1973. 10-11).
23) 李太載, "土地所有權의 特性과 公槪念", 土地開發 121, 15(1989. 4).

6. 現代에 있어서의 所有權制限

近代初期의 所有權絶對의 原則은 20세기의 전후를 통하여 資本主義의 발전으로 드러난 모순의 激化와 더불어 修正을 겪게 되었다. 私有財産, 즉 生産手段이나 生産物 등의 私的所有는 貨幣를 매개로 하는 交換을 통하지 않고서는 그 기능을 발휘할 수 없었다. 바꾸어 말하면, 近代社會에 있어서의 所有權이 그 社會的 機能을 다하기 위해서는 필연적으로 交換關係, 따라서 그의 法的 表現인 契約關係와 결합하여야만 했다.

여기서 物件을 支配하여야 하는 所有權이 契約과 結合함으로써 사람을 支配하는 결과를 초래하게 되었다. 즉 産業資本主義의 高度化에 따라 近代市民法體系의 자유로운 所有權의 原則은 계약의 자유와 결합하여 현실적으로 社會的 및 經濟的 弱者인 都市勤勞者나 小作農家의 生活利益을 압박하여 버렸던 것이다. 따라서 資本主義的 所有權下에서 소유권의 不可侵이나 자유를 강조하는 사상은 타인의 勞動의 搾取의 자유를 公認하고 타인의 生活을 위협하는 자유를 옹호하는 것이 된다는 것과 같은 現象이 실현되었던 것이다.[24] 여기서 財産의 私的·個人主義的 性質이 財産이 가지는 社會的 性質과의 矛盾을 깊게 하여 소유권의 社會的·公共的 側面이 강조되게 되었다.

특히 資本 내지 企業이 대규모화함에 따라서 獨占資本이 주는 社會的 惡影響이 현저하여 감에 따라 財産을 개인의 私的支配에 맡긴다는 것이 가져오는 弊端이 지적되고 個人財産을 社會·公共的 觀點에서 조절해야 할 필요성이 생겼다. 여기에서 소유권의 保障에서 소유권의 制限이라는 現代的 課題가 등장하였던 것이다.

個人主義와 自由主義의 法思想을 修正하여 보다 나은 福祉社會를 이루기 위하여 20세기적 사회본위의 團體主義的 法思想이 대두하였으며, 모든 인간에게 인간다운 生活을 享有시키는 것을 이상으로 所有權의 社會化思想이 대두하여 所有權의 社會的 拘束性(Sozialgebundenheit des Eigentums)이 강조되고 그와 함께 所有權의 權利內在的 義務가 또한 강조되었다.

所有權의 社會化思想은 私法理論에 있어서 相隣關係, 權利濫用禁止의 原則, 信義誠實의 法理와 함께 産業資本主義가 獨占資本主義로 발전하여 市民生活의 均衡的 利益을 도모하기 위한 法的 手段으로 대두되게 된 것이며, 이를

---

24) 趙千壽(前註 5), 85.

통하여 土地所有權의 公的制限에 대한 근거를 마련하게 되었던 것이다. 예링(R. Jhering, 1818~92)의 法社會學的 目的論이나 기르케(Otto von Gierke)의 團體主義的 法理論은 所有權의 社會的 色彩를 짙게 했고, 그들은 제1차대전 전부터 民法學者에게 영향을 주어 所有權의 社會化思想을 이룩하게 했던 것이다.[25)]

결국 所有權은 자유, 無制限的인 권리에서 公共의 利益을 위하여 制限을 받으며 義務를 수반하는 相對的 權利로 변화하였다. 이러한 경향은 立法에로 나타났다. 獨逸民法은 그 第1草案(1988년)에서는 소유권을 恣意的으로(nach Willkür) 이용할 수 있는 權利라 하였던 것을 任意로(nach Belieben)라는 부드러운 표현으로 고치고 다시 法律의 제한 내에서라는 制約을 두어 그 §903는 所有權의 내용을 "物件의 所有者는 法律 또는 他人의 一切의 干涉을 排除할 수 있다"라고 規定하였다. 확실히 獨逸民法上의 所有權은 個人主義에 基礎하고 있으며,[26)] 自由主義的·資本主義的 時代의 표현으로 통한다.[27)] 그러나 獨逸民法上의 소유권의 내용이 社會的 拘束과는 멀다고 하는 것은 잘못이다.[28)] 그것을 憲法上의 所有權制限規定과 관련하여 볼 때 명백하다. 즉 獨逸 바이마르共和國憲法(1919년 制定) §153 I 은 "所有權은 憲法에 의하여 保障된다. 그 내용과 한계는 法律로 정한다"라고 하고, 同條 Ⅳ에서는 "所有權은 義務를 진다. 소유권의 行使는 동시에 公共의 福利에 대한 奉仕이어야 한다"고 규정하여 소유권의 義務性을 명백히 하였다. 바이마르共和國憲法은 특히 土地의 분배와 이용에 대하여 特別規定을 두어 그 §155 I 에서는 "土地의 分配와 利用은 國家가 이를 감독하고 그 濫用을 막으며, 또 모든 獨逸人에게 건강한 住居를 提供하며 모든 獨逸人의 家族 특히 子女가 많은 가족에게 그의 需要에 상응하는 住居 및 農業家産地를 확보한다는 목적을 향해 勞力하도록 國家가 監視한다"고 하고 土地所有者의 노력에 의하지 않은 土地增價, 즉 開發利益(development value; betterment)의 社會還收의 根據規定을 두어 同條 Ⅲ "土地를 개척하고 利用하는 것은 土地所有者가 公共에 대하여 지는 義務로 한다. 勞力 또는 資本을 사용하지 아니하고 발생한 價格의 增加는 公共을 위하여 이를 利用하여야 한다"고 하여 土地所有權의 사회적 의무성을 所有權行使의 公共福利適合義務에 나아가서 土地價值의 質的制限에까지 확대하였다. 제2차대전 이후의 立法도 대

25) 鄭權燮, 土地所有權制限에 관한 硏究, 6(1975).
26) Palandt(前註 34), 964.
27) Baur, Lehrbuch des Sachenrechts, 10. Aufl., 208(1978).
28) Baur(前註 46), 208.

체로 이러한 경향을 따르고 있다.

본基本法(1949년 制定)도 그 §14 I 에서 "所有權 및 相續權은 保障된다. 그 내용 및 제한은 法律로써 定한다"고 하고, 同條 II 에서는 "所有權은 義務를 수반한다. 그 行使는 동시에 公共의 福利에 기여하여야 한다"고 하여 所有權의 社會的 義務性을 밝히고 있다.

우리의 憲法도 制憲憲法 이래 현행 憲法에 이르기까지 계속해서 所有權은 財產權에 포함되어 "모든 國民의 財產權은 保障된다. 그 내용과 한계는 法律로 定한다. 財產權의 行使는 公共福利에 適合하여야 한다"(憲 §23 I, II)고 선언하고 다시 民法은 §2에서 "權利의 行使와 義務의 履行은 信義에 좇아 誠實히 하여야 한다. 權利는 濫用하지 못한다"고 하고 §211는 舊民法이 所有權을 「自由로」 行使할 수 있는 權利라고 한 것을(舊民 §206) 「自由로」를 削除하여 "法律의 범위 내에서 그 所有物을 使用·收益·處分할 權利가 있다"고 규정함으로써 所有權, 특히 土地所有權의 社會的 拘束性의 일반적 경향에 호응하고 있다.

이와 같이 現代的 土地所有權은 絶對的 자유로운 近代的 土地所有權이 계약의 자유와 결합하여 가져온 社會的·經濟的 弱者의 支配·服從을 강요하는 사회적 문제를 是正하기 위하여 소유권의 社會的 義務가 강조되고 소유권은 前國家的·自然法的 權利가 아니라 法律의 범위 내에서 인정되는 實定法的·相對的 權利로 변화한 것이다. 이와 같이 現代에 와서는 近代의 自由所有權이 낳은 社會的 弊害를 是正하기 위하여 所有權의 社會的 義務性 내지 社會的 拘束性이 인정되어 보다 적극적으로 광범위한 所有權制限이 이루어지게 되었다.

7. 오늘날에 있어서의 土地所有權에 대한 制限

(1) 問題狀況

오늘날 土地所有權에 대한 公法的 制限은 매우 강하게 나타나고 있다. 現代的 所有權은 近代的 自由所有權이 낳은 社會的 弊害를 시정하기 위하여 所有權에 대한 外部的 制限이 행해지는 相對的 所有權이나 본질적으로는 土地에 대한 使用·收益·處分權이 혼일한 완전한 權利로 이해하는 데는 近代的 所有權과 마찬가지이다. 그러나 制限의 정도 및 制限의 성격에 있어서는 차이가 있다. 近代自由所有權에 대한 제한은 消極的·例外的 最少限의 限度에 그쳐야 하지만 現代的 所有權에 있어서는 私權의 社會性·公共性의 견지에서 所有權의 社會的 義務에 의하여 적극적으로 보다 강한 制限이 가능하다. 그러나 所有權

의 본질에 있어서는 차이가 없다.

그러나 오늘날은 所有權 중에서도 土地所有權은 종래와는 달리 다른 어떠한 財產權보다도 엄격한 公的規制를 받게 되고 所有權의 본질에 대한 根本的인 재검토와 소유권의 權能의 分化現象이 부분적으로 제도화되기도 하고 制度化가 추진되기도 하고 있다.

이와 같이 土地所有權에 대해서 특별히 강한 公法的 制限이 이루고 권능의 分化를 시도하게 된 것은 土地가 갖는 物件으로서의 特殊性과 특히 土地는 그 價値形成에 있어서는 人爲的인 요소의 개입이 많기 때문에 不勞所得的인 地價上昇分을 私有化하기 위한 土地投機라는 病理的 現象이 초래되므로 이러한 土地問題를 시정하기 위해서 土地所有權에 대해서는 강한 公法的 規制가 이루어지고 있다. 또 한편으로는 土地所有權은 土地를 使用·收益·處分할 수 있는 완전한 권리인데도 불구하고 강한 公的規制를 가하게 된 결과 土地所有者로부터의 抵抗도 적지 않다. 그래서 所有權의 권능을 分化시켜 현재의 利用權은 所有者에게 귀속시키고, 장래의 開發權은 국가나 지방자치단체에 歸屬시켜 土地所有權에 대한 公法的 規制에 대한 抵抗을 근원적으로 해결할려는 시도가 있게 되어 一部國家에서는 부분적으로 立法까지 하였다. 이와 같이 오늘날에 있어서는 所有權 일반에 대한 制限보다도 土地所有權에 대해서는 강한 公法的 制限이 부과되고 있다. 우리 나라는 土地公槪念이란 理念下에 土地所有權에 대한 강한 公法的 規制가 이루어지고 있다. 따라서 오늘날에 있어서는 토지소유권보장에 관한 物權法 이외에 土地所有權制限에 관한 土地公法 내지 不動產公法이 또 하나의 法體系를 이루고 있다.

(2) **土地所有權에 대한 強한 公法的 制限**

土地에 관한 근대 民法의 한 부분인 物權法 및 債權法의 구성은 所有權을 중심으로 하여 이루어져 있고 所有權에 비해서 利用權은 弱한 地位에 있다. 所有權中心主義로 土地에 관한 法이 구성되어 있으므로 土地所有者는 所有權의 우월성에 基하여 보다 많은 土地를 取得所有하고, 그로 인하여 不勞所得的인 地價上昇分을 私有化하고자 하였다. 그래서 土地를 所有하기만 하고, 利用을 제대로 하지 않고, 所有하는 土地의 去來로부터 不勞所得의 差益을 얻기 위해서 土地投機를 함으로써, 土地를 所有하지 못한 土地利用者의 地位가 劣弱해지고, 소유한 者는 投機에 의하여 取得한 不勞所得으로 더 많은 土地를 소유하게 되므로 土地所有의 過多偏重現象이 초래되었다. 이러한 土地問題의 발생은 土

地가 갖는 특수성과 이러한 土地問題를 낳을 수 있었던 近代的 土地法制의 未備點에서부터 이루어졌다고 할 수 있다.

土地는 그 量이 有限하고 再生產이 불가능하며, 商品으로서 物件이긴 하지만 生產과 生活을 위한 資源이기도 하며, 특히 土地價의 형성은 土地所有者의 開發投資에 의하지 않고서도 국가의 公共事業이나 토지의 用途의 指定 또는 變更으로 인하여 엄청나게 증가하게 된다. 이와 같이 土地는 다른 物權과는 다른 특수성을 갖고 있음에도 불구하고 근대 民法은 土地의 特殊性을 고려하지 않은 체 立法이 이루어져 土地를 단순히 商品으로만 파악하고, 不勞所得的 地價上昇分의 私有化를 가능토록 하고 있다. 이로 인하여 土地를 소유한 者는 이용보다는 地價上昇만을 기대하고 소유만 하고 있기 때문에 이에 대한 이용의 촉진, 不勞所得的 地價上昇分의 환수, 土地投機에 대한 억제, 土地利用權者의 보호, 그리고 分配의 正義를 실현하기 위한 과다한 소유의 偏重現象의 是正 등 등을 위하여 土地所有權에 대한 公法的 規制가 강해질 수밖에 없다.

우리 나라는 土地公概念이란 理念下에 土地所有權에 대한 強한 規制立法이 이루어지고, 우리 憲法도 第9章 經濟의 章 §§120, 121, 122, 123 등에서 土地所有權에 대한 보다 強한 公法的 規制를 할 수 있는 憲法的 根據를 제공하고 있다. 그래서 종래에는 주로 土地의 利用에 대해서 公法的 制限을 가하였으나 오늘날은 土地의 所有・利用・收益・處分에 걸쳐서 전면적으로 엄격한 公法的 規制를 가하고 있다. 구체적인 制限內容에 관해서는 後述하기로 한다.

(3) 土地所有權의 權能의 分化

(가) 分化의 背景 國土의 균형적인 開發과 保全을 위하여 土地所有權에 대한 強한 規制의 필요성은 증대하였으나, 한편으로는 土地所有權에 대한 強한 制限에 대해서 所有者로부터의 抵抗이 거세어지고 근대 民法下에서의 土地所有權은 完全物權이므로 土地所有權에 대한 公法的 規制에도 한계가 있을 수밖에 없다. 그래서 計劃法分野에서 먼저 土地所有權의 본질에 대한 재검토를 하게 되고, 土地所有權이 갖는 권능을 각각 독립시켜 獨立한 權利로 分化시키는 시도를 하게 되었다. 그래서 計劃家 및 計劃法學者들은 土地所有權의 권능의 分化에 의해서 土地所有權의 制限에 의한 抵抗을 받지 않고 國土의 合理的이고 均衡있는 개발과 보전을 할 수 있는 土地管理의 技法으로 활용하고자 하였다.

傳統的으로 土地所有權은 토지에 대한 포괄적인 支配權으로 이같은 包括

性·渾一性으로부터 토지의 使用·收益·處分權이 유출되는 것으로 이해하였다. 그러나 權能의 分化를 주장하는 자들은 土地의 使用·收益·處分의 諸權能은 각각 독립한 權利로 分離할 수 잇는 것이며, 이러한 諸權能이 하나로 結合되어 있는 權利(a bundle of rights)를 土地所有權으로 파악한다. 이러한 土地所有權의 權能分化를 土地所有權概念의 조용한 革命(a quiet revolution)이라 일컬어지고 있다.

좀더 자세히 살펴보면 土地所有權의 權能分化를 위한 견해는 土地所有權의 본질에 대하여 傳統的 土地所有權概念下에서의 그것과는 근본적으로 달리하고 있다. 傳統的 土地所有權은 前述한 바와 같이 土地所有權의 포괄성·혼일성으로부터 土地의 使用·收益·處分의 諸權能이 유출된다고 이해한다. 그러나 土地所有權의 權能分化를 주장하는 見解는 土地所有權이란 土地의 使用·收益·處分, 그리고 개발의 諸權能은 각각 독립한 權利로서 土地所有權이란 하나의 이름하에 결합되어 있는 權利로 파악한다. 다시 말하면 傳統的 土地所有權概念下에서는 開發權은 土地所有權에 내재하는 권능이며 土地所有權 자체에서 도출된 權利이다. 그러나 開發權의 土地所有權으로부터의 分離主張은 개발권은 독립한 권리로서 社會에 의해서 창조되고 特定土地에 분배된 권리라고 이해한다.[29] 즉 開發權은 土地所有權에서 유출된 것이 아니라 국가로부터 許與된 權利로 이해한다.[30] 또한 土地所有權의 범위에 있어서도 傳統的 土地所有權은 法律로 제한하지 않은 것은 모두 土地所有權의 범위에 포함되는 것으로 파악하나 開發權의 分離主張은 土地所有權은 法律로 허용된 것만을 行使할 수 있는 限定的인 권리로 파악하고자 한다.

이와 같은 土地所有權의 권능의 分化現象은 英國에서는 소유권과 개발권의 分離 및 開發權의 공유화로, 美國은 개발의 소유권에서의 分離에 의한 開發權讓渡制(transfer of development right)로, 佛蘭西는 소유권에서 建築權의 分離로 이미 土地所有權에서 개발권을 分離하여 立法的으로 그것을 公有化하였거나 開發權에 市場流通性(marketability)을 부여하여 開發權만을 독립한 권리로 만들었다. 獨逸은 土地所有權을 利用所有權(Nutzungseigentum)과 處分所有權(Verfügungseigentum)으로의 分離主張이 있으나 아직까지 立法化하지는 않고 있다.

29) Franklin J. James, Dennis E. Gale, Zoning for Sale: A Critical Analysis of Transferable Development Right Programmes, 2(1977).

30) Donald G. Hagman, Dean J. Miszinski, Windfalls for Wipeouts, 86(1978).

(나) 所有權과 開發權의 分離 土地所有權과 開發權의 分離立法은 英國과 美國의 예에서 찾아볼 수 있다. 英國은 일찍이 1947년의 都市農村計劃法(Town and Country Planning Act)에서 土地所有權에서 개발권을 분리하여 그것을 公有化한 바 있으며,[31] 美國의 開發權讓渡制에 의하여 土地所有權에서 개발권을 분리하여 독립한 權利로 하긴 했으나 그것을 公有化하지는 않고 개발권에 市場流通性을 부여하였다.

먼저 開發(development)의 定義에 관하여 英國의 1971년에 改正된 都市農村計劃法 §22는 地中·地表·地上 또는 地下에서의 建築行爲, 土木工事, 採鑛行爲 기타 작업의 遂行 및 特定建物이나 土地의 용도의 상당한 정도의 변경(material change of use)이라고 規定하고 있다. 다시 말하면, 建物을 新築한다든가 工作物을 설치하는 것과 같은 有形的인 행위는 물론 用途地域地區(zoning)의 指定 또는 變更과 같은 無形的인 用途變更行爲도 개발의 개념에 포함시키고 있다.[32] 좀더 包括的·抽象的으로 정의한다면 特定時點에서의 土地의 現狀變更行爲를 개발이라 개념지울 수 있을 것이다. 이와 같은 現狀變更行爲는 물리적인 토지의 形質變更行爲는 물론 무형적인 토지의 用途變更行爲도 포함된다. 이와 같이 정의한 開發의 개념에서는 비교적 사소한 土地의 現狀變更行爲는 제외된다. 다시 말하면 상당한 정도의 現狀變更이 있어야 開發이라 할 수 있다. 물론 상당하지 않은 사소한 現狀變更과 상당한 정도의 변경을 확실히 구분하기는 어렵다. 상당한 정도의 現狀變更이 되기 위해서는 새로운 用途가 舊用途와는 本質的으로(substantially) 구분되어야 한다는 입장을 취하고 있다.[33]

所有權에서의 開發權의 分離主張은 土地所有權者에게는 현재의 土地利用權만 인정하고 장래의 開發權은 國家가 갖거나 독립한 權利로 讓渡될 수 있다는 것이다.[34] 이와 같은 開發權의 土地所有權에서 分離에는 몇 가지의 理由가 있다.

31) 英國의 開發權 公有化政策은 執權政黨에 따라 바뀌어 왔다. 그러나 勞動黨은 집권할 때마다 혁신적인 土地政策을 立法化하여 開發權의 公有化에 더 나아가 土地社會主義의 實現 및 土地의 公有化에로 나아가고 있다.

32) 유럽 諸國에서는 우리 나라와는 달리 建物 기타 地上의 定着物은 독립한 不動産이 아니라 土地의 本質的 構成部分이다. 그러므로 特定建物의 用途의 상당한 정도의 변경을 開發에 포함시키고 있다. 그리고 鑛物도 우리 나라와는 相異하게 土地所有者主義에 따라서 土地所有權에서 分離獨立한 不動産으로서 鑛業權의 객체가 아니라 土地의 構成部分으로 파악하여 採鑛行爲도 開發行爲에 포함시키고 있다. 그러나 우리 法制에 맞는 開發의 개념에는 採鑛行爲와 建物의 用途變更行爲는 제외하고 재구성해야 할 것이다. 즉 開發이라 함은 地上, 地表, 地中, 地下에서의 建築行爲, 土木工事 기타의 작업의 遂行 및 土地의 用途의 상당한 정도의 변경이라고 定義해 볼 수 있을 것이다.

33) Desmond Heap, An Outline of Planning Law, 87-88(1978).

34) 英國은 일찍부터 土地의 所有權은 國王에게, 開發權은 地域社會(community)에, 利用

먼저 英國은 1947년 都市農村計劃法에서 開發權을 公有化하게 된 근거는 첫째, 綠地保全이고, 둘째는 土地로부터 발생하는 土地價値의 增減의 調整, 즉 開發利益과 開發損失의 조정을 위해서였다. 英國은 綠地保全, 특히 그린벨트(green belt) 내의 土地의 開發을 억제하여 綠地空間의 확보를 위한 勞力을 꾸준히 하여왔다. 이 綠地空間의 保全을 위해서는 地方政府가 토지를 買受하기도 하고 또 中央政府는 이같은 地方政府에 土地買受資金을 貸與해주기로 하고 綠地空間 내의 토지소유자와의 계약에 의해 農地로만 이용할 것을 約定하기도 하였다. 이같은 綠地保全의 方法은 정부로 하여금 막대한 財政的 負擔을 지게 하였으며, 政府는 綠地保全을 위한 새로운 方法을 찾게 되었다. 그리하여 英國政府는 1947년의 法律에서 모든 土地의 개발은 政府의 許可를 받도록 하여 綠地保全을 위해 더이상 土地를 買受할 필요가 없게 되었으며, 綠地로서 보전할 필요가 있는 土地에 대해서는 土地開發을 위한 許可를 거절만 하면 될 수 있게 되었다. 土地所有者는 더이상의 開發權을 소유하고 있지 않기 때문에 開發許可가 거절되어도 그로 인한 損失의 補償을 청구할 수 없게 되었다.

다음으로 開發利益과 開發損失의 조정을 위한 開發權의 分離, 公有化는 地價의 移動說에 기초하고 있다. 地價는 現在利用價(current use value)와 開發價(development value)로 구성되어 있으며, 이 開發價는 모든 土地에 潛在的으로 기대되는 浮動價(floating value)로서 모든 土地에 潛在해 있다가 特定土地에 개발이 있게 되면 그 土地에 移動하여 정착하게 된다는 것이다. 이와 같이 開發土地의 地價는 상승하고 開發이 억제되는 土地의 地價는 下落하게 된다. 전체로서의 地價에는 변함이 없다.[35] 理論的으로 볼 때 각종 開發計劃에 따른 地價의 이동으로 地價가 감소한 土地의 所有者에 대해서는 損失補償을 하여야 하고 開發利益이 발생한 土地所有者에게서는 開發利益을 還收함으로써 모든 土地에 있어서 均衡을 維持하여야 한다.

이와 같은 開發計劃으로 인한 地價의 移動에 따른 開發損失과 開發利益의 調整問題를 사라지게 하는 것은 國家가 모든 土地의 所有權을 한 사람이나 한 기관에 속하게 한다면 가능할 수 있다. 즉 동일한 土地所有權의 범위 내에서 地價의 移動이 가능하도록 한다면 그것이 가장 적절한 方法일 것이다.[36] 이같

權은 개인에게 있다는 것이 일반적인 인식으로 받아들여졌다.

35) Charles M. Haar, Land Use Planning; A Casebook on Use, Misuse and Reuse of Urban Land, 751(1973).

36) Baur(前註 46), 752.

이 地價의 移動이 동일 所有權 내에서 이루어지게 하려면 土地의 國有化가 가장 理想的이다. 그러나 土地의 國有化는 政治的 論爭을 유발하고 克服할 수 없는 財政的 問題를 내포하고 있으며, 복잡한 管理機構의 설치·운영을 필요로 한다. 土地를 國有化하지 않고서도 地價의 移動을 동일 所有權 내에서 이루어지게 하기 위해서 地價의 上昇과 移轉을 유발하는 개발권만을 公有化하는 조치를 취함이 가장 적절하고도 結論지웠으며, 이러한 근거에서 英國은 開發權을 土地所有權에서 分離하여 公有化하였다.[37)]

美國에서의 開發讓渡制는 土地利用規制, 土地開發의 촉진, 開發損失의 보상, 綠地의 보전, 生態資源의 보호, 歷史的 表徵建物의 보전 등을 위한 綜合的인 土地政策手段으로 사용하기 위하여 창안되었다. 土地利用規制를 위해서는 美國은 일찍이 用途地域地區制(zoning system)를 이용하였다. 그러나 用途地域地區制는 토지의 利用規制方法이 주로 列擧的 禁止條項體制(negative list system)을 취함으로써 현상유지적이며 土地利用規制에 신축성이 없는 것이 단점으로 지적되고 있다. 그 뿐만 아니라 用途地域地區制는 행위규제의 내용에 따라 土地開發의 규제가 강하지 않는 土地所有者에게는 開發利益이 발생하고 開發이 抑制되는 토지의 소유자에게는 상대적인 地價의 下落은 물론 地價의 絶對的 減少를 초래할 경우도 발생시킨다. 開發權讓渡制의 활용으로 토지의 용도에 따라 開發權을 정하여 配分함으로써 開發의 밀도, 土地의 용도 등을 規制할 수 있다. 개발권의 管理를 통해서 개발을 促進하고자 할 때에는 開發權의 賣却을 용이하게 하고 개발을 抑制하고자 할 때에는 開發權의 賣却을 어렵게 함으로써 개발의 時期 및 速度를 조절하기도 한다.

綠地의 保全 및 歷史的 表徵建物의 안전을 위한 그 建物周邊의 개발을 억제하고자 할 때에는 그 建物周邊의 土地所有者에게서 일정한 개발권을 다른 土地所有者에게 팔게 하거나 政府가 買入함으로써 가능하다. 특히 주목할 것은 美國은 開發損失의 補償方法으로써 開發權讓渡制를 활용하고 있다는 점이다.

37) 1947년의 都市農村計劃法에서 開發權을 公有化하면서 公有化(nationalization)라는 用語는 使用하지 않았으며 또한 開發權을 국가에 移轉한다는 規定도 없다. 그러나 開發權의 公有化는 다음과 같은 方法으로 실천하였다. 첫째, 開發은 開發許可(planning permission)없이는 행해질 수 없으며, 둘째, 開發許可가 拒絶되더라도 土地所有者는 補償을 請求할 수 없다. 왜냐하면 土地所有者는 개발권을 더이상 소유하고 있지 못하고 있기 때문이다. 셋째, 開發許可가 주어지면 土地所有者는 그 開發許可로부터 받은 利益을 포함한 土地價와 現在利用價의 차액을 開發負擔金(development charge)으로 납부해야 한다. 넷째, 土地가 強制取得될 때에 그 보상은 現在利用價에 한정한다. 다섯째, 開發權의 喪失에 대한 補償措置로서 3억파운드의 基金(Global Fund)을 조성하여 土地所有者는 정부로부터 단지 한번의 支給請求權을 갖는 것으로 하였다.

본래 用途地域地區制에 의한 土地利用規制行爲는 土地의 收用(taking)의 경우와는 달리 警察權(police power)의 行使로서, 그로 인하여 規制를 받는 토지의 財産價値의 損失에 대해서는 補償을 요하지 않는 것이 原則이다. 그러나 土地所有權을 박탈하는 것이 아닌 警察權行使에 의한 土地利用規制만으로도 토지의 財産價値는 하락하므로 政府가 土地利用規制를 계속하고자 하면 당해 土地를 收用해야 하고, 그렇지 않으면 土地利用規制行爲가 無效로 되어 합리적인 土地利用을 도모할 수 없다. 그리고 政府가 土地를 수용하고자 할 때에는 修正憲法 §5에 따라 정당한 보상을 支給해야 하므로 정부의 財政的 負擔이 막대하여진다. 이러한 문제를 극복하여 警察權의 行使에 의한 土地利用規制를 계속하면서 그로 인한 損失을 정부의 財政負擔없이 補償하는 방법이 바로 開發權讓渡制이다. 개발을 억제하여 保全하고자 하는 地域의 土地의 開發權을 개발이 가능한 土地의 所有者에게 賣却할 수 있게 함으로써 開發이 抑制당하는 土地所有者는 개발권의 讓渡代價로서 土地利用規制로 인하여 발생하는 損失을 補償받게 된다.

이와 같이 土地所有權에서 개발권을 分離하여 그것에 市場流通性을 부여하여 讓渡가 가능하도록 하였다. 물론 開發權은 市場에서 私人間에 거래케 하지 않고 정부가 완전히 買入하는 경우도 없지 않다. 開發權讓渡制에 있어서 어려운 문제점은 開發權의 評價와 그 配分基準이다. 이에는 단순한 面積比例로 開發權을 土地所有者에게 評價·配分하는 경우가 있는가 하면 地價의 比率에 따라 나누어 주는 경우도 있고 面積主義와 地價主義를 절충한 경우도 있다. 開發權讓渡制는 法律, 衡平 및 經濟學을 混合한 토지관리의 기법으로서 아직은 초기단계에 있다고 할 수 있다.[38)]

(다) 所有權과 建築權의 分離　　所有權에서의 建築權의 分離는 佛蘭西에서 立法化하여 시행하였다. 佛蘭西는 이미 살펴보았듯이 私所有權의 관념이 강한 국가였음에도 불구하고 1975년 말에 制定된 土地改革法에서 土地所有權 내용의 일부인 建築權을 분리하여 그 建築權의 일부를 무상으로 公有化하였다. 그것이 바로 法定建築密度上限制이다. 즉 土地所有者에게 허용될 수 있는 建築密度를 法定하고 그것을 초과하여 건축하고자 하는 者는 국가로부터 建築權을 買入해서 건축하도록 하였다.

38) Frank Schnidmann, "Transferable Development Rights; An Idea in Search of Implementation," Land and Water Law Review XI-2, 350(1976).

建築密度라 함은 建築物의 延床面積을 建築物의 垈地面積으로 나눈 數値로서 토지개혁법은 法定建築密度를 파리市는 1.5로 하고 기타의 지역은 1로 하였다. 이렇게 하여 법정건축밀도를 초과하여 건축하고자 하는 者는 地方政府에 대해 法定建築密度上限超過負擔金을 납부하고 建築許可를 받아야 한다. 이때 法定建築密度上限超過負擔金은 법정건축밀도를 초과한 延床面積에 당해 建築地 주변의 平均地價를 乘하여 算定한 金額으로 한다.[39] 이와 같은 法定建築密度上限制의 발상은 佛蘭西의 行政學者인 길리(J. D. Gilli)가 그의 著書「財產權의 再定立」(Redéfinir le droit de propriété)에서 토지의 地上利用權 중 토지소유자가 이용할 수 있는 私的空間(private space)과 이 限界를 넘어선 公的空間(public space)으로 구분하므로 시작되었다.[40] 이같은 理論接近은 토지소유자 중 상당한 권리를 국가에 移讓하고 그 나머지를 개인에게 남겨 둔다는 것을 의미하였다.

㈑ 利用所有權과 處分所有權으로의 分離 包括的 土地支配權인 土地所有權은 利用所有權(Nutzungseigentum)과 處分所有權(Verfügungseigentum)으로의 分離構想은 獨逸에서 시작된 것으로 아직 立法化되지는 않았다.

우선 그 골격적 내용은 土地所有權을 利用所有權과 處分所有權으로 나누어 이용소유권은 私人이 갖고, 처분소유권은 地方自治團體에 歸屬시키자는 土地改革案이다. 利用所有權과 處分所有權으로의 分離主張은 1972년 한스 요헨 포겔(Hans-Jochen Vogel)이 그의 論文「土地法과 都市開發」에서 처음으로 제기하였으며,[41] 당시 執權黨이었던 社會民主黨(Sozialdemokratische Partei Deutschlands: SPD)에서 論議가 되었으나 아직까지 이용소유권과 처분소유권의 내용이 충분히 명백해진 것이라고는 할 수 없다. 이같은 利用所有權과 處分所有權의 분리는 渾一的이고 彈力的인 전통적인 土地所有權의 諸權能을 각각 일부씩 나누어 그것을 독립한 所有權으로 하는 토지소유권의 機能的 分離로서 두 개의 독립한 法的 地位는 일정한 權能만을 갖고 서로 다른 地位로 轉換할 수 있는 彈力的인 關係에는 있지 않는 것이다.[42]

39) 예를 들면, $1m^2$당 300프랑하는 $1,000m^2$의 土地에 대해서 $1,500m^2$의 延床面積의 建築許可를 받은 경우 建築者는 $500m^2$에 해당하는 土地價 150,000프랑을 法定建築密度上限超過負擔金으로 納付하여야 한다.

40) United Nations, "Land for Human Settlements; Some Legal and Economic Issues", 27 (1977).

41) Hans-Jochen Vogel, "Bodenrecht und Stadtentwicklung," NJW, 1544ff(1972).

42) Der Bundesminister für Raumordnung, Bauwesen und Städtebau, New und modifizierte Rechtsformen der Bodennutzung, 68(1977).

利用所有權과 處分所有權의 분리내용을 살펴보면 먼저 처분소유권은 地方自治團體에 移轉歸屬되어 特定私人에게 이용소유권을 일정기간 동안 설정해 주고 이용소유권의 取得者와 土地利用의 形態, 利用方式, 利用期間, 利用代價 등을 合意할 수 있는 권리이다. 여기에서 處分이라는 개념은 私法解釋學(Privatrechtsdogmatik)에서와 같이 토지를 法律行爲에 의하여 讓渡하거나 土地에 負擔을 지울 수 있는 權能이 아니다.[43]

處分所有權者는 토지를 스스로 이용할 수 없으며, 占有할 權利도 갖지 않으며 제3자에 대한 所有物返還請求權도 갖지 않는다. 결국 처분소유권에 의한 土地에 관한 구체적인 目的設定은 利用所有權의 도움이 있어야만 遂行될 수 있다. 地方自治團體는 처분소유권을 私的權利主體에게 讓渡할 자격은 없으며, 處分所有權을 去來할 수도 없으며, 價値評價도 할 수 없고 물론 擔保權을 설정할 수도 없다. 다만 地方自治團體는 처분소유권을 公法人이나 營造物에 移讓할 수는 있다.

그것에 반하여 利用所有權은 讓渡할 수 있고 負擔을 지울 수 있는 去來可能한 私的物權이다. 이용소유권은 土地를 占有하고 利用하고, 특히 建築할 수 있는 權能을 갖고 있다. 그러므로 利用所有權은 處分所有權보다도 더 완전한 所有權에 가깝다.[44] 그러나 다른 한편에 있어서는 利用所有權은 일정기간 동안만 許容되는 것이며, 利用所有權者는 임의로 土地利用의 형태, 建物의 종류를 決定할 수 있는 것이 아니라 地方自治團體의 처분소유권에 의하여 拘束된다. 利用所有權의 처분소유권에 의한 拘束은 利用所有權者와 處分所有權者인 지방자치단체와의 契約에 의하여 이루어진다. 이 契約內容이 제3자에 대하여 效力을 미치게 하기 위해서는 利用所有權의 이같은 모든 制限內容이 物權化되도록 規定되어야 한다.[45] 그리고 利用所有權者의 토지이용의 代價로서 지방자치단체에 대한 補償支給을 가능할 수 있도록 하는 것도 고려될 수 있다.

利用所有權의 이용기간이 終了하면 이용소유권이 更新되어 계속되거나 아니면 處分所有權者에게로 移轉된다. 이와 같은 利用所有權을 私人에게 配分하기 위해서 무엇보다도 먼저 建築詳細計劃(Bebauungsplan)과 利用權配分計劃(Nutzungsprogramm)을 樹立해야만 한다.

處分所有權과 利用所有權은 地上의 건물은 그 대상으로 하지 않으며 원칙

43) Der Bundesminister für Raumordnung, Bauwesen und Städtebau(前註 49), 68.
44) Der Bundesminister für Raumordnung, Bauwesen und Städtebau(前註 49), 68.
45) Der Bundesminister für Raumordnung, Bauwesen und Städtebau(前註 49), 69.

적으로 土地(Grund und Boden)만을 대상으로 한다. 그러므로 建物의 所有者는 土地로부터 독립하여 자유로이 건물을 讓渡·擔保·相續할 수 있으며, 建物의 承繼人은 건물의 기초가 되는 利用所有權을 그에 부수하는 구체적인 約款과 함께 承繼한다.

이와 같은 土地所有權의 改革이 이루어지기 위해서는 아직도 地方自治團體의 소유에 속하지 않은 土地에 대하여 處分所有權과 利用所有權으로의 分離導入이 土地收用(Enteignung)으로 看做되고 損失補償의 의무가 발생할 것이 아니냐는 문제점에 대해서는 특별히 論議되고 있지는 않으나 處分所有權과 利用所有權의 分離는 獨基 §14 Ⅲ[46]에 따라 利用所有權과 處分所有權으로의 命名(Benennung)으로 발생할 수 있으며 收用 및 補償의 문제는 발생되지 않는다.[47]

Ⅳ. 所有權制限의 態樣

1. 槪 說

所有權에 대한 制限의 態樣은 그 分類基準에 따라서 여러 가지로 나누어 볼 수 있다. 즉 所有權制限의 방법, 所有權制限의 내용, 制限되는 所有權의 권능에 따라서 나누어 볼 수 있다. 소유권제한의 方法에 따라서는 法律에 의한 制限과 解釋에 의한 제한으로, 소유권제한의 內容에 따라서는 所有者가 부담하는 의무에 따라 忍容義務, 不作爲義務, 作爲義務로 나누어 볼 수 있고, 制限되는 所有權의 권능에 따라서 소유의 資格 및 量的制限, 使用制限, 收益制限, 處分制限으로 나누어 볼 수 있다.

本章에서는 所有權制限의 方法 및 所有權制限의 內容에 따른 소유권제한에 관해서만 살펴보고, 制限되는 權能에 따른 소유권의 제한은 다시 권능을 제한하는 法律의 性質에 따라서 私法的 制限과 公法的 制限으로 나누어 그 제한의 내용은 章을 바꾸어 구체적으로 자세히 살펴보기로 한다.

---

46) 獨基 §14 Ⅲ : 公用徵收는 公益을 위해서만 인정된다. 公用徵收는 오직 損失補償의 종류 및 정도를 규정한 法律에 의하여 또는 法律의 근거에 의해서만 행할 수 있다. 損失補償은 公共 또는 關係者의 利益의 공정한 고려하에 決定된다. 損失補償에 대한 係爭事件에 있어서는 通常法院에 대하여 爭訟節次가 개시된다.

47) (前註 49), 69.

2. 制限의 方法에 따른 所有權制限

(1) 法律에 의한 制限

憲 §23 I 但書와 民 §211는 所有權의 내용을 法律로써 제한할 수 있는 것으로 하고 있다. 따라서 命令으로써는 所有權을 제한하는 法律은 強行法規로서 그 대부분은 特別法으로 제정되며 그 數도 公·私法에 걸쳐서 극히 많고 앞으로 계속해서 증가될 전망이다.

오늘날 法律에 의한 所有權制限의 주된 이유는 社會福祉政策, 經濟政策, 土地政策, 住宅政策 등의 실현과 國土開發, 都市問題, 環境問題 등의 解決에 있다. 여기에서는 法律에 의한 소유권의 제한을 私法的 制限과 公法的 制限으로 나누어 살펴볼 수 있다.

(2) 法解釋에 의한 制限

所有權은 法律에 의해서 제한되는 외에 權利濫用禁止의 法理나 信義誠實의 原則에 의해서 일정한 制限이 가해진다. 이러한 소유권의 제한을 所有權의 內在的 制限이라고 한다.[48)]

所有權은 公共福利를 위해서 그 행사가 信義에 좇아 성실히 행해져야 하고 그 濫用은 금지된다. 특히 所有權에 관해서는 權利濫用이 문제된다. 所有權의 행사가 社會的 倫理觀念, 社會秩序에 위반되는 경우에는 權利濫用으로서 허용되지 않으며, 그로 말미암아 타인에게 損害를 끼친 경우에는 不法行爲가 성립하기도 한다.

3. 制限의 內容에 따른 所有權制限

(1) 忍容義務에 의한 所有權制限

일정한 경우에는 所有者가 타인의 所有權에 대한 侵害를 忍容해야 할 義務가 지는 경우가 있다. 즉 形式的으로는 비록 所有權의 侵害와 같은 외관을 나타내기는 하지만 所有權의 주장으로써 그것을 배척할 수가 없는 것이다. 그러한 것으로서는 相隣關係에 관한 一部規定 중에서 찾아볼 수 있고, 特別法規에는 대단히 많다.

隣地所有者의 土地使用에 대한 忍容義務(民§216 I), 通常의 정도의 임미시온의 忍容義務(民§217 II), 水道 등의 施設의 경우의 忍容義務(民§218 I), 周圍土地通行의 경

48) 金容漢, 物權, 235(1985).

우의 忍容義務(民§219 I), 餘水疏通의 경우의 忍容義務(民§226 I), 流水用工作物의 사용에 대한 忍容義務(民§227 I), 堰의 設置의 경우 그 對岸의 토지소유자의 忍容義務(民§230 I) 등은 相隣關係로부터 발생하는 忍容義務이다.

그리고 土地의 收用 또는 使用에 대한 忍容義務(土收§2 I), 消火를 위해 土地를 一時使用하거나 그 사용을 제한하거나 기타 消防上 필요한 強制處分의 忍容義務(消防§§55 I, II, III), 道路管理 등을 위한 타인의 土地에 出入 또는 一時的 使用 등의 忍容義務(道§§48-51), 給水裝置의 檢査를 위한 타인의 토지나 건물에의 出入의 忍容義務(水道§19), 測量을 위한 타인의 토지나 건물의 出入, 測量障碍物의 除去, 變更, 測量에 필요한 標識의 설치를 위한 타인 토지의 一時的 使用, 測量을 위한 타인의 土地建物 등의 收用 또는 使用에 대한 忍容義務(測量§§10-13), 河川에 관한 工事·調査·測量 또는 하천의 維持를 위한 타인 土地에의 出入 또는 一時使用의 忍容義務(河川§43), 休養林의 委託管理에 대한 忍容義務(山林§32 I), 都市計劃區域內에서의 도시계획사업을 위한 土地 등의 收用·使用의 忍容義務(都計§29), 漁業을 위한 타인의 土地 기타 工作物의 使用·他人의 토지에의 出入에 대한 忍容義務(水業§§61-62), 鑛業權特許의 出願·租鑛權設定認可申請 등을 위한 타인 土地에의 出入 또는 障碍物除去 또는 土地의 收用 또는 使用에 대한 忍容義務(鑛業§§83-89), 土地改良事業 또는 農家住宅改良事業 등을 위한 당해 지역 내의 土地 또는 物件의 收用·使用 또는 除去의 忍容義務(農近§§154-155) 등이 公法上의 특별법규에 의한 忍容義務이다.

(2) **不作爲義務에 의한 所有權制限**

所有者가 소유권의 諸權能을 자유로이 行使하지 않을 義務를 수반하는 수도 있다. 使用·收益을 하지 못한다거나 사실상 또는 법률상의 處分을 하지 않을 義務를 부담하는 경우도 있다. 특히 土地의 利用에 있어서는 用途地域地區制(zoning)에 의해서 許容된 利用 이외에는 당해 土地를 利用하지 않을 義務를 진다.

民法에도 所有權制限으로서 不作爲義務를 지우는 경우가 있다. 즉 土地의 所有者는 정당한 利益이 있는 범위 외에는 土地를 使用·收益하지 않을 義務를 負擔하고(民§212), 境界線으로부터 半미터 이내에는 건축을 하지 않을 義務가 있으며(民§242), 地下施設 등을 할 때에는 2미터 이상의 거리를 둘 義務가 있다(民§244 I).

公法上의 特別法에는 不作爲義務의 부과에 의한 所有權制限의 예가 적지 않다. 예를 들면, 각종 用途地區 내의 일정한 行爲의 制限(國土管 §15, 都計 §§19-22), 建築上의 道路·建築線의 維持義務, 地域·地區 내의 일정한 建築物의 제한, 建築物의 면적 또는 높이의 制限 등(建築 §§27, 41-2), 保全林地의 轉用制限, 地目變更禁止(山林 §§18-21), 文化財의 管理·修理·搬出 등의 일정한 제한과 輸出의 禁止(文化財管理 §§17-21)에 의하여 소유권의 使用權能에 대한 不作爲義務가 부과되고 있다. 그리고 檢査를 받지 않았거나, 檢査에 불합격한 農產物의 去來制限(農產物檢査 §3-2), 經濟政策上 필요에 의한 양곡의 賣渡命令에 복종해야 할 義務 등은 所有權의 處分權能에 대한 不作爲義務이다.

(3) **作爲義務에 의한 所有權制限**

所有者에게 적극적인 作爲義務를 지우는 경우도 있다. 이에 속하는 所有權의 權能은 비교적 적은 편이다.

民法에서는 相隣關係에서 그 예를 찾아볼 수 있다. 즉 土地所有者는 임미시온의 경우 이웃 土地의 使用을 방해하거나 이웃 居住者의 생활에 고통을 주지 않도록 적당한 措處를 할 義務가 있으며(民 §217 I), 境界로부터 2미터 이내의 거리에서 이웃 住宅의 내부를 관망할 수 있는 창이나 마루를 설치할 경우에는 적당한 遮面施設을 하여야 한다(民 §243). 그리고 工作物의 所有者가 그 설치 또는 보존의 瑕疵로 인한 損害에 관하여 無過失責任을 지는 것(民 §758 I 但)은 土地所有者에 대하여 간접적으로 損害防止義務를 인정한 것으로 생각할 수 있을 것이다.[49]

特別法에 의한 作爲義務의 부과의 예로는 防火地區 내의 건축물의 主要構造部 및 外壁은 耐火構造로 하여야 하며(建築 §35), 防火地區 내의 건축물의 지붕은 不燃材料로 하여야 하며, 防火門 및 隣地境界線에 접하는 외벽에는 防火設備를 하여야 하며(建築 §36), 山林所有者의 施業義務(山林 §11) 등이 있다. 그래서 所有者는 일정한 시설을 하거나 기타의 造林을 하여야 할 作爲義務를 負擔한다.

그리고 土地去來의 許可·申告義務(國土管 §§21-3, 21-7; 宅地所有上限에 관한 法律 §§10, 14), 農地賣買에 있어서 소재지관서의 證明을 받을 義務(農改 §19), 林野賣買에 있어서 林野賣買證明을 받을 義務(山林 §111), 農地賃貸借契約의 申告義務(農賃 §4) 등도 토지소유자에게 作爲義務를 부과하는 것이다.

---

49) 張庚鶴, 物權, 369(1987).

4. 制限되는 權能에 따른 所有權制限

所有權은 使用·收益·處分權能이 있다. 그러므로 각 權能의 制限에 따라서 使用制限·收益制限·處分制限으로 나누어 볼 수 있고, 그리고 所有의 資格과 所有의 量을 제한하는 경우도 있으므로 이러한 제한도 權能의 制限의 범주에 포함하여 살펴볼 수 있는 것이다. 이와 같이 制限되는 權能도 그 制限法律이 私法인가 公法인가에 따라서 私法的 制限과 公法的 制限으로 나누어 볼 수 있다.

所有權에 대한 制限의 구체적인 내용은 매우 복잡하고 다양하므로 이 分類基準에 따라서는 이미 밝힌 바와 같이 章을 바꾸어 所有權制限의 구체적 내용을 면밀히 살펴보기로 한다.

Ⅴ. 所有權制限의 具體的 內容

1. 概 說

所有權에 대한 制限은 매우 다양하고 복잡하다. 그러므로 所有權制限의 구체적 내용은 私法에 의한 私法上의 제한과 公法에 의한 公法上의 제한으로 나누고 이를 다시 所有權의 권능을 중심으로 하여 使用權能·收益權能·處分權能의 제한으로 분류하여 살펴봄이 이해에 편리할 것으로 생각된다.

所有權에 관한 私法과 公法에서 私法은 所有權의 보장을 公法은 所有權에 대한 제한과 규제를 중심내용으로 하고 있다. 그러므로 所有權制限의 내용은 公法上의 制限이 중심을 이루게 된다.

2. 私法上의 制限

(1) 使用制限

㈎ 相隣關係 및 權利濫用禁止의 原則에 의한 使用制限　　民法에 의한 소유권의 使用權能의 제한은 소유권을 둘러싼 私人相互間의 이해조정을 위해서 가해지는 制限으로서 상린관계에 의한 制限(§§ 215-244), 正當防衛 또는 緊急避難에 의한 制限(§ 761)을 들 수 있다. 그리고 所有權의 내재적 제한으로서 權利濫用禁止의 原則(民 § 2 Ⅱ)과 信義誠實의 原則(民 § 2 Ⅰ)에 의한 사용제한이 있다. 그런

데 특히 권리남용금지의 원칙은 所有權의 濫用을 방지하기 위한 一般法原則인데 그것은 타인을 害할 의사를 가지고서 權利를 행사하는 것을 금지하는 시카네의 禁止(Schikaneverbot)의 法理에서 발전하여 이제는 主觀的으로 타인을 해한 의사를 요구하지 않고 客觀的으로 권리의 행사가 권리의 社會性·公共性에 반할 때에는 權利濫用이 되는 것으로 변천하여 우리 民法도 타인을 해할 主觀的 意思를 요구하지 않는다. 그럼에도 불구하고 우리 大法院判例는 권리남용이 성립하기 위해서는 客觀的 要件 이외에 언제나 主觀的 要件을 요구하여 소유권의 行使에 대한 規制를 가능한 한 자제하고 있다.

(나) 區分所有權에 대한 使用制限

(a) 使用制限의 內容　"集合建物의 所有 및 管理에 관한 法律"이 1984년에 制定됨에 따라서 區分所有權은 團體主義的 性格이 농후하여 구분소유권에 대해서는 一般所有權과는 달리 엄격한 사용제한이 가해지고 있다. 그것은 구분소유권의 객체인 區分建物은 一棟의 건물의 일부분이고 가로·세로로 다른 區分建物과 접하고 있으므로 각 區分建物의 원만한 이용의 실현과 一棟의 建物全體의 충실한 維持·管理를 위해서 가해지는 制限이다. 그래서 集合建物法의 制定에 의하여 자유로운 所有權의 개념에 커다란 변화가 초래되었다.

區分所有權에 대한 구체적인 制限의 내용을 살펴보면, 첫째는 區分所有者는 건물의 보존에 害로운 行爲를 할 수 없고 기타 건물의 管理·利用에 있어서 區分所有者의 공동의 이용에 반하는 행위를 할 수 없다(集建 §5 I). 타인의 생활을 방해하는 소음을 내거나 社會通念上 인정될 수 없는 重量物을 반입하는 등의 行爲를 할 수 없다. 둘째는 專有部分이 주거의 용도로 분양된 경우에 區分所有者는 정당한 이유없이 그 專有部分을 住居 이외의 용도로 사용하거나 그 내부벽을 철거 또는 파손하여 增築 또는 改築하는 행위를 하지 못한다(集建 §5 II). 즉 區分所有權의 객체인 區分建物에 대한 목적 이외의 使用禁止와 建物의 構造變更을 금지하고 있다.

이상과 같은 區分所有權에 대한 使用制限義務에 대한 違反行爲에 대해서는 상당히 엄격한 조치를 취할 수 있도록 하고 있다. 구체적으로는 行爲停止의 請求(集建 §43), 使用禁止의 請求(集建 §44), 區分所有者에 의한 競賣命令의 請求(集建 §45), 占有者에 대한 契約解除 및 引渡請求(集建 §46) 등의 조치를 취할 수 있다.

(b) 使用制限義務違反에 대한 措置

(i) 行爲停止의 請求　區分所有者나 占有者가 共同利益에 반하

는 행위를 하거나, 그러한 행위를 할 염려가 있는 경우에는 管理人 또는 管理團集會의 결의에 의하여 지정된 區分所有者는 그 행위를 停止하거나 또는 그 행위의 結果를 제거하고, 경우에 따라서는 그러한 행위의 豫防을 위하여 필요한 조치를 취할 것을 請求할 수 있다(集建 §43 I, II). 請求權者가 訴訟을 제기하기 위해서는 管理團集會의 決議가 있어야 한다(集建 §43 II).

(ii) 使用禁止의 請求　　共同利益에 반하는 행위로 인하여 區分所有者의 共同生活上의 장해가 현저하여 使用停止의 請求로서는 그 장해를 제거하여 공용부분의 利用確保나 區分所有者의 共同生活維持가 심히 곤란한 때에는 管理人 또는 管理團集會의 결의에 의하여 지정된 區分所有者는 管理團集會의 決議에 의하여 訴로써 상당한 期間 당해 區分所有者에 대하여 專有部分의 사용금지를 청구할 수 있다(集建 §44 I). 이 使用禁止請求는 상대방의 所有權使用의 制限 혹은 剝奪하는 이례적인 제도이므로 訴로써 청구하도록 하였다. 또한 使用禁止請求의 결의는 區分所有者 및 議決權의 4분의 3 이상의 다수에 의하여 決定하며(集建 §44 II), 그 決議에 있어서는 사전에 당해 區分所有者에게 변명의 기회를 주어야 한다(集建 §44 III).

(iii) 區分所有者에 의한 競賣命令請求　　區分所有者가 공동이익에 반하는 行爲·用途 외의 使用, 內部의 增築이나 改築 기타 管理團規約에 정한 의무위반 등으로 인하여 공동생활의 維持가 현저하게 어렵게 된 경우에는 管理人 또는 管理團集會의 決議에 의하여 지정된 區分所有者는 그 의무위반의 區分所有者에 속하는 專有部分과 垈地使用權의 경매를 명할 것을 法院에 청구할 수 있다(集建 §45 I). 이러한 請求를 하기 위해서는 區分所有者 및 議決權의 4분의 3 이상의 다수에 의한 管理團集會의 결의가 있어야 하며, 위 集會의 결의에 있어서는 당해 區分所有者에게 변명의 기회를 주어야 한다(集建 §45 II, III). 請求에 따라서 競賣命令의 裁判이 확정된 경우에는 6개월 이내에 競賣를 신청할 수 있고(集建 §45 IV), 競賣에 있어서는 의무위반의 區分所有者는 競落人이 되지 못한다(集建 §45 V).

(iv) 占有者에 대한 契約解除, 引渡請求　　占有者(예컨대, 傳貰權者·賃借人 등)에게 區分所有者의 경우와 같은 競賣事由가 있는 경우에는 管理人 또는 管理團集會의 결의에 의하여 지정된 區分所有者는 그 專有部分을 목적으로 하는 契約을 解除 및 그 專有部分의 引渡를 청구할 수 있다(集建 §46 I). 이 解除 및 引渡請求는 당해 區分所有者 및 占有者를 상대방으로 한다. 이 請求는 訴로써 할 필

요는 없으나, 日本의 區分所有權法은 訴로써 할 것을 요한다. 區分所有者 및 議決權 4분의 3 이상의 決議가 있어야 하고 사전에 占有者에게 변명의 기회를 주어야 한다(集建 §46 Ⅱ). 占有者는 그가 점유하는 專有部分을 貸主인 당해 구분소유자가 아니라 청구자인 管理人 또는 指定區分所有者에게 引渡하고, 專有部分의 引渡를 받은 請求權者는 지체없이 그것을 점유할 권원이 있는 者(보통은 당해 區分所有者)에게 引渡하여야 한다(集建 §46 Ⅲ). 주의할 점은 集建 §46에 의한 契約解除 및 引渡請求權은 貸主의 借主에 대한 契約解除權 및 引渡請求權과는 별도로 法律이 인정한 권리이며 貸主의 이와 같은 권리를 代位하여 행사하는 것은 아니다.

(2) **收益制限**

㈎ 傳貰金增額의 制限　　1984년 民法改正에 의하여 社會經濟的인 與件變化에 따른 傳貰金增減請求權을 인정하는 한편(民 §312-2), 增額의 경우에는 大統領令이 정하는 비율을 초과하지 못하도록 명문하여(民 §312-2 但) 不動產所有權의 收益權能에 대하여 제한을 가하고 있다. 民 §312-2 但書에 의하여 大統領令으로 "民法 제312조의 2 但書의 施行에 관한 規程"(1984. 9. 1 大統領令 제11493호)이 制定되어 傳貰金增額請求의 경우에는 이미 約定·實施되고 있는 전세금의 20분의 1을 초과하지 못하고(同規程 §2), 그 增額請求는 傳貰權設定契約이 있는 날 또는 約定된 傳貰金增額이 있는 날로부터 1년 이내에는 하지 못하도록 되어 있다(同規程 §3). 한편 전세권자는 傳貰金의 減額을 청구할 수 있는데(民 §312-2 本文), 그것도 또한 不動產所有權의 收益制限이 된다.

㈏ 借賃增額의 制限　　住宅의 賃貸借에 있어서는 住賃 §7 및 住賃令 §2에 의하여 借賃 또는 保證金의 증액이 제한된다. 즉 借賃의 增額請求는 約定한 借賃 또는 保證金의 20분의 1의 금액을 초과할 수 없고(住賃令 §2 Ⅰ), 그 增額請求는 賃貸借契約 또는 約定한 借賃 또는 保證金의 增額이 있은 후 1년 이내에는 하지 못한다(住賃令 §2 Ⅱ). 한편 賃借人의 借賃 또는 保證金의 減額請求에 의해서(住賃 §7 本文) 住宅所有權이 制限될 수 있다.

㈐ 賃借料의 上限에 의한 收益制限　　農地의 賃貸借에 있어서 賃借料는 法定의 상한의 범위 내에서만 有效하므로(農賃 §6 Ⅱ) 農地所有權에 대한 수익이 제한된다. 農地의 賃借料의 상한은 농지의 生產性 및 農作物의 수익성과 지역실정을 고려하여 大統領令이 정하는 기준에 따라 地域別·農作物別·農地等級別로 市·郡의 條例로 정하도록 하고 있다(農賃 §6 Ⅰ 前文). 물론 市·郡이 賃借料上限에 관한 條例를 정할 경우에는 미리 농지소재지를 관할하는 農地管理委員會의

審議를 거쳐야 한다(農賃 §6 I 後文).

(3) 處分制限

(가) 農地所有權에 대한 處分制限

(a) 序 農地는 耕者有田의 原則에 의하여 농민만이 소유할 수 있는 것이 原則이다. 그래서 農民이 아닌 者가 농지를 소유하는 것과 농지의 小作을 방지하기 위하여 農地所有權에 대한 處分權能에 대한 제한이 적지 않다. 農地改革法에서는 農地의 賃貸借를 금지하고 있으나(農改 §17), 1986년에 農地賃貸借管理法이 제정되어 엄격한 條件下에서 농지의 賃貸借가 가능하게 되었다. 그래서 종래 농지의 賃貸借를 금지한 農地改革法의 규정을 脫法的으로 회피하는 것을 방지하기 위하여 규정된 農地所有權에 대한 處分權能의 제한에 대하여 이제는 解釋을 달리해야 할 시기에 와있다. 그리고 農地에 대한 抵當權을 설정하고 그 저당권의 실행에 의하여 農民이 아닌 者가 농지를 취득할 가능성이 없지 않으므로 農地에 대한 抵當權設定에 대해서는 農地擔保法을 제정하여 農地所有權의 처분권능을 制限하고 있다.

(b) 農地에 대한 傳貰權設定의 禁止 民 §303 II 에서는 農耕地를 전세권의 목적으로 할 수 없도록 하고 있다. 그것은 農耕地의 小作, 賃貸借 또는 委託經營 등의 행위를 금하는 農地改革法의 規定(農改 §17)과 步調를 맞추기 위해서였다. 그러나 지금은 農地賃貸借管理法이 制定되어 嚴格한 條件下에서 農地의 賃貸借가 許容되므로 農地에 대한 傳貰權의 設定이 있은 경우에는 無效行爲轉換의 法理(民 §138)에 좇아 農地의 賃貸借로서의 有效性을 인정하여야 할 것이다.

(c) 農地에 대한 抵當權設定의 制限 農地를 目的으로 하는 抵當權設定에 있어서는 먼저 農地抵當權者로 될 수 있는 者에 대한 法定의 制限이 있다. 즉 農地抵當權者로 될 수 있는 者는 農業協同組合 및 大統領令으로 정하는 農地抵當機關에 한정된다(農擔 §3). 農業協同組合 이외의 농지저당기관으로는 農業協同組合中央會, 水産業協同組合 및 水産業協同組合中央會, 畜産業協同組合 및 畜産業協同組合中央會에 한한다(農擔令 §1). 그리고 農地抵當權의 실행의 경우에 競落人이 될 수 있는 者는 農民에 限한다. 그러나 예외적으로 農地抵當權을 실행하여 競賣를 2회 실시하여도 競落者가 없는 때에는 農地抵當權者가 그 擔保農地를 引受할 수 있다(農擔 §4 I 前文). 이때 擔保農地를 引受한 農地抵當權者는 그 농지를 農家에 公賣하여야 한다(農擔 §4 II).

(d) 農地賃貸借에 있어서의 制限 農地의 賃貸借가 허용되기는

하나 그 條件이 매우 엄격하여 원칙적으로 農地의 賃貸借契約은 書面으로 하여야 하며(農賃 §3 I), 그 賃貸借契約은 그 契約締結日로부터 60일 이내에 農地所在地를 관할하는 市長·區廳長·邑長 또는 面長에게 신고하여야 하며(農賃 §4 I), 賃貸借期間은 3년 이상으로 하여야 한다(農賃 §5 I 本文).

(나) 不動產質權의 設定禁止　　民法은 不動產을 목적으로 하는 質權의 設定을 하지 못하도록 하고 있다(民 §345 但). 즉 不動產質權을 허용하지 않고 있다. 그러므로 이것은 不動產所有權에 대한 處分制限이 된다. 舊民法에서 不動產質權을 허용하였으나(舊民 §§356-361), 현행 民法은 부동산의 擔保權設定은 저당권의 방법에 의하도록 하고 있다. 그러나 傳貰權이 실질적으로는 不動產質權으로서의 성질을 가지고 있다.

(다) 垈地權인 土地所有權의 區分所有權과의 分離處分禁止

(a) 專有部分과 垈地使用權과의 一體性에 의한 垈地權의 所有權만의 分離處分禁止　　區分所有者는 規約으로써 달리 정한 것이 없는 한 그가 가지는 專有部分과 분리하여 垈地使用權을 처분할 수 없다(集建 §20 II). 그러므로 구분소유자는 垈地使用權을 專有部分과 일체로 해서 처분하여야 한다. 이러한 專有部分과 垈地使用權의 일체성의 원리는 不動產登記法上에서 확실히 나타나고 있다. 즉 登記된 대지사용권, 즉 垈地權이 있는 경우에는 登記申請書에 그 권리의 표시를 記載하여야 하고(不登 §42 IV), 그래서 建物登記簿의 表示欄에 垈地權의 登記를 하고, 그 垈地權의 목적인 토지의 土地登記簿에는 그 登記用紙의 該當區事項欄(垈地權이 所有權인 때에는 甲區, 地上權·傳貰權·賃借權인 때에는 乙區)에 垈地權인 취지를 記載한다(不登 §57 I). 그리고 垈地權을 登記한 후에 행하여진 建物所有權에 관한 登記는 원칙적으로 垈地權에 대해서도 동일한 登記로서의 효력이 발생하고(不登 §135-4), 土地所有權이 垈地權으로서 登記된 경우에는 土地登記用紙에 소유권이전등기를 하지 못하고(不登 §135-2 I), 垈地權을 記載한 건물등기용지에는 그 建物만에 관한 所有權移轉登記를 하지 못한다(不登 §135-2 I). 또한 垈地權이 記載된 토지등기용지에는 垈地權을 목적으로 하는 抵當權, 地上權, 傳貰權, 賃借權 등의 設定登記를 할 수 없고, 垈地權을 記載한 건물등기용지에는 건물만을 목적으로 하는 抵當權, 傳貰權, 賃借權 등의 設定登記를 할 수 없다(不登 §165-2).

이와 같이 不動產登記法도 "集合建物의 所有 및 管理에 관한 法律"의 취지에 따라서 區分所有者의 垈地에 관한 權利에 관한 사항을 종래의 土地登記簿로부터 建物登記簿로 이동시켜 區分所有建物의 表示와 倂記하고, 그 후 구분

건물의 처분이 없는 경우에는 垈地使用權도 당연히 일체적으로 이에 수반하도록 하여 土地登記簿에는 별도의 登記를 할 필요가 없는 것으로 하였다. 더 나아가서 一體性의 원리를 관철하기 위해서 集建 §22는 垈地使用權에 관하여서는 民 §267(民 §278에서 §267를 準用하는 경우를 포함)의 適用을 배제하고 있다. 즉 民 §267의 規定에 의하면 共有者 중 1인이 그 持分을 포기하거나 또는 상속인 없이 사망한 경우에는 그 지분을 다른 共有者에게 그 持分의 비율로 귀속하게 한다. 民 §267를 垈地使用權에 대해서 적용한다면 專有部分과 垈地使用權은 각각 그 歸屬을 달리하여 양자의 일체성의 原理 내지 分離處分禁止의 취지를 살릴 수 없다. 따라서 專有部分과 垈地使用權을 포기한 경우에는 양자는 다같이 국가에 歸屬하고, 相續人없이 사망한 경우에는 양자는 일체로서 相續人 不存在의 절차를 거쳐야 할 것이다. 그리고 專有部分과 垈地使用權 중 한쪽만의 포기도 불가능한 것으로 解釋된다. 그리고 만일에 垈地使用權이 없는 區分所有者가 있을 때에는 그 專有部分의 철거를 주장할 수 있는 권리를 가지는 者가 그 區分所有者에 대하여 구분소유권을 時價로 賣渡할 것을 請求할 수 있는 것으로 하였다(集建 §7). 이 매도청구권의 法的 性質은 形成權으로 보아야 할 것이다.[50)]

이러한 專有部分과 垈地使用權에 관한 일체성의 원리에 관하여 때로는 區分所有者들이 規約으로 專有部分과 垈地使用權을 分離處分할 수 있다고 정한 때에는 분리처분이 가능하다(集建 §20 II 但). 그리고 이와 같은 規約은 건물의 全部 또는 附屬建物의 소유자가 公正證書에 의하여 정할 수도 있다(集建 §20 IV). 그리고 分離處分禁止는 그 취지를 登記하지 않으면 善意로 物權을 취득한 제3자에게 대항하지 못한다(集建 §20 IV). 法文上으로는 善意만을 요건으로 하나 解釋上 무과실도 요한다고 할 것이다.[51)]

(b) 垈地共有者의 分割請求禁止　　垈地 위에 구분소유권의 목적인 建物이 속하는 一棟의 建物이 있을 때에 그 垈地의 共有者는 그 건물의 사용에 필요한 범위 내의 垈地에 대하여는 分割을 請求하지 못한다(集建 §8).

㈑ 住宅賃借權의 保護에 의한 住宅所有權의 處分制限　　住宅을 목적으로 賃貸借는 住宅賃貸借保護法에 의하여 강한 보호을 받는다. 따라서 住宅을 객체로 하는 所有權은 반대로 강한 處分制限을 받게 된다. 그것은 住宅賃借人의 주거생활의 안정을 위한 社會福祉의 실현을 위함에 있다. 먼저 住宅賃貸

50) 張庚鶴(前註 59), 387.
51) 金容漢, 集合建物法上의 垈地 및 垈地使用權, 改正民事法解說, 129(1985); 張庚鶴(前註 59), 385.

借의 賃貸期間은 2년 미만으로 約定할 수 없으며[52](住賃 §4 Ⅰ), 住宅賃借權은 登記를 하지 않은 경우에도 賃借人이 주택의 引渡와 住民登錄을 마친 때에는 그 翌日부터 제3자에 대한 대항력이 발생한다(住賃 §3 Ⅰ 前文). 이때 주민등록은 전입신고를 한 때에 이루어진 것으로 본다(住賃 §3 Ⅰ 後文). 또한 賃借住宅의 讓受人은 임대인의 지위를 승계한 것으로 보게 되므로(住賃 §3 Ⅱ), 주택을 객체로 하는 所有權은 그 處分權能이 크게 제한된다.

㈐ 訴訟을 目的으로 하는 信託의 禁止　　所有權에 기한 處分行爲로서 信託行爲를 할 수 있다. 그러나 信託行爲에는 일정한 制限이 있다. 內在的 制限으로써 善良한 風俗 기타 社會秩序에 반하는 목적이나 違法한 목적으로 信託할 수 없으며(信託 §5 Ⅰ, Ⅱ), 脫法을 목적으로 하는 신탁도 금지되며(信託 §6), 그리고 債務者가 債權者를 해함을 알고서 하는 詐害信託도 금지된다(信託 §8). 그리고 法律에 의해서 특히 信託行爲가 제한되는 경우로서는 受託者로 하여금 訴訟行爲를 하게 하는 것을 主目的으로 하는 訴訟信託이 금지된다(信託 §7).

㈑ 企業의 非業務用不動産을 目的으로 하는 抵當權設定禁止　　法律上의 制限은 아니지만 金融通貨運營委員會가 韓銀 §7 Ⅲ에 근거하여 制定한 金融機關與信運用規程 §2ⅴ에 의하여 企業의 非業務用不動産에 대해서는 금융기관이 抵當權의 목적으로 취득하는 것을 금지하고 있다. 그리고 金融機關은 실무상 裸垈地에 대하여 저당권을 설정할 때에는 그것과 함께 그 裸垈地를 목적으로 한 地上權을 설정한다. 이것은 抵當權設定 후에 裸垈地의 소유자가 건물을 건축하게 되면 抵當權의 실행에 어려움이 있으므로 이를 회피하기 위한 방법으로 地上權을 設定한다. 이러한 地上權을 관행상 擔保地上權이라 한다.

3. 公法上의 制限

(1) 序

所有權에 대한 公法上의 제한은 私人과 國家, 社會一般과의 利益衝突을 조정하기 위한 제한으로서 구체적으로는 文化·産業·國民의 福祉 등 社會政策 내지 經濟政策의 실현을 위하여 特別法에 의하여 所有權制限이 이루어지고 있다.

최근에는 國土開發·都市問題·環境問題·土地問題·住宅問題 등이 심각해짐에 따라서 所有權에 대한 制限立法들을 수 없이 制定施行하고 있다. 특히 土地所有權에 대한 제한은 土地公槪念이란 理念下에 일반소유권보다도 엄격한

52) 1989. 12. 30 이전까지는 1년 미만으로 約定할 수 없도록 하였다.

公法的 規制를 받고 있다. 따라서 오늘날 土地所有權에 대한 公法上의 제한은 매우 광범위하고 規制의 강도가 매우 심각하다.

(2) 所有의 資格 및 所有量의 制限

(가) 農地所有上限制

(a) 農地所有의 資格 및 所有上限 農地所有의 집중을 방지하고 零細農民이 一部地主에게 경제적으로 예속되는 것을 방지하기 위하여 獨立自營小農을 육성·보호하려는 목적에서 農地의 소유는 農家만이 할 수 있고, 그 所有上限을 設定하였다. 1949년 農地改革을 단행하면서 自耕 또는 自營하는 一農家當 總所有農地面積을 3町步를 초과할 수 없도록 하였다(農改 §12 I). 그러나 山間, 高原 등의 특수지대의 農地, 즉 土質, 周期的 災害 등으로 인하여 그 地帶의 平年作 生產量이 당해 道平年作 生產量의 2분지 1에 미달하는 農地의 경우에는 一家當 5町步까지 所有할 수 있다(農改 §6 I, 1, i 但, 農改令 §8).

이상에서와 같이 우리 나라는 農地의 소유는 農家만이 할 수 있고 원칙적으로 3町步를 所有上限으로 하고 있다.

(b) 農地所有上限制의 存在有無에 관한 學說對立

(i) 學說對立의 原因 農地改革法에서는 농지의 所有上限이라는 용어가 사용되지 않고, 農地改革 당시에 一家當 3町步 이내의 所有農地는 買受하지 아니하고, 3町步를 초과하는 所有農地는 政府가 강제로 買受하며, 農地分配를 함에 있어서도 3町步를 초과할 수 없도록 規定되어 있다. 그래서 農地改革法을 해석함에 있어서 農地의 所有上限制가 존재하는지에 대하여 의문을 낳고 있다. 특히 이러한 農地上限存否에 관한 논의는 農業人口의 減少와 規模의 經濟性, 營農의 기계화추세에 비추어 볼 때 3町步의 所有上限은 적절치 못하고 上限을 높여야 할 필요성이 인정되면서 제기되었다.

(ii) 上限制否定說 우리 나라에서는 農地所有上限制가 認定되지 않는다고 보는 上限制否定說은 農地改革法上의 3町步上限이라는 것은 農地改革 당시의 농지의 買收·分配의 기준이지, 農家의 所有上限이 아니라고 보는 견해이다.[9] 이 見解에 의하면 農地改革法에 있어서 3町步와 직접 관련있는 條項을 §§5, 6, 12의 3개 조항이 있는데, §5 ii (다)는 3町步를 초과하는 農地는 정부가 강제로 買收하겠다는 것이고, §6는 3町步 이하의 農地는 買收하지 않겠다는 규정이며, §12는 3町步를 초과해서는 농지를 分配하지 않겠다는 것이지 3町步를 초과하여서 農地를 所有할 수 없다는 規定은 農地改革法上 아무런 規

定이 없으며, 農地改革이 완료된 오늘날에 와서는 더욱더 그렇다는 것이다.[53)]

(iii) 上限制肯定說　農地所有上限制의 존재를 인정하는 學說은 農改 §5, 6, 12가 受分配가 끝난 농지에 대한 所有上限規定이 될 수 없다고 하더라도 農改 §19 Ⅱ의 農地賣買의 所在地官署의 證明과 農改規 §51의 農地賣買의 所在地官署의 증명절차에 관한 規定을 종합적으로 고찰해보면 農地改革法上 3町步라는 農地所有上限은 엄연히 존재한다는 것이다.[54)] 좀더 자세히 살펴보면 먼저 農改 §19 Ⅱ은 "本法에 의하여 分配받지 않은 農地 及 償還을 완료한 農地는 所在地官署의 證明을 얻어 當事者가 직접 賣買할 수 있다"라고 規定하고 있다. 즉 分配農地이건, 分配받지 않은 農地이건 農地賣買는 그 所在地官署의 증명을 얻도록 하고 있다.

그리고 農改規 §51는 農地賣買의 所在地官署의 증명절차를 구체적으로 規定하여 農改 §19 Ⅱ에 의하여 當事者間에 직접 賣買를 하고자 할 때에는 ① 賣渡人 및 買受人의 住所, 姓名 및 名稱, ② 買受人의 住民登錄番號, 職業 및 家族數, ③ 買受人이 農家인 때에는 현재 소유하고 있는 農地의 表示, ④ 당해 賣買農地의 地番, 地目, 地積 및 賣買價格, ⑤ 賣買하고자 하는 이유를 기재한 農地賣買證明願을 농지의 所在地를 관할하는 里·洞農地委員會를 거쳐서 區廳長·市長 또는 邑·面長에게 제출하도록 하고 있다(同條 Ⅰ). 이때 本條 Ⅰ의 農地賣買證明願을 받은 區廳長·市長 또는 邑·面長은 이를 검토하여 買受人이 自耕을 목적으로 하는 農家이고, 그 소유한 農地가 3町步를 초과하지 아니한 때에는 그 證明願을 받은 날로부터 7일 내에 證明을 발급하도록 하고 있다(同條 Ⅲ).

이와 같이 農改 §§5, 6, 12의 規定만으로서는 農地所有上限制를 인정하기 어려운 점이 있었지만, 農改 §19 Ⅱ이 農地改革이 經了한 이후에도 계속해서 農地賣買는 所在地官署의 證明을 要하고, 또한 農改規 §51 Ⅲ이 분명하게 買受人이 소유하게 될 農地가 3町步를 초과하지 아니할 때에 所在地官署의 證明을 발급해주도록 한 規定을 종합적으로 고찰해보면 農地의 所有上限制는 존재하고 있고 그 所有上限은 3町步라고 解釋할 수 있을 것이다.

(iv) 私　見　農地의 所有上限은 法律에 의해서 규정해야 할 사항이다. 그런데 農地改革法에서는 명시적인 所有上限의 規定은 없다. 그러나

53) 金哲洙, 憲法學硏究, 371(1969); 農林部 農業經營硏究所, 農地制度의 經濟的硏究, 36-64(1971. 11).
54) 金在德, 土地所有權制限의 理論, 211(1983); 金根田, "不動産所有權의 公益槪念에 관한 硏究", 檀國大大學院 法學博士學位論文, 176(1987).

農改 §19 Ⅱ은 農地改革이 完了된 지금도 農地의 賣買는 所在地官署의 證明을 받도록 하고 있으나 그 規定이 바로 所有上限制를 실현할 수 있는 法律規定은 아니나, 農改規 §51 Ⅲ과 관련해서 비로소 農地所有는 3町步를 上限으로 한다고 할 수 있다.

그런데 法의 位階秩序에 비추어보면 農改規 §51 Ⅲ의 내용은 法律로써 規定해야 할 사항이지 部令인 施行規則으로 規定할 사항이 아니라고 생각된다. 왜냐하면 施行規則에서 3町步 所有上限을 규정하기 위해서는 法律의 委任이 있어야 함에도 불구하고 農地改革法에서 所有上限에 관한 委任規定을 두고 있지 않기 때문이다. 立法體制上으로는 잘못이 있으나 農改 §§12, 19 Ⅱ 및 農改規 §51 Ⅲ에 의해서 우리 나라에서는 農地의 所有上限이 인정된다고 해석된다.

다만 오늘날 營農의 機械化 및 規模의 經濟를 고려해서 所有上限을 높이는 것은 신중히 검토해야 할 일이라고 생각된다.

(c) 外國의 農地所有上限制 臺灣에서는 土地法施行法 §7에서 農地의 所有上限을 그 농지로부터의 純收益이 一家口 10人의 생활에 족한 面積까지 所有할 수 있도록 허용하고 있다. 그러나 실제로는 自耕 또는 自營하는 농민의 農地所有에는 上限制가 실시되지 않고 있다. 왜냐하면 규모의 經濟性의 달성과 營農의 機械化를 위해서 대규모의 農地所有가 필요하기 때문이다. 그 반면에 賃貸人의 農地所有에는 上限制가 실시되고 있다. 賃貸人이 農地를 임대하기 위해서 所有할 수 있는 最高限度는 농지의 位置·生產性 등을 고려하여 1~26等級으로 나누어 1~6等級의 農地는 1.5ha, 7~12等級의 農地는 3ha, 13~18等級의 農地는 4.5ha, 19~26等級의 農地는 6ha로 하고 있다. 왜 이렇게 賃貸人의 農地所有上限을 차등적으로 규정했는가 하면 평균 3ha 정도의 農地로부터 발생하는 收益에서 최고 37.5%의 賃貸料를 징수하면 그것으로 賃貸人의 생계를 꾸려나갈 수 있다고 계산되기 때문이다. 그러니까 臺灣에는 실제로 農地所有上限制가 농민에게 적용되지 않고 賃貸人의 賃貸를 위한 農地所有의 上限이 農地의 等級에 따라 차등적으로 실시되고 있다.

日本에는 처음에는 3町步를 農地의 所有上限으로 정하였다가 그 후 6町步로 높였으나 1975년부터는 所有上限을 廢止하였다.

(나) 宅地所有上限制

(a) 宅地所有上限制의 目的 宅地所有上限制는 인간생활의 기초

인 쾌적한 住居空間을 확보하여 인간다운 生活을 할 수 있도록 適正面積의 宅地만을 소유토록 함에 있다. 憲 §35Ⅲ은 國家로 하여금 모든 국민이 쾌적한 住居生活을 할 수 있도록 노력할 義務를 부과하고 있다. 이와 같은 쾌적한 住居生活을 향유할 수 있는 福祉社會의 實現을 위해서 國民 모두가 宅地를 골고루 향유할 수 있는 가능성을 갖게하고, 과다하게 宅地를 소유하여 資產增殖의 수단으로 삼는 것을 방지하고자 함도 宅地所有上限制의 하나의 목적으로 하고 있다고 할 수 있다.

(b) 宅地所有上限制의 適用對象地域과 宅地의 槪念 宅地所有上限制가 적용되는 지역은 都計 §2의 規定에 의한 都市計劃區域 안의 宅地에 한한다(宅地所有上限制에 관한 法律(이하 宅地上限法이라 한다) §3 本文). 여기서 宅地라 함은 주택의 附屬土地를 포함하여 주택이 建築되어 있는 土地, 地籍 §5의 규정에 의한 地目이 垈인 土地 중 건축물이 建築되어 있지 아니한 裸垈地 및 個人 또는 法人이 都市計劃法, 土地區劃整理事業法, 住宅建設促進法 등에 의하여 住宅建築用으로 개발한 開發宅地를 말한다(宅地上限 §§2Ⅰ, 15Ⅰ). 그리고 本法이 적용되는 對象地域은 都市計劃區域內의 宅地이지만 1차적으로 1990년 3월 1일부터 特別市 및 直轄市에 宅地所有上限制를 실시하고,[55] 기타 都市計劃區域內의 宅地에 대한 所有上限制는 별도로 大統領令으로 정하도록 하여(宅地上限 附則 §1) 일정한 時差를 두고 점진적으로 不備點을 보완해 가면서 施行地域을 확대해 나갈 예정으로 있다. 宅地라 하더라도 國家, 地方自治團體, 韓國土地開發公社, 大韓住宅公社 기타 大統領令이 정하는 政府投資機關 및 公共團體가 소유하는 택지에 대해서는 所有上限制가 적용되지 아니한다(宅地上限 §4, 宅地上限令 §6).

(c) 宅地의 所有上限 宅地上限設定의 기준은 家口를 중심으로 하여 家口別所有上限制를 취하고 있다. 그래서 一家口가 소유할 수 있는 宅地의 上限은 특별시 및 직할시지역의 경우는 660m²(200坪) 기타 市地域은 990m²(300坪), 그리고 市 이외의 都市計劃區域에서는 1,320m²(400坪)으로 한다(宅地上限 §7Ⅰ). 一家口가 소유하는 택지가 여러 都市計劃區域에 분산되어 있는 경우에는 合算하여 所有上限有無를 결정한다. 合算時에는 택지에 價重値를 적용하여 特別市 및 直轄市의 1m²는 기타 市地域의 1.5m²로 기타 都市計劃地域內의 2m²와 같은 것으로 한다. 그리고 市地域의 1m²는 기타 都市計劃區域內의 3분의 4m²에 해당하는 것으로 본다(宅地上限 §7Ⅲ). 宅地를 共同所有하는 경우에는 그 持分에 해당

55) 6대도시의 都市計劃區域은 全國土의 3.8%인 3,734km²이다.

하는 面積을 기준으로 하여 택지의 所有上限을 결정한다(宅地上限 §7Ⅲ). 一家口의 所有宅地가 法定의 所有上限을 초과하였다 하더라도 一家口 一住宅인 경우에 한하여 用途地域別 最少垈地面積까지는 초과해서 소유할 수 있다[56](宅地上限 §20 Ⅰ iv). 法人은 원칙적으로 宅地를 소유할 수 없다(宅地上限 §8). 그러나 예외적으로 管轄市長·郡守 또는 區廳長의 許可를 받아 택지를 취득한 경우에는 所有할 수 있다(宅地上限 §§10, 12).

이상과 같은 宅地所有上限制를 실시하기 위해서 家口別住宅所有實態를 먼저 파악하여야 한다. 이 일을 위하여 建設部長官은 3년의 기간마다 宅地所有關係, 宅地利用狀況 등을 土地所有者로 하여금 申告케 하거나, 소속 公務員으로 하여금 調査할 수 있으며(宅地上限 §34, 宅地上限令 §36), 市長·郡守·區廳長은 택지의 所有 및 利用實態에 관한 家口別 택지카드 또는 法人別 택지카드를 作成, 備置토록 하고 있다(宅地上限 §35).

(d) 宅地所有上限制의 實行方法

(i) 宅地所有上限制를 관철하기 위해서는 이미 上限을 초과하여 所有하고 있는 者에 대해서는 上限超過所有宅地를 처분하도록 하고, 장래에 上限을 초과하여 宅地를 취득하는 것을 방지할 방법을 강구하여야 할 것이다. 그래서 宅地所有上限에 관한 法律에서는 전자를 위해서는 超過所有負擔金을 賦課하여 處分을 간접적으로 強制하고, 후자를 위해서는 宅地所有許可·申告制를 강구하고 있다.

56) 最少垈地面積은 用途地域別로 다르며 아래의 建築令 §85가 정하는 범위 내에서 당해 地方自治團體가 條例로 정한다.

지역	대지면적최소한도
전용주거지역	150m² 이상 300m² 이하
일반주거지역	60m² 이상 180m² 이하
준주거지역	70m² 이상 200m² 이하
중심주거지역	300m² 이상 900m² 이하
일반상업지역	150m² 이상 500m² 이하
근린상업지역	150m² 이상 300m² 이하
전용공업지역	200m² 이상 400m² 이하
일반공업지역	200m² 이상 400m² 이하
준공업지역	150m² 이상 300m² 이하
보전녹지지역	350m² 이상 900m² 이하
생산녹지지역	150m² 이상 300m² 이하
자연녹지지역	350m² 이상 700m² 이하
도시계획구역 중 지역의 지정이 없는 곳, 국토이용관리법에 의하여 지정된 공업지역 취락지역과 제3조 제1항의 규정에 의한 구역	60m² 이상 180m² 이하

(ii) 超過所有負擔金 家口別所有上限을 초과하는 宅地 및 例外的인 경우를 제외한 法人이 소유하는 宅地에 대해서는 超過所有負擔金을 부과하여 所有者로 하여금 上限超過所有宅地를 처분하도록 강제한다(宅地上限 §19). 그러나 上限超過宅地라 하더라도 예외적으로 處分 또는 利用·開發義務期間內에 있는 宅地(宅地上限 §§16, 18, 20), 별장 또는 고급주택이 建築되어 있는 택지를 제외한 都計 §20-2의 규정에 의한 市街化調整區域, 同法 §21의 규정에 의한 開發區域內의 宅地(宅地上限 §20 I ii), 住宅의 건축이 금지되거나 사실상 建築이 불가능한 裸垈地(宅地上限 §20 I iii), 外國政府의 所有宅地(v), 一家口 一住宅에 한하여 自耕하는 農民이 소유하는 주택이 建築된 宅地(vi), 文化財保護法에 의한 指定文化財(vii) 등은 超過所有負擔金의 부과대상에서 제외된다(宅地上限 §20).

超過所有負擔金은 公簿上의 소유자가 납부하여야 하며, 事實上의 所有者가 따로 있는 경우에는 그 사실상의 所有者가 納付義務者이다(宅地上限 §21). 이것은 名義信託의 경우에 실질적으로 소유자인 名義信託者에게 超過所有負擔金을 賦課·徵收하겠다는 것이다. 超過所有負擔金의 算定은 賦課基準日[57]의 公示地價에 賦課率을 곱하는 방법에 의한다(宅地上限 §§22, 23, 24). 賦課率은 賦課對象宅地에 해당된 날로부터 2년 이내인 경우와 2년을 초과한 경우로 나누고, 다시 住宅이 건축되어 있는 宅地냐 아니냐에 따라서 다르다. 2년 이내인 경우에는 주택이 建築되어 있는 宅地의 경우에는 100분의 4, 住宅 이외의 건물이 건축되어 있거나 建築物이 없는 택지에 대해서는 100분의 6을 적용하고, 2년을 초과하는 경우에는 다시 住宅이 建築되어 있으면 100분의 7, 주택 이외의 건물이 건축되어 있거나 未建築宅地에 대해서는 100분의 11을 적용한다(住宅上限 §24 I i 및 ii). 그리고 宅地를 소유하고 있지 않은 者가 住宅이 건축되어 있는 택지를 取得하였으나 上限을 초과하는 경우에는 賦課期間에 관계없이 100분의 7을 적용하여(宅地上限 §24 I iii), 處分·利用 또는 開發할 목적으로 취득한 택지를 處分·利用·開發義務期間內에 처분 또는 이용·개발하지 아니한 택지에 대하여는 100분의 11을 적용한다(宅地上限 §24 I iv).

超過所有負擔金의 납부의무는 賦課基準日부터 20일 이내에 負擔金, 賦課對象宅地의 소재지 등을 건설부장관에게 신고하여야 하며, 申告한 경우에는 負擔金의 100분의 5를 공제받게 된다(宅地上限 §26). 負擔金의 賦課徵收는 건설부장관이 관장하여(宅地上限 §27), 市長·郡守·區廳長에게 委任할 수 있다(宅地上限 §38). 超過所有負擔金은 賦課基準日로부터 3월 이내에 賦課하며 현금으로 납부함을 원칙으로

57) 賦課基準日은 매년 6월 1일이다(§25).

하고, 예외적으로 당해 賦課對象宅地로 物納할 수도 있다(宅地上限 §§27, 28). 그리고 負擔金納付義務者는 上限超過宅地가 건축이 가능한 경우에는 그 上限超過部分을, 그렇지 못한 경우에는 당해 宅地의 전부를 買收할 것을 건설부장관에게 請求할 수 있다. 이때 건설부장관은 당해 宅地의 賣却을 알선하고 알선기간이 1년이 초과하면 國家·地方自治團體 기타 政府投資機關 중에 買收할 者를 지정하여 당해 宅地를 公示地價를 기준으로 하여 買受하여야 한다(宅地上限 §31). 徵收된 超過所有負擔金은 全額 土地管理 및 地域均衡開發特別會計에 귀속된다(宅地上限 §32). 경과조치로서 本法施行 당시 이미 所有上限을 초과한 택지에 대해서는 2년간 超過所有負擔金을 부과하지 아니한다(宅地上限 附則 §3). 超過所有負擔金의 賦課徵收 또는 負擔金納付義務者의 宅地買收請求에 의한 매매의 경우에 매매가격에 異議가 있으면 中央土地收用委員會에 行政審判을 청구할 수 있다(宅地上限 §37).

(iii) 宅地取得의 許可·申告

(ㄱ) 宅地取得의 許可 個人이 賣買·交換·贈與 등 契約을 원인으로 하여 家口別所有上限을 초과하여 택지를 취득하거나, 法人이 契約을 原因으로 하여 택지를 취득하고자 할 때에는 당해 契約(豫約을 포함)締結 전에 市長·郡守·區廳長의 許可를 받아야 하며, 許可받은 사항을 변경하고자 할 때에도 역시 許可를 받아야 한다(宅地上限 §10 I). 宅地取得許可는 許可申請書와 取得日로부터 原則的으로 처분을 목적으로 取得한 宅地는 3년 이내에, 開發目的으로 取得한 土地는 2년 이내에 당해 宅地의 讓渡·分讓 또는 利用·開發을 하겠다는 使用計劃書를 함께 제출하여야 한다(宅地上限 §§16, 18, 宅地上限令 §§18 II, 21). 이때 市長·郡守 또는 區廳長은 許可申請書를 받은 날로부터 25일 이내에 許可 또는 不許可處分을 하여야 한다[58](宅地上限 §10 III). 한편 市長·郡守 등은 取得하고자 하는 택지의 使用計劃이 國土利用計劃, 都市計劃 기타 土地利用計劃의 추진에 지장을 초래한다고 인정될 때에는 그 宅地의 使用計劃을 변경·조정할 것을 권고할 수 있다(宅地上限 §10 IV).

宅地取得許可申請에 대한 許可基準은 개인의 경우와 법인의 경우 각각 다르다. 먼저 개인이 上限을 초과하여 宅地를 取得하고자 하는 경우에는 ① 住宅이외의 建築物을 건축하기 위하여 宅地를 取得하는 경우나, ② 宅地를 조성하거나 주택을 建築하여 이를 處分 또는 賃貸하는 것을 業으로 하는 事業者가 당해 목적을 위하여 宅地를 取得하는 경우나, ③ 宅地를 소유하고 있지 아니하

58) 25일 이내에 許可 또는 不許可處分의 通知가 없는 때에는 25일이 滿了한 다음날에 許可가 있은 것으로 본다(§10 V).

는 者가 住宅이 건축되어 있는 宅地를 취득하는 경우나, ④ 個人事業者가 종업원의 社宅, 寄宿舍, 合宿所 등의 建築物을 취득하거나 건축하기 위하여 大統領令이 정하는 基準面積 이하의 택지를 취득하는 경우, ⑤ 기타 大統領令이 정하는 목적을 위하여 宅地를 取得하는 경우에 한하여 許可를 받을 수 있다(宅地上限 §11 I, 宅地上限令 §9).

法人이 택지를 取得하고자 하는 경우에는 ① 사업자가 從業員을 위한 社宅, 寄宿舍, 合宿所 등의 건축물을 취득하거나 건축하기 위하여 大統領令이 정하는 基準面積 이하의 宅地를 취득하는 경우나, ② 宅地를 조성하거나 住宅을 건축하여 處分 또는 賃貸를 업으로 하는 事業者가 당해 목적으로 宅地를 取得하는 경우나, ③ 法人이 그 業務遂行上 필요한 주택 외의 建築物을 건축하기 위하여 宅地를 取得하는 경우, ④ 기타 大統領令으로 정하는 目的을 위하여 宅地를 取得하는 경우에 限하여 許可를 받을 수 있다(宅地上限 §12 I). 許可를 받아야 할 택지를 취득한 者가 당해 宅地의 所有權保存登記 또는 移轉登記를 신청할 때에는 반드시 宅地取得許可畢證을 添附하여야 한다(宅地上限 §33). 그리고 許可를 받지 아니하고 택지를 취득하거나 變更許可를 받지 아니하고 許可받은 사항을 변경한 者 기타 부정한 방법으로 許可를 받아 宅地를 취득한 者는 2년 이하의 징역 또는 契約締結 당시의 당해 宅地價格의 100분의 30에 해당하는 金額 이하의 罰金에 처하게 된다(宅地上限 §39 I).

이상에서와 같이 宅地를 取得하기 위해서는 許可를 받아야 함이 원칙이지만 예외적으로 許可를 받은 것으로 擬制되는 경우가 있다. 즉 住宅建設促進法, 都市計劃法 기타 法令에 의하여 住宅建設 또는 垈地造成에 관한 事業計劃의 承認을 얻어 택지를 취득하는 경우에는 宅地取得許可를 받은 것으로 본다(宅地上限 §13 前文). 이때에는 당해 事業計劃을 승인한 者는 승인일로부터 30일 이내에 그 사실을 市長·郡守에게 통보하여야 한다(宅地上限 §14 後文).

(ㄴ) 宅地取得의 申告 개인이 確定判決, 相續, 地目變更, 建築 기타 大統領令으로 정하는 계약 이외의 원인으로 인하여 家口別所有上限을 초과하는 택지를 取得하거나, 法人이 確定判決, 地目變更, 建築 기타 大統領令이 정하는 契約外의 원인으로 인하여 택지를 취득하는 경우에는 所有上限을 초과하여 所有할 수 있으나(宅地上限 §14 I), 取得日로부터 60일 이내에 市長·郡守에게 申告하여야 한다(宅地上限 §14 II). 申告를 할 때에는 申告書와 함께 原則的으로 處分하고자 할 때에는 3년 이내에, 開發하고자 할 때에는 2년 이내에 당해 取得宅地를 處分 또는 利用·開發을 하겠다는 使用計劃書를 제출하여야 한다(宅地上限 §14 III, 宅地上限令 §§18 II, 21).

(e) 一時的 上限超過宅地의 所有

(i) 序 宅地所有上限制를 실시하고자 하지만 住宅建築을 業으로 하는 者에게는 宅地造成을 위하여 一時的으로 上限을 超過한 宅地의 所有를 허용하여야 할 것이며, 上限을 초과한 택지의 취득을 許可받은 者 또는 申告한 者에 대해서는 일정한 期間 내에 당해 택지를 처분하게 하거나 利用·開發토록 하여야 宅地所有上限制의 실효를 거둘 수 있다. 宅地所有上限에 관한 法律은 이에 관해서도 자세히 規定하고 있다.

(ii) 開發宅地의 所有 個人 또는 法人은 都市計劃法, 土地區劃整理事業法, 住宅建設促進法 기타 法令에 의하여 住宅建築用으로 개발한 開發宅地는 일시적으로 所有上限을 초과하여 소유할 수 있다(宅地上限 §15 I). 이때 開發宅地所有者는 개발택지의 竣工日로부터 3월 내에 당해 開發宅地를 3년의 處分義務期間 또는 2년의 利用·開發義務期間 내에 處分·利用·開發할 것을 내용으로 하는 使用計劃書를 제출하여야 한다(宅地上限 §15 II, 宅地上限令 §§18 II, 21). 여기서 竣工日은 竣工認可를 받은 날로 한다(宅地上限 §15 V 本文).

(iii) 一時的 上限超過所有宅地의 處分·利用·開發義務 宅地를 조성하거나 住宅을 건축하여 이를 處分을 業으로 하는 者가 당해 목적을 위하여 許可를 받아 宅地를 취득하였거나 기타 大統領令이 정하는 목적으로 허가를 받아 宅地를 取得한 경우, 許可를 취득한 것으로 擬制되어 宅地를 取得한 경우, 申告對象이 되는 택지를 취득한 경우 및 開發宅地를 소유한 個人 및 法人은 取得日로부터 3년의 處分義務期間 내에 처분하여야 한다(宅地上限 §16 I, 宅地上限令 §18 II). 그러나 賃貸用으로 취득한 택지는 賃貸開始日로부터 5년의 期間內에는 이를 處分하여서는 아니된다(宅地上限 §16 II, 宅地上限令 §19). 處分義務期間 내에 택지의 所有者가 택지를 처분하지 아니한 때에는 市長·郡守는 處分義務期間 만료일로부터 6월 이내에 國家·地方自治團體·韓國土地開發公社·大韓住宅公社, 대통령령이 정하는 政府投資機關 또는 公共機關 중에서 당해 토지를 買受할 者를 지정하여 協議買受하게 할 수 있다(宅地上限 §17 I, 宅地上限令 §20). 이때 賣買價格은 公示地價를 기준으로 산정한 금액으로 하며, 宅地所有者는 정당한 사유없이 賣買의 協議를 거부할 수 없다(宅地上限 §17 III, IV).

그리고 許可를 받아 宅地를 취득한 者, 許可가 의제되어 택지를 취득한 者, 申告의 대상이 되는 택지를 취득한 者 및 開發宅地의 소유자 중 處分義務있는 者에 해당되지 아니한 者는 取得日로부터 2년 이내에 당해 宅地를 利用·開發하여야 한다(宅地上限 §18 I, 宅地上限令 §21). 利用·開發義務期間 내에 택지를 利用·開

發하지 아니한 경우에는 市長·郡守는 國家 등이나 宅地開發事業者 또는 住宅建設事業者 중에서 代理開發者를 지정하여 당해 宅地를 代理利用·開發하게 할 수 있다(宅地上限 §18 Ⅱ). 이때 지정받은 代理開發者는 당해 택지에 대하여 法定地上權을 취득하며(宅地上限 §18 Ⅳ), 그 法定地上權은 存續期間을 정하지 않은 것으로 보며, 地料는 宅地所有者와 代理開發者가 協議하여 決定하나, 協議가 이루어지지 않으면, 당해 宅地의 利用에 따른 總收入의 100분의 10과 宅地價格의 100분의 1 중에서 높은 金額으로 定한다(宅地上限 §18 Ⅴ, Ⅵ, 宅地上限令 §23).

(다) 기타의 土地所有上限制

(a) 工場用地와 墓地에 관해서는 간접적인 方法에 의하긴 하지만 所有上限의 취지를 基準工場面積率(소위 工場用地原單位制)과 墓地의 一基當 최대면적을 규정하여 이를 실현하고자 하고 있다. 그러나 실효성에 관하여 의문이 제기된다.

(b) 基準工場面積率에 의한 工場用地所有面積의 制限　"工業配置 및 工場設立에 관한 法律"(이하 工配라 한다. 1990. 1. 13 制定 法律 제4212호)은 상공부장관으로 하여금 關係部處의 長과 協議하여 製造業種別 工場建築延面積에 대한 垈地面積의 比率, 즉 기준공장면적율을 정하여 告示하게 함으로써 불필요한 過多한 工場用地의 소유를 제한하고 있다(工配 §8 i).

過多工場用地는 地方稅法(이하 地稅라 한다)을 적용함에 있어서는 非業務用土地로 看做된다(工配 §11 Ⅲ). 그런데 地方稅法에서는 非業務用土地의 개념을 없애버렸기 때문에 이점에 있어서는 아무런 實效性이 없게 되었다. 國家·地方自治團體는 기준초과용지를 공장용지의 所有者에 대신해서 賣却하거나, 韓國土地開發公社 또는 工業團地管理公團으로 하여금 賣却하게 할 수 있다(工配 §12 Ⅰ, 工配令 §§13, 14).

(c) 墓地의 過多所有制限　墓地面積을 합리적으로 規制함으로써 과다한 묘지로 인한 國土의 浪費와 國民間의 위화감을 방지하기 위하여 "埋葬 및 墓地에 관한 法律"(이하 墓地이라 한다)(1961. 12. 5 制定 法律 제799호)을 制定하여 同法 §4에서는 埋葬은 墓地[59] 외의 구역에서 할 수 없도록 하고 墓地의 면적은 大統領令으로 정하는 기준을 초과할 수 없도록 規定하였다. 그래서 同法律施行令 §§2, 5에서 구체적으로 墓地面積의 上限을 규정하고 있다. 즉 私設墓地이든, 公設墓地이든 분묘의 一基當 墓地面積은 $30m^2$ 이하로 하고 合葬의 경우에도 동일하게 하였다(墓地令 §2 Ⅰ i). 그리고 墳墓의 占有面積은 一基當 $20m^2$ 이내, 合葬의 경우에는 $25m^2$ 이

59) 墓地란 墳墓를 設置하기 위하여 서울特別市長, 直轄市長, 道知事의 許可를 받은 區域을 말한다(墓地 §§2, 5).

내로 하였다(墓地 §4 Ⅰ 但, 墓地令 §2 Ⅱ). 이와 같은 묘지의 最高限度의 제한을 위반한 때에는 1년 이하의 징역 또는 200만원 이하의 罰金에 처하도록 하고 있다(墓地 §18 i). 墓地面積의 制限은 역시 묘지의 過多所有의 제한으로 볼 수 있으며, 그것이 所有上限이냐에 관해서는 基準面積을 초과해서 墳墓를 설치했다 하더라도 處罰의 대상은 되어도 그 超過所有 그 자체가 無效라고 볼 수 없기 때문에 묘지의 所有上限制라고 解釋하기는 곤란하다.

(3) 使用制限

㈎ 土地利用의 基本原則 所有權에 대한 使用制限은 토지의 利用制限에 집중된다. 그래서 土地利用의 제한을 중심으로 하여 所有權의 使用權能의 제한을 살펴보기로 한다. 土地의 利用이란 당해 土地를 그 適性에 맞게 고도로 활용하는 것을 말하며, 당해 土地의 특성에 맞지 않은 이용은 抑制하고 때로는 훗날을 위해 保全하는 것도 포함하는 개념이다.

우리 나라에서는 憲 §23 Ⅱ에서 財產權行使의 公共福利適合義務를 規定하고, 國土管 §1-2에서는 토지이용의 基本理念을 규정하여 土地利用에 있어서는 公共福利에 우선시킬 것을 선언하고 있다. 그래서 우리 나라에서는 土地利用에 있어서는 公益이 크게 우선하고 私益은 제한받는 정도가 지극히 심한 편이다.

생각건대, 土地利用에 있어서 國家規制는 私人에 의한 합리적인 土地利用이 이루어지지 못할 때 교정적으로 國家가 간섭하여야 하는 것이다.[60] 그래서 우리 나라에서도 종래까지는 國家가 규제일변도로 土地利用을 유도해 왔으나 昨今에는 土地所有者의 自律的 規制에 맡기려는 脫規制(deregulation)로 전환해 감을 보이고 있다.

㈏ 用途地域地區制에 의한 土地用途의 制限 用途地域地區制(zoning)는 土地利用規制의 가장 일반적인 방법으로 활용되고 있다. 用途地域地區制는 토지를 地域, 地區, 區域 또는 圈域 등으로 나누어 각각의 地域地區 내의 용도를 지정하여 그 指定된 용도에 맞도록 이용하게 함으로써 土地를 效率的으로 이용하고자 하는 기법이다.

우리 나라는 현재 70여개의 法律에 의하여 170개가 넘는 用途地域地區가 指定되어 있다. 用途地域地區는 먼저 國土建設綜合計劃法에 의하여 國土綜合開發計劃을 수립하고[61] 이 계획을 실천하기 위한 土地利用에 있어서 都市地域에

60) Robert H. Nelson, Zoning and Property Rights, 112(1977).

61) 현재 施行하고 있는 第3次國土綜合開發計劃은 1992년부터 2001년까지 10개년 計劃으로 수립되었다.

있어서는 都市計劃法이, 都市地域 이외의 지역에서는 國土利用管理法에 의하여 地域地區가 지정된다(表 1 참조). 그외에 特別法에 의해서도 地域地區가 지정된다(表 2 참조).

〈表 1〉 **國土利用管理法 및 都市計劃法에서의 用途地域地區制**

法律名	地域·地區 등
國土利用管理法	1. 都市地域
	2. 聚落地域
	·住居地區
	·生産施設地區
	·綠地地區
	3. 耕地地域
	4. 山林保全地域
	5. 工業地域
	6. 自然環境保全地域
	7. 觀光休養地域
	8. 水産資源保全地域
	9. 開發促進地域
	·農地開發地區
	·宅地開發地區
	·草地開發地區
	·工業用地地區
	·採鑛地區
	·採石地區
	·採土地區
	·集團墓地地區
	·施設用地地區
	10. 留保地域
都市計劃法	**地　域**
	1. 住居地域
	·住居專用地域
	·住居地域
	·準住居地域
	2. 商業地域
	3. 工業地域
	·專用工業地域
	·工業地域
	·準工業地域
	4. 綠地地域
	·生産綠地地域
	·自然綠地地域
	地　區
	1. 風致地區
	2. 美觀地區
	·第1種 美觀地區
	·第2種 美觀地區
	·第3種 美觀地區
	·第4種 美觀地區
	·第5種 美觀地區
	3. 高度地區
	·最低 高度地區
	·最高 高度地區
	4. 防火地區
	5. 教育 및 硏究地區
	6. 業務地區
	7. 臨港地區
	8. 空地地區
	·1種 空地地區
	·2種 空地地區
	·3種 空地地區
	9. 保存地區
	10. 特定街區整備地區
	11. 駐車場整備地區
	12. 空港地區
	13. 自然環境保全地區
	14. 아파트地區
	區　域
	1. 特定施設制限區域
	2. 市街化調整區域
	3. 開發制限區域
	4. 都市開發豫定區域

〈表 2〉 기타 法律에서의 **用途地域地區制**

法 律 名	地 域 地 區 制
首都圈整備計劃法	• 移轉促進圈域 • 制限整備圈域 • 開發誘導圈域 • 自然保全圈域 • 開發留保圈域
特定地域綜合開發促進에 관한 特別措置法	• 開發促進地區 • 開發豫定地區 • 開發規制地區
宅地開發促進法	• 宅地開發豫定地區
駐車場法	• 駐車場整備地區
水道法	• 上水保護區域
都市公園法	◦ 都市公園 • 어린이公園 • 近隣公園 • 都市自然公園 • 墓地公園 ◦ 綠地 • 緩衝綠地 • 景觀綠地
農地擴大開發促進法	◦ 開發對象地域 • 開發促進地域 • 國家間接開發地域
農漁村發展特別措置法	◦ 農業進興地域 • 農業振興區域 • 農業保護區域
農水產物輸出振興法	• 輸出團地
草地法	• 草地造成地區
山林法	◦ 林地의 區分 • 保全林地 • 準保全林地 ◦ 指定開發地域 • 一般開發地域 • 特殊開發地域 ◦ 保安林 ◦ 保安林豫定地

法 律 名	地 域 地 區 制
水產業法	• 保護水面 • 漁業權保護地域 • 漁業禁止區域
漁港法	• 漁港區域
工業配置 및 工場設立에 관한 法律	• 誘致地域 • 工場施設區域 • 支援施設區域 • 公共施設區域 • 綠地區域
地方工業開發法	• 工業開發獎勵地域
產業基地開發促進法	• 產業基地開發區域
農漁村所得源開發促進法	• 農漁村地域工業開發促進地區(農工地區) • 農漁村副業團地 • 農漁村休養地
輸出自由地域設置法	• 輸出自由地域
에너지利用合理化法	• 集團에너지供給地域
河川法	• 河川區域 • 沿岸區域
溫泉法	• 溫泉地區
自然公園法	• 國立公園 • 道立公園 • 郡立公園 } 自然保全地區 / 自然環境地區 / 農漁村地區 / 集團施設地區
鳥獸保護 및 狩獵에 관한 법률	◦ 鳥獸保護區 • 特別保護地區 ◦ 禁獵區
文化財保護法	• 文化財保護區域

觀光振興法	• 觀光地 • 觀光團地	空軍基地法	◦ 空軍基地 • 飛行場 • 飛行安全區域(6個區域으로 細分) • 基地保衛區域
港灣法	• 港灣區域 • 港灣隣接水域 • 臨港地區(都市計劃區域外의 港灣)		
電波管理法	• 電波障害防止區域	海軍基地法	◦ 海軍基地區域 • 陸士區域 • 水域 { 第 1 水域, 第 2 水域 }
道路法	• 接道區域 • 沿道區域 • 高速交通區域 • 自動車專用區域	防禦海面法	• 防禦海面區域
		軍事機密保護法	• 軍事保護區域
高速國道法	• 接道區域	軍用電氣通信法	• 特別保護區域
軍事施設保護法	◦ 軍事施設保護區域 • 統制保護區域 • 制限保護區域	原子力法	• 放射線區域 • 制限區域 • 管理區域 • 保全區域

그리고 각 用途地域地區마다의 구체적인 使用制限의 내용은 당히 用途地域地區를 지정할 수 있는 根據法律에서 규정하고 있고, 建築可能區域에 대해서는 建築法에서도 制限內容을 규정한다.

이러한 用途地域地區의 지정은 전국토에 걸쳐서는 土地利用審議會의 심의를 거쳐 건설부장관이 행하고, 都市地域에 대해서는 中央都市計劃審議會의 심의를 거쳐 역시 건설부장관이 행한다. 이러한 用途地域地區制는 미리 許容되는 용도와 금지되는 용도를 규정해 놓기 때문에 사정의 변화에 따라서 적절히 有效하게 利用할 수 있는 탄력성이 결여되어 있는 것이 단점으로 지적되고 있다.[62)]

㈐ 建蔽率과 容積率에 의한 土地利用의 制限　　建築이 가능한 用途地域地區 내의 건축할 수 있는 범위 및 건축물의 높이는 建蔽率과 容積率에 의해서 制限하고 있다. 建蔽率은 건축면적의 垈地面積에 대한 비율을 말하며, 容積率은 건축물의 延面積의 垈地面積에의 비율로서 각 用途地域區에서의 建蔽率과 容積率은 〈表 3〉 및 〈表 4〉와 같다.

62) 國土開發硏究院, 土地利用效率化를 위한 用途地域地區制의 改善方向에 관한 硏究, 38 (1980).

〈表 3〉 建蔽率의 限度

地 域 및 地 區	建 蔽 率
녹지지역	20/100
주거지역	90/100
공업지역	60/100
상업지역	90/100
지역의 지정이 없는 區域	60/100
國土利用管理法에 의하여 지정된 地域	60/100

〈表 4〉 容積率의 限度

地　　域	基準容積率	건축법시행령 제79조 제4항 1호에 해당하는 건축물	건축법시행령 제79조 제4항 2호에 해당하는 건축물	건축법시행령 제79조 제5항에 해당하는 건축물
전용주거지역 일반주거지역	100% 이하 400% 이하	—	—	
준주거지역 중심상업지역 일반상업지역 근린상업지역 유통상업지역 전용공업지역 일반공업지역 준공업지역	700% 이하 1500% 이하 1300% 이하 900% 이하 1100% 이하 300% 이하 350% 이하 400% 이하	기준용적율의 1/3가산	기준용적율의 1/4가산	기준용적율의 2배
보전녹지지역 생산녹지지역 자연녹지지역	80% 이하 200% 이하 100% 이하	—	—	
도시계획구역 중 지역지정이 없는 구역, 국토이용관리법에 의하여 지정된 공업지역 및 취락지역과 제3조 제1항의 규정에 의한 구역	400% 이하	—	—	

※ 상기범위 안에서 당해 지방자치단체의 조례로 정한다(건축법시행령 제79조 참조).

(라) 遊休地制度에 의한 土地利用의 強制 　土地의 最有效한 이용의 촉진을 위하여 國土管 §21-10 내지 §21-13에서는 遊休地制度를 규정하고 있다. 유휴지의 요건은 매우 엄격하다. 즉 첫째로 土地의 소유자가 당해 土地를 취득하거나 당해 土地에 대하여 地上權 기타의 權利를 가진 者가 그 권리를 설정한 후 2년이 경과하고, 둘째로 國土利用計劃 등에 비추어 당해 土地의 이용이나 개발을 특히 촉진할 필요가 있고, 셋째로 그 면적이 都市計劃區域 안의 生產綠地地域, 自然綠地地域, 專用工業地域, 工業地域 및 準工業地域에서는 1,000m^2, 都市計劃區域 안의 住居專用地域, 住居地域, 準住居地域, 商業地域과 지역의 지정이 없는 地域을 660m^2, 都市計劃區域 밖에서는 1,500m^2, 다만 농지의 경우에는 10,000m^2, 林野 및 草地의 경우에는 20,000m^{2}이 초과하고, 넷째로 그 土地가 적절하게 이용되고 있지 않고, 다섯째로 도지사로부터 遊休地임을 통지받은 土地이어야 遊休地가 된다(國土管 §21-10 Ⅰ, 國土管令 §31 Ⅳ, Ⅴ).

道知事로부터 遊休地通知를 받은 토지소유자는 通知를 받은 날로부터 3개월 이내에 그 유휴지의 開發計劃書 또는 處分計劃書를 도지사에게 제출하여야 한다(國土管 §21-11). 遊休地所有者가 이러한 개발 또는 처분계획서를 제출하지 않으면 도지사는 國家, 地方自治團體, 韓國土地開發公社, 기타 政府投資機關 및 公共團體가 당해 유휴지를 買受하기를 원할 때에는 이들 중에서 지정하여 당해 遊休地所有者와 買受를 협의하게 할 수 있다. 이때 遊休地所有者는 정당한 이유가 없는 한 당해 遊休地買受協議를 거부할 수 없다(國土管 §21-12). 이 遊休地制度는 지가상승을 기다리면서 土地를 이용하지 않은 所有者에 대한 강력한 規制手段이다. 그외에도 토지이용의 強制手段으로 空閑地와 기업의 비업무용토지에 대한 土地分財產稅重課制度가 있었으나 1990년부터 土地分財產稅가 없어지고 綜合土地稅가 실시됨으로써 空閑地, 非業務用土地制度가 모두 폐지되었다.

(마) 代理耕作, 分收林, 代理建築, 代理造成 등에 의한 土地利用의 強制

(a) 序 　遊休農地의 이용, 山地의 조림, 遊休宅地에 대한 건축, 遊休土地에 대한 草地造成 등은 원칙적으로 그 土地의 所有者가 스스로 하여야 하지만, 所有者가 스스로 토지를 이용하지 않고 遊休土地로 방치하는 경우에는 行政官廳이 行政命令에 의하여 제3자로 하여금 이용케 하는 制度의 마련이 필요하다. 이러한 行政命令에 의하여 제3자로 하여금 土地를 이용케 하는 것은 土地利用을 촉진하는 제도이면서 동시에 土地所有者의 소유권에는 중대한 使用制限으로 기능하게 된다.

(b) 農地의 代理耕作　　農地의 所有者는 농지를 성실하게 耕作할 의무가 있다(農地의 保全 및 利用에 관한 法律(이하 農保라 한다). §8 Ⅰ). 그런데 遊休農地가 발생한 경우에는 郡守는 代理耕作者를 지정하여 耕作하게 할 수 있다(農保 §10 Ⅰ). 이러한 제도를 農地의 代理耕作이라 한다. 代理耕作의 기간은 따로 정함이 없으면 2년으로 하고(農保 §11), 농지사용료는 當該年度收穫量의 1할로 하도록 하고 있다(農保 §10 Ⅲ). 이 農地의 대리경작의 法的 構成에 대해서는 과거에는 농지의 所有權과 利用權의 분리로 설명하였다. 왜냐하면 農地改革法에 의하여 농지의 賃貸借가 금지되고, 民法에 의하여 農地의 傳貰權設定이 금지되었기 때문이었다. 그러나 지금은 農地賃貸借管理法에 의하여 農地賃貸借가 가능하므로 대리경작은 法定賃貸借로 이론구성함이 타당할 것으로 생각된다.

(c) 山地의 分收林　　山地의 所有者가 營林計劃에 따른 施業義務(山林法(이하 山林이라 한다) §11) 또는 施業命令(山林 §12)에 따라 造林을 하지 않을 때에는 市長·郡守는 山林契 등 제3자로 하여금 代執行하게 할 수 있다(山林 §14 Ⅰ). 이때 山地所有者는 代執行으로 인한 비용을 부담하여야 한다. 그런데 山地所有者가 비용을 代執行者에게 辨償하지 않으면 國稅徵收法에 의한 滯納處分의 예에 의하여 비용을 징수하거나 山地所有者와 代執行者間에 施業으로 발생한 수익을 분배할 것을 내용으로 하는 契約을 체결한 것으로 본다(山林 §14 Ⅱ, Ⅲ). 이러한 契約締結의 擬制를 分收林制라 한다. 分收期間은 속성수림은 20년, 연료림·유실수림은 25년, 장기수림은 40년의 범위 내에서 山林所有者와 代執行者間의 협의에 의하여 결정하며, 協議가 성립되지 않으면 위의 기간으로 約定한 것으로 본다(山林令 §21 Ⅰ, Ⅱ). 分收比率은 山地所有者는 1할, 代執行者는 9할로 한다(山林令 §21 Ⅲ).

分收契約이 성립된 것으로 擬制되면 樹木은 부합이 인정되지 않고 이와 같은 代執行者의 樹木所有를 위해서 山林法은 代執行者가 山地에 대하여 法定地上權의 취득을 인정하고 있다(山林 §14 Ⅴ). 이 法定地上權의 등기신청은 代執行者가 단독으로 할 수 있다(山林 §15). 또한 山林經營計劃書를 제출하고 林野賣買證明을 받아 林野를 買受한 者가 山林經營計劃書대로 施業을 하지 않을 때에도 管轄市長·郡守는 직접 대집행하거나 제3자로 하여금 代執行할 수 있고, 이때 代執行의 절차 및 비용변상에 관해서는 山林 §14가 準用된다(山林 §112 Ⅱ).

(d) 宅地의 代理建築　　代理建築은 두 가지의 경우가 있다. 첫째로는 特定街區整備地區 내의 택지의 所有者가 市場·郡守가 작성하여 건설부장관의 승인을 받은 건축계획에 따라서 당해 市長·郡守가 指定한 期間 내에 건

축을 하지 않을 때에는 市長 또는 郡守가 직접 建築하거나 또는 제3자로 하여금 建築하게 할 수 있다(建築 §33-2, §33-3 Ⅰ). 둘째로는 宅地所有上限에 관한 法律에 의하여 許可를 받아 택지를 취득한 者, 許可가 의제되어 택지를 취득한 者, 申告對象의 택지를 취득한 者 및 開發宅地의 소유자로서 處分義務있는 者에 해당되지 아니하는 者가 取得日로부터 2년 내에 택지를 利用·開發하지 아니한 때에는 市長·郡守는 代理開發者로 하여금 代理利用·開發하게 할 수 있다(宅地上限 §18 Ⅱ). 이 代理利用·開發에는 대리건축도 포함된다. 이때 代理開發者는 당해 宅地에 대하여 法定地上權을 취득하며(宅地上限 §18 Ⅳ), 그 法定地上權은 존속기간을 정하지 않은 것으로 보며 地料는 宅地所有者와 代理開發者의 協議에 의하여 定하고, 協議가 이루어지지 않을 때에는 당해 宅地의 利用에 따른 總收入의 100분의 10과 宅地價格의 100분의 1 중에서 높은 金額으로 정한다(宅地上限 §18 Ⅴ·Ⅵ, 宅地上限令 §23).

(e) 草地의 代理造成　　草地造成地區 내의 토지소유자가 草地造成許可廳이 작성·고시한 草地造成計劃에 따라서 草地造成許可申請을 하지 아니한 때에는 許可廳은 草地造成의 의사와 능력이 있는 者 또는 畜產振興團體를 代理造成者로 지정하여 草地造成을 하게 하거나 조성한 초지를 타인으로 하여금 이용하게 할 수 있다(草地法(이하 草라 한다) §14 Ⅰ). 이를 草地의 代理造成이라 하고, 이때 土地所有者와 代理造成者 또는 代理利用者間에는 임대차관계가 성립된 것으로 본다(草 §14 Ⅱ). 즉 法定賃貸借를 인정한다. 賃貸期間은 5년 이상으로 하여 當事者間의 합의에 의하나 合意가 성립하지 않으면 5년으로 하며(草 §14 Ⅲ), 賃借料는 造成 당시의 土地價格의 100분의 1을 초과하지 않는 범위 내에서 當事者間의 합의에 의하나 合意가 성립하지 않으면 100분의 1로 한다(草 §14 Ⅵ).

(바) 徵發에 의한 使用制限　　戰時·事變 또는 이에 준하는 非常事態下에서 軍作戰遂行을 위하여 土地, 物資와 施設 또는 權利를 일시적으로 公權力에 의하여 강제적으로 使用하는 것이 徵發이다. 徵發은 公權力에 의하여 土地 등의 소유권을 강제적으로 剝奪하는 土地收用과는 달리 일시적으로 사용할 뿐이다. 徵發의 목적물이 소비품인 動產인 경우에는 정당한 代價를, 비소비품인 動產 또는 不動產인 경우에는 使用料를 그 소유자에게 支給하여야 한다(徵發 §19 Ⅰ, Ⅱ). 그리고 徵發物의 사용이 필요없게 되었거나 滅失된 때에는 지체없이 徵發을 解除하여 소유자에게 반환하여야 한다(徵發 §§14, 15).

(4) 收益制限

(가) 序　　所有權에 대한 收益權能의 제한을 전적으로 土地所有權에

한정된다. 왜냐하면 土地는 그 價格이 土地所有者의 노력에 의하지 않고서도 상승하고 그 增價額이 엄청나기 때문에 그것을 土地所有者로 하여금 私有케 하는 것은 不勞所得을 취득케 하므로 그것으로 인한 社會問題가 심각하기 때문이다. 그래서 土地所有權에 대한 收益을 제한해서 土地를 소유한 者나 소유하지 못한 者에게 골고루 토지로부터 富를 配分할 필요성이 있다. 따라서 土地所有權의 收益權能의 제한은 직접적인 地價上昇分의 還收方法과 간접적인 地價의 安定化方法도 이에 포함된다.

(나) 開發利益의 還收와 社會還元

(a) 序 所有權에 대한 收益制限으로 가장 중요한 것은 開發利益의 社會的 還收制度이다. 토지소유권에 대한 公法的 制限은 量的인 所有制限을 넘어 이제는 質的인 制限, 즉 價値的 制限으로까지 확대되었다. 다시 말하면 土地價 중 일부분만을 土地所有者가 私有하고 나머지 일정한 부분은 國家가 還收해감으로써 토지소유권의 質的·價値的 制限을 가하고 있다. 이것이 바로 開發利益(betterment; windfall; Planungsgewinn)의 社會的 還收이다. 土地價는 토지소유자의 開發投資에 의해서도 增加하지만 國家, 地方自治團體 등의 개발계획의 決定, 告示 또는 開發事業의 施行으로 인해서도 상승하게 되고, 土地의 用途의 指定 또는 變更 또는 社會·經濟的 事情의 변화에 의해서도 상승한다. 이와 같이 土地所有者의 투자에 의하지 않은 원인으로 인한 土地의 增價는 土地所有者가 私有할 것이 아니라 사회로 환수하여 모든 國民이 公平하게 향유하여야 한다.

이러한 開發利益의 社會的 還收에 의하여 土地의 國·公有에 의한 土地資源의 強制的 配分에 의하지 않고서도 土地資源配分의 衡平性을 이룩할 수 있다. 開發利益의 환수는 臺灣·英國 등에서 일찍부터 실행하여 왔다. 우리 나라도 간접적인 方法이긴 하였으나 오래전부터 開發利益을 환수하여 왔다. 그러나 1989년에는 직접적으로 開發利益還收를 위하여 開發負擔金制와 土地超過利得稅를 신설하고 환수된 開發利益으로써 土地管理 및 地域均衡開發特別會計를 설치하도록 하였다.

(b) 開發利益의 概念

(i) 地價의 增加要因과 開發利益 開發利益이란 일정기간 동안의 土地의 全增價 가운데 公共投資에 의한 增價와 都市計劃的 決定, 變更告示 등, 토지소유자의 노력에 의하지 아니하고 당해 土地에 발생한 增價라 일응 말

할 수 있다. 開發利益의 개념을 보다 명확히 정의하기 위하여 일정기간 동안의 地價의 全增加를 그 發生原因別로 분류해보면 일정기간 동안의 全增價(V)=土地所有者의 투자에 의한 增價(A)+政府의 투자에 의한 增價(B)+都市計劃的 決定에 의한 增價(C)+投機에 의한 增價(D)+기타 社會的·經濟的 要因에 의한 增價(E)로 분리해 볼 수 있다. 그러나 실제로 이러한 增價要因을 각각 分離하여 평가하기란 용이한 일이 아니다. 왜냐하면 이와 같은 요인은 相互獨立的(mutually exclusive)인 것이 아니기 때문이다. 그렇지만 理論上으로는 위와 같이 그 要因別로 분리해 볼 수 있을 것이다. 이러한 增價要因 중에서 土地所有者의 투자에 의한 增價 이외의 요인에 의한 增價를 넓게 開發利益이라 할 수 있다.

(ii) 狹義의 開發利益과 廣義의 開發利益　國家가 환수해야 할 開發利益을 협의로 파악하느냐 또는 광의로 파악하느냐에 따라서 그 범위에 있어 차이가 있다. 狹義의 開發利益은 일정기간 동안의 全增價(V) 중에서 政府의 投資에 의한 增價(B)와 都市計劃的 決定에 의한 增價(C)만을 개발이익으로 본다. 그에 반해 廣義의 開發利益은 一定期間 동안의 土地의 全增價 중에서 土地所有者의 투자에 의한 增假(A)만을 제외한 모든 增價를 개발이익으로 본다. 즉 公共投資나 都市計劃的 決定 이외의 社會·經濟的 要因에 의한 增價까지 포함하는 개념이다.

역사적으로 고찰해 볼 때 開發利益은 협의의 개념에서 광의의 개념으로 변천해 왔다. 1927년경 英國에서는 개발이익을 最狹義로 파악하여 政府의 公共事業에 의한 增價만을 개발이익으로 이해하였다. 그러나 1947년 英國의 都市農村計劃法(Town and Country Planning Act)制定의 母胎가 된 1942년에 설립된 "補償과 開發利益에 관한 專門家委員會"(The Expert Committe on Compensation and Betterment: 일명 Uthwatt 委員會)의 報告書에서는 개발이익을 "公共事業 또는 公共開發의 遂行과 같은 적극적인 行爲 또는 中央政府나 地方政府의 다른 土地에 대한 規制와 같은 소극적인 行爲에서 발생하는 土地의 增價"라고 정의하였다. 그리고 政府의 公共事業에 의한 增價와 都市計劃的 決定에 의한 增價를 開發利益으로 환수할 것을 제안하였다. 그러나 土地의 增價를 그 발생원인별로 분리하여 開發利益의 개념을 정확히 評價·決定하기란 評價技術上 극히 곤란하다. 그리하여 開發利益의 개념을 土地所有者의 開發投資 이외의 모든 增價를 開發利益으로 보아야 한다는 주장이 나타났다. 1942년의 Uthwatt 委員會도 "모든 개발이익은 社會에 의하여 창조된다. 따라서 특정한 計劃行爲에 의한 增價와 地域社會의 일반적인 活動 또는 일반적인 經濟變動에 따른 요인에 의한 增價를 구분한다는 것은 非現實的이고 바람직스럽지 못할 뿐만 아니라 현실적으로 불가능하다"고 結論을 내린 바 있다. 또한 開發利益의 還收方法도 다양하며 그 사용하는 개념도 서로 相異하다.

英國의 開發土地稅法(Development Land Tax Act: 1975)에 의한 開發土地稅의 課標가 되는 개발이익은 狹義의 開發利益을 의미하며, 社會·經濟的 要因에 의한 增價는 一般稅制인 資本利得稅(Capital Gains Tax)로 還收하고 있다. 그리고 臺灣의 土地增值稅(Land Value Increment Tax)는 광의의 開發利益을 그 課標로 하고 있으며, 우리 나라의 讓渡所得稅制도 開發利益還收側面에서 볼 때 광의의 개발이익을 還收對象으로 하고 있다. 國土管 §3-2 II 에서도 國家, 地方自治團體 또는 자신의 노력에 관계없이 價値가 상승되어 현저한 利益을 받은 때의 이익을 開發利益이라 하여 광의의 開發利益으로 정의하고 있다.

이상에서 살펴본 바와 같이 開發利益은 開發利益還收의 立法政策 및 制度運用의 능력을 고려하여 협의의 開發利益만을 還收對象으로 할 수도 있고, 광의의 開發利益을 還收對象으로 할 수도 있다고 보는 주장[63]이 있다. 그러나 社會가 還收해 갈 수 있는 地價의 增加分은 협의의 開發利益으로 하여야 할 것이다. 왜냐하면 政府의 투자나 都市計劃的 決定 혹은 變更의 告示로 인한 增價는 土地所有者의 노력이 전혀 개재되어 있지 않으나 社會·經濟的 發展으로 인한 增價는 土地所有者를 포함한 기타 일반인의 참여에 의한 增價이므로 그 부분은 土地所有者가 私有할 수 있다고 보아지기 때문이다. 실제로는 각 요인별 增價를 정확하게 分離評價할 수 없기 때문에 土地所有者의 노력에 의하지 않은 全增價에 一定率을 乘하여 계산된 額을 환수하고 있는데, 그것은 바로 협의의 開發利益만을 還收對象으로 한다는 것을 전제하고 있다고 보아진다.

(iii) 發生된 開發利益과 實現된 開發利益 開發利益은 그것이 土地價에 포함되어 현재의 土地所有者가 保有하고만 있느냐 또는 土地所有者가 당해 土地를 처분함으로써 그것이 現金化되었느냐에 따라서 전자를 發生된 開發利益(accrued development value) 또는 未實現開發利益(unrealized development value)이라 하고, 후자를 實現된 開發利益(realized development value)이라고도 한다. 社會的 還收의 대상이 되는 開發利益은 兩者가 모두 포함되며, 그

63) 國土開發硏究院, 現行 開發利益還收制度의 改善方案硏究, 91(1983. 12).

때문에 相異한 성격의 開發利益에 맞는 다양한 還收方法이 요구된다.

(iv) 開發利益還收에 관한 法律에서의 開發利益의 槪念　1989년 말에 制定된 開發利益還收에 관한 法律(이하 開發利益還收라 한다)에서는 개발이익의 개념을 좀 독특하게 規定하고 있다. 즉 開發利益還收에 관한 法律 §2i는 開發利益을 "開發事業을 시행함으로써 正常地價上昇分을 초과하여 開發事業을 시행하는 者에게 歸屬되는 土地價額의 增加分과 公共事業의 施行, 土地利用計劃의 변경 기타 社會·經濟的 要因에 의하여 正常地價上昇分을 초과하여 土地所有者에게 歸屬되는 土地價額의 增加分"으로 정의하고 있다. 그래서 同法律上의 開發利益은 발생된, 즉 未實現開發利益만을 말하며 正常地價上昇分을 초과한 일체의 地價上昇分으로서 그 발생원인은 土地所有者의 투자에 의하였든 기타 原因에 의하였든 상관하지 않는다.

(c) 開發利益還收의 必要性　開發利益은 不勞所得·不當利得의 성질을 갖는 것으로서 마땅히 환수되어야 한다. 그리고 開發利益이 還收되어야 한다는 外國의 代表的 表現을 보아도 알 수 있다. 즉 "開發利益이 開發事業에 起因하는 開發損失의 보상을 위해 再分配되어야 한다"(C. M. Haar)거나 "開發利益은 모조리 土地所有者의 享受에 방임하는 한편, 開發不利益은 이를 충분히 보상하지 않으면 안 되는 것이 현행 土地法制의 최대 결함이다"(Lauritz Laurizen)라는 것을 보아도 開發利益이 還收되어야 한다는 妥當性을 알 수 있다.

우리 나라에서도 土地制度上의 여러 결함으로 土地에서 발생하는 不勞所得이 土地所有者의 私有化로 되고 여러 가지 바람직스럽지 못한 社會·經濟的인 문제로 되고 있었다. 그러나 開發利益은 일종의 불로소득으로 다음과 같은 이유에서 土地所有者의 私有로부터 社會에 還收되지 않으면 안 된다. ① 不勞所得的 增價의 私有化 가능성은 급격한 人口增加와 더불어 인플레 및 土地需給의 만성적 불균형의 土地市場條件下에서 좋은 투기의 온상이 되었다. ② 政府에 의한 決定이나 許可行爲의 結果的 恣意性으로 어떤 土地所有者에게 불로소득을 허용할 것인가는 政府決定者의 손에 달려 있다. 따라서 開發價(development value)의 私有化를 特定人에게 허용하므로 社會的 不公平을 초래했다. ③ 開發價의 配分이 決定者의 손에 달려 있어 不正·不條理를 가져오게 되었으며, 이와 같은 要因을 배제하기 위한 措置로 말미암아 政府의 事業決定이나 都市計劃의 과정에 철저한 秘密主義가 초래되었다. ④ 土地를 '가지 者'와 '갖지 못한 者' '뽑힌 者'와 '뽑히지 못한 者', '당한 者'와 '당하지 않은 者'간의 開發利

益配分上의 엄청난 불공평으로 個人間·階層間의 所得配分이 불균형적이며 소득격차를 더욱 심화시켰다. ⑤ 開發利益의 불공평한 配分은 소득의 격차를 초래함에 따라서 社會的 分裂을 조장하여 國民總和를 크게 해치게 되었다. ⑥ 土地의 價格이 상승하게 되고 地價가 불안정하게 됨에 따라 土地需給에 지대한 영향을 끼쳐 公共事業財源의 負擔을 크게 하고 결과적으로 事業의 遂行을 더욱 어렵게 하였다.

이상과 같은 이유에서 開發利益은 還收되어야 할 性質을 갖는다. 따라서 土地는 우리 모두의 것이라는 觀念下에서 불로소득이 還收되고, 公共福利를 위해 재투자되어야 함은 두말할 나위도 없는 것이다. 그러므로 私有化되고 있는 開發利益이 社會에 환수됨으로써 바람직한 土地政策이 실현되고 여러 가지 土地問題를 극복해 나가게 될 것이다. ① 土地로 인하여 발생하는 不公平을 없애고, 所得을 公平하게 配分할 수 있다. 그러므로 발생된 開發利益을 환수함으로써 土地所有者간의 불공평은 해소되고, 開發損失이 발생한 土地所有者에게 補償해 줌으로써 所得分配의 형평성을 유지할 수 있다. 아울러 환수한 開發利益은 社會에 재투자함으로써 全國民이 공평하게 이익을 향유하게 되어 國民福利增進에 기여하게 된다. ② 不動產市場의 合理化를 도모할 수 있다. 그러므로 地價는 안정되고 實需要者가 아니면 土地를 소유하겠다는 의욕을 배제시킴으로써 投機行爲는 제거할 수 있게 된다. 그리고 土地開發者는 토지개발로부터 얻을 수 있는 利潤을 投機나 開發價에 의존하지 않고 不動產市場의 활동에 의한 土地의 正常利潤을 추구하게 되며, 기술개발에 의한 능률성 등에 의존하게 될 것이다. 그리고 投機를 위한 空閑地나 기업의 非業務用土地의 보유를 억제하게 되는 효과도 가져올 수 있을 것이다. ③ 土地의 需給을 원활히 할 수 있다. 곧 土地를 필요로 하는 사람은 언제든지 土地를 正常價格으로 취득할 수 있게 되며, 保有만 하고 있는 者는 土地로 인한 期待利益이 없어지게 되므로 조기에 土地를 供給하려 하므로 土地의 需給을 원활히 하는 데 도움이 될 것이다. 그리고 地價가 안정되어 需要者의 財政負擔을 줄일 수 있게 되므로 庶民의 내집 마련을 도울 수 있을 것이다. ④ 政府의 財政負擔을 줄이고 開發利益을 還收하는 만큼 財政收入을 늘려 효율적인 政府의 財政執行에 기여할 수 있다. 그리고 公共事業의 遂行 등으로 발생하는 土地收用에서 開發利益을 배제한 補償이 이루어져 政府의 財政負擔을 그 만큼 줄일 수 있다. 또한 開發利益으로 환수한 開發基金을 政府의 사업에 投資함으로써 政府支出財政을 원활히 할 수 있다.

우리가 당면하고 있는 土地問題를 해결하기 위하여 開發利益은 사회에 還收되어야 하고, 환수된 開發利益은 再投資되어 국민 모두가 公平하게 利益을 享有할 수 있도록 制度化되어야 한다는 것이 오늘날의 요청이다. 福祉國家를 지향하는 우리의 현실에서 토지로부터 發生되는 不勞所得은 私有化될 것이 아니라 마땅히 社會에 還收되어야 하는 것이다.

(d) 開發利益의 還收 및 社會還元方法

(i) 還收 및 還元方法一般 　우리 나라에서의 開發利益還收方法은 〈表 5〉에서와 같이 여러 가지가 있다. 그러나 開發負擔金, 土地超過利得稅, 讓渡所得稅를 제외하고는 그 실효성이 극히 저조하다. 그래서 여기에서는 開發負擔金·土地超過利得稅 및 讓渡所得稅에 관해서만 설명하기로 한다.

〈表 5〉 開發利益의 還收方法

開發利益 發生原因	未實現 開發利益의 還收		實現된 開發利益의 還收	
	非租稅的方法	租稅的方法	非租稅的方法	租稅的方法
有形的開發事業	減步, 開發負擔金	·綜合土地稅 ·土地超過利得稅 ·看做取得稅 (形質變更의 경우)	收用補償時 開發利益排除	·讓渡所得稅 ·法人稅特別附加稅
無形的開發事業				
複合的開發事業	減步			
其 他	國公有地 賃貸料			

開發利益還收制度의 체제는 실현된 개발이익은 讓渡所得稅에 의하며, 未實現開發利益은 당해 土地의 개발사업시행자에 대해서는 開發負擔金으로, 그리고 토지소유자에 대해서는 土地超過利得稅로 환수한다. 환수된 개발이익 중 讓渡所得稅는 전액 국고에 귀속하고 開發負擔金과 土地超過利得稅의 50%는 당해 지방자치단체에 歸屬 또는 讓與되고, 50%는 土地管理 및 地域均衡開發特別會計에 歸屬 또는 轉入된다(開發利益還收 §4). 開發利益의 사회환원은 土地管理 및 地域均衡開發特別會計에 의하여 法定의 사업에 그 자금을 사용함으로써 社會構成員 모두가 골고루 혜택을 받도록 하고 있다. 이 特別會計가 바로 開發基金으로서의 기능을 담당하는 것이다. 開發利益의 還收 및 社會還元에 관한 法律의 구조는 開發利益還收에 관한 法律이 상위의 法律이고, 그 法律에서 開發負擔金은 同法에서 규정하고, 토지소유자에게 발생한 개발이익은 土地超過利得稅法에 의

하여 환수토록 委任하고(開發利益還收 §3 Ⅱ), 還收된 개발이익의 50%로써 特別會計를 설치할 수 있도록 위임하고 있다(開發利益還收 §4). 이와 같이 開發利益還收에 관한 法律이 上位法이며, 그 法律의 一部內容은 실천하기 위한 法律이 土地超過利得稅法과 土地管理 및 地域均衡開發特別會計法이라 할 수 있다.[64)]

(ii) 開發負擔金

(ㄱ) 開發負擔金의 槪念 및 算定 開發負擔金이란 宅地開發事業, 工業團地造成事業 등 開發利益還收 §5[65)]에서 규정하고 있는 事業의 施

64) 이와 같은 體系를 갖게 된 것은 본래는 開發利益還收法에 모든 내용을 규정하고자 하였다. 그러나 開發利益還收에 관한 行政部處間의 이해대립과 국회심의과정에서 국회가 막대한 개발이익금의 관리에 대해서 감독을 할 수 있게 하기 위하여 이와 같은 體系를 이루게 되었다.

65) 구체적인 사업은 다음과 같다(法 §5), 규모는 3,300m² 이상이어야 開發負擔金 賦課對象事業이 될 수 있다(開發利益還收令 §4).

開發負擔金賦課對象事業 (1991. 9. 13 改正)

사 업 종 류	근 거 법 률	사 업 명
1. 택지개발사업(주택단지조성사업을 포함한다)		다음의 1에 해당하는 사업. 다만, 도시저소득주민의 주거환경개선을 위한 임시조치법의 규정에 의한 주거환경개선 사업과 5년 이상 임대하기 위하여 주택건설촉진법시행령 제30조 제1항 단서의 규정에 의한 규모 이하의 임대주택을 건설하는 사업을 제외한다.
	• 택지개발촉진법 • 주택건설촉진법	• 택지개발사업 • 대지조성사업 (주택건설사업계획승인을 얻은 자가 주택건설을 위하여 시행하는 대지조성을 포함한다) • 아파트지구개발사업 (대지조성의 경우에 한한다)
	• 산업입지 및 개발에 관한 법률 • 도시계획법	• 공업단지내주택지조성사업 • 일단의 주택지조성사업
2. 공업단지조성사업	• 산업입지 및 개발에 관한 법률	• 지방공업단지개발사업 • 농공단지개발사업 • 특수지역개발사업
	• 중소기업진흥법 • 공업배치 및 공장설립에 관한 법률	• 중소기업협동화단지조성사업 • 공업단지 외의 지역에서의 공장용지조성 및 공장설립을 위한 공장부지조성사업(산업입지 및 개발에 관한 법률 제42조의 규정에 의하여 용도지역변경이 이루어지는 부분에 한한다)
	• 도시계획법	• 일단의 공업용지조성사업

行者에게 귀속되는 開發利益 중 開發利益還收法에 의하여 國家가 부과·징수하는 금액을 말한다(開發利益還收 §2iv). 開發負擔金의 산정은 開發事業完了時點의 부과대상토지의 가액에서 開發事業着手時點의 토지가액, 開發事業施行期間 중의 正

3. 산업기지개발사업	•산업입지 및 개발에 관한 법률 •수출자유지역설치법	•국가공업단지개발사업 •수출자유지역조성사업
4. 관광단지조성사업	•관광진흥법	•관광지 및 관광단지조성사업
5. 도심지재개발사업	•도심재개발법	•도심지재개발사업
6. 유통단지조성사업	•유통산업근대화촉진법	•유통단지조성사업
7. 온천개발사업	•온천법	•굴착사업 •온천이용시설설치사업
8. 자동차정류장사업	•자동차정류장법	•자동차정류장사업
9. 골프장건설사업	•도시계획법 •체육시설의 설치·이용에 관한 法律	•골프장건설사업 (일반골프장 및 간이골프장 건설사업으로서 건설부장관이 정하는 기준에 해당하는 골프장건설사업을 제외한다)
10. 국토이용관리법 제27조 제3항의 규정에 의한 개발행위	•국토이용관리법	•다음 용도지역 안에서의 개별행위 취락지역 공업지역 관광휴양지역 개발촉진지역
11. 제1호 내지 제10호와 유사한 기타 사업	•특정지역종합개발촉진에 관한 특별조치법 •체육시설의 설치·이용에 관한 법률 •도시계획법 •자연공원법 •도시공원법 •도시계획법 •도시계획법 •도시계획법 •산림법 •농지의 보전 및 이용에 관한 법률 •초지법	•특정지역종합개발촉진에 관한 특별조치법에 의한 단지조성사업 •스키장건설사업 •유원지설치사업 (건설부령이 정하는 시설을 설치하는 사업에 한한다) •공업사업 (건설부령이 정하는 시설을 설치하는 사업에 한한다) •유통업무설비설치사업 (도시계획법 제24조의 규정에 의한 허가를 받아 시행하는 경우에 한하며, 건설부령이 정하는 경우를 제외한다) •자동차정류장설치사업 •제1호 내지 제10호의 대상사업과 유사한 사업으로서 건설부령이 정하는 시설을 설치하기 위하여 다음의 허가를 받아 시행하는 사업 토지형질변경허가 산림훼손허가 농지전용허가 초지전용허가

常地價上昇分, 그리고 개발비용을 공제한 금액의 100분의 50으로 한다(開發利益還收 §§ 8, 13). 여기서 開發事業의 착수시점은 개발사업의 認可 등을 받은 날로 하며(開發利益還收 § 9 I 本文), 개발사업의 完了時點은 개발사업의 竣工認可 등을 받은 날로 한다(開發利益還收 § 9 Ⅲ 本文). 이 시점에 관해서는 약간의 예외가 있다(開發利益還收 § 9 I 但, § 9 Ⅲ 但). 그리고 地價의 算定에 있어서는 事業完了時點의 가액은 公示地價를 기준으로 하여 둘 이상의 감정평가업자가 評價한 가액을 산술평가한 地價로 하며(開發利益還收 § 10 I 本文), 착수시점의 地價는 公示地價에 공시지가기준일로부터 事業着手時點까지의 正常地價上昇分을 합한 금액으로 한다(開發利益還收 § 10 Ⅲ 本文). 그러나 10,000m^2 미만의 開發事業에 있어서는 사업완료 후 최초로 公示되는 公示地價를 기준으로 하여 比較法에 의하여 산정된 금액으로 完了時點의 價額으로 할 수 있다(開發利益還收 § 10 I 但, 開發利益還收令 § 9 Ⅱ).

그러나 賦課對象土地를 처분함에 處分價格이 제한된 경우에는 그 處分價格을 事業完了時點의 가격으로 하며(開發利益還收 § 10 Ⅱ), 事業施行者가 買入價格을 疏明한 때에는 그 買入價格에 착수시점까지의 正常地價上昇分을 합한 금액을 착수시점의 가액으로 한다(開發利益還收 § 10 Ⅲ 但). 그리고 開發利益還收法 시행 당시에 개발사업이 完了되지 못한 사업에도 開發負擔金이 부과되며, 이때의 착수시점은 이 法의 施行日인 1990년 1월 1일로 한다(開發利益還收 附則 §§ 1, 2). 또한 正常地價上昇分은 건설부장관이 조사한 전국의 平均地價變動率과 定期金利利率 등을 감안하여 大統領令이 정하는 기준에 의하여 산정한 금액으로 한다(開發利益還收 § 2 iii). 이때 定期預金利率은 100분의 10으로 한다(開發利益還收令 § 2 Ⅳ). 開發費用에는 工事費, 調査費, 設計費, 一般管理費 및 기타 經費減少 등에 의하여 國家 또는 公共團體에 제공하거나 기부하는 경우의 그 價額, 諸稅公課金 등이 포함된다(開發利益還收 § 11). 그리고 사업착수 후 開發負擔金 부과 전에 讓渡所得稅 또는 法人稅特別附加稅가 부과된 경우에는 착수시점부터 양도시점까지에 상당하는 讓渡所得稅額 또는 特別附加稅額은 개발비용으로 計上하여 공제한다(開發利益還收 § 12 I). 開發負擔金의 부담율은 이상에서와 같은 내용에 따라서 算定된 開發利益의 100분의 50%로 한다(開發利益還收 § 13).

(ㄴ) 納付義務者 　開發負擔金의 납부의무자는 事業施行者이다. 事業은 완료하기 전에 사업시행에 관한 권리의무를 承繼받은 者는 開發負擔金의 납부의무도 승계한 것으로 擬制된다(開發利益還收 § 6). 그러나 國家가 시행하는 宅地開發事業, 工業團地造成事業, 產業基地開發事業, 都心地再開發事業, 觀光團地造成事業에 대해서는 개발부담금을 부과하지 아니하며(開發利益還收 § 7 I, 開發利益還收令 § 5 I), 지방자치단체가 시행하는 宅地開發事業, 工業團地造成事業, 產業基地開發事業, 都

心地再開發事業, 觀光團地造成事業과, 政府投資機關管理基本法에 의한 정부투자기관, 지방공기업법에 의한 地方公企業 및 特別法에 의한 公企業이 시행하는 개발사업 중 土地開發事業 또는 住宅建設事業에 대하여는 개발부담금의 100분의 50을 輕減한다(開發利益還收 §7 Ⅱ, 開發利益還收令 §5 Ⅲ).

(ㄷ) 賦課・徵收　開發負擔金의 賦課・徵收는 건설부장관이 한다(開發利益還收 §14 本文). 그러나 建設部長官은 開發負擔金의 賦課・徵收에 관한 權限은 大統領令이 정하는 바에 의하여 市長・郡守・區廳長에게 위임할 수 있으며, 賦課・徵收에 관한 權限을 제외한 다른 권한은 大統領令이 정하는 바에 의하여 서울특별시장, 직할시장, 또는 도지사에게 委任할 수 있다(開發利益還收 §23, 開發利益還收令 §21). 開發負擔金의 부과는 사업완료시점으로부터 3월 이내에 하여야 하며, 納付義務者는 賦課日로부터 6월 이내에 開發負擔金을 납부하여야 한다(開發利益還收 §14 Ⅰ 本文, §16 Ⅰ). 開發負擔金의 납부는 현금으로 함을 원칙으로 한다. 그러나 당해 賦課對象土地로 物納할 수도 있다(開發利益還收 §16 Ⅱ 前文). 物納의 경우의 價額의 산정은 개발완료시점의 地價에 그때부터 賦課日까지의 正常地價上昇分을 합한 금액으로 한다(開發利益還收 §16 Ⅱ 後文). 開發負擔金은 一時納이 원칙이나 납부의무자가 納付期日의 延期 또는 分割納付를 요청하는 경우에는 건설부장관은 1년의 범위 안에서 이를 許可할 수 있다(開發利益還收 §17 Ⅰ). 延期 또는 分納으로 납부가 猶豫된 기간에 대해서는 定期預金利子率에 상당하는 금액을 加算하여 징수한다(開發利益還收 §17 Ⅱ). 分納을 許可받은 者가 1회의 分割納付를 지체한 때에는 그 후의 分割納付開發負擔金 및 加算金 전액을 滯納處分時에 일괄 징수한다(開發利益還收 §19 Ⅱ). 開發負擔金의 정확하고 효율적인 賦課・徵收를 위해서 開發事業의 認可 등을 한 行政廳은 認可 등을 한 날로부터 15일 이내에 그 사실을 건설부장관에게 통보하여야 하며(開發利益還收 §21 Ⅰ), 事業施行者는 開發事業의 竣工認可 등을 받으면 開發費用의 산정에 필요한 內譯書를 건설부장관에게 제출하여야 한다(開發利益還收 §20). 개발부담금을 부과하면 건설부장관은 賦課日로부터 15일 이내에 부과내용을 國稅廳長에게 통보하여야 한다(開發利益還收 §21 Ⅱ).

開發負擔金의 賦課・徵收에 異議가 있는 者는 中央土地收用委員會에 行政審判을 청구할 수 있다(開發利益還收 §22 Ⅰ). 開發負擔金을 免脫・減輕할 목적으로 허위의 契約을 체결한 者는 3년 이하의 징역 또는 免脫・減輕한 開發負擔金의 30배 이하에 해당하는 罰金에 처한다(開發利益還收 §24 Ⅰ).

(ㄹ) 開發負擔金의 歸屬　徵收된 開發負擔金은 그 100분의 50은 개발이익이 발생한 土地가 속한 地方自治團體에 귀속하고, 나머지는 土地管

理 및 地域均衡開發特別會計에 귀속한다(開發利益還收 §4 I).

(ㅁ) 受益者負擔金의 廢止 開發負擔金의 賦課·徵收에 의하여 종래 開發事業의 비용의 일부에 충당하기 위하여 關係法律에 의하여 발생된 開發利益의 일정액에 賦課·徵收하던 受益者負擔金을 폐지하게 되었다(開發利益還收 §3). 따라서 都計 §65, 都市再開發 §59, 區整 §75, 產業基地開發促進 §12, 特定地域綜合開發促進에 관한 特別措置 §23, 道 §66, 自然公園 §32를 삭제하였다.

(iii) 土地超過利得稅

(ㄱ) 目 的 土地超過利得稅는 未實現開發利益 중 토지소유자에게 발생한 토지초과이득을 國稅로서 환수하여 그 半은 超過利得이 발생한 당해 地方自治團體에, 그리고 나머지 半은 土地管理 및 地域均衡開發特別會計에 轉入하여 지역사회의 발전을 위해서 再投資할 수 있는 財源으로 활용함으로써 土地價値配分의 형평성을 이룩하고자 하는 制度이다. 이 토지초과이득세는 土地超過利得稅法(이하 土超라 한다)에 의해 신설된 稅目으로서 불로소득인 개발이익의 私有化를 꾀하는 土地投機를 억제함이 주된 목적이다. 그래서 土地超過利得稅의 課稅對象土地도 이와 같은 불로소득인 地價上昇分만을 기대하는 遊休土地 등에 한정하고 있다. 土地超過利得稅는 國稅이지만 國庫에 귀속시키지 않고 지방자치단체와 特別會計에 分割轉入시킴으로써 開發利益의 사회환원을 실현하고자 하고 있다. 토지초과이득세법이 立法豫告되었을 때에는 土地超過利得稅額은 전액 國庫에 귀속하는 것으로 되어 있었으나 開發基金의 설치를 주장한 각계의 의견에 따라서 현재와 같이 수정되었다.

(ㄴ) 課稅對象土地 土地超過利得稅의 과세대상토지는 遊休地, 法人의 非業務用土地, 空閑地類似의 土地에 한정한다. 이들 土地超過利得稅의 과세대상토지를 遊休土地 등이라 한다(土超 §2 V). 土地超過利得稅의 과세대상토지인 遊休土地 등의 범위는 個人所有土地와 法人所有土地가 각각 다르며 同法 §8와 §9에 자세히 規定되어 있다. 그 구체적인 遊休土地 등의 범위는 〈表 6〉과 같다.

특히 法人所有의 遊休土地 등은 그 法人의 固有業務에 정당한 이유없이 직접 사용하지 아니하는 土地로 하고 있다(土超 §9 I). 여기서 法人의 固有業務란 法令에서 업무를 정하는 경우에는 그 法令에 규정된 業務, 行政官廳으로부터 許可·認可 등을 받은 업무, 그리고 法人登記簿上 목적사업으로 정하여진 業務를

〈表 6〉 土地超過利得稅 課稅對象土地

區　分	個人所有土地	法人所有土地
工場用建築物附屬土地	○工場立地基準面積 超過土地	(左　同)
硏修院用土地	○基準面積 超過土地	(左　同)
別莊用土地	○전부 課稅	(해당사항 없음)
기타 建築物附屬土地(住宅附屬土地를 제외함)	○基準面積 超過土地 ○建築物附屬 土地價額에 대한 建築物價額이 基準率에 미달하는 土地 ○無許可 建築物의 附屬土地	(左　同)
農地(田·畓·果樹園)	○不在地主農地, 自耕하지 아니하는 農地 ○市地域 이상의 都市計劃區域 안의 農地(綠地를 제외함) ※ 大統領令이 정하는 土地를 제외함.	○土地價額에 대한 年間收入金額이 基準率에 미달하는 農地 ○農業을 主業으로 하지 아니하는 法人所有農地 ○市地域 이상의 都市計劃區域 안의 農地(綠地를 제외함)
牧場用地	○基準面積 超過牧場用地 ○市地域 이상의 都市計劃區域 안의 牧場用地	(左　同) ○畜産業을 主業으로 하지 아니하는 法人所有土地
林　野	○다음 林野를 제외한 모든 林野 • 寺刹林·洞有林 • 군사시설보호구역 안의 林野 • 保安林·天然保護林·採種林·試驗林 • 保全林地 안의 營林計劃認可林 • 特殊開發地域으로 지정된 林野 • 自然保存地區 및 自然環境地區 안의 林野 • 文化財保護林 • 都市計劃區域 밖의 宗中林 • 기타 大統領令이 정하는 林野	○林業을 主業으로 하는 法人이 보유한 保全林地 중 營林計劃認可林을 제외한 모든 林野 ○都市計劃區域 안의 林野
體育施設用土地	○基準面積 超過土地	(左　同)

駐車場用土地	○基準面積 超過建築物附屬 駐車場用土地 ○自家의 駐車場用土地 ○土地價額에 대한 年間收入金額이 基準率에 미달하는 駐車場業用土地 ○自動車運送事業者·重機事業者의 基準面積 超過駐車場 및 車庫用土地	(左 同)
		○駐車場業을 主業으로 하지 아니하는 法人의 駐車場業用土地
鹽田·鑛泉地·池沼用 土地	○土地價額에 대한 年間收入金額이 基準率에 미달하는 土地	(左 同)
鑛業用土地	○鑛業權設定日부터 3年間 生産實績이 없는 土地 ○鑛區의 基準面積 超過土地	(左 同)
골프장용土地	○不動産價額에 대한 年間收入金額이 基準率에 미달하는 土地 ○基準面積 超過土地	(左 同)
		○골프場業을 主業으로 하지 아니하는 法人所有土地
賃貸用土地	○建築物에 附隨하여 賃貸하는 建築物 附屬土地를 제외한 土地	(左 同)
기타 用途의 土地	○裸地·荷置場·骨材採取場·豫備軍訓練場用土地 ○大統領令이 정하는 土地로서 土地價額에 대한 收入金額이 基準率에 미달하는 土地	(左 同)

말한다(土超 §9 Ⅱ). 그리고 法人은 직전연도 12월 31일의 현황을 기준으로 그 다음 연도 3월 31일까지 그 保有土地를 遊休土地 등과 기타 토지로 구분하여 그 明細書를 所管稅務署長에게 提出하여야 한다(土超 §25, 土超令 §46). 그리고 法人 중에서도 公益法人과 非營利法人의 所有土地에 대해서 遊休土地 등의 判定에 관하여 특칙을 두고 있다. 즉 公益法人으로서 그 法人이 宗敎事業·慈善事業·學術事業 기

타 公益事業이나 公共事業의 고유목적을 위하여 직접 使用하는 토지로서 大統領令이 정하는 토지는 비록 遊休土地 등으로 분류된다 하더라도 遊休土地 등으로 보지 아니하며(土超 §9 Ⅳ, 土超令 §27-2, Ⅱ), 公益法人 이외의 大統領令이 정하는 非營利法人이 소유하는 토지에 대한 遊休土地 등의 判定은 따로 大統領令으로 그 기준을 정하도록 하고 있다(土超 §9 Ⅴ, 土超令 §31).

그리고 個人이나 法人의 所有土地로서 이상의 遊休土地 등에 해당한다 하더라도 그 해당사유가 土地의 취득 후 法令에 의한 使用禁止, 地上建築物의 燒失, 倒壞 기타 大統領令이 정하는 부득이한 사유로 인한 경우에는 대통령령이 정하는 기간은 遊休土地 등으로 보지 아니한다(土超 §§8 Ⅲ, 9 Ⅳ, 土超令 §23). 또한 遊休土地 등에 해당되어 土地超過利得稅賦課對象土地가 되는 것은 회피하기 위하여 假建物을 건축하는 것과 같은 위장행위에 대처하기 위하여 土地建築物은 課稅期間終了日 현재 大統領令이 정하는 건축물이 건축되어 있는 경우에만 建物로 인정토록 하고 있다(土超 §§8 Ⅱ, 9 Ⅵ). 遊休土地 등에 해당되는지의 特定時點은 특정한 규정이 있는 경우를 제외하고는 課稅期間終了日 현재의 사실상의 現況에 의한다(土超 §3 Ⅱ 本文). 그러나 사실상의 현황이 분명하지 아니한 경우에는 公簿上의 登記現況에 의한다(土超 §3 Ⅱ 但). 또한 課稅期間終了日 현재 遊休地 등에 해당되는 土地라 하더라도 당해 課稅期間 중에 遊休土地 등에 해당하지 아니한 期間이 있는 경우에는 당해 期間의 土地超過利得에 대해서는 土地超過利得稅를 부과하지 아니한다(土超 §3 Ⅲ).

㈂ 土地超過利得의 槪念과 算定方法　土地超過利得稅의 과세대상은 土地超過利得이다(土超 §3 Ⅰ). 土地超過利得은 과세기간 동안 토지소유자에게 발행한 開發利益 중에서 法定의 금액을 공제한 금액으로서 구체적인 算定은 다음과 같다. 즉 課稅期間終了日의 地價에서 그 과세기간개시일의 地價를 공제한 地價上昇額에서 ① 당해 課稅期間의 正常地價上昇分과, ② 遊休土地 등에 대한 대통령령이 정하는 改良費와 資本的 支出費를 공제한 잔액으로 한다(土超 §11 Ⅰ). 이 土地超過利得은 과세대상임과 동시에 원칙적으로 課稅標準이기도 하다. 土地超過利得을 산정하는 기준이 되는 地價는 公示地價를 基準으로 하여 算定한 個別筆地의 基準時價로 한다(土超 §11 Ⅱ, 土超令 §§24 i, 33). 課稅期間은 3년으로 하며 課稅期間이 개시되는 年度의 1월 1일부터 과세기간이 終了되는 연도의 12월 31일까지로 한다(土超 §6). 그리고 최초의 과세기간은 土地超過利得稅法의 施行日인 1990년 1월 1일부터 개시된다(土超 附則 §§1, 3).

한편 課稅期間 중 遊休土地 등에 해당되지 아니한 기간(土超 §3Ⅲ)과 土地超過利得稅가 非課稅되는 기간(土超 §5Ⅰ)의 토지초과이득은 計算된 課稅標準에서 차감한다(土超 §11Ⅱ). 그리고 正常地價上昇分은 課稅期間開始日의 기준시가에 正常地價上昇率을 적용하여 計算한다(土超 §2iii). 여기서 正常地價上昇率은 건설부장관이 調査, 公表하는 전국평균지가상승율과 금융기관의 정기예금금리를 참작하여 大統領令이 정하는 1,000분의 331의 利子率 중 높은 率로 하며, 國稅廳長이 이를 告示한다(土超 §13Ⅰ·Ⅲ, 土超令 §36Ⅰ). 이때 正常地價上昇率은 100분의 30의 범위 내에서 大統領令으로 조정할 수 있다(土超 §13Ⅱ). 改良費 등은 課稅期間 중에 확정된 금액으로 하되 所稅 §51의 규정을 준용한다(土超 §11Ⅳ).

(ㄹ) 納稅義務者　遊休土地 등의 소유자가 土地超過利得稅의 납세의무자이다(土超 §4Ⅰ, Ⅱ 前文). 共有土地에 있어서는 각 공유자가 그의 持分에 해당하는 面積에 따라 計算된 土地超過利得稅를 납부한다(土超 §4Ⅰ, Ⅱ 後文). 여기서 所有者라 함은 公簿上의 소유자로 하고 사실상의 소유자가 따로 있는 때에는 그 사실상의 所有者가 納稅義務者이다(土超 §4Ⅳ). 이것은 名義信託土地의 경우에는 실질적인 소유자인 名義信託者에게 土地超過利得稅를 課稅·徵收하겠다는 것이다. 또한 遊休土地 등에 관하여 國家·土地自治團體 등과 年賦로 매매계약을 체결하고, 그 土地의 使用權을 無償으로 부여받은 경우에는 그 買受契約者가 納稅義務者이며, 遊休土地 등의 所有權의 귀속이 不明한 경우에는 그 사용자가 納稅義務者이다(土超 §4Ⅳ). 그리고 課稅期間 중에 遊休土地 등의 소유권이 移轉된 경우에는 원칙적으로 後所有者가 前所有者의 납세의무를 承繼하여 土地超過利得稅 전액을 納付하여야 한다. 그러나 前所有者가 그의 소유기간 중의 土地超過利得稅를 부담하기로 後所有者와 약정하고 후소유자가 이를 立證한 때에는 前所有者의 土地超過利得稅는 前所有者가 納付하여야 한다(土超 §4Ⅴ, Ⅵ). 이때에는 전소유자와 後所有者가 납부해야 할 土地超過利得稅額을 각각 算定하여야 한다(土超 §11Ⅴ).

土地超過利得稅의 賦課·徵收를 철저히 하기 위하여 토지초과이득세의 納稅義務있는 者가 납세의무를 履行하지 아니하고 出國하고자 하거나, 일정한 장소에 居住하지 아니할 때에는 土地超過利得稅에 관한 申告·納付 등의 업무를 처리할 納稅管理人을 정하여 所管稅務署長에게 신고하도록 하고 있다(土超 §27).

그리고 예외적으로 土地超過利得이 발생하였다 하더라도 非課稅되거나 減免되는 경우가 있다. 즉 ① 國家, 地方自治團體 및 外國政府가 소유하는 토지,

② 大統領令이 정하는 道路, 鐵道, 港灣, 河川, 堤防, 溝渠, 溜地, 史蹟地 및 墓地와 ③ 開發負擔金이 부과되는 토지로서 開發事業의 착수시점에서 만료시점까지의 기간 동안에는 非課稅하며(土超 §5 Ⅰ), 政府投資機關, 地方公企業 및 特別法에 의하여 設立된 公企業으로서 토지개발 또는 주택건설에 관한 업무를 수행하는 者가 開發事業用으로 소유하는 토지로서 大統領令으로 定하는 土地 및 土收 §3 i 내지 iii의 事業用土地로서 大統領令이 정하는 토지에 대해서는 土地超過利得稅額의 100분의 50을 減免한다(土超 §5 Ⅱ).

(ㅁ) 課稅期間 및 稅率　　課稅期間은 이미 論述한 바와 같이 3년으로 課稅期間이 개시되는 年度의 1월 1일부터 課稅期間이 종료되는 年度의 12월 31일까지로 한다(土超 §6 Ⅰ). 그리고 최초의 課稅期間의 개시는 1990년 1월 1일로 한다(土超 附則 §2). 稅率은 100분의 50으로 한다(土超 §12).

(ㅂ) 賦課·徵收　　土地超過利得稅의 부과·징수는 당해 課稅對象 유휴토지 등의 소재지를 관할하는 稅務署가 관장하며, 課稅期間 종료 후에 遊休土地 등의 소유권이 移轉된 경우에는 토지소유자의 住所地나 本店 또는 主事務所의 소재지를 관할하는 稅務署長이 당해 課稅期間의 土地超過利得稅를 調査·決定할 수도 있다(土超 §7). 토지초과이득세의 賦課는 먼저 管轄稅務署長이 유휴토지 등의 소유자에게 決定된 課稅標準과 稅額을 통지하고(土超 §14 Ⅰ), 遊休土地 등의 소유자는 課稅期間終了日이 속한 年度의 다음 年度 9월 1일부터 9월 30일까지 토지초과이득세의 課標와 稅額을 소관세무서장에게 申告하고 申告稅額을 納付하여야 한다(土超 §15 Ⅰ, Ⅱ). 遊休土地 등의 소유자가 신고한 課稅標準과 稅額이 정당한 때에는 그 신고에 의하여 課標와 稅額을 결정한다(土超 §16 Ⅰ). 이때 遊休土地 등의 소유자가 課標申告를 하지 않거나 신고한 課標와 稅額에 脫漏 또는 誤謬가 있는 때에는 所管稅務署長이 그 課標와 稅額을 결정하고 통지한다(土超 §16 Ⅱ).

그리고 所管稅務署長으로부터 課標와 稅額의 예정통지를 받지 못한 者가 課標申告를 한 개인에 대해서는 納付稅額의 100분의 10을 控除한다(土超 §15 Ⅲ). 이것은 遊休土地 등의 소유자로 하여금 성실하게 자발적으로 土地超過利得稅를 納付케 함에 그 목적이 있다고 할 수 있다. 한편 課標를 신고치 않거나 申告稅額이 豫定通知를 받은 稅額에 미달하는 불성실한 納付義務者에 대해서는 납부하여야 할 稅額 또는 未達하는 稅額의 100분의 10의 加算稅를 부과·징수한다(土超 §19 Ⅰ). 그리고 課稅標準이 20만원 미만인 때에는 土地超過利得稅를 부과하지 아니한다. 때로는 課稅期間이 終了한 경우에 通知·申告·決定의 정규의 절차에 의하여서는 土地超過利得稅를 징수할 수 없다고 인정된 때에는 수시로 土地超過利得稅를 부과·징수할 수도 있다. 隨時賦課의 대상이 될 수 있는 者로는 ① 遊休土地 등을 讓渡하거나 당해 유휴토지 등의 價額의 100분의 80을 초과하는 擔保物權이 설정된 유휴토지 등의 소유자로서 100만원 이상의 稅額이 告知될 것으로 예상되는 者, ② 住所·居所 또는 事業場의 移動이 빈번한 者, ③ 기타 大統領令이 정하는 사유가 있는 者 등이다(土超 §17; 土超令 §41 Ⅰ, Ⅱ).

(ㅅ) 納 付 土地超過利得稅는 당해 遊休土地 등을 관할하는 稅務署長에게 납부하여야 한다(土超 §7 Ⅰ). 그리고 土地超過利得稅는 현금으로 일시에 납부함을 원칙으로 한다. 그러나 管轄稅務署長은 納付稅額이 1천만원을 초과할 때에는 그 超過稅額에 대해서는 납세의무자의 신청을 받아 稅額決定日로부터 3년의 기간 동안의 分納을 허가할 수 있다(土超 §21 Ⅰ, Ⅱ). 그렇지만 이 경우에는 납세의무자는 稅基 §31가 정하는 바에 의하여 擔保를 제공하여야 한다(土超 §21 Ⅰ 後文, 土超令 §42 Ⅰ). 分納의 경우에는 그 利子에 해당하는 금액은 利子稅額으로 납부하여야 한다(土超 §21 Ⅲ; 相續稅 §§28 Ⅲ, 4, 28-2).

한편 土地超過利得稅額이 1천만원을 초과하고 납세의무자가 金納으로 납부하기가 어려운 경우에는 納稅義務者의 신청을 받아 稅務署長은 당해 토지초과이득세의 賦課對象土地로의 物納을 허가할 수 있다(土超 §22 Ⅰ). 납세의무자가 物納許可를 받지 못한 경우에는 납세의무자는 政府에 대해서 당해 課稅對象土地의 전부의 賣却依賴를 청구할 수 있다(土超 §22 Ⅱ). 政府는 賣却依賴를 받으면 정부스스로 買受하거나 大統領令이 정하는 자를 지정하여 買受할 수 있도록 하여야 하며(土超 §22 Ⅲ, 土超令 §44 Ⅲ), 賣却依賴된 유휴토지 등에 대해서는 賣却依賴日로부터 1연간은 重加算金을 징수하지 않는다(土超 §22 Ⅳ, 稅徵 §22 Ⅰ).

(ㅇ) 豫定決定期間에 대한 土地超過利得稅의 課稅 開發事業이 施行되는 주변지역 등 地價가 급등하거나 또는 地價가 급등할 우려가 있는 토지로서 國稅廳長이 지가급등지역으로 지정한 지역 내의 遊休土地 등에 있어서 課稅期間중 최초의 1년 또는 그 다음 1년간, 즉 豫定決定期間의 地價上昇額이 당해 豫定決定期間의 正常地價上昇分의 100분의 50에 改良費 등을 합한 금액을 초과하는 경우에는 그 超過金額에 대해 課稅期間중이라도 토지초과이득세를 賦課·徵收한다(土超 §23 Ⅰ). 이러한 예정결정기간에 대한 土地超過利得稅의 부과·징수는 일종의 土地超過利得稅의 豫納의 성격을 갖는다. 예정결정기간에

대한 土地超過利得稅의 課稅에는 課稅期間에 대한 정상적인 土地超過利得稅의 부과·징수에 관한 규정이 준용된다(土超 §23 Ⅲ).

豫定決定期間에 대해서 課稅한 때에는 그 納付稅額은 과세기간에 대한 稅額에서 이를 공제한다(土超 §24 Ⅰ 本文). 반대로 豫定決定期間에 대한 納付稅額이 과세기간에 대한 稅額을 초과할 때에는 그 초과금은 이를 還給하여야 한다(土超 §24 Ⅰ 但). 또한 土地超過利得稅의 決定日 전에 課稅對象土地를 양도함으로써 讓渡所得稅 또는 法人稅特別附加稅에서 예정결정기간에 대한 土地超過利得稅額을 공제받은 경우에는 이 控除稅額을 差減한 금액을 환수한다(土超 §§24 Ⅱ, 26).

(ㅈ) 土地超過利得稅額의 歸屬 土地超過利得稅는 國稅로서 세무서장이 부과·징수하지만 그 귀속은 土地超過利得稅額의 50%는 당해 課稅對象土地를 관할하는 地方自治團體에 나머지 50%는 土地管理 및 地域均衡開發特別會計에 轉入시킨다(開發利益還收 §4 Ⅱ).

(ㅊ) 讓渡所得稅額에서 土地超過利得稅의 一定分의 控除 土地超過利得稅가 부과된 유휴토지 등을 讓渡함으로써 讓渡所得稅 또는 法人稅特別附加稅를 계산함에 있어서는 이미 納付한 土地超過利得稅額을 〈表 7〉에서와 같은 率로 공제하거나 혹은 납부한 土地超過利得稅 전액을 양도소득세의 필요경비로 算入하거나 法人稅特別附加稅의 讓渡差益에서 공제한다(土超 §26 Ⅰ 本文, Ⅳ). 그러나 〈表 7〉의 率에 의한 控除稅額이 양도소득세 또는 특별부가세의 納付稅額을 초과하는 경우에는 그 초과액은 공제하지 아니한다(土超 §26 Ⅰ 但). 그러니까 讓渡稅額을 還給하는 일은 없게 된다.

(ㅍ) 開發負擔金賦課와의 調和를 위한 措置 開發負擔金이 부과된 토지인지 아닌지를 判斷하기 위하여 開發事業의 認可를 한 者는 認可 등을 한 날로부터 10일 이내에 그 사실을 國稅廳長에게 통보하여야 하고(土超 §29 Ⅱ), 건설부장관은 開發負擔金을 부과한 경우에는 賦課日로부터 관련사항을 10일 이내에 국세청장에게 통보하여야 한다(土超 §29 Ⅲ).

〈表 7〉 讓渡所得稅額에서 土地超過利得稅額의 控除率

구 분	稅額控除率
○ 課稅 후 1년 이내 讓渡하는 경우	100분의 80
○ 課稅 후 1년~3년 이내 讓渡하는 경우	100분의 60
○ 課稅 후 3년~6년 이내 讓渡하는 경우	100분의 40

※ 土地超過利得稅決定 전에 讓渡한 경우에는 100분의 80공제.

이 法 施行日 전에 이미 開發事業의 認可 등이 행하여졌으나 事業이 완료되지 않은 것에 대해서는 그 認可 등을 한 기관의 長은 이 法 施行日로부터 1월 내에 認可 등의 사실을 國稅廳長에게 통보하여야 한다(土超則 附§5). 그리고 서울특별시장, 직할시장 및 도지사는 綜合土地稅에 관한 자료를 大統領令이 정하는 바에 따라 매년 國稅廳長에게 통보하여야 한다(土超 §29 I). 이것은 遊休土地 등의 可否를 판단하기 위한 자료로 삼기 위함에 있다고 생각된다.

(iv) 土地管理 및 地域均衡開發特別會計의 設置

(ㄱ) 目 的 還收한 開發利益을 적절히 관리하여 地域社會의 발전을 위하여 社會에 환원하여 地域住民 모두가 골고루 토지로부터 발생한 開發利益을 享有할 수 있도록 하고, 土地所有者로부터의 買受請求가 있는 土地, 開發利益金을 物納으로 납부한 土地의 管轄, 土地의 先買 기타 公共用地의 買入과 비축을 위한 土地의 買入을 원활히 하기 위하여 土地管理 및 地域均衡開發特別會計를 설치·운영하도록 하고 있다. 본래 이 特別會計는 환수된 개발이익으로는 開發基金을 설치하여 이 기금은 地域社會를 위하여 특정한 목적에 한해서만 使用되어야 한다는 주장에 대하여 開發基金으로 운영할 때에는 國會가 이 기금에 대한 監督을 할 수 없다는 批判이 있어서 特別會計로 함으로써 국회가 監督을 할 수 있게 하기 위함에 있다(豫算會計 §43). 開發利益은 그 환수에만 그 주된 목적이 있는 것이 아니라, 그것을 地域社會의 발전을 위하여 再投資함으로써 地域住民이 골고루 향유함에도 그 목적이 있는 것이다. 이러한 목적을 수행하기 위하여 土地管理 및 地域均衡開發特別會計法(이하 土地會計라 한다)에 의하여 이 特別會計를 설치·운영하게 되었다.

(ㄴ) 特別會計의 管理 및 運用 이 特別會計의 관리 및 운용은 건설부장관이 관장하며(土地會計 §3). 大統領令이 정하는 바에 의하여 會計의 재산의 使用·交換·讓與·賣却 등의 處分業務의 일부를 韓國土地開發公社에 위임할 수 있다(土地會計 §12). 이 特別會計에 의하여 추진되는 主要業務는 토지의 관리와 지역균형개발이다. 여기서 土地管理라 함은 토지소유자로부터 買入請求가 있는 土地, 企業의 非業務用土地 및 備蓄을 위한 土地의 買入管理, 處分業務를 말하며(土地會計 §2 I). 地域均衡開發事業이란 낙후지역개발을 위한 기반시설의 設置와 地域住民의 生活 및 所得向上을 위하여 필요한 사업으로서 大統領令이 정하는 사업을 말한다(土地會計 §2 ii, 土地會計令 §2). 따라서 特別會計의 설치·운용에 의해서 토지를 買入·管理·處分하며, 환수한 開發利益으로써 지역사회의 발전을 위한 事業을

하게 된다.

(ㄷ) 特別會計의 財産　特別會計의 재산을 이루는 토지는 다음과 같다. 즉 ① 宅地所有上限에 관한 法律에 의하여 超過所有負擔金으로서 物納되거나 國家가 매수한 토지, ② 開發利益還收에 관한 法律에 의하여 開發負擔金으로서 物納받은 토지, ③ 土地超過利得稅法에 의하여 토지초과이득세로서 物納받거나 國家가 매수한 토지, ④ 國土利用管理法에 의하여 國家가 매수한 토지, ⑤ 會計의 資金으로 매입한 토지, ⑥ 다른 法律의 規定에 의하여 會計의 財産으로 귀속된 토지 등이다(土地會計 §4 I). 건설부장관은 이 特別會計의 재산을 使用·賃貸·交換·讓與·賣却 등을 할 수 있다(土地會計 §4 II).

(ㄹ) 特別會計의 歲入　特別會計의 歲入은 다음과 같다. 즉 ① 會計의 財産을 구성하는 토지의 賣却代金, 使用料 및 賃貸料, ② 超過所有負擔金, ③ 開發負擔金 중 이 會計歸屬分, ④ 土地超過利得稅額 중 이 會計轉入金(土地會計 §7), ⑤ 일반회계로부터의 轉入金, ⑥ 이 會計를 위하여 정부가 발행하는 債券의 收入金, ⑦ 一時借入金, ⑧ 다른 일반회계나 특별회계로부터의 轉入金, ⑨ 會計자체의 자금의 元利金收入, ⑩ 기타 大統領令으로 정하는 收入金 등이다(土地會計 §5). 이중에서도 가장 중요한 歲入은 超過所有負擔金, 開發負擔金, 土地超過利得稅額의 轉入金이다.

(ㅁ) 特別會計의 歲出　이 特別會計의 財源은 法定의 목적만을 위해서 支出할 수 있도록 하고 있다. 그 法定의 목적은 바로 土地管理와 地域均衡開發事業을 내용으로 한다. 구체적으로는 ① 國家가 土地管理의 주체가 되는 경우 土地買入을 위한 資金, ② 地方自治團體, 韓國土地開發公社, 大韓住宅公社, 韓國道路公社와 政府投資機關 중 大統領令이 정하는 者가 토지관리의 주체가 되는 경우 土地買入을 위한 자금의 融資, ③ 國家가 地域均衡開發事業을 하는 경우의 事業費, ④ 地方自治團體가 地域均衡開發事業을 하는 경우 그에 필요한 자금의 融資, ⑤ 土地管理 및 土地政策의 合理化 및 地域均衡開發을 위한 調査·硏究·敎育費用, ⑥ 기타 諸費用을 위해서만 支出할 수 있다(土地會計 §6 I).

(ㅂ) 特別會計의 財源調達 및 維持를 위한 特別措置　이 特別會計는 특정한 목적을 위하여 설치·운영되고 事業의 계속적인 維持를 위하여 財源調達이 필요하므로 會計의 원칙에 대한 예외적인 조치들을 강구하고 있다. 즉 건설부장관의 要請에 의하여 재무부장관은 土地管理 및 地域均衡開發을

위한 財源確保를 위하여 이 會計의 負擔으로 債券을 발행할 수 있으며(土地會計 §8), 이 會計는 부족자금을 一時借入할 수 있으며(土地會計 §9 I), 會計財源의 계속적인 유지를 위하여 會計의 歲出豫算 중 당해 會計年度에 지출하지 아니한 것은 다음年度에 移越해서 사용할 수 있도록 허용하고 있다(土地會計 §10).

(v) 讓渡所得稅 讓渡所得稅는 資本利得稅이지만 실현된 開發利益을 환수하는 제도로서의 기능도 갖고 있다. 그런데 1988년 말에 所得稅法을 改正하여 讓渡差益에 따라 累進課稅하도록 하였다. 그 以前에는 保有期間에 따라서 稅率을 정하였다. 즉 短期轉賣에 의한 투기를 억제하기 위하여 保有期間이 2년 미만인 경우에는 2년을 초과하는 경우보다 高率로 課稅하였다. 그러나 지금은 保有期間이 2년 이상 지나서 讓渡하는 경우는 讓渡差益에 따라 최저 40%에서 최고 60%까지 累進課稅하고 保有期間이 2년 미만인 경우는 讓渡差益에 관계없이 100분의 60의 稅率을 적용하도록 하고 있다[66](所得稅法(이하 所稅라 한다) §70). 그리고 未登記轉賣의 경우에는 保有期間에 관계없이 100분의 75의 稅率을 적용토록 하고 있다(所稅 §70 iv). 그리고 國民住宅 규모 이하의 주택으로서 保有期間이 2년 이상인 住宅과 이에 부수되는 土地로서 延建物面積의 2배 이내의 토지의 讓渡所得稅率은 일률적으로 100분의 30을 적용한다(所稅 §70 ii). 그리고 課標算定의 價格은 基準時價로 하며, 大統領令으로 정하는 경우는 實地去來價額으로 한다(所稅 §23 Ⅳ i). 基準時價는 다시 土地와 建物로 나누어 土地의 경우는 特定地域에 있어서는 課稅時價標準額에 倍率을 乘한 方法으로 計算한 金額으로 하고, 其他地域에 있어서는 個別公示地區로 한다(所稅 §60, 所稅令 §115 I i). 建物의 경우는 特定地域에서는 國稅廳長이 評價告示하는 價額으로 하고 其他地域에 있어서는 課稅時價標準額으로 하도록 하고 있다(所稅 §60, 所稅令 §115 I i의 2).

이상에서 살펴본 바와 같이 讓渡所得稅는 개발이익의 還收가 주된 목적이 아니고 短期轉賣에 의한 투기억제가 주된 목적이다. 그러므로 長期保有 후 양도가 讓渡者에게 유리하게 되어 있다. 그리고 法人이 토지를 讓渡하는 경우는 法人稅特別附加稅가 부과된다(法人稅法(이하 法人라 한다) §59-2 이하). 그런데 法人稅特別附加稅額을

---

66) 讓渡所得稅率은 다음과 같다.

〈讓渡所得課稅標準〉	〈稅　　率〉
34만원 이하	課稅標準의 100분의 40
3천만원 초과 6천만원 이하	1천200만원+3천만원을 초과하는 금액의 100분의 45
6천만원 초과 1억원 이하	2천550만원+6천만원을 초과하는 금액의 100분의 50
1억원 초과 5억원 이하	4천550만원+1억원을 초과하는 금액의 100분의 55
5억원 초과	2억6천550만원+5억원을 초과하는 금액의 100분의 60

算定하는 데 있어서는 讓渡所得稅에서와 마찬가지로 實去來價格에 의함이 原則이나 實去來價格이 불분명할 때에는 기준시가를 기준으로 한다. 稅率은 讓渡所得稅의 稅率처럼 양도차익에 따른 累進稅率을 적용하지 않고, 課稅標準額인 양도차익에 100분의 25를 적용하고, 未登記讓渡土地의 경우에는 課稅標準額의 100분의 40을 적용토록 하고 있다(法人 § 59-4 I).

㈐ 綜合土地稅에 의한 收益制限 1990년부터는 土地分財産稅는 폐지되고 綜合土地稅가 부과되었다. 지금까지는 土地에 관한 재산세를 每筆地別로 부과하고 1988년부터는 空閑地와 非業務用土地에 부과하던 空閑地稅를 폐지하고 토지과다보유세를 부과·징수하였으나 1990년부터는 아예 土地分財産稅 및 土地過多保有稅를 없애고 소유토지를 합산하여 그 가액에 따라 累進課稅하도록 地方稅法(이하 地稅라 한다)을 改正(1989. 6. 16)하였다.

綜合土地稅로의 전환의 목적은 土地保有價額에 비례해서 합산과세함으로써 土地過多保有를 억제하여 土地供給을 촉진함에 주된 목적이 있다. 따라서 過多保有抑制를 통한 土地資源配分의 衡平性을 실현하고자 하고 있다. 종합토지세의 課稅對象土地와 課稅方法은 크게 세 가지로 나누고 있다. 즉 綜合合算課稅, 別途合算課稅, 그리고 分離課稅의 세 가지이다. 綜合合算課稅는 住居用土地, 不在地主所有農地, 都市計劃區域 내의 農地, 林野, 牧場用地, 基準面積을 초과하는 牧場用地와 工場用地, 裸垈地, 雜種地 기타 分離課稅對象에서 제외되는 토지로서 전국에 걸쳐서 所有하는 토지를 그 대상으로 하고 그 모두를 合算하여 그 合算總價額에 따라서 최저 0.2%에서 최고 5%까지 9단계로 나누어 累進課稅를 한다. 그리고 別途合算課稅는 一般營業用建物의 附屬土地로서 그 土地價額을 합산하여 최저 稅率 0.3%에서 최고 稅率 2%까지 9단계 累進課稅率을 적용하도록 하고 있다.[67] 그리고 分離課稅는 自耕農地, 林野로서 特殊造林地,

---

67) 現行綜合土地稅의 稅率은 다음과 같다.

綜合合算稅額

〈課稅標準〉	〈稅 率〉
2천만원 이하	課稅標準額의 1,000분의 2
2천만원 초과 5천만원 이하	4만원+2천만원 초과금액의 1,000분의 3
5천만원 초과 1억원 이하	13만원+5천만원 초과금액의 1,000분의 5
1억원 초과 3억원 이하	38만원+1억원 초과금액의 1,000분의 7
3억원 초과 5억원 이하	178만원+3억원 초과금액의 1,000분의 10
5억원 초과 10억원 이하	378만원+5억원 초과금액의 1,000분의 15
10억원 초과 30억원 이하	1,128만원+10억원 초과금액의 1,000분의 20
30억원 초과 50억원 이하	5,128만원+30억원 초과금액의 1,000분의 30
50억원 초과	1억1,128만원+50억원 초과금액의 1,000분의 50

保全林地 내의 營林計劃認可林, 都市計劃區域 밖의 宗中林 및 基準面積 내의 牧場用地에 대해서는 각각 0.1%의 稅率을 적용하고 기준면적 내의 工場用地에

別途合算稅額

〈課稅標準〉	〈稅　　率〉
1억원 이하	課稅標準額의 1,000분의 3
1억원 초과 5억원 이하	30만원+1억원 초과금액의 1,000분의 4
5억원 초과 10억원 이하	190만원+5억원 초과금액의 1,000분의 5
10억원 초과 30억원 이하	440만원+10억원 초과금액의 1,000분의 6
30억원 초과 50억원 이하	1,640만원+30만원 초과금액의 1,000분의 8
50억원 초과 100억원 이하	3,240만원+50억원 초과금액의 1,000분의 10
100만원 초과 300억원 이하	8,240만원+100억원 초과금액의 1,000분의 12
300억원 초과 500억원 이하	3억2,240만원+300억원 초과금액의 1,000분의 15
50억원 초과	6억2,240만원+500억원 초과금액의 1,000분의 20

〈分離課稅〉

自耕農地 林野 基準面積內의 牧場用地	1,000分의 1
基準面積內의 工場用地	1,000分의 3

그런데 1989년대 新設된 本來의 綜合土地稅率은 아래와 같았으나 그 稅率대로 시행도 해보지 않은 체 稅率을 1990년초에 地方稅法을 改正하여 위와같이 下向調整하였다.

區分	課 稅 對 象 土 地	稅　　率
合算課稅對象	綜合合算對象 ○ 住居用 土地 ○ 不在地主 所有農地 ○ 都市計劃區域內의 農地, 林野, 牧場用地 ○ 基準面積을 초과하는 牧場用地, 工場用地 ○ 裸垈地 ○ 雜種地 ○ 其他 分離課稅對象除外 土地	−10단계 超過累進稅率− • 5백만원 이하분 : 0.2% • 3천 〃 : 0.3 • 5천 〃 : 0.4 • 1억원 이하분 : 0.5 • 3 〃 : 0.7 • 5 〃 : 1.0 • 10 〃 : 1.5 • 30 〃 : 2.0 • 50 〃 : 3.0 • 50억원 초과분 : 5.0
	別途合算對象 ○ 一般營業用建築物 附屬土地 (違法施工建築物 附屬土地, 建築物價額이 附屬土地價額의 10% 미만인 建築物 附屬土地는 除外)	−7段階 超過累進稅率− • 5천만원 이하분 : 0.3% • 5억원 이하분 : 0.4 • 5 〃 : 0.5 • 10 〃 : 0.7 • 30 〃 : 1.0 • 50 〃 : 1.5 • 100 〃 : 2.0 • 300 〃 : 3.0 • 300억원 초과분 : 5.0
分離課稅對象	○ 自耕農地 ○ 林　野 　• 特殊造林地 　• 保全林地內의 營林計劃認可林 　• 都市計劃區域 밖의 宗中林 ○ 基準面積內의 牧場用地	* 0.1%
	○ 基準面積內의 工場用地	* 0.3%

대해서는 0.3%를 적용토록 하고 있다(地稅 § 234-16). 그리고 綜合土地稅의 課標算定은 土地의 等級에 따른 課稅時價標準額에 의한다(地稅 § 234-15). 土地의 等級에 따른 課稅時價基準額은 地價公示 및 土地 등의 評價에 관한 法律에 의한 公示地價를 참작하여 決定한다(地稅令 § 82-2 I).

이상에서와 같이 綜合土地稅는 전국의 토지의 가액을 합산하여 課稅하므로 所有者別로 전국의 土地所有現況을 파악할 수 있는 電算網이 확충되어야 한다. 그리고 종합토지세는 전국의 所有土地를 合算課稅하므로 徵收方法上의 어려움이 예상된다. 그래서 地方稅法에서는 合算稅額을 각 市·郡에 소유하는 土地價額에 따라 按分하여 市長·郡守가 각각 徵收하도록 하고 있다(地稅 § 234-18). 綜合土地稅는 그 근본원칙에 있어서 生活과 生産을 위한 적정규모의 所有土地에 대해서는 稅負擔을 낮추고, 과다한 所有土地에 대해서는 重課해서 所有負擔을 가중함으로써 過多所有를 억제하고, 土地處分을 촉진하여 土地供給을 원활히 하고자 함에 두고 있다.

㈑ 公示地價制의 實施와 課標의 現實化에 의한 收益制限　　基準地價,[68] 基準時價,[69] 課稅時價標準額,[70] 鑑定地價 등 다원화된 公的地價를 일원화하여 公的地價의 신뢰성을 높이고 公示地價를 각종 土地課稅의 課標로 하여 토지투기를 근절하고, 開發利益을 환수하기 위할 목적으로 地價公示法 制定을 추진하여 1989년 4월 1일에 "公示地價 및 土地 등의 評價에 관한 法律"(이하 公示地價라 한다)을 제정하였다. 사실 開發利益還收에 관련된 法律의 實效性을 거두기 위해서는 각종 土地課稅의 課標가 實去來價格 수준이어야 한다. 그러나 지금까지는 그러하지 못하였다. 그런데 公示地價는 實去來價格을 매년 이를 評價·告示하여 實去來價格 수준으로 課稅하고 또 補償도 하고자 하는 地價이다.

地價公示法은 그 입법과정에 論難이 많아서 同法律에서는 公示地價가 일반의 土地去來價格의 지표가 되며, 國家·地方自治團體 등의 기관이 그 업무와 관련하여 地價를 算定하거나 鑑定評價業者가 개별적으로 토지를 鑑定評價할 때 그 기준으로 삼도록 하고(公示地價 § 3), 구체적으로는 ① 公共用地의 買收 및 土地

68) 基準地價는 國土利用管理法에 의하여 土地評價士가 평가하여 건설부장관이 告示한 地價로서 土地去來許可基準價格 및 收用補償價格의 기준이 되었다. 그러나 公示地價制의 실시로 基準地價는 없어지게 되었다.

69) 基準時價는 국세청장이 課標에다 일정한 배율을 곱하여 特定地域의 讓渡所得稅算定의 기준가로 삼는 地價로서 土地超過利得稅額算定에 있어서도 基準價로 하고 있다.

70) 課稅時價標準額은 綜合土地稅賦課를 위한 不動産價로서 내무부장관이 評價하여 決定한다.

의 收用, 使用에 대한 補償額, ② 國公有地의 取得 또는 處分價格, ③ 土地去來許可基準價格, ④ 遊休地의 買收 또는 土地의 先買協議에 의한 買收價格, ⑤ 土地徵發時의 補償額算定의 기준가격으로 하고 있으나 開發利益還收를 위한 課標 내지 基準價로서의 효력은 法律에서 規定하지 않아 절름발이 法律이 되고 말았다. 그러나 同法施行令에서 ① 國稅·地方稅의 賦課時 과표산정의 基準價, ② 開發利益, 開發負擔金徵收時의 基準價, ③ 工業用地, 住居用地, 還地, 替費地의 賣却 또는 還地淸算, 土地의 管理, 買入, 賣却, 競賣 再評價時의 基準價格으로 삼도록 함으로써 오히려 施行令에 土地公槪念實踐을 위한 수단으로 公示地價를 활용하고자 하고 있다.

본래 이러한 開發利益還收手段으로 公示地價를 사용할 구상은 法律案에는 마련되어 있었으나 立法過程에서 삭제되었다가 다시 施行令에 규정하게 되었는데, 이것은 租稅法律主義에 반하는 違憲의 소지를 내포하고 있는 것이다.

그러나 所得稅法施行令과 土地超過利得稅法施行令 및 地方稅法施行令에서 公示地價를 양도소득세, 土地超過利得稅 및 綜合土地稅의 課標決定의 기준가격으로 삼고 있다(所稅令 § 115 Ⅰ i; 土超令 §§ 33, 24 i; 地稅令 § 82-2 Ⅰ). 公示地價는 實去來價格에 상당한 정도로 육박하는 수준이지만 課稅時價標準額은 實土地價에 크게 못미치는 수준이다. 그래서 課標의 現實化率은 매우 낮은 상태에 있다. 그것도 地價가 높은 土地의 課標의 現實化率이 地價가 낮은 토지의 그것에 비해 낮은 문제점을 안고 있다. 아무리 綜合土地稅를 부과하여 과다한 土地所有를 억제하고자 계획하고 있지만 課標의 현실화가 이루어지지 않는 한 그 實效性이 없는 것이다. 그러나 課標의 현실화는 그만큼 土地所有權의 收益制限이 되는 것이다.

(5) 處分制限

㈎ 序 所有權의 處分權能의 제한 역시 土地所有權의 처분제한에 집중된다. 그것은 土地投機의 盛行으로 인하여 土地去來가 파행적·비정상적으로 이루어지므로 이를 是正하기 위하여 강력한 規制가 가하여지고 있다. 그리고 農地는 耕者有田의 원칙과 所有上限을 관철하기 위하여, 山地는 實需要者가 山地를 취득할 수 있도록 하기 위해서 賣買證明制가 실시되고 있다. 그외에 公共用地의 확보를 위해서, 經濟秩序의 확립 등 특수한 목적을 위해서 所有權의 處分權能에 대한 제한 역시 광범위하게 이루어지고 있다.

㈏ 公用收用 公用收用이란 특정한 公益事業을 위하여 타인의 특정한 財産權을 국가의 公權力에 의하여 強制的으로 취득하는 제도이다.

公用收用이 있게 되면 所有權이 전면적으로 박탈된다. 공용수용의 目的物은 土地所有權은 물론이고, 그 밖의 不動產·動產의 소유권은 물론 그외의 權利, 鑛業權·漁業權·無體財產權도 그 대상이 될 수 있다. 따라서 公共收用은 公共의 필요에 의한 所有權의 박탈로서 所有權制限의 역사적 변천과정에서 보면 이미 고대부터 인정되었다. 왜냐하면 公共의 필요에 의해서는 정당한 補償을 支給하고 타인의 所有物을 강제적으로 公的 所有를 옮겨 둘 필요가 있었기 때문이다.

公用收用에 관해서는 憲法에 그 근거를 두고 있고(憲 §23 Ⅲ), 一般法으로서 土地收用法이 있으며, 그외에 特別法으로서 都市計劃法·道路法·農村近代化促進法 등 무수히 많다. 公用收用에 대해서 정당한 補償을 支給하여야 한다(憲 §23 Ⅲ). 특히 土地收用에 대한 損失補償은 公示地價를 기준하여 算定한다. 공용수용은 公權力에 의하여 私人의 財產權을 강제적으로 박탈하는 제도이므로 公用收用에 대해서는 民怨이 적지 않다. 그래서 公權力에 의하지 않고서 私法的 方法에 의하여 公共用地를 취득할 수 있는 방안을 마련하였다. 그것이 바로 「公共用地의 取得 및 損失補償에 관한 特例法」에 의한 協議買收의 방법이다. 協議買收는 私法上의 賣買이므로 이러한 私法的 手段에 의하여 公共用地의 취득이라는 公的目的을 달성할 수 있는 것이다. 이와 같이 公用收用은 所有權 그 자체를 박탈하므로 가장 강력한 所有權의 制限이라 할 수 있다.

㈐ 土地去來許可制에 의한 處分制限

(a) 土地去來許可制의 沿革　　지금까지의 土地에 대한 公的規制는 대부분 土地의 利用에 집중되어 있었고, 土地去來에 대한 직접적인 公的規制는 農地의 取得資格의 제한과 取得最高限度의 제한 정도였다. 그러나 지금은 土地去來에 대한 직접적인 公的規制로서 土地去來許可制와 申告制가 실시되어 그 어느 때 보다도 강화되었다.

이와 같이 強力한 土地去來規制措置를 취하게 된 것은 바로 土地投機 때문이었다. 지금으로부터 10여년 전 부동산투기가 극심하여 1978년 8월 8일 「不動產投機抑制와 地價安定을 위한 綜合對策」(소위 8.8조치)에서 投機抑制方案으로서 土地去來許可制와 申告制를 立法하기로 하고, 동년에 國土利用管理法을 改正하여 土地去來許可·申告制를 立法하였다. 그러나 土地去來許可制는 國土利用管理法의 改正에 의해 立法하기 이전에 이미 1977년 臨時行政首都建設을 위한 特別措置 §6에서 土地去來許可制를 立法하였으나(§6), 臨時行政首道建設豫

定地域을 지정하지 않아 시행되지 못하였다.

國土利用管理法에서 土地去來許可, 申告制를 규정만 하고 그 실시는 土地投機가 다시 일어나면 시행하기로 하였다. "그러다가 1984년 12월 26일에 처음으로 土地去來申告制를 실시하기 시작하여 지금까지 전국 40,874.74km^2(全國土의 41.17%)에 걸친 土地에 대해서 申告制가 실시되고 있다. 앞으로는 全國土에 결쳐서 土地去來申告制를 實施할 생각인 것으로 알려져 있다." 土地去來許可制는 극도로 강력한 去來規制 수단이기 때문에 그 시행을 자제해오다가 1985년 7월 30일 忠南大德研究團地開發地域에 처음으로 시행하였다. 1988년 들어서는 土地投機가 다시 전국적으로 확산되어 강력한 投機對策이 필요하여 1988년 8월 10일 「不動産綜合對策」(소위 8.10조치)을 발표하여 土地去來許可制 實施區地을 확대하여 현재(1992. 6. 17 현재) 전국적으로 43,552.02km^2(全國土의 43.87%)에 이르고 있다.

政府는 土地投機가 극심한 지역은 土地去來許可制로 규제하고 規制區域 주변의 지역은 去來監視區域으로 하여 土地投機現象을 예의 주시하다가 투기가 일어나면 언제든지 許可制를 실시할 구상으로 있다. 土地去來許可制는 契約自由의 原則에 따라서 이루어지는 土地의 자유로운 거래에 대한 중대한 制限임은 말할 것도 없다. 나아가서 私有財産制를 제도적으로 보장하고 있는 우리나라에서 違憲의 가능성은 없는 것인지에 관해서도 의문이 제기되었다. 더욱더 土地를 처분해서 새로운 營業을 하고자 한다든가 移徒를 하고자 하여도 去來許可를 받지 못해 土地를 처분할 수 없으므로 인하여 새로운 職業選擇도 居住移轉도 침해받는 경우가 생겨날 수도 있게 되었다.

따라서 土地去來許可制는 私有財産權侵害의 문제뿐만 아니라, 職業選擇의 자유, 居住移轉의 자유까지 침해할 수 違憲是非가 제기될 수 있었다. 그리고 宅地所有上限制의 제도화와 함께 宅地取得의 許可制도 또한 시행하게 되었다. 그런데 憲法裁判所가 구성되어 업무가 시작되자 1988년 12월 26일 土地去來許可制의 違憲提請이 있었다. 그런데 이 土地去來許可制의 違憲提請에 관해서는 1989년 12월 22일 合憲決定을 하였다.[71)]

(b) 規制區域內의 土地去來許可制

(i) 目 的 土地去來許可制를 실시하는 목적은 土地의 投機的 去來를 방지하고 토지가 용도에 따라 最有效하게 利用되도록 하는 데 있다.

土地投機를 억제하기 위한 방법은 여러 가지가 있다. 讓渡所得稅의 부과,

71) 憲法裁判所 決定 89. 12. 22, 88헌가13.

土地超過利得稅賦課, 公示地價制의 실시,[72] 綜合土地稅의 부과, 遊休地指定 등 토지의 투기적 거래를 방지하기 위한 制度的 裝置가 마련되어 있기는 하지만 執行上의 일관성 결여로 그 실효성이 그렇게 높지 않다. 그리고 이상의 投機防止策들은 모두 간접적인 規制方法들이다. 이와 같은 投機抑制方法을 회피해서 名義信託, 中間省略登記 등의 방법에 의해서 不勞所得的인 開發利益의 사유화를 위한 土地投機를 근원적으로 없애기 위한 가장 강력한 方法이 바로 土地去來許可制이다. 그래서 土地去來가 있을 때마다 去來豫定價格과 土地取得目的을 國家가 심사하여 去來許可를 함으로써 地價의 安定과 不勞所得的인 開發利益의 私有化를 방지함으로써 土地去來가 정상적으로 이루어질 수 있도록 도모하고자 하고 있다.

(ii) 許可對象土地와 許可對象契約　　土地去來許可對象이 되는 土地는 투기적인 土地去來가 盛行하거나, 地價가 급격히 상승하거나, 상승할 우려가 있어서 건설부장관이 5년 이내의 기간을 정하여 지정한 規制區域 내의 一定面積 이상의 土地[73]이다(國土管 §21-2 I, §21-3 II). 土地去來許可制는 規制區域 내의 一定面積 이상의 土地去來를 對象으로 하므로 土地去來許可를 회피할 목적으로 細分化를 위한 土地分割의 可能性이 없지 않다. 이에 대해서도 土地分割을 制限하고 있다(國土管 §21-16). 그리고 許可對象이 되는 土地去來契約은 規制區域 내에 있는 土地에 관한 所有權·地上權·傳貰權·賃借權을 有償으로 移轉하거나 또는 設定하는 本契約 및 豫約이다(國土管 §21-2 I, 國土管令 §23). 그러므로 賣買契約, 地料를 지급하는 地上權設定契約 및 讓渡契約, 傳貰權設定契約 및 讓渡契約, 賃貸借 및 賃借權의 讓渡契約과 그 豫約이 주된 許可對象契約이 된다.

그리고 贈與契約은 許可의 대상이 되지 않으나 交換契約은 許可를 받아야 하는 契約으로 보아야 할 것이다. 특히 轉傳貰權設定契約 및 轉貸契約이 허가대상이 될 것인가에 관하여는 有償의 倂存的 設定契約이므로 허가의 대상이 된다고 해석하여야 할 것이다. 또한 契約豫定金額을 減額하는 경우를 제외하고

72) 公示地價制는 1990년 7월 1일부터 시행되었다.
73) 許可對象土地面積은 다음과 같다.

용　도　지　역	거래허가 대상토지	거래신고 대상토지
주거전용, 상업, 준공업, 생산녹지지역	200m² 초과(60평)	200m² 이하
주거, 준주거지역의 지정이 없는 지역	90m² 초과(27평)	90m² 이하
전용공업, 공업지역	330m² 초과(100평)	330m² 이하
자연녹지지역	600m² 초과(180평)	600m² 이하

許可받은 사항을 변경하고자 할 때에도 역시 許可를 받아야 한다(國土管 § 21-2 I 但). 許可의 대상이 되는 土地去來라 하더라도 일정한 경우의 土地去來契約은 許可를 요하지 않는 것으로 규정하고 있다. 첫째로 去來契約의 當事者 一方 또는 雙方이 國家, 地方自治團體 기타 公法人인 경우에는 당해 기관의 長이 道知事와의 書面에 의한 협의로 허가에 갈음할 수 있고(國土管 § 21-9 I), 둘째로 土地收用法에 의한 수용, 擔保權의 실행에 의한 경매, 기타 大絲領令으로 정하는 경우에는 許可를 요하지 않는다(國土管 § 21-9 II). 大統領令이 정하고 있는 許可對象에서 제외되는 중요한 경우들을 살펴보면 民事訴訟法에 의한 強制競賣에 의한 취득, 公共用地의 取得 및 損失補償에 관한 特例法에 의한 協議買收에 의한 취득, 國稅 또는 地方稅의 滯納處分 또는 強制執行에 의한 취득의 경우 등이다(國土管令 § 30).

이와 같이 許可對象에서 제외되는 契約을 널리 인정하고 있고, 특히 競賣로 인한 取得을 제외하므로 실제로는 賣買契約을 締結하면서 抵當權을 설정한 후 競賣에 의한 取得方法을 취할 가능성도 없지 않다. 그리고 假登記擔保契約은 許可對象이 되지 않는다. 登記原因을 賣買 또는 賣買契約이라고 하여 許可證의 제출없이 擔保을 위한 假登記申請을 할 때 登記公公務員은 그 假登記申請을 接受하여야 할 것인가? 假登記申請當事者가 담보를 위한 假登記申請을 입증한 때에는 登記公務員은 그 假登記申請의 接受를 거절할 수 없다고 해석하여야 할 것이다. 假登記擔保契約은 提訴前和解調書의 이용과 결합되어서 土地去來許可를 회피할 목적으로 惡用될 가능성이 매우 높다고 아니할 수 없다.

(iii) 許可節次 規制區域 내의 土地去來契約을 체결하고자 하는 當事者는 공동으로 許可申請書에 권리의 種類·面積·用途·契約豫定金額 등 계약내용과 그 토지의 利用計劃 등을 記載하여 管轄市長·郡守·區廳長을 거쳐 道知事에게 제출하여 도지사의 許可를 받아야 한다. 그런데 地方法院判例는 契約을 締結한 후 許可申請을 하는 것이 관례이므로 契約締結 전에 허가신청을 하지 않고 契約締結 후 허가신청을 하여도 상관이 없다고 判示하고 있다.[74] 道知事는 許可申請을 받은 날로부터 25일 이내에 許可證을 교부하거나 不許可處分事由를 書面으로 통지하여야 한다. 25일 이내에 許可證의 교부도 不許可事由의 通知도 없는 때에는 당해 期間의 滿了日의 익일에 許可가 있는 것으로 본다(國土管 § 21-3 VI). 許可 또는 不許可處分에 대해서 異議가 있는 者는 그 처분을 받은 날로부터 1월 내에 土地利用審査委員會에 異議를 신청할 수 있고, 同委員會

74) 新聞 1909(1990. 2. 5).

의 決定에 다시 불복하는 경우는 行政訴訟을 제기할 수 있다(國土管 § 21-5). 當事者가 공동으로 신청하면 족하므로 제3자를 위한 去來契約에서 受益者는 許可申請者가 아니다. 그리고 道知事는 許可對象土地가 公益事業에 필요하여 國家, 地方自治團體 또는 公法人이 買受를 원하는 때에는 이 기관들 중 매수할 者를 指定하여 先買協議하게 할 수 있다(國土管 § 21-14).

(iv) 許可基準　　허가기준은 土地去來許可制의 목적을 달성하기 위하여 去來豫定價格과 土地의 취득목적이 합리적이냐에 두고 있다. 土地去來豫定價格은 土地所有權移轉의 경우 그 豫定金額이 標準地價[75]에 100분의 120을 곱한 금액에 당해 土地의 取得·管理에 필요한 費用額을 합한 금액을 넘어서는 아니된다(國土管 § 21-4 Ⅰ i, 國土管令 § 26).

이와 같이 去來豫定金額이 許可基準金額을 초과해서 不許可處分을 하고자 할 때에는 도지사는 그 許可申請人에게 契約豫定金額의 조정을 권고할 수 있다(國土管 § 21-4 Ⅱ). 그리고 土地取得目的, 즉 土地利用 목적이 합리적이지 못할 때에도 不許可處分을 받게 된다. 利用目的의 합리성의 判斷基準은 國土管 § 21-4 Ⅰ ii 에서 자세히 規定하고 있다. 한편 道知事는 規制區域을 지정하면 그 지역의 土地의 적정하고 합리적인 利用을 확보할 수 있는 事業의 實施 등의 조치를 강구하여야 한다(國土管 § 21-6).

(v) 許可의 法的 性質 및 效果　　許可를 받지 아니하고 체결한 土地去來契約은 그 효력을 발생하지 아니하고(國土管 § 21-3 Ⅶ), 許可證을 제출하지 않으면 登記할 수 없다(不登 § 40 Ⅰ iv). 따라서 許可는 去來契約의 效力發生要件이라 할 수 있다. 當事者의 合意에 의하여 去來契約은 성립하고 허가를 받음으로써 그 계약은 遡及해서 효력을 발생한다.

獨逸에서의 認可의 효력과 마찬가지로 許可가 있기까지 去來契約의 효력은 유동적이라고 해석하여야 할 것이다. 그래서 許可를 받으면 遡及해서 유효하고, 不許可處分을 받으면 遡及해서 그 去來契約은 무효가 된다고 해석하여야 할 것이다. 農地賣買에 있어서 所在地官署의 證明의 효력을 物權的 合意의 有效要件 일 뿐이고 證明을 받지 않더라도 債權契約의 효력에는 하등의 지장이 없다는 大法院判例의 입장을 지지한다면 위와 같은 해석은 할 수 없고, 許可를 받지 않더라도 去來契約 그 자체는 無效가 되지 않는다고 해석하여야 할 것

75) 標準地價는 당해 土地와 類似한 利用價值를 지닌다고 인정되는 地價公示 및 土地 등의 評價에 관한 法律 § 4 의 規定에 의한 標準地의 公示地價를 標準으로 하여 評價한 金額을 말한다(國土管 § 21-4 Ⅰ i).

이다.

이제는 物權行爲의 독자성을 인정할 수 없기 때문에 去來契約의 許可는 債權契約과 物權契約이 결합된 契約의 許可이며, 判例와 같이 해석한다면 土地去來許可制의 실효를 거둘 수가 없기 때문이다. 따라서 許可를 받을 때까지는 그 去來契約은 유동적으로 효력이 발생하지 않는다고 해석하여야 할 것이다. 下級審判例도 이와 마찬가지로 許可는 債權契約의 效力發生要件이며, 許可를 받을 때까지 그 債權契約은 유동적으로 효력이 발생하지 않는다고 한다.[76]

行政處分으로서의 許可의 法的 性質에 관해서는 許可와 認可의 성질을 함께 가지고 있다는 見解[77]도 있었다. 그러나 土地去來契約의 許可는 認可의 성질을 갖는다고 보아야 할 것이다. 왜냐하면 土地去來契約 그 자체는 당사자가 締結하고 다만 그 유효성을 土地去來契約許可에 의해 부여되는 것이며, 土地去來契約締結 자체가 금지되어 許可에 의해서 비로소 당사자가 去來契約을 체결할 수 있는 것은 아니기 때문이다.

그런데 大法院은 全員合議體判決로서[78] 許可는 認可의 性質을 가지며, 許可의 法理構成에 流動的無效(schwebende Unwirksamkeit)를 採用하여 허가를 받지 아니하고 토지거래계약을 체결한 當事者를 處罰하는 國土管 §31-2의 규정은 오로지 처음부터 허가를 排除하거나 또는 潛奪하는 내용의 거래계약으로서 그 경우의 거래계약은 허가를 받지 않고 締結하면 當然無效이지만 그렇지 않는 거래계약은 허가가 있을 때까지는 그 효력이 流動的으로 無效인 狀態에 있고(schwebend unwirksam), 거래계약을 체결하고 허가를 받으면 契約締結時에 遡及해서 그 거래계약은 유효하고, 不許可處分을 받으면 계약체결시에 소급해서 그 거래계약은 無效가 된다고 하였다. 즉 허가 또는 불허가처분이 있을 때까지 거래계약은 무효이지만 당사자는 허가신청에 協力할 義務는 있다고 하였다.

(vi) 不許可處分에 대한 救濟方法 土地去來契約에 대한 不許可處分에 대한 救濟方法으로는 異議申請制度와 買受請求權制度가 마련되어 있다. 즉 토지의 去來契約許可權者의 처분에 異議가 있는 者는 그 처분을 받은 날로부터 1월 이내에 土地利用審査委員會에 異議를 신청할 수 있고(國土管 §21-5 Ⅰ) 同委員會의 결정에 불복하는 者는 다시 行政訴訟을 제기할 수 있다(國土管 §21-5 Ⅲ). 그리

76) 서울民地 89. 8. 29, 89가합18738(新聞 1877, 8).
77) 金在德(前註 54), 310-311.
78) 大判(全) 91. 12. 24, 90다12243(月報 259, 81).

고 土地所有者의 買受請求權은 形成權이 아니라 請求權으로 보아야 할 것이다. 왜냐하면 不許可處分을 받은 토지소유자가 買受請求를 하였다 하더라도 청구의 상대방은 許可權者가 지정하는 公共機關이며, 그 公共機關도 예산의 범위내에서 당해 不許可處分을 받은 土地를 買受할 수 있도록 하고 있으므로 公共機關은 豫算의 부족을 이유로 買受를 거절할 수 있다고 해석되기 때문이다. 따라서 不許可處分을 받은 土地所有權者의 보호라는 입장에서는 그의 買受請求權을 形成權으로 보아야 할 必要性이 있으나 國土管 §21-15의 해석으로는 形成權으로 理論構成하기가 어렵다고 보아진다.

(vii) 土地去來許可制에 대한 違憲提請과 合憲決定

(ㄱ) 違憲提請　　憲裁法判所가 구성되어 業務가 시작된지 얼마 되지 않은 1988년 12월 31일에 土地去來許可制가 違憲이 아니냐는 법원의 違憲提請이 있었다. 違憲提請의 원인이 된 사건의 내용을 살펴보면 1988년 10월 21일 서울地方檢察廳 南部支廳에서 規制區域 및 申告對象區域의 토지를 거래하면서 許可도 申告도 하지 않고 거래한 無許可仲介業者를 허가를 받지 않거나 申告를 하지 않은 者에 대하여 刑事處罰할 수 있는 根據規定인 國土管 §31-2 i[79] 및 §33 iv[80] 違反을 이유로 拘束하고, 同年 11월 3일 起訴하였다. 그런데 서울地方法院 南部支院은 1988년 12월 26일 違憲提請決定을 하고 大法院을 經由하여 1988년 12월 31일에 憲法裁判所에 違憲提請을 하였다. 南部支院의 토지거래허가제의 違憲提請理由는 國土管 §21-3 I은 土地去來許可制를 규정하고, 本條 VII은 위의 許可를 받지 않은 土地去來契約은 효력이 없다고 규정하고, 나아가 國土管 §31-2 i는 許可없이 土地去來를 한 행위에 관하여 刑事處罰까지 課할 수 있도록 규정하고 있는데, 이것은 財産權의 주된 내용인 처분의 自由制限(許可가 된 경우) 내지는 禁止(不許可處分을 받은 경우)하는 것으로서 私有財産權을 보장하고 있는 憲 §23와 위의 財産權行使를 法律로써 제한하는 경우에도 그 본질적 내용을 침해할 수 없다고 規定하고 있는 憲 §37 II에 위반하지 않나 하는 疑心을 배제하기 어렵다는 것이었다.

결국 土地去來許可制가 違憲이 아니냐 하는 것은 憲 §23와 §37 II에 비추어 볼 때 私有財産權의 본질적인 내용을 侵害하는 것으로 보여진다는 것이다.

---

79) 許可를 받지 않고 土地去來를 한 者는 2년 이하의 懲役 또는 500만원 이하의 罰金에 처한다.

80) 申告를 하지 않고 土地去來를 한 者는 6월 이하의 懲役 또는 50만원 이하의 罰金에 처한다.

따라서 土地去來許可制의 違憲可否에 관한 판단은 우리 憲 §23의 財産權保障規定의 法的 性質과 왜 憲 §23는 私有財産權를 제도적인 보장하고 있느냐 하는 根本問題와 私有財産權을 어느 정도 침해하면 본질적인 侵害가 되는가 하는 데서 집중된다.

(ㄴ) 關聯機關의 意見 土地去來許可制의 違憲提請이 있자 違憲是非에 관련된 기관에서는 憲法裁判所에 대하여 土地去來許可制는 違憲이 아니라는 의견을 제출하였다.

먼저 土地政策機關인 건설부에서는 첫째로 憲 §122[81]에서 土地에 대한 規制를 할 수 있는 根據規定이 마련되어 있고, 憲 §23 I 後段에서 財産權의 내용과 한계는 法律로써 정할 수 있고, 둘째로 土地去來許可制는 국민생활에 필수적인 存立基盤인 토지가 一部人의 투기의 대상이 되는 것을 방지하고 土地의 使用·收益·處分權 중 處分權만을 제한하는 것이므로 憲法에 의한 財産權法定主義에 합치되며, 셋째로 土地去來許可制는 정상적인 거래가 아닌 투기적인 거래만을 制限하는 것이고, 救濟節次로서 異議申請權과 買受請求權을 토지소유자에게 인정하고 있으므로 私有財産權의 본질을 침해하고 있다고 할 수 없다는 것이다.

법무부에서는 첫째로 憲 §23 I 後段과 §122는 私有財産權의 내용과 한계에 관하여 法定主義를 취하고 있고, 土地去來許可制는 토지소유권의 處分權만을 제한하는 것이므로 財産權法定主義에 전혀 위배되지 않고, 오히려 財産權의 행사는 公共福利에 적합하도록 하여야 한다는 憲 §23 II을 실현하는 제도이며, 둘째로 權利의 本質的 侵害라 함은 權利의 침해로 말미암아 그 권리가 有名無實하게 되어버리는 정도의 침해를 의미하는 데 許可制는 一定規模 이상의 土地에 한하여 5년 이내의 기간동안 정상적인 거래가 아닌 投機的 去來만 제한하는 것이고, 救濟節次가 土地所有者를 위해서 마련되어 있기 때문에 私有財産權의 본질적 침해라고 볼 수 없다는 것이다.

서울특별시에서는 土地去來許可制는 處分權에 대해서만 제한을 가하는 것이고, 私有財産權의 否認이라든가 無償國有化를 도모하는 것은 아니기 때문에 財産權의 본질적 침해라 할 수 없고, 실제로 許可申請에 대해 대부분 許可를 해주고 있기 때문에 許可權을 濫用하고 있지는 않으며, 서울의 경우 綠地地域

81) 國家는 國民 모두의 生産 및 生活의 기반이 되는 국토의 효율적이고 균형있는 利用開發과 保全을 위하여 法律이 정하는 바에 의하여 그에 관한 필요한 制限과 義務를 課할 수 있다.

에 한하여 5년 이내의 기간동안 處分權을 제한하고 있을 뿐이고, 서울의 인구밀도를 감안할 때 土地去來許可制는 違憲이 아니라는 것이다.

國土利用管理法 위반을 이유로 被告人을 拘束·起訴했던 南部支廳은 첫째로 憲 §23 I 및 II의 規定上 財産權保障制度는 개인이 국가에 대하여 無制限的으로 주장할 수 있는 고전적 의미의 主觀的 公權으로서의 財産權保障이 아니고 그 내용과 한계가 法律로써 보장되는 제도적 보장으로서의 財産權保障이라 할 것이고, 憲 §122가 土地에 대해서는 다른 財産權보다 더 고도의 憲法上 의무를 부과하고 있는데, 이를 근거로 하여 土地去來許可制가 규정된 것이며, 둘째로 本質的 侵害라 함은 私有財産制度의 전면적 부정으로 財産權의 取得·處分을 전적으로 금지하는 것을 의미한다는 할 것이고, 投機의 목적으로 거래됨으로써 효율적인 國土利用을 沮害하는 행위를 단속하는 許可制를 違憲이라고는 할 수 없다고 하였다.

이상의 관련기관의 許可制가 違憲이 아니라는 의견은 憲 §23 I 本文은 私有財産制의 제도적 보장으로 이해하며 토지거래허가제는 憲 §23 I 後段과 憲 §122에 근거하고 있으며, 本質的 侵害이냐 아니냐의 可否는 사유재산제를 전면적으로 否認하지 않는 한 본질적 침해가 될 수 없다는 것이다. 이상의 의견을 違憲提請을 한 法院의 의견과 대비해보면, 먼저 憲 §23 I 本文의 財産權保障을 私有財産制의 제도적 보장으로 이해함에는 일치하고 있다. 그러나 許可制의 근거에 관해서 관련기관에서는 憲 §23 I 後段과 §122에 두고 있고, 土地는 특히 다른 財産權보다는 더 강한 公的規制를 받을 수 있음을 憲 §122에서 찾고 있다. 이에 비해 法院은 許可制의 違憲 근거를 提示하고 있지는 못하다. 그러나 本質的 侵害有無에 대해서 法院은 不許可의 경우는 處分權行使의 금지이므로 본질적 침해라 함에 반하여 관련기관은 私有財産制의 전면적 부정이 아닌 한 본질적 침해가 아니며, 許可制는 일정한 규모 이상의 토지거래에 대해서 일정한 기간동안만 시행하고, 그것도 投機的 去來만을 규제하는 것이며, 不許可處分의 경우에 대비해서 救濟節次가 마련되어 있기 때문에 處分權의 전면적 부정이 아니므로 결국 私有財産制의 본질적 침해가 아니라는 것이었다.

(ㄷ) 憲法裁判所의 合憲決定　　憲法裁判所는 1989년 12월 22일 土地去來許可制는 그 자체는 5對 4로 合憲決定을 하고 許可를 받지 않고 土地去來를 한 者에 대한 刑罰規定은 4對 5로 決定하여 違憲決定에 필요한 憲法裁判所 裁判官 6인 이상의 贊成(憲裁 §23 II i)이 없어서 違憲性合意決定을 하였다.

合憲決定의 이유는 土地는 다른 物件과는 다른 特殊性을 갖고 있고, 따라서 土地財產權에 대한 規制는 다른 精神的 基本權에 비하여 立法府의 裁量이 넓은 것이다. 그리고 土地財產權의 本質的 內容이라는 것은 土地財產權의 核이 되는 실질적 내용 내지 根本要素를 뜻하며, 따라서 財產權의 本質的 內容을 침해하는 경우라는 것은 그 侵害로 私有財產權이 유명무실해지고 私有財產制度가 形骸化되어 憲法이 財產權을 보장하는 궁극적인 목적을 달성할 수 없게 되는 경우이다. 그런데 土地去來許可制는 去來目的, 去來面積, 去來價格 등을 통제하기 위한 制度이나 실제에 있어서는 土地의 去來價格을 許可基準價格의 범위 내로 억제하는 것이 主目的이므로 어떤 의미에서는 土地去來의 上限價格의 統制이며, 憲法이 §122에서 明文으로 인정하고 있는 財產權制限의 한 형태로서 財產權의 본질적인 侵害라고는 할 수 없다고 한다. 또한 土地去來許可制는 憲法이 정하고 있는 經濟秩序와도 충돌하지 않으며, 私的自治의 원칙을 위배하는 것도 아니다. 그리고 土地去來許可制는 비례의 原則 내지 過剩禁止의 原則에 어긋난다고 할 수도 없다고 한다. 특히 處罰規定에 있어서 土地投機抑制를 위하여 罰金刑으로 미흡하다고 判斷될 경우 自由型으로 規制하는 것은 부득이하다고 할 것이고 과잉금지의 원칙에 위반되지 않는다고 決定理由를 밝히고 있다.

이와 같은 多數意見에 대해서 少數意見은 自由型에 의한 처벌은 過剩禁止의 원칙에 반하며, 憲 §23Ⅲ에 의하면 財產權의 처분의 제한에 대해서는 정당한 補償을 지급하도록 하고 있는 土地去來許可制에 있어서는 不許可處分時에 단지 土地所有者의 買受請求權이 인정되고 있기는 하나(國土管 §21-15), 그것은 形成權이 아니라 請求權에 불과하여 國家 등은 買受하지 않을 수 있으므로, 따라서 土地去來許可制는 정당한 보상 등의 적절한 구제수단이 없이 개인의 財產權行使를 제한하는 것이어서 憲 §23Ⅲ에 비추어 違憲이라는 것이다. 생각건대 土地去來許可制는 少數意見이 지적한 바와 같이 補償을 요하긴 하나 그렇다고 財產權의 本質的 內容을 침해하는 違憲이라고는 할 수 없는 것이다.

(c) 宅地取得의 許可制 　宅地取得의 許可制에 관해서 宅地所有上限制에서 함께 설명하였으므로 여기서는 略하고자 한다.

(d) 外國의 土地去來許可 또는 認可制

(i) 日本의 土地去來許可制

(ㄱ) 目 的 　日本도 土地去來許可制를 立法하였다. 그러나

土地去來許可制는 立法만 하고 구체적인 시행을 하고 있지 않다. 日本은 1974년에 國土利用計劃法을 制定하면서 同法 제4장에서 土地去來許可制를 규정하였다. 이와 같이 日本에서 土地去來許可制를 立法하게 된 것은 土地投機의 억제에 그 목적이 있었다. 그래서 許可에서 주된 심사사항은 去來價格과 土地取得目的에 집중되고 있다.

우리 나라의 國土利用管理法에서 규정하고 있는 土地去來許可制는 日本의 國土利用計劃法上의 그것을 모범으로 하여 이루어졌다.

(ㄴ) 土地去來許可制　　都道府縣知事는 都市計劃區域 내에서 土地의 투기적 거래가 늘어나고 있거나 늘어날 우려가 있고, 또한 地價가 급격히 상승하고 있거나 상승할 우려가 있다고 인정되는 地域과, 都市計劃區域 외의 土地로서 투기적 거래가 발생하거나 발생한 가능성이 있어서 그러한 事態를 신속히 除去할 필요가 있는 地域을 5년 이내의 기간으로 規制區域을 指定해서 그 規制區域 내의 土地에 관한 所有權·地上權 또는 賃借權을 有償으로 移轉 또는 設定하는 契約 및 豫約을 締結하고자 할 때에는 都道府縣知事의 허가를 받도록 하고 있다(日國土管 § 13, 日國土管令 § 5).

都道府縣知事의 許可를 받지 않고 締結한 土地去來契約은 그 효력을 발생하지 않는다(日國土管 § 14 Ⅲ). 去來許可에 있어서 주된 審査事項은 去來價格과 土地利用目的이다. 去來豫定價格이 公示地價에 일정한 사항[82]을 고려한 價格을 초과하면 許可가 주어지지 않는다. 不許可處分을 받은 者는 都道府縣知事에 대하여 당해 土地의 買受를 청구하거나, 土地利用審査會에 不許可處分에 대한 不服申請을 할 수 있다(日國土管 §§ 19, 20). 이때 不許可處分을 받은 者가 都道府縣知事에게 買受를 請求하면(日國土管 § 19 Ⅰ), 都道府縣知事는 許可基準價格으로 반드시 買受하여야 한다(日國土管 § 19 Ⅱ). 즉 不許可處分을 받은 者의 買受請求權을 形成權으로 규정하고 있다. 그러나 日本에서는 土地去來許可制를 규정만 하고 시행은 하지 않고 있다.

(ii) 獨逸의 土地去來認可制

(ㄱ) 序　　獨逸에서는 특정한 土地의 去來認可制(Gemehmigung)가 실시되고 있다. 農地 및 林野의 거래는 農業廳(Landwirtschaftsbehörde)의 허가를 요하며, 都市再開發區域 내의 土地去來는 地方自治團體(Gemeinde)의 認可를 받아야 한다. 그 根據法律은 전자에 대해서는 土地去來法(Grundstücksverkehrsgesetz: 1961. 7. 28 制定)이며, 후자에 대해서는 建設法(Baugesetzbuch 1986. 12. 8 制定)이다.

82) 고려될 사항으로는 物價變動率, 垈地의 造成 등을 위한 費用 등을 말한다.

獨逸에서 認可의 대상이 되는 土地去來는 원칙적으로 物權行爲인 不動產所有權移轉의 合意(Auflassung)이며, 債權契約은 인가를 요하는 경우도 있고, 인가를 요하지 않는 경우도 있다. 상세한 내용은 후술하기로 한다. 債權契約과 物權的 合意 모두의 認可를 요하는 경우에도 債權契約의 認可를 받으면 物權的 合意도 認可를 받은 것으로 본다. 이때 認可의 效力은 당해 土地去來가 認可를 받을 때까지는 그 去來契約은 유동적으로 效力이 없다(schwebend unwirksam). 그래서 認可를 받으면 그 계약은 締結時에 遡及해서 有效하고, 認可를 받지 못하면 遡及해서 그 契約은 無效가 된다.[83] 認可를 받아야 하는 것은 不動產所有權移轉의 合意(Auflassung)이다. 그런데 認可는 法定條件(Rechtsbedingung)으로서 認可와 不動產所有權移轉의 합의는 서로 독립적으로 존재한다.[84] 不動產所有權移轉의 합의는 條件과 期限을 붙일 수 없기 때문에(§ 925, Abs. 2. BGB) 認可는 Auflassung의 有效要件이 아니다. 그러므로 認可는 所有權의 제한으로서 Auflassung과 倂存的으로 不動產物權變動의 또 하나의 요건이다. 그리고 認可는 登記事項이 아니다. 認可를 받을 때까지의 유동적인 상태의 기간동안 當事者는 합의한 去來契約에 구속된다.

그리고 認可를 받아야 할 契約을 締結한 당사자는 認可가 있을 때까지, 즉 그 契約의 效力이 流動的인 상태에 있는 중간기간(Zwischenzeit)에 認可를 받는 데 필요한 協力을 하여야 할 義務를 부담하며 認可를 받은 후에 契約履行에 방해가 될 수 있는 것을 하지 않아야 할 의무를 부담한다.[85] 認可가 거절되었을 때에는 이미 이행한 給付는 不當利得의 法理에 따라서 返還을 받을 수 있다. 그러나 損害賠償請求權은 인정되지 않는다.[86] 그리고 獨逸에서의 土地許可制는 日本의 許可制와는 달리 비록 認可가 거절되었다 하더라도 當事者는 국가에 대해서 買受請求權이 전혀 인정되고 있지 않다. 따라서 土地所有權의 社會的 拘束性이 강하게 인정되고 있는 것이다. 그런데 獨逸에서 土地去來認可制를 실시하는 목적은 日本과 우리 나라와 같이 土地投機抑制가 목적이 아니라, 土地利用의 合理性維持와 都市再開發計劃의 원만한 추진을 위함에 있다.

(ㄴ) 土地去來法에 의한 農地와 林野의 去來認可制 　獨逸에서

83) Baur(前註 36), 196(1978).
84) Karl Haegele, Die Beschränkungen im Grundstücksverkher, 3. Aufl., 23-24(1970).
85) Larenz, Allgemeiner Teil des Deutschen Bürgerlichen Rechts, 4. Aufl., 425(1977); Haegele(前註 84), 25.
86) Haegele(前註 84), 25.

는 1918년 이래로 農地의 거래를 국가의 統制下에 두고 있다. 오늘날은 農地의 賣買도 土地去來法에서 認可制에 의하여 規律되고 있고, 農地의 賃貸借는 農地用益賃貸借法(Landpachtgesetz: 1952. 6. 25)에서 報告義務(Anzeigepflicht)를 부과하고 있다. 보다 구체적으로 살펴보면 土地去來法[87](GrdstVG; Grundstücksverkehrsgesetz)은 農業과 林業經營의 안정된 상태의 유지와 農地와 山地의 細分化防止 및 農地와 山地의 안정적인 價格維持를 위해서 農地와 林野의 土地去來認可制를 실시하고 있다.

土地去來法에서 認可의 대상이 되는 土地는 農地·林野, 그리고 農地와 林野로 이용할 수 있는 황무지 및 습지이며(§1, Abs. 1, GrdstVG) 一筆地의 일부도 토지로 본다(§1, Abs. 3). 여기서 農業이라 함은 土地의 이용을 필요로 하는 牧畜·農耕·園藝·果樹園 및 內水面漁業을 포함한다(§1, Abs. 2). 이러한 農地 또는 林野라 하더라도 州(Land)는 一定面積 이상의 農地 또는 林野의 거래에 대해서만 認可를 요하는 것으로 할 수 있다(§2, Abs. 3, S. 2). 認可를 요하는 法律行爲는 農地 및 林野의 所有權移轉의 合意(Auflassung) 및 債權契約(Vertrag)이다. 이때 債權契約의 인가를 받으면 所有權移轉의 합의도 인가받은 것으로 본다. 그리고 認可는 債權契約 또는 所有權移轉의 합의를 公正證書로 작성한 후에 받음이 원칙이지만 債權契約 또는 所有權移轉의 합의를 公正證書로 작성하기 전에도 받을 수 있다(§2).

그 외에도 農地나 林野의 共有持分의 양도, 相續持分의 양도, 用益權(Nießbrauch)의 설정도 인가를 요한다(§2, Abs. 2). 認可는 去來契約의 兩當事者 및 제3자를 위한 契約의 경우에 受益者도 함께 신청하여야 한다. 그리고 公證人이 債權契約을 公正證書로 작성한 때에는 그 公證人에게 認可申請이 위임되어, 公證人이 반드시 認可를 신청하여야 한다(§3, Abs. 2).

認可申請을 받은 農業廳은 申請接受 후 1개월 이내에 認可의 可否를 결정하여야 한다. 그러나 1개월의 기간 내에 심사를 完了할 수 없는 때에는 中間決定(Zwischenbescheid)을 하고 認可決定을 2개월 더 연장할 수 있다(§6, Abs. 1). 認可申請에 대한 결정은 認可를 하거나 또는 不認可를 하거나 또는 일정한 負擔 혹은 條件을 附加하여 認可를 할 수도 있다. 그러나 다음의 경우에는 不認可處分을 하게 된다. 즉 첫째로 그 讓渡로 인하여 農地와 林野가 농업구조개선에 반하는 건전치 못한 分割(ungesunde Verteilung)이 초래된 때, 둘째로 讓渡로 인하여 農地와 林野가 독자적인 농업경영능력을 상실할 정도 또는 농지의 경우

87) 正式名稱은 "農業構造의 改善과 農業 및 林業經營의 安定維持를 위한 措置에 관한 法律"(Gestz über Maßnahmen zur Verbesserung der Agrarstruktur und zur Sicherung land-und forstwirtschaftlicher Betriebe)이다.

에는 1헥타 미만, 임야의 경우는 3.5헥타 미만으로 되어 非經濟的(unwirtschaftlich)인 小規模도 될 때, 셋째로 그 對價가 그 不動產의 가격에 비해 심히 不均衡的(in einem groben Mißverhältnis)일 때이다(§9, Abs. 1, Abs. 2, Abs. 3). 그러나 價格의 불균형은 農地나 林野가 農業 또는 林業 이외의 목적을 위해서 讓渡되는 경우에는 不認可事由가 되지 않는다(§9, Abs. 4).

때로는 條件을 붙여서 認可하거나 認可에 부담을 지울 수도 있다. 즉 認可拒絶의 사유에 해당하는 去來契約 내용을 변경할 것을 條件으로 인가하거나(§11, Abs. 1, Nr. 1), 農地의 取得者가 일정한 기간 내에 農民에게 賃貸할 것을 조건으로 인가하거나(N. 2), 取得者가 자기가 취득한 土地의 面積 혹은 價値보다는 크지 않은 범위 내에서 이미 소유하고 있는 土地를 처분할 것을 條件으로 認可할 수 있다(N. 3). 그리고 取得한 土地를 農民에게 임대할 부담을 지우거나(§10, Abs. 1, Nr. 1), 취득한 土地의 전부 또는 일부를 일정한 條件으로 農民이나 住宅建設企業(Siedlungsunternehmen)에 讓渡할 負擔을 지울 수 있고(N. 2), 取得한 土地의 面積 또는 價値보다 크지 않은 범위 내에서 이미 所有하고 있는 다른 土地를 처분할 부담을 지울 수 있고(N. 3), 山地의 效率的 利用을 위해 山林專門家 또는 山林官廳과 山林經營에 관한 계약을 체결케 하거나, 이미 확정된 山林經營計劃에 따라서 山林을 경영할 의무를 부과할 수 있다(N. 4).

이와 같이 農地와 林野의 去來契約은 인가를 요하고 그 土地讓渡의 등기를 위해서는 登記公務員에게 認可證을 제출하여야 한다. 認可를 받지 않고 登記가 經了된 경우에는 農業廳 또는 認可에 관하여 司法的 節次가 진행되고 있는 때에는 法院의 請求가 있는 경우에 登記公務員의 異議登記(Widerspruch)를 하여야 한다. 그리고 認可를 받지 않고 經了된 登記라 하더라도 登記 후 1년이 경과하면 그 契約은 認可를 받은 것으로 본다(§7). 認可를 받지 못한 경우에는 買受人은 賣渡人에게 당해 土地를 返還하여야 한다. 그럼에도 불구하고 買受人이 返還하지 않거나 賣渡人이 返還받지 못하면 買受人 또는 賣渡人에게 1.000DM를 초과하지 않는 범위 내에서 強制金(Zwangsgeld)이 부과된다(§24).

(ㄷ) 建設法에 의한 再開發地域內의 土地去來認可制 建設 §144에서는 都市再開發區域(Sanierungsgebiet) 내의 土地所有權의 양도, 世襲地上權(Erbbaurecht)의 설정 혹은 土地의 부담을 지우는 契約과 및 1년 이상의 長期賃貸借, 用益賃貸借 및 기타 이와 유사한 契約 및 土地分割은 地方自治團體의 認可를 받도록 하고 있다. 이때 債權契約의 認可는 物權的 合意도 認可를

받은 것으로 본다. 土地去來의 목적이 再開發計劃에 반하거나, 再開發遂行을 심히 어렵게 하거나 再開發計劃의 추진을 불가능하게 할 때에는 認可가 거절된다(§145, II. BauGB). 認可가 거절되면 再開發事業의 시행으로 그 土地를 보유할 수 없거나 지금까지 또는 허용된 다른 용도로 이용하는 것이 경제적으로 아무런 效用이 없을 때에 土地所有者는 地方自治團體에 대하여 당해 土地의 引受를 청구할 수 있다(§145, V. BauGB). 土地所有者의 引受請求가 있었음에도 불구하고 物權的 合意가 성립되지 못하면 土地所有者는 당해 土地의 收用을 청구할 수 있다(§145, V. BauGB).

(라) 土地去來申告制에 의한 處分制限

(a) 序　土地去來申告制는 세 가지의 경우로 나누어진다. 申告區域 내의 土地去來許可制와 規制區域 내의 토지로서 許可對象이 되지 않은 面積의 거래는 신고를 요한다. 申告區域 내의 土地去來申告制와 規制區域 내의 토지거래신고제는 그 對象·節次 등이 다르고 효과는 동일하다. 그리고 宅地取得의 申告制가 있다. 앞의 두 가지의 土地去來申告制는 土地投機의 억제를 목적으로 함에 반하여 마지막의 申告制는 宅地所有上限制를 실천하기 위함에 있다.

(b) 申告區域內의 土地去來申告制

(i) 目　的　土地去來申告制는 그 규제의 정도는 土地去來許可制보다 약하지만 역시 土地去來許可制와 마찬가지로 土地投機의 억제와 土地利用의 합리화에 있다. 土地去來申告制는 申告區域 내의 一定面積 이상의 土地去來에 대해서 그것도 일정한 기간 내에서만 적용된다.

(ii) 申告對象土地 및 申告對象去來契約　건설부장관이 5년 이내의 기간을 정하여[88] 土地去來申告區域으로 지정한 지역 내의 一定面積 이상의 土地[89]에 대하여 所有權·地上權의 移轉 또는 設定을 目的으로 하는 契約

88) 실제로는 3년의 期間으로 지정하였다.
89) 申告對象面積은 다음과 같다.

구역		용도지역	면적
도시계획구역	市	주거·상업지역	330m²이상(100평)
		공업지역	1,000m²이상(303평)
		녹지지역	660m²이상(200평)
	邑·面	주거·상업지역	660m²이상(200평)
		공업지역	2,000m²이상(605평)
		녹지지역	1,320m²이상(400평)
도시계획구역밖		농지	5,000m²이상(1,513평)
		임야·초지	10,000m²이상(3,025평)
		기타	1,000m²이상(302평)

은 申告를 하여야 한다(國土管 § 21-7 Ⅰ). 신고대상의 去來契約은 신고구역 내의 土地에 대해서 所有權 또는 地上權의 이전 또는 설정을 목적하는 契約이다. 그리고 허가대상의 契約은 有償契約에 한하였으나 신고대상의 契約은 有償契約은 물론 無償契約도 포함된다고 해석하여야 할 것이다. 왜냐하면 申告根據規定에 유상계약에 한한다는 明文規定이 없을 뿐만 아니라 許可制와는 달리 申告制에 있어서는 申告를 하지 않더라도 去來契約 그 자체의 有效性에 하등의 지장이 없기 때문이다.

(iii) 申告節次　　去來契約의 當事者는 공동으로 권리의 種類·面積·用途·契約豫定金額 등을 申告區域의 토지의 거래의 경우에는 管轄市長·郡守 또는 區廳長을 거쳐 道知事에게 신고하여야 한다(國土管 § 21-3 Ⅰ). 申告區域 내의 申告對象契約은 계약예정금액을 減額하는 경우를 제외하고 申告한 사항을 변경하고자 할 때에도 申告하여야 한다. 그리고 신고구역 내의 申告對象土地의 去來申告가 있는 경우 道知事는 國家, 地方自治團體 또는 公法人이고 그 土地의 買受를 원할 때에는 그 중에서 買受할 기관을 지정하여 買受協議하게 할 수 있다(國土管 § 21-14).

(iv) 申告의 法的 性質 및 效果　　申告區域 내의 土地去來契約의 신고의 경우에는 申告를 한 者는 申告日로부터 25일 이내에는 그 申告土地에 대한 去來契約을 체결하여서는 아니된다(國土管 § 21-7 Ⅳ).

최근의 大法院判例[90]는 土地去來申告에 관한 규정은 團束法規에 속하고 申告義務에 위반한 去來契約의 私法上의 효력에는 아무런 영향이 없다고 하고 있다. 申告區域 내의 申告對象契約의 경우에 道知事는 그 申告對象去來契約의 내용이 許可基準에서 정한 地價를 초과하거나 取得目的이 적절치 못하여 주변지역의 합리적인 土地利用에 지장이 있다고 인정될 때에는 그 去來契約의 中止 또는 申告內容에 관하여 필요한 조치를 권고할 수 있을 뿐이다(國土管 § 21-8). 申告畢證은 登記申請時에 제출해야 할 登記申請書類이다(不登特措 § 5 Ⅱ). 申告를 하지 않으면 罰金의 制裁를 받는다(國土管 § 33 Ⅳ). 그리고 申告內容에 대해서 그 내용의 變更, 契約締結의 中止를 권고할 수 있는데, 이때의 勸告의 성질은 行政指導로 보아야 할 것이다. 그런데 申告區域 내의 土地去來契約의 체결은 申告 후 25일이 지나서 하도록 규정하고 있으나 그때 申告의 대상이 되는 계약은 土地去來許可制에 관한 大法院判決에 비추어 本契約으로 보아야 할 것이다. 그리고 國家

90) 大判 88. 11. 22, 87다카2777(公 839, 22).

등이 去來當事者이거나 競賣·公用收用에 의한 取得의 경우와 같이 許可對象에서 제외되는 土地去來契約은 申告對象에서도 제외된다(國土管 §21-9, 國土管令 §30).

(c) 規制區域內의 土地去來申告制　　許可對象區域인 규제구역의 土地 중 許可對象面積 이하의 토지의 去來契約은 申告를 요한다(國土管 §21-3 Ⅱ). 規制區域 내의 신고를 요하는 土地去來契約은 그 종류를 明定하고 있지는 않으나 解釋上 申告區域 내의 土地去來契約과 마찬가지로 所有權 또는 地上權의 설정 또는 이전을 목적으로 하는 契約에 한한다고 해석하여야 할 것이다. 그리고 規制區域 내의 土地去來申告節次는 신고구역 내의 그것과는 달리 管轄市長·郡守·區廳長에게 신고하면 족하다(國土管 §21-3 Ⅱ). 또한 申告區域 내의 土地去來契約申告는 契約締結 전에 하여야 하나 規制區域 내에서는 去來契約을 체결한 후 신고토록 하고 있다. 申告의 효과는 申告區域 내의 土地去來申告와 동일하게 해석하여야 할 것이다.

(d) 宅地取得의 申告制　　宅地所有上限制를 실현하기 위한 宅地取得의 申告制는 宅地所有上限制에서 함께 설명하였으므로 여기서는 설명을 하지 않기로 한다.

(e) 日本의 土地去來申告制　　日本에서는 전국에 걸쳐서 土地去來申告制를 실시하고 있다. 日本에서의 土地去來許可制도 역시 우리 나라에서와 마찬가지로 土地投機를 억제함에 그 주된 목적이 있다. 申告制의 구체적인 내용은 一定面積 이상의 土地賣買 등의 契約을 체결하고자 할 경우에 當事者는 市町村의 長을 경유하여 都道府縣知事에게 신고하여야 한다(日國土管 §23 Ⅰ 1문). 이러한 신고를 한 者는 申告한 날로부터 6주간 이내는 土地賣買 등의 契約을 締結할 수 없다(日國土管 §23 Ⅲ).

都道府縣知事는 거래예정가격이 公示地價에 일정한 사항을 고려한 地價보다 높거나, 土地利用目的이 합리적이지 못할 때에는 契約締結의 중지 혹은 기타 필요한 조치를 강구하도록 권고할 수 있다(日國土管 §24). 그리고 申告對象土地去來의 계약의 체결이 都道府縣知事의 권고에 따라 중지된 경우에는 都道府縣知事는 필요하다고 인정한 때에 당해 土地에 관한 權利의 처분에 관하여 斡旋 기타의 措置를 강구하도록 노력하여야 한다(日國土管 §27).

㈑ 賣買證明制에 의한 處分制限

(a) 農地賣買證明制

(i) 目　　的　　農地에 대한 耕者有田의 원칙과 所有上限制를

실천하기 위한 수단이 바로 農地賣買에 있어서의 所在地官署의 증명제도이다(農改 §19 Ⅱ). 農地는 농가만이 소유할 수 있고, 農家當 농지소유의 상한은 3町步이다. 이러한 農地改革의 취지를 농지개혁 후에도 계속 고수하기 위하여 農地賣買證明制를 실시하고 있다. 判例도 所在地官署의 證明의 목적은 耕者有田의 原則과 農地所有上限制의 실천에 있음을 밝히고 있다.[91] 그러나 農地改革法에는 예외적 규정을 두고 있고, 農地改革 후 賣買證明을 받지 않아도 되는 예외적인 立法이 이루어지고 있다.

判例도 賣買證明의 효력에 관하여 단지 登記申請을 위한 要件의 하나로만 判決함으로써 非農民의 농지소유가 漸增하여 農地賣買證明制의 실효성이 크게 저하되었다. 그렇지만 農地賃貸借管理法에서는 農地賣買의 證明節次를 강화하는 규정을 두어 다시 農地賣買證明制의 실효성을 회복하고자 하고 있다.

(ii) 證明節次 農地賣買의 경우 所在地官署의 證明을 받기 위해서는 買受人이 買受農地를 관할하는 里·洞農地委員會를 거쳐 區廳長·市長 또는 邑·面長에게 證明書發給申請을 한다(農改規 §51 Ⅰ 本文). 이때 農地의 所在地와 買受人의 居住地나 다른 경우에는 買受人의 居住地를 관할하는 農地委員會와 區廳長·市長 또는 邑·面長을 거쳐 증명서발급을 신청한다(農地規 §51 Ⅱ). 이때 證明書發給申請은 매매당사자가 공동으로 신청할 필요는 없고 賣買當事者의 어느 한쪽이 하더라도 무방하다.[92]

그러나 대부분의 경우는 買受人이 申請하게 될 것이다. 물론 賣渡人은 買受人의 證明書發給申請에 협력할 의무가 있다.[93]

農地證明의 실효성을 확보하기 위하여 農賃 §19에서는 유명무실한 農地委員會 대신에 農地所在地를 관할하는 農地管理委員會의 위원 2인(里·洞長과 營農會長을 예상함) 이상의 확인을 받아, 市·區·邑·面의 長에게 證明書發給을 申請하도록 하고 있다. 이러한 證明書發給申請에 대해서 市·區·邑·面의 長은 買受人이 소유할 農地가 3町步를 초과하지 아니하고, 自耕農일 때에는 證明願을 받은 날로부터 5일 내에 증명서를 發給한다(農改規 §51 Ⅴ).

(iii) 證明을 받아야 할 경우 農改 §19 Ⅱ은 賣買에 관해서만 證

91) 大判 63. 1. 24, 62다740(總 8-2, 806); 大判 72. 4. 25, 72다397(總 8-2, 68); 大判 76. 9. 14, 76누53(總 8-2, 836-108).

92) 大判 64. 8. 31, 63다883(總 8-2, 833); 大判 65. 2. 16, 64다1595(總 8-2, 836-54); 大判 64. 6. 22, 64다12(總 8-2, 836-52); 大判 66. 7. 26, 66다1009(總 8-2, 836-12).

93) 大判 64. 6. 23, 63다803(總 8-2, 832).

明을 받을 것을 규정하고 있으나, 判例는 交換,[94] 贈與,[95] 賣渡擔保,[96] 代物辨濟,[97] 競賣[98] 등의 경우에도 證明이 필요하다고 判決하고 있다.

(iv) 賣買證明의 效力

(ㄱ) 效力에 관한 判例의 變遷　　農地賣買에 관한 所在地官署의 증명의 효력에 관한 判例는 초기에는 農地賣買契約의 效力發生要件이라고 判決하였으나, 1964년부터는 農地賣買로 인한 物權變動의 효력발생요건으로 判決하였다. 그러한 判例의 변천은 바로 1962년 제5차 憲法改正時 그 §113에서 "農地의 小作制는 法律이 정하는 바에 의하여 禁止한다"고 규정하여 非農民의 農地所有도 가능할 수도 있음을 인정한 후 부터이다. 그래서 判例는 耕者有田의 원칙과 농지의 所有上限의 목적과는 점점 멀어지는 방향으로 農地賣買의 증명의 효력을 약화시키는 判決을 하여 왔다.

(ㄴ) 初期의 判例: 賣買契約의 效力發生要件으로서의 證明　농지개혁 후 초기의 判例는 所在地官署의 賣買의 증명을 賣買契約(債權契約)의 效力發生要件으로 판결하였다. 그래서 증명은 賣買契約의 效力發生을 위한 法定條件이며, 賣買의 증명이 없으면 그 賣買契約은 無效가 된다고 하였다.[99] 더 나아가서 所在地官署의 증명이 없는 農地賣買契約만으로는 買受한 農地를 占有耕作할 하등의 권리를 취득할 수 없다고 判決하여,[100] 耕者有田의 原則과 所有上限制를 철저히 고수하려고 하였다. 또한 地目이 비록 垈地하 하더라도 현실적으로 農地로 인한 所在地官署의 증명이 필요하다고 判決하였다.[101]

(ㄷ) 判例의 變遷: 物權變動의 效力發生要件으로서의 證明　1964년부터 判例는 종래의 태도를 바꾸어 所在地官署의 증명을 물권변동의 效力發生要件으로 인정하기 시작하였다. 그래서 農改 §19 II 의 賣買는 物權的 賣買를 의미하는 것이고, 債權的 賣買를 의미하는 것이 아니라고하여, 所在地官

94) 서울高法 62. 12. 24, 62다135(總 8-2, 817); 大判 65. 9. 28, 65누1641(總 8-2, 836-26).
95) 大判 56. 8. 9, 4289民上249(總 8-2, 811).
96) 大判 81. 3. 10, 80다1983(總 8-2, 836-410); 大判 79. 2. 13, 78다58(要集 民 I-1, 631); 大判 75. 12. 9, 75다1362(總 8-2, 836-39).
97) 大判 59. 9. 10, 4291民上577(總 8-2, 794); 大判 79. 2. 13, 78다58(要集 民 I-1, 631).
98) 大判 59. 5. 7, 4291民再抗244(總 8-2, 836-85); 大判 60. 6. 13, 1960民再抗69(總 8-2, 836-36).
99) 大判 58. 11. 6, 4291民上46(總 8-2, 807); 大判 58. 10. 30, 4291民上281(總 8-2, 807); 大判 60. 9. 22, 4293民上374(總 8-2, 808); 大判 62. 2. 15, 4294民上829(總 8-2, 816); 大判 62. 4. 18, 4294民上1603(總 8-2, 819); 大判 63. 1. 24, 62다740(總 8-2, 806); 大判 64. 9. 8, 64다290(總 8-2, 809).
100) 大判 63. 7. 25, 63다314(總 8-2, 824).
101) 大判 61. 7. 13, 4293民上638(總 8-2, 815).

署의 證明이 없더라도 賣買契約 그 자체의 효력에는 영향이 없는 것으로 判示하기 시작하였다.[102] 그 후 大法院 全員合議判決은 더욱더 분명히, "農地賣買에 있어서 所在地官署의 증명이 없는 경우에는 賣買에 의한 物權變動의 효과, 즉 所有權移轉의 효과를 발생할 수는 없으나, 賣買當事者 사이의 債權契約으로서의 賣買契約은 有效히 성립될 수 있는 것이다"라고 하였다.[103]

그 후 判例는 변함없이 證明은 物權變動의 效力發生要件으로서 農地所有權移轉登記申請을 위한 한 가지의 書類에 불과한 것으로 判決해오고 있다.[104] 좀더 구체적으로 判例를 분석해보면, 所在地官署의 증명이 없다하더라도 債權契約인 賣買契約이 무효로 되는 것은 아니며,[105] 따라서 債權契約이 有效하므로 賣渡人은 債務履行으로서 買受人에게 농지를 引渡할 의무가 있다고 判決하였다.[106] 그리고 證明이 없으면 그 農地所有權이 適法하게 買受人에게 移轉되는 효력이 생길 수는 없으나 賣渡人이 買受人에게 그 賣買契約의 履行方法으로 占有를 移轉하였다면 買受人의 점유는 그 매도인에 대한 관계에 있어서 權原없는 占有라 할 수 없다[107]고 判決하였다. 더욱더 證明없이 農地를 占有耕作하므로 인한 收益은 法律上 원인없는 利得이라고 할 수 없다고 判決하였다.[108]

더 나아가서 賣渡人이 賣渡할 당시에 스스로 耕作中이 아니라하더라도 그 賣買는 農地改革法上 違法이라 할 수 없으며,[109] 공무원도 農地取得이 가능하다고 하였으며,[110] 死者에 대한 證明도 유효하다고 判決하였다.[111] 이와 같이 判例의 태도를 바꾸어 所在地官署의 증명을 物權的 賣買(物權的 合意)의 效力發生要件으로 하고, 證明書는 단순히 農地所有權移轉證明를 위한 申請書類의 하나에 불과한 것으로 판결하였다. 그래서 證明이 없으면 所有權移轉登記를 신청할 수는 없으나 適法하게 占有하여 耕作할 수 있다고 하여, 農民이 아닌 者도 農地를 취득하여 登記함이 없이 耕作할 수 있는 길을 열어주었다. 그것은 後述할 中間省略登記의 경우를 살펴보면 더욱 명확하다.

(ㄹ) 中間省略登記와 證明의 效力　　中間省略登記와 所在地官

102) 大判 64.9.15, 64다617(總 8-2, 813).
103) 大判 64.10.22, 64다563(總 8-2, 825); 大判 87.4.28, 85다카971(公 802, 865).
104) 大判 64.12.15, 63다1071(總 8-2, 825).
105) 大判 65.9.7, 65다1293(總 8-2, 836-55).
106) 大判 67.6.27, 66다2616(總 8-2, 836-17).
107) 大判 71.3.23, 71다290(總 8-2, 836-46); 大判 79.8.28, 79다1077(總 8-2, 879-1-3).
108) 大判 65.9.28, 65다1641(總 8-2, 836-26).
109) 大判 66.5.24, 66다485(總 8-2, 836-57).
110) 大判 67.8.29, 67마722(總 8-2, 836-59).
111) 大判 69.12.23, 69다1588, 1589(總 8-2, 836-35).

署의 증명과의 관계에 있어서 초기의 判例는, 비록 中間省略登記를 하였다 하더라도 실제로 이루어진 賣買마다 所在地官署의 증명을 필요로 한다고 判決하였다. 예컨대, 최초의 讓渡人 甲이 中間者 乙에게 農地를 賣買하고 乙이 다시 최후 讓受人인 丙에게 매매한 후 所有權移轉登記는 甲에게서 丙에게로 經了된 경우에 甲·乙 및 乙·丙間의 賣買는 각각 所在地官署의 증명을 받아야 한다는 것이었다.

그래서 判例는 최초의 讓渡人과 최후 讓受人 사이에 中間取得者를 무시하고 직접 賣買가 있었던 것처럼 하여 증명을 얻는다면 中間者가 脫法行爲에 의하여 耕者有田의 原則과 所有上限을 회피할 목적으로 악용될 수 있으므로 구체적인 賣買대로 所在地官署의 증명을 받아야 한다고 하였다.[112] 그리고 中間節次를 생략한 최초의 讓渡人과 최후 讓受人間에 직접 賣買가 있는 것처럼 하여도 證明은 有效하지 못하고, 따라서 賣買契約은 효력을 발생하지 않는다고 하였다.[113] 그래서 초기에는 中間省略登記의 방법에 의한 非農民의 農地取得을 배제하였다. 그후 判例는 태도를 바꾸어 證明은 物權的 賣買의 有效要件이므로 구체적인 각 賣買마다 증명을 받지 않았다 하더라도 中間者를 포함한 제3자의 合意에 의해서 최초 讓渡人과 최후 讓受人間에 매매가 있었던 것으로 하여 증명을 얻어 中間省略登記를 하였다면 그 증명은 有效하고 각각의 賣買를 無效라 할 수 없다고 하였다.[114] 확실히 구체적인 각각의 賣買의 證明이 없이 최초의 讓渡人과 최후의 讓受人間에 賣買가 있었던 것으로 하여 증명을 얻어 中間省略登記를 할 수 있다고 허용한다면 非農民인 中間者의 農地所有의 길을 열어주는 것이다.

(v) 賣買證明을 받지 않아도 되는 경우　　農地의 耕者有田의 原則과 所有上限制를 지키기 위한 수단이 農地賣買의 證明制임에도 불구하고 立法과 判例는 증명을 받지 않아도 되는 예외적인 경우를 적잖이 인정하고 있다.

먼저 立法的으로는 農地改革 후에 완성된 개간·간척으로 인한 農地의 賣買의 경우(農改 §25-2) 都市計劃區域 내의 농지의 賣買의 경우(都計 87 I §iii) 限時法이었던 登記申請에 관한 각종의 特別措置法에 의한 登記申請의 경우(不動產所有權移轉登記등에 관한 特別措置法 附則(1978), 收復地域內所有者未復舊土地의 復舊登錄과 保存登記에 관한 特別措置 §16 II)에는 所在地官署의 증명을 요하지 않았다. 그

---

112) 서울高法 62.7.16, 62다30(總 8-2, 814); 大判 65.3.23, 65다28(總 8-2, 835); 大判 65.5.18, 65다59(總 8-2, 836-1).

113) 서울高法 62.7.16, 62다30(總 8-2, 814).

114) 大判 64.9.15, 64다617(總 8-2, 813).

리고 判例도 이러한 예외적인 立法을 그대로 承認하고 있다. 즉 農地改革法 시행 후 개간한 農地의 賣買에는 증명을 요하지 않으며,[115] 農地가 都市計劃區域에 편입된 경우에는 증명을 필요치 않는다.[116] 이상의 두 가지 경우는 法律에 의해서 證明을 排除하고 있는 것을 判例가 다시 확인하고 있다. 그리고 判例는 垈地化를 停止條件으로 하는 農地의 賣買에는 증명을 요하지 않는다고 한다.[117] 물론 垈地化는 단시일에 이루어질 것을 停止條件으로 하여야 하며 長期間垈地化하지 않을 것이면 證明이 필요하다.[118]

또한 判例는 農地賣買로 인한 所有權移轉登記가 經了되었으면 農改 §19 II의 賣買證明은 移轉登記時에 제출된 것으로 推定하며,[119] 移轉登記를 마쳤으면 適法하게 買受한 것으로 추정하며,[120] 農地를 競落받고 所有權移轉登記까지 經了하였을 경우에는 競落人은 農地取得의 자격을 具備하였다고 推定하고 있다. 더 나아가 判例는 訴訟節次에 있어서 증명을 받았는지의 여부는 法院의 職權調査事項이 아니고 當事者의 攻擊防禦方法에 불과하다고 한다.[121] 이처럼 判例는 耕者有田의 原則을 지키려던 所在地官署의 증명의 효력에 관한 초기의 태도에서 크게 후퇴하였음을 발견할 수 있다. 이와 같이 證明을 받지 않아도 되는 경우를 立法과 判例가 적잖이 인정하므로 農地賣買證明制가 農地所有權의 처분권능의 제한으로서는 그 效力이 크게 저하되었다고 할 수 있다.

(b) 林野賣買證明制 1990년 1월 13일 山林法改正에 의해서 2,000m² 이상의 林野의 賣買에 있어서도 農地賣買證明制와 같이 林野賣買證明制를 立法하였다(山林 §§ 110, 112-2, 山林令 § 109 I) 이 林野賣買證明制의 목적은 實需要者가 임야를 買收하도록 하여 林野의 투기를 방지하고자 함에 있다.

林野는 山林經營을 원하는 者가 소유함을 원칙으로 하고, 林野所有者는 林野를 합리적·효율적으로 經營하거나 利用하여야 한다(山林 § 110). 그래서 林野를 買

115) 大判 68. 3. 16, 67다828, 829(總 8-2, 836-19); 大判 73. 12. 24, 73다1194(總 8-2, 836-81); 大判 80. 4. 8, 80다296(總 8-2, 836-135); 大判 81. 6. 23, 80다2197(總 8-2, 836-144).

116) 大判 67. 1. 31, 66다2269(總 8-2, 836-14); 大判 79. 8. 31, 79다224(總 8-2, 836-127); 大判 81. 2. 24, 80다2518(總 8-2, 836-138).

117) 大判 65. 3. 9, 64다1787(總 8-2, 835); 大判 66. 10. 18, 66다1690(總 8-2, 836-13); 大判 67. 1. 24, 63다12(總 8-2, 836-14); 大判 81. 3. 24, 80다2506(總 8-2, 836-142).

118) 大判 67. 2. 21, 66다2137(總 8-2, 836-16).

119) 大判 69. 6. 24, 69다469(總 8-2, 836-33); 大判 87. 10. 28, 87다카1312(公 814, 1790).

120) 大判 65. 8. 24, 65다1018(總 8-2, 836-55).

121) 大判 70. 2. 10, 69다2053(總 8-2, 836-36); 大判 76. 7. 27, 75다2368(總 8-2, 836-106); 大判 77. 3. 8, 76다1791(總 8-2, 836-108); 大判 78. 3. 28, 78다200(總 8-2, 836-121); 大判 80. 12. 23, 80다1321(總 8-2, 836-137).

收하고자 하는 者는 임야의 所在地를 管轄하는 市長·郡守의 林野賣買證明을 발급받아야 한다(山林§111 I 本文). 市長·郡守는 임야매매증명을 願買者가 山林經營事業을 하고자 하는 者인 경우에는 山林經營計劃書, 山林利用을 위하여 買收하고자 한 者인 경우에는 林野利用計劃書를 제출한 實需要者에 한해서만 발급하여야 한다(山林§111 II). 이렇게 林野賣買證明을 발급받아 林野를 買收한 者는 山林經營計劃書 또는 林野利用計劃書대로 임야를 경영하거나 이용하여야 한다(山林§112 I 本文).

(바) 先買 및 先買協議權에 의한 處分制限

(a) 先買 및 先買協議權의 槪念과 機能 先買(Vorkauf)는 賣買의 특수한 한 형태로서 物件의 所有者가 그 물건을 제3자에게 賣渡한 경우에 先買權(Vorkaufsrecht)을 가진 者가 그의 선매권을 行使함으로써 그 賣買契約에 개입하여 소유자와 제3자간에 締結된 契約과 동일한 내용의 계약이 所有者와 先買權者 사이에서 체결되는 것으로 보는 제도이다. 이러한 先買制度는 본래 私法上의 특수한 종류의 賣買이었으나 점차 土地政策, 특히 公的土地取得의 방법으로서 土地政策遂行의 하나의 중요한 수단으로 기능하게 되었다.

獨逸과 佛蘭西에서 先買權을 널리 인정하고 登記도 할 수 있으나 우리 나라는 한정적으로 先買權과 先買協議權이 인정되고 있을 뿐이다. 先買協議權은 土地所有者가 토지를 매매하고자 할 때에 公共機關이 당해 土地를 우선적으로 買收할 것을 협의할 수 있는 權利이다.

우리 나라에서는 山地賣買의 경우에는 先買權이(山林§112-2), 그리고 土地去來의 許可·申告의 경우(國土管§21-14) 및 宅地의 許可·申告를 하고 취득한 處分義務 있는 所有宅地를 處分義務期間 내에 처분하지 아니하였을 때 先買協議權이 발동될 수 있다(宅地所有§17).

(b) 林野에 대한 先買權 林野賣買證明을 발급받아 소유권이 移轉된 林野로서 所有權移轉日로부터 5년 이내에 다시 賣買가 이루어져 林野賣買證明發給申請이 있는 경우에는 市長·郡守는 山林經營이나 公用 또는 公共用地의 확보를 위하여 필요로 하는 國家 또는 地方自治團體로 하여금 他에 우선하여 買收하게 할 수 있다(山林§111-2 本文). 이 林野의 先買權은 國家 등이 林野所有者와 제3자간에 체결된 직접 賣買契約에 개입할 수 있는 權利는 아니고, 市長·郡守가 국가 등으로 하여금 그 제3자에 우선해서 당해 林野를 買受할 수 있을 뿐이다. 그러므로 林野의 先買權은 본래의 意味의 先買權과는 조금 다르다. 林野의 先買權에 의한 買收節次 및 買收價格 등에 관하여는 土地去來許可·申

告가 있은 경우의 先買協議權에 의한 賣買의 경우와 동일하다(國土管 §21-14, 山林 §112-2 Ⅱ).

(c) 土地去來許可·申告가 있는 경우의 先買協議權

(i) 目 的 土地去來의 許可 또는 申告對象이 토지로서 그 토지에 관하여 賣買 등의 去來行爲에 있어서 그 去來當事者가 管轄官廳에 許可申請 또는 신고한 경우에 일정한 公共機關이 당해 土地를 그 토지의 소유자인 賣渡人과 협의하여 買收할 수 있다. 이와 같이 일정한 公共機關이 先買協議에 의하여 당해 土地를 買收하는 것은 公共用地의 확보를 위함에 그 목적이 있다.

(ii) 先買協議權의 主體 및 節次 先買協議權을 行使할 수 있는 者는 國家, 地方自治團體 또는 일정한 公法人[122]이다. 이러한 先買協議權者는 직접 곧 바로 土地所有者와 先買協議를 하는 것이 아니라, 당해 土地의 관할 道知事로부터 先買協議者로 지정을 받아야 하며, 이 指定通知가 土地所有者 및 그 先買協議者에게 도달되었을 때 비로소 先買協議者와 土地所有者間에 先買協議가 개시된다.

先買協議의 대상토지는 土地去來許可申請 또는 신고를 요하는 土地이다. 그러므로 規制區域 내의 許可對象土地와 申告對象土地 및 기타 申告對象地域 내의 一定面積 이상의 신고를 요하는 토지에 한하여(國土管 §21-2, §21-7) 先買協議가 가능하다. 그리고 구체적으로 土地去來當事者의 土地去來許可申請 또는 申告가 있을 때 비로소 관할 道知事는 先買協議權者를 지정하고 그 지정된 先買協議者와 土地所有者에게 通知함으로써 先買協議가 이루어진다. 土地去來許可의 거절을 요건으로 하지도 않으며, 申告에 대한 變更勸告도 그 요건이 아니다. 다만 先買協議가 이루어질 수 있는 土地所有者와 買受人間의 토지거래는 賣買에 한하지 않고 對價를 받고, 당해 土地에 관한 所有權·地上權 기타 使用·收益을 목적으로 하는 權利의 移轉 또는 設定하는 계약이 체결되고 그 契約締結이 許可 또는 申告를 요하는 경우이면 족하다. 그러므로 예컨대, 原去來當事者間에는 地上權을 설정하고자 하였는데, 先買協議者가 당해 土地를 買收할 수도 있는 것이다.

(iii) 先買價格 先買協議에 의하여 체결되는 賣買價格은 그 土地의 許可申請書 또는 申告書에 기재된 契約豫定金額 이상으로 하되 標準地價

122) 公法人으로는 韓國土地開發公社, 기타 大統領令으로 정하는 政府投資機關 및 公共團體 등을 말한다.

에 一定率을 가산한 金額[123]을 초과하지 않는 범위 내에서 決定되도록 하고 있다(國土管 §21-14 Ⅲ).

(iv) 效　果　　土地所有者와 先買協議權者間에 先買에 관한 협의가 이루어지면 賣買契約締結의 효과가 발생한다. 따라서 先買한 토지에 대해서는 土地利用計劃, 都市計劃 기타 土地利用에 관한 계획에 따라 당해 土地를 유효적절하게 이용할 의무가 가해진다(國土管 §24-14 Ⅳ). 그러나 협의가 不成立하게 되면 당초의 去來契約當事者의 契約締結이 가능해진다. 先買協議權者와 土地所有者間에 매매계약이 체결되었을 때 土地所有者와 原買受人間의 거래계약은 許可申請에 의하여 賣買協議가 있는 경우에는 협의가 진행되는 동안은 管轄道知事는 許可有無를 보류할 것이며, 協議賣買가 이루어지면 國土管 §21-3 Ⅶ의 法理에 비추어서 原賣買契約 등은 효력을 발생하지 않는다고 하여야 할 것이다.

申告의 경우에도 許可의 경우와 마찬가지로 해석하여야 할 것이다. 協議가 이루어지지 않으면 許可申請의 경우에는 管轄道知事가 그 거래계약을 許可申請을 갖추었는지의 유무에 따라 許可할 수도 있고 許可하지 않을 수도 있다. 그러므로 原去來契約이 효력이 발생할 수도 있고 효력을 발생치 못할 경우도 있게 된다. 그러나 申告의 경우에는 原去來契約은 언제나 유효하게 存續한다.

(d) 未處分宅地에 대한 先買協議權　　開發 후 처분하기 위하여 宅地取得의 許可를 받고 취득하였거나, 취득을 신고한 宅地로서 處分義務期間 내에 택지를 처분하지 아니한 때에는 市長·郡守는 그 處分義務期間 滿了日로부터 6일 이내에 國家, 地方自治團體 등 중에서 당해 土地를 買受할 者를 지정하여 그 택지를 協議買收하게 할 수 있다(宅地上限 §17 Ⅰ). 이때의 先買價格은 公示地價를 기준으로 하여 算定한 금액으로 하며(宅地上限 §17 Ⅳ), 宅地所有者는 정당한 이유없이 賣買의 협의를 거부할 수 없다(宅地上限 §17 Ⅲ).

(사) 外國人의 土地取得制限　　外國人 또는 外國法人이 抵當權을 제외한 토지에 관한 權利를 취득하고자 할 때에는 내무부장관의 許可를 받아야 한다(外土 §5 Ⅰ). 그러나 外國人이 自己住居의 用에 供하기 위한 660m² 이하의 土地에 관한 權利의 취득은 내무부장관에 申告함으로써 가능하다(外土 §5 Ⅱ, 外土令 §8 Ⅰ). 外國人의 土地取得制限은 土地所有權에 대한 직접적인 制限은 아니지만 간접적인 土地所有權의 處分制限으로 해석할 수 있다.

123) 先買價格은 國土管 §21-4 Ⅰ i에서 정한 價格을 초과할 수 없다. 즉 標準地價에 大統領令이 정하는 適正率을 곱한 금액과 당해 土地에 대하여 大統領令이 정하는 취득, 관리에 소요된 費用額의 元利金을 合算한 금액을 초과할 수 없다.

㈐ 佛教財産·鄕校財産·學校用地 등에 대한 處分制限

(a) 佛教財産에 대한 處分制限 寺刹 또는 佛敎團體의 動産이나 不動産을 貸與·讓渡 또는 擔保에 供하고자 할 때에는 管轄官廳인 문화부장관의 許可를 받아야 한다(寺保 §6 Ⅰ ii). 許可를 받지 않고 처분한 경우에는 그 處分行爲는 無效이며(寺保 §6 Ⅲ), 동시에 500만원 이하의 罰金에 處한다(寺保 §15 i). 그리고 傳統寺刹의 住持는 당해 寺刹의 재산을 처분하는 경우에 그 財産을 취득할 수 없다(寺保 §11).

(b) 鄕校財産에 대한 處分制限 鄕校財團이 鄕校財産을 처분 또는 담보에 供하고자 할 때에는 문화부장관의 허가를 받아야 한다(鄕財 §11 i). 이를 위반하여 處分 또는 擔保提共을 한 때에는 2년 이하의 징역 또는 200만원 이하의 罰金에 처한다(鄕財 §14).

(c) 學校用地의 處分制限 學校法人이 기본재산을 賣渡, 贈與, 交換, 用途變更, 擔保에 제공하고자 할 때에는 監督廳의 허가를 받아야 한다(私學 §28 Ⅰ). 그리고 학교교육에 직접 使用되는 校地, 校舍, 體育場, 실습 또는 研究施設 등은 이를 賣渡 및 擔保提供할 수 없다(私學 §28 Ⅱ, 私學令 §12). 이를 위반한 때에는 6월 이하의 징역 또는 50만원 이하의 罰金에 처한다(私學 §73 ii).

㈑ 土地 또는 住宅의 處分期間의 制限 간접적인 方法이지만 일정한 法定期間 내에 土地 또는 住宅을 처분한 경우에는 讓渡所得稅를 부과하고 法定期間이 초과하여 처분하는 경우에는 讓渡所得稅를 非課稅하는 경우가 있다. 이와 같은 讓渡所得稅의 非課稅對象이 될 수 있는 기간을 法定하는 것도 사실상에 있어서는 所有權의 處分制限으로서 기능한다. 즉 自耕農地로서 8년 이상 所有한 후 처분하면 讓渡所得稅가 非課稅되나 8년 이상 所有하지 않고 처분하면 讓渡所得稅를 부과하게 되며(所稅 §5 vi ㈑), 一家口 一住宅에 대해서 非課稅하지만 소유자로 登記된 者의 居住期間이 3년 이내이거나, 保有期間이 5년 이내인 경우에는 양도소득세의 課稅對象이 된다(所稅令 §15 Ⅰ).

㈒ 糧穀의 賣渡命令 농림수산부장관은 糧穀의 需給을 조절하고 가격을 유지하기 위하여 生産者 및 所有者에 대하더 政府나 政府가 지정하는 者에게 糧穀의 賣渡를 명령할 수 있다(糧穀 §4). 이와 같은 行政命令에 의해서 糧穀의 所有者와 國家間에 糧穀賣買契約의 체결이 의제된다. 이러한 契約을 명령된 契約(diktierter Vertrag)이라 한다. 물론 이러한 見解에 대하여 行政命令이 債權關係의 발생원인이 될 뿐이라는 주장도 있다. 어떠한 見解에 의하던 糧穀의 賣渡命令은 糧穀의 소유자에 대한 處分權能의 제한이 된다.

Ⅵ. 土地公槪念

1. 土地公槪念 登場의 背景과 沿革

土地公槪念이 처음으로 주장된 때는 1970년대 중반쯤으로 거슬러 올라간다. 1960년대 초부터 시작된 經濟開發計劃의 추진에 의해 産業化와 都市化가 급속도로 진행됨에 따라 工業用地·住居用地의 大量供給이 커다란 과제가 되었다. 한정된 土地資源을 가지고 폭발적으로 늘어나는 需要를 충족하기에는 限界가 있었다. 그래서 需給의 不均衡에 의해 地價가 상승하게 되고, 地價의 상승은 다시 開發利益을 私有化하기 위하여 불필요하게 土地를 과다하게 取得하는 악순환을 낳게 되었다. 그래서 土地도 그 適性에 따라 效率的으로 利用되지 못하고, 또한 적정규모를 넘어 불필요하고 과다하게 所有를 하는 현상을 빚고, 開發利益의 私有化를 위한 土地投機라는 土地問題가 싹트기 시작하였다. 이러한 土地問題가 일어나게 된 배경에는 여러 가지 복합적인 要因이 介在되어 있지만 무엇보다도 중요한 原因은 土地가 갖는 特殊性과 이러한 土地問題를 낳을 수 있었던 土地에 관한 法原理 내지 法制의 不完全性이었다.

土地는 그 量이 有限한 가장 안전한 財産增殖의 대상이 될 수 있었으며, 土地法制는 開發利益이 私有化를 가능케 할 수 있는 내용으로 구성되어 있었다. 다시 말하면 土地投機를 合法的으로 할수 있는 內容으로 구성되어 있었고 또한 그렇게 運用되었다. 經濟開發計劃의 의욕적인 추진과 함께 土價上昇과 土地投機라는 토지문제는 심각한 社會問題로 發展되어 드디어 1967년에는 投機抑制를 위하여 "不動産投機抑制稅法"을 制定하여 1968년부터 施行하기에 이르렀다. 그러나 不動産投機抑制稅法도 失效를 거두지 못하고 계속적으로 地價는 上昇하고 投機는 더 격화되어 왔다.

이러한 土地問題의 심각성이 더 해감에 따라 土地法制에 관한 근본적인 檢討와 새로운 土地法制의 수립이 필요하다는 認識이 싹트게 되고, 그러한 土地法制의 근본적인 改革을 위한 土地法制의 理念으로서 土地公槪念이 주장되게 되었다. 土地公槪念이 주장되었을 때에는 用語도 다양하였다. 土地所有權의 公槪念·土地의 公的槪念, 土地의 公槪念, 土地의 公益槪念, 土地財産權의 公槪念 등이 使用되었으나 지금은 土地公槪念으로 거의 통일되었다고 할 수 있다.

土地公槪念이 주장된 이래 土地問題의 심각성은 점차 더 깊어져서 그것은 단순히 土地에 관한 문제에서 社會問題로 발전하고 오늘날은 國家的인 문제로 진전되어 土地問題의 解決이 하나의 國家的 課題로 되었다. 1967년에 처음으로 不動産投機抑制稅法을 制定하여 土地投機에 대처하기 시작하여 土地法制도 점차 다방면에 걸쳐서 그 強度를 더해 왔다. 10년을 주기로 하여 1978년에는 소위 8.8조치를 단행하여 土地去來許可·申告制를 立法하고 土地利用의 기본이념을 規定하고 讓渡所得稅를 강화하는 등 立法的 措置를 강구하였다. 그러나 그것들도 현실적으로 일어나는 土地投機를 근절하기에는 미흡하였다. 그 후 10년이 지난 1988년에는 소위 8.10조치를 발표하여 보다 더 강력한 土地對策을 내놓고 그것의 立法化를 추진하였다. 宅地所有上限制·綜合土地稅, 開發負擔金 및 土地超過利得稅의 부과 등 그 어느 때보다도 강력한 土地法制를 강구하였다. 土地公槪念도 이러한 土地對策의 強化와 함께 그 내용이 점점 강화되고 내용도 더 깊어지게 되었다. 처음 土地公槪念이 주장되었을 때에는 土地를 단순히 商品으로 볼 것이 아니라 국민 모두의 生活과 生産을 위한 資源으로 認識하자는 土地觀의 轉換을 촉구하고, 土地는 所有하는 데 意義가 있는 것이 아니라 利用하는 데 意義가 있으므로 土地所有權 중심의 土地法制를 土地利用權 중심으로 바꾸어야 한다는 것을 그 내용으로 하였다. 즉 土地所有權中心主義에서 土地利用權中心主義로의 전환을 촉구하였다.

그래서 國土管 §1-2를 新設하여 土地利用의 기본이념을 선언하여 土地利用에는 私益보다는 公益을 우선시킬 것을 宣言하고 未利用土地의 取得·所有를 억제하여 土地를 효율적으로 利用케 하기 위하여 空閑地, 企業의 非業務用土地에 대하여 財産稅를 重課하는 조치를 취하였다. 그러나 土地投機의 문제가 特定地域에 한정된 문제가 아니고 전국적으로 모든 土地에 걸쳐서 일어나고 地籍의 電算化가 완료됨에 따라 土地所有의 過多偏重現象이 밝혀지고 社會全般의 民主化 흐름에 따라서 土地所有의 獨寡占現象의 是正과 土地資源配分의 衡平을 더욱 더 강조하기에 이르렀다. 그리고 福祉社會의 실현을 住居部門에서도 실천할 것을 憲法에 明示하고(憲 §35 II), 不勞所得的인 개발이익을 강력히 社會로 還收하고, 土地秩序를 정상화시켜 전반적으로 토지질서를 확립해야 하겠다는 것이 土地政策의 基調로 바뀌고, 이에 따라 土地法制도 이러한 정책을 실천한는 방향으로 立法이 추진되어 왔다.

따라서 土地公槪念도 土地資源配分의 衡平性을 실현하는 理念을 강조하게 되었다. 土地資源配分의 衡平性은 토지를 물리적으로 國民 모두가 골고루 나누어 갖는다는 것보다는 社會發展에 의해서 土地로부터 발생하는 開發利益을 국민 모두가 골고루 享有하는 것이 더 중요한 내용임을 간과해서는 안 된다. 이와 같은 土地資源配分의 형평성을 실현하기 위해서 宅地所有上限制, 綜合土地稅, 開發負擔金 및 土地超過利得稅의 부과・징수와 開發基金으로서의 성격을 가진 土地管理 및 地域均衡開發特別會計의 설치의 立法이 이루어졌다. 그래서 土地公槪念 실천을 위해서 추진되어오던 法律 중 土地基本法을 제외하고 모두 制定되었다. 그외에도 이미 制度化된 土地公槪念의 실천수단으로서 土地問題의 핵심이 되어 온 土地投機抑制를 土地去來許可制, 申告制의 實施, 登記申請義務主義의 制度化推進, 讓渡差益에 따른 양도소득세의 累進的 賦課를 실시하고 있다.

이와 같이 土地公槪念의 開發過程을 통해서 살펴볼 때 土地公槪念이란 土地를 단순히 商品으로 인식하지 말고 國民 모두의 資源으로 인식해서 이 토지를 現世代만이 아니라 다음 世代를 위해서도 그 用途에 따라서 가장 效率的으로 利用하고, 國民 모두가 골고루 享有할 수 있도록 하여야겠다는 土地思想 내지 土地에 대한 하나의 理念이라 할 수 있다.

2. 土地思想으로서의 土地公槪念

(1) 土地公槪念과 土地思想

土地問題의 解決을 위한 理念的 道具로서 우리 나라에서는 土地公槪念이 주장되었으나 土地公槪念을 우리 나라의 土地思想 내지 土地哲學으로 定立하지 못하고 단지 土地問題解決을 위한 엄격한 公法的 規制의 正當性 導出을 위한 理念的 導具로 활용하여 왔던 것이 사실이다. 土地公槪念은 土地에 대한 公法的 規制의 正當性 도출의 기초로서 보다는 土地思想으로 정립되어야 할 과제이다. 土地公槪念은 自由主義的 土地思想에 터잡은 土地制度로 인하여 발생하는 土地問題를 과격한 혁명적인 方法으로써 보다는 漸進的인 개혁적인 方法에 의해서 土地政策의 목표를 실현하고자 하는 改良主義的 土地思想의 範疇에 포함된다고 할 수 있다. 따라서 土地公槪念은 토지에 대한 私有財産制로 인하여 발생하는 土地投機, 토지의 獨寡占 등의 土地問題를 漸進的인 방법으로 是正하고자 하는 土地思想이며, 그러한 土地思想으로 정립해 나가야 할 과제이다. 한편 土地公槪念은 토지를 중심으로 한 公・私法으로 구성된 독립된 法領域으로 발전해 가고 있는 土地法의 構成原理이면서 동시에 最高原理이다.

(2) **土地思想의 分類**

㈎ 自由主義的 土地思想 　自由主義的 土地思想은 資本主義的 土地思想으로서 토지가 생산수단임에도 불구하고 하나의 商品으로 이해하며 私有財產制를 제도적으로 保障하고 토지의 自由去來를 허용하며, 土地의 量的·質的인 所有의 制限을 두지 않는 土地思想이다. 다시 말하면 自由主義的 土地思想은 土地의 자유로운 소유를 許容하며, 所有權을 절대적으로 보호하는 土地思想이다. 이러한 自由主義的 土地思想은 近代市民社會에 와서 가장 강력하게 대두되었으며, 또한 自由主義的 土地思想은 近代市民法의 基本思想의 하나가 되었다. 그런데 이러한 自由主義的 土地思想은 中世封建社會에서의 토지의 分割所有權에 의한 身分拘束的인 상태로부터의 해방을 위한 理念的 鬪爭手段으로 胚胎되었다. 그러나 佛蘭西革命을 계기로 하여 전개된 近代市民社會의 土地에 대한 기본적인 思想으로 定着되어 현대에 와서는 다소 修正이 되긴 했지만 資本主義體制下의 土地에 대한 基本哲學으로서 계속 유지되고 있다.

自由主義的 土地思想은 정치적으로는 自由放任主義, 經濟的으로는 自由市場經濟原理와 그 軌를 같이 하는 사상으로서 資本主義經濟秩序下에서의 토지에 대한 근본적인 哲學이다. 自由主義的 土地思想은 個人主義와 結合하여 생산수단의 私的所有를 認定하는 私有財產制를 인정하여 토지에 대하여 자유로운 私所有權을 許容하였다. 이러한 自由主義的 土地思想은 近代市民法의 기본원리와 결합하여 土地所有權의 絶對性·自由性을 인정하게 되고, 개인의 創意에 의하여 土地를 효율적으로 利用할 수 있게 하고, 契約自由의 원칙과 결합하여 土地의 자유로운 去來를 가능케 하였다.

그러나 한편으로 自由主義的 土地思想에 의한 資本主義體制는 문제점도 초래하였다. 일반적으로 私有財產制는 不平等과 階級形成의 원인이 되었으며, 인간의 疎外와 인간으로 하여금 道德的으로 邪惡한 인간성을 갖게 하여 인간의 非人間化를 초래하며, 階級葛藤·恐慌·帝國主義的 戰爭 등의 사회적 문제를 誘發하기도 하였다. 이와 같이 自由主義的 土地思想은 중세의 身分拘束的인 토지의 分割所有權을 타파하는 理念的 手段으로서 주장되어 近代產業資本主義經濟體制下에서는 토지의 효율적인 利用을 促進하여 社會全般的인 富의 증대를 가져오는 데 기여하였으나, 資本主義가 獨占資本主義로 발전함에 따라서 막대한 土地問題를 낳게 되었다.

㈏ 社會主義的 土地思想 　社會主義는 生產手段 및 生產 그 자체에

대한 支配權이 中央當局에 부여된 제도적 유형, 즉 원칙적으로 社會의 經濟的 事項이 私的領域에 속하지 않고 公的領域에 속하는 제도적 유형을 의미한다고 할 수 있다.[124)]

이러한 社會主義國家에 있어서 財產權의 문제는 人間解放의 의미에 있어서 中心課題이었다. 私的所有는 계급착취의 원인이며, 不平等과 貧困, 人間疎外, 帝國主義와 같은 모든 社會惡의 근원으로 理解되었고, 私的所有의 廢止가 社會主義革命의 궁극적인 목적이었다. 그들에 의하면 私的所有의 부정은 모든 疎外의 終焉, 즉 인간의 宗教, 家族, 國家로부터의 人間的·社會的 存在로의 回歸를 의미한다고 하였다. 社會主義下에서의 私有財產制의 否定은 私的所有 일반을 폐지하자는 것이 아니라 부르주아적 所有, 즉 생산수단의 私的所有를 廢止하자는 것이다. 이처럼 社會主義的 土地思想下의 社會主義國家는 토지는 一般商品이 될 수 없으며, 生產手段으로서 국가의 所有下에 두어서 國家가 이를 관리하고 개인은 다만 利用할 수 있을 뿐인 것으로 理解되고 있다.

社會主義的 土地思想의 胚胎는 私有財產制로 인한 社會的 不作用, 예컨대 빈부격차·인간소외·계급착취 등을 체험하고 그러한 社會問題를 是正하여 진정한 社會主義 내지 共產主義社會를 이룩하자는 데 있었다. 그래서 社會主義의 原則인 "各者는 能力껏 일하고 勞動에 따라 配分 받으며" 더 나아가서 共產主義의 原則인 "各者는 能力껏 일하고 필요에 따라 配分받는 社會"를 이룩하고자 하여 生產手段의 私有化를 전면적으로 그것도 일시에 革命的 方法으로 없애버리자는 것이다. 그러므로 社會主義는 私有財產制에 의한 人間疎外의 적극적인 止揚인 것이며, 그것은 私有財產制 및 私有財產制와 연계된 모든 不平等한 社會問題를 철저히 消滅시키는 것이다.[125)] 社會主義的 土地思想이라 하더라도 土地所有權 그 자체를 완전히 없애버리자는 것이 아니며, 土地에 대한 私的인 所有權을 否認하고 國家所有權을 認定하고자 하는 것이다. 이처럼 社會主義的 土地思想은 自由主義的 土地思想과는 달리 私有財產制가 초래한 사회문제를 극복하고자 하는 또 하나의 土地思想으로서 土地가 갖는 生產手段으로서의 性質에 중심을 두고 私有財產制를 전면적으로 否認하며, 私有財產制가 초래하는 문제의 除去를 일시에 革命的 方法에 의해서 土地에 대한 私有財產制를 廢止하고 國家所有로 옮겨 놓고자하는 土地思想인 것이다.

124) Joseph A. Schumpter, Capitalism, Socialism and Democracy, 167(1942).
125) 金昭中, 마르크스주의 淵源과 構成要素, 中蘇研究 11-3(漢陽大學校 中蘇研究所, 1987 가을), 206-207.

㈐ 改良主義的 土地思想 改良主義的 土地思想은 私有財産制가 갖고 있는 社會的 矛盾을 사회주의에서와 같은 革命的 方法에 의해서 일시에 除去하자는 것이 아니라, 漸進的 方法에 의해서 是正하여 토지에 관한 정의로운 제도의 創設과 정의로운 社會의 建設을 도모하고자 하는 土地思想이다. 自由主義的 土地思想과 社會主義的 土地思想은 모두가 土地가 갖는 多面的 性質을 看過하고서 어느 한 면만을 중요시한 단점이 있고, 또한 私有財産制가 갖는 장점도 있지만 단점에 대한 고려와 그것의 是正을 私有財産制의 전면적 부정에 의해서 解決하고자 한 문제점을 갖고 있었다. 그러므로 自由主義的 土地思想과 社會主義的 土地思想은 土地를 보는 土地觀과 土地에 대한 所有權에 관해서 서로 相容할 수 없는 극단적인 입장에서 있었고, 또한 制度化하여 모두가 문제점을 초래하였다. 改良主義的 土地思想은 自由主義的 土地思想을 바탕으로 하면서 土地가 갖는 多面的 性質을 모두 고려하고 私有財産制를 바탕으로 하면서 私有財産制가 갖는 문제점을 國家의 調整과 規制를 통해서 是正하여 土地資源配分의 衡平性과 土地利用의 效率性과 土地去來의 正常化를 漸進的으로 이룩하여 理想的인 土地秩序를 이룩하자는 土地思想이다.

먼저 改良主義的 土地思想은 土地는 단순한 商品만도 아니고 단순한 資源만도 아닌 그 모두의 성질을 함께 갖고 있는 財貨이며, 따라서 商品으로서는 私的財貨이지만 資源으로서는 公共財貨로서 私的所有의 대상이면서 동시에 公的規制를 받아야 하는 성질을 함께 갖고 있는 것이므로 파악한다. 그리고 土地는 商品이기 때문에 土地에 대한 私有財産制는 보장된다. 그러나 土地는 그 價値의 형성이 土地所有者만의 勞力이 아닌 公共의 投資, 社會發展 등에 의해서도 증가하므로 그로 인한 土地增價分은 土地所有者의 것이 아니라 社會全體의 것으로서 그 增價部分은 社會全體의 것으로서 還收되어야 하는 것으로 본다. 私有財産制의 문제점은 이와 같은 土地價値 등 不勞所得的 價値增價分을 私有化하기 위해 土地를 과다하게 소유하여 빈부의 격차를 초래하고, 人間疎外의 社會現象을 발생시키고 土地를 가진 者와 갖지 못한 者間의 階層間의 갈등을 초래하고, 土地를 그 適性에 맞게 이용하기 보다는 不勞所得的 增價分을 私有化하는 데 온갖 노력을 기우려 土地問題를 深化시킨 것이 사실이다.

이러한 私有財産制가 가져올 수 있는 문제점을 社會主義的 土地思想下에서는 아예 土地所有權 그 자체를 國家所有로 하여 개인은 利用하여 收益할 수 있도록만 하고자 하는 데 반하여, 改良主義的 土地思想은 이러한 土地問題를

稅制 기타 公法的 規制를 통해서 漸進的으로 해결하여 土地秩序를 回復하고자 하는 思想이다. 특히 改良主義的 土地思想은 토지문제의 근원은 限定된 土地資源으로부터 발생하는 不勞所得的인 土地增價分을 개인이 私有化하겠다는 데서 출발하므로, 이러한 所有者의 노력에 의하지 않는 不勞所得的 土地增價分을 사회로 還收하여 그것을 다시 社會로 환원함으로써 土地所有權 그 자체를 沒收하지 않고서도 土地資源의 配分의 衡平性을 이룩할 수 있고, 不勞所得的 增價分을 私有化하기 위하여 일어나는 土地投機를 근절시킬 수 있고, 정당한 投資에 의한 增價는 私有를 보장하므로 土地利用은 效率的으로 이루어질 수 있다고 보고 있는 것이다.

결국 改良主義的 土地思想은 自由主義的 土地思想을 바탕으로 하면서도 自由主義的 土地思想이 갖는 토지문제와 自由主義的 土地思想에 바탕을 둔 土地法制를 漸進的으로 개선해 나아갈려는 土地思想이며, 결코 社會主義的 土地思想에로의 접근이라고는 할 수 없다. 改良主義的 土地思想의 내용을 구체적으로 要約整理해보면 土地를 商品으로서의 성질과 함께 資源으로서의 성질도 함께 갖고 있는 것으로 파악하고, 土地에 대한 私有를 인정하되 不勞所得的 增價分은 土地所有者의 것이 아니라 社會全體의 것으로 파악하여 이것의 社會還收를 주장하며, 土地의 자유로운 去來를 보장하지만 投機的인 비정상적인 去來에 대해서는 國家가 규제를 가하며, 土地所有權이 갖는 使用·收益·處分權能을 보장하지만 投機目的의 비정상적인 使用·收益·處分에 대해서는 國家가 규제를 가하여 土地所有者에게 적정한 收益과 正常的인 去來는 철저히 보장하고 投機的·資產增殖的 所有와 去來에 대해서는 엄격한 規制를 가하여 土地資源의 공평한 배분과 土地利用의 效率性 提高, 土地去來의 정상화를 이룩하고자 하는 것이다. 이러한 改良主義的 土地思想은 土地財產權에 대한 사회적 구속성으로 나타나며, 社會國家原理가 土地財產權 위에 구체화된 사상이라 이해된다. 自由放任主義가 產業資本主義段階의 국가의 이념적 형태라면 社會國家 내지 福祉國家는 修正資本主義段階의 이념적 형태이다. 그것은 社會民主主義 또는 페비안社會主義의 理念的 基盤 위에 등장하였고, 財產權의 불가침성을 그의 한 내용으로 하는 自由放任國家가 초래하는 階級葛藤, 貧富의 隔差, 不正義를 社會革命을 통해서가 아니라 社會改良을 통해서 해소시켜 나가려는 社會體制이다. 이러한 社會國家는 자본주의의 解體 위에서가 아니라 자본주의의 修正 위에 구축되는 것이다. 社會國家는 혁명을 통해서가 아니라 社會改良을 통해 實

現하는 것이다. 바로 이러한 改良主義的 土地思想은 자본주의를 기본바탕으로 하면서 社會國家를 土地部門에서 이룩하고자 하는 土地思想이다.

(3) 改良主義的 土地思想으로서의 土地公槪念

土地公槪念은 연혁적으로는 土地投機를 억제하기 위하여 필요한 강력한 公法的 規制를 위한 理念的 道具로 출발되었던 것은 사실이다. 그러나 지금은 하나의 土地思想으로 發展·定立시켜야 할 과제라 생각된다.

土地公槪念이란 土地는 단순한 商品이 아니라 인간이 生活과 生產을 위한 不可缺의 기반이기 때문에 그 土地가 지니는 適性이나 機能 혹은 地域에 따라 公共福利를 위해서 가장 값지게, 그리고 가장 효율적으로 利用하지 않으면 안 되며, 이를 위해서 適正한 規制가 가해지지 않으면 안 된다는 것을 意味하는 土地哲學이다. 土地公槪念은 土地政策의 一大轉換을 위한 새로운 개념의 창출이라 할 수 있다.

생각건대, 土地公槪念은 土地所有權은 다른 財產權과는 달리 엄격한 社會的 拘束性, 狀況的 拘束性에 따라야 하고 人權으로서의 財產權, 즉 生存權的 土地所有權은 두텁게 보호하고 非生存權的인 토지소유권에 대해서는 엄격한 規制를 가해야 한다는 것을 意味하는 것으로 이해할 수 있다. 결국 土地公槪念은 生存과 生產을 위한 適正規模의 土地의 所有·利用·開發·收益은 철저히 보호하고, 그렇지 않은 土地의 과다한 非生產的인 所有·利用·開發·收益에 대해서는 國家가 엄격한 규제를 가하여 土地資源의 配分의 형평성과, 利用의 효율성, 去來의 정상화를 이룩하고자 하는 土地思想이라 할 수 있다.

무엇보다도 土地問題의 근원은 土地價値로부터 발생하는 不勞所得的인 地價增價分을 私有化하겠다는 것에서부터 출발하므로 이러한 不勞所得的인 地價增價分의 社會還收와 社會還元에 그 중점이 두어져야 할 것이다. 따라서 土地公槪念은 韓國的 土地狀況에서의 改良主義的 土地思想의 표현이라고 할 수 있다. 이러한 土地公槪念에 관해서는 아직도 贊反의 兩論이 팽팽히 맞서 있는 상태이고,[126] 土地公槪念 實踐立法에 대한 論議도 분분한 상태에 있다. 그리고 이제는 土地에 관련된 公·私法으로 독립된 土地法을 구성할 단계에 이르렀다. 그래서 土地公槪念은 土地法의 構成原理 내지 最高原理라 할 수 있다. 土地公槪念은 우리 나라가 처한 土地問題를 극복하고 土地秩序를 확립하기 위한 하나

126) 土地公槪念에 관한 贊反論議에 관해서는 拙稿, 公共福利를 위한 土地政策; 土地公槪念의 當爲性, 土地公槪念法案에 대한 各界의 評價와 見解(全經聯文庫 31, 全國經濟人聯合會, 1989. 10), 9-41.

의 土地思想으로서, 그리고 土地法의 構成原理로서 정착되어야 할 것이며, 그 출발이 土地投機를 억제하기 위한 理念的 手段으로 시작되긴 했으나 이제는 土地思想으로 정착되어야 할 과제이다.

이상에서 살펴본 바와 같이 土地公槪念이란 결코 私有財産制를 否認하는 것도 아니고 社會主義로의 沒入도 아니며, 私有財産制를 유지하면서 그것으로부터 발생하는 土地問題를 점진적으로 개선해 나가고자 하는 土地思想임을 알 수 있다. 土地公槪念의 실천은 무엇보다도 不勞所得的 地價增價分의 社會還收에 의해서 그것을 다시 土地를 갖지 못한 者를 위해서 再投資하는 財源으로 활용되어야 할 것임을 強調하여야 할 것이다.

3. 土地公槪念에 대한 贊反論議

(1) 問題의 根源

土地公槪念에 대한 贊反論議는 끊임없이 계속하고 있다. 土地公槪念이 주장되었을 때 그것은 全體主義的 思考의 발상이라는 批判을 받았다. 지금은 政府도, 매스컴도, 政黨도, 一般輿論도 土地公槪念을 실천하여야 한다고 한다. 그러나 다른 한편으로는 예전보다 더 격한 非難과 批判을 하고 있다.

그러면 왜 그와 같은 論議가 일어나는지에 관해서 먼저 고찰해 볼 필요가 있다. 土地公槪念은 土地에 대한 시각의 轉換이며, 또한 土地에 있어서의 理念 내지 思想인데도 불구하고 그것을 土地財産權을 公的으로 規制하기 위한 하나의 手段 내지 政策目標로 생각하는 데 있다. 土地에 대한 公的規制는 土地財産權의 社會性과 公共性에 의해서 충분히 가능한대도 불구하고 굳이 土地公槪念이란 용어를 사용하는 것은 土地를 완전히 국가의 管理下에 두겠다는 底意가 있는 것이 아니냐는 것이다. 사실 土地公槪念이란 용어 자체에도 저항감이 있다. 처음 公槪念이란 용어를 사용하였을 때에는 土地도 공기나 물처럼 국민 모두의 公的財貨의 성질이 있는데, 土地法制가 土地를 보통의 商品과 같게 다루고 있어서 土地가 갖고 있는 公的財貨로서의 성질을 좀 부각시키기 위해서 土地公槪念이란 表現을 썼던 것 같다. 그러한 土地公槪念이 점차 土地問題의 심각성이 더해짐에 따라서 規制를 위한 理念的 手段으로 사용되어 온 것도 否認할 수는 없다. 土地公槪念이란 용어의 不完全性은 지적되어야 마땅하다. 그러나 그것을 土地法制의 理念으로 발전시켜 오는 과정에서 충분한 홍보가 없었고 중요한 土地關係法의 制定 또는 改正 때마다 土地公槪念의 실천을 강조해 왔기 때문에 이 土地公槪念을 제대로 定立하지 못한 감도 없지 않다.

그리고 무엇보다도 土地公槪念에 대해서 반대하는 것은 自由市場經濟秩序에 입각한 우리 나라에서 토지공개념은 市場秩序에 國家權力이 너무 깊히 介入하여 市場의 자율조정기능을 위축시킨다는 데 있다. 토지공개념을 표방하면서 土地市場에 국가권력이 너무 깊이 介入하는 것은 작은 政府·私的自治를 理想으로 하는 市民法原理에 배치되고 市民法秩序가 위협받는 것이 아닌가 하는 위기감에서 비롯된다고 보여진다. 이처럼 土地公槪念은 국가에 의한 規制爲主의 土地政策實踐을 위한 理念的 手段으로 사용되어 왔기 때문에 市民法秩序를 지킬려는 측에서도 의구심을 갖고 批判하지 않을 수 없을 것이다.

(2) 支持論

土地公槪念을 支持하는 견해는 먼저 土地의 特殊性에 비추어서 土地財産權은 다른 財産權과는 달리 다루어야 하고 보다 엄격한 公的規制를 하기 위해서는 土地公槪念의 이념표방이 필요하다는 것이다.

土地는 인간이 生産한 物件이 아니고 자연이 國民 모두에게 값없이 준 것이며, 또 그 量이 有限하고 擴大再生産이 불가능하고, 現在世代만을 위해서가 아니라 다음 世代를 위해서도 土地는 효율적으로 利用되고 적절하게 配分되어야 한다고 한다. 土地는 보통의 商品과는 달리 資源으로서의 性質을 가지고 있는데, 지금까지는 土地를 상품으로서의 性質을 강조하고 그것에 기초하여 土地法制가 구성되어 있으므로 土地가 갖는 資源으로서의 성질을 보다 더 강조하고 土地法制도 그러한 방향으로 轉換되어야 하겠다는 것이다. 이러한 土地觀의 轉換 및 土地法制의 整備를 위한 이념으로서 土地公槪念은 필요하다고 한다.

土地公槪念을 주장한다 하더라도 私有財産制를 부정하고 土地의 公有化나 國有化를 시도하는 것은 결코 아니며, 다만 土地財産權에 대해서는 다른 財産權보다는 좀더 강한 公的規制를 가하겠다는 것 뿐이라는 것이다. 그리고 土地公槪念을 주장하고 강조하게 된 土地問題의 근원은 土地投機에 있었다. 이 土地問題를 抑制하기 위해서 土地所有權의 使用·收益·處分權能에 대해서 엄격한 規制方法을 추진해 왔다. 그런데 土地投機가 가능했던 것은 이미 說明한 바와 같이 여러 가지 要因이 介在되어 있으나 法的 側面에서는 바로 合法的으로 투기를 가능케 한 市民法原理에 바탕을 둔 土地法制라는 것이다. 投機를 근절하기 위해서는 市民法原理에 대한 다소간의 修正을 가해야겠다는 것이다. 적어도 土地를 위한 法制에 관한 市民法原理를 다소 修正하여 土地秩序를 확립해야겠다는 것이다. 그 일을 위해서 土地公槪念이 필요하다는 것이다. 즉 土地財産權에 관한 한 契約自由의 原則에 다소간의 制限을 가하고, 土地所有權에 대해서도 보다 강한 制限을 가해야겠다는 것이다. 또한 獨逸聯邦憲法裁判所도 土地所有權은 土地라고 하는 財貨의 특수성으로 인하여 다른 財産權보다 많은 社會的 拘束을 받는다고 하였다. 그렇다면 우리 나라에서 土地公槪念의 理念下에 土地財産權에 대하여 보다 강한 公的規制를 가한다는 것이 무리일 것이 없지 않겠느냐는 것이다.

또 한편 土地公槪念 주장의 근거로서는 所有權, 특히 土地所有權은 역사적 개념이고 狀況拘束性을 갖고 있으므로 우리 나라와 같이 좁은 國土에 인구는 많고 土地投機는 심각하고, 土地를 가진 者와 갖지 못한 者間의 갈등이 심화된 상황에서는 土地秩序를 一般市民法原理에 맡겨둘 수 없고, 國家가 調整과 規制를 할 필요가 있으므로 이를 위해서 土地公槪念이 필요하다는 것이다. 그리고 土地公槪念을 주장하는 論者들은 이미 토지공개념은 부분적이지만 憲法에 規定되어 있다고 한다. 一般經濟秩序에 관해서는 憲 §119에서 規定하고 있고, 土地經濟秩序는 特別經濟秩序로서 憲 §§120 Ⅱ, 121, 122에서 규정하고 있는 것이다. 특히 憲法은 §122에서 국가는 國民 모두의 生産 및 生活의 기반이 되는 國土의 效率性이고 均衡있는 利用·開發과 保全을 위하여 法律이 정하는 바에 의하여 그에 관한 필요한 制限과 義務를 과할 수 있도록 하여 다른 財産權보다는 더 엄격한 規制를 加할 수 있다고 한다. 따라서 憲 §23 Ⅰ이 規定하고 있는 財産權保章의 의미를 財産의 종류와 관계없이 보편화시켜 土地財産權에도 그대로 적용하는 것은 타당치 않다고 한다.[127)]

이와 같이 國民 개인의 자유와 自己責任的 삶의 실현에 직접적인 관계가 없는 土地所有, 國土의 效率的 利用을 저해하는 土地의 所有와 利用, 自己勞動에 의하지 않는 土地投機所得이나 開發利益所得에 대해서는 광범위한 社會的 拘束이 인정되는 것은 당연하다고 한다.[128)] 그리고 우리 憲法은 生存權保障規定, 經濟秩序에 관한 規定 憲法 前文 등에서 社會國家原理를 규정하고 있는데, 社會國家에 있어서 財産權保障은 전래의 自由資本主義的 經濟·社會秩序上의 재산권보장의 의미로 이해되어서는 안 된다고 한다.[129)] 그래서 國家는 사회적 갈등의 해소와 社會的 統合, 그리고 社會的 正義에 따르는 財産의 分配와 社會

127) 김문현, 우리 憲法上의 土地公槪念, 土地開發, 5(1989. 5).
128) 김문현(前註 127), 8.
129) 김문현(前註 127), 8.

的 弱者에 대한 생존 배려, 社會構成員 상호간의 社會的 連帶와 責任을 실현하기 위하여 土地公槪念을 보다 광범위하게 실현해 나가야 할 것이라고 강조한다.[130)]

이상에서와 같이 土地公槪念을 주장하고 실천하고자 하는 견해는 土地의 特殊性을 고려하여 토지를 生活과 生產을 위한 資源으로 이해하고, 土地의 效率的 利用과 土地資源의 적정한 配分을 위해서 토지에 관한 한 一般市民法秩序를 그대로 적용할 것이 아니라 市民法秩序에 다소간의 修正을 가하자는 것이며, 그것을 실현하기 위해서 土地公槪念이라는 土地에만 적용되는 理念을 제시한 것이다. 그것은 우리 나라의 國土狀況과 土地問題의 현실에 비추어 볼 때 필요하고, 憲法에서도 이미 土地公槪念을 승인한 것으로 解釋할 수 있다는 것이다.

(3) 反對論

土地公槪念을 반대하는 견해는 무엇보다도 土地公槪念이란 용어 자체가 어설프다는 것이다. 어떻게 土地가 公槪念을 가질 수 있느냐는 것이다. 土地公槪念의 新造語는 法槪念이 아님이 분명하다고 한다. 사실 用語選定에는 문제가 없지 않다고 생각된다. 土地思想 내지 土地理念을 표방하는 용어로서는 적절하다고 생각되지 않는다. 臺灣의 土地思想인 平均地權思想이나 英國 勞動黨이 표방하는 土地社會主義와 같이 土地政策 내지 土地法의 理念으로서의 語感보다는 土地公槪念은 다분히 公的規制를 담고 있는 어휘로서의 語感을 주는 것은 숨길 수 없다.

土地公槪念이 처음 주장되었을 때 앞장 서서 이를 반대한 견해는 土地公槪念이란 土地에 있어서 公益을 私益보다 우선시키며, 土地財產權을 規制하기 위한 수단으로서 全體主義的인 思考에서 출발한 것이라고 비판하였다. 全體主義는 公益을 강조하면서 개인의 人權과 財產權을 극도로 制限한 政治體制로서 國家權力의 制限없는 행사가 公益을 위한다는 명목으로 이루어졌다는 것이다. 土地公槪念은 나치스가 土地法을 民法에서 分離시켜 土地法에는 私法理論의 적용을 배제하고 國家統制下에 두겠다는 과거 역사의 再生을 시도하는 것이 아닌가 하고 의구심을 갖는 見解도 있다. 그래서 土地公槪念의 주장으로 私法理論이 岐路에 서 있다고 염려하기도 한다. 더 나아가서 私有財產制를 보장하고 自由市場經濟秩序를 유지하는 우리 나라 經濟秩序下에서 土地公槪念에 의

---

130) 김문현(前註 127), 9.

한 土地所有權制限은 역사적 반동이며, 모든 土地所有者를 土地稅 및 財産稅負擔附使用借主의 지위로 격하시키는 土地制度의 거대한 변혁, 즉 社會主義體制로의 접근을 의미하는 것으로써 참으로 위험스러운 발상이 아닐 수 없다는 지적이 있다.

私所有權의 행사가 公共福利를 저해해서는 안 되나 公共福利로 私所有權을 질식시켜서도 안 됨을 역사적 사실이 증명하고 있고, 公共福利는 "全國民의 利益을 위하여"라는 그 自體反問을 허용하지 않는 自己正當化의 근거를 가지고 있기 때문에 土地公槪念에서 公共福利를 위하여 個人의 토지재산권을 규제하겠다는 것은 극히 위험하다는 것이다. 오히려 개인의 財産權을 보장하면 할수록 富는 增大하고 市場機能에 의한 分配作用은 國民 전체의 生活水準을 향상시키며 그 결과 公共福利가 더욱 촉진됨을 강조한다.

土地問題 중 가장 근원이 되는 土地投機에 관해서 資本主義市場經濟는 원천적으로 개인의 利潤追求動機에서 출발하고 있기 때문에 투기는 그것이 무엇을 대상으로 하든지 市民社會에 있어서 불가피한 부수적인 病理現象이라는 것이다. 그래서 市場이 있는 곳에 투기가 있으므로 投機者에 대한 法的 非難은 投機行爲로 인한 不勞所得, 즉 막대한 賣買差額의 취득이 아니라 脫稅에 있다고 한다. 따라서 土地投機로 얻을 利益의 전부 또는 그 이상의 金額을 租稅로 징수한다면 自由市場經濟秩序 및 土地所有權을 制限하지 않고서도 投機抑制의 목적을 달성할 수 있다고 한다.

그리고 土地所有權, 그 중에서도 土地處分權의 제한은 필연적으로 人格權의 侵害를 수반하게 되는데, 市民法秩序下에서 재산권의 保障根據는 모든 개인의 倫理的 人格完成을 위한 物質的 基礎의 확보에 있음에 비추어 볼 때 더욱더 土地公槪念은 허용될 수 없는 것이고, 土地公槪念의 주장은 바로 私有財産制의 위기를 초래하는 것이라고 한다.

또한 土地를 향한 인간의 所有慾이 土地의 有限性과 公共性 때문에 모두에게 충족되지 못하는 데서 나오는 여러 가지 사회적 갈등이 마침내 土地財産權의 강한 社會拘束性으로 제도화되었는데, 그것은 資本主義經濟秩序를 채택하는 대다수 自由民主主義國家의 憲法이 土地에 대한 私的所有를 허용하면서도 다른 財貨에 비해 강한 規制條項을 두고 있는 이유이다. 그러나 그것은 土地의 私的利用과 土地의 任意處分을 否認하는 規制措置까지 허용하는 것은 아니다. 그러므로 土地公槪念의 뿌리는 初期社會主義的 發想에서 찾을 수 있는 것으로서 "人間과 土地와의 關係에 있어서 人間生活에 土地가 필요한 것은 土地를 使用함에 있는 것이지 土地를 所有함에 있지 않다"는 初期社會主義思想家들의 발상은 우리 憲法秩序下에서는 발 붙일 수 없다고 주장한다. 그래서 土地公概念은 超憲法的 이데올로기적인 思考로 밖에 볼 수 없다고 본다.

이상과 같은 土地公概念에 대한 反對論은 私有財産制度와 市民法秩序를 基調로 하는 體制下에서 土地公概念의 理念下에 토지재산권을 公的으로 규제하겠다는 것은 社會主義 내지 全體主義的 發想으로서 매우 위험한 생각이라는 지적이다. 土地도 다른 財貨와 마찬가지로 私的自治의 原則에 의해서 支配되어야 하며 土地公概念의 주장은 市民法秩序와의 결별을 의미하는 것으로 이해되고 있다. 즉 土地公概念은 社會主義로 나아가는 것이라고 批判한다.

(4) 私 見

土地公概念을 規制的 側面에서만 보고 그 면만을 批判하다 보니까 결국 이와 같은 반대의 結論에 도달한 것으로 생각된다. 土地公概念이란 그 支持論에서 보았듯이 결코 市民法秩序와 결별하자는 것도, 私有財産制를 부정하는 것도, 市場經濟秩序를 부인하는 것도 아니고 더구나 社會主義나 全體主義로 나아가자는 것은 추호도 아니다. 다만 현재의 土地狀況과 土地問題의 심각성을 고려할 때 지금까지 土地가 갖는 私的財貨로서의 성질을 중심으로 해서 이루어진 市民法秩序에 토지가 갖는 公的財貨로서의 性格도 가미된, 즉 市民法秩序에 公法的 要素를 추가하여 土地財産權에 관한 한 다소간 市民法秩序에 修正을 가하여 土地秩序를 확립하자는 것 이상은 아니다.

4. 土地公概念과 土地法

(1) 土地法의 形成과 그 基本原理로서의 土地公概念

土地는 商品으로서의 성질을 가짐과 동시에 또 資源으로서의 성질을 가지며, 개인의 所有物임과 동시에 國土의 일부이다. 그러므로 土地는 私的인 財貨이면서 동시에 公的인 財貨이다. 또한 土地에는 私益과 公益이 함께 支配하고 있으며, 이 두 利益 상호간에는 때로는 調和를 이루기도 하지만 때로는 충돌하기도 한다. 이러한 土地를 중심으로 하여 이루어지는 公·私益의 調整, 私益 상호간의 調整, 또는 公益 상호간의 調整을 담당하는 法을 土地法이라 할 수 있다. 土地法은 土地法이라는 독립한 法典을 갖고 있지는 못하지만 토지에 관련된 憲法·公法·私法을 합하여 土地法이라 이름 붙일 수 있을 것이다.

이처럼 지금까지 公·私法에 걸쳐서 산재해 있던 土地關係法을 새로운 法分野의 하나인 土地法으로 구성할 수 있게 되었고, 土地法의 構成原理는 기존의 自由主義的 法原理가 다소 修正된 새로운 原理에 의해서 구성될 수 있게 되었다. 새로운 法領域으로 승인될 수 있는 土地法의 구성원리 내지 최고원리를 土地公槪念이라 할 수 있다.

土地法을 독립한 하나의 法分野로 형성할 수 있을 것인가에 관해서는 勞動法과 經濟法의 市民法에서의 分離·獨立過程을 살펴보면 쉽게 이해할 수 있으리라 생각된다. 본래 勞動法이나 經濟法은 그 모두가 市民法의 영역이었다. 그래서 勞動關係·經濟關係는 모두가 契約自由의 원칙이 지배하는 市民法分野이었다. 그런데 契約自由의 原則에 의하여 불평등한 勞動契約이 체결되고, 따라서 勤勞者는 인간다운 생활을 박탈당하는 社會現象이 발생하고, 이것의 是正을 위해서 國家가 勞動關係에 개입하게 되고, 勞動法은 公法的 要素도 가미되어 市民法上의 契約自由는 제한을 받게 되었다. 經濟法도 마찬가지이다. 거대한 市場支配的 經濟力을 바탕으로 해서 不公正去來行爲를 하는 者에 대한 制限立法이 바로 經濟法이다.

여기에서도 契約自由는 制限을 받게 된다. 勞動法이나 經濟法은 市民法原理로서만 해결할 수 없는 분야에 國家가 개입하여 정의로운 社會를 이룩하려는 社會法이다. 土地法도 市民法原理만에 전적으로 맡겨서는 土地의 독과점적 所有偏重, 土地投機 등 토지로 인한 社會的 갈등이라는 정의롭지 못한 社會病理的 現象이 발생하므로 이것을 是正하여 土地秩序를 확립하고자 하는 社會法의 한 分野로 형성될 수 있다고 생각된다. 土地公槪念支持論者들이 주장하는 하나의 土地思想 내지 土地理念으로서의 土地公槪念은 바로 이 土地法의 構成原理로서 기능할 수 있다고 생각된다.

(2) 土地公槪念과 그 實踐原理

土地法의 最高原理이자 理念인 토지공개념을 어떻게 실천해 나갈 것인가? 土地法에서 구체적인 제도들을 형성해 나감에 있어서 그 具體的 制度의 기준이 될 수 있는 實踐原理를 생각할 수 있다. 그것은 生活과 生產을 위하여 필요한 適正規模의 토지의 所有·利用·取得·處分 등은 철저히 보호하고, 財產增殖目的의 토지의 所有·取得·處分 등에 대해서는 엄격한 規制를 가하여 국민 모두가 공평하게 土地를 享有하여 最有效하게 이용토록 하는 것이 실천원리라고 생각할 수 있다. 그래서 土地公槪念을 最高原理로 하여 그것을 실천할 수 있는 實踐原理가 있고, 그 실천원리에 입각하여 구체적인 제도들을 형성해 나갈 수 있을 것이다.

이와 같은 土地公概念의 구체적인 實踐原理에 관해서 살펴보면, 먼저 所有의 면에 있어서는 生存과 生産을 위한 최소한 土地所有에 대해서는 철저히 보호하고 財産增殖 내지 投機的인 土地所有는 보다 엄격한 規制를 받도록 하여야 할 것이다. 宅地所有上限制도 憲 §35 I 에서 국가는 모든 國民이 쾌적한 住居生活을 할 수 있도록 노력할 것을 規定하고 있음에 비추어 生活을 위한 최소한 住居空間의 확보라는 社會正義의 실현을 위한 制度로 肯定的으로 이해할 수도 있을 것이다.

利用面에 있어서는 土地가 最有效한 효율적인 利用이 이루어져야 한다. 土地의 利用은 國土利用計劃, 都市計劃 기타 土地利用計劃 등과 조화를 이루어야 할것이며, 非效率的인 이용에 대해서는 때로는 利用強制·代理利用의 방법도 강구할 수 있을 것이다.

開發面에 있어서도 國家의 國土計劃과 부응하는 방법으로 開發이 이루어져야 할 것이며, 土地開發로 인한 開發增價는 적절히 還收되어야 할 것이다. 한편 社會發展에 따른 開發損失도 충분히 보상하여 增價의 還收와 損失의 보상이 조화를 이루도록 하여야 할 것이다.

土地의 거래는 활발하고 다양하게 일어날 수 있어야 하고, 정상적으로 去來가 형성될 수 있어야 한다. 土地去來의 規制는 투기적인 비정상적인 去來에 집중되어야 할 것이다. 土地去來規制로 인하여 정상적인 去來가 위축당하지 않도록 세심한 배려를 하여야 할 것이다. 그리고 土地로부터의 收益은 所有者는 投資에 의한 收益은 확실하게 보장되어야 한다. 그러나 所有者의 努力에 의하지 않은 不勞所得的인 利益은 철저히 社會로 還收하여 이것으로 基金을 設置하여 국민 모두에게 가장 골고루 利益이 되돌아 갈 수 있는 事業에 투자하도록 운용하여야 한다. 진실로 土地公概念이 社會的 承認을 받고 확실한 土地思想으로 정착될 수 있기 위해서는 바로 土地價値分配의 衡平性이 이루어져야 할 것이다.

이와 같이 土地公概念의 구체적인 실천을 위해서 어떠한 수단을 동원해도 좋다는 것은 아니다. 가능한 한 稅制를 통한 間接的인 방법을 활용하고 直接的인 規制方法은 가능한 한 자제하여야 할 것이다.

5. 土地公概念과 現代的 土地所有權과의 差異點

(1) 發想의 差異

現代的 토지소유권은 近代的 토지소유권의 絶對性에서 오는 經濟的 弱者의 보호라는 관점에서 土地所有權의 社會性을 주장하였다. 그것은 土地의 私所有權을 제한하여 公共福利에 적합하도록 하겠다는 것이었다.

土地所有權의 公槪念은 인구의 增加, 都市化, 工業化의 결과로 발생한 土地利用의 비효율성을 是正하고 土地의 수요와 공급의 불균형에서 야기하는 土地問題들 예컨대, 土地投機, 土地資源配分의 불균형 등을 해결하기 위한 발상에서 출발하였다. 計劃的이고 綜合的인 國土의 管理와 資源으로서의 土地를 管理하기 위해서 토지에 대한 公法的 規制를 가하여 土地政策을 실현하기 위한 道具槪念으로 등장하였다.

(2) 對象의 差異

現代的 土地所有權槪念의 이념적 기초인 권리의 社會性理論은 土地所有權을 포함한 財産權 일반의 규제를 위한 理論이었다. 그러나 土地公槪念理論의 대상은 財産權 일반이 아니라 土地만이다. 물로 權利의 社會性理論의 대상 중에서는 土地가 가장 으뜸가는 대상이었으나 土地만을 대상으로 하는 理論은 아니었다.

(3) 土地觀의 差異

土地는 私的財貨로서의 기능과 公的財貨로서의 기능을 가진 兩面性을 갖고있다. 現代的 土地所有權은 토지의 私的性格을 중시하고 土地所有權의 規制도 私所有權 상호간의 조절적 규제를 벗어나지 못하였다. 民法上의 權利濫用禁止의 원칙, 信義誠實의 원칙, 相隣關係規定으로서 토지소유권의 絶對性을 規制하려고 하였다.

土地所有權의 公槪念은 土地의 公的性格을 강조하고 土地에 대한 公法的規制를 강화하여 私法으로의 규제를 넘어 토지에 대한 公法으로 규제를 하게 되었다. 現代的 土地所有權槪念下에서는 土地를 단순한 私所有權의 객체로 보았으나 土地所有權의 公槪念下에서는 土地를 資源으로 승화시켜 이해하고 있다.

(4) 規制의 性格의 差異

現代的 土地所有權에서는 토지소유권을 公共福利를 위하여 制限하되 그 제한은 例外的 制限이며 외부적 규제일 뿐이다. 그러나 土地所有權의 公槪念에

서는 토지소유권은 權利 그 자체가 내재적으로 制限받는 권리로 認識한다. 土地所有權의 규제는 權利 내재적으로 當然視된다.

(5) **規制의 範圍의 差異**

現代的 土地所有權은 토지소유권의 使用·收益·處分의 권능 중 使用權의 제한이 중심이었다. 土地所有權의 公概念下에서는 使用·收益의 권능뿐만 아니라 直接·間接으로 土地所有權의 使用·收益·處分權能에 걸쳐 전반적으로 제한하여 宅地所有上限制, 開發負擔金制, 土地超過利得稅, 綜合土地稅, 土地去來의 許可制 또는 申告制 등의 방법을 채택하였다.

現代的 土地所有權下의 규제는 소극적인 금지가 그 내용이었으나 土地所有權의 公概念下에서는 적극적인 下命[131]까지를 포함하는 積極的 履行을 強要하는 내용으로 발전하였다.

Ⅶ. 所有權制限의 限界

1. 序

所有權은 制限될 수 있지만 市場經濟秩序와 私有財產制를 인정하는 우리나라에서 그 制限에는 일정한 한계가 있다. 그 限界는 우리 憲法規定에서 찾아야 할 것이며, 또 한편으로는 우리 憲法上의 財産權保障規定의 思想的 根據도 함께 검토해 보아야 할 것이다. 所有權制限의 한계는 특히 土地所有權에 대한 公法的 制限의 한계가 문제가 된다. 즉 土地所有權制限의 違憲與否가 곧 土地所有權制限의 限界問題이다.

土地所有權에 제한의 違憲有無의 판단은 재산권보장의 憲法規定의 法的性質, 私有財產制를 인정하는 사상적 근거, 그리고 재산권의 本質的 侵害有無의 판단의 要件과 基準 등을 살펴봄으로써 보다 명확히 할 수 있을 것이다. 다행히 土地去來許可制에 대한 違憲提請에 대한 憲法裁判所의 결정에 있어서 일응 土地所有權制限의 限界設定은 비교적 명확히 밝혀졌다고 할 수 있다.

131) 獨逸의 建設法에서는 破壞命令, 建築命令, 近代化命令을 도입하여 建築命令에 따르지 않을 때에는 土地收用이, 近代化命令에 따르지 않을 때에는 代執行을 許容하고 있다.

2. 憲法上 財產權保障의 法的 性質

憲 §23 I 의 法的 性格에 관해서는 財產權을 自由權的 基本權으로 規定하고 있다고 보는 견해도 있고, 私有財產制의 制度的 保障規定으로 보는 견해도 있고, 折衷的인 입장에서 既取得財產權은 自由權的 基本權으로, 未取得財產權은 制度的 保障規定으로 보는 견해[132]도 있다. 다수의 견해는 折衷說에 입각하고 있는 것 같다.

自由權的 基本權說에 의하면 財產權의 制限은 法律로써 하되 公共福利와 秩序維持를 위하여 필요불가결한 경우에만 가능하다고 하며, 制度保障說에 의하면 財產權은 憲法規定에 의해서 비로소 보장되며, 財產權保障이란 相對的 保障이며 私有財產制는 법률에 의해서 國家가 보장해주는 것이므로 財產權의 制限은 立法的 裁量에 委任되어 있다고 본다. 折衷說은 財產權保障은 그 내용과 한계가 法律로써 정해지는 制度保障이기는 하나 일단 私有財產制가 보장된 뒤의 재산권은 私有財產으로서 自由權的 性格을 가지며, 그 收用·使用이나 制限 등은 公共福利와 국가의 安全保障·秩序維持를 위하여 필요한 경우에 한하여 法律로써 정할 수 있다고 본다. 생각건대, 折衷說이 妥當하다고 생각된다.

3. 私有財產制認定의 思想的 根據

私有財產制는 생산수단의 私有를 허용하는 法律制度로서 그것은 보장은 社會主義經濟體制에 대한 資本主義經濟體制의 본질적 특성의 하나이다. 그러면 왜 憲法에서 私有財產制를 보장하고 있는 것일까? 그 思想的 根據는 어디에 있는 것일까? 이에 관해서는 여러 가지의 學說이 주장되고 있다.

첫째, 人間性理論에 의하면 자유로운 인간이 그의 人格의 자유를 實現하고, 自己責任으로 그의 삶을 스스로 꾸려나가는 기초로서 私有財產權을 보장하여야 한다는 것이다. 즉 인간의 自由와 自己責任的 삶의 正當性을 전제로 하여 이를 보장·실현하기 위한 條件 또는 內容으로서 私有財產權을 보장한다는 주장이다.[133] 이 人間性理論은 獨逸憲法裁判所가 견지하고 있는 근거이기도 하다.[134]

둘째, 社會的 機能效用論은 사유재산권의 보장은 社會의 存立을 保障하고

132) 金哲洙, 憲法學概論, 395(1988); 權寧星, 憲法學原論, 456(1988).
133) Gunther Schwerdtfeger, Die dogmatische Struktur der Eigentumsgarantie, 14(1982).
134) BVerfGE 24. 367, 389; 41, 150; 42, 150; 42, 76, 293; 50, 339, 53; 290; 68, 222.

社會의 福祉나 富를 증대시켜 결국 社會構成員의 행복을 增進시킴에 그 근거가 있다고 한다. 다시 말하면 私有財產權을 보장하는 경우가 이를 부정하는 경우보다 經濟的 效用性이 크다는 데 私有財產權保障의 근거가 있다는 것이다.

셋째, 勞動에 의한 所有理論으로서 자신의 勞動을 통해서 만든 것은 무엇이든 자기의 所有로 가질 수 있다는 주장이다.

한편으로 私有財產權制 否認論에도 관심을 가져볼 필요가 있다. 私有財產制는 不平等과 階級形成의 원인이 되며, 인간의 疎外와 인간으로 하여금 道德的으로 邪惡한 인간성을 갖게 하여 인간의 非人間化 현상을 초래하며, 階級葛藤·恐慌·帝國主義的 戰爭 등의 社會的 問題를 유발하기 때문에 이는 否認되어야 한다는 것이다. 따라서 私有財產權의 제한은 사유재산제의 否認論에서 主張하는 그러한 私有財產制가 낳은 폐해를 除去하기 위해서 필요불가결하다고 할 수 있다.

이상에서 살펴본 바와 같이 私有財產權은 보장되어야 하지만, 한편으로 制限을 받아야 한다. 생각건대, 私有財產權의 보장은 결국 인간의 인격의 자유의 實現과 自己責任的 삶의 기초에서 구해야 할 것이다. 인간은 자유롭게 태어나서 자기의 인격을 자유롭게 전개하고, 스스로의 責任下에서 삶을 꾸려나가기 위한 基礎 내지 前提條件으로서 私有財產權이 보장된다고 이해하여야 할 것이다. 그러나 私有財產權의 보장은 絕對的인 것이 아니라 制限될 수 있다. 그렇지만 私有財產權에 대한 制限에는 私有財產權의 保障根據에 비추어 그 한계가 있는 것이다. 그 限界는 인격의 自由展開를 불가능하게 하거나 自己責任的 삶을 꾸려나갈 수 없을 정도로의 制限은 許容될 수 없다는 데서 찾을 수 있을 것이다. 그러한 정도의 制限은 私有財產權의 본질적인 侵害가 된다고 보아야 할 것이다.

4. 憲法上 所有權制限의 限界

財產權侵害에 대한 憲法上의 한계는 네 가지의 要件을 갖추어야 한다. 즉 財產權의 제한은 法律로써 하되 첫째로 所有權을 制限할 公共福利에의 해당성이 있어야 하고, 둘째로 制限의 필요가 있는 경우에도 그 制限은 最少限度에 그쳐야 하는 비례의 原則 내지 過剩禁止의 원칙이 지켜져야 하고, 셋째로 본질적인 內容의 侵害가 되어서는 아니되는 본질적 내용의 侵害禁止의 原則이 존중되어야 하고, 넷째로 制限에 대하여 정당한 補償이 주어져야 한다.

따라서 財產權의 制限에 있어서는 결국 ① 公共福利에의 해당성, ② 比例의 原則 내지 過剩禁止의 原則, ③ 本質的 內容의 侵害禁止, ④ 正當補償의 原理 등 네 가지의 원칙이 지켜질 것이 憲法上의 원칙이다. 所有權의 제한도 역시 이 네 가지의 要件下에서만 가능하다. 그런데 土地所有權의 制限에 있어서는 一般財產權보다는 더욱더 엄격한 制限이 가하여져도 본질적 내용의 침해라고 볼 수 없다. 그것은 憲 §§23 Ⅰ, 37 Ⅱ 및 §122와의 관계에서 그러한 解釋을 할 수 있을 것이다. 즉 우리 憲法은 私有財產制를 제도적으로 보장하고 있고, 公共福利를 위해서 私有財產權을 제한할 수 있으나 그 本質的 內容은 침해할 수 없다(憲 §§23 Ⅰ, 37 Ⅱ). 그리고 私有財產制를 보장하는 것이 개인의 자유로운 인격의 展開와 自己責任的인 삶을 꾸려나갈 수 있도록 하는데, 그 근거가 있으므로 인격의 自由展開를 불가능하게 하거나, 自己責任的인 삶을 꾸려 나갈 수 없을 정도의 財產權制限은 本質的 侵害가 된다고 할 수 있다. 그런데 土地財產權은 一般財產權에 비해서 特殊性을 갖고 있으므로 憲 §122에 의해서 다른 財產權보다 더 강한 公的인 制限을 부과하여도 本質的 侵害가 되지 않는다고 해석된다.

[金 相 容]

第211條(所有權의 內容)

所有者는 法律의 範圍內에서 그 所有物을 使用, 收益, 處分할 權利가 있다.

Ⅰ. 所有權의 內容

所有權의 내용에 관하여 民法은 "所有者는 法律의 범위 내에서 그 所有物을 使用·收益·處分할 수 있는 權利가 있다"라고 규정하고 있다. 이를 分說해 보면 다음과 같다.

1. 使用이라 함은 物件의 用途에 따라서 損傷하거나 그 성질을 변경하지 않고 利用하는 것이다. 그리고 收益이라 함은 目的物로부터 생기는 果實(天然果實이든 法定果實이든 不問한다)을 收取하는 것이다. 따라서 使用·收益이란 物件이 가지는 使用價值

를 실현하는 것이다. 이러한 使用價値의 實現은 所有者 자신의 使用·收益에 의할 수도 있고, 타인에게 使用·收益權을 委讓하여 그 타인으로 하여금 실현케 할 수도 있다.

2. 處分이라 함은 物件이 갖는 交換價値를 실현하는 것으로서 處分에는 物件의 消費·變型·改造·破壞 등의 物理的 處分(즉, 事實的 處分)과 讓渡·擔保設定 등의 法律的 處分(즉, 去來上의 處分)으로 나누어진다. 所有者는 所有物에 대해서 어느 處分이든 할 수 있다.

3. 所有者의 所有物에 대한 使用·收益·處分權의 행사는 無制約的·絶對的으로 할 수 있는 것은 아니고, 法律의 범위 내에서 할 수 있다. 이것은 바로 所有權에 대한 制限이다. 所有權에 대한 制限은 前論에서 상세히 論하였으므로 여기서는 생략하기로 한다.

Ⅱ. 所有權의 內容에 관한 立法의 比較

우리 民 §211는 所有權의 내용을 "法律의 범위 내에서", "所有物을 使用·收益·處分할 수 있는 權利"로 규정하고 있다. 그래서 民法上의 所有權은 絶對的인 無制約的인 권리는 아니고, 法律에 의해서 制限될 수 있는 권리로, 그리고 所有權의 權能을 열거하는 方法으로 규정되어 있다.

먼저 所有權의 制限에 관한 立法的 態度를 비교해보면 18, 19세기의 所有權絶對의 原則이 가장 강조되던 시대에 制定된 佛蘭西民法은 그 §544에서 "所有權은 法律 또는 規定에 의하여 금지된 使用을 하지 않는 한 絶對無制限으로 物件의 收益과 處分을 하는 권리이다"라고 規定하고 있다. 이러한 佛蘭西民法上의 所有權에 관한 規定은 1789년의 佛蘭西人權宣言 §17의 "所有權은 不可侵이고, 또한 神聖한 權利이며, 公共의 필요가 그것을 요구하고 있다는 것이 法律에 의하여 명백히 인정되고, 또한 정당한 補償이 支給된다는 條件下에서만 이를 剝奪할 수 있다"라고 한 所有權槪念을 계승하여 規定되었기 때문이라고 할 수 있다.

그 후 20세기에 이르러 所有權絶對의 原則이 소유권은 公共福利에 적합하게 行使되어야 한다는 방향으로 條正된 후의 民法上의 所有權規定은 먼저 1888년에 公表된 獨逸民法 第1章案에서는 소유권을 「恣意로」(nach Willkür) 物件을 이용할 수 있는 權利로 규정하였으나, 1896년의 獨逸民法에서는 "法律에 반하지 않는 범위 내에서"(soweit nicht das Gesetz oder Rechte Dritter entgegenstehen) 物件을 「任意로」(nach Belieben) 處理하고, 干涉을 排除할 수 있는 權利로 規定하였다. 그리고 1907년에 制定된 瑞西民法은 그 §642 I 에서 所有權은 "法秩序의 제한 내에서"(in der Schranken der Rechtsordung) 物件을 「任意로」(nach Belieben)로 處分할 수 있는 權利로 규정하였다. 日本民法은 그 §206에서 所有權을 "法令의 제한 내에서" 所有物을 「自由로이」 使用·收益·處分할 수 있는 權利로 규정하고 있다.

우리 民法도 역시 所有權絶對의 原則의 修正에 따라서 "法律의 범위 내에서" 物件을 使用·收益·處分할 수 있는 權利로 규정하여 다른 근대 民法上의 所有權規定과 그 軌를 같이 하고 있다.

따라서 所有權은 近代初期에서와 같이 無制約的인 神聖不可侵의 권리는 아니고, 法律에 의해서 제한될 수 있음을 民法의 所有權規定의 변천을 통해서 확실히 알 수 있다. 그리고 所有權의 내용을 그 權能을 열거하는 방법으로 規定하는 것이 적절한 立法態度인가에 관해서 검토해 볼 필요가 있다. 먼저 佛民 §544, 日民 §206는 우리 民 §211와 같이 所有權의 權能을 열거하는 방법으로 所有權의 내용을 規定하고 있다. 그러나 獨民 §903는 所有權은 소유물을 처리하고(verfahren), 타인의 일체의 干涉을 排除할 수 있는(andere von jeder Einwirkung ausschließen) 權利로 規定하고 있으며, 瑞民 §642도 獨民 §903와 유사하게 物件을 處理할 수 있고(Art. 642. I. ZGB) 그 物件을 不法的으로 留置하고 있는 사람에 대해서 返還을 請求할 수 있고, 일체의 부당한 간섭에 대해서 防禦할 수 있는 權利(Art. 642. Ⅲ. ZGB)로 規定하고 있다. 그래서 所有權의 내용을 규정함에 있어서 所有權의 權能을 구체적으로 열거한다는 것은 所有權이 包括的 權利임에 비추어 立法上 부당하며, 獨民 §903처럼 抽象的·包括的으로 定義하는 것이 立法上 타당하다는 見解가 있다.[1)]

[金 相 容]

1) 鄭權燮 執筆, 執筆者代表 黃迪仁, 註釋民法(Ⅱ): 物權法, 336(1990).

第212條(土地所有權의 範圍)

土地의 所有權은 正當한 利益있는 範圍內에서 土地의 上下에 미친다.

차 례

I. 土地所有權의 範圍

1. 土地所有權의 範圍概觀

土地(Grund und Boden: Liegenschaft)라 함은 一定範圍의 地面에 정당한 利益이 있는 범위 내의 空中과 地下를 포함하는 不動產이다. 土地는 連續하고 있으나 人爲的으로 그 地表에 線을 그어 경계로 삼아 區劃하고, 地籍公簿(즉, 土地臺帳, 林野臺帳)에 登錄되며(地籍 §3), 登錄된 각 구역은 하나의 物件으로서 獨自性이 인정되며, 地番으로 表示되고 그 個數는 筆로서 計算된다. 그러므로 土地는 法律的 概念으로서 土地의 物理的 性質을 의미하는 땅과는 구별된다.

우리 民法에서의 土地의 개념은 西歐에서의 土地概念과는 다르다. 즉 우리 民法上의 土地는 일정한 범위의 地面의 地下·地表·空中을 포함하는 독립한 不動產으로서 建物 기타 地上定着物과는 分離된다(民 §99 I). 이에 반해서 西歐에서는 建物 기타 地上定着物은 독립한 物件이 아니라 土地의 本質的 構成部分이다(獨民 §94, 瑞民 §655). 그러나 西歐國家에 속한다 하더라도 社會主義國家에서는 土地와 建物을 別個 독립의 不動產으로 하고, 建物을 土地의 構成部分으로 하지 않는다. 왜냐하면 土地는 생산수단으로서 私有가 許容되지 않으나 建物은 生產된 物件으로서 私有가 허용되기 때문이다. 이상에서와 같이 土地의 概念에 따라서 土地所有權의 범위도 달라진다.

우리 民法上의 土地所有權의 범위는 一定面積의 地面의 地表 및 正當한 利益이 있는 범위 내에서 地上 無限大 및 地下 無限大까지 미친다. 그러므로 정당한 利益이 없는 空中 및 地下部分은 土地所有權의 범위에 속하지 않는다. 그래서 오늘날은 地下가 대규모로 開發·利用되고 있고, 空中의 利用도 활발하여 地下의 一定部分 및 空中의 一定部分을 土地所有權의 범위로 할 수 없는 경우가 적지 않다. 그래서 土地所有權이 점차 地表所有權으로 減縮되어 가는 감마져 없지 않다.

2. 地　表

(1) 原　則

獨立한 地番이 부여된 一定面積의 地表는 당연히 土地所有權의 범위에 속한다. 따라서 土地所有權의 범위는 一定面積의 地表面 전부에 미친다. 그러나 地表面에 정착하고 있는 物件으로서 建物은 土地와는 別個 독립의 物件이므로 土地所有權의 범위에 속하지 않으나 土地所有權의 範圍에 속하는지 疑問이 提起될 수 있는 경우가 몇 가지 있다. 이에 관하여 說明하기로 한다.

(2) 樹　木

地表面에 附着되어 生育하고 있는 樹木이 土地所有權의 범위에 속하느냐에 관해서는 원칙적으로 地表面에 生育하고 있는 樹木은 土地에 附合되어 土地所有權의 객체가 되어 土地所有權의 범위에 속하게 된다. 그러나 樹木이 정당한 權原에 의하여 植栽되었거나, 立木登記나 明認方法에 의해서 公示되었을 때에는 土地와는 독립한 不動產이 되므로 土地所有權의 범위에 속하지 않게 된다.

(3) 農作物

自己所有의 土地에 농작물을 耕作·栽培한 때에는 農作物은 토지에 附合되어 土地所有權의 範圍에 속한다. 그러나 타인의 土地를 정당한 權原에 의해서 농작물을 耕作·栽培한 경우에는 그 農作物은 토지에 附合되지 않으므로 (民 296 § 但) 아무런 權原없이 他人의 土地에 耕作·栽培한 農作物은 土地에 附合되어 土地所有權의 범위에 속하게 되는 것이 명확하다. 그럼에도 불구하고 判例는 아무런 權原없이 타인의 토지에서 農作物을 耕作·栽培한 경우에 그 農作物의 所有權은 언제나 耕作者에 속한다고 하여 土地所有權의 범위로 하지 않고 있다.[1] 더욱 더 나아가 判例는 耕作者가 위법하게 타인의 토지에 耕作·栽

1) 大判 63.2.21, 62다913(總 2-2(A), 555); 大判 65.7.20, 65다874(總 2-2(A), 555-1); 大判 67.7.11, 67다893(總 2-2(A), 555-1); 大判 68.3.19, 67다292(總 2-2(A), 555-2); 大判 68.6.4, 68다613, 614(總 2-2(A), 555-2).

培한 경우에도 그 農作物의 所有權은 違法行爲를 한 耕作者에게 속하고 土地所有權의 범위에는 속하지 않는다고 하고 있다.[2)]

이와 같은 農作物의 所有權歸屬에 관하여 토지의 附合을 인정하지 않고 독립한 所有權을 인정하는 判例의 妥當性에 대해서 疑問을 제기하는 견해[3)]도 있으나, 農地改革法上의 근본정신에서 도출되는 耕者有田의 原則에 충실하여 農作物은 耕作地에 附合되지 않는다는 주장[4)]도 있고, 農作物은 耕作地로부터 分離할 수 있으므로 農作物은 耕作地에의 附合이 發生하지 않는다는 주장[5)]도 있다.

생각건대, 타인의 遊休農地에 平穩·公然하게 耕作·栽培한 경우에는 농작물의 所有權을 耕作者에게 귀속케 하여도 妥當性이 인정되나 遊休農地가 아닌 타인의 土地를 違法하게 耕作하여 不法行爲가 성립되는 경우에도 耕作者에게 農作物의 所有權이 귀속한다고 할 수는 없을 것이다.

(4) **自 然 石**

地表面上의 自然石은 토지소유자의 객체로서 土地所有權의 범위에 속한다. 그러나 判例는 林野 내의 自然石을 彫刻하여 石佛을 만들면 그 石佛은 林野와는 독립한 所有權의 대상이 된다고 하여,[6)] 彫刻된 自然石은 土地所有權의 범위에 속하지 않는 것으로 보고 있다.

그러나 判例의 태도에는 疑問이 제기된다. 타인의 土地의 自然石을 彫刻하면 不法行爲가 성립하는데, 彫刻된 自然石에 대해서 土地所有權과는 독립된 소유권을 認定한다는 것은 自然景觀의 毁損을 초래할 수 있고 不法行爲를 承認하는 결과가 되어 부당하다고 생각된다.

(5) **浦 落 地**

海水·河川의 流水 등에 의해서 浦落[7)]한 土地에 대한 從前所有者의 土地所有權은 영원히 消滅되고, 그 浦落地가 埋立 또는 堤防의 築造에 의하여 成土化되어도 그 成土化된 토지에 대하여 從前所有者가 토지소유권을 다시 取得하

2) 大判 69. 2. 18, 68도906(總 2-2(A), 555-5).
3) 郭潤直, 總則, 311(1989).
4) 李英俊, 469(1990).
5) 金基善, 242(1985).
6) 大判 70. 9. 22, 70다1494(總 2-2(A), 480-8).
7) 浦落이란 土地가 바닷물이나 河川法上의 適用河川의 물이 넘쳐 土地가 바다나 河川에 떨어져 그 原狀復舊가 社會通念上 불가능한 상태에 이르렀을 때를 말한다(大判 89. 2. 28, 88다1295, 88다카8743(公 846, 525).

지는 못한다는 것이 判例의 일관된 태도이다.[8]

(6) 地表와 海面

土地와 海面과의 分界는 潮水의 最高滿潮時의 分界線을 그 기준으로 하며, 最高滿潮時에 潮水浸入을 받게 되는 경우에는 海面으로 변한다.[9] 그리고 海面은 私人의 所有權의 목적이 되지 않는다.[10]

한편 海面으로 된 土地라 하더라도 私人의 支配可能性이 있고, 또한 財產的 價値가 인정될 경우에는 私的所有權의 객체가 될 수 있는 土地로 보도록 기존의 地表와 海面의 구분기준은 再檢討되어야 한다는 주장이 있다.[11]

3. 地 下

(1) 原 則

土地所有權의 범위는 정당한 利益이 있는한 一定面積의 地表面의 垂直 無限大까지 미친다. 그러나 地下에는 鑛物이 매장되어 있을 수 있고, 地下水 또는 溫泉水가 흐르고 있을 수 있을 수 있으며, 洞窟이 있어서 地下에 일정한 空間이 있을 수 있다. 그리고 地下鐵建設, 地下建物, 地下通路 등 地下만의 利用이 대규모로 이루어지고 있으므로, 이러한 모든 地下部分에 대해서도 土地所有權의 범위로 할것인가에 관해서는 疑問이 提起될 수 있다.

(2) 鑛 物

鑛業 §3에 규정되어 있는 未採掘의 鑛物은 國家가 이를 採掘·取得할 수 있는 權利(즉, 鑛業權)을 부여하는 權能을 갖고 있기 때문에(鑛業 §2) 土地에 埋葬되어 있어도 土地所有權의 범위에 속하지 않는다.

未採掘의 鑛物의 法的 性質에 관해서는 이를 國有에 속하는 不動產으로 보는 견해[12]도 있고, 國家의 배타적인 採掘取得許可權의 객체라고 보는 견해도 있다.[13] 즉 후자의 견해에 의하면 未採掘의 鑛物은 土地의 構成部分으로서 土地所有權者의 소유에 속하나 국가의 배타적인 採掘取得許可權의 범위 내에서

8) 大判 65. 3. 30, 64다1951(總 2-2(A), 480-2); 大判 67. 4. 4, 67다213(總 2-2(A), 480-2); 大判 76. 11. 9, 76다593(要集, 404); 大判 77. 5. 24, 76다2648(總 2-2(B), 2); 大判 78. 2. 28, 77다2321(要集, 404); 大判 80. 2. 26, 79다2094(總 2-2(B), 12-5); 大判 80. 8. 19, 79다666(總 2-2(B), 12-6); 大判 83. 12. 27, 83다카156(總 2-2(B), 12-12).

9) 朝高 16. 5. 9, 民集 3, 555(總 2-2(A), 468).

10) 朝高 16. 5. 9, 民集 3, 555(總 2-2(A), 468).

11) 高翔龍, 總則, 294-295(1990).

12) 郭潤直(註 3), 305; 金基善, 總則, 196(1981); 張庚鶴, 總則, 371(1985).

13) 高翔龍(註 11), 294; 李英俊, 總則, 905(1987); 金容漢, 總則, 223(1987); 金疇洙, 總則, 205(1986); 金曾漢, 總則, 191(1984).

는 토지소유권자의 所有權의 行使가 제한된다고 한다.

생각건대, 역사적으로 鑛物은 土地所有權의 객체로 하지 않고 일찍부터 國王 또는 國家의 배타적인 採掘權의 객체로 하여 왔다. 이러한 연혁적인 근거에 비추어 보더라도 未採掘의 鑛物은 土地所有權의 범위에 속하지 않는 國有의 不動産으로 이해함이 보다 타당할 것으로 생각된다. 그리고 鑛物에 속하지 않는 地下의 土砂·岩石 등은 모두 土地所有權의 범위에 속한다.

(3) 地 下 水

地表를 흐르는 물에 관해서는 相隣關係로서 이를 規律하고 있으나(民 §§ 212-236), 地下水에 관해서는 特別規定을 두고 있지 않다. 다만 地下水의 사용을 보호하는 規定이 相隣關係規定 속에 挿入되어 있을 뿐이다(民 §§ 235-236).

舊民法時代의 判例 이래로 地下水는 토지의 구성부분으로서 土地所有權의 범위에 속하는 것으로 認定되고 있다. 그러므로 土地所有者의 地下水의 이용은 土地所有權의 행사가 된다. 그런데 地下水는 다른 土地의 地下水와 脈을 이루어 흐르고 있으므로 특정 土地所有者가 地下水를 너무 과대하게 사용하게 되면 다른 土地의 地下水가 고갈된다든지, 타인의 地下水利用에 곤란을 초래할 수 있다. 그러므로 過大한 地下水의 利用에 의하여 타인의 地下水利用을 방해하게 되면 土地所有權의 濫用으로서 權利濫用이 될 수도 있다.[14]

土地所有者가 아닌 者가 土地所有者와의 契約 또는 慣行的으로 地下水에 대하여 用水權을 갖는 경우가 있는데, 이러한 用水權은 일종의 人役權으로서의 성질을 갖는다. 그런데 이러한 用水權을 土地所有權과는 독립한 物權으로 인정할 수 있는가에 관해서는 관습법상의 源泉·水道使用權이란 독립한 物權으로 보는 견해[15]도 있으나 地下水 그 자체는 土地의 구성부분으로서 獨立性이 없으며, 따라서 源泉·水道使用權이란 토지소유권과는 독립한 物權은 認定할 수 없고, 다만 民 §235에 의한 相隣者의 地下水利用權은 이를 일종의 人役權의 성질을 갖는다고 하는 견해[16]가 있다. 源泉·水道使用權을 慣習法上의 物權으로 보는 見解에 의하면 地下水는 土地所有權의 객체가 아니라 源泉·水道使用權의 객체로 보게 된다.

생각건대, 地下水는 土地의 구성부분으로서 土地所有權의 객체이다. 그러

14) 그러나 이러한 見解와는 달리 土地所有者는 無制限으로 地下水를 독점적으로 使用할 수 있다는 주장도 있다. 李英俊(註 4), 386.

15) 金曾漢, 249(1986); 李英俊(註 4), 386.

16) 郭潤直, 277(1986).

나 오늘날 地下水의 이용에 따른 土地所有者와 地下水利用者와의 利害調節에 관해서는 原則上 각 지방의 慣習에 맡겨져 있는데, 立法的으로 이를 해결함이 바람직할 것으로 생각된다.

(4) 溫 泉 水

溫泉水도 지하수이지만 溫泉水의 水質上의 특수성으로 인하여 溫泉을 적절히 보호하고, 效果的인 利用·開發을 위하여 溫泉法(1981. 3. 2 法律 제3377호)이 制定 施行되고 있다. 同法에 의하면 溫泉이란 地下로부터 湧出하는 섭씨 25도 이상의 溫水로서 그 성분이 인체에 해롭지 않은 물을 말하며(溫泉 §2 i), 溫泉을 굴착하고자 하는 者는 管轄道知事로부터 굴착허가를 받아야 한다(溫泉 §5 I 本). 그리고 溫泉을 굴착하기 위해서는 굴착할 土地를 使用할 수 있는 權利를 취득하고 있어야 한다(溫泉 §5 II). 그리고 溫泉을 발견했을 때는 이를 管轄市場·郡守에게 申告하여야 하고(溫泉 §17) 溫泉 발견자에게는 굴착허가, 溫泉의 使用許可, 기타 所要費用 등에 혜택이 주어진다(溫泉 §18).

그러면 溫泉水에 관해서 溫泉權·鑛泉權 또는 溫泉水利用權이라는 토지소유권과는 독립한 物權이 인정되는가? 이에 관해서 判例는 溫泉水는 그것이 湧出하는 토지의 구성부분이지 독립한 物權의 客體가 아니며, 따라서 溫泉權이라는 慣習法上의 物權은 인정되지 않는다고 하고 있다.[17] 따라서 溫泉水도 土地所有權의 범위에 속한다.

(5) 洞 窟

地下에 형성되어 있는 洞窟도 土地所有權의 범위에 속한다. 洞窟도 隣接土地와 延해서 형성되어 있는 경우가 많은데, 地表面上의 土地所有權의 범위에 속하는 부분의 垂直線內에 속하는 洞窟部分은 그 土地所有權의 범위에 속한다. 判例도 이와 같은 견해를 취하고 있다.

(6) 일정 깊이 이하의 地下部分

土地所有權의 범위는 地下 無限大까지 미침이 원칙이다. 그러나 오늘날 地下만의 大規模利用이 증대됨에 따라서 地下利用에 따른 補償問題가 크게 대두되게 되었다. 그래서 일정한 깊이 이하의 地下部分에 대한 使用에 대해서 補償을 支給하지 않는 방향으로 立法이 各國에서 이루어지고 있다.

地下만의 利用에 관해서는 區分地上權을 設定할 수 있다. 그런데 地下의 일부분만의 收用이 가능할 수 있을까? 土地所有權의 전면성에 비추어 볼 때

17) 大判 70. 5. 26, 69다1239(要集, 285).

地下 일부분만의 收用은 許容되지 않는 것으로 생각된다. 그러나 일부에서는 地下空間을 하나의 國土資源으로 보아 國家가 地下空間의 開發權을 가져야 한다는 주장도 있다.[18]

우리 나라에서는 地下鐵道의 建設 및 運營에 관한 法律(1979. 4. 17 法律 제3167호) §7 I 但書에 의하면 地下鐵道의 建設 또는 改良工事로 인하여 생기는 損失賠償에 관하여 地表面으로부터 10m까지의 地下部分에 대해서는 당해 土地補償價格의 100분의 1 이상으로 한다고 規定하고 있었다.

그러나 同法律의 名稱이 바뀐 都市鐵道法에 의하면 都市鐵道建設을 위하여 地下部分의 補償基準에 관하여 大統領令에 의하여 地下의 깊이 등에 따라 차등적으로 정하도록 규정하고 있다(都市鐵道 § 4-16).[19] 그러나 일정한 깊이 이하 部分의 使用에 대하여 損失補償을 하지 않는다 하더라도 그것은 단지 土地所有權에 대한 制限일 뿐이지 土地所有權이 미치는 地下의 범위를 限定하는 것은 아니다.

4. 地 上

土地所有權은 地上의 無限大까지 미친다. 그러나 정당한 利益이 없는 경우에는 土地所有權의 效力이 미치지 못한다. 土地所有權의 地上部分에 대한 범위의 문제는 空中利用과 관련하여 구체적으로는 特定土地의 空中으로의 飛行, 隣近土地 위의 高層建物의 건축으로 인한 通風, 太陽, 電播受信의 妨害, 電氣·電話線의 通過 등을 예시할 수 있다.

이러한 土地所有權의 지상부분에 대한 침해는 토지소유권에 대한 制限, 不法行爲 또는 相隣關係에 의해서 해결되고 있다. 그러나 地上部分에 대한 土地所有權의 범위는 무한대까지 미친다. 그런데 佛蘭西에서는 일정높이 이상의 地上部分을 公有化하여 지상부분에 대한 토지소유권의 범위를 일정한 높이로 限定해 버렸다.

이에 관해서는 別項으로 分離하여 說明하기로 한다.

---

18) 朴鉱炘, 地下空間開發과 法的 對應, 司行 357(1990. 9), 13.

19) 外國에서의 일정 깊이 이하의 地下空間에 대한 土地所有者의 權利 및 地下空間使用으로 인한 損失補償에 관하여 살펴보면 덴마크, 핀란드, 노르웨이, 스웨덴은 地下 6m까지만 土地所有者의 자유로운 이용을 허용하고 그 아래 部分은 國家의 許可를 받도록 하며, 美國의 켄사스市는 地下 30m까지만 土地所有者의 開發·利用權을 인정하고 있고, 獨逸은 地下 50m 이하에서는 특별한 경우를 제외하고는 補償과 使用權의 設定登記없이 公共事業을 위해서 使用이 가능하도록 하고 있다.

Ⅱ. 土地所有權의 範圍에 관한 各國의 立法例

1. 土地所有權의 範圍에 관한 各國 民法의 規定

佛蘭西民法은 그 §552 Ⅰ에서 "土地의 所有權은 그 土地의 上下에 미친다"고 규정하여 土地의 上下 無限大까지 土地所有權이 미치는 것으로 하였다. 그리고 獨逸民法은 §905 Ⅰ에서 土地所有權의 效力을 土地의 上下에 미치는 것을 原則으로 하면서, Ⅱ에서는 所有者는 排除하는 데 아무런 利益이 없는 높이 또는 깊이에서 행하여지는 干涉을 禁止할 수 없다고 規定하고 있다.

瑞西民法은 그 §667에서 土地所有權은 그 行使에 관하여 利益이 있는 한도에서 地上 및 地下에 미친다고 規定하고 있다.

이상의 각국의 民法上의 土地所有權의 범위에 관한 規定을 살펴보면 自由主義와 個人主義가 고도로 伸張되고 所有權을 절대적인 權利로 보호하던 佛蘭西民法에서는 土地의 上下 無限大까지 土地所有權이 미치는 것으로 규정하였다. 所有權絶對의 원칙이 修正된 시대의 獨逸民法에서는 土地所有權의 범위를 원칙적으로는 土地의 上下에 미치는 것으로 하면서 이에 대한 制限을 가하는 立法形式을 취하였다. 그 후 瑞西民法에서는 처음부터 利益이 있는 일정한 制限된 범위에서만 土地所有權은 土地의 上下에 미치는 것으로 하였다.

우리의 舊民法에서는 그 §207에서 土地所有權은 法令의 범위 내에서 그 土地의 上下에 미친다고 規定하였으나 현행 民法은 그 規定形式 및 內容에 있어서 瑞西民法을 본받은 것으로서 타당한 立法으로 평가되고 있다.[20]

2. 佛蘭西에서의 일정 높이 이상의 地上空間의 公有化

佛蘭西는 1975년 土地改革法(1975. 12. 31 法令 제75-1326호)을 制定하여 일정높이 이상의 地上部分을 전부 公有化하였다. 그래서 土地所有權의 地上部分에 대한 범위는 土地 無限大까지가 아니라 同法이 정하는 높이로 限定되었다. 이러한 地上 일정부분의 公有化措置는 바로 建築密度上限의 法定과 密度上限超過負擔金制度에 의하여 이루어졌다. 즉 일정한 한도 내의 建築權은 土地所有者에게 속하나, 그 一定限度를 초과하는 建築權은 土地所有者에게 속하는 것이 아니라, 共同體에 속한다는 論理에 입각하여 1975년의 土地改革法에서 法定建築密度를 규정하

20) 郭潤直(註 16), 275.

고, 그 法定建築密度 내의 建築權은 토지소유자에게 歸屬시키고, 그 法定建築密度를 초과하는 空間의 建築權은 당해 地方自治團體에 귀속시켜, 그 法定建築密度를 초과하여 건축하고자 하는 者는 당해 地方自治團體의 許可를 받아야 하고, 法定建築密度上限超過負擔金을 納付하고 建築權을 買入하여 建築할 수 있도록 하였다.

佛蘭西에서 이와 같은 일정높이 이상의 地上部分을 公有化한 것은 大都市의 過密化 현상을 해소하고 인구와 產業의 地方分散을 유도함이 그 목적이었다. 同法에서의 建築密度란 垈地面積에 대한 延建築面積의 비율로서 우리 나라의 容積率에 비교될 수 있다. 그런데 土地所有者에게 許容된 建築密度의 法定上限은 파리市는 1.5 기타 地域은 1.0이다. 그러므로 이 法定密度上限을 초과하여 건축하고자 할 때에는 建築密度上限超過負擔金을 당해 地方自治團體에 納付하여야만 한다.

[金 相 容]

物權的 請求權 前論

차 례

Ⅰ. 物權的 請求權의 意義

1. 物權的 請求權의 意義

民法은 §213에서 소유물반환청구권에 대하여, §214에서 소유물방해배제청구권 및 소유물방해예방청구권에 대하여 각기 정하고 있다. 이들을 합하여 "物權的 請求權"(또는 "物上請求權")이라고 부른다. 그리고 위의 兩個條는 둘 다 또는 그 하나가 민법에서 정하고 있는 다른 물권(制限物權)에도 대부분 준용되고 있다(그 예외는 留置權과 質權의 둘이다). 즉 民 §213는 地上權, 傳貰權에, 民 §214는 地上權, 地役權, 傳貰權, 抵當權에 준용된다(民 §§290 Ⅰ, 301, 319, 370).

그런데 "物權的 請求權"(dingliche Ansprüche)이란 용어는 주의하여 사용할 필요가 있다. 실제로 그 말 자체는 청구권 중에서 對世的인 효력을 가져서 제3자에 대하여도 주장할 수 있는 것을 의미한다. 따라서 그 의미대로라면, 그러한 청구권이 반드시 소유권 기타의 물권에 기하여 발생한 것이 아니라도 "물권적 청구권"이라고 할 수 있다. 가령 特許權이 침해되었을 때 인정되는 "侵害의 禁止 또는 豫防"을 청구할 수 있는 권리(特許 §126 참조)는 이러한 의미에서의 물권적 청구권이라고 할 것이다. 이는 비단 특별법에 의하여 인정되는 대세적 청구권뿐만 아니라, 가령 프라이버시가 침해되었을 때에는 그 배제를 청구할 수 있고, 그것은 그 침해자가 누구인가에 관계 없이 인정된다는 것이 통설인데 그러한 방해배제청구권도 마찬가지라고 할 것이다.

그러므로 이하에서와 같이 民 §§213, 214에서 소유자(그리고 다른 制限物權을 가지는 자)에게 인정되고 있는 권리만을 가리키는 의미에서 "물권적 청구권"이라는 용어를 쓰는 경우에는, 특히 이 점을 확실하게 하여 둘 필요가 있는 것이다. 말하자면 이 경우의 "물권적 청구권"은 좁은 의미의 그것이라고 하겠다. 독일민법전은 제3편("物權")의 제3장에서 所有權에 대하여 정하면서 그 제4절에서 "所有權으로부터 나오는 請求權"(Ansprüche aus dem Eigentume)에 대한 규정을 두고 있는데, 이것이 대개 여기서 말하는 "물권적 청구권"에 해당한다고 하겠다.

2. 民法上 規定의 沿革[1)]

(1) 이미 로마法은, 시민법상의 소유권을 보호하는 내용의 권리로서, 所有物返還訴權(rei vindicatio)을 對物訴權으로서 확고하게 인정하고 있었다.[2)] 그 외에 일련의 개별적인 訴權이, 어떠한 물건에 대하여 役權이나 用益權 기타 물건에 대하여 영향을 미칠 수 있는 유사한 權利를 가진다고 僭稱하는 자에 대하여, 소유자가 이를 부담하고 있지 않음을 확인하고 나아가 그러한 방해가 爭點決定(litis contestatio)시에 제거되었다면 존재하였을 상태를 회복하는 것을 내용으로 하여 인정되었다(그 상세에 대하여는 民 §214 注解 I.3.(1) 참조). 이들 訴權에는 否認訴權(actio negatoria)이라는 공통의 명칭이 주어졌다.[3)] 이 소권은 소유물에 대한 순수히 事實的인 妨害에 대하여는 주어지지 않았다.

유스티니아누스帝法에서는, 상대방이 권리를 참칭하는 경우뿐만 아니라, 사실적인 침해에 대하여도 侵害者의 行態가 役權의 「行使」라고 해석될 수 있는 경우에는 역시 否認訴權이 인정되기에 이르렀다. 이와 같이 否認訴權이 역권적 침해에 대한 일반적인 구제수단으로 확장 내지 변질되어 가면서, 그 반면으로 그 침해를 정당화하는 권리인 役權(servitut) 그것의 보호도 강조되어, 그

---

1) 그 각 내용이 되는 권리의 沿革에 대하여는 아래 §§213, 214의 각 注解 참조.

2) 이에 대하여는 우선 M. Kaser, Römisches Privatrecht I, 2. Aufl.(1971), §103 I (S. 432ff.) 참조.

3) Kaser(註 2), §103 II (S. 437) 참조. 이에 의하면 이 명칭은 이미 古典期에 사용되었으나, 그러나 기술적으로 엄밀한 의미를 가지지는 아니하였을 것이라고 한다.

러한 보호를 역권의 행사를 보장하는 것을 내용으로 하는 認諾訴權(actio confessoria)에 의하여 보장하기에 이르렀다.

18세기 말까지, 그리고 19세기에 들어와서도 普通法學에서 대체로 소유권의 침해에 대한 구제수단으로서 所有物返還訴權과 否認訴權을 종합적으로 체계화하는 경향은 없었고, 否認訴權(또는 그 대칭으로서의 認諾訴權)은 役權과의 관련에서 서술되었다고 한다. 그런데 19세기 초에 否認訴權을 그와 같이 파악하는 서술이 빈번히 등장하게 되고(하이제, 푸흐타, 방게로브 등), 결국 19세기 중반에는 소유물반환소권은 전면적인 점유침해에 대한 制裁이고, 부인소권은 "물건의 점유를 침해하는 것이 아닌 형태로 행하여지는 소유권의 침해"에 대한 제재라는[4] 체계적 이해가 보편화하게 되었다.[5] 그리하여 獨逸民法(§§ 985, 1004, 1005)과 스위스民法(§ 641 II) 등은 이러한 理解를 法典에 受容하여, 이를 명문으로 규정하기에 이르렀다.

(2) 依用民法에는 물권적 청구권에 관한 규정이 없었다. 이는 물권적 청구권을 否認하였기 때문이 아니라, 오히려 물권에 물권적 청구권이 있다는 것은 자명한 理致로서 이를 일일이 내걸지 않고,[6] 반대로 物權의 범주에 속하는 권리이지만 예외적으로 물권적 청구권의 부여가 거부되는 것에 대하여 이 점을 정하는 明文規定을 두기로 하는 方針이 취하여졌기 때문이었다.[7] 그리하여 당시의 學說은 일반적으로 이를 긍정하였고, 判例도 마찬가지였다.[8] 學說은 이를, 物權이 직접 물건에 대하여 利益을 향수하는 것을 내용으로 하는 권리인 이상, "事物의 性質上 當然"한 것이라고 설명하였다.[9] 物權이 그러한 권리라면, 그 利益의 享受가 방해를 받은 이상에는 그 除去를 청구할 수 있어야 한다는 것이다.[10]

우리 民法의 制定過程에서는 애초부터 "所有權에 기한 物上請求權"에 대한 규정을 두고, 그 내용으로 소유물반환청구권, 소유물방해배제청구권, 소유물

4) Windscheid, Lehrbuch des Pandektenrechts, 9. Aufl.(1906), § 198(S. 1009).

5) 이상에 대하여는 Gernhard Hohloch, Die negatorischen Ansprüche und ihre Beziehung zum Schadensersatzrecht(1976), S. 21ff.에 의하였다.

6) 그러나 다른 請求權, 예를 들면 占有保護請求權과의 관계에서는 물권적 청구권을 지시하는 내용의 規定(日民 § 202의 "本權의 訴")을 두었다.

7) 日注民(6), 29 참조.

8) 일찍이 日大判 大 4(1915). 12. 2(民錄 21, 1965)은 所有權에 기한 妨害除去請求權을, 日大判 大 6(1917). 3. 23(民錄 23, 560)은 所有物返還請求權을, 日大判 大 9(1920). 5. 14(民錄 26, 705)은 所有權에 기한 妨害豫防請求權을 각기 인정하였다.

9) 가령 末弘嚴太郎, 物權法(上)(1921), 52.

10) 그리고 그 외에 물권의 일종인 占有權에 대하여 占有訴權이 명문으로 인정되고 있는 점, 그리고 이러한 점유소권에 대한「本權ノ訴」가 규정되어 있는 점 등을 그 근거로 든다. 末弘(註 9), 52 참조.

방해예방청구권의 셋을 정하기로 하는 方針이 서 있었다.[11] 이를 받아서 民法案 §§201, 202는 소유권에 대한 冒頭規定으로서 所有權의 內容과 物的 範圍에 관하여 정하는 §199와 §200에 이어서, 현행 民法은 §§213, 214와 같은 규정을 두었고, 이러한 태도는 일반적으로 歡迎을 받았다.[12]

民法의 審議過程에서 法司委의 民法案小委는 소유물반환청구권에 대하여 "占有權의 경우와 같이 종래 學說上 널리 인정된 것으로서 新設은 타당하다"는 태도를 취하였다.[13] 그리고 구체적인 심의의 내용에 대하여 그 외에 알 수 있는 것은 "왜 損害賠償請求權에 관한 것을 넣지 않았느냐"는 문제가 논의되었다는 것뿐이다. 그러나 이에 대하여도 "그것은 一般原則에 의하게 한 것으로서 草案이 타당하다"고 하는 짤막한 對應으로 거부되었다.[14] 그리하여 위 규정은 그대로 현행민법에 담겨지게 되었다.

3. 物權的 請求權에 관한 規範의 두 段階

위에서 본 대로, 民法은 §§213, 214에서 물권적 청구권에 관하여 明文으로 정하고 있다. 그러나 특히 「점유할 권리」 없는 占有者(이를 「不法占有者」라고 한다[15])에 대하여 물권을 가지는 사람(이하 주로 所有者를 염두에 두고 서술하여 가기로 한다)이 그 물건의 반환을 청구할 수 있는 경우에는 여러 가지 관점에서 소유물의 반환 자체와는 별도의 利害調整이 필요하게 된다. 가령 점유자가 물건을 점유하고 있는 동안에 취득한 또는 취득할 수 있었던 果實(실제적으로 압도적으로 중요한 의미가 있는 使用利益은 과실에 준하여 다루어진다. 이에 대하여는 앞의 民 §201 注解 Ⅱ.2.(2) 참조)을 반환할 것인가, 반환한다면 어떠한 범위에서 반환할 것인가 하는 것이 그 하나이고, 점유자가 그 물건의 반환의무를 부담하고 있는 동안에 그 물건이 훼손되거나 나아가서는 멸실된 경우에 그 점유자는 어떠한 요건 아래서 어떠한 책임을 지는가 하는 것이 그 둘이며, 나아가 점유자가 물건에 대하여 지출한 비용은 어떠한 요건 아래서 그 상환을 청구할 수 있는가 하는 것이 그 셋이다. 민법은 이와 같이 소유물의 반환과 관련하여 그 해결의 필요가 발생하는 각종의 附隨的인 利害調整問題에 대하여 民 §§201-203에서 규정하고 있다.

---

11) 「民法典編纂要綱」, 物權編, 五. 2.

12) 가령 民法案意見書(1957), 85 이하(崔栻 집필)은 民法案의 태도에 대하여 "당연히 인정되어야 할 것임에도 불구하고 규정이 없던 것을 明文化하였다는 점에서 草案의 規定은 적당한 것이라고 하겠다"고 한다.

13) 民法案審議錄 上卷(1957), 135 상단.

14) 同所.

15) 아마도 독일어의 unrechtmäßiger Besitzer 의 譯語인 듯하다.

民法은 이들 규정을 物權的 請求權과 관련하여 위치시키지 아니하고 占有에 관한 규정에 포함시키고 있기 때문에, 두 規範群 간의 제도적인 관련이 시야에서 벗어나기 쉽다. 그러나 民 §§201-203는 어디까지나 民 §213의 附隨規定임을 염두에 둘 필요가 있다. 가령 독일민법은 §985에서 소유물반환청구권에 관하여 정하고, 이어서 이러한 附隨的인 利害調整에 관하여 규정한 다음에(§987 이하), 妨害排除請求權과 妨害豫防請求權(§1004)을 규정하고 있는 것이다. 두 規範群 간의 관련에 대한 이러한 認識은 타인 소유의 물건을 점유함으로 인한 각종의 법률문제에 대하여 不當利得, 不法行爲, 사무관리 등의 일반적인 救濟手段과 民 §§201-203에서 정하는 規律과의 관계를 생각함에 있어서 중요한 기여를 한다.

Ⅱ. 物權的 請求權의 制度目的, 性質 등

1. 物權的 請求權의 制度目的, 다른 救濟手段과의 比較

(1) 物權은 일반적으로 외계에 존재하는 物件을 직접 지배하는 것을 내용으로 하는 권리라고 관념되고 있다. 이러한 言明의 의미는 두 가지 측면에서 밝혀질 수 있을 것이다. 하나는, 그러한 「支配」는 법적으로 정당한 것이어서 「違法」하다고 평가되지 않으며, 나아가 그 지배로 인한 利益의 享受가 법적으로 보장되어 누구로부터도 그 利益의 返還을 청구당하지 않는다는 것이다. 다른 하나는, 다른 사람은 누구라도 그와 같이 원래 物權을 가진 사람에게 돌아가야 하는 支配를 침해하여서는 안 된다는 것이다. 즉 物權은 萬人에 대하여 不作爲義務를 부과하는 것이다.

물론 이로부터 「당연히」, 論理必然的으로 물권이 침해된 경우에 그 제거를 청구할 수 있는 권리가 인정되어야 하는 것은 아니다. 義務 그 자체와 의무를 위반한 경우의 制裁와는 서로 분리하여 생각하지 않으면 안 되는 것이다.[16] 그러나 物權法은 단지 법공동체의 구성원에게 어떠한 行態義務만을 부과하는 것

16) Ph. Heck, Sachenrecht(1930), §31(S. 124)는 兩者를 명확하게 구분하여 思考한다. 즉 "[權利에 대한] 保護의 必要(Schutzgebot)로부터, 침해를 하지 아니할 일반적인 청구권과 아울러, 그 침해가 행하여진 경우에는 適法狀態를 수립할 것에 대한 請求權이 도출된다. 이와 같이 특정한 사람을 상대로 하는 이러한 청구권을 사람들은 좁은 의미의 물권적 청구권이라고 부르고 있다."

이 아니라, 財貨의 歸屬 그 자체를 정하고 유지하는 것을 기능으로 한다. 그렇다면 이러한 歸屬秩序가 교란된 경우에는 일단 그 교란상태 자체를 제거하여 원만한 질서를 회복하도록 하는 것이 그 질서의 유지를 위하여 合目的的일 것이다.

가령 소유권을 가지는 사람은 물건을 전면적으로 "使用, 收益, 處分"할 수 있는 權能을 가진다(民 § 211 참조). 그런데, 다른 사람이 이를 점유하고 있다고 하자. 使用·收益은 통상 그 물건의 점유를 필요로 한다. 그러므로 그 경우에 그 점유자가 그 점유를 정당화하는 법적 지위에 있지 않는 한, 그로 하여금 소유자에게 그 물건을 반환하도록 하면, 그에 의하여 그 以前의 재화귀속질서의 교란상태는 장래를 향하여서는 시정되는 것이다(물론 그 교란상태가 있었던 동안의 사정으로 말미암아 발생하는 각종 이익의 조정의 필요는 별론으로 한다. 이에 대하여는 우선 民 §§ 201-203가 정한다). 이와 같이 物權的 請求權은 침해자로 하여금 物權內容의 원만한 狀態를 「실현」하게 하기 위하여[17] 법에 의하여 인정된 救濟手段이고, 물권이라고 하는 것으로부터 논리필연적으로 인정되는 것이 아니다. 특히 법률에 명문으로 물권적 청구권에 대한 정함이 없는 依用民法 아래서는 그것을 인정하기 위한 근거로서 물권의 「本質」이라는 것을 강조할 필요가 있었지만, 이제 그에 대한 明文을 둔 이상에는 이러한 「本質」을 "論할 필요가 없으며, 無意味하다"고 하겠다.[18]

여기서 주의할 것은, 그러한 救濟手段의 부여 여부에 관하여 법은 그 물권의 내용 여하, 그 종류의 물권제도의 목적 여하 등에 비추어 이를 부인할 수도 있다는 것이다. 民法은 가령 留置權者가 그 물건에 대한 占有를 喪失한 경우에는 物權的 請求權(물건반환청구권)을 부여하지 않고 오히려 留置權 자체의 소멸을 인정하는 것(民 § 328)도 이러한 관점에서 이해되어야 할 것이다.[19]

(2) 물권적 청구권은, 그 淵源이 되는 所有權 기타 物權이 民法이 정하는 財貨歸屬體系에 있어서의 압도적이고 규정적인 지위에 상응하여, 현저히 중요한 지위를 차지하고 있다. 그리고 나아가 權利侵害에 대하여 民法이 마련하고 있는 각종의 救濟手段, 특히 별도의 일반적인 救濟手段이라고 할 수 있는 불법행위로 인한 손해배상청구권과 부당이득반환청구권에 비교하여서도, 要件이나

17) 이에 대하여는 Ph. Heck(註 16), § 32 1(S. 125): "물권적 청구권, 즉 實現請求權(Verwirklichungsanspruch)."

18) 郭潤直, 88.

19) 動產質權에 관한 物權的 請求權의 인정 여부에 관하여는 論議가 있다. 이 점 아래 質權(民 § 329 이하) 注解 참조.

效果의 양면에서 두드러진 특징을 가지고 있다.

가령 소송상으로 民 §213의 소유물반환청구를 하는 자는 단지 다음의 두 가지의 要件事實을 입증하는 것으로써 일단 자신이 할 일을 다하는 것이 된다. 첫째, 자신이 어떠한 물건의 소유자라는 것, 둘째, 상대방이 그 물건을 占有하고 있다는 것이다. 이 청구의 成否는 그 외에, 不法行爲에 있어서와 같이 그는 자신이 그 점유로 말미암아 損害를 입고 있다든지 상대방이 그 소유권침해에 관하여 歸責事由가 있다거나, 또는 不當利得에 있어서와 같이 상대방이 그 점유에 기하여 어떠한 利益을 얻고 있다는 등의 事情과는 전혀 관계가 없다. 상대방은 자신의 물건점유가 "점유할 권리"에 기하고 있는 것이어서 違法하지 않음을 主張立證하여야만, 비로소 원고의 청구를 물리칠 수 있는 것이다.

또한 그 效果에 있어서도, 우선 不法行爲의 경우에는 원칙적으로 損害賠償만이 인정되고 있을 뿐이어서(民 §764는 예외이다), 불법행위로 인하여 받은 피해자의 損害를 金錢으로(民 §394) 賠償할 것을 청구할 수 있을 뿐이다. 그리고 그 손해배상은 일종의 事後的 구제수단으로서, 피해자가 과거에 현실적으로 받은 損害를 메워주는(「塡補」) 것을 내용으로 하고, 그 加害의 原因을 장래에 대하여 근원적으로 제거하는 것을 내용으로 하는 것은 아니다(한편 불법행위의 효과로서의 소위 「豫防的 不作爲의 請求」에 대하여는 後述 Ⅲ.4.(2) 참조). 또 不當利得의 경우에도 그 효과는 반드시 金錢賠償에는 한정하지 않는다고 하더라도, 역시 침해자가 현재까지 얻은 利得의 반환을 내용으로 하는 것이며, 이것이 事後塡補的이라고 하는 점에는 不法行爲와 별로 다를 바 없다. 이에 비하여 物權的 請求權은 그 내용이 물권침해의 態樣에 따라 극히 다양한 모습을 가지는 「柔軟하고 伸縮적인」 권리이며, 또한 현재의 침해원인을 배제함으로써 장래에 향하여서는 물권의 원만한 상태를 실현할 수 있는 「근본적」 구제수단이다. 또한 방해의 우려가 있는 경우에는 이에 대하여도 대처할 수 있는 事前的인 것일 수 있다.

이와 같이 物權的 請求權은 권리침해에 대하여 민법이 정하고 있는 다른 일반적인 구제수단, 즉 불법행위로 인한 손해배상청구권이나 부당이득반환청구권에 비하여, 보다 단순하고 명료한 要件만을 요구하는 반면에 그 效果에 있어서는 물권으로서의 원만한 상태를 사실적으로 실현하는 것을 지향하는, 침해의 樣態에 따라 매우 다양한 내용을 가질 수 있는 권리가 부여된다는 점에서, 救濟手段 중의 王者的 地位에 있다고 할 수 있겠다. 이와 같이 강력한 救濟手段을 부여하는 것은 그 피침해권리인 物權이 가령 債權과는 달리 그러한 보호를 받을 만큼 내용이 충실한(dichter) 法益이기 때문이기도 하다.

일반적으로 물권적 청구권, 특히 소유물반환청구권과 계약상 청구권 및 부당이득반환청구권과의 관계에 대하여는 뒤의 民 §213 注解 Ⅲ.2. 참조.

2. 物權的 請求權의 性質

(1) 母權으로서의 物權

물권적 청구권이 하나의 권리로서 어떠한 성질을 가지고 있는가, 특히 母權인 물권과의 사이에 어떠한 성질을 가지는가에 대하여는 여러 가지 논의가 있다.[20] 그러나 별로 실익이 있는 논의라고는 생각되지 않으므로,[21] 일단 다음과 같이 정리하여 두기로 한다.

물권적 청구권은 물권내용의 원만한 실현을 위하여 그 바탕이 되는 物權 '으로부터'(aus dem Sachenrecht) 발생하는 권리이다.[22] 그러한 의미에서 物權을 하나의 母權(Mutterrecht: Stammrecht)이라고 한다면, 이는 子權이라고 할 것으로서, 물권에 봉사하는 기능을 하는 것이다. 이와 같이 물권적 청구권은 그 成立과 存在理由에 있어서 그 연원이 되는 物權에 구속되어 있다. 그러므로 물권적 청구권은 물권과 '結合'되어(verbunden) 있다[23](그 구체적인 의미에 대하여는 물권적 청구권의 讓渡可能性과 관련하여 뒤의 (2)에서 보기로 한다).

그러나 그 권리 자체는 구체적인 물건의 점유자 기타 침해자 또는 침해의 우려가 있는 자에 대하여 발생하므로, 채권과 마찬가지로 相對的인(relativ) 성질을 가지는 權利이다.[24] 또 그 내용도 상대방에 대하여 일정한 行爲(또는 受忍)를 청구하는 것이다. 그러므로 그 권리의 內容이나 行使의 측면에서는 채권과 유사한 측면이 있다. 여기서 債權에 관한 규정이 어느 범위에 물권적 청구권에 준용될 수 있는가 하는 문제가 발생한다.

---

20) 이에 대한 學說의 槪觀은 郭潤直, 87 이하를 보라.

21) 日注民(6), 31(好美淸光 집필)은 물권적 청구권의 법적 성질에 관한 여러 견해를 열거한 다음, 결론적으로 이 論議 자체에 대하여 "소위 法的 性質論이 물권적 청구권에 의한 보호의 현실을 物權·債權·請求權이라는 旣成의 法槪念에 의하여 추상적으로 성격을 부여하려는 것에 그치는 한, 이 論議의 實益은 별로 없다. 또 실제로 이들 性質論의 다수는, 거기서부터 演繹的으로 다른 여러 효과를 끌어내기 위하여 설정된 것이 아니고, 물권보호의 현실을 개념적으로 公式化함에 있어서의 視角의 差異에 불과하다는 면이 크다. 중요한 것은 그 구체적 여러 效力의 檢討일 것이다"라고 한다. 타당한 견해라고 하겠다.

22) F. Baur, Lehrbuch des Sachenrechts, 15. Aufl.(1989), §2 I 1 a) aa)(S. 6). 종전에 물권적 청구권이 물권으로부터「流出」된 권리라고 일컬어지던 것도 이러한 의미일 것이다.

23) Staudinger/Gursky §985 Rz. 3; Baur(註 22), 同所는 이러한 표현을 쓰고 있다.

24) Baur(註 22), 同所 참조.

(2) **讓 渡 性**

물권적 청구권은 물권의 보호를 위하여 인정된 것이므로, 이는 물권과 「結合」되어 있다.

㈎ 따라서 그 母權인 물권이 절대적으로 소멸하면 물권적 청구권은 당연히 따라서 소멸한다. 또한 物權이 양도되면 그 양도인은 이를 당연히 喪失하고, 반면에 양수인이 이를 가지게 된다. 이때 양수인은 그가 가지게 된 물권이 침해되고 있음을 이유로 새로이 물권적 청구권을 취득하는 것이다. 이 경우 물권양도인의 물권적 청구권이 양수인에게 「移轉」된다고 서술하는 입장도 있으나,[25] 그렇다고 하면 침해자측에서 양도인에게 주장할 수 있었던 對抗事由를 양수인에게 주장할 수 있게 되어(民 § 451 Ⅱ 참조), 부당하다.[26]

依用民法 시행 당시의 판례는, 원칙적으로는 물권과 물권적 청구권과의 「결합」을 긍정하면서도, 다만 예외적으로는 그 分離도 인정될 수 있다는 태도를 취하고 있었다. 가령 大判 55.8. 11-4287民上316(總覽 2-2 (A), 481)은, 소유권이 매매를 원인으로 하여 매수인에게 이전된 경우에, 매도인이 부담하는 매수인에의 物件引渡義務를 이행하기 위하여 불법점유자에의 반환청구권 행사를 필요로 하는 때에는 당사자들이 그 계약에서 물권적 청구권을 매도인에게 留保한 것으로 보아, 이미 소유권을 상실한 매도인이 물권적 청구권을 가진다고 판시하고 있다. 그리고 이러한 취지는 大判 56.7.19-4289民上140(總覽 2-2 (A), 482); 大判 59.5.21-4291民上20(總覽 2-2 (A), 482)에서도 반복되고 있다. 그러나 民法이 1960년에 시행되고 난 후에는 이와는 달리 가령 大判 61.10.19-4293民上437(集 9, 58)은 "당사자 간의 의사에 의하여 소유권의 내용인 物上請求權의 일부를 賣主에게 유보하거나 유보할 수 있다는 解釋은 物權法定主義나 物權의 得失變更의 획일성을 해치는 것으로서 부당하다"고 판시하여, 소유권을 이미 양도하여 버린 매도인의 소유물반환청구를 배척하고 있었다. 그러나 大判 68.6.25-68다758(總覽 2-2(A), 484-21)은, 제 1 심에서 불법점유자를 상대로 반환청구소송을 제기하여 승소한 소유자(원고)가 그 목적물을 제2심 계류중 그 딸에게 증여하여 소유권등기를 이전한 사안에서, 오히려 依用民法 당시의 판례에 좇아 원고의 청구를 인용하였다. 이에 대법원은 1969년 5월 27일의 全員合議體判決(68다725(集 17-2, 103))로써 이러한 예외적인 分離마저 부인하고, 물권적 청구권만을 소유권을 이미 이전한 매도인에게 유보하여 둘 수 없다고

25) 郭潤直, 42.

26) MünchKomm/Medicus, Vorbem. zu §§ 985ff. Rdnr. 5(S. 878)도, 물권적 청구권의 "법률에 의한 이전"(gesetzlicher Übergang)을 관념하는 것은 허용되지 않는다고 한다.

판시하였다. 그리고 그 후에 大判 79.9.25-79다1028(公20 621,)도 이러한 뜻으로 판시하고 있다.[27)]

(나) 이와도 관련되는 것인데, 물권적 청구권은 이를 물권과 분리하여 독자적으로 讓渡의 대상으로 삼지 못한다는 것(讓渡性(Abtretbarkeit)의 否定)이 우리 나라의 通說이다.[28)]

獨逸에서는 이에 관한 논의가 활발하게 전개되었다. 양도성을 부정하는 多數說은 다음과 같이 주장한다.[29)] 물권적 청구권을 제3자에게 양도하여 버린 사람의 입장을 보면 그 내용을 실현할 수 없는 단순한 추상적 권리로서의 물권이란 意味矛盾的이며, 다른 한편 물권 없이 물권적 청구권만을 양수한 사람의 입장을 보면 그 양도인이──양도 등으로──물권을 상실하게 되면 물권적 청구권의 양수인은 그 권리를 상실하게 되어서 실제적으로 무가치하다는 것이다. 그러나 이 입장에서도 물권을 가지는 사람이 타인에게(가령 소유권유보부 매매에서 매수인에게 또는 양도담보에서 담보설정자에게) 물권적 청구권을 그 타인의 이름으로 행사하는 권한(소위「權利行使授權」(Ausübungsermächtigung))을 수여하는 것은 허용된다고 한다.[30)] 그리고 당사자 사이에 물권적 청구권의 양도가 이루어진 경우에는 이를 이러한 소위「資格授與」(Legitimationsübertragung)로 이해할 것이라고 한다.[31)] 한편 양도성을 긍정하는 立場에서는,[32)] 목적물반환청구권의 양

---

27) 이들 판결에 대한 보다 상세한 분석에 대하여는 梁彰洙, "不動產物權變動에 관한 判例의 動向", 民判硏 10(1988), 357 이하(同, 民法硏究 I(1991), 204 이하) 참조.

28) 郭潤直, 42 등 通說. 이는 日本에서도 마찬가지이다. 이 점 日注民(6), 32 참조.

29) Staudinger/Gursky, § 985 Rz. 3 m.w.N.; MünchKomm/Medicus, Vorbem. zu §§ 985ff. Rdnr. 5(S. 878) 등 참조.

30) Staudinger/Gursky(前註) 참조. 이러한 權利行使授權은 소유자가 언제라도, 그의 채권적 의무에 반하여서라도, 撤回할 수 있으며, 또 이는 소유자가 처분권능을 상실함과 동시에 소멸한다고 한다. 나아가 아직 그 授權이 유효하더라도 소유자 자신의 權利行使를 막는 것은 아니라고 한다.

31)「資格授與」의 법률구성에 관하여는 우선 Philippos Doris, Die rechtsgeschäftliche Ermächtigung bei Vornahme von Verfügungs-, Verpflichtungs- und Erwerbsgeschäften (1974), S. 32ff.; W. Siebert, Das rechtsgeschäftliche Treuhandverhältnis(1933), S. 291ff. 각 참조. 이는 우리 나라에서는 주로 어음法에서 推尋委任背書의 법적 성질과 관련하여 논의되고 있다. 우선 鄭東潤, 어음·手票法(1986), 432 이하 참조. 한편「資格授與」의 소송법적 표현인(이 점 Staudinger/Grusky, § 985 Rz. 3 참조) 任意的 訴訟擔當에 대하여는 大判 84. 2. 14-83다카1815(集 32-1, 76) 참조: "이와 같은 임의적 소송신탁은 우리 나라 법제하에서는 그 허용되는 경우라는 것은 극히 제한적이라고밖에 할 수 없을 것이나 탈법적 방법에 의한 것이 아니고(소송대리를 변호사에 한하게 하고 소송신탁을 금지하는 것을 피하는 따위) 이를 인정하는 합리적 필요가 있다고 인정되는 경우가 있을 것"이라고 하여, 業務執行組合員이 조합원들로부터의 授權에 기하여 조합재산에 관한 소송에서 임의적 소송담당을 하는 것을 허용하였다.

32) Enneccerus/Nipperdey, § 222 Anm. 14(S. 1384) m.w.N. 참조. 오히려 종전의 판례(RGZ 52, 385; 136, 422 등)는 이러한 입장을 취하고 있다고 한다. 이 점 MünchKomm/

도에 의한 점유이전에 관한 獨民 §931(우리 民法 §§196 Ⅱ, 189에 해당한다)는 물권적 청구권의 양도성을 긍정하는 전제 위에 서 있고, 또 일정한 경우에 거래당사자의 意圖를 충족하여야 할 필요가 있으며(가령 부동산매매에서 제3자가 점유하는 목적물에 대하여 登記 전에 인도를 행하고자 하는 경우 등), 또한 어떠한 事項(여기서는 물권과 물권적 청구권의 分離)이 개념상 불가능하다고 인정하는 데는 극히 신중하여야 한다는 것을 論據로 든다.

물론 물권과 물권적 청구권의 위와 같은 의미에서의 「分離」가 개념적으로 불가능하지는 않을 것이다. 일반적으로 어떠한 權利의 讓渡性 유무는 그 권리의 성질에 비추어 특히 그 양도성의 否認을 정당화하는 理由가 있는가 하는 法的 評價에 기하여 결정될 일이다. 그렇다고 하면, 역시 물권적 청구권은 물권과 분리하여 양도하는 것은 허용되지 않는다고 함이 妥當하다고 할 것이다. 독일에서의 多數說이 지적하는 대로, 물권적 청구권만을 타인에게 양도하는 것을 인정하여, 所有權을 가지고 있으면서 그것을 방해하는 사람에 대하여 그 權利의 「實現」을 관철할 수 없다는 상태를 용인하는 것은, 所有權秩序에 큰 공백을 인정하는 결과가 되어 財產法의 根本이 동요될 우려가 있다.[33] 특히 大判(全) 79.11.13-79다483(集 27-3, 140)은, 不法原因給與임을 이유로 물건의 반환청구를 할 수 없는 경우에는, 원인행위의 무효로 말미암아 여전히 보유하는 소유권으로부터 발생하는 물권적 청구권에 기하여서도 그 반환을 청구할 수 없다고 하고, 나아가 이러한 반환청구를 할 수 없다는 것의 "反射的 效果로서" 소유권 자체가 受益者에게 속한다고 판시하고 있다.[34] 이는 子權인 물권적 청구권의 存否에 따라 母權인 물권 자체의 歸屬을 정하는 태도로서, 결국 兩者의 긴밀한 「결합」을 전제로 하는 것이다. 이러한 입장에 비추어 보아서도, 兩者의 분리를 인정할 수는 없다.

그렇다고 해서 물권적 청구권의 양도를 인정하면서도 위와 같이 소유권이 虛有權으로 되는 것을 피하기 위하여서 所有者에게도 물권적 청구권이 있다고 하면, 兩者의 물권적 청구권 사이의 관계는 어떠한가, 가령 불법점유자는 누구에게 물건을 반환할 것인가 등 어려운 문제가 줄이어 발생한다. 또한 民

Medicus, Vorbem. zu §§ 985 ff. Fn. 4(S. 878) 참조.

33) 앞의 (가) 말미에서 본 大判(全) 69.5.27.이 "물상청구권 없는 지배권으로서의 물권이란 의미가 없다 할 것"이라고 설시하는 것도 이러한 의미일 것이다.

34) 이 판결에 대한 評釋으로서는 徐晟, "物權的 請求權의 行使에 있어서 民法 제746조(不法原因給與)의 適用與否", 民判硏 3(1981), 61 이하가 있다.

§189에서 말하는 "返還請求權"이란 소유자가 간접점유관계에서 가지는 반환청구권을 말하고, 물권적 반환청구권을 의미하는 것은 아니라고 해석할 것이다.[35]

물론 獨逸에서의 少數說이 인정하는 대로, 또 依用民法 당시의 우리 判例가 강조하는 대로,[36] 경우에 따라서는 物權이 없는 사람에게도 어떠한 물건에 대한 방해의 배제를 구할 利益을 긍정할 수 있을는지도 모른다. 특히 위와 같이 매도인이 이미 소유권을 매수인에게 이전하였으나 아직 목적물의 점유는 이전하여 주지 못하고 있는 경우에 매도인이 物權的 請求權을 행사하지 못한다고 하면, 그는 자신이 매수인에게 부담하는 引渡義務를 이행할 방도가 없으므로 이러한 困難을 구제하기 위하여서라도 이미 소유권을 상실하였더라도 매도인에게 물권적 청구권을 청구할 필요가 있다는 主張은 적지 않은 說得力을 가지고 있다고도 볼 수 있겠다. 그리고 이것이 위에서 본 大判(全) 69.5.27, 68다725(集 17-2, 103)에서의 少數意見이 애써 주장하고 있는 바이기도 하다. 그러나 그 후의 法展開에 의하면, 위와 같은 경우에 매도인은 그가 매수인에 대하여 매매대금채권의 전부 또는 일부를 가지고 있는 한 債權者代位權을 원용하여 매수인이 불법점유자에 대하여 가지는 물권적 청구권을 代位行使할 수 있는 方途가 있게 되었다. 그리고 중요한 것은 그 경우에는 채무자, 즉 매수인이 無資力이어야 한다는 요건이 요구되지 않는다는 점이다. 大判 89.4.25, 88다카4253(公 850, 809)은 임차인으로부터 임차보증금반환채권을 양도받은 원고가 그 양수금채권(물론 金錢債權이다)을 보전하기 위하여 임대인을 대위하여 임차인에 대하여 임차목적물을 임대인에게 인도할 것을 청구할 수 있다고 판시하고 있다. 이 사건에서 원고는 임대인을 상대로 하여 양수금의 지급을 청구하였던 것인데 임대인은 임차인으로부터 임대차목적물을 인도받을 때까지는 보증금을 지급할 수 없다는 同時履行의 抗辯을 하였던 것이다. 원고는 이 임대인의 동시이행의 항변에 대처하여 임차인에 대하여 위와 같은 인도청구를 한 것인데, 大法院은

35) 郭潤直, 195 등 통설.

36) 가령 앞서 본 大判 55.8.11.은 "物上請求權은 소유권침해의 사실에 의하여 시시각각으로 발생하는 권리이므로 매도인에게 同權利의 행사를 허용하여도 신소유자인 매수인에게 하등 不利益을 줄 염려가 없을 뿐 아니라, 도리어 매도인으로 하여금 그 의무를 이행케 하는 利益이 있고 그 반면 매도인은 그 의무이행을 위하여 필요할 뿐만 아니라 雙務契約에 있어서는 매수인에 대한 反對給付請求權 행사를 위하여서도 반환청구권의 행사가 절대로 필요하기 때문에 매도인은 소유권이전 후에도 同返還에 관한 정당한 이익이 있고 정당한 이익이 있는 곳에는 반드시 이를 보호하기 위한 권리를 인정하"는 것이라고 한다.

"채권자가 양수한 임차보증금의 이행을 청구하기 위하여 임차인의 가옥명도가 선이행되어야 할 필요가 있어서 그 명도를 구하는 경우에는 그 채권의 보전과 채무자인 임대인의 資力 유무는 관계가 없는 일이므로 무자력을 요건으로 한다고 할 수 없다"라고 판시하여 원고의 위 引渡請求를 인용하였다.[37]

이와 같은 판례의 태도를 여기서 문제삼고 있는 賣渡人의 代位引渡請求의 事案에 적용하여 보면, 매도인이 가지는 권리는 비록 매매대금채권이라는 금전채권이나 그 賣買代金請求에 대하여는 상대방인 매수인이 물건을 인도받을 때까지 그 지급을 거절할 수 있어서(同時履行의 抗辯權) 매도인으로서는 물건인도를 先行시켜야 할 것이므로 매수인이 가지는 제3자에 대한 「명도청구권」을 대위행사할 필요가 있고, 그리고 그 代位에는 채무자인 매수인의 無資力이 요구되지 않는다고 할 것이다. 물론 위 판례의 태도가 정당한가에 대하여는 論議가 있을 수 있겠으나,[38] 일단 이러한 判例를 「현재 있는 법」으로서 존중한다면, 위에서 본 바와 같이 매도인이 굳이 물권적 청구권을 가져야만 그의 매수인에 대한 의무를 이행할 수 있다는 주장은 그 근거를 잃게 된다.

뿐만 아니라 우리 民法이 법률행위로 인한 물권변동에 관하여 소위 形式主義를 취하는 이유가 物權關係가 明確化와 劃一化를 도모하고자 함에 있었다는 점도[39] 역시 고려에 넣어야 할 것이다.

(다) 이와 같이 物權的 請求權이 물권과 분리하여 양도할 수 없다고 하면, 점유자에 대하여 단지 소유물반환청구권만을 가지고 間接占有關係를 맺지 못하고 있는 소유자(따라서 채권적 반환청구권을 가지지 못하는 소유자)는, 점유자에 대한 그 물권적 청구권을 제3자에게 양도함으로써 소유권을 양도할 수는 없다(民 §190 참조). 그리고 이와 같은 경우에 소유자는 단지 物權的 合意만으로 그 권리를 양도할 수 있다고 할

37) 이 판결의 이 부분 판시에 대한 評釋으로서는 韓騎澤, "賃借保證金返還請求債權을 양수한 자의 賃貸人의 賃借人에 대한 目的物明渡請求權의 代位行使", 民判硏 12(1990), 33 이하가 있다.

38) 가령 그 경우 引渡請求權을 대위행사하는 것이 代金債權의 「保全」을 위한 것이라고 할 수 있는가 하는 점에는 의문이 있다. 韓騎澤(註 37), 42 이하는, 임차보증금양도의 경우에 양수인이 양도인의 권리를 대위행사할 수 있음을 긍정하여야 한다고 하면서 그러나 被保全權利는 양수금채권이 아니라 양도인이 양도계약에 기하여 부담하는 附隨的인 義務, 즉 양도된 債權이 완전히 實現되도록 협력할 容態義務라고 하여야 한다고 주장한다. 그러나 이러한 契約上의 附隨義務論에는 쉽사리 찬성할 수 없다. 이 점에 대하여는 梁彰洙, "賃借保證金返還債權의 讓渡와 賃貸借契約의 默示的 更新", 法學 31-1·2, 195 이하. 同 民法硏究 2(1991), 323 이하 참조.

39) 이에 대하여는 梁彰洙(註 27), 352 이하 참조. 앞서 본 大判 69.5.27.(앞의 (가) 말미 참조)이, 물권과 물권적 청구권의 分離가 "소유권이 절대적인 권리인 점에 비추어 허용될 수 없는 것"이라고 함도 이러한 취지일 것이다.

것이다.[40]

한편 소유권 등 物權을 讓渡하면서 물권적 청구권만을 從前의 權利者에게 留保한다는 約定은 原始的 不能(법적 불능(juristische Unmöglichkeit))인 급부를 내용으로 하는 것으로서 無效라고 할 것이다.

(3) 債權法規定의 準用

일반적으로 學說은, 債權編의 규정은「성질에 반하지 않는 한」물권적 청구권에 준용된다고 한다.

㈎ 구체적으로는 履行遲滯(§387 이하),[41] 辨濟(§460 이하)[42] 등에 관한 규정이 그러하다고 한다.[43] 나아가 受領遲滯에 관한 규정도 준용된다고 할 것이다.[44] 그러므로 소유자가 불법점유자에게 물건의 반환을 청구한 경우에는 점유자는 반환의무의 이행에 관하여 履行遲滯에 빠지게 된다(民 § 387 II). 그러므로 가령 그 후에 그 물건이 점유자의 수중에서 멸실한 경우에는 占有者는 그 멸실에 대하여 "自己에게 過失이 없는 경우에도" 責任을 져야 한다(民 §§ 392, 202 참조). 그런데 그 이외에 점유자가 履行遲滯로 인한 損害賠償義務를 부담하는가? 이에 대하여 우리나라에서는 獨逸에 있어서와는 달리 별다른 논의가 없으나,[45] 이는 否認되어야 할 것이다. 우선 民 §202가 정하는, 점유물이 "滅失 또는 毁損"된 경우에 대하여는 同條가 배타적으로 규율한다고 할 것이고, 그 이외의 경우에 대하여도 所有權의 침해로 인한 不法行爲를 이유로 손해배상청구권을 부여하는 것으로 족하다고 할 것이기 때문이다. 원래 債權關係가 존재하지 않는 당사자 사이에서 일반적으로 보다 엄격한 債務不履行의 責任을 함부로 인정할 것은 아니다.

그리고 반대로 불법점유자가 소유자에게 물건의 반환을 제공하였으나 소유자가 이를 수령하지 아니한 경우에는 소유자는 受領遲滯에 빠지게 되어(民 §§ 460, 400), 占有者가 그에게 故意 또는 중대한 과실이 없는 한 그 후의 滅失 등

---

40) 獨逸의 통설. 이러한 문제는 아무도 점유하고 있지 아니한 動產에 대하여도 발생한다. 이에 관하여는 일반적으로 梁彰洙, "占有離脫動產의 所有權讓渡", 考試界 1986. 2, 201 이하 참조.

41) 獨逸에서는 우리 民 §395(履行遲滯의 경우의 塡補賠償)에 해당하는 同法 §293의 준용이 긍정되고 있다. Baur(註 22), §11 C I 3 a(S. 93) 참조.

42) 이 중 辨濟의 費用(제473조)에 대하여는 後述 참조.

43) 郭潤直, 41; 李英俊, 52 등.

44) 獨逸의 通說.

45) 獨逸에서는 獨民 §990 II 이 악의의 점유자는 "遲滯로 인한 責任"(Haftung wegen Verzugs)을 부담함을 명문으로 정하는 한편으로, 獨民 §993 I 이 선의의 점유자는 일정한 果實返還義務 이외에는 收益(Nutzungen)의 返還義務도 損害賠償義務도 부담하지 않는다고 정하고 있다.

으로 인한 返還不能에 대하여 책임을 지지 않는다(民 § 401).[46] 그 이외에 증가된 辨濟費用에 대한 債權者의 責任에 관한 규정(民 § 403)도 준용이 있다고 할 것이다. 그러나 利子의 不支給(民 § 402 참조)이나 危險의 移轉(民 § 538 I 2문)에 관하여는 성질상 애초부터 문제되지 않는다.

(나) 그러나 그 외에도 履行不能에 관한 규정의 적용이 있는가도 문제될 수 있다.[47] 이는 주로 所有物返還請求權에 관한 것이다. 왜냐하면 방해배제청구권에 관하여는 이미 피고가 그 방해를 제거할 수 없는 자인 경우(즉, 방해의 원인을 「支配」할 수 있는 자가 아닌 경우)에는 대개 그를 「방해자」가 아니라고 하여 그 피고적격을 인정하지 않을 것이기 때문이다.

占有의 喪失은 소유물반환관계 그 자체의 성립을 저지하기 때문에, 그로 인한 返還不能에 대하여는 성질상 履行不能에 관한 법리가 적용될 여지가 없다. 그 이외의 원인, 가령 高權에 의한 引渡禁止 등으로 인한 返還不能의 경우에도[48] 그 책임문제에 대하여는, 物件의 滅失, 毁損으로 인한 책임에 관한 民 § 202를 유추적용할 것이고, 또 同條가 이를 배타적으로 규율한다고 할 것이다(이에 대하여는 앞의 民 § 202 注解 II. 2. (1) 참조). 따라서 이에 대하여 債務不履行에 관한 규정이 적용될 여지는 없다. 다만 이러한 返還不能이 인정되면, 채무의 이행을 청구하는 소송에서와 마찬가지로, 원고의 청구는 기각된다. 大判 71. 5. 24, 71다361(總覽 2-2(A), 484-11)은 국가가 점유하여 空軍飛行場의 부지로 사용하고 있는 事案에서, 원심이 原告의 토지인도 및 원상회복청구부분을 기각하고 손해배상청구만을 인용한 것을, "그 返還이 전연 불가능한 것은 아니라 할지라도… 국방상 절대 필요할 뿐더러 그 부분의 시설철거나 변경이 용이하지도 않음이 엿보이므로 그 원상회복의무는 법률상 불능으로 되었다"고 판시하여, 지지하고 있다.

그 외에 이와 관련하여 문제되는 것으로서는, 代償請求權이 소유물반환청구권자에게도 인정되는가 하는 점이다. 우리 民法에는 獨逸民法(§ 281)과는 달리 代償請求權에 관한 명문의 규정이 없다. 그러나 多數說은 이를 긍정하여, 채무자가 그 채무의 履行不能으로 말미암아 그 목적물에 갈음하는 代償(가령 收用補償金請求權, 保險金請求權, 제 3 자에 대한 損害賠償請求權 등 또는 그에 기하여 수령한 金錢 등)을 취득한 경우에, 상대방은 본래의 給付에 갈음하

---

46) Baur(註 22), § 11 C I 3 a(S. 93).
47) 이에 대하여는 주로 MünchKomm/Medicus, § 985 Rdnr. 31ff.(S. 886ff.)를 참고하였다.
48) 그러나 토지의 불법점유자가 그 地上에 건물을 건축하는 등의 행위를 하였다고 하더라도 그 토지의 반환이 不能이 되었다고는 할 수 없을 것이다.

여 그 代償의 양도를 청구할 권리가 있다고 한다.[49] 所有物返還請求權者에게도 이러한 권리를 인정할 수 있겠는가? 이는 獨逸에서 활발하게 논의되었던 것이나, 그곳에서의 현재의 통설과 마찬가지로 이를 否認하는 것이 타당하다.[50] 우선 점유자는 소유권 자체가 아니라 그 점유를 반환할 의무만을 부담하는 것인데, 위에서 代償이라고 든 것들은 실질적으로 그 점유의 等價物이 아니라 소유권의 등가물(收用補償金의 경우)이거나, 아니면 소유권 자체에 대한 침해를 이유로 하여 이로 인한 손해배상 등의 구제수단(損害賠償請求權의 경우)을 소유자가 직접 취득하기 때문에,[51] 그 외에 점유자에 대하여 代償請求權을 부여할 여지가 없는 것이다. 나아가 保險金의 경우에도, 점유자가 物件保險에 유효하게 가입하였다면, 이는 점유자 자신의 利益을 도모하기 위한 의사에 기하여 자신의 費用으로 가입한 것이므로, 보험금(또는 보험금청구권)을 점유의 등가물로서 소유자에게 양도하여야 한다는 것은 부당하다고 할 것이다.

㈐ 不完全履行이나 附隨義務의 불이행으로 인한 책임에 대하여도 채권법규정의 준용이 긍정될 여지가 있다고 하는 학설도 있다.[52] 가령 점유자가 그 점유 중에 발생한 물건의 危險性(전염병에 걸린 소나 制動裝置가 듣지 않는 자동차 등을 상정하여 보라)을 유책하게 告知하지 아니하여 그로 말미암아 소유자가 손해를 입은 경우가 그러하다는 것이다. 그러나 이는 일반적인 不法行爲規定으로 처리하면 족하지 않는가 생각된다.

(4) 行爲請求權인가, 忍容請求權인가

物權的 請求權의 성질과 관련하여서는, 종전부터 그것이 行爲請求權인가, 아니면 단순한 忍容請求權인가를 둘러싸고 활발한 논의가 전개되어 왔다.

㈎ 물권적 청구권은 상대방의 물권방해의 모습에 따라서 目的物의 返還, 妨害의 除去 또는 豫防을 청구하는 것을 내용으로 한다. 그런데 우리 나라에서는 이와 관련하여, 그 權利의 具體的인 內容이 청구권자가 상대방에 대하여 물권이 있어야 할 상태로 돌아가기 위하여 상대방의 적극적인 행위 내지 작위를 청구하는 것인가(즉, 行爲請求權인가) 아니면 청구권자가 스스로 행하는 회복행위를 상대방이 소극적으로 忍容할 것을, 다시 말하면 소극적인 不作爲를 청구하

49) 郭潤直, 債權總論(1984), 143; 金容漢, 債權法總論(1987), 146; 金亨培, 債權總論(1992), 231 등. 이에 대하여는 무엇보다도 宋德洙, "履行不能에 있어서 이른바 代償請求權", 警察大學 論文集 4(1985), 197 이하(문헌지시 포함) 참조.

50) 獨逸에서의 論議에 대하여는 우선 MünchKomm/Medicus, § 985 Rdnr. 33ff.(S. 887) 참조. 日本의 日注民(6), 36도 同旨.

51) 또한 점유자가 물건을 제 3 자에게 양도하여 양수인이 善意取得한 경우에는, 종전의 소유자는 점유자(양도인)에 대하여 그 讓渡代價를 不當利得을 이유로 양도받을 수 있다.

52) MünchKomm/Medicus, § 985 Rdnr. 38(S. 888) 참조.

는 것인가(즉, 忍容請求權인가) 하는 점이 논의되고 있다. 그리고 이러한 論議의 결과에 따라서 그 방해제거 등의 행위에 요구되는 費用의 負擔이 달라진다고 한다. 만일 行爲請求權이라고 하면 그 비용은 상대방이 부담하여야 하고, 반대로 忍容請求權이라고 하면 그 비용은 청구권자가 부담하여야 한다는 것이다. 그리고 그 論議를 위하여 설정되는 전형적인 事例는 甲 소유의 토지 위에 세워져 있던 돌담이 乙 소유의 이웃토지 안으로 무너져 내린 경우이다.

이에 대하여 學說에서는 대체로 다음과 같은 견해가 주장되고 있다.

첫째, 청구권자는 상대방의 비용으로 그 방해 등의 제거를 할 것을 청구할 수 있다는 것이다.[53] 이에 대하여 위의 事例와 같은 경우에는 甲의 반환청구권과 乙의 방해제거청구권이 서로 競合·衝突하는데, 그러한 때에는 어느 쪽이든지 먼저 原告가 되어서 提訴하는 자가 상대방에게 비용을 부담시킬 수 있어서 부당하다는 비판이 있다.[54]

둘째, 이러한 비판을 고려하여 특히 返還請求權에 있어서는 상대방이 스스로의 의사로 점유를 취득한 것이 아닌 한 상대방은 단지 청구권자가 자기 소유의 물건을 收去하는 것을 忍容하는 것으로서 족하다고 한다.[55] 그러나 이에 대하여도 위의 예에서 乙이 방해제거청구를 하는 경우에는 所有者 甲이 언제나 비용을 부담하는 것이 되어 부당하고, 나아가 이와 같이 原則과 例外를 구별하는 근거가 명확하지 않다는 비판이 있다.[56]

셋째, 방해상태가 상대방의 歸責事由에 의하여 발생하였는가에 따라 구별하자는 입장이다. 만일 妨害狀態가 상대방의 귀책사유에 의하여 발생하였으면 상대방이 부담하여야 하고, 그렇지 않다면(가령 天災나 제3자의 행위에 의하여 발생한 경우) 청구권자는 스스로의 비용으로 그 방해를 제거하여야 하고 상대방에게는 단지 그 忍容을 청구할 수 있음에 그친다는 것이다.[57] 이러한 견해에 대하여도 방해에 대하여 원고와 피고 쌍방 어느 누구의 귀책사유에 의한 것도 아닌 경우에는 오히려 항상 原告가 불리하게 된다는 비난이 있을 수 있다.[58]

---

53) 金基善, 209; 李英俊, 53 이하.

54) 예를 들면 郭潤直, 43. 이러한 비판에 대하여 李英俊, 54는 비용부담은 民 §473의 해석문제라고 하고, 費用은 원칙적으로 同條 본문에 따라 상대방의 부담으로 할 것이나, 다만 "상대방의 행위와 전혀 관계 없이 物權의 침해행위가 발생한 때"에는 民 §473 단서의 法精神에 따라 物權者의 부담으로 하여야 한다고 한다.

55) 方順元, 108; 金曾漢, 212.

56) 郭潤直, 43.

57) 郭潤直, 44; 金顯泰, 265.

58) 金容漢, 54. 그리하여 그 경우에는 除去行爲는 원고가 행하되 그 비용은 公平의 原理

생각건대, 어떠한 권리의 내용은 우선 입법자가 이를 어떻게 정하였는가에 달린 문제이다. 우리 民法은 소유자가 "物件의 返還" 또는 "妨害의 除去" 등을 청구할 수 있다고 정하고 있다. 여기서 「반환」이나 「제거」란 請求의 相對方, 즉 점유자나 방해자가 하는 것으로 정하였다고 해석하는 것이 자연스러울 것이다. 그리고 다른 나라의 예를 보더라도 가령 독일민법에서는 占有者의 占有物 返還請求權과 관련하여 점유물이 타인이 점유하는 부동산에 들어간 경우에 그 부동산의 점유자에게 물건의 점유자가 그 부동산 내에 들어와서 물건을 搜索하고 또 取去(Aufsuchung und Wegschaffung)하는 것을 용인할 의무를 과하고 있다(§867 1문참조). 그런데 이 규정과 소유물반환청구권에 대하여 정하는 同法 §985("소유자는 점유자에 대하여 물건의 반환을 청구할 수 있다.")와의 관계와 관련하여서, 後者의 규정에서 말하는 "物件의 返還"(Herausgabe der Sache)이란 前者의 규정에서 정하는 "收去의 忍容"보다 많은 것을 의미하며, 물건의 반환의무에 있어서 피고는 단지 受動的인 지위에 있는 것이 아니라 점유를 소유자에게 이전하는 일정한 행위를 하여야 하는 것으로 이해되고 있다.[59] 그러므로 獨民 §867 1文과 같은 명문의 규정이 없는 우리 나라에서는 물권적 청구권은 상대방에 대하여 방해제거행위를 적극적으로 청구할 수 있는 권리라고 볼 것이다.[60] 그리고 이것이 判例의 태도라고 추측된다.[61]

물론 물권적 청구권을 적극적인 行爲請求權이라고 보게 되면, 경우에 따라서 상대방으로서는 자신에게 아무런 歸責根據 없이 단지 자신이 객관적으로 원고의 권리실현을 방해하였다는 사정만으로 그 방해의 제거를 위한 적극적인 행위를 하여야 할 義務를 부담하게 되는 결과가 되는 것이 아닌가 하는 의문이 제기될 수 있을 것이다. 이러한 결과를 용납하는 것은, 法的 不利益을 法主體에게 과하기 위하여는 그에게 그만한 귀책근거가 있을 것을 요구하는 우리

에 비추어 원고와 피고의 공동부담으로 하는 것이 타당하다고 한다.

59) Eberhard Schwerdtner, Verzug im Sachenrecht(1973), S. 96 Anm. 16 m. w. N.("오늘날의 통설"). 그리고 그 반환의 비용은 점유자 또는 방해자가 부담하여야 한다는 것이 통설이다. MünchKomm/Medicus, §985 Rdnr. 18(S. 884) 및 同所, §1004 Rdnr. 74(S. 981)(각 풍부한 문헌지시 포함) 참조.

60) 결론적으로 이와 같은 태도를 취하는 李英俊, 54는 그 이유로 "물권적 청구권을 단순한 소극적 인용청구권으로 구성하는 것은 물권을 空洞化하고 이의 보호를 거부하는 것으로 되어 부당하다"는 것을 든다. 그러나 그 이유는 물권적 청구권을 忍容請求權으로 본다고 하여 物權이 空洞化된다고까지는 생각되지 않으므로 이유를 그와 같이 대는 것은 지나친 것으로 생각된다.

61) 實務는 예외 없이 물권적 청구권의 상대방에 대하여 "물건을 인도할 것" 또는 "방해상태를 배제할 것"(가령 부실한 등기의 말소)을 바로 명한다. 이 판결에 기한 강제집행의 비용은 원칙에 좇아 채무자, 즉 피고가 부담하여야 한다(民訴 §513 I 참조).

民法의 원칙(소위「有責性原則」)에 반하는 것이 아닐까? 그러나 이러한 '원리적인' 의문은 물권적 청구권을 소극적인 忍容請求權이라고 하여도 마찬가지로 제기될 수 있다. 왜냐하면 그 경우에도 상대방은 소유자를 위하여 자신의 權利領域에의 侵入을 그 한도에서 허용하여야 하는 것이고 따라서 이러한 법적 불이익을 부담하여야 하는 근거가 무엇이냐는 여전히 문제될 수 있기 때문이다.[62] 결국 우리는 이러한 의문에 대하여는 다음과 같이 답할 수 있을 것이다. 法共同體의 構成員들은 그 공동체의 근간을 이루는 財貨歸屬秩序의 유지를 위하여 스스로 적극적으로 협력하지 않으면 안 된다. 그 秩序의 維持는 그가 하여야 할「協力」을 단지 소유자가 그 귀속상태의 교란을 회복하는 것을 소극적으로 용인하는 데 그쳐서는 안 되는 것일 만큼 긴절한 公的 利益에 관련된다. 그리고 그가 그 妨害의 權原에 대하여 선의인 한 공익을 위한 이러한 희생은, 가령 果實收取權(民§201 I) 등에 의하여 보상받을 수 있다는 것이다.

그러므로 그로 인한 費用도 당연히 상대방이 부담하여야 하며, 설사 그 방해상태가 상대방의 歸責事由와 전혀 무관하게 발생한 것이라도 이는 마찬가지라고 할 것이다. 다만 이는 어디까지나 물권적 청구권의 실현을 위한 비용에 대하여 그렇다는 것이며, 그 비용부담을 다른 구제수단에 의하여 그러한 방해상태의 발생에 책임 있는 자에 대하여 轉嫁하는 것을 금지한 것은 아니다. 따라서 가령 매도인의 소유 아닌 부동산을 선의무과실로 매수하여 그 소유권을 취득하고 그것을 점유하고 있는 자가 진정한 소유자에 의하여 그 물건을 追奪당하고 그에 있어서 추탈당하는 비용까지 부담하여야 했던 경우에 그는 매도인에게 擔保責任을 물어 그로부터 그 비용을 손해배상받을 수 있다고 할 것이다(民§570 단서의 반대해석 참조).

(나) 이상을 전제로 위에서 본 學說이 논의의 전제로 하는 事案에 대하여 살펴보기로 한다.

(a) 그 경우에 乙이 그 무너져서 자기의 토지 안으로 쓰러진 담장의 파편들에 대하여 점유를 취득하는 일은 쉽사리 없을 것이다. 왜냐하면 단지 자

---

62) 民法은 보다 고차원의 이익을 위하여 자신에게는 귀책근거 없이 희생을 감수하는 사람을 위하여 그 희생에 대한 塡補請求權을 인정하는 경우가 있다. 가령 주위토지통행권의 대상인 토지를 소유하는 사람을 위한 損害賠償請求權을 정하는 民§219 참조. 그런데 이러한「適法한 侵害에 대한 責任」을 규정함이 없이 상대방에게 일방적으로 희생을 강요하는 것은 가능한 한 피하여야 할 것이다. 소위「적법한 侵害에 대한 책임」에 대하여는 우선 K. Larenz, Schuldrecht Ⅱ, 12. Aufl.(1981), §78(S. 735ff.) 참조.

기 소유의 토지 안에 타인 소유의 물건이 들어 왔다는 것만으로,[63] 또 그 사실을 알았다는 것만으로, 그 토지의 소유자가 그 물건의 점유자가 되는 것은 아니며, 그 물건에 대하여 占有設定意思(Besitzbegründungswille)가 있어야 하기 때문이다.[64] 따라서 乙이 그 담장의 파편들에 대하여 그러한 사실적인 의사를 가지기 전에는 이는 단지 乙의 토지소유권을 방해하는 것일 뿐이고, 따라서 甲은 乙에 대하여 아무런 물권적 청구권을 가지지 못하며, 단지 乙이 甲에 대하여 방해배제청구권을 가질 뿐이다.[65]

만일 그렇다고 하면, 여기서 다음과 같은 문제가 발생한다. 즉 乙의 입장에서는 물론 甲에 대하여 방해의 배제를 청구할 수 있다고 하더라도 그러한 권리를 행사하여야 할 의무가 있는 것은 아닌데, 그렇다면 경우에 따라서는 甲이 적극적으로 乙의 토지 안으로 들어간 자기 소유의 물건을 가져올 수 있는 법적 수단을 강구할 필요가 있지 않을까 하는 점이다. 이에 대하여 獨民 §1005는, 물건이 타인이 점유하는 不動産에 존재하는 경우에는, 그 부동산점유자는 그 물건의 소유자에 대하여 앞서 본 同法 §867 1文이 정하는 의무, 즉 물건소유자가 그 물건을 搜索하고 收去하는(Aufsuchung und Wegschaffung) 것을 忍容할 의무가 있다고 정한다. 그리고 日本에는 이에 대응하는 권리(소위「引取請求權」)를 물건의 소유자에게 인정하자는 주장도 제기되고 있는데,[66] 이러한 解釋論이 호응을 얻고 있다는 자료는 찾기 어렵다.[67]

우리 나라의 경우에는, 民 §216에서 정하는 隣地使用請求權에 의하여 이를 해결할 수 있지 않을까 생각된다. 同條 I 1文은 "土地所有者는 境界나 그 近傍에서 담 또는 건물을 築造하거나 修繕하기 위하여 필요한 범위 내에서 이웃토지의 사용을 請求할 수 있다"고 정하고 있다. 이 규정은 단지 담이나 建物의 축조·수선의 경우뿐만 아니라, 相隣關係에 있는 사람들 사이에서 자기 토

63) 가령 어떤 사람 소유의 개가 도망하여 다른 사람의 庭園에 머물고 있다고 해서 그 庭園의 주인이 바로 그 개에 대하여 占有를 취득하는 것은 아니다. 이에 대하여는 MünchKomm/Joost, §854 Rdnr. 8(S. 30f.) 참조.

64) 이에 대하여는 앞의 民 §192 注解 Ⅱ.2.(2) 참조.

65) 日本 橫濱地判 昭 38(1963).3.25(下級民集 14.3.102)은, 盛土工事에 의하여 이웃토지와의 사이에 약 50도의 급경사를 이루어 조성된 흙더미가 태풍으로 말미암아 이웃토지로 무너져 내린 경우에 대하여, 이웃토지소유자의 崩落土砂의 제거청구를 인용하였다. 이 판결에 대한 評釋으로서 小川保弘, 物權法硏究(1985), 201 이하는 흥미롭다.

66) 山田晟, "物權的請求權としての「引取請求權」について", 法學協會百周年記念論文集 3 (1983), 1 이하 참조.

67) 가령 水邊芳郞, "物權的請求權と費用の負擔", 民法の爭點 I (1985), 97 말미는, 이러한 주장에 대하여 소극적이다.

지의 효용을 다하기 위하여 특히 필요한 行爲를 할 필요가 있는 때에는 이웃 토지를 사용하는 것을 허용하는 취지라고 넓게 해석되어야 하지 않는가 생각된다. 따라서 앞서 본 設例의 경우에도 甲은 同條 Ⅱ에서 정하는 補償義務의 부담 하에서 乙의 토지에 들어가 그 소유의 물건을 收去하여 올 수 있고, 乙은 이를 忍容하여야 한다고 할 것이다.[68)]

(b) 그리고 만일 乙이 점유를 취득하였다고 하더라도, 그것이 자기를 위한 것이었다면(가령 자기 아이들의 놀이감으로 쓰기 위하여), 그로 인하여 乙의 토지소유권이 "妨害"를 받았다고 하기는 어려울 것이다. 결국 甲과 乙의 물권적 청구권이 서로 「競合·衝突」하는 것으로 문제가 되는 것은 그 담장의 파편을 타인(즉, 그 소유자)을 위하여 점유하기에 이른 경우뿐이다(예를 들면, 이를 소유자에게 반환하기 위하여 별도로 보관하는 것과 같이). 그리고 이 경우에는 甲이 乙로부터 그 반환을 청구받고 그 비용으로 이를 반환하여야 한다고 하더라도, 그 返還의 費用은 甲으로부터 償還받을 수 있다고 할 것이다(民 § 203 또는 § 739 참조). 이렇게 보면, 위의 設例를 둘러싼 이론가들의 논의는 일종의 思考遊戲에 가까운 것이 아니었던가 하는 느낌을 금할 수 없다.

(5) 物權的 請求權의 消滅時效

(가) 占有權에 기한 占有保護請求權에 대하여는 除斥期間의 정함이 있으나(民 §§ 204 Ⅲ, 205 Ⅲ 등), 本權에 기한 물권적 청구권에 대하여는 그러한 정함이 없다. 그리하여 그렇다면 물권적 청구권은 일반적인 채권 등과 마찬가지로 消滅時效에 걸리는가 하는 문제가 제기된다. 다시 말하면 物權에 대한 妨害가 오랜 기간 동안 持續된 경우에는 이제 그 妨害를 排除하기보다는 그 방해되고 있는 상태 자체를 어지럽히지 않고 유지하는 것이 오히려 社會의 平和維持 등과 같은 消滅時效制度의 存在理由에 비추어서 바람직하지 않는가 하는 것이다. 이에 대한 논의는 所有權에 기한 물권적 청구권과 其他의 物權에 기한 물권적 청구권으로 나누어 살펴 볼 수 있다.

(나) 所有權에 기한 물권적 청구권에 대하여 학설은 이것이 소멸시효에 걸리지 않는다는 데 일치하고 있다. 그렇게 해석하지 않으면 소유권을 가지고 있어도 그 방해의 배제를 청구할 수 없게 되어서 소멸시효가 애초 인정되지 않는 소유권(民 § 162 Ⅱ 참조)이 실질적으로 虛有權에 그칠 것이기 때문이라고 한다. 判例도 적어도 추상론으로는 이러한 태도를 취하고 있다. 가령 大判 82.7.27, 80다

68) 앞서 본 日本 橫濱地判 昭 38(1963).3.25(註 65)은, 피고가 反訴로서 제기한 土砂의 제거를 위한 이웃토지에의 出入請求를 "민법 제209조[우리 민법 제216조]의 隣地立入權의 범위를 넘는 것"이라고 하여 기각하고 있으나, 납득하기 어렵다.

2968(集 30-2, 227)은, 부동산이 매도되어 소유권이전등기까지 마쳤으나 그 후 그 賣買契約이 합의해제된 경우에 대하여 "이 사건 매매계약이 합의해제됨으로써 매수인에게 이전되었던 소유권은 당연히 매도인에게 복귀하는 것이므로 합의해제에 따른 매도인의 원상회복청구권은 소유권에 기한 물권적 청구권이라 할 것이고, 따라서 소멸시효의 대상이 되지 아니"한다고 판시하고 있다.[69] 또한 大判(全) 80.12.9, 79다634(公 670, 14480)은 名義信託이 해지된 경우 名義信託者의 소유권이전등기청구권에 대하여,[70] 大判 79.2.13, 78다2412(集 27-1, 136)은 부동산양도담보의 피담보채권이 만족된 후에 양도담보설정자가 가지는 이전등기청구권에 대하여,[71] 각기 그 경우 명의신탁자와 명의수탁자, 그리고 양도담보설정자와 양도담보권자 사이에서는 前者가 소유자이므로 그 등기청구권은 "所有權에 기한 것"으로서 소멸시효에 걸리지 않는다고 판시하고 있다.[72]

---

69) 그러나 이 판결에 대하여는, 賣買契約이 합의해제된 경우에 이미 그 전에 그 계약에 기하여 매수인에게 이전된 소유권이 매도인에게 당연히 복귀한다고 판시하고 있는 점(소위「物權的 效果說」)에 의문이 있다. 解除合意 또는 解除契約이란 이미 체결된 계약의 효력을 없애기로 하는 새로운 合意(소위「反對契約」 actus contrarius)일 뿐이고(그러한 의미에서 解除契約은 계약이 체결된 후에 흔히 행하여지는 債務變更契約(Schuldveränderungsvertrag) 중에서「가장 광범한 내용을 가지는 것」일 뿐이다), 그에 기하여 어떠한 내용의 효과가 발생하는가는 모두 그 契約의 解釋에 달린 것이며, 나아가 그 효과는 다른 모든 契約效가 그러한 것처럼 債權的인 效力을 가질 뿐이다. 따라서 합의해제에 기한 원상회복청구권도 그 해제계약상의 합의로부터 발생하는 것이고, 이는 法律의 授權에 의하여 원래의 계약을 일방적인 의사표시에 의하여 없애는 法定解除나 取消의 경우와는 다른 것이다. 따라서 매매계약 후에 그 계약이 합의해제되더라도 이미 이전된 物權의 返還은 民 §§186, 188 등의 적용을 받는 "法律行爲에 기한 物權變動"으로서, 인도나 등기 등의 공시방법을 갖출 때 비로소 일어난다고 하여야 한다.

70) 同旨: 大判 76.6.22, 75다124(集 24-2, 137); 최근의 大判 91.11.26, 91다34387(公 912, 298).

71) 同旨: 大判 87.11.10, 87다카1761(公 815, 97).

72) 그들 판결도 그 결론은 정당하다고 하겠으나, 그 이론구성에 있어서 所有權이 당사자 사이에서는 명의신탁자나 양도담보설정자에게 속한다고 하는 점, 즉 內部關係와 外部關係에 있어서의 소유권 귀속의 分裂을 인정하는 소위「關係的 所有權」의 개념(또 더 넓게는 권리의 相對的 歸屬(relative Rechtszuständigkeit)의 이론)에 입각하고 있는 점에 대하여는 찬성할 수 없다. 판례가 이들 법률관계에 있어서 외부관계, 즉 제3자관계에 대하여는 소유권이 명의수탁자나 양도담보권자에게 속한다고 해석하고 있음은 주지하는 대로이다. 그리고 이는 名義信託이 解止되거나 讓渡擔保의 被擔保債權이 변제 등으로 消滅한 경우에도 마찬가지임은, 前者에 관하여 大判 82.8.24, 82다카416(集 30-2, 283); 大判 82.11.23, 81다372(集 30-4, 28)("부동산소유권을 명의신탁한 경우에 비록 그 명의신탁을 해지하였더라도 신탁자로서의 소유권이전등기를 하지 않고 있는 한 그 소유권이 법률상 당연히 신탁자에게 복귀되는 것은 아니고, 외부관계에 있어서의 수탁자의 지위에는 아무런 변동도 생기지 아니하는 것")이 그리고 後者에 관하여 大判 74.12.10, 74다183(集 22-3, 130)(피담보채권의 소멸 후에 양도담보권자가 목적물을 제3자에게 양도한 事案)이 각기 명확하게 밝히고 있는 바이다(다만 양도담보설정자가 불법점유자에 대하여 직접적으로 물권적 청구권을 행사할 수 있다고 하는 大判 76.2.24, 75다1608(集 24-1, 108); 大判 88.4.25, 87다카2696등(集 36-1, 186)은 예외라고 할 것이다. 이들 판례는 名義信託에 있어서 명의신탁자가 직접 제3자에 대하여 물권적 청구권을 행사할

㈐ 소유권 이외의 物權에 기한 물권적 청구권에 대하여는 學說이 나뉜다. 肯定說은 제한물권에 기한 물권적 청구권도 위와 같은 이유로 소멸시효에 걸리지 않는다고 한다.73) 그러나 否定說이 점점 유력하여지고 있다.74) 그 이유로서는 첫째, 제한물권은 소유권과는 달리 소멸시효에 걸리는데, 그러한 法規定의 현실적인 의미는 바로 그에 기한 물권적 청구권이 소멸시효에 걸린다는 점을 주장한다. 그러나 부정설의 이 論據에는 의문이 있다. 우선 제한물권 중에서는 用益物權만이 소멸시효에 걸리고, 擔保物權이 소멸시효에 걸리지 않는다고 함에는 異論이 없다.75) 그러므로 擔保物權에 기하여 물권적 청구권이 인정되는 경우(가령 저당권에 관한 民 §370 참조)에 대하여는 위의 論據는 효력이 없다. 나아가 제한물권 자체에 대한 소멸시효가 완성된 경우에는 그 이익이 주로 制限物權設定者, 즉 所有者에게 돌아가서, 그는 제한물권의 부담 없는 소유권을 가지게 된다(所有權의 彈力性). 그러나 제한물권에 기한 물권적 청구권에 대하여 소멸시효가 인정된다고 하면 그 이익은 현재의 妨害者에게 돌아간다. 그러므로 제한물권의 소멸시효를 인정하는 것이 곧 제한물권에 기한 물권적 청구권의 소멸시효를 인정하는 것을 의미할 수는 없다. 否定說이 드는 또 하나의 근거는, 제한물권에 기한 물권적 청구권을 행사하지 않는 것은 곧 제한물권 자체를 행사하지 않는 것이 되어서 결국에는 制限物權이 소멸시효를 걸리게 되는 것이므로, 이와 별도로 제한물권에 기한 물권적 청구권의 소멸시효를 논할 필요가 없다는 것이다. 그러나 제한물권에 기한 물권적 청구권을 행사하지 않는 것이 언제나 제한물권 자체의 不行使가 되지는 않을 것이다. 가령 地上權者가 그 목적물인 토지 위에 樹木을 소유하고 이를 키우는 것은 곧 지상권을 행사하는 것이므로 地上權이 소멸시효에 걸리는 일은 없을 것이다. 그런데 제3자가 그 樹木 사이로 난 農路를 자동차로 통행하는 것은 그 지상권에 대한 妨害인데, 위의 地上權者

수 없다고 한 大判(全) 79.9.25, 77다1079(集 27-3, 22)와 모순적인 태도를 취하는 것이다). 이와 같이 판례가 입각하고 있는 소위「關係的 所有權」의 개념은 劃一的인 處理가 요망되는 物權關係를 부당하게 혼란하게 할 뿐이며, 명의신탁자 등에 대한 保護의 필요는 상대방에 대한 債權的인 權利에 기하여서도 얼마든지 처리할 수 있으므로, 인정할 것이 아니라고 생각된다. 이에 대하여는 여기서는 詳論하지 아니하기로 하고, 다만 獨逸의 문헌으로 Paul Oertmann, Das Problem der relativen Rechtszuständigkeit, in: JherJb 66(1916), 130ff. 참조.

73) 金基善, 52; 金曾漢(1981), 22; 註釋總則(下), 646. 또한 앞의 民 §162 注解 Ⅱ.2.(6)(제3권, 422)도 참조.

74) 이하의 문헌은 모두 民法總則教科書이다. 高翔龍, 229; 郭潤直, 556; 金容漢, 459; 金疇洙, 464; 張庚鶴, 706 이하.

75) 이 점 우선 앞의 民 §162 注解 Ⅱ.2.(3)(제3권, 420) 참조.

가 그에 대하여 방해배제청구권을 행사하지 않는다고 해서 地上權 자체가 소멸한다고는 할 수 없을 것이다. 이와 같이 否定說이 드는 論據는 어느 것이나 說得力이 있다고 생각되지 않는다.

결국 문제는 소유권 이외의 물권에 대하여도 그에 대한 방해가 장기간 지속한 경우에는 그 물권이 空洞化될 우려가 있음을 무릅쓰고라도 그에 대하여 消滅時效制度의 취지를 관철하여 妨害의 現狀을 유지할 것인가, 아니면 방해가 지속하는 한에서는 계속 물권적 청구권이 母權으로부터 생겨 나는 것이므로 이를 排除할 수 있다고 하여 本權의 원만한 실현을 도모할 것인가 하는 政策判斷이다. 그렇다면, 역시 制限物權에 기한 物權的 請求權도 소유권에 기한 물권적 청구권과 마찬가지로 소멸시효에 걸리지 않는다고 함이 타당하리라고 생각된다. 도대체 物權을 가지고 있는데도 그에 대한 妨害를 제거할 수 없다고 하면, 이는 물건 기타 특정한 客體에 대한 排他的인 支配를 내용으로 하는 권리라고 하는 物權의 이름에 값하지 않는 것이다. 이러한 실질적으로 空洞化된 物權狀態를 인정하는 데는 立法者의 명확한 選擇이 필요할 것이고, 그것 없이 함부로 물권의 내용적인 제한을 인정할 것이 아니다. 독일에서는 登記된 權利(가령 地上權)에 기한 청구권을 제외한 모든 청구권이 消滅時效에 걸린다고 명문으로 정하고 있으므로(獨民 §§194 I, 902 I 1문 참조), 물권적 청구권은 원칙적으로 所有權에 기한 것인가 制限物權에 기한 것인가를 불문하고 소멸시효에 걸린다고 해석할 수밖에 없다. 그러나 이러한 규정이 없는 우리 民法에 이러한 해석을 끌어들일 수는 없을 것이다.

물론 制限物權 자체가 소멸시효에 걸린 경우나, 相對方의 방해의 모습이 占有의 保有이고 그것이 장기간 지속되어 목적물에 대하여 取得時效가 완성된 경우에는 이제 더 이상 물권적 청구권을 행사하지 못할 것이다. 그러나 이는 제한물권에 기한 물권적 청구권이 소멸시효에 걸리는가 여부라는 문제와는 상관이 없다.

Ⅲ. 物權的 請求權의 認定範圍

1. 民法이 정하는 權利와 物權的 請求權

民法은 앞의 Ⅰ.1.에서 본 대로 民 §§213, 214를 다른 制限物權에 준용하는 규정방식을 택하고 있다. 그러나 이와 같이 명문으로 물권적 청구권이 인정되는 경우가 아니라도, 해석상 그 인정 여부가 문제될 수 있는 민법상의 권리가 있다.

(1) 周圍土地通行權(民 §219)은 토지소유권에 수반되어 주위토지 위에 가지는 일종의 물권적 권능이므로, 妨害者가 그 주위토지의 소유자인지 여부를 불문하고, 그 방해자에 대하여 방해의 배제를 청구할 수 있다고 할 것이다.[76] 그 외에도 相隣關係上으로 인정되는 用水權(民 §§221, 231, 235 등) 기타 각종의 권리에 기하여서도 일반적으로 물권적 청구권이 인정된다고 할 것이다. 학자에 따라서는 相隣關係에 기하여 당사자가 취득하는 이익을 相隣權(Nachbarrecht)이라고 부르고, 이를 "所有權의 한 內容의 확장 또는 축소"로 파악하기도 한다.[77] 이러한 입장에 선다면, 이러한 相隣權이 침해된 경우에 그 배제를 청구할 수 있는 물권적인 권리가 발생한다는 것은 당연한 일이다.

(2) 依用民法의 先取特權制度는 民法에서는 폐지되고, 그 중 일부의 채권에 대하여는 法定質權 또는 法定抵當權(民 §§648-650)이 인정되고 있다. 그러므로 이들에 대하여는 質權 또는 抵當權에 기하여 물권적 청구권이 인정되는가 하는 문제(質權에 대하여는 뒤의 (3)(b) 참조, 抵當權에 대하여는 뒤의 民 §370 注解 참조) 이외에는 따로 논할 것이 없다.

(3) 民法은 다른 제한물권에 대하여는 그 성질에 좇아 民 §213 또는 民 §214를 준용하면서, 留置權과 質權에 대하여는 이를 준용하지 않았다.

(가) 그 중에서 留置權에 대하여는 民法이 명문으로 "留置權은 占有의 喪失로 인하여 消滅한다"는 규정을 두어(§328) 유치권 자체에 기한 물건반환청구권이 발생하지 아니함을 정하고 있다.[78] 依用民法에 있어서는 물권적 청구권에 관한 규정이 아예 없는 형편에서 우리 民 §328에 해당하는 §302만이 있었기 때문에, 이 규정에 의하여 返還請求權이 부정됨은 물론인데, 妨害排除請求權과 같은 기타의 물권적 청구권에 대하여는 "留置權이 物權으로 되어 있는 이상 理論上 이를 否定할 이유가 없다"는 견해가 일반적이었던 것으로 추측된다.[79]

그러나 물권적 청구권에 대하여 명문의 규정을 두는 우리 民法의 해석으

76) 同旨: 日注民(6), 38.
77) 李英俊, 388 이하 참조.
78) 다만 留置權者가 가지는 占有에 기하여 民 §204 이하의 占有保護請求權을 가진다는 점에는 의문이 없다(通說).
79) 가령 日注民(6), 38 참조.

로서도 依用民法에 있어서와 같이 해석하여야 할 것인가? 學說 중에 이 문제에 대하여 언급하는 경우를 발견하기 어렵다. 民法典의 입법과정을 살펴보아도 위와 같은 문제가 의식된 흔적은 없다. 그러나 뒤에서 보는 質權의 경우와 비교하여 보더라도, 역시 단순한 점유보호청구권 외에는 이를 부정하여야 하지 않을까 생각된다.

(나) 質權에 대하여 民法은 §§213, 214를 준용하는 명문의 규정을 두지 않으면서, 留置權의 경우와 같이 그 권리의 일부라도 이를 부인하는 취지의 규정도 역시 두고 있지 않다. 多數說은 질권 자체에 기한 물권적 청구권을 인정하는 입장을 취하고 있다. 그러나, 민법의 제정과정에서, 質權의 妨害에 대한 보호는 占有保護請求權의 범위 내에서만 인정하고 질권에 기한 물권적 청구권은 이를 부인하려고 하였던 것이 명백한 立法者意思이었으므로, 그 후 특히 이와 관련한 社會情況의 현저한 변화도 인정하기 어려운 터에 이러한 立法者意思에 반하여 이를 인정하는 것이 과연 解釋論으로서 허용되는지 의문이 있다.[80] 이 문제에 대하여는 뒤의 동산질권에 관한 注解 참조.

2. 特別法上의 物權的 請求權[81]

(1) 위에서 본 바와 같이(I.1. 참조) 民 §§213, 214와 유사한 구제수단을 법정하고 있는 경우가 있다. 가령 特許 §126(이는 實用新案 §31에 의하여 實用新案權에 준용된다), 意匠 §62, 商標 §65, 著作 §91 등에는 명문의 규정이 있다. 그리고 鑛業權이나 租鑛權은 물권으로서 이에 대하여는 원칙적으로 부동산에 관한 民法의 규정이 준용되므로(鑛業 §§12 I, 52 I 참조), 이들 권리가 침해된 경우에는 역시 그 방해의 배제 등을 청구할 수 있다고 할 것이다.

한편 종전의 不正競 §4는 同法에서 정하는 「不正競爭行爲」(同 §2 참조)에 의하여 "자신의 營業上의 利益이 침해되거나 침해될 우려가 있다고 인정"되는 자에게 그 행위의 中止를 청구할 수 있고, 나아가 그러한 영업적 이익이 현실적으로 침해된 자에게는 "營業上의 信用을 회복하는 데 필요한 措置"를 청구할 수 있는 권리를 부여하고 있었다(同條 II, III 참조). 1991년 12월 31일 법률 제4478호로

80) 이에 대하여는 梁彰洙, "動産質權에 관한 약간의 問題", 저스티스 20(1987) 64 이하(同, 民法硏究 I(1991), 255 이하 所載) 참조.

81) 이하에서 살펴 보는 「物權的 請求權」은 앞의 I.1.에서 본 「좁은 의미의」 그것에 한정되지 아니하고, 넓게 일정한 權利 기타 法益의 侵害에 대하여 排他的으로, 즉 어떠한 제3자에 대하여서라도 발생하는 妨害排除의 청구권을 의미한다.

개정된 후에도 同條 I과 §6에 동일한 내용을 정하고 있다.[82] 이러한 권리도 일종의 물권적 청구권이라고 할 것이다.

(2) 한편 土地區劃整理事業의 일환으로 換地豫定地의 指定이 있게 되면, 종전 土地의 소유자는 환지예정지에 대하여 "종전과 동일한 내용의 권리를 행사할 수 있으며, 종전의 토지에 대하여는 이를 사용하거나 收益할 수 없"게 된다(土區整 §57 I). 그 때에 환지예정지 위에 그 지정처분 전부터 정당한 권원에 기하여 그 토지를 사용하는 사람이 있던 경우나, 반대로 종전의 토지 위에 권원 없이 건물을 소유하는 등으로 소유권을 방해하는 사람이 있는 경우에 대하여는, 과연 누가 어떠한 권리를 행사할 수 있는가 하는 문제가 제기된다.

前者의 경우에 대하여 大判(全) 78.4.11-77다1831(集 26-1, 275)는 환지예정지의 지정처분을 받은 사람이라도 "從前부터 權原에 기하여 건립된 건물 기타 공작물이 있는 경우"에는 그 철거를 직접 청구할 수는 없다고 한다. 또한 後者의 경우에 대하여, 大判 85.7.23-85다카370(集 33-2, 142) 등은 환지계획에 의하여 位置의 변동이 없이 그 자리에서 減坪되는 이른바 原地(제자리)換地豫定地指定處分이 이루어진 때에는, 종전의 토지소유자로서의 권원에 기하여 그 방해의 배제를 청구할 수 있으나, 그 반대로 종전 토지의 위치와 전혀 다른 곳에 환지예정지지정처분이 이루어진 소위 飛換地의 경우에는 그러하지 아니하다고 判示하였다.

3. 다른 法益에 대한 物權的 保護의 認定

그 외에 위와 같은 명문의 규정이 없더라도 어떠한 權利 또는 法益이 침해되거나 침해될 우려가 있는 경우에는 그 침해자 등에 대하여 그 침해행위의 중지 등을 청구할 權利를 부여하여야 하지 않는가가 문제되는 경우가 있다.

(1) 첫째, 인격적 이익이 침해되는 경우가 그것이다.[83] 가령 姓名이나 肖像과 같이 어떤 사람의 同一性을 인식하는 標識가 되는 법익이 특히 상업적인

82) 한편 개정 후의 법률은 그 §4 II에서 "제1항의 규정에 의한 청구를 할 때에는 그 不正競爭行爲를 조성한 물건의 廢棄, 부정경쟁행위에 제공된 設備의 제거 기타 부정경쟁행위의 禁止 또는 豫防을 위하여 필요한 措置를 함께 청구할 수 있다"고 정하고 있다. 이는 제1항에서 규정한 금지 또는 예방의 청구권 외에 별도의 권리를 정한 것이 아니라, 그 청구권의 내용을 例示的으로 보여서 이를 보다 명확하게 하는 규정이라고 할 것이다.

83) 이와 관련하여서는 소위 環境權이라고 하는 것을 人格權으로서 인정하고, 이에 기하여 環境侵害行爲 내지 生活妨害行爲에 대하여도 방해배제 등을 인정하려는 입장이 있음도 아울러 주의하여야 할 것이다. 가령 일본의 소위 「大阪國際空港」사건에서 人格權에 기하여 航空機의 發着의 금지를 인정한 大阪高裁 1975년 11월 27일 판결(判例時報 797, 36) 참조.

목적을 위하여 가령 廣告 등에 사용되고 있는 경우에는 그러한 사용의 중지를 청구할 권리가 있다고 할 것이다.

이와 관련하여 특히 문제가 되는 것은 名譽나 프라이버시와 같이 人格의 정신적 측면이 침해가 된 경우이다.[84] 명예가 불법행위에 의하여 훼손된 경우에 대하여는 民法이 명문으로 "名譽回復에 適當한 處分"을 할 것을 청구할 수 있다고 정하고 있다(§764). 그러나 同條에서 말하는 回復處分은 주로 이미 손상된 명예를 원상으로 회복하는 것을 내용으로 하는 말하자면 結果塡補的인 성격의 것임에 반하여, 여기서 문제되고 있는 것은 현실적으로 이루어지고 있는 명예나 프라이버시의 침해행위를 장래를 향하여 중지시키고 나아가 그러한 침해의 우려가 있는 경우에 이를 예방하는 말하자면 行爲豫防的인 성격의 것이다. 물론 경우에 따라서 兩者는 현실적으로 엄격하게 구별하기 어려운 경우가 있을 것이나, 적어도 思考上으로는 구분하여 생각할 필요가 있다고 생각된다.[85]

그리고 일반적으로는 위와 같은 精神的 人格權에 기하여 侵害의 排除나 豫防을 청구할 수 있다고 보아야 할 것이다.[86] 정신적 인격권은, 生命이나 身體, 健康 등과 같은 신체적 인격권과 아울러, 오히려 소유권과 같은 財產權보다 더욱 강하게 보호받아야 할 가장 중요한 法益의 하나일 뿐만 아니라, 특히 이러한 法益은 그 성질상 일단 그것이 침해되고나면 좀처럼 原狀回復되기는 어려운 특성이 있어서 事前豫防的 措置의 필요가 더욱 절실하다는 것을 고려하여야 할 것이다.[87] 외국의 예를 보면, 이러한 부작위청구권은 일반적으로 승인되고 있다. 가령 프랑스에서는 1970년에 民 §9를 신설하여 私生活(vie privée)의 保護를 명문으로 인정하기에 이르렀는데, 그 침해에 관하여는 법관이 손해배상에 갈음하여 "係爭物保管·押留 기타 私生活의 은밀에의 침입을 방지하거나 중지시키기에 적절한 모든 措置(toutes mesures propres à empêcher ou faire cesser une atteinte à l'intimité de la vie privée)를 명할 수 있다"고 정하였다(同條 II).

---

84) 이에 대하여 우선 梁彰洙, "情報化社會와 프라이버시의 保護", 人權과 正義 175(91. 3), 71 이하(同, 民法研究 1(1991), 511 이하) 참조.

85) 이는 뒤의 (3)에서 보는 不法行爲的 不作爲請求權과도 관련되는 문제이다.

86) 同旨: 池弘源, "人格權의 侵害", 司論 10(1979), 219 이하; 註釋債各(Ⅳ)(1987), 122 이하(朴哲雨 집필); 金相容, "人格權侵害에 대한 私法的 救濟方法의 比較考察(하)", 司行 1988. 2, 66.

87) 관점은 약간 다르나, 앞서 본 民 §764에 해당하는 日民 §723에 대하여 그 立法者는 "어떠한 경우에 있어서는 아무리 금전으로 그 賠償額을 받아도 그 명예를 회복하기에 부족하다고 할 경우가 있습니다"라고 설명하고 있다. 法典調査會 民法議事速記錄(學術進興會版), 41의208에서의 기초자 穗積陳重 발언. 藤岡康宏, "人格權", 法學教室 1991. 3, 38 註 2에서 再引用.

독일에서도 民法典에서 정하고 있는 개별적인 인격권인 姓名權에 관하여 그 침해에 대하여는 위의 不作爲請求權을 인정하고 있고(§ 12), 나아가 제2차대전 후 인정된 一般的 人格權(allgemeines Persönlichkeitsrecht)에 관하여도 이것이 침해된 경우에는 그 排除 및 豫防을 청구할 수 있다고 판례 및 통설에서 인정되고 있다.[88] 스위스民法도 "人格을 위법하게 침해당한 자"는 침해의 除去와 豫防(그리고 침해의 違法性의 確認)을 訴求할 수 있음을 명문으로 정하고 있다(§§ 28, 28a). 그리고 日本에서도 최근의 最高裁判決에 의하여 종래부터 학자들에 의하여 주장되어 오던 인격권에 기한 「差止請求權」이 인정되었다.[89]

다만 新聞이나 예술작품 등의 表現物에 의하여 정신적 인격권이 침해되었다고 하여 그 侵害의 排除, 특히 豫防을 청구하는 경우에 대하여는 특히 신중한 考慮가 요구된다고 할 것이다.[90] 왜냐하면 表現行爲의 事前抑制는 憲 §21 Ⅱ에서 言論·出版 등 意思表現行爲에 대한 "檢閱"을 금지하고 있는 정신에 저촉될 가능성이 높기 때문이다. 이는 憲 §17 등에 표현되어 있는 명예나 프라이버시 등의 보호와 憲 §21 등에 표현되어 있는 表現의 自由와의 調整과 관련되는 중대한 문제이다.[91]

(2) 또 하나 논의되어야 할 것은 債權에 기하여 物權的 請求權을 인정하여야 할 것인가, 또는 어느 범위에서 인정하여야 할 것인가 하는 점일 것이다. 그러나 이 論點은 종래 「제3자에 의한 債權侵害」에 관한 문제와 함께 債權의 效力이라는 관점에서 논의되어 왔다. 그러므로 이 문제는 여기서는 더 이상 논의하지 않기로 한다.

---

88) 이에 대하여는 우선 Diethelm Klippel, Neuere Entwicklungen des Persönlichkeitsrechts im deutschen Zivilreht, in: Günther Weick(Hrsg.), Entwicklung des Deliktrechts in rechtsvergleichender Sicht(1987), S. 13ff. 참조. 그 현저한 예는 死者의 名譽毁損을 이유로 하여 出版物의 제작 및 배포의 금지를 명한 소위 「메피스토」事件(BGHZ 50, 133)이다. 이 판결에 대한 憲法訴願에 대한 獨逸憲法裁判所의 결정에 대하여는 桂禧悅, "메피스토—클라우스 만," 고려대 判例硏究 2(1983), 7 이하 참조.

89) 소위 「北方저널」事件에 대한 日最判(大法廷) 昭 61(1986). 6. 11(民集 40, 872).

90) 앞서 본 日本最高裁의 判決(前註 참조)은 이러한 입장에서 단지 예외적으로 "그 표현 내용이 진실이 아니고 또는 그것이 전적으로 公益을 도모할 목적이 아닌 것이 明白하고, 또 피해자가 중대하고 현저하게 회복곤란한 손해를 입을 우려가 있는 경우"에만 事前豫防請求가 허용된다고 한다.

91) 日本의 헌법학자들로부터는 "名譽毁損이란 허위의 사실정보를 유포시킴으로써 사람의 사회적 평가를 저하시키는 것"이라고 파악하고, 따라서 "정보가 眞實이면 애초 명예훼손은 성립하지 아니하고, 또 표현이 사실표현이 아니라 意見인 경우에도 그러하다"는 주장까지도 행하여지고 있다. 가령 松井茂記, マスメディアと法(1988), 153 참조.

4. 不法行爲를 이유로 한 妨害排除請求權

(1) 위에서 본 대로, 民 §214의 類推適用이나 일정한 法益의 침해에 대하여 특별법(특히 不正競爭防止法)이 인정하는 물권적 청구권에 의하여 실제로 법익에 대한 침해 등의 배제가 필요한 경우의 대부분은 적절한 해결이 주어지고 있다고 생각된다. 그러나 넓은 의미의 물권적 청구권이 인정되는 것은 결국 對世的으로 보호를 받는 어떠한 法益의 존재를 전제로 하는 것이다.

그러나 이러한 物權的 法益이 침해되는 것은 아니라고 하여도, 상대방이 불법행위를 反復的으로 행할 우려가 있을 때에는, 일반적으로 그 피해자(또는 피해를 입을 우려가 있는 사람)는 그 반복적인 불법행위를 행하지 아니할 것을 청구할 수 있다고 하여야 하지 않을까? 가령 民 §217는 土地所有者에 대하여 "이웃 土地의 使用을 방해하거나 이웃 居住者의 生活에 苦痛을 주지 아니하도록" 적당한 措處를 할 의무가 있다고 정하고 있다. 이 규정은 소위 相隣關係에 관한 것으로서 원칙적으로 쌍방의 토지나 住居가 서로 隣接하고 있는 경우를 전제로 하는 것이고 또 토지소유자에게만 그러한 의무를 부과하고 있다. 그러나 예를 들면 空港의 운영으로 인한 騷音과 震動이 空港과 상당히 떨어져 있는 토지 위의 居住者 등의 생활에 忍容의 범위를 넘는 苦痛을 주는 경우는 어떠한가? 이 경우에 居住者 등이 그 토지에 대하여 소유권 기타 物權을 가지는 경우에는 아마도 民 §214를 원용할 수 있을 것이다. 그러나 가령 賃借權을 가지는 데 불과하거나 단지 占有者일 뿐이거나 또는 가령 入院患者임에 그친다면 어떠할까? 또는 그 空港의 운영이 토지소유자가 아니라 단지 그로부터의 임차인에 의하여 이루어지고 있다고 하면 어떠할까?

물론 不法行爲가 어디까지나 事後的인 救濟手段임은 부정할 수 없다고 하더라도, 그것이 행하여질 蓋然性이 명백함에도 불구하고 사전에 이를 막을 方途가 전혀 없다고 하는 것은, 피해자의 보호수단으로서 부족한 느낌이 있을 뿐만 아니라, 스스로의 統一性·一貫性을 훼손하는 것이 아닌가 하는 의심을 불러 일으킨다.

그러므로 반드시 물권 또는 이에 준하는 권리(내지 법적 이익)이 침해된 경우가 아니라도 일정한 要件 아래서는 그 侵害의 中止(및 침해우려의 제거)를 청구할 수 있는 법적인 수단이 인정될 필요가 있을 것이다. 그러나 이 문제는 주로 不法行爲의 效果라는 관점에서 논의되고 있으므로 여기서는 詳論하지 아니하기로 한다.

(2) 이와 관련하여서는 獨逸에서 인정되고 있는 소위 豫防的 不作爲請求訴訟(vorbeugende Unterlassungsklage)에 일단 주목할 필요가 있다고 생각된다.[92] 이는 獨逸帝國法院의 유명한 判決에 의하여 도입되어 그 후 일반적인 인정을 받기에 이른 것이다. 그 判決(RGZ 60, 7)에 의하면, 법률에 의하여 보호되고 있는 法益이 객관적으로 위법하게 침해된 경우에는 장래에 다시 침해의 우려가 있으면 피해자는 가해자에 대하여 더 이상의 침해를 하지 않을 것을 청구할 수 있으며, 이 경우에는 그 법익침해에 대하여 가해자가 有責한지 여부는 문제가 되지 않는다고 한다. 이러한 법리는 다음과 같은 고려에 의하여 정당화된다. "손해배상의무는 歸責事由(Verschulden)가 존재하는 경우에만 인정하는 것이 衡平이 요구하는 바일는지도 모른다. 그러나, 귀책사유가 없더라도 객관적으로 위법한 침해행위의 반복에 대하여는 救濟가 주어져야 한다는 것이 正義가 요구하는 바"라는 것이다. 이와 아울러 소유물방해배제청구권을 정하는 獨民 §1004의 類推適用도 원용되고 있다. 그리고 그 후의 판례는 이러한 예방적 부작위소송은 반드시 법익의 현실적인 침해가 이미 존재하는 경우뿐만 아니라, 그러한 "침해의 준비행위와 의도가 확실성을 가지고 인식될 수 있는 경우"에도 긍정된다고 하였다.[93] 즉 어떠한 법익의 切迫한 危殆化(akute Gefährdung)는 물론 이미 과거에 위법한 침해가 있었고 제반사정에 비추어 그 再發할 우려가 있는 때에는 쉽사리 인정할 수 있지만, 반드시 그러한 경우에만 인정될 수 있다고는 할 수 없는 것이다.

그러나 나아가 이러한 예방적 부작위청구뿐만 아니라 이미 발생한 妨害를 除去할 것을 청구할 수 있는 권리(Beseitigungsanspruch)도 판례에 의하여 인정되었다.[94] 그 근거는, "違法한 妨害狀態가 계속되고 있는 경우에는 有責性問題 여하와는 상관 없이 이를 제거할 것"을 正義가 요구한다는 데 있다. 독일제국법원은 그러한 「繼續的 妨害」(fortdauernde Beeinträchtigung)는, 피해자에게 명예침해나 재산침해를 계속적으로 更新하여 발생시키는 源泉이 되는 계속적 危殆化狀態가 존재하게 되었으면, 인정될 수 있다고 한다.[95] 그리고 방해의 「除去」는, 가령 명예나 신용을 손상하는 공연한 주장이 아직 영향을 미치고 있는 경우에는 그 주장을 撤回하거나, 揭示나 플라카트를 撤去하거나, 신용 없는 채

92) 이에 대하여는 우선 K. Larenz, Schuldrecht Ⅱ, 12. Aufl.(1981), §76(S. 692ff.) 참조.
93) RGZ 101, 138; 151, 246; BGH NJW 1951, 843; 1957, 1763 등 참조.
94) RGZ 148, 123; 163, 214; BGH NJW 1958, 1043 등.
95) RGZ 170, 320.

무자의 명부로부터 삭제하는 등의 방식으로 행하여진다. 어쨌거나 이 경우의 방해제거는 이미 성립한 損害를 배상하는 것이 아니라, 妨害者만이 할 수 있고 또 그에게 기대될 수 있는 措置를 취하여 장래의 손해발생을 예방하는 것을 내용으로 한다. 그러나 실제로는 이것과 損害賠償과의 경계획정에 어려운 문제가 생길 수도 있음은 일치하여 지적되고 있다.[96)]

이러한 예방적 부작위소송 등은 주로 소유권 기타 絶對權(이들에 대하여는 소유권에 기한 물권적 청구권의 유추가 쉽사리 허용될 것이다)이 아니고 독일법상 다른 방법으로는 쉽사리 보호를 줄 수 없는 法益, 가령 名譽나 영업상의 聲價, 信用, 직업적인 營爲 등에 보다 넓은 범위의 보호를 주는 기능을 영위하는 것으로 그 효용이 인정되고 있다.[97)]

(3) 이와 같이 불법행위를 원인으로 하여[98)] 그 피해자에게 일정한 요건하에서 위법한 행위결과의 배제 등을 청구할 수 있는 권리(소위「差止請求權」)를 부여하여야 한다는 論議는, 일본에서도 주로 公害에 대한 私法的인 救濟手段의 내용과 관련하여 활발하게 이루어지고 있고,[99)] 일부의 下級審判例는 정면에서 이를 인정하고 있다.[100)]

[梁 彰 洙]

96) Larenz(註 92), §76(S. 695)는, 가령 피해자가 입은 신체의 損傷을 제거하기 위한 수단으로 하여야 할 療養의 費用을 청구하는 경우에는, 이것을 손해배상으로 볼 수도 있고, 방해제거로 볼 수도 있다고 한다.

97) Henckel, Vorbeugender Rechtsschutz im Zivilrecht, AcP in: 174, 120 참조.

98) 물론 여기서 말하는「不法行爲」는 유책성까지 갖춘 위법행위가 존재하는 경우가 아니라, 유책성이 없더라도 객관적으로 위법한 행위가 존재하면 족하다. 그러한 의미에서 통상의「不法行爲」와는 그 의미를 달리한다.

99) 우선 四宮和夫, 不法行爲(1987), 477 이하; 澤井裕, 公害差止の法理(1976); 同, "公害の差止請求", 民法の爭點 II(1985), 211 이하 등 참조.

100) 가령 名古屋地判 昭 47(1972). 10. 19(判例時報 683, 21)은, 평온하고 쾌적·건강한 생활을 영위할 이익이 위법·유책한 타인의 행위에 의하여 침해된 경우에는, 일정한 요건 아래 가해자에 대하여 침해의「差止」를 청구할 수 있다고 한다.

第213條(所有物返還請求權)

所有者는 그 所有에 속한 物件을 占有한 者에 대하여 返還을 請求할 수 있다. 그러나 占有者가 그 物件을 占有할 權利가 있는 때에는 返還을 拒否할 수 있다.

차 례

Ⅰ. 序 說

1. 本條의 規定內容

本條는 소유자의 所有物返還請求權(rei vindicatio: dinglicher Herausgabeanspruch: action en revendication)에 대하여 정한 것이다. 그리고 民法은 이를 地上權(§290 I), 傳貰權(§319)에 준용하고 있다.

傳貰權은 물건을 점유하는 것이 권리의 내용으로 되어 있으므로(民 §303 I 참조), 그 목적물을 타인이 점유하고 있는 경우에 그 권리의 실현을 위하여 傳貰權者에게 이를 반환받을 권리를 부여하는 것은 당연하다고 하겠다. 그런데 地上權은 적어도 법률의 규정 자체로부터는 物件의 占有가 권리의 내용으로 되고 있지 않고(民 §279 참조), 그 권리의 내용이 되는 "物件의 使用"은 당연히 그 물건의 점유를 필요로 하는 것이라고는 할 수 없다. 그러므로 地上權者가 그 권리내용의 如何를 막론하고 물건반환청구권을 가지는 데 대하여는 의문이 있을 수 있다.

그러나 地上權은 특히 "建物 기타 工作物이나 樹木을 所有하기 위하여" 그 토지를 사용하는 권리인데, 토지 위에 그러한 建物 등의 물건을 소유하는 것 자체가 통상 그 토지를 占有하는 것이라고 할 수 있다. 결국 그 권리의 실현을 위하여는 역시 목적물의 점유가 필요하다고 할 것이므로, 民法은 地上權者에게도 물건반환청구권을 부여하고 있는 것이다.

일반적으로 지상권이나 전세권이 설정되어 있는 물건의 소유자가 그 지상권자 등과 아울러 소유물반환청구권을 가지는가 하는 점에 대하여는 後述한다(뒤의 Ⅱ.1.(1)(사) 참조).

2. 所有物返還請求權의 沿革

(1) 소유물반환청구권은 로마法의 rei vindicatio(所有物返還訴權)에서 유래한다.[1)]

古典法에 있어서는 이 訴權에 기하여, 市民法上의 소유권을 가지는 사람이 점유자를 상대로 하여, 그 소유권의 확인과 아울러 그 물건의 반환을 내용으로 하는 有責判決을 청구할 수 있었다. 원고는 자신이 소유자임을 증명하여야 하였는데, 이는 때로는 매우 어려운 일이었다. 원칙적으로 被告適格은 判決의 時點에서[2)] 점유하고 있는 자이다. 그러나 이미 古典法에서는 개별적으로, 그리고 유스티니아누스帝法에서는 일반적으로, 소위 擬制的 占有者(ficti possessores)도 피고가 될 수 있었다. 즉, 이전에 점유하다가 점유를 惡意로 단념한 자이거나, 또는 점유한 일이 없는 자가 실제의 점유자로 하여금 使用取得할 수 있도록 만들기 위하여 자신이 점유하는 것처럼 應訴한 자가 그것이다.[3)] 나아가 後期古典期에 이르러서는 단순한 所持者도 피고가 될 수 있었다(D. 6. 1. 9). 그러나 그는 ── 아마도 古典期의 시기에는── 그의 上位占有者를 지명하여, 그 소송으로부터 탈퇴할 수 있었다.

그런데 이 소권은 對物訴權(actio in rem)으로서 피고를 응소하도록 강제할 수 없었고, 따라서 피고가 爭點決定時에 협력을 거부한 경우에는 소유물반환소

---

1) 이에 대하여는 우선 Kaser, Römisches Privatrecht Ⅰ, 2. Auf.(1971), § 103(S. 432ff.) 참조.

2) 이것이 지배적이었던 프로클루스學派의 입장이었다. 사비누스學派에서는 爭點決定의 시점에서 점유함으로써 족하다고 하였다.

3) 이에 대하여는 Kaser, Römisches Privatrecht, Ein Studienbuch, 8. Aufl.(1974), § 27 Ⅰ 4 b(S. 111) 참조.

송은 성립하지 못하였다.[4] 일단 소송이 성립한 경우에 패소한 피고는 원칙적으로 原狀回復(restituere)의 의무, 즉 물건이 쟁점결정시에 이미 원고에게 반환된 것과 같은 상태로 만들 의무를 부담하였다.

(2) 유럽의 普通法學에 있어서도 이러한 所有物返還訴權은 그 유스티니아누스帝法의 형태로 원칙적으로 유지되었다.[5] 그러나 初期에 특히 動產에 대한 訴權은 일정한 지역에서 ——가령 점유자가 그 점유의 취득을 위하여 지출한 비용을 상환할 의무가 부과되는 등으로—— 상당히 제한되기도 하였다. 그러나 學者들은 이러한 弱化에 대하여 반대하는 입장을 취하였다.[6]

그리하여 後期에 이르러서는 순수히 所有權의 내용을 실현하기 위한 권리로서 현재와 같은 모습을 가지기에 이르렀다.[7] 그러한 모습의 所有物返還請求權은 獨民 §985나 瑞民 §641 Ⅱ에 명문으로 정하여졌고, 나아가 日本舊民法에서도 인정되고 있었다(財產編 §36 Ⅰ 참조). 그러나 依用民法에는 명문의 규정이 없었으나, 前論 Ⅰ.2.에서 본 바와 같은 經過를 거쳐 우리 民法에 확고하게 자리잡기에 이르렀다.

3. 다른 規定과의 關係

(1) 民 §213는 방해배제청구권 등을 정하는 民 §214에 대한 特則(Sonderregelung)으로 이해되고 있다.[8] 즉 民 §213는 民 §214에서 정하는 「妨害」가 占有라는 형태로 행하여지는 경우에 대한 특별규정으로서, 兩者는 소유자의 지위를 실제로 확보하기 위하여 서로 보충적으로 기능한다. 그러므로 소유물반환청구에서 방해배제청구로의 청구의 내용을 바꾸거나 그 逆의 경우는 모두 請求의 變更(民訴 §§ 235, 236)에 해당하지 않는다고 할 것이다.[9]

그러나 그렇다고 해서 民 §§213, 214가 동시에 충족되어 이 두 개의 권리가 모두 발생할 수 있음이 배제되는 것은 아니다.[10] 가령 타인 소유의 토지 위에 건물을 소유하는 자는 그 垈地를 점유함과 동시에 그 垈地所有權을 「방해」하는 것이므로, 대지 소유자는 방해배제로서 건물의 철거와 아울러 물건반환으

4) 물론 이러한 應訴拒否의 경우에 대하여는 법무관법에 의한 구제수단이 마련되어 있었다. 이들 手段에 대하여는 Kaser(註 1), §103 Ⅰ 4(S. 433f.) 참조.
5) H. Coing, Europäisches Privatrecht Ⅰ(1985), §54 Ⅴ(S. 294ff.) 참조.
6) 그 내용에 대하여는 Coing(註 5), §54 Ⅴ 3(S. 296f.) 참조.
7) Windscheid, Lehrbuch des Pandektenrechts Ⅰ, §§193 f. 참조.
8) Baur, Sachenrecht(1989), §12 Ⅱ 1 a(S. 101).
9) Erman/Hefermehl, §1004 Rz. 1(S. 264).
10) 獨逸의 判例(RGZ 160, 172; BGH LM Nr. 14 zu §1004)도 참조.

로서 그 대지의 인도를 청구할 수 있다(한편 뒤의 註 44도 아울러 참조). 또한 타인의 動産을 권원 없이 점유하는 자는 그 動産의 사용형태에 따라서는 단순한 점유의 유보 이상으로 평가되어 방해의 배제가 청구될 수도 있다.[11]

(2) 나아가 앞서 民 §§213, 214 前論 Ⅱ.3.에서 본 대로, §§201-203는 本條에서 정하는 소유물반환관계를 전제로 하여서 그에 附隨하여 문제되는 利害를 調整하는 것에 관한 규정이다. 이에 대하여는 앞의 民 §§201-203 前論 Ⅰ.2.도 참조.

Ⅱ. 要　件

1. 所 有 者

(1) 法的인 意味의 所有者

소유물반환청구권을 가지는 사람은「所有者」이다. 여기서 말하는 所有者란 법적인 의미에서의 所有者를 말하고, 가령 稅法에서 말하는 事實上의 所有者(地稅 §182 但 등)은 이에 해당하지 않는다.[12] 이와 관련된 몇 가지 점을 보기로 한다.

(가) 물권적 청구권을 가지려면 所有權을 가지는 것으로 족하고, 그 권리관계에 상응하는 公示方法을 갖추지 않아도 된다. 따라서 가령 不動産의 相續人은 그 相續의 開始에 의하여 바로 권리를 취득하므로, 굳이 相續登記를 경료하지 않았더라도 물권적 청구권을 가진다.[13] 또 가령 不動産登記簿가 멸실된 경우에 그 滅失回復登記를 하지 아니하였어도 그 所有者는 마찬가지로 물권적 청구권을 가지며, 그는 원인 없이 所有權保存登記를 한 사람을 상대로 그 등기의 말소를 청구할 수 있다.[14] 물론 위와 같은 경우에 그러한 所有者는 그 소유권을 증명하는 데 어려움이 있을지도 모르나, 이는 어디까지나 訴訟에 있어서의 立證에 관한 문제이고, 실체적인 권리와는 無關하다.

---

11) BGH LM Nr. 27 zu §1004 참조.

12) 또한 이미 효력을 상실한「分配農地所有權移轉登記에 관한 特別措置法」(1961년 법률 제613호) §2 I 에도 "事實上의 現所有者"라는 용어가 쓰이고 있다.

13) 이 점을 명백히 밝히는 것으로 大判 70. 3. 10, 70다15(要集 民 I-1, 353) 참조.

14) 이러한 취지의 判例는 많으나, 우선 최근의 大判 91. 5. 14, 91다4973(公 899, 1634)(農地改革法에 기하여 농지를 분배받고 償還을 완료한 사람은 원인무효인 보존등기의 말소를 청구할 권리를 가진다고 한다). 기타 大判 67. 1. 31, 66다2496(要集 民 I-1, 417) 참조. 이 판결에서는 그 회복등기의 신청을 위하여 대법원장이 설정한 期間을 遵守하지 아니한 경우라도 다름이 없다고 한다.

(나) 不動産을 매수하였으나 아직 所有權登記를 취득하지 못한 자는, 비록 그가 그 대금을 모두 지급하고 나아가 그 소유권등기의 이전에 필요한 서류를 모두 소지하고 있다고 하더라도, 여기서 말하는 소유자가 아님은 물론이다. 그는 매도인이 가지는 소유권에 기한 물권적 청구권을 代位行使할 수는 있을 것이나, 자신이 직접 상대방에 대하여 물권적 청구권을 가지는 것은 아니다.

이는 物權變動에 관하여 소위 意思主義를 취하였던 依用民法 시행 당시와는 다른 점이다. 그런데 依用民法 당시에 부동산을 매수하는 계약을 체결하여 所有權을 취득하였으나 등기를 이전받지 않고 있던 중 새로운 民法이 시행된 경우에, 그는 물권적 청구권을 가지는가? 民 附則 §10에 정하여진 登記期間이 경과하기 전까지는 그는 어디까지나 所有者이고, 따라서 物權的 請求權을 가진다고 하여야 할 것이다.[15)]

(다) 반대로 부동산의 소유자가 그것을 賣渡하고 나아가 그 계약상 의무의 일부를 이행하였더라도, 아직 所有權登記를 移轉하지 아니하여 여전히 그 소유권을 가지고 있다면, 그는 여전히 本條에서 정하는 권리를 가진다. 따라서 이러한 경우에 不法占有者는 소유자가 부동산을 매도하는 계약을 체결하였다는 등의 事情을 들더라도 實效 있게 방어할 수는 없다.

이는 그가 소유권이전등기의 신청에 필요한 모든 書類를 매수인에게 교부하였더라도 마찬가지이다. 만일 이 경우에 賣渡人이 언필칭「형식상의 소유권」밖에 가지지 못한다는 이유로 本條의 권리를 부인한다면, 買受人도 아직 소유권을 취득하지 못하여 本條의 권리를 가지지 못하므로(위의 (나) 참조), 목적물을 不法占有하는 자에 대하여 어느 누구도 그 반환을 청구할 수 없다는 결과가 되어 不當하다.

그리고 그 경우에 買受人은, 그가 賣渡人에 대하여 가지는 목적물인도채권을 保全하기 위하여 필요하다면, 賣渡人이 불법점유자에 대하여 가지는 本條의 권리를 代位行使할 수 있음은 앞의 (나)에서 본 바와 같다.

(라) 소위 名義信託된 물건에 대하여는 受託者만이 이 권리를 가지고, 信託者는 이를 가지지 못한다. 대법원은 信託者는 신탁재산의 '實質的인 所有者'로서 제3자에 대하여 직접 물권적 청구권을 가진다고 하는 태도를 취하여 왔

15) 大判 70. 5. 12, 70사22등(要集 民 I-2, 1648)은 그 登記期間이 경과한 후의 물권적 청구권 행사에 관한 것으로 추측된다.

었다.[16] 그러나 大判(全) 79.9.25, 77다1079(集 27-3, 22)으로써[17] 종래의 판례를 폐기하고 신탁자는 제3자에 대하여 물권적 청구권을 가지지 못한다는 태도를 확정하였다.

그런데 大判 85.12.10, 85누487(公 769, 259)은, 원고가 행정청의 건축허가로 말미암아 자신의 持分權이 침해되었음을 이유로 하여 건축허가처분의 취소를 청구한 事件에서, 원고가 토지의 일부를 특정하여 매수하고 단지 그 등기는 토지 전부에 대하여 共有持分으로 이전받은 것이라면, 그 매수한 특정부분 이외의 부분은 "실질적으로" 다른 사람의 소유라고 하고, 당해 건축허가는 원고가 매수한 특정부분 이외의 토지에 대한 것이라고 하여, "그 대지부분에 관한 한 명의수탁자에 불과한 원고의 持分權이 침해된 것이라고 볼 수 없다"고 하여 원고의 청구를 기각하였다. 判例가 종전부터 위와 같은 소위 「區分所有的 共有」에 대하여 상호 간에 명의신탁관계를 인정하여 왔음은 주지하는 대로이다.[18] 그렇다면 이 判決은 앞서 본 大判(全) 79.9.25와는 달리, 명의수탁자에게 그 소유권에 기한 물권적 청구권을 부인하는 것인가 하는 의문이 제기된다. 그러나 이 대법원판결은 行政訴訟事件에 대한 것으로서, 요컨대 행정청이 제3자에게 한 건축허가의 취소를 구할 만한 실질적인 이익이 그 당사자도 아닌 원고에게는 없다는 취지라고 이해하면 충분하고, 名義受託者에게 소유권을 침해하는 제3자에 대한 물권적 청구권을 부인하는 것은 아니라고 할 것이다.

(마) 讓渡擔保權者도, 적어도 지금까지의 判例와 같이 그가 담보목적물에 대하여 완전한 所有權을 취득하고 단지 擔保提供者에 대하여 채권적인 수탁자로서의 지위에 설 뿐이라고 이해한다면, 소유물반환청구권을 가진다. 그런데 판례는 부동산양도담보의 설정자는 그가 실질적 소유자임을 주장하여 불법점유자인 제3자에 대하여 그 반환을 청구할 수 있다고 한다.[19] 그러나 이들 판결은 名義信託에 관한 앞서 본 全員合議體 판결이 나오기 전의 것으로서, 이 판결에 의하여 아마도 讓渡擔保에 대하여도 대법원의 입장은 전환되었다고 보아야 할 것이다.

16) 大判 63.3.28, 63다76(集 11-1, 224); 大判 77.10.11, 77다1316(集 25-3, 204) 등. 그 이외의 판례에 대하여는 權五坤, "名義信託에 관한 判例의 動向", 民判研 10(1988), 392 註 55 참조. 다른 한편 大判 67.12.29, 67다2304(集 15-3, 469)는 반대의 입장을 취하였다.

17) 이에 대하여는 安相敦, "名義信託者가 受託者를 代位함이 없이 직접 신탁재산의 侵害排除를 구할 수 있는지 여부", 司法硏修院 편, 大法院判例解說 Ⅰ-2, 189 이하 참조.

18) 이에 대하여는 우선 徐廷友, "土地의 區分所有的 共有", 司論 4(1973), 103 이하 참조.

19) 大判 63.3.28, 63다76(集 11-1, 224); 大判 76.2.24, 75다1608(集 24-1, 108).

(바) 또한 소위「지입」된 자동차도 어디까지나 그 소유자는 소유권등록을 얻은 運輸會社이므로 소위 지입차주는 제3자에 대하여 소유권반환청구권을 가지지 못한다고 할 것이다.[20]

(사) 한편 소유자는 제3자에게 制限物權을 설정한 경우에라도 일반적으로 그 불법점유자에 대하여 그 물건의 반환을 청구할 수 있다고 할 것이다.[21] 大判 74.11.12, 74다1150(集 22-3, 71)은 토지소유자가 제3자에게 건물의 소유를 목적으로 하는 地上權을 설정하여 주었는데, 그가 그 지상에 불법으로 건물을 건립하여 그 대지를 점유하고 있는 사람을 상대로 그 건물의 철거와 대지인도 그리고 그 인도시까지의 임료 상당 손해금의 지급을 청구한 事案에 대한 것이다. 大法院은 "토지소유권은 그 토지에 대한 지상권 설정이 있어도 이로 인하여 그 권리의 전부 또는 일부가 소멸하는 것도 아니고 단지 지상권의 범위에서 그 권리행사가 제한되는 것에 불과하며, 일단 지상권이 소멸되면 토지소유권은 다시 자동적으로 완전한 제한 없는 권리로 회복되는 법리라 할 것이므로, 소유자가 그 소유 토지에 대하여 지상권을 설정하여도 그 소유자는 그 토지를 불법으로 점유하는 자에 대하여 방해배제를 구할 수 있는 물권적 청구권이 있다고 해석함이 상당"하다고 판시하였다.[22]

이 경우에 이 권리는 制限物權을 가지는 사람의 물권적 청구권과의 사이에 일종의 連帶債權과 같은 관계에 있다고 하는 것이 타당하다고 생각된다.

(아) 여기서 소유자는 반드시 전에 일단 그 물건을 점유하였다가 이를 상실한 자일 필요는 없다. 다만 소유자가 直接占有를 가지고 있는 경우에는 그에게 반환청구권이 인정되지 않음은 물론이다. 그러면 소유자가 間接占有를 가지고 있는 경우에 직접점유를 가지는 사람에 대하여 소유물반환청구를 할 수 있는가? 학설 중에는 이를 긍정하는 견해도 있다.[23] 이는 계약상의 반환청구권과 소유물반환청구권과의 관계와 관련된 문제이므로 그와 관련하여 살펴 보기로 한다(後述 Ⅲ.2.(2) 참조).

(2) 共有者

共有者도 여기서 말하는 소유자에 속한다. 공유자는 공유물을 점유하고 있는 제3자에 대하여 그 **전부**의 반환을 청구할 수 있다. 그 경우에 공유자는 그

20) 大判 70.9.29, 70다1508(集 18-3, 128) 참조.
21) RGZ 150, 225; Erman/Hefermehl, § 1004 Rz. 2(S. 265)도 同旨.
22) 그러나 임료 상당의 損害金을 청구할 수는 없다고 한다.
23) 郭潤直, 322.

물건을 자기에게 반환할 것을 청구할 수 있으며, 공유자 전원에게 반환할 것을 청구하여야만 하는 것은 아니라고 하는 것이 判例이고 通說이다.[24]

合有者의 경우에는 견해가 나뉜다. 즉 從前의 多數說은 合有持分은 독립된 권리로서의 성질을 가지지 아니하기 때문에 合有者가 단독으로 합유물의 반환을 청구할 수는 없다고 하였다.[25] 그러나 合有者도 보존행위는 단독으로 할 수 있다고 정하는 民 §272 但書의 규정에 비추어 보거나, 또 合有者 단독으로 불법점유자에 대하여 그 반환을 청구할 수 있다고 하여도 다른 合有者에게 불리할 것은 없는 점 등에 비추어 보면, 역시 이를 긍정하여야 할 것이다.[26] 판례도 그러한 입장이다.[27] 다만 이 경우에는 원고 자신에게 반환할 것을 청구할 수는 없고, 合有者 전원에의 반환을 청구할 수 있을 뿐이라고 하는 것이 合有關係의 성질에 적합한 것이라고 생각된다.[28]

(3) **判斷時點**

소유물반환소송에 있어서 소유물 存否의 判斷時點은 변론종결 당시이다. 따라서 소유자가 반환소송을 제기한 후에 그 목적물의 소유권을 제3자에게 이전한 경우에는, 그 제3자가 訴訟承繼의 절차(民訴 §75 등)를 밟지 아니한 한, 그 請求는 기각될 수밖에 없다.[29] 이 점은 특히 大判(全) 69.5.27, 68다725(集 17-2, 103)에 의하여 확인된 것이다. 종전에는 가령 大判 68.6.25, 68다758(總覽 2-2(A), 484-21)이 제1심 소송이 繫屬하고 있던 중에 원고가 물건을 그의 딸에게 贈與하고 所有權登記도 이전한 사안에서 원고의 청구를 인용하였던 것이나, 위 全員合議體판결은 이를 부인하였다.[30]

한편, 소유자가 소유물반환소송을 제기하여 本案에 관한 終局判決을 받은 후에 그 訴를 取下한 경우에는 그는 다시는 동일한 訴를 제기하지 못한다(소위 再訴禁止. 民訴 §240 II 참조). 그런데 그가 그 취하 후에 그 소유권을 제3자에게 양도하였다면, 그 讓受人은 위와 같은 再訴禁止의 제한을 받지 않는가? 일반적으로 변론종결 후의 特定承繼人이 再訴禁止의 제한을 받는가에 대하여 多數說은 이를 긍정하

24) 공유지분에 기한 공유물반환청구에 관한 여러 가지 문제에 대하여는 뒤의 民 §263 注解 Ⅳ.3. 참조.
25) 金容漢, 339; 金曾漢, 236; 李根植, 324.
26) 同旨: 李時潤, "共同所有와 그 訴訟關係", 金曾漢紀念論文集, 329; 李英俊, 537.
27) 大判 60.5.5, 4292民上191(集 8, 53); 大判 72.5.23, 72누9(要集 民 Ⅲ-1, 76).
28) MünchKomm/Medicus, §985 Rdnr. 6(S. 880) 참조.
29) 최근의 예로는 大判 80.9.9, 80다7(公 643, 13162).
30) 기타의 판결 등에 대하여는 梁彰洙, "不動產物權變動에 관한 判例의 動向", 民判硏 10 (1988), 357 이하(同, 民法硏究 I (1991), 204 이하) 참조.

고,[31] 少數說은 이를 부인한다.[32] 判例는 이를 긍정하는 태도를 취한다.[33] 이러한 일반론을 적용하면, 위와 같은 경우에 讓受人이 점유자를 상대로 소유물반환소송을 제기할 수는 없다고 할 것이다. 그런데 일반적으로 再訴禁止의 제한을 받기 위하여는 다른 要件과 아울러 後訴가 前訴와 權利保護의 利益을 같이 할 것이 요구되고 있는데,[34] 大判 81.7.14, 81다64등(集 29-2, 215)은 "전소의 취하 후에 본건 토지에 대한 소유권을 양수한 원고는 그 소유권을 침해하고 있는 피고에 대하여 그 배제를 구할 새로운 권리보호의 이익이 있다고 할 것"이라고 하여, 後訴는 前訴와 동일한 訴가 아니라는 이유로 이를 허용하고 있다. 그러므로 결론적으로는, 讓受人은, 前所有者가 본안판결 후 소를 취하함으로써 법원을 농락하는 행위에 가담했다는 등의 다른 특별한 사정이 없는 한,[35] 前所有者의 소 취하에도 불구하고 새로운 소유물반환소송을 적법하게 제기할 수 있다고 할 것이다.

(4) 立 證

所有權에 대한 立證은 청구자가 하여야 한다.[36] 그러나 이 입증은 특히 부동산의 경우에 원고가 등기부에 소유자로 등기되어 있으면, 그 登記의 推定力에 의하여 비교적 용이하게 이루어진다. 즉 원고는 그 부동산의 소유자인 것으로 추정되어 피고가 그 소유자가 아님을 반증하여야 하는 것이다.

2. 占 有

(1) 占有者

소유물반환의무를 부담하는 사람은 占有者이다. 그 점유의 態樣은 이를 불문한다. 그러므로 그 점유자가 自主占有者이든 他主占有者이든 상관 없다.

(가) 그러나 占有補助者(民 §195 참조)는 이에 해당하지 않는다. 그러나 占有者에 대하여 얻은 승소판결은 占有補助者에 대하여도 집행될 수 있다고 할 것이다.[37]

---

31) 李英燮, 新民事訴訟法(1972), 252; 鄭東潤, 民事訴訟法(1990), 539 이하; 姜玹中, 民事訴訟法(1990), 659.
32) 李時潤, 民事訴訟法(1990), 633(다만 前訴의 取下를 알면서 받아들이는 등의 특단의 사정이 있으면 예외라고 한다); 金洪奎, 民事訴訟法(上)(1985), 622.
33) 大判 69.7.22, 69다760(集 17-2, 365)(단 傍論); 大判 81.7.14, 81다64등(集 29-2, 215) 등.
34) 이 요건에 대하여는 우선 胡文赫, "先決的 法律關係와 再訴禁止 ── 民事訴訟法 제240조 2항의 擴大適用", 民判硏 13(1991), 222 이하 참조.
35) 이러한「특별한 사정」이 있는 경우의 再訴禁止에 대하여는 胡文赫(前註), 229 참조.
36) 통설 및 大判 62.5.17, 62다76(集 10-2, 336) 등 판례.
37) 李英俊, 484.

이와 관련하여 판결에 나타난 예를 살펴 보기로 한다. 우선, 토지경작으로 인한 경제적 이익의 귀속자에게 피용되어 그를 대신하여 農事를 감독하는 사람은 그 토지의 占有者가 아니므로 토지인도청구의 상대방이 될 수 없다.[38] 또한 世帶主 또는 家口主가 그 가족과 함께 어떤 住宅을 점유하는 경우에는 그 가구주만이 독립된 점유자가 될 뿐이고[39] 家族들은 독립해서 생계를 유지하는 것이 아닌 한 가구주의 占有補助者에 불과하다고 한다.[40] 그러나 가구주가 주택을 매도하고 퇴거하였는데 그 가족들이 건물이 그 가구주의 소유가 아니라고 주장하면서 가구주의 의사에 반하여 주택에 살고 있는 경우는 그렇지 아니하다.[41] 실제로 소유물반환의무를 부담하는 점유자와 부담하지 아니하는 점유보조자는 이를 서로 구별하기가 어려운 경우가 많을 것이나, 그 判斷에 있어서는, 당해 피고를 상대로 한 승소판결을 집행하더라도 목적물의 점유를 둘러싼 분쟁이 해결되지 않을 것이라는 등으로 원고가 權利實現을 함에 있어서 불필요하게 우회하는 것이 아닌지를 특히 면밀히 음미하여야 할 것이다.

한편 大判 92.3.10, 91다27099(公 919, 1281)은 鐵道廳이 타인 소유의 철도를 그 소유자의 「청원」에 의하여 소위 請願側線을 관리·운용하고 있는 경우에 토지의 소유자가 이로써 철도청이 그 철도의 부지를 점유하고 있음을 전제로 하여 그 토지의 반환을 청구한 사건에서, 그 경우 철도청의 관리·운용은 "청원시설물의 보수작업, 점검 등의 기술상 관리·운용을 말하는 것이지 철도청이 청원측선을 점유하여 사용·수익한다는 것을 의미하지 않는다"고 하여 철도청의 점유를 부정하여, 원고의 청구를 기각하였다.

(나) 이와 관련하여서는, "순수한 自然力에 귀착되는 支配"의 경우, 예를 들면 뒷산의 바위가 폭우로 굴러 상대방의 마당에 놓여 있는 경우에 대하여는 소유물반환청구권이 성립하지 않는다는 견해가 있다.[42] 그 이유는 이것은 오로지 自然現象에 귀착하는 결과이기 때문이라고 한다. 그러나 그 占有取得의 원인이 自然現象에 귀착된다고 하여, 所有權의 내용이 원만하게 실현되도록 한다는 물권적 청구권의 제도이유가 부정될 리도 없을 터이다. 그리고 그 점유취득

38) 大判 60.3.10, 4292民上257(要集 民 I-1, 371).

39) 大判 65.2.16, 64다1513(郭潤直, 판례교재 物權法, 45) 참조. 원심이 피고는 회사의 監事로서 회사를 위하여 건물의 건축을 現場監督하였던 점유보조자에 불과하다고 인정한 것을, 대법원은 피고가 그 건물에 그 가족들과 함께 거주하고 주민등록도 그 건물소재지에 되어 있다는 점 등을 들어 점유보조자라고 단정하기 어렵다고 하였다.

40) 大判 60.7.28, 4292民上647(要集 民 I-1, 371). 뒤의 註 41의 大判 80.7.8.도 참조.

41) 大判 80.7.8, 79다1928(集 28-2, 101).

42) 李英俊, 484.

이「순수한 自然力」에 귀착되는가 여부의 판단기준도 명백하지 아니하다.[43] 오히려 위와 같은 경우에 문제는 그 바위에 대하여 상대방의 占有가 성립하는가 여부가 문제이고, 통상의 경우에는 이를 인정할 수 없어서, 소유물반환청구가 부인된다고 할 것이다(이에 대하여는 前論 Ⅱ.2.(4) 참조).

오히려 이 문제는 방해배제청구권과 관련하여 그「妨害하는 者」의 與否라는 관점에서 논의되어야 할 것이다(이에 대하여는 民注解 §214 Ⅱ.3.(2) 참조). 占有가 성립하는 한에 있어서는,「점유할 권리」 없는 占有는 항상「違法」한 것이라고 할 수 있다고 생각된다.

(2) **建物의 存在와 土地所有者의 物權的 請求權**

우리 나라에서 建物은 법적으로 그 垈地와는 別個의 不動產이다. 이로 인하여 토지 위에 건물이 건립되어 있는 경우에는 토지소유자의 물권적 청구권 行使와 관련하여 여러 가지 어려운 문제를 발생시킨다. 이러한 문제는 특히 건물의 所有者와 건물의 현실적인 使用受益者가 별개의 사람인 경우에 顯在化한다. 그리고 이는 소유물반환청구와 소유권방해배제청구와의 관계라는 문제와도 일정한 관련을 가지고 있다.

(가) 우선 건물은 토지에 정착하여서만 존재한다고 할 수 있는데, 建物의 所有者가 그 敷地를「점유」하고 있다고 평가된다는 점에 대하여는 의문이 없다. 大判 62.5.3, 4294民上1500(集 10-2, 279)은 피고가 의용민법 시행 당시에 원고의 所有地 위에 건립되어 있던 건물을 제3자에게 매도하고 이를 인도하였는데 원고가 그를 상대로 그 건물의 철거와 대지의 인도, 그리고 임대료 상당의 금전을 청구한 事案에 대한 것이다. 원심은 피고가 이를 점유하고 있지 않다고 하여 원고의 청구를 모두 기각하였으나, 대법원은 "법률상의 이유로 그 양도를 對抗할 수 없는 때에는 그 양도인은 법률상 건물의 소유자로서 그 부지인 대지를 점유하고 있는 것"이라고 하여, 原審判決을 파기하였다. 그러므로 대지소유자는 건물소유자를 상대로 하여 그 건물의 철거와 아울러 垈地의 인도를 청구할 수 있다.[44]

43) 가령 李英俊, 484는 빨래가 바람에 날려 상대방의 마당에 떨어진 경우에는 소유물반환청구가 허용된다고 하는데, 이 경우와 뒷산의 무너진 경우와를 법적으로 다르게 評價할 실질적인 이유는 과연 무엇인지 의문이다.

44) 대지소유자가 소송에서 건물의 철거와 대지의 인도를 아울러 구하는 경우 그 소송물은 어느 것인가, 즉 소유물반환청구인가 소유권방해배제청구인가 아니면 兩者 모두인가. 이에 대하여 논하는 文獻은 별로 찾을 수 없었으나, 위와 같은 청구는 단지 대지를 인도받기 위한 前提로서 건물의 철거를 요구하는 데 불과하므로, 역시 이는 하나의 所有

이와 관련하여 주의하여야 할 것은, 건물소유자로부터 그 건물을 순차로 매수(기타 소유권취득의 원인행위)하여 아직 移轉登記를 하지 아니한 채로 현재 그 건물을 점유하고 있는 자에 대하여 위와 같은 청구를 할 수 있는가 하는 문제이다.[45] 大判 65.6.15, 65다685(集 13-1, 196)은 事案은 불명이나, "부동산물권변동에 관하여 형식주의를 채택하고 있는 신민법 아래서는" 일단 현재의 등기상의 소유권자를 상대로 건물의 철거 등을 청구하여야 하며, "등기상의 소유권자에 대하여 내부적으로 소유권을 주장할 수 있는 것에 불과한 事實上의 所有者"는 이에 해당하지 않는다고 하여 엄격한 태도를 취하였다. 그러나 그 후 大判 66.10.18, 66다1538(總覽 2-2(A), 485-3)은 未登記建物에 관하여, "前主로부터의 買受에 의하여 채권적으로 취득하였고 前主의 引渡에 의하여 이를 占據하게 되었다면" 그는 그 건물을 "법률상 또는 사실상 처분할 수 있는 지위"에 있다고 하여, 그를 상대로 한 건물철거청구를 인용하였다.[46] 나아가 大判 86.12.23, 86다카1751(公 794, 41)은 등기된 건물에 대하여도, 소유권등기명의자로부터 매수하여 장기간에 걸쳐 점유하면서 그 일부를 增改築한 자에 대하여 건물의 철거 등을 청구할 수 있다고 하였다. 이러한 일련의 判決은 원칙적인 건물의 소유자에 대한 청구 외에 단순한 점유자에 대한 철거청구를 예외적으로 인정한 것으로 이해되어야 할 것이다.

이들 판결은, 소유권에 기한 물권적 청구권은 소유권을 현실적으로「방해」하는 자에 대하여 발생하는 것으로서, 그「妨害」의 여부는 그 방해의 원인이 된 물건에 대한 추상적인 權利狀態와 어떠한 경우에도 반드시 일치하여야 할 필요는 없음을 밝힌 점에서 수긍될 수 있다고 하겠다. 이를 인정하지 아니하면, 첫째, 대지소유자로서는 등기명의자의 현재의 住所를 탐색하여야 하는 등 경우에 따라서는 소유권의 실현에 과도한 부담을 질 수 있고, 둘째, 또한 그 건물의 존속 여부에 대하여 현실적으로 가장 첨예한 利害關係를 가지는 현재의 점유자가 아니라, 이미 그것을 양도하고 대부분의 경우에는 그 代價를 취득하여 절박한 이해관계를 가지지 않는 登記名義者를 상대로 하여야 한다면, 그 소

物返還請求라고 하여야 하지 않을까. 다만 그 내용상 그 점유의 반환에 있어서 요구되는 피고의 여러 행위 중에서 별도의 독립한 물건인 건물을 종국적으로 처분하는「철거」라는 중요한 사항(건물이 존재하는 한 垈地의 引渡는 불가능하다)을 특히 적시한 것에 불과하다고 보면 족하지 않을까 생각되기도 한다. 만일 그렇게 解하지 않으면, 가령 원고가 애초에는 대지의 인도만을 구하였다가 후에 건물의 철거를 아울러 구하는 것은 請求의 併合에 해당할 것이나, 과연 이렇게 보아야 할 것인지 의문이다.

45) 이에 대한 日本의 判例와 學說에 대하여는 우선 幾代通, "土地不法占據の責任と建物登記", 不動産物權變動と登記(1986), 70 이하 참조.

46) 그 외에 역시 未登記建物에 관하여 大判 67.2.28, 66다2228(集 15-1, 179) 등 다수의 판결도 同旨.

송상의 攻防이 形式에 흐를 위험이 있다.[47] 그러나 다른 한편으로, 建物을 철거하는 것은 결국 그 건물에 대한 終局的인 處分에 해당하므로, 處分權(즉 소유권)이 없는 자를 상대로 하는 건물철거청구를 함부로 승인할 것은 아니다. 이와 같이 보면, 결국 ① 현재의 점유자가 건물의 소유자로부터 순차로 매매 등 소유권취득의 유효한 원인행위를 하였고, ② 그 원인행위에 기하여 점유의 이전이 행하여졌으며, ③ 건물의 소유자(등기명의인)이 그 매매대금을 모두 수령하는 등으로 그 건물을 보유할 현실적인 利害關係가 없는 경우에는, 현재의 점유자를 상대로 하여서도 물권적 청구권을 행사할 수 있다고 할 것이다.

(나) 다음으로 건물의 소유자와 건물의 점유자가 서로 다른 경우를 생각하여 본다. 이 때 建物의 占有者는 동시에 垈地의 占有者이기도 한가? 이는 경우를 나누어 살펴 보아야 할 것이다.

첫째, 그 건물의 소유자가 건물의 소유를 위하여 그 대지를 이용할 권한을 가지고 있는 경우에는, 어떠한 사람이 그 건물을 점유하고 있다고 하여도 그로써 그 垈地를 점유하는 것은 되지 못한다고 할 것이다. 이를 긍정하는 견해도 있다.[48] 물론 건물을 점유사용하는 자는 토지를 사실로 이용하는 것임에는 틀림이 없으나, 이것은 토지에 정착하고 있는 건물을 점유하는 것의 反射作用에 불과하며, 건물의 부지는 어디까지나 건물의 소유에 기하여 그 소유자의 事實的 支配 아래 있다고 하여야 하지 않을까?[49] 따라서 그에 대하여는 建物의 所有者만이 그 반환을 청구할 수 있고, 垈地所有者는 그렇게 하지 못한다고 할 것이다.[50] 뿐만 아니라, 그러한 건물의 점유에 의하여 따로 대지의 소유권이 방해되고 있다고 할 것도 아니어서, 대지소유자는 그에 대하여 방해배제청구권 등의 다른 물권적 청구권도 가지지 못한다고 하여야 할 것이다. 따라서 비록 건물의 점유자가 그 건물을「점유할 권리」를 가지고 있지 않다고 하더라도, 건물의 소유자가 아닌 대지의 소유자가 그 건물로부터의 退居를 청구할 수는 없다고 할 것이다.

47) 그렇다고 해서 登記名義人을 상대로 하여 얻은 確定判決을 현실적인 건물점유자가 따로 있다는 이유로 그 執行이 不能이라고 하면, 無益한 訴訟이 행하여진 결과가 된다.

48) 廣瀨武文, "建物賃借人の敷地占有について", 借地借家法の諸問題, 43(건물의 소유를 목적으로 하는 借地權이 설정된 경우에 대하여 "借地人은 敷地所有者를 위하여 敷地를 직접점유하고, 借地上 建物의 賃借人은 借地人을 위하여 敷地를 직접점유하는 법률관계"라고 설명한다); 後藤清, "建物賃借人の敷地利用權", 私法學論集(上)(民商法雜誌 39), 46("건물을 점유사용하는 자는 당연히 그 부지를 점유사용한다"고 한다).

49) 藤井正雄, "土地所有權に基ずく地上家屋居住者に對する退居請求", 民事法の諸問題 II (1966), 32 이하 참조.

50) 大判 76. 3. 9, 75다1950(公 534, 9059)은 명확하게 이 점을 판시하고 있다.

이상과 관련하여서는 大判 91.11.26, 91다29194(公462, 913)가 매우 의미 있는 示唆를 준다. 이 사건에서 원고는 그가 소유하는 토지의 일부분에 시멘트콩크리트로 만든 水管을 설치하여 水路를 개설하고 또 구거를 파서 排水路로 쓰고 있는 피고(농지개량조합)에 대하여 그 水管 등의 철거와 그 토지부분의 인도를 청구하였다. 그런데 그 토지는 제3자(郡)가 점유하고 있었고 원고는 그 점유자에 대하여 그 인도를 청구할 권리가 없었다. 대법원은, 그렇다면 원고는 피고에 대하여 그 주장과 같은 청구를 할 수 없다고 판시하였다. 물론 이 판결은 토지 위에 건물이 건립되어 있고 土地所有者와 建物占有者 간의 관계에 대하여 판단한 것은 아니나, 어떠한 토지의 점유자가 따로 있고 소유자가 그에 대하여 그 토지의 인도를 청구할 수 없다면, 그 지상에서 별도로 그 소유권을 방해하는 자가 있었도 토지소유자는 직접 그에게 그 妨害의 排除를 청구할 수 없다고 판시하는 점에서 흥미롭다.

둘째, 그 건물이 토지에 대한 使用權 없이 존립하고 있는 경우는 어떠한가? 이 경우에도 역시 그 건물의 점유로써 대지까지도 점유하는 것은 아니고,[51] 오직 건물의 소유자만이 대지를 점유한다고 할 것이다. 그러나 이 경우에는 건물의 점유사용으로 인하여 대지의 소유권이 「방해」당하고 있다고 할 것이고,[52] 따라서 대지소유자는 방해배제로서 그 건물로부터의 退居를 청구할 수 있다고 할 것이다.[53] 만일 이렇게 해석하지 아니하면, 대지소유자는 건물의 소유자에 대하여 그 건물의 철거와 대지의 인도를 청구하여 勝訴判決을 얻더라도, 현실로 건물을 점유하고 있는 자를 그 건물로부터 제거할 수 없게 되어서 그 所有權의 現實에 부당한 곤란을 겪게 된다.

---

51) 大判 65.9.28, 65다1571등(要集 民 I-1, 416)은 건물의 점유자(건물거주자)에 대하여 그 건물로부터의 退居와 함께 "대지의 반환을 청구할 수 있"다고 하나, 의문이다.

52) 그런데 日本의 大阪地判 昭 33(1958).6.10(判例時報 160, 23)은 건물점유자의 현재의 방해를 부인하고, 건물점유자는 건물소유자가 이것을 철거하려고 할 때 이로부터 퇴거할 의무가 있을 뿐이며, "撤去와 따로 떨어진 독립한 卽時 無條件의 퇴거의무는 존재하지 않는다"고 한다. 그리하여 主文에서는 "피고는 원고에 대하여 … 건물이 철거되는 때에는 이로부터 退居하라"고 판결하였다.

53) 藤井正雄(註 49), 37 이하도 同旨. 그러나 다른 한편 그러한 건물점유자는 대지소유자에 대하여 不法行爲로 인한 損害賠償義務를 부담하는 것은 아니라고 할 것이다. 이에 대하여는 日最判 昭 31(1956).10.23(民集 10, 1275)은, 地上權이 설정되어 있는 토지에 권원 없이 건물을 소유하는 자로부터 그 건물을 임차한 자에 대한 地上權者의 손해배상청구에 대하여, "지상권자가 토지를 사용수익할 수 없는 것은 건물이 존재하기 때문이고, 建物居住者가 그 건물을 점유사용하는 것과 지상권자가 토지를 사용수익할 수 없는 것과의 사이에는 특단의 사정(예를 들면, 건물소유자가 건물의 철거 등을 하려고 하는 경우 건물거주자가 일부러 퇴거하지 아니하고 이를 방해하는 등)이 없는 한 相當因果關係가 없다"고 하여 그 청구를 기각하고 있다.

(3) 間接占有者

間接占有者에 대하여도 소유물반환청구가 인정되는가?

학설은 일반적으로 이를 긍정한다.[54] 그러나 그 경우 그 權利의 內容에 대하여는 견해의 차이가 엿보인다. 하나의 見解는, 경우를 나누어 본다. 즉 상대방이 任置하거나 使用貸與하였으나 곧 그 반환을 청구할 수 있을 때 등과 같이 현실의 점유를 반환할 수 있는 경우에는 受置人이나 借主로부터 찾아서 반환하라는 내용으로 현실의 인도를 청구할 수 있으나, 그렇지 않을 때에는 상대방이 占有媒介者에 대하여 가지는 返還請求權의 양도를 청구할 수 있을 뿐이다. 왜냐하면 뒤의 경우에는 그것이 상대방이 실제로 할 수 있는 최대의 것이기 때문이라고 한다.[55] 다른 하나의 見解에 의하면, 어떠한 경우에나 返還請求權의 讓渡를 청구할 수 있을 뿐이라고 한다.[56] 나아가 최근에는 소유자는 언제나 현실점유의 반환을 청구할 수 있다고 하면서, 다만 이와 아울러(선택적으로) 또는 단독으로 반환청구권의 양도를 청구하는 것도 허용된다는 見解도 있다.[57] 그 이유는 간접점유자가 직접점유자로부터 직접점유를 취득하는 경우에 대비하여 당장은 執行不能의 판결이라도 소유자로서는 그러한 판결을 받아둘 實益이 있을 뿐만 아니라, 間接占有의 본질상 직접점유와 구별할 근거가 없기 때문이라고 한다.

最後의 立場이 타당하다고 생각된다.[58] 실제적으로 반환청구권의 양도만을 청구할 수 있다고 하면, 간접점유자가 나중에 직접점유를 취득하여 間接占有關係가 해소되어 버리면 소유자는 재차 별도의 소송을 제기하지 않으면 안 된다는 어려움에 봉착하는 것이다.[59]

判例의 입장은 쉽사리 단정하기 어렵다. 大判 60.7.28, 4293民上72(總覽 2-2(A), 439-2)은 "「소유물반환청구의」 상대자는 현재의 垈地占有者임을 요하는 바이며 이 점유자 중에는 간접점유자도 포함된다고 할 것"이라고 한다(단 事實關係 불명).[60] 그런데

54) 郭潤直, 323; 金容漢, 309; 金曾漢(1981), 260; 李英俊, 483.

55) 金曾漢(1981), 260 이하.

56) 郭潤直, 323; 金容漢, 309. 獨逸에서는 Baur(註 8), § 11 C Ⅰ.1(S. 92)가 이러한 태도를 취한다.

57) 李英俊, 485 이하.

58) 이상과 같은 입장의 對立은 獨逸에서도 발견되는데, 압도적인 다수설과 판례는 이와 같이 해석하고 있다. 이에 대하여는 우선 MünchKomm/Medicus, § 985 Rdnr. 10(S. 881) 참조.

59) 前註의 독일문헌 참조. 그러나 간접점유와 직접점유와의 "본질적 동일성"이라는 論據는 설득력이 없다고 생각된다.

60) 또한 大判 62.4.12, 4294民上1300(總覽 2-2(A), 483)도 "代理로서 占有"하는 자에 대하

大判 69.2.4, 68다1594(總覽 2-1(A), 439-1)은 반대의 태도를 취한 것으로밖에 이해되지 않는다. 이 사건에서 피고는 제3자와의 사이에 목적물에 관하여 임대차계약을 체결하여 그에게 이를 인도하였는데, 원심은 "訴外人을 통하여 임대인인 피고의 사실상의 지배 하에 있는 간접점유상태라 할 것이니 제3자에게 임대하여 인도한 사실이 있는 것만으로는 그 소유자에 대한 불법점거의 책임을 면할 수 없다"고 하여 원고의 반환청구를 인용하였다. 그러나 大法院은 "불법점유를 이유로 한 건물명도청구에 있어서는 현실적으로 불법점유하고 있는 사람을 상대로 하여야 할 것이고 불법점유를 하고 있었던 사람일지라도 이미 다른 사람에게 그 점유물을 인도하여 현실적으로 점유를 하지 않게 된 이상 그 사람을 상대로 건물명도를 청구할 수 없다"고 하여 原審判決을 파기하였다. 이 판결은 일단 간접점유자를 상대로 한 반환청구를 일반적으로 부인한 것으로 보인다. 그러나 각도를 달리 하여 詳考하면, 이 판결은 간접점유자를 상대로 하여서 그 직접점유의 인도를 구할 수는 없다는 취지이고, 나아가 반환청구권의 양도를 청구하였다면 어떠한가에 대하여는 그 判示의 趣旨가 미치지 아니한다고 이해할 여지도 있다. 그러나 어쨌거나 앞서 본 판결과 그 태도를 달리하는 것이라는 점에는 의문이 있을 수 없다.[61]

(4) **共同占有者**

共同占有者도 소유물반환의무를 부담한다. 문제는 소유자가 그들 전원을 상대로 반환청구를 하여야 하는가, 즉 그 소송을 必要的 共同訴訟(民訴 § 63)이라고 할 것인가의 여부이다. 그러나 현재의 판례나 학설은 이를 부정적으로 보고 있다.[62]

(5) **判斷時點, 立證**

소유물반환소송에서 피고가 점유자인지 여부를 판단하는 基準時點은 변론종결 당시이다. 다만 소유자가 현재의 점유자를 상대로 하여 占有移轉禁止의

여도 소유물반환청구를 할 수 있다고 한다(역시 事實關係 불명).

61) 한편 大判 83.5.10, 81다187(公 707, 960)에 대하여 그 편집자는 그 판결요지를 "불법점유를 이유로 한 건물명도청구를 하려면 현실적으로 불법점유하고 있는 사람을 상대로 하여야 할 것이나 그렇지 않는 경우에는 간접점유자를 상대로 명도를 청구할 수 있다"라고 파악하고 있다(머리점은 인용자). 그러나 그 판결의 사안은 임대차계약에 있어서 임차인인 피고가 설치한 부대시설을 그 계약종료 후 임대인인 원고에게 인도하기로 약정한 바에 따라 원고가 그 부대시설의 인도를 청구한 것으로서, 그 경우에는 피고가 간접점유를 하고 있는 건물부분의 명도를 명하였어도 —이는 계약의 이행을 구한 것으로서— 위법은 없다고 한 것이므로, 여기서 논의되고 있는 물권적 청구권의 문제와는 無關한 것으로 생각된다.

62) 이에 대하여는 李英燮 편집대표, 註釋民事訴訟法(상)(1980), 266(판례지시 포함) 참조.

假處分을 얻으면, 그 집행으로 소송당사자가 확정되는 효력이 발생하여서, 그 후에 점유가 이전되더라도 그 가처분채무자를 상대로 한 반환청구는 인용된다. 그리고 그 假處分債務者를 상대로 얻은 승소판결로써 그 후의 점유자에 대하여 집행할 수 있다.[63] 또한 占有의 사실에 대하여는 반환청구를 하는 원고가 입증하여야 한다.[64]

3. 「占有할 權利」의 不存在

(1) 「占有할 權利」

점유자는 어떠한 경우에나 소유자에게 그 점유물을 반환하여야 하는 것은 아니다. 그가 "占有할 權利"(民 §213 但書. 이는 獨逸의 Besitzrecht 또는 Recht zum Besitz에 해당한다), 즉 자신의 점유를 소유자에 대한 관계에 있어서 정당화하는 法的 地位를 가지고 있으면, 그 반환의무는 인정되지 않는다. 여기서 말하는 "占有할 권리"란 엄격한 의미에서의 권리만에 한정되는 것은 아니고, 그 점유의 보유가 정당화되는 법적 지위를 모두 포함하는 것이다.

(가) 여기서 말하는 "占有할 權利"에는 우선 지상권, 전세권, 유치권, 질권과 같이 점유를 권리내용으로 하는 制限物權이 포함됨에는 의문이 없다(다만 留置權에 대하여는 獨逸에서는 논의가 있다고 함은 民 §§201-203 前論 Ⅳ.2.(1) 참조). 獨逸에서는 소위 物權的 期待權이 이에 해당하는가에 관하여 논의가 있다. 이 문제는 특히 제3자가 물권적 기대권을 善意取得하여 소유자에 대하여 그 점유의 반환을 거부하려는 경우(가령 所有權留保買受人이라고 주장하는 자로부터 그 지위를 선의로 양수한 경우 등)를 중심으로 다루어지고 있다.[65] 이에 대하여는 견해가 나뉘고 있다.[66] 그러나 우리 나라에서는 애초 물권적 기대권의 개념을 인정할 필요가 있는가부터 문제가 될 것이다.

(나) 나아가 점유자가 소유자에 대하여 그 물건을 점유하는 것을 내용으로 하는 債權을 가지는 경우도 이에 해당된다. 특히 물건의 사용을 일시적으로 허용하는 계약관계, 즉 賃貸借, 使用貸借 등이 그것인데, 그뿐만 아니라 任置, 都給, 출자된 組合財産 등도 이에 포함된다. 그러나 消費貸借는 借主가 그 물건

63) 이에 대하여는 우선 金祥源·鄭址炯, 假押留·假處分(1978), 322 이하, 328 참조.
64) 大判 62.5.17, 62다76(集 10-2, 336) 등 참조.
65) 그 외에 가령 所有權留保買受人 자신의 점유는 그 매매계약 자체로부터 소유자, 즉 매도인에 대항할 수 있는 채권적인 "占有할 權利"가 인정되므로 문제 없다. 또 所有權留保賣渡人이 물건을 제3자에게 양도하였다고 하더라도 그 讓渡는 반환청구권의 양도에 의하여 이루어질 것인데, 그 경우에는 讓受人에 대하여도 그와 같은 占有할 權利를 대항할 수 있으므로(民 §451 참조), 역시 문제가 없다.
66) 이에 대하여는 우선 MünchKomm/Medicus, §986 Rdnr. 9(S. 893f.) 참조.

의 소유권을 취득하였으므로 애초 이에 해당하지 않는다. 나아가 賣買契約으로 인한 買受人의 점유도 "점유할 권리"에 기하여 하는 것이다.[67] 이 경우의 「占有할 權利」는 매수인이 매매대금의 지급을 지체하거나 목적물을 계약과는 다르게 사용하는 등 계약을 위반하였다고 하여도 계약 자체를 해제하지 않는 한[68] 소멸되지 않는다. 다만 매수인의 매매대금지급채무에 대하여 消滅時效가 완성된 경우에는 역시 소멸된다고 할 것이다.[69] 官廳의 허가와 같이 法定條件이 성취되지 아니한 매매계약도 그 條件의 不成就가 확정되기 전까지는 占有本權으로 평가될 수 있다.

한편 물건에 대하여 取得時效가 완성된 경우에는 아직 점유자 앞으로 소유권이전등기가 넘어오기 전이라도 소유자가 그 물건의 반환청구를 할 수 없다.[70] 판례는 그 이유로 "그 점유자는 소유자에 대하여 이전등기청구권을 가지기 때문"이라고 하는데, 오히려 취득시효의 완성은 그 소유자에 대한 관계에서 그 점유를 정당화하는 효력을 가진다고 하면 그만일 것이다.

(다) 한편 소유자와 현재의 점유자 사이에 直接的인 契約當事者關係는 없으나, 현재의 점유자가 소유자와 위와 같은 계약을 맺은 사람의 意思에 기하여 그 점유를 취득한 경우는 어떠한가? 가령 매수인이 인도받은 물건을 다시 제3자에게 매도하여 점유를 이전한 경우(이 경우에 原買受人은 간접점유도 가지지 않을 것이다),[71] 賃借人이 제3자에게 轉貸하거나 그 임차권을 양도하여 임차목적물을 인도한 경우 등이 그 것이다. 이들 경우에는 그 直接的인 契約當事者가 소유자에 대한 관계에서 그

67) 大判 77.3.8, 76다2461(要集 民 I-1, 420) 참조. 이 판결은 그 이유로 첫째, 매수인은 "그 권리의 범위 내에서는 현재 점유하고 있는 목적물에 대하여 법률상 또는 사실상 이를 점유하고 처분할 권한이 있"다는 것, 둘째, 그러므로 "오직 등기명의를 넘겨 줄 義務만 지고 있는 매도인으로서는 그 등기명의가 남아 있다는 事實만으로 買受人의 占據를 불법점거라고 할 수 없다"는 것의 둘을 들고 있다. 이러한 논거가 반드시 적절하다고 할 수 없음은 물론이다. 또한 郭潤直, 163 이하가 주장하는 바와 같이 로마法의 「賣渡되고 引渡된 物件의 抗辯」(exceptio rei venditae et traditae)을 現代的으로 慣用한다는 어려운 法的 構成을 사용할 필요는 없다고 생각된다.

68) 大判 88.6.28, 87다카2895(公 829, 1116)는 토지소유자와의 사이에 체결된 매매계약이 해제되면 그 매수인이 그 토지 위에 건축한 건물을 점유할 권리가 없다고 한다.

69) 이것이 獨逸의 通說이고 判例이다. MünchKomm/Medicus, § 986 Rdnr. 14(S. 895) 참조. 다른 한편 獨逸에서는 매수인이 매도인에 대하여 소유권양도의 의사표시(부동산이라면 Auflassung)를 할 것을 청구할 수 있는 권리가 시효소멸하여도 매수인은 여전히 적법하게 점유할 수 있다는 것이 통설이다. 그러나 우리 나라에서는 매수인이 목적물을 인도받은 경우에는 소유권이전등기청구권은 소멸시효에 걸리지 않는다고 하는 것이 확고한 판례이므로(大判(全) 76.11.6, 76다148(集 24-3, 277) 이래 최근의 大判 91.3.22, 90다9797(公 896, 1244) 참조), 이러한 문제는 발생할 여지가 없다.

70) 大判 88.5.10, 87다카1979(公 826, 948).

71) Baur(註 8), § 11 C I.1(S. 92) 참조.

러한 占有移轉을 하는 것이 허용된다면 현재의 점유자의 점유는 「占有할 權利」에 기한 것으로서 적법하다고 할 것이다.[72] 그리고 일반적으로 賣渡人이 매수인에게 매매목적물을 引渡한 경우에는 그러한 占有移轉이 허용되는 것으로 의사해석할 것이다. 그러므로 이 경우에 轉買人이 소유자의 반환청구를 거부할 수 있는 것은[73] 그 반환청구가 信義則에 반하기 때문이 아니라, 民 §213 但書에서 말하는 「占有할 權利」를 가지기 때문이다. 그러나 賃借人은 임대인의 同意를 얻어야 임차권을 양도하거나 轉貸할 수 있으므로(民 §629 I 참조), 그러한 동의가 없는 한 轉借人 등의 점유는 소유자에 대한 관계에 있어서 不適法하다.[74] 獨逸民法은, 中間者가 간접점유를 가지는 경우에 대하여 명문으로, 직접점유자가 간접점유자로부터 그 점유를 「導出」(ableiten)하였던 때에는 그 간접점유자가 소유자에 대한 관계에서 점유할 권리가 있고 또 그 점유를 이전할 권한을 가지고 있는 경우에는 소유자는 그 직접점유자에 대하여 물건의 반환을 청구할 수 없다고 규정하고 있다(§986 I 참조). 그러나 中間者가 간접점유를 가지고 있지 아니한 경우에라도 위에서 본 바와 같이 그가 소유자에 대한 관계에서 그러한 점유이전을 할 권한을 가지고 있다고 해석되는 경우에는 마찬가지의 결과를 인정하여야 할 것이다.[75]

判例도 이러한 결과를 인정하고 있다. 그러나 그 理論構成은 다르다. 가령 大判 88.4.25, 87다카1682(公 825, 889)은 토지의 매수인 乙이 매도인 甲으로부터 그 토지를 인도받고 그 위에 건물을 건축한 다음 그 건물의 소유권을 제3자 丙에게 양도한 事案에 대한 것이다. 이 사건에서는 애초의 土地賣渡人 甲이 그 소유권에 기하여 丙에 대하여 그 건물의 철거를 청구하였다. 이 청구는 정당하게도 기각되었는데, 대법원은 그 이유로, 丙이 "토지매수인의 매매계약상의 占有使用權을 취득"하였다고 보아야 함을 들고 있다. 이러한 경우에는 이를 土地使用權의 양도가 있는 것으로 보되, 다만 그 讓渡의 對抗要件은 "채무의 내용이 履行行爲가 아니고 토지사용의 용인과 같은 不作爲에 그치는 때"에는 이를 갖

72) 결과적으로 同旨: 李英俊, 483.
73) 獨逸에서도 이와 같이 해석되고 있다. RGZ 105, 20 및 通說.
74) 이에 대하여는 반대로 轉借人 등이 賃借人과의 사이에 가지는 유효한 去來關係에 기하여 목적물을 점유하고 있다면 所有者인 賃貸人이 그 無斷轉貸를 이유로 임대차계약 자체를 해지하지 않은 한 轉借人 등에 대하여 그 반환을 청구하지 못한다고 하는 견해도 있다. 三ツ木正次, "不動産の無斷轉借人(賃借權讓受人)に對する所有者たる賃貸人の明渡請求", 民事法の諸問題 I (1965), 383 이하, 특히 386 이하 참조.
75) 獨逸에서의 論議에 대하여는 MünchKomm/Medicus, §986 Rdnr. 18(S. 896) 참조. Baur(註 8), §11 C I. 1(S. 92)는 獨民 §986 I이 이 경우에 "準用"된다고 한다.

추지 않아도 족하다고 할 것이므로 丙은 對抗要件을 갖추지 않더라도 그 채무자 甲에 대하여 이를 행사할 수 있다고 보아야 한다는 견해도 있다.[76] 그러나 매매계약에 기하여 매수인이 그 목적물을 사용수익할 수 있는 권능이 독립한 權利로서 去來의 독자적인 對象이 될 수는 없다고 할 것이고, 또 이 경우에만 讓渡의 對抗要件을 갖추지 않아도 된다고 볼 아무런 이유도 없다.[77] 위의 견해나 위 판결은 民 §213 但書의 문언에 이끌려 점유자는 소유자에 대한 관계에서 반드시 원래의 의미에서의 權利를 보유하고 있어야 소유자의 반환청구를 물리칠 수 있다는 생각에 固着되어 있는 것이 아닌가 추측된다. 그러나 위에서 본 대로 그 規定에서 정하고 있는「占有할 權利」라고 하는 것은 단지 점유를 소유자에 대한 관계에서 정당화하는 어떠한 法的 地位라고 파악하면 이러한 무리를 저지를 필요가 없다고 생각된다.

이와 마찬가지의 관점에서 접근할 수 있는 事案類型으로는 法定地上權(民 §366 등에 기하여 인정되는 또는 소위「관습상의」)이 붙은 建物의 소유권을 양수하였으나 그 地上權登記를 취득하지 아니한 사람에 대하여 토지소유자가 建物撤去 및 垈地引渡를 請求하는 경우가 있다.[78] 주지하는 대로 이에 대하여 判例는 원래의 地上權者, 즉 建物讓渡人에게 地上權登記를 하여 줄 의무가 있는 토지소유자가 건물양도계약에서 그 地上權을 이전받기로 한[79] 건물양수인(따라서 地上權者, 즉 건물양도인을 대위하여 토지소유자에게 지상권설정등기를 청구할 수 있다)에 대하여 그러한 청구를 하는 것은 信義則에 반한다고 하여 그 청구를 기각하고 있다. 그 결론에는 아무런 異見이 없으나, 이를 내용막연한 信義則에 의하여 정당화하는 것은 의문이고 또 그렇게 하지 않으면 안 될 이유도 없다. 오히려 위와 같은 경우에 地上權者로부터 그 지상권을 양도받기로 하는 계약을 체결한 자는 비록 그 지상권등기를 취득하지 않더라도 그 토지를「점유할 권리」가 있다고 하면 족할 것이다.[80] 왜냐하면 지상권자는 소유자에 대한 관계에서 그 토

---

76) 李在性, "土地賣渡人과 土地買受人이 건축한 建物을 讓受한 자와의 法律關係", 司行 1989. 3, 47 이하.

77) 위의 견해대로 하면 不作爲債權은 일반적으로 그 대항요건을 갖추지 않더라도 양도할 수 있다는 셈이 된다.

78) 이 事案類型에 대한 법적 처리에 대하여는 우선 徐敏, "法定地上權 讓受人의 地位", 民判硏 6(1984), 61 이하; 梁彰洙, "他人의 土地 위에 있는 建物", 考試界 1991. 2, 99 이하 참조.

79) 이러한 약정은 건물양수계약에 당연히 포함되는 것으로 계약해석되고 있다. 특히 大判 81. 9. 8, 80다2873(集 29-3, 29); 大判 88. 9. 27, 87다카279(集 36-2, 154)("… 특별한 사정이 없는 한 …") 참조.

80) 同旨: 尹眞秀, "法定地上權 성립 후 建物을 취득한 자의 地位(하)", 司行 1986. 7, 42.

지를 점유할 권한이 있을 뿐만 아니라 그 점유를 이전하는 것도 허용된다고 할 것이기 때문이다. 民 §282는 "地上權者는 他人에게 그 權利를 양도하거나 그 권리의 存續期間 내에서 그 토지를 賃貸할 수 있다"고 하여 이를 명문으로 정하고 있는 것이다.

㈑ 同時履行의 抗辯權도 여기서 말하는「占有할 權利」에 해당하는 것으로 드는 것이 보통이다.[81] 가령 부동산매매에 있어서 매도인이 매수인에게 소유권등기를 이전하여 所有權을 넘겨준 경우에 매수인이 ──매매계약에 기하여서가 아니라── 이제는 소유권에 기하여 目的物의 引渡를 청구한 경우에, 매도인은 그 동시이행의 항변권을 행사하여 매수인이 代金을 지급할 때까지는 그 인도를 거부할 수 있다는 취지이다. 이는 가령 물건의 소유자인 賃貸人이 그 임대차관계의 종료 후에 그 물건의 반환을 소유권에 기하여 청구하는 경우에도 마찬가지이다.

그리고 또한 위와 같은 賣買나 賃貸借의 경우에 所有者가 된 매수인이나 임대인이 행사하는 返還請求債權은 역시 그「雙務契約으로부터 발생한 債權」은 아닌 것이므로, 이에 대하여 계약상대방인 賣渡人이나 賃借人이 동시이행의 항변권으로써 대항할 수 있는 것은 아니라고 하는 것이 法律構成上 간명하기도 하다. 그러므로 통설이 同時履行의 抗辯權을 여기서 말하는「占有할 權利」에 속한다고 하고 이로써 앞서 본 바와 같은 買受人이나 賃貸人의 소유권에 기한 반환청구에 대항할 수 있도록 하는 것은 首肯할 수 있다고 하겠다.

그러나 同時履行의 抗辯權이 여기서 말하는「占有할 權利」에 속하는 것은 위와 같은 계약관계가 존재하는 相對方에 대한 관계에서만 그러하며, 누구에 대하여서나 이를 이유로 물건의 반환을 거부할 수 있는 것이 아님은 역시 주의할 필요가 있다. 가령 위에서 본 賣買의 경우에 소유자가 된 買受人이 그 목적물의 소유권을 다시 제3자에게 양도하였다면, 목적물을 점유하고 있는 원래의 賣渡人은 이 讓受人에 대하여는 매수인에 대한 동시이행의 항변권을 이유로 물건의 반환을 거부할 수는 없다고 하겠다.[82]

81) 郭潤直, 323; 金容漢, 310; 金曾漢(1981), 260; 李英俊, 482.

82) 이 경우 讓渡人이 가지는 매매대금채권은 "그 목적물에 관하여 생긴 채권"이라고 할 수 없기 때문에, 留置權이 발생하지도 않음에 대하여는, 梁彰洙, "留置權의 發生要件으로서의「債權과 占有와의 牽聯關係」", 劉基天博士古稀記念論文集(1988), 412 이하(同, 民法硏究 I (1991), 251 이하) 참조.

(2) 立 證

「占有할 權利」가 존재한다는 것은 점유자가 입증하여야 한다.[83] 독일에서는 이것이 소송에 있어서 抗辯事由(Einrede)냐, 아니면 對抗事由(Einwen-dung)냐에 관하여 논의가 있는데,[84] 兩者의 구분이 우리 소송법상 어느 정도 定着되었는지 자체가 애초 의문이다.

Ⅲ. 效 果

1. 所有物返還請求權

이상의 要件이 충족되면 소유자는 점유자에 대하여 그 물건의 「반환」, 즉 점유의 인도를 청구할 수 있다.

(1) 그 반환의 對象은 소유권의 객체인 구체적인 特定의 物件 그 자체이다. 따라서 返還訴訟을 제기함에 있어서는 반환의 대상인 물건이 구체적으로 특정되어야 하고 단지 種類로만 표시되어서는 안 된다. 물론 集合物도 반환의 대상이 될 수는 있으나 이는 어디까지나 個個의 物件에 대한 반환청구를 일괄하여 한다는 것뿐이므로, 그 지시가 명확하게 이루어지지 않으면 안 된다.[85]

그런데 특별히 金錢과 관련하여서는 소위 價値返還請求(Wertvindikation. 物件返還請求(Sachkondiktion)와 대립되는 의미에서)가 허용되어야 한다는 주장이 있다.[86] 즉 金錢은 가치임과 동시에 역시 물건이고 금전소유권이 그 가치의 독점적 割當機能을 가진다는 점을 부인할 수 없으므로, 그 所有者가 그 의사에 기하지 아니하고 그 점유를 상실한 경우 등에는 다른 물건과 마찬가지로 그 價値가 同一性을 가진 형태로 점유자의 재산 안에 남아 있는 한(가령 다른 금전과 바꾸거나 자기 명의의 예금계좌에 入金하는 등으로)[87] 제3자에게 대항할 수 있는 반환청구권을 가진다는 것이다. 그러므로 제3자가 가령 그 예금반환채권을

83) 大判 62.5.17, 62다76(集 10-2, 336) 등 참조.

84) 兩者의 차이는 對抗事由인 경우에는 판사가 원고의 주장 자체로부터 피고에게 "점유할 권리"가 있음을 인정할 수 있는 경우에는 職權으로 이를 고려하여 원고의 청구를 기각하여야 함에 대하여, 抗辯事由인 경우에는 반드시 피고의 주장을 기다려야 한다는 점에 있다고 한다. 이에 관한 論議에 대하여는 우선 MünchKomm/Medicus, § 986 Rdnr. 24f.(S. 897) 참조. 독일의 多數說은 對抗事由라고 한다.

85) MünchKomm/Medicus, § 985 Rdnr. 52(S. 890) 참조.

86) 독일의 Harry Westermann, Sachenrecht(1966), § 30 V 3(S. 137f.); 日本의 四宮和夫, "物權的價値返還請求權について", 私法學の新たな展開(我妻追悼論文集)(1975), 183 이하.

87) 그러나 점유자가 그 금전으로 채무를 변제하거나 다른 물건을 구입한 경우에는 물권적 청구권은 소멸한다고 한다.

押留하더라도 이에 대하여는 第3者異議의 訴(民訴 §509) 또는 破産의 경우에는 還取(破産 §79) 등이 가능하다는 것이다.

이러한 見解에는 귀기울일 만한 점이 없지 않으나, 역시 찬동할 수 없다.[88] 우선, 점유를 상실한 所有者의 그 금전에 대한 利益은 다른 일반적인 구제수단, 즉 불법행위로 인한 손해배상청구권이나 부당이득반환청구권 등과 같은 순수히 債權的인 請求權에 의하여 충분히 보호될 수 있다. 나아가 이러한 가치반환청구를 인정하게 되면 제3자, 특히 점유자의 다른 債權者들에 대한 관계에서 원래의 소유자에게 優越한 法的 地位를 인정하자는 것인데, 이는 이러한 선의의 債權者들을 부당하게 차별하는 것이며 強制執行法이나 破産法의 원칙을 별다른 이유 없이 무너뜨리는 것이 된다. 또한 가치반환청구가 허용되는 경우와 부인되는 경우와의 境界設定에 뚜렷한 합리성을 발견하기 어렵다고 할 것이다.

판례도 역시 否定的이 아닌가 추측된다. 大判 88.11.8, 85다카1548(公 838, 1519)은, "甲이 원고회사의 판매대금 등을 빼돌려 은행의 비밀예금구좌에 예금하였다가 그 중 일부를 현금화하여 그 예금통장과 현금 등을 소지하고 있었다면 그 예금이나 현금의 소유권은 甲에게 있는 것이라 할 것"이라고 판시하고 있다.

(2) 점유자는 물건을 返還할 의무를 부담한다. 여기서 「반환」이라 함은 단순히 소유자의 收去를 忍容하는 데 그치는 것이 아니라, 적극적으로 물건의 占有를 소유자에게 이전하는 것을 의미한다. 그러나 점유자는 그 물건을 原狀으로 回復하여 반환할 필요는 없고(使用貸借에 관한 民 §615 참조. 이는 民 §654에 의하여 賃貸借에도 준용된다), 現存의 狀態대로 반환하면 족하다. 그리고 그 반환의 비용은 점유자가 부담한다.[89] 이에 대하여는 앞의 前論 Ⅱ.2.(4)(가)도 참조.

(가) 이러한 「반환」은 목적물이 現存하는 곳에서 행하여져야 한다(民 §467 Ⅰ 참조).[90] 그러나 반환소송이 제기되거나 점유자가 惡意(이에 대하여는 앞의 民 §201 注解 Ⅱ.1.(2) 참조)가 된 후에 소유자의 이익에 반하여 所在地가 변경된 경우에는, 원래 그 당시에 존재하였던 곳에서 반환되어야 할 것이다(民 §700 但書 반대해석 유추).[91]

(나) 그런데 가령 賃借人이 소유자인 賃貸人의 同意를 얻음이 없이 임차

88) 독일에서도 압도적 通說은 이를 부인한다. 文獻은 MünchKomm/Medicus, §985 Rdnr. 17(S. 883f.)를 보라.
89) 獨逸에서도 이것이 通說이다. MünchKomm/Medicus, §985 Rdnr. 20(S. 884) 참조.
90) 李英俊, 486.
91) BGHZ 79, 211 참조.

목적물을 제3자에게 轉貸한 때와 같이, 直接占有者는 소유자에 대하여 점유할 권리가 없으나 그에게 그 점유를 이전한 間接占有者는 점유할 권리가 있는 경우에, 소유자는 직접점유자에 대하여 그 물건을 바로 자신에게 인도할 것을 청구할 수 있는가? 이에 대하여는 獨民 §986 I 2문에서 정하는 대로 소유자는 直接占有者에 대하여 물건을 간접점유자에게 반환할 것을 청구할 수 있을 뿐이며, 단지 간접점유자가 이를 인수하려 하지 아니하거나 인수할 수 없는 경우에만 바로 자신에게 인도할 것을 청구할 수 있다고 하는 견해가 있다.[92] 물론 소유자가 無斷轉貸를 이유로 임대차계약을 解止한 경우에는 직접 자신에게 반환할 것을 청구할 수 있으나, 그렇지 아니한 때에는 위와 같이 해석하여야 할 것이다.[93]

(3) 이러한 소유물반환관계에 附隨되는 利害調整, 가령 점유기간 동안의 果實의 歸屬, 滅失·毁損 등에 대한 責任 및 점유자가 지출한 費用의 償還 등에 대하여는 民 §§201-203가 적용된다는 점에 대하여는 前論 Ⅰ.3. 참조.

2. 다른 物件返還請求權과의 關係(競合問題)

물건의 반환을 청구하는 권리는 물권적 청구권 이외의 다른 원인에 의하여도 발생할 수 있다. 이들이 소유물반환청구권과 어떠한 관계에 있는가에 따라 때로 극히 의미 있는 歸結이 도출될 수도 있다.

(1) 不當利得返還請求權과의 關係

가령 계약의 이행을 위하여 그 일방당사자가 계약의 내용을 이루는 급부를 상대방에 대하여 이행하였는데 그 계약이 애초부터 무효이든가 나중에 취소되었든가 또는 해제조건이 성취되었다고 하자(계약이 解除된 경우에 대하여는 民法이 일련의 특별규정을 마련하고 있으므로, 이 경우는 일단 論外로 하기로 한다). 이 경우에 각 계약당사자는 원칙적으로 그 수령한 給付를 상대방에게 반환함으로써 "계약이 없었던 상태"로 돌아가야 할 의무를 부담한다. 그리고 이러한 契約의 原狀回復關係는 일단 不當利得法에 의하여 규율된다.

그런데 그 계약이 가령 動産賣買契約이었고 따라서 그 목적물의 소유자인 매도인이 그 계약의 이행으로서 매수인에게 그 목적물을 인도하였는데 그 계약이 위와 같은 사유로 효력이 없는 것이라고 하자. 이 경우 위에서 말한 바에

92) 李英俊, 483.

93) 日本의 判例는 無斷轉借人에 대하여 임대인이 직접 자신에게 반환할 것을 청구할 수 있다는 입장인 것으로 보인다. 日最判 昭 26(1951).4.27(民集 5, 325); 同 昭 26(1951).5.3(民集 5, 359) 등.

따른다면, 매수인은 그 물건의 점유를 "法律上 原因없이" 누리고 있으므로 이는 不當利得으로서 매도인에게 반환되지 않으면 안 된다. 그런데 나아가 우리 民法은 물권변동에 관하여 有因主義를 취하고 있으므로, 매수인은 그 목적물의 소유권을 취득하지 못하고 이는 여전히 매도인에게 남아 있게 된다. 이 때 매도인, 즉 소유자는 소유물반환청구권을 취득하는가, 취득한다면 이것과 앞서 본 부당이득반환청구권과는 어떠한 관계에 있는가?

(가) 이에 대하여 종래의 통설은 兩者의 경합을 인정하되, 다만 그 물건의 반환으로 인한 附隨的인 利害調整은 오로지 民 §§201-203에 의하여야 한다는 것이었다.[94] 대법원도 가령 不法原因給與와 物權的 請求權에 관한 大判(全) 79.11.13, 79다483(集 27-3, 140)에서[95] 이러한 競合을 전제로 하여 판단하고 있다.

그런데 近者에는, 위의 예에서 본 바와 같이 부당이득반환청구권이 계약의 이행 기타 급부의 반환을 내용으로 하는 경우, 즉 소위 給付利得返還請求權(Leistungskondiktion)인 경우에는 物權的 請求權은 아예 인정되지 않으며, 이는 전적으로 不當利得의 문제로만 다루어져야 한다는 견해가 주장되고 있다.[96] 그 이유는 계약관계의 소멸에 따른 原狀回復問題는 그 성질상 계약당사자 간의 특수적·구체적인 이익의 대항관계를 규율하는 契約的 法理(그리고 급부이득반환청구권은 이러한 法理가 투영된다고 한다)에 따라 다루어져야 하고 소유자와 비소유자 간의 대항관계를 규율하는 일반적인 所有權法에 의하여 다룰 것은 아니라는 것이다. 그리고 契約關係를 청산하는 국면을 선의점유자 보호에 치중한 民 §201 이하의 규정에 의하여 규율하는 것은 적합하지 않다는 것이다.

(나) 우선 계약의 이행으로 이전된 점유의 原狀回復에 따르는 부수적인 利害調整問題에 대하여 이를 오로지 民 §201 이하의 규정에 의하여 처리하여야 한다는 종래의 통설에는 필자도 의문을 가지며, 그 경우에는 不當利得의 法理에 의하여 다루어져야 한다는 데는 전적으로 찬성이다(이에 대하여는 앞의 民 §§201-302 前論 Ⅳ.3. 참조).[97]

그러나 이러한 부수적인 利害調整의 문제와 물건의 반환 그 자체를 내용으로 하는 물권적 청구권 자체의 認定 여부와는 명백하게 구별하여 생각하여야 한다.[98] 不當利得返還請求權은 어디까지나 채권적인 권리이고 따라서 원래

---

94) 李英俊, 486; 郭潤直, 債各(1990), 562.
95) 이 판결에 대하여는 徐晟, "物權的 請求權의 행사에 있어 민법 제746조(不法原因給與)의 適用 여부", 民判硏 Ⅲ(1981), 61 이하.
96) 李銀榮, 債各(1989), 505 이하; 金疇洙, 債各(下)(1989), 554 등.
97) 우선 註釋債各(Ⅲ), 234 이하(梁彰洙 집필) 참조.
98) 이미 梁彰洙(註 97), 235 참조.

의 受益者 이외의 제3자에게 주장될 수 없는 것이다(그 예외는 겨우 民 §747 Ⅱ에서 정하여지고 있을 뿐이다). 그러므로 受益者, 가령 위의 예에서 매수인이 그 목적물의 점유를 제3자에게 이전하여 버리면, 이미 현재의 점유자에 대하여 그 물건의 반환을 청구할 수 없게 된다. 그러나 所有權을 가진다고 하는 점에는 의문이 없는 위의 예에서의 賣渡人이 그 제3자에 대하여 그 물건의 반환을 청구하지 못한다고 할 이유는 도대체 무엇인가? 만일 그 반환청구를 못한다면 그에게 所有權이 있다고 하는 것은 거의 의미가 없다고 하지 않으면 안 될 것이다. 이것이야말로 財貨의 歸屬·割當이라는 중차대한 기능을 담당하는 所有權法을 空洞化하는 결과를 가져온다고 하지 않을 수 없다. 위의 새로운 견해는 이 점을 看過하고 있다고 생각된다.[99] 다시 말하면 물권적 청구권은 그야말로 누구에게나 주장할 수 있는 對世的 權利인데, 이를 급부이득의 당사자 사이와 그 밖의 제3자와를 나누어 관념하는 것이 과연 타당한지 주저를 느끼게 된다. 오히려 그에 附隨하는 利害調整의 局面에 한정하여서 民 §201 이하 규정의 적용을 배제함으로써 족하지 않을까 생각되는 것이다.

위의 새로운 견해는 독일의 判例·通說도 그와 같이 해석하고 있다고 한다.[100] 그러나 독일의 通說은 선의의 점유자가 그 점유를 계약에 기하여 그러나 법률상 원인 없이 이전받고 果實을 취득한 경우에 그 과실의 반환에 관하여 우리 民法 §201 Ⅰ에 해당하는 獨民 §993 Ⅰ의 적용을 부인하고, 부당이득의 반환에 관한 獨民 §§812, 818 Ⅰ을 적용할 뿐인 것이다.[101] 그리고 물건 그 자체의 반환에 대하여는 물권적 청구권을 인정하는 것을 부인하는 견해는 전혀 찾아 볼 수 없다.[102]

99) 오히려 이 見解는 급부이득으로서의 점유의 반환에 따르는 附隨的 利害調整의 문제에 대하여 民 §201 이하의 규정의 적용을 부인하기 위한 논리적 전제로서 아예 물권적 청구권의 인정을 거부하였다고 이해되기도 한다. 그러나 그러한 논리적 전제는 불필요한 것이다.

100) 李銀榮(註 96), 506(註 1).

101) 이에 대한 논의는 MünchKomm/Medicus, §988 Rdnr. 6ff.(S. 910ff.) 참조. 문헌에 대하여는 Baur(註 8), §11 B Ⅱ. 3. Anm. 2(S. 91)도 참조. 다만 判例(RG 163, 348 및 BGHZ 32, 76)는 이 경우의 점유자의 果實返還에 관하여, 무상으로 그러나 법률상 원인 없이 收益한 자의 과실반환에 관한 獨民 §988를 類推適用한다.

102) 다만 獨逸에서는 물권변동에 관하여 無因主義를 취하고 있으므로, 매매계약 등의 무효를 이유로 所有權의 移轉이 부인되는 경우가 드물 뿐이다. 그러나 가령 매도인이 처음부터 意思能力이 없었던 때와 같이 所有權의 移轉이 부인되는 경우가 전혀 없지는 않다. 그리고 前註에서 말한 「判例」, 즉 RGZ 163, 348은 바로 그와 같은 事案에 대한 것이었다.

(2) 契約上의 返還請求權과의 關係

계약에 기한 물권의 반환청구권, 특히 임대차와 같은 계속적인 물건사용관계의 종료(존속기간의 만료나 해지 등으로 인하여)로 인하여 발생하는 물건의 반환청구권[103]과 가령 임대인의 소유권에 기한 物權的 請求權도 경합된다는 것이 통설이다.[104] 그렇다면, 그 물건의 반환에 부수적인 利害調整에 있어서도 그 물건 자체의 반환이 어떠한 권리에 의하여 이루어졌느냐에 의하여 각기 다른 규정이 적용된다는 셈이 된다. 가령 費用償還에 관하여 前者에 의한다면 民 §626에 의하여 必要費를 모두 상환받을 수 있는 반면에, 後者에 의한다면 民 §203 I 에 의하여 通常의 必要費는 이를 상환받지 못하게 된다.

그런데 점유자가 그러한 계약(여기서는 賃貸借契約을 예로 들기로 한다)에 기하여 물건을 점유하고 있었는데 소유자가 그 소유권에 기하여 그 물건의 반환을 청구하는 소송을 제기한 경우에 그 소송은 대개 다음과 같은 방식으로 진행된다. 우선 원고는 자신의 所有權과 피고의 占有를 주장, 입증한다. 그러면 피고는 "占有할 權利"로서 賃借權을 주장하고 그러한 권리의 발생원인으로 임대차계약의 체결을 입증한다. 그러면 원고는 다시 그 계약의 無效나 특히 일단 성립된 계약관계를 종료시키는 사유, 즉 계약의 解止나 存續期間의 滿了 등을 주장, 입증하는 것이다.[105] 이 때 실제로 당사자 사이의 爭點은 오로지 賃貸借關係의 유효한 존속 여부인 경우가 드물지 않다. 이와 같은 경우에 만일 그 賃貸借關係의 終了가 확정되어 피고가 물건을 반환하여야 한다면, 이는 계약상의 반환청구권과 물권적 청구권 중의 어느것에 의하여 이루어졌다고 할 것인가 하는 문제가 제기된다.

여기서도 다음과 같이 생각하여야 할 것이다. 물건 자체의 반환에 대하여는 物權的 請求權과 契約上의 返還請求權의 경합을 인정하여도 좋다. 그러나 계약관계가 존재하였던 당사자 사이에 그 종료로 인하여 물건의 반환관계가 성립하는 한에는 그 반환을 구하는 권리 여하를 불문하고 그에 따르는 부수적인 이해조정에 대하여는 契約法이 우선적으로 적용되어야 할 것이다. 왜냐하면 契約法은 계약당사자 사이의 이해관계를 보다 세밀하고 구체적인 사정에 맞게

103) 이러한 경우의 返還請求權의 법적 성질이 契約上의 權利임은 물론이다. 이 점은 종종 간과되는 경우가 있다.

104) 가령 李英俊, 486.

105) 이어서 피고가 再再抗辯으로 가령 존속기간의 만료에도 불구하고 원고와 피고 사이에 계약이 更新되었다거나 更新擬制되었다는 것을 주장, 입증하는 식으로 진행된다.

법적으로 음미한 결과를 나타낸 것이어서, 그에 대하여는 배타적으로 규율한다고 보아야 할 것이기 때문이다. 이는 종종 契約法의 優位(Vorrang des Vertragsrechts)라고 불리우는 것의 반영이기도 하다.

[梁 彰 洙]

第 214 條 (所有物妨害除去, 妨害豫防請求權)

所有者는 所有權을 妨害하는 者에 대하여 妨害의 除去를 請求할 수 있고 所有權을 妨害할 念慮있는 行爲를 하는 者에 대하여 그 豫防이나 損害賠償의 擔保를 請求할 수 있다.

차 례

Ⅰ. 序 說

1. 本條의 規定內容

民 §214는 소유자가 가지는 所有物妨害排除請求權(Beseitigungsanspruch aus dem Eigentum)[1]과 所有物妨害豫防請求權(Unterlassungsanspruch aus dem Eigentum)을 정하고 있다. 前者는 占有 이외의 방법으로 소유권에 대한 妨害가 현재 계속적으로 행하여지고 있는 경우에[2] 그 방해의 제거를 청구하는 것을 내용으

1) 통상은 이렇게 불리우고 있으나, 民法의 法文에 따라서 「소유물방해제거청구권」이라고 부르는 것이 보다 적절할지도 모른다.

2) 獨民 §1004 I 은 "占有의 侵奪이나 抑留(Entziehung oder Vorenthaltung des Besitzes) 이외의 방법으로…"으로 라고 하여 이 점을 명확하게 정하고 있다.

로 하는 권리이고, 後者는 그러한 구분 없이 포괄적으로 소유권이 장래에 방해를 받을 염려가 있는 경우에 그 豫防 등을 청구하는 것을 내용으로 하는 권리이다. 민법은 이를 地上權, 地役權, 傳貰權, 抵當權에 준용하고 있다(§§ 290 I, 301, 319, 370). 소유권 이외의 制限物權으로부터 발생하는 物權的 請求權에 대하여는 위 各條의 注解를 참조하라.

이 규정의 핵심적인 요건은 법문에서 보는 대로 "所有權의 妨害"라는 것이다. 그러나 「妨害」라는 요건은 그 내용이 극히 막연한 것이어서, 이로부터 本條를 해석·적용함에 있어서 여러 가지의 문제가 제기되고 있다. 그리고 실제로 이 규정이 적용되는 것은 주로 不動産(그 중에서도 특히 土地가 빈번하게 문제된다)의 所有權에 대한 「방해」가 되는 경우이고, 動産所有權에 대한 「방해」 또는 「방해우려」는 극히 드물게밖에 문제되지 않는다.[3)]

2. 歷史的 發展[4)]

(1) 民 §214에서 정하고 있는 방해배제 등 청구권의 발전을 역사적으로 서술함에 있어서는 아무래도 로마法상의 일련의 否認訴權(actio negatoria 또는 actio negativa)을 앞세우지 않으면 안 될 것이다. 일찍부터 인정된 所有物返還訴權(rei vindicatio) 외에 所有權을 보호하는 것을 기능으로 하는 각종의 訴權은 카주이스틱하게 인정되었는데, 그 중에는 시민법상의 소유권자가 方式書訴訟을 통하여, 그 소유물에 대하여 用益權(ususfructus), 役權(servitus) 기타 이와 유사하게 물건에 영향을 미치는 權利(가령 行權 通등)를 僭稱하는 자를 상대로, 자신의 소유권은 그러한 권리의 부담을 지지 않음을 확인하고 나아가 그러한 방해가 爭點決定時에 제거되었다면 존재하였을 상태를 회복하는 것을 내용으로 하는 訴權들이 포함되었다. 이들 소권에는 「否認訴權」이라는 공통의 명칭이 주어

3) 事情은 獨逸에서도 동일한 듯하다. Erman/Hefermehl(8. Aufl., 1989), § 1004 Rz. 9(S. 268) 참조. 한편 G. Hohloch, Die negatorischen Ansprüche und ihre Beziehung zum Schadensersatzrecht(1976), S. 35에 의하면, 애초 獨逸民法의 제정과정에서 요호브(Johow)가 작성한 物權編에 대한 豫備草案(Vorentwurf)에서는, 動産에 대하여는 방해배제 등의 청구권을 부여하지 않는 태도를 취하였었다고 한다. 그 이유는, 단지 占有와 결합한 動産制限物權만을 인정하는 同草案의 기본입장에 비추어 보면, 占有保護請求權 외에 방해배제청구권을 인정할 필요는 없다는 것이다. 이 점은 動産質權에 民 §§ 213, 214의 準用을 부정하는 우리 民法의 태도와 관련하여 매우 흥미롭다. 동산질권에 기한 물권적 청구권을 인정할 것인가 하는 문제에 대하여는 우선 梁彰洙, "動産質權에 관한 약간의 問題", 저스티스 20(1987), 64 이하(同, 民法硏究 I (1991), 255 이하 所載) 참조.

4) 이에 대하여는 무엇보다도 Hohloch(註 3), S. 21ff. 참조.

졌다.[5] 그러므로 이 訴權은 소유물에 대한 순전히 事實的인 妨害, 즉 물건에 대한 어떠한 권리의 행사라고 생각되지 않는 단순한 侵害에 대하여는 주어지지 않았다.

그러한 사실적인 방해에 대하여는 事案類型에 따라 별도의 救濟手段이 개별적으로 인정되었다. 가령 暴力 또는 隱秘를 원인으로 하는 特示命令(interdictum quod vi aut clam),[6] 新工事停止通告(operis novi nuntiatio),[7] 排水施設撤去訴權(actio aquae pluviae arcendae),[8] 未發生損害의 擔保問答契約(cautio damni infecti),[9] 不妨害의 擔保問答契約(cautio de non amplius turbando) 등이 그것이다.[10] 이들은 특히 相隣關係로부터 발생하는 분쟁에 대하여 주어지는 것이 많다는 점이 눈에 띈다. 그리고 그러한 법적인 구제수단이 인정되지 않은 경우에는, 소유자는 경우에 따라서 占有의 侵害에 대한 구제수단을 원용하거나, 이것도 아니면 自力救濟(私力 vis privata)에 의존할 수밖에 없었다.[11]

(2) 유스티니아누스帝法에서는 狀況이 상당히 달라졌다. 이제 단일한 訴權形態로서의 「否認訴權」이 인정되었고, 學說類集의 표제에 등장하였다(D.7.6 및 D.8.5). 그리고 그 適用範圍가 확장되었다. 상대방이 권리를 참칭하는 경우뿐만 아니라 사실적인 침해에 대하여도 侵害者의 行態가 役權의 행사라고 해석될 수 있는 한에는[12] 이 소권이 인정되었다. 이러한 擴張의 실질적인 이유는 自力救濟를 가능한 한 제한하자는 점에 있었다.

---

5) O. Lenel, Edictum Perpetuum(1927), S. 190 N. 8은 古典期에 이미 「否認訴權(actio negatoria)」이라는 용어가 쓰였는지 여부는 명확하지 않다고 한다. 그러나 M. Kaser, Das Römische Privatrecht Ⅰ, 2. Aufl.(1971), § 103 Ⅱ(S. 437)은 "아마도 아직 기술적인 의미는 아니었"어도 이미 古典期에 쓰여진 것으로 여겨진다고 한다.

6) 이는 토지에 대하여 폭력으로 또는 은밀하게 행하여지는 作業을 하지 아니하는 데 대하여 利害關係를 가지는 자 전부를 위하여 내려졌는데, 그 내용은 그 토지를 작업 전의 상태로 原狀回復하는 것이었다.

7) 隣接土地에서 새로운 工事, 예를 들면 建物의 築造나 倒壞 등이 개시됨으로써 자신의 소유권이 침해된 사람은 그 공사를 정지할 것을 告知할 수 있다. 이 告知에도 불구하고 공사를 중지하지 않으면, 告知者는 공사를 고지 당시의 상태로 회복할 것을 명하는 除去特示命令(interdictum demolitorium)의 발포를 법무관에게 신청할 수 있다.

8) 인접토지에 시설을 가하거나 변경함으로써 자기 토지로 빗물이 흘러 들어오게 되어서 피해를 입은 소유자는 이 소권에 기하여 그 시설의 철거 또는 원상회복을 청구할 수 있었다.

9) 이웃에 있는 건축물의 붕괴에 의하여 손해를 받을 우려가 있는 토지소유자는 法務官에게 신청하여 장래 손해가 발생하는 경우에 대비하여 이러한 擔保를 제공하도록 명하게 할 수 있었다.

10) 이들에 대하여 우선 Kaser(註 5), § 98 Ⅲ(S. 406ff.) 참조.

11) E. Picker, Der negatorische Beseitigungsanspruch(1972), S. 62f. 참조.

12) 유스티니아누스帝法에서 役權(servitus)의 개념은 用益權(usufructus)과 이에 동등한 권리들을 포함하는 것이었다.

이와 같이 否認訴權이 역권적 침해에 대한 일반적인 구제수단으로 확장 내지 변질되어 가면서, 그 반면으로 그 침해를 정당화하는 권리인 役權 그것의 保護도 강조되었다. 그러한 보호는 대개 역권의 행사를 보장하는 것을 내용으로 하는 認諾訴權(actio confessoria)에 의하여 행하여졌다. 그러므로 부인소권은 소유자쪽의, 인낙소권은 상대방쪽의 구제수단으로서, 서로 對稱的으로 이해되었다.

(3) 이러한 否認訴權에 대한 파악은 중세를 통하여, 그리고 19세기 초에도 여전히 유지되었다고 한다. 그것은 체계적으로 所有物返還訴權(rei vindicatio)와의 관련에서 서술되지 아니하고, 役權에 관한 설명에서, 대개는 認諾訴權과 對를 이루어 설명되었다. 그 적용범위도 큰 변화는 없었다. 古典期의 로마법에서와는 달리 소유권에의 침해가 役權을 僭稱한다는 형태로 행하여질 필요는 없었고 그 침해가 役權의 行使로 생각될 수 있는 것이면 족하였다. 그러므로 애써 노력하더라도 역권의 행사로 해석될 수 없는 것인 경우에는, 즉 단순히 사실적인 소유권 침해의 경우에는 부인소권은 인정되지 아니하였다.

18세기 말까지, 그리고 19세기에 들어와서도 普通法學에서 대체로 소유권의 침해에 대한 구제수단으로서 所有物返還訴權과 否認訴權을 종합적으로 체계화하는 경향은 없었고, 否認訴權(또는 대칭으로서의 認諾訴權)은 役權과의 관련에서 서술되었다고 한다.[13] 그런데 19세기 초에 들어와서 否認訴權을 소유물반환소권과의 관련에서 파악하는 서술이 빈번히 등장하게 되고(하이제, 푸흐타, 방게로브 등), 결국 19세기 중반에는 소유물반환소권은 전면적인 점유침해에 대한 制裁이고, 否認訴權은 "물건의 점유를 침해하는 것이 아닌 형태로 행하여지는 소유권의 침해"에 대한 제재라는 체계적인 이해가 보편화하게 되었다.[14] 그리하여 獨逸民

13) 가령 오스트리아民法은 우리 民法과 같은 물권적 청구권에 관한 규정을 두고 있지 아니한데, 否認訴權에 대하여는 그 § 523에서 認諾訴權과 함께 다음과 같이 규정하고 있다. "役權에 관하여는 두 개의 訴權이 인정된다. 소유자에 대하여 역권을 주장할 수 있고, 또 소유자는 역권의 僭稱(Anmaßung einer Servitut)에 대하여 異議할 수 있다." 濠洲의 實務와 學說은 이 규정으로부터, 우리나 독일에 있어서와 같은 所有權에 기한 物權的 請求權(Eigentumsfreiheitsklage)을 발전시켰다. 이에 대하여는 우선 Hohloch(註 3), S. 64ff. 참조.

14) 대표적인 것으로서 Windscheid, Lehrbuch des Pandektenrechts I, 9. Aufl.(1906), § 198(그 表題는 「침해로 인한 소유권에 기한 청구권」(Eigentumsanspruch wegen Eingriffs)이다): "여기서 소유권의 침해란 물건의 점유 이외에 의하지 아니한 소유권의 侵害(Verletzung)를 말한다. … 이러한 방식의 侵害를 이유로 성립하는 請求權은 다음과 같은 내용을 가진다: 그 침해에 의하여 소유권을 방해하는 상태가 야기된 경우에는 그 상태의 제거…"(S. 1009f.)

法(§§ 1004, 1005)과[15] 스위스民法(§ 641 II)[16] 등은 이러한 理解를 法典에 受容하여, 이를 명문으로 규정하기에 이르렀다.

한편 이와 같이 소유물방해배제청구권의 요건이 단지 소극적으로만 규정됨으로써, 役權의 부당한 主張과 같은 權利僭稱(Rechtsusurpation)의 경우 외에는 극히 명확하고 한정된 類型의 소유권에 대한 사실적인 방해만이 구제를 받던 로마法의 경우와는 달리, 이 권리의 내용은 극히 불명확하게 되었다. 그리하여 가령 어떠한 경우에 「妨害」(Beeinträchtigung)를 인정할 것인가, 누구를 「妨害者」(Störer)라고 할 것인가, 불법행위로 인한 손해배상청구권과의[17] 관계는 어떠한가[18] 등의 어려운 문제가[19] 제기되기에 이르렀다.[20]

(4) 依用民法에는 소유물반환청구권과 마찬가지로 소유물방해배제 등의 청구권에 관한 명문의 규정은 존재하지 않았다. 그러나 앞의 民 §§213, 214 前論 I.2.(2)에서 본 대로, 우리 民法은 특히 終局的으로는 獨逸民法의 영향 아래서 이에 대한 규정을 두기에 이르렀다.

3. 類似規定과의 關係

(1) 民法에는 §214의 방해배제청구와 같은 또는 유사한 내용을 정하는 규정이 그 외에도 존재한다. 특히 相隣關係에 있어서는 煤煙 등에 의한 방해금

15) 여기서 앞으로의 敍述에도 빈번하게 참고하는 獨民 §1004 I을 原文과 함께 인용하여 두기로 한다. "所有權이 점유의 侵奪 또는 抑留 이외의 방법으로 방해받는 경우에 소유자는 그 妨害者에 대하여 그 방해의 제거를 요구할 수 있다. 계속적인 방해가 우려되는 경우에 소유자는 그 不作爲를 訴求할 수 있다(Wird das Eigentum in anderer Weise als durch Entziehung oder Vorenthaltung des Besitzes beeinträchtigt, so kann der Eigentümer von dem Störer die Beseitigung der Beeinträchtigung verlangen. Sind weitere Beeinträchtigungen zu besorgen, so kann der Eigentümer auf Unterlassung klagen)."

16) 瑞民 §641 II: "소유자는 소유물을 抑留하고 있는 자에 대하여 그 반환을 청구하고 모든 불법한 침해(jede ungerechtfertigte Einwirkung)를 배제할 수 있는 권리를 가진다."

17) 특히 獨民 §249는, 損害賠償請求權은 그것이 계약불이행을 이유로 발생한 것이든 불법행위로 인한 것이든, 原狀回復(Naturalherstellung)을 그 원칙적인 내용으로 한다고 정하고 있다. 따라서 妨害排除請求權에 의한 「방해의 제거」와는 많은 경우에 같은 내용을 가지게 될 수 있다.

18) 또한 民 §§213, 214 前論 III.4.에서 본 소위 「不法行爲에 기한 不作爲請求權」도 그 체계적인 지위가 모호하고, 나아가 물권적 청구권의 한계를 불분명하게 하는 한 要因이 된다.

19) 이들 문제에 대하여는 우선 개관적으로 Hohloch(註 3), S. 11ff.; F. Baur, Besprechung: Eduard Picker, Der negatorische Beseitigungsanspruch, in: AcP 175, S. 177ff. 참조.

20) 그리하여 가령 Picker(註 11)는, 로마法의 淵源에 충실하게, 방해배제청구권을 원칙적으로 소유권의 권리로서의 完全性(rechtliche Integrität)이 침해되는 權利僭稱의 경우에만 인정하자고 주장한다. 이 견해는 다른 學者들의 지지를 얻고 있지 못하다. 가령 MünchKomm/Medicus, §1004 Rdnr. 23ff.(S. 968) 참조.

지(民 §217), 貯水 등 시설의 공사청구(民 §223), 樹枝 등의 제거청구(民 §240), 土地의 深掘禁止(民 §241), 境界建築(民 §242 II), 遮面施設義務(民 §243), 地下施設 등에 대한 制限(民 §244) 등 많은 규정이 명확하게 방해배제청구로서의 實質을 가지고 있으며, 기타 隣地使用請求(民 §216)나 周圍土地通行權(民 §219) 등도 隣地所有者에게 이러한 사용을 忍容할 의무를 부과하고 그 배제를 청구할 수 없다는 관점에서 보면 역시「소극적인」방해배제청구에 관한 규정이라고 할 수 있다. 이들은 民 §214에서 정하는 방해배제청구권을 일정하게 한정된 경우에 보다 具體化하고 나아가서는 補充하는 성질을 가진다. 그러므로 이들을 모아서「準妨害排除請求權」(quasi-negatorische Ansprüche)이라고 부를 수 있을 것이다.[21)]

이들 규정은 本條와 어떠한 관계에 있다고 할 것인가. 이들 규정이 일반규정인 本條에 대하여 特別規定(Sondervorschriften)의 지위에 있음은 부인할 수 없을 것이다. 그러나 그렇다고 해서 이들 규정이 그 적용범위 내에서는 本條의 적용이 배제된다고 일률적으로 말할 수는 없다고 생각된다.[22)] 특히 이들 규정이 준수되기만 하면 이제 더 이상 本條를 적용할 여지는 없게 되었다고 해석할 수는 없다.[23)] 가령 建物을 建築함에 있어서 경계선으로부터 半미터 이상의 거리를 두었다고 하더라도(民 §242 I 참조), 그 建築이 이웃토지의 소유권을 방해한다면 本條에 기하여 그 방해의 배제를 청구할 수 있다고 할 것이다.

(2) 한편 특히 일정한 토지 안에서 일정한 행위를 제한하는 公法上의 規定이 다수 존재한다. 建築法을 필두로 하는 建築關係法規나 騷音·振動規制法과 같은 環境規制法規 등에는 이와 관련된 수많은 규정이 마련되어 있다. 그 중에는 民法規定의 적용을 배제하는 明文을 둔 경우도 있다(가령 建築 §6 I, II에 의한 民 §§242, 244의 적용배제 등). 그러면 이러한 명문의 배제규정이 없는 경우에는, 그 규정을 위반하는 건축행위 또는 오염행위 등에 대하여 利害關係人이 그 행위의 中止 등을 청구할 私法上의 권리를 가진다고 할 것인가. 바꾸어 말하면, 위와 같은 규정들은 그 규

21) 이 用語에 대하여는 MünchKomm/Medicus(2. Aufl., 1986), § 1004 Rdnr. 10(S. 965) 참조.

22) 獨逸에서는, 위험한 施設 등의 設置禁止, 深堀禁止, 樹枝·木根 등의 제거권 등을 정하는 獨民 §§ 907-910은 일반적인 소유물방해배제청구권 등에 관한 同法 § 1004의 특별규정이기는 하나 同條의 적용을 배제하지는 않는다고 해석되고 있다. 가령 MünchKomm/Medicus, § 1004 Rdnr. 77(S. 982) 참조.

23) 李英俊, 488은 民 § 217와 관련하여, "同條에 의하여 규율할 수 있는 경우에는 별도로 所有物妨害除去請求權이 성립하지 않는다"고 하면서도, "그러나 제217조의 요건이 존재하지 않는 경우에도 소유물방해제거청구권의 요건이 충족되면 소유물방해제거청구권이 성립한다"고 한다. 여기서「同條에 의하여 규율할 수 있는 경우」란 民 § 217에 의한 청구권이 肯定되는 경우만을 가리킨다고 이해하여야만, 矛盾이 없는 서술이 될 것이다.

정에 위반하는 행위의 금지를 청구할 수 있는 私法上의 권리를 私人들에게 부여하는 규정인가. 만일 이것이 긍정된다면, 이들 권리와 本條의 청구권과는 어떠한 관계가 있는가.

생각건대, 이들 공법상의 규정들은 원칙적으로 위와 같은 私法上의 權利를 부여하는 것을 내용으로 하지 않는다고 할 것이다. 위와 같은 규정들은 국가의 행정작용을 뒷받침하기 위하여 建築이나 環境 등을 관할하는 官廳이 국민들에 대한 금지나 허가 등의 處分을 발할 權限과 그 내용을 명시하는 것을 목적으로 하는 것으로서 公機關을 1차적인 受範者로 하는 것이다(그러한 의미에서 일종의 授權規定이다). 그러므로 함부로 이들 규정으로부터 私法關係에 대한 규율을 도출할 것이 아니다. 결국 私法關係는 원칙적으로 民法 기타의 법률에 의하여 처리되어야 할 것이다.

判例는 반드시 명확한 것인지에는 의문이 없지 않으나, 이러한 태도를 취하는 것으로 생각된다. 舊鑛業(1951년 12월 23일 법률 제234호) §43 I 은, 鑛業權者에 대하여 일정한 施設物의 地表地下 50미터 또는 30미터 이내에서는 "所轄官廳의 許可, 所有者 또는 利害關係人의 承諾 없이는" 採掘을 하지 못한다고 규정하고 있었고, 현행 鑛業 §48 I 도 동일한 내용을 규정하고 있다. 이 규정은 承諾權者인 所轄官廳, 所有者와 利害關係人에게 私法上의 採掘禁止請求權을 부여한 것인가? 大判 76.11.23, 75다365(集 24-3, 323)은, 이는 "광업권의 내용에 대한 公法上의 制限으로서 講學上 公法上의 相隣關係를 규정한 것인바, 공법상의 상린관계는 행정작용에 의하여 규제·이행됨에 불과"하다고 하여, 이 규정으로부터 私法上의 禁止請求權은 발생하지 않는다고 한다.[24)]

이와 같은 이들 規定으로부터 私法上의 權利를 바로 도출하는 것은 부정적으로 판단하여야 할 것이나, 그렇다고 하여서 이들 규정이 私法關係의 判斷에 전혀 영향을 미칠 수 없다고 할 것은 아니다. 이는 가령 公害 등으로 인한 不法行爲에 관하여 공법상의 規制基準이 준수되었다고 하여서 바로 責任이 부정되는 것은 아니지만, 그 기준이 준수되지 아니하였다고 하면 일단 적어도 過失이 추단되는 것과 궤를 같이하는 것이다.

최근의 大判 92.4.24, 91다32251(公 922, 1676)도 民 §219에서 정하는 周圍土地通行權에 관하여 판결하면서, 건축물의 대지는 2미터 이상 道路에 접하여야 한다고

24) 그 후 大判 81.9.8, 80다2904(集 29-3, 36); 大判 88.2.23, 86다카2919(公 822, 572)도 同旨. 後者의 판결은, "그 違反에 대하여는 本法 제115조에 의하여 처벌되는 것일 뿐"이라고 한다.

정의하는 建築 §§33 Ⅰ, 8에 대하여 "이러한 규정은 …행정법규에 불과한 것이고, 위 규정 자체만으로 당연히 포위된 토지소유자에게 그 反射的 利益으로서 건축법에 정하는 도로의 폭과 면적 등과 일치하는 주위토지통행권이 바로 생긴다고 단정할 수 없다"고 하면서도,[25] "위요된 토지가 특히 도시계획구역 내의 일반주거지역에 위치하고 현재 나대지인 상태로 되어 있어 이를 일정한 건축물의 건축부지로 이용하고자 하는 경우에 있어서는, …공익상의 견지에서 토지의 이용관계를 합리적으로 조정하기 위하여는 마땅히 위와 같은 법령상의 규제내용도 그 참작요소로 삼아… 주위토지통행권의 적정한 범위를 결정하여야 옳다"고 판단하고 있다.

Ⅱ. 所有物妨害排除請求權·所有物妨害豫防請求權의 發生要件

1. 所有者

本條에서 정하고 있는 청구권을 가지는 사람은 所有者이다. 前條 §213의 소유물반환청구권에 있어서와 마찬가지로, 여기서도 그가 소유물에 대하여 直接占有를 가지는가 또는 과거에 가지고 있었던가의 여부는 문제가 되지 않는다. 그가 점유를 가지고 있지 않다는 사정은 民 §200에 비추어 자신이 所有者임을 입증하는 것과 관련하여 의미를 가질 뿐이다.

그 외에 本條의 청구권의 발생요건으로서 「소유자」에 대하여는 일반적으로 앞의 民 §213 注解 Ⅱ.1. 참조.

2. 「妨害」 또는 「妨害의 念慮」

(1) 소유자는 그 소유권을 「妨害」당하여야 한다. 本條에서 말하는 「妨害」에 대하여는 어려운 문제가 많이 제기된다.

㈎ 소유권에 대한 「妨害」란 쉽사리 정의할 수 있는 개념이 아니다. 그러나 여기서 「妨害」란, 소유권에 의하여 법적으로 보장되는 물건에 대한 전면

25) 그러한 취지의 先行判決로 大判 91. 5. 28, 91다9961(公 900, 1766); 大判 91. 6. 11, 90다12007(公 901, 1898) 등을 인용하고 있다. 이들 판결은 오히려, 주위토지통행권의 내용은 "위요지소유자에게 장래 그 토지에 건축을 할 것에 대비하여 건축허가에 필요한 폭의 통행로를 미리 보장하고 주위토지소유자로 하여금 이를 受忍하도록 하는 것까지"에 미치지 않는다고 판시하고 있다.

적인 支配(民 §211가 들고 있는 "使用, 收益, 處分"이 그 대표적인 것이다)의 權能 내지 可能性이 타인의 개입에 의하여 실제에 있어서는 실현되지 못하고 있는 狀態라고 일단 말할 수 있겠다(그 구체적인 유형에 대하여는 아래 4. 참조).

이는 가령 토지상의 건물의 존재와 같이 소유자의 원만한 사용수익을 제한하는 事實的인 방해일 수도 있고, 가령 원인 없는 소유권등기와 같이 물건(不動産)의 處分 기타 權利行使를 어렵게 하는 法的인 방해일 수도 있다. 다른 한편 여기서 말하는 「방해」는 他人이 소유자의 의사에 반하여 積極的으로 소유권에 간섭(einwirken)하는 것일 수도 있고, 消極的으로 소유자의 利益享有를 저지(verwehren)하는 것일 수도 있다.

한편, 물건의 毁損이나 破壞와 같은 물건의 물질적 완전성 자체에 대한 침해도 여기서 말하는 「방해」에 포함된다.[26] 그러나 이와 관련하여서는 주의를 요하는 점이 있다. 물건에 대한 훼손 등의 우려가 있을 때에 소유자가 이에 대하여 妨害豫防請求權에 기하여 방어할 수 있음에는 의문이 없을 것이다. 그러나 일단 훼손된 경우(파괴되어 버린 경우에는 이미 所有權이 상실되므로 방해배제 등의 청구권이 발생할 여지가 없다)에는 이미 그 방해의 배제로서 그 물건의 補修나 原狀回復을 청구할 여지는 없다고 함이 타당하다.[27] 왜냐하면 그러한 내용의 권리가 인정된다면 이는 所有權에 대한 防禦를 내용으로 하는 것이 아니라 이미 일어난 物損을 원래의 상태를 회복함으로써 塡補하려는 것이고, 따라서 이에 대하여는 不法行爲法의 원칙(民 §750)에 따라 가해자에게 歸責事由가 있을 것이 요구되기 때문이다. 만일 그렇지 않다고 한다면, 權利侵害에 대한 우리 民法上의 救濟手段體系에 있어서 中樞的인 역할을 하는 방해배제 등의 청구권과 불법행위로 인한 손해배상청구권 간의 境界가 모호하게 되는 치명적인 혼란을 가져 올 것이다.

(나) 방해배제청구권은 현재 계속되고 있는 소유권에 대한 방해를 제거함으로써 소유권의 내용을 '실현'하려는 것을 목적으로 하는 것으로서, 이미 발생한 損害의 賠償을 목적으로 하는 손해배상청구권과 명확하게 구별될 필요가 있다. 兩者는 특히 그 요건상 피고의 歸責事由를 요하는가 하는 점에서 현저히 다르다(이에 대하여는 뒤의 3. (1)도 참조). 그러므로 만일 損害賠償의 實質을 방해배제의 이름 아래 달성할 수 있게 되면, 우리 民法의 기본원리 중의 하나인 有責性原則이 物權 또는 이에 유사한 權利의 침해에 있어서는 거의 空洞化될 우려가 있다.

26) Erman/Hefermehl, § 1004 Rz. 6(S. 267).
27) Erman/Hefermehl, § 1004 Rz. 6(S. 267).

이러한 우려를 벗어나기 위하여는, 우선 「損害」(Schaden)와 「妨害」(Beeinträchtigung)와를 개념적으로 명확하게 구별하지 않으면 안 될 것이다. 이에 대하여는 통상, 損害는 법익침해가 과거에 일어나서 이미 종결된 경우에 문제되는 것이고, 妨害는 현재에도 지속되고 있는 침해라는 설명이 행하여지고 있다. 그러나 이에 관한 독일의 논의를 살펴 보면, 위의 定式은 만족할 만한 것이 아니며, 아직까지는 설득력 있는 구별의 기준을 획득하지 못하였다는 점이 일치하여 지적되고 있다. 대개 문제는 소유권에 대한 一次的·直接的인 侵害事象 그 자체만을 獨民 §1004에서 말하는 「방해」라고 볼 것인가, 아니면 그러한 一次的인 침해의 결과로 말미암아 발생한 물건의 持續的인 變化狀態가 새로운 방해의 원인이 되는 경우에는 그것도 「방해」에 포함시킬 것인가 하는 형태로 제기된다.[28] 이 문제는, 「妨害」란 무엇인가, 피고가 되는 「妨害者」가 누구인가, 그 「방해」는 어떠한 의미에서 違法한가, 나아가 請求의 內容은 무엇이어야 하는가 하는 방해배제청구권의 핵심적인 내용에 모두 걸치는 것이다.

가령 피고 소유의 댐이 허물어짐으로써 물이 원고 소유의 토지에 氾濫한 경우에, 원고는 댐의 補修뿐만이 아니라 그 범람으로 말미암아 변형된 자기 土地를 原狀回復해 줄 것(가령 밀려 들어온 土沙의 除去 등)을 청구할 수 있는가. 이미 물의 범람은 끝난 상태이기 때문에, 원고로서는 장래에도 있을지 모르는 홍수를 막기 위하여 妨害豫防으로서 댐의 補修를 청구할 수는 있을 것이다. 그러나 홍수의 결과로 발생한 원고 토지의 變形(이로 말미암아 원고의 토지소유권의 원만한 행사가 계속적으로 저지 내지 제한됨에는 의문의 여지가 없다)은 제거의 대상이 되는 「妨害」인가? 만일 이를 긍정하게 되면, 원고는 그 강제집행의 방법으로 代替執行을 할 수 있으므로(民 §389 II 後段 참조) 土沙의 除去費用을 채무자로부터 추심할 수 있게 된다. 이는 실질적으로는 소유권 침해로 인하여 발생한 손해의 배상을 가해자의 歸責事由 없이도 긍정하는 결과가 되는 것은 아닌가?

위의 댐붕괴사안에 대하여 독일 판례의 태도는 나뉘어져 있다. 일부의 판결은 後者까지도 허용하는가 하면, 다른 일부는 前者만을 허용한다.[29] 學說도 나뉘어 있는 것으로 생각된다. 그러나 역시 독일의 多數說에 따라 보다 제한적으로 해석하여야 할 것이다.[30] 방해배제청구권은 妨害結果(Störungsfolgen)의

28) MünchKomm/Medicus, §1004 Rdnr. 59(S. 978); Erman/Hefermehl, §1004 Rz. 7(S. 267f.) 등 참조.

29) 이들 판결에 대하여는 MünchKomm/Medicus, §1004 Rdnr. 60(S. 978) 참조.

30) Baur, Der Beseitigungsanspruch nach §1004 BGB, in: AcP 160, S. 489f.; ders., Lehrbuch des Sachenrechts(1989), §12 II 1 b(S. 102); IV 1 a(S. 105f.); Westermann, Sachenrecht(1969), §36 III 1(S. 180); Palandt/Bassenge, §1004 Anm. 5 a) pr.(39. Aufl.,

제거를 내용으로 하는 것이 되어서는 안 되며(이것은 損害賠償法의 영역이다),[31] 현재 계속되고 있는 妨害의 原因(妨害源 Störungsquelle)을 제거하는 것을 내용으로 하여야 한다. 바꾸어 말하면, 방해자는 그가 한 妨害惹起行爲의 反對行爲(contrarius actus)를 하여 그 방해행위를 장래를 향하여 무력화할 의무를 부담할 뿐이며,[32] 그 방해행위의 결과로서 발생한 소유권 행사에의 장애 등을 제거할 의무를 부담하는 것은 아니다. 이는 마치 소유물반환청구의 경우에 점유자는 소유물을 반환할 의무를 부담할 뿐이고, 그 점유로 인한 결과, 가령 수취한 果實을 返還하는 것 등은 그 권리의 내용이 아닌 것과 마찬가지이다.

이와 관련하여, 大判 55.10.6, 4288民上284(要集 民 I-1, 415)은, "자기의 畓에 대한 防砂, 防水 및 排水 등의 목적으로 堤防과 小溝를 설치하였을 때에 그 설치의 결과 주위에 있는 自然의 水路에 변경을 초래케 하고, 인하여 새로 생긴 水路의 流水가 충족하게 흐르자면 인접한 타인의 畓에 침수를 면치 못할 형편에 이르렀음이 인정되는 경우에는, 위 設置行爲는 소유권의 적법한 限界를 踰越한 행위라고 할 것이므로, 위 설치자는 그 설치물을 제거할 의무가 있고, 아울러 인접지 畓의 소유자에 대하여 답이 浸水, 覆砂됨으로써 입은 손해를 배상할 의무가 있다"고 판시하고 있다. 물론 이 판결은「浸水, 覆砂」그 자체를 제거할 것이 청구된 사건에 대한 것이 아니라고 생각되므로, 이로써 위와 같은 문제에 대한 判例의 태도를 운위할 수는 없겠다. 그러나 妨害의 結果, 즉「浸水, 覆砂」에 대하여는 그 자체의 除去가 아니라 損害賠償이, 방해의 원인이 된 設置物의 철거와는 별개로 그리고 그와 아울러 청구되고 긍정된 것은 위와 같은 문제를 생각함에 있어서 하나의 端緖를 제공하여 준다고 생각된다.

(2) 「妨害」의 내용이 단지 물건을 占有하는 것이면 本條가 적용되지 아니하고 이에 대하여는 前條가 적용된다. 그러나 그 방해자가 물건을 占有하는 데 그치지 아니하고 나아가 기타의 방해행위를 하는 경우에는 소유물반환청구권과 本條의 청구권이 아울러 주어진다.[33] 가령 建物을 權原 없이 점유하고 있

S. 1072); MünchKomm/Medicus, § 1004 Rdnr. 61(S. 979) 참조.

31) H. Stoll, Unrechtstypen bei Verletzung absoluter Rechte, in: AcP 162(1963), S. 220ff. ("[이는] 結果除去請求權이 아니다(kein Folgebeseitigungsanspruch)").

32) Baur(註 30), AcP 160, 489; MünchKomm/Medicus, § 1004 Rdnr. 61(S. 979) 참조. 다만 Erman/Hefermehl, § 1004 Rz. 7(S. 267)은, 바우르의 이러한 定式은 소위 방해배제청구권을 行爲責任(이에 대하여는 뒤의 3. (2) 참조)의 경우에 제한하는 것이고, 또 구체적인 事案에서 무엇이「반대행위」에 속하는지 명백하지 않을 수도 있다고 하여 이에 반대한다.

33) 이는 獨逸의 通說이고, 判例(RGZ 160, 166; BGH LM Nr. 14 § 1004)에서도 마찬가지이

는 자가 그 건물을 훼손하는 경우가 그러하다. 타인의 토지 위에 건물을 소유하는 경우에는 그 토지를 占有할 뿐만 아니라 나아가 그 소유자의 土地所有權을 「방해」하고 있다고 할 것이다. 따라서 토지의 소유자는 그 대지의 인도와 아울러(소송상, 특히 강제집행상으로는 그 전제로서) 그 건물의 철거를 청구할 수 있다(民 §213와 §214와의 관계에 대하여는 앞의 民 §213 注解 I.3.(1) 참조).

獨逸의 통설은 여기서 소위 消極的 侵害(negative Einwirkungen)는 本條의 「방해」의 요건을 충족하지 못한다고 한다.[34] 소극적 침해라고 함은, 자기 소유의 土地 안에서의 行態에 의하여 다른 토지로부터 利益을 앗아가는 것을 말한다. 가령 자신의 土地 위에 건물을 축조함으로써 이웃토지의 採光이나 通風 또는 展望, 나아가서는 텔레비전의 視聽에 장애를 주는 경우가 이에 해당한다. 이러한 자기 토지의 이용은 所有權의 범위를 벗어나지 않는 것으로서 원칙적으로 허용되어야 하는데, 임밋시온禁止에 관한 獨民 §906에도 이러한 侵害는 열거되어 있지 않다는 것이다. 그러나 다른 한편으로 역시 獨逸의 통설은 그것이 수도나 전기와 같은 "生存에 필요한 手段"의 조달이나 通行을 좌절시키는 것인 경우에는 本條의 적용을 받는다고 인정한다. 그리하여 학설 중에는, 그러한 消極的 侵害를 「방해」에서 배제할 법률상의 근거가 없다고 하여 통설에 반대하는 견해도 있다.[35] 우리 나라에서도 이 점을 논하면서 消極的 侵害에 대하여도 소유물방해배제를 인정하여야 한다는 견해가 있다.[36] 생각건대, 消極的 侵害라고 하여서 이것이 本條에서 말하는 「妨害」에 해당하지 않는다고 볼 이유는 없다. 「방해」의 유무는 그야말로 방해당하는 物件所有者의 입장에서 판단할 것이기 때문이다. 오히려 위와 같은 消極的 妨害에서 문제되는 것은 그러한 자기 土地의 利用이 許容되는 것인가 하는 그 「방해」의 違法性의 문제라고 생각된다(이에 대하여는 뒤의 (4) 참조).

또한 獨逸의 판례는 소위 精神的 또는 美學的 侵害(ideelle od. ästhetische Einwirkungen)도 本條의 「방해」에 해당하지 않는다고 한다.[37] 즉 자기 소유의 토지 위에서 행하여지는 일정한 行態가 이를 바라보는 사람의 感情이나 美感

다. 이에 대하여는 Hohloch(註 3), S. 53 Fn. 62; MünchKomm/Medicus, § 1004 Rdnr. 20 (S. 967); Erman/Hefermehl, § 1004 Rz. 1(S. 264) 등 참조.

34) MünchKomm/Medicus, § 1004 Rdnr. 28(S. 969f.) m. w. N.(同所, Fn. 47 의 判例 및 學說) 참조.

35) 이들 反對說에 대하여는 MünchKomm/Medicus(前註), 특히 Fn. 49 참조.

36) 李英俊, 488.

37) RGZ 76, 130 이래 BGHZ 54, 56 등 현재까지. 이에 대하여는 MünchKomm/Medicus, § 1004 Rdnr. 30(S. 970) m. w. N. 참조.

을 해친다고 해서 이것만으로 그 行態의 중지를 청구할 수는 없다는 것이다. 물론 그것이 健康을 해치는 것인 경우에는 예외라고 한다. 학설 중에는 이러한 태도에 반대하는 견해도 드물지 않다.[38] 생각건대 이러한 精神的 侵害는 일반적으로 물건의 완전한 지배를 내용으로 하는 소유권을 해치는 것이 아니라, 오히려 사람의 人格的 利益을 해친다고 하여야 할 것이다. 또한 사람의 感情이나 美感은 매우 미묘한 것이어서, 그 침해에 기하여 妨害排除라는 일반적인 구제수단을 인정하는 것은 法의 적용이 恣意에 흐를 우려도 있다. 그러므로 이러한 精神的 侵害에 대하여는 보다 엄격한 요건 내지 이익형량을 요구하는 人格權에 기한 방해배제청구만을 원칙적으로 허용할 것이다.[39] 물론 그 侵害가 단순히 정신적인 것이 아니고 어떠한 有形的인 모습을 가지게 되는 경우는, 소유권에 기한 방해배제를 허용할 것이다.

(3) 그 「妨害」는 이미 과거에 종결되어 버린 것이어서는 안 되며, 현재도(소송의 경우에는 事實審의 辯論終結 시에) 지속되고 있어야 한다.[40] 이미 종결되어 버린 것이라면 이것을 「除去」한다는 것은 있을 수 없는 것이다. 다만 방해예방청구권의 경우에는 그 방해가 현존하는가는 상관 없으며, 오히려 그 방해의 「염려」가 현존하는가가 문제된다. 그러한 의미에서 방해의 염려가 이미 과거의 것이면 그 청구권이 발생할 여지가 없다.

(4) 그 「妨害」는 違法한 것이어야 한다.[41] 獨民 §1004 Ⅱ은 "소유자가 忍容의 義務를 부담하는 때에는 請求權[방해배제 등 청구권]이 발생하지 않는다"고 정하고 있는데, 이는 多數說에 의하면 방해배제청구권의 발생요건으로서의 違法性을 정하는 것이다.[42] 우리 나라에서도 이와 마찬가지라고 할 수 있을 것이다. 이미 民 §213 但書에서 「占有할 權利」가 있는 경우에는 소유물반환청구권이 인정되지 않는다고 정하여 명확하게 시인되고 있는 바인데, 이는 다른 物權的 請求權의 경우에도 달리 해석될 수는 없을 것이다. 그러므로 「방해」가 物權이나[43] 소유자에 대하여 가지는 債權의 범위 내에서 이루어지고 있는 경우나

38) MünchKomm/Medicus(前註) Fn. 53의 引用文獻 참조.
39) 反對 李英俊, 48(정신적 침해에 있어서도 不動產에 대한 넓은 의미의 物的關係가 존재하고 있다는 등의 이유를 든다).
40) 大判 71. 1. 26, 70다2600(要集 民 Ⅰ-1, 418) 등 참조.
41) 李英俊, 489.
42) 이 규정의 性格에 대한 독일의 論議에 관하여는 Staudinger/Gursky, §1004 Rz. 123 참조. 한편 W. Münzberg, Verhalten und Erfolg als Grundlage der Rechtswidrigkeit und Haftung(1966), S. 375ff.는 방해의 위법성은 하등 방해배제청구권의 발생요건이 아니며, 그 요건은 단지 "소유권의 내용에 모순하는 상태" 그 자체라고 한다.
43) 大判 72. 8. 31, 72다1027(要集 民 Ⅰ-1, 419)은, 원고가 농지분배를 받아 소유권을 취득

가령 公用負擔에 기하여 행하여지는 경우에는[44] 그에 대한 방해배제청구권은 발생하지 않는다. 그런데 이 경우에도 所有權의 妨害는 일단 위법한 것으로 推斷되어서(indizieren), 오히려 상대방이 그 正當化事由를 주장하고, 입증하여야 할 것이다. 이는 소유물반환청구권의 경우에 피고가 「점유할 권리」를 주장·입증하여야 하는 것과 軌를 같이 한다.

妨害가 違法한가, 보다 정확하게 말하면 妨害를 正當化하는 事由가 존재하는가의 판단에는, 소유자가 그러한 방해를 受忍할 義務가 있는가를 社會觀念에 비추어 신중하게 검토하지 않으면 안 된다. 이와 관련하여서는 煤煙 등에 의한 妨害禁止(임밋시온禁止: 民 §217 참조)에 대하여 민법이 채택하고 있는 「이웃 土地의 通商의 用途에 적당한 것」이라는 基準이 하나의 실마리를 제공한다고 생각된다. 大判 74.12.24, 68다1489(公 507, 8267)은, 병원 시체실에 근접한 주택 소유자가 그 병원을 상대로 시체실의 사용금지 등을 청구한 사건에서, 병원운영의 사회적인 기능과 개인의 생활상 이익을 比較衡量한 다음, "원고가 받게 될 피해와 고통은 사회관념상 일반적으로 요구되는 受忍과 程度를 초과함을 인정할 수 있으므로 … 피고의 이 사건 所爲는 원고가 수인할 한도를 초과한 위법한 것으로서 허용할 수 없다"고 판시한 바 있다.[45] 또한 大判 82.9.14, 80다2859(公 693, 1001)은, 비록 손해배상이 청구된 사건이기는 하나, "이웃토지상의 건물로 인하여 直射光線이 차단되는 不利益을 받는 경우에 그것이 사회통념상 일반적으로 忍容할 정도를 넘지 않는 한 이를 甘受할 것이므로 이로 인하여 입는 정도의 고통은 堪耐하여야 한다"고 판시하는데, 이러한 판시는 本條의 적용에 있어서도 참고되는 바 크다.

(5) 「妨害의 念慮」란 위와 같은 의미의 妨害가 현존하고 있지는 않으나 장래 발생할 蓋然性이 있는 것을 말한다. 실무에 있어서 「妨害의 念慮」가 문제

한 후에 前地主가 그 농지에 설정한 근저당권설정등기의 말소가 청구된 사건에서, "그 후 원고가 위 설정등기의 유효함을 인정한 바 있다면" 원고는 그 말소를 청구할 권리를 가지지 못한다고 판시하였다. 여기서 무효인 근저당권설정등기가 유효함을 인정하였다고 함은, 아마도 無權利者의 處分을 追認하였다는 취지로 이해된다. 그렇다면 그 근저당권은 유효하게 존재하는 것이므로, 소유자가 그 등기의 말소를 청구할 수 없음은 異論의 여지가 없다.

44) 大判 71.4.30, 71다534(要集 民 I-1, 419)은, 電氣事業法 소정의 절차, 특히 補償節次까지 거쳐 建造된 電線의 支持物에 대하여는 당해 토지의 소유자라도 그 철거를 청구할 수 없다고 한다.

45) 이 판결은 오히려 相隣土地 이용자 간의 임밋시온에 관하여 정하는 民 §217에서 정하는 "이웃토지의 통상의 용도"라는 요건과 관련하여 이해하는 것이 더욱 적합할지도 모른다.

되는 事例는 주로 명예나 프라이버시와 같은 人格權이나 特許權 등의 産業財産權과 관련된 것이며, 所有權이 침해될 우려가 있음을 이유로 하는 청구는 별로 이루어지지 않고 있다.

(가) 이미 한 번 그러한 방해가 있어서 이에 기하여 장래에 다시 방해가 생기지 않을까 우려될 것이 요구되지는 않는다.[46] 소유물방해예방청구권을 정하는 獨民 §1004 I 2文은 "또 다른 방해(weitere Beeinträchtigunen)가 우려되는 경우"라고 하여, 얼핏 보면 일단 방해가 있을 것을 그 권리의 발생요건으로 정하는 듯하다.[47] 그러나 獨逸의 판례나 통설은, 그와 같이 해석하면 위 규정이 추구하는 豫防의 目的이 달성되지 않는다고 하여, 그것을 요건으로 요구하지 않는다.[48] 그러나 이미 방해가 있었다는 사실은 장차 방해가 있을 우려를 인정하는 데 중요한 證憑이 될 수 있을 것이다.

(나) 여기서 말하는「妨害의 念慮」라는 요건은 단순한 방해의 가능성만으로는 충족되지 않는다. 또한 그 念慮는 객관적 사실에 기하여 인정되는 것이어야 하며, 주관적인 의심이나 신념에 기한 것이어서는 안 된다. 獨逸에서는 일단 방해가 있었던 이상「再發의 危險」(Wiederholungsgefahr)은 통상 추단되어서, 妨害者가 더 이상 그 우려가 없음을 反證하여야 한다고 설명되고 있다.[49]

우리 학설 중에는 "방해의 염려가 있다고 하더라도 妨害의 發生을 기다리지 않고서 現在 곧 예방수단을 취할 것을 인정하는 것이므로, 그 염려 내지 개연성은 객과적으로 대단히 크고 또한 강한 것이어야 한다"는 見解도 있다.[50] 이 견해는 부당하게「妨害의 念慮」라는 요건을 제한적으로 해석하는 것이 아닌가 하는 느낌이 없지 않으나, 적어도 객관적으로 근거 있는 상당한 개연성을 요구하는 점에서는 타당한 부분을 포함하고 있다고 생각된다.

(다) 한편 여기서 요구되는「妨害의 念慮」는 실체적인 請求權發生要件(Anspruchsvoraussetzung)이며, 소송요건인 權利保護要件(Rechtsschutzvoraussetzung)과는 무관하다. 따라서 원고가 방해예방을 訴求한 경우에, 피고에게 방해의 염려가 없다고 인정되면 請求를 棄却하여야 하고, 소의 이익이 없다고 하여 訴를 却下하여서는 안 된다.

46) 郭潤直, 327; 李英俊, 490 등 통설.
47) 郭潤直, 327은 이와 같이 이해한다.
48) 우선 MünchKomm/Medicus, §1004 Rdnr. 80(S. 983) 참조.
49) 이상 MünchKomm/Medicus, §1004 Rdnr. 81(S. 983) 참조.
50) 郭潤直, 327.

3. 「妨害하는 者」

앞에서는 주로 所有者의 관점에서 서술하여 왔는데, 여기서는 주로 被告, 즉「妨害하는 者」 또는「妨害할 念慮가 있는 者」와 관련하여 서술하기로 한다.

(1) 民 §214에서 방해배제청구의 상대방으로 정하여져 있는 "所有權을 방해하는 자"라고 함은 일반적으로 "방해하는 사정을 지배하는 지위에 있는 자"라고 이해되고 있다.[51] 大判 66. 1. 31, 65다218(要集 民 I-1, 15)도 "타인의 지배에 속하는 사정으로 인하여 방해를 받을 경우에 그 방해하는 사정을 지배하는 지위에 있는 자에 대하여 방해의 제거를 청구할 수 있다"고 하여 동일한 定式을 사용하고 있다. 여기서「방해하는 사정을 지배하는 지위」란 구체적으로 어떠한 경우에 인정 될 수 있는가는,「支配」라는 말의 의미가 불명확한 것과 마찬가지로, 명확한 基準을 내세워 일률적으로 판단할 수는 없다. 가령 건설회사가 건물의 신축공사를 도급받아 그 공사를 진행하는 경우에 그 공사를 도급인이 제시하는 설계서 및 시방서대로 진행하고 있다면, 都給人도 이에 해당한다고 할 것이다.[52]

그리고 學說은 여기서「방해하는 사정을 지배하는 지위」에 있는지 여부는 그 방해를 발생시켰다는 사실과는 무관한 것이라고 한다. 그 예로, 토지소유권을 방해하는 建物은 건축하였더라도 나중에 이를 제3자에게 양도한 경우를 들고, 그 建築者는 현재 그 방해상태를 지배하지 않고 있기 때문에 방해배제청구의 相對方이 되지 않는다고 한다.[53] 한편 大判 67.12.26, 67다2073(總 2-2(A), 485-5)도, 분묘가 A에 의하여 무단으로 설치된 것이라고 하더라도 현재 그 분묘의 관리처분권이 다른 사람에게 있다면 A를 상대로 하여 분묘의 철거를 청구할 수는 없다고 한다.[54]

또한 여기서 방해자의 故意나 過失과 같은 歸責事由를 요하지 않는다는 점에는 학설이 일치한다.[55] 문제되는 것은「방해」가 인간의 行態에 연원하는 것이어야 하는가 하는 점이다. 이에는 학설의 대립이 있다. 한편으로는 이를 부

---

51) 郭潤直, 325 참조.
52) 大判 81. 3. 10, 80다2832(集 29-1, 109). Erman/Hefermehl, § 1004 Rz. 15(S. 273); MünchKomm/Medicus, § 1004 Rdnr. 37(S. 972)는 도급인과 수급인의 兩者가 모두 피고가 될 수 있다고 한다. 다만 各自의「방해」의 한도에서만 책임을 진다.
53) 郭潤直 325; 李英俊, 487.
54) 또한 뒤의 4. (1)(다)(a)에서 보는 大判 66. 1. 31, 65다218(總 2-2(A), 485-1)도 참조.
55) 郭潤直, 325; 李英俊, 489 등.

인하고 방해가 타인의 행위로 생긴 경우뿐만 아니라 보다 넓게 自然力으로 생긴 경우에도 방해배제청구권의 성립을 인정하는 견해가 있다.[56] 다른 한편으로는, 방해제거청구의 상대방은 "侵害에 대하여 원인을 부여하는 意識的 行爲를 한 자"라고 하는 견해도 있다.[57] 이러한 견해의 대립은 보다 이론적으로는 어떠한 경우에 그 방해의 歸責(Zurechnung)을 인정할 것인가하는 문제와 연결되는 것이므로, 주로 독일의 문헌을 참고로 하면서 項目을 바꾸어서 논하기로 한다.

(2) 우리 나라에서는 별로 명확한 형태로 설명되고 있지 않으나,[58] 獨逸에서는 어떠한 사람에게 방해배제의무를 인정하려면 그 방해가 그에게 歸責(Zurechnung)될 수 있어야 한다고 설명된다. 이는 故意 또는 過失과는 별개의 범주로서, 그러한 歸責은 첫째, 그 사람이 그 의식적 行爲에 의하여 그러한 방해를 야기하였을 경우(소위 行爲責任(Handlungshaftung)), 또는 둘째 소유권을 방해하는 狀態가 직접적 또는 간접적으로 그의 의사에 환원될 수 있는 경우(소위 狀態責任(Zustandshaftung))에 긍정된다.[59] 이를 보다 구체적으로 설명하려면, 다음과 같이 경우를 나누어 볼 수 있다.

㈎ 방해상태의 출현에 피고의 적극적 행위가 관여하고 있는 경우. 이 경우도 다시 나누어 볼 수 있다.

첫째, 피고의 적극적 행위가 직접으로 방해상태를 출현시킨 경우가 그것이다. 여기에는 ① 피고가 원고 소유의 토지 위로 통행하는 것과 같이, 방해 자체가 피고의 行爲로 이루어져 있는 경우나 ② 방해의 원인이 되는 물건 기타 設備 등을 설치하여 운영하는 것과 같이 妨害源을 스스로 작출한 경우가 포함된다. 이 경우에 원고의 방해배제청구가 긍정됨에는 의문의 여지가 없다.

둘째, 피고의 적극적 행위가 그 외의 다른 外力作用에 의한 방해상태의 출현의 條件으로서 작용한 경우가 그것이다. 여기에는 ① 가령 인공적으로 盛土作業을 한것이 그 후에 큰비에 의하여 무너졌다거나[60] 바위 위에 展望臺가 세

56) 郭潤直, 325. 한편 이 견해가 이어서 "현재 방해물을 소유하는 등으로 방해 상태를 발생케 하고 있으면"이라는 설명을 붙이고 있는 점은 주의를 요한다.
57) 李英俊, 487. 이에 대하여는 앞의 民 §213 注解 Ⅱ. 2. (1)(b)도 참조하라.
58) 다만 李英俊, 489는 예외이다.
59) 이 구분에 대하여는 우선 Baur(註 30), AcP 160, 471; ders.(註 30), Lehrbuch, §12 Ⅲ; Larenz, Rechtswidrigkeit und Handlungsbegriff im Zivilrecht, in: Festschrift für H. Dölle I (1963), 197ff. 등 참조.
60) RG 1904. 11. 17(SeuffA 60, Nr. 55, S. 103)의 事案.

워짐으로써 그 압력 등으로 말미암아 바위의 붕락이 촉진되었다거나[61] 人工의 연못에 개구리가 자연번식하여 그 이웃이 괴로움을 당하는[62] 등과 같이 그 外力이 自然力인 경우와 ② 소유자로부터 임차한 건물에서 임차인이 소음을 내는 영업을 운영하는[63] 것과 같이 그 外力이 사람(제3자)의 행위인 경우가 포함된다. 이 경우에는 그 피고의 적극적 행위가 방해결과의 출현에 대하여 「相當因果關係」가 있는가 하는 판단에 의하여 피고의 妨害除去義務 유무를 판단한다는 것이 학설의 주류적인 태도이다. 그리고 위에서 든 바와 같은 事案에 있어서는 피고의 의무가 승인되고 있다.

(나) 방해상태의 출현에 피고의 적극적 행위가 관여하지 않고 있는 경우. 이것도 둘로 나누어 생각할 수 있다.

첫째, 岩石이 자연적 風化에 의하여 점차로 허물어져서 결국 이웃토지 위에 崩落한 것과 같이, 방해상태가 물건 자체에 내재하는 自然的 危險性의 표출에 기인한 경우이다. 獨逸의 判例나 通說은 이 경우에 그 岩石이 원래 존재하던 토지의 소유자는 원칙적으로 獨民 §1004에서 말하는 「妨害者」(Störer)가 아니라고 한다. 이에 의하면, 방해상태가 출현할 위험성이 존재함에도 불구하고 이를 방지하지 않았나는 피고의 不作爲가 방해상태가 출현한 원인이 된 경우에라도 피고에게 그 방해제거의 作爲義務가 존재하지 않으면 그에게 방해제거의무를 인정할 수 없는데, 단지 피고가 그 소유자라는 사정만으로는 그러한 작위의무를 인정할 수 없다고 하며, 그에는 피고의 先行行爲에 의한 先行條件의 작출(가령 앞의 (가) "둘째" ①에서 본 것과 같은 경우)이 필요하다고 한다.[64]

둘째, 방해상태의 출현이 독립한 外力으로 작용하는 自然力에 기인하거나 기타 전쟁(爆擊 등을 상기하라)이나 제3자의 행위만을 이유로 하는 경우에도 마찬가지로 원칙적으로 이웃토지소유자의 방해제거의무를 부정하는 것이 다수설이다.

셋째, 피고가 피승계인의 그에 대한 책임이 긍정되고 있었던 妨害物의 讓受人인 경우이다. 이 경우에 대하여 판례나 다수설은 讓受人의 책임을 긍정한

61) RGZ 149, 205의 事案.
62) RG 1910. 4. 27(JW 1910, 654)의 事案.
63) BGH LM §1004 BGB Nr. 44의 事案.
64) 독일의 RGZ 52. 373(1902. 10. 30, 판결)은 건물도괴 등의 경우의 책임에 관한 獨民 §836와의 관련에서, 건물 등의 소유자는, 타인의 이익을 공평하게 고려한다면 이를 방지할 수 있었던 한도에서는 자기 소유의 물건에 의한 損傷에 대하여 책임이 있다는 一般命題를 내걸었었다. 이 명제와 연결하여 獨民 §1004에 있어서도 소유자라는 이유만으로 방해제거의무를 긍정할 수 있는가가 논의되었다. 그런데 RGZ 134, 231(1931. 11. 4. 판결); RGZ 149, 205(1935. 11. 13. 판결)는 이를 부정하는 태도를 확립하였다.

다. 그에 있어서는, 권리승계 후에 피승계인에게 책임을 물으려고 하여도 이미 그는 방해물에 영향을 줄 수 있는 권능을 가지고 있지 못하다는 사정 및 피승계인을 찾아내는 것이 곤란한 경우가 많고 그 探索에 필요한 노력이나 비용부담을 原告에게 과하는 것은 가혹하다는 사정 등이 강조된다. 한편 이러한 양수인의 책임을 긍정하는 法律構成으로서는 대체로 방해상태의 維持(Aufrechthaltung)에 대한 책임이라는 설명이 이루어지고 있다.[65]

4. 妨害排除請求의 구체적인 類型

이상에서 본 대로 무엇이 "所有權에 대한 妨害"인가를 적극적으로 定義하는 것은 결코 용이한 일이 아니다. 이하에서는 구체적으로 判決例에 나타난 예를 살펴보기로 한다. 이 예를 정리하는 데 있어서는 대체로 ① 물건에 대한 사실적인 방해와 ② 추상적인 권리에 대한 법적 방해의 둘로 나누는 것이 편리할 것으로 생각된다.

(1) 物件의 使用收益에 대한 事實的 妨害

(가) 재판실무에 있어서 가장 빈번하게 등장하는 것은 土地所有者의 建物撤去請求이다. 이 청구는 대개 건물철거와 아울러 그 垈地의 引渡도 함께 청구하는 것이 통상이기 때문에, 民 §213와도 관련된다고 할 수 있다. 그러나 여기서는 주로 건물철거청구에 초점을 서술하여 가기로 한다.

(a) 우선 문제되는 것은 請求의 相對方이다. 건물을 철거하면 그 건물에 대한 소유권은 종국적으로 소멸하여 그 건물에 대한 종국적인 處分이 되므로, 그 철거청구의 상대방은 역시 원칙적으로 건물의 현재의 소유자가 되어야 할 것이다. 그러나 누가 대지소유권을 「방해」하고 있는가 하는 評價는 반드시 법률상의 처분권 유무만에 의하여 판단할 것은 아니고, 실제로 그 「방해」의 상태를 사실적으로 지배하고 있는 사람이 누구인가, 다시 말하면 그 狀態의 除去로 인한 불이익을 감당하여야 할 사람은 누구인가라는 관점도 참작하여야 할 것이다. 그러므로 判例가, 미등기건물을 그 건물의 소유자로부터 매수하고 이를 현재 점유하고 있는 사람이나 나아가서는 등기건물이라도 그 건물을 소유자라고 매수하고 이를 인도받은 후에 아직 移轉登記를 경료하지 아니한 채로

---

65) 가령 RG JW 1910, 654(1910. 4. 27. 판결)은 "소유권의 내용과 모순하는 상태를 자신의 의사에 기하여 유지하는" 자는 獨民 §1004에서 말하는 「방해자」라고 하면서, 이러한 상태는 특히 침해작용을 일으키고 있는 工作物이 인접토지 위에 유지(halten)되고 있는 때에 긍정된다고 한다. 學說은 이를 양수인의 책임을 긍정하는 것으로 이해한다.

상당한 기간이 경과한 사람을 상대로 하여서도 그 건물의 철거를 청구할 수 있다고 하는 태도를 취하는 것은 수긍할 수 있다(이에 대하여는 전적으로 앞의 民 § 213 注解 Ⅱ. 2. ㈎ 참조).

다른 한편, 건물이 여러 사람의 공동소유에 속하는 경우에는 반드시 그 全員을 상대로 하여서만 그 철거를 청구할 수 있는가, 말하자면 그 소송은 必要的 共同訴訟인가. 이에 대하여 大判 68. 7. 31. 68다1102(集 17-2, 343)은 건물이 共同相續된 경우에 대하여, 그 공동상속인 중의 한 사람만을 상대로 하여서도 건물의 철거를 청구할 수 있으며, 다만 그 相續分의 한도 내에서 그러하다고 한다. 그 이외의 共有의 경우도 마찬가지로 새겨야 할 것이다.

(b) 앞에서 본 대로 건물의 철거는 그에 대한 종국적인 處分에 해당한다. 그런데 法에는 일정한 건물에 대하여는 그 處分에 주무관청의 허가 등을 요하도록 정하고 있는 경우가 있다. 그렇다면, 건물의 철거를 청구함에 있어서는 法定의 許可등을 얻어야 하는가. 法律에서 주무관청의 허가 등을 요하도록 하는 「處分」은 處分行爲, 즉 法律行爲에 의한 處分을 의미하고, 건물의 철거와 같은 事實的 處分은 이에 해당하지 않으므로, 그러한 허가 등을 요하지 않는다고 할 것이다.[66)]

㈏ 타인의 토지 위에 권원 없이 설치되어 있는 墳墓도 그 토지소유권을 「妨害」한다고 할 것이고, 토지소유자는 그 방해의 제거, 즉 墳墓撤去를 請求할 수 있다. 이 경우에도 그 請求의 相對方은 누구인가가 문제되는데, 大判 67. 12. 26, 67다2073(集 15-3, 418)은 "분묘의 설치를 누가 하였건 그 침해의 배제행위를 현재 할 수 있는 분묘의 관리처분권을 가진 자"라고 한다. 그리고 한편 大判 76. 9. 14, 76다1095(要集 民 Ⅰ-2, 1599)은 戶主相續人이 분묘의 관리처분권을 가진다고 한다.[67)] 한편 1989년의 민법개정으로 戶主相續制度는 철폐되고 戶主承繼制度가 마련되었으며, 한편 "祭祀를 主宰하는 자"가 墳墓에 속한 1町步 이내의 禁養林野 등을 상속하도록 정하여졌는데(民 § 1008-3), 여기서 "祭祀를 主宰하는 자"라 함은 戶主承繼人을 의미한다는 견해와[68)] 사실상 제사를 주재하는 자를 말한다는 견해가[69)] 대립하고 있다.

㈐ 이러한 건물이나 분묘 등의 철거청구 이외에 所有權에 대한 事實上

66) 大判 73. 8. 21, 73다562(要集 民 Ⅰ-1, 40)은 寺刹의 철거에 대하여 주무관청의 허가를 요하지 않는다고 한다.
67) 同旨: 大判 80. 10. 27, 80다409(要集 民 Ⅰ-2, 1599); 大判 83. 6. 14, 80다3231(集 31-3, 31); 大判 85. 11. 12, 84다카1934(公 769, 233) 등.
68) 朴秉濠, "改正民法上의 家制度", 考試界 1990. 5, 198.
69) 金疇洙, 親族·相續法(1991), 524 이하.

의 妨害를 이유로 하여 그 방해의 배제를 청구하는 사건은, 判例集 등의 자료에 나타난 것에 한정하는 한, 의외로 그다지 많은 것은 아니다. 그 이유는 이러한 유형의 사건이 대체로 일단 保全命令(공사중지가처분 등)에 의하여 처리되기 때문이 아닌가 추측되기도 하나,[70] 단정할 수는 없다.

(a) 大判 66.1.31, 65다218(總 2-2(A), 485-1)은 극히 흥미롭다. 이 사건의 원고와 피고는 傾斜面의 上下에 위치하는 서로 隣接한 土地의 소유자들이다. 원고 소유의 토지(甲地)는 그 윗쪽에 위치하여 평탄한 모양을 이루고 있고, 피고 소유의 토지(乙地)는 아래쪽에 위치하면서 원고의 토지와 경계한 부분을 향하여 上傾斜를 이루고 있다. 원래 두 토지의 경계에는 약 1 미터 높이의 견고한 石築이 쌓여 있었다(판결에 의하면, "그 석축으로 말미암아 아무런 所有權의 侵害가 없는 상태에 있었다"). 그런데 乙地의 前所有者인 A(피고는 그로부터 이를 매수하여 취득하였다)가 그 토지의 높은 부분을 깎아 토지를 평탄하게 하는 일을 하면서 그 石築 아래에 있는 돌과 흙을 파냈기 때문에, 그 두 토지의 경계에 약 5미터 높이의 絶壁이 생기고 또 원래의 石築은 얼마 후 무너져 버렸다. A는 원고의 요구로 축대를 새로 하였으나, 그 공사가 부실하여 결국 피고가 위 토지를 매수한 후에 모두 무너져 내리고 "비가 오면 甲地에 도랑이 생기고 그 흙이 깎여서 乙地로 흘러 내리게 되어, 앞으로도 비가 오면 甲地가 붕괴되거나 밑의 부분이 무너질 것이 예상된다." 이에 원고가 피고를 상대로 "物上請求權에 기한 請求"(그 상세한 청구내용은 불명이다)를 하였다.

대법원은, "현재에 있어서의 甲地에 대한 위험조성은 특별한 사정이 없는 한 … A가 원고 요청으로 甲地를 보호하기 위하여 축조한 築臺의 不完全이 직접적인 원인이라고 봄이 상당"하다고 하면서도, 甲地를 보호하기 위한 위 축대가 원고 소유의 토지 위에 축조되어 있다면 이는 原告의 소유에 속한다고 하고, 그렇다면 "甲地의 위험조성은 원고 지배 하의 사정에 그 원인이 있다"고 판시하였다. 그리고 이어서, 原審判決이 "A가 乙地를 굴착한 후에 乙地의 소유권을 취득한 피고가 甲地에 대한 위험조성을 지배하는 지위에 있다는 전제 하에" 원고의 청구를 인용한 것은 잘못 되었다고 하여, 이를 破棄還送하였다.

이 판결은 앞서 본 대로(앞의 3. (1) 참조) 방해원인을 애초에 造成한 사람(위 사건에서는 A)

70) 그러한 예로 大判 81. 3. 10, 80다2832(集 29-1, 109)을 들 수 있을 것이다. 이 사건에서 원고는 피고를 상대로 工事中止의 假處分을 신청하였는데, 그 신청원인은, 이웃토지의 소유자가 충분한 예방공사를 하지 아니한 채로 그 토지 위에 건물을 신축하기 위하여 토지를 굴착하는 공사를 진행함으로써 원고 소유의 토지가 沈下하고 그 지상의 건물에 균열이 생겼다는 것이다.

이 반드시 방해원인에 대한 현재의 「支配者」(그가 방해배제의무를 부담한다. 위 사건에서는 피고)와 일치하는 것이 아니라는 점을 판시한 것으로 이해할 수도 있을 것이다. 다른 한편, 위의 사건은 만일 A가 그대로 乙地의 소유권을 보유하고 있었다고 가정한다면, 원고는 그에 대하여 방해배제청구권을 가진다고 할 것인가 하는 문제를 불러 일으킨다. 위 판결은 원고의 방해배제청구권을 부인하는 이유를 주로 원고가 그 築臺의 소유자라는 사실에 돌리고 있다고 생각되는데, 만일 그렇다면 위 사건에서 피고가 A라도 원고의 청구는 기각되는 결과가 되기 때문이다. 물론 A가 원고 소유의 토지 위에 존재하는 石築을 붕괴시킬 우려를 발생시키는 土地의 굴착을 하는 것은, 비록 그것이 단지 乙地 위에서만 행하여졌건 아니면 나아가 甲地에 침범하여 그 작업을 하였건 간에 관계 없이, 원고 소유의 甲地에 대한 소유권을 방해하는 것이라고 하겠다. 따라서 그 단계에서 원고는 방해배제로서 그 작업의 중지를 청구할 수 있고, 경우에 따라서는 이를 被保全權利로 하여 假處分을 신청할 수도 있음은 의문의 여지가 없다.[71] 그런데 이미 그 작업이 종료되었으나 그 작업의 결과에 「흠」이 있어 여전히 이웃토지를 「붕괴」시킬 우려가 있는 경우는[72] 어떠한가? 그 경우 그 작업의 결과가 원고 소유의 토지 위에 존재한다는 事情이 있다고 하여서, 원고는 A에 대하여 그 소유권에 대한 방해의 배제를 청구할 수 없다고 할 것인가. 이렇게 결론내는 것은 지나치게 형식적인 판단이라고 생각되며, 앞서 본 行爲責任(앞의 (2) 3. 참조)이라는 관점에서도 A의 방해제거의무를 인정하는 것이 옳다고 생각된다.

이는 위 판결이 판시하는 것처럼 그 築臺의 소유권이 원고에게 속한다고 하더라도(그 취지는 위 축대는 원고 소유의 토지에 附合한다는 의미일 것이다) 다름이 없다고 하여야 하지 않을까? 위와 같은 경우에 원고로서는 자기 土地의 效用을 다하기 위하여서 결국 축대를 헐고 이를 다시 쌓아야 할 것이고, 그렇다면 원고는 A에게 불법행위를 원인으로 하는 손해로서 그 비용의 배상을 청구하는 방법 외에는 자신에게는 아무런 책임도 없는 犧牲을 전보받을 길이 없을 것이다. 그런데 불법행위로 인한 손해배상청구권은 가해자의 歸責事由를 주장·입증하여야만 하는 것이어서, 물권적 청구권에 비하여 피해자에게 불리하다. 그렇다면 원고가 ―대법원의 판단대로― 축대의 소유권을 취득하였기 때문에 A에 대하여 물권적 청구권을 가질

71) 앞의 註 52에서 본 大判 81. 3. 10, 80다2832(集 29-1, 109)의 사건경과 참조.

72) 원고의 요구에 따라 A가 후에 새로운 築臺를 쌓았다는 사정은 단지 甲地에 대한 장래의 침해를 막기 위한 조처로서 이 사건 전체의 해결에 영향을 주지 못한다고 생각된다.

수 없다고 하는 것은, 그 축대가 피고의 토지 위에 존재한 경우(이 경우에 원고가 방해배제를 청구할 수 있음은 의문의 여지가 없을 것이다)에 비하여 오히려 그에게 불리한 결과가 되어 均衡을 상실하였다고 하지 않을 수 없는 것이다.

獨逸의 법원에서도 유사한 사안이 다루어진 바 있다. 獨逸帝國法院의 1904년 11월 17일 판결(RG SeuffA 60 Nr. 55)은, 피고가 운영하는 工場으로부터 選鑛찌꺼기가 원고 소유의 연못으로 흘러 들어간 事案에 대하여, 피고에게 그 배제를 명하였다. 특히 獨逸帝國法院 1929년 12월 29일 판결(RGZ 127, 29)은 피고의 토지로부터 발생한 火災로 인하여 원고 소유의 토지에 있는 鐵道路盤이 손상된 경우에, 그 손상된 노반의 복구를 피고에게 명하고 있다.[73] 獨逸의 다수설도 역시 토지소유자의 방해물에 대한 소유권 취득에 불구하고 그것이 그 의사에 반하여 이루어지고 원래의 소유권을 방해하는 경우에는 방해의 배제를 청구할 수 있다고 한다.[74]

(b) 大判 67.3.28, 67다169등(總 2-2(A), 485-4)은, 高地에 있는 논의 所有者가 농사에 필요한 정도를 넘는 餘水를 승수시킬 장소가 본래 따로 있었는데 이를 이용하지 않고 굳이 본건 둑을 철치하여 물을 흘려 보내 低地가 침수되고 흙과 모래가 밀려 내려 온 事案에 대하여, 低地所有者가 한 그 둑의 철거청구를 認容하고 있다.

(c) 이와 관련하여 현저한 類型을 이루는 것은, 역시 건물의 철거청구와 연결되는 것이기는 하나, 토지소유자가 ―건물의 철거를 청구함과 동시에― 권원 없이 건립된 건물(전부 또는 일부)을 임차하거나 기타 건물소유자와의 계약에 의하여 그 건물을 점유하는 자에 대하여 그 건물로부터의 退居를 청구하는 경우이다.

이에 대하여는 이미 앞의 民 §213 注解 Ⅱ.2.(2)(나)에서 살펴본 바 있다. 요약하면, 이 경우에 건물점유자는 토지의 소유권을 방해하는 것이 되어 토지소유자는 그에 대하여 방해배제청구로서 그 건물로부터의 退居를 청구할 수는 있으나,[75] 토지의 인도를 청구하는 것은 인정되지 않는다고 할 것이

73) 이들 판결에 대하여는 Hohloch(註 3), S. 57 참조.

74) Erman/Hefermehl, § 1004 Rz. 7(S. 268) m. w. N. 참조. 다만 Picker(註 11), S. 130(가령 피고가 자기 소유의 물건을 원고의 토지 위에 들여온 후에 그 소유권을 포기한 경우에도, 피고는 소유자가 아닌 이상 방해배제의무를 부담하지 않는다고 한다); Staudinger/Gursky, § 1004 Rz. 76은 반대.

75) 大判 65. 9. 28, 65다1571등(要集 民 I-1, 416); 大判 67. 9. 19, 67다1529등(要集 民 I-1, 417); 大判 67. 11. 28, 67다2155(總 2-2(A), 485-5) 등.

다.[76] 다른 한편 權原에 기하여 건립된 건물의 불법점유자에 대하여는 대지소유자가 그 인도를 청구할 수는 없다는 것이 판례이다.[77] 이는 정당하다고 하겠다.

㈑ 다른 한편으로 古美術品 등을 소유자의 허락을 받음이 없이 撮影 등의 방법으로 複製·配布 등을 하는 것은 그 물건의 소유권에 대한 「방해」가 되는가. 이 문제는 특히 著作權이 存續期間(著作 §36 이하 참조)이 경과함으로써 이미 著作權에 기한 보호를 받을 수 없게 된 경우에 제기된다.

이에 대하여 日本의 判例는, 피고가 원고 소유인 顔眞卿書帖을 복제하여 書藝選集의 한 권으로 출판한 사안에 대하여, "所有權은 유체물을 객체로 하는 권리로서, 無體物인 美術의 著作物을 體現하는 측면은 지배하지 않는다"고 하고, 後者의 측면을 보호하는 著作權이 소멸한 후에는 저작물은 公有(public domain)로 돌아가 누구라도 이것을 이용할 수 있다고 판시하고, 원고의 刊行停止 등의 청구를 기각하였다.[78] 이는 타당한 태도라고 할 것이다.[79] 「文學·學術 또는 藝術의 범위에 속하는 創作物」인 著作物(著作 §2 i 참조)은 저작자 개인의 것임과 동시에 國民 또는 人類 공동의 文化財產으로서의 측면을 가지는 것이므로, 일정한 보호기간이 경과한 후에는 萬人에게 접근할 수 있는 것이어야 한다. 따라서 그 존속기간이 경과한 후에 이를 複製하거나 配布하는 등의 행위는 당연히 허용되는 것이고, 비록 그 저작물을 체현하는 물건을 소유하는 자라도 이러한 측면에까지 지배가 미치는 것은 아닌 것이다. 물론 그 複製를 위하여 물건에 접근할 필요가 있는 경우가 대부분일 것이고 그 接近을 위하여 代價를 지급하여야 할지도 모르나, 이것과 複製 등이 그 소유권에 대한 「방해」가 되는가 하는 문제와는 별개이다.

(2) **權利로서의 所有權에 대한 抽象的 妨害**

㈎ 실무상 가장 빈번하게 문제되는 것은, 不動產의 所有者가 그 부동산에 관하여 이루어진 不實한 등기, 즉 "진실한 현재의 물권관계와 일치하지 아

76) 그러나 大判 65. 9. 28, 65다1571등(要集 民 I-1, 416)은 그 건물로부터의 퇴거와 아울러 그 대지의 반환까지 청구할 수 있다고 한다. 또한 大判 67. 11. 28, 67다2155(總覽 2-2 (A), 485-5)은 "그 점거에 필요한 한도에서 건물이 세워진 敷地도 아울러 점유하고 있다고 볼 것"이라고 한다(그러나 결국 퇴거요구가 가능하다는 결론이다).

77) 大判 76. 3. 9, 75다1950(公 534, 9059).

78) 日最判 昭 59(1984). 1. 20(判例時報 1107, 127).

79) 半田正夫, "古美術複製と所有權侵害の成否", 法學教室 46(1984. 6), 108 이하 참조.

니하는 등기"의[80] 訂正을 방해배제로서 청구하는 경우이다.[81] 그 가장 두드러진 예로 소유권자가 따로 있는데 제3자의 명의로 소유권등기가 행하여져 있는 경우를 들 수 있을 것이다. 그러한 등기의 존재는, 登記連續의 原則에 의하여, 眞正한 所有者가 등기신청을 하더라도 그에 따른 실제의 登記가 이루어질 수 없어서 所有者의 處分을 매우 어렵게 할 뿐만 아니라, 소유자의 소유권 증명에도 현저한 障碍가 된다. 그러므로 그러한 不實登記는 당연히 所有權에 대한 「妨害」가 된다고 할 것이다. 다른 한편 부실한 등기의 名義者로서도, 그 부실등기의 출현에 직접 또는 간접적으로 가담한 경우는 물론이고 그러한 가담이 없다고 하더라도 적어도 그러한 부실등기를 維持하는 것에 의하여 그 방해상태에 대한 歸責(Zurechnung)을 인정할 수 있다. 獨逸에서도 獨民 §894는 소유자 등에 대하여 登記訂正請求權(Berichtigungsanspruch)을 명문으로 인정하고 있는데,[82] 그 청구권의 법적 성질은 "특수한 방해배제청구권"이라고 이해되고 있다.[83]

이러한 청구는 대개 그 不實登記의 抹消를 請求하는 형태로 행하여진다. 그런데 抹消登記請求權은 반드시 소유권방해배제청구권의 내용으로서만 발생하는 것은 아니다. 그 외에도 가령 계약이 무효이거나 취소된 경우에 그 계약상 급부로서 이루어진 등기의 원상회복청구권(이는 부당이득반환청구권의 성질을 가지며, 따라서 채권적인 성질의 권리이다)으로서도 발생한다.[84] 또 判例는 특히 농지개혁법에 의하여 국가에 買收됨으로써 농지의 소유권을 상실한 사람이라도 그 農地補償을 받기 위하여서는 잘못 이루어진 登記의 말소를 청구할 수 있다고 일관하여 판시하여 왔다.[85] 이는 소유권방해배제와는 무관하게 등기말소청구를 인정하는 한 예라고 할 수 있다.

다른 한편으로 소유권방해배제로서 不實登記의 정정을 구하는 방법은 반

80) 소위 登記訂正請求權에 관한 獨民 §894에서 말하는 "등기의 내용이 … 실제의 법상태에 부합하지 아니하는 경우"(Steht der Inhalt des Grundbuches … mit der wirklichen Rechtslage nicht im Einklange)가 이에 해당한다.

81) 가령 大判 90. 3. 13, 87다카2528(公 871, 873)은 "물권적 청구권으로서의 말소등기청구권은 실질상의 권리관계와 등기가 일치하지 아니함을 전제로 하는 것"이라고 한다.

82) 다만 그 권리의 내용은 獨逸不動産登記制度의 소위 「절차적 합의주의」(das formelles Konsensprinzip)에 따라, 부실등기의 제거에 의하여 불이익을 받을 자에 대하여 登記의 訂正에 대한 同意(Zustimmung)를 구하는 데 있다. 이에 대하여는 金滉植, "眞正名義回復을 위한 所有權移轉登記請求의 許否", 民判硏 4(1982), 34, 특히 42 이하 참조.

83) Erman/Hefermehl, §1004 Rz. 1(S. 265); BGHZ 5, 82 참조.

84) 獨逸民法의 해석으로도, 獨民 §894에서 정하는 登記訂正에 관한 물권적 청구권 외에, 주로 판례가 발전시킨 부당이득반환청구권으로서의 채권적인 등기정정청구권이 인정되고 있다. 이에 대하여는 우선 MünchKomm/Lieb, §812 Rdnr. 294(S. 1350); Staudinger/Lorenz, §812 Rz. 73 참조.

85) 大判 66. 10. 18, 66다1444(要集 民 Ⅰ-1, 416) 등.

드시 그 부실등기의 말소를 청구하는 것에 한정되지 않는다. 大判(全) 90.11.27, 89다카12398(集 38-4, 50)이 소유권자의 소위「眞正登記名義回復請求權」을 인정하고, 이를 부인하던 종전의 判例를 폐기함으로써, 이에 관한 법상태는 달라지게 되었다(이에 대하여는 뒤의 (나) 참조).

여기서는 우선 不實登記의 抹消請求에 대한 것을 보기로 한다.

(a) 소유자는 현재의 등기부상 소유명의인에 대하여 妨害排除로서 그 말소청구(보다 정확하게는 말소등기절차의 履行請求 또는 그 절차에의 協力請求)를 할 수 있다.

(i) 그러한 말소의무는 등기명의인의 善意·惡意를 불문하고 발생한다.[86)]

(ii) 이러한 말소청구권은 소유권이라는 實體的 權利에 기하여 발생하는 것이므로, 원고의 명의로 소유권등기가 이루어진 일이 있는지 여부는 상관없다.[87)] 또 비록 원고가 법률행위를 하고 이에 관한 등기(소위「創設的 登記」)를 함으로써 소유권을 취득한 경우라도, 그 등기의 계속 존재는 물권변동의 存續要件이 아니므로(通說·判例),[88)] 그 후 그 등기가 말소되었다고 하더라도(물론 원인 없이), 이 권리를 가짐은 물론이다.

나아가 大判 67.1.31, 66다2496(總覽 2-2(A), 479-28)은, 원고의 명의로 소유권 등기가 되어 있었는데 그 후 登記簿가 멸실한 경우에, 回復登記를 위하여 대법원장이 지정한 기간 내에(不登 §24 참조) 그것을 신청하지 않았어도, 원고는 무권리자 이름으로 경료된 所有權保存登記의 말소를 청구할 수 있다고 한다.

(iii) 大判 90.1.12, 88다카24622(公 867, 452)은 甲이 그를 상대로 제3자가 제기한 소유권이전등기청구소송에서 패소하여 이 확정판결에 기하여 그 소송의 원고 앞으로 移轉登記가 이루어지고, 이 등기에 기하여 乙 앞으로 다시 소유권이전등기가 경료된 경우라도, 그 확정판결의 旣判力은 이전등기청구권에만 미치고 소유권의 존부에는 미치는 것이 아니므로, 甲은 새로운 소송으로 소유권에 기한 방해배제청구로서 乙에 대하여 그 명의의 소유권등기의 말소를 청구할 수 있다고 한다.

또한 최근의 大判 92.4.24, 91다38631(公 922, 1680)은 소위 詐僞判決(상대방의 주소

86) 大判 65.11.9, 65다1458(要集 民 Ⅰ-1, 416).
87) 이를 명시적으로 밝히는 것으로서 大判 90.1.12, 88다카24622(公 867, 452 특히 455 좌단) 참조.
88) 반대로 郭潤直, 148은 "부동산거래의 안전을 위하여"등기는 물권변동의 效力發生要件일 뿐만 아니라 그 效力存續要件이기도 하다고 해석하여야 한다고 주장한다.

를 허위로 기재함으로써 그 곳으로 소송서류가 송달되어 擬制自白의 형성으로 승소판결이 선고되고 그 판결도 虛僞의 住所로 송달됨으로써 외견상은 확정된 것 같으나, 실제로는 아무런 효력이 없는 判決)에 의하여 소유권이전등기가 경료된 경우에는 그 사위판결에 대하여 上訴를 하는 방도를 취하지 아니하고 別訴에 의하여 그 所有權移轉登記의 抹消를 청구할 수도 있다고 한다.

(b) 말소등기청구의 상대방은 원칙적으로 현재의 登記名義者라고 할 것이다. 이와 관련된 몇 가지 사항을 들어 보기로 한다.

(i) 大判 66.10.4, 66다1387(要集 民 I-1, 416)은 不實한 저당권설정등기가 이루어지고 그 후 그 저당권에 관한 이전등기가 행하여진 경우에는, "현재 그 所有權을 해하는 등기를 말소하면 되는 것이므로" 그 현재의 등기명의자에게 저당권'설정'등기의 말소를 청구하여야 한다고 한다.[89)]

(ii) 판례는 등기명의인이 實在하지 않는 虛無人인 경우에는 그 명의로 등기신청행위를 한 사람을 상대로 등기의 말소를 청구할 수 있다고 한다.[90)]

(c) 말소등기청구는 원고 소유의 부동산에 관하여 현재의 권리관계를 표상하는 등기로서의 효력이 있는 것만을 대상으로 하여 할 수 있다.

(i) 말소청구의 대상이 되는 등기는 그것이 本登記인가 假登記인가를 불문한다. 그리고 그 등기가 행하여진 經緯와도 무관하다 大判 85.11.22, 85다81등(集 33-3, 135)은, 피고(중국인)가 허위로 同一人證明을 얻어 피고 명의로 表示更定登記를 하였는데 후에 登記簿가 새롭게 편제되면서 신등기부에 피고 명의의 소유권이전등기가 행하여진 사안에 대하여, 소유자의 말소청구를 인용하고 있다.[91)]

(ii) 그런데 官公署가 공권력행사의 주체로서 囑託하여 이루어진 등기의 말소를 소유물방해배제로서 청구할 수 있는가는 論議를 요한다. 가령 豫告登記(不登 §§ 4, 27, 170 참조), 競賣에 관한 각종의 登記(예를 들면, 民訴 §§ 611의 경매신청등기 등), 假押留·假處分

89) 이는 大判 69.3.18, 68다1617(集 17-1, 309)가 부당말소된 저당권설정등기의 회복등기청구는 그 말소등기 당시의 소유자를 상대로 하여야 하며, 현재의 소유자를 상대로 삼아 할 수 없다고 判示한 것과 현저한 對照를 이룬다. 일반적으로 抹消回復登記請求의 相對方에 관하여는 金滉植, "抹消回復登記를 구하는 경우의 그 相對方(登記義務者)", 民判硏 3(1981), 16 이하 참조.

90) 즉 大判 90.5.8, 90다684등(集 38-2, 1)은, 원래 일본인의 소유이어서 8.15해방 후 국가에 귀속된 부동산에 대하여, 架空人物을 내세워 姓名復舊를 원인으로 한 등기명의인표시변경등기를 하고 같은 날 소유권이전등기를 한 사람을 상대로 한 국가의 말소청구를 인용하여야 한다고 하였다.

91) 이 판결에 대한 연구로서 梁承泰, "登記名義人의 表示를 타인 이름으로 更正한 名義人表示更正登記의 效力", 民判硏 9(1987), 14 이하 참조.

登記(民訴 §§ 710, 719), 破產에 관한 각종의 登記(예를 들면, 破產 § 110의 파산등기 등)이 이에 해당한다. 이러한 登記의 囑託은 관공서가 그 자신 아무런 권리관계의 주체가 아니면서 後見的으로 私人 간의 法律關係에 개입하여 하는 것이다. 따라서 그 절차를 엄정하게 하고 그 公示를 합목적적으로 하기 위하여, 그 절차의 세부나 공시의 내용 등에 대하여는 法律로써 이를 정하고 있다. 그렇다면 그 촉탁으로 이루어진 등기의 抹消에 대하여도 法律이 따로 정하는 바에 의하여야 하고, 그 부동산의 소유자가 이를 방해배제를 이유로 민사소송으로 청구할 수 있겠는가 하는 문제가 제기된다.[92]

판례는 이상의 모든 登記囑託의 경우를 일률적으로 다루지 아니하고, 경우에 따라 달리 판단하고 있는 것으로 보인다. 가령 豫告登記의 말소에 대하여 大判 74.5.28, 74다150(集 22-2, 42)은, 예고등기가 이루어진 후 부동산을 취득한 원고가 예고등기의 원인이 된 소송을 제기한 피고를 상대로 소유권방해를 이유로 한 예고등기말소청구에 대하여, "일단 예고등기가 행하여지면 당해 부동산은 그 거래에 있어서 현저한 지장을 받게 되는 것은 사실"이라고 인정하면서도, 예고등기는 제 3 자에 대한 警告의 目的밖에 없고 예고등기의 원인이 된 소송을 제기한 자의 이익을 보호하려는 것이 아니며, 등기권리자·등기의무자를 관념할 수 없다는 등의 이유로 그 말소등기는——그 등기 자체와 마찬가지로——"법원의 직권에 의한 촉탁에 의하여서만 할 수 있다"고 하여, 원고의 소를 직권으로 却下하고 있다.[93]

또 假處分登記의 말소에 대하여도 大判 76.3.9, 75다1923(集 24-1, 148)은, 원고가 가지는 소유권이전등기청구권의 保全을 위하여 假登記가 행하여진 후 소유자의 채권자인 피고가 처분금지가처분을 얻었는데, 그 후 그 가등기에 기한 본등기를 얻은 원고가 피고를 상대로 그 假處分登記의 말소를 청구한 사건에서, 일단 가처분등기가 이루어지면 "채권자라도 단독으로 그 집행을 제거할 수 없고, 집행법원의 가처분결정의 취소나 집행취소의 방법에 의하여서만 말소될 수 있

92) 이 문제에 대하여는 일반적으로 尹載植, "滯納處分에 의한 押留登記抹消請求訴訟의 可否", 民判硏 9(1987), 1 이하, 특히 8 이하 참조.

93) 同旨 : 大決 76.6.9, 76마212(公 543, 9291)(원고가 승소한 후 서로 和解한 결과 원·피고가 예고등기의 말소신청을 하였는데, 登記公務員이 이를 不登 § 155 ii에 따라 却下한 것을 지지하고 있다). 이 裁判들은, 예고등기의 원인이 된 소송에서 원고가 승소의 확정판결을 받은 경우(패소 등의 경우에 대하여는 不登 § 170 참조)에 그 예고등기를 말소할 방법에 대하여, 그 확정판결에 기하여 예고등기의 목적이 된 등기의 抹消 또는 回復을 하면서, 등기공무원이 이를 職權으로 말소할 것이라고 한다. 이 점 郭潤直, "豫告登記에 관하여", 法學 22-3(1981), 70 이하(同, 厚巖民法論集(1990), 437 이하)도 同旨.

다"고 하여 원고의 청구를 却下하는 결론을 내리고 있다.[94]

다른 한편 大判 88.10.11, 87다카2136(集 36-3, 29)은, 무효인 假押留登記는 방해배제청구의 대상이 된다고 하고,[95] 또 당연무효의 滯納處分에 기하여 압류집행으로서 한 不動產押留登記의 말소청구에 대하여 大判 85.11.12, 85다81등(集 33-3, 135)은 이를 허용하고 있다.[96]

그런데 이상에서 본 일련의 대법원의 裁判例들을 면밀하게 살펴보면, 민사소송에 의한 소유자의 抹消請求를 배척한 裁判들은 모두 일단 유효하게 문제의 登記가 이루어졌으나 사후에 그 등기를 유지할 실질적인 이유가 없어진(또는 그와 같이 주장한) 事案에 대한 것이고, 이를 인정한 判決들은 애초부터 그 등기가 효력이 없었던 事案에 대한 것이 아닌가 생각된다. 그렇다면, 판례의 태도는 외견상으로 보이는 것처럼 그렇게 복잡한 것은 아닐지도 모른다.

(iii) 登記簿 또는 登記用紙가 폐쇄되어 버린 경우에 그 登記事項을 移記함에 있어서는 "현재 效力있는 등기만을" 이기하도록 되어있다(不登 §87). 그렇다면 폐쇄등기부상의 등기에 대하여 소유자는 방해배제로서 그 말소를 청구할 수 있는가? 이에 대하여 판례는 일관하여 이는 현재의 등기로서의 효력이 없으므로 그 말소를 구할 訴의 利益이 없다는 태도를 취하여 왔다.[97] 그런데 1984년 6월 19일 개정되어 同年 7월 1일부터 시행된 不登規則 §113은 "폐쇄등기부에 등재된 등기사항에 관하여 예고등기의 촉탁이 있는 때에는 그 등기사항을 신등기용지에 이기한 후 예고등기를 하여야 한다"고 규정하였고, 大判 87.11.10, 87다카63(集 35-3, 225)은 그와 같이 하여 새로이 移記된 등기에 대하여는 그 말소를 구할 訴의 利益이 있다고 판시하였다.[98]

(iv) 말소청구의 대상이 되는 등기는 당연히 원고 소유의 당해 부동산에 대한 公示方法으로서의 의미가 있는 登記이어야 한다. 같은 地番의 토지

94) 同旨 : 大判 82. 12. 14, 80다1872등(集 30-4, 115).

95) 다만 그 가압류등기가 무효인 이유는 不明이다. 한편 大判 82.10.26, 82다카884(集 30-3, 188)은, 이미 死亡한 사람을 상대로 하여 얻은 假押留命令(이는 무효이다)에 대하여, 그 집행 이후 소유권을 취득한 자가 제기한 第三者異議의 訴를 긍정하고 있다. 이 판결의 취지는, 그러한 경우에는 반드시 제3자이의의 소에 의하여야 하고, 소유자가 방해배제로서 가압류등기의 말소를 청구할 수 없다는 데까지 미치지는 않는다고 볼 것이다.

96) 이 판결에 대하여는 尹載植(註 92), 1 이하 참조(결론적으로 대법원의 태도에 찬성하고 있다). 한편 滯納處分에 기한 押留를 해제하는 절차에 관한 國徵 §§50, 53, 54 참조.

97) 대표적인 것으로 大判 78.11.28, 78다1485(集 26-3, 252); 大判 79.9.25, 78다1089(公 622, 12295) 등.

98) 이 판결에 대하여는 金滉植, "豫告登記를 위하여 閉鎖登記簿로부터 移記된 登記의 效力", 民判硏 11(1989), 89 이하 참조.

에 관한 등기가 2개 존재하는 경우에 그 중 하나가 "표상하는 대상이 전혀 다른 것"인 경우에는 소유자는 그 등기의 말소를 청구할 수 없다. 大判 90.3.13, 87다카2528(公 871, 873)은, 피고 소유 토지를 分筆登記하는 과정에서 등기공무원의 실수로 말미암아 종래부터 존재하고 있던 원고 소유 토지에 대한 등기와 地番이 일치하는 등기가 이루어진 事案에 대하여, "그 지번만 동일할 뿐 그 위치 및 지적 등 등기가 표상하는 대상이 전혀 다른 것이므로", 피고의 등기가 원고 소유 토지에 대한 등기라고 할 수 없어서 "원고로서는 그 등기로 인하여 그 권리행사에 어떠한 방해를 받거나 받을 우려가 없다"고 하여 원고의 등기말소청구를 기각하였다.

(d) 예외적으로는, 자기 소유의 不動產에 대한 등기가 아닌 등기에 대하여도 그 등기가 자신의 소유권에 대한 妨害로 평가되는 경우에는 그 말소를 청구할 수 있다. 가령 大判 92.3. 31-91다39184(公 920, 1414)은, 원고가 그 소유의 建物을 헐고 새로운 건물을 新築하였는데, 종전 건물에 대한 원고 명의의 保存登記에 이어서 原因 없이 피고들 명의의 所有權移轉登記나 假登記가 경료되어 있는 경우에는 원고는 "종전 건물에 대한 滅失登記를 하고 신축된 건물에 대한 保存登記를 하기 위하여" 피고들에 대하여 그 등기의 말소를 청구할 수 있다는 태도를 취하고 있다. 이 판결은, 그 訴의 利益이 긍정되는 것이라고 설시하고 있으나, 그 판단의 實質은 위와 같은 경우에도 소유물방해배제청구권이 인정된다는 趣旨로 이해된다.

(나) 종전의 대법원은 소위「眞正登記名義回復을 위한 移轉登記請求權」을 부인하는 태도를 취하여 왔다는 것이 일반적인 이해이다. 즉 진실한 현재의 物權關係와 일치하지 아니하는 등기가 행하여진 경우에는 권리자는 그 등기의 말소를 청구할 수 있을 뿐이지, 권리자 앞으로의 이전 등기를 청구할 수는 없다는 것이다.[99] 그런데 다른 한편으로 贈與를 원인으로 하여 소유권이전등기가 이루어진 후 그 贈與契約이 해제된 사안에서 증여자가 수증자에 대하여 소유권이전등기를 청구한 것도 허용된다고 한 判決도 있었다.[100] 우리 판례는 契約解除의 效果에 관하여 소위 물권적 효과설을 취하여 왔으므로, 이에 따른다면 위 판결은 다른 판결과는 趣意를 달리하는 것이라고 이해될 소지도 있다.

---

99) 大判 72.12.26, 72다1846등(集 20-3, 224)(단 名義信託者가 신탁을 해지하고, 원인 없이 이루어진 所有權移轉登記의 名義者를 상대로 이전등기를 청구한 事件이다); 大判 81.1.13, 78다1916(公 652, 13631).

100) 大判 70.7.24, 70다1005(集 18-2, 199).

(a) 전부터 이 점에 대하여 견해의 대립이 있었다.[101] 否定說은, 등기는 부동산에 관한 현재의 권리관계뿐만 아니라 물권변동의 過程과 態樣까지도 여실히 반영하는 것이 理想이므로 현재의 권리관계를 등기부에 현출시킴에 있어서 말소되어야 할 無效인 登記의 명의인으로부터 移轉登記를 받는 것은 허용되어서는 안 된다는 것을 주된 이유로 한다. 그러나 否定說에 의하더라도, 가령 甲乙 간에 허위표시에 의하여 소유권이전등기가 이루어졌으나 乙이 善意의 丙에게 저당권을 설정하여 준 때와 같이 등기의 무효를 제3자에게 대항할 수 없는 경우에 대하여는, 甲이 乙에 대하여 이전등기를 청구할 수 있다고 해석하고 있다. 그것은 그렇게 해하지 아니하면, 甲이 乙에 대한 말소등기청구소송에서 勝訴하여도 등기상 利害關係 있는 丙의 承諾(不登 참조 §171)을 얻을 수 없어 실제로는 乙의 등기를 말소할 수 없으므로, 위와 같이 하여 甲으로 하여금 丙의 저당권의 부담을 안은 채로 권리를 회복할 수 있는 길을 열어주기 위하여서이다. 이것은 登記制度의 運用은 반드시 위와 같은 理想만에 의하여 이루어지는 것이 아님을 말하여 주는 하나의 예라고 할 수 있는데, 그 이외에도 ① 앞의 ㈎(c)(iii)에서 본 대로 閉鎖登記簿상의 기재에 대하여는 말소청구가 불가능하므로, 권리자는 閉鎖登記簿상의 무효등기의 수만큼 말소등기청구소송을 반복하여야 하는데, 만일 현재의 등기명의자에게 이전등기를 청구할 수 있다면, 根源的이고도 簡便한 해결이 가능하고,[102] ② 공유부동산이 그 공유자 1인의 단독명의로 등기되어 있는 경우에 다른 공유자의 지분에 대하여는 통상의 방법에 의한 抹消가 불가능한데, 이는 그 지분에 대하여 移轉登記를 받음으로써 처리할 수 있는 등의 利點이 있는 것이다. 그리고 理論的으로 보더라도 진정한 權利者가 不實登記로 인한 그 권리에 대한 「妨害」가 있는 경우에는 그 「妨害」의 배제에 적합한 행위를 청구할 수 있는 것인데, 그것은 所有物返還請求權의 예에 비추어 보더라도 반드시 그 등기의 말소에 한정된다고 할 必然性은 없는 것이다. 그리하여 가령 日本의 判例나 實務는 종전부터 소위 「眞正名義回復을 위한 移轉登記請求」를 허용하여 왔다.[103]

(b) 결국 우리 나라에서도 大判(全) 90.11.27, 89다카12398(集 38-4, 50)이 소유권자의 소위 「眞正登記名義回復을 위한 移轉登記請求權」을 인정하고, 이를

101) 이에 대하여는 金滉植(註 82), 34 이하 참조.
102) 金滉植(註 82), 41 참조.
103) 日最判 昭 30(1955).7.6(民集 9, 1002); 日最判 昭 32(1957).5, 30(民集 11, 42) 등. 다만 日本의 學說에는 부정설이 많다고 한다.

부인하던 종전의 判例를 폐기하기에 이르렀다. 이 판결은 "이미 자기 앞으로 소유권을 표상하는 등기가 되어 있었거나 법률에 의하여 소유권을 취득하는 자"에게 진정한 등기명의를 회복하기 위한 방법으로 현재의 소유권등기명의자를 상대로 한 소유권이전등기청구를 허용하고, 나아가 그 소유자가 전에 말소등기청구소송에서 敗訴의 確定判決을 받았더라도 위와 같은 移轉登記請求訴訟을 제기할 수 있다고 판시하고 있다. 그러나 이러한 「진정등기명의회복청구권」은 어디까지나 소유물방해배제청구권의 성질을 가지는 것이므로, 현재의 所有者에게만 인정된다. 이와 관련하여, 大判 92.1.21, 91다35175(公916, 894)은, 「假登記擔保 등에 관한 法律」 시행 전에 채권담보의 목적으로 피고 앞으로 假登記가 이루어진 후에 원고가 부동산의 소유자로부터 소유권등기를 이전받았는데 그 후 위 假登記에 기한 本登記가 경료됨으로써 원고의 소유권등기가 말소된 경우에, 위 擔保假登記의 被擔保債權이 그 말소 후에 完濟되었다고 하여 원고가 피고에 대하여 진정등기명의회복을 청구한 事案에서, "위 假登記에 기한 本登記로 말미암아 대외적인 관계에서는 피고에게 소유권이 완전히 이전되었고 따라서 원고는 그 소유권을 상실하였다"고 하여, 원고는 진정등기명의회복을 청구할 수 있는 「진정한 소유자의 지위」에 있지 않다고 판시하였다.

Ⅲ. 效　　果

1. 所有物妨害排除請求權

소유자는 소유권을 방해하는 자에 대하여는 그 "妨害의 除去"를 청구할 수 있다.

우리 나라의 實務에서는, 위 Ⅱ.4.에서 본 대로, 실제로 행하여지는 방해배제청구가 주로 건물 등 원고의 토지 위에 건립된 工作物의 철거나 不實登記의 말소를 내용으로 하고 있다. 이러한 청구가 허용됨에는 의문의 여지가 없으므로, 방해배제청구권의 내용에 대하여는 통상 별다른 문제가 제기되지 않는다. 다만 위의 Ⅱ.2.(1)(나)에서 본 대로, 이들 청구권은 어디까지나 妨害源(侵害原因)의 제거를 내용으로 하는 것이고, 妨害結果(侵害結果)의 塡補를 내용으로 하는 것이 아님을 유의할 필요가 있다. 이 점은 특히 방해가 토지의 形狀을 계속적으로 변경시키는 형태로 발생한 경우에 대하여, 그 原狀回復을 방해배제로서 청구할 수 있는가가 문제된 경우에 그러하다.

2. 所有物妨害豫防請求權

소유자는 소유권을 침해할 염려가 있는 자에 대하여는 "그 豫防이나 損害賠償의 擔保"를 청구할 수 있다. 이는 명백히 占有保護請求權에 관한 民 §206 I의 규정을 物權的 請求權에 그대로 끌고 들어온 것이다.[104)]

「妨害의 豫防」이란 방해를 일으킬 우려를 발생시키고 있는 原因을 제거하여 방해의 발생을 미리 막는 데 적절한 措置를 하는 것을 말한다. 이는 상대방의 不作爲를 청구하는 경우가 대부분이나, 경우에 따라서는 作爲를 청구할 수도 있다.[105)]

「損害賠償의 擔保」란 장차 방해가 현실적으로 발생할 경우에 상대방이 부담할 손해배상의무를 미리 담보하는 것이다. 妨害의 念慮를 발생시킨 데 대하여 歸責事由가 없더라도 방해예방청구권의 내용으로서의 擔保提供請求는 할 수 있다. 손해배상의 담보는 통상 金錢의 供託으로 행하여지는데, 保證人을 세운다거나 擔保權을 설정하는 것에 의하여도 할 수 있다.[106)] 그러나 실제로 그 담보로부터 損害의 塡補를 받는 것은, 후에 소유자에게 손해가 발생하고 나아가 그에 대하여 상대방에게 歸責事由가 존재함으로써 不法行爲로 인한 損害賠償義務가 현실적으로 발생하지 않으면 안 된다.

소유자는 위와 같은 「방해의 예방」과 「손해배상의 담보」의 兩者를 모두 청구할 수는 없으며, 그 중 어느 하나를 選擇하여 행사하여야 한다.[107)]

[梁 彰 洙]

104) 한편 滿洲國民法 §205도 참조. 그러나 民法은 返還請求權이나 妨害排除請求權에 대하여는 점유회수청구권이나 점유보유청구권의 내용으로 인정되고 있는 損害賠償請求權(民 §§204 I, 205 I 참조)을 인정하지 않고 있다.

105) 郭潤直, 327.

106) 日注民(7), 190 참조(占有保全請求權에 관하여).

107) 郭潤直, 327.

第215條(建物의 區分所有)

① 數人이 한 채의 建物을 區分하여 各各 그 一部分을 所有한 때에는 建物과 그 附屬物 중 共用하는 部分은 그의 共有로 推定한다.

② 共用部分의 保存에 관한 費用 기타의 負擔은 各者의 所有部分의 價額에 比例하여 分擔한다.

物權의 客體는 독립한 物件이고 특히 建物의 경우 일응 一棟의 建物이 한 개의 建物로 취급되어 그 위에 하나의 所有權이 성립한다. 그러나 一棟의 建物을 區分한 일부라도 物理的 構造나 利用狀況에 따라서는 독립된 所有權의 客體로 할 필요가 생긴다. 이와 같이 一棟의 建物을 구분하여 그 각 部分을 別個의 不動産으로 所有하는 것을 建物의 區分所有라 하고 이 경우 구분된 建物部分을 區分建物이라 한다. 그리고 이러한 區分所有權에 있어서의 그 구분은 세로(縱)의 구분에 한하지 않고, 가로(橫)의 구분도 포함한다.

本條는 이러한 區分建物所有者 상호간의 관계로서, 建物의 共用部分 및 建物附屬物의 共用部分이 각 區分所有者 전원의 共有에 속하는 것으로 推定됨과 共用部分의 보존에 관한 費用 기타의 負擔은 각자의 所有部分의 價額에 比例하여 분담함을 규정하였다. 한편 民 §268 Ⅲ은 각 共有者는 共用部分의 分割을 請求할 수 없음을 규정하고 있다.

그러나 經濟發展 및 인구의 都市集中에 따라 中高層아파트, 聯立住宅 등이 증가됨에 따라 위에 본 규정만으로는 區分建物을 둘러 싼 法律關係를 적절하게 규율할 수 없게 되었으며, 또한 區分建物에 대한 登記에도 미흡한 점과 불편한 점이 많았다. 그리하여 이러한 문제점을 해결하고자 제정된 것이 "集合建物의 所有 및 管理에 관한 法律"(法律 제3725호)이다. 따라서 本條는 마땅히 削除되어야 할 것이다. 아래에서는 本條를 注解하는 대신 本條의 취지를 포함하고 있는 "集合建物의 所有 및 管理에 관한 法律"의 주요내용을 살핀다.

[金 滉 植]

第215條에 대한 後論

集合建物의 所有 및 管理에 관한 法律의 主要內容

차 례

Ⅰ. 區分建物의 意義·要件

1. 區分建物이란 一棟의 建物이 구분되어 區分된 각 부분이 別個의 不動產으로 취급되는 建物部分을 말한다. 그 구분은 縱斷的, 즉 垂直으로 구분하는 경우(예컨대, 1層으로 길게 늘어지는 聯立住宅)나 橫斷的, 즉 水平으로 구분하는 경우(예컨대, 빌딩의 階層에 의한 구분)는 물론 兩者를 결합한 형태로 구분한 경우(예컨대, 中高層 아파트의 구분)를 모두 포함한다. 그러나 어떤 建物部分이 區分建物로 취급되기 위하여는 어떠한 要件을 갖추어야 하는지가 문제된다.

종래 學說·判例는 建物의 일부분이 構造上으로나 利用上으로 獨立性이 있어야 한다고 하였다. 즉 區分建物은 一棟의 建物 중 구조상 區分獨立되어 이를 따로 公示할 수 있고, 利用上으로도 독립된 建物로서 사용될 수 있는 建物部分을 말하는 것이 된다. 集建 §1는 이러한 입장을 成文化하였다.

2. 위에 본 두 要件을 구체적으로 살핀다

(1) 構造上의 獨立性

一部建物部分이 독립한 所有權의 客體가 될 수 있으려면 그 建物部分이 所有權의 내용인 物的支配에 적합한 構造를 갖추지 아니하면 아니된다. 그러므로 「構造上 區分된」 것은 聯立住宅·아파트의 각 號室 등과 같이 建物의 構成部分인 壁·門·階層(천정과 마루바닥) 등에 의하여 다른 建物部分과 완전히 遮斷되는 것을 말한다. 그러므로 建物의 構成部分이 아닌 커텐이나 합판에 의하여 遮斷되었으나 그것이 쉽게 移動·除去될 수 있는 것은 構造上 독립된 것이라고 볼 수 없다.

(2) 利用上의 獨立性

建物의 일부가 독립한 建物로서의 用途에 提供될 수 없는 것은 區分所有權의 客體로 삼을 實益이 없기 때문에 區分建物은 利用上으로도 獨立性을 가져야 한다.

독립한 建物로서 「使用」되는 경우로서는 住居·店鋪·事務所·倉庫·講堂·劇場 등으로 사용되는 경우를 들 수 있다. 「獨立」한 建物로서 사용할 수 있는가를 판단함에 있어서는 出入口의 有無가 일응의 기준이 된다. 예컨대, 隣接한 建物部分을 통하지 않으면 建物의 외부에 나갈 수 없는 빌딩의 建物部分은 區分所有權의 목적으로 할 수 없다.

3. 一棟의 建物의 각 부분이 區分建物로 될 수 있는 要件을 갖추었다 하더라도 所有者가 이를 區分建物로 登記하지 아니하고 一棟의 建物을 객체로 한 登記만을 한 때에는 區分所有權이 성립될 여지가 없다. 즉 所有者의 意思에 의하여 區分所有의 成立與否가 결정된다. 애당초 所有者가 區分建物로서 登記하여 區分所有를 성립시킬 수도 있고, 후에 建物의 區分登記節次를 통하여 區分建物로 登記할 수도 있다.

한편 建物의 區分所有는 區分建物로서의 요건이 없어진 경우에는 당연히 區分所有가 解消되지만 그 요건이 존속하더라도 區分된 각 부분을 「一個의 建物」로 하는 合併登記를 하면 區分所有는 解消된다.

Ⅱ. 專有部分과 共用部分

1. 意 義

(1) 「專有部分」이라 함은 區分所有權의 객체(目的)인 建物部分을 말한다(集建 §2iii). 즉 集建 §1 소정의 要件을 갖춘 建物部分이 실제로 區分所有權의 客體로 된 경우 그 建物部分이 專有部分이다. 그러므로 「區分所有權」은 專有部分을 객체로 하는 所有權이고 「區分所有者」는 「專有部分」의 所有者이다. 集建 §1 소정의 要件을 갖춘 建物部分이라도 區分所有權의 목적이 되어 있지 아니한 경우(예컨대, 管理事務室로 사용되는 建物部分)에는 그것은 專有部分이 아니라 共用部分이다.

(2) 「共用部分」이라 함은 專有部分 이외의 建物部分, 專有部分에 속하지 아니하는 建物의 附屬物 및 集建 §3Ⅱ,Ⅲ의 규정에 의하여 共用部分으로 된 附屬의 建物을 말한다(集建 §3Ⅱiv). 이러한 共用部分을 성질에 따라 분류하면 構造上 共用部分과 規約上 共用部分으로 나눌 수 있다. 前者는 區分所有의 성립과 동시에 法律上 당연히 共用部分이 된 것이고, 後者는 集建 §1 소정의 要件을 갖춘 建物部分이 規約에 의하여 共用部分이 된 것이다.

㈎ 專有部分 이외의 建物部分 　區分所有의 建物 중 專有部分을 제외한 나머지 부분은 모두 共用部分이다. 이 共用部分에도 構造上 共用部分과 契約上 共用部分의 양자가 있다. 共用의 複道·階段·엘리베이터와 같이 構造上 區分所有者의 전원 또는 일부의 共用에 提供되는 建物部分은 본래 區分所有權의 목적으로 하는 것이 불가능하므로 당연히 共用部分이 되는 것이 前者이고, 集建 §1 소정의 要件을 갖추고, 따라서 區分所有權의 목적으로 할 수 있는 建物部分이 集建 §3Ⅱ,Ⅲ의 규정에 의한 規約에 의하여 共用部分이 되는 것이 後者이다.

㈏ 專有部分에 속하지 아니하는 建物의 附屬物 　建物의 附屬物이란 建物에 附屬하여 效用上 그 建物과 일체의 관계에 있는 物件을 말한다. 예를 들면, 電氣·가스·水道·冷暖房·消防·엘리베이터 등의 設備가 이에 해당한다. 이러한 附屬物 중 專有部分에 속하는 것 이외는 모두 法律上 당연히 共用部分이 된다. 예를 들어, 아파트의 附屬物인 水道의 配管에 관하여 보면, 소위 주된 파이프는 共用部分에 해당하고 이것으로부터 分岐되어 각 號室로 통하는 파이프 部分은 각 號室의 附屬物로서 共用部分의 성질을 갖지 아니한다.

또한 이 附屬物은 建物의 내부에 있을 것을 필요로 하지 아니하므로 建物 외에 설치된 貯水槽 그 밖의 給排水施設이나 쓰레기 燒却場 등도 이에 해당하나, 附屬建物은 여기에 말하는 建物의 附屬物은 아니다.

(다) 集建 §1 소정의 建物部分과 附屬建物은 集建 §3 Ⅱ, Ⅲ의 규정에 의한 規約에 의하여 共用部分으로 삼은 때에 共用部分이 된다.

2. 共用部分의 登記

構造上 共用部分, 즉 複道·階段 등의 建物部分은 독립한 기능을 갖지 아니하므로 區分所有權의 目的으로 할 수 없고, 따라서 독립하여 登記할 수 없다. 다만 區分建物의 登記用紙가 一棟의 건물의 表題部와 專有部分의 表題部로 구성되므로 一棟의 건물의 表題部에 표시된 建物(이는 構造上 共用部分을 포함하고 있음)에서 각 專有部分을 제외한 부분이 결국 構造上 共用部分으로서 표시되는 셈이다. 또한 그에 관한 物權變動도 專有部分의 처분에 당연히 따르므로 따로 登記될 여지가 없다. 規約上 共用部分은 그 취지를 登記하여야 한다(集建 §3 Ⅳ). 이것은 본래 독립하여 去來의 대상이 될 수 있으므로 規約上 共用部分이라는 登記에 의하여 그 취지를 公示함으로써 去來의 안전을 도모하기 위한 것이다. 規約上 共用部分에 대한 登記는 表題部에 共用部分인 취지를 기재하고 甲區·乙區用紙를 따로 두지 아니하는 특수한 방식에 의한다(不登 §112-2). 規約上 共用部分에 대한 區分所有者의 持分은 그가 가지는 專有部分의 처분에 따르므로 그에 따른 物權의 得失變更은 따로 登記하지 아니하며, 따라서 甲區用紙를 두지 아니하는 것이다.

3. 共用部分에 대한 所有關係

共用部分은 數個의 專有部分에 대하여 附加物 혹은 從物인 성질을 갖는 것이므로 所有權의 歸屬에 있어서도 그 專有部分의 所有者인 區分所有者의 共有로 함이 적당하다. 이러한 취지에서 集建 §10는 "共用部分은 區分所有者 전원의 共用에 속한다. 다만 일부의 區分所有者만의 共用에 제공되는 것임이 명백한 共用部分은 그들 區分所有者의 共有에 속한다"라고 규정하였다.

共用部分의 共有에 있어서는 分割請求나 持分의 양도가 인정되지 아니하나, 共用部分의 관리에 관한 사항을 결정하거나 共用部分의 負擔이나 收益의 비율을 정하는 경우에 共有者의 持分이 문제로 된다. 그러나 이 持分의 비율을 정함에 있어서 民法과 같이 共有者의 持分을 균등한 것으로 推定하는 것은 共

用部分에 있어서는 적당치 않다. 따라서 集建 §12 I 은 "각 共有者의 持分은 그가 가지는 專有部分의 面積에 의한다"라고 규정하였고, 同條 Ⅱ 은 일부 共用部分으로서 面積이 있는 것이 있을 때에는 그 共用部分의 면적은 이를 共用하는 區分所有者의 專有部分의 면적의 비율에 따라 配分하여 이를 각 區分所有者의 專有部分의 면적에 算入하도록 하였다. 그러나 共有者의 持分에 대하여는 集建 §12의 규정에도 불구하고 規約으로 그 비율을 달리 정할 수 있다(集建 §10 Ⅱ). 區分所有者가 共用部分에 대하여 갖는 共有持分은 區分所有者인 지위에 기하여 갖는 것이므로 區分所有者가 그의 專有部分을 처분한 때에는 그 處分의 效力은 당연히 區分所有者가 共用部分에 대하여 갖고 있는 共有持分에도 미치고 그 共有持分도 함께 처분된 것이 된다(集建 §13 I). 다른 한편 區分所有者는 그가 가지는 專有部分과 분리하여 共用部分에 대한 共有持分만을 처분할 수 없다(集建 §13 Ⅱ). 따라서 共用部分에 대한 共有持分만을 押留하거나 競賣申請하는 것도 허용되지 않는다 할 것이다.

4. 共用部分의 使用·管理·變更 등

集建 §10 I 은 共用部分은 區分所有者 전원 또는 일부의 共有라고 규정하고 있으나 이 共有는 物權編에 규정되어 있는 共有와는 성질을 달리하는 것이다. 物權編의 共有는 個人主義的 構成上 分割의 자유와 持分讓渡의 자유를 인정하는 것을 그 特質로 하고 있으나 共用部分의 共有는 건물의 區分所有라고 하는 共同의 목적을 위하여 인정되는 것이므로 그 취지를 살리기 위하여 分割의 청구나 持分의 양도는 금지할 필요가 있다. 集建 §10 Ⅱ 은 이와 같은 共用部分에 대한 共有의 特殊性을 고려하여 共有에 관한 규정을 두고 있다. 각 共有者는 共用部分을 그 용도에 따라 사용할 수 있다(集建 §11). 民法은 각 共有者는 共有物 전부를 持分의 비율로 사용할 수 있다고 규정하고 있으나(民 §263), 共用部分에 대하여는 각 共有者는 그 용도에 따르는 한 持分에 관계없이 사용할 수 있다. 또한 收益에 관하여는 별도의 규정이 있다(集建 §17). 「用途에 따라」라고 함은 共用部分의 經濟的 目的에 따른다는 의미이다. 規約上 共有部分으로서 規約이 그 사용목적을 정한 것인 때에는 그 사용목적에 따라 사용하게 된다. 共有者에 의한 共用部分의 사용은 規約에 의하여도 금지할 수 없다. 그러나 합리적인 범위에서 使用方法을 정하고 사용을 제한하는 것은 무방하다. 또한 共用部分의 종류에 따라서는 收益을 얻기 위하여 특정한 者에게 賃貸하는 것은 가능하나

다른 共有者의 정상적인 使用을 방해하거나 다른 共有者에게 損害를 가하는 것이어서는 아니된다.

共用部分의 변경에 관한 사항은 區分所有者 및 議決權의 각 4분의 3 이상의 多數에 의한 集會決議로써 결정한다(集建 §15 I 本文). 그러나 共用部分의 改正을 목적으로 하는 것으로서 過多한 費用이 드는 것이 아닐 때에는 통상의 集會決議로써 결정할 수 있다(集建 §38 I). 共用部分의 改良이라도 그것이 변경에 해당하지 아니하면 통상의 集會決議로써 決定한다(集建 §16 I 本文). 共用部分의 변경이 다른 區分所有者의 權利에 특별한 영향을 미칠 때에는 그 區分所有者의 승낙을 얻어야 한다(集建 §15 II). 共用部分의 管理에 관한 사항은 그것이 共用部分의 변경에 이르는 것이 아닌 한 통상의 集會決議로써 결정한다. 보통 管理라고 하면 그것은 目的物의 保存·利用·改良을 통틀어 일컫는 것으로서 全共有者를 위하여 共有物의 사용가치를 실현하면서 증대케 하는 것을 의미한다. 다만 管理에 관한 사항 중 保存行爲만은 각 共有者가 단독으로 할 수 있다(集建 §16 I). 또한 共有部分의 管理에 관한 사항이라도 規約으로써 달리 정할 수 있으며(集建 §16 II), 共用部分의 관리가 다른 區分所有者의 權利에 특별한 영향을 미칠 때에는 그 區分所有者의 承諾을 얻어야 함은 共用部分의 변경에 있어서와 같다(集建 §16 III). 일부의 區分所有者만의 共用에 제공되는 일부 共用部分의 管理에 관한 사항은 원칙적으로 그것을 共用할 區分所有者만의 集會決議로써 각각 決定할 것이나 그것이 區分所有者 전원의 利害에 관계가 있거나 規約으로써 區分所有者 전원의 集會에서 정하기로 한 경우에는 區分所有者 전원의 集會決議로써 決定한다(集建 §14).

5. 共用部分의 負擔·收益 등

각 共有者는 規約에 달리 정함이 없는 한 그 持分의 비율에 따라 共用部分의 管理費用 기타 義務를 부담하며, 共用部分에서 생기는 利益을 取得한다(集建 §17). 즉 共用部分의 維持·改良 등을 위한 必要費·有益費는「管理費用」에 해당하고 租稅 등은「負擔」에 해당한다. 다만 集建 §17는 共有者 내부에 있어서의 管理費用 기타 義務負擔을 정한 것이고 제3자에 대한 관계는 별문제이다. 第三者關係는 당해 法律關係의 性質如何에 의하여 좌우된다. 共有者가 共用部分에 관하여 다른 共有者에 대하여 가지는 債權의 대표적인 것이 共有物의 관리를 위하여 立替한 費用償還請求權이다. 이와 같은 規定을 둔 것은 共用部分의 管理를 효율적으로 하기 위하여 그에 관련된 債權確保可能性을 강화하기 위한 것이다.

Ⅲ. 建物의 垈地

1. 意 義

集建 §2v는 "建物의 垈地라 함은 專有部分이 속하는 一棟의 建物이 소재하는 土地 및 제4조의 規定에 의하여 建物의 垈地로 된 土地를 말한다"라고 규정하였다. 이와 같은 建物의 垈地에 대한 定義規定을 둔 이유는 다음과 같다. 集建法은 區分所有者는 원칙으로 그가 갖는 專有部分과 그 專有部分을 所有하기 위한 垈地에 대한 權利(垈地使用權)을 분리하여 處分할 수 없다는 一體性의 原則(集建 §20)을 도입하여 그 垈地使用權을 專有部分과 분리하여도 無效가 된다고 하고 있으므로 建物의 垈地가 무엇인가를 명확히 하지 아니하면 去來安全을 害하게 된다. 또한 不登法은 專有部分에 대하여 分離하여 처분할 수 없는 登記된 垈地使用權이 있는 때에는 그 權利를 專有部分의 表題部에 登記하고(集建 §57), 그 登記를 한 때에는 登記公務員이 직권으로 垈地權의 목적인 土地의 登記用紙에 垈地權인 취지를 登記하여 그 垈地使用權이 專有部分과 분리하여 처분할 수 없는 권리임을 公示하고 그 후에는 建物에 대하여 이루어지는 登記는 垈地權에 대하여도 동일한 登記原因에 의한 登記로서의 효력을 부여하고 있으므로(§135-4 I) 建物의 垈地가 무엇인가를 명확히 하지 아니하면 垈地權登記의 원활을 기할 수 없다. 따라서 建物의 垈地의 범위를 명확히 함으로써 垈地使用權이 있는 建物에 대한 去來安全 및 登記制度의 원활을 기하고자 하는 것이다.

2. 法定垈地

建物의 垈地에는 두 종류가 있다. 法定垈地와 規約上 垈地가 그것이다. 法定垈地는 專有部分이 속하는 一棟의 建物이 소재하는 土地, 즉 建物이 실제로 서 있는 底地를 말한다. 「建物이 所在하는 土地」는 法律上 당연히 建物의 垈地로 된다는 의미에서 法定垈地라고 한다. 土地는 원래 一筆을 단위로 하여 파악되는 것이므로 建物이 一筆의 土地의 일부에만 서 있는 경우라도 그 一筆의 土地의 전부가 「建物이 所在하는 土地」이다. 또한 建物이 數筆의 土地에 걸쳐서 서 있는 경우에는 數筆의 土地의 전부가 「建物이 所在하는 土地」이다. 法定垈地의 경우에는 區分所有者가 그 垈地를 사용할 수 있는 權利를 가지는 한, 그 垈地에 대한 權利와 區分建物은 당연히(별도의 規約이 필요없이) 일체로서 處分됨에 그 특징이 있다.

3. 規約上 垈地

規約上 垈地는 建物이 소재하는 土地 이외의 土地로서 一棟의 建物 및 建物이 소재하는 土地와 일체로서 管理 또는 使用하기 위하여 規約으로써 建物의 垈地로 삼은 土地이다(集建 §4 I). 통로·주차장·정원·어린이놀이터 등이 여기에 속한다. 이는 오로지 利用上의 면에 착안하여 規約으로써 建物의 垈地로 삼은 것이므로 規約上 垈地라 한다. 規約上 垈地는 반드시 建物이 소재하는 土地(法定垈地)와 인접해 있을 필요는 없고, 또한 登記所의 管轄을 달리하는 土地라도 무방하다. 그러나 그 土地가 建物 및 法定垈地와 일체로 管理 또는 使用되는 것이 불가능하다고 인정할 만한 특별한 사정이 있으면 이를 規約上 垈地로 삼는 것은 적당치 아니하다. 물론 어떤 土地를 規約上 垈地로 삼기 위하여는 그 土地에 어떠한 權利를 갖지 아니하면 아니됨은 당연하다.

Ⅳ. 垈地使用權

建物을 土地上에 所有하기 위하여는 그 土地에 대하여 어떠한 權利를 갖지 아니하면 아니된다. 區分所有建物의 경우에도 區分所有者가 專有部分을 土地上에 소유하기 위하여 그 土地에 대하여 어떠한 權利를 갖어야 한다. 이 경우에 區分所有者가 專有部分을 소유하기 위하여 建物의 垈地에 대하여 가지는 權利가 垈地使用權이다(集建 §2 vi). 이 垈地使用權의 대상이 되는 土地에는 建物이 소재하는 土地(法定垈地) 이외에 規約으로써 建物의 垈地로 삼은 토지(規約上 垈地)가 포함된다. 垈地使用權은 통상 所有權이나 그 밖에 地上權·傳貰權·賃借權 등도 垈地使用權이 될 수 있다. 이들 權利는 區分所有者가 複數인 때에는 건물의 垈地 전체를 區分所有者 전원이 共有(準共有)함이 보통이나 區分所有者가 건물의 垈地를 分筆하여 所有權 기타의 權利를 單獨所有하는 경우도 있다.

Ⅴ. 專有部分과 垈地使用權의 一體性

1. 一體性의 原則

集建 §20 I 은 "區分所有者의 垈地使用權은 그가 가지는 專有部分의 처분

에 따른다"라고 규정하여 專有部分과 垈地使用權의 一體性의 원칙을 채택하였다. 區分所有者가 專有部分을 소유하기 위하여 建物의 垈地에 대하여 갖는 垈地使用權은 專有部分에 대한 從屬性이 지극히 강하고 이를 일체로서 處分하는 것이 거래의 실정이고 또한 專有部分과 垈地使用權이 分離處分됨에 따라 복잡한 法的紛爭이 생길 소지가 많기 때문에 위 原則을 채택한 것이다. 한편 登記上으로는 一體性의 원칙이 적용되는 垈地使用權이 所有權·地上權·傳貰權 및 賃借權인 때에는 건물의 登記用紙 중 表題部에 垈地權의 登記를 하고 이후 專有部分과 垈地權에 대하여 일체적으로 생기는 權利變動은 건물의 登記簿만에 의하여 公示하도록 함으로써 登記簿의 複雜性·尨大性을 緩和하여 登記節次의 合理化를 기하기 위하여 위 原則을 채택하였다. 專有部分과 垈地使用權을 분리하여 「處分」할 수 없는바, 이때의 「處分」이란 法律行爲로서의 처분을 의미한다. 따라서 收用·時效 등과 같이 法律의 規定에 의하여 생기는 權利變動은 여기에서 말하는 處分에 포함되지 아니한다. 또한 여기에서 말하는 處分은 專有部分과 垈地使用權을 일체로 하는 것이 가능한 處分을 말한다(所有權의 讓渡, 抵當權의 設定 등). 따라서 專有部分에 대한 賃借權의 設定, 土地에 대한 地上權·賃借權·地役權 등의 設定, 기존 抵當權의 실행으로 인한 押留, 土地 또는 專有部分만을 목적으로 하는 假處分 등과 같이 兩者를 일체로서 취급할 수 없는 性質의 處分은 여기에서 말하는 處分에 포함되지 아니한다.

專有部分과 垈地使用權을 분리하여 處分할 수 없는 경우에 一方만에 대하여 행하여진 처분은 無效이다. 그러나 分離處分禁止는 그 취지를 登記하지 아니하면 善意로 物權을 取得한 제3자에 대하여 대항하지 못한다(集建 §20 Ⅲ). 이는 어떤 建物을 區分所有權의 목적으로 할 것인가는 所有者의 意思에 달려 있고, 특히 未登記建物의 경우 그것이 區分所有權의 목적인 建物인가는 객관적으로 명백하지 아니하며, 또한 區分建物로서 登記된 建物이라고 하더라도 垈地權의 登記가 되지 아니한 경우에는 分離處理이 가능하다고 믿고 거래할 수 있으므로 分離處分의 금지에 위반한 處分이 있어도 그 無效를 善意의 제3자(相對方)에게 주장할 수 없도록 하여 去來安全을 보호하고자 하였다.

2. 分離處分禁止의 原則의 適用除外

專有部分과 垈地使用權의 일체성의 原則이 채택되어 있다 하여도 이 原則을 모든 區分所有關係에 예외없이 적용하는 것이 타당한가를 생각하면 반드시 그렇다고 할 수 없다. 예컨대, 專有部分의 數가 많은 아파트의 경우를 상정하면 이 一體性의 原則은 지극히 타당하고 합리적인 것으로 보이지만, 專有部分의 數가 2, 3개의 聯立住宅의 경우를 상정하면 이 一體性의 原則을 예외없이 적용함이 타당한가 하는 의문이 생긴다. 後者와 같은 區分建物의 경우는 그 登記簿가 복잡·방대해져 公示機能을 훼손할 가능성도 적고 또한 그와 같은 建物은 비교적 단기간 내에 철거되어 그 垈地가 별도의 용도에 제공될 수 있으리라고 생각된다. 그러므로 專有部分과 垈地使用權의 일체성의 원칙은 위와 같은 연립주택의 경우에도 예외없이 적용함은 타당하다고 할 수는 없다. 그리하여 集建 §20 II 但書는 規約에 의하여 위 一體性의 原則의 적용을 排除할 것을 인정하고 있다. 이 規約은 分離處分을 가능케 하는 規約이라 할 것인바, 法定垈地에 대한 垈地使用權을 專有部分과 分離處分할 수 있도록 하려면 정면으로 分離處分을 가능케 하는 規約을 설정하여야 하나 規約上 垈地에 대한 垈地使用權을 專有部分과 分離處分할 수 있도록 하려면 規約上 垈地의 設定을 내용으로 한 規約을 폐지하면 족하다.

3. 分離處分의 無效의 主張의 制限

專有部分과 垈地使用權을 분리하여 處分할 수 없다는 一體性의 원칙에 반하는 處分은 無效임이 원칙이다. 그러나 兩者가 一體性을 갖고 있다는 것을 알지 못한 채 分離處分이 행해진 경우를 상정할 수 있다. 특히 專有部分과 垈地使用權의 일체성은 登記簿에 의하여 公示되게 되어 있으나 登記가 행하여지지 아니한 垈地使用權도 있을 수 있고, 또한 建物이 新築되어 專有部分의 登記가 행하여지기 전의 상태를 생각할 수 있는바, 이러한 경우에는 專有部分과 垈地使用權이 一體化되어 있는지가 登記簿上 公示되어 있지 아니하다. 그렇다면 實體法上으로는 專有部分과 垈地使用權의 일체성이 있음에도 불구하고 그것을 알지 못하고 去來하는 제3자가 생길 수 있다. 이러한 경우 一體性이 생겼음에도 불구하고 그러한 사실을 알지 못하고 去來하는 경우가 있을 수 있을 수 있는바, 이를 一體性의 원칙에 반하는 處分이라 하여 무조건 無效라고 한다면 去來安全을 해하게 된다. 따라서 專有部分과 垈地使用權의 分離處分을 금하는 취지의 垈地權의 登記가 행하여지지 아니한 상태에서 이루어진 것이라면, 그 처분의 無效를 주장할 수 없으나 그 처분이 垈地權의 登記가 행하여진 상태에서 이루어진 것이라면 그 處分의 無效를 주장할 수 있다. 그러나 善意의 相對方이

處分에 따른 登記를 경료하기 전에 垈地權의 登記 및 垈地權인 취지의 登記가 행하여지면 어떻게 되는가? 垈地權의 登記 및 垈地權인 취지의 登記가 행하여진 상태에서 分離處分의 登記를 할 수 없으므로 垈地權의 登記 및 垈地權인 취지의 登記를 抹消한 뒤에 分離處分에 의하여 취득한 權利移轉登記를 할 수 있을 뿐이다.

Ⅵ. 區分所有權賣渡請求權

區分所有者가 자기의 專有部分을 所有하기 위하여 建物의 垈地에 대한 權利, 즉 垈地使用權을 갖지 아니한 경우에는 그 垈地의 權利者는 이론상 區分所有者에 대하여 그 專有部分의 撤去를 請求할 수 있으나 그것이 一棟의 建物의 일부이므로 그 部分만을 撤去하는 것은 사실상 불가능한 경우가 많다. 또한 그 撤去가 가능하다고 하여도 撤去에 의하여 建物의 일부를 파괴하는 것은 국민경제상의 입장에서도 타당치 아니하다. 그러므로 集建 §7는 撤去請求權者에게 專有部分의 撤去請求 대신 그 專有部分을 목적으로 하는 區分所有權을 자기에게 賣渡할 것을 請求할 수 있다고 규정하였다. 이 權利는 일종의 形成權이다. 따라서 이 權利를 갖는 者는 상대방에 대한 請求權行使의 의사표시에 의하여 一方的으로 時價에 의한 賣買成立의 效果를 생기게 할 수 있다.

Ⅶ. 管 理 團

1. 意 義

集合建物에 대하여 區分所有關係가 생기게 되면 필연적으로 共同管理의 문제가 발생하고 여기에 區分所有者들은 個個人의 意思如何에 불구하고 자연발생적으로 共同管理事業施行을 목적으로 하는 하나의 團體的 關係를 형성하게 된다. 集合建物法은 이 團體的 關係를 法的으로 파악하여 法的關係의 成立을 인정하였으며 이를 管理團이라고 하였다. 集合建物의 共同管理는 區分所有者間의 契約에 의할 수도 있겠으나, 이 경우 區分所有者 전원의 意見의 일치라는 것은 대단히 어렵고 複雜하며 또 區分所有者가 변동될 때마다 종래의 契約

關係에 加入·脫退한다는 것도 간단하지 않다. 이래서 法은 團體法의 法理를 도입함으로써 共同管理를 둘러싼 法律關係의 單純化·效率化·適正化를 도모한 것이다. 그리고 일부의 區分所有者만의 共用에 제공되는 것임이 명백하여 그들 區分所有者의 共有에 속하는 共用部分이 있는 경우에는 그 共用部分의 管理는 그들 일부 區分所有者들만의 共同事業이므로 管理團도 그들 일부 區分所有者들만으로 구성된다. 그러나 이 경우는 團體의 成立必要性이 그다지 크지 않으므로 管理團의 설립을 해당 區分所有者의 任意에 맡겨 그들 사이의 規約으로 정하는 경우에 한하여 管理團이 設立되도록 하였다(集建 §23 II). 이러한 管理團은 一部共用部分管理團이라고 부를 수 있을 것이다.

2. 設　立

管理團은 별다른 設立節次없이 區分所有關係의 성립으로써 當然設立된다(集建 §10 I). 規約의 設定이나 管理人의 선임은 設立要件이 아니다. 法文上으로는 區分所有關係의 성립과 동시에 設立되는 것처럼 되어 있으나, 一棟의 建物 전부가 一人의 所有에 속하고 있는 동안에는 團體로서의 管理團이 성립되지는 못할 것이고, 分讓이 開始되고 入住가 이루어져서 共同管理의 필요가 생긴 때에 비로소 管理團이 設立되는 것으로 보아야 할 것이다. 그런데 一部共用部分管理團은 一部共用部分의 生成으로써 當然設立되는 것이 아니고 規約設定에 의한 設立行爲를 필요로 한다. 이 경우 規約은 해당 區分所有者들만의 찬성으로 설정되는 集建 §28 II 소정의 規約이다. 管理團이 設立되지 아니한 一部共用部分의 管理에 대하여는 管理團의 規定이 準用될 수 없으며, 一般契約에 의할 수밖에 없다.

3. 性　格

管理團의 法的 性格은 法律에 규정된 바 없으나 性質上 이를 權利能力없는 社團으로 봄이 상당할 것이다. 一部共用部分管理團도 마찬가지이다. 문제는 區分所有關係가 성립하고 共同管理도 開始되었으나 規約의 設定, 集會의 組織, 管理人의 選任 등이 없어 아직 단체로서의 實體를 갖추지 못한 경우에도 이를 權利能力없는 社團으로 볼 것인가 하는 것이다. 管理團은 法이 集合住宅의 관리를 둘러싼 法律關係의 適正處理를 위하여 특별히 인정한 단체이고 內部組織과 運營에 관한 사항의 대강은 法으로 직접 정하여져 있으므로, 다소간 團體性

이 未洽하더라도 權利能力없는 社團으로 보아주는 것이 타당할 것이다. 管理團은 權利能力없는 社團으로 취급되는 결과 비록 權利能力은 없지만 訴訟法上의 當事者能力은 있으며 不動產登記能力도 있다. 社團으로서 향유할 수 있는 權利의 範圍, 行爲의 範圍와 形式, 不法行爲能力 등에 관하여는 社團法人에 관한 규정을 준용하면 될 것이다. 다만 管理團은 集合建物의 共同管理라는 特殊目的을 위하여 設立이 인정된 團體인 만큼 그 目的範圍 외의 사업 등은 일체 허용될 수 없다.

4. 構成員

管理團은 區分所有者 전원으로써 구성된다. 區分所有者는 本人의 意思와 관계없이 法律의 規定에 의하여 당연히 構成員이 되며, 構成員이 될 것을 拒否하지도 못한다. 區分所有者의 地位를 가지는 동안에도 脫退도 허용되지 않는다. 區分所有權이 數人의 共有에 속하는 경우에는 共有者 전원이 管理團의 構成員이 되나 集會에서의 議決權 행사를 위하여는 이를 행사할 一人을 정하여야 한다(集建 §37 Ⅱ). 區分所有者가 변동되면 管理團 구성원의 地位도 당연히 移轉된다. 별도의 加入·脫退의 節次를 필요로 하지 않는다. 區分所有權과 분리하여 構成員의 지위를 讓渡할 수 없음은 물론이다. 集建 §42 Ⅰ은 規約 및 管理團 집회의 決議는 區分所有者의 特別承繼人에 대하여도 效力이 있다고 규정하고 있으나, 이는 당연한 것을 注意的으로 규정한 것에 지나지 않는다. 반면 區分所有者가 아닌 者는 管理團의 構成員이 되지 못한다. 管理人은 管理團을 대표하고 規約의 保管者가 될 수 있으며, 管理團集會의 議長도 될 수 있지만, 管理團의 構成員은 아니다. 區分所有者가 그 專有部分을 타인이 占有使用하도록 承諾한 경우에도 管理團의 構成員은 區分所有者 본인이며, 사실상 占有使用者가 아니다. 다만 區分所有者가 占有使用者에게 構成員으로서의 權利行使에 관한 代理權을 준 경우에는 占有使用者가 代理權을 행사할 수 있을 것이다.

Ⅷ. 管 理 人

集合建物에 있어서의 共用部分, 垈地, 附屬施設의 관리는 區分所有者들이 共同으로 하게 되는 것이지만, 區分所有者의 數가 많고 管理對象, 管理事項이

다양하게 되면 共同管理라는 것이 그다지 용이한 것이 아니다. 이래서 法은 區分所有者 각자가 가지는 管理權限을 특정인에게 집중시켜 管理의 원할을 꾀함과 동시에 대외적인 관계에서는 法律關係가 명확해지도록 하였다. 이처럼 管理權限을 위탁받게 되는 特定人을 管理人이라 한다. 管理人은 모든 區分所有關係에서 선임할 수 있는 것이겠으나 특히 區分所有者가 10人 이상인 때에는 管理人의 선임이 義務化되어 있다. 즉 集合建物法은 共同管理에 團體法의 法理를 도입하여 管理團의 當然成立을 규정함과 아울러 管理團을 대표할 代表者의 역할을 管理人이 담당하도록 하였다. 이로써 管理人은 사실상의 管理業務遂行者로서 뿐만 아니라 法律上 區分所有者團體를 대표하는 機關으로서의 의미를 갖게 된다.

管理人은 管理團集會의 決議에 의하여 選任되거나 解任된다(集建 § 24 Ⅱ). 議決定足數에 관하여는 특별한 規定이 없으므로 區分所有者 및 議決權의 각 過半數의 찬성에 의한다. 資格에 대하여는 특별한 制限이 없다. 區分所有者가 아닌 者도 管理人으로 선임될 수 있다. 法人도 管理人이 될 수 있다.

規約이나 選任決議에 임기에 대한 정함이 없는 때에는 管理人은 解任되기까지 존재한다. 그러나 死亡·破産 등 民法上 委任의 終了事由가 있을 때에는 管理人은 自動解任되는 것으로 보아야 할 것이다. 管理人에게 부정한 行爲 기타 그 직무를 수행하기에 적합하지 아니한 사정이 있을 때에는 각 區分所有者는 그 解任을 法院에 請求할 수 있다(集建 § 24 Ⅲ). 解任請求의 訴訟은 管理人의 지위를 剝奪할 것을 구하는 형성의 訴이며, 原告는 각 區分所有者이고 被告는 管理人이다. 管轄法院은 피고의 住所地를 관할하는 地方法院이다. 解任請求의 訴訟을 本案으로 하여 그 管理人의 職務執行停止, 職務代行者選任의 假處分을 신청할 수도 있다.

管理人은 管理團의 業務執行 및 代表機關이 된다. 管理人이 선임된 한 管理團의 事務執行은 管理人에 의하여서만 행해진다. 管理人을 통하지 않는 區分所有者 개개인의 管理行爲는 허용되지 않는다고 하여야 한다. 管理人에 대하여 管理團의 기관으로서의 地位 외에 개인으로서의 契約當事者의 地位를 인정할 필요가 있는가? 管理團의 當然成立을 인정하여 團體的 規律을 도모하는 法制下에서는 그럴 필요가 없다고 생각된다. 管理人의 모든 權限과 義務는 管理團의 기관으로서의 權限·義務로 보아야 한다.

Ⅸ. 規約과 規約에 갈음하는 公正證書

集合建物의 共用部分과 垈地, 附屬施設 등의 共同管理를 목적으로 하는 管理團의 성립을 인정함으로써 集合建物의 관리에 團體法的 思考를 도입하였음을 前述하였거니와, 管理團에는 社團法人의 定款에 준하는 基本原則의 設定이 필요할 것이다. 이러한 管理上의 基本規則을 法은 規約이라고 부른다. 그러나 社團法人에 있어서 定款이 必須的인 것과는 달리 管理團의 規約은 임의적인 것이다. 共用部分, 垈地 또는 附屬施設의 管理使用에 관한 區分所有者 상호간의 사항 중 法에서 정하지 아니한 事項은 區分所有의 구체적 실정에 따라 區分所有者間의 合意에 의하여 決定할 수 있음은 물론이다. 그런데 이러한 合意를 債權契約에 의하게 하면 區分所有權이 讓渡되는 경우 그 契約은 讓受人을 拘束하는 效力이 없으므로 충분히 목적달성을 할 수 없게 된다. 이리하여 法은 이러한 事項을 規約으로 정하여 區分所有者의 特定承繼人에게도 그 效力을 미칠 수 있게 하였다(集建 §28 Ⅰ). 그리고 일정한 경우 區分所有權이나 垈地使用權의 權利內容에 관한 사항을 規約으로 정하기도 한다. 規約은 多數決의 原理에 따라 制定·改廢되는 점, 그 決議의 效力이 合意에 관여한 區分所有者 이외의 者에게도 미치는 점, 그 效力의 區分所有者의 交替, 移動에 의하여 영향을 받지 않는 점 등에 비추어 이를 自治法規 내지 自治規則으로 보아야 한다. 法人의 定款이나 勞動協約 등에 비견할 수 있을 것이다.

한편 一棟의 建物의 전부 또는 附屬建物을 所有하는 者는 일정한 사항에 대하여 公正證書로써 規約에 상당하는 것을 정할 수 있다. 원래 規約이라는 것은 多數의 區分所有者의 존재를 전제로 하는 것이므로 多數人에 의한 區分所有關係가 성립한 뒤에야 規約을 설정할 수 있을 것이나, 그러나 이를 고집하면 실제상 매우 불편한 점이 있으므로 集建法은 多數人에 의한 區分所有關係가 성립하기 전이라도(소위 分讓前의 상태에서) 規約上 共用部分의 指定(集建 §3 Ⅲ), 規約上 垈地의 指定(集建 §4 Ⅱ), 專有部分과 분리한 垈地使用權의 처분의 許容, 專有部分의 處分에 따르는 垈地使用權 비율의 決定(集建 §21 Ⅱ)을 公正證書로써 정할 수 있도록 하였다.

[金 滉 植]

相隣關係 前論

차 례

Ⅰ. 意　　義

1. 不動產 특히 토지는 動產과는 달리 서로 隣接하여 존재한다. 따라서 토지의 원만한 利用을 위해서는 서로 隣接하는 土地相互間의 이용의 조절이 필요하다. 이와 같이 隣接하는 부동산 相互間, 특히 土地相互間의 이용을 서로 조절할 것을 목적으로 하는 法律關係를 相隣關係(Nachbarschaft)라 하고, 그러한 相隣關係로부터 발생하는 권리를 相隣權(Nachbarrecht)이라 한다. 다시 말하면 인접한 부동산의 所有者가 각자의 소유권을 無制限으로 주장한다면 그들 부동산의 완전한 이용을 이룩할 수 없다.

여기서 각 所有者가 가지는 권리를 어느 정도까지 제한하고, 각 所有者에게 協力의 의무를 부담케 함으로써 隣接하는 不動產 상호간의 이용의 조절을 꾀하려는 것이 相隣關係이다.

2. 相隣關係는 인접한 不動產 상호간의 이용의 조절을 위한 制度이므로 한편에서는 不動產所有權의 제한이지만, 다른 한편으로는 隣地의 使用, 이웃사람의 協力 등을 요구할 수 있으므로 所有權의 확장을 가져온다. 따라서 相隣關係의 내용은 인접하는 각 부동산 소유권의 내용의 擴張과 制限이다.

Ⅱ. 歷史的 發展

個人主義的인 法이었던 로마법에서는 相隣關係는 별로 발달하지 못하였고 그 종류도 아주 적었다. 이에 반하여 團體主義를 기조로 하는 게르만법에서는

相隣關係가 발달해 있었다.

民法은 舊民法에서보다 10個條를 더 添加·挿入함으로써 相隣關係를 보다 합리적으로 규정하려고 하였다. 그런데 相隣關係는 부동산이 位置하고 있는 地方의 慣習 내지 慣行에 따라서 차이가 많을 수 있다. 그래서 獨逸에서는 주로 州法(Landrecht)에 의해서 相隣關係가 규율되고 있고, 우리 民法에서도 民法上의 相隣關係와 다른 慣習이 있을 때에는 그 慣習에 따를 것을 규정하고 있다(§§ 224, 229 Ⅲ, 234, 237 Ⅲ).

그리고 都市化·産業化의 進展에 따라서 建築法 등에 의해서 民法上의 相隣關係의 규정이 많은 修正을 받고 있다. 이와 같이 公法에 의하여 修正된 相隣關係를 私法上의 相隣關係라 할 수 있다.[1] 이에 대해 民法上의 本來의 相隣關係를 私法上의 相隣關係라 한다.

Ⅲ. 強行法規性

相隣關係에 관한 民法規定의 성격에 대해서는 任意規定說[2]과 強行規定說,[3] 및 折衷法[4]이 주장되고 있다. 判例[5]는 民 §244에 관하여 同條는 強行規定이 아니며, 그와 다른 내용의 當事者間의 特約은 유효하다고 하였다.

생각건대, 相隣關係의 규정은 원칙적으로 強行規定이지만 오늘날과 같은 都市化·産業化에 의하여 부동산을 節約的, 高密度로 이용하여야 하는 현실에 비추어 보면 民法上의 相隣關係의 규정과는 다른 特約의 유효성을 인정해야 할 경우도 없지 않다.

따라서 원칙적으로는 強行規定이지만 모든 相隣關係規定을 強行規定으로는 볼 수 없다는 折衷說이 타당하다고 생각된다.

1) 李英俊, 物權, 391(1990).
2) (註 1), 389.
3) 郭潤直, 238(1986).
4) 金容漢, 物權, 239(1985); 張庚鶴, 物權, 273(1988); 金相容, 物權, 383(1992).
5) 大判 82.10.26, 80다1634(要集 民 Ⅰ-1, 447).

Ⅳ. 適用範圍

民 §216 이하의 相隣關係에 관한 규정은 不動產所有者 상호간의 法律關係를 규율한다. 그러나 이러한 규정은 地上權者 상호간 또는 地上權者와 隣地所有者間, 傳貰權者 상호간 또는 傳貰權者와 隣地所有者 및 地上權者間에도 준용된다(民 §§ 290, 319).

왜냐하면 이러한 경우에도 역시 不動產 상호간의 이용을 조절하여야 할 필요가 있기 때문이다. 明文의 規定은 없지만 부동산의 賃貸借에 있어서도 不動產賃借權이 物權化 경향에 있고, 隣接不動產과의 이용의 조절이 필요하므로 相隣關係의 규정을 유추적용하는 것이 타당하다(通說).

이와 같이 相隣關係는 隣接한 不動產相互間의 利用을 調節하는 것이므로 動產에는 類推適用할 수 없다.

Ⅴ. 類似制度

1. 相隣關係와 地役權

相隣關係와 地役權(民 § 291 이하)은 내용에 있어서 대단히 비슷하다. 相隣關係는 法律에 의하여 당연히 인정되는 不動產所有權의 내용의 擴張·制限인 데 대하여, 地役權은 계약에 의하여 생기는 土地所有權의 확장·제한이다.

兩者를 좀더 자세히 비교해보면 첫째로 發生原因에 있어서 相隣關係는 法律上 당연히 발생하고(佛民 § 639는 相隣權을 法定地役權(servitudes légales)이라고 한다), 登記를 요하지 않는 데 반하여 地役權은 계약에 의하여 발생하고 등기하여야 한다. 둘째로 相隣關係는 相隣地 상호간에 인정되는 데 반하여, 地役權은 반드시 相隣地 상호간일 필요는 없다. 즉 地役權에 있어서는 要役地와 承役地가 반드시 서로 접하고 있어야 하는 것은 아니다. 셋째로 認定限界에 있어서 相隣關係는 이용의 조절을 위한 최소한도의 擴張·制限인 데 비하여, 地役權은 그러한 한도를 초월하여 탄력적으로 이용의 조절을 꾀한다.

2. 기타 制度

隣地 상호간의 이용의 조절을 꾀하는 제도는 民法上의 相隣關係만에 의해서는 오늘날 새롭게 제기되는 隣地 상호간의 이해를 완전히 조절할 수는 없다. 특히 公害問題·日照問題 등의 환경문제가 隣地 상호간 또는 隣地居住者間에 해결되어야 할 새로운 과제로 등장하게 되었다. 이러한 環境問題의 해결에는 物權的 請求權, 權利濫用의 法理, 不法行爲의 法理 특히 無過失責任의 法理가 중요한 기능을 하게 되었다.

[金 相 容]

第216條(隣地使用請求權)

① 土地所有者는 境界나 그 近傍에서 담 또는 建物을 築造하거나 修繕하기 위하여 필요한 範圍內에서 이웃 土地의 使用을 請求할 수 있다. 그러나 이웃 사람의 承諾이 없으면 그 住居에 들어가지 못한다.

② 前項의 경우에 이웃 사람이 損害를 받은 때에는 補償을 請求할 수 있다.

I. 隣地使用請求權의 內容

1. 土地所有者는 境界나 그 近傍에서 담 또는 建物을 축조하거나, 또는 이를 修繕하기 위하여 필요한 범위 안에서 이웃 土地의 사용을 청구할 수 있다(民 §216 I, 本文). 이를 隣地出入請求權이라고도 한다.[1] 당연히 使用權이 있는 것이 아니라 使用請求權이 있을 뿐이므로 만일 이웃 사람이 승낙하지 않으면 承諾에 갈음하는 判決(民 § 389 II)을 구하여야 한다.[2] 그 相對方은 隣地所有者뿐만 아니라 隣地利用者(地上權者, 傳貰權者, 賃借人 등)도 포함된다.

---

1) 黃迪仁·金相容·鄭權燮, 註釋民法(II)(改訂版), 364(1992).

2) (註 1), 399; 金容漢, 250; 張庚鶴, 402. 反對說 金基善, 物權(1985), 201.

2. 隣地의 住居에 들어가려면 이웃 사람의 承諾이 있어야 한다(民 §216 I 但). 이웃 사람은 住居의 出入을 거절할 수 있으며, 이 경우는 判決로서 承諾에 갈음시킬 수 없다(通說). 다만 정당한 이유없이 거절하는 때에는 權利濫用이 될 수도 있을 것이다. 이웃 사람이란 현재 그 住居에 거주하는 所有者·地上權者·傳貰權者·賃借人 등을 가리킨다.

Ⅱ. 損害의 補償

이상 두 경우에 있어서 이웃 사람이 損害를 받은 경우에는 사용자에게 補償을 청구할 수 있다(民 § 216 Ⅱ).

이와 같이 한편에서는 隣地使用請求權을 인정하면서 다른 한편에서 補償을 지급할 義務를 지우고 있는 것은 損害分擔思想의 표현이다.

Ⅲ. 區分建物所有者의 隣接區分建物使用請求權

區分所有者는 그 專有部分 또는 共用部分의 保存改良을 위하여 필요한 범위 내에서 다른 구분소유자의 專有部分 또는 자기의 共有에 속하지 않는 공용부분의 사용을 청구할 수 있으며, 이때 다른 區分所有者에게 손해가 발생하였을 때에는 그 손해를 보상하여야 한다(集建 § 5 Ⅲ). 이것은 民 § 216가 규정하고 있는 隣地使用請求權의 인정과 동일한 취지이다.[3]

이상과 같은 區分所有者의 권리의무는 專有部分의 占有者로서 區分所有者가 아닌 者(예컨대 傳貰權者, 賃借人)에 대해서도 인정된다(集建 § 5 Ⅳ).

[金 相 容]

3) 金容漢, 247.

第217條(煤煙 등에 의한 隣地에 대한 妨害禁止)

① 土地所有者는 煤煙, 熱氣體, 液體, 音響, 振動 기타 이와 類似한 것으로 이웃 土地의 使用을 妨害하거나 이웃 居住者의 生活에 苦痛을 주지 아니하도록 適當한 措處를 할 義務가 있다.

② 이웃 居住者는 前項의 事態가 이웃 土地의 通常의 用途에 適當한 것인 때에는 이를 忍容할 義務가 있다.

차 례

Ⅰ. 序 論

1. 本條의 意義와 目的

(1) 本條는 어느 土地의 利用으로 인하여 생긴 煤煙, 熱氣體, 液體, 音響, 振動 등의 영향으로 이웃 土地의 使用이 방해되거나 이웃 居住者의 生活에 苦痛을 주는 경우를 규제하고 있다. 이와 같은 종류의 影響 내지 干涉을 英美에서는 生活妨害(nuisance), 佛蘭西에서는 近隣妨害(troubles de voisinage), 獨逸에

서는 임미시온(Immission), 日本에서는 公害 등의 용어로 부르고 있으나, 우리 나라에서는 명칭에 관하여 통일된 의견이 아직 나오지 않고 있고, 本條의 제목은 "煤煙 등에 의한 隣地에 대한 妨害禁止"라고 되어 있어 다소 긴 느낌이 있으므로 편의상 本條와 그 규정의 위치 및 내용이 가장 유사한 獨民 §906와 같이 임미시온이라는 용어를 그대로 사용하기로 한다.

(2) 本條는 民法 제3장 제1절 「所有權의 限界」에 관한 규정들 중 相隣關係에 관한 규정 속에 들어 있다. 이것은 本條가 기본적으로는 토지소유자들 사이의 소유권행사의 衡平을 조절하려는 데에 그 規範의 목적이 있음을 의미한다. 이러한 규범의 목적에 비추어 볼 때, 本條는 民 §211의 "소유자는 법률의 범위 내에서 그 소유물을 使用·收益·處分할 권리가 있다"는 규정 및 民 §214의 "소유자는 所有權을 방해하는 자에 대하여 妨害의 除去를 청구할 수 있고 소유권을 방해할 염려있는 행위를 하는 자에 대하여 그 豫防이나 損害賠償의 擔保를 청구할 수 있다"는 규정과 밀접한 관련을 가진다. 즉 本條 I은 民 §211가 보장하고 있는 토지소유자의 적극적인 利用權能에 대한 한계를, 本條 II은 民 §214가 규정하고 있는 토지소유자 등의 소극적인 防禦權能에 대한 한계를 각각 설정하고 있는 것이다.

2. 임미시온 規制制度의 背景

近代市民社會의 기초가 된 所有權絶對의 사상이 私的自治, 過失責任의 원칙과 함께 인류의 자유경쟁을 뒷받침함으로써 눈부신 產業의 발달을 가져오는 데 기여하였음은 주지하는 바와 같다. 그러나 이러한 產業의 高度成長은 점차 工業과 農水產業 사이, 또는 工場과 住居 사이에 토지이용을 둘러싼 紛爭을 아울러 초래하게 되었으며, 자유경쟁의 결과로 초래된 經濟的 不平等의 문제와 함께 「所有權」의 개념에 대한 재검토를 불가피하게 만들고 있다.

원래 絶對的 所有權의 개념 아래에서도 임미시온의 규제가 불가능한 것이라고는 할 수 없다. 어느 토지의 소유권행사가 절대적으로 보장되기 때문에 그 소유권의 행사로 인한 임미시온의 放散도 아무런 제약이 없다고 한다면 그 임미시온의 放散이 이웃 토지의 사용에 방해를 주는 한도에서는 절대적으로 보장되어야 할 이웃 토지의 소유권을 침해하는 결과가 될 것이므로 필요한 최소한의 범위 내에서는 두 土地所有權 사이의 조절은 어차피 불가피한 것이다. 그러나 이러한 자유주의적인 市民法原理下에서는 토지소유권의 利用權能과 防

禦權能 사이의 法的인 衡平의 조절에 대한 고려가 빈약하고, 토지소유권의 利用權能이 이웃 토지 소유권의 防禦權能에 비하여 중요하게 평가될 수밖에 없었으므로 산업사회의 발전에 따라 대규모화, 다양화되어 가는 임미시온에 적절히 대응할 수 없게 되었다.

19세기 후반부터 경제가 獨占資本主義 단계에 들어서게 되면서 所有權의 社會性 내지 公共性을 강조하는 방향으로 所有權의 개념이 수정되자, 임미시온의 문제에 있어서도 예링(Jhering)의 이른바 社會的 所有權(Gesellschaftliche Eigentum)의 개념에 따른 적극적인 所有權 행사의 제한을 필요로 하게 되었다. 임미시온의 규제에 관한 제도는 위와 같이 公害問題 내지 環境問題를 「土地所有權」이라는 법적 수단을 이용하여 해결하는 방법으로 생겨난 것이다. 초기 산업사회에 있어서의 公害는 土地利用의 결과로 인하여 생기는 경우가 대부분이었고, 이로 인한 피해자도 그 인근에서 거주하거나 인근토지에 대하여 所有權 기타 物權을 가지고 있는 자인 경우가 많았으므로 그 사이의 분쟁을 土地所有權者 사이의 相隣關係에 기하여 규제하는 것이 효과적인 해결방법의 하나였다고 할 수 있었기 때문이다.

한편, 현대생활에 있어서는 都市의 過密化現象 등으로 말미암아 公害問題 내지 環境問題는 더욱 심각한 樣態로 대두되었고, 이를 토지소유자 사이의 相隣關係에 기하여 규율하는 것으로는 적절하지 않은 경우들이 생겨나게 되었다. 더욱이 임미시온 등으로 인한 環境破壞는 인류 전체의 「삶의 질」(Quality of life)을 떨어뜨릴 뿐만 아니라 때로는 不可逆的인 것이어서 종국적으로는 인간의 생활 자체를 말살시킬 수도 있는 것이라는 인식이 보편화됨에 따라 임미시온에 대한 私法的 規制에 있어서도 단순히 이웃 居住者 사이의 紛爭解決의 차원만이 아니라, 사회전반적인 環境保全의 관점에서의 고려가 요청되고 있다.

3. 本條의 機能

本條는 임미시온에 대한 物權的 妨害排除請求權과 임미시온으로 인한 損害賠償請求權의 범위를 구체화하여 임미시온으로 인한 피해의 私法的 救濟를 뒷받침하는 기능을 하고 있다.

公害規制의 측면에서 볼 때, 私法的 救濟方法은 그다지 효과적인 것이라고 보기 어렵다. 私人間의 訴訟을 통한 公害問題의 해결은 對症療法에 불과하고, 斷片的이며, 公益에 중점을 둔 것이 아니어서 地域社會 내지 國家 전체의 지속적인 문제가 된 環境汚染과 그로 인한 生態界의 破壞를 長期的·劃一的인 정책을 통하여 규제하고 예방하는 데에 알맞는 機能을 가진 것이라고 할 수 없기 때문이다.[1]

이러한 고려에서 우리 나라는 일찍이 1963년에 舊公害防止法(법률 제1436호)을 제정하였고, 1977.12.31 이를 전면적으로 개편하여 체계를 갖춘 環境保全法(법률 제3078호)을 公布, 施行하여 오다가, 다시 汚染現象別로 對策法律을 제정하려는 노력 끝에 1990.8.1 環境政策基本法(법률 제4257호), 大氣環境保全法(법률 제4262호), 騷音·振動規制法(법률 제4259호), 有害化學物質管理法(법률 제4261호), 環境汚染被害紛爭調停法(법률 제4258호) 등으로 법령을 정비하여 公害에 대한 行政的 規制를 뒷받침하고 있다. 그러나 公害에 대한 私法的 救濟는 위에서 본 바와 같은 단점도 불구하고 무시 못할 독자적 機能을 가지고 있음을 간과하여서는 안 될 것이다.

① 個別的 裁判을 통한 구체적인 분쟁의 해결은 일률적인 행정규제가 간과하거나 포섭하기 어려운 문제까지 그 대상으로 삼을 수 있기 때문에 행정규제를 보완하는 기능을 할 수 있다. 과학과 기술의 발전에 따른 企業活動 기타 인간활동의 多樣化는 행정적으로 규제되지 않고 있는 새로운 公害를 발생시킬 수 있고, 이러한 公害에 대한 私法的 救濟의 補完的 機能이 무시될 수는 없다. ② 環境保護보다는 產業化에 정책의 초점이 맞추어져 있고, 公害規制를 위한 예산의 뒷받침이 부족한 실정에 있는 開發途上國에 있어서는 私人의 訴訟을 통한 公害抑制가 오히려 효율적인 경우도 있을 것이다. ③ 公害訴訟은 그 결과를 통하여 公害排出로 인한 企業의 損害賠償額·裁判費用 등의 부담액을 드러냄으로써 公害防止設備를 위한 費用과의 비교를 용이하게 하고, 企業이나 政府로 하여금 經濟的 側面에서 효율적인 公害防止策을 강구케 하는 부수적인 社會學的인 기능도 하고 있다.[2] ④ 가장 중요한 것은 公害에 대한 行政的 規制에 의하여서는 일반국민은 反射的 利益을 받는 데 불과한 것이므로 公害에 대한 私法的 救濟方法은 피해자의 입장에서 볼 때 최후의 權利救濟手段으로서의 기능을 가진다는 점이다.[3]

本條는 相隣關係를 규율하는 物權法上의 규정이므로 本條의 본래적 기능

1) 鄭萬朝, "美國의 環境法, 環境訴訟概說", 公害問題와 裁判(裁判資料 2), 179 이하.

2) Soung Soo Kim, "JUDICIAL INTERVENTION IN ENVIRONMENTAL DISPUTES IN COMPARATIVE ASPECTS," The Korean Journal of Comparative Law(vol. 11, 1983); 金基洙, "公害의 私法的救濟의 方向과 相隣關係的 構成", 환경법연구 창간호, 116 이하는 한걸음 더 나아가서 私法的救濟 優先原則을 주장하고 있다.

3) 全昌祚, "環境權의 確立", 法과 環境, 200 이하.

은 私法的 救濟方法 중에서도 物權的 請求權에 기한 임미시온의 금지에 있어야 할 것이다. 하지만 本條와 같은 규정이 없었던 舊民法時代로부터의 전통과 임미시온法에 대한 認識의 부족으로 不法行爲에 기한 損害賠償請求에 있어서 違法性을 판단하는 지침으로서의 기능을 가지는 데에 그치고 있는 것이 현재 우리 나라의 실정이다. 임미시온에 관한 대부분의 大法院判例가 損害賠償請求事件에 관하여 나온 것이고, 임미시온 防止請求訴訟[4]을 좀처럼 찾아보기 어려운 이유가 여기에 있다.

Ⅱ. 임미시온 禁止의 沿革과 立法例

1. 우리 民法에서의 制定經過

대한민국 정부수립 후 法典編纂委員會에서 起草되어 1954.10.26 國會에 제안된 民法案에는 舊民法에 없었던 新設條文으로서 임미시온에 관한 규정을 두고 있었다.[5] 이 규정의 내용은 다음과 같다.

"土地所有者는 煤煙, 熱氣體, 液體, 音響, 振動, 기타 이에 유사한 것으로 이웃 居住者의 생활에 고통을 주지 아니하도록 적절한 조처를 할 의무가 있다. 이웃 居住者는 前項의 사태가 이웃 토지의 通常의 用途에 適宜한 것인 때에는 이를 忍容할 의무가 있다."

그런데 民法案을 審議한 民議院 法制司法委員會 民法案審議小委員會는 土地所有者를 토지와 건물의 소유자로 확대하는 문제를 논의한 끝에 本條가 土地所有者의 相隣權에 관한 것이라는 이유로 原案대로 두기로 하는 한편, 이웃 居住者의 생활에 고통을 주는 경우만을 규정할 것이 아니라, 이웃 토지에 손해를 주는 경우도 규정함이 옳다는 學界[6]의 의견을 받아들여 原案 중 '유사한 것으로' 다음에 '이웃 토지의 사용을 방해하거나'를 삽입하기로 합의하였고,[7] 그 후 사소한 字句修正만을 거쳐서 현행 民 §217로 성립된 것이다.

---

4) 大法院判例로서는 大判 74.12.24, 68다1489가 유일한 것으로 보인다.

5) 民法案 §206. 이 新設條文 提案의 이유에 관하여는 提案理由書 등의 자료가 전혀 없기 때문에 확실하게 알 수는 없으나 條文의 내용과 위치 등에 비추어 改正 전의 獨民 §906의 예를 따른 것으로 보인다.

6) 民事法硏究會, 民法案意見書, 32.

7) 民議院 法制司法委員會 民法案審議小委員會, 民法案審議錄, 137 이하.

2. 獨逸에 있어서의 임미시온法의 沿革

임미시온에 관한 獨民 §906는 19세기의 獨逸의 學說,[8] 判例와 各州의 立法에 의하여 형성·발전되어오던 임미시온에 관한 私法的 規制가 民法에 수용됨으로써 결실된 것이다. 먼저 獨逸의 普通法에 있어서는 로마법상의 임미시온에 관한 몇 개의 규정, 특히 fr.8 §§5-7 si serv.vind. 8, 5의 해석으로써 學說과 判例에 의하여 임미시온에 관한 일반원칙이 구성되고 실제의 사건에 적용되어 왔었다. 위 규정은 ① 加害者와 被害者가 上下로 직접 隣接하여야 하고, ② 임미시온의 종류도 煙氣, 물, 石片, 蒸氣 등 有體物(etwas Körperliches)에 한정되며, ③ 이러한 것들을 人爲的으로 이웃 토지에 誘導하는 경우에 한하는 등 매우 엄격한 요건들을 요구하고 있었으나, 구체적인 사건에 이 규정이 적용됨에 있어서는 점차 이러한 요건들이 완화되는 과정을 밟게 되었다.

한편 프로이센法에 있어서는 임미시온에 관한 직접적인 규정은 없었으나, 所有權의 權能의 범위와 所有權濫用에 관한 규정을 중심으로 判例에 의하여 普通法의 임미시온에 관한 원칙이 적용되어 왔다. 그 후 1860년경에 이르러 獨逸의 各州에서 임미시온에 관한 규정을 制定法에 수용하기 시작하고, 이에 따라 學界에서도 土地所有者간의 相隣關係를 중심으로 임미시온에 관한 논쟁이 불붙은 상태에서 獨逸民法典 編纂事業이 진행되면서 임미시온에 관한 규정이 獨逸民法 第1草案 §850로 明文化되었다. 同條의 내용은 다음과 같다.

"土地所有者는 직접적으로 誘導되지 아니하고 생긴 가스, 蒸氣, 煙氣, 煤煙, 냄새, 熱, 振動 등의 流入 또는 傳播가 토지의 通常的인 사용을 상당한 정도로 침해하지 않거나, 場所的 慣行의 한계를 넘지 않는 때에는 이를 受忍하여야 한다."

獨逸民法 第2草案은 위 第1草案에서 제외되었던 音響(騷音)[9]을 새로 추가하고, 受忍義務의 요건으로서 被害地의 '通常的인 使用'에 대한 침해가 되지 않는 경우를 단순히 '重大하지 아니한 侵害'로 규정하는 등의 변경을 하여 §820로 규정하였다가 일부의 字句修正에 그친 第3草案 §890를 거쳐 개정 전 獨民 §906로 탄생된 것이다. 이 條文의 내용은 다음과 같다.

---

8) Spangenberg의 論文 "Einige Bemerkungen über das Nachtbarrecht"가 임미시온에 관한 學說의 嚆矢라고 알려져 있다. 中山 充, "トイチ民法におげるイミシオ-ン規定の成立", 民商法雜誌(1974) 71-1, 25 및 71-2, 78 참조.

9) 騷音의 규제는 警察行政에 맡겨서 충분하다는 이유로 제외되었었다.

"土地所有者는 다른 토지에서 나오는 가스, 蒸氣, 냄새, 煙氣, 煤煙, 熱, 音響, 振動 및 이와 유사한 작용의 침입이 그의 토지를 침해하지 아니하거나, 그 침해가 중대하지 않거나, 또는 加害者의 이용방법이 場所的 慣行에 비추어 같은 상황에 있는 다른 토지들에 通常的인 것일 때에는 이러한 작용을 금지시킬 수 없다. 특별한 誘導에 의한 침입은 허용되지 않는다."

그 후 이 규정에 대하여 加害者의 소유자에게 相隣共同體의 理論에 따른 配慮義務가 결여되어 있고 피해자 구제를 위하여 불충분하다는 비판이 제기되어 오다가 1959.12.22 그와 같은 비판을 수용하여 다음과 같이 개정, 1960.6.1부터 시행하고 있다.

"① 土地所有者는 다른 토지에서 나오는 가스, 蒸氣, 냄새, 煙氣, 熱, 音響, 振動 및 이와 유사한 작용의 침입을 그 작용이 자기 토지의 이용을 해하지 아니하거나 중대하지 않은 침해를 함에 그치는 때에는 이를 금지할 수 없다. ② 중대한 침해가 加害地의 場所的 慣行에 따른 이용으로 인하여 발생하고, 같은 종류의 土地利用者에게 경제적으로 기대가능한 조치를 취하여도 방지할 수 없는 때에도 또한 같다. 다만 그 침해가 자기 토지의 場所的 慣行에 따른 利用 또는 收益을 기대할 수 있는 정도를 넘어서는 때에는 加害地의 이용자에게 금전으로 調整的 補償을 청구할 수 있다. ③ 특별한 誘導에 의한 침입은 허용되지 않는다."

3. 各國의 立法例

임미시온에 관한 名國의 立法例는 대체로 다음과 같은 두 가지의 유형으로 나눌 수 있다. 첫째는 위에서 본 獨逸의 예에서와 같이 相隣關係的 接近方法을 취하는 것으로서 獨逸, 瑞西 및 우리 나라와 中華民國(臺灣) 등이 이 범주에 속한다. 둘째는 不法行爲에 의한 해결을 위주로 하는 것으로서 英美法과 大陸法系의 佛蘭西, 日本 등이 택하고 있는 接近方法이다.

(1) 相隣關係的 接近方法

(가) 獨 逸 　獨民 §906는 相隣關係的 接近方法을 취한 대표적 立法例로서 그 내용은 앞에서 살펴본 바와 같은바, 이 규정을 우리 民法과 비교하여 본다면 다음과 같은 특색이 있다고 할 수 있다. ① 임미시온의 금지를 앞세우고 그 다음에 피해자의 忍容義務를 규정하고 있는 우리 民法의 本條規定과는 달리 임미시온에 의하여 방해를 당하는 土地所有者의 忍容義務를 중심으

로 규정하고 있는 점에 특색이 있다고 할 수 있다. 이는 임미시온에 대한 被害地 所有者의 所有權에 기한 妨害排除請求權을 당연한 전제로 하면서 임미시온에 관하여서는 그 請求權을 제한하려는 立法意圖가 있는 것으로 해석된다. 따라서 獨逸에 있어서는 임미시온 규정 자체에 기한 物權的 請求權을 주장하는 견해[10]는 성립될 수 없는 것으로 보인다. ② 場所的 慣行에 따른 토지이용을 보장하면서 이로 인한 被害地 所有者의 調整的 補償請求權을 인정하고 있는 점이다. 被害地의 침해가 중대한 경우, 다시 말하면, 放散되는 임미시온이 忍容限度를 넘는 경우에도 加害地의 이용이 場所的 慣行에 따른 것이고, 經濟的으로 期待可能한 조치를 다하여도 방지할 수 없는 경우에는 그러한 土地利用 자체를 막을 수 없는 것으로 하되, 被害地의 所有者에게 金錢的인 補償을 함으로써 調和와 衡平을 기한다는 것이다. ③ 營業令(Gewerbeordnung) §26에 當局의 認可를 얻어 설치한 營業設備에 대하여는 이로부터 방산되는 임미시온을 이유로 營業停止를 訴求할 수 없도록 特例를 둠으로써 行政的 規制와 私法的 救濟 사이의 조화를 꾀하고 있는 것도 주목을 받아야 할 점이다. 다만 이 경우에는 피해자에게 有害作用排除設備의 청구나 損害補償請求를 인정하고 있다.

(나) 瑞 西 瑞民 §684 ii는 "煤煙, 惡臭, 騷音 또는 振動에서 생기는, 有害하고, 토지의 位置 및 性質上 또는 慣行上 이웃 사람이 忍容하지 않으면 안 될 범위를 넘는 침해는 이를 금한다"고 규정하여 獨逸과 같이 相隣關係的 接近方法을 택하고 있다. 그러나 受忍義務의 한계에 관하여 加害地 이용과 被害地 이용의 양쪽에 걸친 요건을 규정하는 대신 土地周圍의 狀況과 慣行 등을 고려하여 결정할 수 있도록 해석에 맡기는 태도를 취하고 있는 점이 獨逸과 다소 다르다.

(다) 中華民國 中民 §793도 "토지의 所有者는 타인의 토지로부터 瓦斯, 蒸氣, 臭氣, 熱煙, 熱氣, 灰屑, 喧騷, 振動 및 기타 이와 유사한 것이 침입한 때에는 이를 금지할 수 있다. 다만 침입이 경미하거나, 토지의 形狀, 地方慣習에 의하여 상당하다고 인정되는 때에는 그러하지 아니하다"고 규정하여 임미시온을 土地所有權 사이의 조절문제로 취급하고 있다.

(2) 不法行爲的 接近方法

(가) 佛 蘭 西 佛蘭西에서는 不法行爲에 관한 일반규정인 佛民 §1382 및 §1384 i의 규정과 所有權의 概念을 "타인의 권리를 침해하지 아니하

---

10) 後述(註 57)의 本文 참조.

고 물건을 사용·수익·처분할 권리"라고 보는 舊法時代로부터의 學說에 따라 임미시온의 放散을 權利濫用에 의한 不法行爲로 구성하는 判例法이 형성되었다. 그러나 近隣妨害로 인한 損害賠償의 方法에 있어서 法官은 그 自由裁量에 따라 金錢賠償뿐만 아니라 物的賠償도 선택할 수 있으며, 物的賠償에는 침해를 감소시키는 조치 내지 침해행위의 중단을 명하는 것과 아울러 과거의 손해를 被告의 費用으로 修理하거나, 미래의 손해를 예방하기 위하여 被告의 費用으로 工事(예를 들면, 騷音을 방지하기 위한 二重窓의 설치 등)를 명하는 것도 포함된다는 것을 유의하여야 한다.[11]

(나) 日 本　日本에서는 임미시온을 널리 公害라고 일컫고 있으나 그 私法的 規制에 관하여 民法에 별도의 규정을 두지 않고 있다. 따라서 일반 不法行爲에 기한 損害賠償請求로 임미시온의 문제를 해결하려는 것이 日本民法의 기본적인 태도라고 할 수 있다. 그러나 임미시온의 放散 자체에 대한 직접적인 禁止의 필요성이 대두되면서 不法行爲에 기하여서도 留止請求가 가능하다고 보거나, 物權法上의 相隣關係가 아닌 支配權(人格權 또는 環境權)을 근거로 이를 해결하고 있다.[12]

(다) 英美法　英美法에서는 임미시온과 같은 토지에 대한 有害한 干涉을 전통적인 訴訟形式에 따른 구별에 기하여 뉴이산스(nuisance)라고 부른다. 이는 다시, 土地의 利用 및 享有上의 利益에 대한 침해로서 不法行爲(Tort)의 한 類型에 속하는 私的 뉴이산스(Private nuisance)와 地域共同體 내지 一般公衆의 健康, 安樂, 便宜에 대한 침해로서 普通法(Common law)상의 犯罪로 처벌되어오던 公的 뉴이산스(public nuisance)로 구분된다. 뉴이산스의 法的 效果로서는 普通法上의 損害賠償이 원칙이나, 예외적으로는 衡平法(Equity)上의 禁止命令(Injunction)이나 自力救濟도 인정되고 있다.[13]

이밖에도 같은 不法行爲의 영역에 속하는 不法侵犯(trespass), 過失에 기한 不法行爲(negligence) 및 嚴格責任(strict liability) 등이 임미시온에 대한 私法的 救濟方法으로 기능하고 있다.

---

11) 石川良雄, "フランス判例にげる近隣妨害の諸問題", 判例タイムス No. 392, 394, 395 참조.
12) 後述 Ⅲ. 2. 3. 4. 참조.
13) Public nuisance의 경우에도 그로 인하여 個人이 一般公衆이 받는 것과는 '종류에 있어서 다른'(different in kind) 특별한 損害를 입은 때에는 不法行爲에 기한 損害賠償請求를 할 수 있고, Injunction의 청구는 이러한 요건을 갖출 필요없이 公衆의 代表者라는 것만으로도 原告適格이 인정된다. The 2nd Restatement of Tort § 821 c(1)(2).

Ⅲ. 임미시온 規制의 根據에 관한 學說

1. 相隣共同體說

1937년 獨逸의 클라우징(Klausing)에 의하여 제창된 理論으로서 企業主體와 住民은 共同體的 機能을 수행하여야 하므로 相隣法上 명문규정이 없더라도 相隣共同體의 구성원인 雙方은 共同生活을 위하여 상대방에 대한 信義則上의 配慮義務를 부담하여야 한다고 주장한다. 전통적인 物權法上의 相隣關係 이론을 전제로 하면서 임미시온의 규제와 조절을 信義誠實의 原則에 의하여 달성하려는 것이다. 원래 나치스정권하에서의 전쟁준비체제를 배경으로 출현한 이론으로서 이에 대한 비판이 없는 것은 아니지만 戰後에도 獨逸에서 判例, 學說의 승인을 받고 있으며, 후술하는 獨民 §906의 改正도 이 이론을 받아들인 결과라고 설명되고 있다.

그러나 이 견해는 임미시온 禁止請求의 근거를 物權的請求權에 의존하고 있는 점에서 임미시온으로 인한 生活妨害의 實質 ──간접적으로는 土地使用에 대한 방해가 되기는 하지만 실제에 있어서는 그 居住者의 人格的 利益 내지 環境的 利益에 대한 침해라는 점── 을 제대로 파악하지 못한다는 비판이 있다.

2. 不法行爲說

임미시온에 대한 私法的 救濟의 근거로서 반드시 物權이나 人格權·環境權 등의 支配權(Herrschaftsrecht)의 존재를 요구할 필요가 없고, 生活利益의 침해에 의하여 不法行爲을 구성하는 경우에는 그 효과로서 損害賠償뿐만 아니라 妨害排除까지 청구할 수 있다는 說이다.[14)]

不法行爲의 억제는 法의 이념일 뿐만 아니라, 不法行爲의 特殊類型으로 볼 수 있는 債務不履行의 법적 효과로서 金錢賠償主義와 함께 현실적 履行強制라는 原狀回復을 인정하고 있으므로 일반 不法行爲에 있어서도 原狀回復으로서의 妨害排除請求를 할 수 있다고 보아야 한다는 것을 그 논거로 하고 있다. 그러나 故意·過失을 요건으로 하는 순수한 의미의 不法行爲說을 취하는 견해는

14) 浜田稔, "不法行爲の效果に關する一考察", 私法 15, 101; 伊騰高義, "差止請求權", 現代損害賠償法講座 5, 396; 清水兼男, "公害差止の不法行爲的構成", ジュリスト 78, 384.

거의 없고, 임미시온에 관하여는 違法性 판단기준으로서 受忍限度, 즉 사회공동생활을 위하여 참아야 할 범위를 넘어섰느냐의 여부만을 不法行爲의 성립요건으로 보는 이른바 「受忍限度論」이 不法行爲說의 대세를 차지하고 있다.[15] 이와 같은 不法行爲說은 첫째, 金錢賠償主義를 不法行爲로 인한 손해배상의 방법으로 정한 民法의 明文規定(§§763, 394)은 原狀回復主義를 배척한 것으로 보아야 할 것이므로 不法行爲를 이유로 임미시온의 放散을 금지시키는 것은 무리한 해석이고, 둘째는 不法行爲 성립요건으로서의 受忍限度의 내용이 명확하지 아니하다는 비판을 받고 있다.

3. 人格權說

임미시온에 대한 구제방법으로서 本條와 같은 物權的 請求權, 不法行爲에 기한 損害賠償請求權 또는 信義則 내지 權利濫用禁止의 원칙 등을 인정하는 것만으로는 임미시온 피해자의 人格保護를 충분히 실현할 수 없다고 보고 人格權(Persönlichkeitsrecht)의 개념을 임미시온규제의 근거로 하여야 한다는 견해이다.[16] 이 견해의 논거는, ① 임미시온에 의한 生活妨害는 소유권의 침해라기보다는 실질적으로 육체적·정신적 자유의 침해이고 人格權의 침해[17]인 측면이 강하고, 생명·신체·건강 이외에도 精神的 不可侵性, 行動의 자유, 感情에까지 그 침해가 미치는 것이므로 이러한 人格的 利益의 보호를 토지를 중심으로 하는 物權法의 이론만으로는 감당하기 어렵고, ② 物權者 이외의 사람, 예를 들면 通行人이나, 使用人 등에게도 고유의 救濟權을 주는 것이 타당하다는 것이다.

그러나 우리 民 §751는 타인의 신체·자유·명예를 해하거나 기타 정신상 고통을 가하는 것을 不法行爲로 규정함으로써 소극적으로 인격적 利益에 대한 보호를 줄 뿐이고, 그 이상으로 적극적인 내용을 주고 있지 않다. 또한 우리 憲 §10는 인간으로서의 존엄과 가치를 不可侵의 基本的 人權으로 선언하고 있으나, 이러한 憲法上의 基本權條項이 私法關係에 직접적으로 적용될 수는 없다고 보는 것이 通說이다. 그러므로 우리 民法上 일반적인 人格權이 승인된다고 보는 것은 무리라는 비판이 있다.[18]

---

15) 野村好弘, "受忍限度につて", 公害研究 1-3, 71; 加藤一郎, 公害法の生成と展開, 440.

16) Hans Forkel, "Immissionsschutz uns personlichekeit recht"(1968); 加藤一郎, 前揭書, 152 이하 참조.

17) 崔栻, "不可量質에 의한 生活妨害", 法曹 14-6, 30.

18) 獨逸에서는 姓名權에 관한 獨民 §12, 不法行爲規定인 獨民 §823, 소유권에 기한 방해배제청구권에 관한 獨民 §1004 등을 근거로 일반적인 人格權을 인정하는 견해가 유력

4. 環境權說

임미시온 규제의 근거를 '건강하고 쾌적한 환경에서 생활할 수 있는' 권리인 이른바 環境權에서 구하는 학설이다.[19)]

大氣, 물, 日照, 通風 등의 환경은 自由財로서 不動產利用에 수반되는 은혜에 지나지 않는 것이 아니라, 人類의 共有財產으로서 地域住民 전체에게 평등히 분배되어야 할 資源이므로 共有者 중 1인이 他共有者 전원의 승낙없이 독자적으로 이용, 오염시키면 그 자체로써 他共有者의 권리침해가 되고 違法하다는 것이다. 따라서 環境의 侵害 내지 그 蓋然性만 있으면 共有權者인 地域住民 중 누구라도 별도의 法益侵害事實을 내세울 필요없이(法益侵害 여부는 개인적 피해의 개별적 판단이 아니고 一定地域을 기준으로 한 판단이 된다) 바로 留止請求와 損害賠償請求를 할 수 있다고 주장한다.

그러나 이와 같은 環境權說은 우선 實定法的 根據가 없다는 비판을 받고 있다. 우리 憲 §35 I 은 環境權을 국민의 基本權으로 규정하면서 國家와 아울러 國民에게도 環境保全을 위하여 노력할 義務를 지우고 있지만[20)] 이는 立法方針을 제시한 프로그램적인 규정에 지나지 아니하거나 國家에 대한 권리에 지나지 아니하고, 私人 사이에 있어서는 私法의 一般條項을 통하여 간접적으로 적용될 뿐,[21)] 이로써 주민 개개인에게 環境權이라는 私法上의 具體的·主觀的 權利가 창설되는 것으로는 볼 수 없다는 것이다.[22)] 또한 企業과 住民 사이의 利益衡量을 함이 없이 일방적으로 임미시온의 違法性을 인정함으로써 균형있는 사회발전에 대처하지 못하는 결과를 초래할 우려가 있다는 비판도 있다.[23)] 또한 本條는 토지소유권 사이의 利用調節이라는 限定된 목적을 넘어서서 현대산업사회의 生態學的 문제를 지배하는 環境權에 대한 私法的 根據를 제공하고 있다고는 할 수 없으므로[24)] 環境權說을 本條의 解釋論으로서 취하는 것은 무리라는 느낌이 없지 않다.

하고, 瑞西에서는 아예 明文規定을 두고 있다(瑞民 §28, 瑞債 §49).

19) 李勇雨, "公害防止訴訟", 公害問題와 裁判(裁判資料 2), 219; 東孝行, 公害訴訟の異論と實務, 226; 谷口知平, "環境法と環境權", 民商法雜誌 78, 360.

20) 이와 같은 규정이 없었던 第 4 共和國 이전의 舊憲法下에서도 憲 §10(인간의 존엄성과 기본인권보장), §34 I (인간다운 생활을 할 권리) 등 규정의 해석에 의하여 環境權을 국민의 基本權으로 인정하고 있었지만, 環境問題에 관한 인식이 높아지고 1960년대 이후 미국을 비롯한 각국의 環境權에 관한 立法化 경향에 따라 별도의 明文規定을 두게 된 것이다.

21) 이른바 間接適用說로서 通說이다. 金哲洙, 憲法學新論, 374; 丘秉朔, 新憲法原論, 586.

22) 鄭萬朝, "環境權에 관한 考察", 法曹 27-4, 24; 金基洙, 前揭論文, 124-5.

23) 原田尙彦(千柄泰 譯), 環境法, 50.

24) MünchKomm zum Bürgerlichen Gesetzbuch, Band 4, 545.

Ⅳ. 임미시온의 要件

1. 煤煙, 熱氣體, 液體, 音響, 振動 기타 이에 類似한 것

本條는 임미시온의 종류를 例示的으로 열거한 다음 '기타 이에 類似한 것'이라고 표현하고 있을 뿐, 이를 개념적으로 定義하고 있지 않다.

多數說은 이를 「不可量物」(Imponderabilien)이라고 하고,[25] 少數說은 "일정한 土地利用과 不可避的으로 결합되어 있는 干涉"(Einwirkung)이라고 정의한다.[26] 多數說이 사용하고 있는 不可量物이라는 用語는 반드시 적절한 것이라고는 할 수 없다. 임미시온 중에는 音響·振動 등과 같이 物質이 아닌 것도 있고, 煤 煙·蒸氣 등과 같이 計量이 전혀 불가능하지는 않은 物質도 있기 때문이다. 그러나 多數說이 비록 부적절한 用語이나마 임미시온의 존재의 態樣을 설명하고 있는 것에 반하여, 少數說은 그 作用方法의 態樣만을 설명하고 있을 뿐이어서 汚染媒體(Pollution media) 중 本條의 적용을 받는 임미시온의 범위를 한정하는 데에는 그다지 도움이 된다고 할 수 없다.[27]

결국 어떤 것이 '이에 類似한 것'으로서 임미시온에 해당하는지의 與否를 가리기 위해서는 本條가 例示하고 있는 임미시온들과 그 특성을 비교하면서 개별적으로 결정할 수밖에 없는 것이지만 일반적으로 다음에서 드는 세 가지의 特性이 고려된다고 할 수 있다.

(1) 空中에 放散되어 大氣 중에 浮遊하는 것

本條가 例示한 것 이외에도 가스,[28] 검댕,[29] 惡臭,[30] 먼지,[31] 재, 反射光線, 畜舍 등으로부터 나온 벼룩의 飛來, 電流, 불꽃, 蒸氣 등이 포함된다. 그러나 소나 말과 같은 動物의 침입, 채석장으로부터의 飛石, 사격장으로부터의 彈丸의 飛來 등은 大氣 중에 浮遊하는 것이라고 볼 수 없으므로 여기에 속하지 않는다.

---

25) 金曾漢, 192; 金容漢, 251; 金顯泰, 247; 金基善, 230; 崔栻, 133; 張庚鶴, 450; 安二濬, "獨逸法上의 Immission의 法理", 慶熙法學 13-1, 14.

26) 郭潤直, 287; 박영우, "임미시온(Immission)과 受忍限度에 관한 硏究", 忠南大學校 社會科學硏究所論文輯 3-2, 83.

27) 金容漢, 251; 李太載, 194는 兩說을 절충하여 "이웃 토지의 사용 또는 생활의 安穩을 방해하는 傳播的 放散物로서 주로 感覺的 刺戟 내지 苦痛을 주는 것"이라고 표현하고 있다.

28) 大氣環境保全(1990. 8. 1. 법률 제4262호) §2 ii; 大判 73. 5. 22, 71다2016.

29) 同法 §2 vi.

30) 同法 §2 vii.

31) 同法 §2 iv.

廢水의 流入 등과 같이 地表上을 흐르는 液體를 임미시온으로 볼 것인지 여부에 관하여는 견해가 갈라져 있다. 그와 같은 液體는 大氣 중에 浮遊하는 것이 아니므로 임미시온으로 보아서는 안 된다는 것이 多數說이지만,[32] 그 妨害經路를 地表·空中으로 구별할 근거가 없다는 少數說도 있다.[33]

少數說은 예컨대, 工場廢水 등이 土地에 스며들어 이웃 土地의 農作物에 피해를 주는 것과 같이 地表를 흐르는 液體도 空中 또는 地下를 통하여 이웃 土地에 妨害가 될 수 있으므로 이러한 경우도 임미시온의 규정에 의해서 구제하여야 한다고 주장한다. 그러나 뒤에서 설명하는 바와 같이 本條는 被害를 당한 이웃 土地所有者에게 일정한 경우 忍容義務를 부담시킴으로써 그 物權的 請求權의 행사를 制限하는 데에 중점을 두고 있는 규정이라고 새기는 것이 옳기 때문에 위와 같은 경우에는 本條가 적용되지 않는 편이 오히려 被害土地의 所有者에게 物權的 妨害排除請求權을 제한없이 인정하는 것이 되어 유리하므로 少數說의 論據는 적절하다고 할 수 없다.

地表上을 흐르는 廢水는 空中에 放散되는 다른 임미시온보다 그 統制가 용이할 것이므로 加害土地의 所有者에게 「適當한 措處」를 취할 義務만을 부과하기 보다는 제한없이 이웃 토지소유자의 物權的 妨害排除請求權의 대상이 되게 함으로써 적극적으로 그 廢水에 의한 妨害를 除去하도록 함이 상당하다. 이러한 의미에서 本條가 예시하고 있는 液體는 空中에 방산되는 液體狀의 微細한 物質[34]만을 가리킨다고 봄이 옳을 것이다. 獨逸民法 第1草案의 理由書는 空氣 중에 浮遊하지 않는 液體를 임미시온에서 제외함을 명시하고 있다.[35]

(2) **'積極的으로' 放散되는 것**

消極的·受動的으로 이웃 토지에 干涉 내지 影響을 미치게 되는 것, 예컨대, 光線이나 空氣, 물, 眺望 등을 壁 기타 障碍物로 遮斷하는 것은 임미시온에 해당하지 않는다. 그러나 그 干涉이 반드시 인간의 行爲를 통하여 惹起될 필요는 없고 自然的인 事故에 그 근거를 가질 수도 있다.[36]

또한 임미시온은 「放散」됨으로써 間接的으로 이웃 토지 등에 간섭하는 것을 의미할 뿐, 直接的으로 다시 말하면, 특별한 設備에 의하여 이웃 토지에 誘導

32) 郭潤直, 287; 金曾漢, 243; 安二濬, 前揭論文, 15; 박영우, 前揭論文, 84(다만 위 論文들은 獨逸民法의 解釋論임).
33) 張庚鶴, 405; 金容漢, 252.
34) 大氣環境保全 §2 iii.
35) Motive, Bd. 3, S. 265; Mugdan, a. a. O., S. 146.
36) C. H. Beck, MünchKomm BGB Bd. 4.(이하 Kommentar로 약칭한다), S. 551.

되는 것은 이에 속하지 않는다고 봄이 상당하다.[37] 이와 같은 임미시온은 아무런 제한없이 物權的 妨害排除請求權의 대상이 되어야 한다고 보기 때문이다.

(3) **物理的 또는 化學的 방법으로 영향을 미치는 것**

단순한 觀念的 影響, 예를 들면 이웃 토지에서 私娼街나 靈安室을 경영함으로써 이웃 居住者의 羞恥心이나 恐怖心을 유발하는 것, 또는 注油所와 같이 화재의 위험이 현저한 시설이 이웃 토지에 설치되어 地價가 下落하는 것[38] 따위는 임미시온에 해당하지 않는다. 이와 같은 觀念上의 影響은 所有權을 통한 보호 보다는 人格權에 의한 구제가 올바른 방향이다.[39] 그러나 本條의 근거를 人格權에서 구하는 人格權說에 의하면 위와 같은 觀念的 임미시온도 당연히 포함될 것이다. 觀念的 임미시온이 인정되지 않는다고 하더라도 靈安室에 안치한 屍身으로부터 발산된 惡臭, 遺族이나 弔客의 哭聲,[40] 카바레 등 遊興飮食店에서의 音樂演奏 등으로 인한 騷音 등 별도의 物理的·化學的 干涉이 있는 경우에는 단순한 觀念的 影響이라고 볼 수 없다.

2. 이웃 土地의 使用을 妨害하거나, 이웃 居住者의 生活에 苦痛을 주는 것

(1) 사용을 방해당한 '이웃 토지'는 반드시 隣接한 토지이어야 하는 것은 아니다.[41] 爆破作業場으로부터 나오는 騷音·振動은 그 작업장으로부터 100미터 내지 190미터 거리에 있는 養鷄場에 대한 임미시온이 될 수 있다.[42] 그러나 被害土地가 加害土地로부터 放散된 임미시온이 영향을 미칠 수 있는 범위 내에 있어야 함은 물론이다. 결국은 임미시온과 이로 인한 피해 사이의 因果關係의 문제에 귀착하게 될 것이다.

이와 같은 因果關係는 원칙적으로 그 존재를 주장하는 자에게 그 立證責任이 있는 것이지만, 임미시온이 被害地에 도달하는 經路의 糾明은 現代科學의 수준으로써도 어려운 경우가 많고, 무엇보다도 임미시온의 生成, 排出過程에 관하여는 被害者側보다 加害企業側에서 풍부한 訴訟資料를 그 支配領域 내에 두고 있는 것이 보통이므로 被害者의 立證의 負擔을 경감시킬 필요가 있다. 이

37) 通說. 郭潤直, 287; 金曾漢, 193. 이를 명시한 獨民 § 906 iii 참조.
38) 大判 68. 11. 19, 68다1522은 煤煙, 騷音, 惡臭로 인한 生活妨害의 경우에도 그로 인한 地價의 下落은 현실적인 손해가 아니라고 판시하고 있다.
39) Kommentar, S. 552.
40) 大判 74. 12. 24, 68다1489.
41) 金曾漢, 193; 金容漢, 252.
42) 大判 74. 11. 12, 74다1321.

러한 이유로 임미시온 訴訟에 있어서는 그 證明度를 낮추어 상당한 정도의 蓋然性만으로 충분하다고 보아야 한다는 蓋然性說이 지금의 通說·判例로 되어 있다.[43)]

(2) 本條는 이웃 居住者의 생활에 고통을 주는 것을 이웃 토지의 사용을 방해하는 것과 선택적으로 규정하여 그 중 어느 하나를 충족시키면 금지되는 임미시온이 되는 것으로 하고 있다.

앞에서 본 바와 같이 이웃 토지의 使用妨害는 당초 政府提出案에는 없었던 것을 國會에서의 民法案 審議過程에서 추가한 것이다. 그 審議錄 등에 土地使用妨害를 추가한 이유에 관하여 설명이 들어 있는 것은 아니지만 本條의 適用範圍를 生活妨害뿐만 아니라 土地使用 일반의 妨害에 대하여서까지 넓혀야 한다는 고려를 한 것으로 생각된다. 그러나 이웃 居住者의 생활에 대하여 고통을 주는 것은 임미시온에 의한 이웃 토지의 使用妨害의 가장 典型的인 類型으로 보는 것이 상당하다고 할 것이므로 生活妨害를 土地使用妨害와는 별도의 要件으로 선택적으로 규정한 것은 적당하지 않다는 느낌이 든다. 本條에 의하여 이웃 居住者의 생활에 고통을 주는 것이 금지되는 것은 그 居主土地에 대한 物權的 保護의 결과에 지나지 않기 때문이다.

3. 이웃 土地의 通常의 用途에 適當한 程度를 넘어서는 有害한 干涉

이 점은 禁止되는 임미시온의 요건이기도 하지만, 한편으로는 許容되는 임미시온의 限界를 정한 것으로 볼 수도 있으므로 다음 章(V.3.)에서 다루는 피해자의 忍容義務의 문제와 表裏의 관계에 있게 되는 면이 있다. 따라서 설명의 중복을 피하기 위하여 여기에서는 임미시온 판단의 요소 중 임미시온 자체의 客觀的인 判斷標準에 관하여서만 다루기로 한다.

임미시온의 測定은 技術的으로 가능한 한 客觀化된 測定節次와 기준에 의하여야 한다. 環境關係法令, 즉 事業場에서의 大氣汚染物質의 排出許容基準에 관한 大氣環境保全 §§8, 9, 燃料 등에 있어서의 黃의 含有許容基準에 관한 같

43) 郭潤直, 289; 具然昌, "公害와 因果關係에 관한 判例研究(2)", 法曹 24-9, 79; 權龍雨, "公害로 인한 損害賠償請求와 因果關係의 立證", 法曹 23-2, 51; 李潤根, "公害의 裁判小考", 法曹 23-1, 17; 李太載, "公害의 私法的救濟에 있어서의 因果關係論", 司行 15-4, 18; 張庚鶴, "公害事件判例", 法과 公害, 196; 崔栻, "公害事件에서의 因果關係의 立證", 司行 15-2, 83; 大判 74.12.10, 72다1774; 大判 84.6.12, 81다558, 大判 91.7.23, 89다카1275. 그러나 安二濬, "公害에 관한 私法的 考察", 慶熙大(74.8), 133은 蓋然性說에 대한 批判的 見解를 표명하고 있고, 大判 73.11.27, 73다919는 蓋然性說을 수용하기를 거부하였다.

은 법 §26, 自動車의 배출가스許容基準에 관한 같은 법 §31와 §36, 騷音·振動의 排出許容基準에 관한 騷音振動規制 §8(工場의 騷音, 振動), §24(建設의 騷音, 振動), §29(交通騷音, 振動), §36(運行車의 騷音許容基準), §39(生活騷音), §42(航空機騷音) 등에 기하여 설정된 개별적인 기준들과 環境政策基準 §10의 일반적인 環境基準[44) 및 같은 법령들에 규정된 測定節次 등은 私法上의 임미시온 여부의 판단에 있어서도 적용되어야 할 것이다. 따라서 위와 같은 法令에 정한 限界値를 초과한다면 本條에 의하여 금지되어야 하는 임미시온이 된다. 그러나 그 限界値에 미달한다고 해서 반드시 허용되는 것이라고는 볼 수 없다. 限界値에 미달하는 임미시온이라고 하더라도 相隣關係의 당사자 사이에 있어서는 地域的 特性에 따라서 忍容限度를 넘는다고 보아야 할 경우도 있을 것이다. 大判 91.7.23, 89다카1275은 "공장에서 배출된 汚染物質(아황산가스)의 농도가 環境保全法에 의하여 허용된 기준치 이내라 하더라도 그 有害의 정도가 通常의 受忍限度를 넘어 인근 農場의 觀賞樹를 枯死케 하는 한 원인이 되었다면 그 배출행위로 인한 損害賠償責任을 면치 못한다"고 판시하고 있다. 위와 같은 規制基準은 相隣關係에 있어서도 放散된 임미시온의 適法性의 必要條件이기는 하지만 充分條件이라고는 할 수 없는 것이다.

임미시온의 평가가 위와 같은 技術的 測定에 의존할 수 없을 경우에는 그 임미시온이 초래한 물리적인 결과, 예를 들면 그 임미시온으로 인하여 식물이나 동물에 나타난 生理學的 變化 등에 대한 專門家의 鑑定 등에 의하여 평가할 수밖에 없다. 인간의 居住可能性에 대한 制限, 예를 들면 임미시온으로 인하여 庭園이나 발코니를 이용할 수 없거나 창문을 닫고 살아야 하는 등의 구속은 금지되어야 할 임미시온의 間接證據로 삼아도 좋을 것이다.

V. 임미시온의 規制

1. 原則的 禁止

임미시온은 원칙적으로 禁止된다.[45) 이러한 임미시온 禁止의 原則은 普通法時代로부터 獨逸의 通說, 判例였으나 반드시 당연한 절대적인 것이라고는 할 수 없다. 獨逸民法의 第1草案에서 본 바와 같이 임미시온 自由의 原則을 채택

44) 91.2.2 大統領令 제13303호로 공포된 同法施行令 §2 別表 1은 大氣의 汚染原因과 騷音 등의 기준을 상세히 규정하고 있다.

45) 通說. 郭潤直, 286; 金曾漢, 193.

할 수도 있는 것이다.[46] 임미시온 自由의 原則이란, 임미시온의 放散이 원래 土地(加害地)所有權의 權能에 속하는 것으로서 자유이므로 被害地의 所有權에 기한 妨害排除請求는 원칙적으로 허용되지 아니하고, 被害地 所有權 등의 忍容限度를 넘는 경우에만 예외적으로 금지된다고 하는 원칙을 말한다. 임미시온 自由의 原則을 취하는 경우에는 本條가 自然的 行爲의 자유를 制限하는 규정이 되는 반면, 임미시온 禁止의 原則에 따르면 本條는 그 原則에 대한 例外, 즉 被害者의 忍容限度를 규정한 점에서 그 의미를 갖는 것이 된다.

어느 原則을 취하든 간에 일정한 임미시온이 禁止된다고 하는 實際上의 結果에 있어서는 차이가 없다고 볼 수 있지만 立證責任의 문제에서 서로 다르게 된다. 임미시온 禁止의 原則 아래에서는 被害地의 所有者가 加害地로부터의 임미시온의 放散으로 인한 生活妨害만을 立證하면 그 妨害의 排除를 구할 수 있으나, 임미시온 自由의 原則을 택하는 경우에는 그 밖에 임미시온이 被害地 所有者에게 참을 수 없는 것이라는 사실, 즉 忍容義務의 한계를 넘는 過度한 侵害라는 점까지 立證하여야 하는 결과가 된다.

원래 임미시온 自由의 原則은 주로 被害者側에 속하는 農水產業이나 住居의 이익보나 加害地 所有者側에 속하는 工業 기타 產業의 이익을 앞세워야 한다는 사회적 고려에 그 기초를 두고 있고, 이와 같은 고려(Policy)는 산업의 발전이 필요한 단계에 있는 한 무시될 수 없는 것이다. 그러나 產業化에 따른 環境問題가 더 큰 문제로 대두되어 公害에 대한 規制의 필요성이 논의되고 있는 현대에 있어서는 채택되기에 적당한 원칙이라고 볼 수 없을 것이다. 또한 本條는 獨逸民法의 規定形式과는 달리 임미시온에 의한 被害地 所有者 등의 忍容義務를 중심으로 규정하지 아니하고, 먼저 加害地 所有權의 임미시온에 의한 被害防止義務를 규정함으로써 임미시온 禁止의 原則을 표명하려는 立法意圖가 있었던 것이 아닌가 사료되고, 被害者의 立證責任을 경감시켜 주어야 할 필요성에 비추어 보더라도 임미시온 自由의 原則을 本條의 解釋論으로 채택하기는 어렵다고 할 것이다.

2. 措處義務

加害地의 所有者는 임미시온으로 이웃 土地의 使用을 방해하거나 이웃 居住者의 生活에 고통을 주지 아니하도록 적당한 措處를 할 義務가 있다(民 217 § I).

46) Motive, Bd. 3, S. 267; Mugdan, a. a. O., S. 147.

(1) 本條는 「適當한」이라는 애매한 개념을 사용하고 있으나 加害者의 主觀에 맡기자는 취지는 아니고 사회통념상 期待可能한 모든 措處를 의미하는 것으로 해석하여야 할 것이다.[47] 따라서 이와 같은 措處義務가 실제로 이행되었는지 여부를 판단함에 있어서는 당시의 技術水準, 加害地의 利用方法, 임미시온 방지조치가 加害地의 이용과의 관계에서 經濟的으로 합당한 것인지 등 여러 사정을 고려하여 사회통념에 따라 결정할 수밖에 없다.

(2) 加害地의 所有者가 위와 같은 措處義務를 다하여도 임미시온을 방지할 수 없는 경우, 被害地의 所有者는 그와 같은 임미시온을 放散하는 加害地의 利用 자체를 중지시킬 수 있을 것인가? 이를 긍정하는 견해가 多數說이며 判例의 입장이다.[48] 그러나 사회통념상 期待可能한 모든 措處를 다하여도 막을 수 없는 임미시온 때문에 加害地의 통상적인 利用 자체가 반드시 제한되어야 하는지 의문이다. 더욱이 社會的·公共的 性格이 강한 加害地의 利用의 경우, 예를 들면, 公立學校 경영과 같은 경우에 있어서 학생들이 내는 騷音을 방지하기 위하여 기대가능한 조처의무를 다하여도 이웃 주민들의 생활의 安穩을 해친다고 하여 그 公立學校 자체를 폐쇄시키는 것과 같은 妨害의 中止나 禁止를 청구할 수 있다고 새겨서는 곤란하지 않을까 한다.[49]

本條 I 의 규정은 오히려 加害地의 所有者가 위와 같은 措處를 다한 경우에는 加害地의 이용의 결과 불가피하게 생기는 임미시온을 이웃 居住者가 忍容하여야 한다는 의미로 다시 말하면, 그러한 임미시온은 違法性이 없다는 뜻으로 해석하는 것이 타당할 것이다. 또한 이와 같이 해석하여야 本條는 비로소 그 고유의 의미를 갖게 된다. 被害地의 소유자는 本條 I 이 아니더라도 民 §214에 의하여 被害地의 使用·收益에 대한 妨害의 排除를 구할 수 있기 때문이다. 다만 住居地域에서의 工場經營 등과 같은 加害地의 異常的인 이용에 대하여는 그로 인한 임미시온의 放散을 방지할 措處義務 중에 그 工場의 이전 등과 같이 土地의 異常的인 利用 자체를 中止할 義務도 포함된다고 봄이 상당할 것이다.

앞에서 본 獨民 §906가 場所的 關係로 加害土地의 通常的 利用에 의하여

47) 병원시체실의 경우, 그곳에 안치된 시체로부터 발산하는 惡臭의 擴散防止나 除去를 위한 조치뿐만 아니라, 遺族이나 弔客들의 哭聲이 외곽에 전파되지 않도록 하는 조치 등을 취할 義務를 인정한 前揭大判 74.12.24, 68다1489.

48) 金曾漢, 194; 金容漢, 253; 大判 73.10.10, 73다1253; 大判 73.10.10, 73다974.

49) 郭潤直, 債各, 714.

부득이 발생하고, 經濟的으로 「期待可能한 措處」에 의하여도 그 侵害를 저지할 수 없는 임미시온은 被害者가 이를 忍容하여야 한다고 규정함으로써 加害地 所有者의 措處義務의 履行이 被害地 所有者 등의 忍容義務의 要件의 하나임을 명백히 하고 있는 점을 유의할 필요가 있다.

3. 忍容義務

이웃 居住者는 本條 Ⅰ의 事態, 즉 임미시온에 의한 干涉이 이웃 土地의 통상의 용도에 適當한 것인 때에는 이를 忍容할 義務가 있다(民 § 217 Ⅱ).

(1) 여기에 '이웃 토지'라 함은 加害地와 被害地 중 어느 것을 가리키는 것으로 보아야 할 것인가? 被害地說[50]에 의하면, 妨害를 忍容하여야 할 것인지 여부는 妨害를 일으키는 土地의 사정보다도 妨害를 받는 土地의 사정을 더 고려해서 판단하여야 할 것이고, 被害地를 가리키고 있음이 명백한 本條 Ⅰ의 '이웃 土地'와 달리 해석할 이유가 없으므로 '이웃 土地'는 모두 被害地를 의미하는 것이라고 설명한다. 이에 대하여 加害地說[51]은 '土地의 통상의 용상'라는 표현에 초점을 맞추어 加害土地가 通常의 用途에 사용됨으로써 임미시온이 放散되는 경우, 예를 들면, 이웃집에서 빨래를 하거나 전기청소기를 사용하는 등 家庭內의 通常의 일을 하는 데서 생기는 音響이나, 건물을 신축할 때 생기는 일시적인 騷音 등에 대하여 이웃 居住者에게 忍容義務를 인정하려는 것이 本條 Ⅱ의 規定趣旨이므로 '이웃 土地'란 加害土地로 보아야 한다고 설명한다. 또한 本條 Ⅱ에서 忍容義務의 주체로 규정된 이웃 居住者의 '이웃' 土地라면 결국 加害地를 표현한 것이라고도 볼 수 있다는 것이다.

생각건대, 被害地說을 취하면 加害地說이 주장하는 것과 같은 加害地側의 사정을 전혀 고려할 수 없게 되고, 이와 반대로 加害地說을 취하면 被害地의 사정이 고려의 대상에서 제외되게 된다. 加害地나 被害地 중 어느 한쪽의 사정이 度外視되는 이와 같은 결과는 土地 상호간의 相隣關係를 규율함에 있어서 결코 타당하지 않은 것이다. 立法의 未備라고 보아야 할 것이지만 우선 解釋論으로서는 두 土地의 사정을 모두 考慮하여 忍容義務의 범위를 정하는 것이 옳지 않을까 한다. 따라서 여기서의 '이웃 土地'란 이웃하고 있는 양쪽 土地를 모두 가리킨다고 볼 것이다.

50) 金曾漢, 193; 註釋民法, 285; 大判 74. 6. 11, 73다1691.
51) 郭潤直, 288.

(2) '通常의 用途'는 地域的 사정을 고려하여 土地의 客觀的 狀態에 따라 결정하여야 한다. 都市計劃法 등에 地域 또는 地區의 指定과 같은 公法的 規制는 土地의 통상의 용도를 판단하는 데에 중요한 표준이 되는 것이지만 결정적인 것은 아니다.[52] 民法에 있어서는 현재의 객관적인 이용상태가 더 비중을 갖는다.

本條 Ⅱ의 '이웃 土地'를 被害地로 보는 견해에 의하면 '通常의 用途'라는 용어는 매우 不適當한 표현이 된다.[53] 被害地의 所有者는 원래 자기의 土地를 임의로 사용할 권리를 가지므로 그 土地를 통상의 용도에 사용하느냐, 않느냐에 따라서 임미시온으로부터의 보호여부가 달려져서는 안 되기 때문이다. 獨逸民法 第1草案에서 '被害土地의 통례의 利用'을 忍容義務의 要件으로 규정하였다가 被害土地의 主觀的 事情도 고려되어야 한다는 비판이 제기된 끝에 第2草案에서부터 단순히 '被害土地의 利用'으로 바꾼 것을 주목할 필요가 있다. 오히려 '通常의 用途'와 같은 地域的 慣行性의 고려는 獨逸民法과 같이 加害地의 利用方法에 관하여서 논하는 것이 적합한 것이다.

(3) 通常의 用途에 「適當한」 것이라고 함은, 被害地說을 취하는 경우 放散된 임미시온이 被害土地의 이용이나 被害土地 居住者의 생활을 非本質的(unwesentlich)으로, 또는 重大하거나, 過度하거나, 顯著하지 않은 정도로 침해하는 것을 의미한다.

과연 어느 정도가 「適當한」 것인지는 地域에 따라, 時代에 따라, 또는 임미시온에 대한 世人의 認識에 따라 다를 수 있을 것이다. 농촌보다는 도시에서, 주거지역보다는 공장지대에서, 또는 산업화의 단계가 높아질수록 임미시온에 대한 忍容義務의 범위는 넓어지겠지만, 한편으로는 環境에 대한 사람들의 覺醒에 의하여 그 범위가 좁아질 수도 있다. 결국 忍容義務의 범위에 대한 판단의 試金石은 임미시온에 관계된 이웃의 특별한 感情이 아니라 임미시온에 관계된 地域의 平均的 住民의 假定的 感情이어야 한다.[54] 被害者가 平均人보다 신경이 예민하거나 特異한 感受性이 있는 사람이라는 등의 主觀的 事情은 고려되지 않는다. 그러나 溫泉地方에서 療養의 목적으로 사용되는 別莊이 있는 土地나, 특별히 조용한 환경을 요하는 神經精神病院을 경영하고 있는 土地 등과 같은 土地 자체의 主觀的 事情은 참작되어야 할 경우가 있을 것이다.

52) 安二濬, 前述(註 25), 揭記論文, 17.
53) 註釋物權, 285.
54) Kommentar, S. 553.

忍容限度를 넘는 임미시온은 반드시 持續的인 干涉의 경우에만 인정되는 것은 아니다. 단 1회의 임미시온이라도 損害賠償義務가 있을 수 있다. 또한 임미시온 放散의 시기도 忍容限度를 결정하는 데 상당한 작용을 한다. 예를 들면, 낮에는 별로 성가시게 느껴지지 않는 騷音이라고 하더라도 밤에는 忍容限度를 넘는 임미시온이 될 수 있는 것이다.[55] 한편 加害地說을 취한다면 「適當한」이라는 단어는 加害地를 通常의 用途에 이용함에 의하여 생기는 정도를 넘지 않는다는 의미 외에는 별다른 뜻이 없게 된다.

(4) 忍容義務의 유무를 판단함에 있어서 加害土地의 用途와 被害土地의 用途 중 어느 것이 먼저 시작되었느냐 하는 문제, 즉 先住性 여부는 반드시 결정적인 표준은 아니다.[56] 英美法에서는 예컨대, 이웃 土地에서 工場을 경영하여 煤煙 등이 放散되는 것을 알면서 그곳에 이사를 온 被害者는 危險의 引受(assumption of risk)를 한 것으로 보아 不法行爲의 성립을 부정하는 전통적 견해가 있었으나, 근래에 와서 이와 같은 경우에도 繼續되는 침해에 대하여는 不法行爲를 인정하는 방향으로 나아가고 있다.

Ⅵ. 被害救濟手段

1. 妨害排除請求

임미시온의 放散이 被害者의 忍容限度를 넘는 경우 피해자에게 그 임미시온에 대한 妨害排除請求權이 인정되어야 할 것임에는 異論이 있을 수 없다. 그 청구권의 發生根據로서는 所有權 기타 物權에 기한 妨害排除請求權을 들고 있는 견해가 通說이다.[57] 本條 자체에서는 명문으로 언급하고 있지 않지만 本條가 토지소유권 상호간의 相隣關係를 규율하는 규정이고, 所有權의 權能의 하나로서 民 §214가 규정하고 있는 妨害排除請求權을 특히 排除하는 규정이 없는

55) 環境政策基本法施行令 §2 別表 1은 騷音의 기준을 낮과 밤으로 구분하고 地域別로 차등을 두어 규정하고 있다.

56) 通說 判例이다. 金曾漢, 193-194; 安二濬, 前揭論文, 18; 大判 68.11.19, 68다1522; 大判 73.10.10, 73다1253; 大判 73.11.27, 73다919; 大判 74.6.11, 73다1591; 大判 74.12.10, 72다1774 등.

57) 郭潤直, 288; 金曾漢, 194. 다만 郭潤直, 288은 妨害豫防은 청구하지 못한다고 설명하고 있으나, 과거로부터 현재까지 계속되어 온 임미시온이 忍容限度를 넘는 것이고 장래에도 같은 임미시온의 放散이 예상된다면 妨害豫防請求를 제한하는 것이 타당한 것인지 의문이다. 大判 74.12.24, 68다1489는 受忍限度를 넘는 경우 妨害豫防請求를 인정하고 있다.

이상, 임미시온에 의하여 토지의 정상적인 사용을 방해당하는 被害地 所有者는 당연히 위와 같은 권리를 갖는다는 것이다.

그러나 이에 대하여 임미시온에 관한 규정인 本條 자체의 留止請求權을 인정하여야 한다는 유력한 견해도 있다.[58] 임미시온의 규제는 나름대로의 특성을 가지고 있으므로 所有權의 一般的 權能에 기하여 이를 달성하려고 하는 것은 적합하지 않다는 것이다. 이 견해에 따르면 本條 Ⅰ은 加害者의 措處義務를 규정함으로써 被害者에게 그 義務의 履行을 구할 수 있는 請求權을 부여하는 독자적인 규정으로 해석된다. 그러나 本條 자체의 독자적인 物權的 請求權을 인정하는 것은 本條의 지나친 擴大解釋이라고 보여지고 被害土地에 대한 所有權 기타 物權을 전제로 하지 않는 物權的 請求權은 空虛한 개념이라는 느낌이 든다.

이밖에 임미시온 留止請求權의 기초에 관하여 人格權說, 環境權說, 不法行爲說 등의 견해가 있음은 앞에서 본 바와 같으나, 人格權이나 環境權은 아직 私法上의 權利로서 일반적으로 승인된 개념이 아닐뿐 아니라 本條가 民法의 物權編에 속해 있는 법체계에 비추어 보아도 本條의 解釋論으로서는 무리라고 보이고, 不法行爲說은 物權編에 本條와 같은 임미시온의 禁止規定을 따로 두고 있는 立法例에 있어서는 論議의 실익이 없다고 할 것이다.

물론 임미시온의 특성상 이를 防止하기 위한 措置로서 전통적인 物權的 妨害排除請求의 내용보다는 좀더 다양한 救濟方法이 인정되어야 할 필요가 있음은 부정할 수 없으나, 이는 立法論에 지나지 아니하고 解釋論으로서는 종래의 所有權 기타 物權에 기한 妨害排除請求權의 개념을 擴大解釋하는 方法 등에 의하여 그 해결을 도모하는 것이 온당할 것이다. 결국 임미시온에 대한 救濟方法으로서의 妨害排除請求는 被害土地에 대한 所有權 기타 物權에서 그 근거를 찾을 수밖에 없는 것이 아닌가 한다. 이렇게 본다면 앞에서도 설명한 바와 같이 本條는 妨害排除請求에 관한 民 §214의 制限規定, 다시 말하면 임미시온에 대한 妨害排除請求權이 제한되는 경우를 규정한 점에 그 意義가 있다고 할 것이다.

2. 損害賠償請求

임미시온에 의하여 피해를 당한 피해자에게 가해자에 대한 損害賠償請求

58) 金基洙, 前揭論文, 127.

權이 인정되어야 함은 물론이다.

이와 같은 損害賠償請求權의 발생원인으로서는 不法行爲를 들고 있는 것이 通說, 判例의 입장이나, 임미시온법의 특수성을 내세워 相隣關係的 구성을 시도하는 견해도 있다.[59] 임미시온에 의한 不法行爲에 있어서는 뒤에서 보는 바와 같이 故意·過失이나 違法性의 문제, 共同不法行爲의 문제 등 다른 일반 不法行爲와 동일하게 취급할 수 없는 특성이 있기는 하지만, 本條나 기타 物權編에 獨民 §906 ii와 같은 損害補償請求權을 인정하는 규정이 없는 이상 不法行爲와는 별도의 法的 構成을 시도하는 것은 解釋論으로서는 무리라고 보인다. 더욱이 獨民 §906가 인정하고 있는 損害補償請求權은 임미시온의 放散이 違法性이 없는 경우, 즉 피해자에게 忍容義務가 있는 경우를 전제로 한 것으로서 違法性이 인정되어 不法行爲를 구성하는 경우의 損害賠償請求權과는 다른 것임을 유의하여야 한다. 임미시온에 의한 不法行爲에 있어서는 임미시온의 특성에서 생기는 다음과 같은 문제점들에 대한 고려가 필요하다.

(1) 違 法 性

임미시온은 타인의 土地所有權 등에 대한 침해이긴 하지만 모든 임미시온이 違法한 것은 아니다. 本條가 규정한 피해자의 忍容義務의 범위 내의 임미시온은 적법한 것이다. 그러므로 本條는 相隣關係에 있어서 뿐만 아니라 不法行爲에 있어서도 違法性의 지표를 규정하는 의미가 있고, 不法行爲의 요건으로서의 違法性 판단은 忍容義務의 범위를 규명함에 귀착된다.[60]

여기에서 임미시온 禁止請求를 인정하기 위한 前提로서의 加害行爲의 違法性과 단순히 損害賠償을 인정하기 위한 違法性의 요건을 동일하게 볼 것이냐 하는 문제가 생긴다. 이에 대하여 전자의 要件을 후자의 要件보다 훨씬 더 엄격하게 해석하여야 한다는 유력한 견해가 있다.[61] 예를 들면, 公共性이 높은 交通騷音은 金錢賠償은 인정된다고 할지라도 그 禁止가 인정되기는 어렵다는 것이다. 그러나 과연 동일한 行爲의 違法性이 救濟方法에 따라서 달리 평가될 수 있는 것인지 의문이다. 不法行爲의 측면에서는 違法한 행위가 그 행위의 禁止를 위한 相隣關係的 측면에서는 適法한 행위가 된다고 하는 것은 奇異한 결론이 될 것이다. 禁止請求가 허용되지 않는 適法한 임미시온에 대하여서는 損害賠償으로써 해결하기 보다는 立法에 의하여 損害補償의 방법으로 해결하는

59) 金基洙, 前揭論文, 135; 박영우, 前述(註 26), 前揭論文, 91.
60) 前述(註 15의 本文)한 受忍限度論.
61) 이른바, 違法性의 2段階說. 原田尙彦, 前揭書, 48.

것이 바람직하다.[62)]

(2) 過 失

임미시온에 의한 不法行爲에 있어서도 원칙적으로는 責任要件으로서의 故意 또는 過失을 갖추어야 하고, 그 중 過失의 내용으로서는 損害의 발생을 방지할 수 있는 일정한 施設을 할 注意義務가 있음에도 불구하고 그 義務를 다하지 않았다는 것을 들고 있는 것이 전통적 견해였다. 過失의 내용을 위와 같이 보게 되면 임미시온의 방지가 技術的·經濟的으로 불가능할 때에는 임미시온을 放散한 자의 過失을 인정할 수 없게 되어 不法行爲責任을 지울 수 없는 것으로 된다. 그러나 이것은 너무 피해자에게 불리하므로 損害의 「豫見可能性」이 있는 때에는 임미시온의 放散者가 이미 防止設備를 하고 있거나, 損害防止가 불가능한 경우에도 過失을 인정하자는 견해가 유력하게 되었으며,[63)] 더 나아가서 임미시온에 의한 손해가 피해자의 忍容限度를 넘었다고 인정되는 경우에는 豫見可能性조차 따질 필요없이 過失을 인정하거나, 아예 故意·過失과 같은 주관적 요건을 필요로 하지 않는다고 보아야 한다는 견해[64)]까지 나오게 되었다.

이와 같은 새로운 학설을 반영하여 1990.8.1 법률 제4257호로 改正된 環境政策基本 §31 Ⅰ은 "事業場 등에서 발생되는 環境汚染으로 인하여 피해가 발생한 때에는 당해 事業者는 그 피해를 배상하여야 한다"고 규정함으로써 이른바 公害訴訟에 있어서의 無過失責任主義를 채택하였다.[65)] 環境政策基本法에서 말하는 「環境汚染」이란 事業活動 기타 사람의 활동에 따라 발생되는 大氣汚染, 水質汚染, 土壤汚染, 海洋汚染, 放射能汚染, 騷音, 振動, 惡臭 등을 포괄하는 용어로서,[66)] 本條가 규정하는 임미시온의 거의 대부분을 포함하는 것이므로 임미시온으로 인한 損害賠償에 있어서 過失의 要否 및 그 內容에 관한 論議는 그 실익을 잃게 된 것으로 보인다.

(3) 共同不法行爲

임미시온을 放散한 자가 여럿이고 그 複合的인 임미시온에 의하여 피해가 발생한 경우, 이로 인한 損害賠償請求는 각 原因者別 不法行爲의 成立要件, 특히 임미시온과 손해발생 사이의 因果關係에 대한 立證이 극히 곤란한 경우가

---

62) 後述 Ⅶ.2. 참조.

63) 豫見可能性說이라 부른다. 郭潤直, 債各, 711-14 참조.

64) 新受忍限度論이라 한다. 郭潤直, 288; 金基洙, 前揭論文, 133.

65) 同法에 의하여 폐지된 環境保全 §60는 汚染物質에 의한 生命, 身體의 피해에 관하여서만 無過失責任을 인정하고 있었다.

66) 同法 §3 iv.

많고, 손해에 대한 각 原因者別 寄與度가 다를 수 있어 그 책임의 범위를 정하기 어렵다는 점 때문에 일반의 共同不法行爲와 다른 고려가 필요하다.[67)]

우선 因果關係에 대한 立證責任의 문제와 관련하여 環境政策基本 §31 I은 事業場 등이 두 개 이상 있는 경우에 어느 事業場 등에 의하여 環境汚染으로 인한 피해가 발생한 것인지 알 수 없을 때에는 각 사업자가 連帶하여 그 손해를 배상하도록 규정하고 있다. 이 규정은 民 §760 II의 규정을 公害問題에 적용시킨 것으로서 因果關係에 대한 피해자의 立證의 부담을 덜어주기 위하여 立證責任을 가해자측에 轉換한 것이다. 그러나 임미시온의 경우에는 立證責任의 문제 외에도 다음과 같은 특수한 문제들이 발생한다. ① 일반 共同不法行爲에 있어서는 共同不法行爲者 각자의 행위가 독립하여 不法行爲의 要件을 구비하여야 하는데,[68)] 각자가 放散한 임미시온의 量은 忍容의 한계를 벗어나는 것이 아니어서 違法性이 없으나 放散된 量이 모두 합쳐지면 그 忍容限度를 벗어나는 경우, 共同不法行爲의 成立을 부정한다면 被害者 救濟에 소홀한 것이 될 것이다. ② 共同不法行爲는 가해자 사이에 共謀 또는 意思의 共通을 필요로 하지 않고 客觀的 關聯만으로 족하다[69)]고 보는 한편, 각 共同不法行爲者가 손해의 전부에 관하여 連帶責務를 부담하는데, 경미한 임미시온만을 放散한 자가 예상치 못한 타인의 임미시온 放散으로 인하여 두 임미시온의 경합으로 생긴 巨額의 손해를 전부 배상하여야 한다면 타당한 결과라고 보기 어렵다.

이상과 같은 문제들을 해결하려면 임미시온으로 인한 共同不法行爲에 있어서는 不法行爲의 要件을 완화시켜서 각각의 임미시온 放散이 忍容限度를 벗어나지 아니한 경우라고 하더라도 총체적으로 忍容限度를 넘어서게 되는 경우에는 共同不法行爲가 성립하는 것으로 하되, 主觀的 關聯이 없는 임미시온이 복합된 경우에는 連帶責任을 부정하고 각자의 寄與度에 따라서 책임을 부담하는 것으로 해석함이 상당할 것이다.[70)] 그러나 이러한 임미시온의 특수성에 대

---

67) 郭潤直, 債各, 714. 詳細에 관하여는 千慶松, "公害의 複數原因者의 責任", 재판자료 2, 127 이하 참조.

68) 通說. 郭潤直, 債各, 699; 金基善, 債各, 440; 金曾漢, 債各, 510; 金顯泰, 債各, 398.

69) 通說, 判例이다. 郭潤直·金基善·張庚鶴·金顯泰, 각 前揭書; 大判 63.10.31, 63다573; 大判 69.8.26, 69다692. 그러나 主觀的 共同을 필요로 한다는 反對說도 있다. 金曾漢, 債各, 511.

70) 大判 91.7.26, 90다카26607은, 公害事件에서 피해자의 損害가 寒波·落雷와 같은 自然力과 加害者의 過失行者가 경합되어 발생된 경우 加害者의 賠償의 범위는 損害의 공평한 부담이라는 견지에서 損害에 대한 自然力의 寄與分을 제한 부분으로 제한하여야 한다고 판시하고 있다. 共同不法行爲에 관한 것은 아니지만 상당히 시사적인 판결이라고 할 수 있다.

한 고려를 위하여 어떠한 共同不法行爲의 理論을 구성할 것인가에 관하여는 아직까지 견해가 정립되어 있지 않다.

Ⅶ. 本條의 適用範圍와 立法論

1. 本條의 適用範圍

(1) 本條는 土地가 國有 또는 共有인 경우에도 적용된다.[71] 다만 國有 또는 共有인 土地가 公共·社會性이 강한 目的(예컨대, 공립학교의 운영)을 위해 이용됨으로 인하여 임미시온을 放散하는 경우, 이웃 土地의 所有者에게 忍容義務가 인정되는 범위가 私有地보다는 넓을 수 있을 뿐이다.

本條는 地上權과 傳貰權에도 準用되므로[72] 地上權者나 傳貰權者 상호간 또는 그들과 所有者 상호간에도 적용된다. 地役權에 관하여는 本條의 準用規定이 없으나 地役權도 土地使用을 내용으로 하는 物權으로서 임미시온에 의하여 그 使用이 방해당할 수 있는 것이고, 所有物妨害排除請求權에 관한 民 §214가 地役權에 준용되고 있으므로[73] 本條를 類推適用하여야 할 것이다. 占有權도 物權의 일종으로서 보호를 받고 있고, 그에 기한 妨害排除請求權도 인정되므로[74] 그 占有가 土地의 使用을 목적으로 한 경우에는 本條를 類推適用하는 것이 상당하다고 생각한다.

그러나 土地의 使用을 목적으로 하지 않는 留置權·質權이나, 占有 자체를 수반하지 않는 抵當權의 경우에는 本條가 적용될 여지가 없다. 賃借權은 배타적인 지배력을 갖는 物權이 아니라 他人에 대하여 목적물의 使用·收益을 청구할 수 있는 債權에 지나지 아니하므로 賃借權 자체에는 本條가 적용되지 않는다고 봄이 상당하나, 登記된 賃借權과 같이 대항력을 갖추어 物權化된 土地賃借權에 대하여는 本條의 類推適用을 인정하여도 무방할 것이다.

(2) 本條는 任意規定이므로 特約에 의하여 그 적용을 배제할 수 있다. 어느 土地 위에서 공장의 운영 등으로 인하여 임미시온의 放散이 불가피한 경우 그 工場主와 隣近住民들 사이의 特約에 의하여 工場主에게 일정한 防止施設의

71) 金曾漢, 194; 李太載, 195.
72) 地上權에 관하여는 民 §290, 傳貰權에 관하여는 民 §319.
73) 民 §301.
74) 民 §§205, 206.

設置義務를 지우고, 그와 같은 施設에 의하여서도 막지 못하는 임미시온에 대하여는 住民들이 이를 忍容하기로 하되, 이에 대하여 일정한 액수의 損害賠償을 지급받기로 約定함으로써 미리 서로간의 조절을 꾀할 수 있고, 이러한 종류의 約定이 임미시온 문제에 대하여서는 바람직한 해결책이라고 할 것이다.

2. 立 法 論

이상 살펴본 바와 같이 本條는 相隣關係에 있는 物權者 상호간의 조절을 통하여 임미시온의 규제를 꾀하고 있으나, 그 구체적인 내용에 있어서 미흡한 점이 적지 않다.

먼저 忍容義務의 한계를 설정함에 있어서 加害土地와 被害土地의 이익을 함께 고려하여 比較較量할 수 있는 방법을 규정하고 있지 않다는 점이다. 加害土地의 통상적인 利用의 결과로 불가피하게 생기는 임미시온에 대하여는 그것이 被害土地의 利用에 대한 중대한 侵害가 되더라도 忍容하라는 것인지, 또는 그와 반대로 被害土地의 通常的 用途에 적당하지 않은 過度한 임미시온이 加害土地의 通常的 利用의 결과로 생기는 것이고, 그것을 막기 위하여 期待可能한 모든 조치를 취한 경우에도 언제나 금지된다는 뜻인지 本條 자체로는 명백하지 않다. 加害土地의 通常的 利用의 결과로 생기는 임미시온은 被害土地의 通常의 用途에 적당할 것이라는 전제하에 本條와 같이 규정하였는지 모르나 그 前提가 항상 타당한 것은 아닐 것이다.

개정된 獨民 §906와 같이 加害土地의 場所的 慣行에 따른 利用의 결과로 불가피하게 발생하고, 사회통념상 期待可能한 모든 조처를 취하여도 막을 수 없는 임미시온은, 그것이 설사 被害地에 중대한 침해가 되는 것이더라도, 허용되는 것으로 명시하는 것이 옳은 방향이 아닌가 한다.

다음으로 피해자에게 忍容義務가 인정되는 경우, 다시 말하면, 임미시온에 違法性이 없는 경우에 그 임미시온으로 인한 손해를 補償해주어 피해자 구제에 만전을 기하려는 고려가 없다는 점이다. 물론 임미시온에 관하여는 前述한 바와 같이 不法行爲에 기한 損害賠償請求의 要件이 一般不法行爲에 비하여 상당히 완화되어 있기는 하지만, 위와 같이 違法性이 없는 임미시온에 대하여는 不法行爲가 성립한다고 볼 수 없다. 그렇다고 하여 임미시온에 대한 忍容義務가 있는 피해자에게 발생한 모든 손해를 감수하라고 하는 것은 너무 가혹한 것이다. 忍容義務는 임미시온에 의한 干涉 자체에 대한 것이고, 그로 인한 損害

에 대한 것은 아니기 때문이다. 또한 加害者는 자신이 放散한 임미시온이 비록 違法性이 없는 것이더라도 이로 인하여 발생한 이웃 居住者의 손해를 補償해 주도록 하는 것이 相隣共同體의 정신에 맞는 것이기도 하다. 違法性이 없는 임미시온의 경우 그 放散者에게 일정한 범위의 損害補償義務를 지우는 규정을 두어야 할 것으로 생각한다.[75)]

[柳 元 奎]

第218條(水道 등 施設權)

① 土地所有者는 他人의 土地를 通過하지 아니하면 필요한 水道, 疏水管, 가스管, 電線 등을 施設할 수 없거나 過多한 費用을 요하는 경우에는 他人의 土地를 通過하여 이를 施設할 수 있다. 그러나 이로 인한 損害가 가장 적은 場所와 方法을 選擇하여 이를 施設할 것이며 他土地의 所有者의 請求에 의하여 損害를 補償하여야 한다.

② 前項에 의한 施設을 한 후 事情의 變更이 있는 때에는 他土地의 所有者는 그 施設의 變更을 請求할 수 있다. 施設變更의 費用은 土地所有者가 負擔한다.

I. 水道 등의 施設權의 內容

土地所有者는 타인의 토지를 통과하지 않으면 필요한 水道, 疏水管, 가스管, 電線 등의 시설할 수 없거나 또는 과다한 비용을 요하는 경우에는 타인의 토지를 通過하여 이를 施設할 수 있다(民 §218 I 本文).

이러한 시설들은 都市生活에 있어서는 필수불가결하며, 그 시설을 위하여 타인의 토지를 통과해야만 하는 경우가 적지 않다. 이러한 施設을 하기 위한 他人土地의 利用은 契約에 의해서 가능하지만 이러한 시설의 公共性에 비추어

75) 環境政策基本 §7는 環境汚染의 원인을 야기한 자에게 그 오염의 防止와 오염된 환경의 回復 및 被害救濟에 소요되는 비용을 부담시키는 것이 원칙임을 선언하고 있다.

相隣關係의 法理에 따라 그 타인에게 忍容義務를 부과하고 있다. 그러나 실재에 있어서는 이러한 施設을 개인이 할 수 있는 경우는 상당히 制限되어 있어서 民法의 규정이 적용되는 일은 적다(電氣事業 §§ 60-80).

Ⅱ. 損害의 補償

水道 등의 施設을 위하여 타인의 土地를 使用하기 위해서는 그 타인의 토지를 통과하지 않으면 그와 같은 施設을 할 수 없거나 할 수 있더라도 過多한 費用을 요하는 경우이어야 한다(民 § 218 Ⅰ 本文). 그리고 土地를 사용하는 경우에는 土地所有者에게 주는 손해가 가장 적은 場所와 方法을 선택하여 시설하여야 한다. 損害가 가장 적은 장소와 방법이 選擇되었는지의 여부는 社會通念에 비추어 부근의 地理狀況, 相隣地利用者의 利害得失, 기타 諸般事情을 참작하여 정하여야 한다.[1] 그리고 타인의 토지를 통과한다는 것은 地上, 地表, 地下 등의 통과를 총괄하는 개념이다. 이때 이러한 施設을 위한 工事로 말미암아 施設通過地의 所有者에게 손해를 준 경우에는 그 土地所有者의 청구에 의하여 손해를 보상하여야 한다(民 § 218 Ⅰ 但).

Ⅲ. 施設通過地所有者의 施設變更請求權

施設을 한 후 사정이 변경된 때에는 施設通過地의 所有者는 그 시설의 변경을 청구할 수 있다(民 § 218 Ⅱ 前段). 여기서 事情의 변경이라 함은 通過地所有者의 事情이 施設 당시와 달라져서 施設의 場所와 方法이 그에게 損害를 주었다는 것을 의미한다. 따라서 事情變更의 有無는 施設通過地所有者의 主觀的 意思에 의하여 決定할 것이 아니라 客觀的으로 施設을 變更하는 것이 타당한지의 여부에 의하여 決定한다.[2]

그리고 施設變更의 비용은 通過地所有者가 負擔한다(民 § 218 Ⅱ 後段).

1) 大判 85. 10. 22, 85다카129(公 766, 1544).
2) 大判 82. 5. 25, 81다1, 2, 3(要集 民 Ⅰ-1, 426).

Ⅳ. 施設保護措置에 관한 立法的 不備

民法에는 通過施設의 보호를 위한 규정은 두지 않았으나 이에 대한 立法的 措置도 필요한 것으로 생각된다. 참고로 瑞民 §691 Ⅲ은 施設權者의 청구가 있을 때 그의 비용으로 施設物을 登記할 수 있도록 하고 있다.

[金 相 容]

第219條(周圍土地通行權)

① 어느 土地와 公路 사이에 그 土地의 用途에 필요한 通路가 없는 경우에 그 土地所有者는 周圍의 土地를 通行 또는 通路로 하지 아니하면 公路에 出入할 수 없거나 過多한 費用을 요하는 때에는 그 周圍의 土地를 通行할 수 있고 필요한 경우에는 通路를 開設할 수 있다. 그러나 이로 인한 損害가 가장 적은 場所와 方法을 選擇하여야 한다.

② 前項의 通行權者는 通行地所有者의 損害를 補償하여야 한다.

Ⅰ. 周圍土地通行權의 內容

어느 土地와 公路와의 사이에 그 토지의 용도에 필요한 通路가 없어서 주위의 토지를 通行하거나 또는 通路를 開設하지 않고서는 公路에 출입할 수 없는 경우 또는 公路에 통하려면 과다한 비용을 요하는 때에는 그 土地所有者는 주위의 토지를 通行할 수 있고, 필요한 경우에는 통로를 開設할 수 있다(民 §219 I 本文).

여기서 公路라 함은 일반인이 통행하고 있는 道路를 말하며, 通路가 없는 경우란 다른 토지에 둘러싸인 경우는 물론이고, 池沼·河川·海洋 등을 이용하지 않고서는 外部에 나갈 수 없을 때 또는 험한 낭떠러지가 있어서 그 土地와

公路가 심하게 高低를 이루는 경우도 포함된다(舊民 § 210 Ⅱ).

判例에 의하면 기존의 통로보다 더 편리하다는 이유만으로는 다른 곳으로의 周圍土地通行權은 인정되지 않는다.[1] 그리고 토지의 용도에 필요한 通路를 開設할 수 있다는 것은 토지의 利用方法에 따라서 步行에 필요한 通路로서 충분한 경우도 있겠지만 경우에 따라서는 牛馬車, 自動車 또는 대형트럭 등이 통과할 수 있는 通路를 開設할 수도 있음을 의미한다. 그러므로 비록 公路에 통하고 있다고 하더라도 土地의 用途에 따른 利用에 부적당한 경우에도 本條가 類推適用되어야 할 것이다.[2] 그런데 判例는 통로로서 좁은 農路가 있었는데, 주변 土地에 둘러싸여 있는 被包圍地에 공장을 신축함으로써 貨物自動車가 통행할 수 있는 정도의 통로를 확장할 필요가 있는 경우에 周圍土地通行權의 범위는 기존의 農路에 한정된다고 하였다.[3] 그러나 지금은 旣存의 通路가 不適當할 때에는 새로운 土地利用에 適合한 範圍로의 擴大를 인정하고 있다.[4]

생각건대, 周圍土地通行權은 통로가 없는 土地利用의 효용을 높이려는 공익적인 이유에서 인정되므로 기존의 통로가 被包圍地의 새로운 土地利用에 부적합할 때에는 本條를 類推適用함이 타당할 것이다. 이와 같이 어느 土地와 公路 사이에 통로가 없을 때에는 통로가 없다는 사실만으로써 周圍의 토지를 通行할 權利가 인정되며, 周圍土地所有者에게 통행을 청구할 필요는 없다.[5]

Ⅱ. 損害의 補償

周圍土地通行權에 의하여 타인의 토지를 통행하거나 通路를 開設할 때에는 이로 인한 損害가 가장 적은 場所와 方法을 선택하여야 한다(民 § 219 Ⅱ). 그리고 通行 또는 通路開設로 인하여 通行地所有者에게 손해를 주었을 때에는 通行權者는 그 손해를 보상하여야 한다(民 § 219 Ⅱ).

損害補償은 一時金으로 하든 定期金으로 하든 상관이 없으며, 이 補償義務는 被包圍地所有權의 物的負擔으로 존재하는 것이므로 被包圍地가 양도되면

1) 大判 76. 10. 26, 76다1359, 1360(要集 民 Ⅰ-1, 428); 大判 82. 6. 22, 82다카102(要集 民 Ⅰ-1, 429).
2) 金容漢, 255(1985).
3) 大判 67. 10. 31, 67다1641(要集 民 Ⅰ-1, 427).
4) 大判 77. 9. 13, 77다792(要集 民 Ⅰ-1, 429); 大判 92. 3. 31, 92다1025(公 920, 73).
5) 大判 73. 8. 21, 73다401(要集 民 Ⅰ-1, 431).

이 補償義務도 당연히 移轉된다.[6)]

그러나 遲滯部分은 그러하지 아니하다. 그리고 補償義務의 이행은 法律上 通行權成立의 요건이 아니므로 通行權者가 그 이행을 지체하더라도 通行權은 소멸하지 않고, 債務不履行責任이 발생할 뿐이다.[7)]

Ⅲ. 周圍土地通行權의 消滅

이 通行權은 周圍土地를 통행할 필요가 없어진 때에는 당연히 소멸하며, 따라서 補償義務도 소멸한다. 다만 遲滯補償金은 소멸하지 않는다. 通行權者는 주위토지를 通行할 권리를 갖고 있지만 通行地所有者의 占有權을 배제하지는 못한다.[8)]

[金 相 容]

第220條(分割, 一部讓渡와 周圍通行權)

① 分割로 인하여 公路에 通하지 못하는 土地가 있는 때에는 그 土地所有者는 公路에 出入하기 위하여 다른 分割者의 土地를 通行할 수 있다. 이 경우에는 補償의 義務가 없다.

② 前項의 規定은 土地所有者가 그 土地의 一部를 讓渡한 경우에 準用한다.

Ⅰ. 人爲的 包圍地와 周圍土地通行權

원래는 公路에 통하고 있었던 토지를 分割하거나 또는 그 일부를 讓渡함으로써 公路에 통하지 못하게 된 토지가 된 경우에는 그 土地所有者는 公路에

6) 金容漢, 255; 張庚鶴, 411.

7) (註 6).

8) 大判 76.5.11, 75다1330(要集 民 Ⅰ-1, 428); 大判 77.4.26, 76다2823(要集 民 Ⅰ-1, 428); 大判 80.4.8, 79다1460(要集 民 Ⅰ-1, 429).

出入하기 위하여 다른 分割者의 土地 또는 讓受人의 토지를 통행할 수 있고, 제3자의 토지를 通行할 수는 없다(民§220 I 本文, II).

II. 損害補償의 不要

이러한 경우에는 民§219에서와는 달리 損害를 補償할 義務가 없다(民§220 I 但). 그러나 被包圍地의 特定承繼人에 대해서는 民§220가 적용되지 아니하고, 民§219가 적용된다. 또한 無償通行權은 공유토지의 直接分割者間 또는 토지의 일부양도의 당사자간에만 적용이 있고 通行地의 特定承繼人에 대하여는 적용이 없다.[1)]

[金 相 容]

물에 관한 相隣關係 前論

차 례

I. 물에 관한 法理의 發展

물은 토지와 함께 역사의 시작부터 인류의 生活과 밀접 不可分의 관계에 있었다. 즉 인류는 물과 더불어 發展하여 왔다. 그러나 물은 土地와는 달리 항

1) 大判 71.10.19, 69다2277(要集 民 I-1, 431).

상 流動하기 때문에 그것을 規律하는 法理는 토지처럼 정비되어 있지는 못하다. 古來로부터 물에 관한 法理는 물은 이용하는「利水」의 法理와 물의 流動性에서 齎來하는 막강한 破壞力으로부터 社會經濟生活을 防衛하는「治水」의 法理로 크게 두 방면으로 나누어 볼 수 있다. 利水의 法理와 治水의 法理는 서로 상반되면서 물의 利用 및 管理에 이바지하고 있다.

물은 규율하는 法, 즉 水法(Wasserrecht; law of water)은 慣習法으로 출발하여 요즈음은 成文法도 많이 制定되었다. 근본적으로 水法은「만든 法」(gemachtes Recht)이 아니고「만들어진 法」(gewordenes Recht)이며, 法社會學者들이 말하는「살아 있는 法」(lebendes Recht)이다.[1]

그러므로 물에 관한 權利는 근본적으로 慣習法上의 권리였다. 점차 成文法이 制定됨에 따라 慣習法上의 권리를 成文法이 인정하게 되었다. 따라서 水法의 연구는 바로 慣習法의 연구이다. 그러나 우리 나라에서는 물에 관한 全般的 慣習法의 調査硏究가 이루어지지 못하고 있으며, 부분적으로 학자들의 個人的인 노력에 의해 이루어진 實情이다.[2] 특히 우리 나라는 일찍부터 農耕社會를 이루어 물을 이용하는 農業을 중심으로 한 經濟活動이 이루어져 왔기 때문에 더욱더 물에 관한 慣習法은 풍부할 것이고 調査硏究할 것들이 많을 것이다.

1958년에 현행 民法을 制定하면서 물에 관한 규정을 相隣關係로 규정하면서도 그 내용은 관습에 의하도록 한 규정이 적지 않다(民 §§ 224, 229, 234). 물에 관한 法의 객체는 좀 특수성을 갖고 있다. 즉 물은 水理學的 循環系를 따라서 계속해서 움직이고 있지만 水法關係의 규범은 어느 特定時點에 있어서의 循環系上의 물의 地位에 따라 결정된다. 따라서 같은 물이라도 그것이 어느 時點에 位置해 있느냐에 따라서 적용법리가 달라지는 것이다.

또 물은 地表와 地下의 水路를 따라 흐른다. 이때 물과 그 물이 흐르는 土地와를 不可分의 것으로 하여 규율할 것인가, 아니면 물과 河床을 별개의 物件으로 하여 각각 달리 규율할 것인가 하는 것도 통일되어 있지 못하다. 地下水는 그것이 地下에서 흐르고 있는 한은 土地의 本質的 構成部分이고, 土地所有權의 객체에 불과하다고 봄이 일반적이다. 그러나 地表를 따라 흐르는 물, 특히 河川의 경우에는 로마法에서는 水와 河床을 구분하여 流水利用權과 河床에 관

1) 崔柄煜, "韓國의 慣行水利法에 관한 硏究", 서울大學校法學碩士學位論文, 8(1961).
2) 물에 관한 慣習의 調査, 硏究論文으로는 崔柄煜, 上揭論文; 李太載, "流水利用權에 관한 慣習, 判例와 法理", 現代民法學의 諸問題(金曾漢記念論文集), 271~90(1982).

한 物權을 분리하여 규율하였다.[3] 그러나 게르만法에서는 물과 河床을 구분하지 않고 불가분의 것으로 물에 관한 法에 따라 규율하였다.[4] 그래서 獨逸의 대다수의 分邦立法에서 水所有權(Wassereigentum)이라 함은 河床所有權, 水利用權, 水力利用權을 동시에 포괄하는 개념으로 쓰이고 있다.

Ⅱ. 물의 分類

1. 大陸法과 英美法에서의 물의 分類

물을 어떤 기준에 의하여 分類하느냐에 따라서 여러 가지로 분류할 수 있다. 우선 물에 대한 규율을 위한 法的 目的에 따라 물을 분류해보면 大陸法에서와 英美法에서의 分類가 서로 다르다.

大陸法에서는 基本的으로 물을 세 가지의 範疇로 나누었다. 즉 水路를 가진 地表水, 水路없이 확산되는 地表水, 그리고 地下水로 나누었다. 英美法에서는 水路를 가진 地表水, 池沼, 地表擴散水, 源泉水, 그리고 地下水의 다섯 가지로 나누고 있다.

2. 公川과 私川

大陸法에서의 물의 분류에 따라서 다시 세분해보면 먼저 水路를 가진 地表水는 河川을 생각할 수 있다. 河川은 그 河川이 한 국가의 領土이냐, 두 國家 이상에 걸쳐서 흐르고 있느냐에 따라 보통의 河川과 國際河川으로 나눌 수 있다. 보통 河川이라 함은 한 國家內의 하천을 말하며 國際河川은 國際法의 규율 대상이 된다.

國內의 河川은 다시 배타적인 私的利用의 대상이냐, 아니냐에 따라서 私川과 公川으로 나누어 볼 수 있다. 私川과 公川의 구분은 로마法에서부터 인정되었으며,[5] 로마法에서의 公川(flumina publica)은 항상 물이 흐르고 있는 내를 의미하였으며, 그렇지 않은 河川은 私川(flumina privata)으로 하였다. 게르만법에서는 私川과 公川의 구분을 알지 못하고 流水는 모두 共用地(Allmende)에 속

3) Mitteis/Lieberich, Deutsches Privatrecht, 8. Aufl.(1983), 4.
4) 玄勝鍾, 西洋法制史, 184(1968).
5) (註 3), 4; (註 4), 184.

하였으며 共同體構成員이 공동으로 이용할 수 있었다.[6)]

獨逸에서는 근대에 로마法의 계수의 결과로 河川을 公川과 私川으로 나누게 되었다. 우리 나라에서도 河川을 公川과 私川으로 구분하고 있다. 公川과 私川의 구분은 그 河川이 國有이냐 私有이냐에 따른 구분이 아니고, 河川法의 적용을 받느냐 받지 않느냐에 따른 구분도 아니며, 일반적으로 特定의 私人에게 그 流水의 排他的 支配 내지는 所有權的 利用을 허용하여도 公共의 利害에 아무런 영향이 없는 것이 私川이고 그 밖의 河川은 公川이라 정의되고 있다.[7)]

河川法에서 규정하고 있는 河川은 公共의 이해에 밀접한 관계가 있는 大統領令으로 그 名稱과 區間이 指定된 河川을 말하며(§2 I i), 國有로 하고 있다(§3). 名稱과 區間이 지정되지 않은 河川에 流入하거나 이로부터 分岐되는 水流는 準用河川으로서(河川 §10), 河川法을 적용하도록 하고 있다. 또 河川臺帳을 만들어(河川 §13) 관리하고 있다.

과거 獨逸, 특히 프로이센에서는 물을 흐르는 流水(Wasserlaufe)와 고여 있는 물(geschlossenes Wasser)로 나누고, 흐르는 물을 3단계로 나누어 第1順位의 流水(Wasserlaufe erster Ordnung)를 큰 강(Strome)이라 하고 이는 國有로 하며, 第2順位의 流水를 강(Flusse)이라 하고, 第3順位의 流水는 개천(Bache)이라 하여 隣近住民에게 私所有權을 인정하였다. 다만 이러한 隣近住民의 私所有權(Privateigentum der Anlieger)은 물의 利用權을 특징으로 하였다.[8)9)] 그리고 고여 있는 물은 土地所有權의 객체로 하였다. 그러나 근래의 分邦法 ―바덴뷜템베르크 水法― 에서는 公川과 私川(öffentlicher und privater Gewasser)으로 구분하고 있다.[10)]

3. 流水, 水道, 靜水

물이 존재하는 모습에 따른 구분으로서 흐르는 물, 즉 流水, 고여 있는 물인 靜水, 그리고 인공적인 導管施設에 의해 이끌리어지는 물인 水道로 나누어 볼 수 있다.

流水는 다시 公川과 私川으로 나눌 수 있고, 水道는 水道法의 적용을 받으

6) (註 4), 184; 게르만法에서는 못, 우물, 샘 등 고인물에 대해서는 個別所有權이 인정되었다.
7) 郭潤直, 294.
8) F. Baur, Lehrbuch des Sachenrechts, 10. Aufl., 256(1978).
9) 獨逸에서의 물관리는 原則的으로 分邦의 權限에 屬한다.
10) (註 8), 256.

며, 靜水는 그 토지의 구성부분으로서 土地所有權의 객체로 다루어진다.

4. 地下水, 源泉

물이 땅속에서만 흐르고 있을 때는 토지의 構成部分으로서 土地所有者가 자유로이 사용할 수 있다. 그러나 그 地下水가 자연히 湧出하였을 때에는 그 源泉은 土地所有權의 客體이나 그 이용에 관해서는 慣習法上의 특수한 권리가 인정된다. 즉 地下로부터 자연히 湧出하는 地下水를 源泉이라 하고, 이 源泉은 그 원천이 소재하고 있는 토지의 일부분으로서 土地所有權의 객체이다.

源泉에는 그 分類基準에 따라서 다시 여러 가지로 분류된다. 湧出하는 泉水의 水量에 따라 通常的 源泉과 水流源泉(Fluβquelle)으로 나눌 수 있다. 水流源泉이라 함은 泉點으로부터 수류를 형성할 정도의 水量을 噴山하는 원천을 말한다.

水質에 따라서 療養泉(Heilquelle)과 非療養泉으로 구분되며, 水溫에 따라 溫泉과 冷泉으로 나누어지며, 鑛物質含有 여부에 따라 鑛泉과 單純水로 나누어 진다.[11)]

Ⅲ. 물에 관한 法理의 構成

1. 물에 관한 法源

물의 利用에 관해서는 주로 慣習法이 규율하고 있으며, 그 내용의 일부는 民法의 相隣關係에서 成文化되었다. 그러나 물의 管理面에 있어서는 주로 成文法이 이를 규율하고 있다.

물에 관련된 현행 法規들을 정리해보면 우선 民法과 慣習法에서 물의 이용에 관한 規定을 두고 있고, 물의 管理를 위해서는 먼저 河川法(1971. 1. 19 法律 제2292호)에 의해 河川을 관리할 수 있게 하고, 河川法의 적용을 받지 않을 海, 河, 湖, 沼, 기타 公共用으로 供用되는 국유의 水流 또는 水面을 관리할 수 있는 公有水面管理法(1961. 12. 19 法律 제848호)이 制定되어 있으며, 댐의 管理 및 댐의 使用權[12)]의 許與 및

11) 李好挺, "源泉의 所有 및 利用에 관한 考察", 사울大學校法學碩士學位論文, 15-17 (1961).

12) 댐使用權이라 함은 多目的댐에 의한 一定量의 貯水를 일정한 地域에 확보하는 權利로서(特定多目的댐 §2 Ⅱ), 그 權利의 性質은 物權이다(同法 §20).

管理를 위해 特定多目的댐法(1966. 4. 23 法律 제1785호)이 制定되어 있다. 上水源의 水質保全을 위해서 水道法(1961. 12. 31 法律 제939호, 1966. 8. 3 法律 제1825호)에 의해 上水保護區域을 지정할 수 있도록 하고 있으며(§3), 源泉 중 溫泉의 굴착과 관리를 위해서 溫泉法(1981. 3. 2 法律 제3377호)이 制定되었다. 溫泉法에 의한 溫泉이라 함은 地下로부터 湧出하는 섭씨 25도 이상의 溫水로서 그 성분이 인체에 해롭지 않은 물을 말하며(§2 i), 溫泉을 굴착하고자 하는 者는 管轄道知事로부터 굴착허가를 받아야 하며(§5), 굴착한 溫泉으로부터 引導된 溫泉水의 사용을 위해서도 道知事의 許可를 받도록 하고 있다[13](§11).

그외에 下水에 관하여는 下水道法(1966. 8. 3 法律 제1825호), 水質汚染防止에 관해서는 水質環境保全法(1990. 8. 1 法律 제4260호)이 제정되어 있다. 그리고 地下水의 計劃的인 開發과 保全을 위하여 地下水에 관한 包括的인 法律을 制定하여야 한다는 主張이 強하게 제기되고 있다.

2. 地下水에 관한 法理

(1) 土地의 構成部分으로서의 地下水

地表를 흐르는 물에 관하여는 相隣關係로서 이를 규율하는 규정들이 있으나 地下水에 관하여는 特別規定이 없다. 다만 地下水의 사용을 보호하는 규정이 相隣關係에 관한 규정 속에 포함되어 있고, 溫泉의 굴착 및 利用에 관하여 溫泉法이 제정되어 있다.

地下水는 토지의 구성부분이다. 그러므로 地下水는 土地所有權의 객체이다. 그에 따라 地下水에 관한 法理를 밝혀보면 자연히 湧出하는 地下水는 그 토지의 所有者가 자유로이 사용할 수 있으며, 아무런 制約을 받지 않는다. 그러나 계속해서 타인의 토지에 흘러들어가는 경우에는 그 타인은 慣習法上의 流水使用權을 취득하는 수가 있다. 그러나 자기의 토지에 우물을 파서 그 地下水를 이용하는 경우와 같은 인공적으로 地下水를 湧出케 한 때에는 土地所有者는 타인의 地下水利用權을 침해하지 않는 한도에서 이를 할 수 있다.

土地所有者가 함부로 토지를 파서 이용하는 결과로 다른 토지의 所有者가 이용하지 못하게 되는 때에는 權利의 남용이 되고 따라서 不法行爲가 된다.

---

13) 溫泉이 그의 湧出地盤을 떠나서 별개의 독립한 물권의 객체인지에 관해서 우리 判例는 溫泉權, 鑛泉權, 또는 溫泉利用權은 관습법상의 物權이 아니라고 하고 또한 溫泉水도 民 §§235, 236 所定의 公用水 또는 生活上 필요한 用水에 해당하지 아니한다 라고 判示하고 있다. 大判 70. 5. 26, 69다12391(要集 民 Ⅰ-1, 441).

(2) **地下水利用의 保護**

土地所有者의 地下水利用을 보호하기 위해서 民法에서는 相隣關係의 한 내용으로 규정하고 있다. 즉 필요한 用途나 收益이 있는 源泉이나 水道가 타인의 建築, 기타의 工事로 인하여 斷水, 減水 기타의 用途에 장애가 생긴 때에는 用水權者는 손해배상을 청구할 수 있다(民 § 236 I). 그리고 이러한 工事로 인하여 飮用水, 기타 생활상 필요한 用水에 장해가 있을 때에는 原狀回復을 청구할 수 있다(民 § 236 II). 물론 손해가 발생한 때에는 損害도 함께 청구할 수 있다.

또 地下水를 土地所有者뿐만 아니라 이웃 사람들도 이용하고 있는 경우에 그 地下水를 이용하는 相隣者들은 각자의 수요의 정도에 따라 타인의 用水를 방해하지 않는 범주 내에서 각각 用水할 수 있다(民 § 235). 이웃 사람들이 地下水를 이용하게 되는 것은 土地所有者와의 契約에 의할 수도 있겠고 또는 관행적으로 利用權이 성립하는 수도 있다.[14)]

(3) **地下水利用權**(源泉水道使用權)의 **物權性 問題**

(가) 源泉水道使用權의 物權性 認定有無 地下水利用權의 性質에 관하여 이를 源泉水道使用權이라는 土地所有權과는 독립한 권리로 파악하고 일종의 人役權(persönliche Dienstbarkeit) 으로 보는 견해가 있다.[15)16)] 그런데 地下水는 토지의 구성부분을 이루는 것이며, 그것을 土地所有者가 이용할 수도 있고 相隣者가 이용하는 경우도 있다.

이러한 地下水利用權을 土地所有權과는 독립한 物權으로 인정할 수 있을까? 이에 관하여는 전면적으로 源泉水道使用權을 慣習法上의 物權으로 보는 견해[17)]와 토지소유자의 地下水利用權은 土地所有權의 한 권능에 불과하지만 相隣者의 地下水利用權은 일종의 人役權으로 인정할 수 있다는 견해[18)]가 있고, 源泉水道使用權의 物權性을 전적으로 否認하고 지하수이용을 相隣關係의 한 範疇로만 보는 견해[19)]도 있다.

源泉水道使用權의 독립한 物權으로서의 성질을 인정하는 見解의 근거는

14) 郭潤直, 276-77.
15) 金曾漢, 308-10(1983); (註 11), 論文.
16) 源泉水道使用權과 함께 源泉所有權을 인정하는 견해가 있다. 源泉을 토지의 天然果實의 하나로 파악하고, 그에 대한 所有權, 즉 源泉所有權을 인정한다. 그 견해에 의하면 源泉所有權의 토지소유권에의 從屬性을 인정하고, 土地所有權의 從된 권리로 이론구성을 하고 있다. (註 11), 37-56.
17) (註 15), 308.
18) (註 14), 227.
19) 金容漢, 261-62(1985).

地下水 또는 水道파이프는 地下에서 상당히 광범위한 지역에 걸쳐서 연결되어 있는 관계로 한 곳에서의 源泉, 水道의 사용이 다른 곳에서의 源泉, 水道의 使用에 영향을 주는 바가 크며, 또 源泉, 水道의 使用權은 土地所有者가 아닌 者에게 속하는 수도 있기 때문에 이것을 土地所有權과 별개의 權利로 파악하는 것이 타당하다고 한다.[20] 그에 반해 독립한 物權性을 부인하는 견해는 源泉水道所在地의 所有者가 자기의 토지에 관하여 人役權을 가진다는 것은 있을 수 없기 때문이라는 것을 근거로 삼고,[21] 다만 民 §235에 의하여 인정되는 相隣者의 地下水利用權은 일종의 人役權의 性質을 가지는 것이라고 한다.

생각건대, 地下水는 지하의 구성부분이기 때문에 土地所有者의 地下水利用權은 土地所有權의 하나의 權能의 행사에 불과하며, 土地所有者와의 契約 또는 慣習法上의 相隣者의 地下水利用權은 타인의 토지를 특정인의 편익에 제공하므로 人役權으로 인정할 수 있을 것이다.

(나) 源泉水道使用權의 成立 　源泉水道使用權의 物權性을 인정하는 견해는 이 源泉水道使用權은 장기간의 관행에 의하여 인정될 수도 있고, 設定行爲에 의하여 成立할 수도 있다고 한다. 慣行에 기한 源泉水道使用權은 源泉水道의 사용이 장기간에 걸쳐서 반복되었고, 그것이 사회적으로 정당한 것으로 承認됨으로써 하나의 權利로 인정되는 것이라고 한다.

設定行爲에 의한 源泉水道使用權은 源泉水道所在地의 土地所有者 또는 종래의 源泉水道使用權者와 새로 源泉水道使用權을 취득하는 者 사이의 契約으로서 행하여지며, 이것은 하나의 物權契約이지만 形式主義에 대한 예외로서 當事者 사이의 意思表示만으로 그 효력이 생긴다고 해석한다.[22]

(다) 源泉水道使用權의 法的 性質 　源泉水道使用權은 하나의 독립한 慣習法上의 물권이며, 일종의 人役權이며, 또 讓渡性과 相續性이 인정된다고 한다.[23] 일반적으로 人役權은 讓渡性과 相續性이 인정되지 않으나 源泉水道使用權은 相續性과 讓渡性이 인정된다고 한다. 물론 當事者間의 특약에 의해 讓渡性과 相續性을 배제할 수는 있는 것으로 본다.[24]

(라) 源泉水道使用權의 內容 및 效力 　源泉水道使用權의 내용은 源

20) (註 15), 308.
21) (註 14), 277.
22) (註 15), 309.
23) (註 11), 103-4.
24) (註 11), 104.

泉水道의 물을 사용하는 것이다. 물을 사용하기 위해서는 필연적으로 源泉水道所在地에 들어가지 않으면 안 될 것이므로 源泉水道使用權은 源泉水道의 물을 사용하기 위하여 필요한 한도에서 源泉水道가 존재하는 토지를 사용하는 권리를 포함한다고 한다. 또 源泉水道使用權도 하나의 物權이기 때문에 이를 침해당한 경우에는 원칙적으로 妨害排除請求權이 생긴다고 한다. 그러나 民法은 그 源泉水道의 용도에 따라서 妨害排除請求를 할 수 있는 정도의 차이를 두고 있다.

3. 流水에 관한 法理

地下水를 제외한 地表를 흐르는 물에 관해서는 水路를 따라 흐르는 물 및 公有의 海, 河, 沼 등에 관해서는 特別法 및 民法上의 相隣關係에 의하여 규율하고 있고 일정한 水路없이 地表에 확산되는 물에 관해서는 相隣關係에 의해 규율되고 있다. 따라서 流水에 관한 法理는 물에 관한 相隣關係에서 論하기로 한다.

[金 相 容]

第 221 條 (自然流水의 承水義務와 權利)

① 土地所有者는 이웃 土地로부터 自然히 흘러오는 물을 막지 못한다.

② 高地所有者는 이웃 低地에 自然히 흘러내리는 이웃 低地에서 필요한 물을 自己의 正當한 使用範圍를 넘어서 이를 막지 못한다.

I. 自然的 流水의 承水義務

土地所有者는 이웃 土地로부터 자연히 흘러오는 물을 막아서는 안 된다 (民 221 § I). 이것이 이른바 承水義務이다.

Ⅱ. 自然的 流水의 遮斷禁止

自然히 흘러오는 물에 관하여서만 受忍할 義務, 즉 承水義務가 생길 뿐이고 隣地의 땅을 높였기 때문에 물이 흘러내려오는 경우에는 承水義務가 없다. 高地所有者는 이웃 低地에 자연히 흘러내리는 이웃 低地에 필요한 물을 자기의 정당한 使用範圍를 넘어서 이를 막지 못한다(民 § 221 Ⅱ).

[金 相 容]

第222條(疏通工事權)

흐르는 물이 低地에서 閉塞된 때에는 高地所有者는 自費로 疏通에 필요한 工事를 할 수 있다.

자연히 흘러내리는 물이 어떤 사정으로 인하여 低地에서 막힌 때에는 高地의 소유자는 自費로 疏通에 필요한 공사를 할 수 있다(民 § 222). 그러나 비용부담에 관하여 특별한 관습이 있으면 그 慣習에 따른다(民 § 224).

그리고 高地所有者는 疏通工事에 필요한 범위 내에서 低地에 출입할 권리가 있다 할 것이다. 이 공사로 인하여 低地所有者에게 손해를 준다 하더라도 그것을 배상할 필요는 없을 것이다. 그것은 高地所有者의 「權利」의 행사로서 하는 공사이기 때문이다. 高地所有者의 權利의 확장과 低地所有者의 所有權의 제한의 조화가 相隣關係의 기본정신이기 때문이다.

[金 相 容]

第 223 條 (貯水, 排水, 引水를 위한 工作物에 대한 工事請求權)

土地所有者가 貯水, 排水 또는 引水하기 위하여 工作物을 設置한 경우에 工作物의 破損 또는 閉塞으로 他人의 土地에 損害를 加하거나 加할 念慮가 있는 때에는 他人은 그 工作物의 補修, 閉塞의 疏通 또는 豫防에 필요한 請求를 할 수 있다.

甲地에서 貯水·排水 또는 引水하기 위하여 설치한 工作物이 破損 또는 閉塞되어 乙地에 손해를 주거나 줄 염려가 있는 때에는 乙地의 소유자는 甲地의 소유자에 대하여 그 工作物의 보수 또는 閉塞의 疏通이나 예방에 필요한 청구를 할 수 있다. 그러나 工作物의 除去 또는 貯水·排水·引水 등의 停止를 청구하지는 못한다. 工作物의 파손 등으로 損害를 입은 때에는 賠償을 청구할 수 있다. 이때의 工作物 補修 등으로 소요되는 費用은 甲地의 所有者가 부담하나, 費用負擔에 관한 특별한 慣習이 있으면 그 慣習에 따른다(民 §224).

[金 相 容]

第 224 條 (慣習에 의한 費用負擔)

前 2 條의 경우에 費用負擔에 관한 慣習이 있으면 그 慣習에 의한다.

第 225 條 (처마물에 대한 施設義務)

土地所有者는 처마물이 이웃에 直接 落下하지 아니하도록 적당한 施設을 하여야 한다.

人工的 排水를 위하여 他人의 土地를 使用하는 것은 原則的으로 禁止한다. 그래서 土地所有者는 처마물이 직접 이웃에 落下하지 않도록 적당한 施設을 하여야 한다(民 §225). 人工的 排水는 처마물에 대한 施設義務와 함께 民 §224의 貯水 등을 위한 工作物을 設置한 경우의 工作物의 補修 등의 餘請求權과

民 §226의 餘水疏通權이 이에 속한다.

[金 相 容]

第 226 條 (餘水疏通權)

① 高地所有者는 浸水地를 乾燥하기 위하여 또는 家用이나 農, 工業用의 餘水를 疏通하기 위하여 公路, 公流 또는 下水道에 達하기까지 低地에 물을 通過하게 할 수 있다.

② 前項의 경우에는 低地의 損害가 가장 적은 場所와 方法을 選擇하여야 하며 損害를 補償하여야 한다.

餘水疏通權은 예외적으로 人工的 排水가 인정되는 경우이다(여기서 餘水라 함은 남아서 버리는 물을 말한다). 즉 高地所有者는 浸水地를 건조하기 위하여 또는 家用이나 農·工業用의 餘水를 疏通하기 위하여 公路·公流 또는 不水道에 이르기까지 低地에 물을 통과하게 할 수 있다(民 § 226 I). 이 경우에는 低地의 損害가 가장 적은 場所와 方法을 선택하여야 하며, 損害를 보상하여야 한다(民 § 226 II).

이것은 公路·公流·下水道에 직접 排水하지 못하는 土地라든가, 排水는 되더라도 막대한 費用을 요하는 土地의 所有者에게 餘水疏通權을 부여함으로써 이와 같은 土地의 利用價値를 확보케 하려는 것이다.

[金 相 容]

第 227 條 (流水用工作物의 使用權)

① 土地所有者는 그 所有地의 물을 疏通하기 위하여 이웃 土地所有者의 施設한 工作物을 使用할 수 있다.

② 前項의 工作物을 使用하는 者는 그 利益을 받는 比率로 工作物의 設置와 保存의 費用을 分擔하여야 한다.

土地所有者는 그 所有地의 물을 疏通하기 위하야 이웃 土地所有者가 시설한 工作物을 사용할 수 있다(民 § 227 Ⅰ). 이런 工作物은 반드시 직접 隣接地에 있을 것을 요하지 않는다. 이 경우 工作物을 사용하는 자는 그 利益을 받는 비율로 공작물의 設置와 保存의 費用을 분담하여야 한다(民 § 227 Ⅱ). 自然流水와 餘水가 함께 흐르는 경우에는 民 §226의 餘水疏通權의 경우로 보는 것이 타당하다.[1]

[金 相 容]

第228條(餘水給與請求權)

土地所有者는 過多한 費用이나 勞力을 요하지 아니하고는 家用이나 土地利用에 필요한 물을 얻기 困難한 때에는 이웃 土地所有者에게 補償하고 餘水의 給與를 請求할 수 있다.

土地所有者는 「과다한 費用이나 勞力」을 요하지 아니하고는 「家用이나 土地利用에 물을 얻기 곤란한 경우」에는 이웃 土地所有者에게 「餘水」의 給與를 청구할 수 있다. 이 경우에 土地所有者에 대하여 보상하여야 한다.

餘水란 자기가 사용하고 남아 돌아가는 물을 말한다. 本條는 물의 社會共益性과 相隣者 사이의 相互協同의 精神에 비추어 인정되는 것이다. 만일 이웃 土地所有者가 餘水의 급여를 거절하면 權利濫用이 된다. 餘水의 유무는 社會通念에 따라 객관적으로 결정될 것이다. 餘水給與請求權을 인정하는 대신, 그 때에 발생한 損害에 대한 補償義務를 지게 한 것은 이웃 土地所有權의 제한을 무제한으로 방임하지 않으려는 公平의 觀念에 의한 것이다. 그리고 餘水를 급여하는 것이므로 자기의 사용에 부족하거나 자기의 사용에 필요한 量만을 가지고 있는 데 불과한 때에는 給與의 義務는 없다.

[金 相 容]

---

1) 大判 73. 7. 13, 75다2193(要集 民 Ⅰ-1, 434).

第229條(水流의 變更)

① 溝渠 기타 水流地의 所有者는 對岸의 土地가 他人의 所有인 때에는 그 水路나 水流의 幅을 變更하지 못한다.

② 兩岸의 土地가 水流地所有者의 所有인 때에는 所有者는 水路와 水流의 幅을 變更할 수 있다. 그러나 下流는 自然의 水路와 一致하도록 하여야 한다.

③ 前2項의 規定은 다른 慣習이 있으면 그 慣習에 의한다.

Ⅰ. 水流變更權

溝渠 그 밖의 水流地의 소유자는 對岸의 토지가 타인의 소유인 때에는 그 水路나 水流의 幅을 변경하지 못한다(民 § 229 Ⅰ). 왜냐하면 이를 許與하면 對岸의 소유자가 가지는 流水利用權을 해칠 뿐만 아니라, 對岸의 토지에 영향을 미칠 우려가 있기 때문이다. 河床所有者의 所有權을 제한하는 동시에 對岸所有者의 所有權을 확장하여 水流利用에 있어서 이웃 土地間의 協同精神을 확보하려고 한 것이다.

Ⅱ. 下流에서의 自然水路와의 一致義務

兩岸의 토지가 水流地所有者의 所有인 때에는 소유자는 水路와 水流의 幅을 변경할 수 있다. 이 경우에는 對岸의 土地가 타인의 所有인 때와 달라서 타인의 權利를 해칠 염려가 없기 때문이다. 그러나 下流는 自然의 水路와 일치하도록 하여야 한다(民 § 229 Ⅱ)(이것은 下流의 用水權者의 水流利用權과 下流地 자체의 安全을 도모하는 데 목적이 있다). 이것은 下流에서 물을 이용하는 자를 방해하지 않도록 하기 위한 것이다. 만일 本條에 위반하는 때에는 下流의 用水權者는 종래의 水路를 회복하도록 청구하며 또는 입은 손해의 賠償을 청구할 수 있다. 이것은 下流의 用水權者의 水流利用權과 下流地 자체의 안전을 확보하려는 데 목적이 있다.

Ⅲ. 다른 慣習의 適用

水流變更에 관하여 다른 慣習이 있으면 이에 의한다(民 229 § Ⅲ). 이러한 慣習의 발견은 法社會學上 중요하다.

[金 相 容]

第 230 條 (堰의 設置, 利用權)

① 水流地의 所有者가 堰을 設置할 필요가 있는 때에는 그 堰을 對岸에 接觸하게 할 수 있다. 그러나 이로 인한 損害를 補償하여야 한다.

② 對岸의 所有者는 水流地의 一部가 自己所有인 때에는 그 堰을 使用할 수 있다. 그러나 그 利益을 받는 比率로 堰을 設置, 保存의 費用을 分擔하여야 한다.

Ⅰ. 堰(둑)의 設置 및 利用과 損害의 補償

水流地의 所有者가 堰(둑)을 설치할 필요가 있는 때에는 그 堰을 對岸에 접촉하게 할 수 있으나, 이로 인한 損害를 보상하여야 한다(民 230 § Ⅰ).

Ⅱ. 費用의 分擔

對岸의 所有者는 水流地의 일부가 자기 所有인 때에는 그 堰을 사용할 수 있으되, 그 利用을 받는 비율로 堰의 設置·保存의 비용을 분담하여야 한다(民 230 § Ⅱ).

對岸의 所有者가 水流地의 일부를 소유하지 않는 경우에 관해서는 문제가 있겠으나, 對岸의 소유자는 流水를 이용할 수 있으므로 水流地所有者의 流水使用을 방해하지 않는 범위 내에서 本條를 준용하는 것이 타당하다.

[金 相 容]

第231條(公有河川用水權)

① 公有河川의 沿岸에서 農, 工業을 經營하는 者는 이에 利用하기 위하여 他人의 用水를 妨害하지 아니하는 範圍內에서 필요한 引水를 할 수 있다.

② 前項의 引水를 하기 위하여 필요한 工作物을 設置할 수 있다.

차 례

Ⅰ. 公有河川用水權의 意義

公有河川用水權이라 함은 公有河川의 沿岸에서 農工業을 경영하는 者가 그 公有河川으로부터 引水할 수 있고(民§231 Ⅱ), 또한 그러한 引水를 위하여 필요한 工作物을 설치할 수 있는 권리를 말한다(民§231 Ⅱ).

公有河川은 私有河川에 대한 말이며, 公川이냐 私川이냐의 구분은 그 水流地의 소유권의 귀속에 따른 구분이 아니고 特定의 私人에게 그 流水의 排他的 支配를 허용하여도 公共의 이해에 영향이 없는 것이 私川이고 그 밖의 것은 公川이다.

公有河川의 이용에는 一般使用과 特別使用의 두 가지로 구분할 수 있다. 一般使用은 不特定 任意의 사람이 非排他的·非獨占的·非繼續的으로 자유로이 사용하는 경우이고, 그 利用의 방법은 流水의 현상을 변경하지 않는 것이 보통이다. 그에 반하여 特別使用은 特定人이 流水를 排他的·獨占的, 그리고 繼續的으로 사용하는 경우이며, 그 이용의 방법은 水利施設物을 이용하는 수가 많고, 또 水流의 현상에 변경을 가져오는 것이 보통이다.[1] 이 特別使用에는 다시 河川法의 규정에 의한 利用과 民法의 規定에 의한 利用이 있다.[2]

---

1) 金曾漢, 305.
2) 郭潤直, 294.

그러나 河川法과 公有水面管理法이 제정되기 이전에는 慣習法上 내지 民法上의 特別使用만을 인정할 수 있었으나 위 法律들의 制定, 施行 후부터는 위 法律들과 民法의 규정을 함께 고려하여 民法과 公法의 要件을 다 갖추었을 때 비로소 하나의 特別使用만을 인정함이 타당할 것이다.[3)]

Ⅱ. 公有河川用水權의 獨立物權性의 認定有無

共有河川用水權에 관하여는 民法의 相隣關係에서 규정되어 있다. 그러나 公有河川用水權은 土地所有權으로부터 독립한 물권이라는 견해[4)]가 있고 이웃 土地所有者間의 用水調節을 위하여 인정된 일종의 相隣權이라는 견해[5)]도 있다.

獨立한 物權이라는 學說과 論據는, ① 公有河川用水權의 경우 上流沿岸의 土地와 下流沿岸의 토지는 서로 공간적으로 가까이 있음을 필요로 하는 것이 아닐 뿐만 아니라 一方의 用水權 때문에 他方의 用水權이 制限을 받는다고 하더라도 그것은 그 土地所有權의 본래의 내용이 축소당하는 것이 아니다. ② 相隣關係의 本旨는 共存의 원리에 입각하여 인접하는 두 개의 토지의 利用調節을 꾀하는 데 반하여, 公有河川用水權의 경우에는 두 개의 用水權이 충돌하는 때에는 기존의 用水權에 대하여 명백히 우선권을 인정하여 이것을 旣得權으로 보호하려고 한다. ③ 公有河川用水權은 公有河川이라는 公共用物에 대한 使用權인 바 이것이 직접 所有權의 내용을 이룬다고 생각하는 것은 타당하지 않다는 것이다.

한편 相隣權說의 論據는 ① 公有河川用水權이란 특정의 土地所有者에게 부여되는 것이 아니고, 公有河川의 沿岸에서 農工業에 종사하는 者이면 그 누구에게나 인정되는 것이다. ② 民法에 규정된 關係規定들은 特定個人에게 일정한 財産權을 부여하기 위하여 설정된 것이 아니고 인접한 이웃간의 用水調節을 목적으로 한다고 주장한다.

---

3) 河川法 및 公布有水管理法의 制定, 公布前에 慣習的으로 이미 취득한 用水權을 除外하고 그 法律들의 公布, 施行 후에 취득한 것에 관하여는 河川管理廳의 許可를 필요로 한다고 하여야 할 것이다. 大法院判決(64.12.24, 64다790)도 河川法의 公布, 施行前에 성립한 用水權은 許可가 필요없다고 判示하고 있다. 그 反對解釋에 의하면 河川法施行 후에 새로이 취득하는 用水權에는 許可가 필요하다고 해석된다.

4) 金曾漢, 305.

5) 郭潤直, 295; 金容漢, 260(1985).

相隣權說은 로마法 이래로 인정되어온 견해로서 물을 이용하는 권리를 土地所有權의 내용으로 이해함에서 비롯된다. 美國의 水法(law of water)의 沿岸權(riparian right)에서도 公有河川用水權을 土地所有權의 한 권능을 파악하고 있다.

최근에는 相隣權說을 비판하고 獨立物權說을 주장하고 있다. 그 論據는 위에서 든 것외에 ① 相隣權說은 公有河川用水權이 朝鮮高等法院 이래의 判例(1921. 12. 16 民錄 8, 538; 1925. 7. 7 民錄 12, 247)를 통하여 승인되어온 慣習法上의 物權에서 기원한 것을 看過하고 있다. ② 相隣權說은 土收 §2 Ⅱ iii에서 用水權을 독립의 收用對象으로 하고 있음을 설명하기 어렵다. ③ 民 §232는 公有河川用水權이라는 독립의 권리를 土地所有權과는 별도로 특별히 보호하기 위하여 設定된 규정이다. ④ 人口增加와 공업화로 인한 效率的·有益的인 用水에의 要請을 用水權은 토지로부터 분리하여 독립의 去來對象으로 할 것을 요구하고 있다. ⑤ 公有河川用水權에 과한 條項을 相隣關係 규정 중에 둔 것은 用水權이라는 독립의 물권을 인정하고 있지 아니하는 현행 民法體制下에서는 전통적인 규정방식에 따를 수밖에 없었던 것임을 들 수 있다고 한다.

Ⅲ. 公有河川用水權의 法的 性質

독립한 物權으로 보는 견해에 의하면 公有河川用水權은 土地所有權과는 독립한 하나의 制限物權이다. 이 制限物權은 慣習上의 권리이며, 私權이다. 한편 公有河川用水權을 公權과 私權의 二重的 性格을 갖는 權利로 파악하는 견해도 있다. 왜냐하면 公有河川用水權은 民法의 규정에 의하여 民法의 규율을 받는다는 점에서 私權의 성질을 가지는 한편, 그것은 河川法 및 公有水面管理法과 같은 公法의 규율을 받으므로 公權으로서의 성질도 갖는다는 것이다.

또한 公有河川用水權은 公有河川을 沿岸土地의 便益에 공여한다는 점에서 地役權과 유사한 用益物權이며, 財產權으로 파악한다.

Ⅳ. 公有河川用水權의 成立要件

公有河川用水權을 독립한 物權으로 인정하는 견해에서 볼 때 그 成立要件으로서, ① 그 주체는 沿岸에서 農工業을 경영하는 者이다. 그러므로 沿岸土地

의 所有者에 한하지 않는다. ② 公有河川으로부터 현실적으로 引水할 것이 필요하다. 引水로는 事實行爲만으로서 物權이 성립한다는 점이 일반적으로 制限物權은 設定行爲로서 성립하는 것과 크게 다르다. 引水는 한두 번의 사실로는 부족하고, 社會觀念上 用水權을 취득하였다고 볼 수 있을 정도로 상당한 期間에 걸쳐 반복·계속됨을 요한다. ③ 農工業의 경영을 위한 沿岸土地의 利用을 위하여야 하며, ④ 引水로 인하여 타인의 기존의 用水權을 방해하지 않아야 한다. 그리고 河川法이 制定되어 있으므로 河川法 制定, 施行 후의 公有河川用水權은 河川管理廳의 허가를 필요로 한다고 보아야 할 것이다.

V. 公有河川用水權의 內容 및 效力

公有河川用水權의 내용은 沿岸土地의 이용을 위해 필요한 引水를 하고, 또 引水를 위하여 필요한 工作物을 설치하는 것이다. 引水는 農工業의 경영에 필요한 정도에 한정하여야 하며, 필요한 工作物에는 堰, 洑 등을 생각할 수 있다.

타인의 引水 또는 引水를 목적으로 하는 工作物로 인하여 妨害를 당하는 경우에는 用水權者는 그 妨害의 除去와 損害賠償을 청구할 수 있다(民 § 232). 이 妨害除去請求權의 법적 성질은 物權的 請求權이라 할 수 있다.

[金 相 容]

第 232 條 (下流沿岸의 用水權保護)

前條의 引水나 工作物로 인하여 下流沿岸의 用水權을 妨害하는 때에는 그 用水權者는 妨害의 除去 및 損害의 賠償을 請求할 수 있다.

上流沿岸의 公有河川用水者가 그 引水나 工作物의 설치로 인하여 下流沿岸의 用水權을 방해하는 때에는 그 用水權者는 妨害의 除去 및 損害의 賠償을 청구할 수 있다(民 § 232).

本條는 公有河川用水權이 어느 특정인에 대해서만 인정되는 것이 아니고, 公有河川의 沿岸에서 農·工業을 경영하는 모든 자에게 인정된다는 점을 고려함으로써 上流沿岸의 用水權者의 경우와 마찬가지로 下流沿岸의 用水權者를 보호하고자 하는 데 그 취지가 있다. 즉 下流沿岸의 用水權者는 물의 質에 있어서나 量에 있어서 현저한 변경을 가할 수 없게 할 權利를 가지고 있으므로 이 權利를 실질적으로 방해하는 때에는 妨害의 除去와 不法行爲로 인한 손해배상의 請求를 인정함으로써 이의 保護를 꾀하였다.

[金 相 容]

第233條(用水權의 承繼)

農, 工業의 經營에 利用하는 水路 기타 工作物의 所有者나 蒙利者의 特別承繼人은 그 用水에 관한 前所有者나 蒙利者의 權利義務를 承繼한다.

I. 用水權의 承繼

農·工業의 경영에 이용하는 水路, 그 밖의 工作物의 所有者나 蒙利者의 特別承繼人은 그 용수에 관한 前所有者나 蒙利者의 권리의무를 승계한다. 이것은 公有河川用水權의 承繼를 인정함으로써 特別承繼人을 보호하고자 하는 것이다.

II. 工作物의 意義와 所有權의 歸屬關係

本條의 工作物은 民 §231 II 의 工作物과 마찬가지로 用水權行使의 道具로 사용하는 것이며, 垌·洑와 같은 것을 가리킨다. 垌보다 洑가 더 계속적·항구적인 施設이다. 洑는 관습상 河床과 분리하여 별개의 所有權의 목적으로 인정됨이 일반적이었다. 또한 관습상 洑는 대개 稧에 의해서 설치되었으며, 이를 水利稧이라 하였다. 洑水를 이용하는 畓의 소유자를 蒙利者라 한다. 畓의 所有者 또는 蒙利者가 변경되면 新所有者는 당연히 前主의 權利·義務도 승계된다.

Ⅲ. 多數의 用水權存在의 경우

동일한 公有河川으로부터 引水하는 여러 개의 水利權이 존재할 때 상호간의 用水에 관하여 慣習이 있다면 이에 의하지만, 상호간의 約定에 의하는 경우도 있다. 만일 그러한 約定이 존재할 때에는 그 협정의 효력은 특별한 사정이 없는 한 그 特別承繼人에게도 미친다.

[金 相 容]

第 234 條 (用水權에 관한 다른 慣習)

前 3 條의 規定은 다른 慣習이 있으면 그 慣習에 의한다.

公有河川用水에 관하여 다른 慣習이 있으면 이에 따른다. 判例가 인정하는 慣習을 살펴보면 다음과 같다.

① 公有河川 아닌 私有池沼에 대한 蒙利畓 所有者들의 用水權이 오랜 기간 그 池沼의 물을 灌漑用으로 사용하였거나 國家補助金으로 池沼를 改修한 事實이 있었다는 사실만으로 慣習으로 생긴다고는 할 수 없을 것이다.[1] ② 用水權은 시효로 취득될 수 없고, 平穩·公然하게 他人池沼로부터 灌漑하여 온 경우 用水權을 취득한다는 관습은 없다.[2] ③ 慣習上의 流水使用權은 종래 관개하여 온 蒙利面積에만 미치고 이를 초과하는 면적에는 미치지 아니한다.[3] ④ 公有河川에 洑을 설치하여 그 지역의 耕作者들이 위 洑으로부터 引水하여 畓을 耕作하여 온 관행이 있었다면 그 농지의 所有者는 農地의 灌漑에 필요한 한도 내에서 用水權이 있다.[4]

[金 相 容]

1) 大判 65. 2. 4, 64다1493(要集 民 Ⅰ-1, 435).
2) 大判 67. 5. 30, 66다1382(要集 民 Ⅰ-1, 436).
3) 大判 68. 1. 23, 66다1995(要集 民 Ⅰ-1, 435).
4) 大判 77. 7. 12, 76다527(要集 民 Ⅰ-1, 435).

第235條(共用水와 用水權)

相隣者는 그 共用에 속하는 源泉이나 水道를 각 需要의 程度에 應하여 他人의 用水를 妨害하지 아니하는 範圍內에서 각각 用水할 權利가 있다.

차 례

Ⅰ. 共用水의 用水權 內容

共用水의 用水權은 源泉으로부터 湧出하는 물 또는 水道로부터 誘出하는 물을 이용하는 權利이다. 源泉이라 함은 地下水가 湧出하는 것을 말하는바, 자연히 湧出하는 경우와 인공적으로 우물을 파서 湧出시키는 경우가 있다. 그리고 水道라 함은 파이프를 통하여 물을 引導하는 施設을 가리킨다. 그러나 公共團體가 시설·운영하는 公營水道는 이에 포함되지 않는다.

Ⅱ. 用水權의 成立

이 용수권은 相隣者 또는 隔地者들이 장기간의 관행에 의하여 성립하기도 하고, 源泉地 등의 所有者와의 契約에 의하여 성립하기도 한다.

Ⅲ. 他人의 用水權의 保護

私有地 안에 머물러 있는 물은 土地所有者의 獨占的 權利에 속한다(民 §212). 그러나 私有地에서 솟아나오는 源泉이나 水路가 타인의 土地에까지 흘러나갈 때에는 公共의 충족을 위해 社會性을 띠게 되므로 共用에 속하는 源泉이나 水道에 대한 用水權者는 각 需要의 정도에 따라 사용하고 타인의 用水權을 방해

하여서는 안 된다(民 § 235).

Ⅳ. 源泉地使用權

이 用水權은 물을 사용하기 위하여 源泉地 등에 들어갈 필요가 있을 것이므로 그 한도에서 源泉地의 使用權이 있다고 하여야 할 것이다.

Ⅴ. 用水權의 總有

우물이나 수도물을 洞民이 공동으로 이용하는 경우에는, 그 洞民들은 일종의 法人格없는 社團을 구성하고, 그들의 用水權은 그들의 準總有에 속한다 할 것이며, 거기에는 民 § 275를 준용할 것이다.

[金 相 容]

第 236 條 (用水障害의 工事와 損害賠償, 原狀回復)

① 필요한 用途나 收益이 있는 源泉이나 水道가 他人의 建築 기타 工事로 인하여 斷水, 減水 기타 用途에 障害가 생긴 때에는 用水權者는 損害賠償을 請求할 수 있다.

② 前項의 工事로 인하여 飮料水 기타 生活上 필요한 用水에 障害가 있을 때에는 原狀回復을 請求할 수 있다.

Ⅰ. 用水障害의 工事와 損害賠償, 原狀回復

源泉·水道使用權이 침해당한 때에는 원칙적으로 妨害除去請求權이 생긴다. 그러나 民法은 그 源泉·水道의 用途 여하에 따라서 妨害除去請求를 할 수 있는 정도에 차등을 두었다. 飮料水처럼 생활상 하루도 없어서는 안 되는 用水

의 妨害는 原狀回復이 요구되며, 妨害를 認容하고, 다만 입은 損害를 賠償을 받는 것만으로는 만족할 수 없다. 이때 損害가 있으면 그 賠償도 아울러 청구할 수 있음은 물론이다.

그리고 溫泉使用權과 같이 상당한 財產的 價値가 있는 것으로, 慣習法上 하나의 專用權으로서 인정되어 있는 경우에는 그 侵害에 대하여 妨害의 除去, 즉 原狀回復을 청구할 수 있다고 해석해야 한다.

Ⅱ. 飮料水 등의 障碍와 原狀回復

타인의 방해로 「源泉이나 水道의 用途」에 障害가 생긴 때에는 用水權者는 損害賠償을 청구할 수 있을 뿐이고, 原狀回復은 청구할 수 없다(民 236 § Ⅰ). 그러나 타인의 妨害工事로 「飮料水 등」에 障害가 생긴 때에는 原狀回復을 청구할 수 있다(民 236 § Ⅱ).

그러므로 甲이 飮料水로서 사용하여온 우물이, 乙이 새로 우물을 팠기 때문에 飮料水에 지장이 생긴 때에는 甲은 乙에 대하여 그 우물을 메울 것을 청구할 수 있다.

Ⅲ. 本條의 源泉·水道의 槪念

民 §236 Ⅰ 에 「필요한 用途나 收益이 있는 源泉이나 水道」라고 한 것은 本條 Ⅱ 과 관련해보면, 本條 Ⅱ 에 규정하는 이외의 用途를 가진 源泉이나 水道를 총칭하는 뜻으로 해석하여야 할 것이다.

[金 相 容]

境界에 관한 相隣關係 前論

차 례

Ⅰ. 民法의 規定

우리 民法은 境界에 관한 相隣關係에 관하여 境界標, 담의 設置權(§§ 237, 238, 239)과 樹技, 木根의 除去權(§ 240)을 규정하고, 境界線附近의 공작물의 설치에 관하여 토지의 深掘禁止(§ 241), 境界線附近으로부터 일성한 거리를 두어야 할 義務(§§ 242, 243, 243)에 관하여 규정하고 있다.

그러므로 우리 民法上의 境界에 관한 相隣關係는 매우 단조롭다고 할 수 있다. 越境建築(Überbau), 시카네의 禁止(Schikaneverbot), 緊急避難 등에 관한 규정이 불비된 상태이다. 특히 獨逸民法上의 越境建築에 관한 相隣關係는 앞으로 立法에 의한 相隣關係의 補充에 크게 기여하리라 생각된다.

Ⅱ. 建築法上의 境界에 關聯한 規制

1. 垈地의 安全措置義務

垈地는 이와 인접하는 道路面보다 낮아서는 아니되며(建築 § 30 Ⅰ 本文), 습한 垈地, 물이 나올 염려가 있는 土地 또는 쓰레기 등을 매입한 토지위의 建築時에는 盛土, 地盤의 개량 등 필요한 조치를 취하여야 한다(建築 § 30 Ⅱ). 그리고 垈地에는 빗물 및 汚水를 배출하거나 처리할 수 있는 下水管, 貯水탱크 등의 시설을 갖추어야 한다(建築 § 30 Ⅲ). 損潰의 우려가 있는 토지에 垈地를 조성할 때에는 擁壁을 설치하거나 기타 필요한 조치를 하여야 한다(建築 § 30 Ⅳ).

2. 土地堀搾部分에 대한 安全措置義務

工事施工者는 垈地를 조성하거나 건축공사에 부수하는 토지를 굴착하는 경우에는 그 굴착부분에 대하여 위험발생의 방지, 환경의 보존, 기타 필요한 조치를 한 후 당해 공사현장에 그 사실을 게시하여야 한다(建築 §31 Ⅰ).

3. 垈地와 道路 및 建築線의 維持義務

일반건축물의 垈地는 2미터 이상을 道路(자동차만의 통행에 사용되는 도로는 제외)에 접하여야 한다(建築 §33 Ⅰ 本文). 그러나 이에 관하여는 많은 예외의 경우가 있다.

그리고 道路와 접한 부분에 있어서 建築物을 건축할 수 있는 線을 建築線이라 하고, 이는 垈地와 도로의 경계선으로 한다(建築 §36 Ⅰ 本文). 그러나 도로의 폭이 관계법령에서 규정하는 범위에 미달하는 도로인 경우에는 그 중심선으로부터 당해 도로폭의 2분의 1에 상당하는 수평거리를 후퇴한 선을 건축선으로 한다(建築 §36 Ⅰ 但).

4. 建築線에 의한 建築制限

建築物 및 담장은 建築線의 垂直面을 넘어서는 아니된다(建築 §37 Ⅰ 本文). 그러나 地表下의 부분은 그러하지 아니하다(建築 §37 Ⅰ 但). 그리고 道路面으로부터 높이 4.5m 이하에 있는 출입구·창문 기타 이와 유사한 구조물은 開閉時에 建築線의 垂直面을 넘는 구조로 하여서는 아니된다(建築 §37 Ⅱ).

5. 建築物의 높이制限

(1) 前面道路에 의한 制限

建築物의 각 부분의 높이는 그 부분으로부터 前面道路의 반대쪽 경계선까지의 수평거리의 1.5배를 초과할 수 없다(建築 §51 Ⅰ). 그러나 垈地가 둘 이상의 도로·공원·광장·하천·바다 등에 접속하거나 특수한 사정이 있는 경우에는 市·郡·區의 條例로 建築物의 높이제한을 따로 정할 수 있으며(建築 §51 Ⅱ), 주거전용구역 안에서의 建築物의 높이제한은 대통령령으로 따로 정하도록 하고 있다(建築 §51 Ⅲ). 그리고 市長·郡守·區廳長은 도시의 계획적 개발과 토지의 효율적 이용을 유도하기 위하여 필요한 경우에는 대통령령으로 建築物의 높이제한을 완화하는 區域을 지정할 수 있다(建築 §52 Ⅰ). 이러한 높이제한 완화구역에서의 높이제한은 市·郡·區의 條例로 정한다(建築 §52 Ⅱ).

(2) 日照 등을 위한 높이 制限

공동주택과 전용주거지역 및 일반주거지역 안에서 건축하는 建築物의 높이는 日照 등의 확보를 위하여 대통령령으로 그 건축물로부터 同一垈地안의 다른 建築物까지의 거리와 隣接垈地境界線까지의 거리에 따라 市·郡·區의 條例로 제한할 수 있다.

Ⅲ. 獨逸民法上의 越境建築에 관한 相隣關係

타인의 토지에 越境하여 건축한 경우 土地所有者는 所有物返還請求權 또는 所有物妨害除去請求權을 行使하여 越境建築部分의 철거를 청구할 수 있다. 그러나 이러한 解決方法은 國民經濟上 妥當하지 못할 경우도 있고, 土地所有者가 撤去請求의 威脅으로 不當한 이득을 취하는 데 악용될 수도 있다.

그래서 獨逸民法은 越境建築者에게 故意 또는 重大한 過失이 없고, 土地所有者가 越境建築 前, 또는 後에 즉시 異議를 提起하지 않으면 土地所有者로 하여금 越境建築物을 忍容하도록 하고 있다(§912 I). 물론 이때 土地所有者는 越境部分에 대한 地料를 請求할 수 있다. 地料의 算定은 越境建築時를 標準으로 한다(獨民 §912 II). 地料는 每年 先給하여야 하며 隣地의 現在의 所有者가 다른 土地의 現在의 所有者에게 支給하여야 한다(獨民 §913). 그리고 地料請求權은 地料의 負擔을 지는 土地 위의 物權負擔(Reallast)으로서 다른 모든 權利에 優先하며, 登記를 要하지 아니한다(獨民 §914 I 1文, II 1文, III). 地料請求權은 越境建物의 除去와 同時에 消滅하며, 地料請求權의 抛棄와 契約에 의한 地料額의 確定은 登記를 하여야 한다(獨民 §914 I 2文, II 2文).

또한 地料請求權者는 언제든지 地料支給義務者에 대하여 越境建築時의 價格을 전보하고 越境建築部分의 土地의 소유권을 讓受할 것을 청구할 수 있다. 이 請求權은 形成權이라고 하여야 할 것이다. 地料請求權者가 이러한 權利를 行使한 때에는 當事者間에는 賣買에 관한 規定이 適用된다(獨民 §915 I). 물론 所有權의 양도시까지는 地料는 계속 支給하여야 한다(獨逸 §915 II). 越境建物로 인하여 隣接土地 위의 世襲建築權(Erbbaurecht), 또는 地役權(Dienstbarkeit)이 침해된 경우에도 所有權이 侵害된 경우와 마찬가지이다(獨民 §916).

[金 相 容]

第237條(境界標, 담의 設置權)

① 隣接하여 土地를 所有한 者는 共同費用으로 通常의 境界標나 담을 設置할 수 있다.

② 前項의 費用은 雙方이 折半하여 負擔한다. 그러나 測量費用은 土地의 面績에 比例하여 負擔한다.

③ 前2項의 規定은 다른 慣習이 있으면 그 慣習에 의한다.

차 례

Ⅰ. 境界의 確定

境界標나 담의 설치청구는 境界線이 이미 확정되어 있어야 한다. 境界標 등의 설치로 경계가 확정되는 것이 아니다. 만일 境界線이 확정되지 않았거나 이에 다툼이 있을 때에는 먼저 境界確認의 訴에 의하여 이를 확정하여야 한다(通說).

Ⅱ. 境界標設置權의 內容

相對方에게 協力을 구하고, 만일 隣地所有者가 設置請求에 응하지 아니하는 때에는 먼저 協力을 請求하여야 한다. 단독으로 설치한 후 비용의 분담을 청구하지 못한다고 할 것이다. 일의 性質上 그다지 緊急을 요하지 않기 때문이다.

Ⅲ. 境界標의 設置費用

쌍방이 절반씩 부담하나, 測量費用은 토지의 面績에 비례하여 부담한다(民 § 237 Ⅱ). 여기의 「測量」은 隣地間의 토지의 廣狹에 관한 다툼의 해결을 위한 것이 아니라, 그저 기술적으로 境界線을 명료하게 설치하기 위하여 필요한 測量

을 의미한다. 境界線 자체에 다툼이 있다면 그것은 測量의 문제라기 보다 境界線確認의 訴로써 해결할 일이다.

Ⅳ. 다른 慣習의 適用

境界標나 담의 설치와 그 費用負擔에 관하여 다른 慣習이 있으면, 이에 따른다(民 § 237 Ⅲ).

[金 相 容]

第238條(담의 特殊施設權)

隣地所有者는 自己의 費用으로 담의 材料를 通常보다 良好한 것으로 할 수 있으며 그 높이를 通常보다 높게 할 수 있고 또는 防火壁 기타 特殊施設을 할 수 있다.

Ⅰ. 담의 設置請求權

民 § 237는 隣接한 토지 사이의 境界가 명확하지 않다면 그 隣接한 土地所有者 사이에 紛爭이 발생할 가능성이 많기 때문에 이를 방지하기 위하여 隣接한 土地所有者의 共同費用으로 境界標나 담을 설치할 수 있게 한 것이다. 상린자는 서로 상대방에 대하여 境界標나 담의 설치를 청구할 수 있으며, 相對方은 그 請求에 응하여 請求權者와 공동으로 境界標나 담을 설치할 義務를 부담한다.

Ⅱ. 담의 特殊施設權

民 § 238에서는 담의 종류는 당사자의 協議에 의하여 정할 것이나, 만일 協議가 이루어지지 못하는 경우에는 이웃 土地所有者의 承認을 요하지 않고 담

의 特殊施設을 할 수 있게 하고, 그러한 담의 特殊施設을 하려면 自己費用으로 하도록 하고 있다. 담의 設置費用을 공동으로 부담시키는 것은 「통상의 施設」을 하는 경우에 한하기 때문이다.

[金 相 容]

第239條(境界標 등의 共有推定)

境界에 設置된 境界標, 담, 溝渠 등은 相隣者의 共有로 推定한다. 그러나 境界標, 담, 溝渠 등이 相隣者一方의 單獨費用으로 設置되었거나 담이 建物의 一部인 경우에는 그러하지 아니하다.

Ⅰ. 境界標 등의 共有推定과 分割請求의 禁止

境界線上에 설치된 境界標, 담, 溝渠 등의 所有關係는 계약에 의하여 정할 수 있지만 民法은 일반원칙으로 相隣者의 共有에 속하는 것이 보통이므로 共有에 속하는 것으로 推定하고 있다(民 § 239 本文).

다만 이 共有는 위의 工作物에 대하여 共同目的에 의하여 구속을 받기 때문에 分割을 청구하지 못한다(民 § 268 Ⅲ).

Ⅱ. 境界標 등의 單獨所有

境界標 등의 共有推定에 대하여는 두 가지 경우의 예외가 인정된다(民 § 239 但).

① 工作物이 相隣者一方의 單獨費用으로 설치된 경우에는, 그 工作物은 費用을 지출한 土地所有者에 속한다. ② 境界線上의 담이 建物의 일부인 경우에는 그 담은 建物의 일부로서 建物所有者의 소유에 속한다.

Ⅲ. 特殊 담의 所有關係

담의 特殊施設者는 그 특수시설에 대하여 單獨所有權을 가진다고 해석하여야 할 것이다(民 § 239 但 참조). 그런데 담의 一部分에 대해서만 特殊施設을 한 경우, 예를 들면 담의 높이를 特殊 담으로 높인 때에는 담의 윗 부분은 特殊施設者의 單獨所有에 속하고, 아랫 부분은 相隣者의 共同所有에 속한다는 見解[1]가 있으나 疑問이다.

[金 相 容]

第240條(樹枝, 木根의 除去權)

① 隣接地의 樹木 가지가 境界를 넘은 때에는 그 所有者에 대하여 가지의 除去를 請求할 수 있다.

② 前項의 請求에 應하지 아니한 때에는 請求者가 그 가지를 除去할 수 있다.

③ 隣接地의 樹木 뿌리가 境界를 넘은 때에는 任意로 除去할 수 있다.

Ⅰ. 境界를 넘은 樹技·木根의 除去權

越境한 나무가지라 하더라도 임의로 제거하는 自助權은 인정되지 않으며, 우선 除去請求를 하도록 하여야 한다. 그러나 나무의 所有者가 이에 응하지 아니한 때에는 請求者가 스스로 그 가지를 제거할 수 있다. 境界線上의 나무에 관해서는 民 §239를 준용하여 공유로 볼 것이므로 共有者의 同意에 의하여 처리될 것이다(民 § 264 참조). 그리고 隣接地의 樹木의 뿌리가 境界를 넘은 때에는 相隣者는 임의로 제거할 수 있다.

제거한 가지나 뿌리의 所有權은 누구에게 귀속되는가? 이에 관해서는 民

1) 黃迪仁·鄭權燮·金相容, 註釋民法(Ⅱ), 388(1992).

法에 아무런 규정이 없으나, 가지나 뿌리를 제거한 자에게 속한다고 하여야 할 것이다(瑞民 §687 I 참조). 왜냐하면 樹木의 가지나 뿌리를 제거하기 위해서는 다소의 費用이나 努力이 필요하기 때문이다. 이에 대하여 樹木의 所有者에게 귀속된다고 하는 견해도 있다. 樹木의 가지나 뿌리가 境界를 넘고 있더라도 相隣者에게 아무런 害를 주고 있지 않음에도 불구하고, 除去를 청구하거나 제거해버리는 것은 權利濫用이 될 것이다.

Ⅱ. 果實取得權

近代法은 着地法主義를 채용하여 "이웃 나무가지로부터 자기 土地에 자연히 떨어진 果實은 자기 所有에 속한다"거나(佛民 §673 Ⅱ), "灌木 또는 樹木으로부터 隣地에 떨어진 果實은 그 土地의 果實로 된다"고 하였다(獨民 §911). 우리 民法은 果實取得에 관하여 로마法의 元物主義를 채용하고 있으므로(民 §102 I), 樹木의 소유자가 落下된 果實도 취득한다고 해석할 것인지 의문이다. 그러나 상린관계의 相互扶助와 利害均分의 원리에 비추어 경계를 넘은 나무가지를 忍容한 土地所有者에게 落下된 果實의 取得權을 인정하는 것이 公平하다고 할 것이다.[1] 瑞民 §687 Ⅱ은 이를 明文으로 規定하고 있다.

[金 相 容]

第241條(土地의 深掘禁止)

土地所有者는 隣接地의 地盤이 崩壞할 程度로 自己의 土地를 深掘하지 못한다. 그러나 充分한 防禦工事를 한 때에는 그러하지 아니하다.

土地所有者는 隣接地의 지반이 붕괴할 정도로 자기의 토지를 깊이 파지 못한다. 거러나 충분한 防禦工事를 한 때에는 그러하지 아니하다. 本條는 특별

1) 黃迪仁·鄭權燮·金相容, 註釋民法(Ⅱ), 390(1992).

한 의미가 없는 단순한 任意規定이다. 왜냐하면 相隣者의 深掘로 인하여 지반이 붕괴되면 土地所有者는 物權的 請求權과 損害賠償請求權을 행사할 것이고, 또한 지반이 붕괴될 염려가 있으면 역시 物權的 妨害豫防請求權과 損害賠償의 擔保를 청구할 수 있기 때문이다.

[金 相 容]

第242條(境界線附近의 建築) ① 建物을 築造함에는 特別한 慣習이 없으면 境界로부터 半미터 이상의 距離를 두어야 한다.

② 隣接地所有者는 前項의 規定에 違反한 者에 대하여 建物의 變更이나 撤去를 請求할 수 있다. 그러나 建築에 着手한 후 1年을 經過하거나 建物이 完成된 후에는 損害賠償만을 請求할 수 있다.

I. 建物의 建築時 建物의 境界線으로부터 一定한 距離를 두어야 할 義務

建物을 建築하는 경우에는 특별한 관습이 없으면 境界로부터 半미터 이상의 거리를 두어야 한다(民 § 242 I). 民法의 규정과는 달리 建築法에서는 道路와 일정한 거리를 두도록 하는 규정을 두고 있다(예컨대 建築 §§ 27, 37).

半미터의 距離를 두지 않고서 建築하려고 하는 者가 있으면 隣接地의 所有者는 그 건물의 변경이나 撤去를 청구할 수 있다(民 § 242 II). 그러나 建築에 착수한 후 1년을 경과하거나 建物이 완성된 후에는 損害賠償만을 청구할 수 있다(民 § 242 II 但).

이것은 建築에 착수한지 1년이 경과한 후 또는 건물이 완성된 후에도 이를 變更 또는 撤去할 수 있게 한다면 建築者에게 지나친 손해를 줄 뿐만 아니라 社會經濟的으로도 불이익하므로 두게 된 制限이다.

Ⅱ. 越境建築時의 處理問題

建物이 경계를 넘어서 築造된 경우에 관하여는 民法에 아무런 규정이 없다. 이에 관하여는 學說이 대립되고 있다. 즉 第1說은 獨民 §912를 참작하여 隣地所有者가 곧 이의를 제기하지 않는 한 故意·重大한 과실이 없는 경우에는 撤去시킬 수 없고 補償만을 청구할 수 있다고 한다.[1] 第2說의 所有權(또는 占有權)에 기한 物權的 請求權을 행사하여 공사의 廢止 또는 變更을 청구할 수 있다고 하고,[2] 第3說은 故意 또는 重大한 過失이 있는 경우에는 建築者의 보호가 필요없으므로 隣地所有者는 지체없이 建物의 철거를 청구할 수 있고 그렇지 않을 때에는 民 §242 Ⅱ을 類推適用하여 建築着工 후 1년 내 또는 건물이 완성되기 전에는 그 變更이나 撤去의 청구를 할 수 있고, 그 이후에는 損害賠償만을 청구할 수 있을 뿐이라고 한다.[3] 日本에서는 境界侵犯의 건물이 쉽사리 움직일 수 없는 종류의 것인 때에는 隣地所有者가 특별한 사정이 없음에도 불구하고 그 除去를 청구하는 것은 權利濫用으로 된다고 할 것이므로 損害賠償을 請求하는 데 그쳐야 한다고 하는 주장도 있다. 생각건대, 第3說이 합리적이라 생각한다.

[金 相 容]

第243條(遮面施設義務)

境界로부터 2미터 이내의 距離에서 이웃 住宅의 內部를 觀望할 수 있는 窓이나 마루를 設置하는 경우에는 適當한 遮面施設을 하여야 한다.

境界로부터 2미터 이내의 거리에서 이웃 住宅의 내부를 觀望할 수 있는 窓이나 마루를 설치하는 경우에는 적당한 遮面施設을 하여야 한다. 이것은 相

1) 金曾漢, 207(1986).
2) 金基善, 214.
3) 金容漢, 265; 張庚鶴, 422.

隣者間의 私生活의 방해를 방지하려는 목적에서 인정되는 制限이다. 여기서 2미터의 거리는 窓 또는 마루에서 隣地에 가장 가까운 점으로부터 境界線에 이르는 直線에 의하여 測定한다. 遮面施設義務가 생기는 것은 窓이나 마루에서 境界線까지의 거리가 2미터 이내이어야 하므로 거리가 그 이상이라면 이웃을 觀望할 수 있더라도 法律上으로는 遮面施設義務가 없다.[1)]

그리고 만일 建物所有者가 遮面施設을 하지 않을 때에는 請求者는 民 §389 II 의 規定에 의하여 施設義務者의 費用으로 제3자로 하여금 施設을 하도록 法院에 청구할 수 있다.[2)]

[金 相 容]

第244條(地下施設 등에 대한 制限)

① 우물을 파거나 用水, 下水 또는 汚物 등을 貯置할 地下施設을 하는 때에는 境界로부터 2미터 이상의 距離를 두어야 하며 貯水池, 溝渠 또는 地下室工事에는 境界로부터 그 깊이의 半 이상의 距離를 두어야 한다.

② 前項의 工事를 함에는 土砂가 崩壞하거나 下水 또는 汚液이 이웃에 흐르지 아니하도록 適當한 措置를 하여야 한다.

I. 地下施設物工事時 境界線으로부터 一定한 距離를 두어야 할 義務

우물을 파거나 用水, 下水 또는 汚物 등을 貯置할 地下施設을 하는 때에는 경계로부터 2미터 이상의 거리를 두어야 하며 貯水池, 溝渠 또는 地下室의 工事에는 경계로부터 그 깊이의 半 이상의 거리를 두어여 한다(民 § 244 II). 더 나아가서 境界線近處에서 本條의 공사를 할 때에는 本條에서 定한 거리제한을 지키는 것만으로는 隣地의 保護에 충분하지 못하다. 그러므로 本條에서 定하는 거

1) 金容漢, 266.
2) 張庚鶴, 424.

리를 유지하고 경계선 근처에서 공사를 하는 경우에도 土砂가 무너지거나 下水나 汚液이 이웃에 흐르지 않도록 적당한 措置를 하여야 한다(民§244 Ⅱ).

本條에 위반한 때에는 隣地의 所有者 기타 用益權者 등은 언제나 공사의 停止·變更을 청구할 수 있다. 本條의 공사는 일반적으로 경미한 것이므로 民§242 Ⅱ 但書와 같은 制限은 이에 인정되지 않으며, 隣地所有者는 언제나 停止 등을 청구할 수 있다. 그것은 停止 등의 청구를 인정하더라도 工事者에게 큰 損害를 주지 않는다고 인정되기 때문이다.[1]

Ⅱ. 土地의 深掘禁止와의 關係

本條는 民§241에 대한 特別規定이다. 民§244는 우물을 파거나 用水 등을 貯置하는 地下施設을 목적으로 하는 일정한 공사에 한정되어 있으나 民§241는 그러한 제한이 없고 토지를 深掘하는 모든 공사에 적용된다고 해석하여야 할 것이다.

[金 相 容]

1) 金容漢, 266.

第 2 節　所有權의 取得

前　論

所有權의 取得原因으로 가장 중요한 것은 法律行爲에 의한 取得(民 §§ 186, 188 내지 190)이지만, 법률행위에 의하지 아니하는 취득원인도 다양하다. 먼저 國家權力에 의한 行政行爲나 裁判에 의하여 所有權이 취득되는 경우를 들 수 있다. 전자의 예로는 公用徵收나 農地分配(農改 §§ 11, 16-2)가, 후자의 예로는 沒收(刑 § 48, 關稅 §§ 179-198), 競賣 등이 속한다.

또 法律의 規定에 의하여 당연히 물권변동이 생기는 경우는 다음과 같다. 첫째, 개별적인 특정한 권리가 이전되는 것이 아니라 특정인의 物權·債權 기타 권리와 의무가 包括的으로 전체 또는 비율에 의하여 이전되는 包括承繼의 경우로서 相續(民 §§ 995, 1005), 包括遺贈(民 § 1078), 會社의 合倂(商 §§ 235, 267, 530, 603) 등이 이에 속한다. 둘째, 법률이 권리의 귀속을 확정한 경우로서 天然果實의 歸屬(民 § 102), 無主物先占(民 § 252), 遺失物 拾得(民 § 253), 埋藏物 發見(民 § 254), 附合(民 § 257), 混和(民 § 258), 加工(民 § 259) 등이 이에 속한다. 셋째, 일정한 사실에 기하여 所有權을 취득하는 경우로서 取得時效(民 § 246 이하)나 物件의 生成 등을 들 수 있다. 넷째, 去來의 安全과 당사자의 이익형량에 근거한 所有權의 귀속에 관한 특수한 규정으로서 善意取得(民 § 246 이하)을 들 수 있다.

本節은 所有權의 取得이란 題下에 17개의 조문을 두고 있으나, 所有權의 취득원인 전반을 규정하고 있지는 않다.[1] 公法에 의하여 所有權이 取得되는 경우는 위에서 본 바와 같이 民法 이외의 법률이 규정하고 있다. 또 民法 등 私法이 규정하는 所有權의 取得原因 가운데에도 가장 중요한 법률행위에 의한 所有權의 取得에 관해서는 民 §§ 186, 188 내지 § 190에서 이를 규정하고 있고, 包括承繼의 경우는 民法과 商法의 각 관계되는 부분에서 규정하고 있는데, 이

1) 獨逸民法은 物權編 제 3 장 제 5 절 「動產所有權의 取得과 喪失」에서 讓渡, 善意取得, 取得時效, 添附, 果實의 歸屬, 先占, 拾得, 發見 등 所有權의 취득원인을 망라하여 규정하고 있고, 瑞西民法은 제19장 제 1 절 「土地所有權의 客體, 取得 및 喪失」에서는 토지에 관한 讓渡, 先占, 取得時效, 無主物의 歸屬 등을, 제20장 「動產所有權」에서는 動產에 관한 讓渡, 先占, 發見, 拾得, 加工, 附合, 混和, 取得時效 등을 규정하고 있어 양도와 법률의 규정에 의한 所有權取得을 함께 규정하고 있다.

양자는 모두 종전 所有者의 所有權에 기하여 所有權을 취득하는 承繼取得의 경우에 해당한다. 결국 本節은 法律의 規定에 의한 소유권취득 중 取得時效, 善意取得, 無主物先占, 遺失物 拾得, 埋藏物 發見 및 附合, 混和, 加工 등 所有權을 취득하는 자가 독립하여 새로운 所有權을 취득하는 原始取得의 경우를 규정하고 있다.

그 중 取得時效는 所有權에 대하여서 뿐만 아니라 다른 財產權의 取得에 대하여서도 準用된다는 점에서(民 §248) 質權에 준용되는 善意取得의 規定을 제외한 다른 규정들이 所有權에 대한 고유한 取得原因인 점에서 이들과 구별된다. 善意取得에 관한 규정은 去來의 安全을 보호하기 위하여 진정한 所有者를 희생시키고 새로운 所有權取得을 인정하려는 것인 점에서 所有權歸屬이 불명한 경우 이를 명확히 함으로써 법적안정을 도모하려는 다른 규정들과 구별된다. 所有權歸屬이 불명한 경우라고 하지만, 取得時效는 그것이 입증의 어려움에서 오는 것일 뿐이고 일정한 사실상태를 존중하여 진정한 所有者를 희생시킨다는 측면도 포함하는 반면, 先占·拾得·發見 등은 所有者가 없거나 所有權의 歸屬이 명백하지 않은 物件에 대한 所有權의 전형적인 原始取得原因에 해당되며, 附合, 混和, 加工 등 이른바 添附는 여러 所有者의 물건이 결합(附合, 混和) 또는 다른 사람의 努力이 附加되어 새로운 물건이 만들어지므로(加工) 物件에 대하여 다수인의 利害가 競合하고, 去來의 安全과 복구를 허용하지 않으려는 社會經濟上의 이유에서 인정되는 所有權의 取得原因이라는 점에서 서로 구별된다.

[李 仁 宰]

取得時效 前論

차 례

Ⅰ. 取得時效의 意義

取得時效(Ersitzung)란 타인의 물건 또는 권리를 일정기간 점유 또는 준점유한 자가 그 타인의 물건 또는 권리를 취득하는 제도이다.[1] 取得時效制度와 消滅時效制度는 일정한 기간의 경과를 필요로 한다는 점, 그 存在理由가 입증의 곤란을 구제하기 위한 것에도 있다는 점, 時效의 中斷이 인정된다는 점 등의 공통점이 있기는 하지만 그 외에는 요건이나 효과에 있어서 다른 점이 많다(前述 消滅時效 前論 Ⅰ.1. 참조). 그리하여 民法은 依用民法과 같이 이를 總則編에서 통일적으로 다루지 아니하고 物權編으로 위치를 바꾸었을 뿐만 아니라, 取得時效라는 용어 자체도 取得期間이라는 용어로 대체하였다.[2] 그러나 판례와 학설상으로는 取得時效라는 용어가 일반적으로 쓰이고 있으므로 여기서도 일반적인 용법을 따라 取得時效라고 부르기로 한다.

動產의 善意取得(民 §249)은 이를 卽時取得이라고 부르는 경우도 있으나 일정한 기간의 경과를 요건으로 하는 取得時效와는 구별되는 制度이다.

Ⅱ. 取得時效의 存在理由

取得時效制度의 存在理由에 대하여는 時效制度의 存在理由 일반의 문제로

1) 李英俊, 412.
2) 民 §§245, 246, 296의 표제, 民 §247 Ⅱ 등. 李在性, "自主占有의 推定", 李在性 判例評釋集 8, 345-6 참조. 다만 民 §248의 표제에는 여전히 取得時效라는 용어가 사용되고 있다.

서 이미 살펴본 바 있다(前述 前論 消滅時效 I.2. 참조). 여기서는 이를 주로 取得時效에 관한 부분에 한정하여 간단히 요약하는 데 그치기로 한다.

종래의 통설은 時效制度의 存在理由로서 社會秩序의 안정, 立證困難의 구제, 權利行使의 태만에 대한 制裁의 세 가지를 들고 있는데, 取得時效에 관하여는 주로 社會秩序의 안정을 주된 이유로 보고 있다. 그러나 근래에는 이러한 통설을 비판하면서 時效制度는 원칙적으로 진정한 權利者를 보호하고 義務를 이행한 자의 二重辨濟를 막기 위한 것이라는 학설이 등장하였다.

한편 取得時效에 관한 새로운 학설로서 取得時效 2分說, 즉 民 §245 Ⅱ의 登記簿取得時效는 거래의 안전을 위한 제도로서 動産의 善意取得에 대응하는 규정으로 볼 수 있고, 同條 Ⅰ의 占有取得時效는 증거를 잃은 진정한 所有者에게 所有權의 증명을 용이하게 하는 취지의 制度라는 說[3]과 衡平說(相關關係說), 즉 取得時效制度에 의하여 占有者를 보호하는 이유는 權利 위에 잠자는 者보다 오랫동안 權利者와 마찬가지로 목적물을 占有하며 실질적 이해관계를 맺어 온 자를 보호하는 것이 더 형평에 맞기 때문이라는 說[4]이 등장하였다.

私見으로서는 占有取得時效制度의 존재이유는 立證困難의 구제 및 권리를 행사하지 않고 있는 權利者보다는 실제로 목적물로부터 수익을 얻고 있는 者를 보호함으로써 財貨의 效用을 極大化할 수 있다는 점의 두 가지에 있다고 본다. 그리고 登記簿取得時效에 있어서는 立證困難의 救濟는 별로 문제되지 않고, 여기에서는 效用의 極大化라는 관점 외에도 善意·無過失 占有者의 信賴保護라는 관점이 함께 작용한다.

그러나 현재의 取得時效制度, 그 중에서도 특히 不動産의 占有取得時效制度는 불완전한 점이 많아 비판의 대상이 되고 있다. 즉 占有取得時效에 있어서는 그 요건으로서 占有物의 善意를 요구하고 있지 않으므로 극단적으로는 他人의 物件을 절취한 者도 取得時效의 보호를 받을 수 있는 것으로 되어 있다. 일반적으로 占有者가 權利者에게 대가를 지급하고 占有物의 所有權을 취득하는 것이 용이한 상황에서는 그러한 방법에 의하여 所有權을 취득하게 하는 것이 목적물을 가장 잘 활용할 수 있는 者가 그 목적물을 취득하는 것을 보장하

3) 高翔龍, "所有의 意思로 占有한다는 것의 의미", 月報 133, 144; 盧承斗, "民法 제245조의 「所有의 意思」에 관한 小考", 司論 7, 87-7.
4) 徐廷友, "無效인 讓渡契約과 買受人의 自主占有", 民判硏 1, 38-9; 沈淵澤, "時效取得에 있어서의 所有의 意思", 釜山地方辯護士會誌 3, 149-50.

는 가장 좋은 방법이다.[5] 그런데 그러한 상황에서도 取得時效를 인정한다면 占有者는 所有者로부터의 所有權取得을 기피하게 되어 財貨의 효율적인 활용을 보장할 수 없게 된다. 따라서 取得時效制度가 財貨效用의 極大化를 달성할 수 있으려면 占有者가 所有者로부터 所有權을 取得하는 것이 불가능하거나 어렵고 또한 목적물이 占有者에게 더 가치가 있음이 확실한 경우에 한하여 取得時效가 인정되어야 한다. 이러한 문제는 占有者의 善意와 正權原(le juste titre; 佛民 § 2229 참조)을 要件으로 함으로써 어느 정도 해결될 수 있다. 判例가 自主占有의 개념을 엄격하게 해석하고 있는 것은 이러한 문제점을 피하기 위한 것으로 보이나 여기에는 이론적으로 어려운 점이 많다.

나아가 입법론으로서는 登記強制의 원칙을 채택하고 登記制度가 완비되는 날에는 登記簿取得時效는 존치하고 不動産의 占有取得時效는 버려야 할 것이라는 견해가 주장된다.[6] 그러나 이에 반대하는 견해는 登記強制의 원칙을 취하더라도 無登記·不實登記의 不動産은 존재하기 마련이고, 占有取得時效를 버리면 登記簿取得時效의 요건을 갖추기 위하여 不實登記를 유도하는 결과가 될 것이므로 占有取得時效를 여전히 존치하는 것이 타당하다고 한다.[7] 기타 取得時効效의 현실적인 기능에 대하여는 실제로 많이 문제되는 不動産取得時效에 관한 부분에서 설명하기로 한다(후술 民 § 245 I. 3. 참조).

Ⅲ. 立 法 例

1. 로 마 法[8]

로마法상의 取得時效制度로는 처음에는 12表法上의 使用擔保(usus auctoritas)에 기원하는 使用取得(usucapio)만이 있었다. 그에 따르면 타인의 물건을 정당한 원인(iusta causa)에 의하여 취득하여 善意(bona fide) 및 所有의 意思로 不動産은 2년, 기타는 1년간 占有한 者는 所有權을 취득하였다. 그러나 盜品이

5) R. Posner, Economic Analysis of Law, 3rd ed., 1986, 48-50, 122-3 등.
6) 郭潤直, 301-2.
7) 李英俊, 414-5. 同旨 張庚鶴, 435.
8) 玄勝鍾, 로마法, 109-12; 徐敏, "不動産登記簿取得時效", 民判硏 8, 54-6; 李起勇, 不動産取得時效에 관한 硏究(1990년 成均館大學校博士論文), 9-16; M. Kaser, Das Römische Privatrecht, 2. Aufl., 1. Abschnitt, 418-25, 2. Abchnitt, 285-8; Kunkel/Mayer-Maly, Römisches Recht, 4. Aufl., 171-80 참조.

나 國有의 재산 등은 使用取得의 대상에서 제외되었다.

그런데 이 使用取得은 市民法(ius civile)상의 制度이므로 로마시민에게만 적용되었고, 또 로마시민이라도 로마 이외의 屬州의 물건은 使用取得할 수 없었다. 그리하여 2세기 말부터 생겨난 것이 長期占有(longi temporis praescriptio)의 制度였다. 이는 屬州의 不動産(나중에는 動産도 포함)을 대상으로 하는 것으로서 그 요건은 대체로 使用取得과 같고 다만 필요한 占有期間이 所有者와 占有者가 동일 행정구역 내에 거주할 때에는 10년, 그렇지 않으면 20년이었다. 그러나 그 후로는 使用取得과 長期占有의 구별이 점차 불분명해져서 4세기 초의 콘스탄티누스황제 때에는 위와 같은 使用取得이나 長期占有는 더이상 인정되지 않고, 그 대신 단지 40년의 占有만 인정되면 정당한 원인이나 善意 등은 없더라도 所有權을 취득하게 되었다. 그리고 테오도시우스황제는 424년의 칙령으로 取得時效를 消滅時效와 동일시켜 필요한 占有期間을 30년으로 단축시켰다.

유스티니아누스황제는 531년에 다시 取得時效를 消滅時效와 분리하여 動産에 대하여는 3년의 取得時效를, 不動産에 대하여는 所有者와 占有者의 거주 행정구역에 따라 10년 또는 20년의 取得時效를 인정하였고 善意와 정당한 원인의 요건도 또다시 부활시켰으며, 이때부터 usucapio는 動産의 取得時效를, longi temporis praescriptio는 不動産의 取得時效를 가리키게 되었다. 한편 이와는 별도로 30년 또는 40년이 지나면 所有物返還請求權이 消滅時效에 걸리게 되어 返還請求를 할 수 없게 되었는데, 이때에는 善意의 占有만이 요구되었다(最長期時效, praescriptio longissimi temporis).

2. 佛蘭西民法[9)]

佛蘭西民法은 §2219 이하에서 消滅時效와 取得時效를 통일적으로 규정하고 있다. 取得時效의 대상은 動産과 不動産인데 私的所有權의 대상이 아니거나 법률상 양도가 금지된 물건은 時效에 의하여 취득할 수 없다.

取得時效에 필요한 占有期間은 占有者의 善意 여부에 따라 長期取得時效와 短期取得時效로 구분된다. 占有者가 惡意이면 30년의 占有가 요구되고(佛民 §2262), 占有者가 善意이면 不動産이 진정한 所有者의 주소를 관할하는 抗訴法院의 관할구역 내에 있을 때에는 10년, 그렇지 않으면 20년의 占有가 요구된다.

長期 및 短期取得時效에 공통적으로 요구되는 요건은 繼續·平穩·公然·

9) 日注民(5), 170-173; 藤原弘道, 時效と占有, 60-70; 李起勇(註 8), 16-22 참조.

曖昧하지 않은 所有者名義를 가진 占有이다(佛民 § 2229). 여기서 所有者名義를 가진 占有란 所有權의 이전을 목적으로 하는 법률행위에 의하여 취득한 占有를 말한다. 그리고 善意占有에 의한 短期取得時效에 있어서는 그 외에 正權原(juste titre)이 요구되는데, 正權原이란 讓渡人이 무권리자가 아니었다면 완전한 所有權移轉의 효과를 가져올 수 있는 권원을 말한다.

3. 獨逸民法[10]

獨逸民法上 不動產의 취득시효는 所有者로 登記된 者가 30년간 自主占有하였을 때 인정된다(獨民 § 900). 한편 不動產의 所有者로 登記되어 있지 않더라도 30년간 自主占有를 한 者는 所有者가 사망했거나 실종되었고, 그 기간동안 所有者의 동의를 필요로 하는 登記가 행해지지 않았을 때에는 公示催告節次에 의한 除權判決을 얻어 所有者로 登記함으로써 所有權을 취득할 수 있는데(獨民 § 927), 이는 取得時效와 같은 기능을 한다고 볼 수 있다(公示催告取得時效, Aufgebotsersitzung 또는 Tabularersitzung).

그리고 動產에 있어서는 10년의 自主占有가 그 요건이다(獨民 § 937). 그러나 獨逸民法은 登記의 公信力을 인정하고(獨民 § 892) 動產의 善意取得制度가 있기 때문에(獨民 § 932 이하) 取得時效制度의 실제적인 중요성은 별로 크지 않다.

4. 日本民法

日本民法은 總則編의 時效에 관한 章에서 取得時效를 消滅時效와 함께 규정하고있다. 그 내용은 動產과 不動產의 구별없이 善意·無過失의 경우에는 10년의 占有로써, 善意·無過失이 아니면 20년의 占有에 의하여 所有權을 취득하는 것이다(日民 § 162). 어느 경우에나 平穩·公然의 占有여야 하며 登記는 그 요건이 아니다.

5. 英 美 法[11]

英美에서의 取得時效制度는 提訴期間法(Statute of Limitations)에 기초를 두고 있다. 원래 提訴期間의 制度는 우리 법체계상의 消滅時效(또는 除斥期間)와

10) 이에 대하여는 良永和隆, ドイツ法上の取得時效における登記の機能, 民商法雜誌 90-6, 91-2 참조.
11) 朴燦柱, "不動產時效取得", 司法硏究資料 16, 5 이하 참조.

유사한 절차법상의 制度이지만 所有者가 占有者에게 提訴期間이 경과하도록 引渡訴訟을 제기하지 않는 경우에는 所有者는 所有權을 상실하고, 占有者는 所有權을 취득하는 실체적인 효과가 발생한다. 그 외에 地役權(easement)이나 토지수익권 등에 대한 取得時效制度도 인정되나 여기서는 주로 不動産所有權의 取得時效에 대하여 살펴본다.

提訴期間法에 의하여 占有者가 所有權을 취득하기 위하여는 ① 占有(possession)가 敵對的이고 권리의 주장을 하고 있어야 하며(hostile and under claim of right), ② 현실적(actual)이고, ③ 公然하며(open and notorious), ④ 排他的(exclusive)이고, ⑤ 繼續的(continuous)일 것 등의 요건이 필요하다. 여기서 占有가 敵對的이어야 한다는 것은 대체로 우리 民法上의 소유의 의사로서 하는 점유에 해당한다.

한편 占有의 平穩性(be peaceable)이 잘 언급되지 않으나 이 또한 당연히 요구되는 요건이다. 取得時效의 대상이 되는 것은 토지이며, 건물은 독립된 不動産으로 취급되지 않으므로 대상에서 제외된다. 그리고 私人所有가 아닌 國有 내지 公有의 토지에 대하여는 取得時效가 인정되지 않거나(美國의 경우) 보다 長期의 占有期間이 요구된다(英國의 경우). 다만 美國에서는 州에 따라 市 등이 공공목적이 아닌 私人의 자격으로 소유하는 토지에 대하여는 取得時效가 인정되는 경우가 있다. 動産도 取得時效의 대상이 될 수 있다.

取得時效에 필요한 占有期間은 英國에서는 12년이고, 美國에서는 州에 따라 다르나 10년의 기간을 요구하는 州가 제일 많다.

Ⅳ. 取得時效에 관한 民法의 規定概觀

民法은 §245에서 不動産에 관한 20년(§245 Ⅰ) 및 10년(§245 Ⅱ)의 取得時效를 규정하고, 民 §246에서는 動産에 관한 10년(民 §246 Ⅰ) 및 5년(民 §246 Ⅱ)의 取得時效를 규정한다. 그리고 民 §247에서는 取得時效 완성의 遡及效(民 §247 Ⅰ) 및 取得時效의 中斷(民 §247 Ⅱ)에 관하여 규정하고 §248에서는 所有權 이외의 財産權의 取得時效에 관하여 규정하고 있다.

이처럼 民法上 取得時效의 대상이 되는 것은 不動産 및 動産의 所有權과 기타 財産權이라고 할 수 있으나 실제로 많이 문제되고 중요성을 가지는 것은 주로 不動産所有權의 取得時效라고 할 수 있다. 그 외에 民 §§294, 295는 地役權의 取得時效에 관한 규정이고, 民 附則 §§8, 10 Ⅲ은 현행 民法 시행에 따른 取得時效에 관한 경과규정이다.

[尹 眞 秀]

第245條(占有로 인한 不動産所有權의 取得期間)

① 20年間 所有의 意思로 平穩, 公然하게 不動産을 占有하는 者는 登記함으로써 그 所有權을 取得한다.

② 不動産의 所有者로 登記한 者가 10年間 所有의 意思로 平穩, 公然하게 善意이며 過失없이 그 不動産을 占有한 때에는 所有權을 取得한다.

차 례

Ⅰ. 不動産取得時效一般論

1. 種 類

本條는 不動産取得時效를 그 要件의 차이에 따라 本條 Ⅰ과 本條 Ⅱ으로 나누고 있다. 本條 Ⅰ의 取得時效의 要件은 20년간 所有의 意思로 平穩·公然하게 不動産을 占有한 후의 登記이고, 本條 Ⅱ의 取得時效에 있어서는 所有의 意思 및 平穩·公然한 점유가 요구되는 것은 本條 Ⅰ과 같으나 그 외에 所有者로 登記되었을 것 및 善意·無過失의 要件이 추가된 반면, 占有期間은 10년으로 단축된 점에서 차이가 있다.

학설은 本條 Ⅱ의 取得時效를 登記簿取得時效라고 부르는 데에는 일치하고 있으나, 本條 I 의 取得時效에 대하여는 占有取得時效라는 명칭[1]과 一般取得時效라는 명칭[2]이 아울러 쓰이고 있다. 여기서는 占有取得時效라고 부르기도 한다.

2. 本條의 立法經緯[3]

本條에 직접 영향을 준 것으로 추측되는 입법례로는 日民 §162와 滿民 §§224, 225가 있다. 전자, 즉 日民 §162는 動産과 不動産을 구별하지 않고, 또 登記를 要件으로 하지도 않으나 本條 I 의 20년의 取得時效는 所有의 意思 및 平穩·公然한 占有만이 요구되고, 本條 II 의 10년의 取得時效는 그 외에 善意·無過失까지 요구된다는 점에서 本條와 유사하다. 그리고 滿洲國民法은 등록된 不動産과 미등록된 不動産을 구별하여 §224 I 은 "30년간 所有의 意思로써 平穩·公然하게 타인의 미등록의 不動産을 占有한 者는 法院의 허가를 얻어 등록부에 所有權의 등록을 한 때에는 時效로 인하여 그 不動産의 所有權을 취득한다"라고 규정하고, §225는 "권리없이 등록부에 所有者로 등록된 者가 10년간 所有의 意思로써 平穩·公然하게 그 不動産을 占有하며, 그 占有開始時에 善意이고 過失이 없었을 때에는 시효로 인하여 그 不動産의 所有權을 취득한다"라고 규정한다.[4]

우리 民法草案 §235는 "20년간 所有의 意思로 平穩·公然하게 不動産을 占有하는 者는 法院의 判決을 얻어 登記함으로써 그 所有權을 취득한다. 不動産의 所有者로 登記한 者가 10년간 所有의 意思로 平穩·公然하게 善意이며 過失없이 그 不動産을 占有한 때에는 所有權을 취득한다"라고 규정하고 있었으나 심의과정에서 本條 I 의 "法院의 判決을 얻어"라는 부분은 삭제되어 현재의 本條가 된 것이다. 삭제된 이유는 주로 절차법상 법원의 공시제권판결을 얻을 수 있는 방법이 없고, 原所有者가 時效에 의하여 그 所有權이 이전되었다는 것을 시인하고 移轉登記에 협력하는 경우에는 법원의 판결을 얻을 필요가 없다는 데 있었다.

---

1) 郭潤直, 301; 張庚鶴, 435; 李起勇, 不動産取得時效에 관한 연구(1990년 성균관대박사논문), 81.
2) 金容漢, 273; 金曾漢, 114; 李英俊, 413; 註釋民法(2), 245.
3) 이에 관하여는 李起勇(註 1), 54-62; 民法案審議錄(上), 151-3 참조.
4) 滿洲國民法의 규정은 瑞民 §§661, 662의 영향을 받은 것으로 추측된다. 이에 대하여는 金曾漢, 112; 李起勇(註 1), 43; 徐敏, "登記簿取得時效의 要件", 民判硏 8, 60-2 참조.

그러나 占有取得時效에 관하여「登記함으로써」라는 要件을 추가한 이유는 명백하지 않다. 이는 滿民 §224 I 의 영향을 받은 것으로 보이나 동조항은 미등록 不動產의 경우만을 대상으로 한 것이기 때문에 상황이 같지 않다. 입법자는 民法이 物權變動 일반에 관하여 이른바 形式主義를 채택한 것을 염두에 둔 것 같으나 取得時效에 의한 所有權取得은 법률에 의한 物權變動이므로 이러한 경우에는 登記를 필요로 하지 않는다는 원칙에 대한 예외를 인정한 이유가 불분명하고, 이로 인하여 해석상 여러 가지의 문제점이 생겼다. 그리고 登記簿取得時效에 대하여는 登記까지 한 경우에 한하여 시효기간을 단축시키는 것이 합당하다는 고려가 있었던 것으로 보인다.

3. 不動產取得時效의 機能

不動產取得時效, 그 중에서도 占有取得時效에 대하여는 입법론상 비판이 있음은 앞에서 본 바이나(前述 前論 II. 참조) 현실적으로는 不動產取得時效가 재판상 문제되는 경우가 매우 많아 그에 관한 방대한 判例가 존재하고 있고, 그 주장이 인정되는 비율도 높은 편으로 상당히 중요한 기능을 하고 있다고 볼 수 있다. 한 연구에 따르면 1985년에서 1989년까지의 5년간 法院公報에 게재된 大法院의 민사판결은 총 1707건인데, 이 중 取得時效가 쟁점이 된 경우는 41건(2.4%)이고, 그 중 取得時效의 주장이 인용된 것이 25건(승소율 60.9%)였다고 한다.[5]

이처럼 우리 나라에서 不動產取得時效가 자주 문제되는 데에는 그만한 원인이 있다. 즉 해방과 6.25 등을 거치면서 所有者의 행방불명, 登記簿의 멸실 등으로 所有者가 不動產을 관리할 수 없는 경우가 많이 생기고 登記와 현실적인 占有狀態가 일치하지 않는 현상이 늘어났을 뿐만 아니라, 未登記簿動產이 아직 많으며 또한 登記節次가 허술하여 重複登記나 원인무효의 登記가 빈발하고 있으므로 현실적인 占有者를 보호하기 위한 수단으로서 不動產取得時效가 중요한 기능을 발휘하게 된 것이다.[6]

특히 登記의 公信力이 인정되지 않고 있는 우리 나라에서는 登記簿取得時效制度가 登記簿를 신뢰한 占有者를 보호하는 역할을 함으로써 登記의 公信力이 인정되지 않고 있는 제도적인 결함을 어느 정도 보충하고 있고,[7] 이 점에서는 登記簿取得時效의 기능을 긍정적으로 평가하지 않을 수 없다.

5) 李起勇(註 1), 5-6.
6) 林東鎭, "取得時效의 起算點과 完成時點", 民判硏 1, 98 참조.
7) 徐敏(註 4), 66 참조.

Ⅱ. 不動産取得時效의 要件

1. 要件의 槪觀

取得時效의 要件으로서 占有取得時效와 登記簿取得時效에 공통된 것은 所有의 意思로 平穩·公然하게 不動産을 占有할 것이다. 그 외에 누가 取得時效의 主體가 될 수 있는가의 문제도 양 取得時效에 공통된 것이다. 반면 占有取得時效에 특유한 要件으로서는 占有期間이 20년에 달할 것과 점유완성 후의 登記이고, 登記簿取得時效의 特別要件은 所有者로 登記되었을 것과 善意·無過失 및 10년의 占有이다.

여기서는 우선 두 가지 取得時效에 공통된 要件과 占有取得時效에 특유한 要件 및 登記簿取得時效에 특유한 要件의 차례로 살펴보기로 한다.

2. 共通要件

(1) 取得時效의 主體

取得時效의 주체는 自然人이나 法人뿐만 아니라 權利能力없는 社團이나 財團도 될 수 있다. 判例는 權利能力없는 社團의 일종인 門中 또는 宗中이 取得時效의 주체가 됨을 인정한다.[8] 地方自治團體도 公法上의 法人으로서 取得時效의 主體가 될 수 있음은 물론이다.[9]

(2) 取得時效의 客體

(가) 不 動 産　　本條에 의한 取得時效의 객체는 不動産, 즉 토지와 건물이다. 그러나 건물에 대하여 取得時效를 인정하는 데 대하여는 입법론적인 비판이 있다.[10] 실제에 있어서도 取得時效가 문제되는 것은 토지가 대부분이다. 한편 타인 所有의 토지에 식재된 樹木도 取得時效의 客體가 된다는 說이 있다.[11]

(나) 不動産의 他人性 여부　　依民 §162는 取得時效의 대상을 "他人의 物"로 한정하고 있었으나,[12] 本條는 그와 같은 제한을 두지 않고 있다.

---

8) 大判 70.2.10, 69다2013(集 18-1, 81).
9) 예컨대, 大判 77.3.8, 76다2500(總 2-2(B), 119); 大判 91.7.12, 91다6139(公 963, 2149) 등.
10) 金容漢, 275-6.
11) 李英俊, 417. 日最判 昭 38(1963).12.13(民集 17-12, 1696) 참조.
12) 그러나 현재 日本의 判例와 學說은 자기의 소유물에 대하여도 取得時效가 가능하다고

현재의 학설은 자기 소유라는 입증이 곤란할 때에는 取得時效를 주장할 수 있고, 이처럼 자기 소유의 不動産에 대하여도 取得時效를 인정하는 것이 현재의 사실상태를 권리상태로 승격시키려고 하는 取得時效制度의 본질에도 부합하는 것이라고 한다.[13] 判例도 "취득시효에 있어서 점유물건의 타인성은 그 요건이 되지 못하니……(중략) 시효취득은 남의 소유권을 계승하는 것이 아닌 원시취득이요, 취득시효가 누구의 소유이냐는 덮어놓고 사실상태를 권리상태로 높이려는 데 그 존재이유가 있는 점에서 보면 물건의 타인성은 별 문제가 되지 못함을 알 수 있으며, 점유로 인한 부동산의 취득기간을 규정한 민법 제245조가 「타인의 물건인 점」을 규정에서 빼놓은 법의도 같은 취지라고 이해할 수 있다"라고 한다.[14]

생각건대, 取得時效의 취지가 증거곤란의 구제에도 있는 점에 비추어 보면 자기 所有라는 입증이 곤란할 때 取得時效를 주장할 수 있음은 당연하다. 따라서 取得時效를 주장하는 자가 取得時效의 대상이 자기의 소유가 아닌 타인의 소유임을 입증할 필요까지는 없다고 보아야 할 것이다.[15] 또한 依用民法 당시의 登記를 갖추지 못하여 제3자에게 대항할 수 없는 所有權을 가진 者도 取得時效를 주장할 수 있을 것이다.[16] 그러나 이러한 현상을 설명하기 위하여 자기의 물건도 時效에 의하여 所有權을 취득할 수 있다고까지 설명할 필요는 없다. 자기의 소유임을 증명하지 못한 경우에는 자기 소유의 물건을 時效取得하였다고는 할 수 없는 것이고, 또한 依用民法 당시의 제3자에게 대항하지 못하는 所有權은 위 제3자에 대하여는 所有權이라고 할 수 없기 때문이다. 위 大判 73.7.24(註 14)의 사안은 不動産의 間接占有者가 所有者에게 直接占有를 시킨 경우에도 取得時效를 인정할 수 있다고 하면서 위와 같이 판단하였으나 그 판단이 필요하였는지 의문이다.[17] 그러므로 자기 所有임이 명백히 밝혀진 물건에 대하여는 時效取得이 불가능하다고 보아야 할 것이다.

최근의 大法院判例가 "자기 소유의 부동산을 점유하고 있는 상태에서 다른 사람 명의로 소유권이전등기가 된 경우라면, 그리고 그 점유가 자주점유인

본다. 日最判 昭 42(1967).7.21(民集 21-6, 1643); 日最判 昭 46(1971).11.5(民集 25-8, 1087); 幾代, 493 등.

13) 郭潤直, 303; 李英俊, 416-7; 張庚鶴, 436; 註釋民法(上), 317; 註釋民法(2), 391.

14) 大判 73.8.31, 73다378(總 2-2(A), 536-89). 同旨 大判 73.7.24, 73다559등(總 2-2(A), 536-89).

15) 日最判 昭 46(1971).12.25(判時 654, 51) 참조.

16) 大判 66.3.22, 66다26(集 14-1, 136); 71.11.23, 大判 17다1936(總 2-2(A), 536-61).

17) 李起勇(註 1), 90-1. 大判 89.5.23, 88다카17785등(公 852, 994) 참조.

것이라면 그 취득시효의 기산점은 소유권의 변동일(소유권이 전등기일)이 되어야 할 것이다. 왜냐하면 자기 소유부동산을 점유하는 것은 취득시효의 기초로서의 占有라고는 할 수 없고, 그 소유권의 변동이 있는 경우 비로소 취득시효의 기초로서의 점유가 개시되는 것이라고 보아야 할 것이기 때문이다"라고 판시한 것은[18] 이런 의미에서 타당한 것으로 보인다.

(다) 1필의 토지의 일부, 共有持分 公簿上 아직 분필되지 않은 1필의 토지 일부에 대하여도 占有取得時效에 의한 所有權의 취득이 가능하다.[19] 이를 인정한다 하더라도 分筆登記를 한 후 所有權移轉登記를 함으로써 所有權取得의 효력이 생기므로 一物一權主義의 원칙에 반하지 않는다. 다만 判例는 이러한 경우에 토지의 일부가 占有에 속한다는 것을 인식하기에 충분한 객관적인 徵表가 계속 존재하는 것을 要件으로 한다고 한다.[20] 그리고 共有持分도 取得時效의 대상이 되고,[21] 이때에는 占有의 범위를 특정할 수 있는 객관적인 징표가 계속 존재할 필요가 없다.[22]

또한 換地處分의 경우 종전토지의 일부를 점유하여 取得時效가 완성된 후 그 토지 전체가 환지된 경우에는 그 점유한 特定部分이 환지 내에 포함되었다고 하더라도 특별한 사정이 없는 한, 이와 같은 경우에는 환지된 토지상의 당해 特定部分을 時效取得하였다고는 할 수 없고 환지된 토지에 관하여 종전토지 중 特定部分의 전체면적에 대한 비율에 상응하는 共有持分을 時效取得한 것이라고밖에 볼 수 없다.[23]

(라) 國有財產 및 公物 1976.12.31 법률 제2950호로 신설되어 1977. 5.1부터 시행된 國有財產 §5Ⅱ은 國有財產에 대한 時效取得을 배제하고 있다. 그런데 判例는 위 규정이 시행되기 이전부터 行政目的을 위하여 공용되고 있는 行政財產 내지 公用物은 권한있는 관청에 의하여 그 公用이 폐지되지 않는 한 取得時效의 대상이 될 수 없다고 판시하고 있었으므로,[24] 위 규정은 公物인

18) 大判 89.9.26, 88다카26574(公 860, 1557).
19) 大判 65.1.19, 64다1254(總 2-2(A), 536); 大判 65.11.16, 65다1819등(總 2-2(A), 536-2); 大判 89.4.25, 88다카9494(公 850, 814); 郭潤直, 303; 李英俊, 417; 張庚鶴, 436-7.
20) 大判 65.11.16(前註); 大判 89.4.25(前註).
21) 大判 75.6.24, 74다1877(集 23-2, 138); 大判 79.9.25, 79다1080(集 27-3, 50).
22) 大判 75.6.24(前註).
23) 大判 89.9.26, 88다카18795(集 37-3, 108). 또한 大判 88.12.13, 87다카1418등(公 840, 95) 참조.
24) 大判 66.6.28, 66다856등(要集 民 Ⅰ, 449); 大判 68.8.30, 68다1198(總 2-2(A), 536-13) 등 다수.

國有財産에 대하여는 判例를 확인하는 의미를 갖는 데 불과하다. 그러나 公物이 성질상 당연히 時效取得의 대상에서 배제되는지에 관하여는 判例와 같은 否定說[25] 외에도 公物도 時效取得의 대상이 되나 공적목적에 공용하여야 하는 公法上의 負擔은 그대로 받는다는 說,[26] 公物이라도 장기간 공공의 목적에 공용되지 않은 채로 방치되어 公用財産으로서의 형태·기능을 전연 상실하여 公物로서 공공의 이용에 제공되는 것이 불가능한 때에는 묵시적인 公用廢止의 결정이 있는 것으로 보아 取得時效의 대상이 된다는 說[27] 및 그러한 묵시적인 公用廢止의 결정이 없더라도 取得時效의 대상이 된다는說[28] 등으로 나뉘어 있다. 어쨌든 국유의 公物은 위 國有財産法 규정으로 인하여 取得時效의 대상이 될 수 없음이 분명하게 되었다.

그러므로 위 國有財産法 규정의 고유의 의의는 公物이 아닌 國有財産, 즉 國有財産法上의 雜種財産을 取得時效의 대상에서 배제한 데 있다고 하겠다. 判例도 위 國有財産法 시행 이전에는 행정목적을 위한 공용이 폐지된 토지는 時效取得의 대상이 될 수 있었고, 위 國有財産法의 규정이 이미 완성된 時效取得의 효력에 어떠한 영향을 미친다고 할 수 없다고 판시하여,[29] 위 國有財産法의 규정이 시행되기 전에 20년의 占有取得時效가 완성되었다면 그 시행 이후에도 取得時效 완성을 이유로 한 所有權移轉登記를 청구할 수 있다고 하였다.[30] 그런데 憲裁 91.5.13, 89헌가97 規定(月報 251, 59)의 多數意見은 위 國有財産法의 規定이 私的去來의 對象이 되는 雜種財産에까지 適用되는 것은 平等原則 등에 반하여 違憲이라고 하였다. 그러나 원래 取得時效制度는 原所有者의 권리를 박탈하여 권리자 아닌 者에게 권리를 부여하는, 법체계상 예외적인 제도이므로 이를 어느 범위에서 인정할 것인가에 관하여는 立法者에게 形成의 自由가 부여되어 있다고 보아야 할 것이고, 위헌이라고까지 할 것은 아니라고 생각된다. 특히 國有財産의 경우에는 국가가 國有財産을 일일이 파악하지도 못하고 있는

25) 張庚鶴, 433.
26) 李太載, 213; 金道昶, 一般行政法論(下)(1990), 478.
27) 李英俊, 417. 근래의 大判 90.11.27, 90다5948(公 888, 55)가 이를 따랐다. 해설, 閔亨基, 公物의 時效取得, 대법원 판례해설(4, 123 이하). 同旨 日最判 昭 51(1976).12.24(民集 30-11, 1104). 이미 大判 83.6.14, 83다카181(集 31-3, 61)이 公物의 용도폐지 의사표시는 명시적이든 묵시적이든 불문하나 단지 사실상 公物로서의 용도에 사용하고 있지 않다는 사실만으로 용도폐지의 의사표시가 있다고 볼 수 없다고 하였다.
28) 朴鈗炘, 行政法講義(1985), 144-5.
29) 登記簿取得時效에 관하여 大判 79.9.25, 79다1080(集 27-3, 50); 大判 82.5.25, 81다195(集 30-2, 74); 大判 90.1.12, 88다카24622(公 867, 451).
30) 大判 81.9.22, 80다3121(公 668, 14376).

등 관리에 어려움이 있어 이 규정이 나온 것이므로 國有財產을 私人所有의 재산과 달리 취급하는 데 합리적인 근거가 없는 것도 아니다(崔大權, 國有財產法 제5조 제2항의 違憲 與否, 서울대학교 法學 32-3·4, 46 이하 참조).

한편, 위 違憲決定이 어느 범위까지 遡及適用되는가도 문제된다(憲裁 §47 II 참조). 判例는, 적어도 違憲決定이 있기 전에 위 國有財產法의 違憲 여부가 쟁점이 되어 法院에 계속중인 모든 一般事件에는 遡及適用된다고 보나(大判 91. 12. 24, 90다8176, 公 914, 640) 그 외에도 遡及適用될 여지가 있는지 향후 귀추가 주목된다.

(마) 歸屬財產 判例는 1945.8.9 현재 일본인의 소유였다가 1945.12.6의 美軍政法令 제33호에 의하여 軍政廳의 소유로 되고, 그 후 대한민국정부에 이양된 재산, 즉 歸屬財產(歸屬 §2 I 참조)은 取得時效의 대상이 되지 않는 것으로 일관되게 판시하고 있다.[31] 判例는 그 이유를 주로 위 美軍定法令이 歸屬財產을 점유한 者에 대하여 軍政廳 내지 국가를 위한 보관을 명령하였으므로 위 美軍政法令이 시행되기 이전에 歸屬財產을 自主占有하던 者라도 위 법령의 시행과 더불어 他主占有로 바뀌고 이는 위 군정법령이 폐지되었어도 歸屬財產處理法의 규정에 의하여 그대로 유지된다고 설명한다. 그러나 법령이 국가를 위한 보관을 명하였다는 것만으로 自主占有가 他主占有로 바뀐다는 것은 반드시 설득력이 없다. 차라리 이 경우에는 위 군정법령이 歸屬財產의 占有者에게 보관을 명한 것은 歸屬財產의 取得時效까지를 금지한 취지라고 봄이 옳을 것이다.

그러나 "歸屬財產處理에 관한 特別措置法"(1963. 5. 29 법률 제1346호)에 의하면 1964.12말까지 매매계약이 체결되지 않은 歸屬財產은 무상으로 국유로 한다고 규정되어 있으므로 歸屬財產인 토지를 매수하여 占有하여 온 경우에 그 토지가 國有財產으로 된 1965.1.1부터는 그 토지에 대한 占有는 自主占有로 환원되어 그때부터 取得時效의 진행이 가능하고, 위 歸屬財產에 대하여 登記簿取得時效의 다른 要件을 갖추었으면 占有者는 10년의 占有期間이 경과한 1975.1.1로서 所有權을 취득한다고 한다.[32] 또한 歸屬財產이라 하여도 농지개혁 당시 적법하게 분배받은 것으로 믿고 상환까지 완료한 경우에는 새로운 權原에 의하여 다시 所有의 意思로 占有를 시작한 것으로서 自主占有로 변환된다는 판례도 있다.[33]

31) 大判 55. 8. 11, 4288民上43(集 2-5, 6); 大判 56. 10. 25, 4288民上118(集 4-2, 101); 大判 64. 6. 16, 63다1045(總 22-2(A), 534); 大判 70. 9. 29, 70다1686(集 18-3, 153) 등 다수. 최근의 것으로는 大判 90. 1. 12(註 29).

32) 大判(全) 89. 12. 26, 87다카2176(集 37-4, 185). 同旨 大判 90. 1. 12(註 29).

33) 大判 81. 9. 22, 80다3121(公 668, 14375).

(3) 占 有

取得時效가 완성되려면 取得時效를 주장하는 者가 우선 부동산을 占有하여야 한다. 어떤 경우에 占有가 인정될 수 있는가는 占有에 관한 일반이론에 의하여 결정할 문제이고 取得時效의 경우에만 문제되는 것은 아니다. 이하 取得時效에 관하여 특별히 문제되는 점을 간단히 살펴본다.

自然人의 경우에 그가 未成年者이면 占有를 인정할 수 있는가? 判例는 원래의 占有者가 사망하고 그 사망 당시 상속인이 10세 미만인 사안에서 원심이 이를 이유로 取得時效의 완성을 부정한 데 대하여 占有權은 占有權者의 사망으로 인하여 상속인에게 이전되고 상속인이 未成年者이면 法定代理人을 통하여 그 占有權을 승계받아 그 占有를 계속할 수 있다고 판시하여 원심판결을 파기하였다.[34] 학설상으로는 未成年者나 精神障碍者라도 意思能力이 있으면 독자적인 占有權을 취득할 수 있다는 전제에서 위 판결을 비판하는 것이 있으나,[35] 위 判例가 반드시 意思能力이 있는 未成年者의 독자적인 占有를 부정하는 것인지는 의문이다.[36]

取得時效의 要件인 占有는 直接占有뿐만 아니라 間接占有인 경우도 포함함은 당연한 것이다.[37] 判例는 占有者가 일시 所有者에게 占有媒介關係를 설정하여 間接占有가 된 것만으로는 取得時效의 中斷이라고 할 수 없다고 한다.[38] 그리고 邑·面이나 郡은 國道의 관리청이 아니므로 國道에 편입된 私人所有의 토지를 점유하였다고 인정할 수 없어 時效取得을 인정할 여지가 없다.[39] 약간 특수한 사례로서 마을 주민들의 所有者인 어업조합 조합원의 자격으로 不動産을 占有한 경우에는 그 마을 주민회가 取得時效를 주장할 수 없다는 하급심 판결이 있다.[40]

이와 관련하여 언급되어야 할 것이 이른바 自然中斷의 문제이다. 依民 §164는 "제162조의 時效는 占有者가 임의로 그 占有를 중지하거나 또는 他人

34) 大判 89. 4. 11, 88다카8277(集 37-1, 232). 유사취지, 大判 90. 12. 26, 90다5733(公 890, 611).
35) 李英俊, 264.
36) 日最判 昭 41(1966). 10. 7(民集 20-8, 1615)는 점유개시 당시 15세인 자의 自主占有를 인정하였다.
37) 大判 70. 10. 30, 70다715등(集 18-3, 228). 이 判例는 토지가 軍에 징발된 경우에 原占有者의 間接占有(代理占有)를 인정하였다. 大判 91. 10. 8, 91다25116(公 909, 2693)은 農地를 소작준 자의 占有도 間接占有로서 取得時效의 完成을 인정할 수 있다고 하였다.
38) 大判 89. 5. 23, 88다카17785(公 852, 994).
39) 大判 87. 2. 10, 86다카1215(公 797, 418).
40) 서울高判 76. 6. 10, 75나2139(高集 76-2, 294).

에게 奪取된 때에는 中斷된다"라고 규정하여 占有의 상실로 인한 이른바 自然中斷을 取得時效의 中斷事由로 인정하고 있었다. 그러나 取得時效가 완성되려면 일정기간의 占有가 계속되어야 하므로 占有의 상실이 있으면 取得時效의 완성이 인정될 수 없음은 법률의 규정이 없어도 당연하고, 이를 굳이 取得時效의 중단으로 취급할 필요는 없다. 民法도 이러한 취지에서 自然中斷을 별도로 규정하지 않았다.[41] 그러나 前後兩時에 占有한 사실이 있는 때에는 그 占有는 계속한 것으로 추정되므로(民 §198), 取得時效를 주장하는 者의 상대방이 占有喪失의 사실을 입증할 책임이 있다. 또한 占有가 침탈된 경우에 占有回收의 訴에 의하여 占有를 回收하면 처음부터 占有를 상실하지 않았던 것으로 보므로(民 §192), 이때에는 取得時效의 성립에 지장이 없다. 그리고 自主占有가 他主占有로 전환된 경우에도 取得時效의 완성을 인정할 수 없음은 占有의 상실이 있는 경우와 마찬가지라고 할 것이다(후술 (4) (나)(B)참조).

判例가 점유중인 토지의 일부가 取得時效期間의 완성 이전에 이미 도로에 편입되어 占有者가 그 토지보상금까지 받았다면 특단의 사정이 없는 한 이미 이 부분 土地에 대한 占有者의 점유는 상실되었으므로 取得時效의 완성을 인정할 수 없다고 한 것[42]은 이러한 取得時效의 自然中斷을 인정한 셈이다.

한편 取得時效完成 후에 占有者가 점유를 상실한 때에는 取得時效의 완성을 주장하지 못하는가? 判例는 일단 取得時效期間의 만료로 占有者가 所有權移轉簿登記請求權을 취득한 이상 그 후 不動産에 대한 점유가 중단되더라도 그 점유의 상실을 時效利益의 拋棄와 동일시 할 수 없는 한 이미 취득한 所有權移轉登記請求權이 소멸한 것으로 보아서는 아니 된다고 한다.[43] 그런데 大判 91.12.10, 91다32428(公 913, 490)은, 前占有者의 占有 당시 取得時效 완성 후 現占有者에게 인도하여 占有를 상실하였다면 前占有者나 現占有者 모두 取得時效를 原因으로 하는 所有權移轉登記를 청구할 수 없다고 하나 그 妥當性은 의심스럽다. 現占有者는 前占有者를 대위하여 登記請求할 수 있다고 보아야 하지 않을까?

(4) 所有의 意思

(가) 所有의 意思에 관한 일반론 取得時效의 要件으로서의 占有는

41) 民法案審議錄(上), 154 참조.
42) 大判 90.3.27, 89다카16840(公 872, 956).
43) 大判 89.4.25, 88다카3618(集 37-1, 282); 大判 90.11.13, 90다카25352(公 887, 93). 占有者의 所有者에 대한 返還을 取得時效利益의 拋棄로 본 사례로는 大判 73.6.22, 72다2107(總 2-2(A), 535-86).

"所有의 意思"를 가지고 하는 占有, 즉 自主占有라야 한다. 여기서 所有의 意思라 함은 所有者가 할 수 있는 것과 같은 排他的 支配를 사실상 행사하려고 하는 意思를 말하며, 법률상 그러한 지배를 할 수 있는 권한, 즉 所有權을 가지고 있거나 또는 所有權이 있다고 믿고 있어야 하는 것은 아니다.[44]

다만 取得時效制度의 존재이유를 占有取得時效와 登記簿取得時效로 나누어 설명하려는 이른바 2分說의 입장(前述 前論 II. 참조)에서는 取得時效의 要件으로서의 所有의 意思를 占有取得時效와 登記簿取得時效에 있어서 각각 다르게 이해하려고 한다. 즉 이 說에서는 登記簿取得時效에 있어서는 前主의 無權利 등을 過失없이 알지 못하고 不動産을 양수한 者를 보호하려는 제도이므로 그 要件으로서의 自主占有도 所有權의 移轉을 목적으로 하는 법률행위에 의하여 취득한 占有만을 가리키고, 반면 占有取得時效는 증거가 없는 진정한 권리자를 보호하려는 제도이므로 占有의 객관적 성질에 의하여 결정하거나 법률행위에 의하여 취득한 占有라야만 한다는 것은 입증의 곤란을 구제한다는 占有取得時效의 존재이유와는 부합하지 않고, 이 경우에는 占有取得의 원인을 묻지 않고 占有者가 동시에 所有者임이 틀림없다고 하는 정도의 강한 추정이 생기게 하는 占有가 所有의 意思를 가지고 하는 占有라고 설명한다.[45] 이 문제는 아래서 설명할 어떤 경우에 自主占有를 인정할 것인가와 관계가 있으나, 所有의 意思라는 동일한 개념을 占有取得時效와 登記簿取得時效로 나누어 설명한다는 것은 문제가 있다고 생각된다. 그리고 동일한 2分說의 입정에 서면서도 取得時效의 要件인 所有의 意思에 의한 占有는 유효한 債權關係에 기하여 양도인으로부터 승계한 것이라야 한다는 說도 있으나,[46] 반드시 유효한 債權關係에 국한하여야 할 근거가 무엇인지 불분명하다.

한편 실제에 있어서는 所有의 意思를 어느 경우에 인정할 수 있는가가 가장 문제되는데, 判例는 "取得時效의 要件인 所有의 意思는 占有의 權原의 성질에 의하여 결정되거나 또는 占有者가 所有者에 대하여 所有의 意思가 있다는 것을 표시한 경우에 한하여 인정할 수 있다"라고 판시하고 있고, 이와 같은 취지의 판례는 매우 많다.[47] 다만 근래의 判例 가운데에는 所有意思의 표시에 대

44) 郭潤直, 237; 金曾漢, 150; 李英俊, 290; 張庚鶴, 307; 大判 80. 5. 27, 80다671(集 28-2, 60); 大判 87. 4. 24, 85다카2230(公 801, 779).

45) 盧承斗, "民法 제245조의 「所有의 意思」에 관한 소고", 司論 7, 87-91; 藤原弘道, 時效と占有, 97-105 참조.

46) 高翔龍, "所有의 意思로 占有한다는 것의 의미", 月報 133, 145.

47) 大判 62. 2. 15, 4294民上794(集 10-1, 120); 大判 62. 6. 21, 4294民上1577(集 10-3, 79);

하여는 언급이 없이, 다만 占有의 權原의 성질에 의하여 결정하여야 한다고 하는 것이 있다.[48] 실제에 있어서도 所有의 意思의 표시에 의한 自主占有를 인정한 것은 찾아보기 어렵고 대부분 占有의 權原의 성질만이 문제되고 있다.

학설도 대체로 自主占有인지의 여부는 占有取得의 원인이 된 사실, 즉 權原의 성질에 의하여 객관적으로 정하여야 한다고 본다.[49] 그리고 他主占有가 自主占有로 전환되려면 他主占有者가 새로운 權原에 기하여 所有의 意思를 가지고 점유를 시작하거나 또는 所有의 意思가 있음을 표시하여야 한다고 한다. 다만 후자의 경우 所有의 意思를 間接占有者에게 표시하여야 하는지, 아니면 객관적으로 인식되면 족한지에 대하여는 학설의 대립이 있다.[50]

이와 같은 判例는 원래 依民 §185가 "權原의 성질상 占有者에게 所有의 意思가 없는 것으로 하는 경우에 있어서는 그 占有者가 자기에게 占有를 하게 한 者에 대하여 所有의 意思 있음을 표시하거나 新權原에 의하여 다시 所有의 意思로써 占有를 개시하지 않으면 占有는 그 성질이 변하지 않는다"라고 한 데서 유래한 것이다. 民法은 依用民法과는 달리 이러한 취지의 규정을 두지 않았는바, 그럼에도 불구하고 判例가 依用民法 당시와 같은 태도를 유지하는 근거가 무엇인지 문제된다. 학설로서는 이 문제를 占有의 성립에 관한 主觀說 및 客觀說의 대립과 연관시켜 占有의 성립에 관하여 主觀說의 입장을 취한 依用民法에서는 意思의 변경만으로 占有의 성질을 변경하는 것이 부당하므로 依法 §185와 같은 규정의 필요가 있었으나 客觀說을 취한 民法上으로는 굳이 이러한 규정의 필요가 없게 되었다는 설명이 있다.[51] 그러나 占有에 관한 주관주의 및 객관주의의 대립과 自主占有를 어떤 경우에 인정할 수 있는가 하는 문제는 반드시 연관이 있는 것으로 보이지 않는다.[52] 오히려 "어차피 占有制度는 平和維持를 위한 것이므로 그 범위 내에서 所有의 意思도 規範的 意味를 갖게 되

大判 66.10.118, 66다1256(集 14-3, 157); 大判 67.10.25, 66다2049(總 2-2(A), 536-9); 大判 74.8.30, 74다945(公 498, 8032); 大判 80.3.11, 79다2344(公 631, 12709); 大判 85.3.26, 84다카2317(公 752, 626) 등.

48) 大判(全) 83.7.12, 82다708, 709(集 31-4, 7); 大判 83.12.13, 83다카1523(公 721, 170); 大判 84.1.31, 83다615(公 725, 435); 大判 84.2.14, 83다카587(公 725, 435); 大判 87.7.7, 86다카2689(公 807, 1306); 大判 87.11.10, 85다카1644(公 815, 76) 등.

49) 郭潤直, 237; 金容漢, 178-9; 金曾漢, 151; 李英俊, 291; 張庚鶴, 307-8.

50) 前說로는 郭潤直, 238; 張庚鶴, 308. 後說로는 金曾漢, 151; 金容漢, 179; 註釋民法(2), 294-5는 自主占有者에게 所有의 意思를 표시하는 것이 불가능할 때에는 객관적으로 所有의 意思를 인식할 만한 자취가 있으면 된다고 한다.

51) 張庚鶴, 總論, 295-6; 盧承斗(註 45), 81-2; 徐廷友, "無效인 讓渡契約과 買受人의 自主占有", 民判研 1, 28도 같은 취지로 보인다.

52) 田中整爾, 自主占有, 2-4 참조.

는 것이다. 그러므로 權原의 성질을 고려함은 불가피하다"라는 설명[53]이 문제의 핵심을 찌른 것으로 보인다.[54]

判例의 입장과 관련하여 또 한 가지 문제되는 것은 判例가 말하고 있는 「權原」의 의미가 다소 불분명하다는 것이다. 즉 연혁적으로 본다면 權原이란 占有取得의 원인이 되는 법률행위 내지 상속 등의 法律要件을 말하는 것인데(佛語의 titre, 獨語의 Titel), 현재 判例나 學說은 權原의 의미를 그보다는 占有取得의 원인이 된 사실관계를 말하는 것으로 이해하고 있는 것 같다.[55] 그리고 判例에 따르더라도 占有權原의 성질이 불분명한 경우에는 어떤 방법으로 自主占有를 인정할 수 있는 지가 문제된다. 이는 民 §197의 自主占有의 추정에 관한 규정의 적용범위와도 관련되어 學說과 判例上 논란이 많았다(후술 (대) 참조).

이하에서는 自主占有의 존부에 관한 判例를 占有取得의 원인이 된 사실관계가 분명한 경우와 그렇지 않은 경우로 나누어 유형별로 살펴보기로 한다.[56]

(나) 占有取得의 원인이 밝혀진 경우

(a) 讓受人의 占有 매매나 증여 등의 법률행위에 의하여 不動産을 양수한 者의 占有는 다른 사정으로 인하여 所有權을 취득하지 못하더라도 원칙적으로 自主占有이다. 判例는 매매계약의 매수인,[57] 교환에 의한 占有取得者,[58] 증여받은 者[59] 등에 관하여 이 점을 밝히고 있다.

문제는 占有取得의 원인인 매매 등의 법률행위가 매도인이 무권리자이거나 행정청의 인가를 받지 못하였다는 등의 이유로 무효인 경우에 이는 自主占有의 여부에 어떤 영향을 미치지 않는가 하는 점인데, 判例는 매매가 무효인 사실 자체만으로는 自主占有가 아니라고 할 수 없으나, 매수당시 무효인 사실을 알았다면 自主占有가 아니라는 입장을 확립하고 있다.[60] 그리하여 寺刹財産

53) 李英俊, 291.
54) 그 외에 時效制度의 존재이유와 관련하여 自主占有의 내용을 분석하고 있는 것으로는 徐廷友(註 51)의 논문이 있다.
55) 徐廷友(註 51), 29 참조.
56) 判例를 유형별로 분석한 논문으로는 盧承斗(註 45); 鄭在憲, "不動產所有權取得時效", 司法硏究資料 8, 297 이하; 鄭址炯, "取得時效의 要件인 自主占有의 立證責任", 民判硏 6,34 이하; 李起勇(註 1), 82 이하; 沈淵澤, "取得時效에 있어서 所有意思", 부산지방변호사회지 3, 1984, 144 이하; 安甲濬, "一般取得時効와 登記", 司法硏究資料 18, 114 이하가 있다.
57) 大判 68.12.24, 68다2111(集 16-3, 328); 大判 72.1.31, 71다2132(集20-1, 25); 大判 81.6.9, 80다469(集 29-2, 86); 大判 81.11.24, 80다3083(公 672, 65); 大判 90.11.27, 90다27280(公 888, 223).
58) 大判 69.3.4, 69다5(集 17-2, 282).
59) 大判 72.10.31, 72다1540(集 20-3, 98).
60) 大判 72.12.12, 72다1856(集 20-3, 199); 大判 76.7.13, 75다1675(總 2-2(B), 101);

의 처분 등과 같이 주무관청의 허가 등을 요하는 경우에도 주무관청의 허가없음을 알았거나 알 수 있었다는 특별한 사정이 없는 한 매수인의 占有는 自主占有이지만,[61] 교환계약이나 매수계약에 의하여 占有를 취득한 者가 그 계약에 주무관청의 허가가 없었음을 알고 있었다면 그 계약이 무효임도 알았다고 보아야 하므로 自主占有라고 할 수 없다고 한다.[62] 다만 歸屬財産의 占有는 성질상 他主占有이므로 歸屬財産의 매매처분이 무효인 경우에도 애초부터 매매처분이 없었던 것과 같이 他主占有라는 判例가 있다.[63]

이처럼 매매나 교환 등의 법률행위가 所有의 意思를 인정할 수 있는 權原이 된다 하여도 언제부터 自主占有를 인정할 수 있는지가 문제되는데, 判例는 일반적으로는 그 占有의 시초부터 所有의 意思로 占有한 것이라고 하고,[64] 中央土地行政處로부터 토지를 매수하고 그 대금을 완불하지 못하여 이를 피담보채권으로 하여 抵當權設定登記를 하였다면 특별한 사정이 없는 한 매수인은 매수시부터 自主占有한 것이라고 한다.[65] 그러나 歸屬財産의 매수인이 대금을 완납하고 국가로부터 所有權移轉을 받기까지는 自主占有로 볼 수 없고,[66] 농지개혁법에 의하여 분배받은 농지는 상환을 완료한 때에 그 所有權이 수분배자에게 이전되므로 농지를 분배한다는 통지를 받은 날부터 他主占有가 自主占有로 되는 것이 아니라고 한다.[67]

(b) 誤想權原 占有者가 실제로는 所有者 등으로부터 양수한 일이 없음에도 불구하고 양수한 것으로 믿고 占有하고 있는, 이른바 誤想權原의 경우에 自主占有를 인정할 수 있는가? 判例는 이에 관하여 반드시 일관된 태도를 보이고 있지 않다. 즉 誤想權原의 경우에 自主占有를 부인한 예로서 피고들이 일방적으로 토지가 원고회사로부터 양도된 것으로 생각한 것만으로는 피

大判 78.7.25, 78다279(總 2-2(B), 143); 大判 79.4.24, 79다208(總 2-2(A), 144-245-26); 大判 80.5.27, 80다671(集 28-2, 20).

61) 大判 78.7.25, 78다449(集 26-2, 261); 大判 80.7.8, 80다544(集 28-2, 116); 大判 87.11.10, 87다카1566(公 815, 93); 大判 63.10.22, 63아29(總 2-2(A), 536-48)은 行政處分의 당연무효와 어떤 不動産을 所有의 占有하는 私法上의 법률관계와는 아무런 관계가 없다고 한다.

62) 大判 76.11.9, 76다486(集 24-3, 285); 大判 78.11.14, 78다991(集 26-3, 186); 大判 79.12.26, 79다1806(公 626, 12494); 大判 89.3.28, 88다카2707등(總 2-2(C), 149).

63) 大判 71.3.9, 70다2790(集 19-1, 186).

64) 大判 72.12.12(註 60); 大判 78.7.25(註 58); 大判 79.4.24(註 60).

65) 大判 72.1.31, 71다2132(集 20-1, 25).

66) 大判 64.6.16, 63다1045(總 2-2(A), 534).

67) 大判 89.2.28, 88다카14137(公 846, 532).

고들에게 所有의 意思가 있었다고 할 수 없고,[68] 농지개혁법에 의하여 농지가 國에 매수되어 자기에게 분배되었을 것이라고 믿었다는 것만으로는 他主占有가 自主占有로 변환되었다고 단정할 수 없으며,[69] 대지의 占有者가 일방적으로 대지를 국가로부터 자기가 불하받은 것으로 알고 있었다는 사실만으로 그 占有者에게 時效取得의 要件인 所有意思가 있었다고 할 수 없다[70]는 判例가 있다.

그러나 다른 判例는 誤想權原의 경우에도 自主占有를 인정하고 있다. 즉 계쟁토지를 다른 토지의 일부분이라고 생각하고, 이 다른 토지를 訴外人에게 매도하고서도 계속 占有耕作하다가 과도정부법령에 의하여 위 다른 토지를 농지분배받고 償還 및 所有權移轉登記를 완료하였다면 농지분배를 받은 때부터는 계쟁토지를 自主占有한 것이고,[71] 계쟁토지 51평이 인접한 토지 962평의 일부로 알고 위 962평을 매수하여 이와 함께 위 51평을 占有하였다면 이는 占有의權原의 성질상 所有의 意思가 있음이 추정되는 경우라고 하며,[72] 농지개혁법에 의한 농지분배에 있어 소작인이 경작하던 농지 중 일부가 분배에서 누락되었으나 분배에서 누락된다는 것을 보통 예상할 수 없고, 占有者는 누락된 부분까지 분배받은 것으로 알고 경작하여 왔다면 占有權原의 성질상 所有의 意思가 추정되는 것이고,[73] 매도인이 착오로 매매목적물 아닌 다른 토지를 매수인에게 인도하였더라도 매수인이 그 토지를 매매목적물로 믿고 그 占有를 개시하였다면 所有의 意思가 있다고 보아야 한다고 한다.[74]

(c) 權原의 성질상 他主占有인 경우 權原의 성질상 他主占有인 경우로는 土地賃借人,[75] 토지의 管理人,[76] 小作契約에 의한 土地占有者,[77] 데릴사위로서 처가의 토지를 경작한 者,[78] 名義受託者[79] 등이 있다. 위 大判 87.11.

68) 大判 62.2.15, 4294民上794(集 10-1, 120).
69) 大判 71.2.23, 70다2755(集 19-1, 95).
70) 大判 81.3.24, 80다1525(要集 民 I-1, 463).
71) 大判 69.7.29, 69다763(總 2-2(A), 536-26).
72) 大判 73.7.24, 73다559, 560(總 2-2(A), 536-88). 盧承斗(註 45), 67-9은 이를 權原이 없는 경우로 분류한다.
73) 大判 80.8.26, 80다2170(公 642,13108). 해설, 金應烈, "取得時效와 所有의 意思", 大法院判例解說 2-2, 47 이하.
74) 大判 84.2.12, 83다카587(集 32-1, 58).
75) 大判 65.10.5, 65다1427(要集 民 I-1, 375); 大判 82.5.25, 81다195(集 30-2, 74).
76) 大判 66.10.18, 66다1256(集 14-3, 157); 大判 80.10.27, 80다1969(公 647, 13362); 大判 89.10.24, 88다카11619(公 862, 1743).
77) 大判 76.1.27, 75다236(集 24-1, 27).
78) 大判 84.3.27, 83다카2406(集 32-2, 45).
79) 大判 75.9.23, 74다2091등(集 23-3, 1); 大判 76.9.28, 76다594(總 2-2(B), 110); 大判 87.11.10, 85다카1644(公 815, 76).

10(前註)은 名義信託者 내지 名義受託者의 原所有者에 대한 登記簿取得時效의 성부가 문제된 사안에서 名義受託者의 占有는 自主占有라고 할 수도 없고, 信託者인 宗中이 占有하고 있는 이상 名義受託者가 占有한 것이라고도 볼 수 없으며, 한편 名義受託者의 登記를 名義信託者의 登記로 볼 수도 없다고 하여 名義受託者뿐만 아니라 名義信託者의 登記簿取得時效를 모두 부정하였다.[80] 또한 道知事의 準用河川의 占有도 權原의 성질상 他主占有이다(大判 91. 5. 28, 91다8531, 公 900, 1760).

그리고 判例는 共有者의 1인이 共有土地 전부를 占有하고 있을 때에는 다른 共有者의 지분비율 내에서는 他主占有라고 한다.[81] 그 외에 判例가 權原의 성질상 他主占有로 본 예로서는 제3자가 面을 위하여 건물을 매수하였고 面은 이를 里사무소로 사용하였으며, 그 후 里가 市에 편입된 후 구성된 동사무소대지확보추진위원가 위 건물의 부지를 동사무소 부지로 매수한 사실 등을 종합하면 面이 위 건물의 부지를 占有하기 시작한 때부터 所有의 意思로 占有하기 시작하였다고는 추정되지 않는다고 한 判決[82] 및 관리소홀로 황폐된 대로 방치하여둔 토지를 일부씩 개간경작하였다는 것은 權原의 성질상 所有의 意思로 占有한 것으로 볼 수 없다는 判決[83]이 있다. 그리고 判例가 歸屬財産의 占有는 성질상 他主占有라고 보고 있음은 앞에서 본 바와 같다(前述 (2) (마) 참조).

(d) 自主占有의 他主占有에로의 전환 判例는 또한 일정한 사유가 발생하면 自主占有가 他主占有로 전환된다고 본다. 즉 경락허가결정의 확정으로 競落人이 不動産의 所有權을 취득하여 그 所有權移轉登記를 취득한 경우 從前所有者는 競落人에게 競落不動産을 인도할 의무가 있으므로 從前所有者의 占有는 自主占有에서 他主占有로 전환되고,[84] 토지를 매도하고서도 계속하여 占有하였다면 이는 占有의 성질상 他主占有이며,[85] 토지와 그 지상건물이 모두 國家所有였다가 그 중 토지가 개인에게 불하되었다면 국가가 慣習上의 法定地上權에 기하여 토지를 占有하였더라도 이는 성질상 他主占有이고,[86] 不動産賣

---

80) 張容國, "名義信託과 登記簿取得時效", 民判硏 11, 156-8은 名義受託者의 占有는 信託者와의 관계에 있어서는 他主占有이지만 제3자와의 관계에 있어서는 自主占有로 보아야 한다고 주장한다.

81) 大判 68. 4. 30, 67다2862(總 2-1(A), 446-3); 大判 82. 11. 23, 80다2825(集 30-4, 12); 大判 88. 12. 13, 87다카1418등(公 840, 94).

82) 大判 77. 3. 33, 76다2705등(公 558, 9970).

83) 大判 79. 4. 24, 78다2372(集 27-1, 338).

84) 大判 68. 7. 30, 68다523(總 446-4). 同旨 大判 63. 6. 20, 63다262(集 11-2, 36).

85) 大判 86. 12. 23, 86다카264(總 2-2(C), 263); 大判 88. 2. 23, 87다카1879(公 822, 586).

86) 大判 90. 4. 10, 89다카23053(集 38-1, 189).

買契約이 해제되었다면 매수인의 占有는 계약해제일로부터는 他主占有라고 한다.[87] 그러나 占有者가 所有者를 상대로 소유권이전등기말소청구소송을 제기하였다가 패소확정된 것만으로는 自主占有가 他主占有로 전환되지 않으며,[88] 이는 占有者가 공유물분할청구소송에서 패소한 경우에도 같다.[89] 또한 名義受託者가 受託不動産을 他에 매도하고 그 所有權移轉登記를 경료하여 준 경우에도 名義受託者의 매도행위가 信託者의 意思에 기한 것이 아닌 한 信託者의 自主占有가 他主占有로 바뀐다고 볼 수 없다.[90]

다른 한편 歸屬財産의 占有는 성질상 他主占有이므로 군정법령 제33호의 시행 이후에는 占有者가 歸屬財産이라는 사실을 인식하지 못하였더라도 종래의 自主占有가 他主占有로 바뀌지만[91] 農改 §5에 의하여 농지가 정부에 매수되었다 하여도 農地占有者가 이 사실을 몰랐다면 위 매수만으로 農地占有者의 自主占有가 他主占有로 변한다고 볼 수 없다.[92] 그리고 面이 임야조사령 당시부터 임야를 占有하면서도 임야조사령 소정의 신고 또는 이의를 하지 않은 경우에는 一般私人의 경우와는 달리 이후 그 임야에 대한 所有의 意思가 없는 것으로 추정하여야 한다는 判例가 있다.[93] 한편 自主占有가 他主占有로 전환되었다는 데 대한 입증책임은 이를 주장하는 者가 부담한다.[94]

(e) 所有意思 표시에 의한 自主占有에로의 전환 앞에서 본 바와 같이 判例는 權原의 성질상은 他主占有라 하여도 占有者가 所有者에 대하여 所有의 意思가 있다는 것을 표시한 경우에는 自主占有로 전환된다고 한다.[95] 그러나 실제에 있어 이를 인정한 경우는 거의 찾아볼 수 없다.

즉 宗中으로부터 관리위임을 받아 占有하던 者의 상속인이 그 명의로 所有權移轉登記를 한 것만으로는 宗中에 대하여 所有의 意思 있음을 표시한 것이라고 할 수 없고,[96] 他主占有 중이던 건물에 대하여 임의로 持分權保存登記

87) 大判 72. 2. 22, 71다2306(總 2-1(A), 446-22).
88) 大判 81. 3. 24, 80다2226(集 29-1, 134). 유사취지, 大判 68. 11. 19, 68다1747(要集 民 I-1, 456); 大判 89. 4. 25, 88다카3618(集 37-1, 282).
89) 大判 68. 5. 28, 67다465(集 16-2, 72).
90) 大判 88. 12. 23(註 81).
91) 大判 56. 10. 25, 42888民上118(集 4-2, 101); 大判 59. 7. 9, 4291民上509(總 2-2(A), 538); 大判 69. 7. 22, 69다773(總2 2-2(A), 536-25).
92) 大判 64. 11. 30, 64다962(集 12-2, 183); 大判 64. 12. 15, 64다1122(總 2-2(A), 535). 유사취지, 大判 72. 1. 31, 71다2235(集 20-1, 30); 大判 72. 12. 12, 72다1856(集 20-3, 199).
93) 大判 61. 11. 16, 4293民上811(總 2-2(A), 530).
94) 大判 88. 2. 23, 87다카1879(公 822, 586).
95) 大判 66. 10. 18, 66다1256(集 14-3, 157) 등 다수.
96) 大判 66. 10. 18(前註).

를 거친 것만으로는 곧 自主占有로 전환된 것이라 할 수 없으며,[97] 名義受託者의 상속인이 단독으로 所有權移轉의 回復登記를 한 점만으로는 信託者에 대하여 所有의 意思 있음을 표시한 것이라고 할 수 없고,[98] 小作契約에 의하여 토지를 점유경작하게 된 者가 농지개혁법의 시행을 전후하여 그 토지를 매수하였음을 이유로 自作申告를 하였다고 하여 所有의 意思 있음을 표시한 것이라고도 할 수 없으며,[99] 面이 임야를 그 面 기본대장에 등재하였다는 사정만으로는 所有者인 국가에게 所有의 意思를 표시하는 행위가 있었다고 볼 수 없고,[100] 타인 所有의 토지를 所有의 意思없이 占有하던 者가 그 지상에 건물을 건축하였다는 것만으로는 그 토지에 대한 所有의 意思를 표시한 것으로 볼 수 없다고 한다.[101] 그리고 所有權關係公簿가 멸실되었음을 기화로 허위내용의 관계서류에 의하여 그 아들 명의로 所有權回復登記를 경료한 것만으로는 그 登記名義者가 回復登記를 마친 때부터 所有의 意思로 占有한 것이라고는 볼 수 없다고 하는 것[102]도 동일한 범주에 속한다고 볼 수 있다.

(f) 相續과 自主占有 判例는 相續은 自主占有를 인정할 수 있는 새로운 占有가 아니라고 한다. 즉 占有의 시초부터 他主占有였다면 특별한 사정이 없는 한 그 他主占有의 意思는 상속인의 상속 후에도 계속되었다고 추정하여야 하고, 그 占有가 自主占有가 되기 위하여는 占有者가 점유를 시킨 者에게 소유의 意思가 있음을 표시하거나 또는 新權原에 의하여 다시 所有의 意思로써 占有를 시작하여야 한다고 한다.[103] 학설 가운데에는 判例를 지지하는 것도 있으나,[104] 반대로 상속인이 현실적으로 占有를 하는 경우에는 상속이 새로운 權原이 될 수 있다는 說도 유력하다.[105] 日本의 判例는 종래에는 우리 나라의 判例와 같았으나,[106] 그 후 상속인이 사실상 지배를 함에 의하여 占有를 개시할 때에는 所有의 意思가 있었다면 새로운 權原에 의한 自主占有를 하는 것

97) 大判 69.11.25, 69다916(總 2-1(A), 446-6).
98) 大判 75.9.23, 74다2091등(集 23-3, 1). 유사취지, 大判 89.4.11, 88다카95(公 849, 738).
99) 大判 76.1.27, 75다236(集 24-1, 27).
100) 大判 82.5.25, 81다195(集 30-2, 51).
101) 大判 85.3.26, 84다카2317(公 752, 626).
102) 大判 83.3.8, 80다3198(集 31-1, 159).
103) 大判 59.7.2, 4291民上599(總 2-1(A), 444); 大判 66.3.29, 66다194(總 2-1(A), 448-1); 大判 69.2.25, 68다2500(總 2-1(A), 448-1); 大判 71.2.23, 71다2755(集 19-1, 95) 등 다수. 최근의 것으로는 大判 87.2.10, 86다카550(公 797, 416).
104) 李英俊, 308.
105) 郭潤直, 244-5; 張庚鶴, 318-9; 金曾漢, 156도 同旨인 듯.
106) 日大判 昭 6(1931).8.7(民集 10, 763).

이 된다고 判例를 변경하였다.[107]

이와는 다른 경우로서 不動産을 所有의 意思로 占有하고 있던 者가 사망하고, 그 占有를 상속인 중 일부만이 승계하여 占有를 계속한 때에는 다른 특별한 사정이 없는 한 그 占有를 승계한 상속인들이 그 不動産 전체를 所有의 意思로 占有한 것으로 보아야 할 것이라는 判例가 있다.[108] 이 判例는 일부의 공동상속인들의 독자적인 占有를 인정한 점에서 종래의 判例와는 다소 상이하다. 그리고 이는 공유자의 한 사람이 공유물 전부를 占有하여도 다른 공유자의 지분비율 내에서는 他主占有라는 大判 68.4.30(註 81)과 상반된 것도 아니라고 한다.[109] 그리고 判例는 상속인이 아닌 者가 자기가 상속인 내지 권리귀속자인 것으로 믿고 현실로 不動産의 占有를 개시하여 관리 및 수익을 독점하여 왔다면 그 占有의 시초에 있어서 權原의 성질상 自主占有이고 이는 他主占有 중 자기에게 권리귀속된 것으로 믿은 경우와는 달리 취급하여야 한다고 판시한다.[110]

(다) 占有取得의 원인이 불분명한 경우

(a) 民法 第197條와 自主占有의 추정　　民 §197 I 은 占有者는 所有의 意思로 占有한 것으로 추정한다는 규정을 두고 있다. 그러나 이 규정에 관한 判例의 태도는 후술하는 1983.7.12의 大法院 全員合議體判決이 나올 때까지는 통일되어 있지 않았다. 즉 判例는 한편에서는 물건의 占有者는 所有의 意思로 占有한 것으로 추정되므로 所有의 意思가 없었다고 주장하는 상대방이 權原의 성질상 自主占有로 볼 수 없다는 등 自主占有가 아니라는 사실을 주장·입증함으로써 그 추정을 번복시켜야 하고, 占有者가 주장한 증여나 매매 등의 占有權原이 인정되지 않는다는 이유만으로 自主占有가 아니라고는 할 수 없다고 하면서도,[111] 다른 한편으로는 自主占有임을 주장하는 者가 그 占有權原에 대한 입증이 없으면 所有의 意思로 占有하였다고 인정할 수 없고,[112] 占

107) 日最判 昭 46(1971).11.30(民集 25-8, 1437).
108) 大判 89.4.11, 88다카17389(集 37-1, 237).
109) 大判 90.2.13, 89재다카89(公 869, 629).
110) 大判 82.7.27, 81다1174등(公 689, 814); 日最判 昭 47(1972).9.8(民集 26-7, 1348)은 공동상속인 중의 1인이 단독상속으로 믿고 상속재산을 占有한 경우 단독소유로서의 自主占有를 인정하였다.
111) 大判 62.1.18, 4294民上319(總 2-2(A), 531); 大判 65.11.23, 65다1875(集 13-2, 233); 大判 68.6.18, 68다729(集 16-2, 161); 大判 69.3.4, 69다5(集 17-1, 282); 大判 72.10.31, 72다1540(集 20-3, 98); 大判 81.7.14, 80다2289(公 664, 14193); 大判 81.7.28, 78다1888(公 664, 14196) 등.
112) 大判 67.10.25, 66다2049(總 2-2(A), 536-9); 大判 81.1.27, 80다2238(總 2-1(A), 446-83).

有者가 주장하는 매수 또는 증여 등의 占有權原이 인정되지 않으면 自主占有로 추정할 수 없거나 그 추정이 번복된다고 판시한 바 있었다.[113)]

그러다가 大判(全) 83.7.12, 82다708등($_{31-4,}\overset{集}{}{}_{7}$)은 "취득시효에 있어서 자주점유의 요건인 소유의 의사는 객관적으로 점유취득의 원인이 된 점유권원의 성질에 의하여 그 존부를 결정하여야 하는 것이나, 다만 점유권의 성질이 분명하지 아니한 때에는 민법 제197조 제1항에 의하여 점유자는 소유의 의사로 점유한 것으로 추정되므로 점유자가 스스로 그 점유권의 성질에 관하여 자주점유임을 입증할 책임이 없고 점유자의 점유가 소유의 의사없는 타주점유임을 주장하는 상대방에게 타주점유에 대한 입증책임이 있는 것이다. 그러므로 점유자가 스스로 매매 또는 증여와 같은 타주점유[114)]의 권원을 주장하였으나 이것이 인정되지 않는 경우에도 원래 위와 같은 자주점유의 입증책임이 점유자에게 있지 아니한 이상 그 점유권이 인정되지 않는다는 사유만으로 자주점유의 추정이 번복된다거나 또는 점유권원의 성질상 타주점유라고 할 수 없다"라고 하여 종래의 反對判例를 폐기하였다.

이 판결 이후에도 같은 취지의 판결이 거듭되었다.[115)] 특히 위 大判 84.1.31(前註)은 占有者에게 自主占有의 입증책임뿐만 아니라 주장책임도 없음을 명백히 하였다. 그리고 占有의 승계가 있는 경우에 前占有者의 占有가 他主占有라 하여도 占有者의 승계인이 자기의 占有만을 주장하는 경우에는 現占有者의 占有는 自主占有로 추정된다고 한다.[116)] 학설로서는 위와 같은 判例에 동조하는 입장[117)]과, 占有者에게 自主占有임의 입증책임은 면제되지만 주장책임까지 면제된다고는 할 수 없고, 占有者가 주장하는 自主占有의 權原의 존부가 불분명한 것이 아니라, 그 부존재가 명백하게 된 때에는 自主占有의 추정은 불가능하다는 입장[118)]이 대립한다. 어쨌든 判例의 입장에 따를 때에는 取得時效의 완성을 인정하는 데 있어서 所有의 意思는 그 要件이 아니고 이를 다투는 反對

113) 大判 62.2.8, 4294民上941(總 2-2(A), 536-46); 大判 74.8.30, 74다945(公 498, 8032); 大判 76.9.14, 76다159(總 2-2(B), 108); 大判 81.12.8, 81다99(公 673, 139).

114) 이는 "자주점유"의 오기인 듯하다.

115) 大判 83.9.13, 83다카857(公 715, 1485); 大判 83.9.27, 83다카513(公 716, 1582); 大判 84.1.31, 83다615(公 725, 435); 大判 84.3.27, 83다카2406(集 32-2, 45); 大判 87.2.24, 86다카1483(公 798, 521); 大判 87.7.7, 86다카2689(公 807, 1306); 大判 87.9.8, 87다카758(公 811, 1561); 大判 87.11.10, 85다카1644(公 815, 76) 등.

116) 大判 89.9.26, 88다카24394등(公 860, 1556).

117) 鄭址炯(註 56), 40 이하; 李英俊, 426 등.

118) 李在性, "自主占有의 推定", 判例評釋集 8, 352 이하; 同, "自主占有의 推定과 反證의 範圍", 判例評釋集 10, 394 이하; 李起勇(註 1), 94-5.

當事者가 他主占有임을 주장·입증하여야 한다고 하게 될 것이다.[119]

(b) 占有의 객관적 상태에 의한 自主占有의 인정　　이처럼 占有權原의 성질이 분명하지 아니한 때에는 自主占有로 추정된다면 取得時效의 완성을 주장하는 당사자로서는 그 占有가 自主占有임을 주장할 필요도 없고, 법원으로서도 自主占有의 추정이 깨어지지 않는 한 적극적으로 自主占有임을 인정할 필요도 없게 된다. 따라서 원칙적으로는 어느 경우에 自主占有의 추정이 깨어지는가만이 문제가 될 것이다. 그러나 특히 위 전원합의체판결 이전의 判例 가운데에는 占有의 객관적 상태에 의하여 적극적으로 自主占有임을 인정한 것과 이를 부정한 것이 있으므로 이를 우선 살펴보기로 한다.

私有地의 地目이 도로로 변경되고 사실상의 도로로서 공중의 통행에 제공되어 왔다면 지방자치단체가 所有의 意思로 占有한 것으로 인정할 수 있다는 判例가 있으나,[120] 반대의 判例도 있다.[121] 그리고 원고 교육위원회 경영의 학교재산으로 원고 장부상 등재되어 있고 학교부지 및 실습지로 관리하여 왔다면 특별한 사정이 없는 한 所有의 意思가 있었다고 보아야 한다는 것이 있으나,[122] 다른 한편으로는 지방자치단체가 공동묘지로 관리하여 왔다는 사실만으로 自主占有를 인정할 수 없고,[123] 面의 기본재산대장상에 등재하는 것만으로는 所有의 意思를 표시한 것이라고 할 수 없다는 것도 있다.[124] 그리고 占有하던 토지의 일부를 제3자와 교환계약까지 한 사실을 自主占有를 인정하는 한 근거로 삼은 判例도 있다.[125] 위의 判例 가운데 自主占有를 부정한 것의 타당성은 위 전원합의체판결과 관련하여 재검토할 필요가 있다.

(c) 自主占有의 추정의 번복　　일단 自主占有로 추정되는 경우에는 어떤 사정이 있어야만 그 추정이 전복되는가? 判例는 "지상권·전세권·임

---

119) 藤原弘道, "所有權の取得時效の要件事實", 時效と占有, 107 이하 참조. 藤原 자신은 반대의 입장이다.

120) 大判 70. 5. 26, 70다56(集 18-2, 61); 大判 77. 3. 8, 76다2500(總 2-2(B), 119).

121) 大判 80. 1. 29, 79다2140(公 628, 12595); 大判 80. 11. 11, 80다2238(公 647, 13369); 大判 86. 2. 11, 다카689(公 773, 436).

122) 大判 81. 7. 14, 80다2289(公 664, 14193); 大判 91. 10. 8, 90다카23677(公 909, 2674)은 사실상 공동묘지화한 不動產 등에 대하여 市 명의로 所有權移轉登記를 하고 市有財產臺帳上에 公共用財產으로 등재해 두었다면 그 登記한 때부터 市가 自主占有하고 있는 것으로 볼 수 있다고 한다.

123) 大判 72. 10. 3, 72다1541(集 20-3, 43). 타인의 토지 위에 분묘를 설치한 자의 自主占有를 부인한 것으로는 大判 66. 6. 21, 66다465(集 14-2, 72); 大判 69. 1. 28, 68다1927 등(集 17-1, 114).

124) 大判 82. 5. 25, 81다195(集 30-2, 51).

125) 大判 77. 6. 7, 76다2621(總 2-2(B), 127).

차권 등과 같은 전형적인 타주점유의 권원에 의하여 점유함이 증명된 경우는 물론이거니와 이러한 전형적인 타주점유의 권원에 의한 점유가 아니라도 타인의 소유권을 배제하여 자기의 소유물처럼 배타적 지배를 행사하는 의사를 가지고 점유하는 것으로 볼 수 없는 객관적 사정이 인정되는 때에도 자주점유의 추정은 번복된다고 보아야 한다"라고 하여, ① 지방자치단체인 피고가 收用 등 토지에 관한 權原取得의 절차도 밟지 않고 보상금도 지급하지 않은 채 사실상 도로부지로 占有를 개시하였고, ② 이 사건 토지와 함께 도로부지로 편입된 다른 인근토지에 대하여는 모두 피고 앞으로 所有權移轉登記를 마쳤으나 이 사건토지에 대해서만은 원고명의로 所有權移轉登記가 남아 있고 원고만은 계속하여 所有權을 주장하여 왔으며, 피고가 비치관리하는 토지대장에도 원고가 所有權者로 등재되어 있고, ③ 원고가 피고를 상대로 제기한 부당이득반환 또는 손해배상청구소송에서 피고가 이 사건토지가 원고의 所有임을 자백한 사실 등을 종합하면 피고가 이 사건토지에 대하여 원고의 所有權을 배제하고 피고 자신이 所有者인 것처럼 배타적 지배를 행사할 意思를 가지고 占有한 것으로 보기 어렵다고 한 예가 있다.[126)]

위 판결이 설명하는 것처럼 權原의 성질상 他主占有의 權原으로 보아야 할 것임이 입증된 경우에 추정이 번복될 것임은 물론이고, 그 외에도 自主占有로 볼 수 없는 객관적 사정이 있는 경우에는 自主占有의 추정은 번복된다고 할 것인데, 문제는 구체적으로 어떤 경우에 自主占有로 볼 수 없는 객관적 사정이 있다고 인정할 것인지 하는 점이다. 判例는 이 점에 관하여 반드시 통상의 본증과 마찬가지의 엄격한 증명을 요구하는 것 같지는 않다.[127)] 즉 "타인의 부동산을 점유하는 사람은 일응 소유의 의사로 평온·공연하게 점유하는 것으로 추정되겠으나 그 추정을 번복할 만한 특별한 사정이 있는 경우에는 타주점유로 인정할 수 있다"라고 하여 取得時效期間滿了 전에 不動産의 소유자인 피고가 占有者인 원고의 조모를 상대로 건물철거 등의 訴를 제기하여 쟁송중에 있었고, 원고는 조모와 동거하여 그 사실은 알고 있었던 점, 원고의 조부가 계쟁 대지부분을 매수하였다는 주장이 배척된 점, 그 밖에 피고에게 다른 보상방법이 없는 점 등의 사정을 종합하여 원고의 占有는 他主占有라고 인정하였다.[128)]

126) 大判 90. 11. 13, 90다카21381등(公 887, 83).
127) 鄭址炯(註 56), 52-3 참조.
128) 大判 74. 4. 30, 73다1689등(公 488, 7842).

또한 占有者가 占有 중에 참다운 所有者라면 통상적으로 취하지 않을 태도를 나타내거나 所有者라면 당연히 취했을 것으로 보이는 행동을 하지 않은 경우 등 외형적·객관적으로 보아 占有者가 타인의 所有權을 배척하여 占有할 意思를 갖지 않았던 것으로 볼 사정이 증명되었을 때에는 所有의 意思의 추정이 깨어진다고 하여 占有者가 증여를 받았다고 하면서도 전연 허무의 사실인 매매를 원인으로 한 所有權移轉登記節次를 청구하고, 계쟁 不動産의 담장이 무너져내려 사망한 者의 유족에게 이 사건대지는 登記簿上 타인의 所有라는 이유로 배상을 거부하였다면 占有者가 타인의 所有權을 배척하여 占有할 意思를 갖지 않았던 것으로 볼 사정이 증명된 것이라고 한다.[129]

이 외에도 自主占有의 추정을 뒤집고 他主占有라고 인정한 예로서는 土地所有者인 원고가 占有者인 피고(지방자치단체)에게 土地의 매수 또는 그 사용료의 지급을 청구하였고, 그 때마다 피고가 예산이 확보되는 대로 토지대금이나 사용료를 정산지급하겠다고 회보함으로써 원고의 所有權을 승인하였다면 점유개시시에 所有의 意思로 占有하였다는 추정은 깨어진다고 한 판결[130] 및 법령에 의하여 양도의 제한을 받는 寺刹所有의 토지로서 그에 대한 처분허가도 없었고 처분한 일도 없었으며, 占有者가 그 토지를 매수한 것도 아니므로 占有者의 占有는 이와 같은 사정을 알고 악의로 개시한 占有로서 所有意思의 추정력은 깨어지는 것이라는 판결[131]이 있다. 그러나 取得時效期間經過 후에 占有者가 그 所有權에 관하여 분쟁이 있을 경우에 이를 해결하기 위하여 다시 매수하려고 한 사실이 있다는 것만으로 점유자에게 所有의 意思가 없다고 할 수 없고,[132] 토지의 賃借人이 所有權에 관한 異義를 내세워 임대료를 지급하지 않았다는 사실에 의하여 自主占有의 추정은 전복되지 아니한다.[133] 또한 토지를 占有使用하면서 세금을 납부한 사실이 없다는 한 가지만으로 自主占有가 될 수 없다고 단정할 수도 없다.[134]

---

129) 大判 91. 2. 22, 90다15808(新聞 2016, 7).
130) 大判 89. 9. 26, 88다카24394등(公 860, 1556).
131) 大判 89. 3. 28, 88다카2707등(總 2-2(C), 149).
132) 大判 65. 1. 26, 64다1399등(集 13-1, 45); 大判 66. 1. 25, 65다1836(總 2-2(A), 536-4); 大判 77. 3. 22, 76다2742등(公 558, 9971); 大判 78. 9. 12, 78다449(集 26-3, 261); 大判 83. 7. 12, 82다708등(集 31-4, 7) 등. 高翔龍, "取得時效期間滿了 후 買受要請과 自主占有", 新聞 1347, 11. 이를 時效利益의 拋棄로도 볼 수 없다. 大判 88. 4. 25, 87다카2003(公 825, 890) 참조.
133) 大判 88. 11. 22, 88다1(公 839, 23).
134) 大判 71. 3. 23, 71다281(集 19-1, 258).

(5) 占有의 平穩·公然性

取得時效의 요건으로서의 점유는 平穩하고 公然한 것이라야 한다. 여기서 平穩한 占有라 함은 強暴한 占有 또는 暴力占有에 대립되는 개념으로서 占有者가 그 占有를 취득 또는 계속함에 있어 법률상 용인할 수 없는 強暴行爲를 쓰지 않는 것을 말하고, 公然한 점유라 함은 隱秘의 점유가 아닌 점유로서 占有의 존재를 아는 데 관하여 이해관계를 가진 자에 대하여 점유자가 占有를 隱蔽하는 것이 아닌 占有를 가리킨다.[135)]

위와 같은 占有의 平穩·公然性도 소유의 의사와 마찬가지로 추정된다(民 197 § I). 따라서 取得時效의 완성을 주장하는 자가 점유의 平穩·公然性을 입증할 필요는 없고, 이를 다투는 자가 平穩·公然한 점유가 아님을 입증하여야 한다.[136)] 실제에 있어서도 占有의 平穩·公然性이 인정되지 아니하여 取得時效의 성립이 부정된 사례는 예외에 속한다. 즉 不動產所有者나 기타 그 占有가 불법이라고 주장하는 자로부터 이의를 받거나 부동산의 반환을 요구당하는 등 所有權을 둘러싸고 분쟁이 있었다는 사실만으로는 平穩한 占有가 아니라고 할 수 없는 것이다.[137)] 그리고 지적측량결과 원고의 所有임이 밝혀져 원고가 그 지상건물의 철거 및 대지의 인도를 요구하는 등 경계문제로 상호분쟁이 있었다는 사정만으로 피고의 自主占有가 他主占有로 바뀌었다든가 占有의 平穩·公然性이 상실되었다고 할 수는 없고,[138)] 行政官廳이 垈地占有者의 無許可建物을 여러 차례 철거하려 시도한 일이 있다 하여 垈地占有가 平穩·公然한 占有가 아니라고 하기 어렵다(大判 91. 8. 27, 91다20364, 公 906, 2436).

占有의 平穩性을 부정한 판결로는 원고가, 인접한 집에서 사는 피고의 前占有者가 원고의 대지 일부를 침범한 사실을 알고, 그 시정을 촉구하였으나 이에 불응하다가 피고가 이를 매수한 후에 피고에게 원고의 땅이 침범되지 않도록 담장을 구축할 것을 요구하였으나 피고는 이에 불응하고 원고의 땅을 침범한 채 그대로 담장의 축조를 강행한 경우에 이는 단순한 異義나 반환요구를 당한 정도를 지나 強暴한 행위로 占有를 계속한 경우에 해당한다고 한 것[139)]

135) 大判(全) 82. 9. 28, 81사9(集 30-3, 96); 郭潤直, 239-40; 張庚鶴, 310; 李英俊, 295; 日注民(5), 203 등.

136) 大判 86. 2. 25, 85다카1891(公 774, 532).

137) 大判 54. 11. 6, 4287民上189(總 2-2(A), 527); 大判 59. 11. 6, 4287民上189(總 2-2(A), 536-45); 大判 62. 1. 13, 4294民上153(總 2-2(A), 532); 大判 82. 3. 9, 81다712(公 680, 425); 大判 82. 9. 28, 81사9(集 30-3, 96).

138) 大判 89. 5. 23, 88다카17785등(公 852, 994).

139) 大判 75. 12. 9, 75다1084등(總 2-2(A), 536-108).

과, 원고가 그 所有의 땅 2평을 침범, 占有하고 있는 소외인에게 그 지상건물의 철거를 요구하였으나, 위 소외인은 이에 불응하고 그 건물을 동생인 피고에게 양도하였다면 원고의 철거요구에 의한 분쟁으로 인하여 그 추정은 깨어졌다고 한 것[140]이 있으나, 위 後者의 판결은 大法院判例에 어긋났다는 이유로 再審判決에 의하여 취소되었고,[141] 위 前者의 판결에 있어서도 催告로 인한 잠정적인 時效中斷을 인정하는 것은 별론으로 하고 平穩性을 부정한 것이 타당한지는 의문이다. 그리고 占有의 公然性이 인정되지 않는 경우란 動産에서는 몰라도 不動産에서는 실제로 생각하기 어렵다.[142] 타인의 토지에 暗葬하는 것이 隱秘의 占有의 전형적인 예라고 하는 설명이 있으나,[143] 이 경우에 物權的 妨害除去請求權의 대상이 되는 것은 별론으로 하고 토지의 占有 그 자체를 인정할 수 있는지 의문이다.

3. 占有取得時效의 特別要件

(1) 20년의 占有

(가) 起 算 點 占有取得時效가 완성되려면 그 占有期間이 20년에 달하여야 한다. 우선 문제되는 것은 占有期間의 기산점을 언제로 인정하여야 할 것인가 하는 점이다. 즉 占有者가 起算點을 임의로 선택하여도 현재로부터 거슬러 올라가 20년 이상 점유한 사실만을 입증하면 그것으로 取得時效의 완성을 인정할 수 있는지(이른바 逆算說), 아니면 占有者가 그와 같이 起算點을 임의로 선택할 수는 없고 현실적으로 점유를 개시한 시점을 확정하여 그때로부터 20년의 기간을 기산하여야 하는지의 여부이다. 이는 후술하는 것처럼 20년의 기간이 완성되었으나 占有者가 아직 登記를 하지 않고 있는 사이에 부동산이 양도되어 그 登記를 마친 제3자에게도 占有者가 取得時效를 주장할 수 있는가 하는 문제와 표리의 관계에 있다. 즉 현재의 判例는 제3자가 取得時效完成 전에 부동산을 취득하였는가, 아니면 그 후에 취득하였는가에 따라 전자의 제3자에 대하여는 占有者가 取得時效를 주장할 수 있지만 후자의 제3자에 대하여는 取得時效를 주장할 수 없다는 것으로 확립되어 있는데, 만일 占有者가 임의로 起算點을 선택할 수 있다고 한다면 항상 제3자가 取得時效完成 전에 부동산을

140) 大判 81. 1. 27, 80다2238(總 2-1(A), 446-83).
141) 大判 82. 9. 28, 81사9(集 30-3, 96).
142) 日注民(5), 203.
143) 李英俊, 295.

취득한 것이 되어 이러한 구별 자체가 불가능하게 되기 때문이다.[144)]

그리하여 判例는 取得時效의 起算點은 원칙적으로 取得時效의 기초가 되는 점유가 개시된 시점으로 하여야 하고 당사자가 임의로 그 起算點과 完成時點을 선택할 수 없으므로 時效完成의 利益을 주장하는 때로부터 거슬러 올라가 時效完成에 해당하는 기간동안 점유를 계속하면 족하다고 할 수 없다고 한다.[145)] 또한 取得時效의 기산점은 法律效果의 판단에 관하여 직접 필요한 主要事實이 아니고 間接事實에 불과하므로 법원으로서는 이에 관한 당사자의 주장에 구속되지 아니하고 소송자료에 의하여 진정한 점유의 始期를 인정하여야 하며, 그것이 당사자의 주장과 일치하지 않는다 하더라도 辯論主義에 위반되는 것이 아니라고 한다.[146)] 그리고 取得時效完成 후 제3자 앞으로 所有權移轉登記가 이루어진 경우에도 위 所有權移轉登記時를 기산점으로 주장할 수 없고 여전히 최초로 점유를 개시한 시점이 起算點이 되어야 한다고 한다.[147)]

한편 判例는 점유의 承繼가 있는 경우에 時效利益을 주장하는 사람이 자기의 점유만을 주장할 것인지 자기의 점유와 그 전의 占有者의 점유를 아울러 주장할 것인지, 또는 前占有者가 여러 사람인 경우에 직전 占有者의 점유만을 주장할 것인지 아니면 모든 前占有者의 점유를 병합하여 주장할 것인지의 여부는 民 §199 I에 의하여 占有者의 임의에 속하고, 단지 이 경우에도 前占有者의 占有期間 중의 일부시점을 택하여 주장할 수는 없다고 한다.[148)] 다만 判例는 일정한 경우에는 이와 같이 현실적으로 점유를 개시한 시점을 확정하여야 한다는 원칙에 대한 예외를 인정하고 있다. 즉 時效期間中 계속해서 登記名義者가 동일하고 그간에 취득자에 변동이 없는 경우에는 구태여 장시일의 경과로 인하여 사실상 그 인정이 곤란한 실제로 점유를 개시한 시점을 확정할

144) 大判 76.6.22, 76다487등(集 24-2, 167)의 설시 참조.

145) 大判 65.7.6, 65다914(集 13-2, 13); 大判 66.2.28, 66다108(集 14-1, 104); 大判 69.7.29, 69다763(總 2-2(A), 536-27); 大判 69.9.30, 69다764(集 17-3, 135) 등 다수. 근래의 것으로는 85.3.26, 84다카2317(公 752, 626).

146) 大判 61.10.26, 4294民上811(總 2-2(A), 531); 大判 74.8.30, 74다384(集 22-2, 251); 大判 79.12.26, 79다1806(公 625, 12494); 大判 82.11.9, 82다565(公 696, 84); 大判 88.12.6, 87다카2733(公 840, 82).

147) 大判 82.11.9, 82다565(公 696, 84). 다만 大邱高判 88.1.14, 86나1130등(下集 1988-1, 20); 日最判 昭 36(1961).7.20(民集 15, 1903)은 반대이다. 또한 大判 79.10.16. 78다2117(集 27-3, 103)은 약 500년 전에 설치된 墳墓에 관한 慣習上의 墳墓基地權에 있어서 원고가 소유권을 취득한 때부터 時效期間을 기산하는 것을 인정하고 있다.

148) 大判 80.3.11, 79다2110(公 631, 12707); 大判 81.3.24, 80다2226(集 29-1, 124); 大判 81.4.14, 80다2614(集 229-1, 169); 大判 81.6.9, 80다3034(要集 民 I-1, 384); 大判 82.1.26, 81다826(公 677, 298) 등. 또한 大判 74.10.25, 74다1332(總 2-2(A), 536-98)도 같은 취지로 보인다.

필요가 없다.[149] 이때에는 時效期間의 起算點을 언제로 인정하느냐가 당사자간의 이해관계에 영향을 미치지 않기 때문이다.

학설도 대체로 이와 같은 判例를 지지하고 있으나[150] 占有者를 보호하기 위하여 현재로부터 거슬러 올라가 20년의 기간이 경과하기만 하였으면 그것으로 족하다는 逆算說을 취하는 견해도 있다.[151]

(나) 占有期間의 계산 　위 占有期間은 20년에 달하여야 한다. 위 占有期間을 계산함에 있어 起算日 당일은 初日不算入의 원칙(民 §157)에 의하여 점유가 起算日 당일 오전 零時에 시작하는 것이 아닌 한 時效期間에 산입되지 아니한다고 보아야 할 것이다. 그리고 時效期間에 계속중에 換地處分이 있었을 때에는 換地豫定地에 대한 점유는 종전토지에 대한 점유와 마찬가지로 보며 換地確定된 토지는 종전토지와 동일한 토지로 간주되므로 종전토지 또는 換地豫定地에 대한 점유와 換地確定된 토지에 대한 점유는 이를 통산하여 時效期間을 계산하여야 한다.[152]

현행 民法 시행당시에 아직 取得時效가 완성되지 않았을 경우에는 依用民法 시행당시의 占有와 현행 民法 시행 이후의 점유를 통산하되 그 효과는 현행 民法에 따라야 한다(民 附則 §8 Ⅲ 참조). 한편 判例는 依用民法(舊民法) 시행 전부터 부동산의 점유를 한 자의 取得時效에 대해서는 朝鮮民事令에 의하여 우리 나라에 依用民法이 시행된 1912.4.1부터 기산해야 하고, 그 이전의 占有期間은 산입할 것이 아니라고 하였으나[153] 그 타당성에는 의문이 있다.[154]

(2) 登　記

(가) 登記의 종류 및 절차 　占有取得時效의 경우에는 20년의 時效期間이 완성한 것만으로는 占有者가 바로 소유권을 취득하는 것이 아니고, 占有者 명의로 登記를 하여야만 소유권취득의 효력이 발생한다. 이 점에서 법률의 규정에 의한 不動産物權變動에는 登記를 요하지 않는다는 民 §187의 예외이다. 取得時效完成을 이유로 하는 登記의 종류 및 그 절차에 관하여는 民法이나 不動産登記法에서 아무런 규정을 두고 있지 않으므로 이는 해석에 의하여 결

149) 大判 76. 6. 22, 76다487등(集 24-2, 167); 大判 88. 12. 6, 87다카2733(公 840, 82); 大判 79. 10. 16, 78다2117(集 27-3, 103)은 관습상의 墳墓基地權에 관하여 같은 취지이다.
150) 郭潤直, 303-4; 李英俊, 429; 張庚鶴, 437 등.
151) 林東鎭(註 6), 98 이하.
152) 大判 82. 11. 23, 80다2825(集 30-4, 12); 大判 88. 9. 26, 88다카18795(集 37-3, 108).
153) 大判 87. 7. 7, 86다카1396(集 35-2, 244).
154) 同旨 李在性, "許可에 의한 上告와 上告의 이유", 判例評釋集 10, 53-4.

정되어야 한다. 현재 실무상으로는 登記義務者인 원래의 所有者와 登記權利者인 占有者의 공동신청에 의하여 所有者로부터 占有者 앞으로 取得時效完成을 원인으로 한 所有權移轉登記를 행하고 있고,[155] 학설도 대체로 같은 입장이나[156] 取得時效로 인한 소유권의 취득은 原始取得임을 이유로 占有者 단독의 신청에 의한 保存登記에 의하여야 한다는 說도 있다.[157]

생각건대, 取得時效로 인한 소유권의 취득이 原始取得인지 承繼取得인지에 관하여는 뒤에서 보는 바와 같이 학설의 대립이 있으나,[158] 原始取得의 경우에 반드시 保存登記를 하여야 한다는 근거도 없을 뿐만 아니라,[159] 현행 不動產登記法上 保存登記를 할 수 있는 경우가 제한되어 있으며(不登 §§ 130, 131), 保存登記에 의할 경우에는 종래의 權利變動過程이 공시되지 못하는 등 여러 가지 문제점이 있으므로 移轉登記에 의함이 타당할 것이다.[160] 그리고 未登記不動產의 경우에도 일단 占有者가 원래의 所有者를 대위하여 그 명의로 保存登記를 한 다음 占有者의 명의로 移轉登記를 하여야 할 것이다.[161]

그런데 하급심판결 가운데 未登記不動產에 관하여 占有者가 取得時效完成을 이유로 국가를 상대로 하여 소유권확인을 구한 사안에서 民 §245 I 에 의하여 登記함으로써 소유권을 취득하는 것은 이미 登記가 되어있는 不動產에 한하는 것이고, 未登記不動產에 관하여는 登記없이도 소유권을 原始取得한다고 하여 청구를 인용한 것이 있으나[162] 무리한 이론이다. 위 하급심판결은 未登記不動產의 경우에는 所有者나 그 相續人들을 파악하기 어려워 時效取得을 원인으로 한 所有權移轉登記請求가 불가능한 경우가 많다는 것을 이유로 들고 있으나 그것만으로는 占有者가 登記없이도 소유권을 취득한다고 할 수 있는 충분한 근거가 되지 못한다. 다만 입법론적으로는 이러한 문제점을 감안하여 獨

155) 金鍾權, "占有取得時效와 登記節次", 司行 269, 91 이하; 田桂元, "時效取得의 登記", 法曹 36-9, 160; 大判 72. 1. 31, 71다2416(總 2-2(A), 536-68) 등.

156) 郭潤直, 305-6; 李英俊, 432; 張庚鶴, 440.

157) 金容漢, 276.

158) 李英俊, 447은 判例가 移轉登記를 인정하는 것을 承繼取得說의 근거로 들고 있다.

159) 田桂元(註 155), 162; 不登 § 115 참조.

160) 郭潤直, 306; 李起勇(註 1), 124-5 참조.

161) 田桂元(註 155), 165 이하. 金鍾權(註 155), 91은 占有者 명의로 직접 保存登記를 신청할 수 있다고 하나 이는 日本法과의 차이를 간과한 것으로 보인다. 또한 金曾漢, 物權法(1980), 148; 民法案審議錄(上), 153도 未登記不動產의 경우에는 保存登記를 하여야 한다는 입장이다.

162) 春川地判 87. 12. 15, 87가단282(下集 1987-4, 450). 安甲濬(註 56), 129-130은 未登記不動產의 경우에는 시효기간 만료로 곧 所有權을 취득하고 登記는 제 3 자에 대한 對抗要件이며, 필요한 경우에는 登記義務者 내지 國家에 대하여 所有權確認 判決을 받아 단독으로 保存登記를 할 수 있다고 주장한다.

逸民法과 같이 公示催告節次를 거쳐 소유권의 保存登記를 할 수 있는 길을 마련하는 것이 바람직할 것이다.[163]

위와 같이 移轉登記를 하는 경우에 그 登記原因은 取得時效(또는 取得時效完成)이 된다. 그런데 取得時效로 인한 권리의 취득은 점유를 개시한 때에 소급하므로 그 登記의 원인일자는 점유의 개시일인 取得時效의 起算日을 기재하여야 한다는 견해가 있으나,[164] 取得時效의 효력이 점유개시시로 소급한다는 것과 取得時效의 요건이 언제 갖추어졌는가는 별개의 문제이므로 取得時效完成일을 원인일로서 기재하여야 할 것이다. 그리고 이처럼 取得時效를 원인으로 하는 所有權移轉登記가 아니라 다른 사유, 예컨대 매매나 증여 등으로 인한 所有權移轉登記나 所有權保存登記가 占有者 앞으로 되어 있거나 또는 占有者 명의의 登記가 重複登記여서 무효라 하더라도 取得時效가 완성된 후에는 이는 실체적 권리관계에 부합하는 것으로서 유효한 登記라고 할 것이고, 따라서 占有者는 이러한 登記에 의하여도 소유권을 취득할 수 있으며,[165] 取得時效完成 전에 占有者 명의로 이루어진 登記가 重複登記로서 무효라 하여도 占有者는 取得時效完成과 동시에 소유권을 취득하게 된다.[166]

(나) 取得時效完成 후 登記 전의 법률관계

(a) 占有者와 取得時效完成 당시의 所有者와의 관계 이처럼 占有取得時效로 인한 소유권의 취득에는 登記를 요하도록 한 결과 取得時效完成 후 登記를 할 때까지는 당사자 사이에 복잡한 법률관계가 발생한다. 우선 占有者와 時效完成 당시의 所有者 사이의 관계를 본다. 占有者는 위 所有者가 所有權移轉登記에 협력하지 않을 때에는 그 이행을 구할 수 있는 登記請求權을 가지게 된다. 그 登記請求權의 발생근거 및 성질에 관하여는 物權的 期待權에서 나오는 物權的 請求權이라는 說[167]과 民 §245 Ⅰ의 규정에 의하여 발생하는 債權的인 登記請求權이라는 說[168]이 대립하나 위 登記請求權으로 제3자에게 대항할 수 있는 것은 아니므로 債權的 請求權으로 봄이 옳을 것이다.[169] 判例도

163) 金曾漢(註 161), 148-9 참조.
164) 金鍾權(註 155), 91; 田桂元(註 155), 168. 大判 65. 4. 6, 65다170(集 13-1, 95)도 同旨인 듯 하다.
165) 大判 90. 11. 27, 90다카18637(公 888, 213).
166) 大判 83. 8. 23, 83다카848(集 31-4, 67); 大判 87. 3. 10, 84다카2132(公 799, 621); 大判 88. 3. 22, 87다카2568(公 823, 681).
167) 金曾漢, 77, 115.
168) 郭潤直, 180-1; 李英俊, 165; 張庚鶴, 249.
169) 李起勇(註 1), 122-3은 제3자에게도 대항할 수 있는 物權的 請求權이라고 한다.

依用民法하에서 取得時效가 완성하였으나 民 附則 §10 Ⅲ에 의하여 소유권을 상실한 자의 移轉登記請求權을 債權的 請求權으로 보고 있다.[170] 그러나 위 登記請求權의 消滅時效에 관하여는 좀더 검토할 필요가 있다. 이전의 判例는 依用民法下에서 取得時效가 완성하였으나 民 附則 §10 Ⅲ에 의하여 소유권을 상실한 자의 所有者에 대한 登記請求權은 消滅時效의 대상인 것으로 보았다. 즉 이러한 登記請求權은 1966.1.1부터 消滅時效의 대상이 되므로,[171] 1975.12.31이 경과함으로써 그 消滅時效가 完成하였다고 판시하였다.[172]

그렇지만 원래 不動產의 取得時效, 그 중에서도 占有取得時效는 오랫동안 不動產을 占有한 자를 보호하려는 제도인 점에 비추어보면 不動產을 20년간 占有한 자는 取得時效에 의하여 보호를 받는 반면, 그보다 오랜 30년 이상을 占有한 자는 消滅時效로 인하여 보호를 받지 못하게 된다는 것은 제도의 趣旨에 어긋나는 불합리한 결과라고 하지 않을 수 없다. 그러므로 取得時效로 인한 登記請求權은 占有를 전제로 한 權利로서 占有者의 占有가 계속되는 한 消滅時效가 진행되지 않는다고 보아야 할 것이다. 그러한 해석이 부동산을 引渡받은 買受人의 登記請求權은 消滅時效에 걸리지 않는다는 判例와 비교하더라도 형평에 맞는 결론일 것이다.[173] 최근의 判例[174]는 取得時效完成을 원인으로 하는 所有權移轉登記請求權은 占有者가 그 점유를 계속하는 한 消滅時效가 진행하지 않는 것이라고 판시하였다. 한편 후술하는 바와 같이 取得時效完成 후 제3자가 소유권을 취득하였을 때에는 占有者는 取得時效로써 그 제3자에게 대항하지 못한다는 것이 判例이기는 하지만 그 부동산의 소유권의 轉賣로 인하여 取得時效完成 당시의 所有者에게 돌아왔다면 占有者는 取得時效의 효과를 계속 주장할 수 있다.[175]

取得時效完成 당시의 所有者가 그 후 부동산을 제3자에게 처분하여 占有者로 하여금 소유권을 취득하지 못하게 한 경우에 所有者는 占有者에게 그로 인한 책임을 부담하는가? 判例는 所有者가 取得時效完成 사실을 알고 있는 경우에만 不法行爲의 성립을 인정한다. 즉 부동산에 관한 取得時效가 완성된 후

170) 大判 66.11.22, 66다1864(總 6, 455-3); 大判 78.4.11, 76다2476(總 1-2(A), 334-17) 등.
171) 大判 66.11.22, 66다1864(總 6, 455-3).
172) 大判 78.4.11, 76다2476(總 1-2(A), 334-16).
173) 同旨 鄭在憲(註 56), 326.
174) 大判 1990.11.13, 90다카25352(公 887, 93); 大判 92.3.10, 91다24311(公 919, 1274).
175) 大判 65.4.13, 65다157등(總 2-2(A), 536-50); 大判 91.6.25, 90다14225(公 902, 1999).

에 위 取得時效를 주장하거나 이로 인한 所有權移轉登記請求를 하기 이전에는 登記名義者인 不動產所有者로서는 특단의 사정이 없는 한 그 時效取得 사실을 알 수 없으므로 이를 제3자에게 처분하였다하더라도 占有者에 대하여 不法行爲가 성립하지는 않으나,[176] 占有者가 제기한 取得時效完成을 원인으로 한 所有權移轉登記請求訴訟의 제1심에서 패소판결을 받은 후에 所有者가 제3자에게 그 부동산에 관한 假登記나 所有權移轉登記를 해주었다면 이는 所有權移轉登記義務를 면탈하기 위한 것으로서 위법이고 所有者는 不法行爲責任을 부담한다고 한다.[177] 이처럼 判例가 所有者가 取得時效完成을 알았는지의 여부를 기준으로 하는 것은 정당하다고 하겠지만, 그로 인한 책임이 債務不履行責任이 아닌 不法行爲責任이 되는 근거가 무엇인지 불분명하다.

그리고 取得時效가 완성된 후에 그 토지에 관하여 換地處分이 있은 경우에는 占有者는 그 종전토지에 대한 換地로서 확정된 토지에 대하여 時效完成으로 인한 所有權移轉登記를 청구할 수 있다.[178] 이 경우 비록 그 換地가 제자리 換地라 하여도 특단의 사정이 없는 한 종전토지는 換地로 인하여 지적, 모양 및 위치에 변동이 생기므로 종전의 토지를 그대로 환지받은 것으로는 볼 수 없고, 이때에는 종전토지가 換地에 의하여 어떻게 바뀌었는지를 추적하여 새로운 위치를 특정하여야 하며, 그것이 불가능하면 共有持分을 時效取得한 것으로밖에 볼 수 없다.[179] 또한 取得時效가 완성되었다고 하더라도 占有者가 所有者 명의의 登記의 抹消를 구할 수 있는 것은 아니다.[180]

이처럼 占有者 取得時效를 원인으로 하는 所有權移轉登記請求權을 가지는 이상 그는 所有者에 대한 관계에 있어서는 登記 전이라도 占有不動產을 사용·수익할 수 있는 권리, 즉 民 §213 단서 소정의 "占有할 權利"를 가지는 것으로 보아야 할 것이다. 따라서 取得時效完成 당시의 所有者는 자기의 소유권을 주장하여 占有者를 상대로 부동산의 인도나 그 지상건물의 철거를 청구할 수도 없고,[181] 不法占有를 이유로 하는 손해배상을 청구할 수도 없다.[182] 그러

176) 大判 74.6.11, 73다1276(集 22-2,73). 評釋, 張庚鶴, "取得時效 완성 후의 處分과 不法行爲", 法曹 24-6, 110 이하.

177) 大判 89.4.11, 88다카8217(集 37-1, 232).

178) 大判 79.4.10, 79다16등(集 27-1, 266).

179) 大判 79.4.10, 79다16등(集 27-1, 266); 大判 89.9.26, 88다카18795(集 37-3, 108).

180) 大判 70.11.24, 70다1951(總 1-2(A), 322-5); 大判 89.8.8, 88다카27195(集 37-2, 308).

181) 大判 67.7.18, 67다954(集 15-2, 206); 大判 75.9.23, 74다2169(要集 民 I-1, 483); 大判 88.5.10, 87다카1979(公 826, 948).

182) 大判 66.2.15, 65다2189(集 14-1, 76); 大判 66.9.20, 66다1125(總 2-2(A), 536-5).

나 대지의 1/2지분을 時效取得할 수 있는 所有權移轉登記請求權을 가진 자라 하여도 나머지 지분권자와의 협의없이 그 대지의 일부라도 독점적으로 사용·수익할 수는 없다.[183] 大判 91.8.13, 91다11261(公 905, 2342)은, 民法 시행 전에 所有權을 취득하였다가 民 附則 §10 I 에 의하여 所有權을 상실하였으나 소유권이전등기는 청구할 수 있는 讓受人을 상대로 讓渡人이나 그 相續人이 所有權의 確認을 구하는 것은 信義誠實의 原則에 위배되어 허용되지 않는다고 판시하고 있다.

만일 所有者가 占有取得時效期間이 완성하였으나 아직 登記를 마치지 않은 占有者를 상대로 所有權確認의 訴를 제기한 경우에는 법원으로서는 어떠한 판결을 하여야 할 것인가? 어려운 문제이나 占有者에 대하여 取得時效完成으로 인한 登記義務를 부담하고 있는 所有者로서는 占有者에 대하여 所有權確認을 구할 법률상의 이익이 없다는 이유로 訴却下의 판결을 하여야 할 것이 아닌가 생각된다.[184]

(b) 占有者와 제3자와의 관계 取得時效完成 후 그 登記 전에 제3자가 所有者로부터 그 부동산을 양수하여 登記를 마친 경우에 占有者는 그 제3자에 대하여 取得時效의 완성을 주장할 수 있는가? 判例는 이를 부정한다. 즉 점유로 인한 取得時效期間이 만료된 자라 하더라도 登記를 함으로써 소유권을 취득하는 것이므로 그 기간만료 후 登記 전에 登記名義人으로부터 부동산소유권을 취득하고 그 登記를 경료한 제3자에 대하여는 取得時效를 주장하지 못하며,[185] 이는 제3자가 惡意의 취득자라 하여도 마찬가지이다.[186] 나아가 제3자가 소유권을 취득한 경우가 아니라 押留를 한 경우에 후에 占有者가 登記를 마쳤다 하더라도 占有者는 押留債權者에 대하여는 대항하지 못한다.[187] 判例가 이 원칙을 유지하기 위하여 占有者가 取得時效의 기산점을 임의로 주장하지 못하며, 제3자 명의로 登記가 이전된 때부터 새로이 取得時效를 기산할 수도 없다고 하고 있음은 앞에서 본 바와 같다(전술 (1) (가) 참조).

그러나 取得時效 진행중에 所有者가 변경된 경우에는 이러한 登記名義의

183) 大判 78.5.23, 77다1157(公 589, 10877). 해설, 吳錫洛, 司行 218, 60.

184) 同旨 서울民地判 86.11.12, 85나3369(集 35-3, 166); 大判(全) 87.10.13, 86다카2928(集 35-3, 149)은 이 판결에 대한 상고를 기각하였으나 이 점에 관한 명시적 판단이 없다.

185) 大判 65.11.23, 65다2056(總 2-2(A), 536-4); 大判 67.9.29, 67다1508(總 2-2(A), 536-8); 大判 69.1.28, 68다1158(集 17-1, 93) 등 다수. 大判 83.2.8, 80다940(公 701, 484)는 제3자가 競落을 받은 경우에 관한 것이고, 大判 90.10.30, 90다카20395(公 886, 2412)는 地役權의 取得時效가 완성된 후 제3자가 所有權移轉登記를 마친 경우에 관하여 같은 취지이다.

186) 大判 67.10.31, 67다1635(總 2-2(A), 536-8).

187) 大判 91.2.26, 90누5375(新聞 2016, 6).

변경이 取得時效의 中斷事由라고 볼 수 없으므로 取得時效가 완성되면 占有者는 그 변경된 所有者에 대하여 取得時效를 주장할 수 있고,[188] 取得時效完成 당시의 登記簿上 所有者가 名義受託者였는데, 그가 取得時效完成 후 信託者로부터 그 부동산을 매수하였더라도 이는 내부적인 소유권변동에 불과할 뿐 대외적으로는 그 소유권에 아무런 변동이 없고, 그 登記名義에도 변동이 없으므로 占有者는 여전히 登記簿上 所有者를 상대로 所有權移轉登記를 청구할 수 있다.[189] 그리고 大判 92.3.10, 91다43329(公 919, 1290)은, 取得時效完成 당시 登記簿上 所有名義者의 登記가 原因無效였다가 取得時效完成 후 實體關係에 부합하게 되었다면 所有名義者는 取得時效完成 후 所有權을 취득한 자이므로 占有者가 取得時效完成을 주장할 수 없으나, 所有名義者의 登記가 認諾調書에 의하여 경료된 것이고 그 認諾調書가 準再審에 의하여 취소된 바 없다면 所有名義者는 取得時效完成으로 인한 權利義務關係의 當事者라고 한다.

判例가 이처럼 時效期間 경과 후에 登記를 취득한 자를 보호하려는 데에는 시효의 완성을 주장하는 당사자가 언제나 登記없이 第三取得者에 대하여 시효를 주장하게 되면 登記制度의 기능을 약화시키고 부동산에 대한 거래의 안전을 해칠 우려가 있다는 정책적인 고려가 있는 것으로 보인다.[190] 원래 이 문제는 依用民法 시행당시부터 학설상 매우 다툼이 치열하였던 문제로서 그 당시의 判例[191]나 현재의 日本의 判例는 모두 大法院의 判例와 같은 입장이다.[192] 국내의 학설은 이를 지지하는 것[193]과 제3자가 登記를 취득한 것이 時效完成 전인가 후인가에 따라 다르게 취급하는 것은 부당하다고 하면서 점유의 기산점에 관한 逆算說에 의하여 占有者를 보호하여야 한다는 說[194]이 대립한다. 이외에도 取得時效完成 후 권리를 취득한 제3자가 惡意이거나 중대한 過失이 있는 경우에는 占有者가 이러한 제3자에 대하여 取得時效를 주장할 수 있어야 한다는 설도 있다.[195]

188) 大判 66.10.21, 66다976(要集 民 I-1, 491); 大判 66.11.22, 66다1682(總 2-2(A), 538-1); 大判 69.9.30, 58다2215등(集 17-3, 131); 大判 73.11.27, 73다1093등(總 2-2(A), 538-4); 大判 76.3.9, 75다2220등(集 24-1, 155) 등.
189) 大判 89.10,27, 88다카23506(集 37-3, 260).
190) 大判 76.6.22, 76다487등(集 24-2, 167) 참조.
191) 大判 59.12.3, 4291民上892등(總 2-2(A), 530); 大判 62.5.15, 4294民上245(集 10-1, 104).
192) 상세한 것은 林東鎭(註 6), 94 이하; 李起勇(註 1), 97 이하 참조.
193) 金曾漢, 119; 李英俊, 445-6 등.
194) 林東鎭(註 6), 86 이하; 李起勇(註 1), 120 이하; 朴燦柱, "不動産時效取得", 司法硏究資料 16, 69-70도 같은 취지이다.
195) 金基洙, "所有權移轉登記抹消請求의 相對方", 新聞 1836, 11.

확실히 현재의 判例에 의하면 제3자가 권리를 취득한 것이 占有者의 取得時效가 완성하기 전인가 후인가의 우연한 사정에 따라 占有者와 제3자 사이에서 누가 우선하느냐의 여부가 달라지게 되어 반드시 합리적이라고는 할 수 없다. 만일 제3자의 권리취득시점에 관계없이 제3자를 보호하거나 반대로 占有者를 보호한다면 이러한 불합리는 제거될 수 있다. 그러나 전자의 방법은 제3자의 권리취득에 時效中斷의 효과를 인정하는 셈이 되어 법률상 근거를 찾기 어렵고, 후자의 방법에 의할 경우에는 거래의 안전이 매우 위협받게 되어 어느 것이나 난점이 있다. 이러한 불합리는 근본적으로는 우리 법이 獨逸民法上의 公示催告取得時效制度(獨民 §927 前論 Ⅲ.3. 참조)처럼 일정기간 동안 登記簿上 登記가 행하여지지 않을 것을 요건으로 하지 않은 입법의 미비에 기인하는 것이기는 하나 占有取得時效로 인한 소유권의 취득에 登記를 필요로 하도록 한 현행법의 해석론으로서는 判例의 태도를 시인하지 않을 수 없다고 생각된다.

그러나 取得時效完成 후 占有者 명의의 登記가 있기 전에 제3자 명의로 登記가 행하여지기는 하였으나 그 登記가 무효인 경우에는 이와 달리 취급하여야 한다. 즉 判例는 제3자 명의의 登記가 원인무효라면 取得時效完成으로 所有權移轉登記請求權을 가진 자는 위 제3자에게 대항할 수 있고, 따라서 取得時效完成 당시의 所有者에 대하여 가지는 所有權移轉登記請求權으로써 所有者를 대위하여 위 제3자 앞으로 경료된 원인무효인 登記의 말소를 구하고 아울러 위 所有者에게 取得時效完成을 원인으로 한 所有權移轉登記를 구할 수 있다고 한다.[196] 이러한 判例의 태도는 債權者代位權의 취지에 비추어 볼 때 타당한 것이라고 할 것이다.[197]

4. 登記簿取得時效의 特別要件

(1) 占有者가 所有者로 登記되어 있을 것

(가) 意 義 登記簿取得時效에 있어서도 占有取得時效와 마찬가지로 登記가 그 요건이지만 그 의미는 크게 다르다. 즉 占有取得時效에 있어서는 時效期間 동안에는 占有者 명의의 登記가 있을 것을 요하지 아니하고, 다만 取得時效完成 후 소유권취득의 요건으로서 登記가 요구됨에 불과한 데 반하여, 登記簿取得時效에 있어서는 取得時效期間 진행 동안에 占有者가 所有者로

196) 大判 86.8.19, 85다카2306(集 34-2, 112); 大判 88.4.25, 87다카2303(公 825, 890); 大判 89.1.31, 87다카2561(公 844, 344).
197) 同旨 金基洙(註 195).

登記되어 있어야 한다. 이 점에서 登記簿取得時效의 경우에는 登記와 점유가 대등한 取得時效의 요건이라고 할 수 있다.

(나) 所有權의 登記　　여기서 요구되는 登記는 所有權의 本登記를 말하고 假登記는 포함하지 아니한다.[198] 共有持分에 대하여 所有權移轉登記가 된 경우도 登記簿取得時效의 요건을 충족한다고 보아야 한다.[199]

문제는 重複登記로서 무효인 登記도 이에 해당하는가 하는 점인데, 부정설도 있으나,[200] 원래 적법·유효한 登記의 경우에는 取得時效가 문제될 여지가 없으므로 重複登記로서 무효인 登記인 경우에도 登記簿取得時效에 의한 소유권의 취득이 가능하다고 보아야 할 것이다.[201]

(다) 登記期間　　登記는 점유의 시초에만 존재하면 되는가, 아니면 10년의 占有期間 동안 계속 존재하여야 하는가? 법문상으로는 "不動産의 所有者로 登記한 자가 10년간 …… 그 不動産을 占有한 때에는 所有權을 取得한다"라고만 되어 있어 점유의 始初에만 所有者로 登記가 되어있으면 족하고 登記의 계속을 요하지 않는 것처럼 보이기도 하나 현재의 학설[202] 및 判例[203]는 모두 登記된 기간과 占有期間이 다같이 10년임을 요하므로 占有期間이 10년이라도 登記期間이 10년에 미달하면 登記簿取得時效의 완성을 인정할 수 없다고 한다.

그런데 이와 구별하여야 할 것은 10년의 기간 중 점유의 승계가 있고, 그에 따라 登記도 이전된 경우에 登記의 승계를 인정하여 前者 명의의 登記와 後者 명의의 登記를 합산하여 10년에 달하면 登記簿取得時效를 인정할 수 있는가 하는 점이다. 종전의 判例는 이 경우에도 登記된 기간과 占有期間이 다같이 10년이어야 한다는 것을 登記簿取得時效 주장하는 현재의 占有者 명의의 登記가 10년이라는 뜻으로 이해하여 登記의 합산을 인정하면 10년이 넘는 경우에도 登記簿取得時效를 인정하지 아니하였고,[204] 1985년의 全員合議體

198) 金潤慶, "登記簿取得時效에 관하여", 司論 4, 163.
199) 大判 76. 5. 25, 75다1105(集 24-2, 62).
200) 徐敏(註 4), 64.
201) 金潤慶(註 198), 166; 金時秀, "重複登記의 효력과 取得時效", 大法院判例解說 9, 20; 李起勇(註 1), 133-4; 大判 88. 4. 12, 87다카1810(公 824, 835).
202) 郭潤直, 304; 張庚鶴, 438-9; 李起勇(註 1), 133; 金潤慶(註 198), 168-9.
203) 大判 66. 7. 19, 66다925(總 2-2(A), 536-5); 大判 69. 10. 14, 69다1225(集 17-3, 184); 大判 70. 7. 28, 70다648(總 2-2(A), 536-32) 등.
204) 大判 68. 7. 16, 67다752(總 2-2(A), 536-12); 大判 71. 7. 29, 71다1132(集 19-2, 248); 大判 79. 4. 24, 78다2373(集 27-1, 338); 大判 80. 7. 22, 80다780(公 640, 13034); 大判 83. 3. 8, 80다3198(集 31-1, 159).

判決[205])에서도 이를 재확인하였다(다만 여기에는 登記에 관해서도 점유의 승계에 관한 民 §199를 유추적용하여 前者 명의의 登記까지 아울러 그 기간동안 부동산의 所有者로 登記되어 있으면 충분하다고 새겨야 한다는 반대의견이 있었다).

그러나 大法院은 근래에 다시 全員合議體判決로 종전의 判例를 변경하여 民 §245 Ⅱ에 의하여 소유권을 취득하는 자는 10년간 반드시 그의 명의로 登記되어 있어야 하는 것은 아니고, 앞사람 명의의 登記까지 아울러 그 기간동안 부동산의 所有者로 登記되어 있으면 된다고 판시하여 종전의 判例를 폐기하였다.[206]) 위 全員合議體判決은 다수의견과 소수의견으로 나뉘었는데, 다수의견은 그 이유로서 登記簿取得時效에 있어서 登記와 점유는 권리의 외관을 표상하는 방법에서 동등한 가치를 가진다고 할 것이므로 登記에 관하여도 점유의 승계에 관한 民 §199를 유추적용함이 타당할 뿐만 아니라, 위 규정이 "不動産의 所有者로 登記한 자"라는 문언을 썼다 하여 반드시 그 앞사람의 登記를 거기에서 배제하는 것이라고 볼 수 없고, 民法이 依民 §162 Ⅱ의 短期取得時效와는 달리 점유 외에 登記를 갖추게 함으로써 그에 의한 소유권취득을 어렵게 하는 한편, 占有取得時效의 요건인 平穩·公然 외에 善意·無過失을 추가하면서 그 기간을 20년에서 10년으로 단축한 것 등, 그 입법의 배경이나 취지로 보아 이와 같이 해석하는 것이 物權變動에 관하여 形式主義를 채택하면서도 登記에 公信力을 주고 있지 아니한 현행 법체계하에서 登記를 믿고 부동산을 취득한 자를 보호하려는 登記簿取得時效制度에 부합한다고 설명한다.

이에 반하여 위 판결의 소수의견은 民法은 어떤 경우에도 점유를 登記와 동등하게 보고 있지 아니하고, 登記는 그 자체가 物權이나 기타의 재산권적 성질이 있는 것으로 볼 수 없기 때문에 登記만의 移轉性을 고려할 이론적 근거는 없으므로 民 §199가 登記에 관하여 유추적용될 근거가 없으며, 物權法定主義를 염두에 두고 民 §245 Ⅱ의 규정내용을 음미해보면 그곳에서의 점유와 登記期間이 다같이 10년임을 요한다는 취지로 풀이될 수밖에 없다고 한다. 더구나 民 §245 Ⅱ의 登記는 실체적 권리관계에 부합하지 않는 節次的 瑕疵있는 登記인데, 이런 登記를 한 사람들을 종전의 부동산소유권자에 비하여 보호해야 할 것인가가 의문이고, 다수의견과 같은 해석은 기왕의 소유권자의 靜的安全性을 너무 가볍게 다투려는 것이라고 비판한다.

---

205) 大判(全) 85. 1. 29, 83다카1730(集 33-1, 1).
206) 大判(全) 89. 12. 26, 87다카2176(集 37-4, 185).

학설도 현재의 判例를 지지하는 多數說[207]과 종전의 判例를 지지하는 少數說[208]로 나뉘어 있다. 위 多數說의 논거는 주로, ① 取得時效에 있어서 登記와 점유는 다같이 權利外觀으로서 작용하므로 점유의 승계를 인정하는 것과 마찬가지로 登記의 승계도 인정하여야 한다는 것, ② 登記의 승계를 인정하는 것이 公信力이 없는 登記制度를 보완하고 善意의 제3자를 보호할 수 있는 길이라는 것, ③ 이는 10년의 短期로써 법률관계의 안정을 기하고자 한 登記簿取得時效의 원래의 입법취지에 부합한다는 것의 세 가지이다.[209] 그리고 獨逸과 瑞西에서도 모두 登記의 合算을 인정한다는 比較法的인 고찰[210]과 서민들의 주택은 10년 동안에 주인이 3, 4번 정도 바뀌는 것이 보통이므로 이러한 현실을 감안하여 합산을 인정하여야 한다는 현실론[211]도 근거로서 주장된다.

이에 반하여 合算을 부정하는 설에서는, ① 원래 取得時效는 타인의 소유물을 자기의 것으로 하는 제도이므로 그 요건을 엄격할 필요가 있고 진실한 권리자의 보호를 소홀히 하여서는 안 되며, ② 우리 나라의 登記簿取得時效의 기간은 외국에 비하여 상당히 짧고, ③ 우리 나라의 登記公務員에는 실질적 심사권이 없고, 허위·위조서류가 많으며 登記의 공신력도 인정되지 않는 데 登記期間의 합산까지 인정하면 진실한 所有者의 보호에 소홀하게 된다는 것을 그 근거로 든다.[212] 요컨대, 多數說은 거래의 안전을 중시하여 登記를 믿은 善意의 제3자를 보호하여야 한다는 입장이고 少數說은 그보다는 진정한 所有者를 보호하여야 한다는 것이라고 할 수 있다.

생각건대, 원래 取得時效는 예외적인 제도이므로 그 요건은 엄격하게 해석하여야 하고, 따라서 점유의 승계에 관한 民 §199를 함부로 유추적용할 수 없다는 少數說의 주장에 일리가 없는 것은 아니다. 그러나 登記簿取得時效는 登

207) 郭潤直, 304; 金容漢, 275; 張庚鶴, 438; 金潤慶(註 198), 170-1; 李在性, "登記簿取得時效의 요건", 判例評釋集 5, 386 이하; 徐敏(註 4), 66 이하; 李起勇(註 1), 131-3; 高翔龍, "登記簿取得時效要件의 登記存續期間과 占有期間", 新聞 1585, 12; 曺建鎬, "登記簿取得時效에 있어서의 몇 가지 문제점", 判例研究(大邱地方法院判例研究會) 12-3 등. 朴哲雨 변호사는 占有者가 前者의 登記期間을 아울러 주장할 수 있는 것으로 民法을 개정하자고 제안한 바 있다. 韓國民事法學會 편, 民事法改正意見書, 400 이하.

208) 金曾漢, 116; 李英俊, 434; 黃迪仁, "登記簿取得時效와 期間의 合算", 新聞 1682, 16; 吳昌洙, "登記簿取得時效의 요건으로서의 登記期間과 占有期間", 人權과 正義 162, 104-6; 金相容, "登記簿取得時效에 관한 判例變更", 新聞 1918, 20; 池元林, 登記簿取得時效의 要件, 月報 253, 24 이하.

209) 金容漢, 275 참조.

210) 徐敏(註 4), 58-62 참조.

211) 金潤慶(註 198), 170-1; 李在性(註 207), 386-7.

212) 黃迪仁(註 208), 10.

記에 공신력이 없는 우리 나라의 登記制度의 결함을 보충하는 기능을 하는 것으로 긍정적인 면이 있을 뿐만 아니라, 부동산을 양도하지 않고 10년간 점유한 자와 이를 중간에 양수하여 앞사람과 합하면 占有期間이 10년에 달하는 자를 구별하여 前者만을 보호하고 後者는 보호하지 않을 합리적인 이유가 없다는 점에서 현재의 判例 내지 多數說이 보다 설득력이 있다고 보아야 할 것이다.

한편 相續에 의하여 登記의 승계가 있은 경우는 위와 같은 견해의 대립과는 관계없이 登記의 합산을 긍정하여야 한다. 判例도 위와 같이 일반적으로 登記의 합산을 인정하기 전에 이미 地上權者로 登記된 자가 地上權取得時效 완성 전에 사망하여 그 地上權設定登記와 占有權이 財產相續人에게 이전된 경우에 財產相續人은 상속개시된 때부터 被相續人의 재산에 관한 包括的 權利義務를 승계하는 것이므로 被相續人의 登記 및 占有期間과 相續人의 그것을 합산한 登記 및 占有期間이 10년을 넘을 때 地上權의 登記簿取得時效期間이 완성된다고 하였고,[213] 일반적으로는 登記期間의 합산을 부정하는 說도 이 점에 관하여는 判例를 지지한다.[214] 나아가 10년의 取得時效 기간중에 登記名義者가 사망하였으나 아직 相續人 명의의 登記가 행하여지지 않고 登記가 被相續人 명의로 남아 있는 경우에도 相續人은 登記를 하지 아니하고도 상속에 의하여 곧바로 권리를 취득하는 것이므로 被相續人과 相續人의 占有期間을 합산하여 10년이 넘으면 登記簿取得時效期間이 완성된다.[215]

(라) 登記와 점유의 일치 登記簿取得時效를 인정하기 위하여는 위와 같이 所有者로 登記된 것만으로는 부족하고, 그와 같이 登記된 부동산을 10년간 점유하여야 한다. 즉 登記와 점유가 일치하여야 한다. 원칙적으로 부동산의 所有者로 登記된 것만으로는 그가 부동산을 현실로 점유하고 있다든가 또는 移轉登記가 경료되었다고 하여 인도가 되었다고 추정할 수는 없을 것이나,[216] 判例는 대지의 所有者로 登記한 자는 보통의 경우 登記할 때에 그 대지의 인도를 받아 점유를 얻은 것으로 보아야 할 것이므로 登記 사실을 인정하면서 특별사정의 설시없이 점유사실을 인정할 수 없다고 하여 登記簿取得時效의 주장을 배척한 것은 경험칙에 반한다고 하여[217] 반대의 입장이다.

213) 大判 89. 3. 28, 87다카2587(集 37-1, 164).
214) 李英俊, 433; 吳昌洙(註 208), 105.
215) 大判 89. 12. 26, 89다카6140(集 37-4, 256). 同旨 徐敏(註 4), 64.
216) 白賢基, "登記의 추정력", 裁判資料 26, 118 참조.
217) 大判 78. 11. 14, 78다192(要集 民 I-1, 486).

또한 判例는 宗中이 宗中員에게 임야에 관하여 名義信託의 登記를 한 경우에는 위 名義受託者가 임야를 점유한 것이라고도 볼 수 없고, 名義受託者의 登記를 信託者인 宗中의 登記를 볼 수도 없으며, 名義受託者의 登記를 통하여 그 登記名義를 보유하고 있다고 할 수도 없어 名義信託者나 名義受託者 모두에게 登記簿取得時效가 인정되지 않는다고 본다.[218)]

그리고 임야 9정 9무보 중 2단보만을 점유하였으나 登記簿上으로는 위 임야 9정 9무보분의 2단보의 共有者로 登記된 경우에는 그 특정부분 2단보에 대한 共有持分 9정 9무보분의 2단보 범위 내에서만 登記와 점유라는 登記簿取得時效의 요건을 갖추었을 뿐이므로 위 登記된 共有持分 중 이를 제외한 나머지 부분에 관하여는 점유라는 요건이 흠결된 것이어서 이를 登記簿時效取得하였다고 볼 수 없다.[219)]

한편 判例는 여러 필지의 부동산이 2인 명의로 共同登記되어 있다가 공유물분할에 의하여 이들을 나누어 각자 단독명의로 登記를 하였다 하더라도 共有登記와 각자 단독명의의 登記期間이 합쳐서 10년이고, 그 기간동안 위 2인이 이를 점유하였다면 登記簿取得時效의 요건을 갖춘 것으로 보고 있는바,[220)] 만일 위 2인이 처음에는 위 각 부동산을 공동으로 점유하였던 것이었다면 위 판결의 결론을 수긍할 수 있겠지만 위 판결의 사실관계는 위 각 登記名義者가 나중에 그들 단독명의로 등기된 부동산을 처음부터 단독으로 점유하였던 것이므로 공유로 등기되었던 기간에는 登記와 점유가 완전히 일치한 것은 아니지 않은가 하는 의문이 있다.

(2) 占有者의 善意·無過失

(가) 善　意　　登記簿取得時效의 경우에는 占有取得時效와는 달리 占有者의 善意·無過失이 요구된다. 여기서 善意라 함은 占有者가 자기의 소유라고 믿는 것을 말하고, 無過失이란 그와 같이 믿는 데 過失이 없음을 말한다. 占有者의 善意는 추정되므로(民 § 197 I), 占有者에게 그 입증책임이 없고 이를 다투는 자가 占有者의 惡意를 입증하여야 한다. 判例는 부동산을 소작인으로 경작하던 자가 그 所有者의 생사여부를 알 수 없게 되었고, 6.25사변으로 登記簿가

218) 大判 87.11.10, 85다카1644(公 815, 76). 張容國, "名義信託과 不動產의 登記簿取得時效", 民判例 11, 147 이하 참조.

219) 大判 86.5.27, 86다카280(集 34-2, 10). 李英俊, 435은 判例와 같은 입장을 취하면서도 위 판결이 위 특정부분에 관한 共有持分權의 時效取得조차 부인한 것으로 보고 이를 비판하고 있다.

220) 大判 76.5.25, 75다1105(集 24-2, 62).

멸실되자 자기 및 아들 이름으로 滅失回復登記를 하였거나 所有者 아닌 자로부터 매수하여 特別措置法에 의한 移轉登記를 마쳤다면 사정이 없이는 善意·無過失의 점유라고 할 수 없다고 하고,[221] 반면 占有者가 取得時效期間이 경과한 후에 상대방에게 買受提議를 하였다는 사실만으로는 占有者의 점유가 惡意의 점유라고 할 수는 없다고 한다.[222]

㈏ 無 過 失 占有者의 無過失은 善意와는 달리 이를 주장하는 자가 입증하여야 한다.[223] 일반론으로서는 부동산을 매수하는 사람은 賣渡人에게 그 부동산을 처분할 권한이 있는지의 여부를 조사하여 보아야 하고, 그 조사를 하지 아니하고 매수하였다면 부동산의 점유에 관하여 過失이 있는 것으로 보아야 한다.[224] 그렇지만 통상 부동산의 登記名義者나 그의 적법한 代理人으로부터 부동산을 매수하고 인도받은 買受人에게 그 매도행위가 법률상의 유효요건을 구비한 것인지의 여부까지 조사할 의무는 없으므로 위 買受人이나 그 相續人 또는 轉得者의 점유는 無過失이라고 할 것이고,[225] 買受人은 賣渡人의 처분행위에 親族會의 동의 유무, 대리권의 유무 등에 대하여 조사하지 않았다고 하여 過失이 있다고 할 수 없으며,[226] 歸屬財産이 아닌 부동산을 국가가 歸屬財産으로 취급하여 이를 불하하였다면 불하받은 자의 점유개시에 過失이 있다고 하기 어렵다.[227] 그리고 原所有者가 賣渡人인 登記名義人과 占有者 등을 상대로 제기한 所有權移轉登記抹消請求訴訟에서 登記名義者가 패소하였더라도 그 사유만으로써는 買受人인 占有者들에게 過失이 있다고 볼 수 없다.[228] 그러나 賣渡人인 登記名義者가 부당한 방법으로 所有權保存登記를 마쳤고 買受人인 占有者는 登記名義人과 한 마을에 사는 그의 삼촌인 경우에는 無過失이라고 하기 어렵다.[229]

반면 賣渡人이 登記簿上 소유명의자가 아닌 경우에는 일반적으로 過失이

221) 大判 81. 6. 9, 80다1341(公 661, 14052).
222) 大判 86. 2. 25, 85다카771(集 34-1, 62).
223) 大判 64. 11. 30, 64다882(總 2-2(A), 446-16); 大判 71. 7. 29, 71다1132(集 19-2, 248); 大判 81. 1. 13, 80다2179(總 2-2(B), 144-245-75); 大判 81. 6. 23, 80다1462(公 662, 14082); 大判 83. 10. 11, 83다카531(集 31-5, 48); 大判 85. 7. 9, 84다카1866(公 759, 1108); 大判 86. 2. 25, 85다카771(集 34-1, 62); 大判 87. 8. 18, 87다카191(公 809, 1455) 등.
224) 大判 71. 7. 29, 71다1132; 大判 85. 7. 9, 84다카1866(公 759, 1108).
225) 大判 65. 6. 15, 65다652(總 2-2(A), 536-1); 大判 72. 3. 31, 72다88(集 20-1, 182). 同旨 大判 82. 5. 11, 80다2881(公 684, 561).
226) 大判 74. 5. 28, 73다1598(要集 民 I-1, 469).
227) 大判 69. 4. 22, 68다2209(集 17-2, 31).
228) 大判 83. 3. 8, 80다2198(集 31-1, 159).
229) 大判 85. 7. 9, 84다카1866(公 759, 1108).

있다고 볼 수 있다. 즉 이러한 경우에는 賣渡人의 權原에 관하여 의심을 가질 만한 사유가 있으므로 登記簿를 열람하지 않고 매수한 자에게는 過失이 있고,[230] 賣渡人이 登記名義者의 아들인 경우에도 그로부터 매수한 자나 다시 轉買한 자에게는 過失이 있다.[231] 그리고 所有者 앞으로 所有權移轉登記가 마쳐지기 이전의 前所有者로부터 매수하였다고 주장하여 林野所有權移轉登記에 관한 特別措置法에 의한 所有權移轉登記를 마친 登記名義人은 前所有者로부터의 매수를 새로운 所有者에게 주장할 수는 없으므로 점유에 過失이 없었다고 하기 어렵고,[232] 登記簿가 멸실되었음을 기화로 매수사실이 없음에도 불구하고 滅失登記의 回復登記의 방법에 의하여 所有權移轉登記를 마친 경우도 過失이 있다고 할 것이며,[233] 登記簿가 멸실된 후 所有者의 대리인이라고 자처하는 자로부터 매수하여 所有者에게 확인하여 보지도 아니하고 所有權移轉登記의 回復登記를 한 자도 過失이 없다고 하기 어렵다.[234] 또한 宗中 명의로 登記된 부동산을 宗中員 중 1인으로부터 매수한 경우 賣渡人이 제시한 허위의 宗中의 정관 및 매도결의서가 진정한 것으로 믿었다 하더라도 그 정관이 賣渡人 및 그의 아들들 명의로만 되어 있다면 부동산의 점유에 대하여 無過失이라고 할 수 없다.[235]

그러나 이와는 약간 달리 登記簿上 所有者 아닌 자로부터 매수한 경우에도 過失이 없다고 한 사례도 있다. 즉 所有者라고 자처하는 자로부터 부동산을 매수하여 그가 가지고 있던 登記簿上 所有者의 인감증명과 登記 소요서류를 받아 中間登記를 생략하고 所有權移轉登記를 경료하였고, 登記簿上 所有者가 사망한 후 오랫동안 사망신고도 하지 아니하였으며, 그나 그 상속인들의 행방조차 알 수 없고 賣渡人이 위 부동산의 地料를 징수하는 등의 사실이 있었다면 買受人이 登記簿上 所有者의 생사 여부나 登記簿上 所有者의 매매사실 유무를 확인하지 않았다 하더라도 그의 善意인 점에 過失이 없다고 하고,[236] 부동산의 所有者가 6.25사변으로 행방불명되고 그 처도 다른 곳으로 개가한 상태에서 유일하게 남은 어머니가 이를 매도하는 것을 적법한 것으로 믿고 피고

230) 大判 64.10.20, 64다445(總 2-2(A), 535). 同旨 大判 67.1.31, 66다2267(集 15-1, 62); 大判 81.1.13, 80다2179(總 2-2(B), 144-245-75); 大判 86.2.25, 85다카771(集 34-1, 62).

231) 大判 78.2.28, 77다1994(要集 民 I-1, 470).

232) 大判 86.5.27, 86다카280(集 34-2, 10).

233) 大判 87.8.18, 87다카191(公 809, 1455). 이 경우에는 善意라고 보기도 어렵다. 大判 81.6.9(註 221) 참조.

234) 大判 68.3.19, 67다2389(集 16-1, 149).

235) 大判 90.10.16, 90다카16792(公 885, 2271); 大判 91.2.12, 90다13178(新聞 2015, 9).

236) 大判 67.9.5, 67다1059(總 2-2(A), 536-15).

의 父가 매수하여 점유하다가 피고에게 登記 및 점유를 이전하였다면 피고에게 過失이 있다고 하기 어렵다고 한다.[237)]

약간 특수한 사례로서는 地方自治團體가 당연무효의 농지분배를 원인으로 所有權移轉登記가 마쳐진 종전토지에 대한 換地豫定地措定處分에 터잡아 그 換地豫定地를 점유하기 시작한 것이었다면 위 농지분배 사무를 국가기관으로서의 위 地方自治團體가 한 것이었다는 점에서 그 점유의 시초에 過失이 없었던 것이라고 볼 수 없다고 한 판결이 있다.[238)]

㈐ 善意 및 無過失이 요구되는 시점 이러한 占有者의 善意 및 無過失은 10년의 時效期間 동안 계속 요구되는가 아니면 점유의 개시 시점에만 존재하면 충분한가? 法文上으로는 "10년간 所有의 意思로 平穩·公然하게 善意이며 過失없이 그 不動產을 占有한 때에는"이라고 되어 있어 점유개시 시점에서만 善意·無過失이 요구됨을 분명히 하고 있는 동산의 取得時效에 관한 民 §246 Ⅱ이나 依民 §162 Ⅱ과 비교하여 볼 때 10년의 時效期間 동안 계속 善意·無過失의 요건이 필요한 것으로 해석될 여지도 있다.

그러나 현재의 학설은 모두 점유개시시에만 善意이며 過失이 없으며 그로써 登記簿取得時效의 요건을 갖춘 것으로 보는 데 일치하고 있다.[239)] 학설이 그와 같이 해석하는 주된 근거는 우리 民法의 登記簿取得時效制度가 善意·無過失을 요구하는 것은 獨逸이나 瑞西의 경우보다 요건이 가중된 것인데도 전 時效期間을 통하여 善意·無過失을 요구하면 지나치게 엄격한 요건을 요구하는 것이 되고, 원래 登記가 되어 있는 경우에 그러한 자의 권리취득을 되도록 쉽게 해주는 것이 登記와 권리관계의 불일치를 감소시키는 결과이며 동산의 取得時效와 특별히 달리 취급할 이유가 없으므로 民 §246 Ⅱ을 유추적용하여야 한다는 것 등이다.

判例도 無過失의 요건은 점유개시시에만 요구된다고 보고 있다.[240)] 그런데 이 판결들은 "등기부시효취득을 인정하기 위하여는 소유자로 등기한 자가 10년간 소유의 의사로 평온·공연하게 선의로 부동산을 점유하였다는 요건 외에 점유의 시초에 과실이 없었음을 필요로 하며"라고 판시하여 無過失과는 달리

237) 大判 80. 9. 24, 80다1473(要集 民 Ⅰ-1, 470).
238) 大判 83. 10. 11, 83다카531(集 31-5, 48).
239) 郭潤直, 305; 金容漢, 274-5; 金曾漢, 116; 李英俊, 437-8; 張庚鶴, 439-40; 金潤慶(註 198), 166-8; 徐敏(註 4), 63-4(善意에 관하여만 명언하고 있다); 李起勇(註 1), 135-6 등.
240) 大判 83. 10. 21, 83다카531(集 31-5, 10); 大判 86. 2. 25, 85다카771(集 34-1, 62); 大判 86. 5. 27, 86다카280(集 34-2, 10); 大判 87. 8. 18, 87다카191(公 809, 1455) 등.

善意의 요건은 10년간 계속 존재할 것을 요구하는 것으로 보인다.

㈑ 善意 및 無過失의 主體　　위와 같은 善意 및 無過失의 요건은 누구에게 갖추어져야 하는가가 문제되는 경우가 있다.

그 하나는 取得時效期間중에 점유의 승계가 있는 경우이다. 이때 최초의 占有者인 被承繼人이 善意이고 過失이 없으면 承繼人에게는 善意·無過失이 요구되지 않는지, 아니면 이러한 요건이 承繼人에게도 갖추어져야 하는지가 문제된다. 判例는 依用民法上의 10년의 短期取得時效의 경우에 관하여 점유의 시초에 善意이고 無過失이면 족하고 따로 承繼人의 善意·無過失 여부를 심리할 필요가 없다는 취지로 판시하였으나,[241] 현행 民法上의 登記簿取得時效에 관하여는 判例가 그 동안 登記의 승계를 인정하지 않았던 관계로 이러한 문제가 생기지 않았다. 그러나 이제 判例가 登記의 승계를 인정하는 것으로 변경된 이상 이 점이 다시 문제가 될 것이다. 이에 관하여는 반대론도 있을 수 있으나,[242] 점유의 승계가 있는 경우에는 善意·無過失이 점유의 시초에 있으면 족하다는 데 대한 예외를 인정하여야 할 필연적인 이유는 없을 것이다.

다른 하나는 占有媒介關係가 있는 경우에 善意·無過失의 유무를 直接占有者를 기준으로 하여 정할 것인가 아니면 間接占有者를 기준으로 하여야 할 것인가의 문제이다. 이 경우 代理에 관한 民 §116 I 을 유추적용하여 直接占有者를 기준으로 하여야 한다는 說이 있다.[243] 그러나 이에는 찬성하기 곤란하다. 占有媒介關係가 있는 경우에 取得時效의 주체는 어디까지나 間接占有者이므로 善意·無過失의 유무도 間接占有者를 기준으로 하여야 할 것이고, 대리에 관한 民 §116 I 이 점유에 유추적용될 수는 없을 것이기 때문이다. 判例 가운데에는 피고가 그 아들을 위하여 대리점유를 한 것이라 하더라도 피고의 惡意占有 개시사실로 보아서 善意이며 無過失한 점유라고 할 수 없다고 한 것이 있으나,[244] 이 판결의 중점은 아들이 행방불명된 자이므로 그에게 점유를 인정할 여지가 없다는 데 있는 것이고 이를 일반화하여 判例가 善意·無過失은 直接占有者를 기준으로 하여 결정하여야 한다고 판시한 것으로 보기는 어려울 것이다.

241) 大判 67. 9. 19, 67다1106등(集 15-3, 88); 大判 70. 3. 10, 69다2115등(集 18-1, 218).
242) 日最判 昭 53(1978). 3. 6(民集 32-2, 135)도 최초의 占有者가 善意·無過失이면 그 承繼人에게 過失이 있더라도 10년의 取得時效의 성립에 지장이 없다고 하였으나 반대설이 있다. 藤原弘道, "占有承繼の場合における民法162條 2 項の善意·無過失", 時效と占有, 141 이하 참조.
243) 李英俊, 437.
244) 大判 76. 8. 24, 76다902(公 546, 9341).

Ⅲ. 取得時效의 訴訟上 主張

民法은 依用民法과는 달리 時效의 援用制度를 폐지하였으므로 당사자가 取得時效의 이익을 받겠다는 주장, 즉 取得時效의 援用이 있어야만 법원이 取得時效의 완성을 고려할 수 있는 것은 아니다. 이 점에서 援用을 요하는 消滅時效와는 구별된다.[245] 그러나 辯論主義의 원칙상 적어도 取得時效의 요건사실, 즉 取得時效의 완성으로 이익을 받을 당사자에게 주장 및 입증책임이 있는 20년 또는 10년의 점유사실 및 登記簿取得時效에 있어서는 登記事實과 점유의 시초에 있어서의 無過失[246]에 관하여는 당사자의 주장이 있어야 하며(어느 당사자인지는 문제되지 않는다), 그 주장이 없는데도 법원이 직권으로 取得時效의 완성을 인정하지는 못한다.[247]

判例는 단순히 오랜 세월 전에 목적물을 샀다는 주장 속에 取得時效期間 완성의 주장이 포함되어 있다고는 볼 수 없고,[248] 피고가 所有權保存登記를 한 때로부터 15년이 경과한 후에야 원고가 소송을 제기하였으므로 원고의 청구권은 소멸한 것이라는 주장이 10년의 登記簿取得時效의 주장을 포함하는 것은 아니라고 한다.[249] 그러나 원래 辯論主義는 事實에만 적용되고 法律問題에까지 적용되는 것은 아니므로 당사자의 주장 가운데 取得時效의 요건사실이 포함되었다면 비록 명시적으로 取得時效가 완성되었다는 주장이 없더라도 법원으로서는 取得時效의 완성을 인정할 수 있을 것이고, 다만 그 전제로서 신설된 民訴 §126 Ⅳ에 의하여 이에 관하여 당사자에게 의견진술의 기회를 주어야 할 것이다.

또한 判例는 占有者가 20년의 占有取得時效와 依用民法上의 10년의 短期取得時效를 당사자가 선택하여 주장할 수 있는 것으로 보고 있다. 즉 占有期間 20년의 長期取得時效를 주장하느냐 10년의 短期取得時效를 주장하느냐는 時效利益을 받으려는 자가 선택할 수 있는 것이므로 短期와 長期의 양 取得時效의

245) 民法 시행 전에 取得時效가 완성한 경우에도 民法 시행 후에는 援用을 필요로 하지 아니한다. 民 附則 §8 Ⅰ 참조.

246) 所有의 意思, 점유의 平穩公然性 및 善意 등은 추정되므로 取得時效를 주장하는 자에게 주장책임이 없다. 大判 62.1.18, 4294民上319(總 2-2(A), 531).

247) 시효의 援用과 辯論主義와의 관계에 대하여는 前述 民 §167 Ⅱ.3.(2)㈎ 참조.

248) 大判 79.2.13, 78다1414(總 2-2(B), 144-245-16).

249) 大判 76.7.27, 76다887(總 2-2(A), 103).

요건을 갖추고 있는 경우에 占有者가 短期取得時效를 주장함은 무방하며,[250] 이러한 경우 당사자가 주장도 하지 아니한 占有期間 10년의 取得時效要件을 심리판단하여 時效援用者에게 불리한 판단을 하지 않았다 하여도 위법이 아니라고 한다.[251] 그러나 이는 굳이 당사자의 選擇權을 전제로 하지 않더라도 당연한 결론이다.

한편 判例는 원고가 피고에 대하여 本訴로서 소유권확인, 임료 및 임료 상당 손해의 배상을 구함에 대하여 피고가 反訴로서 取得時效完成을 원인으로 한 所有權移轉登記節次의 이행을 구하고 있다면 이에 원고의 본소청구는 기각되어야 한다고 항변하는 취지도 포함되어 있는 것으로 보아야 하므로 이에 대하여 아무런 판단을 하지 않고 있는 것은 판단유탈이라고 하는바,[252] 당연한 판시이다.

[尹 眞 秀]

第246條(占有로 인한 動産所有權의 取得期間)

① 10年間 所有의 意思로 平穩, 公然하게 動産을 占有한 者는 그 所有權을 取得한다.

② 前項의 占有가 善意이며 過失없이 開始된 경우에는 5年을 經過함으로써 그 所有權을 取得한다.

本條는 動産의 取得時效를 규정하고 있다. 원래 依用民法에서는 動産과 不動産의 取得時效를 구별하지 않고, 다만 不動産을 善意·無過失로 점유한 경우에만 取得時效期間을 20년에서 10년으로 단축하였는데(§ 162), 民法은 不動産과 動産을 구별하여 本條를 신설한 것이다.

그러나 원래 動産에는 善意取得의 제도(民 § 249 이하)가 인정되므로 별도로 動産의 取得時效를 인정할 실익은 별로 없다고 할 수 있다. 물론 善意取得은 無權利者로부터 양수한 경우에만 인정되므로 無權代理나 本人의 無能力 또는 錯誤

250) 大判 77. 4. 12, 77다45(總 2-2(B), 126).
251) 大判 74. 11. 12, 74다416등(公 502, 8105).
252) 大判 87. 5. 12, 84다카1870등(公 803, 953).

등 양도행위에 다른 瑕疵가 있는 경우에는 讓受人에 의한 善意取得이 불가능하고 이러한 경우에는 本條가 적용될 여지가 없는 것은 아니다. 그렇지만 善意取得이 인정되지 않는데, 本條에 의하여 動產의 取得時效가 인정될 수 있는 경우가 많지는 않을 것이다. 本條와 유사한 규정을 가지고 있는 獨逸의 경우(獨民 § 937)에도 動產의 取得時效의 실제적 의의는 별로 크다고 할 수 없고, 그 현실적 적용범위는 善意取得이 배제되는 盜品 내지 遺失物에 국한된다고 한다.[1] 우리 나라에서도 아직까지 本條에 관한 판례를 찾아볼 수 없다.[2]

本條의 요건은 不動產의 取得時效에 관한 前條와 비교할 때 그 점유기간이 20년, 10년 대신 10년, 5년으로 줄었고 登記가 요건이 아닌 것 외에는 대체로 前條와 같다. 따라서 점유의 平穩·公然, 善意·無過失 등의 개별적 요건에 대한 설명도 前條에 대한 것이 그대로 적용될 수 있을 것이다. 다만 本條 Ⅱ은 前條 Ⅱ과는 달리 善意·無過失이 점유의 개시시에만 요구됨을 밝히고 있으나 不動產의 경우에도 해석상 동일한 결론을 인정하고 있으므로 이 점도 차이가 없다.

[尹 眞 秀]

1) MünchKomm/Quack, § 937 RdNr. 4.

2) 動產에 대한 強制執行의 경우에도 平穩·公然性이 유지된다고 하는 大判 67. 6. 13, 67 다601(總 16, 114)도 善意取得에 관한 것으로 보인다.

第247條(所有權取得의 遡及效, 中斷事由)

① 前2條의 規定에 의한 所有權取得의 效力은 占有를 開始할 때에 遡及한다.

② 消滅時效의 中斷에 관한 規定은 前2條의 所有權取得期間에 準用한다.

차 례

Ⅰ. 本條의 趣旨

本條는 取得時效에 의한 소유권취득의 遡及效와 取得時效의 中斷에 관하여 규정하고 있다. 이하에서는 取得時效의 中斷과 取得時效로 인한 소유권취득의 효과 일반 및 취득시효이익의 拋棄에 대하여 살펴보기로 한다.

Ⅱ. 取得時效의 中斷

1. 取得時效의 中斷一般

本條는 消滅時效의 中斷에 관한 규정은 取得時效에 관하여 준용하고 있다. 따라서 中斷事由, 中斷의 근거 등은 消滅時效의 중단에 관한 설명이 대체로 적용될 수 있을 것이다(前述 民 §168의 註釋 참조).

판례는 取得時效의 中斷의 의의에 관하여 "원래 시효는 법률이 권리 위에 잠자는 자의 보호를 거부하고 사회생활상 영속되는 사실상태를 존중하여 여기에 일정한 법적 효과를 부여하는 제도이기에 어떤 사실상의 상태가 계속중 그 사실상의 상태와 상용할 수 없는 사정이 발생할 때는 그 사실상의 상태를 존중할 이유를 잃게 된다고 할 것이니, 이미 진행한 시효기간의 효력을 상실케 하는 것이 이른바, 시효중단이라고 하는 것이다"라고 한다.[1]

2. 請求(民 § 168 I)

所有者의 占有者에 대한 土地引渡請求[2]나 所有權確認請求가 취득시효를 중단시킨다는 데는 별 의문이 없다. 문제는 所有權移轉登記抹消請求나 所有權에 기한 妨害排除 및 損害賠償 혹은 不當利得返還請求訴訟도 취득시효의 中斷事由에 해당하는가인데, 判例는 이를 긍정한다.[3] 위 大判 79.3.10(前註)는 所有權侵害의 경우에 그 所有權을 기초로 하여 하는 妨害排除 및 損害賠償 혹은 不當利得返還請求訴訟도 權利者가 자기의 권리를 자각하여 재판상 그 권리를 행사하는 점에 있어 時效取得의 대상인 목적물의 인도 내지는 所有權確認이나 所有權에 관한 등기청구소송 등과 다를 것이 없고, 裁判上 請求를 旣判力이 미치는 범위와 일치시켜 고찰할 필요가 없다고 하여 時效中斷의 근거에 관한 權利行使說의 입장을 밝히고 있다.

그러나 다른 한편 판례는 점유자가 제기한 取得時效를 원인으로 하는 소유권이전등기청구소송 등에서 피고인 所有者가 원고의 주장을 부인하고 자기의 소유임을 주장하는 것은 단지 防禦를 하는 것에 그치고 권리자가 권리를 행사하는 행동이 아니므로 取得時效의 中斷事由인 裁判上 請求에 해당하지 않는다고 하고 있는바,[4] 이에 대하여는 權利行使說의 입장에서 비판하는 견해가 많다.[5] 그리고 현재의 통설은 形式的 形成의 訴인 境界確定의 訴는 取得時效의 中斷事由가 된다고 보고 있으나 의문임은 앞에서 본 바와 같다(前述 民 § 170 Ⅱ.3.(3) 참조).

또한 판례는 土地所有者가 그 土地의 일부를 占有하고 있던 자에게 境界의 재측량을 요구하고 그 재측량한 바에 따라 境界線 위에 돌을 쌓아올리는

1) 大判 79.7.10, 79다569(集 27-2, 142). 해설, 朴鍾澤, "取得時效中斷事由로서의 裁判上의 請求", 大法院判例解說 1-1, 377 이하.
2) 大判 83.3.8, 82다카172(集 31-1, 168).
3) 前者에 관하여는 大判 71.12.28, 71다2313(總 2-2(A), 555-15). 後者에 관하여는 大判 79.7.10(註 1).
4) 大判 71.3.23, 71다37(集 19-1, 215); 大判 74.11.12, 74다416등(公 502, 8105); 大判 79.6.12, 79다573(集 27-2, 84) 등.
5) 李時潤, "被告의 防禦方法과 取得時效의 中斷", 民判硏 3, 5 이하 및 前述 民 § 170 Ⅱ.5. 참조. 李英俊, 441-2은 판례를 지지한다.

것을 占有者가 현장에서 제지한 것이 시비가 되어 所有者의 아버지가 占有者를 상대로 고소를 제기하였다면 이는 時效中斷事由인 催告로 못 볼 바 아니라고 한다.[6)]

3. 押留 · 假押留 및 假處分

消滅時效의 경우에는 押留 · 假押留 및 假處分이 중단사유가 된다(民 §§ 168 ii, 175, 176). 그러나 取得時效의 경우에도 이러한 消滅時效에 관한 규정이 전면적으로 적용되는지는 검토를 요한다.

假處分이 取得時效의 中斷事由가 될 수 있음은 명백하다. 예컨대, 소유자가 점유자를 상대로 소유권에 기하여 占有移轉禁止假處分을 하였거나 점유자 명의로 등기된 경우에 處分禁止假處分을 하는 경우 등을 생각할 수 있다. 그러나 押留는 금전채권의 강제집행을 위한 수단이고, 假押留도 금전채권이나 금전으로 환산할 수 있는 채권의 보전수단으로서 이러한 금전채권 등에 기한 取得時效의 中斷은 생각하기 어려우므로 결국 押留나 假押留는 取得時效의 중단사유가 될 수 없다고 보아야 할 것이다.

4. 承 認

점유자가 소유자의 소유권을 承認한 경우에도 取得時效는 中斷된다. 판례는 소유자의 토지인도 또는 매수요구에 대하여 점유자가 그때마다 경제적 사정이 여의치 못하여 살 수 없으니 잘 보아달라고 한 것은 承認에 해당한다고 한다.[7)] 그러나 소송계속중 분쟁해결의 방편으로 점유자가 매수 교섭을 한 것만으로 상대방의 소유권을 확정적으로 承認하였다고는 단정할 수 없고,[8)] 역시 분쟁해결의 뜻으로 형식상 대금이라고 할 수 없는 아주 헐값으로 토지를 매수하겠다는 의사를 비친 사실만으로는 承認이라고 할 수 없다.[9)] 또한 取得時效를 주장하는 소송에서 패소한 원고가 항소를 제기하지 않은 것만으로 承認이라고 할 수도 없다.[10)]

그리고 判例는 地方自治團體인 부산직할시가 국민학교의 보건장 부지로서

6) 大判 89. 11. 28, 87다273등(公 864, 118).
7) 大判 72. 7. 25, 72다987등(總 2-2(A), 538-3).
8) 大判 81. 7. 14, 81다64등(集 29-2, 215). 同旨 大判 76. 11. 9, 76다1800(總 2-2(B), 112); 大判 80. 8. 26, 79다1(公 642, 13108).
9) 大判 79. 11. 27, 78다2081(要集 民 I-1, 494).
10) 大判 79. 6. 12, 79다573(集 2702, 84).

占有하고 있는 不動產의 所有者에게 市長이 稅金을 부과하고 換地處分通知나 清算金支給督促을 한 사실이 있다고 하더라도 이로써 所有者의 所有權을 承認한 것이라고는 볼 수 없다고 하면서, 그 이유를 위 不動產은 부산직할시의 教育委員會가 관장하는 것이라는 데서 찾고 있다.[11] 그러나 市長이 직접 管理하는 不動產이라 하더라도 稅金의 부과 등은 특별한 사정이 없는 한 公簿上 所有者로 기재되어 있는 자에 대하여 기계적으로 처리하는 것에 불과하고 반드시 그 所有의 不動產을 占有하고 있음을 인식하면서 하는 것은 아니라고 보아야 할 것이므로 어차피 承認으로 볼 수는 없을 것이다.[12]

5. 其 他

점유자의 점유가 中斷된 경우 依用民法은 이를 自然中斷이라 하여 中斷事由의 하나로 취급하였으나 民法은 그와 같이 취급하지 않고 있다 함은 앞에서 살펴본 바와 같다(前述 民 § 245 Ⅱ. 2. (3) 참조). 점유자가 소유자를 직접점유자로 하는 占有媒介關係를 설정하여도 그것만으로는 取得時效가 中斷되지 않으며,[13] 점유중인 토지를 軍이 징발하였어도 점유자의 間接占有(代理占有)가 유지되므로 取得時效의 진행에 장애가 되지 않는다.[14] 또한 판례는 1945. 8. 9 당시 日本人 소유인 재산은 종전의 점유가 自主占有라 하여도 군정법령 제33호의 시행과 함께 타주점유로 바뀌어 取得時效가 中斷된다고 한다.[15]

그리고 取得時效期間중 登記簿上의 소유자 명의가 변경되어도 이는 종래의 점유상태의 계속을 파괴한 것이 아니므로 取得時效가 中斷되지 않는다.[16] 또한 소유자가 토지의 地目變更을 신청하여 그 地目이 변경되었다 하더라도 그 사실만으로는 점유자의 점유를 배제하고 소유권을 행사한 것으로 볼 수 없으므로 時效中斷의 효력이 생기지 않는다.[17]

---

11) 大判 74. 10. 25, 74다630등(集 22-3, 50); 大邱高判 74. 3. 26, 73나622등(高集 74-1, 151).
12) 時效利益의 抛棄에 관한 大判 74. 1. 29, 73다1686(總 2-2(A), 538-6) 참조.
13) 大判 89. 5. 23, 88다카17785등(公 852, 994).
14) 大判 72. 2. 22, 71다2522등(總 2-2(A), 536-69).
15) 大判 56. 1. 26, 4288民上337(總 2-2(A), 527); 大判 56. 9. 27, 4289民上302(總 2-2(A), 528); 大判 72. 10. 10, 72다1241(總 2-2(A), 536-77) 등 다수.
16) 大判 66. 10. 21, 66다976(要集 民 Ⅰ-1, 491); 大判 66. 11. 22, 66다1682(總 2-2(A), 538-1); 大判 69. 9. 30, 68다2215등(集 17-3, 131); 大判 73. 11. 27, 73다1093등(總 2-2(A), 538-4); 大判 76. 3. 9, 75다2220등(集 24-1, 155) 등. 前述 民 § 245 Ⅱ. 3. (2) (나) (b) 참조.
17) 大判 81. 6. 9, 80다3034(要集 民 Ⅰ-1, 494).

6. 取得時效中斷의 主張責任 및 立證責任

取得時效가 中斷되었다는 점에 대한 주장책임 및 입증책임은 取得時效의 완성을 다투는 자에게 있다.[18] 그러나 取得時效가 中斷되었다는 명시적인 주장을 필요로 하는 것은 아니며, 中斷事由에 속하는 사실만 주장하면 주장책임을 다한 것으로 볼 수 있다.

따라서 取得時效期間 진행중에 소유자가 裁判上 請求에 해당하는 소유권이전등기말청구소송이나 토지인도청구소송을 제기하면 원고의 명시적인 時效中斷의 주장이 없더라도 取得時效는 당연히 中斷되므로 피고의 取得時效抗辯을 인용할 수는 없다.[19]

7. 取得時效의 停止與否

本條는 消滅時效의 中斷에 관한 규정만을 준용하고 있을 뿐 消滅時效의 停止에 관한 규정은 준용하고 있지 않다. 그러므로 과연 消滅時效의 停止에 관한 규정도 取得時效에 준용되는가가 문제된다.

현재 학설은 時效停止制度의 취지에 비추어 取得時效에 관하여만 이를 배척하여야 할 이유가 없으므로 이를 준용한다는 명문의 규정이 없더라도 유추적용된다고 보는 데 일치하고 있다.[20]

그러나 民法이 消滅時效의 停止에 관한 규정을 取得時效에 준용하고 있지 않은 것은 단순한 입법의 미비는 아니고 입법자의 의도에 따른 것이었다. 즉 民法案審議錄은 依用民法上의 地役權取得時效停止에 관한 규정을 民法草案이 삭제한 데 대하여 "草案은 所有權取得에 관하여 취득시효의 中斷만을 준용하고 停止에 관한 규정을 준용하지 않았다"라고 설명하고 있다.[21] 이처럼 입법자의 의도가 명백한 이상 과연 消滅時效의 停止에 관한 取得時效에 유추적용할 수 있을지 의문이 아닐 수 없다.

18) 大判 66. 9. 20, 66다1032(集 14-3, 40); 大判 78. 4. 11, 76다2476(總 1-2(A), 334-17) 등 참조.
19) 大判 76. 7. 27, 76다1385(總 2-2(B), 104); 大判 83. 3. 8, 82다카172(集 31-1, 168).
20) 郭潤直, 307; 金容漢, 278; 金曾漢, 118; 李英俊, 442; 張庚鶴, 442; 註釋民法(2), 397-8 등.
21) 民法案審議錄(上), 180.

Ⅲ. 取得時效로 인한 所有權取得

1. 原始取得인지의 與否

통설은 取得時效로 인한 소유권의 취득을 原始取得으로 이해하고 있고,[22] 판례도 原始取得임을 명언하고 있는 것이 있다.[23]

이에 반하여 取得時效에 의한 所有權取得은 遡及效를 갖는 특수한 承繼取得이라고 보는 소수설이 있다.[24] 이 說은 그 근거로서 占有取得時效에 의한 所有權取得은 등기를 요하는 것으로 규정되어 있다는 것, 통설도 取得時效의 기초가 되는 점유가 地役權과 같은 타인의 권리를 용인하고 있는 경우에는 이러한 권리의 제한을 받는 소유권을 취득한다고 설명하나 이는 原始取得으로 이해할 때에는 설명이 어렵다는 점, 取得時效에 의한 所有權取得의 등기가 移轉登記에 의하여 행해진다는 것 등을 들고 있다. 원래 獨逸에서도 取得時效에 의한 所有權取得의 효과가 原始取得인지 承繼取得인지에 관하여 학설대립이 있으나 현재의 통설은 原始取得說이다.[25] 실제에 있어서는 어느 說에 의하더라도 그 결론에 큰 차이가 없으므로 학설대립에 별 의미는 없다.

2. 所有權取得의 遡及效

取得時效로 인한 所有權取得의 효력은 점유를 개시할 때로 遡及한다(民§247 Ⅰ). 이처럼 取得時效의 완성에 遡及效를 인정하는 것은 영속된 事實關係를 그대로 권리관계로 높임으로써 사회의 法律關係의 안정을 꾀하려는 取得時效制度의 취지에 부합한다고 설명된다.[26]

이러한 取得時效의 遡及效는 주로 取得時效期間 동안에 점유자의 점유를 적법한 점유로 본다는 데 의미가 있고, 이러한 의미에서의 遡及效는 점유자 명의의 등기가 이루어지기 전에라도 인정되어야 한다. 따라서 점유자는 取得時效期間 동안에 얻은 果實 기타의 利益을 정당한 권원에 의하여 얻은 것으로 되어 原所有者에게 이를 상환할 필요가 없다. 판례가 소유자는 점유자에 대하여

22) 郭潤直, 303; 金容漢, 279; 金曾漢, 119; 張庚鶴, 443; 註釋民法(2), 393 등.
23) 大判 73. 8. 31, 73다387등(總 2-2(A), 536-90).
24) 李英俊, 447-8.
25) MünchKomm/Wacke, § 900 RdNr. 6; MünchKomm/Quack, § 937 RdNr. 20 참조.
26) 金曾漢, 119; 金容漢, 279 등.

불법점유를 이유로 하는 손해배상을 청구할 수도 없다고 보고 있음은 앞에서 본 바와 같다.[27]

학설은 이러한 경우 외에는 遡及效가 미치는 범위를 제한적으로 해석하려고 한다. 즉 取得時效의 遡及效가 모든 관계가 있어서 절대적으로 소급하거나 등기의 효력까지 소급하는 것은 아니라고 하여, 取得時效期間 중에 점유자가 한 임대 기타의 처분은 유효한 것으로 되지만 그 기간 중에 原所有者가 한 처분이 무효로 되는 것은 아니며, 取得時效期間 중에 제3자가 목적물을 침해하여 불법행위의 책임을 지는 경우에 取得時效의 효력이 생길 때까지 그 책임이 이행되지 않은 경우에는 점유자가 損害賠償請求權을 가지지만 그 이전에 原所有者가 損害賠償을 받은 경우에 이를 점유자에게 반환할 필요는 없다고 한다.[28] 그에 대한 설명으로서는 時效期間중의 소유권은 時效取得者의 利益을 위하여 原所有者에게 신탁적으로 귀속하는 것이라고도 하고,[29] 原所有者에 의하여 이루어진 법률관계를 그대로 유효한 것으로 인정하는 것이 取得時效制度의 존재의의에 오히려 부합하기 때문이라고도 한다.[30] 판례도 取得時效의 遡及效는 제3자와의 관계에서까지 인정되는 것은 아니라고 하여,[31] 遡及效의 범위를 제한하고 있다.

이와 같은 점을 감안한다면 本條 I과 같이 포괄적으로 遡及效가 있다고 규정하기보다는 단순히 "前 2條의 規定에 의하여 所有權을 취득한 자는 前所有者에 대한 관계에서는 占有를 開始한 때부터 所有權에 기하여 점유한 것으로 본다"라고 하는 정도로 규정하였어야 할 것으로 생각된다.

3. 原所有者의 不當利得返還請求權 등

取得時效로 인하여 점유자가 소유권을 취득하는 경우에 原所有者는 점유자에 대하여 어떤 권리를 행사할 수 있는가? 여기서는 우선 두 가지 경우를 나누어 생각하여야 한다.

---

27) 大判 66. 2. 15, 65다2189(集 14-1, 76); 大判 66. 9. 20, 66다1125(總 2-2(A), 536-5). 前述 民 §245 Ⅱ. 3. (2) ㈏ Ⓐ 참조. 大判 91. 10. 22, 90다15283(公 910, 2795)은 要役地에 관하여 占有取得時效가 완성된 占有者가 점유개시 당시에 承役地에 道路를 개설하거나 道路로 점유, 사용한 것은 取得時效의 遡及權 때문에 要役地의 所有者로서 행한 事實行爲로 보아야 하므로 通行地役權의 時效取得이 가능하다고 한다.

28) 金容漢, 279-80; 金曾漢, 119-20; 李英俊, 448-9; 張庚鶴, 443 등.

29) 金曾漢, 120. 同旨 李英俊, 448(註 4).

30) 李英俊, 449.

31) 大判 91. 2. 26, 90누5375(新聞 2016, 6). 後述 4. 참조.

첫째, 原所有者가 소유권 상실 그 자체를 이유로 하여 점유자에게 부당이득반환청구권을 행사하거나 손해배상을 청구할 수는 없다. 이러한 경우에는 取得時效를 인정하는 법률의 규정이 법률상의 원인이 되는 것으로서 만일 原所有者에게 이러한 권리를 인정한다면 取得時效制度 그 자체의 목적에 어긋나기 때문이다.[32] 이에 대하여는 국내의 학설 가운데에는 取得時效의 요건으로서의 「所有의 意思에 의한 점유」는 유효한 債權關係에 기하여 양도인으로부터 승계한 것이라야 하므로 時效取得도 법률상의 원인이 있는 것으로서 부당이득반환청구권이 배제되는 것은 당연하다는 說이 있으나,[33] 自主占有가 반드시 유효한 債權關係가 있는 경우에만 인정된다고는 할 수 없으므로 위의 설명은 타당하지 않다.

둘째, 取得時效로 인한 所有權取得이 原所有者가 원래 점유자에 대하여 가지고 있던 계약상의 청구권이나 부당이득반환청구권 등에 대하여는 어떤 영향을 미치는가? 이 점에 관하여는 獨逸에서도 주로 動產의 取得時效(不動產의 경우에는 取得時效期間이 30년이므로 다른 청구권의 消滅時效도 이미 완성하게 된다)를 중심으로 하여 이전부터 학설의 대립이 심하던 문제로서, 取得時效에 절대적인 효력을 인정하여 原所有者의 다른 권리도 행사할 수 없게 된다는 說과, 原所有者의 계약상의 청구권이나 급부부당이득반환청구권(Leist-ungskondiktion)은 消滅時效가 완성하기까지는 행사할 수 있고, 다만 침해부당이득(Eingriffskondiktion)은 행사할 수 없다는 說 등이 대립하고 있다.[34]

우리 나라의 판례로서는 원고가 부동산교환계약의 상대방인 피고에 대하여 교환계약의 해제를 이유로 아직 소유권이전등기가 되지 않은 그 목적물의 인도를 구한 사안에서 원심은 피고의 取得時效가 완성되었다는 이유로 원고의 청구를 기각하였으나 대법원은 교환계약이 해제된 이상 피고는 원고에게 목적물을 原狀回復하여 줄 의무가 있고 피고가 時效取得을 하였더라도 原狀回復을 할 수 없는 경우가 아닌 이상 原狀回復을 할 의무는 여전히 존속한다고 판시한 것이 있으나,[35] 그 외에는 별다른 논의가 없다.[36]

32) MünchKomm/Wacke, § 900 RdNr. 6; MünchKomm/Quack, § 937 RdNr. 20 참조.

33) 高翔龍, "所有의 意思로 점유한다는 것의 의미", 月報 133, 145.

34) MünchKomm/Quack, § 937 RdNr. 21 ff; Baur, § 53h Ⅲ. 2; Schwab, § 33 Ⅵ; RGZ 130, 69 등 참조.

35) 大判 66. 3. 22, 65다2593(總 3-2(A), 588-5). 同旨 大判 66. 4. 19, 66다151(總 3-2(A), 468-1).

36) 李英俊, 447-8은 取得時效의 효과를 原始取得으로 하는 통설에 입각하는 한 이 판례를 이해하기 어렵다고 설명하나, 반드시 그러한 것은 아니다.

생각건대, 우리 民法은 獨逸民法과 달리 取得時效로 인한 所有權取得에 遡及效를 인정한다는 명문의 규정을 두었으므로 이 점을 중시한다면 原所有者가 가지고 있던 계약상의 청구권 또는 부당이득반환청구권도 소멸한다고 보아야 할 것이다. 獨逸에서는 物權行爲의 無因性으로 인하여 점유자가 소유권을 취득하는 경우에는 소유자가 消滅時效期間 내에는 부당이득반환청구권을 행사할 수 있는 것과의 균형상 原所有者의 청구권이 여전히 존속한다고 보나, 우리 나라에서는 그러한 경우를 별로 상정하기 어려울 뿐만 아니라 그러한 경우에는 이른바 二重效(Doppelwirkung)의 이론에 의하여 그러한 자도 取得時效를 원용할 수 있다고 보아야 할 것아다.[37]

4. 第三者와의 關係

통설은 取得時效에 의한 所有權取得은 原始取得이라는 이유로 原所有者의 권리에 존재하였던 모든 제한은 소멸하지만 예컨대, 取得時效의 기초가 된 점유가 이미 타인의 권리, 예컨대 地役權을 인용하고 있는 경우에는 地役權의 제한이 있는 소유권을 취득하는 것이 된다고 한다.[38] 이에 반하여 取得時效에 의한 所有權取得을 承繼取得으로 보는 입장에서는 전소유자에게 존재하였던 모든 제한은 取得時效에 의하여 소멸하지 아니하고 그대로 존속한다고 주장한다.[39] 그리고 原始取得인지의 여부를 불문하고 점유자의 점유개시 전에 설정된 擔保物權이나 假登記에 의하여 보전되는 權利 내지 地役權은 소멸하지 않는다고 보는 견해도 있는바,[40] 그 주된 근거는 이러한 권리의 보유자는 取得時效를 中斷시킬 법적 권리가 없다는 데 있다.

獨民 §945는 自主占有의 취득 전에 설정된 제3자의 권리는 원칙적으로 소멸하고, 다만 점유자가 自主占有의 개시시에 권리에 존재에 관하여 善意가 아니었거나 후에 그 존재를 알게 된 때에는 그러하지 아니하고 규정하고 있는바, 自主占有 개시 후에 설정된 권리는 取得時效에 의하여 영향을 받지 않는 것으로 해석되고 있다.[41]

생각건대, 이 문제는 반드시 取得時效에 의한 所有權取得이 原始取得인가

37) Schwab, §33 Ⅵ 참조. 二重效에 대하여는 高翔龍, 總則, 95 참조.
38) 郭潤直, 306; 金容漢, 279; 金曾漢, 119; 張庚鶴, 443 등.
39) 李英俊, 447.
40) 朴燦柱, "不動產時效取得", 司法硏究資料 16, 65-68.
41) MünchKomm/Quack, §945 RdNr. 2.

의 여부에 의하여 결정될 성질의 것은 아니고, 통설이 설명하는 바와 같이 取得時效의 기초가 된 점유가 타인의 권리를 용인하고 있었는가에 의하여 결정되어야 한다고 보아야 할 것이다. 한편 取得時效完成 후 등기 전에 제3자가 전소유자에 대하여 소유권 이외의 권리를 취득한 경우는 이와 동일하게 취급할 수 없다. 이 경우는 제3자가 소유권을 취득한 경우와 마찬가지로 보아 점유자는 이러한 제3자에 대하여 대항할 수 없다고 보아야 할 것아다. 판례는 제3자가 取得時效完成 후 등기 전에 前所有者를 상대로 부동산을 押留한 경우에 후에 점유자가 등기를 마쳤다 하더라도 점유자는 押留債權者에 대하여 대항할 수는 없고, 이러한 제3자와의 관계에서까지 取得時效의 遡及效가 인정되는 것은 아니라고 한다.[42]

5. 民法 附則 第10條 第3項

民 附則 §10Ⅲ은 同條 Ⅰ을 준용하여 民法 시행일 전의 依用民法 시행당시에 時效完成으로 인하여 부동산에 관한 物權을 취득한 자도 民法 시행일로부터 6년 내, 즉 1965.12.31까지 등기하지 아니하면 그 효력을 잃는 것으로 규정하고 있다. 그러나 판례는 위 날짜까지 등기를 하지 않음으로써 점유자가 소유권을 상실하는 경우에도 "민법 부칙 제10조 제1항, 제3항의 규정은 물권변동 자체의 효력을 상실케 하는 것뿐으로 그 변동의 기초가 되는 채권적인 원인관계나 시효완성의 바탕이 된 점유사실까지를 소멸시키는 것은 아닌 만큼, 시효취득의 바탕이 된 점유사실로 인한 채권적인 소유권이전등기청구권은 1966.1.1부터 소멸시효의 대상이 되는 것이다(이 청구권은 물권적인 등기청구권이 존속하는 동안은 행사의 여지가 없기 때문이다)" 라고 하여[43] 점유자가 소유권은 상실하더라도 時效取得의 바탕이 된 점유사실로 인한 채권적인 소유권이전등기청구권은 여전히 행사할 수 있는 것으로 보고 있다.

그러나 이러한 判例의 이론에는 다소 문제가 있다. 원래 依用民法上의 取得時效에 있어서는 占有者가 取得時效의 完成으로 바로 所有權을 취득하는 외에 다른 債權關係가 존재하지 않으며, 따라서 소유권에 기한 물권적인 소유권이전등기청구권 외에 時效取得의 바탕이 된 점유사실로 인한 채권적인 등기청구권이 별도로 존재할 여지가 없었기 때문이다. 그러므로 이러한 경우에는 위

42) 大判 91.2.26, 90누5375(新聞 2016, 6).

43) 大判 66.11.22(註 16). 同旨 大判 67.4.4, 67다163(集 15-1, 300); 大判 67.7.18, 67다854(集 15-2, 200); 大判 68.7.24, 68다924(總 6, 454-1) 등.

조항에 의하여 占有者가 취득한 所有權은 상실된다고 하더라도 적어도 當事者 사이에서는 종전의 物權的 權利關係가 債權的 權利關係로 바뀌어 현행 民法 시행 후에 取得時效가 完成한 경우와 같은 효력은 인정된다고 보아야 할 것이다.[44)]

Ⅳ. 取得時效利益의 拋棄

1. 意　　義

民法은 取得時效의 경우에는 消滅時效의 경우와는 달리 取得時效利益의 拋棄에 관한 규정을 두지 않고 있다. 그러나 판례는 뒤에서 보는 바와 같이 取得時效利益의 拋棄를 인정하고 있고, 학설상으로도 消滅時效利益의 拋棄에 관한 民 §184 Ⅰ을 유추적용하여 이를 인정하고 있는 견해가 있다.[45)]

생각건대, 取得時效利益의 拋棄는 이론적으로 당연히 인정될 수 있을 것이다. 즉 動産取得時效나 登記簿取得時效가 완성한 경우 또는 占有取得時效에 있어서 등기를 마친 경우에는 점유자가 이미 소유권을 취득하였으므로, 이때에는 소유권을 拋棄하는 방식에 의하여 時效利益을 拋棄할 수 있을 것이고, 占有取得時效에 있어서 時效가 완성하였으나 아직 등기를 하지 않은 경우에는 점유자가 소유자에 대하여 債權的인 소유권이전등기청구권만을 취득하는 데 지나지 않으므로, 이때에는 이 청구권을 拋棄함으로써 時效利益을 拋棄할 수 있을 것이다. 다만 문제는 取得時效가 완성하기 전에 時效利益을 拋棄할 수 있는가 하는 점인데, 消滅時效利益의 事前拋棄 금지에 관한 民 §184 Ⅰ을 유추적용하여 이러한 時效利益의 拋棄는 금지된다고 보아야 할 것이다.

2. 具體的 事例

실제 문제는 어느 경우에 時效利益의 拋棄가 있다고 볼 것인가 하는 점인데, 消滅時效利益의 拋棄와 마찬가지로 法律行爲解釋의 일반원칙에 따르는 수밖에 없고, 따라서 명시적인 拋棄뿐만 아니라 묵시적인 拋棄도 가능할 것이다.

판례는 다음과 같은 경우에 取得時效利益의 拋棄가 있은 것으로 인정하였

44) 前述 民 §162의 해설 Ⅱ.2.(7) 참조. 결과에 있어서 同旨 崔鍾吉, "民法施行 전의 時效完成으로 인한 物權取得과 民法 附則 제10조와의 관계", 司行 67-12, 73 이하.
45) 李英俊, 442.

다. 즉 타인의 주택지를 침범한 데 관하여 토지를 실측하여 경계선을 확정하고 쌍방의 공동부담으로 부로크 담을 축조하기로 합의하는 것,[46] 매도인이 자기가 매도한 토지를 매도하지 않은 것으로 알고 점유하여 取得時效期間이 완성하였으나 그 후 지적측량복구시에 매도인의 상속인들이 경계측량결과에 동의하여 매수인측에게 점유를 이전하여 준 것,[47] 取得時效完成을 원인으로 하는 소유권이전등기절차이행의 청구를 하다가 상대방의 소유를 인정하고 상대방과 합의하여 訴를 취하하는 것[48] 등이다.

또한 판례는 자기명의로 소유권이전등기를 마친 점유자가 取得時效期間 경과 후 소유자에 대하여 경작권을 구심하고 소유권이전등기절차를 이행하기로 하는 내용의 각서 및 拋棄書를 제출한 경우 이는 取得時效의 주장을 받아들이는 데 장애가 되는 사유라고 하였는바,[49] 이는 소유권의 拋棄에 의하여 時效利益을 拋棄한 예라고 볼 수 있다. 그리고 被告가 原告 소유의 土地에 대한 20년의 取得時效完成 후 이를 原告 점유의 被告所有地와 교환하여 登記까지 마쳤다면 그 후 交換契約이 合意解除되었더라도 時效利益을 포기한 것이라고 한다(大判 91. 8. 13, 91다16976등, 公 905, 2355).

반면 일단 取得時效期間의 만료로 점유자가 소유권이전등기청구권을 취득한 이상 그 후 부동산에 대한 점유가 中斷되더라도 그 점유의 상실을 당연히 時效利益의 拋棄로 볼 수는 없고, 이미 취득한 소유권이전등기청구권이 점유의 상실로 당연히 소멸하는 것은 아니라고 하며,[50] 取得時效完成 후 占有者가 所有者로부터 買受를 시도한 것만으로는 時效利益의 拋棄라고 할 수 없다는 것은 확립된 判例이다.[51]

[尹 眞 秀]

46) 大判 61. 12. 21, 4293民上297(集 9, 127).
47) 大判 73. 6. 22, 72다2107(總 2-2(A), 536-86).
48) 大判 73. 9. 29, 73다762(集 21-3, 40).
49) 大判 74. 11. 26, 74다1043(總 2-2(A), 536-99).
50) 大判 89. 4. 25, 88다카3618(集 37-1, 282); 大判 90. 11. 13, 90다카25352(公 887, 93).
51) 大判 80. 8. 26, 79다1(公 642, 13108); 大判(全) 83. 7. 12, 82다708등(集 31-4, 7); 大判 86. 2. 25, 85다카771(集 34-1, 62) 등.

第248條(所有權 이외의 財產權의 取得時效)

前3條의 規定은 所有權 이외의 財產權의 取得에 準用한다.

차 례

Ⅰ. 本條의 意義

本條는 所有權 이외에 널리 財產權 일반에 관하여도 時效取得을 인정하고 있다. 그러나 실제에 있어서는 取得時效가 가능한 것은 후술하는 바와 같이 地上權이나 地役權 등의 用益物權 및 無體財產權 등 몇 가지에 국한된다.

Ⅱ. 一般的 要件

本條의 요건 가운데 대상이 되는 財產權에 관하여는 아래 Ⅲ.에서 살펴보기로 하고 여기서는 그 이외의 일반적 요건에 관하여만 살펴본다.

첫째, 民 §§245, 246의 적용을 받기 위하여는 物件의 占有가 있어야 하는 바, 本條에 의한 時效取得은 이러한 占有뿐만 아니라 占有에 관한 규정이 적용되는 準占有(民 §210)의 경우에도 가능한가? 학설은 일반적으로 이를 긍정한다.[1)]

둘째, 本條에 의한 取得時效의 경우에는 성질상 所有權의 경우와는 달라서 自主占有는 그 요건이 될 수 없고, 각 해당 權利의 權利者로서 占有 또는 準占有한다는 의사만이 요구된다고 보아야 할 것이다.[2)]

셋째, 어느 경우에 不動產所有權에 관한 民 §245가 준용되고 어느 경우에는 動產所有權에 관한 民 §246가 준용되는가가 문제된다. 대상인 權利가 不動產에 관한 權利이면 民 §245가, 動產에 관한 權利이면 民 §246가 각 준용될 것

1) 郭潤直, 307; 金容漢, 278; 張庚鶴, 441 등.
2) 金容漢, 277; 金曾漢, 117; 張庚鶴, 441 등.

이나 이처럼 動產이나 不動產에 관한 權利가 아니라 無體財產權과 같은 權利인 경우에는 어느 조문이 준용될 것인지가 불분명하다. 학설은 법률상 不動產에 관한 규정의 준용을 명시한 경우[3]에는 不動產에 관한 규정을 준용하며, 그러한 규정이 없는 경우에도 登記 또는 登錄을 공시방법으로 하는 경우에는 不動產物權에 준하고 그렇지 않은 경우에는 動產物權에 준하여 다루는 것이 타당할 것이라고 한다.[4]

Ⅲ. 取得時效의 對象이 되는 權利

1. 一般論

학설은 取得時效는 일정한 狀態의 계속을 기초로 하기 때문에 이른바 狀態權만이 그 목적이 될 수 있고, 따라서 財產的 支配權만이 時效取得이 가능하며 請求權이나 形成權은 그 대상에서 제외된다고 한다.[5] 그리하여 財產權이 아닌 扶養請求權이나 지배를 수반하지 않는 物權인 抵當權, 법률의 규정에 의하여 성립하는 占有權 또는 留置權 등은 取得時效의 대상이 되지 않으며, 구체적으로는 物權 및 物權과 유사한 성질을 가진 鑛業權·漁業權·入漁權·無體財產權 등에 한한다고 한다.

2. 物 權

物權 가운데 地上權과 地役權이 取得時效의 대상이 될 수 있다는 데에는 의문이 없다. 地上權에 관하여는 登記簿取得時效를 인정하고 있는 판례가 있고,[6] 地役權에 관하여는 民法이 별도의 규정을 두고 있으며(§§ 294, 295), 실제에 있어서도 문제되는 사례가 비교적 잦은 편이다.[7] 또한 판례는 이른바 墳墓基地權이라는 慣習에 의한 地上權 유사의 物權에 관하여도 時效取得을 인정한다.[8]

傳貰權이 取得時效의 대상이 될 수 있는가에 관하여는 학설의 대립이 있

3) 鑛業權 및 租鑛權에 관한 鑛業 §§ 12 Ⅰ, 52 Ⅰ; 漁業權에 관한 水業 § 24 Ⅱ 등.
4) 金容漢, 277-8; 李英俊, 439; 張庚鶴, 441.
5) 金曾漢, 113; 金容漢, 270; 李英俊, 415; 張庚鶴, 441.
6) 大判 89. 3. 28, 87다카2587(集 37-1, 164).
7) 大判 66. 9. 6, 65다2305등(集 14-3, 3); 大判 68. 2. 20, 67도1677(集 16-1, 刑 17); 大判 76. 10. 29, 76다1694(集 24-3, 274); 大判 79. 4. 10, 78다2482(集 27-1, 257) 등.
8) 大判 55. 9. 29, 4288民上210(集 3-1, 14); 大判 69. 1. 28, 68다1927(集 17-1, 114) 등.

으나[9] 별다른 논의의 실익이 없다.[10]

擔保物權 가운데에서는 質權의 時效取得이 이론적으로 가능하다. 즉 質權設定契約 아닌 다른 사정에 의하여 점유하게 된 타인의 動產을 그 타인에 대한 債權을 담보하기 위하여 점유를 계속한 경우이다.[11] 그러나 抵當權은 성질상 점유를 수반하지 않는 物權이고 抵當權의 실행이 있기 전에는 抵當權의 準占有라는 것도 생각하기 어렵기 때문에 時效取得될 수 없다고 해석하여야 한다.[12]

3. 債　　權

債權도 取得時效의 대상이 되는가? 우리 나라의 學說은 대체로 請求權은 時效取得의 대상이 아니라고 하여 이를 부정적으로 보는 것 같다.[13] 그러나 本條와 동일한 취지의 규정인 日民 §163의 해석으로는 이를 인정하는 것이 통설이며,[14] 日本의 판례는 不動產賃借權에 관하여 그 時效取得을 인정하고 있다.[15] 좀더 연구할 필요가 있는 문제이다.

4. 其他의 權利

기타 取得時效의 대상이 될 수 있는 權利로는 鑛業權·漁業權·入漁權·商標權이나 特許權 등의 無體財產權 등이 있다.

[尹 眞 秀]

9) 긍정설: 金容漢, 426. 부정설: 金曾漢, 113; 李英俊, 637; 張庚鶴, 434는 이를 인정하면서 같은 책, 610은 이를 부정한다.
10) 郭潤直, 432 참조.
11) 金曾漢, 113-4.
12) 金曾漢, 114.
13) 李英俊, 415는 이를 명언한다.
14) 日注民(5), 240 참조.
15) 日最判 昭 43(1968).10.8(民集 22-10, 2145); 日最判 昭 44(1969).7.8(民集 23-8, 1374); 日最判 昭 62(1987).6.5(判時 1260, 7) 등.

第249條(善意取得)

平穩, 公然하게 動產을 讓受한 者가 善意이며 過失없이 그 動產을 占有한 경우에는 讓渡人이 正當한 所有者가 아닌 때에도 즉시 그 動產의 所有權을 取得한다.

차 례

Ⅰ. 總 說

1. 意 義

(1) 制度의 目的

動產의 所有權이 당사자 사이의 讓渡行爲에 의하여 讓渡되는 때에는 讓渡人의 所有權이 그대로 讓受人에게 승계되는 것이므로, 만약 讓渡人이 所有權을 갖지 않았을 때에는 讓受人은 적법하게 所有權을 취득하지 못하게 된다. 이러한 원칙을 고수한다면, 動產의 所有權을 취득하고자 하는 자는 언제나 讓渡人이 적법한 所有者인지를 조사하여야 하게 되므로 去來는 원활하게 이루어지기 어렵고, 또 이루어진다고 해도 진정한 所有者로부터 추급당하는 사례가 종종 일어나게 될 것이다.

民法은 動產에 한하여 이와 같은 경우 객관적으로 명백하지 않는 所有權의 유무보다는 물건을 占有하는 所有者의 權利外觀을 중시하고 이를 신뢰한 새로운 所有者의 所有權取得을 인정함으로써 眞正한 所有者의 追及을 방지하여 去來의 安全을 保護하고 있는데, 이를 公信의 原則이라 하고, 이와 같이 占有의 公信力을 인정하여 讓受人에게 所有權의 原始取得을 인정하는 것을 善意取得[1]이라 한다. 善意取得은 讓渡人에게 所有權이 없는 경우 뿐 아니라, 所有權이 있더라도 處分權이 제한되는 경우에도 성립되며, 반대로 所有權이 없더라도 處分權이 있는 때에는 善意取得의 문제가 발생하지 않는다.

無權利者로부터 所有權을 취득하게 되는 경우로는 善意取得 이외에도 無權利者의 처분을 權利者가 事前承認하거나 事後追認하는 경우[2]를 들 수 있다.

(2) **眞正한 權利者와의 利害衡量**

善意取得이 인정되면 從來의 所有者는 所有權을 행사하지 못하게 되므로 財産權保障을 규정한 憲 §23 I 에 위반되게 되나, 이러한 제한은 去來의 安全이란 公共의 福利를 위한 것이므로 憲 §37 II 에 의하여 가능하게 된다.[3] 讓受人의 입장에서 讓渡人이 진정한 所有者인지의 여부를 판단하기 보다는 讓渡人에게 物件을 맡겨둔 所有者의 입장에서 讓渡人이 그 물건을 함부로 처분하지 않는다고 信賴할 만한지를 판단하는 것이 더 용이하다고 보아야 하기 때문에 그 제한은 比例의 原則에 견주어 보더라도 適正한 것이다.[4] 이와 같이 善意取得은 去來의 安全을 保護하기 위하여 所有權을 制限하는 것이므로 去來의 安全을 보호하기 위한 범위 이상으로 확대되어 적용되어서는 안 된다.

物件이 盜品이나 遺失物인 때에는 所有者의 追及을 인정하고 있다(民 §250). 이러한 입법례는 연혁적으로는 게르만법의 영향이지만, 占有離脫物의 경우에는 所有者가 讓渡人에게 占有를 넘겨준 경우와는 달리 所有者가 讓渡人을 信賴하였다고 볼 가능성이 없고, 讓渡의 動機를 제공하였다고도 보기 어려우므로 比例의 原則에 따라 所有者를 위하여 去來의 安全을 다소 후퇴시킨 것으로 이해할 수 있다.[5] 다만 民法은 金錢인 경우 예외로 하고 있고(民 §250 但), 競賣나 公開市場에서 商人으로부터 매수한 경우에는 去來의 安全은 더욱 보호받아야 하는 점을 고려하여 대가의 변상을 추급의 요건으로 규정하고 있는 것이다(民 §251).

1) 日民 §§192-194는 卽時取得이라고도 하나, 이는 善意取得을 시간의 경과를 요하지 않는 특수한 取得時效로 이해한 제도의 沿革에서 유래한 것으로서 적절한 표현은 아니다.
2) 獨民 §185 참조.
3) BVerfGE 58, 300 참조.
4) MünchKomm/Quack, §932 RdNr. 3.
5) 學說은 대체로 去來의 安全을 보호하기 위하여 善意取得을 인정한다는 權利外觀說의 견지에서 占有離脫物에 관한 例外를 인정할 필요는 없다고 하여 비판적이다. 郭潤直, 205; 金曾漢, 115 참조.

그 밖에 民法이 去來의 安全을 보호하기 위하여 公信의 原則을 채택한 예로는, 表見代理(民 §§ 125, 126, 129), 債權의 準占有者에 대한 辨濟(民 § 470), 領受證所持者에 대한 辨濟(民 § 471), 證券債權의 善意取得(民 § 514), 指示債權의 所持人에 대한 辨濟(民 § 518) 등이 있다.[6]

2. 不動產去來의 安全

(1) 公信의 原則

民法은 動產에 대해서는 公信의 原則을 채택하면서도 不動產에 대하여는 公信의 原則을 인정하지 않고 있다.[7] 動產의 경우 占有의 公信力을 인정하여 善意取得을 인정하는 것은 動產의 去來가 不動產의 去來보다 훨씬 빈번하여 去來의 신속을 보호하여야 할 필요가 크기 때문이다. 不動產去來에 公信力을 인정하게 되면 不動產의 상품화를 촉진하여 不動產을 매개로한 金融去來가 용이해진다는 장점은 있으나, 반면 不動產의 使用과 遊離된 交換價値의 집중으로 인하여 用益權을 약화시키게 되는 부정적 측면도 있다.

立法論的으로 不動產에 대해서도 公信의 原則을 채택할 수 있으려면, 진실한 권리자의 손실을 최소한도로 방지하기 위하여 登記의 公正性을 담보할 수 있는 제도와 사후적으로 구제할 수 있는 제도적 장치가 선행되어야 한다. 前者의 예로서는 獨逸과 같이 原因證書의 公證을 요구하고(獨民 § 313), 物權行爲의 無因性을 인정하면서 登記公務員이 所有權讓渡의 合意(Auflassung)의 효력만을 심사하거나, 瑞西에서와 같이 物權行爲의 有因性을 인정하되 原因行爲는 公正證書에 의할 것을 요구하고(瑞民 § 657), 讓渡人이 처분권자 또는 그의 대리인임을 증명하는 증거문서에 의해서만 登記할 수 있게 함으로써(瑞民 § 965) 登記의 確實性을 提高하는 방법과 소정의 權原分析機關으로 하여금 소정의 수수료를 받고 當事者가 登記할 때 取得하려는 物權의 瑕疵의 유무를 철저히 분석하게 함으로써 피해가 발생하지 않도록 하는 方法[8] 등을 들 수 있다. 後者의 예로는 保險[9]에 의

6) 다만 表見代理나 瑕疵있는 意思表示에 규정되어 있는 善意의 제3자 보호규정은 公信의 原則과는 이론적으로 무관한 것이라는 見解로는 李英俊, 19.

7) 獨民 §§ 892, 893과 瑞民 §§ 973, 974와 토렌스식 登記制度에서는 不動產에 대해서도 公信의 原則을 인정하나, 日本民法이나 佛蘭西民法은 우리 民法과 마찬가지로 不動產에 대해서는 公信의 原則을 채택하고 있지 않다. 다만 佛蘭西에서는 登記의 公信力이 인정되어 있지 않으나, 公證을 거치게 함으로써 실제로는 公信力을 인정하는 것과 유사한 효과를 거두고 있다고 한다. 郭潤直, 不登, 37 참조.

8) 黃迪仁, "權原分析과 權原保險制度", 考試界 83-1(311), 12 참조.

9) 美國에서 운영되는 權原保險(Title Insurance)에 관하여 黃迪仁, "權原分析과 權原保險制度", 考試界 83-1(311), 12 참조.

한 補償方法이나 國家가 이를 賠償하는 方法[10] 등을 들 수 있으나, 後者는 登錄稅의 引上 등에 의하여 별도의 기금을 적립하여야 할 것이므로 국민들의 경제적 부담을 고려하여 결정할 사항이나,[11] 不動産價額의 上昇으로 인하여 不動産詐欺에 의한 피해의 규모도 커지고 있는 만큼 前者의 도입은 적극 검토할 필요가 있다고 본다.[12]

(2) 去來安全의 保障策

民法上 명문의 규정이나 해석을 통하여 善意取得과 마찬가지로 去來의 安全을 보호하기 위한 시도는 여러 가지가 있다. 이러한 것들은 善意取得과는 달리 動産뿐 아니라 不動産의 去來에도 적용되는 것이므로 不動産에 관한 한 去來의 安全을 보호하는 데 중요한 기능을 하게 된다.

㈎ 物權行爲의 獨自性·無因性　　物權行爲에 獨自性·無因性을 인정하는 見解는 그렇게 함으로써 不動産去來에 公信의 原則을 채택하고 있지 않는 우리의 법제에서 去來의 安全을 보호할 수 있다는 점을 들고 있다.[13] 그러나 獨自性·無因性을 인정함으로써 保護받게 되는 자는 善意者에 그치지 않고, 惡意로 物權을 취득한 者도 保護받게 되는 점을 유의할 필요가 있다.[14]

無因說을 취하는 입장에서도 反社會秩序의 法律行爲(民 §103)는 일정한 범위내에서는 債權行爲가 無效이면 物權行爲도 無效라고 보고 있고, 暴利行爲(民 §104)는 언제나 債權行爲가 暴利行爲이면 物權行爲도 無效로 보고 있으므로 有因說과 차이가 없다.[15]

㈏ 解除와 取消의 效力制限　　有因性을 인정하는 경우에는 債權行爲나 物權行爲가, 無因性을 인정하는 경우에는 物權行爲가 解除 또는 取消되는 때에는 讓受人은 所有權을 상실하게 되고, 따라서 그로부터 所有權을 다시 讓渡받은 第三取得者도 所有權을 상실하게 되므로 權利外觀을 신뢰하고 不動産을 매수한 자는 보호받지 못하는 셈이 될 것이나, 民法은 錯誤나 詐欺·強迫에 의한 意思表示의 경우에는 民 §§109 Ⅱ, 110 Ⅲ에서 각각 그 意思表示의 取消는

10) 獨民 §839.

11) 與件이 성숙치 않았다는 見解로는 金曾漢, 38. 日本에 있어 不動産去來에 공신력을 인정할 것인가에 관한 입법론에 대해서는 我妻-有泉亨, 241 이하 참조.

12) 黃迪仁, "權原分析과 權原保險制度", 考試界 83-1(311), 12(18)은 保險料가 地價上昇을 초래하는 것을 방지하기 위하여 현행 自動車保險에서와 같이 義務的으로 加入하는 保險과 當事者가 任意로 加入하여 보다 많은 保險料를 내고 保險金을 더 많이 받을 수 있는 保險의 두 제도를 병존운영하는 것이 바람직하다고 한다.

13) 金容漢, 86 참조.

14) 郭潤直, 94 참조.

15) 郭潤直, 95 참조.

善意의 제3자에게 對抗하지 못한다고 규정하고 있어 第三取得者는 所有權을 보호받게 된다.

解除의 경우에도 民 §548 Ⅰ에 의하여 제3자의 權利는 해하지 못하므로 契約이 解除되더라도 不動產을 취득한 제3자의 所有權은 보호받게 된다. 즉 不動產을 취득하는 자는 讓渡人과 종전 讓渡人 사이의 계약이 해제될 것인지의 여부에 상관없이 所有權을 취득할 수 있으므로 去來의 安全은 보호받게 된다.

㈐ 無能力者의 相對方保護　　無能力者의 去來에 있어서는 제3자를 직접 보호하는 규정이 없으나, 相對方은 催告權(民§15), 撤回權 및 拒絕權(民§16) 등을 행사할 수 있고, 詐術을 사용한 경우의 取消의 制限(民§17), 法定追認(民§145) 등의 규정에 의하여도 보호받게 되므로 第三取得者도 간접적으로 保護받게 된다.

㈑ 無效行爲의 制限　　無效原因 중 非眞意表示(民§107Ⅱ)와 通情虛僞表示(民§108Ⅱ)의 경우에는 그 무효로서 善意의 제3자에게 對抗하지 못한다고 하여 去來의 安全을 보호하고 있다.

Ⅱ. 比較法的 考察

1. 沿　革

로마법에서는 "어느 누구도 자신이 가지는 이상의 權利를 他人에게 줄 수 없다"(Nemo plus iuris transferre potest quam ipse habet)거나 "내가 나의 物件을 찾았을 때에는 내가 그것을 가진다"(Ubi ren meam invenio, ibi vindico)는 原則이 적용되어 處分者가 無權利者인 경우 그를 所有權者라고 믿은 善意의 取得者라도 즉시 所有權을 취득할 수는 없었다. 다만 動產을 善意로 占有한 자에 대해서는 1년이란 比較的 短期의 取得時效(usucapio)가 인정되었기 때문에 우회적인 보호가 주어질 뿐이었다.

善意取得이 인정되지 않았기 때문에 讓受人이 mancipatio에 의하여 絕對權을 취득하지는 못하였고, 다만 讓受人은 제3자로부터 返還請求를 받게 되면 그 소송에 讓渡人을 소환하여 방어하게 할 수 있었는데, 讓渡人이 이를 거부하거나 原始取得한 사실을 立證하지 못하여 敗訴하게 되면 賣買代金의 두 배를

변상받을 수가 있었다.[16)]

그러나 게르만법에서는 "믿음을 둔 곳에서 믿음을 찾아야 한다"(Wo du deinen Glauben gelassen hast, da sollst du ihn suchen)는 원칙이나 "손이 손을 지켜야 한다"(Hand wahre Hand)는 원칙에 의하여 盜難당한 物件이나 遺失物 등 占有離脫物 이외에 상대방을 신뢰하여 引渡한 物件, 즉 占有委託物은 그 相對方이 이를 제3자에게 임의로 처분하더라도 所有者는 자신이 신뢰한 상대방에 대해서만 返還을 請求할 수 있을 뿐 이를 취득한 제3자에 대하여 그 返還을 請求할 수 없고, 追及力이 배제되었다. 追及力이 배제된 결과로 제3자는 善意取得과 유사한 효과를 얻게 되었다. 佛蘭西의 고유법도 "動產은 追及되지 않는다"(Meubles n'ont pas de suite)라고 하는 원칙 아래 마찬가지의 결과를 인정하였다.

근대법은 動產去來의 安全을 확보하기 위하여 로마법의 원칙을 떠나 게르만법의 제도를 발전·계승하였다. 그러나 중세법에서는 所有權이 게베레(Gewere), 즉 占有와 결합하여서만 보호되었기 때문에 게르만법의 위와 같은 원칙은 占有를 상실한 所有權은 무력하며 그 반사로서 현재 占有하고 있는 자가 강하다는 것을 표현한 것에 지나지 않았지만, 근대법의 善意取得制度는 占有를 떠나서도 보호를 받게 되는 觀念的인 近代的 所有權을 전제로 하는 것이므로 형식적으로는 중세 게르만법의 제도를 이어받은 것이라고 볼 수 있으나, 입법정신의 연원은 去來의 安全이라는 近代法原理에 있다. 占有離脫物과 占有委託物을 구별하여 취급하는 점은 財產權保障과 比例의 原則에서 그 존재 근거를 찾을 수 있다하더라도 연혁적으로 보아 게르만법의 잔재이다.

2. 立法例

(1) 佛蘭西

佛蘭西民法은 시효의 章에서 "動產에 관하여는 占有는 權原의 값이 있다"(En fait de meubles, la possession vaut titre)고 규정(§2279 I)하여 短期取得時效에 의하여 取得者를 保護하고자 한 로마법의 흔적을 나타내는 한편, 善意取得者의 權利取得의 근거가 取得者의 占有에 있다고 하고, 또 유실물 또는 도품에 대해서는 종전 所有者의 返還請求權을 3년간 인정하여(§2279 II) 게르만법의 흔적을 보여주는 과도적인 구성을 취하고 있다. 다만 取得者가 그 物件을 競賣, 公開市場

16) Max Kaser, Das römischen Privatrecht, § 32 Ⅲ 2 참조.

또는 物件과 同種의 物件을 판매하는 商人으로부터 매수한 경우에는 所有者는 取得者가 지급한 그 물건의 대가를 변상하지 않으면 그 回復請求를 하지 못한다고 한다(佛民 §2280). 善意取得의 요건인 占有는 현실의 占有를 가리킨다. 이 규정의 취지는 그 후 상인으로부터의 善意取得을 인정한 獨逸 舊商法(1861)을 통하여 一般民事去來에 확대적용한 현행 獨逸民法으로 승계되었다. 不動産에 대해서는 公信의 原則을 인정하지 않는다.

(2) 獨　逸

獨逸民法은 善意取得은 佛蘭西民法에서와 같은 게베레적 구성을 벗어나 去來安全의 보호라는 관점에서 규정하여 取得者의 善意를 요건으로 하고, 추급력을 제한하는 것이 아니라 所有權取得의 효과를 부여하고 있다. 또 체제상 「動産所有權의 取得과 喪失」을 규정한 節에서 動産所有權의 讓渡에 이어 무권리자로부터 物權的 合意와 引渡에 의한 取得(獨民 §932), 未登錄海船에 있어서 무권리자로부터의 取得(獨民 §932 a), 返還請求權讓渡에 있어서 무권리자로부터의 取得(獨民 §934), 占有離脫物의 경우 無權利者로부터의 取得의 排除(獨民 §935) 등을 비교적 상세히 규정하고 있으며, 所有權 이외에 質權에 대해서도 準用하고 있다(獨民 §1208). 占有改定에 의한 動産物權의 變動은 인정되나, 善意取得을 위해서는 그 후 現實의 引渡가 이루어져야 하며, 현실의 인도가 있을 때에도 善意여야 한다(獨民 §933). 또 未登錄海船에 있어서는 통상의 所有權移轉은 引渡를 요하지 않고 합의만으로 충분하나, 善意取得을 위해서는 引渡가 요건이다.

무권리자로부터의 動産取得의 요건이 되는 取得者의 善意(gutes Glauben)는 우리 民法과는 달리 물건이 讓渡人의 所有가 아니라는 사실을 알지 못한 경우 뿐 아니라 중대한 과실없이 알지 못한 경우도 포함하는 개념이다(獨民 §932 Ⅱ). 중대한 過失이 없는 한 善意取得을 인정한다는 점에서 우리 民法보다는 善意者 보호가 더 두텁다고 볼 수 있다. 또 讓受人이 所有權을 취득하는 것을 방해하는 사유로는 그의 惡意와 重過失만 들고 있을 뿐, 그 취득이 平穩·公然하게 이루어졌는지의 여부를 묻지 않는다. 또 盜品·遺失物 등의 占有離脫物에 대해서는 善意取得이 성립될 수 없으나(獨民 §935 Ⅰ), 金錢이나 無記名證券 및 공경매에 의하여 처분된 물건에 대해서는 그러하지 아니하다(獨民 §935 Ⅱ). 占有離脫物의 返還을 청구함에 있어 第三取得者가 매수한 대금을 변상하여야 한다는 제도나 提訴期間의 제한은 없다.

한편 獨逸商法은 자신의 소유에 속하지 아니하는 물건의 매매를 營業으로 하는 商人으로부터 動産을 취득한 자는 所有者를 위하여 그 목적물을 처분할 권한이 처분자에게 있다는 점에 대하여 善意인 한 善意取得할 수 있다고 한다(獨商 § 366 I). 또 不動産에 대해서도 公信의 原則은 인정된다(獨民 § 892 이하).[17]

(3) 瑞 西

瑞西民法은 善意取得을 占有의 章에 규정하고 있다. 이는 善意取得을 所有者의 추급력을 제한하는, 讓受人이 취득한 占有의 效力으로 본 연혁적 근거에서 기인하는 것이다. 取得者가 취득 당시 필요한 주의를 기울였더라면 處分者가 無權利者임을 알 수 있었을 경우에는 善意取得을 부정하여(§§ 933, 714 II, I) 獨逸民法과는 달리 輕過失에 의한 取得을 보호하고 있지는 않다.

瑞西民法은 讓受人이 讓渡人의 所有權을 신뢰한 경우 뿐 아니라 讓渡人의 處分權에 대하여 善意인 때에도 善意取得은 인정된다고 한다(§§ 714 II, 933). 遺失物에 대해서는 善意取得이 인정되지 않는 점은 獨逸民法이나 우리 民法과 같으나, 所有者의 返還請求權은 5년 내에 행사되어야 한다(瑞民 § 934 I). 公競賣나 市場 또는 同種類의 물건을 판매하는 商人으로부터 物件을 取得한 때에는 遺失者는 善意의 讓受人에게 지급한 對價를 辨償하고 그 물건의 返還을 請求할 수 있도록 民 § 251와 같은 규정을 두고 있다(瑞民 § 934 II). 瑞西民法은 不動産에 대해서도 公信의 原則을 인정하고 있다(瑞民 §§ 973 이하).

(4) 墺 地 利

墺地利民法은 公競賣에 의하여 취득한 경우, 당해 去來의 권한이 부여된 商工人(Gewerbsmann) ──手工業者 또는 商人, 제 1 차 生産者는 生産品의 거래를 영업으로 하는 경우에만 해당── 으로부터 取得한 경우, 所有者가 위탁한 자로부터 취득한 경우 등에만 善意取得을 인정하고 있다(§ 367). 결국 占有離脫物은 그것이 公競賣에 의하거나 商工人으로부터 취득한 경우가 아니면 善意取得이 인정되지 않는다. 獨逸民法과는 달리 輕過失에 의한 取得은 보호되지 않는 것으로 해석된다.[18]

(5) 日 本

日本民法은 善意取得을 物權의 取得原因으로서가 아니라, 「占有權의 效

17) 不動產物權에 대하여 公信의 原則을 인정하는 것은 연혁적으로 보아 抵當權의 取得에서부터 발전하여 所有權 및 그 밖의 不動產物權으로 확대되었다. 獨逸에서도 프로이센 보통법은 抵當權에 한하여 公信의 原則을 인정하였는데, 그 후 프로이센의 1872년 所有權取得에 관한 法에 의하여 不動產物權의 일반에 대하여 확대되었다고 한다. 我妻-有泉亨, 45 참조.

18) Franz Gschnitzer, Österreichisches Sachenrecht, 112.

力」의 節에 두고 있다. 다른 民法들과 마찬가지로 眞正한 權利者가 임의로 처분한 경우(日民 §192)와 진정한 권리자로부터 盜難 또는 遺失된 占有離脫物의 경우(日民 §§193, 194)로 나누어 규정하고 있다. 그러나 遺失物의 경우 民 §250 但書와 같은 金錢의 특례를 두고 있지는 않다.

그 밖에 타인이 사육하는 家畜 이외의 동물에 대해서는 善意로 이를 占有한 자는 그 動物이 달아난 때로부터 1개월 내에 종전 所有者의 返還請求를 받지 않을 때에는 그 동물에 대한 權利를 취득한다는 규정(日民 §195)을 두고 있으나, 이는 가축 이외의 동물이 달아난 경우 事實行爲에 의한 捕捉者에게 所有權을 부여하기 위한 것으로서 去來의 安全保護를 위한 善意取得制度와는 다른 것이다. 이 규정이 動産의 善意取得에 관한 규정과 時效에 관한 日民 §162 Ⅱ 등과 흡사한데, 이는 日本民法의 기초자들이 善意取得에 관한 규정을 動産去來의 안전을 보호하기 위한 제도로 명확히 인식하지 못하고, 時效取得의 범주에 포함된다는 로마법 이래의 관념에 물들어 있었기 때문이라고도 한다.[19] 또 不動産에 대해서는 善意取得이 인정되지 않는다.

Ⅲ. 適用範圍

1. 動 産

善意取得이 인정되는 것은 「動産」에 한한다. 動産이란 有體物 및 電氣 기타 管理할 수 있는 自然力(民 §98) 가운데에서 土地 및 그 定着物이 아닌 物件을 가리킨다(民 §99). 따라서 不動産所有權,[20] 不動産抵當權[21] 등과 같은 不動産物權이나 利得償還請求權,[22] 서울시가 철거민에게 부여하는 聯立住宅入住權,[23] 골프장회원권, 電話加入權, 定期預金證書 등과 같은 재산권은 善意取得의 對象이 되지 못한다. 그러나 有體動産은 執達官이 이를 假押留하였다고 하더라도 종전의 所有者에게 계속하여 그 보관을 명한 이상 占有者의 私法上의 占有가 소멸되는 것이 아니므로 善意取得의 대상이 된다.[24] 그 밖에 문제가 되는 것들은

19) 日注民(7), 104 참조.
20) 大判 65. 9. 28, 65다736(要集 民 Ⅰ-1, 343).
21) 大判 85. 12. 24, 84다카2428(集 33-3, 219).
22) 大判 80. 5. 16, 80마182(公 635, 12854).
23) 大判 80. 9. 9, 79다2233(公 643, 13161).
24) 大判 66. 11. 22, 66다1545등(集 14-3, 210).

다음과 같다.

(1) 金 錢

鑄貨나 紙幣 등의 金錢도 動產이다. 그러나 金錢은 財貨의 交換을 媒介하고 그 價値를 測定하는 一般的 標準으로서 이를 취득하는 것은 그것에 의하여 표상되는 일정금액의 價値의 取得이란 점에 주된 의미가 있을 뿐 어떤 個性을 갖는 것이 아니라는 특성을 지닌다. 이와 같은 특성 때문에 金錢이 善意取得의 대상이 되는지에 대해서는 견해의 대립이 있다.

(가) 學 說 ① 金錢도 動產이므로 內國의 通貨이든 外國의 通貨이든 善意取得의 대상이 되고, 占有를 취득하였다고 하여 당연히 그 所有者가 된다고는 할 수 없다는 설이다.[25] ② 通貨로서의 金錢은 추상적인 價値 그 자체를 뜻하는 것이므로 물건으로서의 개성은 문제되지 않아 占有가 있는 곳에 所有가 있게 되므로 그 사후의 문제는 金錢債權인 不當利得返還請求權의 문제로 처리하면 족하고, 성질상 善意取得의 규정이 적용될 여지가 없다는 설로서 多數說이다.[26] 이 說에 의하면, 金錢은 그것이 단순한 물건으로 취급되는 경우에만 善意取得의 규정들이 적용되게 되고, 따라서 民 §250 但書의 金錢은 이러한 金錢만을 의미한다고 한다.[27] ③ 金錢은 流通性이 확보되어야 한다는 특성을 지니는 점에서 有價證券의 경우와 동일하고, 抽象的 價値 그 자체일 뿐 개성을 갖는 것은 아니어서 일반동산과 동일하게 취급될 수는 없으므로 民 §249를 적용할 것이 아니라, 商 §65나 手 §21를 類推適用해야 한다는 說이다.[28]

(나) 檢 討

(a) 民 §250 但書가 金錢을 제외하고 있는 점으로 미루어 우리 民法의 해석으로는 金錢에 대해서도 善意取得은 적용된다고 보아야 한다. 金錢에 대하여 善意取得의 규정이 적용되지 않는다는 說은 民 §250 但書 소정의 金錢은 단순한 動產으로 去來되는 경우만을 가리킨다고 하나,[29] 金錢이 封金을 임치하거나 진열의 목적으로 特定의 貨幣를 지급하는 경우처럼 特定物로서 去來

25) 金顯泰(上), 121; 崔栻, 110. 朝高判 33.10.10(民錄 20, 361). 타인이 맞겨 놓은 金錢으로 대여 또는 채무를 변제한 사안에서 日大判 昭 9(1934).4.6(民集 13, 492)는 金錢이 善意取得의 대상이 됨을 인정하였다.

26) 姜東湖, "動產의 善意取得制度에 관한 考察", 慶尙大論文集 13, 177; 李宗洽, "善意取得", 法學論叢(檀國大) 8, 48; 郭潤直, 198-9; 金基善, 234; 金曾漢, 116; 方順元, 131; 李英俊, 219; 張庚鶴, 452. 日本의 通說・判例이다. 末川博, "貨幣とその所有權", 占有と所有, 191(194); 日注民(7), 99; 日最判 昭 39(1964).1.24(判時 365, 26).

27) 郭潤直, 198-9.

28) 金容漢, 284-5; 金曾漢, 116; 黃迪仁・鄭權燮, 註釋(Ⅱ), 403; 我妻-有泉亨, 236.

29) 郭潤直, 199; 金容漢, 285; 張庚鶴, 453.

된 때에는 이를 법률상 다른 動產과 구별하여 취급할 아무런 이유가 없으므로 이 경우를 위하여 例外規程을 두었다고는 볼 수 없기 때문이다.[30] 日本의 경우 引渡가 動產物權變動의 對抗要件으로 되어 있어 占有와 所有가 상대적으로 일치되기 어렵기 때문에 金錢에 대해서는 그 특성을 감안하여 一般動產과는 달리 占有가 있는 곳에 所有가 있다고 보아 善意取得의 대상에서 제외할 필요가 그만큼 강하고, 또 金錢을 盜品의 특례에서 배제하는 民 §250 但書에 해당하는 규정이 없으므로 우리의 경우와 반드시 동일한 것은 아니다.

(b) 金錢은 財貨의 交換을 媒介하고 그 價値를 測定하는 一般的 標準으로서 이를 취득하는 것은 그것에 의하여 표상되는 一定金額의 價値取得이란 점에 주된 의미가 있고, 一般動產과는 달리 통상 特定物로서 去來되는 것은 아니며, 識別 자체가 용이한 것이 아닌데다가 고도의 流通性을 본질로 한다는 특징을 갖는 것은 사실이다. 그 결과 實際去來에서 金錢은 그에 대한 物權的 返還請求權이 행사되기 어려운 점 등 일반동산과는 다른 성격을 갖는 것처럼 보이기는 하나, 이것은 金錢에는 個性이 없어 特定이 어려운데다 流通이 빈번하고, 預金 등과 같이 다른 재산권으로의 전환이 용이하며, 混和(民 §258)에 의하여 쉽사리 占有者가 所有權을 취득할 수 있고, 또 그 결과 善意取得도 비교적 용이하기 때문인 까닭이지 物權法上 動產과는 다른 특수한 지위를 갖기 때문인 것은 아니다. 金錢에 대하여 動產物權變動에 관한 규정의 적용을 부정하는 견해가 金錢에 대하여는 物權的 請求權을 인정할 여지가 없다고 하면서도 金錢이 봉투 속에 들어 있는 경우나 절취한 金錢밖에 도둑이 소지하고 있지 않는 특별한 경우에는 예외적으로 物權的 返還請求權이 성립하다고 하는 것[31]도 特定이 가능하고 混和되지 아니하여 返還請求權이 행사될 수 있는 당연한 경우를 인정한 것에 불과하다. 金錢은 占有가 所有의 權原이며, 타인의 占有에 돌아간 金錢에 대하여는 언제나 債權的 返還請求權이 있게 될 뿐이라는 점을 강조한 나머지 甲이 乙에게 金錢을 교부하며, 甲의 丙에 대한 채무변제를 위하여 丙에게 전달할 것을 위임한 때에도 乙은 그 金錢의 所有權을 취득하고, 丙에 대하여 같은 금액의 金錢만 지급하면 된다고 하는 見解[32]도 있으나, 이 경우에도 當事者의 意思가 특별히 소비를 허용하지 않는 한, 봉금의 형태로 교부하지 않았다 하더라도 分離 및 特定이 가능하여 混和되지 않는 이상 乙은 所有權을

30) 同旨 金顯泰(上), 121.
31) 日注民(7), 99, 101.
32) 金錫宇, "金錢", 司行 249, 49.

취득하지 않는다고 보는 것이 去來의 觀念으로 보아 타당하고, 오히려 그것을 任意로 消費한 때에는 乙에 대하여 橫領罪(刑 § 355 I)의 죄책을 물을 수 있을 것이다.[33] 또 被害者가 錢袋 채로 盜難당한 자신의 金錢을 발견한 경우 所有權에 기한 返還請求를 허용하는 것이 타당할 것이다.

(c) 強制通用力을 상실한 金錢은 더이상 金錢으로서의 가치를 상실하고 있으므로 다른 물건과 달리 취급할 이유가 없음은 분명하다. 強制通用力을 갖는 法貨이기는 하지만 실제로 通用되지 않는 기념 金貨, 銀貨 등의 경우도 마찬가지이다. 그런데 金錢이 強制通用力을 갖는 이상 當事者의 去來의 방식에 따라, 즉 通貨로 去來된 것인지 物件으로 去來된 것인지의 여부에 따라 달리 취급할 합리적 이유가 없다. 예를 들어, 乙이 비교적 희귀한 甲소유의 鑄貨를 편취하여 이를 丙에게 收集用으로 판매하면서 지갑채로 교부한 경우와 丙에게 物件代金으로 지갑채 지급하여 이를 丙이 그대로 보관하는 경우를 비교하여 乙의 返還請求權이 달리 행사되어야 할 이유를 발견하기는 어렵다. 왜냐하면 甲이 행사할 그 주화에 대한 返還請求權의 허부가 乙과 丙 사이의 去來方式에 따라 결정되어야 한다고는 볼 수 없기 때문이다. 混和나 善意取得에 의한 金錢 자체에 대한 返還請求의 차단이 쉽사리 일어날 수 있는 점은 별론으로 하더라도 乙의 입장에서는 가능하다면 언제나 金錢 그 자체의 返還을 請求할 수 있는 권능을 1차적으로 부여받는다고 하여 불합리하지 않을 뿐 아니라, 특별히 피해를 보게 되는 사람도 없는 것이다. 단지 실제로는 金錢은 그 특성 때문에 통상의 去來에서 善意取得이 부정되는 경우는 흔치 않을 것이고, 또 善意取得이 부정되는 경우라 하더라도 混和로 인하여 종전 所有者의 所有權은 쉽게 소멸되는 경우가 보통일 것이다.

(d) 金錢의 경우 占有가 있는 곳에 所有가 있다고 보는 설에 의하면

---

33) 委託賣買人이 販賣代金을 消費한 경우 橫領罪를 인정한 大判 82.2.23, 81도2619(公 679, 398); 大判 86.6.24, 86도1000(公 781, 984); 名義受託者가 信託不動產의 賣買代金을 수령하여 任意로 消費한 경우 橫領罪를 인정한 大判 84.9.25, 84도1650(公 740, 1768); 土地賣買去來를 포괄적으로 대리해 온 자가 매수인들로부터 수령한 賣買代金을 任意로 消費한 경우 본인으로부터 직접 교부받은 경우와 마찬가지로 橫領罪를 인정한 大判 82.9.28, 82도1486(公 693, 1045) 등 참조. 金錢은 占有하는 자가 所有者라고 보는 입장에서는 任置된 金錢을 소비한 경우(消費任置는 債務不履行의 문제만을 낳을 뿐이다) 自己의 物件에 대하여 橫領罪가 인정되는 결과를 피하기 위하여 타인을 위하여 金錢을 보관하게 되면 구체적인 金錢으로부터 遊離된 一定數量의 金額이 보관의 目的物이 된다고 보아 資力으로 미루어 그 返還可能性을 위태롭게 할만큼 소비하는 경우 橫領罪가 성립된다고 하나(末川博, "貨幣とその所有權", 占有と所有, 191〈202 이하〉) 橫領罪의 구성요건인 客體의 財物性에 반하는 해석이다.

위의 사례에서 丙은 惡意與否에 관계없이 金錢의 所有權을 취득하게 되고, 債務의 辨濟로 金錢을 교부받은 것은 「法律上 原因」을 갖춘 것으로 보아야 하므로 甲에 대한 不當利得返還義務도 부담하지 아니할 뿐 아니라, 그 밖의 債務도 부담하지 않는다. 善意取得이 적용된다는 설에 의하더라도 善意取得이나 混和에 의하여 丙이 쉽사리 그 所有權을 취득하게 되는 점은 같다. 그러나 丙이 惡意이면 우선 金錢의 返還義務를 질 것이고, 混和에 의하여 金錢의 所有權을 취득한 때에는 甲에 대하여 그 금액만큼의 채무를 부담하게 될 것이므로 당사자 사이의 형평에 더욱 충실한 결과가 된다.

(e) 金錢을 善意取得의 대상이 된다고 인정하더라도, 특히 商 §65나 手 §21를 類推할 필요나 근거는 없다.

(2) **有價證券**

有價證券에 대해서는 특별한 규정이 있으므로 動産의 善意取得에 관한 民法의 규정이 적용될 여지가 없다. 民法은 指示債權과 無記名債權에 대하여 별도의 규정을 두고 있고(民 §§524, 514), 이 규정은 商 §65에 의하여 商法上 有價證券에도 준용된다. 어음·手票에 대해서는 어 §§16 Ⅱ, 77 Ⅰ, 手 §21 등이 같은 취지로 규정하고 있으며, 手 §21의 규정은 株券에도 준용된다(商 §359). 無記名債權을 動産으로 규정한 日本(日民 §86 Ⅲ)에서도 判例와 通說은 無記名債權에 대하여 日手 §21의 善意取得規定을 적용하고, 민법상의 盜品의 特例를 적용하지 않는다.

有價證券에 적용되는 이러한 규정은 有價證券의 유통성을 위하여 보호의 범위를 넓히고 있다. 즉 動産의 善意取得의 경우에는 讓受人이 讓渡人의 처분권없음을 경과실로 알지 못한 때에는 보호받지 못하나, 有價證券의 경우에는 讓受人이 적법한 소지인인 한 취득 당시 讓渡人의 무권리를 알았거나 중대한 過失로 인하여 알지 못한 경우에만 善意取得을 배제하도록 하여 경과실의 경우를 보호하고 있다. 또 動産의 善意取得에서와 같은 盜品·遺失物에 대한 特則(民 §§250, 251)이 有價證券에는 적용되지 않으며, 動産의 善意取得은 讓渡人이 무권리자인 경우에만 가능하다고 보는 데 반해, 有價證券의 경우에는 그 이외의 경우에도 善意取得을 인정하여 善意取得의 적용범위를 넓히고자 하는 견해가 많다.[34] 有價證券의 경우는 법문이 善意取得의 효력을 다투는 자에게 惡意, 重過失의 立證責任을 지우는 것으로 명백히 규정하고 있다.

34) 鄭東潤, 어음·手票法, 180-4 참조.

(3) 登記·登錄에 의하여 직접 公示되는 動産

善意取得은 動産의 공시방법인 占有에 公信力을 부여하고자 하는 것이므로 動産이라 하더라도 占有에 의하지 아니하고 登記나 登錄에 의하여 公示되는 경우[35]에는 적용될 수 없다.[36] 그러나 自動車管理法에 의한 登錄을 받지 않은 自動車에 있어서는 本條의 적용이 있고,[37] 自管 §13의 규정에 의하여 抹消登錄된 自動車에 있어서는 새로 自管 §7의 규정에 의한 新規登錄을 받지 않은 한 本條가 적용된다.[38] 또 20톤 미만의 船舶이나 重機管理法 소정의 重機는 登錄이 所有權의 공시방법은 아니므로 善意取得의 대상이 된다.

登記·登錄에 의하여 공시되는 動産이라 하더라도 善意取得의 대상이 되는 경우가 있다. 立木에 관한 法律에 의하여 登記된 立木이 伐採되어 토지로부터 분리된 때에는 立木을 목적으로 하는 抵當權은 伐採된 樹木에 대하여서도 미치는 것이지만(立木 §4 Ⅰ), 그 분리된 樹木은 善意取得의 대상이 된다.[39] 讓受人은 善意取得에 의하여 抵當權의 제한을 받지 않는 所有權을 취득하게 된다.

(4) 不動産 등의 登記에 의하여 부수적으로 公示되는 動産

(가) 樹木의 集團·立稻, 未分離果實 등 樹木의 集團이나 立稻, 未分離果實 등은 본래 土地의 일부이거나 그 일부의 일부에 불과하여 動産과는 성질을 달리할 뿐 아니라, 독립된 물권의 객체가 되는 때에도 立木登記나 明認方法에 의하여 공시되므로 善意取得의 대상이 될 수는 없다.[40] 따라서 土地를 포함한 山林을 매수하여 그 전체를 占有한 경우에는 山林에 대해서만 善意取得이 인정될 수는 없고, 그 후 善意無過失로 벌채하여 動産으로 占有하기에 이르렀다 하더라도 去來行爲에 의하여 占有하게 된 것이 아니므로 善意取得이 인정될 여지는 없다.[41]

(나) 不動産의 從物 建物의 從物이나 抵當不動産의 從物인 動産의 경우처럼 從物인 動産이 主物인 不動産의 登記에 의하여 공시되는 경우에는 從物에 대한 善意取得은 가능하다. 즉 從物만 분리되어 善意取得의 대상이 될

35) 前述 民 §188의 Ⅲ.1.(5) 참조.
36) 自動車에 관한 大判 64.9.8, 64다650(要集 民 Ⅰ-1, 497); 舊道路運送車輛法의 적용을 받는 불도저에 관한 大判 66.1.25, 65다2137(集 14-1, 18) 참조.
37) 日最判 昭 45(1970).12.4(民集 24-13, 1987) 참조.
38) 日東京高判 昭 45(1970).5.28(判時 595, 56); 日横兵地裁 川崎支判 昭 43(1968).6.29(タイムズ 228, 131) 참조.
39) 通說이다. 郭潤直, 199-200; 金容漢, 284; 金曾漢, 117.
40) 通說이다. 郭潤直, 199; 金容漢, 283; 張庚鶴, 453. 反對 註釋民法(上), 349.
41) 同旨 日大判 昭 7(1932).5.18(民集 11, 1963). 反對 日注民(7), 93.

수도 있고, 從物이 主物인 不動產所有者의 所有에 속하지 아니하는 때에도 讓受人이 이를 占有할 때 善意取得의 요건을 갖추었다면 善意取得할 수 있다.[42)]

(다) 特別法에 의한 抵當權의 目的 및 財團造成物件 工場抵當權의 효력이 미치는 工場設置動產은 그 공장에서 분리되어 第三取得者에게 引渡된 후일지라도 抵當權의 效力이 미치는데(工抵 §9 I), 그 경우에도 그 분리된 각개의 動產은 善意取得의 목적이 된다(工抵 §9 II).[43)] 工場財團이나 鑛業財團이 설정되면, 그에 속하는 動產은 이를 讓渡할 수 없게 되지만(工抵 §23 I, 鑛抵 §5), 그러나 善意取得은 가능하다.[44)] 讓受人이 취득 당시 制限物權의 존재에 대해 善意로 과실없이 취득하였다면 그 制限을 면하게 되는 것이다.

(5) 證券에 의하여 표상되는 動產

倉庫證券·貨物相換證·船荷證券 등 引渡證券은 商 §65, 民 §§514, 524, 525 등의 규정에 의하여 善意取得될 수 있는데, 이러한 證券이 善意取得되는 때에는 그에 의하여 표상되는 動產도 善意取得되는가. 證券의 物權的 效力에 관한 絶對說과 代表說의 입장에 따라 달라진다. 前者는 證券의 善意取得은 그대로 상품 자체의 所有權 또는 質權의 善意取得이 된다고 하고, 後者는 證券의 善意取得은 상품의 占有의 善意取得에 지나지 않으므로 상품의 所有權 또는 質權의 取得을 위해서는 民法의 善意取得에 관한 규정에 준거하여야 한다고 한다.

引渡證券이 발행된 物品은 返還請求權이 引渡證券에 표상되게 되므로 證券의 交付에 의하지 아니하고는 返還請求權을 讓渡할 수 없다. 그러므로 所有者가 아닌 목적물의 讓渡人이 引渡證券이 발행된 사실을 숨기고 返還請求權讓渡의 방식에 의하여 목적물을 讓渡하더라도 善意取得은 인정되지 않는다. 善意取得에 의하여 보호되는 것은 讓渡人의 처분권에 대한 善意이지 返還請求權이 證券에 표상되지 아니한 점에 대한 善意는 아니기 때문이다.[45)]

引渡證券에 의하여 讓渡되는 動產이라도 일단 證券에 의하지 아니하고 운송 내지 임치의 관계로부터 이탈한 때에는 역시 善意取得의 대상이 된다.[46)] 動

42) 獨民 §926 II은 이를 명시하고 있다.

43) 工場抵當權의 效力이 미치는 動產을 토지나 건물과 분리하여 押留한 것은 工抵 §10 II에 위반되나, 그 강제집행의 결과로 이를 競落한 자는 善意取得할 수 있다는 취지의 大判 72.11.28, 72다945(要集 民 II, 119) 참조.

44) 同旨 金容漢, 283; 金曾漢, 117; 方順元, 133; 日最判 昭 36(1961).9.15(民集 15-8, 2172).

45) BGHZ 49, 160(163).

46) 同旨 金容漢, 284; 金曾漢, 117; 金顯泰(上), 121; 黃迪仁·鄭權燮, 註釋(II), 403; 日

産 자체의 善意取得과 證券의 取得에 의한 善意取得이 동일물건 위에서 경합한 때에는, 動産을 표상하는 證券을 善意取得한다는 것은 證券의 정당한 所持人으로서 商法의 규정에 의한 權利·義務를 취득한다는 의미와 한도 내에서 動産 위에 효력을 갖는 것이므로 動産 자체를 善意取得한 자가 우선한다고 본다.[47]

(6) 讓渡가 금지되어 있는 物件

善意取得은 讓渡人의 무권리를 치유하는 데 불과하므로 이를 넘어서 국가 사회적 관점에서 讓渡가 금지되어 讓受人의 所有가 될 수 없는 목적물은 善意取得의 대상이 될 수 없다.[48] 따라서 國有文化財(文化財保護 §54)처럼 법률상 讓渡 및 私權設定이 금지된 경우나 阿片·阿片吸食器具(刑 §198), 음난한 文書·圖書 기타의 物件(刑 §§ 243, 244), 僞造·變造한 通貨와 그 類似物(刑 §207) 등과 같이 所有 또는 所持가 금지되는 것은 善意取得의 대상이 될 수 없다.

國有財産 §5 Ⅱ은 國有財産은 時效取得의 대상이 되지 않는다고 규정하고 있는데, 時效取得의 대상이 될 수 없다면 善意取得의 대상도 되지 않는다고 보아야 할 것이다.[49] 다만 國有財産法 소정의 國有財産은 不動産과 그 從物 및 船舶·航空機·政府企業 또는 政府施設에 사용하는 중요한 機械와 器具(軌道車輛 등) 등(國有財産 §3, 國有財産令 §1)에 한정되므로 動産의 善意取得을 방해하는 경우는 드물다. 國有財産法이 적용되는 일부 動産과 現金 및 일부 有價證券을 제외한 대부분의 國有의 動産(物管 §2)은 物品管理法上 不用의 決定이 없으면 매각할 수 없도록 되어 있으나(物管 §§ 30-1), 이는 절차적 제한에 불과하고 讓渡나 私權의 設定 그 자체를 제한하는 규정은 아니므로 이에 의하여 善意取得의 적용이 배제되는 것은 아니다.

2. 所有權 등

善意取得에 의하여 취득되는 권리는 所有權과 質權에 한한다(民 §§ 249, 343). 그 밖의 動産物權인 占有權이나 留置權은 법률상 정해진 요건에 따라 당연히 성

大判 昭 7(1932). 2. 23(民 11, 148).

47) 同旨 李英俊, 219; 註釋民法(上), 351; 黃迪仁·鄭權燮, 註釋(Ⅱ), 403; 日注民(7), 97 참조. 瑞民 §925 Ⅱ은 "商品證券(Warenpapier)의 善意讓受人과 商品의 善意讓受人이 대립하는 경우에는 後者가 우선한다"고 규정하고 있다.

48) 黃迪仁·鄭權燮, 註釋(Ⅱ), 404.

49) 同旨 李英俊, 220, 417. 雜種財産에 대한 違憲決定에 대하여는 憲裁 91. 5. 31, 89헌가 97 참조.

립하는 권리이므로 善意取得이 적용될 여지가 없다.

共有持分도 善意取得의 대상이 된다.[50] 讓渡人이 單獨所有者로서 그 持分을 처분하는 경우에는 문제가 없으나, 讓渡人이 共同占有者의 한 사람인 때에는 共有持分 그 자체가 權利外觀을 갖는 것은 아니므로 一定持分의 共有者임을 자처하고 處分하거나 자신이 실제로 보유하는 持分을 초과하여 처분하였더라도 讓受人은 이를 善意取得할 수 없다.[51]

Ⅳ. 要 件

1. 讓渡人에 관한 要件

(1) 無權利者일 것

讓渡人이 處分權을 갖지 않아야 한다고 하여 善意取得을 주장하는 측에서 이 점을 주장·입증하여야 하는 것은 아니므로 적극적 의미를 갖는 요건은 아니다.

(가) 讓渡人이 所有者로서 讓渡한 경우 원칙적으로 讓渡人이 목적물에 대한 所有權을 갖지 않아야 한다. 그렇지 않은 경우라면 民 §188 내지 §190가 적용될 것이다. 예컨대, 단순한 借主, 受置人, 無權代理人 등을 所有者로 오신하고 거래한 때에 善意取得이 적용된다. 또 競賣의 경우에는 債務者가 讓渡人이 되므로[52] 채무자의 소유가 아닌 물건이 목적물에 포함된 때에는 讓渡人이 無權利者인 경우에 해당한다.[53]

代理人에 의하여 거래가 이루어지는 때에도 讓渡人은 의연 本人이므로 本人에게 所有權이 없어야 하고, 본인이 所有權을 갖는 때에는 無權代理人에게 代理權이 있는 것으로 믿고 거래하였더라도 善意取得에는 해당되지 않는다.[54] 이때에는 無權代理나 表見代理의 법리가 적용될 뿐이다. 즉 본인이 직접 처분하였더라면 善意取得이 적용될 수 있는 경우에 한하여 代理人이 처분하더라도

50) 共有持分에 관한 時效取得이 가능하다는 大判 75.6.24, 74다1877(集 23-2, 139); 大判 79.6.26, 79다639(集 27-2, 102) 참조.
51) MünchKomm/Karsten Schmidt, §747 RdNr. 17; Palandt/Bassenge, §932 1 b.
52) 郭潤直, 債各, 210; 金鼎鉉, 競賣實務要論(上), 36-8.
53) 日最判 昭 42(1967).5.30(民集 21-4, 1011) 참조.
54) 同旨 李宗治, "善意取得", 法學論叢(檀國大) 8, 48; 郭潤直, 200; 金容漢, 286; 金曾漢, 120; 李英俊, 222.

善意取得이 적용될 수 있는 것이다. 따라서 본인에게 處分權이 없고, 代理人에게 代理權도 없으나 표현대리가 성립되는 경우에는 善意取得의 적용이 있다고 본다. 또 代理人이 처분하는 물건속에 본인의 소유가 아닌 물건이 섞여있는 경우 그 부분에 관하여는 善意取得이 적용된다.

不在者의 財產管理人(民 §22), 相續財產管理人(民 §1053), 遺言執行者(民 §§1093, 1096, 1101) 등의 경우에는 본인을 위하여 한다는 代理的 效果意思가 없고, 재산의 주체가 불확실한 경우가 있어 보통의 代理와 마찬가지로 논할 수 없는 특질이 있으나,[55] 法定代理人의 일종이므로 관리재산 중에 혼입된 제3자의 動產을 처분하는 경우 이외에 代理權 자체가 흠결된 경우에까지 善意取得을 확장하기는 어렵다.[56]

(나) 讓渡人이 處分權者로서 讓渡한 경우 법률에 의하여 處分權을 갖는 자로는 破產管財人(破 §7)과 委託賣買人(商 §101 이하)을 들 수 있는데, 前者는 所有權者를 排除하고 處分權을 갖고, 後者는 所有權者와 함께 處分權을 갖는다.

所有者가 아닌 자가 법률에 의하여 處分權을 갖는 경우에는 그 處分權者의 처분에 대한 善意는 善意取得에 의하여 보호될 수 있는가. 법문은 '讓渡人이 정당한 所有者가 아닌 때'라고 하여 위 (가)의 경우에만 적용되는 것으로 규정하고 있을 뿐, 이를 處分權을 誤信한 경우에도 적용한다는 명문의 규정이 없는데다가 善意取得이 公示方法의 外觀으로부터 本權의 존재를 신뢰한 자를 보호하기 위한 것이기 때문에 문제가 된다.[57] 法律에 의하여 타인의 動產을 자신의 명의로 處分할 수 있는 權限을 보유하는 자가 그 處分權에 기하여 動產을 처분하는 때에는 그 處分權者가 讓渡人이 되고, 그로부터 讓受한 자는 讓渡人이 所有者가 아닌데도 所有權을 取得하게 된다. 이 경우 處分權이 결여된 때에도 處分權을 신뢰한 讓受人은 善意取得에 의한 보호를 받을 수 있다고 보아야 한다. 代理에서와는 달리 따로 善意의 讓受人을 보호하는 규정이 없고, 處分權者

---

55) 金曾漢, 總則, 273-4 참조.

56) 同旨 金顯泰(上), 126; 張庚鶴, 454.

57) 瑞民 §714 Ⅰ은 "善意로 動產의 所有權을 讓渡받은 자는 讓渡人이 所有權讓渡의 권한을 갖지 않는 경우에도 占有에 관한 규정에 의하여 목적물의 占有를 보호받는 때로부터 所有者가 된다"고 하고, 瑞民 §933는 "動產의 所有權 또는 制限物權을 善意로 讓受받은 자는 그 動產이 讓渡의 수권없이 讓渡人에게 委託되었던 경우에도 그 取得에 있어 보호된다"고 규정하고 있다. 獨逸에서는 獨商 §366가 商人이 商行爲로서 타인의 動產을 處分하거나 質權을 설정하는 경우 그 처분의 자격을 신뢰한 善意의 상대방을 보호하고 있고, 民法에서는 獨民 §1244가 質權을 갖지 않는 자가 질물을 처분하거나 처분의 요건에 해당되지 않는 경우에는 善意取得의 규정을 준용하도록 규정하고 있으므로 그러한 규정이 없는 경우에는 讓渡人의 所有權이 아닌 處分權을 오신하더라도 善意取得은 적용되지 않는다고 본다(Schwab, §32 Ⅲ 참조).

의 占有는 본권 그 자체가 존재한다는 信頼를 갖게 하는 外觀은 아니지만 所有權의 중요한 권능인 處分權이 존재한다는 信頼를 갖게 하는 外觀에는 해당하므로 이를 신뢰한 讓受人을 보호하여야 할 것이기 때문이다. 委託賣買의 경우에는 委託賣買人의 지위에 흠결이 있는 경우 뿐 아니라 委託賣買人이 委託者의 소유에 속하지 아니하는 물건을 처분하는 경우나 委託者에게 所有權이 없는 경우까지 善意取得이 적용된다. 또 破産管財人은 法院에 의하여 選任되고 (破 §147), 그 選任을 증명하는 서면을 교부받게 되므로(破 §148), 실제로는 해임된 破産管財人이 動産을 처분한 경우에만 善意取得이 문제될 수 있을 것이고, 선임조차된 적이 없는 경우에는 문제되기 어렵다.

通說[58]은 質權者(民 §338 I)나 執達官(民訴 §492, 競 §4)도 "自己의 이름으로 타인의 動産을 처분할 수 있는 權限을 가지는 者"라고 한다. 그러나 競賣는 적어도 民法의 적용에 관한 한 債務者를 賣渡人으로 하는 일종의 賣買로 보아야 할 것이므로[59] 質權者나 執達官은 質權設定者나 債務者의 處分權을 행사하기는 하나, 자신들이 處分權의 귀속주체가 되어 자신의 名義로 타인의 動産을 처분하는 것은 아니다. 強制競賣의 경우 執行債權이 소멸하였더라도 執行節次의 停止나 取消를 받지 아니한 사이에 競賣節次가 진행되어 종료되면 競落人은 所有權을 取得하게 되므로 善意取得의 유추적용을 고려할 여지가 없다. 押留가 不存在 또는 無效인 경우, 質權이 소멸한 것을 간과한 任意競賣의 경우 등과 같이 競賣節次가 무효여서 競落人이 所有權을 取得할 수 없는 때에는 競賣에 별도의 公信的 效果를 인정하여 競落人을 보호할 필요가 있는지는 별론으로 하고, 유효한 去來行爲를 전제로 한 民法上의 善意取得을 적용하여 보호하여야 할 것은 아니다.

다만 處分의 目的物이 讓渡人인 質權設定者 또는 債務者의 소유에 속하지 아니하고 제3자의 소유인 때에는 讓渡人에게 所有權이 없는 일반적인 경우와 마찬가지로 善意取得의 적용을 받게 된다.[60]

無權利者의 讓渡行爲는 所有者가 이를 사후에 追認하거나 사전에 同意하면 유효한데,[61] 이 경우 所有者의 동의나 승인이 없는데도 있는 것으로 오산한

58) 郭潤直, 200; 金容漢, 285; 金曾漢, 120; 李太載, 114; 金顯泰(上), 126; 李英俊, 222; 張庚鶴, 454; 註釋民法(上), 364; 黃迪仁・鄭權燮, 註釋(Ⅱ), 405; 我妻-有泉亨, 219 참조.

59) 同旨 郭潤直, 債各, 210; 金鼎鉉, 競賣實務要論(上), 37. 다만 任意競賣의 경우에는 신청인이 매도인이 된다는 견해로는 方順元, 民事訴訟法(下), 180.

60) 大判 67. 6. 13, 67다601(要集 民 Ⅲ-2, 894) 참조.

61) 前述 民 §188의 Ⅲ. 2. 참조.

때에도 讓受人은 善意取得의 규정에 의하여 보호받게 된다.[62] 所有者로 오신된 자가 동의나 승인을 한 때에는 그가 目的物의 直接 또는 間接占有者이어야 善意取得이 적용된다.[63]

(다) 無權利의 時點　　讓渡할 당시에는 讓渡人이 所有者 내지 處分權者였으나 讓渡 이후 所有權이나 處分權을 상실하게 되는 경우가 있다. 예컨대, 종전 所有者 甲이 乙에게 讓渡하고, 乙이 다시 丙에게 讓渡한 경우 사후에 甲과 乙 사이의 賣買契約이 取消된 때이다. 물론 無因說에 따르면 取消原因이 物權行爲와 債權行爲에 공통하여 존재하는 경우에만 문제된다.

錯誤(民 § 109 II), 詐欺, 強迫(民 § 110 III) 등을 이유로 意思表示를 取消하는 경우에는 善意의 제3자를 보호하는 규정을 두고 있는데, 이때 善意의 제3자는 讓渡人과 讓受人 사이의 법률행위에 취소원인이 있는 줄을 모르는 轉得者를 가르킨다. 그런데 轉得者가 그 취소원인이 있는 줄을 알고 取得했다 하더라도 취소원인의 존재가 讓受人의 무권리로 반드시 연결되는 것은 아니므로 惡意에 의한 取得이라고는 단정할 수 없기 때문에 轉得行爲 이후에 讓渡人과 讓受人 사이의 법률행위가 취소된 경우 轉得者에 대하여 선의취득에 의한 보호를 부여할 것인지가 문제된다.

讓受人과 轉得者의 讓渡 당시에는 讓受人이 處分權을 보유하고 있었고, 讓渡人과 讓受人 사이의 讓渡가 그 후 취소되었다고 해서 轉得行爲 당시 乙이 所有權을 보유하였던 사실 그 자체까지 遡及的으로 消滅하는 것은 아니라는 점을 들어 善意取得의 적용을 否定하는 說[64]도 있으나, 讓渡人과 讓受人 사이의 讓渡行爲의 취소가 轉得行爲 전에 이루어진 것인지의 여부에 따라 달라진다는 것은 합리적이지 못하므로 善意取得을 적용하여야 할 것이다.[65] 讓渡人이 無能力者(民 §§ 5 II, 10, 13)이어서 讓受人과의 讓渡가 취소된 경우 이미 전득한 轉得者에 대하여도 또한 마찬가지이다.[66]

解除의 경우에는 解除의 效果에 대하여 物權的 效果說을 취하는 경우에만 제3자의 지위가 문제될 수 있으나, 民 § 548 I 에 의하여 轉得者는 善意與否를 불문하고 보호받게 되므로 善意取得의 문제는 발생하지 않는다. 이 경우 오히

62) Palandt/Bassenge, § 929 Vorbe. 2 b.
63) BGHZ 56, 123; 10, 81.
64) 東京高判 昭 32(1957). 12. 24(下民 8-12, 2416).
65) 同旨 金基善, 230; 日注民(7), 107 참조.
66) 同旨 註釋民法(上), 355.

려 善意取得을 유추 내지 확대하여 종전 所有者와 讓渡人간의 讓渡行爲의 解除에 의하여 取得者의 權利는 당연히 소멸하지는 않고, 다만 取得者가 讓受 당시 讓渡人과 종전 所有者間의 讓渡行爲에 解除原因이 있는 것을 알았거나 알 수 있었던 경우에는 轉得者의 보호를 부정하여야 한다는 見解[67]가 있으나, 이는 명문의 규정에 반하는 것일 뿐만 아니라 解除原因을 알았다는 것만으로 보호를 거부하는 것은 부당하므로 따를 수 없다.

(2) **占有者일 것**

讓渡人은 占有者라야 한다. 명문의 규정은 없으나, 善意取得은 占有에 대하여 公信力을 인정하고자 하는 제도이기 때문이다. 따라서 簡易引渡의 경우에도 讓渡人으로부터 占有를 승계한 경우가 아니면 善意取得은 인정되지 않는다.

讓渡人의 占有를 요구하는 것은 讓渡人을 占有者로서 보호하기 위해서가 아니라 그 占有를 신뢰한 讓受人을 보호하기 위한 것이므로 讓渡人의 占有는 객관적으로 보아 權利者로 오신할 만한 물적지배를 수반하는 것으로 충분하다. 따라서 이때의 占有에는 占有者의 占有는 물론 占有補助者의 사실상 지배도 포함된다. 또한 占有는 直接占有여야 하는 것은 아니며, 間接占有이더라도 무방하고, 自主占有이던 他主占有이던 이를 묻지 않는다. 執達官이 有體動產을 假押留하였다고 하더라도 종전 占有者에게 그 보관을 명한 경우에는 占有者의 私法上의 占有가 소멸되는 것은 아니므로 그 有體動產에 대한 善意取得은 가능하다.[68]

마찬가지로 讓渡人이 直接 또는 間接占有를 갖지 않는 경우에도 直接占有者가 讓渡人의 指示에 의하여 讓受人에게 인도하는 때에는 善意取得이 인정된다.[69] 이때에는 占有者의 引渡는 실제로 讓渡人의 指示에 의하여 이루어져야 하고, 단순히 그러한 외관만 존재하는 것으로는 부족하다. 善意取得에 의하여 보호되는 讓受人의 善意는 讓渡人의 지시의 존부에 대한 것이 아니라 그 指示에 의하여 引渡될 수 있다는 데 대한 것이기 때문이다.[70]

---

67) 註釋民法(上), 355.
68) 大判 66. 11. 22, 66다1545등(集 14-3, 210).
69) 同旨 李英俊, 221; v. Caemmerer JZ 1963, 586; Palandt/Bassenge, § 932 2 b; BGHZ 36, 56(60).
70) Palandt/Bassenge, § 932 2 b.

2. 讓渡에 관한 要件

(1) 去來行爲가 있을 것

(가) 善意取得은 去來의 安全을 보호하기 위한 제도이므로 유효한 去來行爲를 전제로 한다. 법문의 「讓受」란 去來行爲에 의한 것을 의미한다. 이때의 去來行爲란 두 가지의 측면을 갖는다. 우선 法律行爲에 의한 處分과 取得을 뜻한다.[71] 物權行爲의 獨自性을 인정하는 입장에서는 法律行爲를 物權的 合意로 보고, 獨自性을 부인하는 입장에서는 法律行爲를 物權的 合意를 포함하는 債權行爲로 본다. 占有의 移轉이 물권적 합의에 의하여 이루어지는 한, 그 원인행위가 무엇인지는 문제되지 않는다. 賣買·贈與·質權設定 등은 물론 代物辨濟 또는 辨濟로서 급부하거나, 消費貸借의 이행으로서 代替物을 교부하는 것도 物權的 合意가 함께 이루어지므로 去來行爲에 해당된다. 讓渡擔保契約도 信託的이기는 하지만 所有權移轉을 목적으로 하는 법률행위이므로 포함된다. 또 競賣의 성질을 어떻게 보든 民 §251가 競賣에 의한 善意取得을 전제로 하는 점으로 미루어 競賣에 의한 取得도 去來行爲에 포함된다고 보아야 한다. 이러한 所有權이나 質權의 取得이 有償으로 이루어진 것인지, 無償으로 이루어진 것인지는 문제되지 않는다.[72] 그러나 이때의 去來行爲란 所有權 및 質權의 이전을 위한 것인 때에만 인정되는 것이므로 물품보관소에서 자신의 물건인 것으로 誤認하고 타인의 物件을 返還받는 것은 이에 해당되지 않는다.

去來行爲없이 법률상 당연히 取得의 효과가 발생하는 相續·會社의 合併과 같은 包括承繼의 경우에는 善意取得의 적용은 없다. 예컨대, 被相續人의 소유가 아닌 動產을 相續人이 相續財產으로 誤信하고 善意로 占有하게 된다해도 善意取得에 해당되지는 않는다. 또 事實行爲에 의하여 원시적으로 取得하는 경우에도 善意取得의 적용은 없다. 이를테면, 타인의 山林을 자신의 것으로 오신하고 伐採하여 재목을 取得하는 경우[73]나 타인의 遺失物을 자신의 것으로 오신하고 습득한 경우 등이다. 마찬가지로 횡령한 佛像을 가격감정을 위하여 駐日代表部職員이 引渡받아 이를 주일대표부에 방치하는 바람에 그것이 무주물로 취급되어 주일대표부의 금고 속에 보존되어 온 것이라면 國家가 去來行爲

71) 이런 의미로 去來行爲를 사용하는 예로는 李宗洽, "善意取得", 法學論叢(檀國大) 8, 49; 郭潤直, 200; 金曾漢, 118; 金容漢, 288.
72) 입법례 중에는 墺地利民法과 같이 有償取得의 경우만으로 한정하는 예도 있다.
73) 朝高判 大 14(1925).12.10(錄 12, 47).

를 매개하여 占有한 것이 아니므로 善意取得될 수 없는 것이다.[74)]

去來行爲는 私法的 法律行爲만을 가리킨다. 競賣는 그것이 公競賣라하더라도 任意競賣인지 強制競賣인지를 불문하고, 私法上의 賣買契約으로서의 성질을 지니는 것이므로[75)] 善意取得의 전제가 된다고 본다.[76)] 民 §251의 규정도 이를 전제로 한 것이다. 強制競賣의 성질에 관하여 公法說을 취하는 獨逸의 通說은 強制競賣의 경우에는 競落人은 공권력에 의하여 권리를 부여받는다고 보므로 그 取得에 사법규정이 적용될 수 없어서 善意取得이 문제되지 않는다고 한다.[77)]

(나) 다른 한편 去來行爲는 讓渡人과 讓受人이 법적으로는 물론 경제적으로도 동일하지 않아야 한다. 동일한 當事者가 단순히 所有의 法的 形式만을 바꾼 것은 去來行爲에 해당하지 않는다.[78)] 따라서 一人株主가 회사로 讓渡하는 행위는 去來行爲에 해당되지 않는다.[79)] 그러나 讓渡擔保는 去來行爲에 포함된다.[80)]

(2) 去來行爲가 有效할 것

去來行爲는 유효하게 성립되어야 한다. 讓渡人이 無權利者라는 점을 제외하고서는 動產讓渡에 관한 民 §188 내지 §190 소정의 요건을 모두 갖추어야 한다. 즉 去來行爲가 意思의 欠缺, 無能力, 代理權의 欠缺, 社會秩序違反 기타 無效나 取消의 原因이 있어 실효한 때에는 善意取得이 성립되지 않는다. 그렇지 않으면, 無能力과 意思의 欠缺 등에 관한 제도의 존재를 부정하는 결과가 되고, 動產去來와 不動產去來에의 적용상 불균형이 문제되기 때문이다. 실효의 원인이 어느편에 있는지는 문제되지 않는다. 이 경우에도 讓受人으로부터 다시 목적물을 讓受하는 자는 善意取得에 의한 보호를 받을 수 있다.

無能力의 경우 善意取得을 인정하더라도 일견 未成年者나 限定治產者가 어떤 의무를 부담하게 되는 것은 아니므로 유효하다고 볼지 모르나, 善意取得은 정상적인 요건을 갖춘 적법한 거래를 보호하기 위한 제도일 뿐, 일반적인

74) 서울高判 67.9.15, 67나955(高集 67, 497).

75) 私法說로서 通說·判例이다. 郭潤直, 債各, 210; 金鼎鉉, 競賣實務要論(上), 36-8; 註釋強制執行法(上), 347 이하; 大判 67.6.13, 67다601(要集 民 I, 376); 大判 67.7.12, 67마507(要集 民 I, 24).

76) 強制執行의 결과로 이를 競落한 자는 善意取得할 수 있다는 취지의 大判 72.11.28, 72다945(要集 民 II, 119); 日最判 昭 42(1967).5.30(民 1011) 참조.

77) Schwab, § 32 III; MünchKomm/Quack, § 935 RdNr. 19 참조.

78) 이런 의미로 去來行爲를 사용하는 예로는 Jauernig, § 932 I 2; MünchKomm/Quack, § 932 RdNr. 18 참조.

79) MünchKomm/Quack, § 932 RdNr. 18 참조.

80) MünchKomm/Quack, § 932 RdNr. 18.

處分可能性을 확장하고자 하는 규정은 아니므로 讓渡의 效力이 없는 것으로 이해하여야 한다.[81]

(3) '平穩·公然한 讓受'의 문제

民法은 平穩·公然하게 讓受될 것은 요구한다. 平穩은 强暴의 반대말로서 占有의 取得이 법률상 허용되지 않는 강포한 행위에 의하여 이루어져서는 안 된다는 것을 가리킨다. 또 公然은 隱秘의 반대말로서 물건에 대하여 이해관계를 갖는 자에 대하여 占有의 取得을 은폐하여서는 안 된다는 것이다.

그런데 讓受가 平穩·公然해야 한다는 것은 구체적으로 무엇이 平穩·公然하여야 한다는 것인가. 去來의 과정이 平穩·公然하여야 한다고도 하나,[82] 平穩·公然이 어떠한 의미를 갖는다면, 그것은 讓受人이 占有를 取得하는 態樣을 지칭하는 것으로 볼 수밖에 없다.[83] 그러나 이와 같이 平穩·公然을 占有取得의 요건이라고 보면, 善意의 讓受人이 강포에 의하여 占有를 取得한다는 것은 상상하기 어려워 무의미할 뿐 아니라,[84] 대부분의 觀念的인 引渡는 公然히 이루어지는 것이 아니라고 보아 그에 의한 善意取得이 부정될 여지가 있게 되는데, 그렇게 되면 善意取得制度의 본래에 취지에도 반하는 결과가 된다.

占有取得이 平穩·公然하게 이루어질 것을 요구하는 立法例는 우리 民法 이외에는 日本民法 밖에 없다. 日本民法은 善意取得을 不動産에 관한 善意의 時效取得(日民 § 162 II)과 같은 성질의 제도로 오인하고, 去來行爲를 善意取得의 요건에서 배제하는 대신에 取得時效의 요건인 平穩·公然을 요건으로 도입한 것이다.[85] 우리 民法은 善意取得을 去來의 安全을 보호하기 위한 제도로 이해하여

81) 同旨 金基善, 230; 黃迪仁·鄭權燮, 註釋(II), 408. 朝高判 大 15(1926).10.25(錄 13, 293); Schwab, § 32 III; MünchKomm/Quack, § 932 RdNr. 15; 反對 MünchKomm/Gitter, § 107 RdNr. 16.

82) 金容漢, 286. 動産에 대한 强制執行은 특단의 사정이 없는 한 平穩·公然하게 執行한 것으로 추정한다는 大判 67.6.13, 67다601(要集 民 III-2, 894) 참조.

83) 李英俊, 230 참조. 日民 § 192는 '平穩·公然하게 動産의 占有를 시작하는 자는'이라고 규정하여 요건으로서 去來行爲를 명시하지 않음으로써 善意取得이 사실행위에 의한 取得의 경우에까지 적용되는 듯한 형식을 취하고 있기는 하나, 平穩·公然의 요건이 讓受人의 占有開始의 態樣으로 요구됨을 명시하고 있다.

84) 强制競賣의 경락인도 善意取得할 수 있다는 大判 72.11.28, 72다945(要集 民 II, 119); 大邱高判 72.5.20, 71나825(高集 72-1, 260). 다만 無權利者를 상대로 매매목적물인 자동차의 인도소송을 제기하여 승소하고, 執行力있는 판결정본에 의하여 引渡執行을 완료한 사례에 있어 平穩하게 取得한 것이 아니라고 한 光州高判 60.6.24, 4292民控72(高集 1948-1960, 446) 참조.

85) 日本民法의 해석론으로서도 善意取得은 去來行爲에 대하여서만 인정된다는 점이 확립되어 平穩·公然한 占有取得이란 통상의 거래에 있어 占有의 承繼取得을 뜻하는 것에 불과하다고 본다. 日注民(7), 108 참조.

그 요건으로 「讓受」를 명시하면서도 日本民法의 誤謬를 답습하여 占有取得의 平穩·公然을 요건으로 규정한 것이다. 따라서 우리 民法의 해석으로는 「讓受」가 포함하는 인도의 요건이 충족되면 족하고 그 이상의 「平穩·公然하게 讓受」한다는 것은 무의미한 것이다. 예컨대, 去來行爲가 있었다 하더라도 상대방의 뜻에 반하여 폭력으로 탈취했다든가? 분쟁의 여지가 있으므로 항의를 받으면서 야간작업으로 반출을 완료하는 등의 부적당한 방법이 사용되는 경우에는 당사자간의 합의에 의하지 아니한 占有取得으로서 引渡에 해당되지 않으므로 그 占有取得이 平穩·公然했는지의 여부를 따질 필요없이 善意取得은 인정될 수 없다.[86)]

3. 讓受人에 관한 要件

(1) 占有를 取得할 것

(가) 占有를 取得하는 방법으로 現實의 引渡, 簡易引渡, 返還請求權의 讓渡 등이 인정되는 점에 대해서는 異說이 없으나,[87)] 占有改定의 경우에는 다툼이 있다. 讓受人의 占有媒介者나 占有補助者가 점유를 취득하더라도 충분하다.

(나) 簡易引渡에 의하여 占有를 取得하는 경우에는 그 占有가 讓渡人으로부터 승계된 것이어야 하고, 제3자로부터 승계된 것이거나 原始取得한 때에는 善意取得의 적용은 없다.[88)] 예를 들어, 목적물을 임차한 甲이 임대인 乙로부터 讓受한 때에는 善意取得에 해당될 수 있으나, 所有者로 자칭하는 제3자인 丙으로부터 讓受한 때에는 善意取得에 해당되지 않는다. 甲이 讓渡人 丙의 占有를 신뢰하고 거래한 것이 아니므로 讓渡人의 占有外觀에 대한 공신력을 근거로 하는 善意取得의 보호를 인정할 수 없기 때문이다.

(다) 讓渡人이 목적물에 대한 間接占有를 갖는 때에는 返還請求權讓渡 당시 讓受人이 善意이면 善意取得이 인정된다. 예컨대, 所有者 甲으로부터 목적물을 임차한 乙이 다시 丙에게 사용케 하면서 丁에게 讓渡하고 乙의 丙에 대한 返還請求權을 讓渡한 경우이다. 목적물의 返還請求權을 讓渡할 때에 讓渡

86) 이 경우 平穩·公然하지 않으므로 善意取得이 부정된다는 견해로는 李英俊, 230; 日大阪地判 昭 38(1963). 1. 24(判時 347, 46) 참조.

87) 簡易引渡의 사례로는 大判 81. 8. 20, 80다2530(公 666, 14290). 다만 日本의 判例 가운데는 返還請求權의 讓渡에 의한 善意取得을 부정한 것이 있다. 日大阪地判 昭 34(1959). 12. 17(下民 10-12, 2621) 등 참조.

88) 同旨 註釋民法(上), 356; 我妻-有泉亨, 225. 獨民 §932 I 2문은 명문으로 규정하고 있다.

人이 목적물에 대한 間接占有를 갖지 않는 경우, 예를 들어 紛失 또는 盜難된 物件에 대한 返還請求權을 讓渡하는 경우나 자전거를 임차한 甲이 이를 횡령하여 善意의 丙에게 매도하였다가 그 매매계약이 취소되자 목적물을 丙이 占有하는 상태에서 丙에 대한 不當利得返還請求權을 善意의 丁에게 다시 讓渡하는 경우에는 讓受人이 보호받아야 할 신뢰의 대상이 결여된 경우이므로 善意取得이 적용될 수 있을 것인지는 문제이다. 이때에도 直接占有者가 返還請求權의 讓渡 사실을 인정하고 善意의 상태에 있는 讓受人에게 목적물을 반환하는 때에는 善意取得을 인정할 수 있다고 본다.[89] 따라서 讓受人이 탈취 등에 의하여 스스로의 지배력에 기하여 占有를 取得하는 경우에는 善意取得이 인정되지 않는다. 讓渡人이 讓渡한 목적물에 대한 返還請求權이 유효하게 존재하지 않는 경우에도 마찬가지이다.[90] 引渡證券이 발행된 경우에도 背書되지 아니한 증서가 교부되면 返還請求權의 讓渡에 의하여 인도하는 것이 가능하지만, 返還請求權은 증서에 표상되어 분리될 수 없으므로 증서를 교부하지 아니하고서는 返還請求權을 讓渡할 수 없다. 따라서 증서의 교부에 의하지 아니하고서는 返還請求權을 讓受받는 者가 引渡證券이 發行된 事實에 관하여 善意이더라도 所有權을 取得할 수 없다. 善意取得은 목적물의 處分權에 대한 善意를 보호하기 위한 것이지 讓渡되는 返還請求權이 引渡證券에 표상되어 분리될 수 없다는 점에 대한 善意를 보호하기 위한 것이 아니기 때문이다.[91]

㈑ 占有改定에 의한 占有의 取得은 외관상 讓渡人이 계속하여 占有를 하게 되어 관념적인 占有移轉 가운데에서도 가장 불명확한 것이기 때문에 이에 대하여 善意取得의 효과를 인정할 수 있을 것인지에 관하여는 견해가 나뉘고 있다. 否定說이 多數說[92]이며, 判例[93]도 같다. 그 밖에 善意取得의 요건으로서 占有改定도 인정되나, 이에 의한 所有權取得은 확정적이 아니고, 그 후 現實의 引渡를 받음으로써 확정적이 되는데, 반드시 現實의 引渡 당시 善意·無過

89) 同旨 李英俊, 229. 獨民 §934는 명문으로 규정하고 있다.

90) 同旨 李英俊, 228. Jauernig, §934 2 b; Schwab, §32 Ⅳ 4 b.

91) BGHZ 49, 160(163).

92) 李宗洽, "善意取得", 法學論叢(檀國大) 8, 51; 崔栻, "善意取得으로서의 占有", 司行 12-9, 34(37); 郭潤直, 202-3; 金容漢, 287; 金曾漢, 120; 金顯泰(上), 125; 李英俊, 226; 李太載, 114; 張庚鶴, 460-1; 黃迪仁, 150. 反對 玄勝種, "動產의 善意取得과 占有改定", 法曹 13-10, 11(64-11), 11; 金基善, 231; 黃迪仁·鄭權燮, 註釋(Ⅱ), 407.

93) 大判 64. 5. 5, 63다775(集 12-1, 61); 大判 78. 1. 17, 77다1872(公 580, 10607/33); 서울高判 71. 3. 24, 70나1076등(高集 70, 102). 日本判例도 마찬가지이다. 日最判 昭 32(1957). 12. 27(民 2485) 등 참조.

失인 것을 요구하지 않는다는 折衷說도 있다.[94] 否定說 가운데에는 善意取得의 요건인 讓受人의 占有取得은 물건에 대한 사실상의 지배관계가 종전 所有者의 지배를 벗어나서 取得者의 지배안으로 옮겨져야 하는데, 占有改定에 의한 引渡의 경우에는 이러한 支配의 移轉이 없다고 하여 占有改定에 의한 善意取得은 논리적으로 불가능하다는 점을 지적하기도 하나,[95] 대체로 종전 所有者의 財産權保護와 取得者의 善意取得으로 인한 그 제한 사이에 요구되는 다음과 같은 구체적인 관점에서의 比例關係를 감안하면 否定說이 妥當하다고 본다.

(a) 종전 所有者 甲으로부터 目的物의 保管을 위탁받은 乙이 임의로 이를 占有改定의 방법에 의하여 丙에게 처분한 경우, 甲이 목적물의 반환을 구하더라도 乙이 자신이 한 불법처분에 의한 丙의 善意取得을 이유로 이를 거부할 수 있다면 부당하며, 甲이 乙로부터 目的物을 반환받아 占有하고 있는데도 丙이 善意取得者로서 그 目的物의 返還請求를 할 수 있다고 한다면 부당하다.[96]

(b) 占有改定에 의한 善意取得을 인정하게 되면, 占有改定에 의한 讓渡가 二重으로 이루어지는 경우 언제나 第二讓受人이 善意取得하게 된다. 그 결과 第一讓受人이 讓渡人에게 목적물의 인도를 청구하더라도 讓渡人이 第二讓受人의 善意取得을 이유로 이를 거부할 수 있고, 심지어 第一讓受人이 현실로 인도받았다고 하더라도 第二讓受人의 善意取得을 이유로 하는 인도청구를 거부할 수 없게 되는데, 이와 같이 第二讓受人을 우선시킬 합리적 근거가 없다.[97]

(c) 占有改定은 觀念的 占有移轉 중에서 가장 불명확한 것인데, 이에 의하여 善意取得을 인정하고 종전 權利者의 권리를 박탈하는 것은 아무리 去來의 安全을 위한다 하더라도 종전 權利者에게 너무 가혹하여 부당하다.[98] 예컨대, 工場抵當權의 효력이 미치는 공장비품인 動産을 그 所有者로부터 善意로 讓受한 때에는 目的物이 그대로 工場備品으로 남아 있으면서도 抵當權의 追及에서 제외되게 되어 抵當權者에게 가혹한 결과가 되므로 부당하다.[99]

(d) 折衷說은 법률관계를 浮動的으로 만들어 去來의 安全을 보호하기

94) 黃迪仁, 96(1987); 我妻-有泉亨, 137, 223-4. 日名古屋高判 昭 46(1971).9.20(下集 22-9, 10, 947).

95) 張庚鶴, "占有改定과 善意取得", 法政 20-2(65-2), 25(29); 金曾漢, 119; 金顯泰(上), 125; 崔栻, 112-3.

96) 李英俊, 226; 日注民(7), 113 참조.

97) 李英俊, 226; 日注民(7), 113 참조.

98) 郭潤直, 202-3.

99) 日注民(7), 113 참조.

위한 善意取得制度의 목적과도 들어맞지 않는다.[100]

(e) 動產物權變動의 公示方法으로서의 引渡는 극도로 관념화되어 실제로 公示의 機能을 제대로 발휘하지 못하는 데 반해, 善意取得은 公示制度의 이러한 결함을 보충하고자 하는 것이므로 그 요건으로서의 引渡도 公示制度로서의 引渡와는 기능상 서로 다를 수밖에 없고 반드시 동일하게 설명되어야 하는 것은 아니다.[101] 立法例를 보더라도, 佛蘭西民法에서는 動產物權變動은 순수한 意思主義에 의하고, 引渡를 效力要件으로서는 물론, 對抗要件으로서도 문제삼지 않으나 이에 불구하고 無權利者로부터의 善意取得에서는 現實占有의 取得 그 자체를 요건으로 이해하고 있고(§1141), 獨逸民法에서도 통상의 物權變動의 要件으로서는 占有改定으로서 족하나 善意取得의 요건으로서는 그 후 現實의 引渡가 이루어지고 現實引渡時에 善意인 것을 필요로 한다(§933). 또 無登錄船舶에 있어서는 통상의 所有權移轉은 引渡를 요하지 않고 합의만으로 충분하나, 無權利者로부터의 善意取得은 引渡를 要件으로 한다(獨民 §§929a, 932a). 墺地利民法도 占有改定으로는 善意取得이 인정되지 않는다고 한다(§367).

이와 같이 否定說을 취한다 하더라도 獨民 §933가 규정하는 바와 같이 讓受人이 추후 善意에 의하여 現實의 引渡를 받는 때에는 善意取得의 성립을 인정할 수 있을 것이다.[102] 그런데 절충설 가운데에는 現實의 引渡를 받기 전에 直接占有者의 채권자의 強制執行에 대한 제3자 이의는 종전 所有者가 하여야 한다고도 하는데,[103] 그렇게 되면 現實의 引渡가 있기 전에는 讓受人의 지위가 대외적으로 아무런 의미가 없게 되어 결국 부정설과는 現實의 引渡 당시 善意여야 하는지의 여부에만 차이를 갖게 된다.

(2) 善意이며 過失이 없을 것

(가) 意　義

(a) 善　意　　善意란 讓受人이 목적물을 取得할 당시 讓渡人이 無權利者임을 알지 못하였다는 것, 즉 讓渡人이 無權利者라는 점에 대한 인식이 없었다는 것이다. 無權利者라는 점은 원칙적으로 所有者의 所有權이 결여된

100) 李英俊, 226.
101) 崔栻, 112-3. 肯定說의 입장에서는 善意取得은 占有의 效力으로 인정되는 것이 아니라 去來의 安全을 도모하기 위하여 인정되는 제도이므로 인도방법에 따라 善意取得의 인정을 달리할 근거가 없다고 한다. 玄勝鍾, "動產의 善意取得과 占有改定", 法曹 13-10, 11(64-11), 11(16).
102) 同旨 黃迪仁 · 金相容, 註釋(Ⅱ), 247.
103) 我妻-有泉亨, 224.

점을 말하나 자기의 명의로 타인의 動產을 처분하는 委託賣買人이나 破產管財人의 경우는 그 자격의 존재에 대하여 善意여야 한다.

工場抵當權의 목적이 되는 動產과 같이 抵當權의 효력이 미치는 動產을 所有者로부터 讓受하여 抵當權의 제한이 없는 所有權을 取得하는 경우에는 善意란 당해 물건에 대하여 抵當權의 제한이 있음을 인식하지 못한 것을 의미한다.[104] 목적물이 工場抵當權이 미치는 비품 등(工抵 §§ 4, 5)에 해당하는 점을 알고 있었다 하더라도 讓受人이 공장의 所有者가 抵當權者의 동의를 얻어 목적물을 분리한 것(工抵 § 8)으로 인식하는 것은 善意에 해당된다.[105]

讓渡人이 代理人에 의하여 讓渡하는 경우에는 讓受人의 善意는 명목상 讓渡人의 處分權에 관한 것이어야 한다. 讓渡人의 行爲能力 및 代理人의 代理權, 讓渡人과 실제 讓渡하는 者가 동일인인지의 여부 등에 관하여 善意라 하더라도 善意取得에는 해당되지 않는다. 代理人이 대리권이 없으면, 특별한 사정이 없는 한 무권대리로서 효력이 없으므로 경우에 따라 표현대리에 의하여 구제되는 것은 별론으로 하고 善意取得이 적용될 여지는 없다.

客觀的인 제3자에 의하여 讓渡人이 無權利者인 것으로 판단될 수 있는 근거가 되는 사실들에 대하여 인식하고 있었다고 하여 讓受人이 惡意인 것은 아니다.[106] 다만 그 점이 讓受人의 過失을 형성할 수는 있을 것이다. 따라서 讓渡人이 갖는 목적물에 대한 讓渡請求權을 신뢰한 것만으로는 善意로 인정될 수는 없으나, 讓受人이 법규를 오인하여 채권이 직접 所有權의 기초가 된다고 인식한 경우에는 善意로 인정될 수 있는 것이다.[107] 소위 未必的 故意의 경우에도 그것이 過失에 해당하는지는 별론으로 하더라도 그에 의하여 讓受人이 惡意로 인정되지는 않는다. 讓渡人이 목적물에 관하여 제3자에게 부담하는 履行義務(예를 들어, 二重讓渡의 경우)가 讓渡에 의하여 불가능하게 된다는 점을 讓受人이 取得 당시 알았다고 하더라도 그 점만으로 惡意가 되는 것은 아니다. 그러나 讓受人이 讓渡人의 處分權 유무를 판단할 수 있는 근거되는 사실관계를 정확하게 인식하고서도 법적인 평가를 잘못하여 處分權이 결여된 것으로 인식하였다면, 讓受人이 인식하지 못한 다른 사실로 인하여 讓渡人이 處分權을 갖지 못하는 경우라고 하더라도 讓受人은 善意取得을 주장할 수 없다. 信賴를 갖지 않은 자는

104) 日函關地判 昭 31(1956)(下民 7-6, 1593).
105) 日福岡高判 昭 28(1953). 7. 22(高民 6-7, 388).
106) BGH NJW 61, 777 참조.
107) BGHZ 2, 37(38).

信賴保護規定의 혜택을 누릴 수 없기 때문이다.[108)]

(b) 過　失　　過失이란 讓受人이 讓渡人의 處分權者로서의 地位에 관하여 판단함에 있어 去來上 요구되는 注意義務를 위반하는 것이다. 過失認定의 전제가 되는 注意義務의 판단은 讓受人의 개인적 차이를 고려하지 않고 일반적으로 平均人에게 요구되는 주의 정도를 기준으로 하는 抽象的 過失이며, 부주의의 정도는 輕過失이다. 구체적 사안에 있어 제반사정을 고려하여 종합적으로 판단하여야 한다. 그 판단에 있어 고려되어야 할 점들을 예시하면 다음과 같다.

(i) 去來의 性質　　일반적으로 交換去來보다는 讓渡擔保의 경우 讓受人은 보다 주의를 기울여야 한다. 讓渡擔保는 열악한 신용상태를 의미할 수도 있기 때문이다. 競賣에 의하여 경락하는 때에는 통상의 매매에서와는 달리 국가기관에 의한 執行節次라는 성질상, 특별한 사정이 없는 한 過失이 인정되기 어려울 것이다.

(ii) 去來狀況　　去來가 통상의 방법에 의하여 이루어지지 않을 때에는 讓受人은 讓渡人의 법적 지위에 대하여 보다 세심한 주의를 기울여야 한다. 예컨대, 大都市의 驛構內에서 야간에 모르는 사람으로부터 金時計를 구입한 때에는 讓受人이 無過失을 주장하기 어려울 것이다. 일반적으로 露店商에서 고가품을 구입한 경우에도 같다.[109)] 日本의 判例 가운데는 運送人으로부터 玄米를 대물변제조로 수령한 채권자에 대하여 운송인은 타인의 쌀을 운송하는 것이 통례라는 점을 들어 過失을 認定한 사례가 있고,[110)] 또 대형의 건설기계는 所有權留保附로 賣買되는 경우가 보통이므로 建設業者인 讓受人이 그 판매회사에 할부대금의 완납여부를 알아보지 않고 매수한 것을 過失로 인정한 사례도 있다.[111)]

(iii) 物件의 價額　　물건이 高價品일수록 讓渡人의 處分權에 대하여 讓受人은 보다 면밀한 주의를 기울여야 한다. 判例는 自動車와 같은 고가품을 거래함에 있어 戶籍簿에 의하여 相續關係를 살피지 아니한 채 타인의 언명과 호적초본만에 의하여 所有者의 次男이 이를 相續한 것으로 믿고 매수한

108) MünchKomm/Quack, § 932 RdNr. 24. 反對 BGHZ 2, 37(38).
109) BGH NJW 1975, 735.
110) 日大判 昭 5(1930). 5. 10; 我妻-有泉亨, 222.
111) 日東京高判 昭 49(1974). 12. 10(タイムズ 324, 212).

讓受人에게 過失을 인정하고 있다.[112)]

(iv) 讓渡人의 財産狀態 讓渡人의 財産狀態로 보아 목적물을 소유하는 것이 어려울 것으로 보여지는 때에는 讓受人의 過失이 인정되기 쉬울 것이다.

(v) 具體的으로 疑心이 있는 경우 일단 具體的인 疑心이 있으면 그것이 합리적으로 제거되지 않는 한, 過失이 인정됨을 피할 수 없다. 예컨대, 어떤 機械類가 통상 제조업체로부터 所有權留保附로 販賣되는 것이 業界에 널리 알려진 사실이라면 買受人이 割賦代金의 完納與否를 확인하지 아니한 채 매수한 경우 過失이 인정된다.[113)] 여기에서의 의심은 所有權의 존재에 관한 것이므로 賣買契約書와 目的物의 수령 당시 작성한 施設概況書의 기재가 실제와 상이하다고 하더라도 이것만으로 過失이 있다고는 할 수 없을 것이다.[114)]

(나) 主 體 讓受人이 직접 讓受하는 원칙적인 경우에는 讓受人이 善意·無過失이어야 善意取得이 인정될 수 있음은 물론이다. 물권적 합의가 讓受人의 代理人에 의하여 이루어지는 때에는 民 §116를 유추하여 善意·無過失은 代理人을 기준으로 하여 판단하되, 代理人이 善意라 하더라도 본인이 惡意이면 이를 보호하여야 할 이유가 없으므로 善意取得을 인정할 수 없다.[115)] 共同代理의 경우 한명의 代理人이라도 惡意이면, 善意取得은 불가능하다. 그 밖에 多數의 個別代理의 경우에는 직접 行爲를 한 자를 표준으로 결정하여야 한다.[116)] 그러나 引渡받는 자가 讓受人이나 그 代理人이 아닌 제3의 占有補助者나 占有媒介者인 때에는 引渡받는 자에게 惡意나 過失이 있다 하더라도 善意取得에 방해되지 않는다.[117)]

法人은 대표기관의 善意·無過失을 기준으로 하여 판단하고, 代理人에 의하여 거래된 때에는 그 代理人도 善意·無過失이어야 한다.[118)] 法人의 경우에는 代表機關 중 한명이 惡意이면, 그가 행위자가 아니라 하더라도 善意取得은 불가능하다.[119)] 競賣에 있어 執達官의 惡意나 過失은 경락인의 善意取得을 방

112) 大判 55. 11. 24, 4288民上272(要集 民 I, 497). 다만 자동차가 善意取得의 대상이 될 수 없는 점은 大判 64. 9. 8, 64다650(要集 民 I, 497) 참조.
113) 日東京高判 昭 49(1974). 12. 10(タイムズ 324, 212).
114) 大判 62. 10. 4, 62다248(要集 民 I, 496).
115) 我妻-有泉亨, 220; E. Wolf, § 5 b Ⅳ f 참조.
116) MünchKomm/Quack, § 932 RdNr. 50.
117) 同旨 李英俊, 230.
118) 日最判 昭 47(1972). 11. 21(民集 26-9, 1657).
119) MünchKomm/Quack, § 932 RdNr. 50.

해하지 않는다. 競賣에 있어 執達官은 경락인의 代理人으로서가 아니라 국가기관으로서 행동하는 것으로 보아야 할 것이기 때문이다.[120] 讓渡人의 善意與否는 善意取得에 아무런 영향이 없다.

(다) 善意·無過失의 時的基準　　讓受人의 善意는 讓渡行爲가 종결될 때까지 유지되어야 한다. 즉 讓受人은 占有取得의 종료시까지 善意여야 하고, 物權的 合意 전에 引渡된 경우에는 物權的 合意가 종료될 때까지 善意여야 한다. 善意·無過失이어야 하는 구체적 시점을 보면, 現實의 引渡의 경우에는 讓受人이 占有를 현실적으로 개시하는 시기[121]이고, 簡易引渡의 경우에는 引渡 이외에 物權變動에 관한 要件, 즉 物權的 合意가 이루어지는 때이다. 占有改定에 의한 善意取得을 인정하지 않는 通說·判例의 입장에 의하면 그 후 現實引渡가 있을 때까지 善意·無過失이어야 한다. 目的物返還請求權의 讓渡에 있어서는 返還請求權讓渡時가 기준이 되며, 통지시는 아니다.[122]

또 所有權留保附賣買와 같은 條件附讓渡나 期限附讓渡의 경우에도 讓渡時 선의이면 충분하고, 그 이후 조건성취 전에는 讓受人이 惡意가 된다하더라도 善意取得의 성립을 방해하지 않는다.[123]

V. 效　　果

1. 一般的 效果

(1) 原　　則

取得者는 善意取得에 의하여 所有權(民 §343의 경우에는 質權)을 取得하고, 종전 所有權者의 所有權은 그로써 당연히 소멸한다. 종전 所有者는 價格을 辨償하더라도 返還을 청구할 수 없게 된다.

讓渡人이 無權利者임에도 불구하고 특히 權利의 取得이 인정되므로 善意取得에 의한 所有權 또는 質權의 取得은 原始取得이다.[124] 그러나 獨逸의 多數

120) 同旨 李英俊, 230; 日注民(7), 129.
121) 大判 62.3.22, 4294民上1174등(集 10-1, 244)
122) 反對 李英俊, 231.
123) 同旨 李英俊, 231. 獨逸의 判例나 學說도 같은 見解이다. Jauernig, §929 6 d b; Schwab, §32 Ⅳ 1; BGHZ 10, 69; 30, 377.
124) 通說이다. 李宗治, "善意取得", 法學論叢(檀國大) 8, 51; 郭潤直, 203; 金容漢, 289; 金曾漢, 122; 李太載, 116; 黃迪仁·鄭權燮, 註釋(Ⅱ), 408. 反對 李英俊, 235.

說은 善意取得者의 權利는 發見이나 先占처럼 자신의 行爲에 의하거나, 附合이나 混和처럼 事實行爲에 의하여 발생하는 것이 아니라 讓渡行爲에 의하여 발생하는 것이므로 承繼取得된 것으로 보는 것이 그 取得過程의 성질에 부합된다고 한다. 讓渡人에게 결여된 處分權은 讓受人의 善意가 이를 보상하게 되고, 讓受人은 비록 讓渡人에 귀속되지는 않았으나 진정한 所有者에게 귀속되었던 所有權을 取得하는 것이라고 한다.[125]

(2) **制限物權의 負擔이 있는 경우**

종전 所有者의 권리에 관하여 존재하던 制限은 원칙적으로 소멸한다. 예를 들어, 目的物이 工場抵當의 경우와 같은 抵當權의 부담을 지는 動産인 경우 讓受人이 讓受당시 抵當權의 부담이 없는 것으로 過失없이 오신한 때에는 抵當權의 부담이 없는 완전한 所有權을 取得하게 되고, 抵當權의 추구력은 소멸한다. 또 정당한 所有者로부터 물건을 讓受하면서 그 물건에 존재하는 制限物權의 소멸에 대하여 善意·無過失인 때에도 善意取得의 규정을 유추할 수 있다.[126] 그러나 目的物返還請求權의 讓渡에 의하여 善意取得이 이루어진 때에는 讓渡人의 占有外觀이 制限物權의 존재가능성을 나타내고 있는 만큼 그에 대한 讓受人의 信賴는 그 범위 내에서 보호하는 것이 타당하므로 直接占有者가 갖는 質權은 善意取得에 의하여 소멸되지 않는다.[127]

이와 달리 讓受人이 過失없이 讓渡人이 所有者라고 믿었다고 하더라도 그 물건 위에 制限物權이 존재하는 사실을 알았거나 過失에 의하여 알지 못한 때에는 制限物權의 부담을 지는 所有權을 善意取得하게 된다.[128] 目的物에 부착된 제한 아래 善意取得이 인정되는 점은 목적물이 押留되었거나 處分禁止假處分이 있는 경우에도 같다.[129] 그러나 讓受人이 目的物에 대한 賃借權 등 채권의 존재를 알았다고 하더라도 善意取得 이후 그 채권에 의한 제한을 받는 것은 아니다.

(3) **效果의 確定性**

善意取得의 효과는 확정적이므로 取得者가 다시 惡意의 제3자에게 讓渡하더라도 제3자의 所有權取得에는 아무런 장애가 없으며, 無權利者인 讓渡人

125) Schwab, § 32 Ⅷ; E. Wolf, § 5 b Ⅳ h; MünchKomm/Quack, § 932 RdNr. 59; Palandt/Bassenge vor, § 932 1 b.
126) 同旨 註釋民法(上), 370.
127) 同旨 李英俊, 233. 獨民 § 936 Ⅲ은 명문으로 규정하고 있다.
128) 同旨 李英俊, 233.
129) 大判 89.10.24, 88다카26802(公 862, 1755).

에게 다시 讓渡된 때에도 讓渡人은 所有權을 取得한다.[130] 다만 無權利者인 讓渡人이 스스로 그 물건의 所有權을 取得할 목적으로 善意·無過失인 제3자를 내세워 일단 善意取得하게 한 다음 그로부터 이를 다시 讓受한 때에는 그와 같은 惡意의 讓渡人은 보호할 필요가 없으므로 그의 所有權取得은 인정되지 아니하고, 진정한 所有者의 所有權이 부활한다고 보아야 할 것이다.[131] 無權利者가 善意取得者로부터 다시 讓渡받은 이른바 逆取得의 경우 진정한 權利者가 目的物의 返還을 청구할 수 있는 不當利得 또는 不法行爲에 기한 債權的인 返還請求權을 갖는다는 주장[132]이 있으나, 不當利得의 경우에는 無權利者의 取得이 종전 所有者와의 관계에서 그 이익의 보유를 허용할 수 없다는 측면이 있기는 하나 제3자의 善意取得을 허용하면서 그로부터의 逆取得을 法律上 原因없는 取得이라고 보기는 어렵고, 또 不法行爲의 경우 金錢賠償을 원칙으로 하는 우리 법제에서는 받아들이기 어렵다.[133] 그러나 信義則에 의하여 契約法上의 原狀回復義務를 인정하거나 새로운 不當利得理論을 구성하여 원래의 所有者의 目的物 자체의 返還 및 所有權移轉의 請求를 허용하여야 한다는 主張[134]은 구체적인 형평의 관점에서 검토될만 하다.

讓渡行爲가 取消 또는 解除條件의 成就에 의하여 失效되면, 善意取得의 효과도 소멸하고 진정한 所有者의 所有로 복귀한다. 善意取得은 去來行爲를 전제로 하는 것이므로 去來行爲가 실효된 터에 善意取得의 효과를 존속시키는 것은 부당하기 때문이다. 無權利者가 讓渡擔保權을 설정하여 擔保權者로 하여금 所有權을 善意取得시킨 후에 채무를 변제하여 擔保權者의 권리를 소멸시키는 경우도 같다.[135]

2. 善意取得者와 讓渡人의 關係

契約當事者 사이에는 讓渡人이 진정한 권리자인 경우와 전적으로 동일하

130) 同旨 Jauernig, § 932 Ⅰ 1; Schwab, § 32 Ⅳ; Palandt/Bassenge, § 932 5 a; Münch Komm/Quack, § 932 RdNr. 63.

131) 同旨 註釋民法(上), 371; 日注民(7), 139; Wolff-Raiser, Sachenrecht, § 69 Ⅳ. 反對 Schwab, § 32 Ⅳ; E. Wolf, § 5 b Ⅳ i; Palandt/Bassenge, § 932 5 b.

132) Jauernig, § 932 Ⅰ 1; Palandt/Bassenge, § 932 5 b.

133) 不法行爲에 대해서도 原狀回復을 인정하려는 견해로는 金容漢, "損害額計算의 方法論的 考察", 方順元記念論文集, 55; 尹眞秀, "不動產의 二重讓渡와 原狀回復", 註釋民法總則(下), 92 참조.

134) 註釋民法(上), 371.

135) 同旨 李英俊, 234; E. Wolf, § 5 b Ⅳ i는 解除條件이 성취되어 法律行爲의 效力이 상실되면 그 시점부터 종전 法律關係가 부활한다는 獨民 § 158 Ⅱ 의 규정을 근거로 들고 있다.

다. 따라서 讓渡人은 자신에게 處分權이 없었음을 이유로 契約이나 辨濟의 무효를 주장하지 못한다. 마찬가지로 善意取得者도 賣買代金의 지불을 거절하거나 支拂한 代金의 返還을 청구하지 못한다.

3. 讓渡人과 眞正한 所有者와의 關係

無權利者인 讓渡人은 有償處分으로 인하여 利益을 얻은 때에는 진정한 所有者에게 이를 반환하여야 한다(民 §741). 또 有償·無償을 가리지 않고, 讓渡人의 귀책사유가 있으면 계약위반 또는 불법행위에 기한 損害賠償責任을 져야 한다. 목적물에 대하여 制限物權을 갖는 자가 所有者 또는 無權利者의 讓渡行爲에 의하여 그 制限物權을 상실한 경우에도 이에 준한다.

4. 讓受人과 從前 所有者와의 關係

善意取得으로 所有權을 취득한 讓受人은 目的物을 有償으로 取得한 이상 利得이 없으므로 不當利得返還의 문제가 발생하지 않는다. 그러나 그 取得이 無償으로 이루어지게 되면 取得者가 이득을 보유하게 되므로 이를 眞正한 所有者에게 不當利得으로서 반환하여야 할 지가 문제된다.

返還請求를 긍정하는 설은 ① 去來의 安全을 보호하기 위해서는 善意取得者에게 형식적으로 權利의 歸屬을 인정하는 것만으로 충분하고 실질적으로 이득을 보유시킬 필요까지는 없다. ② 民 §741 소정의 '法律上 원인없이'란 權利取得의 원인이 없는 경우만을 뜻하는 것이 아니라, 權利取得에 의한 이득의 보유를 법적으로 허용할 수 없는 경우도 포함한다. ③ 無償行爲로 인한 善意取得者에게 返還義務를 인정하는 것은 당사자간의 이해를 공평하게 해결하는 방법이 된다는 점을 들고 있기도 하다.[136] 去來의 安全을 위하여 진정한 권리자의 권리를 收用하는 성질을 갖는 善意取得制度의 본질상 善意取得의 要件, 效果를 정함에 있어서는 比例의 原則에 따라 眞正한 權利者와 善意取得者 사이의 이익을 형량할 필요가 있으므로 善意取得者가 無償으로 取得한 경우에는 진정한 권리자에게 이를 반환할 의무가 있다고 해석하는 것이 타당하다는 점을 들기도 한다.[137]

---

136) 金容漢, 289. 同旨 張庚鶴, 462; 我妻-有泉亨, 227-8. 獨民 §816 I 은 無償取得의 경우 讓受人은 取得한 動産을 권리자에게 반환하여야 한다고 규정하고 있다. 예를 들어, 甲이 乙의 책을 丙에게 생일선물로 증여한 때에는 丙이 이를 善意取得하였다 하더라도 丙은 乙에게 그 책의 반환의무를 부담하게 된다.

137) 李英俊, 235-6.

그러나 善意取得은 去來의 安全을 보호하기 위하여 善意取得者에게 이득을 보유시키고자 하는 것이지 단순히 目的物의 權利歸屬에 관한 문제를 해결하기 위한 제도는 아니며, 善意取得을 所有權取得의 원인으로 인정하는 이상 民 §741의 요건에 해당한다고는 볼 수 없다. 따라서 일단 善意取得이 인정되면, 善意取得者는 그로 인하여 이득을 보유하게 되었더라도 반환의무를 부담하지는 않는다.[138)]

Ⅵ. 立證責任

1. 讓渡人의 處分權

讓渡人이 無權利者라는 점은 善意取得을 주장하는 자가 적극적으로 主張·立證할 필요는 없다. 動產物權의 取得을 주장하는 자는 단순히 占有事實만을 主張·立證하거나 物權行爲와 引渡事實을 主張·立證함으로써 족하고, 讓渡人에게 處分權이 없었다는 점은 그 讓渡의 效力을 부정하는 자가 이를 主張·立證하여야 할 것이다.

2. 占有의 態樣

民 §197 Ⅰ은 占有者는 所有의 意思로 善意·平穩 및 公然하게 占有한 것으로 추정하고 있다. 이 경우의 推定은 원래 占有의 狀態에 대한 것으로서 占有의 取得過程에 반드시 들어맞는 것은 아니지만 占有의 移轉도 마찬가지로 추정된다고 본다. 따라서 讓受人은 善意로 占有한 것으로 추정되므로 善意取得의 효과를 부정하는 자는 讓受人의 惡意를 立證하여야 한다.[139)]

3. 無 過 失

判例[140)]는 讓受人의 無過失인지는 법률상 이를 직접 推定하는 규정이 없으

---

138) 多數說이다. 李宗洽, "善意取得", 法學論叢(檀國大) 8, 51; 玄勝鍾, "動產의 善意取得", 法政 19-9(64-9), 16(18); 郭潤直, 204; 金曾漢, 123; 李太載, 117; 註釋民法(上), 372; 黃迪仁·鄭權燮, 註釋(Ⅱ), 408.

139) 大判 60.2.25, 4291民上804(要集 民 Ⅰ, 497); 다만 大判 81.12.22, 80다2910(公 674, 176)은 取得者가 善意를 立證하여야 하는듯이 설시하고 있다.

140) 大判 59.8.27, 4291民上678(要集 民 Ⅰ, 497); 大判 60.2.25, 4291民上804(要集 民 Ⅰ, 497); 大判 62.3.22, 4294民上1174등(集 10-1, 244); 大判 68.9.3, 68다169(集 16-3, 1); 大判 81.12.22, 80다2910(公 674, 176).

므로 善意取得을 주장하는 자가 자신의 無過失을 立證하여야 한다고 한다.[141] 그러나 多數說은 過失의 존재는 이를 주장하는 자가 立證하여야 한다고 하고, 그 논거로는 占有者가 占有物에 대하여 행사하는 권리는 적법하게 보유한 것으로 推定한다는 民 §200의 취지에 따라 占有者와 거래하는 자가 占有者에게 본권이 있다고 믿었다고 하더라도 원칙적으로 過失이 없다고 보아야 할 것이라는 점을 들고 있다.[142] 그 밖에 民 §197 I 은 占有者의 占有狀態에 관한 推定規定일 뿐이므로 平穩·公然은 取得者를 위해서도 추정되어지지만, 取得者의 善意與否는 이와는 차원을 달리하는 문제로서 이에 의하여 추정되어질 수 없으므로 民 §§197 I, 200의 양조문을 종합하여 판단할 때 비로소 善意·無過失이 추정되어질 수 있다는 說도 있고, 無過失의 立證은 결국 완전한 善意의 立證을 요하는 셈이되어 民 §197 I 과 모순되므로 民 §197 I 에 의하여 無過失까지 추정된다고도 하며, 民 §200는 權利外觀의 법리와는 無關한 것으로서 善意와 無過失은 일체로 하여 立證責任의 分配를 논하는 것이 타당하고 民 §197 I 의 推定은 讓渡人의 占有狀態에만 미치는 것이 아니라 善意取得者의 占有取得에도 미친다고 하여 民 §197 I 에 의하여 無過失이 추정된다는 說[143]도 있다.[144] 獨民 §932 I 은 명문상 善意·無過失의 요건을 但書의 형식으로 규정하여 善意取得을 부정하는 자가 惡意·重過失의 主張·立證責任을 지는 것으로 규정하고 있다.

民 §§197 I, 200가 占有者가 占有物에 대하여 행사하는 권리는 適法하게 保有한 것으로 추정된다 하더라도 이는 占有者의 占有狀態에 관한 법률상의 추정규정일 뿐이고 그 占有를 신뢰한데 過失이 있는지의 여부에 관한 사실의 문제와는 별개의 문제이므로 위 규정을 근거로 讓受人의 無過失을 推定할 수는 없다. 또 民 §197의 추정을 열거되지 아니한 無過失에까지 확대하는 것은 무리이다. 立證責任은 民法의 法律要件에 의해서만 分配될 것이 아니라 當事者사이의 利益이나 立證의 可能性을 衡量하여 分配되어야 할 것인데, 통상 所有者로서는 讓渡의 過程을 알 수가 없을 것이므로 善意取得者의 惡意나 過失을 立證하는 것이 극히 곤란한 반면, 善意取得을 주장하는 善意取得者는 過失有無

141) 같은 見解로는 金基善, 220; 方順元, 136; 李英俊, 232; 李太載, 116.
142) 李宗洽, "善意取得", 法學論叢(檀國大) 8, 50; 玄勝鍾, "動產의 善意取得", 法政 19-9 (64-9), 16(18); 郭潤直, 202; 金容漢, 286; 金曾漢, 122; 張庚鶴, 456; 我妻-有泉亨, 221; 日最判 昭 41(1966).6.9(民集 20-5, 1011); 昭 45(1970).12.4(民集 24-13, 1987).
143) 註釋民法(上), 369.
144) 이상의 諸學說들에 대해서는 日注民(7), 134-5 참조.

의 판단전제가 되는 자신의 取得過程을 용이하게 主張·立證할 수 있을 것이므로 善意取得者가 자신의 無過失을 立證하여야 한다고 봄이 타당하다.

4. 制限物權의 存在

善意取得者가 制限物權없이 완전한 所有權의 取得을 主張하는 때에는 善意取得 당시 制限物權의 존재를 알지 못한데 過失이 없다는 점을 立證하여야 한다.[145)]

[李 仁 宰]

第250條(盜品, 遺失物에 대한 特例)

前條의 경우에 그 動產이 盜品이나 遺失物인 때에는 被害者 또는 遺失者는 盜難 또는 遺失한 날로부터 2年內에 그 物件의 返還을 請求할 수 있다. 그러나 盜品이나 遺失物이 金錢인 때에는 그러하지 아니하다.

차 례

Ⅰ. 序 說

1. 規定의 目的

善意取得은 去來安全의 보호라는 公益의 實現을 위한 규정이기는 하나, 그것은 眞正한 所有者의 財產權保護와 사이에 比例關係를 유지하는 것이 아니면

145) 反對 李英俊, 233.

안 된다.[1] 善意取得의 근거가 되는 權利外觀의 형성에 所有者가 관여하는 일반적인 경우에는 讓受人偏에서 양도인이 진정한 所有者인지를 판단하는 것보다는 종전 所有者偏에서 자신이 目的物을 인도한 占有者가 신뢰할 만한 자인지의 여부에 대하여 판단하는 것이 더 용이하고, 또 종전 所有者가 그 權利外觀을 창출한 책임을 갖는다는 점을 형량하여 종전 所有者는 양수인의 善意取得에 의하여 所有權을 상실하도록 하고 있다. 그러나 이와는 달리 所有者가 目的物을 盜難 또는 遺失한 때에는 종전 所有者가 占有者의 權利外觀을 형성하는데 관여하지 못한 만큼 所有者의 所有權은 비례적으로 더 보호할 필요가 있게 되고, 그만큼 거래보호의 요청을 후퇴시키게 된다. 연혁적으로는 占有離脫物에 대한 追及權을 인정하는 게르만법에서 연유하는 본조의 現代法的 意義는 이 점에 있는 것이다.[2] 그러나 본조에 대하여 所有者의 意思에 의하지 아니하고 占有를 떠난 動產에 관하여 所有者가 追及하여 반환을 청구할 수 있다는 게르만법적인 사고에서 벗어나지 못한 입법으로서 합리적 근거가 없는 입법이라는 비판도 있다.[3]

金錢의 경우에는 通貨로 거래되는 한 고도의 유통성을 필요로 하므로 이를 但書에서 제외하고 있다. 또 거래가 公開市場이나 동종류의 물건을 판매하는 商人에게서 善意로 이루어진 때에는 그만큼 去來의 安全을 보호할 필요가 있으므로 절충적으로 被害者 또는 遺失者는 양수인이 지급한 對價를 辨償하고 그 物件의 返還을 청구할 수 있도록 규정(民 §251)하고 있다. 有價證券도 金錢의 경우와 마찬가지로 고도의 유통성을 확보할 필요가 있으므로 그에 대해서는 이와 같은 被害者나 遺失者를 보호하는 규정이 없다(民 §§514, 524, 525; 商 §§65, 359; 어 §16 Ⅱ; 手 §21).

2. 遺失物法과의 關係

遺失物의 權利歸屬에 관하여는 民 §253와 遺失物法이 있으나, 이들은 拾得者가 정규의 절차를 밟아 所有權을 취득하는 경우에 관한 규정이란 점에서 拾得者로부터 양도받은 자와 종전의 所有者와 사이의 權利歸屬을 규율하는 본조와는 구별된다.

1) 民 §249 Ⅰ 참조.
2) MünchKomm/Quack, §935 RdNr. 1 참조.
3) 郭潤直, 204-5; 金容漢, 290; 金曾漢, 115 참조.

Ⅱ. 比較法的 考察

獨逸民法은 所有者나 直接占有者(所有者가 間接占有者인 경우)가 盜難 또는 遺失한 경우 善意取得의 성립을 배제하고 있고(§935 Ⅰ), 目的物이 現金이나 無記名證券이거나 또는 公競賣의 방법으로 양도된 때에는 예외로 하고 있다(§935 Ⅱ). 善意取得이 인정되지 아니하는 경우에는 提訴期限의 제한없이 반환을 청구할 수 있다.

그러나 佛蘭西民法은 盜品·遺失物에 대하여 善意取得을 인정하면서 3년 이내에 이를 추급할 수 있도록 하되, 그 소지인은 目的物을 引渡한 자에게 求償할 수 있게 하였으며(§2279), 또 盜品·遺失物을 定期市場이나 常設市場 또는 競賣 내지 유사한 물건을 매매하는 商人으로부터 매수한 때에는 종전 所有者는 占有者가 지급한 代金을 償還하여야 한다고(§2280) 규정한다. 그 후 瑞西民法은 佛蘭西民法을 따라 盜品·遺失物에 대해 善意取得을 인정하면서 盜難당한 者 또는 遺失者가 5년간 追及할 수 있도록 하되, 마찬가지로 그 目的物이 公競賣에 의하거나 市場에서 또는 同種類의 상품을 취급하는 商人으로부터 양수한 때에는 그 지급한 對價를 辨償하여야 한다고 하고(§934), 다만 金錢과 無記名證券은 占有離脫物이라 하더라도 善意取得이 가능하다고(瑞民 §935) 규정한다.

墺地利民法은 占有離脫物에 대해서는 善意取得을 인정하지 않고(§367), 金錢 및 無記名證券은 善意이기만 하면 취득하는 것으로 규정하고 있다(§371).

日民 §193는 金錢의 예외를 규정하지 않고 있는 점을 제외하고는 우리 民法의 규정과 같은 내용이다.

Ⅲ. 適用範圍

1. 占有離脫物

(1) 意　義

본조는 占有者의 意思에 의하지 아니하거나 그 意思에 반하여 占有를 離脫한 占有離脫物, 즉 盜品이나 遺失物에 대하여 적용된다. 民法은 본조에서 盜品과 遺失物을 적용대상으로 규정하여 占有離脫物 중 盜品을 제외한 분실물로서 遺失物을 규정하고 있다. 盜品은 窃盜 또는 強盜의 경우와 같이 타인에 의하여 占有者의 의사에 반하여 占有가 박탈된 물건을 말한다.

규정의 목적을 감안한다면, 占有離脫에 대한 被害者의 잘못 정도에 따라 所有權者의 추급여부를 결정하여야 한다고도 할 수 있을 것이다. 즉 지극히 교묘한 사기의 被害者는 명백히 부주의한 窃盜의 被害者보다 더 보호받아야 한다고도 볼 수 있을 것이다. 그러나 이와 같이 權利外觀을 창출한데 대한 被害者의 책임 정도를 구체적으로 형량하여 추급여부를 결정한다면 目的物의 반환여부에 관한 법률관계가 매우 모호하게 될 것이므로, 民法은 본조에서 盜品이나 遺失物을 적용대상으로 예시함으로써 被害者와 讓渡人의 責任 및 利益의 衡量에 유력한 자료인 占有侵奪에 대한 被害者의 意思有無를 追及與否에 대한 판단의 기준으로 규정하고 있다.

(2) 要　件

(가) 占有者의 意思

(a) 意思의 性質　　占有者의 意思에 기하지 아니하거나 그 意思에 반하여 占有를 離脫하여야 한다. 이때의 意思는 占有의 成立에 요구되는 것과 같은 事實上의 自然的 意思이다. 따라서 그 意思의 存否는 占有移轉의 원인이 된 法律行爲의 瑕疵에 영향받지 않는다. 즉 詐欺나 強迫 또는 錯誤에 의한 法律行爲를 원인으로 하여 占有를 喪失하였다 하더라도 占有離脫物에 해당되지는 않는다. 그러나 強迫이라 하더라도 占有者의 事實上의 意思마저 제압할 정도의 저항할 수 없는 폭력에 의하여 占有를 侵奪하게 되면 遺失物이 될 것이다.[4] 또 意思無能力이 아닌 한 無能力者도 被害者나 遺失者가 될 수 있으며, 이와 같은 事實上 支配의 意思는 성질상 取消될 수도 없다.[5] 이 意思는 占有權을 양도하는 데 필요한 物權的 合意를 이루는 意思表示와는 성질을 달리하므로 簡易引渡와 같은 觀念的인 引渡의 경우 占有權移轉의 物權的 合意가 취소되더라도 目的物이 占有離脫物이 되는 것은 아니다.[6] 占有의 離脫이 押留 등 법률상 허용되는 公法行爲에 의하여 이루어진 때에는 그것이 占有者의 意思에 반한다고 하더라도 占有離脫物에 해당되지는 않는다.[7] 그러나 불법적으로 押

4) Schwab, § 32 V 1; BGHZ 4, 10.

5) BGHZ 4, 33.

6) 이 경우 占有離脫物이 되지 않는다고 하려면 簡易引渡의 경우 '意思表示'를 '從前 占有者의 事實上의 同意'로 보아야 한다는 설로는 MünchKomm/Joost, § 854 RdNr. 21; MünchKomm/Quack, § 935 RdNr. 8 등 참조.

7) BGHZ 4, 285 참조.

留되어 無效나 取消될 성질의 것이라면 그 目的物은 占有離脫物에 해당된다.[8)]

(b) 意思의 主體 占有離脫物인지의 여부는 直接占有者의 意思를 기준으로 판단한다. 즉 占有媒介者가 占有物을 橫領하거나 제3자에게 임의로 처분한 경우 그것이 所有者인 間接占有者의 의사에 반한다고 하더라도 그 目的物이 占有離脫物에 해당하는 것은 아니다. 直接占有者는 종래의 所有者가 스스로 신뢰관계를 맺은 자이므로 占有物을 임의로 처분하였다고 하더라도, 종래의 所有者인 間接占有者로서는 새로운 所有者와 사이에 이익을 형량함에 있어 상대적으로 불이익을 감수할 수밖에 없기 때문이다. 따라서 占有離脫이 直接占有者의 의사에 반하여 이루어진 것이라고 하더라도, 그것이 所有者의 意思에 부합하는 것이라면 占有離脫物에 해당되지 않는다.

마찬가지의 이유로 占有離脫物에 해당하는지의 여부를 판단함에 있어서는 占有補助者도 直接占有者와 마찬가지로 취급하여야 한다.[9)] 法人은 機關에 의하여 占有하므로 기관이 임의로 처분하더라도 占有離脫物이 되는 것은 아니다. 占有를 상실한 直接占有者가 所有者의 占有媒介者가 아닌 때, 예를 들어 甲으로부터 사전거의 수리를 의뢰받은 수리상 乙이 이를 횡령하여 장물아비인 惡意의 丙에게 처분하였는데, 丁이 이를 절취한 경우와 같이 所有者의 占有媒介者로부터 惡意로 取得한 자가 자신의 意思에 기하지 아니한 채 占有를 상실하더라도 目的物이 占有離脫物이 되는 것은 아니다.[10)] 위의 예에서 자전거는 占有離脫物에 해당되지 않고 丁으로부터 자전거를 매수한 戊는 이를 善意取得할 수 있다. 目的物이 遺失되기 전에 이미 所有者의 占有媒介者의 意思에 기하여 占有를 離脫하였기 때문이다. 그러나 相續에 의하여 相續人은 被相續人의 占有를 承繼하므로 僭稱相續人이 임의로 처분한 동산은 相續人의 의사에 기하지 아니한 채 占有를 이탈한 셈이 되어 遺失物에 해당한다.[11)] 다른 相續人의 의사에 반하여 共同相續人이 처분한 경우에도 占有離脫物에 해당된다.[12)]

(나) 占有의 離脫 共同占有의 경우 共同占有者 중 한 사람의 占有

8) Palandt/Bassenge, § 935 4 e. 李英俊, 239는 取消될 公法行爲에 의한 것은 그 행위의 公定力으로 인하여 占有離脫物이 되지 않는다고 한다.

9) 同旨 郭潤直, 205-6; 金容漢, 291; 大判 57. 6. 22, 4289民上428(要集 民 I, 501). 反對 Schwab, § 32 V I; Palandt/Bassenge, § 935 4 c; MünchKomm/Quack, § 935 RdNr. 11.

10) 反對 李英俊, 238. 獨逸의 多數說도 占有離脫物이 되지 않는다고 한다. Jauernig, § 935 2 b dd; Palandt/Bassenge, § 935 1 a; MünchKomm/Quack, § 935 RdNr. 7. 反對 Baur, § 52 V 2a aa.

11) Palandt/Bassenge, § 935 4 d; MünchKomm/Quack, § 935 RdNr. 16.

12) Palandt/Bassenge, § 935 4 c.

가 침탈된 때에는 遺失物이 된다. 共有者나 共同相續人이 占有를 침탈한 때에도 盜品이나 遺失物로 취급하여야 한다. 法人의 기관이 共同으로 占有하는 경우에도 같다.[13)]

(3) **占有離脫物의 종료**

占有離脫의 상태는 所有者가 目的物을 返還받게 되거나 처분에 동의하거나 법률행위에 의하지 않고 所有權을 原始取得하는 때에 종료된다. 目的物이 滅失되거나 加工되거나 또는 沒收된 경우에는 본조는 적용되지 않고, 不當利得 또는 不法行爲에 의한 請求權의 存否 문제가 남게 된다.

(4) **具體的 例**

(가) 盜　品　　盜品이란 窃盜나 強盜에 의하여 占有者의 意思에 반하여 占有를 침탈당한 물건을 말한다. 여기에서 窃盜나 強盜라 하는 것은 규정의 목적이 다른 만큼 반드시 刑法上의 窃盜罪나 強盜罪가 성립하는 것과 같은 의미를 갖는 것은 아니다. 본조에서 盜品을 따로 취급하려는 것은 진정한 所有者의 입장에서 權利外觀의 형성이 자신의 의사에 기하지 않은 경우 상대적으로 보호받게 하자는 것인데 반해, 刑法이 窃盜나 強盜罪를 규정한 주안점은 그 행위자의 가벌성에 있는 것이므로 서로 반드시 일치하는 것은 아니다. 예를 들어, 가게의 店員과 같은 占有補助者가 가게의 물건을 임의로 처분하면, 刑法上 窃盜罪(刑 §329)에 해당되지만, 그 目的物이 본조의 盜品에 해당되는 것은 아니다.[14)] 刑法과 民法은 반드시 동일한 해석원리를 적용할 것은 아니며, 善意取得의 目的으로 비추어볼 때 所有者가 外觀上 占有者와 마찬가지의 權利外觀을 조성한 이상 그에 따른 危險負擔도 占有媒介關係를 설정한 경우와 마찬가지로 자신이 부담하여야 하기 때문이다. 詐欺·橫領[15)]이나 恐喝 등의 다른 재산범죄로 占有를 侵奪당한 物件은 이에 포함되지 않는다.

(나) 瑕疵있는 意思表示에 의하여 占有를 離脫한 物件　　占有離脫物이 되는 것은 占有者의 自然的 意思에 반하여 侵奪되는 것을 요하므로 被害者가 無能力者라거나 占有者의 瑕疵있는 意思表示에 의하여 占有를 이탈하였다는 사정만으로는 본조의 占有離脫物에 해당한다고 할 수 없다. 그렇지 않으면 無權利者의 占有를 신뢰하고 양수한 대부분의 경우에 진정한 所有者의 返還請求權을 인정하여야 할 것이므로 善意取得을 인정한 취지에 반하는 결과가 된다.

13) MünchKomm/Quack, § 935 RdNr. 6.
14) 同旨 郭潤直, 206; 張庚鶴, 464; 李英俊, 240; 我妻-有泉亨, 230.
15) 大判 57. 6. 22, 4289民上428(카 5343).

(다) 強制執行에 의하여 占有를 離脫한 物件 執行債務者의 占有下에 있는 타인소유의 동산에 대하여 집행이 이루어진 경우와 같이 진정한 所有者가 強制執行에 의하여 占有를 상실하고, 양도인이 그 占有를 취득하더라도 본조의 占有離脫物에 해당하지 않는다.

2. 金錢의 特例

金錢에 대해서도 善意取得은 인정되나, 金錢은 고도의 유통성을 본질로 하므로 善意取得된 경우까지 所有者의 返還請求權을 인정한다면 거래의 안전은 심히 위협받게 되므로 盜品이나 遺失物이 된 경우라도 所有者의 返還請求權을 배제하고 있다. 따라서 여기의 金錢은 通貨로서의 金錢만을 말한다.[16] 그렇지 않더라도 金錢은 混和에 의하여 쉽사리 所有權의 歸屬을 달리할 수 있고, 다른 金錢과 사이에서 특정이 어려우므로 종전 所有者의 추급은, 예컨대 甲이 乙에게 특정의 金錢을 맡기고 이를 乙이 丙에게 교부한 경우 甲이 그 金錢을 동일성을 입증하는 것이 가능하도록 銀行券의 번호를 알고 있거나 鑄貨에 표시를 한 경우에만 가능할 것이므로 사실상으로는 거의 불가능할 것이다.

通貨인 한 內國의 金錢이나 外國의 金錢을 모두 포함하지만, 強制通用力이 인정되지 않는 金錢은 이에 포함되지 않는다. 사실상 통용되지 않는 기념주화나 금화 등도 이에 포함되지 않는다. 이와 같이 단순한 물건으로서 거래된 金錢은 그것을 다른 동산과 구별하여 취급하여야 할 필요가 없기 때문이다.

有價證券에 대해서는 특별한 규정이 있으므로 동산의 善意取得에 관한 民法의 규정이 적용될 여지가 없다. 民法은 指示債權과 無記名債權에 대하여 별도의 규정을 두고 있고(民 §§ 524, 514), 이 규정은 商 § 65에 의하여 商法上 有價證券에도 준용된다. 어음·手票에 대해서는 어 §§ 16 Ⅱ, 77 Ⅰ, 手 § 21 등이 같은 취지로 규정하고 있으며, 手 § 21의 규정은 株券에도 준용된다(商 § 359).

3. 制限物權이 存在하는 境遇

民 § 250는 制限物權이 있는 동산의 善意取得의 경우에도 유추적용된다. 즉 동산이 所有者에 대해서는 占有離脫物이 되지 않더라도 制限物權者에 대한 관계에서 占有離脫物이 되는 때에는 善意取得에 의하여 制限物權은 소멸하지

16) 反對 郭潤直, 198-9; 金容漢, 290; 張庚鶴, 463.

않는다고 보아야 한다.[17] 예컨대, 質權者가 占有하는 質物을 所有者가 탈취하는 경우이다.

Ⅳ. 返還請求權

1. 當 事 者

(1) 返還請求權者

返還請求權者는 被害者 또는 遺失者이다. 被害者나 遺失者는 所有者인 것이 보통이겠으나, 所有者가 間接占有者인 때에는 直接占有者도 被害者나 遺失者에 해당한다고 보아 返還請求權을 갖게 된다.[18] 또 質權者가 質物을 盜難 또는 遺失한 때에는 마찬가지로 返還請求權을 갖는다(民 § 343).

(2) 返還請求의 相對方

返還請求의 상대방은 盜品 또는 遺失物을 현재 占有하고 있는 자이다. 目的物을 善意取得한 者 뿐 아니라, 그 特定承繼人도 포함된다. 즉 物件이 일단 占有離脫物이 되면, 그 물건에 대한 본조 소정의 返還請求權을 배제할 수 있는 새로운 善意取得은 불가능하다. 예를 들어, 所有者 甲의 물건을 乙이 절취하여 이를 丙·丁에게 순차로 양도한 경우, 丙·丁이 善意取得者라 하더라도 甲의 返還請求를 거절할 수는 없다.

返還請求權을 행사할 수 있으려면, 양수인에게 目的物이 현존하여야 하고, 目的物이 멸실한 때에는 그 반환을 청구할 수 없다.

2. 返還請求權의 性質

이때의 返還請求權은 어떤 성질을 갖는 것인가. 이 문제는 盜品 및 遺失物의 所有權이 종전 所有者에게 歸屬하는가 善意取得者에게 歸屬하는가 하는 문제와 관련하여 所有權이 종전 所有者에게 歸屬하는 것이라고 한다면 이 返還請求權은 占有의 回復을 구하는 청구권에 불과하다고 할 것이지만, 현재에는 이 說을 支持하는 見解는 없고, 通說[19]은 所有權이 善意取得者에게 歸屬한다는

17) E. Wolf, § 5 b V c 참조.

18) 通說이다. 魚寅義, '盜品 · 遺失物에 관한 一考', 法學論叢(淸州大) 10, 12; 郭潤直, 206; 金基善, 234; 金容漢, 291; 金曾漢, 124; 李英俊, 241; 黃迪仁 · 鄭權燮, 註釋(Ⅱ), 410.

19) 郭潤直, 206; 金容漢, 292; 金曾漢, 125; 李英俊, 242; 張庚鶴, 465; 黃迪仁 · 鄭權燮,

전제에서 이 返還請求權은 단순히 占有保護請求權에 유사한 물건의 引渡請求權 또는 所有權에 기한 返還請求權이 아니라 그 占有의 回復과 함께 善意取得者가 취득한 權利를 소멸시키고 도난·유실 당시의 法律關係를 復活시키는 것이라고 한다.[20] 返還請求權이 債權的 請求權이기 때문에 취득자가 破產하면 종전 所有者는 返還請求權이 없다고 하는 견해도 있으나,[21] 請求期間 내에는 누구든지 현실로 目的物을 占有하는 者를 상대로 하여 반환을 구할 수 있는 法定의 請求權이므로 이는 부당하다. 또 返還請求權의 행사에 의하여 곧바로 종전 所有者의 所有權이 회복되는 것은 아니므로 形成權이라고는 볼 수 없다.[22]

3. 返還請求期間

(1) 請求期間의 性質

多數說[23]은 返還請求權의 성질이 形成權이 아니라 請求權이라는 이유로 2년의 請求期間을 時效期間이라고 하나, 請求權이라 하여 당연히 時效期間이 되는 것은 아니며, 오히려 法文은 2년 내 청구할 수 있다고 하여 除斥期間의 形式으로 규정하고 있고, 비교적 빠른 시일 내 반환여부를 확정함으로써 權利關係의 安定을 기하려는 立法意圖로 미루어 中斷을 허용하지 않고 法院이 그 적용을 職權으로 고려하는 것이 타당하므로 除斥期間으로 보아야 한다.[24]

(2) 請求期間의 起算點

2년의 返還請求權은 盜難·遺失한 때로부터 진행한다. 竊盜의 경우에 있어서는 竊盜行爲가 있은 때부터가 아니라 被害者가 占有를 상실한 때부터 기간이 진행한다. 왜냐하면 '盜難·遺失한 날'이란 切取人·拾得者 등을 기준으로 정할 것이 아니라 被害者·遺失者를 기준으로 그의 의사에 반하여 占有를 상실한 때라고 해석하여야 할 것이기 때문이다.[25] 따라서 타인의 산림을 伐採하

註釋(Ⅱ), 411.

20) 따라서 李英俊, 242은 法定의 특별한 原狀回復請求權이라고 한다.

21) 黃迪仁, 154 참조.

22) 形成權이라는 설로는 李宗洽, "善意取得", 法學論叢(檀國大) 8, 52.

23) 郭潤直, 206; 金容漢, 292; 金曾漢, 125.

24) 同旨 姜東湖, "動產의 善意取得制度에 관한 考察", 慶尙大論文集 13, 183; 魚寅義, "盜品 遺失物에 關한 一考", 法學論考(淸州大) 10, 12; 李宗洽, "善意取得", 法學論叢(檀國大) 8, 52; 李英俊, 241; 金基善, 235; 金顯泰(上), 134; 黃迪仁·鄭權燮, 註釋(Ⅱ), 411; 我妻-有泉亨, 232, 234, 佛民 §2279 Ⅱ 도 除斥期間의 규정으로 본다. Murad Ferid, Das französische Zivilrecht Ⅱ, §67 3 b 41.

25) 通說이다. 魚寅義, "盜品·遺失物에 관한 一考', 法學論考(淸州大) 10, 12; 郭潤直, 206; 金基善, 235; 金顯泰(上), 134; 李英俊, 241; 張庚鶴, 465; 黃迪仁·鄭權燮, 註釋(Ⅱ), 411.

여 일단 산에 두었다가 반출매각한 경우에는 搬出時를 기준으로 기산함이 옳다.[26]

4. 返還請求의 效力

법문은 目的物의 返還을 청구할 수 있다고만 규정하고 있는데, 被害者나 遺失者는 目的物의 返還請求에 의하여 당연히 所有權을 회복하는 것이 아니고, 실제로 目的物을 반환받은 때에 所有權을 회복한다.

일단 返還請求를 받은 善意取得者가 반환을 거부하거나 귀책사유로 멸실·훼손한 때에는 債務不履行責任을 지게 된다. 그러나 被害者나 遺失者가 返還請求權을 행사하기 전에 물건이 멸실·훼손된 때에는 返還請求權이 소멸할 뿐 아니라 이에 갈음하는 손해배상청구권도 생기지 않는다.[27] 返還請求權者는 對價를 변상하지 아니하고 반환을 구하는 것이기는 하나, 善意取得者 또는 그 特定承繼人에 대하여 民 §203(占有者의 償還請求權)에 의한 의무를 부담한다. 또 民 §202(占有者의 回復者에 대한 責任)에 따라 책임을 물을 수도 있다.

V. 所有權의 歸屬

盜品이나 遺失物의 所有權은 그 返還請求期間中에는 누구에게 歸屬되는가? 연혁적으로 보아 日本民法의 기초자는 2년간은 종전 所有者가 所有權을 보유하는 것으로 생각하여 日民 §193를 처음에는 請求權者를「其所有者」로 하였다가 佛民 §2279 Ⅱ에 따라「被害者 또는 遺失者」로 규정한 것이라고 한다.[28] 日本의 判例[29]는 善意取得者는 返還請求期間이 경과하여야 비로소 所有權을 취득한다는 종전 所有者歸屬說에 따른다. 반환을 청구한다는 것은 善意取得者가 취득한 權利를 반환받는다는 것이 되므로 善意取得者가 所有權을 취득한다면 반환의 목적은 그 所有權이 되게 되는데, 그렇게 되면 所有者가 아닌 賃借人 등의 直接占有者는 당초부터 갖고 있지 않는 權利를 반환받게 되어 부당하다고 하고, 따라서 善意取得者가 返還請求權中 취득하는 權利는 占有權에 불과

26) 伐採時를 기준으로 한 日大判 大 15(1926).3.5(民集 5, 112) 참조.
27) 日最判 昭 26(1951).11.27(民集 5-13, 775).
28) 黃迪仁, 152 참조.
29) 日大判 昭 4(1929).12.11(民集 8, 923).

하다는 점을 논거로 한다.

通說[30]은 民 §250의 취지는 被害者나 遺失者가 民 §249에 의한 善意取得者로부터 目的物의 占有를 회수하여 盜難이나 遺失時의 本權關係를 회복하고자 하는 것이므로 盜品이나 遺失物을 취득한 양수인은 民 §249에 의하여 일단 所有權을 취득하고, 종전 所有者는 民 §250 소정의 返還請求權을 행사하여 다시 占有를 회복하는 때에 所有權을 회복하게 되고, 返還請求人이 所有者가 아닌 直接占有者인 때에도 直接占有者가 占有를 회복하는 때에 所有權을 회복한다고 하여 善意取得者歸屬說을 취한다. 通說의 입장이 善意取得制度를 둔 취지에도 부합되고 법률적으로 간명하다고 본다.

返還請求權을 形成權으로 보는 견해에 의하면 返還請求를 하였을 때에 所有權이 종전 所有者에게 복귀한다고 한다.[31]

Ⅵ. 立證責任

盜品·遺失物이라는 점은 善意取得을 부정하고 目的物의 반환을 청구하는 被害者나 遺失者가 이를 主張·立證하여야 한다. 물론 그것이 通貨로서의 金錢에 해당된다는 점은 善意取得을 주장하는 자가 입증하여야 한다.

[李 仁 宰]

30) 姜東湖, "動產의 善意取得制度에 관한 考察", 慶尙大論文集 13, 182; 玄勝鍾, "動產의 善意取得", 法政 19-9(64-9), 16(19); 郭潤直, 207; 金基善, 235; 金容漢, 292; 金曾漢, 125; 金顯泰, 136; 李英俊, 242; 李太載, 120; 張庚鶴, 467.

31) 李宗洽, "善意取得", 法學論叢(檀國大) 8, 52.

第251條(盜品, 遺失物에 대한 特例)

讓受人이 盜品 또는 遺失物을 競賣나 公開市場에서 또는 同種類의 物件을 販賣하는 商人에게서 善意로 買受한 때에는 被害者 또는 遺失者는 讓受人이 支給한 代價를 辨償하고 그 物件의 返還을 請求할 수 있다.

차 례

Ⅰ. 總 說

競賣나 公開市場 또는 同種類의 물건을 판매하는 商人에게서 매수한 경우는 거래의 안전을 보호할 필요가 크므로 진정한 所有者의 所有權保護와 조화시켜 물건은 반환하되 對價를 변상받을 수 있도록 규정한 것이다. 그 밖의 입법의 취지나 盜品 또는 遺失物의 意義, 返還請求權, 所有權의 歸屬 등은 民 §250에서 설명한 바와 같다.

Ⅱ. 適用範圍

1. 取得原因

원칙적으로 賣買의 경우 民 §251가 적용된다. 따라서 취득자가 贈與받은 경우에는 民 §250가 적용되어 무상으로 반환을 청구할 수 있다.[1] 그러나 매매 이외의 有償契約 예컨대, 交換에 대해서는 유추적용된다고 할 것이다.[2] 다만 변상하여야 할 것은 支給한 對價이지 回復되는 物件의 對價는 아니므로 交換

1) 同旨 李英俊, 243.
2) 同旨 李英俊, 243; 張庚鶴, 470.

의 경우 盜品·遺失物의 취득자가 반대급부로써 제공한 물건의 給付 당시의 時價가 변상되어야 할 것이다.

2. 買收의 態樣

(1) 競　賣

競賣는 競賣法에 의한 任意競賣이든 民事訴訟法에 의한 强制競賣[3]이든 불문하며, 國稅滯納處分으로 하는 競賣도 포함한다. 또 同種의 物件을 販賣하는 商人으로부터 매수한 경우를 포함하는 점으로 보아 이러한 公競賣 뿐 아니라 私人이 행하는 私競賣도 포함한다.[4]

(2) 公開市場

公開市場이라 함은 靑果市場과 같이 매도인과 매수인이 집합하여서 거래하는 시설이 있는 장소로서 널리 店鋪를 뜻하며, 그 시설이 私設이든 公設이든 불문한다.

(3) 同種類의 물건을 판매하는 商人

같은 종류의 물건을 판매하는 商人을 말하며, 굳이 店鋪를 가져야 하는 것은 아니므로 行商人도 이에 포함된다. 문제된 물건이 中古品일 때에는 中古品을 판매하는 상인이라야 한다. 그러나 같은 종류의 물건 이외의 물건을 함께 판매하더라도 상관없다.

3. 善　意

民 §249와는 달리 無過失을 명문으로 요구하고 있지 않으나 無過失도 당연히 요구된다 할 것이다. 왜냐하면 본조는 民 §§249, 250를 전제로 하는 규정이기 때문이다.[5]

4. 返還請求의 相對方

본조는 民 §250의 特則이므로 동조 소정의 回復請求權의 상대방과 마찬가지로 善意取得者는 물론 그로부터의 轉得者에 대하여서도 도난 또는 유실의 때로부터 2년간 회복청구할 수 있으나, 對價辨償義務의 有無는 회복청구의 상대방이 본조 소정의 요건에 해당하는지의 여부에 의하여 결정될 것이다.

3) 大判 67. 6. 13, 67다6011(要集 民 I, 376-22).
4) 同旨 金基善, 236; 李英俊, 243.
5) 李英俊, 243.

Ⅲ. 代價의 辨償

본조는 善意取得者에게 被害者 또는 遺失者에 대하여 對價의 辨償을 요구할 수 있는 抗辯權을 부여한 것이 아니라, 對價辨償의 請求權을 부여한 것이다. 따라서 양수인은 被害者 등의 返還請求에 대하여 抗辯權을 행사할 수 있을 뿐만 아니라, 目的物의 占有가 被害者나 遺失者에게 이미 넘어간 때에도 對價의 辨償 또는 그렇지 않을 경우 目的物의 返還을 청구할 수 있다.[6] 그러나 善意取得者가 자진하여 물건을 반환하고 대가의 변상을 구할 수는 없다.

對價는 善意取得者가 지급한 競落代金이나 賣買代金이다. 이에는 契約費用도 포함되지만 代金支給 이후의 利子는 포함되지 않는다.[7] 返還請求와 對價辨償請求는 同時履行의 관계에 있으며 法院은 償還履行의 判決을 하여야 한다.[8] 또 目的物이 移轉禁止의 強行規定에 위반되는 것인 때에는 善意取得 자체가 허용되지 아니하므로 對價辨償請求權은 발생하지 않는다.[9]

Ⅳ. 例外規定

1. 古物營業法

古物 §21는 古物商이 매수하였거나 교환한 고물 중에 盜品 또는 遺失物이 있는 때에는 당해 물품을 公共의 市場이나 同種의 物品을 취급하는 營業者로부터 善意로 讓受한 경우에도 被害者 또는 遺失者는 古物商에 대하여 이를 無償으로 回復할 것을 요구할 수 있되, 盜難 또는 遺失한 때로부터 1년이 경과한 후에는 예외로 한다고 규정하고 있다. 이는 古物商으로 하여금 盜品 및 遺失品이 유통되지 않도록 高度의 注意를 기울일 것을 촉구하는 동시에 업자간에 贓物의 流通에 관한 通謀를 하지 못하도록 하기 위한 것이다.

---

6) 通說이다. 郭潤直, 208; 金容漢, 293; 金曾漢, 127; 李英俊, 244; 張庚鶴, 評釋民法判例, 133; 黃迪仁·鄭權燮, 註釋(Ⅱ), 412; 大判 72.5.23, 72다115(集 20-2, 55).

7) 同旨 李英俊, 244.

8) 金基善, 236은 目的物返還義務는 대금지급의무에 대하여 先履行의 관계에 있으므로 被害者나 遺失者의 目的物返還請求에 우선 응하여야 하고, 被害者나 遺失者가 대가를 변상하고 싶지 않으면 目的物返還請求權을 알아야 할 뿐이라고 한다.

9) 日本에 있어서 戰後의 臨時物資需給調整法에 의한 物價統制令에 위반한 거래에 관하여 日名古屋高判 昭 28(1953).7.31(下民 4-7, 1064) 참조.

1년이 경과한 후에는 民 §251에 의하여 讓受人이 지급한 對價를 변상하고 目的物의 반환을 청구할 수 있다.

2. 典當鋪營業法

典當鋪 §24는 典當鋪主가 典當物이나 流典物로서 소지한 물품이 盜品이나 遺失物인 것이 판명되었을 경우에는 그 典當鋪主가 당해물품을 동종의 물품을 취급하는 영업주로부터 善意로 典當잡았을 경우에도 被害者 또는 遺失主는 典當鋪主에 대하여 이를 無償으로 回復할 것을 요구할 수 있되, 盜難 遺失의 때로부터 1년이 경과한 후에는 예외로 한다고 규정하고 있다.

V. 立證責任

競賣, 公開市場, 동종의 물건을 판매하는 商人으로부터 매수한 것에 관하여는 對價辨償을 청구하는 善意取得者가 주장·입증하여야 하고 기타의 요건, 즉 盜品·遺失物이라고 하는 것은 返還請求를 하는 자가 主張·立證하여야 한다.

[李 仁 宰]

第252條(無主物의 歸屬)

① 無主의 動產을 所有의 意思로 占有한 者는 그 所有權을 取得한다.

② 無主의 不動產은 國有로 한다.

③ 野生하는 動物은 無主物로 하고 飼養하는 野生動物도 다시 野生狀態로 돌아가면 無主物로 한다.

차 례

Ⅰ. 沿 革

所有權의 原始取得方法으로서 無主物先占(*occupatio*, occupation, Aneignung)은 로마法 이래 각국에서 널리 인정되고 있다. 그러나 로마法에서는 先占의 對象에 대한 구별이 없었는데, 近代에 이르러서는 不動產에 대한 先占을 인정하지 않고, 無主의 不動產은 國家에 귀속된다고 하는 것이 보통이다. 다만 이와 같은 無主物先占은 農業과 漁業을 주로 하는 原始經濟體制에 있어서는 중요한 의미가 있었지만, 오늘날의 產業社會에서는 그 빛을 잃어가고 있다고 할 수 있다.

Ⅱ. 無主動產의 歸屬

1. 要 件

(1) 無 主 物

無主物은 현재의 所有者가 없는 물건으로서 다음의 두 종류가 있다.

첫째는 野生의 動物, 바다속의 물고기 등과 같이 아직 사람의 소유에 속하지 않은 물건(*res nullius*)이다. 日本判例에 의하면, 他人이 專用漁業權을 가진 漁場에서 자연의 암석에 부착된 海藻는 역시 無主物이며, 先占者의 행위를 竊

盜라고 할 수 없다고 한다.[1] 또 자연히 발생하는 상태에 있는 진주조개도 無主物이다.[2] 그러나 野生의 本性을 가진 동물이라도 사람이 사육하는 경우에는 그 사람의 소유에 속한다. 다만 사육하는 野生動物도 다시 野生狀態로 돌아가면 無主物이 된다(民 § 252 Ⅲ). 그러므로 사람이 기르는 꿀벌떼는 無主物이 아니지만 그 꿀벌떼가 이동한 경우 所有者가 이를 추적하지 않거나 또는 추적을 포기하면 無主物이 된다(獨民 §§ 961-64 참조).

둘째 종류의 無主物은 언젠가는 사람이 소유한 것이지만, 이를 포기함으로써 無主物이 된 것(*res derelictae*)이다. 無主物과 遺失物(民 § 253)의 구별은 所有者가 所有權을 포기하였느냐 여부에 달려있다. 일반적으로 所有者가 所有權을 포기할 意思로 物件의 占有를 포기할 경우 그 動産은 無主物이 된다고 할 수 있다(獨民 § 959 참조). 日本判例에 따르면, 鑛業權者가 금은 제련을 위해 분쇄한 광석을 침전못에 넣어 침전시킬 때 유출되어 鑛業權者가 유기하여 버린 土灰는 無主의 動産이라고 하였다.[3] 또한 제2차대전 후 聯合軍司領官의 명령에 따라 美占領軍에게 인도되어 바다속에 버려진 舊日本軍 소유의 총포탄이 無主物이 되느냐 여부에 관하여, 日本의 일부 下級審判例는, 총포탄을 無主物로 보아 先占에 의한 所有權取得을 인정하였으나,[4] 日本最高裁判所는 이 물건들은 버려진 후에도 여전히 聯合國의 소유에 속한 것이었으며, 講和條約發效 후에는 日本政府에 반환되어, 바다속에 있는 모양 그대로 日本國의 소유에 귀속되었다고 판시하였다.[5]

한편 땅속에서 발굴한 물건에 대하여는 無主物이냐 埋藏物(民 § 254)이냐가 문제된다. 과거에 어떤 사람인가가 소유한 바 있고 현재에도 그 相續人의 소유에 속한다고 인정되는 물건은 埋藏物이지 無主物이 아니다. 다만 과거에 어떤 사람도 소유하지 않았다고 생각되는 物件(예컨대, 古生物의 化石類)이나, 전에 누군가가 소유했다고 할지라도 현재 그 相續人의 소유라고 생각할 수 없는 물건(예컨대, 古代人類의 遺物)은 無主物이라고 해석할 것이다.[6]

(2) 動 産

無主의 不動産은 國有가 되므로(民 § 252 Ⅱ), 先占의 客體는 動産에 한한다.

---

1) 日大判 大 11(1922). 11. 3(刑集 1, 622).
2) 日大判 昭 1(1926). 12. 25(刑集 5. 603).
3) 日大判 大 4(1915). 3. 9(民錄 21, 299).
4) 日大板高判 昭 30(1955). 6. 27(裁判 2-15, 748).
5) 日最判 昭 38(1961). 5. 10(刑集 17-4, 261).
6) 郭潤直, 308; 金曾漢, 121.

(3) 先 占

(가) 先占의 意義　　先占이란 無主物을 소유의 意思를 가지고 점유하는 것을 말한다(民 § 252 Ⅰ). 이와 같은 占有의 取得은 占有媒介者 또는 占有補助者에 의하여도 가능하다. 예컨대, 어부를 고용하여 어로작업을 할 경우에는, 占有補助者에 의한 先占으로 볼 수 있다.

先占은 意思를 요소로 하는 準法律行爲 중 非表現行爲 내지 事實行爲이다.[7] 私的自治를 달성하기 위한 제도가 아니라, 法律이 일정한 意思行爲에 대하여 所有權取得의 효과를 인정한 제도라고 할 수 있으므로, 所有의 意思가 존재할 수 있는 한 行爲無能力者라도 先占할 수 있다.[8]

(나) 先占의 態樣　　어떠한 사실이 있어야 점유를 취득하였다고 할 수 있느냐에 대하여는 개개의 사안마다 구체적으로 고찰할 수밖에 없다. 無主物을 직접 채취하는 경우에는 그 채취시에 先占이 있게 된다고 할 수 있다. 예컨대, 진주조개 양식업자가 진주조개를 채취하여 양식장에 양식한 경우에는 그 채취시에 점유를 취득하게 된다. 한편 無主物에 대한 排他的 狀態를 설치했다고 인정되는 경우에도 점유를 취득한다고 할 수 있다. 예컨대, 野生의 오소리를 추적하여 좁은 바윗굴에 몰아 넣고 돌로 그 입구를 막아 도망가지 못하게 하였을 때에는 先占이 성립된다.[9] 침몰하고 있는 군함에 浮標를 설치하여 놓은 것만 가지고는 아직 거대한 군함을 점유한다고는 할 수 없고, 따라서 先占이 성립된다고 볼 수 없다.[10]

(다) 排他的 先占權의 不存在　　無主物에 대하여 排他的 先占權(ausschließliches Aneignungsrecht)이 있으면 일반인의 자유로운 先占에 의한 所有權取得이 불가능하다.

未採掘의 鑛物은 국가의 獨占的 支配權에 속하여 鑛業權에 의하지 않고서는 채굴을 할 수 없으므로 일반적으로 先占의 목적으로 될 수 없고, 분리한 경우에도 鑛業權者(또는 粗鑛權者)에게 속하게 된다(鑛業 § 8 Ⅰ). 다만 鑛口 밖에서 분리한 경우에는 無主의 動產이 되어(同條 Ⅱ) 先占의 대상이 된다고 할 수 있다.[11]

---

7) 金曾漢, 122; 李英俊, 451.
8) 日最判 昭 41(1925). 10. 7(民集 20-8, 1615) 참조.
9) 日大判 大 14(1925). 6. 9(刑集 4, 378) 참조.
10) 日東京高判 昭 31(1956). 11. 10(高民 9-11, 682).
11) 郭潤直, 308; 金容漢, 295; 張庚鶴, 472.

"鳥獸保護 및 狩獵에 관한 法律"[12] 또는 水産業法[13] 등에 위반하여 조수 또는 어류를 포획 또는 어획한 경우의 私法上의 效果에 관하여는 學說의 대립이 있다. 多數說은 금지에 위반한 制裁를 받더라도 先占이 성립한다고 한다.[14] 그러나 이에 대하여는 狩獵權·漁業權에는 鑛業權에서와 마찬가지로 所有權類似의 物權的 權利가 인정되고(水業 §§8, 14 참조), 따라서 狩獵權者·漁業權者에게는 그 권리의 실현을 위하여 排他的인 先占權이 인정되어 있다고 보아야 할 것이므로 일반인에 의한 자유로운 先占은 부정된다고 하는 反對說이 있다.[15]

2. 效　果

이상의 要件이 갖추어질 경우에는 先占者는 그 無主動産에 대한 所有權을 취득한다. 다만 타인의 排他的 先占權을 침해하여 占有한 물건에 대하여는 先占에 의한 所有權取得의 효과가 발생하지 않는다고 할 것이다. 이와 같은 경우에 排他的 先占權者는 所有權類似의 先占權에 기하여 불법으로 포획·어획한 물건의 반환청구를 할 수 있고(民 §213 類推), 또한 그의 先占權侵害를 이유로 不法行爲에 따른 損害賠償을 청구할 수 있을 것이다.[16]

Ⅲ. 無主不動産의 歸屬

無主의 不動産은 국가의 所有로 歸屬된다(民 §252 Ⅱ). 不動産은 國家制度의 기초를 이루고 있고, 이러한 不動産을 先占에 의해 취득할 수 있다고 한다면 腕力에 의해서 先占을 다투게 되어 社會秩序를 해하게 될 것이 명백하기 때문에 無主의 부동산을 國有로 하는 것이 정책상 바람직하다.

無主不動産의 취급에 대하여는, 獨法主義와 佛法主義가 있다. 獨法主義에 의하면 無主의 부동산도 인정되어 국가에서 이에 대하여 排他的 先占權을 가

12) 이에 의하면 수렵할 수 있는 野生鳥獸의 種類와 포획할 수 있는 期間은 山林廳長이 정하여 고시하고(§12 Ⅰ), 同法 §7의 규정에 의한 免許를 받지 아니하고는 포획하지 못하도록 되어 있다(§12 Ⅳ). 鳥獸의 알·새끼 및 집은 山林廳長이 環境廳長과 협의하여 정하는 것을 제외하고는 채취하거나 포획하지 못한다(§12 Ⅴ).

13) 同法 §8에 의하여 漁業의 免許를 받은 자와 §18에 의하여 漁業權을 移轉 또는 分割받은 자는 漁業權原簿에 登錄을 함으로써 漁業權을 취득한다(§15 Ⅰ). 漁業權은 物權으로 하고, 同法에서 정한 것 이외에는 民法 중 土地에 관한 규정을 준용한다(§15 Ⅱ).

14) 郭潤直, 309; 金容漢, 296; 張庚鶴, 472; 崔栻, 148.

15) 李英俊, 452.

16) 註釋物權法(上), 636(白泰承).

지게 된다.[17] 佛法主義에 의하면 無主不動産은 당연히 국가의 소유로 귀속시킨다. 無主의 부동산이 國有에 귀속될 때까지의 불안정한 상태를 피하려고 한 것이다. 우리 民法은 日本民法과 같이 佛法主義를 따랐다. 日本判例上 無主의 부동산으로서 國有로 된 事例로서는, 所有者 不明의 山林,[18] 相續人 不存在의 경우[19]와 民法 시행 전에 絶家한 경우의 不動産[20]이 있다. 不動産에 관하여 所有者가 그 所有權을 포기할 수 있느냐에 대하여 우리 民法에는 특별한 규정이 없으나, 이를 부정할 이유가 없으므로, 不動産이라도 所有者의 拋棄에 의하여 無主物이 되며, 그 순간에 당연히 國有로 된다고 해석할 것이다.[21]

한편 浦落된 토지가 다시 盛土化된 경우의 所有權의 歸屬과 관련하여 종래의 朝鮮高等法院의 判例는 하천에 연한 토지가 홍수로 인하여 함락하여 부근 또는 對岸에 미생지를 이루고 그 장소가 하천의 유역중에 있는 때에는 그 미생지는 당연히 홍수로 인하여 함락한 토지의 면적에 응하여 그 소유자의 소유에 돌아가는 慣習이 있다고 하면서, 다만 公共河川의 盛土는 私人의 所有權의 客體가 될 수 없으므로 이에 관하여는 위 慣習이 적용되지 않는다고 판시하였었다.[22] 그러나 大法院은 "포락한 강변의 토지가 재차 성토화하였을 때에 종전의 소유자가 당연히 소유권을 취득한다는 우리 나라의 관습이 토지사정 전에는 있었으나 토지사정이 종결된 때로부터는 이러한 관습이 사라졌으므로 포락한 토지가 재차 성토화하였을 경우 포락한 토지에 대한 종전 소유자의 소유권은 영원히 소멸하고 그 성토화한 토지에 대한 소유권을 다시 취득한 것이라고 인정할 수 없다"고 판시하였다.[23] 이에 대하여 위와 같은 判例는 憲法上 보장된 國民의 財産權을 침해하는 것이라는 批判이 있다.[24]

[權 五 坤]

17) 獨民 §928 Ⅱ, 포기한 不動産의 先占權은 不動産이 존재하는 聯邦의 國庫에 귀속한다. 國庫는 所有者로서 不動産登記簿에 등기하므로 인하여 所有權을 취득한다.
18) 日和歌山地判 大 6(1917). 10. 26(新聞 1340, 22).
19) 日大判 大 10(1921). 3. 8(民錄 27, 422).
20) 日仙台高判 昭 32(1957). 3. 15(下民 8-3, 478).
21) 註釋民法, 384(李英俊).
22) 朝高判 11. 7. 17(民集 1, 333); 朝高判 15. 4. 23(民集 3, 159); 朝高判 18. 11. 29(民集 5, 906); 朝高判 19. 3. 14(民集 6, 110).
23) 大判 65. 3. 30, 64다1951(集 13-1, 84); 大判 65. 6. 22, 65다349(集 13-1, 199).
24) 金容晋, "浦落된 土地가 다시 盛土化된 경우의 所有權의 歸屬", 判例硏究 1, 37; 註釋物權法(上), 637(白泰承); 李英俊, 452 이하는 從前의 所有者에게 慣習法上의 先占權을 부여함이 타당하다고 하고 있다.

第 253 條 (遺失物의 所有權取得)

遺失物은 法律이 정하는 바에 의하여 公告한 後 1年內에 그 所有者가 權利를 主張하지 아니하면 拾得者가 그 所有權을 取得한다.

Ⅰ. 沿 革

遺失物拾得에 관하여 로마法은 특별한 제도를 두지 않고, 事務管理의 일환으로 규율하였다. 그러나 중세 獨逸法은 이에 관하여 특별한 제도를 발달시켰다. 현행 獨逸民法은 이를 받아서 상세한 규정을 마련하고 있다(§§ 965-82). 이에 반하여 佛蘭西民法은 特別法에 의하여 이를 규율하는 입장을 취하고 있다. 우리 民法은 佛蘭西民法의 태도를 따른 것이다.

Ⅱ. 要 件

遺失物拾得에 의한 所有權取得은 遺失物을 遺失物法에 정한 바에 따라 公告한 후 1년 내에 그 所有者가 權利를 주장하지 않을 것을 要件으로 한다.

1. 遺 失 物

遺失物이란, 占有者의 意思에 의하지 않고 그 占有를 이탈한 물건으로서, 盜品 또는 無主物이 아닌 것을 말한다. 遺失物法은 '犯罪者가 놓고 간 것으로 인정되는 物件'(§ 11), '錯誤로 占有한 物件', '他人이 놓고 간 物件' 및 '逸失한 家畜'(§ 12) 등은 遺失物에 準하도록 규정하고 있다. 한편 漂流物 및 沈沒品은 성질상은 遺失物이지만, 그 拾得에 관하여는 모두 水難救護法의 적용을 받는다(§ 28 이하).

2. 拾 得

拾得이란 遺失物의 占有를 취득하는 것이다. 先占과 달라서 所有의 意思를 요하지 않는다. 行爲無能力者도 拾得할 수 있으며, 占有媒介者 또는 占有補助者에 의한 拾得도 가능함은 無主物先占의 경우와 같다.

3. 遺失物法이 정하는 바에 의하여 公告한 후 1년 내에 그 所有者가 權利를 主張하지 않을 것

遺失物法의 규정에 따르면 拾得者는 원칙적으로 즉시 遺失者 또는 所有者 기타 物件回復의 請求權을 가진 자(이하, '返還을 받을 자'라고 한다)에게 그 拾得物을 반환하거나, 警察署에 제출하여야 한다(§§ 1 Ⅰ, 11 Ⅰ). 다만 管守者가 있는 船舶, 車輪이나 建築物 기타 公衆의 通行을 금지한 構內에서 他人의 물건을 拾得한 자는 그 물건을 管守者에게 교부하여야 한다(遺失 § 10 Ⅰ). 이 경우에는 船舶·車輛이나 建築物 등의 占有者를 拾得者로 한다(遺失 § 10 Ⅱ). 占有者는 급속히 警察署에 그 물건을 제출하여야 한다(遺失 § 1 Ⅰ).

拾得物의 교부를 받은 警察署長은 반환을 받을 자를 알게 되면 이를 반환하게 되지만, 그 성명 또는 주소를 알 수 없을 때에는, 遺失物法施行令의 규정에 따라 公告하여야 한다(遺失 § 1 Ⅱ).

遺失物의 所有權을 취득하기 위해서는 公告 후 1년 내에 所有者를 알지 못하는 것이 필요하다. 현행 民法과 舊民法을 비교하면 '공고 후 6개월 내'를 '공고 후 1년 내'로 연장하였고, '所有者가 알려지지 않을 때'를 '所有者가 權利를 주장하지 아니하면'으로 표현하였다. 外國의 立法例를 보면 佛蘭西에서는 3년(佛民 § 2279 Ⅱ), 獨逸에서는 1년(獨民 §§ 973, 977), 瑞西에서는 5년(瑞民 § 722)으로 각 규정하고 있다.

한편 漂流物 또는 沈沒品에 대해서는 水難救護法의 정한 바에 따르며, 그 拾得者는 이를 區廳長·市長·郡守에게 인도하고(§ 28 Ⅰ), 區廳長 등이 保管 및 公告를 행한다(§ 29). 공고 후 1년 이내에 所有者가 물건의 인도를 청구하지 아니한 때 또는 인도를 청구하지 아니할 意思를 표시하였을 때에는, 區廳長 등은 물건의 인도를 받을 것을 拾得者에게 고지하고, 拾得者는 公告, 保管, 公賣 또는 評價에 요한 비용을 납부하고 拾得物의 인도를 받음으로써 그 所有權을 취득한다(水救 § 32 Ⅰ, Ⅱ).

Ⅲ. 效 果

拾得者는 前述의 要件이 갖추어지면 遺失物에 대한 所有權을 취득한다. 船舶·車輛·建築物 등 내에서 타인의 물건을 拾得한 경우, 실제로 拾得한 자에게

所有權이 취득되지 않고, 船舶 등의 占有者가 拾得者로 인정된다. 다만 報償金에 대해서는 占有者와 실제로 拾得한 자가 절반씩 나누어 갖게 되어 있다(遺失 §10).

1. 拾得者가 拾得日로부터 7일 이내에 警察署에 제출하지 않으면, 拾得物의 所有權을 취득할 권리를 상실한다(遺失 §9). 또 拾得者가 所有權을 취득한 날로부터 6개월 이내에 警察署로부터 물건을 수취하지 아니할 때에는 일단 취득한 所有權을 상실한다(遺失 §14). 拾得者는 미리 신고하여 拾得物에 관한 일체의 권리를 포기할 수 있다(遺失 §7). 이러한 경우에는, 그 물건은 國庫에 귀속한다(遺失 §15).

漂流物·沈沒品에 대하여는 拾得者가 區廳長 등이 정하는 기간 내에 물건을 인도받지 아니할 때에는, 區廳長 등이 그 물건을 공매하여, 그 대금으로부터 공고·보관 등의 비용을 공제하고 잔여가 있을 때에는 國庫의 취득으로 하고 부족이 있을 때에는 國庫에서 이를 보급한다(水救 §32 Ⅳ).

2. 遺失主를 알게 되었을 때에는 그 자에게 반환할 수 있게 되어, 遺失物拾得에 의한 所有權取得은 성립되지 않는다. 이 경우에는, 遺失主와 拾得者의 法律關係가 문제된다. 이 兩者의 관계는, 통상은 事務管理이다. 따라서 報酬請求權은 인정되지 아니하나 遺失物法은 遺失主는 원칙적으로 遺失物件의 價額의 5푼 이상 2할 이하의 報償金을 拾得者에게 지급하여야 한다고 정하고 있다(§4). 船舶·車輛·建築物 등 내에서 拾得한 경우에는, 전술한 바와 같이, 실제로 물건을 拾得한 자와 占有者間에 報償金을 반씩 나누어 가지게 된다(遺失 §10 Ⅲ). 그리고 이 報償金을 받을 권리는 拾得日로부터 7일 이내에 반환을 받을 자에게 拾得物을 반환하거나 警察署에 제출하지 아니하면 소멸한다(遺失 §9).

(1) 報償金의 기준이 되는 遺失物의 價額은 원칙적으로 반환을 받을 당시의 가격을 지칭하지만,[1] 手票나 約束어음 등 有價證券의 경우에는 곤란한 문제가 발생한다. 이 경우에는 遺失 후 즉시 그에 의한 損害를 방지하는 수단을 강구하는 사례가 많으므로 額面額 그 자체가 아니라, 遺失 후 善意·無過失인 제3자의 수중에 들어감으로써 遺失者가 損害를 받게 되는 危險의 정도를 표준으로 하여 결정하는 것이 타당하다.[2]

---

1) 郭潤直, 311 이하; 李英俊, 457.

2) 郭潤直, 312; 李英俊, 458; 한편 大法院은 橫線手票를 분실하였던 事案에 관하여 大判 65. 1. 26, 64다1488(集 13-1, 53)에서 "이 수표를 유실한 후 이것이 선의·무과실의 제3자의 수중에 들어가 결국 유실자인 피고은행이 손해를 입게 될 위험성의 정도에 따라 결정할 것"이라고 판시하면서, 額面額의 100分의 20에 상당하는 300만원의 報償金을 인정한 原審判決을 파기하였다.

(2) 報償金은 5푼 이상 2할 이하의 범위 내에서 拾得·申告의 難易, 그 遺失物의 種類 등 여러 사정을 구체적으로 고려해서 정해야 할 것이다. 만약 당사자 사이에 다툼이 있으면 法院이 결정한다. 獨逸에서는 遺失物의 價格이 300마르크까지는 5퍼센트, 이를 넘는 부분에 대하여는 1퍼센트, 動物은 1퍼센트, 遺失主에 대한 가치있는 물건에 대해서는 公平한 裁量에 따르도록 규정하고 있다(獨民 § 971).

(3) 漂流物·沈沒品에 대해서는 所有者는 漂流材木에 대해서는 그 價額의 15분의 1, 기타 漂流物에 대해서는 10분의 1, 沈沒品에 대해서는 3분의 1에 상당한 금액을 報酬로 하여 일단 區廳長 등에게 납부하고 물건의 반환을 받는다. 이 報酬金額은 區廳長 등으로부터 다시 拾得者에게 지급된다(水救 § 31). 拾得者가 직접 소유자에게 인도하는 경우에도 報酬를 받을 수 있다(水救 § 28 II).

3. 拾得物의 保管費, 公告費 기타 필요한 費用은 물건의 所有權을 취득하여 이를 인도받는 자 또는 물건의 返還을 받는 자의 부담으로 하되, 그 지급확보를 위하여 留置權의 규정(民 §§ 321ㅏ 28)을 적용한다(遺失 § 3).

[權 五 坤]

第254條(埋藏物의 所有權取得)

埋藏物은 法律에 定한 바에 의하여 公告한 後 1年內에 그 所有者가 權利를 主張하지 아니하면 發見者가 그 所有權을 取得한다. 그러나 他人의 土地 기타 物件으로부터 發見한 埋藏物은 그 土地 기타 物件의 所有者와 發見者가 折半하여 取得한다.

I. 沿 革

埋藏物(*thesaurus*, trésor, Schatz)을 발견함으로 인하여 그 所有權을 原始的으로 취득하도록 하는 제도는 로마法에 그 淵源을 두고 있다. 로마法에서는 원래 土地所有者만이 埋藏物의 所有權을 취득하게 되어 있었으나 하드리아누스

皇帝의 勅法에 의하여, 埋藏物을 자기 소유의 토지에서 發見하였을 때에는 發見者의 것이 되며, 他人의 토지에서 우연히 발견하였을 때는 發見者와 土地所有者가 절반씩 나누어 갖게 하였고, 이 原則이 유스티니아누스 法典에도 계승되었다.[1] 佛蘭西民法, 獨逸民法 등 近代의 大陸法도 이와 같은 로마法의 영향을 받았다(佛民 §716, 獨民 §984). 다만 瑞西民法은 他人의 土地에서 埋藏物을 발견한 경우, 包藏物의 所有者에게만 埋藏物의 所有權取得을 인정하고, 發見者에게는 상당한 代價(埋藏物 價格의 2분의 1 이하)를 주도록 하고 있다(瑞民 §723 Ⅱ, Ⅲ).

日本 舊民法은 埋藏物發見을 先占과 添附로 나누어 규정하고, 發見者의 權利는 先占에 의하여, 包藏物 所有者의 權利는 添附에 의하여 생긴다고 하였으나, 現行法은 이를 독립적으로 규정하면서 發見의 偶然性 要件을 삭제하였다.[2] 우리 民法은 日本民法의 태도를 따랐으나, 公告期間을 6개월에서 1년으로 연장하고, "所有者를 알 수 없을 때"라는 要件을 "그 所有者가 權利를 주장하지 아니하면"으로 표현을 바꾸었다.

Ⅱ. 要 件

1. 埋 藏 物

民法은 埋藏物의 概念을 정의하지 않고 있으나, "土地 기타의 物件 중에 묻혀 있어 보통의 상황에서는 용이하게 발견될 수 없는 상태에 있고, 현재 누구의 소유인지도 분명하지 않은 物件"을 의미한다고 풀이하는 것이 通說이다.[3] 쉽게 발견할 수 없는 상태에 있게 된 原因은 人爲的일 수도 있고 自然的일 수도 있다. 埋藏狀態가 오랜세월 동안 계속되었을 것은 요하지 않는다.[4]

埋藏物은 과거에 어떤 사람의 소유에 속하였고 현재도 그 相續人을 통하여 소유가 계속될 가능성은 있지만 所有權이 구체적으로 누구에게 속하고 있는지 판명할 수 없는 물건이다. 이 점에서 埋藏物은 無主物과 구별된다. 그러므로 발굴된 古代人類의 古墳 및 그 속에 장치된 물품과, 古生物의 化石類는 無

1) 玄勝鍾, 로마法原論, 132.
2) 日注民(7), 279.
3) 郭潤直, 313; 金容漢, 1299; 金曾漢, 123; 張庚鶴, 476.
4) 다만 獨民은 埋藏物을 너무 오래 埋藏되어 所有者를 확인할 수 없는 物件이라고 규정하고 있다.

主物이지 埋藏物은 아니다.

埋藏物은 통상은 動產이겠으나, 반드시 이에 한할 필요는 없으며, 包藏物 역시 보통은 土地인 경우가 많겠으나, 建物이나 動產이더라도 상관없다.[5)]

한편 埋藏文化財도 埋藏物의 일종이나, 이에 대하여는 特別規定이 있다(文化財保護 §§2 및 43 이하 참조).

2. 發 見

發見이란 埋藏物의 存在를 인식하는 것을 말하며 반드시 占有를 취득하는 것을 요하지 않는다. 이 점에서 先占 및 拾得과 구별된다. 로마法 이래 發見者에게 所有權을 인정하기 위해서는 「偶然히」 發見했을 경우에 한한다고 하였지만(佛民 및 日 舊民), 우리 民法은 전술한 바와 같이 이를 요구하지 않는다(獨民, 日民도 그 태도가 같다).

土地를 발굴하기 위하여 타인을 사용 중 그 他人이 埋藏物을 발견하였을 경우, 그 他人이 埋藏物 發掘作業을 위하여 고용된 勞務者라면 그 勞務者는 雇用主의 機關으로서 발견한 것이 되어 發見者는 雇用主인 使用者이다. 그러나 다른 目的, 즉 埋藏物 發掘을 위한 것이 아니라 예컨대, 建物을 신축하기 위해 고용된 勞務者가 우연히 공사중에 埋藏物을 발견한 때에는 그 勞務者가 發見者가 된다. 受給人의 경우에도 마찬가지라고 할 것이다.[6)]

3. 遺失物法이 정하는 바에 의하여 公告한 후 1년 내에 그 所有者가 權利를 主張하지 않을 것

埋藏物에 대하여도 遺失物法의 규정이 準用되기 때문이다(遺失 §13 I). 위 要件은 전술한 바와 같이, 日本民法과 우리 民法에 특유한 것이다. 獨日民法의 경우에는 埋藏物을 長期間 다른 물건 속에 매장되었기 때문에 그 所有者를 알 수 없게 된 물건이라도 정의하는 한편, 그 埋藏物을 발견한 즉시 發見者가 所有權을 얻는다고 규정하고 있지만(獨民 §984), 그 물건의 性質이나 情況으로부터 所有者를 판명할 수 없는 물건인지 여부를 인정하는 것은 매우 곤란하고, 뒷날 所有者가 나타났을 때 어떻게 처리할 것인가 하는 규정이 필요하다. 佛蘭西民法의 해석상으로는 眞實의 所有者가 30년간은 되돌려 받는 것이 가능하다고 하지만, 그것은 너무 長久하여 불편하기 그지없다. 또한 眞實의 所有者가 즉시 所有

5) 前述(註 3).
6) 郭潤直, 313-14; 註釋民法(上), 391(李英俊).

權을 상실한다고 하여도 온당하지 않을 것이다. 그렇기 때문에 遺失物拾得의 경우와 같은 취급을 하게 된 것이다.[7)]

Ⅲ. 效 果

이상의 要件이 갖추어지면 發見者는 당연히 埋藏物의 所有權을 취득한다. 이 경우의 所有權取得은 原始取得이다. 그러나 遺失物拾得의 경우와는 달리, 包藏物이 發見者의 소유물일 때에는 發見者가 埋藏物의 전부를 취득하나, 包藏物이 타인의 所有物일 때에는 發見者와 包藏物의 소유자가 절반씩 所有權을 취득한다. 이는 法律의 規定에 의한 共有關係라고 볼 것이다.[8)]

發見者가 法定期間(7일) 내에 埋藏物을 警察署에 제출하지 않은 경우에는 所有權을 취득할 권리를 상실하게 되는바(遺失 §9), 發見者와 包藏物所有者가 다를 경우에 包藏物所有者도 절반의 權利를 상실할 것인가 하는 것은 문제이다. 그러나 發見者와 包藏物所有者의 請求權은 각자 상이한 原因에 기초하고 있으므로 發見者와 包藏物所有者가 相異한 경우에는 發見者만 權利를 잃고 包藏物所有者는 나머지 절반의 權利를 잃지 않는다고 해석하여야 할 것이다.[9)]

한편 공고한 후 1년 내에 所有者가 權利를 주장하면 發見者와 包藏物所有者는 埋藏物의 所有權을 취득할 수 없다. 이 경우에는 發見者는 遺失物拾得者에 준하여 埋藏物所有者에 대하여 報償金을 청구할 수 있다(遺失 §§ 13, 4). 包藏物所有者에게는 報償金請求權이 없다고 하는 견해가 있으나,[10)] 包藏物所有者에게 절반의 所有權까지 인정하는 취지에 비추어 볼 때 그 理論的 根據가 희박하다고 할 것이다.

[權 五 坤]

---

7) 日注民(7), 281.
8) 註釋民法(上), 392(李英俊).
9) 前註
10) 前註; 日注民(7), 282.

第255條(文化財의 國有)

① **學術, 技藝 또는 考古의 重要한 材料가 되는 物件에 대하여는 第252條 第1項 및 前2條의 規定에 의하지 아니하고 國有로 한다.**

② **前項의 경우에 拾得者, 發見者 및 埋藏物이 發見된 土地 기타 物件의 所有者는 國家에 대하여 適當한 報償을 請求할 수 있다.**

學術, 技藝 또는 考古의 중요한 자료가 되는 물건에 대하여는 先占, 拾得, 發見에 의한 所有權取得을 인정하지 않고, 그 物件은 國有로 한다(民 § 255 I). 다만 拾得者, 發見者 등은 國家에 대하여 적당한 報償을 청구할 수 있다(民 § 255 II).

埋藏文化財에 대하여는 文化財保護法(이하 라고 文保 함)에 特別規定이 있다. 즉 埋藏文化財의 所有者가 판명되지 아니한 경우에는, 國家에 귀속하고(文保 § 48 I), 이 경우 文化部長官은 당해 文化財의 發見者와 拾得者 및 발견된 土地·建造物 등의 所有者에 대하여 그 價額에 상당한 금액의 報償金을 지급한다(文保 § 48 II 1文). 다만 發見者 또는 拾得者와 土地·建造物 등의 所有者가 同一人이 아닌 때에는 報償金을 均分하여 지급한다(同法 § 48 II 2文).

[權 五 坤]

第256條(不動產에의 附合)

不動產의 所有者는 그 不動產에 附合한 物件의 所有權을 取得한다. 그러나 他人의 權原에 의하여 附屬된 것은 그러하지 아니하다.

차 례

Ⅰ. 添附總說

附合·混和·加工을 통틀어서 添附(*accessio*, accession)라고 한다. 이는 어떤 물건에 타인의 물건이 결합하거나 타인의 노력이 가하여진 것을 말하며, 로마法 이래 소유권취득원인으로 인정되어 왔다. 添附가 소유권취득의 원인으로 인정되는 근거는, 소유자가 각기 다른 두 개 이상의 물건이 결합하여 사회관념상 분리하는 것이 불가능하게 된 때(附合·混和가 이에 해당한다), 또는 加工에 의하여 물건과 이에 가하여진 노력이 결합하여 사회관념상 분리하는 것이 불가능하게 된 때(加工이 이에 해당한다)에는, 이를 원상으로 회복하는 것이 물리적으로는 가능하다고 하더라도 사회경제상 대단히 불리하므로, 복구를 허용하지 않고서, 그것을 하나의 물건으로서 어느 누구의 소유에 귀속시키려고 하는 데 있다고 설명되고 있다.[1]

그런데 별개의 소유자에게 속하던 두 개의 물건을 한 개의 물건으로서 존속시켜 복구청구를 인정하지 않기 위하여는, 이렇게 해서 생긴 물건을 누구의 소유로 귀속시켜야 할 것인가, 또한 이로 인하여 소유권을 상실하는 경우에 있어서 당사자의 이익을 어떻게 조화시킬 것인가, 添附의 결과 소멸하는 물건 위에 존재하였던 제3자의 권리는 어떻게 보호할 것인가 등의 제문제를 해결하지 않으면 안 된다. 民 §256 내지 §261는 이에 관하여 규정하는 것이다.

위 규정들 중 添附에 의하여 생긴 물건을 한 개의 물건으로 존속시키고 복구를 허용하지 않는다고 하는 것은 添附의 중심적 효과이므로 強行規定이라고 함에 異說이 없다. 또한 添附의 결과 소멸하는 물건 위에 존재하였던 소유

1) 郭潤直, 346; 金曾漢, 159; 金基善, 242, 金容漢, 301; 張庚鶴, 478; 李英俊, 463.

권 이외의 권리의 운명에 관한 규정도 제3자의 이해관계에 크게 영향을 주므로 모두 強行規定이라고 할 것이다. 그러나 새로운 소유자를 누구로 할 것인가 하는 점에 관한 규정과 添附로 인하여 소멸하는 舊物件 소유자에 대한 損失補償에 관한 규정은 任意規定이라고 할 것이다(異說 없음).

Ⅱ. 不動產에의 附合

1. 沿革 및 意義

附合(Verbindung)은 소유자를 달리하는 수개의 물건이 결합하여 한 개의 물건으로 되는 것을 말한다. 로마法을 계수한 근대의 諸法制는 모두 附合을 소유권취득의 한 원인으로 인정하고 있다(獨民 § 946, 佛民 §§ 552-64, 瑞民 § 725). 로마法에서는 地上物은 土地에 따른다(*Superficies solo cedit*)는 원칙에 의하여 建物, 種子, 植物은 건축, 파종, 移植에 의해 土地와 일체를 이루는 것으로 되고, 독립한 존재가 인정되지 않았다.[2]

民法은 本條에서 「附合」을 규정하고 있으며, 抵當權의 효력의 범위를 규정하고 있는 民 §358에서도 「附合」이라는 용어를 사용하고 있다. 民 §358에서 抵當權의 효력이 미치는 목적물로서의 附合物이라고 할 때의 附合의 의미는 本條의 附合과 동일한 의미이다.

不動產으로 취급되는 "土地의 定着物"(民 § 99 I)이라고 할 때의 「定着」은 附合보다는 넓은 개념이다. 즉 建物이나, 明認方法을 갖춘 樹木이나 未分離의 果實 등은 土地에 定着되었다 하더라도 土地에의 附合이 인정되지 않는다.

그외에도 民法은 傳貰·賃貸借 등의 종료시 附屬物의 收去義務, 收去權, 買受請求權 등을 규정하면서 「附屬」이라는 용어를 사용하고 있다(民 §§ 316, 615, 646 등). 여기에서 말하는 附屬은, 부속된 후에도 獨立性이 인정되어 소유권이 여전히 이를 부속한 사용권자에게 남아 있게 되는 경우를 말한다고 설명하고 있다.[3] 이는 本條 단서에서 "他人의 權原에 의하여 附屬된 것"이라고 할 때의 「附屬」과 같은 개념이라고 보아도 무방할 것이다.

---

2) 玄勝鍾, 로마法原論, 132.

3) 郭潤直, 債各, 341-42; 金曾漢, 債各, 263. 判例도 本條의 附屬物이라고 함은 "建物에 附屬된 물건으로 賃借人의 소유에 속하고 建物의 構成部分으로는 되지 아니한 것"이라고 하고 있다. 大判 77. 6. 7, 70다50-1(集 25-2, 128).

2. 要　件

(1) 附 合 物

附合되는 물건, 즉 附合의 主物은 不動產이어야 한다(異說없음). 그러나 附合하는 물건은 動產에 한정되는가에 대해서는 견해가 일치하지 않는다. 多數說은 獨民에서와 같이 動產에 한정된다고 한다.[4] 그러나 判例[5]와 少數說[6]은 不動產도 포함된다고 한다. 주로 문제가 되는 것은 建物을 증축 또는 개축하는 경우이다. 判例는 증축 또는 개축된 부분이 독립된 區分所有權의 객체로 거래될 수 없는 것일 때에는 旣存建物에 부합한다고 하고 있다.[7] 이 경우, 증축·개축된 부분이 動產의 집합에 불과하다고 보는 것은 지나치게 作爲的인 理論構成이 아닌가 생각된다. 위 문제는 결국 土地와 建物을 법률상 별개의 不動產으로 인정하는 우리 法制의 특수성에서 비롯된 것인 점에 비추어, 비록 區分所有權의 객체가 될 수 있을 정도의 獨立性은 없다 하더라도, 動產이라고도 볼 수 없는 어느 정도의 獨立性을 갖추고 있는 建物이 있을 수 있는 상황을 인정하여야 할 것이다.

(2) 附合의 程度

附合으로 인하여 소유권의 변동이 있기 위하여는 附合·합체가 일정 程度에 이르러야만 한다. 그러나 附合成否의 구체적인 판단기준에 관하여는 견해가 갈린다. 民法은 不動產의 附合에 관하여는 "그 不動產에 附合한 물건"이라고만 규정함에 반하여(民 §256), 動產의 附合에 관하여는 "附合하여 毁損하지 아니하면 分離할 수 없거나 이에 過多한 費用을 요할 경우"라고 규정하고 있다. 이와 같은 民法規定에 따라 少數說은 不動產의 附合은 動產의 附合보다는 그 要件이 완화된 것이라고 주장한다. 즉 분리·복구하는 것이 사회경제상 不利한 경우이며, 반드시 분리·복구가 곤란한 것임을 요하지 않는다고 한다.[8] 그러나 多數

4) 金容漢, 321; 金相容, 445; 李英俊, 465; 張庚鶴, 480.
5) 大判 62.1.31, 4294民上445(要集 民 I-1, 505).
6) 金基善, 242-43; 金顯泰, 164-65; 黃迪仁, 222.
7) 大判 77.5.24, 76다464(集 25-2, 57)(訴外 甲이 1층 12평 5합을 건축하여 原告에게 매도하고 所有權移轉請求權保全의 假登記를 해준 후, 건평 12평 4합 7勺의 2층을 건축하여 그 중 8평을 被告에게 전세를 주었는데, 2층 建物이 附合하였는지 여부가 原·被告間에 다투어진 事案임. 大法院은 利用上 區分所有權의 객체가 될 수 있는 것이라면 기존건물에 종속되거나 부종되었다고 볼 수 없다고 판시하였다); 大判 81.7.7, 80다2643-4(公 664, 14192)(건평 21평 8합의 기존건물의 외곽에 붙여 건평 18평 9합의 부엌 3개 방 4개의 建物을 증축한 경우에 附合을 인정한 事案).
8) 金曾漢, 161-63; 金容漢, 303-4.

說은 附合의 程度에 관하여 不動產에의 附合과 動產間의 附合을 구별하지 않고 있다. 즉 主物인 不動產에 附合한 動產을 훼손하거나 과도한 비용을 지출하지 않고서는 분리할 수 없을 정도로 부착, 합체되어야 한다는 것이다.[9] 判例도 "附合이라 함은 훼손하지 아니하면 분리할 수 없거나 분리에 과다한 비용을 요하는 경우는 물론 분리하게 되면 경제적 가치를 심히 減損하는 경우도 포함한다"고 하여 多數說과 입장을 같이 하고 있다.[10] 구체적으로 어떠한 경우에 附合이 되었다고 볼 것인가에 관하여는, 우리 나라에서는 建物을 土地와는 별개의 독립된 不動產으로 취급하고 있는 관계로, 土地에의 附合의 경우와 建物에의 附合의 경우를 나누어 살펴보는 것이 적당하다.

(가) 土地에의 附合　　建物은 地盤인 土地로부터 분리하면 그 경제적 가치가 심각하게 훼손됨에도 불구하고, 土地에의 附合을 인정하지 않는다. 建物은 土地와 별개의 독립한 不動產이기 때문이다. 「立木에 관한 法律」에 따라 등기된 立木, 또는 明認方法을 갖춘 樹木 등도 독립된 不動產으로 취급되는 결과 土地에의 附合이 인정되지 않는다. 또한 本條 단서에 따라 權原에 의하여 부속된 樹木 등도 附合이 인정되지 않는다. 다만 이와 같이 附合되지 않는 樹木에 대하여도 별도의 소유권이 인정되기 위하여서는 公示方法을 갖추어야 한다. 그러나 소유자나 權原없는 者 또는 自然力에 의하여 부속된 樹木 등은 本條의 附合에 해당하여 土地所有者의 소유에 속하게 된다.

附合의 정도는 앞에서 본 바와 같이 附合한 물건을 훼손하지 아니하면 분리할 수 없거나 분리에 과다한 비용을 요하고 또는 이를 분리하게 되면 경제적 가치를 심히 減損하는 정도를 요한다고 할 것이다. 그러므로 假植栽된 樹木은 附合되었다고 할 수 없다. 같은 이유에서 甲이 公有水面 埋立을 위해 土沙를 투입하였으나 埋立을 완성하지 못하고, 이후 적법한 埋立權者인 乙이 이를 토대로 하여 埋立을 완성한 경우, 埋立權者가 埋立工事를 완성하여 竣工認可를 받아 埋立地의 소유권을 취득하고 이에 따라 원래 甲이 투입한 土沙가 이 埋立地에 附合할 때까지 그 土沙는 독자적인 動產으로 머무른다고 볼 것이다.[11]

한편 교량, 도량, 돌담, 도로의 포장 등과 같은 것은 附合의 효과로서 土地와 한 개의 물건이 되는 것이 아니라 그 자체가 土地의 一部(이는 獨民에서의 이른바 本質的 構成部分

9) 郭潤直, 348; 李英俊, 466; 權龍雨, 252.
10) 前述(註 5).
11) 日最判 昭 57(1982). 6. 17(判例時報 1050, 72).

(wesentlicher Bestandteil) 이라는 개념과 일치한다)인 결과 一物一權主義의 原則에 따라 한 개의 물건으로 되는 것이라고 보는 學說도 있다.[12] 判例도 염전용지에 염전시설을 한 경우에 그 염전시설이 염전용지에 정착되어 독립적 존재를 인정할 수 없는 때에는 그 염전시설은 不動產所有權 當然의 效果로서 염전용지의 소유자의 소유에 귀속된다 할 것이고 附合의 法理는 적용되지 않는다고 한다.[13] 判例가 이렇게 해석하는 것은 이와 같이 土地의 構成部分으로서의 一部가 된 부분은 설사 權原있는 자에 의하여 부착되었다 하더라도(民 § 256 但) 독립된 소유권의 대상이 될 수 없다고 하는 데에 實益이 있기 때문이 아닌가 보인다. 그러나 이와 같은 경우를 굳이 附合이 아니라고까지 할 필요가 있을지는 의문이다. 이러한 경우는 전형적인 附合의 형태로서 이른바 「強한 附合」에 해당하고, 그것이 土地所有權에 흡수되게 되는 것도 附合의 效果에 의한 것이라고 보는 것이 더욱 간명할 것이다.[14] 그리고 그와 같이 해석하는 경우 本條 但書와의 균형적인 해석이 필요할 것이나, 本條 但書는 모든 附合의 경우를 규정하고 있는 것이 아니라, 그 중에서 附合한 물건이 어느 정도의 獨立性을 가지고 있는 경우(이른바 '弱한 附合')에 한한다고 하면 될 것이고, 本條에서 「附合」(本文)이라는 用語와 「附屬」(但書)이라는 用語를 용의주도하게 구별하여 규정하고 있는 것에도 附合한다고 할 수 있다.

土地에의 附合에 있어 문제로 되는 것은 農作物의 경우이다.[15] 農作物의 경우도 앞에서 본 樹木의 경우와 달리 취급할 법률상의 명문규정이 없다. 그럼에도 불구하고, 判例는 일관되게 土地賃借權 등의 權原이 없는 경우에도 農作物의 土地에의 附合을 인정하지 않고 있다. 성숙하여 독립한 물건으로서의 존재를 갖춘 立稻의 소유권은 물론이거니와,[16] 權原없이 타인의 農地를 경작하여 생긴 立稻,[17] 그리고 그 경작행위가 불법행위에 해당한다고 하여도 그 경작으

12) 張庚鶴, 481; 註釋民法(上), 395(李英俊).
13) 大判 58.5.22, 4290民上460(集 6, 29).
14) 同旨 金容漢, 303-4; 李英俊, 466.
15) 원래 農作物의 소유권이 耕作者에게 있느냐 土地所有者에게 있느냐에 관해서는 게르만法과 로마法의 두 立法主義가 있다. 게르만法은 土地에 심은 植物은 씨를 뿌리는 자에 귀속한다는 生產主義를 취하기 때문에 耕作者에게 그 소유권이 있다고 함에 대하여, 로마法은 "地上物은 土地에 따른다"는 원칙이 지배하던 관계로 地上物은 土地에 附合하여 이를 獨立物로 인정하지 않는 元物主義를 취하였기 때문에 당연히 土地所有者에게 귀속한다고 하였다. 近代法은 대개 로마法의 元物主義를 취하고 있으며 獨民은 그 대표적인 입법례이다. 우리의 民 §256 本文은 獨民을 따르고 있으나, 但書는 이에 대한 예외를 인정하고 있는데, 이는 佛民을 따른 것이라고 보는 견해가 유력하다. 民法注解(Ⅱ), 61(金炳宰) 참조.
16) 大判 63.2.21, 62다913(集 11-1, 119); 大判 79.8.28, 79다784(公 619, 12191).
17) 大判 68.3.19, 67다2729(集 16-1, 155). 立稻뿐이 아니라 양파, 마늘, 고추 따위에 관하여도 마찬가지로 耕作者의 소유라고 한다. 大判 68.6.4, 68다613-4(集 16-2, 188); 大

로 인해 생긴 農作物은 耕作者에게 속한다고 한다.[18] 또한 苗板에서 성장하고 있던 苗가 그 길이가 4-5cm에 불과한 못자리도 農作物에 해당한다고 할 것이고, 그 소유권은 耕作者에게 있다고 한다.[19] 그러나 위와 같은 農作物이 아니라 일종의 樹木이라고 볼 수 있는 桑苗木,[20] 果木[21] 등의 경우에는 土地에 附合하는 것을 원칙으로 하고, 다만 賃借權 등의 權原이 있는 경우에만 民 §256 但書가 적용되어 附合하지 않는다는 입장을 취하고 있다. 大法院의 이와 같은 입장은 農作物의 경우에는 파종시부터 수확까지 불과 수개월 밖에 걸리지 않고 耕作者의 부단한 관리가 필요하며, 그 점유의 귀속이 비교적 명백하다는 것에 그 근거를 두고 있다.[22] 그러나 이러한 判例의 입장을 지지하는 學說은 少數說이다. 이들은 農作物은 耕作地로부터 분리하여 독립적으로 취급할 수 있으므로 附合이 인정되지 않는다거나,[23] 耕者有田의 원칙에 의해 農作物은 耕作地에 附合하지 않는다고 하기도 하고,[24] 農作物은 一年生을 의미하므로 耕作者의 소유로 하여도 크게 부당하지 않다는 것,[25] 또는 附合의 法理를 그대로 인정하면 遊休農地의 소유자 내지 不在地主만을 보호하는 결과가 된다[26]고 하는 등의 이유를 들어 判例의 입장을 지지하고 있다. 그러나 多數說은 위와 같은 判例의 태도는 本條의 附合理論에 어긋나며, 違法行爲를 한 耕作者를 지나치게 보호하는 나머지 정당한 土地所有者를 보호 밖에 두는 결과가 되어 法의 理念에도 반한다고 비판하면서, 農作物도 樹木의 경우와 같이 원칙적으로 土地에 附合하며, 예외적으로 民 §256 但書가 적용되어 賃借權者나 地上權者가 재배한 경우에 한하여 農作物의 소유권을 취득한다고 하고 있다.[27]

다만 耕作者가 파종한 農作物의 種子는 그것이 성장하여 어느 정도의 獨立性을 가질 때까지는 耕作者가 權原이 있든 없든간에 그 獨立性을 식별할 수 없고 土地의 構成部分이 된다고 할 것이므로 土地所有者의 소유에 속한다고

判 77.4.12, 76도1887(總 2-2(B), 152).

18) 大判 65.7.20, 65다874(總 2-2(A), 555-1); 大判 67.7.11, 67다893(集 15-2, 178).

19) 大判 69.2.18, 68도906(集 17-1, 刑 37).

20) 大判 59.11.26, 429民上585-6(集 7, 326).

21) 大判 69.8.26, 69다820(集 17-3, 54); 大判 71.12.28, 71다2313(總 2-2(A), 555-15).

22) 大判 70.11.30, 68다1995(集 18-3, 330) 참조.

23) 金基善, 243.

24) 李英俊, 469.

25) 黃迪仁, 227.

26) 金相容, 449.

27) 郭潤直, "立稻 기타의 農作物의 所有關係에 관한 判例硏究", 法學 11-1, 121; 郭潤直, 351-52; 權龍雨, 225; 張庚鶴, 484(단 이는 土地所有者와 耕作者의 利益을 조화하여야 한다고 하면서 判例理論에 반대하는 견해를 비판하고 있다).

하는 것이 通說이다.[28)]

(나) 建物에의 附合　建物에의 附合의 경우에도 그 附合의 程度가 "附合한 물건을 훼손하지 아니하면 분리할 수 없거나 분리에 과다한 비용을 요하고, 또는 이를 분리하게 되면 경제적 가치를 심히 減損하는 정도"를 요한다고 할 것이다. 그러므로 예컨대, 쉽게 분리할 수 있고, 분리하여도 경제적 가치가 감소되지 않는 샹들리에 같은 것은 별개의 動産일 뿐, 建物에 附合되었다고 볼 수 없다.

建物에의 경우에도 土地의 경우와 마찬가지로 이른바 「強한 附合」과 「弱한 附合」이 있을 수 있다. 예컨대, 建物의 벽을 이루는 벽돌, 벽면에 부착된 창틀과 같은 것은 建物의 構成部分을 이루는 강한 附合이 된 경우로서 이와 같은 경우에는 비록 賃借權者와 같은 權原있는 자에 의하여 부착되었다 하더라도 建物所有者의 소유로 되지만,[29)] 예컨대, 建物을 훼손하지 않고도 비교적 용이하게 수거할 수 있는 덧문이나 차양과 같은 것은 「약한 附合」이 된 경우로서 權原있는 자에 의하여 부착된 경우에는 그 자가 소유권을 보유하게 된다고 할 것이다. 그러나 어떤 물건이 建物의 構成部分인가 아닌가, 또는 어느 정도의 獨立性을 가지고 있는가 아닌가 하는 문제는 명확한 구분이 있는 것이 아니라, 去來觀念, 당사자의 意思 등에 따라 상대적일 수 있다. 이와 같은 強한 附合, 弱한 附合을 구별하는 것은 賃貸借 종료시에 賃借人이 단순한 有益費償還請求權을 갖는가 아니면 附屬物買受請求權까지 갖는가에 관하여 차이가 생기게 된다.[30)] 建物의 增·改築의 경우는 좀 더 나아가 경우를 나누어 살펴볼 필요가 있다.

(a) 증·개축된 建物이 종래의 建物과 독립된 별개의 建物인 경우에는 附合이 성립하지 않음은 물론이다. 建物의 個數의 판단은 建物의 物理的 構造뿐만 아니라 去來觀念上의 獨立性 및 當事者의 意思 등을 기준으로 하여야 할 것이다.[31)] 따라서 예컨대, 물리적으로는 別棟으로 건축되었다 하더라도 변소나 목욕탕 같은 것은 本建物에 附合하여 한 개의 建物에 불과하다고 하여야 할

28) 郭潤直, 351; 金曾漢, 162. 다만 이에 대하여는 이러한 種子도 播種時부터 거래의 목적물이 될 수 있다고 하는 反對說이 있다. 高昌鉉, "未分離 農作物의 所有關係와 公示方法", 安二濬紀念論文集, 177.

29) 그 외에 判例에 나타난 것으로는 建物의 내부벽에 붙인 은파석이나 그 내부 천장에 부착한 합판 등이 있다. 大判 85. 4. 23, 84도1549(公 754, 811).

30) 그러나 賃借人의 有益費償還請求權과 附屬物買受請求權을 동일한 基礎 위에서 통합적으로 解釋·運用하고자 하는 최근의 경향에 비추어보면 이를 구별하는 實益은 크지 않을 것이다. 日注民(15), 751-59(1989) 참조.

31) 同旨 李英俊, 466.

것이다. 判例도 "建物의 個數를 판단함에 있어서는 物理的 構造뿐만 아니라 去來 또는 利用의 목적물로서 관찰한 建物의 狀態도 그 個數判斷 標準의 중요한 자료가 될 것이고 이러한 상태를 판별하기 위하여 建物接近의 정도, 주위의 상황 등 객관적 사정은 물론 건축한 자의 意思와 같은 主觀的 事情도 고려하여야 한다"고 하고 있다.[32)]

(b) 그 외에 物件의 증·개축이 이루어진 경우 그 부분이 獨立性을 가질 때에는 本條 但書의 적용이 있을 수 있으나, 獨立性을 갖지 않을 때에는 旣存建物에 附合하는 것으로 되고 이 경우 그 증·개축이 權原있는 자에 의하여 이루어졌다고 하더라도 本條 但書에 의한 例外의 적용은 없다는 것이 通說의 입장이다. 증·개축된 建物部分의 獨立性은 經濟上의 效用의 獨立性, 장벽에 의한 確定的 遮閉性, 독립된 출입구의 존재 등의 요소를 고려하여 판단하여야 할 것이다.[33)] 따라서 기존부분과 증축부분을 구분하는 장벽이 없고 기존부분에는 변소, 욕실의 시설이 없어서 증축부분에 이를 설치하여 전체적인 배열로 보아 기존부분의 객실과 증축부분의 연결상태, 설비관계 면에서 從屬性이 인정되는 경우에는 물리적으로 객관적인 獨立性이 없어, 이러한 증축부분이 그 자체로써 독립된 建物로서의 경제적인 효용을 가질 수 있다고 하더라도, 증축부분을 제외하고는 기존부분의 경제적인 독립효용성을 상실하는 점에서, 증축부분을 독립된 建物로 볼 수 없다.[34)]

(c) 다만 建物 증·개축의 정도가 기존의 建物과 不可分的으로 대폭 수리, 증축되어 그 경제적 가치에 있어서 새로운 별개의 건물을 신축한 것과 동일할 정도에 이르는 경우에는 本條의 附合이 아니라 民 §259의 加工의 法理가 적용된다고 할 것이다.

(3) 附屬權原의 不存在

이상의 要件이 충족되면 附合이 인정되지만, 예외적으로 타인의 權原에 의해 부속된 것은 그러하지 아니하다(民 256 § 但). 이는 佛民을 따른 것이라고 함은 前述하였다. 通說은 여기서 말하는 權原이란 타인의 부동산에 地上物을 정착시킬 權能을 그 내용으로 포함하는 不動產利用權, 즉 地上權·傳貰權·賃借權 등을 말한다고 한다.[35)] 그리고 本條 但書의 例外는 이른바 「弱한 附合」의 경우, 즉

32) 大判 61. 11. 23, 4293民上623-4(集 9, 90).
33) 民法注解(Ⅱ), 52(金炳宰).
34) 日最判 昭 31(1956). 10. 9(民集 23, 421).
35) 다만 賃借權은 本條의 權原에 해당하지 않고, 따라서 建物賃借人이 附合의 요건을 충

附合한 물건이 어느 정도의 獨立性이 있어야만 인정될 수 있다고 함은 前述한 바와 같다. 따라서 附合된 물건이 土地나 建物의 구성부분이 된 경우에는 本條 但書가 적용되지 않는다.

3. 效 果

不動産의 소유자는 원칙적으로 그의 不動産에 附合한 물건의 소유권을 原始取得한다. 따라서 不動産에 附合한 動産의 가격이 부동산의 가격을 초과하여 비중의 차이가 있는 경우라고 하더라도 動産의 原所有者가 부동산의 소유권을 취득하지 못한다.[36] 建物의 증·개축으로 인해 기존 建物에 附合한 경우 改修增築된 부분은 당초의 建物과 일체를 이루고 있기 때문에, 기존 登記簿上의 表示建物과 동일성이 인정되므로 개수증축된 후의 建物에 대해 다시 保存登記를 할 수 없다.[37] 또한 附合의 要件을 충족한 경우에는 비록 增築建物에 대해 별도의 保存登記가 이루어졌다고 하더라도 無效이다.[38]

일부 학설은, 判例와 같이 不動産과 不動産의 附合을 인정할 경우 附合한 不動産의 가격이 附合된 不動産의 가격을 초과하는 경우에는 動産간의 附合에 준하여 취급하여야 한다고 한다.[39] 그러나 전술한 바와 같이 증·개축된 부분이 可分的인 경우에 區分所有를 인정하는 것으로 족하고, 그 이외의 경우에 있어서까지 附合理論의 例外를 인정할 필요는 없다고 할 것이다. 判例도 증축부분이 旣存建物보다 면적이 두 배의 이상이 되고 그 평가가격도 훨씬 높은 사안에 있어서 旣存建物에 대한 附合을 인정하고 있다.[40]

土地에 權原없이 식재된 樹木은 土地에 附合하여 土地所有者의 소유에 속하게 됨은 앞에서 본 바와 같다. 그리고 土地所有者가 자신 소유의 土地에 식재한 樹木은 별도의 明認方法을 취하지 않더라도 그의 소유에 속하게 된다. 그러므로 특단의 사정이 없으면, 土地의 賣買는 위와 같은 樹木의 賣買도 포함하는 것이며, 土地의 引渡에 관한 債務名義는 그와 같은 樹木의 引渡도 포함하는

족하는 建物의 증·개축을 하는 경우에는 항상 建物에 附合한다고 하는 견해도 있다. 新田敏, "ドイツにおける不動産附合法の生成", 法學硏究 1968-12, 16 참조.

36) 大判 57. 2. 8, 4289行上117-8(集 5-1, 特12).

37) 大判 66. 10. 25, 66다1503(總 2-2(A), 555-1).

38) 大判 81. 11. 10, 80다2757-8(集 29-3, 185)(工場抵當法上의 抵當權實行으로 工場建物이 競落되었는데, 증축부분은 별도로 保存登記가 되어 있어서 이 부분이 競落人에게 이전되었는지 여부가 문제된 事案).

39) 李英俊, 467-68.

40) 大判 81. 12. 8, 80다2821(公 674, 166).

것이라고 봄이 상당할 것이다. 그런데 判例는 "土地의 引渡를 명한 債務名義의 효력은 그 지상에 건립된 建物이나 식재된 樹木의 引渡에까지 미치는 것이 아니고 또한 위와 같은 建物이나 樹木을 그대로 둔 채 土地에 대한 점유만을 풀어 債權者에게 인도할 수는 없는 것이니, 執達官으로서는 지상에 建物이 건축되어 있거나 樹木이 식재되어 있는 土地에 대하여 그 地上物의 引渡, 撤去 등을 명하는 債務名義가 따로 없는 이상 土地를 인도하라는 債務名義만으로는 그 引渡執行을 실시할 수 없다"고 하고 있다.[41] 그러나 土地와는 별개의 독립된 不動產으로 취급되는 建物의 경우는 그렇다 하더라도, 權原없이 식재되어 土地에 附合되는 경우에까지 土地引渡를 명한 債務名義의 효력이 미치지 않는다고 하는 것은 위와 같은 民法上의 基本原則에 어긋나는 것이 아닌가 생각한다.[42]

[權 五 坤]

第257條(動產間의 附合)

動產과 動產이 附合하여 毁損하지 아니하면 分離할 수 없거나 그 分離에 過多한 費用을 要할 경우에는 그 合成物의 所有權은 主된 動產의 所有者에게 속한다. 附合한 動產의 主從을 區別할 수 없는 때에는 動產의 所有者는 附合當時의 價額의 比率로 合成物을 共有한다.

I. 沿 革

動產間의 附合 역시 로마法 이래 각국이 인정하고 있다. 로마法에서는 結合의 정도가 약한 경우에는 分離請求가 인정되었다. 佛蘭西民法은 로마法의 원칙에 충실히 따르면서, 動產 상호간에 主從의 구별에 관하여 상세한 규정을 두

41) 大決 86.11.18, 86다902(公 794, 223). 同旨 大決 80.12.26, 80마528(集 28-3, 252)(다만 이는 權原者에 의하여 식재된 樹木의 경우로서, 위의 경우와는 그 사안의 내용이 다르다).

42) 同旨 李在性, "土地引渡의 強制執行과 地上樹木의 處理", 李在性判例評釋集 10, 187 (同見解는 더 나아가 土地上에 독립된 建物이 서 있거나 權原에 의하여 식재된 樹木이 있는 경우에도 그와 같은 地上物이 있는 채로 土地引渡執行을 하여야 한다고 하고 있으나, 그 結論은 의문이다).

고 있고(§§566–69), 주된 부분의 소유자가 添附物의 소유권을 취득한다고 한다(§566). 그리고 日本 舊民法도 佛蘭西民法을 계수하여 약한 附合의 경우에는 분리청구를 명문으로 규정하는 한편, 動産 상호간의 主從의 구별에 관해 자세한 규정을 두었다. 그러나 현행 日本民法은 약한 附合에서는 분리청구가 당연하다고 하여 삭제하고, 主從의 규별도 法官의 자유로운 판단에 밑기기로 하여 그 구별기준에 관한 상세한 규정도 삭제하였다.[1)]

한편 獨逸民法은 動産이 상호결합하여 어떤 단일한 물건의 本質的 構成部分이 된 때, 附合 당시의 가격의 비율에 따라 지금까지의 소유자가 共有하는 것을 원칙으로 하면서, 그 어느 하나가 主物(Hauptsache)로 간주될 때에는 主物의 소유자가 단독소유권을 취득한다고 한다(§947). 獨逸民法은 이와 같이 動産間의 附合의 효과가 원칙적으로 共有이고, 예외적으로 單獨所有이기 때문에, 本質的 構成部分을 엄격하게 해석하고 있다. 이는 명확하고 분명한 법률관계를 형성하고자 하는 法規定의 目的과, 소유권이 상실되는 附隨的 構成部分(Nebenbestandteil)의 所有者의 利益을 서로 衡量함에 있어서 後者의 이익을 우선해야 한다는 데에서도 정당화될 수 있다고 한다.[2)] 그리고 附隨的 構成部分이라는 기준은, 그것이 없어도 添附物의 機能을 침해하지 않는다는 소위 "없어도 되는 것"(fehlen können)이다. 우리 民法의 立法者는 民 §257가 日民 §§243, 244와 동일한 취지임을 분명히 밝히고 있어,[3)] 獨逸民法보다는 오히려 佛民을 繼受한 것이라고 볼 수 있을 것이다.

Ⅱ. 要 件

數個의 動産이 결합하여 훼손하지 않으면 분리할 수 없거나 또는 그 분리에 과다한 비용을 요할 것을 필요로 한다. 따라서 분리가 용이하고 과다한 비용이 들지 않으면 附合되었다고 할 수 없다. 動産間의 附合의 要件이 不動産에의 附合의 경우보다 더 엄격한 것인가 하는 점에 관하여 견해가 일치하지 않음은 前述한 바와 같다.

구체적인 사례를 살펴보면, 선박에 장치된 선박용 발동기는 그 발동기만을

1) 法典調査會速記錄 9, 164–69 참조.
2) Münchener, §946, RdNr. 6.
3) 民法案審議錄, 160.

분리하여 매도되거나 양도담보로 제공되는 수가 많으므로 附合物이 아니라 從物이라고 하는 것이 判例이고 이에 동조하는 견해도 있으나,[4] 그와 같은 장치의 부착정도에 따라 사안별로 판단되어야 할 것이다.[5] 그리고 자동차나 자전거의 바퀴를 자동차, 자전거에 부착시킨 경우에는 원형대로 용이하게 분리할 수 있기 때문에 附合을 인정할 수 없을 것이다.[6] 선박에 부착된 나침판이나 쌍안경도 마찬가지로 附合하지 않는다.[7]

民 §256 但書의 규정의 動產間의 附合의 경우에도 준용된다고 하는 견해도 있으나,[8] 그와 같이 해석할 이론적인 근거나 현실적인 필요가 있는지 의문이다.

Ⅲ. 效 果

附合한 動產 사이에 主從을 구별할 수 있을 경우에는 주된 動產의 소유자가 合成物의 소유권을 취득한다(民 §257 前). 主從의 구별은 去來觀念에 따라 결정되고 主物·從物의 관념과 반드시 일치하는 것은 아니라 할 것인데,[9] 물건의 성질 및 가격이 일응의 기준이 될 것이다.[10] 本條가 많은 영향을 받은 佛民을 참조한다면, 우선 물건의 편익, 장식, 보완을 위해 附合한 물건은 從된 물건이고, 이것에 의해 편익을 받고 장식, 보완되는 물건은 대개 主된 물건이라고 하면 될 것이다(佛民 §567). 그리고 價格도 일응의 기준이 될 것이나(佛民 §569), 가격만을 기준으로 물건의 主從을 구별하는 것은 보통사람들의 감정에 적합하지 않은 경우도 있으므로, 물건의 성질로 主從을 구별하기 힘든 경우에는 本條 後段을 적용하여 共有關係를 인정하면 될 것이고, 구태여 가격의 高低에 의해 主從을 반드시 구별하려고 할 필요는 없을 것이다.[11]

附合한 動產 사이에 主從을 구별할 수 없을 경우에는 각 動產의 소유자는 附合 당시의 가액의 비율로 合成物을 共有한다(民 §257 後). 이 경우에는 法律의 規

4) 大判 65. 3. 9, 64다1793(要集 民 Ⅲ-2, 1019); 李英俊, 470.
5) 同旨 郭潤直, 352.
6) 日最判 昭 24(1949). 10. 20(刑集 3-10, 1660) 참조.
7) 大判 80. 3. 25, 79도3139(公 632, 12757).
8) 李英俊, 470.
9) 金容漢, 305; 張庚鶴, 485.
10) 李英俊, 470.
11) 同旨 日注民(7), 290(五十嵐淸).

定에 의한 共有關係가 성립되는 것이므로, 現物分割은 불가능하고 代金分割 또는 價格賠償에 의한 分割만이 가능하다고 해석하여야 할 것이다. 附合에 의해 손실을 입은 자는 補償請求權을 갖는다(民 §261).

[權 五 坤]

第258條(混和)

前條의 規定은 動產과 動產이 混和하여 識別할 수 없는 경우에 準用한다.

I. 沿 革

混和(Vermengung) 역시 로마法 이래 각국에서 채택되어 왔다. 로마法에서는 액체의 混和는 언제나 공유상태를 발생시키지만, 고체의 경우에는 당사자의 합의없이 혼합된 때에는 所有物返還請求權을 가지고, 합의하여 혼합된 때에 한하여 공유가 되어 共有物分割訴權이 발생하였다. 그리고 수령한 금전이 자기 금전과 혼합한 때에는 언제나 혼합한 자의 단독소유가 되었고, 다른 당사자는 가액의 청구권을 가질 뿐이었다.[1)]

佛蘭西民法은 主從을 구별할 수 있는 경우에는 주된 물건의 소유자가 混和物의 소유권을 취득하고, 이를 구별할 수 없을 경우 먼저 분리 가능한 때에는 混和된 사실을 모르는 자가 분리를 청구할 수 있지만(§573 I), 분리가 심히 불이익한 경우에는 共有로 하고 있다(§573 II). 그리고 混和物의 재료 중 그 양 및 가격이 다른 재료보다 현저하게 초과되는 경우에는 그 부분의 소유자가 재료의 가격을 상환하고 混和物을 청구할 수 있도록 하고 있다(佛民 §574).

獨逸民法은 混和의 경우 원칙적으로 動產간의 附合規定을 준용하면서(§948 I), 분리에 과도한 비용이 드는 경우에는 混和를 인정한다(§948 II).

우리 民法은 日民 §245를 본받아 입법하였다.[2)]

1) 日注民(7), 292(五十嵐淸).
2) 民法案審議錄, 160 이하.

Ⅱ. 要　件

서로 다른 소유자에게 속하는 물건이 混和하여 식별할 수 없거나 또는 혼합물의 분리를 위하여 과도한 비용이 들어야 한다. 混和의 객체로는 곡물, 금전과 같은 「固形種類物」과 술, 기름 등과 같은 「流動種類物」이 있다.

混和가 인정된 사례 중에는, 日本判例이기는 하지만 詐取에 의해 被害者의 금전이 詐取者의 手中에 들어간 때,[3] 도박을 위해 同一額을 하나의 容器 안에 집어 넣은 때[4] 등에 금전의 混和가 인정된 경우가 보인다. 獨逸의 경우에도 多數說은 獨民 §929 이하의 의미에서 法律行爲에 의한 양도가 없는 한, 금전의 混和가 인정된다고 한다.[5]

Ⅲ. 效　果

動產간의 附合의 경우와 마찬가지다. 動產의 附合과는 객체인 물건이 다른 同種의 물건과 섞여져 原物을 쉽게 식별할 수 없게 된다는 점에서 일응 구별이 되지만, 이는 附合, 合體가 쉽게 일어난다는 것을 의미할 뿐이고, 그 성질은 일종의 動產의 附合이라고 할 수 있기 때문에 당연히 動產間의 附合에 관한 규정이 준용된다. 따라서 混和한 물건간에 主從의 구별이 있을 때에는 주된 물건의 소유자가 混和物의 소유권을 취득하고 主從의 구별이 없을 때에는 각 물건의 소유자가 混和한 당시의 가격의 비율로 混和物을 共有한다.

[權 五 坤]

---

3) 日大判 明 36(1904).2.20(刑錄 9. 232).
4) 日大判 昭 13(1938).8.3(刑集 17, 624).
5) Staudingers, § 948, RdNr. 9.

第 259 條(加工)

① 他人의 動產에 加工한 때에는 그 物件의 所有權은 原材料의 所有者에게 속한다. 그러나 加工으로 인한 價額의 增加가 原材料의 價額보다 顯著히 多額인 때에는 加工者의 所有로 한다.

② 加工者가 材料의 一部를 提供하였을 때에는 그 價額은 前項의 增加額에 加算한다.

I. 沿 革

本條의 加工(*specificatio*, Verarbeitung) 역시 로마法 이래 각국이 인정하고 있는 所有權 原始取得의 한 원인이다. 역사적으로 볼 때 加工에서 특히 문제가 되는 것은 타인의 材料를 사용하여 新物을 만든 경우 그 新物의 소유권이 加工者와 原材料의 소유자 중 누구에게 귀속되는가에 관해서였다. 로마帝政期의 Sabiniani파는 材料所有者가 新物의 소유자라고 주장한 반면, Proculiani파는 加工者가 新物의 소유권을 취득한다고 보았다. 유스티니아누스法에서는 兩說을 절충하여 新物이 原物로 환원될 수 있는 경우에는 材料所有者에게, 그렇지 않은 경우에는 加工者에게 新物이 소유권을 인정했다고 한다.[1)]

獨逸民法은 「加工主義」를 취하여 원칙적으로 加工者가 소유권을 취득하도록 규정하고 있다(§950 I). 그리고 예외적으로 加工의 가액이 현저하게 적은 경우에는 動產間의 附合規定인 §§947-48에 의해 법률효과가 정해진다.[2)]

佛蘭西民法에서는 「材料主義」에 따라 원칙적으로 材料의 소유자가 加工物을 취득한다(佛民 §570). 그러나 工賃이 사용된 材料의 가액을 초과하는 경우에는 加工者가 加工物의 소유권을 취득한다(佛民 §571). 그리고 자기 소유의 材料와 타인 소유의 材料를 사용하여 새로운 加工物을 만든 경우 그 加工物은 兩者의 共有로 한다(佛民 §572).

日本民法의 起草者들은 加工主義를 의식적으로 배척하였는데, 그 이유는 加工에 의해 언제나 새로운 물건이 만들어지는 것도 아니고, 특히 獨逸民法과 같이 善意·惡意를 묻지 않고 타인의 材料에 공작을 가함으로써 材料의 소유

1) 李英俊, 473; 日注民(7), 293(五十嵐淸).
2) Münchener, §950, RdNr. 39.

자가 소유권을 상실한다고 하는 것은 지나치다고 판단하였기 때문이라고 한다.[3]

우리 民法은 日本民法을 그대로 본받았기 때문에,[4] 佛蘭西民法에 더 가깝다고 할 수 있다.[5]

Ⅱ. 要 件

加工이란 타인의 재료를 써서 또는 타인의 물건에 변경을 가하여 새로운 물건을 만드는 것을 말한다. 加工者의 행위, 즉 工作은 事實行爲이므로, 그 行爲能力 여부, 善意·惡意는 불문한다.[6] 암탉으로 하여금 계란을 부화하게 하는 것과 같이 동물을 사용하여 加工할 수도 있다.[7]

이러한 工作의 결과 새로운 물건이 성립되어야 한다. 通說은 加工物이 재료와의 동일성을 상실하게 됨으로 인하여 소유권의 소재를 명확히 할 필요가 있는 데에 加工에 관한 民法規定의 目的이 있기 때문에, 새로운 물건이 만들어지지 않는 경우에는 本條를 적용할 필요가 없다고 한다.[8] 그러나 이에 대하여, 무리하게 언제나 새로운 물건의 성립을 要件으로 함은 부당하다는 견해도 있다. 그리고 그 예로써 타인의 動産에 大修繕을 가한 경우 이를 加工이라고 보아야 할 것이라고 한다.[9]

새로운 물건이 성립되었는가는 결국 去來觀念에 의해 결정될 것으로서, 加工物과 原物이 경제상 동일한 작용을 하는가, 명칭이 동일한가, 외양이 변경되었는가 등이 유력한 기준이 될 것이다.[10] 日本의 判例로는 뇌물로 收受한 옷감을 의복의 가죽으로 한 경우는 새로운 물건임을 인정하였으나, 贓物인 귀금속의 원형을 변형하여 금괴로 한 경우라든가 타인의 動産에 大修繕을 가한 경우, 도벌한 목재를 製材·반출한 경우, 자전거의 차륜과 안장을 떼어 다른 자전거

3) 日注民(7), 294(五十嵐淸).
4) 民法案速記錄, 161.
5) 金相容, 452은 우리 民法은 佛蘭西民法을 원칙으로 하면서 예외를 규정하고 있다고 하고 있다.
6) 李英俊, 473; 日注民(7), 295(五十嵐淸). 그러나 이에 대하여는 惡意의 不法加工者에게는 加工物의 소유권을 취득케 할 필요는 없고, 原物件의 소유자가 얻은 이득은 不當利得法理로 해결해야 한다는 견해도 있다. 金相容, 451.
7) 李英俊, 473.
8) 金曾漢, 164; 金容漢, 306; 李英俊, 473. 이는 日本에서의 通說이다. 日注民(7), 294(五十嵐淸).
9) 金相容, 451. 단 默示的 合意가 있는 경우는 다르다고 한다.
10) 李英俊, 474; 日注民(7), 294(五十嵐淸).

에 부착한 경우 등에는 새로운 물건임을 부정하였다.[11] 또한 우리 舊民法 시대의 判決로는 生牛를 屠殺 해체하여 牛皮를 剝取한 것만으로는 아직 工作에 의해 새로운 물건이 만들어졌다고 할 수 없다고 하는 것도 있다.[12]

加工을 不動産에도 類推適用할 수 있는가에 관하여 일부 學說은 이를 인정하기도 하나,[13] 전술한 바와 같이(民 §256 注解 Ⅱ.2(2)(나)(c)) 기존의 建物을 不可分的으로 대폭 수리·증축하여 그 경제적 가치에 있어서 새로운 별개의 建物을 신축한 것과 동일할 정도에 이르는 경우 이외에는 不動産 附合規定에 의하여 해결하면 족할 것이다.

Ⅲ. 效　　果

소유권은 원칙적으로 原材料의 소유자에게 속한다(民 §259 Ⅰ 本). 다만 예외적으로 加工으로 인한 가액의 증가가 현저히 다액인 때에는 加工者의 소유로 한다(民 §259 Ⅰ 但). 加工者가 소유권을 취득하기 위하여는 가액의 증가가 「顯著하다」는 要件을 요하도록 하는 것은 「材料主義」의 표현이라고 할 수 있다.[14] 소유권은 자동적으로 이전하고 引渡를 요하지 않는다.

加工者 자신이 재료의 일부를 제공한 때에는 그 가액을 加工으로 인한 가액의 증가에 합산한다(民 §259 Ⅱ). 이 경우 본항의 문언 그대로 加工者가 제공한 재료의 가액과 加工으로 인한 가액의 합산액이 本條 Ⅰ과 마찬가지로 현저히 다額일 것을 요한다는 견해도 있으나,[15] 多數說은 현저히 多數일 필요가 없고 단순히 다액인 것으로 충분하다고 한다.[16]

加工物의 所有權歸屬에 관한 규정은 任意規定이기 때문에 당사자 사이에 별도의 합의가 있으면 소유권귀속은 그에 따라야 한다는 데에 異說이 없다. 물

11) 本文에서 인용한 사례들은 日注民(7), 294 이하 참조. 그러나 이들 사안은 모두 刑事事件이었다.
12) 朝高判 15. 10. 19(民集 3, 209).
13) 金相容, 451. 이는 日本判例 중에 이를 인정한 것도 있다고 하면서 日大判 昭 11(1936). 7. 10(民集 15, 1481)을 인용하고 있으나, 同 判決은 水力發電會社가 무단으로 타인 소유토지의 지하를 굴착하여 發電用水路를 만든 사안에 있어서 土地所有者의 妨害排除請求權을 인정하지 않은 것에 불과하다.
14) 李英俊, 474.
15) 金曾漢, 164.
16) 李英俊, 475; 權龍雨, 259. 한편 日民 §246 Ⅱ은 그 문언상으로도 우리 民法과는 달리 단순히 그 합산액이 재료의 가액을 넘는 것으로 충분하다고 규정하고 있다.

건의 수선이나 加工을 의뢰한 경우 그 소유권이 의뢰자에게 귀속하는 것이 그 대표적인 경우이다. 勞動關係에 기한 노동생산물의 소유권 역시 당연히 사용자에게 귀속할 것이다. 그러나 이를 설명하는 이론적 근거는 다양하다. 고용계약 또는 근로계약에 의하여 묵시적으로 소유권을 사용자에게 귀속하기로 하는 약정이 있었다고 하는 견해,[17] 노동자는 사용자의 단순한 機關이며, 加工者는 사용자 자신이므로 애초부터 加工의 문제는 생기지 않는다라고 하는 견해,[18] 民 §259는 沿革的으로 재료소유자와 家事從事者, 수공업자 사이의 관계를 규율할 것을 목적으로 발전하여 왔고, 資本과 勞動 사이의 관계에 관한 규정이 아니기 때문에, 從屬的 勞動에 의한 생산에는 本條가 적용되지 않는다는 견해[19] 등이 있다.

加工으로 인한 소유권취득의 立證責任은 本條가 材料主義를 택하고 있는 결과 소유권취득을 주장하는 자가 부담한다. 이 경우에는 타인의 재료에 加工을 하였다는 사실뿐 아니라 加工으로 인하여 재료의 가액보다 加工物의 가액이 현저히 증가하였다는 사실까지 입증하여야 한다.[20]

[權 五 坤]

第260條(添附의 效果)

① 前4條의 規定에 의하여 動產의 所有權이 消滅한 때에는 그 動產을 目的으로 한 다른 權利도 消滅한다.

② 動產의 所有者가 合成物, 混和物 또는 加工物의 單獨所有者가 된 때에는 前項의 權利는 合成物, 混和物 또는 加工物에 存續하고 그 共有者가 된 때에는 그 持分에 存續한다.

添附에 관한 규정에 의하여 물건(動產)의 소유권이 소멸한 때에는 그 물건 위에 존재하던 제3자의 권리도 소멸한다. 여기서 제3자의 권리라고 함은 소유권이 소멸한 動產을 목적으로 하는 권리로서 留置權, 質權 등의 物權뿐 아니

17) 金曾漢, 166; 金相容, 452.
18) 郭潤直, 353-54; 金容漢, 307; 張庚鶴, 479.
19) 李英俊, 475.
20) 李英俊, 476; 權龍雨, 260.

라 賃借權과 같은 債權 등 사용·수익에 영향을 줄 수 있는 모든 권리를 말한다. 다만 擔保物權은 物上代位 규정에 의해 소멸한 물건의 소유자가 받는 補償金에 대해 그 권리를 행사할 수 있다(民§342).

그러나 添附에 의하여 소멸한 물건의 소유자가 合成物, 混和物, 加工物의 단독소유자가 된 때에는 소멸한 물건 위에 존재하던 제3자의 권리는 법률상 당연히 그 添附物 위에 존재하게 되고(民§260Ⅱ前), 소멸한 물건의 소유자가 添附物의 共有者가 된 경우에는 제3자의 권리는 그 共有持分 위에 존속한다(民§260Ⅱ後). 이와 관련하여 附合, 混和, 加工하는 물건이 盜品 또는 遺失物인 경우에 附合物, 混和物, 加工物을 善意取得한 자는 그 持分에 관하여는 소유권을 취득하지 못한다고 하는 學說도 있다.[1)]

[權 五 坤]

第261條(添附로 인한 求償權)

前5條의 경우에 損害를 받은 者는 不當利得에 관한 規定에 의하여 補償을 請求할 수 있다.

附合, 混和, 加工에 의하여 소유권을 상실한 자가 附合物, 混和物, 加工物의 소유자에 대해 不當利得의 返還 및 不法行爲에 의한 賠償을 청구할 수 있는 제도는 로마法 이래 근대법에 계수되었다. 日本 舊民法은 佛民에 따라 添附의 각 경우에 관하여 不當利得 또는 不正의 損害에 기한 求償權을 인정했으나, 현행 日本民法은 이를 일괄하여 不當利得에 따를 것으로 규정하였다(§248). 우리의 民 §261는 이러한 日本民法의 규정을 그대로 따른 것이다.

本條는 添附의 규정의 적용에 의해 손해를 받은 자는 不當利得에 관한 규정에 의하여 보상을 청구할 수 있다고 규정하고 있다. 添附에 의한 소유권의 취득은 법률의 규정에 근거한 것으로서 이로 인한 利得은 일응「法律上의 原因」이 있는 것처럼 보일 수 있으나, 添附制度는 物權法的 要請에 의해 인정되는 것이고, 당사자 사이의 不公平을 정당화해주는 것은 아니다. 따라서 本條에서 "不當利得에 관한 規定에 의한다"고 함은, 本條의 경우가 법률에 의하여 인

1) 李英俊, 477.

정되는 특별한 不當利得의 경우로서 그 法律效果만을 준용한다는 의미가 아니라, 그 실질에 있어서도 不當利得에 해당하기 때문에 부당이득반환의 要件을 충족하여야 하는 등 不當利得에 해당하기 때문에 부당이득반환의 要件을 충족하여야 하는 등 부당이득에 관한 규정 전부를 준용하여야 한다는 의미로 해석하여야 할 것이다.[1] 本條가 任意規定이라고 함은 전술(民 § 256 I)하였다.

따라서 구체적 補償의 範圍는 不當利得의 法理에 의하여 결정된다. 善意의 收益者는 그가 받은 이익의 現存하는 限度에서 반환할 의무가 있고(民 § 748 I), 惡意의 收益者는 당초 받은 이익에 이자를 붙여 반환하고 또 손해가 있을 때에는 이를 배상하여야 한다(民 § 748 II). 補償의 基準은 添附한 물건이 添附當時에 있어서 添附된 物件과 떨어져 가질 材料로서의 價値가 아니라 添附에 의하여 증가된 가치를 포함한다고 해석함이 상당하다.[2] 그리고 이는 添附가 완성된 당시를 표준으로 정할 것이다. 補償請求는 금전으로만 할 수 있으며 原狀回復에 의한 보상은 허용되지 않는다. 本條에 의한 補償請求權은 원칙적으로 다른 請求權을 배제하지 않는다. 예컨대, 不法行爲로 인한 損害賠償請求權, 無權代理에 의한 損害賠償請求權, 賃借人의 有益費償還請求權은 本條의 請求權과 병행한다.[3] 따라서 賃借人의 有益費償還請求權이 6개월의 除斥期間으로 소멸한 경우(民 §§ 654, 617)에도 本條에 의한 補償請求權은 여전히 행사할 수 있다.[4]

本條는 添附에 의해 새롭게 생긴 물건의 경제적 가치를 보존하기 위해 소유권을 상실당한 자에 의한 原狀回復請求를 배제하고 있다. 本條가 強行規定이라고 함은 前述(§ 256 I 참조)하였다. 그러나 이는 添附에 의하여 소멸된 舊物件의 소유자에 입장에서 原狀回復을 청구할 수 없다는 의미일 뿐, 添附된 물건의 소유자에 대하여 이른바 強要된 利得(aufgedrängte Bereicherung)을 강제한다는 의미까지 가지는 것은 아니다. 따라서 賃借人이 建物 소유자인 賃貸人의 동의없이 賃借建物에 고급석재를 附合시켰을 때 그와 같은 附合의 賃貸人의 의사에 반하는 경우에는 賃貸人은 賃借人에 대하여 부착된 물건의 제거를 청구할 수 있다고 할 것이다.[5]

[權 五 坤]

1) 同旨 郭潤直, 347; 金曾漢, 160; 金容漢, 302; 李英俊, 477; 張庚鶴, 479.
2) 李英俊, 478.
3) 李英俊, 479.
4) 李英俊, 479; 日大判 昭 8(1933). 2. 8(民集 12, 60) 참조.
5) 註釋物權法(上), 662-63(白泰昇).

名義信託

차 례

Ⅰ. 總　　說

名義信託은 判例에 의하여 인정된 우리 나라 特有의 制度로서, 公簿上의 所有名義는 受託者 앞으로 하여 두되 信託者와 受託者 사이의 內部關係에 있어서는 信託者가 여전히 所有權을 보유하기로 하는 것을 말한다. 判例理論에 의하면 名義信託 당사자 사이의 內部關係에 있어서는 信託者가 所有權을 보유하지만 外部關係에 있어서는 受託者가 완전한 소유자로 취급된다. 그러나 不動產物權變動에 관하여 이른바 形式主義를 취하고 있는 우리 民法體制下에서 登記名義를 가지지 않은 名義信託者가 내부적으로 受託者에 대하여 자신이 실질상의 權利者임을 주장할 수 있는 債權이 아니라 物權 그 자체로서의 所有權을 보유한다고 하거나, 또는 內部關係·外部關係 여하에 따라서 소유권의 歸屬主體가 달라지게 된다고 하는 判例理論은 그 理論構成上 많은 難點을 안고 있을 뿐만 아니라, 受託者로부터 목적물을 양수한 제3자는 그 善意·惡意를 불문하고 所有權을 완전하게 취득한다는 비판의 결론에 대하여도 상당한 批判이 있다.

원래 名義信託은 日帝下 土地調査令(1912) 및 林野調査令(1918)에 의한 土地 및 林野의 査定 당시 宗中財產을 宗中 자체의 명의로 등기하는 방법이 없어서 편의상 宗中員 중의 一人 또는 數人의 명의로 査定을 받고 그 명의로 등기를 하게 된 것에서부터 비롯된 것이지만,[1] 宗中名義의 登記가 가능한 현재에 있어서 宗中財産의 登記方法으로서의 명의신탁의 效用性은 그 빛을 잃어 가고 있다. 오늘날 名義信託은 오히려 租稅를 포탈하거나 토지에 관한 각종 公法的 規制를 회피하기 위한 脫法的 手段으로 사용되고 있는 것이 현실이고, 名義信託에 대한 批判論도 기본적으로는 이와 같은 現實認識에서부터 비롯된 것이다. 다만 최근 不動産登記特別措置法 등의 시행에 따라 名義信託이 원칙적으로 금지되게 되었지만, 그와 같은 土地公法上의 規制가 名義信託의 私法的 效果에 관한 判例理論에 어떠한 影響을 미칠는지는 좀더 두고 볼 일이다.

Ⅱ. 名義信託의 槪念

1. 信託法上의 信託과 信託行爲

現行法上 사용되는 「信託」이라는 용어에는 두 가지가 있다. 하나는 法典上의 용어로서 信託法에서 말하는 信託이고, 다른 하나는 民法의 解釋學上 이른바 讓渡擔保, 推尋을 위한 債權讓渡 등을 理論的으로 설명하기 위하여 사용되는 信託的 讓渡를 말할 때의 信託行爲에 있어서의 信託이다. 이들 두 가지의 信託은 서로 그 淵源을 달리하는 다른 槪念이다.

즉 信託法上의 信託은 英美의 트러스트(trust) 制度를 도입한 것으로, 委託者가 受託者에게 財産權을 이전하는 동시에 그 財産權을 일정한 목적에 따라서 자기 또는 제3자를 위하여 관리·처분케 하는 法律關係 또는 그 設定行爲를 말한다. 이에 반하여 民法學上의 「信託行爲」(fiduziarisches Rechtsgeschäft)라는 관념은 獨逸民法의 解釋學上 형성·발전된 理論을 日本法學을 통하여 받아들인 것으로서, 이러한 信託行爲의 특징은 어떤 經濟的 目的을 달성하기 위하여 信託者가 受託者에게 그 目的達成에 필요한 정도를 넘는 權利를 이전하면서 한편으로 受託者가 그 이전받은 권리를 이러한 經濟的 目的의 범위를 넘어서 행사하여서는 아니될 義務를 부담하게 하는 데 있다.[2]

1) 宗中財産에 관한 名義信託登記의 유래에 관하여는 郭潤直, 365; 許奎·盧宗相·李泰勳, "宗中·宗中財産에 관한 諸考察", 司論 4, 5 참조.

2) 英美法上의 信託과 獨逸의 信託行爲理論에 관하여는 郭潤直, "名義信託에 관한 判例理論의 研究", 法學 15-2(1974), 5; 許奎, "信託行爲와 信託法上의 信託", 司論 5, 52-56 참조.

그런데 우리 大法院은 위와 같은 獨逸의 信託行爲理論을 獨逸에 있어서와 같이 讓渡擔保 또는 推尋을 위한 채권양도 등에 援用하여 적용하고 있을 뿐만 아니라, 한편으로는 이를 널리 名義信託이라고 일컫는 경우에까지 확대적용하고 있으며,[3] 이 名義信託에 관한 判例는 확고한 法體系를 이루고 있다.

2. 名義信託의 對象

大法院은 명의신탁을 "對內的 關係에서는 信託者가 所有權을 보유하여 이를 관리·수익하면서, 公簿上의 所有名義만을 受託者로 하여 둔 것"[4]이라고 정의하고 있다. 이와 같은 判例의 정의에 입각하여 名義信託이라고 할 때의「名義」는「所有名義」를 의미하는 것으로서 名義信託은 소유권에 관하여서만 인정된다고 하는 見解도 있다.[5] 즉 名義信託은 公簿에 의하여 所有關係가 표시되는 財貨, 즉 土地·建物이나 '立木에 관한 法律'에 의하여 등기된 立木·船舶·航空機·自動車·重機 등의 所有權에 관하여서만 성립된다고 하는 것이다. 그러나 判例는 名義信託을 所有權에 관하여서만이 아니라, 널리 登記·登錄 또는 申告하여야 法律行爲의 효력이 인정되는 物權이나 기타의 財產權에 관하여서도 인정하고 있다.

예컨대, 大判 71.9.28, 71다1952(集 19-3, 14)은 일종의 指名債權에 지나지 않는 性質을 가지는 電話加入使用權[6]에 관하여도 名義信託이 가능하다고 하고 있다. 이러한 判例의 태도를 유추한다면, 登錄하지 않으면 去來行爲의 효력이 발생하지 않는 準所有權的인 성질을 가지고 있는 鑛業權이나 漁業權에 관하여서도 名義信託이 있을 수 있고, 마찬가지로 登錄하여야만 그 效力이 생기는 特許權 등의 無體財產權에 관하여도 名義信託이 있을 수 있다고 할 것이다. 다만 擔保物權은 그 附隨性으로 인하여 債權과 이를 담보하는 抵當權 등의 擔保物權은 그 主體를 달리할 수 없으므로(大判 86.1.21, 84다카681, 公 771, 373), 이에 관하여는 名義信託이 있을 수 없다.

---

3) 다만 李英俊, 總則, 185는 名義信託을 民法上의 信託의 基本型이라고 하는 시각에서 접근하고 있다. 後述(註 31)의 本文 참조.
4) 大判 65.5.18, 65다312(要集 民 I-1, 116).
5) 郭潤直, 356.
6) 電話加入使用權은 특정인이 電話官署로부터 加入契約에 따라 公衆通貨役務의 제공을 받는 權利이다. 그 性質이나 登錄·申告 등에 관하여는 姜完求, "電話加入使用權 등이 變則的 擔保目的으로 이용되어지는 경우에 생기는 問題", 法院行政處裁判資料 13(1982), 268 참조.

3. 他人名義의 去來와의 區別

다만 名義信託과 단순히 "他人의 名義로 去來를 하는 경우"와는 구별하여야 한다. 타인의 名義로 거래를 하는 경우에는 그 去來의 主體 내지 權利의 歸屬主體가 누구이냐를 특정하는 문제만 남을 뿐, 對內關係·對外關係 여하에 따라 權利者가 달라지게 되는 이른바 名義信託의 法理가 적용되는 名義儀託關係가 성립되는 것은 아니다.

그러므로 예컨대, 建物의 所有名義를 타인에게 신탁한 경우, 名義信託者가 당해 建物을 제3자에게 임대하면서 所有名義가 受託者 앞으로 되어 있는 점을 감안하여 賃貸契約書上의 賃貸人을 受託者名義로 해두었다 하더라도, 그 賃貸契約上의 賃貸人은 어디까지나 賃貸契約을 체결한 名義信託者이지 受託者가 아니다.[7)]

그리고 預金契約에 있어서 타인 명의로 記名式預金을 한 경우에도, 누가 預金債權者인지를 특정하는 어려운 문제가 있기는 하지만, 名義信託의 경우와 같이 對外關係(對銀行關係)에 있어서는 언제나 名義者만이 제3자의 善意·惡意를 불문하고 預金主로 취급되는 것은 아니다.[8)]

또한 株式의 경우에 있어서도 株式의 名義를 타인 앞으로 해두었다고 하더라도, 실제로 株金을 납입하여 출자한 사람이 株主가 되는 것이지, 對外關係에 있어서 名義者가 株主로 취급되는 것은 아니다.[9)]

일부 判決例에는 競賣入札[10)] 또는 賣買契約[11)] 등에 관하여도 名義信託이 성립할 수 있는 듯이 판시한 文言이 보이기도 하고, 간혹 株券·債券·어음·手票 등에 관하여도 名義信託關係가 성립될 수 있다고 하는 見解[12)]도 보이나, 이러한 경우들은 위에서 언급한 바와 같이 名義信託과는 구별되는 것이다.[13)]

---

7) 大判(全) 81.5.26, 80다2367(集 29-2, 16) 참조.
8) 이에 관하여는 金炳宰, "記名式預金에 있어서의 預金債權者의 制定基準", 民判硏 9, 77-95 참조.
9) 大判 75.7.8, 75다410(集 23-2, 186); 大判 80.9.19, 80마396(集 28-3, 84) 등 참조.
10) 大判 57.10.21, 4290民上368(要集 民 I-1, 1198).
11) 大判 66.9.6, 65다1271(要集 民 I-1, 338).
12) 魯在寬, "名義信託에 관한 硏究——判例를 중심으로"(서울大碩士論文, 1984), 28.
13) 權五坤, "名義信託에 관한 判例의 動向", 民判硏 10, 379-81.

Ⅲ. 名義信託關係의 成立

1. 名義信託設定契約

名義信託關係는 信託者와 受託者 사이의 設定契約에 의하여 성립한다. 따라서 부동산에 관한 名義信託關係가 성립하려면 公簿上의 所有名義를 신탁한다는 信託者의 意思表示와 이를 받아들이는 受託者의 의사표시가 있어야 한다.[14]

특정한 경우에 있어서 名義信託契約이 있었는가의 여부는 事實認定의 문제로서, 그 立證責任은 名義信託關係를 주장하는 자가 부담한다. 名義信託을 주장하는 자가 不動產登記權利證을 소지하고 있다는 사실은 名義信託關係의 존재를 사실상 추정하는 강력한 立證手段이 된다.[15] 그러나 단순히 家屋臺帳上 家屋의 所有者가 他人名義로 등재되었다는 사실만으로는 그 他人과의 사이에 위와 같은 합의가 있어 그 家屋에 관하여 名義信託關係가 성립되었다고 볼 수 없고,[16] 타인에게 林野의 權利證과 印鑑證明書의 두 가지 文書를 주었다는 사실만으로는 名義信託設定契約을 체결하였다고 보기에는 미흡하다.[17] 賣買契約을 체결한 후 目的不動產의 일부에 관하여 買受人 앞으로 共有持分移轉登記를 경료한 경우, 이는 "조리상 매매계약에 따른 매도인측의 소유권이전등기의무를 일부 선이행한 것이라고 봄이 상당하고, 단순한 명의신탁으로 경유한다는 것은 극히 이례적인 일이라 할 것이므로, 매수인이 건축허가를 받을 필요가 있었다는 사정만으로 이를 명의신탁관계로 인정함은 위법"하다.[18]

2. 默示的·推定的 契約

그러나 名義信託設定契約은 위와 같이 반드시 明示的으로 체결될 필요는 없고, 默示的으로 체결될 수도 있다. 실제로 大法院은 "이러이러한 事實關係 아래서는 名義信託을 하였다고 봄이 상당하다"는 식으로 판시함으로써, 더 중요한 爭點을 가진 더 많은 事案에 있어서 당사자간의 숨은 合意를 發見 내지는

14) 大判 81. 12. 8, 80다카367(集 29-3, 243).
15) 大判 90. 4. 24, 89다카14530(公 874, 11333).
16) 前述(註 14).
17) 大判 69. 12. 9, 68다830(集 17-4, 127).
18) 大判 83. 12. 12, 83도1556(集 31-6, 刑 65).

擬制하여 默示的 또는 推定的 名義信託契約의 성립을 인정하고 있다. 대표적인 경우가 이른바 相互名義信託의 경우이다. 判例는 1필의 土地의 특정부분을 매수하고 당사자간의 합의에 따라 持分移轉登記를 경료한 경우 當事者 內部關係에 있어서 각 當事者는 각자의 특정부분에 관한 所有權을 취득하게 되고, 이때의 共有持分登記는 각자의 특정부분에 관하여 상호간에 名義信託하고 있는 것이라고 일관되게 보고 있다.[19] 이러한 경우에 있어서, 當事者의 意思는 '한 개의 不動產의 特定部分을 소유하겠다는 것'과 '共有持分登記를 경료하겠다는 것' 뿐임에도 불구하고, 判例는 當事者 사이의 名義信託契約의 성립을 인정하고 있는 것이다.[20] 또한 判例는 더 나아가 위와 같은 相互名義信託이 성립되는 범위를 확장하여, 최초의 相互名義信託關係가 성립된 당사자뿐만 아니라 그로부터 당해 특정부분을 轉轉讓受한 자들 사이에서도 前者의 名義信託關係가 승계되는 것이 아니라 최후의 名義人들 사이에 名義信託關係가 새로이 성립된다고 하고 있다.[21]

3. 中間省略登記에 의한 名義信託

한편 判例에 의하면 所有權移轉登記를 경료하지 않은 不動產買受人과 같이 形式主義下의 현행 民法上 所有權을 취득하지 못한 사람도 제3자에게 所有權을 신탁하여 제3자 앞으로 직접 所有權移轉登記를 경료할 수 있다고 하고,[22] 그와 같은 경우에도 名義信託의 성립을 인정하는 것이 民法의 形式主義에 반하는 것은 아니라고 한다.[23]

---

19) 大判 62.2.22, 4294民上1025(總 2-2(A), 567); 大判 67.4.4, 66다814-6(集 15-1, 273); 大判 73.2.28, 72다317(集 21-1, 98); 大判 79.6.26, 79다741(集 27-2, 109); 大判(全) 80.12.9, 79다634(公 670, 14480).

20) 이에 관하여는 後述(Ⅲ-5) 相互名義信託의 法律關係 부분 참조.

21) 大判 74.9.24, 74다1204-5(公 501, 8070): "토지소유자가 토지 일부를 매도하였으나 이전등기만은 매수인의 청구가 있으면 분할해주기로 하여 양도인에게 그대로 등기를 두어 신탁한 채 전전양도되고 소유자가 나머지 토지를 다시 타인에게 양도하여 그것도 전전양도되면서 토지 전체에 대하여 이전등기를 받은 사람이 자기가 매수치 않은 부분을 분할해주기로 승낙한 경우에는 등기명의인과 일부 토지를 매수한 최후의 사람간에는 명의신탁관계가 성립한다." 大判 87.2.24, 86다카2273(公 798, 527): "토지소유자가 토지의 일부를 양도하면서 그 이전등기만은 매수인의 청구가 있으면 분할해주기로 하여 매도인에게 그대로 등기를 두어 신탁한 채 전전양도되고, 나머지 토지를 다시 타인에게 매도하여 그것도 전전양도되면서 토지 전체에 대하여 이전등기를 받은 사람이 자기가 매수하지 아니한 부분을 분할해주기로 승낙한 경우에는 등기명의인과 일부 토지를 최후로 매수한 자와 사이에 직접 명의신탁관계가 성립한다."

22) 大判 63.1.24, 62다825(集 11-1, 36).

23) 大判 70.2.24, 69다2193(要集 民 Ⅱ-1, 229).

4. 名義信託과 強行法規

強行法規에 위반되는 名義信託은 무효이다. 따라서 農地改革法이 강행법규라고 보는 大法院은 同法에 위반되는 名義信託을 무효라고 일관되게 판시하고 있다: "농지를 신탁함에 있어서는 수탁자가 자경 또는 자영하지 아니하는 단순한 명의신탁은 농지개혁법의 규정에 의하여 당연히 무효라고 할 것이다."[24] 그러므로 名義信託의 방법에 의하여 農地를 분배받는 것은 무효이고,[25] 農地改革法 시행 이전에 地主가 小作人에게 신탁하여 自耕地로 확정되게 하였던 農地는 地主의 信託解除로 그 所有權을 회복할 수 없다.[26]

한편 判例는 위와 같은 農地에 대한 名義信託의 경우와는 달리, 타인에 대한 強制執行을 면탈하려는 의도에서 名義信託이 이루어졌다 하더라도 原所有者인 信託者가 信託解止를 원인으로 그 반환을 구하는 경우 원래 그와 法律行爲의 목적이 위법하다 하여 그 請求를 거절할 이유가 되지 않는다고 하고 있으나,[27] 그 결론은 民 §746의 不法原因給與와 관련하여 의문이다.

不登特措 §7는 "租稅賦課를 면하려 하거나 다른 時點間의 價格變動에 따른 利得을 얻으려 하거나 所有權 등 권리변동을 규제하는 法令의 制限을 회피할 목적으로 타인의 名義를 빌려 所有權移轉登記를 신청하여서는 아니된다"고 규정하여 不動產所有權에 관한 名義信託을 금지하고 있으나, 同法은 處罰規定만을 두고 있을 뿐 效力規定은 두고 있지 아니한 취지에 비추어, 이에 위반된 名義信託契約 자체가 무효라고 하기에는 어려운 것으로 보인다.

Ⅳ. 名義信託의 法律關係

1. 名義信託의 法律的 構成

名義信託이 된 경우 信託者와 受託者 사이의 內部關係에 있어서는 信託者가 所有權을 그대로 보유하지만 제3자와의 對外關係에 있어서는 완전한 所有

24) 大判 65. 8. 24, 65다1036(要集 民 Ⅰ-1, 104). 同旨 大判 71. 11. 15, 71다2000(要集 民 Ⅰ-1, 105).
25) 大判 71. 12. 14, 71다2123(集 19-3, 168).
26) 大判 68. 2. 27, 68다76(要集 特 Ⅱ-1, 120).
27) 大判 70. 9. 17, 70다1215(集 18-3, 15); 大判 80. 4. 8, 80다1(公 633, 12777).

權의 移轉이 있게 되는 결과 受託者는 所有者로서의 모든 權利를 행사할 수 있고, 따라서 受託者로부터 信託財産을 취득한 제3자는 그 善意·惡意를 불문하고 그 所有權을 취득하게 된다고 하는 것이 확립된 判例이다. 이러한 判例의 입장은 讓渡擔保, 推尋을 위한 債權讓渡 등에 있어서의 信託行爲의 法律的 構成에 관하여 취하고 있는 이른바「相對的 權利移轉說」을 名義信託에 관하여도 그대로 답습하고 있는 것이다.

讓渡擔保 또는 推尋을 위한 債權讓渡 등의 본질을 信託的 讓渡, 즉 信託行爲라고 파악하는 경우에 그와 같은 信託行爲의 法的 構成에 관하여는 相對的 權利移轉說과 絶對的 權利移轉說의 대립이 있다.[28] 이는 信託行爲를 "當事者 일방이 일정한 목적을 초과하여 상대방에게 權利를 이전하고 상대방으로 하여금 이전받는 권리를 그 목적에 따라 행사시키려는 法律行爲"라고 보는 전제 아래,[29] 그러한 信託行爲에 있어서 當事者 사이의 목적을 초과하는「權利移轉」이라고 하는 法律事實에 어떠한 法律效果를 인정할 것인가 하는 점에 관하여 見解를 달리하게 되는 것이다. 우리 나라의 判例가 취하고 있는 相對的 權利移轉說(內外關係分離說)에 의하면, 外部關係에 있어서는 受託者가 완전한 所有者이지만, 당사자 內部關係에 있어서 所有權은 信託者에게 유보된다는 것으로, 受託者의 處分行爲는 완전한 권리자의 행위로서 모두 유효하고, 다만 內部關係에서는 信託者가 受託者에 대하여 物權的 返還請求權을 행사할 수 있다고 한다. 이에 반하여 日本의 判例[30]가 취하고 있는 絶對的 權利移轉說에 의하면, 受託者는 信託者로부터 대외적 관계뿐만 아니라, 당사자 內部關係에 있어서도 완전한 所有權을 이전받고, 단지 信託者에 대하여 그 所有權을 일정한 목적 이외에 행사하지 못할 義務, 즉 債務를 부담한다는 것으로, 信託者는 따라서 제3자는 물론 受託者에 대하여도 物權的 返還請求權을 갖지 않는다고 한다.

그런데 위와 같은 讓渡擔保나 推尋을 위한 債權讓渡 등과는 일응 구별되는 名義信託의 경우에 있어서는 그「信託」이라고 하는 法律關係를 과연 어떻게 구성할 것인가에 관하여도 위와 같은 信託行爲의 法的 構成과 연관하여 다양한 見解를 보이고 있다.

(1) 相對的 權利移轉說

判例의 입장에 동조하는 學說로서, 民法上의 信託의 본질이 外部的으로는

28) 이에 관한 詳細는 後述 讓渡擔保 부분 참조.
29) 이는 信託行爲의 本質에 관한 이른바 目的超過說에 따른 定義이다.
30) 日大判 大 13(1924).12.24(民集 3, 555).

권리가 受託者에게 넘어가나 內部的으로는 권리가 여전히 信託者에게 남아 있게 되는 이른바 權利에 있어서의 內·外部關係의 分離에 있다고 파악하고, 名義信託은 자기의 권리를 타인의 名義로 登記·登錄하는 것으로서 모든 民法上의 信託의 기본형이라고 한다.[31] 이 見解에 의하면 讓渡擔保는 이른바 擔保信託(Sicherungstreuhand)으로서 擔保에 따른 受託者의 權利·義務가 있고, 推尋을 위한 債權讓渡는 이른바 管理信託(Verwaltungstreuhand)으로서 관리에 따른 受託者의 權利·義務가 있는 데 반하여, 名義信託에 있어서는 이러한 권리·의무가 없기는 하나 그러면서도 名義가 信託者로부터 受託者에게 이전됨으로써 信託의 기본요소를 충족시키는 것이라고 한다.

(2) **無效說**(虛僞表示說)

이른바 相對的 權利移轉說에 입각한 判例理論에 따른 명의신탁은 虛僞表示로서 無效라고 하는 說이다.[32] 이 說이 근거로 하는 바는, 명의신탁에 있어서는 讓渡擔保에 있어서와 같은 일반의 信託行爲와는 달리 當事者 사이에 所有權移轉을 의욕하는 內心上의 效果意思가 없으며, 假裝的으로 만들어낸 外觀의 法的 效力을 否認하기로 하는 合意(通情)가 있다는 데에 있다. 즉 甲이 자신 所有의 부동산을 乙에게 名義信託하고 賣買를 원인으로 한 所有權移轉登記를 경료한 경우 甲·乙間의 法律行爲(賣買)는 不動産所有權이 마치 乙에게 귀속하는 것과 같은 外觀을 만들어내기 위하여 이용될 뿐이고, 진심으로 所有權이 乙에게 귀속되는 것은 의욕하지 않고 있으므로(즉, 乙이 所有權을 취득하는 것은 아니라는 데 합의하고 있으므로) 通情虛僞表示로서 무효라는 것이다. 이 說은 더 나아가 公簿上 所有者로 등재된 일이 없는 자의 名議信託도 유효하게 성립한다는 判例理論은 不動産物權變動에 관한 현행 民法의 形式主義下에서는 있을 수 없고, 判例理論이 인정하고 있는 바와 같은 關係的 所有權, 즉 소유권의 分離現象은 소유권의 性質에 비추어 인정하기 곤란하며, 名義信託이 脫稅, 強制執行免脫 등 脫法手段으로 악용되고 있다는 데에도 아울러 그 근거를 찾고 있다. 이 說에 의하게 되면 名義受託者로부터 名義信託財産을 양수한 제3자는 民 §108 Ⅱ에 의하여 善意인 경우에만 그 所有權을 취득할 수 있다는 結論에 이르게 된다.

(3) **絶對的 權利移轉說**(債權關係說)

이 說은 相對的 權利移轉說이 말하는 이른바 關係的 所有權, 즉 內部關係

31) 李英俊, 總則, 185-89; 李英俊, "名義信託의 有效性에 관하여", 司論 19, 10-15.
32) 郭潤直, 359-64; 郭潤直, 前述(註 2), 17-20.

와 外部關係를 구분하여 所有者로 취급되는 자를 달리하게 되는 것은 物權法定主義를 규정한 民 §185에 반하므로, 不動產物權變動에 관하여 形式主義를 취하고 있는 우리 民法의 해석상 名義信託의 경우에도 所有權이 내부적으로나 외부적으로나 受託者에게 완전히 이전하고, 受託者는 信託者에 대하여 信託目的에 따를 債務를 부담하는 것에 불과하다고 한다.[33] 따라서 이 說에 의하는 경우, 名義信託에 있어서 當事者 내부관계에 있어서 信託者가 所有者라고 하는 이른바 內部的 所有權은 진정한 所有權이 아니라 受託者에 대한 信託者의 債權的 地位를 칭하는 것에 불과하다고 한다.

(4) **表見所有權說**

이 說은 名義受託者로부터 信託財產을 매수한 사람은 善意·惡意를 불문하고 그 所有權을 취득하게 된다는 判例의 태도(信託的讓渡說)를 비판하면서, 名義信託에 대하여 佛蘭西 判例法上의 表見所有權(propriété apparent)理論을 類推適用하자는 說이다.[34] 表見所有權理論이란 실제로는 타인에게 속해 있는 財產에 대하여 外見上 진정한 所有者로 보이는 表見所有者(propriétaire apparent)로부터 그 재산을 善意로 취득한 사람을 보호하자는 理論으로, 法人格없는 教團(修道院)의 財產을 一人 내지 數人의 教團員의 名義로 등기한 경우, 名義人으로부터 財產을 양수하게 된 善意의 제3취득자를 보호하고자 한 데서 비롯되었다고 하는데, 위 說은 名義信託에 있어서를 名義受託者의 지위가 佛蘭西民法上의 表見所有者와 같다고 파악하고 우리 나라에 있어서의 名義信託에 위 理論을 類推適用하자고 한다. 이 說에 의하는 경우에는 名義受託者로부터 名義信託財產임을 알면서 이를 취득한 제3자는 所有權을 취득하지 못하게 되어 위의 虛僞表示說과 같은 結論에 이르게 된다.

(5) **受動信託說**

이 설은 名義信託이 英美法上의 受動信託과 실체상 그 구조가 같으므로 이에 英美法上의 受動信託의 法理를 적용하자는 설이다.[35] 英美法上의 信託(trust)에 있어서 受託者가 信託財產을 적극적으로 관리할 義務(duty of administration)가 있느냐, 아니면 단순히 명의만을 受託者로 하고 실제로 信託財

33) 康鳳洙, "名義信託에 있어서 內部的 所有權의 意味 Ⅰ", 司行 324, 40-44; "同 Ⅱ", 司行 325, 74-79; "同 Ⅲ", 司行 326, 36-42; 魯在寬, 前述(註 12), 20-22.

34) 高翔龍, "名義信託論의 再檢討 小考", 民法學論叢(郭潤直記念論文集), 177-202.

35) 金相容, "英美信託法上의 受動信託法理에 의한 名義信託理論의 再構成", 月報 201, 27-40.

產의 管理·處分은 受益者가 하느냐에 따라서 前者를 能動信託(active trust), 後者를 受動信託(passive trust)이라고 하는데, 能動信託에 있어서는 委託者(trustor)가 受益者(beneficiary)를 위하여 受託者(trustee)에게 財產權을 이전하면 受託者는 普通法上의 權原(legal title)을 취득하고 受益者는 衡平法上의 權原(equitable title)을 취득하게 되지만, 受動信託에 있어서는 受益者가 普通法上의 權原 및 衡平法上의 權原 모두를 취득하고 受託者는 名義上의 權原者임에도 불구하고 信託財產에 대햐여 전혀 아무런 權利도 취득하지 못하게 된다고 한다. 위 說은 名義信託은 英美法上의 신탁에 있어서 委託者가 동시에 受益者인 경우의 受動信託과 그 실체가 같다고 보고, 여기에 위 受動信託의 法理를 적용하자고 하는 것으로서, 이에 따르면 名義信託에 있어서 소유권은 對內外的으로 受託者에게 이전되지 않은 채 信託者에게 남아 있게 되고, 信託者의 채권자들은 비록 受託者名義로 所有權移轉登記가 경료되어 있다고 하더라도 이에 대하여 強制執行을 할 수 있으며, 한편 信託財產의 처분은 信託者만이 할 수 있으나, 다만 受託者로부터 善意로 신탁재산을 취득한 제3자는 그 所有權을 취득하게 된다는 結論에 이르게 된다.

(6) 檢 討

判例가 취하고 있는 相對的 權利移轉說은 所有權登記가 없는 信託者가 대내관계에 있어서는 소유권에 기한 物權的 請求權까지 행사할 수 있는 所有者로 취급된다는 점에서 不動產物權變動에 관한 民法上의 形式主義에 정면으로 반한다고 할 수밖에 없다. 民法上의 形式主義에 부합되게 理論을 구성하자면 名義信託에 있어서도 所有權은 對內外的으로 모두 受託者에게 이전된다고 하는 絶對的 權利移轉說이 간명할 뿐만 아니라 타당하다. 그러므로 大法院判決이 信託者와 受託者 사이의 內部關係를 설명함에 있어서 흔히 사용하는 "信託者가 所有者로 취급된다"거나 "信託者에게 所有權이 있다"고 하는 文言의 의미를 "信託者와 受託者 사이에 있어서는 信託者가 所有者로 취급받기로 하는 債權的 請求權이 있다"는 의미로 받아들일 수 있다면, 判例를 絶對的 權利移轉說의 입장에서 새로이 理論構成하는 것도 불가능하지는 않을 것이다.[36]

그러나 判例의 文言 그대로의 相對的 權利移轉說의 입장을 취한다면, 名義信託을 虛僞表示라고 보는 無效說의 견해가 타당하다고 할 수밖에 없다.[37] 이

36) 다만 信託者가 受託者에 대하여 物權的 請求權을 행사할 수 있다는 등의 몇 가지 判例는 變更을 요한다고 할 것이다.

37) 다만 無效說에 의하면 受託者가 信託財產을 처분한 경우 信託者는 惡意의 제3자로부

에 대하여, 判例는 名義信託이 虛僞表示에 의한 無效가 아님을 명백히 선언하고 있고,[38] 判例의 相對的 權利移轉說을 지지하는 學說에서도, 名義信託의 當事者 사이에서는 "信託者가 내부적으로는 所有權者이되, 외부적으로는 受託者가 소유권자로 나타나게 하기 위하여 所有權移轉登記를 하여 受託者는 信託契約에 반하여 所有權을 행사하지 않을 債權的 義務를 부담한다"는 合意가 있는 것이므로, 當事者 사이에 假裝的 外觀의 法的 效力을 부인하는 데 대한 合意가 있을 수 없으며, 讓渡擔保나 推尋을 위한 債權讓渡를 有效로 보는 이상 名義信託行爲도 有效라고 설명하고 있다.[39] 그러나 民法의 形式主義 아래에서는 완전한 所有權이 受託者에게 완전하게 移轉되어야 함에도 불구하고 當事者 사이에서 信託者가 여전히 物權的 請求權을 가지는 所有權者라고 하는 合意가 있다고 한다면 그러한 合意는 바로 "假裝的 外觀의 法的 效力을 부인하기로 하는 合意"라고 할 수밖에 없을 것이다. 다만 앞에서 본 바와 같이 名義信託을 絶對的 權利移轉說의 입장에서 새로이 理論을 구성한다면 無效說은 그 지위를 잃고 말 것이다.

한편 佛法上의 表見所有權理論이나 英美法上의 受動信託의 法理를 적용하자는 說들은 현재의 判例理論이 受託者로부터 名義信託財産을 취득한 제3자가 善意·惡意를 불문하고 소유권을 취득하게 된다는 점에 문제가 있다고 보고 이를 시정하기 위하여 입론한 理論이겠으나, 아직 試論段階에 있는 것에 불과한 것으로 보이고, 判例理論과 마찬가지로 登記名義가 없는 名義信託者가 對內外的으로 所有權者로 취급된다는 점에서 民法上의 形式主義에 반하게 되는 치명적 결점을 가지고 있다. 다만 名義信託은 判例에 의하여 인정된 것이니 만큼, 이후의 서술에 있어서는 특별한 사정이 없는 한 判例理論에 따라서 살펴보기로 한다.

2. 內部關係

(1) 所有權의 留保

相對的 權利移轉說을 취하고 있는 判例理論에 의하면 名義信託契約에 의하여 受託者名義로 所有權移轉登記가 경료되었다고 하더라도 信託者와 受託者

터는 信託財産을 還收할 수 있게 되는 결과, 名義信託을 虛僞表示로서 無效라고 하면서도 有效說보다 오히려 信託者를 더 두텁게 보호하는 結果가 된다.

38) 大判 66. 4. 19, 66다386(要集 民 I-1, 116).

39) 前述(註 31).

사이에서는 信託者가 소유권을 그대로 보유하게 된다.[40] 따라서 信託者는 언제나 受託者에 대하여 소유권을 주장할 수 있고,[41] 그의 소유권을 다투는 受託者를 상대로 所有權確認을 구할 수 있다.[42] 이에 반하여 受託者는 自己名義로 등기가 되어 있다고 하더라도 信託者에 대하여 所有權을 주장할 수 없다.[43]

(2) **受託者의 義務**

名義信託이 성립하게 되면, 受託者는 信託者와의 契約에 따라 信託財産에 관한 所有名義를 보존할 의무를 지며, 信託契約解止時에 信託者에게 신탁재산을 반환할 의무가 있게 된다. 따라서 受託者가 名義信託받은 재산을 임의로 처분하게 되면 背任罪가 아니라 橫領罪를 구성한다.[44] 한편 이러한 名義信託의 效力은 信託財産에 관한 所有權뿐만 아니라 所有權과 관련되어 발생한 權利에까지 미치므로, 그와 같은 權利는 당사자 內部關係에 있어서는 信託者에게 귀속된다.[45] 受託者는 信託契約解止時에 신탁재산을 信託者에게 반환할 의무가 있으므로, 受託者가 信託契約解止에 따른 信託財産返還義務의 이행으로서 信託者나 그가 지정하는 제3자명의로 信託財産의 所有權移轉登記를 경료하는 행위는 旣存債務의 이행이어서, 詐害行爲를 구성하지 않는다.[46] 마찬가지로, 名義信託한 부동산이 受託者의 사업실패로 强制執行의 우려가 있자 受託者에 대한

40) 信託財産은 信託者가 관리·수익하는 것이 보통이나(大判 83.7.12, 83누139(公 712-65), 當事者 사이의 信託契約에 따라 受託者가 관리·수익하는 경우도 있을 수 있을 것이다.

41) 大判 82.11.23, 81다372(集 31-4, 28).

42) 大判 77.10.11, 77다1316(集 25-3, 204).

43) 大判 66.7.19, 66다1007(要集 民 I-1, 109); 大判 82.6.22, 82다카247-8(集 30-2, 162).

44) 大判(全) 71.6.22, 71도740(集 19-2, 刑 30). 이 全員合議體 判決의 多數意見은 受託者가 信託財産을 任意處分한 것은 비록 受託者 앞으로 所有權移轉登記가 되었다 하더라도 '타인의 物件을 보관중 橫領한 것'이 되어 橫領罪의 책임을 진다고 판시하여 從前의 엇갈린 判決을 통일하였다. 다만 이 判決은 9:6의 意見으로 결정된 것인바, 同 判決의 少數意見은 "명의신탁하여 등기가 경료된 것이라 하더라도 등기가 경료된 이상 현행 민법상 그 토지는 대외적 관계에서는 물론 대내적 관계에 있어서도 위 수탁자의 소유였다고 할 것(민법은 제187조 소정의 경우에 한하여 등기없는 소유권을 인정하고 있다)이므로 배임죄를 구성함은 별론으로 하고, 횡령죄에 해당하지 않는다"는 요지의 설시를 하고 있다.

45) 大判 87.5.12, 86다카2653(公 803, 968). 이 判決은 宗中員의 1人에게 명의신탁해두었던 宗中所有의 土地를 韓國土地開發公社에 협의양도하고 宗中이 그 대금까지 모두 수령하였는데, 위 公社가 보상적 의미에서 일정 宅地分讓權을 준 결과 受託者였던 宗中員이 위 公社와 分讓契約을 체결하여 이를 매수하자 宗中이 그 宗中員을 상대로 위 宅地에 관한 所有權移轉登記를 구한 事案에 관한 것이다. 大法院은 위 보상적 의미의 宅地分讓權과 이에 따른 權利, 즉 당해 宅地의 所有權도 원래 名義信託되었던 土地의 所有權과 관련되어 발생한 것이므로 信託者인 宗中에게 移轉해주어야 한다고 판시하고, 當事者間의 名義信託이 이미 해소되었다는 이유로 原告(宗中)敗訴判決을 한 原審을 破棄, 還送하였다.

46) 大判 81.2.24, 80다1963(公 654, 13734).

名義信託을 해지하여 다시 제3자 앞으로 名義信託하기로 결정하고 이에 따라 제3자 앞으로 賣買를 원인으로 한 所有權移轉登記를 경료하였다면 이는 信託者의 信託財產에 대한 정당한 권리의 행사이고 強制執行免脫罪의 구성요건인 虛僞讓渡에 해당하지 않는다.[47] 그리고 大法院은 信託者에게 소유권이 유보되는 효과가 있는 內部關係의 범위를 확대하여, 信託者 및 受託者 상호간뿐만 아니라, 당사자 사이의 직접적인 信託契約關係가 없더라도 이에 준하는 地位에 있는 자에게까지 그 효력이 미친다고 하고 있다.[48]

(3) 信託關係의 承繼

위와 같은 信託者와 受託者 사이의 관계는 當事者의 일방이 사망하여도 당연히 소멸하지는 않고 相續人과의 사이에 그대로 존속한다.[49] 그리고 大法院은, 이른바 相互名義信託의 경우에 한정된 것이기는 하지만, 이러한 信託當事者 內部關係의 法理는 信託當事者의 特定承繼人에게도 적용된다고 한다.[50] 그러나 이른바 相互名義信託의 경우에 있어서 대부분 當事者 사이의 默示的 또는 推定的 合意를 근거로 名義信託의 성립을 인정하고 있는 判例의 태도에 비추어 볼 때, 相互名義信託의 경우에 있어서 當事者 지위의 特定承繼가 있는 때에는 그 때마다 새로운 當事者들 사이에 새로운 默示的 名義信託契約이 성립한다고 보는 것이 더욱 일관된 判例理論이 아닐까 생각한다.

(4) 信託不動產에 대한 時效取得

判例에 의하면 名義信託이 된 경우 對內的인 관계에 있어서는 信託者가 所有權을 보유하므로, 受託者가 信託不動產을 占有하더라도 受託者의 占有는

---

47) 大判 83.7.26, 82도1524(公 713, 1369).

48) 예컨대, 甲·乙·丙 3人의 共有物(持分 1/3씩)을 甲과 丁에게 名義信託(持分 1/2씩)한 사안에 있어서, 甲은 自己名義로 등기된 持分 중 自己固有의 持分 1/3을 공제한 1/6持分에 관하여는 乙·丙으로부터 名義信託을 받은 關係에 있고, 丁은 乙·丙으로부터만 名義信託을 받고 甲으로부터는 名義信託을 받지 않은 關係에 있다고 하더라도, "명의신탁의 경우 내부관계에서는 그 소유권은 신탁자에게 남아 있으므로 공유부동산에 관하여 공유자들이 다수의 수탁자에게 1개의 명의신탁계약에 의하여 소유명의를 신탁하였다면 그 신탁자와 수탁자 전원 상호관계에서 수탁자는 당해 부동산의 소유권 또는 지분권이 자기에게 있음을 주장할 수 없"는 것이므로 丁은 甲에 대하여 共有持分을 주장할 수 없으며, 甲은 丁의 共有持分을 부인할 수 있다고 한다. 大判 82.6.22, 82다카247-8(集 30-2, 162).

49) 大判 65.2.16, 64다1576(要集 民 I-1, 109); 大判 67.11.21, 67다1844(集 15-3, 302); 大判 81.6.23, 80다2809(公 662, 14091).

50) 大判(全) 80.12.9, 79다634(公 670, 14480). 다만 信託當事者의 特定承繼人에게도 위와 같은 내부관계의 法理가 적용된다는 위 判例理論에 대하여는 강력한 의문이 제기되고 있다. 徐廷友, "區分所有的 共有關係의 解消를 위한 名義信託契約의 解止와 所有權에 기한 所有權移轉登記請求權", 民判硏 4, 29-32 참조.

信託者와의 관계에 있어서 占有權原의 성질상 自由占有라고 할 수 없다. 그러므로 判例는 "명의신탁에 의하여 부동산의 소유자로 등기된 자는 그 점유권원의 성질상 자주점유라 할 수 없고 수탁자의 상속인은 피상속인의 법률상의 지위를 그대로 승계하는 것이므로 상속인이 따로이 소유의 의사로써 점유를 개시하였다고 인정할 수 있는 별개의 사유가 존재하지 않는 한 수탁자의 상속인으로서는 시효의 효과로 인하여 신탁물인 부동산의 소유권을 취득할 수 없다"고 하고 있다.[51] 그러나 위와 같은 判例理論은 信託者와 受託者 또는 이에 準하는 地位에 있는 當事者들 사이의 內部關係에 있어서는 타당하다고 할 수도 있겠으나, 受託者가 소유자로 취급되는 外部關係, 즉 受託者와 제3자와의 사이에까지 이를 적용함은 부당하다는 見解도 있다.[52]

한편 受託者名義로 등기되어 10년이 경과한 경우에 있어서 신탁자의 時效取得 可否에 관하여 判例는 名義受託者의 등기를 信託者(宗中)의 登記로 볼 수도 없을 뿐만 아니라 信託者가 受託者의 登記를 통하여 登記名義를 보유하고 있다고 할 수도 없어 時效取得이 인정되지 않는다고 하고 있다.[53]

(5) 名義信託과 慣習上 法定地上權

判例는, 토지에 관한 名義受託者가 名義信託存續中에 토지 위에 건물을 신축한 후 名義信託關係가 해소되어 土地와 建物에 대한 所有者가 다르게 되었더라도, 대내적인 관계에서 土地는 信託者의 소유였으므로 受託者가 그 건물의 소유를 위한 慣習上의 法定地上權을 취득하지 못한다고 한다.[54]

3. 外部關係

(1) 所有權의 移轉

判例에 따르면 名義信託이 된 경우 대외적인 관계에 있어서는 受託者에게 완전하게 소유권이 이전되고, 따라서 受託者는 완전한 소유자로 취급된다. 그리고 受託者가 數人인 경우에는 對外關係에 있어서 당해 信託財産은 受託者들의 共有가 된다.[55] 對外關係에 있어서는 受託者만이 소유자로 취급되므로 受託者의 一般債權者는 受託者 명의의 재산에 대해 強制執行 내지 競賣를 할 수

51) 大判 87.11.10, 85다카1644(公 815, 76).
52) 張容國, "名義信託과 不動産의 登記簿時效取得", 民判硏 XI, 147.
53) 前述(註 51).
54) 大判 86.5.27, 86다카62(集 34-2, 3).
55) 大判 67.1.31, 66다2334(要集 民 I-1, 510); 大判 67.10.25, 66다2333(集 15-3, 242).

있고 登記名義者가 아닌 信託者는 신탁을 이유로 受託者의 一般債權者에 대하여 소유권을 주장할 수 없다.[56] 또한 受託者의 國稅滯納을 이유로 한 受託不動產에 대한 국가의 押留 및 滯納處分은 유효하고 國家가 그 대내적인 所有權歸屬關係를 알고 있었다 하여 그 押留處分의 효력을 부정할 수는 없다.[57]

한편 信託者의 一般債權者는 대외적으로 受託者名義의 信託財產에 대하여 強制執行을 할 수 없고, 受託者는 信託財產에 대하여 이러한 강제실행이 실시된 경우에 第三者異義의 訴를 제기할 수 있다.[58] 다만 信託者의 채권자는 信託者에 대한 債權의 보전을 위하여 信託者의 受託者에 대한 解止權을 代位行使하여 信託財產을 신탁자명의로 환원시킬 수 있을 것이다.[59]

(2) 信託財產의 處分

判例에 따르자면, 受託者는 外部關係에 있어서 所有者로서의 모든 권리를 행사할 수 있으므로, 그가 受託財產에 대하여 한 處分行爲는 완전히 유효한 행위가 된다: "수탁자가 신탁자의 승낙없이 신탁재산을 처분한 때에도, 그 제3취득자는 그 목적물이 신탁재산인가 여부에 대한 선의·악의를 묻지 않고 신탁재산에 대한 소유권을 적법히 취득한다."[60]

위와 같은 理論은 확고하게 정립된 判例이고,[61] 相對的 權利移轉說의 입장에서 名義信託을 파악하는 경우의 당연한 歸結일 것이다. 그러나 이와 같이 제3자의 善意·惡意를 가리지 않고 受託者로부터 信託財產을 양수한 제3취득자가 유효하게 信託財產을 취득한다고 하는 判例理論에 대하여는 많은 批判이 있다.[62] 사실 判例에 따르자면 受託者가 信託財產을 임의로 처분할 경우에는

56) 大判 74. 6. 25, 74다423(公 495, 7960).
57) 大判 84. 4. 24, 83누506(集 32-2, 364).
58) 大判 71. 4. 23, 71다225(集 19-1, 243) 참조.
59) 大判 60. 4. 21, 4292民上483(要集 民 I-1, 699).
60) 大判 59. 1. 15, 4290民上667(總 1-2, 156).
61) 다만 大判 77. 8. 23, 77다246(集 252, 245)은 "명의신탁에 있어서 대외관계, 즉 제3자에 대한 관계에 있어서 수탁자를 소유자로 취급하는 것은 어디까지나 선의의 제3자를 보호하려는 것이고 반드시 제3자에 대한 관계에서 수탁자만을 소유자로 확정하려는 것은 아니"라고 판시하여, 마치 惡意의 제3자는 보호되지 않는 것 같은 표현을 하고 있다. 위 判決을 위와 같이 文面 그대로 理解하는 見解로는 金東潤, "名義信託 ── 判例를 중심으로", 第13期司法硏修生論文(司法硏修院), 261 참조. 그러나 위 判決理由 부분은 表現上의 錯誤인 것으로 보이고, 그렇지 않다고 하더라도, 建物의 名義信託者를 상대로 建物의 設置·保存의 瑕疵로 인한 損害賠償을 구한 사안에서 名義信託者는 所有者로 취급될 수 없다고 하는 上告理由를 배척하면서 傍論으로 설시된 것에 불과하여, 判例가 될 만한 眞正한 判決理由(*ratio decidendi*)라고까지는 할 수 없다.
62) 이러한 判例理論에 대한 批判的見解로는 裵錫, "不動產의 善意取得者保護", 法曹 31-8, 1; 高翔龍, "宗中所有 不動產의 名義信託과 제3자의 所有權取得(上·下)", 新聞 1496 및 1497 참조.

橫領罪를 구성하는데,[63] 이러한 사실을 알고도 信託財産을 취득한 제3자에 대하여서도 信託者가 「贓物」인 信託財産의 반환을 청구할 수 없다고 하는 것은 法感情에 맞지 않는 면이 있다. 앞에서 본 虛僞表示說, 表見所有權說, 受動信託說 등도 결국은 受託者의 처분에 의하여 所有權을 취득할 수 있는 제3자의 범위를 善意의 제3자로만 한정함으로써(民II §108 참조), 위와 같은 判例理論의 盲點을 보완하고자 하는 것이다. 이에 대하여는 "現在의 法意識이 登記가 넘어가면 바로 所有權이 넘어가는 것으로 생각할 정도에까지 이르렀는데, 이러한 고양된 法意識을 후퇴시켜 가면서까지 登記의 信賴性을 해쳐야 할 것인지 심히 疑心스럽다"고 하면서 위 判例理論을 옹호하는 입장도 있다.[64] 한편 앞에서 본 絶對的權利移轉說의 입장에서 名義信託을 파악하는 경우에도 判例와 같은 結論에 도달할 수밖에 없는데, 信託當事者 사이의 內部關係에 있어서는 物權으로서의 所有權이 유보된다고 하는 相對的 權利移轉說의 경우와는 달리 내부적으로나 외부적으로 所有權이 受託者에게 이전된다고 보는 점에서, 그 結論에 대한 비판의 強度는 相對的 權利移轉說에 대한 것보다는 약해질 것이 아닌가 생각한다.

어쨌든 判例理論에 따르면 受託者가 信託財産에 대하여 한 使用·收益·處分行爲는 완전히 유효한 행위가 되므로, 受託者는 信託財産에 대한 處分權限을 타인에게 위임할 수도 있고,[65] 不動産所有權의 名義信託者가 信託者의 승낙 없이 자기 債權者에 대한 債務의 담보로 根抵當權을 설정하고 그 登記를 한 경우에도 그 根抵當權設定登記는 유효하며,[66] 社會福祉法人의 基本財産이 타인에게 名義信託되어 있는 경우에 名義信託者가 監督廳의 허가없이 이를 제3자에게 처분하였다 하여 무효라고 할 수는 없다.[67] 그리고 信託財産이 처분되어 제3자에게 所有權移轉登記가 되었다면 受託者의 信託者에 대한 所有名義返還義務는 履行不能이 되었다고 할 것이다.[68]

---

63) 前述(註 44) 및 그 本文 참조.

64) 金東潤, 前述(註 61), 264-265. 同 論文은 李容勳, "變則的 擔保에 있어서의 債權의 滿足", 民判硏 2, 292과 李孝鍾, "變則擔保에 있어서의 目的物의 還收와 第3取得者의 地位", 裁判資料 13(法院行政處), 225을 인용하고 있다. 그러나 위 引用論文들은 讓渡擔保의 경우에 관한 것으로서, 名義信託의 경우와는 일응 區別되는 것이다.

65) 大判 66.1.31, 65다186(要集 民 I-1, 116).

66) 大判 68.8.31, 68마895(要集 民 I-1, 117).

67) 大判 79.4.24, 76다2795(集 27-1, 309).

68) 大判 77.9.13, 75다1149(公 572, 10329) 참조. 다만 判例는 名義信託된 不動産이 제3자 명의로 소유권이전등기가 되어 형식상 名義信託關係가 해소되었다 하더라도, 당사자 사이에 名義信託의 원인이 되는 信託契約이 해지 또는 종료되어 清算義務가 이행될 때까지는 名義信託關係가 존속한다고 한다. 大判 87.5.12, 86다카2653(公 803, 968).

다만 지금의 判例理論에 의하더라도 信託者가 미리 信託財産에 대하여 信託解止를 원인으로 한 所有權移轉請求權 보전을 위한 假登記를 한 경우에는 제3자에게 대항할 수 있음은 물론이다.[69] 또한 不動産의 2重賣買에 있어서와 같이 제3자가 受託者의 處分行爲에 적극 가담하여 信託財産을 취득하게 되었다면 제3자와 受託者 사이의 賣買契約은 公序良俗에 반하는 反社會的 法律行爲로서 무효이다.[70] 判例 중에는 債權者가 債權을 확보하기 위하여 제3자의 不動産을 債務者에게 名義信託하도록 한 다음 同 不動産에 대하여 强制執行을 하는 따위의 행위는 信義則에 비추어 허용할 수 없다고 하는 것이 있다.[71] 그리고 擔保權을 제3자 앞으로 名義信託한 경우에 그 擔保權名義者는 그 被擔保債權을 수령하고 그 擔保權을 실행하는 등을 권한을 가지게 되나, 특별한 授權이 없는 이상 그 被擔保債權의 포기와 같은 擔保契約上의 권리가 아닌 기존의 債權을 포기할 권리는 갖지 않는다.[72]

한편 信託者는 그 信託財産을 受託者의 동의없이 자유로이 처분할 수는 있으나, 信託者로부터 信託財産을 매수한 제3자는 受託者에 대하여 직접 所有權을 주장하거나 所有權移轉登記를 청구할 수 없고, 信託者를 代位하여 移轉登記를 청구할 수 있을 뿐이다.[73] 또한 讓受人이 受託者에 대하여 직접 所有權移轉登記를 청구하였을 경우 受託者가 이를 거부한다 하더라도 信義誠實의 原則에 위배될 여지가 없다.[74]

(3) 名義信託財産에 대한 侵害排除請求權

한편 名義信託財産에 대한 제3자의 侵害가 있는 경우 受託者가 所有者로서 侵害排除請求權을 행사할 수 있음은 당연하다. 문제로 되는 것은 名義信託者 자신이 직접 제3자에 대하여 信託財産의 실질적인 所有者라고 주장하여 이에 대한 侵害의 排除를 청구할 수 있는가 여부이다.[75] 이에 대하여 종전의 判例는 일관되지 않았다. 종전 判例의 주류는 積極說을 취하여 名義信託者가 信託不動産의 실질상의 所有者로서 信託財産에 대한 保存行爲로서 제3자에 대하여 原

69) 大判 70.2.24, 69다2193(要集 民 Ⅱ, 229).
70) 大判 79.7.24, 79다942(公 618, 12150) 참조(이는 讓渡擔保의 경우에 관한 사안이다).
71) 大判 81.7.7, 80다2064(集 29-2, 181).
72) 大判 83.11.8, 82다카1948(集 31-6, 1). 鑛業權 持分을 還買特約附로 讓受하면서 제3자 앞으로 登記한 사안.
73) 大判 67.10.31, 66다2614-5(集 15-3, 242).
74) 大判 65.7.27, 65다1106(要集 民 Ⅰ-1, 16).
75) 이에 관하여는 일반적으로 安相敦, "名義信託者가 受託者를 代位함이 없이 直接 信託財産의 侵害排除를 구할 수 있는지 與否", 「大法院判例解說」 1-2(司法硏修院), 189 참조.

因無效登記의 抹消登記請求, 不法占有狀態의 排除請求 등 직접 侵害排除請求權이 있다고 하고 있었다.[76] 이에 대하여 소극적 입장을 취하였던 判決은 大判 67.12.29, 67다2304(集 15-3, 469) 밖에는 보이지 않았다. 그러다가 大法院은 大判(全) 79.9.25, 77다1079(集 27-3, 22)의 전원합의체 판결로써, 積極說을 취하였던 종전의 判決을 폐기하고 소극설을 취하였다: "원래 재산을 타인에게 신탁한 경우에는 대외적인 관계에 있어서는 수탁자만이 소유권자로서 그 재산에 대한 제3자의 침해에 대하여 그의 배제를 구할 수 있다고 할 것이고 신탁자는 수탁자에 대한 권리를 보존하기 위하여 필요하다면은 수탁자를 대위해서 수탁자의 권리를 행사할 수 있다고 할 것이고 또 그로써 신탁관계에 관한 신탁자의 지위는 그 보존에 부족함이 없다고 하여야 할 것이므로 신탁자가 수탁자를 대위함이 없이 제3자에 대하여 직접 신탁재산에 대한 그 침해의 배제를 구할 수 있다고 하지 않으면 안 될 이론상 또는 사실상의 필요가 없다고 할 수 있을 뿐만 아니라 신탁관계를 이유로 하면서 신탁자를 제쳐 놓고 신탁자가 직접 제3자에 대하여 신탁재산의 권리자로서 그 권능을 행사하는 것을 시인하려는 것은 불필요하게 신탁관계를 흐리게 하고 그로 인한 법률관계를 복잡하게 하는 결과만을 초래하게 될 것이니…… 명의신탁하였다는 이유로…… 대위함이 없이 직접…… 소유권이전등기의 말소 절차의 이행을 구할 수 없다고 할 것이다."

4. 名義信託의 解止

名義信託도 當事者 사이의 契約關係이므로 目的不動産의 滅失, 信託期間의 滿了등과 같은 일반적인 法律關係의 消滅原因에 따라 종료된다.[77] 그러나 무엇보다도 일반적인 終了原因은 信託契約의 解止라고 할 수 있다.

(1) 解止權者

단순한 名義信託에 있어서 특별한 사정이 없으면 信託者는 언제든지 信託契約을 解止하고 受信者에 대하여 信託財産의 返還을 청구할 수 있다는 것이 일관된 判例이다.[78] 그와 같은 理論의 근거로서는 名義信託에 있어서의 信託의 利益은 일반적으로 信託者에게 있으므로 信託者가 이를 언제든지 포기할 수

76) 大判 63.3.28, 63다76(集 11-1, 224); 大判 66.9.27, 66다1159(要集 民 I-1, 117); 大判 67.12.5, 67다2303(要集 民 I-1, 417); 大判 77.10.11, 77다1316(集 25-3, 204).

77) 다만 信託當事者의 死亡으로 인하여서는 信託關係가 종료되지 않고 그 相續人 사이에 그 관계가 승계된다고 함은 앞에서 본 바와 같다. 前述(註 49) 및 그 本文 참조.

78) 大判 64.6.9, 63다987(要集 民 I-1, 109); 大判 76.6.22, 75다124(集 24-2, 137); 大判(全) 80.12.9, 79다634(公 670, 14480).

있기 때문이라고 설명하는 見解도 있으나,[79] 특별한 사정이 없는 한 名義信託 당사자 사이에 그와 같은 合意가 있기 때문이라고 함이 더 타당할 것이다. 그러므로 名義受信者도 특별한 사정이 없는 한 언제든지 名義信託을 해지할 수 있다고 봄이 상당하다. 한편 名義信託契約의 解止는 信託者만이 아니라 信託者의 債權者도 자기의 債權을 보전하기 위하여 信託者를 대위하여 할 수도 있다.[80]

(2) 解止의 方法

名義信託의 解止는 상대방에 대한 일방적 意思表示에 의한다. 이러한 解止는 묵시적으로도 할 수 있으나,[81] 受託者를 상대로 단순히 處分禁止假處分을 한 것만으로는 信託解止의 意思表示가 있었던 것으로 볼 수가 없다.[82] 그리고 民 §547 I 의 解除·解止의 不可分性에 관한 규정은 名義信託解止의 경우에는 적용되지 않는다.[83] 그러므로 受託者가 數人으로 되어 있는 名義信託의 경우에 일부의 受託者에 대하여만 解止의 意思表示가 되어진 때에는 그 일부에 한하여 解止의 효과가 발생한다.

(3) 名義信託解止의 效果

일반적으로 契約이 解止되면 계약은 장래를 향하여 그 效力을 잃고 當事者는 清算義務를 부담하게 된다. 名義信託이 헤지된 경우에도 마찬가지로 受託者는 信託者에 대하여 清算義務로서 信託財產의 返還義務를 부담하게 된다.[84] 그런데 이 경우 所有權의 歸屬과 관련하여, 名義信託된 부동산의 소유권이 解止에 의하여 법률상 당연히 信託者에 복귀하는가(物權的效果說) 아니면 登記名義가 信託者 앞으로 회복된 뒤에야 복귀하는가(債權的效果說) 하는 것이 爭點이다.

이에 관하여 判例는 다소의 변천을 겪기는 하였으나, 大判(全) 80.12.9. 79다634(公 670, 14480) 이후로는 당사자 內部關係에 있어서는 解止에 의하여 所有權이 당연히 복귀하지만, 外部關係에 있어서는 당연히 所有權이 복귀하지는 않고 登記名義를 信託者 앞으로 이전하기 전까지는 所有權이 受託者에게 있게 된다고 하는 입장을 취하고 있는 것으로 보인다. 判例의 變遷過程을 간단히 살펴보면

---

79) 韓國司法行政學會, 物權法, 799; 魯在寬, 前述(註 12), 75.
80) 大判 60. 4. 21, 4292民上483(要集 民 I-1, 699).
81) 大判 75. 12. 23, 75다1466(公 529, 8866) 참조.
82) 大判 79. 6. 5, 79다680(要集 民 I-1, 872).
83) 大判 68. 2. 20, 67다1868(要集 民 I-1, 897); 大判 79. 5. 22, 73다467(公 613, 11980).
84) 信託財產의 返還 이외의 清算義務의 유형으로는 예컨대, 受託者가 信託財產을 제 3 자에게 처분한 이후에 信託財產과 관련하여 발생한 權利의 返還義務에 관한 大判 87. 5. 12, 前述(註 45) 참조.

다음과 같다.[85]

우선 對外關係에 있어서 信託者가 信託解止로써 제3자에게 所有權을 대항할 수 없다는 判例는 일찍부터 일관되어 왔다: "부동산소유권의 명의신탁은 외부관계에 있어서는 소유권이 수탁자에게 귀속되는 법률효과를 발생시키는 것인바, 명의신탁계약이 해지되더라도 그 해지의 효과는 소급되지 아니하고 장래에 향하여 효력이 있음에 불과하며, 그 부동산의 소유권이 당연히 신탁자에게 복귀된다고 볼 수 없고, 다만 수탁자가 신탁자에게 등기명의를 이전할 의무를 부담하게 됨에 불과하므로, 그 의무이행으로 등기명의를 신탁자 앞으로 이전하기 전까지는 여전히 외부관계에 있어서 소유권은 수탁자에게 있는 것"이다.[86]

그러나 內部關係에 있어서 判例는 약간의 변천을 거쳤다. 大判 70.5.12, 70다370(集 18-2, 30)은 信託者의 相續人과 受託者의 相續人 사이의 事案에 관하여, "명의신탁부동산에 대한 신탁계약해제의 의사표시가 있다 하여 동 부동산의 소유권이 당연히 명의신탁자에게 귀속되는 것이 아니고, 다만 신탁자가 수탁자에게 동 부동산의 소유권이전등기를 청구할 권리가 있음에 지나지 않는다"고 판시하여 內部關係에 있어서와 外部關係에 있어서도 같이 名義信託이 해지된 경우에 所有權이 당연히 복귀하지 않는다는 입장을 보였다. 그러나 大判 76.6.22, 75다124(集 25-2, 137)은 信託者와 受託者 사이의 사안에 관하여, "원래 단순한 명의신탁에 있어서는 동 약정에 의하여 당사자간에 신탁자가 소유권을 실질적으로 보유하고 수탁자는 동 부동산에 대하여 하등의 권한이 부여됨이 없이 형식적으로만 등기명의를 갖게 되는 관계가 설정되는 데 불과할 뿐이라고 할 것이므로 특별한 사정이 없으면 신탁자는 언제든지 신탁을 해지하고 신탁관계의 종료 그것만을 이유로 하여 소유명의의 이전등기절차의 이행을 구할 수 있다고 할 것은 물론이거니와 신탁해지를 원인으로 하고 소유권에 기해서 그와 같은 청구를 구할 수도 있다"고 판시함으로써 信託解止에 의하여 당연히 所有權이 복귀한다고 밝힌 바 있다. 그러다가 大判(全) 80.12.9, 79다634(公 670, 14480)은, "원래 단순한 명의신탁에 있어서는 특별한 사정이 없으면 신탁자는 언제든지 신탁을

85) 이에 관하여는 일반적으로 權五坤, 前述(註 13), 394-97; 魯在寬, 前述(註 12), 77-83 참조.

86) 大判 82.8.24, 82다카416(集 30-2, 283). 同旨 大判 66.2.15, 65다2531(要集 民 I-1, 116); 大判 76.2.10, 75다1735(要集 民 I-1, 119), 大判 79.9.25, 77다1079(集 27-3, 22); 大判 82.11.23, 81다372(集 30-3, 28) 등 多數.

해지하고 수탁자에 대하여 신탁관계의 종료 그것만을 이유로 하여 소유명의의 이전등기절차의 이행을 구할 수 있다고 할 것은 물론이거니와 신탁해지를 원인으로 하고 소유권에 기해서도 그와 같은 청구를 구할 수 있다고도 하여야 할 것"이라고 판시하면서 위 76.6.22 判決을 인용한 다음, 이와 반대되는 위 70.5.12 判決을 폐기하였다. 위 全員合議體 判決은 위와 같은 法理가 名義信託의 內部關係에 한하여 적용된다고 하는 바를 명시적으로는 밝히지는 않고 있으나, 同 判決上의 爭點은 信託解止 후 신탁자가 受託者에 대하여 信託解止를 원인으로 한 債權的 所有權移轉請求權만을 가지는가 아니면 所有權에 기한 物權的 請求權도 가지는가에 관한 것으로 當事者(또는 그 承繼人) 사이의 내부관계에 있어서의 信託解止의 효과에 관한 것임이 분명하고, 더욱이 同 判決 이후에 나온 82.8.24 判決이나 82.11.23 判決[87]이 外部關係에 있어서는 위와 같은 理論이 적용되지 않음을 명시적으로 밝히고 있어서, 그 점은 더욱 확실하다 하겠다.[88]

이상 살펴본 바와 같이 大法院은 名義信託이 해지된 경우 外部關係에 있어서는 登記가 되기까지에는 所有權이 受託者에게 남아 있지만 內部關係에서는 所有權이 信託者에게 당연히 복귀한다는 結論을 취하고 있는데, 이는 大法院이 名義信託의 法律的 構成에 관하여 앞서 본 바와 같은 相對的 權利移轉說을 취하고 있는 데 따른 것이라 할 수 있다. 相對的 權利移轉說에 의하면 信託行爲가 있은 경우라도 內部關係에서는 信託者가 소유권을 그대로 보유하고 受託者에게 소유권이 이전된 바도 없기 때문에, 信託契約이 해지된 경우라도 信託者에게 복귀할 소유권조차 없다고까지 할 수도 있기 때문이다.[89] 그러나 名義信託의 法律的 構成에 관하여 앞에서 본 바와 같은 絶對的 權利移轉說을 취하는 경우에는 名義信託이 되면 外部關係에 있어서 뿐만 아니라 內部關係에 있어서도 受託者에게 所有權이 완전하게 이전된다고 하는 결과, 名義信託이 해지된 경우에도 外部關係뿐만 아니라 內部關係에 있어서도 所有權이 당연히 회복되지는 않고 所有權移轉登記가 되어야만 비로소 信託者에게 所有權이 회복된다고 하여야 할 것이다. 이와 같은 相對的 權利移轉說과 絶對的 權利移轉說의 차이는 요컨대, 信託解止가 된 경우에 內部關係에 있어서 信託者가 受託者

87) 前註.
88) 다만 위 82.8.24 判決은 그 參照判決로서 위 70.5.12 判決을 인용하고 있으나, 그 判決은 당사자 사이의 內部關係에 관한 사안으로서 위 全員合議體 判決에 의하여 폐기되었으므로, 그와 같은 引用은 잘못된 것이라고 할 것이다.
89) 魯在寬, 前述(註 12), 82.

에 대하여 債權的인 所有權移轉請求權만을 가지는가 아니면 거기에 아울러 物權的인 所有權返還請求權까지도 가지는가 하는 점에 나타나게 된다고 할 수 있는데, 中間省略登記에 의한 명의신탁도 가능하다고 하는 마당에[90] 所有權登記를 가져보지도 못한 信託者가 物權的 請求權을 행사한다고 하는 것은 不動産物權變動에 관한 民法上의 形式主義에 정면으로 반한다고 할 수밖에 없다. 信託者가 受託者에 대하여 債權的인 所有權移轉請求權만을 가진다고 한다면 10년의 時效로 소멸되기 때문에 時效로 소멸하지 않는 物權的 請求權을 가진다고 하는 것보다 信託者를 덜 보호하게 되는 면이 있으나, 信託者를 꼭 그와 같이 두텁게 보호해야 할 合理的 理由도 없을 뿐만 아니라, 대부분의 名義信託의 경우에는 신탁자가 目的不動産을 점유·관리하는 것이 보통이므로 그와 같은 경우에는 "이미 引渡되어 占有하고 있는 不動産"에 대한 所有權移轉登記請求權은 時效에 의하여 소멸되지 않는다는 法理[91]의 적용을 받을 수 있기 때문에 그 보호의 정도가 반드시 덜하다고만도 할 수 없다.

한편 이에 대하여 우리 法制가 物權行爲의 獨自性과 無因性을 부정하고 判例가 契約解除의 效果에 관하여 物權的 效果說[92]을 취하고 있음에 비추어, 名義信託을 解止한 경우에도 對內·對外關係를 구별할 필요없이 物權的 效果說에 따라 所有權이 당연히 信託者에게 복귀하고, 善意의 제3자는 民 §548 I 但書를 類推解釋하여 보호하여야 한다고 하는 견해가 있다.[93] 이 說은 解除가 解止와 다른 점은 遡及效가 있다는 점 뿐인데, 契約解除에 있어 民 §548 I 但書와 같은 第三者保護 문제가 생기는 것이 解除에 遡及效가 있기 때문만은 아니므로,[94] "遡及效없는 解除"인 解止의 경우에도 解除의 경우와 같이 物權的 效果說을 취하여야 한다는 것이다.

그러나 解止의 경우 契約이 장래를 향하여 효력을 잃는다(民 §550)고 하는 것의 의미는, 契約解除의 경우와 마찬가지의 效果가 단지 그 시기를 늦춰 발생한

90) 前述(註 22) 및 그 本文 참조.

91) 大判(全) 76. 11. 6, 76다148(集 24-3, 277) 참조.

92) 大判 77. 5. 24, 75다1394(集 25-2, 44)은 "우리의 법제가 물권행위의 독자성과 무인성을 인정하고 있지 않은 점과 民法 제548조 제1항 단서가 거래안전을 위한 특별규정이란 점을 생각할 때 계약이 해제되면 그 계약의 이행으로 변동이 생겼던 물권은 당연히 그 계약이 없었던 원상태로 복귀한다고 봄이 타당할 것"이라고 판시하여 契約解除의 效果에 관하여 物權的 效果說을 취함을 명시적으로서 선언하였다. 物權的 效果說과 債權的 效果說의 일반적 설명으로는 郭潤直, 債各(1990), 154-55 참조.

93) 郭潤直, "名義信託解止의 效果──所有權의 歸屬을 중심으로", 民判硏 4, 5.

94) 즉 債權的 效果說을 취하게 되면 遡及效가 있다고 하더라도 제3자보호문제가 생기지 않는다고 한다(前註), 11.

다는 것과는 질적으로 다르다. 解除에 遡及效가 있다고 하는 것은 처음부터 존재하였던 契約이나 物權行爲(有因論에 의하는 경우)가 처음부터 존재하지 않았던 것으로 된다는 의미이다. 이에 반하여 解止의 경우에는 그 때까지 존재하였던 債權契約이나 物權行爲가 없어지게 되는 것, 즉 受託者에게 所有權이 이전되었던 效力이 처음부터 없어지는 것은 아니고, 그 때까지는 受託者가 적법하게 所有權을 보유하고 있었던 것으로 된다.

그러므로 解除의 경우에는 契約이 처음부터 없었던 것으로 되는 결과 物權行爲의 有因性에 따라 所有權이 처음부터 이전되지 않았던 것과 같이 되어 所有權이 당연히 복귀하지만, 解止의 경우에는 그때까지 受託者가 所有權을 보유하였던 것은 적법한 것으로 취급되기 때문에, 受託者가 그 때까지 보유하였던 所有權을 다시 信託者로 이전시키는 새로운 物權行爲가 필요한 것이다.

요컨대는 契約解止에 의한 物權變動은 民 §186 소정의 法律行爲에 의한 物權變動이라고 해석하여야 할 것이고,[95] 또한 그와 같이 해석하여야만, 解除와 解止라는 用語를 용의주도하게 구별하여 사용하고 있는 民法이 §548에 解止의 경우를 포함시키지 않은 의도와도 부합하는 것이 아닐까 생각한다.

어쨌든 현재의 判例理論에 따르자면 名義信託이 解止되더라도 外部關係에 있어서는 所有權이 信託者에게 당연히 복귀하지 않는다. 그러므로 信託契約이 해지되더라도 受託者名義의 登記가 남아 있는 이상 外部關係에 있어서는 受託者의 소유임에 변동이 없으므로, 受託者의 處分行爲는 완전히 유효하고, 信託者는 信託解止가 되었다는 이유로 제3자에게 대항하지 못한다.[96] 그리고 이러한 法理는 信託者가 受託者에 대하여 名義信託解止를 원인으로 한 所有權移轉登記節次履行의 勝訴確定判決을 받아 놓은 경우라고 하더라도 그 判決에 기한 登記名義移轉이 아직 이루어지지 아니한 이상 달라질 수 없다.[97]

그러나 名義信託을 한 후 受託者 앞으로 登記를 경료하기 이전에 名義信託을 解止하였음에도 불구하고 그 후 受託者가 자기 명의로 경료한 등기는 原因無效의 登記이다.[98]

95) 同旨 魯在寬, 前述(註 12), 80-82.
96) 大判 82.12.28, 82다카984(集 30-4, 219).
97) 大判 80.11.25, 80다2217(公 648, 13405).
98) 大判 70.9.17, 70다1215(集 18-3, 15).

5. 相互名義信託의 法律關係

大法院은 앞에서 본 바와 같이 여러 사람이 不動產의 일부를 특정하여 매수하고 당사자 사이의 합의에 의하여 持分登記를 경료한 경우 각 共有持分登記는 각자의 특정 매수부분에 관하여 상호간에 名義信託하고 있는 것이라고 보고 있다.[99]

원래 1필의 土地의 일부를 매수한 경우에는 그 土地를 먼저 分筆한 다음 分筆된 부분에 관하여 所有權移轉登記를 하여야 特定部分의 所有權을 취득할 수 있다. 그러나 去來의 실정은 分筆의 어려움, 節次의 복잡성이나 기타의 사정으로, 위와 같은 경우에 面積比率에 따른 共有持分登記를 경료하는 경우가 많다. 그런데 共有持分은 共有物의 전부에 효력이 미치고 共有者가 共有物 중 特定部分을 배타적으로 사용할 수는 없는 것이다. 그러므로 위와 같은 경우에 共有持分登記를 경료하는 것으로써는 원칙적으로 特定部分을 매수한 當事者의 목적을 이룰 수 없게 된다. 그런데 判例는 이러한 경우에 登記上 공유자로 된 사들 사이에 名義信託關係의 성립을 인정함으로써[100] 그와 같은 法律關係의 해결을 꾀하고 있다. 즉 共有持分登記를 하고서도 特定部分을 배타적으로 소유하겠다는 當事者의 목적에 착안하여, 名義信託 당사자의 內部關係에 있어서는 信託者가 所有權을 그대로 보유한다는 이른바 相對的 權利移轉說에 입각한 判例理論을 위와 같은 法律關係에 적용한 것이다.

이러한 判例의 입장은, 名義信託의 法律的 構成에 관한 相對的 權利移轉說을 타당한 것으로 받아들인다면 당사자의 意思에 가장 충실한 해석이라고 할 수도 있겠으나, 그 理論構成에는 다분히 擬制的인 경향이 있거나 다소 無理가 없지 않다.[101]

어쨌든 判例에 의하면 土地의 특정부분을 매수하고 當事者 사이의 합의에 의하여 共有持分登記를 경료하면 相互名義信託關係가 성립한다고 한다. 그러므로 이러한 합의없이 數人의 매수인이 각기 특정 土地部分을 매수하고 僞造文書에 의하여 總買受部分의 비율에 해당하는 持分移轉登記를 한 경우, 위 매수

99) 前述(註 19) 및 그 本文 참조.

100) 이러한 名義信託의 成立을 인정하는 判例의 태도가 다분히 擬制的임은 前述하였다(前註).

101) 判例의 태도에 대한 批判的 見解로는 徐廷友, "土地의 區分所有的 共有", 司論 4, 103; 徐廷友, 前述(註 50), 16 참조. 그리고 相互名義信託 또는 區分所有的 共有의 문제에 관하여는 일반적으로 共有 부분 참조.

인들이 매수한 것은 특정 土地部分이지 土地持分權이 아니므로 매도인의 의사에 의하지 않은 위 持分權移轉登記는 실체관계에 부합하는 有效한 登記라 할 수 없다.[102)]

相互名義信託의 法律關係에 대하여도 一般名義信託의 法理가 그대로 적용된다. 그러므로 相互名義信託者 상호간의 內部關係에 있어서는 각자가 각자의 매수부분에 대한 單獨所有者로서 특정 買受部分을 독점사용할 수 있고 다른 매수인은 이에 대하여 異議할 수 없다.[103)] 그러나 外部關係에 있어서는 共有者의 한 사람으로서 土地 전체에 대한 所有權을 행사할 수 있다.[104)]

그런데 문제가 되는 것은 相互名義信託者가 特定部分이나 共有持分을 처분하는 경우이다. 원래 共有者는 다른 共有者의 동의없이 共有物을 처분할 수 없다(民 §264). 그러나 相互名義信託의 경우에 있어서 각 共有者는 內部關係에 있어 각각 特定部分에 대한 單獨所有者로서의 권리를 행사할 수 있으므로 相互名義信託者 사이에는 각자의 특정부분을 처분함에 서로 동의하고 있다고 볼 수 있다.

그리하여 判例도 相互名義信託된 부동산의 처분에 있어서는, 民 §264의 制限에 불구하고 "공유자의 내부적 관계에 있어서 각자 단독으로 처분할 수 있는 특별사정이 있는 경우라고 못 볼 바 아니"라고 하고 있다.[105)] 또한 判例는 相互名義信託者가 자신의 特定部分을 매도하고 매수인에게 共有持分移轉登記를 경료해주더라도 그 持分登記는 실체상으로는 共有가 아니라 信託行爲에 기인한 것이라고 하면서 共有者들간의 相互名義信託關係가 그대로 유지된다고 하고 있다.[106)] 한편 判例는 共有者 중 1인이 자신의 특정 占有部分을 제3자에게 양도한 경우 讓受人은 讓渡人만을 상대로 특정부분을 분할하여 이에 대한 所有權移轉登記를 하여 달라고 청구할 수 없다고 하고 있으나,[107)] 그 결론은 疑問이다.

그러나 실제로 가장 문제가 되는 것은 共有者가 자신의 持分을 자신의 특정 占有部分에 대한 표상으로서가 아니라 진정한 共有持分으로서 처분하는 경

102) 大判 71. 6. 22, 71다688-9(要集 民 I-1, 316).
103) 大判 68. 7. 30, 65다1221(總 2-2(A), 568).
104) 大判 62. 2. 22, 4294民上1025(總 2-2(A), 567).
105) 大判 68. 4. 16, 67다1847(集 16-1, 239).
106) 大判 73. 2. 13, 71다640(要集 民 I-1, 512). 한편 大法院이 뚜렷한 근거없이 名義信託關係의 特定承繼를 인정하고 있는 점에 관하여는 前述(註 49) 및 그 前後의 本文 참조.
107) 大判 66. 7. 26, 66다750(要集 民 I-1, 518).

우이다. 共有者는 다른 共有者의 특정 占有部分에 관하여는 그 다른 共有者로부터 자기의 地積比率에 해당하는 持分을 受託하고 있는 셈인데, 名義受託者가 信託者의 승낙없이 信託財產을 제3자에게 처분한 경우에도 제3자가 所有權을 유효하게 취득하는 判例理論을 따른다면 위 경우에 있어서 讓受人은 共有物 전체에 대한 共有持分을 취득한다고 하여야 할 것이다. 判例도 이러한 결론을 시인하고 있다.[108)]

이와 같이 되는 경우에는 讓受人은 다른 共有者에 대하여 특정부분에 대한 權利行使의 排除를 구할 수 있게 되어 相互名義信託關係는 붕괴될 수밖에 없고, 바로 이 점에 判例의 相互名義信託理論의 致命的 弱點이 있는 것이다. 또한 減坪換地時에 발생할 수 있는 空持分이나 過多持分을 처분한 경우에도 같은 문제가 발생할 수 있다.[109)]

그러나 이에 대하여 判例는 이러한 경우는 不動產의 二重賣買의 경우와는 그 性質과 法律關係가 상이하여 이에 대한 登記는 實體的 權利關係에 맞지 않는 不適法한 登記라고 한다.[110)] 구체적으로는 타당한 판결이나, 그 理論構成은 명쾌하지 않다. 또 한편 判例에 의하면 相互名義信託關係를 해소하려면 共有物分割을 실시할 것이 아니라 상대방에 대하여 名義信託關係를 해지하고 자기의 특정 買受部分에 대한 所有權確認(移轉)을 구하면 된다고 한다.[111)]

그런데 특정부분에 대한 持分所有權移轉登記를 구하는 訴訟은 必要的 共同訴訟이 아니므로,[112)] 共有者가 여럿인 경우에는 그 절차가 매우 복잡해질 뿐만 아니라, 當事者 사이에 따라 結論이 달라지는 기괴한 결과를 초래할 우려도 있다.[113)] 위와 같은 여러 문제점들은 요컨대는 특정부분을 매수하고 共有持分登記를 한 事案에 대하여 當事者의 意思에만 집착하여 실체에 부합하지 않는 登記를 인정해버리고만 判例理論이 가지는 必然的 矛盾이라고 할 수 있을 것이다.

---

108) 大判 79.6.26, 79다741(集 27-2, 109).

109) 그 具體的 事例에 관하여는 徐廷友, "土地의 區分所有的 共有", 前述(註 96), 117-18. 및 127-28 참조.

110) 大判 72.3.31, 72다27(要集 民 I-1, 317); 大判 77.7.12, 76다817(公 567, 10214).

111) 大判 67.4.4, 66다814-6(集 15-1, 273). 이 경우 각 共有者가 다른 共有者에 대하여 債權的인 所有權移轉請求權뿐만 아니라 所有權에 기한 物權的 請求權도 행사할 수 있다는 점은 大判(全) 80.12.9, 79다634(公 670, 14480) 참조. 한편 當事者間에 분할의 協議가 된 경우에는 協議分割의 방법에 의하여 분할할 수 있을 것이고, 登記公務員도 이를 저지할 방법이 없다. 李容勳, "共有物分割의 訴와 이와 관련된 몇 가지 문제에 대하여", 司論 4, 154.

112) 李容勳(前註).

113) 徐廷友, 前述(註 49), 26.

V. 餘論－名義信託과 贈與擬制

相續稅 §32-2 I (1981. 12. 31 法律 제3474호)은 “權利의 移轉이나 그 행사에 登記·登錄·名義改書 등(이하 登記 등이라 한다)을 요하는 재산에 있어서 實質所有者와 名義者가 다른 경우에는 稅基 §14의 규정에 불구하고 그 名義者로 登記 등을 한 날에 實質所有者가 그 명의자에게 贈與한 것으로 본다”고 규정하고 있다.

이에 대하여는 租稅法律主義 및 實質課稅의 원칙 등과 관련하여 違憲是非가 있어 왔다.[114] 그러나 大法院은 위 규정은 실제의 課稅行政이 登記簿 등을 기초로 과세하고 있으므로 假裝行爲에 의한 租稅回避를 방지할 필요가 있고, 명의신탁의 경우 外部關係에 있어서는 名義者가 법률상 완전한 所有權을 취득하므로 이러한 受託者의 法律上 地位取得에 대하여 擔稅의 必要 내지 價値가 있다는 점에 그 立法趣旨가 있다고 하면서, 동 규정이 憲 §59의 租稅法律主義에도 반하지 않는다고 하였다.[115]

요컨대, 大法院은 實質所有者와 名義者 사이에 의사소통이 있어 登記 등을 한 이상 실질적 贈與가 있건 없건 또는 信託이 설정되거나 그렇지 않고 단순한 名義信託이거나 간에 위 규정이 적용된다고 하면서[116] 다만 實質所有者가 名義者의 意思와는 관계없이 임의로 登記 등을 한 경우에만 그 適用이 排除된다[117]고 일관되게 판시하고 있었다.

그러다가 憲法裁判所는 89.7.21, 89헌마38 決定(憲集 1, 131)에서 “조세회피의 목적이 없이 실질소유자와 명의자를 다르게 등기 등을 한 경우에는 적용되지 아니하는 것으로 해석하는 한, 헌법에 위반되지 아니한다”고 판시하였다. 위 결정은 相續稅法上의 贈與擬制規定이 적용되지 않는 租稅回避의 목적이 없는 名義信託에 관하여 “실정법상의 제약이나 제3자의 협력거부 기타 사정으로 인하여 실질소유자와 명의자를 다르게 한 것이 명백한 경우”라고만 설시하고 있을 뿐,

---

114) 이에 관하여는 일반적으로 姜仁崖, “名義信託과 名義貸與에 대한 租稅法上의 取扱(上)”, 大韓辯協 147, 79; 同(下), 大韓辯協 148, 77; 辛在松, “名義信託과 贈與擬制”, 大韓辯協 151, 31; 金白暎, “名義信託과 贈與擬制 I”, 司行 324, 67; 同 II, 司行 325, 109; 同 III, 司行 326, 89.

115) 大判 87. 8. 18, 87누185(公 809, 1481); 大判 89. 5. 23, 88누3925(公 852, 1012).

116) 大判 87. 2. 24, 84누363(公 798, 545); 大判 87. 7. 21, 87누193(公 808, 1412); 大判 88. 9. 6, 88누1033(公 834, 1280).

117) 大判 87. 10. 26, 87누384(公 814, 1808).

그 租稅回避라는 것이 누구에 대한 어떤 租稅의 回避인지 여부를 밝히지 않고 있으나, 그 이후 大法院은 위 租稅는 오로지 贈與稅만을 의미하는 것으로서, 讓渡所得稅, 綜合所得稅, 地方稅 등 기타의 租稅는 포함하지 않는 것, 즉 名義者에 대한 贈與를 은폐하여 贈與稅를 회피하기 위한 경우에만 위 贈與擬制規定이 적용되는 것으로 그 태도를 확립한 것으로 보인다.[118]

이와 같은 大法院의 태도는 결국 위 相續稅法上의 贈與擬制規定은 그 문언대로의 擬制(看做) 規定이라기 보다는 推定規程으로 보는 것이 상당하고, 따라서 實質所有者와 名義者가 다른 경우 實質所有關係가 밝혀지면 實質課稅의 원칙에 입각하여 본래 회피하려 한 租稅를 實質所有者에게 부과할 수 있는데, 여기에 이에 배치되는 贈與稅를 재차 부과하는 것은 二重課稅로서 平等課稅의 원칙에 위배될 뿐만 아니라, 名義信託者의 租稅回避行爲에 대한 懲罰로는 租稅犯處罰法의 적용에 의하여도 충분하다는 데에 그 理論的 背景이 있는 것으로 보인다.

다만 위와 같이 贈與稅 회피의 목적없이 부득이한 사정으로 명의신탁한 것이라는 점에 대한 主張・立證責任은 名義者가 부담한다.[119]

[權 五 坤]

118) 大判 90. 11. 9, 90누5320(公 887, 111); 大判 90. 11. 13, 90누1489(公 887, 120); 大判 91. 3. 27, 90누8329(公 896, 1306); 大判 91. 10. 8, 91누6429(公 909, 2749); 大判 91. 12. 10, 91누4669(公 919, 1326) 등 多數.

119) 大判 90. 11. 9, 90누5320(公 887, 111).

第3節 共同所有

前 論

I. 共同所有의 槪念 및 形態

1. 共同所有는 하나의 物件을 二人 이상의 多數人이 共同으로 所有하는 것을 말한다.[1] 學者에 따라서는 共同所有의 槪念을 "한 개의 物件에 대한 所有權이 多數人에게 속하는 것,"[2] "數人이 한 개의 所有權을 分量的(數量的)으로 가지는 狀態,"[3] "하나의 物件에 대하여 여러 所有者가 있는 所有狀態"[4] 등으로 定義하나, 이는 표현상의 차이에 지나지 아니할 뿐 내용상으로는 차이가 없다.[5]

共同所有는 이처럼 하나의 物件을 多數人이 所有하는 것이므로 얼핏 하나의 物件에 대하여는 한 개의 所有權이 성립할 수 있을 뿐이라는 一物一權主義에 반하는 것처럼 보일 수도 있다. 그러나 비록 하나의 物件을 多數人이 所有한다 하더라도 하나의 物件에 여러 개의 所有權이 있어 多數人이 그 여러 개의 所有權을 나누어 가지는 것이 아니라, 共同所有의 目的物 위에 존재하는 所有權은 하나이며, 단지 그것이 多數人에게 共同으로 歸屬된다는 것뿐이므로 共同所有는 기본적으로 一物一權主義에 반하는 것이 아니다.[6]

2. 우리 民法은 共同所有의 형태로 共有(§§ 262-270), 合有(§§ 271-274), 總有(§§ 275-277)의 세 가지를 規定하고 있다. 그렇다고 共同所有의 형태가 위 세 가지 뿐이라는 것은 아니다. 民法이 규정하는 위 세 가지 이외에도 얼마든지 다른 類型의 共同所有가 가능하나, 民法은 다만 그 중에서 대표적인 것으로 위 세 가지에 관하여 규정하고 있을 따름이다.[7]

---

1) 郭潤直, 327; 權龍雨, 265; 金基善, 245; 金容漢, 314; 金顯泰(上), 270; 李相浩, 177; 李太載, 230-1; 黃迪仁, 民法(Ⅱ), 232.
2) 金曾漢, 213.
3) 金容晉, 148.
4) 李英俊, 491.
5) 同旨 權龍雨, 266; 李英俊, 492.
6) 同旨 註釋民法(上), 405; 權龍雨, 267.
7) 同旨 註釋民法(上), 406; 權龍雨, 267. 또한 金容晉, 148; 金顯泰(上), 270; 鄭範錫, 140 각 참조.

그러면 共有·合有·總有는 무엇을 기준으로 하여 分類한 것인가? 이에 관하여는, 하나의 物件을 共同所有者 상호간의 人的結合의 정도에 따라 그들이 하나의 團體(非法人社團)로서 結合되어 있으면 總有, 그들간에 아무런 人的結合關係가 없으면 共有, 그 中間形態로서 그들이 組合을 이루고 있으면 合有라고 보는 見解[8]와, 共同所有目的物에 대한 使用收益權能과 管理處分權能이 多數人에게 어떻게 歸屬되느냐에 따라 위 두 가지 모두가 각 共同所有者에게 속하면 共有, 管理處分機能은 공동소유자 전원에게 귀속하고 각 공동소유자는 일정범위 내에서 使用·收益할 수 있을 뿐이면 總有, 그 중간이면 合有라고 보는 見解[9]가 대립된다. 그러나 위 두 見解는 共同所有의 형태를 어느 觀點에서 보았느냐에 따라 차이가 있는 것일 뿐 서로 배타적인 것이 아니다. 오히려 위 두 가지 分類觀點을 結合함으로써 共有·合有·總有의 특질을 보다 정확하게 파악할 수 있다고 할 것이다.[10] 이러한 시각에서 共有·總有·合有의 특질을 설명하면 다음과 같다.[11]

(1) 共　有

共有는 數人이 하나의 物件을 공동으로 소유하긴 하나, 그들 상호간에 아무런 人的結合關係가 없이 각자가 獨自的으로 目的物을 支配할 수 있는 共同所有形態이다. 단지 目的物이 하나로 동일하다는 데서 오는 최소한의 制約이 따를 뿐이다. 目的物에 대한 각 共有者의 支配權能을 「持分」[12]이라고 하는바, 각 共有者는 자기의 公有持分을 언제나 자유롭게 處分할 수 있다.[13] 각 共有者간에 人的結合關係가 없는 만큼 그들은 원칙적으로 언제든지 公有關係를 解消(共有物分割)하여 각자의 單獨所有로 전환할 수 있다.

요컨대, 共有는 數人이 持分에 의하여 하나의 物件을 共同所有하는 所有形態인 것이다(民 §262).

8) 郭潤直, 328-9; 金曾漢, 216-7; 李太載, 231-2; 鄭範錫, 140-1.

9) 方順元, 150; 崔栻, 165-6. 또한 金基善, 245; 金容漢, 314; 李相浩, 178 등은 所有權이 共同所有者에게 量的으로 分割되면 公有, 質的으로 分割되면 總有라고 하는바, 이 分類도 역시 여기에 속한다고 볼 것이다.

10) 同旨 李英俊, 493. 때문에 學說은 위와 같이 分類基準을 서로 달리 하면서도 公有·合有·總有의 概念이나 특질에 관한 구체적인 설명에 있어서는 동일한 내용으로 서술하고 있다.

11) 共同所有의 각 형태에 따른 訴訟關係에 관하여는 李時潤, "共同所有와 그 訴訟關係", 金曾漢紀念論文集, 327 이하 참조.

12) "共有持分"을 일반적으로 持分이라고 부르나, 後述하는 바와 같이 合有에서도 持分의 概念이 인정되므로 엄밀히 말하면 "共有持分", "合有持分"으로 구별하여 사용하는 것이 바람직하지 않을까 한다.

13) Baur, 18.

(2) 總 有

總有는 하나의 物件을 공동으로 소유는 數人이 하나의 團體(예컨대, 宗中·同窓會·學會 등. 다만 이들 단체는 法人格을 取得하지 아니한 것이어야 한다)로 結合되어 있어, 목적물의 管理處分權能이 단체에만 인정되고 共同所有者 개개인은 단지 일정범위 내에서 목적물을 使用·收益할 수 있을 뿐인 共同所有形態이다. 즉 共同所有의 목적물에 대한 管理處分 및 使用·收益의 권능이 각 共同所有者에게 귀속하는 共有와는 달리, 總有에 있어서는 前者는 共同所有者 전원으로 구성되는 단체에게, 後者는 각 共同所有者에게 分屬되는 것이다. 總有에 있어서는 共有에 있어서의 「共有持分」에 해당하는 「總有持分」이라는 개념이 인정되지 아니하며,[14] 각 總有者의 目的物 使用收益權은 단체의 구성원이라는 資格에서 인정되는 것이기 때문에 이를 他人에게 讓渡하거나 相續의 대상으로 할 수 없다.

그런데 만일 이러한 團體가 法人格을 取得하게 되면 그 단체는 구성원으로부터 완전히 독립한 존재, 즉 法人이 되고, 그 所有形態는 法人格 取得前까지와는 달리 單獨所有로 전환된다. 요컨대, 總有는 非法人社團(權利能力없는 社團)의 소유형태인 것이다(民 §275).

(3) 合 有

合有는 하나의 物件을 공동으로 소유하는 數人이 組合體를 결성하고 있는 경우의 共同所有形態이다(民 §271).[15] 組合은 공동의 事業을 경영하기 위하여 結成되는(民 §703) 人的結合體인바, 合有는 이처럼 共同所有者間에 人的結合關係가 있다는 점에서 그러한 人的結合關係가 전혀 없는 共有와 구별된다. 그런 한편, 組合은 위와 같이 人的結合體이기는 하나 그 團體性이 강하지 못하여 각 구성원의 개성이 밖으로 나타나 각 구성원이 持分을 가진다는 점에서 總有와 구별된다.[16]

合有에서는 合有者의 持分이 인정되는 반면, 組合의 團體性으로 인하여 共有에서와는 달리 그 持分의 讓渡나 合有物의 分割請求가 일정한 제한을 받는다.[17] 요컨대, 合有는 組合의 所有形態인 것이다.

---

14) 金容漢, 322-3; 金曾漢, 物權(1980), 276은 "共同所有에 있어 構成員에게 귀속되는 몫"이라는 의미에서의 持分概念은 總有에서도 인정될 수 있다고 한다.

15) 그 밖에 共同相續財産 또는 夫婦가 夫婦財産契約을 체결하여 夫婦共産制를 약정한 경우의 夫婦共同財産의 所有關係를 合有로 볼 수 있는바, 이에 관하여는 後述하는 民 §271 해설 Ⅱ. 1. 참조.

16) 결국 合有는 公有와 總有의 中間形態인 셈이다. 同旨 郭潤直, 329; 權龍雨, 280; 金容晉, 150; 金容漢, 314; 方順元, 163; 張庚鶴, 502. 단, 金曾漢(註 14), 275는 이러한 表現은 合有의 성질을 불분명하게 한다 하여 반대한다.

17) Baur, 17.

Ⅱ. 共同所有制度의 沿革 및 立法例

1. 共有는 로마法에서부터 유래한다.[18] 로마法은 個人主義的 性格이 강하였던 만큼 자연히 共同所有에 관하여 소극적이었다. 때문에 共同所有의 형태로는 共有(condominium)만을 인정하였고, 그나마 「紛爭의 原因」(mater rixarum)이 된다 하여, 成立은 어렵게 하고 消滅은 쉽게 되도록 하였다. 共有者는 자기의 持分을 자유롭게 처분할 수 있었고, 언제든지 共有物의 分割을 請求할 수 있었으며, 永久不分割의 特約은 효력이 없었다.

共有와는 달리 總有와 合有는 게르만法에서 유래한다.[19] 그 중 總有(Gesamteigentum)는 게르만의 村落共同體(Dorfgenossenschaft)의 土地(森林, 牧場, 湖沼 등의 公用地)所有形態가 그 원형이다. 村落共同體에 있어서 土地의 管理處分權은 촌락 자체에 귀속되었고, 村落의 住民은 土地를 使用·收益할 수 있을 뿐이었다. 따라서 村落住民에게는 持分權의 개념이 인정되지 않았고, 分割請求도 물론 인정되지 않았다. 그리고 使用·收益權의 得失은 주민신분의 得失과 運命을 같이 하였다.[20]

한편 合有(Eigentum zur gesamten Hand)는 게르만의 共同相續人들의 相續財産所有形態가 그 원형이다. 게르만 社會에서는 家長이 死亡하면 그의 遺産은 상속인들 전체에게 歸屬되었고, 그들은 이를 공동으로 관리하였으며, 전원의 同意下에서만 處分할 수 있었다. 相續人들은 각자의 地位에 따라 相續財産 전체에 대하여 持分權을 가졌으나, 이는 處分할 수 없는 潛在的인 것에 지나지 않았다.

法史學的으로는, 로마法의 繼受 후 로마법상의 共有槪念만으로는 게르만社會의 위와 같은 共同所有形態를 설명할 수 없자 바카리우스(Vacarius), 베젤러(Beseler), 기이르케(v. Gierke) 등 게르만法學者들이 共有와는 구별되는 總有 및 合有의 개념을 定立, 體系化한 것이라고 설명된다.[21]

2. 個人主義的 法原理에 입각하고 있는 近代法은 總有나 合有를 民法典에서 통일적으로 規律하는 데 대하여 否定的이다. 總有·合有의 原流인 獨逸에

18) 玄勝鍾, 로마法原論, 143.
19) 玄勝鍾·曺圭昌, 게르만法, 314.
20) 詳細는 崔栻, "總有에 관한 問題", 法曹(1965. 2), 39 이하 참조.
21) 金曾漢, "共同所有形態의 類型論", 論集, 219-21; 黃迪仁, 民法(Ⅱ), 251.

서조차도 民法에서 통일적으로 規律하고 있는 것은 共有(獨民 §§ 1008-1011)뿐이고,[22] 合有에 관하여는 組合財産(獨民 § 718 이하), 夫婦共同財産(獨民 § 1437 이하) 및 共同相續財産(獨民 § 2032 이하)에 관한 각 규정들 속에서 개별적으로 規律하고 있는 데 불과하며,[23] 總有에 관하여는 아예 아무런 規定을 두고 있지 아니하다. 伊太利民法도 마찬가지로 共有에 관하여만 통일적인 規定(§§ 1100-1016)을 두고 있다. 瑞西民法은 共有(§§ 646-651) 및 合有(§§ 652-654)에 관하여 통일적인 規定을 두고 있으며, 總有에 관하여는 規定하고 있지 아니하다.

日本民法도 共有에 관하여만 통일적인 規定(§§ 250-264)을 두고 있다. 다만 學說·判例가 그 밖에 合有(組合財産에 관하여·단 日民 § 668는 共有로 規定하고 있다)와 總有(이른바 入會權에 관하여)를 인정하고 있을 뿐이다.

우리 民法의 制定過程을 보면, 처음 國會에 提出된 法律案은 현행 物權編 제3장 제3절의 「共同所有」에 관한 規定을 단순히 「共有」에 관한 규정으로 하였고, 다만 그 중 一部條文(民 §§ 262-264)에서 合有에 관하여 規律하고 있었다. 그러나 國會에서의 審議過程에서 金曾漢 교수의 강력한 主張[24]에 의하여 總有에 관한 새로운 規定을 추가하는 동시에, 共有·合有·總有를 竝列的으로 規律하는 현행의 體制를 취하게 되었다.

이러한 民法의 태도에 대하여는, 이는 現代의 需要에 가장 적합한 것이라거나[25] 結社의 自由를 전제로 하는 經濟社會에 있어서의 人格的 結合關係의 다양성을 예정한 것이라는 뜻에서 近代的이라거나,[26] 우리 나라에는 總有의 所有形態가 광범위하게 실재하므로 總有에 관한 原則的 規定을 두는 것이 타당하다거나,[27] 論理的이라거나,[28] 혹은 總有에 관하여 舊民法에서 직접 規定하지 않았던 것을 현행 民法에서 直接 規定하여 立法的으로 해결한 것은 타당한 조치라 하여[29] 支持하는 見解가 있는가 하면, 반대로 이는 시대에 逆行한다거

22) 다만 하나의 權利가 多數人에게 共同으로 귀속하는 경우의 法律關係에 관한 일반적인 規律은 獨民 §§ 741-758에서 하고 있고, 共有에 관하여 위 4개 條文은 그 特則에 해당하는 것이기 때문에 共有에 관하여도 일반적으로는 위 §§ 741-758가 적용된다(Münch Komm, Bd. 4, § 1008 RdNr. 1; Baur, 18; Schwab, 231; Wolf, 634). 獨民 §§ 741-758는 우리 民法上으로는 이를테면 共有·準共有를 포괄하는 개념에 해당한다.

23) Schwab, 231. 獨逸法上의 合有規定의 간략한 소개에 관하여는 李好珽, "우리 民法上의 共同所有制度에 대한 약간의 疑問", 法學 24-2, 3(1983. 9), 104-5 참조.

24) 民事法硏究會, 民法案意見書, 96 이하.

25) 金曾漢, 215.

26) 金容漢, 320.

27) 黃迪仁, 民法(Ⅱ), 251.

28) 李英俊, 496.

29) 金顯泰, 297.

나,[30] 個人을 중심으로 하는 近代法의 體系的 一貫性을 깨뜨리는 것이라거나,[31] 總有規定은 民法의 裝飾物에 지나지 않는다거나,[32] 게르만의 村落共同體와는 전혀 다른 오늘날의 非法人社團을 規律하는 데 오히려 逆作用을 한다[33]고 하여 批判的인 見解가 있다.

私見으로는, 이 문제는 數人이 組合體로서 物件을 소유하는 경우의 法律關係를 정한 民法上의 合有規定(§§271-274)과 非法人社團의 사원이 集合體로서 物件을 所有하는 경우의 法律關係를 정한 民法上의 總有規定(§§275-277)이 과연 얼마나 실질적인 기능을 하고 있느냐의 觀點에서 접근하는 것이 보다 現實的이라고 생각된다. 이렇게 볼 때, 後述(各該當條文의 解說 참조)하는 바와 같이 物權法上의 통일적인 合有規定이 정작 組合財產의 合有를 제대로 規律하지 못하고 오히려 債權法上의 合有規定과 충돌하여 혼란만 불러일으키는 결과를 초래하였고, 總有規定 또한 非法人社團의 소유관계에 總有라는 法的 名稱을 부여한 외에는 그에 대한 실질적인 規律이나 法的인 處理에 이바지하는 바가 없다면,[34] 결국 物權編에서 共有 외에 合有·總有를 따로 통일적으로 規定하고 있는 民法의 태도는 바람직하지 못하다는 結論에 이르게 된다.[35]

아무튼 合有에 관한 통일적인 規定을 두었을 뿐만 아니라, 獨逸法조차도 規定하고 있지 아니한 總有를 특별히 規定하고 있는 우리 民法은 "獨逸民法보다도 더 獨逸的이며 게르만的"[36]이라고 할 것이다.

[閔 日 榮]

30) 金基善, 240.
31) 崔栻, 168.
32) 郭潤直, 334.
33) 李好珽(註 23), 103-4.
34) 金容漢, 230은 總有規定을 둔 것을 支持하면서도 그것이 非法人社團의 所有關係를 規律하기에는 너무 불충분하다는 것을 是認하고 있다.
35) 同旨 李好珽(註 23), 103-4. 그러나 註釋民法(上), 410은 民法이 共同所有形態를 共有·合有·總有로 類型化한 것은 실천적인 의미가 있으며, 이와 같은 類型化에 따른 혼란이 사라진 현재로서는 民法의 태도가 바람직하나를 둘러싼 論議는 실익이 없다고 한다.
36) 李好珽(註 23), 102.

第262條(物件의 共有)

① 物件이 持分에 의하여 數人의 所有로 된 때에는 共有로 한다.

② 共有者의 持分은 均等한 것으로 推定한다.

차 례

I. 共有의 性質

물건이 持分에 의하여 數人의 所有로 된 것이 共有이다(民 262 § I). 이처럼 하나의 물건이 數人의 所有로 된 경우, 그 數人이 갖는 所有權은 한 개인가, 아니면 그 數人의 수만큼 존재하는가? 이것이 共有의 法的 性質의 문제이다.

1. 學　說

우리 나라의 學說은 일치하여 共有는 "한 개의 所有權이 分量的으로 分割되어 數人에게 속하는 것"이라고 설명한다[1](이른바, 量的分割說). 즉 所有權은 어디까지나 한 개만 존재하며, 그것이 量的으로 分割되어 數人의 共有者에게 分屬될 뿐이라고 한다. 따라서 각 共有者가 갖는 權利는 한 개의 所有權의 分量的 일부인 셈이다. 學說이 共有의 성질을 일치하여 위와 같이 파악하는 이유는 그것이 설명이 매우 간명할 뿐만 아니라 一物一權主義에도 부합하기 때문이다.

한편, 日本에서는 共有의 성질을 위와 같이 보는 見解 외에, 共有는 "각 共有者가 각각 한 개의 所有權을 갖되 각 所有權이 일정한 비율에 따라 서로 제한되며, 그 내용의 總體가 한 개의 所有權의 내용과 동일하게 되는 상태"라고 보는 見解(이른바, 多數所有權競合說)도 주장되고 있다.[2] 이 見解에 의하면 共有者의 수만큼

1) 郭潤直, 335; 權龍雨, 268; 金基善, 247; 金容晉, 151; 金容漢, 321-2; 金曾漢, 222; 金顯泰, 273; 方順元, 152; 李根植, 317; 李英俊, 499; 張庚鶴, 504; 崔栻, 169;

2) 日本의 學說·判例의 詳細에 관하여는 註釋民法(上), 411 참조. 또한 Larenz, Schuldrecht, Bd. 2, 377.

所有權이 존재하게 된다. 이 見解는 後述하는 共有持分의 獨立性 및 彈力性을 적절하게 설명할 수 있는 장점이 있다.

그런데 共有의 성질을 이른바 量的分割說과 같이 이해하는 경우에도 각 共有者가 갖는 權利, 즉 持分은 그 성질이 하나의 所有權과 동일하다고 보기 때문에,[3] 위 두 見解는 순전히 理論構成上에 있어서 다를 뿐 실제에 있어서는 아무런 차이가 없다 할 것이다.[4]

2. 判 例

判例는 "공유는 1개의 부동산을 구분하여 소유하는 경우와는 달라 1개의 소유권이 분량적으로 분할되어 수인에게 속하는 것이고, 각 공유자는 공유물 전부를 지분의 비율로 사용·수익할 수 있는 것"[5]이라고 하여, 이른바 量的分割說을 취한 것이 있는가 하면, "공유에 있어서는 각 공유자가 각기 하나의 소유권을 가지고 단지 각 공유자가 가지는 각 소유권이 일정한 비율에 의하여 제한되는 것뿐"[6]이라고 하여 이른바, 多數所有權競合說을 위한 것이 있다.

Ⅱ. 共有의 成立

1. 法律行爲에 의한 成立

(1) 共有의 合意

㈎ 共有는 數人이 하나의 물건을 共同으로 所有하기로 合意함으로써 성립한다. 共有의 가장 일반적인 성립형태이다. 예컨대, 甲·乙 사이에 특정물건을 共有하기로 合意가 이루어진 때, 혹은 甲·乙이 특정물건을 共同으로 讓受하기로 契約한 때[7] 共有關係가 발생한다.

3) 郭潤直, 338; 金基善, 248-9; 金曾漢, 223; 金顯泰, 273; 方順元, 153; 李英俊, 503; 張庚鶴, 505; 崔栻, 170.

4) 同旨 金仁鉄, "共有, 共有物分割과 登記", 裁判資料 44, 132; 郭潤直, 335; 權龍雨, 218; 金容漢, 322; 金顯泰, 273; 方順元, 152; 李相浩, 182; 李英俊, 499; 李太載, 235; 鄭範錫, 143; 崔栻, 169.

5) 大判 64.12.15, 64다824(總 2-2(A), 568). 또한 大判 59.10.15, 4292民上121(總 2-2(A), 573)은 "공유는 수인이 공동하여 하나의 소유권을 가지는 상태로서, 공유자는 공유물을 분할하여 그 일부를 소유하는 것이 아니고 각 소유자는 공유물의 전부에 관하여 소유권을 가지며, 다만 타의 공유자의 동일한 권리에 의하여 감축됨에 불과하다"고 判示하였는바, 趣旨가 不分明하다.

6) 大判 65.11.9, 65다1646(總 2-2(A), 566-15).

7) 大判 81.2.24, 79다14(公 654, 13730). 단 大判 79.8.31, 79다13(公 619, 12195) 참조.

數人 사이의 위와 같은 合意가 반드시 明示的일 필요는 없으며, 黙示的으로도 가능하다.[8)] 所有權留保附賣買에 있어서 所有權은 賣渡人에게 留保되며, 賣渡人과 買受人이 共有하는 것이 아니다.[9)]

(나) 單獨所有하던 不動產을 數人에게 名義信託한 경우에 數人의 受託者는 대외적인 관계에 있어 그 不動產을 共有하는 것으로 된다.[10)] 宗中財產을 數人에게 名義信託한 경우도 마찬가지이다.[11)] 따라서 名義受託者들이 그 不動產을 分割(共有物分割)하여 각자의 單獨所有로 하는 것이 가능하다.[12)] 다만 이때에도 名義信託者에 대한 관계에서는 단지 名義信託의 형태가 변경되었을 뿐이지 名義信託關係가 여전히 존속한다.

(2) 登 記

共有가 성립하기 위하여는 共有의 合意 외에 動產인 경우에는 共同占有(民 §188)가 요구되고, 不動產의 경우에는 登記가 요구된다(民 §186). 不動產은 아니나 登記나 登錄에 의하여 公示되는 물건(船舶, 航空機, 重機, 自動車 등)에 관하여도 所定의 登記나 登錄을 하여야 한다(自管 §5, 商 §743, 船舶 §8, 航空 §5, 重管 §3 각 참조).

이러한 登記는 다시 다음의 두 가지로 나뉜다.

(가) 共有의 登記 共有者는 共有의 登記를 하여야 한다. 이 登記를 하지 아니하면 共有者가 되지 못하고, 따라서 자기의 持分權을 주장할 수 없다. 共有登記가 된 토지의 일부를 分筆하면 分筆된 토지에 관하여도 종전 登記簿上의 共有關係를 그대로 轉寫하여야 함은 물론이다(不登 §94 Ⅰ).[13)]

(나) 持分의 登記 共有의 登記 외에 持分의 登記도 하여야 한다(不登 §§44 Ⅰ, 89). 그런데 學說은 이 登記는 필요적인 것이 아니고, 단지 共有者가 共有의 登記를 하고서도 持分登記를 하지 아니하면 持分이 균등한 것으로 推定되는(民 § 262 Ⅱ) 까닭에 실제의 持分比率을 제3자에게 주장할 수 없는 불이익을 받는다고 설명하는 것이 보통이다.[14)]

8) 李英俊, 499.
9) 郭潤直, 債各, 257; MünchKomm, Bd. 4, § 1008 RdNr. 12.
10) 大判 67. 1. 31, 66다2334(要集 民 Ⅰ-1, 510); 大判 67. 10. 25, 66다2333(集 15-3, 225); 大判 69. 7. 22, 69다743(集 17-2, 362); 大判 82. 11. 23, 81다39(公 697, 189).
11) 大判 68. 4. 23, 67다1953(集 16-1, 268); 大判 70. 11. 30, 70다1831(要集 民 Ⅰ-1, 511).
12) 大判 87. 2. 24, 86다215, 86다카1071(公 798, 513).
13) 따라서 分筆된 土地에 관하여 1인 單獨所有로 登記하면 그의 持分을 초과하는 범위 내에서 그 登記는 無效이다. 大判 87. 2. 24, 85다카1485(公 798, 510). 또한 大判 90. 6. 26, 89다카24629(公 878, 1566) 참조.
14) 郭潤直, 336; 李英俊, 500. 또한 民 § 263 해설 Ⅱ. 2. 참조.

그러나 이는 의문이다. 不登 §44 I은 "登記權利者가 2인 이상인 때에는 신청서에 그 持分을 기재하여야 한다"고 규정하고 있고,[15] 同法 §89는 "所有權의 一部移轉의 등기를 신청하는 경우에는 申請書에 그 持分을 表示하여야…" 한다고 규정하고 있다. 따라서 共有關係를 설정하는 登記를 함에 있어서는 신청서에 그 持分을 기재할 것이 요구되며, 이를 기재하지 아니하여 登記公務員이 補正을 요구하였음에도 補正하지 아니하면 不登 §55 iv에 의하여 登記申請이 却下된다.[16] 결국 不登 §44 I의 改正 전에는 共有關係의 설정에 있어 持分의 登記가 필요적인 것이 아니었으나(따라서 持分登記를 하지 아니한 登記가 행하여졌다), 현재는 不動産에 관한 한 持分登記가 사실상 필요적이라 할 것이다.[17]

2. 法律의 規定에 의한 成立

現行法上 法律의 규정에 의하여 共有가 성립하는 경우로는 다음과 같은 것들이 있다.

(1) 無主物先占, 遺失物拾得, 埋藏物發見

無主의 動産을 所有의 의사로 占有하거나(民 §252 I, Ⅲ), 遺失物을 拾得하거나(民 §253), 埋葬物을 발견한(民 §264 本文) 者는 그 물건의 所有權을 취득하므로, 위와 같은 행위를 數人이 共同으로 한 경우에는 그 물건은 數人의 共有로 된다.

(2) 他人의 物件에서의 埋藏物發見

他人의 토지 기타 물건으로부터 발견한 埋藏物은 그 토지 기타 물건의 所有者와 發見者가 1/2 持分씩 共有한다(民 §254 但).

(3) 主從을 구별할 수 없는 動産의 附合, 混和

附合 또는 混合한 動産의 主從을 구별할 수 없는 때에는 각 動産의 所有者는 附合 또는 混和 당시의 가액의 비율로 合成物을 共有한다(民 §§257, 258).

(4) 區分所有建物의 共用部分

數人이 한 채의 건물을 區分하여 각각 그 일부분을 所有한 때에 각 專有部分으로 통하는 복도, 계단 기타 구조상 共用에 제공되는 부분은 區分所有者 전원의 共有로 된다(民 §215 I; 集建 §§3 I, 10 I).

---

15) 同條項은 1983. 12. 31. 法律 제3692호로 改正된 것으로, 改正前에는 "登記權利者가 다수인 경우에 그 權利者間에 持分의 約定이 있는 때에는 申請書에 그 持分을 記載하여야 한다"라고 되어 있었다.

16) 金仁銖(註 4), 133; 李漢奎, "共有持分의 表示와 登記", 司行 81-7, 95.

17) 郭潤直, 不登, 177-8.

(5) 境界에 설치된 境界標, 담, 溝渠 등

경계에 설치된 境界標, 담, 溝渠 등은 相隣者의 共有로 推定한다(民§239本文).

(6) 共同相續財産

相續人이 數人인 때에는 相續財産은 그 共有로 한다(民§1006). 그러나 民法의 위 규정에 불구하고 共同相續財産의 성질에 관하여 見解가 대립된다.

(가) 學 設

(a) 合有說 共同相續人 중에 그 相續分을 제3자에게 讓渡한 者가 있는 때에는 다른 共同相續人이 그 가액과 양도비용을 償還하고 그 相續分을 讓受할 수 있으므로(民§1011 I) 그만큼 持分의 처분이 제한되고, 共同相續財産의 分割에 관하여 특별규정이 있고(民§1012 이하), 相續財産分割의 遡及效가 인정되고(民§1015), 債權도 相續財産의 목적물이 되고(民§1017), 共同相續人들은 血緣關係에 의하여 결합된 結合體인 점 등을 고려할 때 共同相續財産은 相續人의 合有에 속한다.[18]

(b) 共有說 共同相續人들은 血緣關係로 결합된 結合體이기는 하나 오늘날의 사회경제사정 및 윤리관념에 비추어 판단하건대 그들이 共同의 목적으로 사회적 활동을 하는 것이 원칙이라고는 하기 어렵고, 分割禁止의 指示가 없는 경우에는 共同相續人은 언제든지 協議分割을 할 수 있으며(民§1013 I), 그 分割의 방법에 관하여 共有物分割의 규정이 準用되는(民§1013 II) 점 등을 고려할 때, 持分處分에 관하여 다소의 제한이 있다 하더라도 그 때문에 共同相續財産의 所有關係를 合有로 볼 것은 아니고 民法의 규정 그대로 共有로 해석하여야 한다.[19]

(c) 折衷說 對內的으로는 合有이고, 對外的으로는 共有이다.[20]

(d) 私見 論議의 當否를 떠나서 民法이 明文으로 「共有」로 규정하고 있는 이상 이를 달리 해석하는 것은 해석론의 범위를 벗어난 것이라고 생각된다.[21] 文言에 충실하게 共有로 보는 것이 타당할 것이다.

---

18) 鄭光鉉, 親相, 261. 同旨 金基善, 261; 李根植·韓奉熙, 親相, 243.

19) 金曾漢, 223. 同旨 李時潤, "共同所有와 그 訴訟關係", 金曾漢紀念論文集, 331; 郭潤直, 337; 權龍雨, 270; 金容漢, 324; 金疇洙, 親相, 486; 金顯泰, 274; 李相浩, 183; 李英俊, 502; 李太載, 237; 張庚鶴, 506; 崔栻, 160.

20) 金容漢, 親相(1964), 304. 그러나 同著 物權(註 19) 및 親相(1981), 353에서는 改說하여 共有說에 따르고 있다.

21) 李根植, 318은 "民法의 規定으로 본다면 相續財産의 共同所有形態는 共有도 아니고 合有도 아니다. 立法上의 모순이라고 볼 수밖에 없다"고 하고 있으나 의문이다.

(나) 判 例 舊法 당시의 判例에는 "부동산을 공동상속하였음을 원인으로 하는 소유권이전등기말소소송은 그 청구목적이 공동상속인 전원에 관하여 합일적으로 확정될 경우에 해당한다"[22]고 하여 合有說에 입각한 것이 있으나, 현행 民法 시행 후의 判例는 "공동상속인들은 그 공동상속재산에 관하여 저마다의 지분권을 가지는 것이요, 이 각자의 지분권이 처분에 관하여는 반드시 원고와의 사이에서 합일적으로 처리되어야 할 필요는 없"기 때문에 共同相續人들을 상대로 하여 제기하는 訴訟에서 共同相續人은 必要的 共同訴訟人이 아니라고 하여[23] 共有說에 입각하였다. 그 후 이를 더욱 분명히 하여 "공동상속인 중의 한 사람은 공유자이므로 그 보존행위로서 단독으로도 상속재산에 대한 원인무효인 등기의 말소를 청구할 수 있다"[24]고 判示한 이래, 共同相續財產은 相續人의 共有라는 것이 확립된 判例이다.[25]

(7) **共同包括受贈財產**

包括的 遺贈을 받은 者는 相續人과 동일한 權利義務가 있다(民 § 1078). 따라서 包括的 遺贈을 共同으로 받은 者들 상호간에도 共同相續財產에 관한 위에서 본 논의가 그대로 적용된다.

(8) **歸屬不明의 夫婦財產**

夫婦의 누구에게 속한 것이 분명하지 아니한 재산은 夫婦의 共有로 推定된다(民 § 830 II).

(9) 기 타

(가) 合同換地 所有者를 달리 하는 여러 筆地의 토지가 合同으로 換地處分된 경우에는 換地에 대하여 共有關係가 성립한다.[26]

(나) 同一農地를 共同耕作한 경우의 立稻 자기에게 耕作權이 있다 하여 동일한 農地를 서로 경작함으로써 결국 동일한 農地를 共同耕作한 경우에는 그 立稻에 대한 所有權은 공동경작자의 共有에 속한다.[27]

---

22) 大判 57. 5. 2, 4289民上379(要集 民 I-2, 1617).
23) 大判 64. 12. 29, 64다1054(集 12-2, 235). 同旨 大判 65. 11. 16, 65다1732(要集 民 III-1, 75).
24) 大判 66. 4. 19, 66다415(要集 民 I-1, 524).
25) 大判 72. 6. 27, 72다555(要集 民 III-1, 76); 大判 82. 12. 28, 81다454(公 699, 349); 大判 88. 2. 23, 87다카961(公 822, 580).
26) 大判 71. 3. 30, 71다146(集 19-1, 282); 大判 78. 6. 27, 77다2299(集 26-2, 142); 大判 89. 9. 12, 88다카26871(公 858, 1404). 또한 大判 75. 7. 22, 75다962등(集 23-2, 205) 및 大判 90. 2. 13, 89다카19665(公 869, 639) 참조.
27) 大判 67. 7. 11, 67다893(集 15-2, 178).

3. 區分所有的 共有

(1) 意 義

區分所有的 共有란 一筆의 토지 중 위치·평수가 특정된 일부를 讓受하였음에도 分筆에 의한 所有權移轉登記를 하지 않고 편의상 筆地 전체평수에 대한 讓受部分의 면적의 비율에 상응하는 共有持分移轉登記를 경료한 경우를 말한다.[28)]

(2) 區分所有的 共有의 法律關係

判例는 大判 62.2.22, 4294民上1025[29)] 이래 區分所有的 共有의 法律關係를 일관하여 다음과 같이 파악하고 있다. 즉 一筆의 토지 중 위치·면적을 특정하여 각기 다른 부분을 讓受한 數人이 편의상 共有登記를 경료한 경우에는, 각 讓受人은 자기의 讓受部分에 대하여 다른 부분의 讓受人들에게 그 持分所有名義를 信託함과 동시에 다른 양수인들로부터 그들의 양수부분에 대한 持分所有名義를 受託받은 것으로 된다는 것이다. 요컨대, 각 讓受人은 특정 讓受部分의 所有權에 관하여 相互名義信託하고 있다는 것이다.[30)]

따라서 區分所有的 共有者들 상호간에 있어서는 單獨所有이므로 각자의 讓受部分에 대하여 완전한 所有權을 주장할 수 있는 반면, 他共有者의 讓受部分에 대하여는 아무런 權利도 갖지 못한다. 그리고 외부적으로는 각 共有者는 受託者로서 信託者의 權利를 그대로 행사하므로 토지 전부에 관하여 共有者로서의 權利를 주장할 수 있고 자기의 讓受部分에 대하여도 共有者로서의 權利밖에 주장할 수 없다.[31)]

---

28) 徐廷友, "土地의 區分所有的 共有", 司論 4, 109. 區分所有的 共有라는 용어는 위 論文에서 처음 사용된 것으로서 그 후 大判 75.11.11, 75다82(公 526, 8723)에서부터 判例에도 사용되기 시작하였다. 한편 註釋民法(上), 425는 이를 "外樣共有"라고 표현하고 있다. 李容勳, "共有物分割의 訴와 이와 관련된 몇 가지 문제에 대하여", 司論 4, 153은 判例가 이러한 登記의 有效性을 인정함으로써 우리 나라의 登記制度를 혼란에 빠뜨리고 있다고 한다.

29) 總 2-2(A), 567.

30) 大判 73.2.13, 71다640(要集 民 I-1, 512); 大判 77.2.8, 76다2525(要集 民 I-1, 106); 大判 79.6.26, 79다741(集 27-2, 109); 大判(全) 80.12.9, 79다634(公 670, 14480); 大判 87.11.10, 87누554(公 815, 108); 大判 89.4.25, 88다카7184(公 850, 812); 大判 90.6.26, 88다카14366(公 878, 1551); 大判 90.6.26, 89다카24094(公 878, 1565).

31) 判例와는 달리 區分所有的 共有의 法律關係를 一般共有로 파악하는 見解도 있다. 이에 의하면 區分所有的 共有는 그 내부관계에 있어서나 외부관계에 있어서나 완전한 共有로서 共有者들은 각기 他共有者에 대하여 共有權밖에 주장할 수 없으며, 다만 全共有者의 약정에 의하여 각자 특정부분을 所有者와 똑같은 방식으로 사용·수익할 수 있고, 장차 分割함에 있어서는 각기 그 특정부분을 나누어 가지기로 合意(分割에 관한 約定)

(3) 一般共有와의 差異

(가) 一般共有에서는 共有者 전원이 共有物 전체에 대하여 持分의 비율로 使用·收益함이 보통이나 區分所有的 共有에서는 共有者가 각각 자기의 특정 讓受區分을 배타적으로 使用·收益한다.[32] 따라서 區分所有的 共有者에 대한 引渡請求는 그가 실제로 占有하고 있는 부분을 특정하여 구하여야 한다.[33]

(나) 一般共有에서는 持分의 처분과 共有物의 처분은 전혀 별개이고, 따라서 持分은 자유로이 처분할 수 있어도 共有物은 전원이 同意해야 처분할 수 있으나, 區分所有的 共有에서는 持分의 처분이 곧 특정부분의 처분을 의미하기 때문에 특정부분 자체를 단독으로 자유롭게 처분할 수 있으며,[34] 그에 따라 특정부분이 轉轉讓渡되고 共有持分移轉登記가 轉轉經了되면 相互名義信託關係도 轉轉承繼된다.[35]

(다) 一般共有의 持分比率은 목적물 전체의 價額에 대한 共有者의 持分의 價額의 비율에 의하여 결정되나, 區分所有的 共有의 持分比率은 목적물 전체에 면적에 대한 共有者의 讓受部分의 면적비율에 의하여 결정된다.[36] 그 결과 區分所有的 共有에서는 同一持分의 가액이 서로 다를 수 있다(예컨대, 같은 10/100 持分이라도 그 특정부분의 위치가 도로변이냐 안쪽이냐에 따라 價額이 달라진다).

(라) 區分所有的 共有에서는 一般共有에서와는 달리 空持分이 존재할 수 있다. 이는 주로 換地豫定地의 賣買에서 발생한다. 즉 換地豫定地를 區分特定하여 매수하고 그 持分移轉登記를 할 때 換地豫定地 총면적에 대한 매수면적의 비율에 상응하는 持分移轉登記를 하는[37] 대신에 舊土地 총면적에 대한 매수면적의 持分을 移轉登記하였는데(이러한 登記가 흔히 행하여진다), 그 후 減換地處分된 경우에는 減步된 면적만큼의 持分이 매도인에게 남게 된다. 그러나 이 持分에 상응하는 特定占用部分은 없기 때문에 이 持分을 空持分이라고 부른다.[38]

한 것뿐이라고 한다(徐廷友, "區分所有的 共有關係의 解消를 위한 名義信託契約의 解止", 民判硏 Ⅳ, 23).

32) 大判 68. 7. 30, 65다1221(要集 民 Ⅰ-1, 518).

33) 大判 68. 1. 23, 67다2233(集 16-1, 8).

34) 大判 68. 4. 16, 67다1847(集 16-1, 235); 大判 71. 6. 22, 71다688등(大法院民事判決原本集 164, 289).

35) 大判 90. 6. 26(註 30); 大判 91. 5. 10, 90다20039(新聞 91. 6. 20, 6).

36) 따라서 持分登記時에도 全筆地의 면적을 분모로 하고 특정 讓受部分의 면적을 분자로 하여 표시함이 관행이다. 예컨대, 200평 중 100평은 100/200으로 표시하지 1/2로 표시하지 않는다. 만일 持分登記 중 讓受한 면적비율을 넘는 부분이 있으면, 이는 實體的 權利關係에 부합하지 않는 부적법한 登記가 된다. 大判 72. 3. 31, 72다27(要集 民 Ⅰ-1, 317-8).

37) 大判 82. 6. 22, 81다613(集 30-2, 143).

38) 詳細는 徐廷友(註 28), 117 이하 참조.

(마) 一般共有에서는 共有物分割의 방법에 의하여 共有關係가 해소되나 區分所有的 共有에서는 名義信託을 解止하는 방법에 의하여 共有關係가 해소된다.[39] 즉 각 共有者는 他共有者를 상대로 相互名義信託을 解止하고 자기가 信託한 持分을 반환받아 그 반환받은 持分과 자기 名義로 남아 있는 持分을 합쳐 자기의 특정부분에 대한 全持分을 所有하는 절차를 밟게 된다. 다만 共有土地分割에 관한 特例法은 區分所有的 共有에 해당하는 토지 중 일정한 토지에 관하여 分割의 特例를 인정하고 있다(民 §263 해설 V. 참조).

Ⅲ. 共有의 主張

1. 共有의 주장에는 각 共有者가 그의 持分을 다른 共有者 혹은 제3자에 대하여 주장하는 것(持分의 對內外的 主張)과 전체로서의 共有關係 그 자체를 제3자에 대하여 주장하는 것(共有의 對外的 主張)의 두 가지가 있다. 前者에 관하여는 後述(民 §263 해설 Ⅳ. 참조)하는 持分의 설명에서 詳論하기로 하고 여기서는 後者에 관하여만 살핀다.

2. 전체로서의 共有關係를 제3자에 대하여 주장하는 것으로는 共有關係의 確認請求, 登記請求 또는 共有關係에 기한 妨害排除請求, 返還請求 등을 들 수 있다. 이러한 共有關係의 주장은 共有者 전원이 共同으로 하여야 하는가, 아니면 각 共有者가 단독으로 할 수 있는가?

學說은 共有者 전원이 共同으로 하여야 한다고 보는 것이 通說[40]이다. 그 論據는 ① 共有者간에 불화가 생겨 共同으로 주장할 수 없다면 차라리 共有關係를 해소함이 마땅하고, ② 각 共有者가 단독으로 주장할 수 있다고 할 경우에는 共有關係를 주장하는 訴訟에서의 判決의 旣判力의 범위와 관련하여, 旣判力이 다른 共有者에게도 미친다고 한다면 敗訴時에 다른 共有者에게 불이익을 주게 되고, 반대로 다른 共有者에게 미치지 않는다고 하면 勝訴時에 實益이 별

39) 金容晋, "不動產共有者間의 使用收益權과 保存行爲", 金曾漢紀念論文集, 300; 大判 67. 4. 14, 66다814등(集 15-1, 273); 大判 73. 2. 28, 72다317(集 21-1, 98); 大判 80. 12. 9 (註 30); 大判 85. 9. 24, 85다카451등(公 764, 1416); 大判 89. 9. 12, 88다카10517(公 859, 1457). 또한 大判 74. 9. 24, 73다1874(公 500, 8056) 및 大判 89. 8. 8, 88다카30990(公 857, 1357) 각 참조.

40) 郭潤直, 343; 權龍雨, 273-4; 金容晋, 156; 金基善, 254; 金容漢, 330; 金曾漢, 228; 金顯泰, 284; 方順元, 157; 李根植, 320; 李相浩, 187; 李英俊, 509; 李太載, 240-1; 張庚鶴, 513-4; 鄭範錫, 146; 崔栻, 175.

로 없게 되며, 그렇다고 勝訴時에는 旣判力이 다른 共有者에게 미치고 敗訴時에는 미치지 않는다고 하면 이는 旣判力의 본질에 반하여 부당하다는 것이다. 요컨대, 通說에 의하면 전체로서의 共有關係를 주장하는 訴訟은 共有者 전원이 당사자가 되는 必要的 共同訴訟이 된다.

判例는 "공유물에 대한 방해가 있는 경우에 ……각자의 지분권에 의거하여 방해의 제거를 청구할 수 있는 것이나, 공유자가 공유관계 자체에 의거하여 방해제거를 청구하였을 경우에는 공유자 전원의 공동청구가 필요하다"[41]고 하여 通說과 같은 見解를 취한 것과, "공동상속인은 그 상속재산에 대하여 공유관계에 있는 것이나, 공동상속인 전원이 그 공유관계의 확인을 구하여야 할 관계에 있는 것은 아니므로 각 공유자는 각자 독립하여 위와 같은 소송을 제기 또는 취하할 수 있다"[42]고 하여 反對의 見解를 취한 것이 있다.

Ⅳ. 共有의 消滅

共有關係는 共有物이 멸실됨으로써 所有權 자체가 소멸하거나, 共有物이 公用徵收 혹은 제3자에게 양도됨으로써 소멸하게 된다. 그 밖에 後述(民 § 268)하는 共有物分割에 의하여도 소멸하며, 한 共有者가 다른 共有者의 持分을 전부 매수하여 單獨所有者가 되는 持分의 集中[43]에 의하여도 소멸한다.

Ⅴ. 共有持分의 均等(民 § 262 Ⅱ)

이에 관하여는 後述하는 民 § 263 해설 Ⅱ.2. 참조.

[閔 日 榮]

41) 大判 61.12.7, 4293民上306등(要集 民 Ⅰ-1, 523).
42) 大判 65.2.24, 64다1401등(要集 民 Ⅲ-1, 91).
43) 持分의 集中은 그 밖에도 共有者 중 1인을 제외한 나머지 共有者 전원이 持分을 포기하거나 相續人없이 사망한 경우에도 일어난다. 이때에도 共有關係가 소멸함은 물론이다.

第263條(共有持分의 處分과 共有物의 使用, 收益)

共有者는 그 持分을 處分할 수 있고 共有物 全部를 持分의 比率로 使用, 收益할 수 있다.

차 례

Ⅰ. 持分의 意義 및 性質

1. 持分의 意義

共有에 있어서 持分은 각 共有者가 共有物에 대하여 가지는 權利를 뜻하기도 하고, 共有者 상호간에 있어서의 위 權利의 比率[1]을 뜻하기도 한다. 前者를 가리켜 따로 持分權이라고 하고 後者만을 持分이라고 부르기도 하나,[2] 民法의 규정을 비롯하여 學者들은 兩者를 엄격하게 구별하지 않고 그냥 持分이라고 通稱하는 게 보통이다.[3]

2. 持分의 性質

持分의 性質을 어떻게 보느냐는 共有의 性質을 어떻게 보느냐와 表裏의 관계에 있다. 우리 나라의 學說은 前述(民 §262 해설 Ⅰ.1. 참조)한 바와 같이 共有의 性質에

1) 大判 70.12.29, 70다2337(集 18-3, 426). "토지의 공유자의 권리는 그 토지의 각 부분 및 전부에 미친다 할지라도 여러 사람이 공동하여 소유권을 보유하는 결과로서 그 소유권행사의 비율을 정할 필요가 있고, 이 비율을 가리켜서 지분이라고 말한다."

2) 李漢奎, "共有土地分割과 整理에 관한 方向", 新聞 83.8.29, 11; 郭潤直, 335; 李相浩, 182; 張庚鶴, 505; 鄭範錫, 144.

3) 李英俊, 503은 前者를 廣義의 持分, 後者를 狹義의 持分이라 부르고, 共有關係의 주장과 共有의 주장이 法的 效果面에서 다르기 때문에 兩者를 구별할 實益이 있다고 한다. 그러나 구체적으로 과연 어떤 實益이 있는지에 관하여는 언급이 없어 알 길이 없다.

관하여 일치하여 이른바 量的分割說를 취하고 있기 때문에, 持分의 性質에 관하여도 이는 한 개의 所有權의 分量的一部라고 설명하는 데 異論이 없다.[4] 持分은 이처럼 所有權의 分量的一部이기는 하나 그것이 하나의 독립된 所有權과 같은 性質을 가짐에는 변함이 없다. 따라서 共有에 관한 民 §§262-270에서 특별히 규정하고 있는 외에는 持分에 관하여도 所有權에 관한 규정이 그대로 적용된다.[5]

Ⅱ. 持分의 比率

1. 共有者의 意思 또는 法律의 規定

持分의 比率은 共有者의 意思로 정하는 것이 원칙이나, 특별한 경우에는 法律이 持分의 比率을 정하고 있는 것도 있다. 後者의 예로는 民 §§254 但書, 257 後文, §§258, 1009 이하, 集建 §12 등을 들 수 있다.

2. 持分의 均等推定

(1) 共有者의 持分의 비율이 不明한 경우에는 均等한 것으로 推定한다(民 § 262 Ⅱ).[6] 따라서 不動産의 共有持分의 比率을 登記하지 아니하고 단순히 共有의 登記만을 한 경우에는 각 共有者의 持分은 일응 균등한 것으로 推定된다.

그러나 前述(民 §262 Ⅱ. 1. 해설 참조)한 바와 같이 不登 §44 Ⅰ이 1983.12.31 개정된 이후로는 持分의 登記가 사실상 필요적으로 되었기 때문에 不動産에 관한 한 民 §262 Ⅱ의 규정은 그만큼 적용의 폭이 좁아졌다. 주로 不登 §44 Ⅰ의 改正 전에 단순히 共有로만 登記하였거나, 同法條의 改正 후라도 여하한 이유로든 그러한 登記가 행하여진 경우에 民 §262 Ⅱ이 적용될 것이다.

4) 郭潤直, 335; 權龍雨, 270; 金基善, 248; 金容漢, 322; 金曾漢, 222; 金顯泰, 273; 方順元, 153; 李根植, 317; 李英俊, 503; 張庚鶴, 505; 鄭範錫, 143; 崔栻, 170.
반면, 共有의 性質에 관하여 日本의 一部學者가 주장하는 이른바 多數所有權競合說(民 §262 해설 Ⅰ.1.)에 의하면 持分은 同一物 위에 존재하는 다른 所有權에 의하여 제한되는 그 자체가 하나의 所有權이라고 설명한다. 또한 Larenz, Schuldrecht, Bd. 2, 377 참조.

5) MünchKomm, Bd. 4, § 1008 RdNr. 16.

6) 大判 83. 2. 22, 80다1280등(公 752, 576). 한편 投資金比率에 따른 新築建物 所有權의 持分比率 算定에 관하여는 大判 81. 12. 22, 80다3188(要集 民 Ⅰ-1, 515). 合同換地處分에 의하여 共有關係가 성립된 경우의 持分比率에 관하여는 大判 71. 3. 30, 71다146(集 19-1, 282) 및 大判 89. 9. 12, 88다카26871등(公 858, 1404) 각 참조.

(2) 한편 學說은 民 §262 Ⅱ을 근거로 不動產의 持分의 比率에 관하여 각 共有者 사이에 약정이 있다 하더라도 이를 登記하지 아니하고 단순히 共有의 登記만을 하면 共有者는 실제의 持分比率을 제3자에게 대항하지 못한다고 설명하는 것이 보통이다.[7)]

그러나 이는 의문이다. 民 §262 Ⅱ은 持分이 균등한 것으로 어디까지나 「推定」하고 있지 「看做」하고 있지 않다. 「推定」은 다른 증거에 의하여 번복할 수 있다는 점에서 그것이 허용되지 않는 「看做」와 엄연히 구별된다. 뿐만 아니라 우리나라의 법제상 登記에 公信力이 인정되는 것도 아니고, 民 §262 Ⅱ이 "不動產의 共有持分은 登記하지 아니하면 실제 比率을 가지고 제3자에게 對抗하지 못한다"(이런 형식의 法規定으로 商 §37 Ⅰ 참조)고 규정하고 있는 것도 아닌데 위와 같이 해석하는 것은 그 근거를 찾아볼 수 없다. 民 §262 Ⅱ은 어디까지나 단순한 推定規定으로 보아야 하며, 不動產의 共有持分에 관하여만 특별히 달리 해석할 필요도, 합리적인 근거도 없다 할 것이다.[8)]

Ⅲ. 持分의 內容

共有者는 共有物 전부를 持分의 비율로 使用·收益할 수 있다(民 §263 後段). 각 共有者가 持分에 상응하여 共有物을 使用하고 果實을 취득하는 것은 로마법에서 이미 인정되었고,[9)] 그것이 近代法에 繼受되어 獨民 §743는 "① 果實의 持分은 각 共同者[10)]에게 그 持分에 따라 귀속한다. ② 각 共同者는 다른 共同者의 共同使用을 해하지 아니하는 범위 내에서 共同의 목적물을 使用할 수 있다"고 규정하고 있고, 瑞民 §646 Ⅲ 前段은 "각 共有者는 자기의 持分에 관하여 所有者로서의 權利義務를 가진"다고 하고, 이어서 同法 §648 Ⅰ은 "각 共有者는 다른 共有者의 權利에 저촉되지 않는 범위 내에서 共有物을 使用·收益하는 權利를 가진다"고 규정하고 있다. 한편 日民 §249는 "共有者는 그 持分에

7) 金仁銖, "共有, 共有物分割과 登記", 裁判資料 44, 134; 郭潤直, 337-8; 權龍雨, 269; 金容漢, 325; 李相浩, 184; 李英俊, 500; 張庚鶴, 507; 鄭範錫, 144.
8) 때문에 實體關係와 틀리는 경우에는 이를 증명하는 서면에 의하여 實體關係에 부합하도록 登記를 更正할 수 있다. 81. 8. 6. 登記 제359호, 登記先例要旨集 1, 120.
9) 玄勝鍾, 로마法原論, 143.
10) 共同者(Teilhaber)는 共有者(Miteigentümer)를 포함하여 그보다 더 넓은 개념으로서, 우리 民法上의 共有者, 準共有者를 포괄하는 개념에 해당한다고 할 수 있다.

따라 共有物를 전부 使用할 수 있다"고 규정하여 "收益"에 관하여는 언급하고 있지 않다.[11]

1. 使用·收益

(1) 共有者가 共有物 전부를 持分의 비율로 使用·收益할 수 있다는 것은 共有者가 共有物의 전부를 使用·收益할 수 있되, 그 使用·收益이 持分에 의하여 제약된다는 의미이다.[12]

그러나 이와 같은 추상적인 기준만으로는 구체적으로 어떻게 使用·收益하느냐에 관하여 분쟁이 생기기 쉬우므로 共有者 상호간에 使用·收益의 방법에 관하여 協議하고 그에 따르는 것이 보통이다. 이러한 協議는 동시에 共有物의 管理(民 §265)에 해당하므로 共有持分의 과반수로써 결정할 수 있다.[13] 따라서 과반수의 共有持分權者가 管理行爲로서 引渡를 구하는 경우 他共有者는 共有物의 使用·收益權을 이유로 이를 거절할 수 없다.[14] 이러한 使用·收益의 방법에 관한 協議에 끝내 불만이 있는 共有者는 共有物의 분할을 청구함으로써 共有關係를 해소할 수밖에 없다.[15] 共有物分割과 달리 使用·收益에 관하여는 法院이 이를 정하여 줄 방법이 없기 때문이다.

(2) 收益의 대상이 天然果實인 경우에는 각 共有者는 持分에 따라 果實도 共有하게 된다. 法定果實의 경유에는 어떤가?[16]

이에 관하여는 "收益이 法定果實로서 賃貸料와 같은 可分債權인 경우에 本條를 유추적용할 필요없이 民法 제408조를 적용하여 각 共有者가 分割債權을 취득한다고 할 것이다. 共有物에 대하여 제3자의 침해가 있음을 이유로 하여 損害賠償을 請求하는 경우도 동일하다"고 하는 見解[17]가 있다. 그러나 이는 의문이다. 法定果實이 賃貸料와 같은 可分債權인 경우라 하여 달리 볼 필요는 없다고 본다. 이때도 本條를 그대로 適用('類推'適用할 것도 없이 '直接'適用하면 된다)하여 각 共有者가 그

11) 그러나 日本의 學說은 "收益"에 관하여도 "使用"을 類推適用하고 있다. 註釋民法(上) 423 참조.
12) 權龍雨, 271; 金顯泰, 280; 李英俊, 510.
13) 金容晉, 155; 金曾漢, 224; 方順元, 154; 張庚鶴, 508; 崔拭, 174. 이에 관한 判例는 後述하는 民 §265 해설 Ⅱ.3. 참조.
14) 大判 81.10.13, 81다653(公 670, 14487).
15) 郭潤直, 338; 金顯泰, 280; 方順元, 154; 張庚鶴, 508.
16) 獨逸에서는 共同者 전원에게 共同으로 귀속하고, 따라서 共同者 전원이 請求하여야 한다(Larenz(註 4), 380).
17) 李英俊, 510.

들의 持分比率로 賃料債權을 共有한다고 보면 되지 않을까 한다.[18] 그렇지 않고 民 §408를 적용한다면 각 共有者가 持分의 비율로 賃料債權을 分割取得하게 되어 오히려 부당하다.

다만 共有物을 침해한 제3자에 대한 損害賠償請求權에 관하여는 本條를 '類推'適用(왜냐하면 이는 果實이 아니므로)할 수 있을 것이다(後述 民 §265 해설 Ⅲ.2. 참조).

(3) 각 共有者가 共有物을 持分의 비율로 使用·收益하는 것이 아니라 恣意로 배타적·독점적으로 使用·收益한다면, 이는 다른 共有者의 持分을 침해하는 것이 되어 다른 共有者는 保存行爲로서 後述(Ⅳ.3.)하는 妨害排除 또는 共有物返還請求權을 행사할 수 있고,[19] 不當利得返還請求[20] 또는 不法行爲로 인한 損害賠償請求[21]를 할 수 있다.[22] 共有者 1인의 배타적·독점적 使用·收益부분이 持分比率에 상응하는 共有物의 일부라도 마찬가지이다.[23] 다만 배타적인 使用·收益이 持分의 과반수의 결의에 의한 것일 때에는 적법한 使用·收益임은 물론이다(民 §265).[24]

(4) 前述(民 §262 해설 Ⅱ.3.)한 바와 같이 區分所有的 共有에 있어서는 共有者가 共有物 전체를 持分의 비율로 使用·收益하는 것이 아니라, 자기의 특정 占有部分을 使用·收益한다.

18) 大判 77.9.13, 77다1366등(公 570, 10294); 大判 79.1.30, 78다2088(公 609, 11789). 다만 각 共有者의 持分比率에 의한 賃料債權 상호간의 관계를 分割債權으로 보는 것은 정당하다. 그러나 이는 共有의 性質上 당연한 것이고, 굳이 民 §408를 원용할 필요도 없다.

19) 大判 66.4.19, 65다2033(集 14-1, 205)(이 判決에 대한 評釋으로 金容晉, "共有者가 持分의 過半數의 決議없이 한 共有物의 特定面積을 排他的으로 행하는 使用·收益의 適法與否", 大韓辯護士協會誌 76-1, 53; 大判 74.2.12, 73다739(公 484, 7743); 大判 76.6.8, 75다2104(要集 民 Ⅰ-1, 526); 大判 78.5.23, 77다1157(公 589, 10877); 大判 79.6.12, 79다647(集 27-2, 88); 大判 82.12.28, 81다454(公 699, 349); 大判 83.2.22, 80다1280등(公 702, 576)(이 判決에 대한 評釋으로 金榮一, "共有者 相互間의 共有物의 保存行爲", 民事裁判의 諸問題 4, 11); 大判 91.1.15, 88다카19002등(公 891, 730).

20) 大判 72.12.12, 72다1814(集 20-3, 194).

21) 大判 69.6.10, 69다416(要集 民 Ⅰ-1, 518).

22) 金基善, 250; 金容漢, 326.

23) 大判 70.12.29, 70다2377(集 18-3, 426); 大判 71.7.20, 71다1040(集 19-2, 209)(이 判決에 대한 評釋으로 崔栻, "共有持分權者가 持分의 過半數의 決定없이 한 使用·收益의 效力", 司行 72-2, 16).

24) 다만 다른 共有者는 배타적인 使用·收益者에 대하여 자기의 持分比率에 해당하는 不當利得返還請求가 가능하다(金容晉, "不動産 共有者간의 使用·收益權과 保存行爲", 金曾漢紀念論文集, 294; 李敦明, "共有物 使用管理의 法理에 관한 檢討", 法律實務硏究 2(1981), 21).

Ⅳ. 持分의 主張

持分은 所有權의 分量的 一部이기 때문에 다른 共有者의 持分에 의하여 일정한 比率로 제한을 받는 점을 제외하고는 前述(Ⅰ.2.)한 바와 같이 하나의 독립된 所有權과 같은 性質을 지닌다. 따라서 각 共有者는 단독으로 다른 共有者 또는 제3자에 대하여 그의 持分을 주장할 수 있다.[25)]

1. 持分의 確認請求

共有者는 자기의 持分을 否認하거나 또는 다투는 다른 共有者 또는 제3자에 대하여 그 者만을 상대로 단독으로 자기의 持分의 확인을 구하는 訴를 제기할 수 있다.[26)27)] 따라서 이 訴는 必要的 共同訴訟이 아니며 旣判力도 訴의 당사자 사이에서만 발생한다.

2. 持分의 登記請求

(1) 移轉登記請求

數人이 共有하기로 하고 제3자로부터 不動産을 매수한 경우에는 각 共有者는 자기의 持分에 관하여 단독으로 제3자(賣渡人)를 상대로 持分移轉登記를 請求할 수 있다.[28)]

(2) 抹消登記請求

(가) 共有不動産이 원인없이 제3자 명의로 所有權移轉登記된 경우에 각 共有者가 단독으로 제3자에 대하여 자기의 持分比率에 따른 抹消請求를 할 수 있음은 물론 제3자 명의의 登記의 全部抹消를 구할 수 있다는 데 관하여 異論

---

25) 獨民 §1011는 "각 共有者는 제 3 자에 대하여 全共有物에 관하여 所有權에 기한 請求權을 주장할 수 있다. 다만 返還請求權의 주장은 제432조(不可分債權-筆者 註)에 의한다"고 규정하고 있다.

26) 郭潤直, 339; 權龍雨, 271; 金基善, 253; 金容漢, 328; 金曾漢, 225-6; 金顯泰, 277; 方順元, 156; 李根植, 139; 李相浩, 185; 李英俊, 504; 李太載, 239; 張庚鶴, 510; 鄭範錫, 145; 崔栻, 172. 大判 70. 3. 24, 70다133(要集 民 Ⅰ-1, 511). "공유지분권은 공유물전부에 효력이 미치므로 다른 지분권자가 공유지분권을 다투거나 침해하였다면 보존행위로서 지분권의 확인 및 방해배제를 청구할 수 있다."

27) 이 점에서 前述(民 §262 해설 Ⅲ. 2.)한 共有關係의 確認을 구하는 訴가 共有者 전원의 共同提訴를 요하는 것과 다르다.

28) 郭潤直, 339; 金基善, 253; 金容漢, 328; 金曾漢, 226; 金顯泰, 277-8; 李英俊, 505; 張庚鶴, 511; 鄭範錫, 145; 崔栻, 173. 大判 60. 7. 7, 4292民上462(集 8, 100).

이 없다. 다만 後述하는 바와 같이 그 근거를 學說은 共有者의 持分權의 性質에서 찾는 데 비하여 判例는 共有者의 保存行爲에서 찾고 있다.

(나) 共有不動産이 共有者 중 1인 명의로 登記된 경우에는 다른 共有者는 그 登記의 全部抹消를 請求할 수는 없고, 그 名義人의 持分을 제외한 나머지 持分部分에 관하여만 抹消를 請求할 수 있다.[29] 그 登記名義人의 持分에 해당하는 부분만큼은 登記가 實體的 權利關係에 부합하기 때문이다. 이때의 登記節次는 更正登記의 방식을 취한다.[30]

共有者의 1인의 持分이 실제보다 크게 登記된 경우도 위와 마찬가지이다.[31]

(3) 單純共同訴訟

위와 같이 持分의 移轉登記請求이든 抹消登記請求이든 각 共有者가 단독으로 할 수 있으므로 數人의 共有者가 우연히 共同으로 提訴한 경우에도 이는 單純共同訴訟에 지나지 않는다. 제3자가 共有者들을 상대로 共有物의 所有權移轉登記 또는 抹消登記請求를 하는 경우에도 마찬가지이다.[32]

判例[33]도 이 점을 명백히 하여 "임야가 네 사람의 공유에 속하는 경우에는 그 네 사람의 소유권이 지분의 형식으로 공존하는 것 뿐이고 그 처분권이 공유에 속하는 것이 아니므로…… 반드시 공유자 전원을 피고로 할 필요가 없고, 설사 공유자 전원을 공동피고로 하여 소송을 제기하였다 하더라도 소송의 목적이 공동소송인 전원에 대하여 합일적으로 확정될 필요가 없는 것이다"라고 判示하였다.[34] 또한 判例[35]는 共有者들을 상대로 하는 共有物의 返還 또는 撤去請求訴訟은 그의 持分 범위 내에서 인정하면 되는 것으로 必要的 共同訴訟이 아니라고 하였다.[36]

---

29) 大判(全) 65. 4. 22, 65다268(集 13-1, 125); 大判 65. 5. 31, 65다690(要集 民 I-1, 510); 大判 86. 8. 19, 86다카549(公 785, 1223); 大判 88. 2. 23, 87다카961(公 822, 580). 위 大判(全) 65. 4. 22로 폐기된 大判 46. 10. 11, 4279民上32등(總 2-2(A), 564)은 全部抹消를 인정하였다.

30) 81. 12. 15 登記. 제576호, 登記先例要旨集 1, 140; 尹相穆, "更正登記의 效力", 司論 6, 200; 方順元, 156.

31) 大判 90. 6. 26, 89다카24629(公 878, 1566).

32) 同旨 李英俊, 505-6. 이에 반하여 李時潤, "共同所有와 그 訴訟關係", 金曾漢紀念論文集, 336은 必要的 共同訴訟이라고 하고, 黃迪仁, 民法(Ⅲ), 241은 類似必要的 共同訴訟이라고 한다.

33) 大判 65. 7. 20, 64다412(集 13-2, 29).

34) 同旨 大判 68. 4. 23, 67다1953(集 16-1, 268).

35) 大判 69. 7. 22, 69다609(集 17-2, 346).

36) 同旨 大判 68. 7. 31, 68다1102(集 16-2, 343); 大判 74. 8. 30, 74다537(公 499, 8045). 다만, 大判 61. 5. 4, 4292民上853(要集 民 I-1, 523)은 數人이 共同하여 제3자로부터 不動産所有權移轉登記를 받기로 和解契約이 성립하고 그에 기하여 所有權移轉登記請求를

3. 妨害排除 또는 共有物의 返還請求

(1) 제3자에 대한 請求

(가) 共有物에 관하여 제3자가 원인없이 자기명의로 所有權移轉登記를 경료하였다거나(이 경우에 관하여는 이미 위에서 언급하였다), 共有物의 占有를 빼앗고 있는 등으로 共有物에 대하여 침해를 가하고 있는 경우에 각 共有者는 그의 持分의 比率에 따라 妨害의 排除(예컨대, 所有權移轉登記의 抹消請求), 共有物의 返還, 地上物의 撤去 등을 구할 수 있음은 물론이거니와, 한걸음 나아가 妨害 전부의 除去, 共有物 전부의 返還을 구할 수 있다. 다만 그 근거로서 通說은 목적물이 한 개 不可分이라는 이유로 持分權에 기한 物權的 請求權으로서의 妨害除去 또는 共有物返還請求權에 不可分債權의 규정(民 §409)을 類推適用하고 있는 데 비하여,[37] 判例는 共有者의 共有物保存行爲에 관한 규정(民 §265 但)을 적용하고 있다.[38]

한편 최근에는 通說·判例의 理論을 결합하여 "원래 持分權은 所有權의 性質을 가지므로 持分權에 기한 妨害排除請求權이 인정되는 것은 당연하며, 持分權은 목적물 전체에 미치는 것이므로 각 共有者는 單獨으로 請求할 수 있고…… 다만 妨害排除請求나 引渡請求는 동시에 共有物의 保存行爲의 실질을 가지는 것이다. 그러므로 이 共有持分權者는 持分權에 기하여 單獨으로 共有物 전체에 대한 妨害排除請求나 引渡請求를 할 수 있음은 물론 保存行爲를 이유로 하여서도 이를 請求할 수 있는 것이다"라고 설명하는 見解도 주장되고 있다.[39] 어느 理論에 의하든 적용결과에 있어서는 차이가 없기 때문에 어느 理論

할 경우 그 共有權利關係는 반드시 共有者 전원에 대하여 合一的으로만 확정되어야 하므로 數人이 共同으로 請求하여야 한다고 하였다. 그러나 그 후의 大判 79.8.31, 79다13(集 27-2, 280)은 2인이 不動産을 共同買受한 경우에 그들 사이가 共有關係로서의 단순한 共同買受人에 해당되어 賣渡人이 買受人 兩人에게 1/2씩의 持分에 대한 移轉登記義務를 부담한다면 이는 通常의 共同訴訟이라고 하였다.

37) 郭潤直, 340; 金基善, 241; 金顯泰, 278; 方順元, 157; 李相浩, 187; 崔栻, 173.
金容圭, "共有關係의 對外的 主張", 金曾漢紀念論文集, 314-5은 持分은 共有物 전체에 대한 所有權의 性質을 갖는다는 共有 자체의 性質에서 그 근거를 찾는다.

38) 大判 60.7.7, 4292民上462(集 8, 100); 大判 66.4.19, 66다283(要集 民 I-1, 524); 大判 66.6.7, 66다628(總 2-2(A), 574-4); 大判 66.7.19, 66다800(集 14-2, 173); 大判 68.9.17, 68다1142등(集 16-3, 32); 大判 69.3.4, 69다21(集 17-1, 285); 大判 71.7.27, 71다1265(要集 民 I-1, 525); 大判 71.11.30, 71다1831(集 30-1, 75); 大判 71.12.14, 71다1950(要集 民 I-1, 525); 大判 82.3.9, 81다464(公 680, 427). 다만 大判 68.9.17, 68다1142등(集 16-3, 32)은 保存行爲와 함께 不可分債權에서도 근거를 찾고 있는 것으로 보인다. 不動産을 數人에게 名義信託한 경우에는 受託者 사이에 共有關係가 성립하므로(民 §262 해설 Ⅱ.1. 참조) 名義信託者는 受託者 중 1인만을 代位하여 그 不動産에 관한 원인무효의 登記의 抹消를 請求할 수 있다. 大判 74.1.29, 73다358(公 484, 7741).

39) 李英俊, 506.

이 타당하냐는 論議의 實益이 없는 것같다.

(나) 共有者의 1인이 제3자에 대하여 共有物 전부의 반환을 구하는 경우에 「자기」에게 물건 전부의 반환을 구할 수 있는가?

共有者의 共有物返還請求權에 不可分債權의 규정을 유추적용하는 通說은 그 당연한 결과로서 이를 긍정한다.[40] 共有者의 共有物返還請求를 保存行爲로 보는 判例도 마찬가지이다.[41]

이에 대하여 少數設은 "不可分物의 경우에는 不可分債權의 규정을 類推適用함으로써 각 共有者는 전원을 위하여 供託을 시키든가, 供託에 부적당한 물건은 法院이 選任하는 管理人에게 引渡하라고 請求할 수 있을 뿐"이라고 하여 이를 부정한다.[42]

그러나 少數說의 見解는 獨逸民法의 해석론으로는 몰라도 우리 民法에는 맞지 않는 理論이다. 왜냐하면 少數說이 유추적용의 근거로 삼는 不可分債權에 관하여 獨逸民法은 "數人이 不可分給付를 請求할 수 있는 경우에 그들이 連帶債權者가 아닌 한 債務者는 단지 全債權者에 대하여 共同으로만 給付를 할 수 있고, 각 債權者는 債務者에 대하여 그 부담한 물건을 全債權者를 위하여 供託하거나 그 물건이 供託에 부적당한 때에는 法院이 選任한 管理人에게 引渡할 것을 請求할 수 있다"(§432 I)고 규정하고 있는 데 비하여, 우리 民法은 "債權의 目的이…… 不可分인 경우에 債權者가 數人인 때에는 각 債權者는 모든 債權者를 위하여 履行을 請求할 수 있고, 債務者는 모든 債權者를 위하여 각 債權者에게 履行할 수 있다"(§409)고 규정하고 있기 때문이다. 결국 少數說은 不可分債權의 규정을 유추적용하는 점에서는 通說과 궤를 같이 하면서도 그 유추적용하는 不可分債權의 규정을 우리 民法이 아닌 獨逸民法에서 찾는 오류를 범하고 있는 것이다.

(2) **다른 共有者에 대한 請求**

前述(III. 2.)한 바와 같이 共有者는 각 共有하는 共有物 전부를 그의 持分의 比率로 使用·收益할 수 있으므로 단순히 共有者의 1인이 共有物을 전부 使用하는 것만으로는 다른 共有者의 持分을 침해한다고 할 수 없고, 따라서 다른 共有者는 그를 상대로 妨害排除나 共有物返還을 請求할 수 없다. 다만 共有者

40) 郭潤直, 340; 權龍雨, 272; 金容漢, 329; 金曾漢, 227; 方順元, 157; 李太載, 240; 鄭範錫, 146; 崔栻, 173.
41) (註 37)의 判例들 참조.
42) 李英俊, 507.

의 1인이 共有物을 恣意으로 배타적·독점적으로 使用·收益한다면(예컨대, 立本의 共有者의 1인이 다른 共有者의 동의없이 立本을 벌채하여 賣却하는 경우, 共有土地 위에 일부 共有者가 단독으로 건물을 所有하고 있는 경우)[43] 이는 다른 共有者의 持分을 침해하는 것이 되어 위와 같은 共有者에 대하여는 妨害排除 혹은 共有物返還請求가 가능하다[44](前述 Ⅲ. 2. 참조). 判例가 그 근거를 保存行爲에서 찾고 있음은 물론이다.

(3) **損害賠償請求**

不法占有者에 대한 共有物返還請求를 하면서 그로 인한 損害賠償 또는 不當利得返還請求를 하는 경우의 性質 및 範圍에 관하여는 後述 民 §265 해설 Ⅲ. 1. 참조.

4. 取得時效의 中斷

共有物의 전부에 대하여는 물론이거니와 共有物의 持分에 대하여도 時效取得이 가능하다.[45] 또한 持分의 일부에 대하여도 時效取得이 가능하다.[46]

한편 각 共有者는 持分權에 기하여 단독으로 共有物에 대한 제3자의 取得時效가 완성되는 것을 중단시킬 수 있다. 다만 取得時效 중단의 효과는 당해 共有者의 持分에 한하여만 발생한다.[47]

Ⅴ. 持分의 處分

1. 立 法 例

共有者는 자기의 持分을 자유롭게 처분할 수 있다(民 §263 前段). 共有者의 持分處分의 자유는 이미 로마법에서부터 인정되었고,[48] 그것이 近代法에 斷受되었다. 獨民 §747 前文은 "각 共同者는 자기의 持分을 처분할 수 있다"고 하고, 同法 §1009 Ⅰ은 "1인의 共有者의 이익을 위하여도 共有物에 物權을 設定할 수 있다"고 규정하고 있다. 瑞民 §646 Ⅲ 後段은 "각 共有者는 자기의 持分을 讓渡

43) 大判 66. 4. 19, 65다2033(集 14-1, 205).
44) 金曾漢, 226.
45) 大判 75. 6. 24, 74다1877(集 23-2, 138); 大判 75. 10. 16, 74다44(總 2-2(A), 568-13).
46) 大判 79. 6. 26, 79다639(公 615, 12042).
47) 郭潤直, 340; 權龍雨, 271; 金基善, 254; 金容漢, 329; 金曾漢, 227; 金顯泰, 278; 李根植, 320; 李相浩, 187; 李英俊, 507-8; 張庚鶴, 511; 大判 79. 6. 26, 79다639(集 27-2, 102).
48) 玄勝鍾, 로마法原論, 143.

하거나 擔保로 제공할 수 있고, 共有者의 債權者는 이를 押留할 수 있다"고 규정하고 있다. 日本民法은 共有持分의 처분에 관하여 별도의 규정을 두고 있지 않다.[49)]

2. 持分處分의 內容

(1) 共有者가 持分을 자유롭게 처분할 수 있다는 것은 共有者가 자기의 持分을 讓渡하거나, 他共有者의 持分과 交換하거나,[50)] 擔保에 제공하거나,[51)] 拋棄하는 등의 행위를 함에 있어 아무런 제약을 받지 않는다는 것을 의미한다. 따라서 다른 共有者의 同意는 필요없다. 共有者 사이에 持分을 처분하지 않는다고 特約을 하더라도 그것은 債權的 效力을 가질 뿐이며, 그러한 特約을 登記할 길도 없다.[52)] 다만 集合建物의 所有 및 管理에 관한 法律에 의한 區分建物所有者는 共用部分에 대한 持分 또는 垈地使用權에 대한 持分을 그가 所有하는 專有部分과 분리하여 처분할 수 없다(集建 §§13, 20).

(2) 共有物이 不動産인 경우에는 持分의 讓渡, 擔保權設定 등은 登記하여야 하고, 動産인 경우에는 引渡하여야 효력이 생김은 물론이다(民 §186).[53)] 여기서 引渡는 共同占有의 移轉을 의미한다.[54)] 讓受人이 기존의 占有者라면 民 §188 Ⅱ이 적용될 것이다.

持分의 讓渡는 기존의 持分의 讓渡만이 아니라 장래 취득할 持分을 讓渡하는 것도 가능함은 물론이다. 이는 일종의 條件附契約인 셈이다.[55)] 持分이 讓渡되면 讓渡人과 다른 共有者간의 종래의 共有關係가 讓受人에게 그대로 移轉한다. 따라서 使用·收益의 방법에 관한 特約 등 讓渡人이 받고 있던 제약은 그것이 法律의 규정에 의한 것이든 共有者간의 特約에 의한 것이든 讓受人에게 그대로 承繼된다.[56)] 다만 부동산의 共有에 관한 不分割의 특약 및 공유자

49) 그러나 學說上으로는 所有權의 내용으로 共有持分 處分의 자유가 인정되고 있다(註釋民法(上), 422 참조).
50) 大判 72.5.23, 71다2760(集 20-2, 46).
51) 83.6.11. 登記 제214호, 登記先例要旨集 1, 121.
52) 郭潤直, 339; 金基善, 253; 金容漢, 328; 金顯泰, 276; 李英俊, 508; 李太載, 238; 張庚鶴, 510; 崔栻, 172.
53) MünchKomm, Bd. 4, § 1008 RdNr. 18; Medicus, Schuldrecht Ⅱ, 209; Schwab, 232; Wolf, 644.
54) MünchKomm, Bd. 4, § 1008 RdNr. 18.
55) 李英俊, 508.
56) 郭潤直, 338-9; 權龍雨, 271; 金基善, 253; 金用漢, 327; 金顯泰, 276; 張庚鶴, 509; 崔栻, 172. 獨民 § 746는 이를 明文으로 규정하고 있으며, 다만 共有物이 土地인 경우에는 登記된 경우에 한하여 承繼를 인정한다(§ 1010 Ⅰ).

사이에 共有物에 관하여 생긴 개개의 채권·채무가 양수인에게 승계되는가에 관하여는 學說上 다툼이 있다. 이에 관하여는 後述 民 §§266, 268 해설 각 참조.

(3) 持分을 讓渡하거나 持分에 擔保權을 설정하는 것과는 달리 持分에 地上權·傳貰權 등의 用益物權을 설정하는 것은 共有者 전원의 동의를 필요로 한다고 할 것이다.[57] 이러한 用益物産의 설정은 그 효과가 共有物 전체에 미쳐 실질적으로 共有物 전체를 처분하는 결과가 되기 때문이다.[58]

(4) 競賣에 있어서의 特則

共有者 1인의 持分이 競賣에 의하여 처분되는 경우에는 民事訴訟法上 다른 共有者의 이익이 특별히 고려된다. 즉 共有持分을 競賣할 경우에 競賣法院은 持分에 대하여 競賣가 신청되었음을 登記하고 다른 共有者에게 競賣申請 사실을 통지하여야 한다(民訴 §649 I). 나아가 만일 다른 共有者가 競賣期日까지 현금 또는 유가증권으로 買受價額의 1/10에 해당하는 保證을 제공하고 最高價買受申告價格과 동일한 가격으로 위 持分의 優先買受를 申告하면, 競買法院은 最高價買受申告에 불구하고 그 共有者에게 競落을 許可하여야 한다(民訴 §650 I, II). 數人의 共有者가 優先買受申告를 한 경우에는 원칙적으로 각 共有持分의 比率에 따라 위 持分을 買受하게 된다(民訴 §650 III).

VI. 持分의 彈力性

이에 관하여는 後述하는 民 §267 해설 I. 참조.

[閔 日 榮]

---

57) 金容漢, 327; 李英俊, 508; 崔栻, 172; Wolf, 644; 金仁銖(註 7), 135-6은 共有持分에는 地上權·傳貰權 등의 用益物權 및 賃借權의 설정이 아예 불가능하다고 한다. 이를 허용한다면 地上權 등이 중복하여 성립하여 一物一權主義에 반하기 때문이라고 한다. 또한 87.7.2. 登記 제393호, 登記先例要旨集 2, 124 참조.

58) 따라서 土地共有者의 1인에 대하여만 法定地上權(民 §366)이 발생할 경우에는 法定地上權이 否認된다(李英俊, 508 및 그곳에 引用된 日本判例 참조).

第264條(共有物의 處分, 變更)

共有者는 다른 共有者의 同意없이 共有物을 處分하거나 變更하지 못한다.

차 례

Ⅰ. 立法例

각 共有者는 그 持分을 자유로이 處分할 수 있으나(民 §263), 共有物 자체의 處分·變更은 다른 共有者 전원의 동의를 얻어야 할 수 있다(民 §264). 共有物은 전체로서 共有者 전원에게 속하는 것이므로 共有者의 1인이 共有物을 마음대로 處分·變更한다면 이는 다른 共有者의 權利를 침해하는 것이 된다. 때문에 民法은 共有物의 處分·變更은 共有者 전원이 동의해야 할 수 있는 것으로 하였다.

다른 立法例를 보면, 獨逸民法은 共有物의 處分에 관하여 §747 後文에서 "共同의 目的物의 전체로서의 처분은 共同으로만 할 수 있다"고 규정하고, 共有物의 변경에 관하여는 §745 Ⅲ 前文에서 "目的物의 本質的 變更은 議決하거나 請求할 수 없다"고 규정하고 있고, 瑞民 §648 Ⅱ은 "共有物의 讓渡, 物權의 設定 및 用途의 變更은 다른 約定이 없는 한 공유자 전원의 일치를 요한다"고 규정하고 있으며, 日民 §251은 "각 共有者는 다른 共有者의 同意를 받지 않고는 共有物에 變更을 가할 수 없다"고 규정하고 있다.

Ⅱ. 共有物의 處分

1. 共有物의 處分은 共有物을 讓渡하거나 그 위에 物權을 설정하는 등의 행위를 말한다. 각 共有者가 자기의 持分 위에 地上權·傳貰權 등의 用益物權을 설정하는 것도 실질적으로는 共有物의 處分에 해당한다고 함은 前述(民 §263 해설 Ⅴ.2.)

한 바와 같다.

2. 共有者의 1인이 다른 共有者의 동의없이 共有物을 제3자에게 賣渡한 경우에는 그 賣渡는 무효가 아니라 다른 共有者의 持分의 범위 내에서 他人의 물건을 賣渡한 경우(民 §569)에 해당한다.[1] 따라서 賣渡한 共有者는 다른 共有者의 持分을 취득하여 제3자에게 移轉하여 줄 義務를 부담한다. 이 義務를 이행하지 못하면 제3자가 權利를 취득하지 못함은 물론이다. 共有物이 動産인 경우에는 다른 共有者의 持分 범위 내에서 제3자의 善意取得이 가능하다.[2]

共有者의 1인이 다른 共有者의 동의없이 共有不動産을 讓渡하여 제3자에게 所有權移轉登記를 하여준 경우에도 처분한 共有者의 持分 범위 내에서는 所有權移轉登記가 실체관계에 부합하므로, 다른 共有者의 제3자에 대한 所有權移轉登記抹消請求는 처분한 공유자의 持分 이외의 부분에 관하여만 가능하다.[3]

Ⅲ. 共有物의 變更

1. 共有物의 變更은 共有物에 대하여 사실상의 물리적인 변화를 가하는 것을 말한다. 이러한 事實上의 변경 외에 法律上의 변경은 앞에서 본 處分에 해당한다고 할 것이나, 양자를 엄격하게 구별할 필요나 實益은 없다.

2. 共有者의 1인이 다른 共有者의 동의없이 共有物을 변경하는 때에는 다른 共有者는 그 變更行爲의 금지를 청구할 수 있다. 다만 共有物의 保存行爲의 일환으로 共有物에 변경을 가하는 것은 다른 共有者의 동의를 요하지 않는다고 할 것이다(民 §265 但 참조).[4]

1) 李英俊, 515; 大判 67. 6. 13, 67다558(要集 民 I-1, 521). 反對 金曾漢, 225는 無效라고 한다.
2) 金基善, 251.
3) 大判 65. 6. 16, 65다310(要集 民 I-1, 416); 大判 65. 8. 24, 65다1086(要集 民 I-1, 1086).
4) 李英俊, 515.

Ⅳ. 區分所有的 共有에서의 處分·變更

區分所有的 共有에서는 각 共有者가 자기의 특정 占有部分을 單獨으로 자유롭게 處分·變更할 수 있다(詳細는 民 §262 해설 Ⅱ.3. 참조).

[閔 日 榮]

第265條(共有物의 管理, 保存)

共有物의 管理에 관한 事項은 共有者의 持分의 過半數로써 決定한다. 그러나 保存行爲는 各自가 할 수 있다.

차 례

Ⅰ. 立法例

1. 로마법상 共有物의 개량·변경은 다수결에 의하도록 되어 있었다.[1] 獨逸民法은 이를 繼受하여 "共同의 目的物의 성질에 부합하는 통상의 管理 및 利用은 多數決에 의하여 결정할 수 있다. 多數決은 持分의 크기에 의한다"(§745 Ⅰ)고 규정하였다. 다만 管理가 目的物의 성질에 부합하는 通常의 것이 아닌 때에는 共同者 전원의 同意를 요한다(獨民 §744 Ⅰ).[2] 이에 비하여 瑞西民法은 원칙적으로 통상의 管理行爲(예컨대, 修繕, 耕作, 短期의 保管 또는 看守 등)는 각 共有者가 단독으로 할 수 있고, 중요한 管理行爲(예컨대, 賃貸借契約의 締結 및 解止, 耕作 또는 收益方法의 變更, 補修, 修理 등의 工事)는 共有者의 持分의 과반수의 동의를 얻어 할 수 있게 하고 있다(§§647a-647e). 한편 日本民法은 "共有物의 管理에

---

1) 玄勝鍾, 로마法原論, 143.
2) 이에 반하는 多數決은 나머지 少數者에게 拘束力이 없고, 경우에 따라서는 少數者에 대하여 損害賠償責任을 진다(Larenz, Schuldrecht, Bd. 2, 379).

관한 사항은 前條의 경우(共有物의 變更을 말한다—筆者 註)를 제외하고는 각 共有者의 持分의 價格에 따른 과반수로써 決定한다"(§252 本文)고 규정하고 있다.

2. 한편 共有物의 保存行爲에 관하여는, 獨逸民法은 "각 共同者는 다른 共同者의 동의없이 목적물의 유지에 필요한 조치를 할 수 있고, 다른 共同者에 대하여 위와 같은 조치에 미리 同意할 것을 請求할 수 있다"(§744 Ⅱ)고 규정하고 있고, 瑞西民法은 "共有者는 각 共有者에게 속하는 다음 各號의 權利를 박탈하거나 제한할 수 없다. 瑞西民法은 ① 共有物의 價値 및 效用의 維持에 필요한 행위를 하고, 필요한 경우에는 法院에 그에 관한 命令을 請求하는 權利, ② 급박한 손해 또는 증대하고 있는 損害로부터 共有物을 보호하기 위하여 즉시 취하여야 할 조치를 共有者 전원의 비용으로 행하는 權利"(§647 Ⅱ)라고 규정하고 있으며, 日本民法은 "保存行爲는 각자가 할 수 있다"(§252 但)고 규정하고 있다.

Ⅱ. 共有物의 管理

1. 意　義

共有物의 管理行爲는 공유물의 처분이나 변경에까지 이르지 아니한 정도[3]로 共有物을 이용·改良하는 행위를 말한다.[4] 그 중 共有物의 利用은 공유물을 그 자체의 경제적 용도에 따라 활용하는 것을 말하고(따라서, 각 共有者의 개인적 수요를 충족시키기 위한 使用, 收益과는 관점이 다르다), 共有物의 改良은 共有物의 사용가치 내지 교환가치를 증대시키는 것을 말한다고 설명되나,[5] 兩者가 명확히 구별되는 것은 아니고, 구별의 實益도 없다.

2. 持分의 過半數

(1) 共有物의 管理에 관한 사항은 共有者의 持分의 과반수로써 결정한다(民 §265 本文). 「共有者」의 과반수가 아니고 「持分」의 과반수임에 유의할 필요가 있다. 따라서 共有者의 數로는 과반수가 되어도 그들의 持分의 합계가 과반수에

---

3) 共有物의 처분이나 변경에는 共有者 전원의 同意가 필요하다(民 §264).
4) 金容晉, 155; 金容漢, 326-7; 李英俊, 511; 張庚鶴, 508-9. 그런데 郭潤直, 341; 金基善, 251; 金顯泰, 281; 鄭範錫, 144는 利用·改良 외에 保存行爲도 管理行爲에 포함시키나 民 §265의 규정상 保存行爲는 管理行爲에서 제외함이 옳을 것이다.
5) 郭潤直, 341-2; 金顯泰, 281-2.

미달하는 때에는 管理에 관한 사항을 결정할 수 없다. 반대로 共有者의 數로는 과반수가 안 되어도 그들의 持分의 합계가 과반수이면 管理에 관한 사항을 결정할 수 있다. 그 결과 共有者의 1인이 과반수의 持分을 가진 경우에는 그는 별도의 결정을 거치지 아니하여도 독자적으로 管理行爲를 할 수 있다.[6)]

持分의 「過半數」이어야 하므로 持分의 1/2만으로는 管理行爲를 할 수 없다.[7)] 과반수의 決議는 반드시 모여서 할 필요는 없고, 書面으로도 가능하다.[8)] 持分의 과반수로써 결정하도록 한 民 §265의 규정은 強行規定이라기 보다는 任意規定이라고 봄이 상당하므로,[9)] 共有者들 사이에 民法의 규정과 다른 管理方法을 정한 경우에는 그에 따라야 한다(民 §105 참조).

(2) 과반수로 결정한다 하여도 각 共有者가 그 持分比率로 이익을 보도록 결정하여야지 어느 특정의 共有者만이 이익을 보도록 결정하는 것은 안 된다. 이는 다른 共有者의 權利를 침해하는 것으로 되기 때문이다.[10)] 만일 어느 共有者가 이익을 독차지한다면 不當利得의 문제가 발생한다(民 §263 해설 Ⅲ.2. 참조).

3. 管理行爲의 例

學說·判例上 管理行爲로 例示되는 주요한 것으로는 다음과 같은 것이 있다.[11)]

(1) **共有物을 使用·收益하는 구체적인 방법의 결정**

"공유자간에 공유물을 사용·수익할 구체적인 방법을 정하는 것은 공유물의 관리에 관한 사항으로서 공유자의 지분의 과반수로써 결정할 것임은 민법 제265조 본문에 의하여 명백"하다.[12)]

(2) **共有物의 賃貸行爲**

"공유자가 공유물을 타인에게 임대하는 것과 같은 행위는 공유물의 관리행위라 할 것이고…… 공유물의 관리행위는 지분의 과반수로써 결정"한다.[13)]

---

6) 大判 66.2.28, 65다2348(要集 民 I-1, 523); 大判 68.11.26, 68다1675(集 16-3, 244).
7) 大判 66.9.20, 66다1051(總 2-2(A), 574-4); 大判 78.5.23, 77다1157(公 589, 10877); 大判 79.6.12, 79다647(集 27-2, 88).
8) 大判 80.9.9, 79다1131등(集 28-3, 4).
9) 李英俊, 511.
10) 金容晋, "不動產共有者間의 使用收益權과 保存行爲", 金曾漢紀念論文集, 295.
11) 日本의 判例에 관하여는 註釋民法(上), 428-9 참조.
12) 大判 66.4.19, 65다2033(集 14-1, 205); 大判 70.12.29, 70다2337(集 18-3, 426); 大判 71.7.20, 71다1040(集 19-2, 209); 大判 78.7.11, 78다695(集 26-2, 202); 大判 79.6.12(註 7).
13) 大判 62.4.4, 62다1(集 10-2, 61); 大判 66.2.28, 65다2348(要集 民 I-1, 523); 大判

그리고 持分의 과반수결의로 家屋을 賃貸하였다면 共有者의 1인이 保存行爲로서 賃借人을 상대로 家屋明度를 請求할 수 없다.[14] 나아가 持分의 과반수결의로 管理委任을 받은 者가 賃貸한 경우[15]에 管理委任을 解止한 것만으로는 賃貸의 효력이 失效되지 아니한다.[16]

한편, 單獨所有者가 그 소유의 물건에 관하여 賃借權을 설정한 후에 持分의 일부를 他人에게 이전하여 共有로 된 경우 賃借人은 새로운 共有者에 대하여 賃借權을 주장할 수 있는가?

이는 결국 民 §256 本文과 관련하여 해결할 수밖에 없을 것이다. 즉 賃借權을 설정한 본래의 所有者가 여전히 持分의 과반수를 가지고 있다면 賃借人은 새로운 共有者에 대하여도 그의 賃借權을 주장할 수 있고, 본래의 所有者의 持分이 과반수에 미달하게 되면 賃借人은 새로운 共有者에 대하여 그의 賃借權을 주장할 수 없다 할 것이다.[17]

위와 같은 문제는 賃借權을 설정한 자가 單獨所有者인 경우 뿐만 아니라 처음부터 共有者의 持分의 과반수의 결정으로 賃貸借를 하였는데, 그 후 持分에 변동이 생긴 경우에도 생긴다. 이때에도 역시 위에서 본 法理에 따라 해결하여야 할 것이다.[18]

(3) 契約의 解除, 解止

"위토경작계약의 해지는 관리행위라고 할 수 있는 것이므로 특단의 사정이 없는 한 民法 제265조 본문에 의하여 공유지분의 과반수의 결의가 필요하다."[19]

契約의 解除·解止가 管理行爲에 해당하는 것은 解除·解止의 대상이 되는 契約 자체가 管理行爲에 해당하는 경우(예컨대, 앞에서 본 賃貸借契約)에 한한다고 보아야 하

66. 10. 25, 66다1388(要集 民 I-2, 1174). 다만 大判 59. 10. 15, 4292民上121(要集 民 I-1, 523)은 취지가 분명하지는 아니하나 共有者 전원의 동의를 필요로 하는 것으로 보았다.

14) 大判 89. 3. 28, 88다카9012(公 848, 675).

15) 이러한 賃貸行爲가 適法함은 물론이다(大判 89. 3. 28(註 14) 참조).

16) 大判 68. 4. 16, 67다2442(集 16-1, 240). 또한 大判 67. 12. 29, 67다2441(集 15-3, 483) 참조.

17) 大判 66. 3. 22, 65다2618(集 14-1, 130); 大判 90. 2. 13, 89다카19665(公 869, 639). 그 밖에 大判 62. 12. 27, 62다744(集 10-4, 352) 및 大判 65. 1. 26, 63다717(要集 民 I-1, 521)도 同趣旨로 보이나 분명하지는 않다. 또한 金容晉(註 10), 297-8; 李敦明, "共有物使用管理의 法理에 관한 檢討", 法律實務硏究 2(1981), 21 참조.

18) 다만 李敦明(註 17), 24-5 및 註釋民法(上), 429은 이와 같은 해결에 의문을 제기한다. 또한 註釋民法(上), 同面은 單獨所有가 相續으로 인하여 相續人의 共有로 된 경우에도 같은 문제가 발생한다고 하고 있으나, 相續人은 被相續人의 權利만이 아니라 義務도 모두 承繼하므로 문제가 없을 것이다.

19) 大判 64. 9. 22, 64다288(要集 民 I-1, 523).

고, 契約 자체가 共有物의 처분·변경에 관한 것인 때(예컨대, 賣買契約)에는 解除·解止도 共有者 전원의 동의를 필요로 한다고 할 것이다.[20] 그리고 共有者 數人의 持分을 합해야 持分의 과반수가 되는 경우에 契約을 解除·解止하기 위하여는 解除·解止를 數人의 共有者들, 즉 그들의 持分의 합계가 總持分의 과반수가 되는 共有者들 전원이 解除·解止權을 행사하여야 한다(民 § 547 I).[21]

Ⅲ. 共有物의 保存

1. 意 義

共有物의 保存行爲는 共有物의 멸실·훼손을 방지하고 그 현상을 유지하기 위하여 하는 事實的·法律的 행위를 말한다.[22] 예컨대, 共有建物의 損壞를 방지하기 위하여 修理를 한다든가, 부패의 염려가 있는 共有物을 매각하여 金錢으로 보관하는 것 등을 들 수 있다. 第1順位 抵當權이 소멸한 경우에 第2順位 抵當權의 準共有者의 1인이 第1順位 抵當權登記의 抹消를 청구하는 것도 保存行爲에 해당한다.[23]

判例가 共有持分에 기한 妨害排除請求(예컨대, 所有權移轉登記抹消請求), 共有物返還請求도 보존행위에 해당한다고 하고 있음은 前述(民 § 263 해설 Ⅳ. 3.)한 바와 같다. 또한 이러한 共有者의 1인의 妨害排除請求는 共有者 전원의 특약에 의하지 아니하는 한 共有者의 持分의 과반수결정으로 배제할 수 없다는 것이 判例[24]이다. 共有物의 不法占有者에 대한 損害賠償請求도 共有物의 保存行爲에 해당하는가?

判例는 처음에는 "어떤 부동산의 공유자의 한사람이 당해 부동산을 불법으로 점유하는 사람에 대하여 그 시설한 물건을 철거하고 이를 명도할 것과 이를 명도할 때까지의 불법점거로 인한 손해금의 청구를 구하는 것은 방해배제의 청구임에 틀림이 없고, 이는 이른바 보존행위에 속하는 것이요 손해금이 금전이라 하여 이 결론에 아무런 영향이 없다"[25]고 하였으나, 그 후에 태도를 바꿔 "공유물에 끼친 불법행위를 이유로 하는 손해배상청구권은 특별한 사유

20) 同旨 註釋民法(上), 430.
21) 李英俊, 512.
22) 金容漢, 327; 金曾漢, 244; 李英俊, 513.
23) 金顯泰, 281; 李英俊, 548.
24) 大判 68. 9. 17, 68다1142등(集 16-3, 32).
25) 大判 62. 4. 12, 4294民上1242(要集 民 I-1, 523).

가 없는 한 각 공유자가 그 지분에 대응한 비율의 한도 내에서만 이를 행사할 수 있고, 타인의 지분에 대하여는 청구권이 없다"[26]고 함으로써 不法占有者에 대한 損害賠償請求는 保存行爲에 해당하지 아니함을 밝히고 있다. 後者의 判例가 정당함은 물론이다.[27]

共有土地의 收用裁決에 대한 異議申請은 保存行爲에 해당하지 않는다. 따라서 共有者 중 1인의 異議申請은 그에 대하여만 효력이 있다.[28] 제3자가 共有物 위에 取得時效로 權利를 취득하려고 할 때 그 時效를 중단시키는 행위가 共有物의 保存行爲에 해당하는가? 이를 긍정하는 見解도 있으나,[29] 共有者의 1인이 取得時效를 중단시키는 효과는 그 共有者의 持分에 한정되므로(前述 民 §263 해설 Ⅳ.4. 참조) 위와 같은 행위는 자기의 「持分」의 保存行爲일 뿐 「共有物」 전체의 保存行爲는 아니라고 할 것이다.

2. 共有者 各自의 行爲

共有物의 保存行爲는 각 共有者가 단독으로 할 수 있다(民 §265 但). 保存行爲는 다른 共有者에게도 이익이 되는 것이 보통이고,[30] 또 긴급을 요하는 경우가 많기 때문이다.[31] 保存行爲는 단독으로 할 수 있으므로 保存行爲로서 제기하는 妨害排除請求나 共有物返還請求訴訟은 必要的 共同訴訟이 아니다.[32]

[閔 日 榮]

26) 大判 70.4.14, 70다171(集 18-1, 328). 同旨 大判 68.10.22, 68다1609(要集 民 Ⅰ-1, 511).
27) 金容晉(註 9), 296. 또한 前述 民 §263 해설 Ⅲ.2. 참조.
28) 大判 82.7.13, 80누405등(公 688, 760).
29) 李英俊, 513.
30) 때문에 李敦明(註 17), 25은 "어느 共有者가 保存權을 行使하는 때에 그 行使의 결과가 다른 共有者의 利害와 충돌될 때에는 이미 保存行爲로 될 수 없다"고 설명한다.
31) 郭潤直, 341; 金容漢, 327; 金曾漢, 224; 金顯泰, 281; 方順元, 155; 李英俊, 513; 張庚鶴, 509.
32) 大判 66.3.15, 65다2455(集 14-1, 118); 大判 68.7.31, 68다1102(集 16-2, 343); 大判 69.7.22, 69다609(集 17-2, 346).

第266條(共有物의 負擔)

① 共有者는 그 持分의 比率로 共有物의 管理費用 기타 義務를 負擔한다.

② 共有者가 1年 이상 前項의 義務履行을 遲滯한 때에는 다른 共有者는 相當한 價額으로 持分을 買受할 수 있다.

차 례

Ⅰ. 立法例

로마법상으로도 이미 共有者는 共有物에 관한 손해와 비용을 분담하였다.[1) 獨民 §748는 "각 共同者는 그 持分의 비율에 따라 다른 共同者에 대하여 共同의 目的物의 負擔·維持·管理 및 共同利用의 費用을 分擔할 義務가 있다"고 규정하고 있고, 瑞民 §649 Ⅰ은 "共有者로부터 또는 共有物로부터 발생하는 管理費用·租稅 기타의 負擔은 달리 정함이 없는 한 共有者가 그 持分의 비율로 負擔한다"고 하고, 同條 Ⅱ은 "共有者의 1인이 분담액을 초과하여 前項의 비용을 負擔한 때에는 다른 共有者에 대하여 균등한 비율로 求償할 수 있다"고 규정하고 있으며, 日民 §253는 "① 각 共有者는 그 持分에 따라 管理費用을 支給하고 기타 共有物의 負擔을 진다. ② 共有者가 1년 내에 前項의 義務를 履行하지 아니할 때에는 다른 共有者는 상당한 對價를 支給하고 그 者의 持分을 취득할 수 있다"고 규정하고 있다.

1) 玄勝鍾, 로마法原論, 143.

Ⅱ. 共有者의 義務分擔

1. 意 義

각 共有者는 자기 持分의 비율로 共有物의 管理費用 기타 義務를 負擔한다(民 §266 I). 共有物의 「管理費用」으로는 共有物의 유지·개량을 위하여 지출하는 必要費,[2] 有益費를 들 수 있고, 「기타 義務」로는 共有物에 부과되는 租稅 등의 公課金을 들 수 있다. 이들 비용은 公平의 원칙상 각 共有者에게 持分의 비율로 負擔케 하는 것이 당연하다.

다만, 民 §266 I 은 任意規定이라고 봄이 상당하므로,[3] 각 共有者가 義務負擔에 관하여 별도의 약정을 한 경우에는 그에 따라야 할 것이다.

2. 對外的 效力 有無

民 §266 I 의 규정은 共有者 상호간에 있어서의 義務負擔만을 정한 것인가, 아니면 제3자에 대한 對外的인 관계에서도 적용되는가? 예컨대, 甲·乙·丙 3인이 共有하는 不動産을 제3자인 丁에게 관리하도록 한 경우에, 丁이 지출한 管理費用에 관하여 甲·乙·丙은 각자의 持分比率에 따라(혹은 甲, 乙, 丙간에 정해진 약정에 따라) 償還義務를 負擔하는가, 아니면 甲·乙·丙간의 내부관계에 있어서의 負擔比率과는 상관없이 甲·乙·丙 모두 전액 償還義務(不可分債務)를 負擔하는가?

현재 學說은 民 §266 I 은 共有者 내부에 있어서의 義務分擔에 관한 규정일뿐 제3자에 대한 對外的 關係에는 적용되지 않는다 하여 앞에 든 예의 경우에 甲·乙·丙 모두 丁이 지출한 비용에 대하여 전액 償還義務(性質上의 不可分債務)를 진다고 하는 見解만이 주장되고 있다.[4] 제3자는 共有者 사이의 義務負擔比率을 알 수 없을 뿐만 아니라 不可分物인 共有物에 관하여 취득한 債權이므로 각 共有者에 대하여 전액의 지급을 청구할 수 있다고 함이 그의 이익에 부합되고, 共有者들로서는 자기의 分擔額을 초과하여 비용을 負擔한 때에는 다른 共有者에 대하여 求償함으로써[5] 이해관계를 조절할 수 있으므로 위 見解와 같이 해석한

2) 朝高判 17. 12. 11(總 2-2(A), 575-1)은 共有物에 관한 訴訟을 위하여 지출한 辯護士報酬 기타의 訴訟費用도 必要費에 해당한다고 한다.

3) 李英俊, 516.

4) 李英俊, 516. 또한 大判 85. 4. 9, 83다카1775(公 753, 710).

5) 大判 84. 11. 27, 84다카317등(公 744, 70). 前述한 바와 같이 瑞民 649 Ⅱ은 求償權을 明文으로 규정하고 있다. 우리 民法에는 그와 같은 규정이 없으나 당연히 인정된다고

다 하여 특별히 부당한 결과를 초래하지는 않는다 할 것이다. 따라서 위 見解에 찬동한다.

3. 工作物의 共有者의 責任

工作物의 설치·보존의 瑕疵로 他人에게 손해를 가한 경우에 民 §758 但書에 의하여 所有者가 損害賠償責任을 지게 될 때 所有者가 數人의 共有者라면 앞의 2. 項과 같은 이유로 그들 모두 全額賠償責任을 진다고 볼 것이다.[6] 같은 이치로 共有者가 共有物에 대한 관계에서 法律上 原因없이 이득을 얻고 제3자에게 손해를 가한 경우(예컨대, 共有林野에 제3자가 植栽한 果木이 附合에 의하여 林野所有者에게 歸屬된 경우)에 그 이득을 償還할 義務는 不可分債務라고 할 것이다.[7]

또한 債權的인 傳貰契約에 있어서 傳貰物件의 所有者가 共有者일 경우에는 그 傳貰契約과 관련하여 받은 傳貰金의 返還債務는 성질상 不可分의 것이다.[8]

Ⅲ. 共有者의 義務不履行과 다른 共有者의 持分買受

1. 意 義

(1) 共有者가 共有物에 관한 管理費用 기타 負擔하는 義務를 1년 이상 이행하지 아니할 때에는 다른 共有者가 상당한 가액을 지급하고 그 持分을 매수할 수 있다(民 § 266 Ⅱ).[9] 共有者의 이 持分買受請求權은 그 성질을 形成權이라고 볼 것이다.[10] 따라서 買受의 의사표시를 하면 곧바로 賣買의 효력이 생긴다.[11]

(2) 持分買受請求權은 義務不履行者를 제외한 모든 共有者에게 인정되

할 것이다.

6) MünchKomm, Bd. 4, § 1008 RdNr. 21.

7) 大判 80. 7. 22, 80다640(公 640, 13031).

8) 大判 67. 4. 25, 67다328(要集 民 Ⅰ-2, 723).

9) 大判 64. 7. 23, 64다96(要集 民 Ⅰ-1, 529).

10) 權龍雨, 273; 金基善, 252; 金容漢, 327; 金曾漢, 225; 李根植, 319; 李英俊, 516; 李太載, 238; 張庚鶴, 509; 崔栻, 174.

11) 李英俊, 516은 買受의 의사표시만으로 持分移轉의 효력이 생긴다고 하나, 이는 日本民法의 해석론으로는 몰라도 우리 民法의 해석론으로는 잘못이라고 할 수밖에 없다. 우리 民法上으로는 買受의 의사표시 외에 物權變動에 필요한 요건(예컨대, 共有物이 不動産이라면 持分의 移轉登記)을 구비하여야 비로소 持分移轉의 효력이 생긴다고 할 것이다.

며, 義務不履行者를 대신하여 이행한 共有者에 한정되는 것이 아니다.[12)]

(3) 持分을 買受하고자 하는 共有者는 그 持分의 가액을 전액 지급한 후에 또는 지급함과 동시에 비로소 買受請求를 할 수 있으며, 그렇지 않고 단순한 매수의사표시만 한다거나 持分의 일부의 가액만 지급하면서 하는 買受意思表示는 효력이 없다고 할 것이다.[13)]

(4) 1년의 기간의 起算點에 관하여는 履行遲滯에 관한 일반원칙에 따라 정할 것이라면서 비용을 代納한 자가 償還의 催告를 한 때로 보는 見解가 있다.[14)] 그러나 前述한 바와 같이 비용을 代納한 共有者 이외의 다른 共有者도 買受請求를 할 수 있는데, 만일 위 見解를 따르게 되면 費用代納共有者 이외의 다른 共有者의 매수청구권이 비용대납공유자의 償還催告與否에 좌우되는 결과가 되므로 부당하다. 私見으로는 共有物에 관한 管理費用 기타 公租, 公課金의 履行期가 언제인가에 따라 民 §387에 의하여 起算點을 정하면 된다고 본다.

2. 義務의 承繼與否

獨民 §746는 "共同者가 共同의 목적물의 管理 및 利用에 관하여 결정한 때에는 그 결정은 特定承繼人의 이익 및 불이익을 위하여도 효력이 있다"고 하고, 獨民 §1010는 Ⅰ에서 "不動產의 共有者가 管理 및 利用에 관하여 결정한 때…… 에는 이러한 결정이 持分의 負擔으로서 登記된 경우에 한하여 共有者의 1인의 特定承繼人의 불이익을 위하여 효력이 있다"고 하고, 本條 Ⅱ에서는 共有者의 일정한 請求權(獨民 §§755, 756에 기한 請求權)은 "登記된 경우에 한하여 共有者 1인의 特定承繼人에 대하여 주장할 수 있다"고 하고 있다. 또한 伊民 §1104Ⅲ은 "共有者 1인의 承繼人은 共有者와 連帶하여 공유자가 부담하는 負擔金을 지급할 의무가 있다"고 하고 있다.

한편 舊民 §254도 "共有者의 1인이 共有物에 관하여 다른 共有者에 대하여 가지고 있는 債權은 그 特定承繼人에 대하여도 주장할 수 있다"고 규정하고 있었고,[15)] 현행 民法草案 §257 역시 같은 취지에서 "共有者가 다른 공유자에 대하여 共有物에 관한 債權이 있는 때에는 그 特別承繼人에 대하여도 辨濟

12) 郭潤直, 342; 金基善, 252; 金容漢, 327; 金顯泰, 282; 李英俊, 516-7; 張庚鶴, 509.
13) 金基善, 252; 金顯泰, 282; 李英俊, 517.
14) 金基善, 252; 李英俊, 517.
15) 舊民法과 동일한 日本民法上의 同條文에 관한 學說・判例에 관하여는 註釋民法(上), 435 참조.

를 請求할 수 있다"고 규정하였었다.

그러나 위 民法草案을 審議하는 과정에서 "本條는 獨逸民法 제1010조와 같은 登記制度가 있으면 可하지만 그러한 제도없이 本條와 같은 규정을 두는 것은 不可하고, 특히 草案이 先取特權制度를 폐지하면서 本條와 같은 擔保物權을 인정함은 立法上 불균형할 뿐만 아니라 草案이 現行法 제259조에 대응하는 규정을 인정하지 아니한 태도와도 그 均衡을 失"한다고 하여 全文을 삭제하였다.[16] 따라서 현행 民法의 해석론으로는 共有者의 1인이 共有物에 관하여 다른 共有者에 대하여 가지는 債權은 그 特定承繼人에게는 주장할 수 없다고 볼 것이다.[17] 물론 集建 §18[18]과 같이 특별규정이 있는 경우는 예외이다.[19]

[閔 日 榮]

第267條(持分拋棄 등의 경우의 歸屬)

共有者가 그 持分을 拋棄하거나 相續人없이 死亡한 때에는 그 持分은 다른 共有者에게 각 持分의 比率로 歸屬한다.

차 례

Ⅰ. 共有持分의 彈力性

共有持分은 前述(民 §263 해설 Ⅰ.2.)한 바와 같이 하나의 독립된 所有權과 같은 성질을 가지며, 다만 다른 共有者의 持分에 의하여 일정한 제한을 받을 뿐이므로, 그 제한하는 持分의 하나가 소멸하면 다른 持分은 그만큼 제한이 풀리게 된다.

16) 民法案審議錄(上), 166.

17) 金基善, 253; 金容漢, 328; 金顯泰, 276; 張庚鶴, 510; 崔栻, 174.

18) 集建 §18: "共有者가 共有部分에 관하여 다른 共有者에 대하여 가지는 債權은 그 特別承繼人에 대하여도 行使할 수 있다."

19) 李英俊, 517은 이러한 특별규정을 기타의 類似한 경우에 類推適用하는 것이 타당하다고 하나 의문이다.

이를 持分의 彈力性이라고 한다. 民 §267는 바로 共有持分의 이러한 彈力性을 규정한 것이다.[1)2)]

區分建物의 共有者가 갖는 垈地使用權에 대한 持分에 관하여는 民 §267의 적용이 배제된다(集建 § 22).

Ⅱ. 共有持分의 拋棄

1. 意義 및 性質

(1) 共有者의 1인이 자기의 持分을 拋棄하면 그 持分은 다른 共有者에게 각 持分의 비율로 귀속한다. 일반적으로 物權의 拋棄란 物權을 소멸시키는 單獨行爲를 말하므로, 持分의 拋棄는 持分을 소멸시키는 持分權者의 單獨行爲를 의미한다.[3)]

(2) 持分의 拋棄는 상대방있는 單獨行爲인가, 아니면 상대방없는 單獨行爲인가? 學說은 일반적으로 所有權의 拋棄에 관하여 상대방없는 單獨行爲라고 설명하고 持分의 拋棄에 관하여는 특별히 언급하지 않으나,[4)] 언급하는 경우에도 物權의 拋棄에 관한 일반적인 法理가 그대로 적용된다고 설명하는 데 그치는[5)] 것이 보통이다. 이는 결국 持分의 拋棄를 상대방없는 單獨行爲로 파악하는 것이 아닌가 한다.

이에 대하여 共有持分의 拋棄는 원칙적으로 상대방없는 單獨行爲이나, 경우에 따라서는 拋棄로 인하여 직접 이익을 받는 다른 共有者에 대한 意思表示에 의하여도 할 수 있으며, 이러한 경우에는 상대방있는 意思表示에 관한 일반규정이 유추적용된다고 하는 見解도 있다.[6)7)]

---

1) 郭潤直, 341; 權龍雨, 272; 金基善, 249-50; 金容晉, 154; 金容漢, 325; 金曾漢, 223; 金顯泰, 279; 張庚鶴, 507; 黃迪仁, 民法(Ⅱ), 235.

2) 持分의 彈力性을 民法에 규정하고 있는 立法例로는 日民 §255를 들 수 있다. 同條는 "共有者의 1인이 그 持分을 拋棄한 때 또는 相續人없이 死亡한 때에는 그 持分은 다른 共有者에게 歸屬한다"고 규정한다.

3) 어떤 경우에 拋棄가 있었다고 할 것인가는 法律行爲의 일반원칙에 의할 수밖에 없다. 단순히 權利를 不行使하고 있다 하여 拋棄하였다고 단정할 수는 없을 것이다. 註釋民法(上), 436 및 그곳에 引用된 日本判例 참조.

4) 郭潤直, 215, 341.

5) 李英俊, 519.

6) 註釋民法(上), 436.

7) 前述한 바와 같이 우리 民法과 유사한 규정을 두고 있는 日本에서는 위의 두 見解 외에 상대방있는 單獨行爲로 보는 見解도 주장되고 있다. 詳細는 金仁銖, "共有, 共有物分

私見으로는, 共有物이 動產인 경우에는 상대방없는 단독행의로 持分을 拋棄할 수 있다고 하여도 무방하나, 不動產인 경우에는 後述하는 바와 같이 登記와의 관계상 持分의 拋棄는 상대방있는 單獨行爲, 즉 다른 共有者에 대한 意思表示에 의하여야 한다고 보는 것이 옳지 않을까 한다.

2. 持分의 拋棄와 登記

物權은 拋棄하면 소멸한다. 따라서 不動產인 공유물의 持分도 拋棄하면 소멸한다. 그런데 民 §267가 그 拋棄된 持分이 다른 共有者에게 각 持分의 비율로 귀속한다고 하고 있으므로, 결국 다른 共有者는 그 持分을 原始取得하는 것이 되고, 따라서 그 취득에는 登記가 필요없고 단지 그것의 처분을 위해서만 登記가 필요하다고 설명하는 것이 보통이다.[8)]

그러나 이는 의문이다. 우선 不動產物權의 拋棄는 登記를 하여야 효력이 있으므로(民 §186), 共有持分의 拋棄도 登記하여 비로소 拋棄로서의 효력이 생긴다. 그런데 그 登記를 登記簿上 어떻게 나타낼 것인가?

論議의 편의를 위하여 예를 들어 본다. 甲所有의 不動產을 乙·丙·丁 3인이 매수하여 共有登記를 하였다고 하자(持分은 각 1/3). 그런데 乙이 그의 持分을 拋棄한 경우에 이를 登記簿上 나타내고자 단순히 乙名義의 持分移轉登記를 말소하게 되면 그 持分에 관한 登記簿上 소유명의가 甲에게 복귀하여 이제는 甲·丙·丁 3인의 共有로 된다. 그렇다고 乙의 持分移轉登記를 말소한 후 그 不動產에 관한 登記簿를 아예 폐쇄하고 다시 丙·丁 共有의 새로운 所有權保存登記를 하면 民 §267에 부합하기는 하나, 이 때에는 그 不動產에 관한 이제까지의 권리변동과정의 公示가 일시에 중단되는 결과를 초래한다. 결국 乙이 拋棄한 持分(1/3)이 丙·丁에게 각 귀속(각 1/3×1/2=1/6씩)되려면 「拋棄」를 원인으로 乙→丙, 乙→丁으로의 持分移轉登記를 하는 길 밖에 없고[9)](물론 두 登記節次가 꼭 동시에 행하여져야 할 필요는 없다), 이것이 현재의 登記實務[10)]이다. 위와 같이 持分移轉登記를 함에는 乙·丙 또는 乙·丁이 共同申請하여야 한다.

그런데 어느 일방(예컨대, 乙 또는 丙, 丁)이 登記에 협력하지 아니하면 어떻게 할 것인가? 먼저 乙이 持分을 拋棄하고도 丙·丁으로의 持分移轉登記에 협력하지 않는

割과 登記", 裁判資料 44, 140 참조.
8) 金仁銖(註 7), 140; 金容漢 325; 李英俊, 519; 또한 崔栻, 172 참조.
9) 金仁銖(註 7), 141 및 그곳에 引用된 日本의 學說·判例 참조.
10) 李漢奎, "共有持分의 拋棄와 登記", 司行 81-7, 90.

경우에는, 丙·丁은 乙의 持分拋棄로 民 §267에 의하여 그 持分을 취득하게 되므로 이를 근거로 持分移轉登記를 請求할 수 있을 것이다. 다음에 乙이 持分을 拋棄하였는데, 丙·丁이 持分移轉登記를 하여 가지 않는 경우에는, 持分의 귀속을 분명히 하여 실체적인 권리관계를 정확히 公示할 수 있도록 乙이 丙·丁을 상대로 持分移轉登記를 하여 가라고 請求(이른바 登記引受請求[11] 혹은 登記受取請求)할 수 있다고 할 것이다.[12]

요컨대, 共有物이 不動産인 경우에는 持分의 拋棄에 登記를 요하는데, 그 登記가 民 §267와의 관계상 다른 共有者에로의 持分移轉登記의 형태를 취할 수밖에 없으며, 그렇다면 다른 共有者의 持分取得은 사실상 承繼取得과 다를 바 없다 할 것이다.[13] 따라서 拋棄된 持分에 擔保物權이 설정되어 있었다면 다른 共有者는 그 擔保物權이 있는 持分을 취득하게 된다.[14]

共有物이 不動産인 경우 持分의 拋棄에 따른 다른 共有者의 持分取得을 위와 같이 본다면 不動産인 共有物의 持分의 拋棄에 관한 한 그 성질을 상대방있는 單獨行爲라고 보는 것이 보다 현실에 부합한다고 할 것이다. 나아가 共有不動産이 農地라면 共有者의 1인에 의한 持分拋棄에 의한 다른 共有者의 持分取得에는 農地改革法 소정의 소재지관서의 증명을 필요로 한다고 할 것이다.[15]

Ⅲ. 共有者의 死亡과 相續人의 不存在

共有者의 1인이 相續人없이 사망한 경우에도 共有持分의 拋棄와 마찬가지로 그 持分이 다른 共有者에게 귀속된다(民 §267).[16] 본래 이러한 경우에는 사망한 共有者의 持分은 無主의 재산으로 국가에 귀속되어야 하나(民 §1058), 民 §267에 특칙을 둔 것이다. 다만 相續人이 없어 無主로 된 재산 중 共有持分에 한하여

11) 郭潤直, 不登, 154.
12) 金仁銖(註 7), 143.
13) 도대체 拋棄된 持分을 다른 共有者가 登記를 하지 않고 취득한다는 것이 관념상으로는 가능할지 모르나 실제상으로는 생각키 어렵다.
14) 金容漢, 325; 李英俊 519; 崔栻, 325는 原始取得이라고 하면서도 같은 결론을 내리고 있어 논리의 일관성이 없는 것 같다.
15) 反對 李英俊, 519.
16) 不動産의 경우에는 持分移轉登記를 한다(88. 3. 15. 登記 제128호, 登記先例要旨集 2, 115).

歸屬主體만을 국가가 아닌 다른 共有者로 한 데 지나지 않으므로, 귀속의 성질 및 효과에 관하여는 다른 재산의 國家歸屬(民 §§ 1058-59)의 경우와 마찬가지로 봄이 상당할 것이다.

문제는 持分이 다른 共有者에게 귀속되는 時點을 언제로 볼 것이냐이다. 所有權의 귀속이 단절될 수는 없으므로 相續의 일반원칙에 따라 被相續人의 死亡時가 기준이 된다 할 것이다. 다만 다른 共有者에의 귀속이 확정되는 時點은 相續人의 不存在가 확정되는 時點(民 §§ 1053-58 참조)이 될 것이다.[17)]

［閔 日 榮］

第268條(共有物의 分割請求)

① 共有者는 共有物의 分割을 請求할 수 있다. 그러나 5年內의 期間으로 分割하지 아니할 것을 約定할 수 있다.

② 前項의 契約을 更新한 때에는 그 期間은 更新한 날로부터 5年을 넘지 못한다.

③ 前2項의 規定은 第215條, 第239條의 共有物에는 適用하지 아니한다.

차 례

Ⅰ. 共有物分割의 自由

共有者는 자유롭게 共有物의 分割을 請求할 수 있다(民 § 268 I 本文). 共有者 사이에는 아무런 人的 결합관계가 없기 때문이다. 따라서 共有者 중 1인이라도 共有關係의 지속을 더이상 원하지 아니하는 경우에는 언제든지 共有物을 分割하

17) 日本의 判例는 相續人의 不存在가 확정되는 時點에 持分이 다른 共有者에게 귀속된다고 한다. 註釋民法(上), 436 의(註 962)에 引用된 判例 참조. 또한 金容漢, 325 및 崔栻, 171 도 日本判例와 같은 취지로 보인다.

여 각자의 單獨所有로 전환할 수 있다. 이와 같은 共有物分割의 자유는 持分處分의 자유와 더불어 共有를 合有나 總有와 구별케 하는 가장 특징적인 것이다.

前述(共同所有總說 Ⅱ.1.)한 바와 같이 이미 로마법상으로도 共有者는 언제든지 共有物의 分割을 請求할 수 있었고, 永久不分割의 特約은 효력이 없었다. 이를 본받아 獨民 §749 Ⅰ은 "각 共同者는 언제든지 共同의 解消를 請求할 수 있다"고 규정하고 있고, 瑞民 §650 Ⅰ은 "法律行爲, 區分所有權 또는 물건의 用途로 인하여 永續的인 목적을 위하여 共有의 解消가 배제되지 아니하는 한 각 共有者는 共有의 解消를 請求할 權利가 있다"고 규정하고 있으며, 日民 §256 Ⅰ은 "각 共有者는 언제든지 共有物의 分割을 請求할 수 있다. 다만 5년을 초과하지 아니하는 期間 내에서 分割하지 아니하기로 契約하는 것을 妨害하지 아니한다"고 규정하고 있다.

Ⅱ. 共有物分割請求權

共有者는 共有物의 分割을 請求할 수 있다. 共有者가 이와 같이 共有物의 分割을 請求할 수 있는 權利의 성질에 관하여 通說은 이를 形成權으로 보고 있다.[1)]

判例도 같다.[2)] 따라서 共有者 중 1인의 分割請求라는 일방적 意思表示에 의하여 각 共有者 사이에는 分割을 구체적으로 실현할 법률관계가 생기며, 그 결과 각 共有者는 分割에 관하여 協議할 의무를 지게 된다. 만일 協議가 성립되지 아니하면 分割을 請求한 자는 법원에 分割의 실현을 訴求할 수 있다. 이러한 共有物分割請求權은 共有者의 지위를 갖는 한 수반되는 權利이므로 消滅時效에 걸리지 아니한다.[3)]

---

1) 郭潤直, 345; 權龍雨, 275; 金曾漢, 229; 金基善, 225; 金容晋, 158; 金顯泰, 285; 方順元, 159; 李太載, 241; 張庚鶴, 516-7; 鄭範錫, 147. 이에 대하여 金容漢, 332-3은 分割의 前提要件으로 행사가 요구되는 일종의 物權的 請求權이라고 한다.

2) 大判 81. 3. 24, 80다1888등(集 29-1, 121).

3) 金基善, 255; 金容晋, 158; 金容漢, 331; 方順元, 158; 李相浩, 188 등. 獨民 §758는 이를 明文으로 규정하고 있다.

Ⅲ. 共有物分割의 制限

1. 法律行爲에 의한 制限

(1) 分割禁止의 特約

㈎ 共有者는 5년을 넘지 않는 범위 내에서 分割禁止의 約定을 할 수 있다(民 §268 I 但). 이 分割禁止約定은 更新할 수 있으나, 更新된 分割禁止期間 역시 5년을 넘지 못한다(同條 II). 不動產에 관한 分割禁止의 約定은 登記하여야 한다(不登 §89 後段).

分割禁止의 約定을 허용하면서도 이처럼 기간의 제한을 가하는 것은 永久不分割의 特約을 無效化한 로마법과 맥락을 같이 하는 것으로서, 전술한 바와 같이 共有物分割의 자유가 共有의 본질적 특징의 하나라는 데서 그 理論的 기초를 찾을 수 있다.[4)]

獨民 §749 II 前文은 "共同의 解消를 청구하는 권리를 約定에 의하여 永久的 또는 一時的으로 배제한 경우에도 중대한 사유가 있는 때에는 解消를 請求할 수 있다"고 규정하고, 同條 Ⅲ에서는 이에 위배하여 共同의 解消를 請求할 권리를 배제 또는 제한하는 合意의 효력을 否認하고 있다.[5)] 한편 瑞民 §650 II은 "共有의 解消는 約定에 의하여 30년 이하의 기간동안 배제할 수 있다"고 규정하고 있다.

㈏ 分割禁止의 기간을 5년 이상으로 하는 約定은 全部無效인가, 아니면 5년의 범위 내에서 有效한가? 이는 당사자의 의사해석의 문제이나,[6)] 일반적으로는 全部無效라고 할 것이 아니라 5년의 범위 내에서 有效하다고 봄이 타당할 것이다.[7)] 伊民 §1111 II 後文은 "共有의 存續期間을 10년 이상으로 約定한 때에는 그 기간을 10년으로 短縮하여야 한다"고 明文으로 규정하고 있다. 不分割기간이라도 共有者 전원의 합의로 分割할 수 있음은 물론이다.[8)]

㈐ 分割禁止의 特約은 共有者의 特定承繼人에게도 효력이 있는가? 獨民 §751 前文은 "共有者가 共同의 解消를 청구할 권리를 永久的 또는 一時的

4) 李英俊, 522.
5) 또한 獨民 §750는 分割禁止의 特約은 共同者의 1인이 사망하면 효력을 喪失한다고 규정하고 있다.
6) 崔栻, 176.
7) 權龍雨, 275; 金基善, 254; 金容晉, 158; 金容漢, 331; 李相浩, 188; 張庚鶴, 515.
8) 金容漢, 331; 李相浩, 189; 張庚鶴, 515.

으로 배제하거나 解消請求에 일정한 告知期間을 정한 때에는 그 合意는 特定承繼人에 대하여도 효력이 있다"고 명문으로 규정하고, 다만 土地의 共有의 경우에는 登記된 때에 한하여 承繼人에게 효력이 있는 것으로 하고 있다(獨民 §1010 Ⅰ). 이러한 규정이 없는 우리 民法의 해석론으로는 見解가 나뉜다. 즉 不動産에 관하여는 特約이 登記된 경우에 한하여 承繼된다는 見解[9]와 登記하지 아니한 경우에도 承繼된다는 見解[10]가 대립하고, 動産에 관하여는 승계된다는 見解[11]와 이를 부정하는 見解[12]가 대립한다.

私見으로는, 承繼取得의 본질상 共有持分의 特定承繼人은 讓渡人이 받은 계약을 그대로 받는다고 보는 것이 타당하므로 分割禁止의 特約도 승계된다고 볼 것이나, 다만 不動産의 경우에는 前述한 바와 같이 不登 §89 後段이 이를 登記할 것을 요구하고 있는 점을 고려할 때 登記하여야 承繼된다고 할 것이다.

(라) 破産法과 會社整理法은 共有物分割禁止의 特約에 관하여 특칙을 두고 있다. 즉 共有物分割禁止의 特約이 있더라도 共有者 중에 破産宣告를 받은 者가 있는 때에는 다른 共有者는 破産節次에 의함이 없이 分割을 請求할 수 있고(破 §58 Ⅰ), 나아가 상당한 代償金을 지급하고 破産者의 持分을 취득할 수 있다(同條 Ⅲ). 또한 共有物分割禁止의 特約이 있더라도 共有者의 1인이 會社이고, 그 會社에 대하여 整理節次가 開始된 때에는 管理人은 分割請求를 할 수 있고(會整 §161 Ⅰ), 이때 다른 共有者는 상당한 補償을 지급하고 會社의 持分을 취득할 수 있다(同條 Ⅱ).

(2) 遺言에 의한 制限

被相續人은 遺言으로 相續開始의 날로부터 5년을 경과하지 아니하는 기간 내에서 相續財産의 分割을 禁止할 수 있다(民 §1012).

2. 法律에 의한 制限

한 채의 건물을 區分所有하는 경우의 共用部分(民 §215), 경계에 설치된 共用의 境界標, 담, 溝渠(民 §239)에 대하여는 共有者 1인의 일방적인 청구에 의한 分割이 인정되지 아니한다(民 § 268 Ⅲ). 그리고 垈地 위에 區分所有權의 목적인 건물이

9) 郭潤直, 344; 金容漢, 328; 金曾漢, 229; 金顯泰, 285; 方順元, 158; 李相浩, 188; 李太載, 238; 張庚鶴, 510. 또한 大判 75. 11. 11, 75다82(公 526, 8723) 참조. 위 判決은 不分割의 特約 외에 分割의 特約도 當然承繼되는 것은 아니라고 한다.
10) 金容晉, 158; 李英俊, 523.
11) 郭潤直, 344; 李英俊, 523.
12) 方順元, 158.

속하는 1동의 건물이 있을 때에는 그 垈地의 共有者는 그 건물의 사용에 필요한 범위 내의 垈地에 대하여 分割을 請求하지 못한다(集建 §8).

그 밖에 法律에 의한 제한은 아니나, 換地豫定地 상태에서는 환지예정지에 대한 共有物分割은 물론 종전의 地番과 地積에 의한 共有物分割도 請求할 수 없다는 것이 判例이다.[13]

[閔 日 榮]

第269條(分割의 方法)

① 分割의 方法에 관하여 協議가 成立되지 아니한 때에는 共有者는 法院에 그 分割을 請求할 수 있다.

② 現物로 分割할 수 없거나 分割로 인하여 顯著히 그 價額이 減損될 염려가 있는 때에는 法院은 그 物件의 競賣를 命할 수 있다.

차 례

Ⅰ. 立 法 例

民法은 共有物分割의 방법으로 協議分割을 원칙으로 하고 協議不成立時에는 裁判上 分割을 인정한다(民 §269 Ⅰ). 그리고 어느 경우에나 現物分割이 원칙이고

13) 大判 69.2.18, 68다2464(集 17-1, 205). 李容勳, "共有物分割의 訴와 이와 關聯된 몇 가지 問題에 대하여", 司論 4, 137은 이에 대하여 의문을 제기한다.

代金分割이나 價格賠償은 예외적으로 인정된다(民 § 269 Ⅱ).

로마법상으로는 共有物分割은 訴(actio communi dividundo)에 의하여만 가능하였다.[1] 獨逸民法은 現物分割(獨民 § 752), 價額分割(獨民 § 753)에 관하여만 규정하고 있을 뿐 協議分割, 裁判上 分割에 관하여는 규정하고 있지 않다. 瑞西民法은 § 651 Ⅱ에서 "分割의 방법에 관하여 共有者간에 協議가 성립되지 아니한 때에는 法官의 命令에 의하여 共有物을 現物分割하되, 共有物의 현저한 가치감소 없이는 現物分割이 불가능한 때에는 公開로 또는 共有者 사이에 競賣한다"고 규정하고, 同條 Ⅲ에서 "現物分割時에 각 부분이 균등하지 아니한 경우에는 그 부분에 대한 調整金을 支給하게 할 수 있다"고 규정하고 있다.

Ⅱ. 協議分割

1. 共有者 全員의 協議

共有物分割은 우선 共有者간의 協議에 의하여 한다. 分割의 請求는 共有者 각자가 할 수 있으나 分割을 실행함에 있어서는 共有者 전원이 참가하여야 한다.[2] 각 共有者가 分割에 관하여 모두 직접적인 이해관계를 갖기 때문이다. 따라서 共有者의 일부를 제외하고 分割節次를 진행하면 그 分割은 효력이 없다.[3] 이는 協議分割뿐만 아니라 後述하는 裁判上 分割의 경우에도 마찬가지이다.[4]

共有者 전원이 協議에 참가하는 한, 契約自由의 원칙상 각자의 持分에 따르지 않는 分割協議도 가능하다.[5]

2. 具體的 分割方法

(1) 現物分割

共有物을 있는 그대로 分量的으로 分割하는 것을 말한다. 共有物分割의 원칙적인 방법이다(獨民 § 752 참조). 共有物이 土地인 경우에는 筆地에 따라, 土地가 一

1) 玄勝鍾, 로마法原論, 143.
2) 郭潤直, 345; 權龍雨, 275; 金曾漢, 229; 李太載, 242; 張庚鶴, 517; 崔栻, 176. Larenz, Schuldrecht, Bd. 2, 381.
3) 大判 66. 11. 22, 66다1402(要集 民 Ⅰ-1, 533); 大判 68. 6. 25, 68다647(集 16-2, 47).
4) 大判 68. 5. 21, 68다414등(集 16-2, 47).
5) 金仁銖, "共有, 共有物分割과 登記", 裁判資料 44, 144; 郭潤直, 345; 李英俊, 524; 崔栻, 177; 87. 7. 16. 登記 제422호, 登記先例要旨集 2, 115-6.

筆地인 경우에는 分筆하여 분할하는 것이 보통이다. 共有物이 건물인 경우에는 區分所有가 가능하면 그에 따라 分割하고, 그렇지 않으면 後述하는 代金分割이나 價格賠償의 방법에 의할 것이다.

일단 現物分割에 관한 協議가 끝난 후 그에 따라 각 共有者가 취득하는 부분에 관하여 持分移轉登記를 구하거나 引渡를 구하는 訴는 履行의 訴이지 分割請求의 訴가 아니다.[6)]

(2) **代金分割**

共有物을 제3자에게 매각하여 그 代金을 分割하는 것을 말한다. 이때 각 共有者는 代金債權을 持分의 비율에 따라 分割取得하게 된다(民 § 408). 다만 共有者의 1인에게 委任하여 매각의 權限을 부여한 경우에는 代金債權도 그에게만 귀속한다고 볼 것이다.[7)]

(3) **價格賠償**

共有者의 1인이 다른 共有者의 持分을 전부 취득하고 그 對價를 支給하는 것을 말한다. 代金分割의 특수한 형태이다. 價格賠償을 받는 者는 持分移轉登記義務를 지며, 代金을 지급하고 다른 共有者의 持分을 전부 취득한 共有者는 共有物 전체에 대한 單獨所有權을 취득하게 된다.

(4) 기 타

위 세 가지 分割方法이 혼합될 수 있음은 물론이고(예컨대, 共有者 甲, 乙, 丙 중 甲, 乙은 現物分割하고 丙은 價格賠償을 받는 것), 共有物의 일부에 대하여만 分割할 수도 있다.[8)]

Ⅲ. 裁判上 分割—共有物分割의 訴

1. 意 義

分割의 방법에 관하여 協議가 성립되지 아니한 때에는 共有者는 法院에 그 分割을 請求할 수 있다(民 § 269 I). 이러한 訴를 共有物分割의 訴라고 한다.

2. 要 件

(1) 共有物分割의 訴를 제기하기 위하여는 共有者 사이에 分割에 관한

6) 金基善, 255. 大判 67. 11. 14, 67다1105(集 15-3, 282).
7) 金曾漢, 230; 李英俊, 524.
8) 金容漢, 383; 李相浩, 190; 張庚鶴, 517; 崔栻, 176-7.

協議가 성립되지 아니하였을 것이 요구된다. 따라서 分割의 協議가 성립되었음에도 불구하고 共有物分割의 訴를 제기하는 것은 허용되지 않는다.[9]

다만 여기서 協議가 성립되지 않았다는 것은, 共有者 사이에 分割方法에 관하여 協議가 실제로 진행되었으나 合意가 도출되지 아니한 경우 뿐만 아니라, 처음부터 協議가 불가능한 경우(예컨대, 共有者 중 1인이 協議에 응할 의사가 없음을 명백히 하였다거나 또는 그가 행방불명된 경우)도 포함하는 넓은 개념이다.[10] 그러므로 共有者 중 1인이 이미 協議에 응하지 아니한 이상 다른 共有者를 상대로 다시 協議할 필요없이 곧바로 共有物分割의 訴를 제기할 수 있다.[11]

(2) 不動産의 持分을 매수하였으나 아직 持分移轉登記를 경료하지 아니한 者도 共有物分割의 訴를 제기할 수 있는가?

持分權確認의 訴를 제기하거나 持分移轉登記를 받은 후에야 分割請求를 인정한다면 절차가 번잡하여진다는 이유로 이를 긍정하는 견해가 있다.[12] 그러나 이는 物權變動에 관하여 對抗要件主義(意思主義)를 취한 日本民法의 해석론으로는 타당할지 모르겠으나,[13] 物權變動에 관하여 成立要件主義(形式主義)를 취한(民 §186) 우리 民法의 해석론으로는 부당하다고 할 것이다. 持分移轉登記를 하기 전에는 도대체 共有者가 될 수 없으므로 그가 共有物分割을 請求한다는 것은 불가능하기 때문이다.

3. 性 質

共有物分割의 訴의 성질에 관하여는 이를 "形成의 訴"라고 보는 것이 民法學者들의 通說이다.[14]

그러나 그 성질을 좀더 정확히 표현한다면 形成의 訴 중에서도 이른바 "形式的 形成의 訴"라고 할 것이다.[15] 왜냐하면 共有物分割의 訴는 기존의 共有關係를 폐지하고 각자가 單獨所有를 취득하는 법률관계를 形成한다는 점에

---

9) 大判 67. 11. 14, 67다1105(集 15-3, 382).

10) 郭潤直, 346; 權龍雨, 276; 金容漢, 334; 金顯泰, 286; 李相浩, 190; 李英俊, 524; 張庚鶴, 518; 崔栻, 177.

11) 李容勳, "共有物分割의 訴와 이와 關聯된 몇 가지 問題에 대하여", 司論 4, 137.

12) 李英俊, 525. 또한 87. 5. 21. 登記 제303호 登記先例要旨集 2, 102 참조.

13) 註釋民法(上) 443 및 그곳에 引用된 日本判例 참조.

14) 郭潤直, 346; 權龍雨, 277; 金基善, 256; 金容晋, 159; 金容漢, 334; 金曾漢, 230; 金顯泰, 286; 李根植, 321; 李相浩, 190; 李太載, 242; 張庚鶴, 518; 鄭範錫, 148; 崔栻, 177.

15) 姜玹中, 民訴, 311; 金洪奎, 民訴, 312; 方順元, 民訴, 281; 宋相現, 民訴, 243; 李時潤, 民訴, 286; 李英俊, 525; 鄭東潤, 民訴, 70.

서 形成의 訴임에 틀림없으나,[16] 形成要件이 法規에 정하여진 것이 아니라 法院의 自由裁量에 일임되어 있기 때문이다(그런 점에서 訴訟事件이라기 보다는 오히려 非訟事件에 가깝다). 따라서 당사자가 分割의 방법을 구체적으로 주장하여도 法院은 이에 구속받지 않고 裁量으로 판단하여 分割의 방법을 정할 수 있다. 그렇다고 請求趣旨를 단순히 "共有物을 分割하여 달라"는 식으로 기재하면 請求趣旨不特定을 이유로 却下될 것이다.[17]

4. 當 事 者

共有物分割의 訴는 必要的 共同訴訟(民訴 §63)이다. 따라서 共有者 전원이 當事者로 되어야 한다.[18] 共有者 중의 일부 사이에서는 分割에 관하여 協議가 성립되었으나 다른 일부에 대하여 協議가 성립되지 아니한 경우에도 共有者 전원이 당사자로 되어야 한다.[19] 共有物의 分割을 구하는 者가 原告, 나머지 다른 共有者 전원이 被告이다.[20]

처음에 제기한 訴가 共有者의 일부만을 상대방으로 하였기 때문에 不適法하다 하더라도, 나머지 共有者를 상대방으로 하는 別訴를 제기하여 併合함으로써 전원이 당사자로 되거나, 나머지 共有者가 共同訴訟參加(民訴 §76)를 한 때에는 不適法이 治癒된다.[21]

5. 具體的 分割方法

現物分割을 원칙으로 하며, 現物로 分割할 수 없거나 分割로 인하여 그 價額이 현저히 감소될 염려가 있는 때에는 共有物을 競賣하여 그 代金을 分割한다(民 § 269 Ⅱ).[22]

(1) 前述한 바와 같이 法院은 現物分割의 방법을 裁量으로 정할 수 있으나,[23] 그렇다고 아무렇게나 정할 수 있는 것은 아니고 共有物의 위치, 면적, 사용가치, 이용상황, 주위환경 등을 고려하여 공평하게 정하여야 한다.[24] 現物로

16) 大判 69. 12. 29, 68다2425(集 17-4, 244).
17) 李在性, "共有物의 現物分割請求와 請求趣旨", 李在性判例評釋集 Ⅰ, 121.
18) 大判 68. 5. 21, 68다414등(集 16-2, 47).
19) 李容勳(註 11), 139.
20) 大判 78. 1. 17, 77다1977(集 26-1, 32).
21) 李容勳(註 11), 140; 李英俊, 526.
22) 大判 73. 1. 30, 72다1800(要集 民 Ⅰ-1, 533).
23) 共有物分割判決의 主文例에 관하여는 司法硏修院, 민사판결서작성실무, 168-9 참조.
24) 大判 69. 12. 29, 68다2425(集 17-4, 244); 大判 73. 5. 22, 72다701등(要集 民 Ⅰ-1, 533-

分割할 수 없거나 分割로 인하여 그 價額이 현저히 감소될 염려가 있는 경우이냐의 여부는 法院이 구체적 사건에 따라 결정할 문제이다.[25] 土地의 경우는 원칙적으로 現物分割이 가능하나, 地上에 건물이 존재한다면 分割不能으로 될 수 있을 것이고,[26] 土地를 극히 세분함으로써 사용·수익을 害하는 경우에는 分割로 인하여 그 價額이 현저히 감소될 염려가 있는 때에 해당할 것이다.[27] 건물의 경우는 區分所有가 인정되지 않으면 現物分割이 불가능할 것이다.

(2) 당사자가 現物分割을 請求하였다 하더라도 現物分割이 불가능하거나 分割로 인하여 그 價額이 현저히 감소될 염려가 있다고 판단되면 法院은 職權으로 代金分割을 명할 수 있다.[28] 共有物을 競賣하여 그 賣得金을 分配할 것을 명한 判決은 競賣를 조건으로 한 특수한 形成判決로서, 그 判決의 당사자는 原告이든 被告이든 同判決에 기하여 共有物의 競賣를 신청할 수 있다.[29]

(3) 民 §269 Ⅱ의 해석상 裁判上 分割의 경우에는 協議分割에서 인정되는 價格賠償에 의한 分割이 인정되지 아니한다고 볼 것이다.[30]

(4) 共有物分割의 訴에 分割로 취득할 부분에 대한 持分移轉登記請求의 訴를 併合하여 제기할 수 있는가?

이를 肯定하는 見解도 있으나,[31] "공유물분할의 판결 전에는 공유물은 아직 분할되지 않고, 따라서 분할물의 급부를 청구할 권리가 발생하지 아니하며 분할판결의 확정으로 비로소 각자의 취득부분에 대하여 단독소유권이 창설되

4, 分割된 부분의 交換價値가 分割前 持分比率과 동일하여야 한다); 大判 76. 5. 25, 76다77(要集 民 Ⅰ-1, 534, 共有地上에 각기 건물을 所有하고 있는 경우 그 敷地部分에 따라 分割함이 정당하다); 大判 80. 9. 9, 79다1131등(集 28-3, 4).

25) 大判 85. 2. 26, 84다카1194(集 23-1, 83): "공유물 전체의 교환가치가 현물분할로 인하여 현저하게 감소될 경우 뿐만 아니라, 공유자들에게 공정한 분할이 이루어지지 아니하여 그 중의 한사람이라도 현물분할에 의하여 단독으로 소유하게 될 부분의 가액이 공유물 분할 전의 소유지분가액보다 현저하게 감소될 경우도 분할로 인하여 현저히 그 가액이 감소될 염려가 있는 때에 포함된다." 大判 90. 8. 28, 90다카7620(公 882, 2015): "현물분할이 가능하고 또 그 필요도 있으며, 분할로 인하여 현저히 그 가액이 감소될 염려도 없고, 다만 각 공유자가 취득하는 현물의 가격과 지분의 가액에 과부족이 생기지 않도록 하는 합리적인 현물분할방법이 없고, 그렇다고 하여 경매를 명하여 대금분할을 하는 것은 더욱 불합리한 경우에는, 공유지분의 가액 이상의 현물을 취득하는 공유자는 그 초과부분의 대가를 지급하여 과부족을 조정하게 하여 분할을 하는 것도 현물분할의 한 형태로서 허용된다고 해석하는 것이 상당하다."

26) 大判 76. 6. 8, 76다499(集 24-2, 113); Medicus, Schuldrecht Ⅱ, 210.

27) 大判 68. 3. 26, 67다2455등(要集 民 Ⅰ-1, 533).

28) 大判 68. 3. 26(註 27) 참조.

29) 大決 79. 3. 8, 79마5(集 27-1, 185). 이 決定에 대한 評釋으로 朴俊庸, "共有物의 競賣分割을 命한 確定判決에서 기한 競賣의 性質", 法曹 79-10, 116.

30) 金仁銖(註 5), 144; 李容勳(註 11), 143; 李英俊, 527.

31) 李容勳(註 11), 145.

는 것"[32]이므로 否定하여야 할 것이다. 나아가 共有物分割判決이 확정되기 전에는 分割部分에 대한 所有權의 確認을 求할 權利도 인정되지 아니한다.[33]

Ⅳ. 共有物分割과 登記

1. 協議分割의 境遇

不動産의 경우에는 分割의 合意가 이루어졌다 하여 바로 分割된 부분에 대한 單獨所有權을 취득하는 것이 아니고, 登記를 하여야 비로소 單獨所有權을 취득한다(民 §186). 구체적으로는 먼저 分筆 또는 區分登記節次를 거친 다음에 "共有物分割"을 登記原因으로 하여,[34] 單獨所有로 하는 登記를 경료한다.[35] 分筆, 區分登記 및 그 후의 單獨所有로 하는 登記는 모두 共有者 전원이 共同申請하여야 한다(不登 §28).[36] 登記簿의 기재는 單獨所有로 되는 不動産에 대하여 共有物分割을 원인으로 한 持分移轉登記의 형식을 취한다.[37]

分割로 인한 持分移轉登記를 하기 전에 分割共有土地를 매도한 경우에, "이에 대한 이전등기는 각 공유자가 협력하여 분할등기를 한 후가 아니면 할 수 없는 것이므로 매수대금은 위 분할등기를 기다리지 않고 그에 앞서 지급하는 것이 당사자의 의사에 합치한다"는 判例가 있으나,[38] 의문이다.

2. 裁判上 分割의 境遇

裁判上 分割에 있어서는 現物分割判決이 확정되면 分割된 부분에 대하여 登記없이도 單獨所有權을 취득한다(民 §187).[39] 그러나 처분을 위하여는 여전히 登

32) 大判 69.12.29(註 24).

33) 大判 69.12.29(註 24).

34) 83.5.26. 登記 제205호, 登記先例要旨集 1, 122. 登記原因證書는 共有物分割協議書이다.

35) 金仁銖(註 5), 145; 金鍾權, "共有物分割에 因한 所有權移轉登記", 司行 88-12, 114-5; 郭潤直, 347. 數人이 數筆地를 共有하다가 각자 독립된 筆地를 所有하는 것으로 分割한 경우에는 分筆節次가 필요없음은 물론이다.

36) 따라서 訴訟으로 移轉登記請求를 할 경우에는 다른 共有者 전원을 상대방으로 하여야 한다. 大判 66.7.26, 66다750(要集 民 I-1, 518).

37) 法院行政處, 不動産登記記載例集, 37; 金仁銖(註 5), 148-9 및 李容勳(註 11), 151-2은 日本에서는 持分移轉登記의 방법을 취하나 우리 나라는 單獨所有權移轉登記의 형식을 취하고 있다고 하고 있으나 잘못이다.

38) 大判 64.12.29, 64다1320(集 12-2, 251). 이 判決에 대한 評釋으로 金容晉, "共有者간에 分割된 土地의 賣買契約을 解除하는 要件", 判例硏究 68, 81.

39) 大判 63.4.18, 62다223(集 11-1, 248); 大判 64.9.8, 64다165(集 12-2, 86); 大判 70.6.30, 70다568(集 18-2, 104) 각 참조.

記가 필요하므로 裁判上 분할의 경우에도 登記가 역시 문제된다. 分割된 부분에 관하여 각 共有者가 單獨所有名義로 登記하기 위하여는 協議分割에서와 마찬가지로 分筆 또는 區分登記節次를 먼저 경료하고, 다음에 單獨所有로 하는 登記를 하여야 한다. 그런데 이 경우에도 持分移轉登記[40]에 共有者 전원의 共同申請이 요구되는가?

學說은, 不登 §29의 判決은 履行判決만을 말하고 共有物分割判決은 이에 해당하지 아니하므로 共有者 전원의 共同申請이 요구되며, 이에 불응하는 共有者에 대하여는 持分移轉登記請求訴訟을 다시 제기하여야 한다고 하는 見解[41]와 共有物分割判決도 不登 §29의 판결에 포함되므로 등기권리자의 단독신청이 가능하다는 見解[42]가 대립된다.

私見으로는 共有物分割判決과 같은 形成判決은 所有權移轉登記節次의 이행을 명하는 履行判決과는 달리 判決 자체만으로도 物權變動의 효력이 생긴다는 점, 判決 자체에서 登記權利者와 登記義務者의 식별이 가능하다는 점, 따라서 持分移轉登記判決을 다시 요구하는 것은 無用의 절차를 되풀이하는 것이 된다는 점 등을 고려할 때 後者의 見解가 타당하다고 본다.

3. 相續財產分割의 特殊問題

相續으로 인하여 數人이 共同相續登記를 마친 후에 共同相續人 중의 1인 또는 數人에게 재산을 취득케 하는 취지로 相續財產을 協議分割 또는 裁判上 分割한 경우에 그 登記는 어떻게 하여야 하는가?

後述(民 §270 해설 I.2. 참조)하는 바와 같이 相續財產의 分割은 상속이 개시된 때에 遡及하여 그 효력이 생기기 때문에 앞에서 본 일반적인 登記節次와는 다른 처리가 요구된다.

현재의 登記實務는 이러한 경우에 權利를 취득한 者가 登記權利者, 權利를 잃은 자가 登記義務者로서 共同申請케 하여 "協議分割로 인한 財產相續"을 登記原因으로 하고, 被相續人의 死亡日을 登記原因日字로 하는 所有權更正登記節次의 방법을 취하고 있다.[43]

---

40) 協議分割에 있어서와 마찬가지로 持分移轉登記의 형식을 취한다. 李容勳(註 11), 149-50은 單獨所有名義로 登記하면 된다고 하나 잘못이다.

41) 郭潤直, 不登, 159; 李漢奎, 不動產登記法實務總覽(上), 381.

42) 金仁銖(註 5), 148; 李容勳(註 11), 149.

43) 86. 5. 1. 登記 제205호, 登記先例要旨集 1, 100-1. 裁判上 分割의 경우에는 登記原因을 "○○地方法院의 確定判決로 인한 財產相續"으로 한다.

Ⅴ. 共有土地分割에 관한 特例法에 의한 分割

共有土地로서 共有者 총수의 1/2 이상이 그 地上에 건물을 所有하는 방법으로 1년 이상 자기 持分에 상당하는 土地部分을 특정하여 占有하고 있는 土地에 관하여는 현재의 占有狀態를 기준으로 "共有土地分割에 관한 特例法"(1986.5.8 법률 제3811호) 소정의 간이한 절차에 따라 分割할 수 있다(同法 §§1, 3). 다만 同法은 解放後 歸屬財産을 拂下하는 과정에서 住宅占有者에게 그 占有垈地를 分割하여 拂下하지 않고 절차가 번잡하다 하여 각자의 占有比率에 따른 持分移轉登記를 하여 주었기 때문에 생긴 共有를 정리하기 위하여 제정된 法이기 때문에[44] 1986.10.1부터 1991.12.31까지의 기간에만 시행되는 限時法임에 유의할 필요가 있다(同法 附則 §2).[45]

Ⅵ. 區分所有的 共有의 境遇

區分所有的共有에서는 共有物分割이 인정되지 아니하고, 相互名義信託을 解止하여 持分移轉登記를 請求하는 방법으로 공유관계를 解消한다(詳細는 民 §262 해설 Ⅱ.3. 참조).

[閔 日 榮]

44) 李漢奎, "共有土地分割과 整理에 관한 方向", 新聞 83.8.29, 11.

45) 同法의 解說 및 登記節次에 관하여는, 金鍾權, "共有土地分割에 관한 登記節次", 司行 87-11, 114; 同 87-12, 111; 同 88-2, 126; 柳炳燦, "共有土地分割에 관한 特例法 解說", 法制 178(86.12.10), 29; 同 179(86.12.20), 16; 李根阜, "共有土地分割에 관한 特例法에 따른 登記", 司法硏究資料 16, 147 각 참조. 또한 金鼎鉉, "共有土地分割에 관한 立法上의 問題點", 民事裁判의 諸問題 1, 426 참조.

第 270 條(分割로 인한 擔保責任)

共有者는 다른 共有者가 分割로 인하여 取得한 物件에 대하여 그 持分의 比率로 賣渡人과 同一한 擔保責任이 있다.

차 례

Ⅰ. 共有物分割의 效果

1. 持分의 移轉

共有物分割에 의하여 종래의 共有關係는 종료하고, 持分의 交換 또는 賣買가 일어난다.[1)]

(1) 먼저 現物分割의 경우에는 持分의 交換이 있게 된다. 즉 각 共有者는 分割에 의하여 자기에게 귀속하게 된 부분에 관하여는 다른 共有者로부터 그들의 持分을 讓受하고, 다른 共有者에게 귀속하게 된 부분에 관하여는 자기의 持分을 讓渡함으로써 분할에 의하여 자기에게 귀속하게 된 부분에 관하여 각자 單獨所有權을 취득하게 된다.

(2) 다음 代金分割, 價格賠償의 경우에는 持分의 賣買가 행하여 진다. 즉 代金分割의 경우에는 제3자가, 價格賠償의 경우에는 共有者의 1인이 持分의 賣買에 의하여 共有物의 單獨所有權을 각 취득하게 된다.

1) 郭潤直, 347; 權龍雨, 277; 金基善, 256-7; 金容晉, 159; 金容漢, 335; 金曾漢, 230; 金顯泰, 287; 方順元, 161; 李相浩, 191; 李英俊, 521; 李太載, 242; 張庚鶴, 518; 鄭範錫, 148; 崔栻, 178. 大判 84. 4. 24, 83누717(集 32-2, 382): "공유물분할은 법률상으로는 공유자 상호간의 지분의 교환 또는 매매라고 볼 것이나, 실질적으로는 공유물에 대하여 관념적으로 그 지분에 상당하는 비율에 따라 제한적으로 행사되던 권리, 즉 지분권을 분할로 인하여 취득하는 특정부분에 집중시켜 그 특정부분에만 존속시키는 것으로서 그 소유형태가 변경될 뿐"이다. 同旨 大判 87. 9. 8, 87누516(公 811, 1590).

(3) 共有者의 1인 또는 數人의 건물이 있는 共有垈地를 分割하여 각기 單獨所有로 귀속케 한 결과 그 垈地와 地上建物이 所有者를 달리하게 된 경우에 建物所有者는 그 건물의 敷地 및 건물의 유지, 사용에 필요한 범위 내의 隣接土地에 대하여 慣習上의 地上權을 취득한다.[2)]

2. 分割效果의 不遡及

共有物分割은 持分의 交換·賣買의 실질을 가지므로 그 효과가 遡及하지 아니한다.[3)] 즉 協議分割의 경우에는 協議가 성립되어 物權變動의 要件(民 §§ 186, 188)을 갖춘 시기에, 裁判上 分割의 경우에는 判決確定時에[4)] 分割의 효력이 생긴다. 다만 共同相續財產의 分割의 경우에는 被相續人의 死亡時로 遡及하여 효력이 생기나(民 §§ 1015, 997), 이는 相續의 일반원칙상 당연한 것이다.

Ⅱ. 共有物分割로 인한 擔保責任

1. 意義 및 立法例

共有物分割은 위와 같이 持分의 交換, 賣買의 실질을 가지므로 각 共有者는 分割로 인하여 다른 共有者가 취득한 물건에 대하여 持分의 比率로 매도인과 동일한 擔保責任을 진다(民 § 270). 民 §270가 특히 의미를 갖는 것은 裁判上 分割의 경우이다. 協議分割은 일종의 有償契約的 성질을 띠고, 有償契約에는 매도인의 擔保責任에 관한 규정이 準用되기(民 § 567) 때문이다.[5)] 그리고 共同相續財產의 分割에 따른 擔保責任에 관하여는 특별규정(民 §§ 1016-1018)이 있다.

共有物分割로 인한 擔保責任에 관하여 獨民 §757는 "共同의 廢止時에 共同의 目的物을 共同者의 1인에게 分配한 때에는 다른 共同者는 權利 또는 物件의 瑕疵에 관하여 그 持分의 比率로 賣渡人과 동일하게 擔保責任을 진다"고 규정하고 있고, 日民 §261는 "각 共有者는 다른 共有者가 分割로 인하여 取得한 物件에 대하여 賣渡人과 동일하게 그 持分에 따른 擔保責任을 진다"고 규

2) 大判 74.2.12, 73다353(集 22-1, 38).
3) 郭潤直, 347; 權龍雨, 278; 金基善, 256; 金容晉, 159; 金容漢, 335; 金曾漢, 231; 金顯泰, 288; 方順元, 161; 李相浩, 191; 李英俊, 529; 李太載, 242; 張庚鶴, 519; 鄭範錫, 148; 崔栻, 178.
4) 大判 69.12.29, 68다2425(集 17-4, 244).
5) 李英俊, 531.

정하고 있다.

2. 擔保責任의 要件

擔保責任의 요건은 매도인의 擔保責任에 있어서와 같다. 즉 共有物分割에 의하여 취득한 물건에 權利 또는 물건의 瑕疵가 있을 것이 요구된다.[6] 權利의 瑕疵가 있으면 民 §569 이하가, 물건의 瑕疵가 있으면 民 §580가 準用될 것이다. 다만 共有物分割에 의하여 취득한 물건은 성질상 특정물에 해당되므로 種類賣買의 瑕疵擔保責任에 관한 民 §581는 準用이 배제된다고 볼 것이다.[7] 그 밖에 擔保責任 배제의 특약에 관한 民 §584도 共有物分割의 경우에 그대로 準用된다.

3. 擔保責任의 效果

共有物分割로 瑕疵있는 물건을 취득한 자는 民 §570 이하의 규정에 의하여 損害賠償, 代金減額, 解除 등을 請求할 수 있다. 代金減額의 예로는 分割로 취득한 부분의 수량이 적은 경우에 價格賠償으로 지급한 금액의 減額(이미 지급한 상태이면 지급금액의 일부반환)을 들 수 있고, 解除는 再分割을 의미한다.[8] 다만 裁判上 分割의 경우에는 解除, 즉 再分割이 否認된다고 하는 것이 通說이다.[9] 裁判上 分割은 法律行爲가 아닐 뿐만 아니라 再分割은 裁判의 결과를 뒤집는 것이 되기 때문이다.

그 밖에 擔保責任을 묻는 訴訟은 分割 이전의 全共有者를 상대로 제기하여야 한다는 견해가 주장되나,[10] 擔保責任은 각 共有者가 그의 持分比率로 부담하는 것이므로 반드시 全共有者를 상대로 提訴할 필요는 없다고 본다.

Ⅲ. 持分上의 擔保物權의 運命

예컨대, 甲·乙의 共有物인 土地(持分 각 1/2)에 관하여 甲의 持分上에 丙의

6) 모든 共有者가 취득한 부분에 모든 共有者에게 공통되는 원인에 기한 동일한 瑕疵가 있는 때에는 共有者는 누구도 擔保責任을 지지 않는다 할 것이다(金基善, 257).

7) 李英俊, 531.

8) 郭潤直, 347; 李英俊, 531.

9) 郭潤直, 347; 權龍雨, 278; 金容漢, 335; 金曾漢, 231; 金顯泰, 228; 李根植, 322; 李英俊, 532; 李太載, 243; 張庚鶴, 519; 鄭範錫, 148; 崔栻, 178.

10) 李英俊, 532.

抵當權이 설정되어 있는데, 共有物分割이 행하여지면 丙의 抵當權은 어떻게 되는가? 경우를 나누어 살펴본다.

1. 甲·乙이 각각 共有土地의 一部씩을 取得한 境遇(現物分割)

丙의 抵當權은 甲·乙이 취득한 각 土地의 1/2(종전 甲의 持分比率) 持分 위에 각 존속한다.[11] 이에 대하여 少數說은 甲이 취득한 土地部分에 대하여만 丙의 抵當權이 존속한다고 한다.[12]

2. 甲이 共有土地의 全部를 取得한 境遇(價格賠償)

丙의 抵當權은 土地 전부의 1/2(종전 甲의 持分比率) 持分 위에 존속한다(異說 없다).

3. 乙(價格賠償) 또는 第三者 丁(代金分割)이 共有土地의 全部를 取得한 境遇

丙의 抵當權은 土地 전부의 1/2(종전 甲의 持分比率) 持分 위에 존속한다.[13] 다만 이 경우에 丙은 또한 物上代位(民 §§ 342, 370)에 의하여 甲이 수령할 持分代金에 權利를 행사할 수 있다고 보는 것이 多數說이다.[14] 그러나 物上代位는 擔保目的이 滅失·毁損·公用徵收된 경우에 한하여 인정되므로(民 § 342),[15] 前述한 바와 같이 持分의 賣買와 다를 바 없는 價格賠償 또는 代金分割에 의한 共有物分割에서 物上代位가 성립한다고 보는 것은 日本民法의 해석론으로는 몰라도 우리 民法의 해석론으로는 잘못된 것이라고 할 것이다.[16]

Ⅳ. 共有物上의 制限物權

共有物上의 用益物權은 分割로 영향을 받지 않고 分割된 각 부분 위에 존

11) 多數說이다. 郭潤直, 348; 權龍雨, 278; 金容漢, 336; 金曾漢, 231; 金顯泰, 288; 李根植, 322; 李相浩, 192; 李英俊, 530; 李太載, 243; 張庚鶴, 519; 鄭範錫, 149. 86. 12. 11. 登記 제608호, 登記先例要旨集 1, 123; 89. 5. 15. 登記 제955호, 登記先例要旨集 2, 146.
12) 金基善, 257; 方順元, 161; 崔栻, 178.
13) 郭潤直, 348; 金基善, 257; 金容漢, 336; 金曾漢, 231; 金顯泰, 288; 李相浩, 192; 李英俊, 530; 李太載, 243; 鄭範錫, 149.
14) 郭潤直, 348; 權龍雨, 279; 金基善, 257; 金容漢, 336; 金顯泰, 288; 方順元, 161; 李相浩, 192; 李英俊, 530; 李太載, 243; 張庚鶴, 519; 鄭範錫, 149. 한편 崔栻, 178은 物上代位만 인정한다.
15) 이 점에서 賣却·賃貸 등의 경우에도 인정하는 日民 § 304와 다르다.
16) 郭潤直, 502도 擔保目的物의 賣却代金에는 物上代位가 성립하지 않는다고 하고 있다.

속한다.[17] 共有物의 일부에만 존재하였던 用益物權(예컨대, 共有物인 甲·乙 두 筆地 중 甲土地에만 설정되었던 地上權)은 分割 후에도 그 부분 위에만 존속하게 됨은 물론이다(民Ⅱ §293 참조). 共有物上의 擔保物權에 관하여도 用益物權과 마찬가지로 볼 것이다.[18]

V. 共有에 관한 債權의 特別保護 與否

破 §85는 "數人이 共同으로 財産權을 가지는 경우에 그 1인이 破産宣告를 받은 때에는 이에 대하여 共有에 관한 債權을 가진 다른 共有者는 分割로 인하여 破産者에 귀속할 共有財産의 부분에 관하여 別除權을 가진다"고 규정하고 있다.

學者에 따라서는 위 破産法上의 條項을 유추하여, 일반적인 共有物分割의 경우에도 共有者의 1인이 다른 共有者에 대하여 共有에 관한 債權을 가진 때에는 分割로 債務者에게 귀속하는 共有物의 부분으로 그 辨濟를 하게 할 수 있고, 그 辨濟를 받기 위하여 債務者에게 귀속할 共有物의 부분을 賣却할 필요가 있는 때에는 債權者가 그 賣却을 請求할 수 있다고 주장한다.[19]

이는 舊民 §259가 규정하고 있었던 내용으로서, 본래 獨民 §756 前文이 "共同者의 1인이 다른 共同者에 대하여 共同에 의거한 債權을 가진 때에는 共同의 廢止時에 債務者에게 귀속할 共同의 목적물의 부분으로 자기의 債權을 辨濟할 것을 請求할 수 있다"고 규정한 데서 유래한다.

그러나 前述(民 §266 해설 Ⅲ.2.)한 바와 같이 共有者의 共有物에 관한 義務의 특별승계를 규정한 民法草案 §257(舊民 §254에 해당)를 심의과정에서 삭제하였고, 그 삭제한 이유와 동일한 이유에서 현행 民法 제정 당시 舊民 §259를 배제한 점[20] 및 破産節次에서의 共有者의 특별보호규정을 일반의 共有物分割에 확대한다는 것은 무리라는 점 등을 고려할 때 明文의 근거도 없이 위와 같이 해석하는 것은 옳지 않다고 본다.

[閔 日 榮]

17) 權龍雨, 279; 李相浩, 192; 張庚鶴, 519; 鄭範錫, 149; 崔栻, 179.
18) 金容漢, 336; 崔栻, 179.
19) 李英俊, 527-8.
20) 民法案審議錄(上), 168.

第 271 條(物件의 合有)

① **法律**의 **規定** 또는 **契約**에 의하여 **數人**이 **組合體**로서 **物件**을 **所有**하는 때에는 **合有**로 한다. **合有者**의 **權利**는 **合有物** **全部**에 미친다.

② **合有**에 관하여는 **前項**의 **規定** 또는 **契約**에 의하는 외에 다음 **3條**의 **規定**에 의한다.

차 례

Ⅰ. 合有의 性質

數人이 組合體로서 물건을 所有하는 것이 合有이다(民 §271 Ⅰ). 여기서 「組合體」라 함은 이른바 合手的 組合을 의미한다. 이는 共同의 목적을 가지고 뭉친 人的結合體이기는 하나 構成員의 개별성이 강하여 團體로서의 단일성을 갖추지 못한 것이다.[1]

共有와 마찬가지로 合有에 있어서도 合有者는 持分을 갖는다. 그러나 合有에 있어서는 合有持分이 共同의 목적달성을 위하여 拘束되어 있기 때문에 合有關係가 지속되는 한 이를 자유롭게 處分할 수 없으며, 合有物의 分割을 청구할 수도 없다는 점에서 共有와 다르다(前述 共同所有總說 Ⅰ.2. 참조).

合有에 관한 訴訟은 원칙적으로 合有者 전원이 共同當事者가 되어야 하는 必要的共同訴訟이다.[2]

1) 金龍熙, "所有權의 三類型으로서의 共有, 合有, 總有에 관한 分析", 法曹 74-5, 73; 郭潤直, 348; 金曾漢, 232; 金顯泰, 290; 李根植, 323; 李英俊, 532; 張庚鶴, 520.

2) 李時潤, "共同所有와 그 訴訟關係", 金曾漢紀念論文集, 329. 大判 64. 3. 31, 63누158(集 12-1, 行 1); 大判 69. 11. 25, 65다1352(集 17-4, 36); 大判 83. 10. 25, 83다카850(集 31-5, 71). 다만 大判 69. 12. 23, 69다1053(集 17-4, 207)은 合有財産이라도 현실적으로 占有하고 있는 合有者만을 상대로 明渡請求를 할 수 있고 合有者 전원을 상대로 할 필요가 없다고 한다.

Ⅱ. 合有의 成立

合有는 組合體가 물건을 所有하게 되면 성립하며, 組合體는 契約 또는 法律의 규정에 의하여 성립한다(民 §271 I 前文).[3] 결국 "契約 또는 法律의 규정→組合體의 成立→物件의 取得"이라는 과정을 거쳐 合有가 성립하는 것이다.

1. 契約에 의한 組合體의 合有

(1) 契約에 의한 組合體의 形成

契約에 의하여 組合體를 형성하고 그 組合體가 재산을 所有하게 되면 合有가 성립한다. 契約에 의하여 형성되는 組合體의 대표적인 것으로는 債權法上의 組合에 해당하는 同業體와 契를 들 수 있다.

(가) 同業體는 數人의 相互出資에 의하여 共同의 사업을 경영하는 人的結合體를 가리킨다.[4] 同業體가 財産을 취득하면 그 財産은 同業者 전원의 合有로 된다.[5]

(나) 契는 數人이 상호간의 금융·저축을 목적으로 정기적으로 돈을 갹출하여 일정한 기준에 따라 契員에게 교부할 것을 約定함으로써 성립하는 人的結合體이다.[6] 契는 그 조직의 목적·방법, 契金의 지급방법, 契主의 有無, 契員 상호간의 關係 등에 따라 千態萬象이기 때문에 그 본질을 일률적으로 말하기가 어려우나,[7] 특별한 約定이 없는 한 일응 組合體로 봄이 상당하고, 따라서 契의 財産은 全契員의 合有에 속한다고 볼 것이다.[8] 契에 관한 詳細는 債權法상의 組合에 관한 해설 참조.

(다) 夫婦가 夫婦財産契約을 체결하고 夫婦共産制(Gütergemeinschaft)를 約定한 경우의 夫婦共同財産은 夫婦의 合有로 볼 것이다.[9] 왜냐하면 이때의 共

3) 民 §271 I 前文은 瑞民 §652 前段과 규정내용이 같다. 즉 同法條는 "法律의 규정 또는 契約에 의하여 組合體로 결합된 數人이 組合體에 의하여 물건을 所有하는 때에는 合有"로 한다고 규정하고 있다.
4) 郭潤直, 債各, 477.
5) 李英俊, 533. 단, 舊民法下에서 大判 56. 3. 3, 4288民上527(要集 民 I-2, 1065)은 事業의 共同經營을 목적으로 하는 民法上의 組合에 있어 組合이 취득 또는 소유하는 財産은 組合員 전원의 "總有"에 속한다고 判示하였다.
6) 郭潤直(註 4), 523.
7) 大判 67. 7. 18, 67다1052(集 15-2, 218).
8) 大判 62. 7. 26, 62다265(集 10-3, 194).
9) 李好珽, "우리 民法上의 共同所有制度에 대한 약간의 疑問", 法學 24-2, 3(83. 9), 105.

同所有는 持分處分의 자유와 共有物分割의 자유를 본질로 하는 共有나 團體所有關係를 본질로 하는 總有의 어느 쪽으로도 파악할 수 없기 때문이다(獨民 §1416 이하는 夫婦共同財産을 合有로 규율하고 있다). 다만 우리 民法이 원칙적으로 夫婦別産制를 채택하고 있는데다(民 §§ 830-831). 夫婦가 실제로 夫婦財産契約을 체결하여 夫婦共産制를 約定하는 일은 거의 없을 것이기 때문에 夫婦共産制의 約定에 의하여 合有가 성립하는 일 또한 거의 없다고 할 것이다.[10]

(2) 登 記

組合體의 合有가 성립하기 위하여는 動産에 관하여는 조합체의 占有取得이, 不動産에 관하여는 조합체의 合有登記가 요구된다(民 §186, 不登 §44 Ⅱ).[11] 合有登記에 관하여는 不登 §30의 적용이 없으므로 대표자 또는 관리자 名義의 登記가 아닌 合有者 全員名義의 登記가 요구된다.[12] 따라서 合有財産을 合有者 전원이 아닌 合有者의 1인 名義로 登記한 것은 原因無效의 登記가 된다.[13]

不動産은 아니나 登記나 登錄으로 公示되는 물건(船舶, 航空機, 重機, 自動車 등)에 관하여도 소정의 登記나 登錄을 하여야 함은 물론이다(商 §743, 船舶 §8, 航空 §5, 重管 §3, 自管 §5 참조).

2. 法律의 規定에 의한 組合體의 合有

(1) 受託者 數人의 信託財産

受託者가 數人 있는 때에는 信託財産은 그 合有로 한다(信託 §45 Ⅰ).[14] 다만 信託法에 의한 信託이 아니라 法律行爲에 의한 信託, 즉 名義信託의 경우에는 名義受託者가 數人이라도 名義信託者 상호간의 所有關係는 合有가 아니라 共有이다(前述 民 §262 해설 Ⅱ.1. 참조).

(2) 共同鑛業權者의 鑛業權

共同鑛業權者는 組合契約을 한 것으로 본다(鑛業 §§34 Ⅰ, 19 Ⅵ). 따라서 共同鑛業權者의 共同所有關係는 民 §704에 의하여 共同鑛業權者의 合有에 속하게 된다.[15]

共同鑛業權者의 광업권의 持分은 다른 共同鑛業權者의 동의없이는 이를

10) 李好珽(註 9), 105.

11) 金龍熙(註 1), 74; 郭潤直, 349; 金容漢, 338; 金曾漢, 234; 金顯泰, 292.

12) 金基善, 262.

13) 大判 70.12.29, 69다22(集 18-3, 419). 또한 84.3.8. 登記 제97호, 登記先例要旨集 1, 24 참조.

14) 金曾漢, 233; 李英俊, 534은 同條를 근거로 數人의 受託者는 하나의 組合體를 형성한다고 한다.

15) 大判 62.9.27, 62다324(集 10-3, 270). 同判決은 또한 共同鑛業權을 목적으로 하는 訴訟은 必要的 共同訴訟이라고 한다. 同旨 大判 66.10.4, 66다1079(集 14-3, 127).

讓渡하거나 租鑛權 또는 抵當權의 목적으로 할 수 없다(鑛業 §34 Ⅱ). 鑛業權持分讓渡의 경우에는 持分移轉登錄에 관한 규정이 없는 만큼 종전의 鑛業權者 전원으로부터 讓渡後 鑛業權者가 될 전원에 대한 鑛業權 자체의 移轉登錄을 하여야 한다.[16]

(3) **共同相續財産, 共同包括受贈財産의 合有 與否**

이에 관하여는 前述한 民 §262 해설 Ⅱ.2. 참조.

Ⅲ. 合有의 客體

組合體는 동일목적하에 결합된 人的結合體이므로 그 組合體가 所有하는 財産은 한 개의 물건인 경우는 드물고 대개 다수의 물건과 債權·債務로 구성된 特別財産(이를 組合財産이라고 부를 수 있을 것이다)인 것이 보통이다. 그러므로 合有의 客體도 1차적으로는 이러한 의미의 組合財産이고, 그 組合財産을 구성하는 개개의 물건이 2차적으로 合有의 客體로 된다.[17]

組合財産을 각 合有者의 個人財産과 구별하여야 함은 물론이다.

Ⅳ. 合有의 適用法規

合有에 관하여는 民 §271 Ⅰ 또는 契約에 의하는 외에는 民 §272 내지 §274를 적용한다(民 § 271 Ⅱ). 그러나 法律의 규정에 의하여 合有가 성립된 경우(前述한 受託者 數人의 信託財産, 共同鑛業權者의 鑛業權)에는 특별법인 信託法 또는 鑛業法에 의하여 우선적으로 규율될 것이다.

契約에 의하여 달리 정하는 것이 가능하므로 民 §272 내지 §274는 任意規定이라고 보아야 한다.[18] 共有에 관한 규정은 分割의 방법 및 효과에 관한 규정 외에는 合有에 準用되지 않는다(民 § 272 Ⅱ).[19]

---

16) 大判 68.9.30, 68다1496등(集 16-3, 81); 大判 70.3.10, 69다2103(集 18-3, 216). 反對 李在性, "共同鑛業權者의 1인으로부터 持分을 讓受한 者의 鑛業權移轉登錄請求와 必要的 共同訴訟", 李在性判例評釋集 Ⅰ, 36.

17) 金曾漢, 233; 李英俊, 535. 또한 郭潤直, 350 참조.

18) 郭潤直, 349; 李相浩, 194; 李英俊, 536; 李太載, 245; 張庚鶴, 521.

19) 金容漢, 338; 金曾漢, 234.

V. 合有者의 權利(民 §271 I 後段)

이에 관하여는 後述하는 民 §273 해설 참조.

[閔 日 榮]

第272條(合有物의 處分, 變更과 保存)

合有物을 處分 또는 變更함에는 合有者 全員의 同意가 있어야 한다. 그러나 保存行爲는 各自가 할 수 있다.

차 례

I. 合有物의 處分·變更

1. 意 義

合有物을 處分·變更함에는 合有者 전원의 同意가 있어야 한다(民 §272 本文). 瑞民 §653 II도 "다른 規定이 없는 경우에는 ……合有物의 처분은 合有者 전원의 일치된 決議를 요한다"고 하고 있다.

合有物의 處分은 合有物을 讓渡하거나 그 위에 物權을 설정하는 등의 행위를 말하고, 合有物의 변경은 合有物에 대하여 사실상의 물리적인 변화를 가하는 것을 말한다.

合有者의 1인이 다른 合有者 전원의 동의를 얻어 合有物을 處分하는 경우에도 單獨名義로 處分하는 것이 아니라 전원의 共同名義로 하여야 한다.[1] 特約으로 合有者 중 일부에게 處分權을 위임하는 것이 가능함은 물론이다.[2]

1) 金曾漢, 236; 金顯泰, 293; 李英俊, 537.
2) 金曾漢, 236-7; 方順元, 163; 李英俊, 537.

2. 合有者 중 一人의 處分·變更行爲

(1) 合有者의 1인이 다른 合有者의 동의없이 合有物을 제3자에게 賣渡한 경우에는 그 賣渡는 無權利者의 賣渡가 된다. 共有와는 달리 合有持分의 처분도 제한되기 때문에(民 §273) 賣渡한 合有者의 持分 범위 내에서도 유효하게 되지 않는다. 요컨대, 合有者 중 1인의 독자적인 處分行爲는 효력이 없다.[3] 다만 合有物이 動產인 경우에는 상대방의 善意取得이 가능하나 이는 별개의 문제이다.

(2) 合有者의 1인이 다른 合有者의 동의없이 合有物을 변경하는 때에는 다른 合有者는 그 變更行爲의 중지를 請求할 수 있다. 다만 合有物의 保存行爲의 일환으로 變更을 가하는 것은 다른 合有者의 同意를 요하지 않는다고 볼 것이다(民 §272 但).

3. 民法 第272條 本文과 民法 第706條 第2項의 關係

(1) 問題의 所在

위에서 본 바와 같이 民 §272 本文은 合有物의 처분·변경에 合有者 전원의 同意를 요구하고 있다. 그런데 組合에 관한 民 §704는 "組合의 出資 기타 組合財產은 組合員의 合有로 한다"고 규정하고, 이어서 民 §706 II은 "組合의 業務執行은 조합원의 과반수로써 決定한다. 業務執行者가 數人인 때에는 그 과반수로써 決定한다"고 규정하고 있다.

組合에 있어서 組合財產의 처분·변경은 바로 組合의 業務執行에 속한다.[4] 여기서 조합이 組合財產을 處分·變更하는 것은 民 §272 本文에 의하면 合有物의 처분·변경에 해당되어 組合員 전원의 동의를 필요로 하나, 民 §706 II에 의하면 組合員(또는 業務執行者)의 과반수의 同意만 있으면 가능하게 되어 서로 모순된다는 문제가 생긴다.

이러한 모순은 立法의 잘못에서 비롯된 것이다. 본래 獨逸民法은 合手性의 원칙에 충실하여 組合의 業務執行은 全員一致에 의하도록 하고 있다(獨民 §709 I). 반면 프랑스에서는 組合員 상호간의 묵시적인 위임에 의하여 각자가 業務執行을 할 수 있다. 그런데 日本民法의 立案者들이 이 두 法體系를 절충하여 組合員(또는 業務執行者)의 과반수 결정으로 業務執行을 할 수 있게 하였고(日民 § 670 I, II),

---

3) 同旨 金曾漢, 237; 金顯泰, 293; 李英俊, 537; 李太載, 245.

4) 李好珽, "우리 民法의 共同所有制度에 대한 약간의 疑問", 法學 24-2, 3(83.9), 107; 郭潤直, 債各, 502.

우리 民 §706 Ⅱ은 이를 그대로 받아들인 것이다. 그러나 日本民法에는 우리 民 §272에 해당하는 條文이 없다는 것을 立法者들이 간과하였다.[5] 위의 다른 나라 立法例와는 달리 合有에 관한 통일적인 규정을 物權編에 별도로 둔 특이한 立法態度(共同所有總說 Ⅱ. 2. 참조)가 불러온 바람직하지 아니한 부산물인 셈이다.

그렇다고 立法의 不備만 탓하고 위와 같은 모순을 그대로 방치할 수는 없는 노릇이므로 해석론으로 그 해결책을 모색할 수밖에 없는바, 이에 관하여는 見解가 나뉜다.

(2) 學 說

(가) 第一說 組合財產의 처분·변경이 조합의 業務執行에 해당하면 民§706 Ⅱ을 적용하고, 業務執行에 해당하지 않으면 民§272 本文을 적용한다.[6]

(나) 第二說 民 §272 本文과 民 §706 Ⅱ 前文 사이에서는 民 §272 本文이 특별규정이고, 民 §272 本文과 民 §706 Ⅱ 後文 사이에서는 民 §706 Ⅱ이 특별규정이므로, 組合에 業務執行者가 선임되어 있을 때에는 民 §706 Ⅱ을 적용하여 그들 과반수의 決定으로 組合財產을 처분·변경하고, 業務執行者가 選任되어 있지 아니할 때에는 民 §272 本文을 적용하여 組合員 전원의 同意가 있어야 비로소 組合財產을 처분·변경할 수 있다.[7]

(다) 第三說 民 §706 Ⅱ은 民 §272 本文에 대한 특별규정이므로 組合財產의 처분·변경에는 民 §706 Ⅱ만이 적용되고 民 §272 本文은 적용되지 않는다.[8]

(3) 批判 및 私見

먼저 第1說에 관하여 보면, 組合財產의 처분·변경이야말로 組合의 業務執行에 해당하며 組合의 業務執行에 해당하지 않는 組合財產의 처분·변경이란 생각키 어렵다는 점에서 이 見解는 설득력이 없다 할 것이다.[9]

다음에 第2說에 관하여 보면, 民 §706 Ⅱ은 文言 그대로 組合의 業務執行은 組合員들이 전원 참여하여 그 과반수로 결정하되, 다만 業務執行을 담당할 조합원을 따로 선임하여 놓은 경우에는 그들만의 과반수로 결정하고 一般組合員은 그 결정에 참여할 수 없다는 것을 규정한 것이므로, 同條項의 이와 같은

5) 李好珽(註 4), 106-8 및 郭潤直(註 4), 503 각 참조.
6) 金曾漢·安二濬, 債各(下), 601.
7) 郭潤直(註 4), 502-3.
8) 李好珽(註 4), 108.
9) 李好珽(註 4), 107; 郭潤直(註 4), 502.

유기적인 체계를 부정하고 業務執行組合員이 있는 경우에는 民 §706 Ⅱ이, 業務執行組合員이 없는 경우에는 民 §272 本文이 각각 적용된다고 해석하는 것은 무리이다.

결론적으로 筆者는 第3說에 찬동한다. 즉 合有物의 처분·변경에는 일반적으로 民 §272 本文이 적용되나, 그 合有物이 組合財産인 경우에는 民 §706 Ⅱ이 적용되어 業務執行組合員이 없으면 全組合員의 과반수 결정으로, 業務執行組合員이 있으면 그들만의 과반수 결정으로 處分·變更할 수 있다고 본다. 요컨대, 民 §272 本文은 모든 合有物에 관한 규정인데 반하여, 民 §706 Ⅱ은 그 合有物이 組合財産인 경우에 관한 특별규정[10]이라고 보는 것이다.[11]

民 §272 本文과 民 §706 Ⅱ의 관계를 위와 같이 볼 때 民 §272 本文은 적어도 民法內에서는 적용될 기회가 없게 된다. 왜냐하면 組合財産이야말로 民法이 合有로 규정한 유일한 것이기 때문이다.[12]

Ⅱ. 合有物의 保存行爲

合有物의 보존행위는 合有者 각자가 할 수 있다(民 §272 但).[13] 「保存行爲」라 함은 合有物의 멸실·훼손을 방지하고, 그 현상을 유지하기 위하여 하는 事實的·法律的 行爲를 말한다.[14] 예컨대, 合有建物의 倒壞를 방지하기 위하여 수리를 한다든가, 부패의 염려가 있는 合有物을 매각하여 金錢으로 보관하는 것 등을 들 수 있다. 保存行爲는 다른 合有者에게도 이익이 되는 것이 보통이고,

10) 李英俊, 536은 일반적으로 物權編의 合有規定이 債權編의 組合規定에 우선하여 적용된다고 하고 있으나, 民 §272 本文과 民 §706 Ⅱ의 關係에서도 그렇다는 것인지는 분명하지 않다.

11) 李好珽(註 4), 108-9은 그 밖에 當事者들이 組合契約을 체결하여 組合을 설립하였다면 별도의 約定이 없는 한 組合財産의 處分·變更 문제를 포함하여 모든 組合業務에 관하여 民 §703 이하의 組合規定에 따르겠다는 合意를 한 것으로 해석할 수 있고, 따라서 組合財産의 처분·변경은 組合에 관한 民法規定에 따르겠다는 "契約"에 의하는 경우에 해당하므로 그에 관하여는 民 §272 本文이 아닌 民 §706 Ⅱ이 적용된다고 설명한다. 기교적이기는 하나 경청할 만한 論據라고 할 것이다.

12) 그 밖에 夫婦共産制의 約定에 의한 夫婦共同財産의 合有는 거의 성립하는 일이 없고(民 §271 해설 Ⅱ.1. 참조), 受託者 數人의 信託財産에 관하여는 信託 §45 이하의 특별규정이 있으며, 共同鑛業權者의 鑛業權에 관하여는 鑛業 §§34, 19의 특별규정이 있으므로 결국 民 §272 本文은 거의 死文化된 셈이다.

13) 大判 60. 5. 5, 4292民上191(集 8, 53).

14) 金曾漢, 236; 李太載, 245은 合有에 있어서의 保存行爲는 事實行爲만을 의미한다고 한다.

또 긴급을 요하는 경우가 많기 때문에 각 合有者가 단독으로 할 수 있게 한 것이다.

이와 관련하여 각 合有者는 단독으로 持分確認, 抹消登記, 妨害除去, 合有物返還 등의 請求를 할 수 있는가 하는 문제가 있다. 學說은 合有持分은 독립된 權利로서의 성질을 가지지 않기 때문에 合有者가 單獨으로 위와 같은 請求를 하는 것은 불가능하다는 見解[15]와 이들 행위가 保存行爲에 해당하는 경우에는 가능하다는 見解[16]로 나뉜다. 判例는 合有者의 1인에 의한 妨害排除請求를 인정한다.[17]

[閔 日 榮]

第273條(合有持分의 處分과 合有物의 分割禁止)

① 合有者는 全員의 同意없이 合有物에 대한 持分을 處分하지 못한다.

② 合有者는 合有物의 分割을 請求하지 못한다.

차 례

Ⅰ. 合有持分

1. 合有持分의 意義 및 性質

合有持分이란 合有物에 대한 合有者의 權利(民 §271 I 後文)를 말한다.[1] 合有의 객

15) 金容漢, 339; 金曾漢, 236; 李根植, 324.
16) 李時潤, "共同所有와 그 訴訟關係", 金曾漢紀念論文集, 329; 李英俊, 537.
17) 大判 60.5.5(註 13); 大判 72.5.23, 72누9(要集 民 Ⅲ-1, 76).
1) 金容漢, 338; 金顯泰, 294; 李英俊, 537. 한편 金曾漢, 235은 合有持分을 첫째, 사용·수익 기타 일체로서 合有者 전원에게 속하는 것이 아니라 개별적으로 각 合有者에게 속하는 權能, 둘째 個別權으로서 각 合有者에게 속하는 權能뿐만 아니라, 전체로서 全合有者에게 속하는 權能의 행사에 참여할 수 있는 각 合有者의 權能까지를 포함하여, 따라서 合有財産에 대하여 각 合有者가 가지는 재산법적 권능의 總體, 셋째 組合關係로부터

체가 前述(民§271 해설 III.)한 바와 같이 組合體의 전체로서의 組合體財産과 이를 구성하는 개개의 물건으로 구별되므로, 이에 대응하여 合有持分도 전체로서의 組合體財産에 대한 持分과 組合體財産을 구성하는 개개의 물건에 대한 持分으로 구별된다.[2)]

合有持分은 共有持分과는 달리 조합체의 목적과 團體性에 의하여 제한을 받아 組合體의 構成員인 자격과 분리하여서는 생각할 수 없는 것이고, 따라서 構成員인 자격과 분리한 持分權만의 讓渡는 불가능하다.[3)]

2. 合有持分의 比率

合有持分의 비율은 合有의 기초인 組合體를 결성하는 契約에서 約定함이 보통이다. 約定이 없는 때에는 出資價額에 비례한다고 볼 것이다(民 I §711 참조).[4)] 이 점에서 持分의 비율이 균등한 것으로 推定되는 共有(民§262 II)와 다르다.

組合體의 構成員이 새로이 加入하면 그에 따라 合有持分의 비율도 변경될 것이다.[5)]

3. 合有持分의 處分

瑞民 §653 III은 "組合이 存續하는 동안은 ……合有持分의 處分은 排除된다"고 규정하고 있고, 獨民 §719 I 前文은 "組合員은 組合財産 및 그에 속하는 개개의 물건에 대한 자기의 持分을 處分할 수 없다"고 규정하고 있다. 이에 비하여 우리 民法은 合有者 全員의 同意가 있으면 合有持分의 處分이 가능하다고 규정하고 있다(民§273 I).

그러나 위 民法條項에 불구하고 合有持分의 處分可能 여부에 관하여 見解가 대립된다.

(1) 學　說

組合體의 財産을 구성하는 개개의 물건에 대한 持分의 處分이 불가능하다

생기는 각 합유자의 權利義務의 총체, 따라서 組合體의 一員으로서의 지위로 구분하고, 處分 및 押留의 대상이 되는 合有持分은 셋째 의미의 持分, 物權法上의 合有持分은 보통 둘째 의미의 持分을 가리킨다고 한다.

2) 李好珽, "우리 民法上의 共同所有制度에 대한 약간의 疑問", 法學 24-2, 3(83. 9), 109; 郭潤直, 350.

3) 大判 60. 11. 10, 4292民上837(要集 民 I-1, 1065).

4) 金曾漢, 235; 金顯泰, 294; 李英俊, 538.

5) 大判 59. 2. 5, 4290民上641(總 4-1(A), 782, 大法院民事判決原本集 31, 281); 大判 66. 10. 4, 66다1071(總 4-1(A), 786-1).

는 것에 관하여는 異論이 없는 것같다.[6] 문제는 전체로서의 組合體 재산에 대한 持分의 처분이 가능한가 하는 것이다.

(가) 肯定說 이 見解는 民法의 규정대로 合有者 전원의 同意가 있으면 合有持分의 處分이 가능하다고 한다. 다만 특약으로 處分을 금하는 것이 가능하며, 역으로 處分에 전원의 동의까지는 필요하지 않은 것으로 約定하는 것도 가능하다(그렇다고 다른 合有者의 同意가 전혀 필요없다고 約定하면 그것은 이미 合有가 아니다)고 한다.[7]

(나) 否定說 이 見解는 合有持分의 처분은 근본적으로 合有의 성질에 반하기 때문에 불가능하며, 전원의 同意가 있으면 處分이 가능하다고 한 民 §273 I 은 立法上의 잘못이라고 한다.[8] 民 §703 이하의 組合의 경우에 그 組合財產에 대한 持分의 처분에 관하여 民 §273 I 의 적용을 배제하는 見解[9]도 기본적으로는 否定說에 속한다고 할 것이다. 특히 後者에 의하면, 전체로서의 組合財產에 대한 持分의 처분은 舊組合員(持分讓渡人)의 脫退와 新組合員(持分讓受人)의 가입의 문제로 귀착될 뿐이라고 한다.[10]

(2) 判 例

判例는 合有者 전원의 동의가 있으면 合有持分의 處分이 가능하다고 보고, 다만 동의없이 處分하면 효력이 없다고 한다.[11] 나아가 判例는 전체로서의 組合體財產에 대한 持分뿐만 아니라 組合體財產을 구성하는 개개의 물건에 대한 持分의 처분도 가능하다고 보는 것같다.[12]

4. 合有持分의 歸屬

合有者의 1인이 사망・탈퇴한 경우에는 그 持分은 相續의 法理에 따르거나, 金錢으로 반환할 것이다(民 §719 II 참조).[13] 現物로 반환할 것을 約定하는 것이 가능함은 물론이다.[14]

---

6) 李好珽(註 2), 109; 郭潤直, 350; 李英俊, 539.
7) 金容漢, 339; 金曾漢, 235; 方順元, 164; 李相浩, 194; 李英俊, 538; 崔栻, 180.
8) 郭潤直, 350.
9) 李好珽(註 2), 110.
10) 詳細는 李好珽(註 2), 109-111 참조.
11) 大判 57.2.23, 4289民上654(要集 民 I-2, 1065); 大判 70.12.29, 69다22(集 18-3, 419). 뒤의 判決에 대한 評釋으로 李光信, "合有持分의 處分과 合有者間의 特約有無", 司行 72-4, 11.
12) 大判 61.7.20, 4293民上669(總 2-2(A), 591-2).
13) 金曾漢, 236; 金顯泰, 294; 李英俊, 538.
14) 大判 64.12.8, 64다1340(總 4-1(A), 790).

Ⅱ. 合有物의 分割禁止

合有者는 合有物의 分割을 請求할 수 없다(民 §273 Ⅱ). 瑞民 §653 Ⅲ도 "組合이 존속하는 동안은 分割請求權 ……이 排除된다"고 규정하고 있다. 우리 民法에는 瑞西民法의 "組合이 존속하는 동안은"이라는 文句가 없으나 마찬가지로 볼 것이다.[15] 왜냐하면 民 §274 Ⅱ이 合有終了時의 分割을 인정하고 그에 관하여 共有物分割에 관한 규정을 準用하고 있기 때문이다. 民 §273 Ⅱ은 任意規定이기 때문에 特約으로 分割請求를 인정할 수 있음은 물론이다.[16]

[閔 日 榮]

第 274 條(合有의 終了)

① 合有는 組合體의 解散 또는 合有物의 讓渡로 인하여 終了한다.

② 前項의 경우에 合有物의 分割에 관하여는 共有物의 分割에 관한 規定을 準用한다.

차 례

Ⅰ. 合有의 終了事由

組合體가 解散되거나 合有物이 讓渡되면 合有는 終了한다(民 §274 Ⅰ). 瑞民 §654 Ⅰ도 "合有는 合有物의 讓渡 또는 組合의 終了에 의하여 廢止된다"고 규정하고 있다.

15) 同旨 李英俊, 539.
16) 郭潤直, 350; 金容漢, 339.

1. 組合體의 解散

合有는 組合體의 존재를 전제로 하는 것이므로(民 §271 I 前文) 組合體가 해산되면 合有도 당연히 終了한다. 組合體의 解散事由로는, 組合體의 목적인 사업이 성공하였거나 또는 성공불능으로 된 때, 存續期間의 滿了 등 組合體 結成契約에서 정한 解散事由의 발생, 組合體構成員 전원의 合意[1] 기타 부득이한 사유에 의한 組合體 구성원의 解散請求(民 §720 참조) 등을 들 수 있다.

문제는 2인 組合體에서의 1인의 탈퇴이다. 이때에는 1인이 解散을 請求한 경우와는 달리 組合體는 해산되지 아니한다고 보는 것이 旣存事業의 유지·존속이라는 국가경제적 견지 및 당사자의 의사에 부합한다(따라서 淸算이 開始되지 않는다)고 하면서도, 다만 이제까지의 合有關係는 殘存하는 1인의 單獨所有로 전환된다고 하는 것이 判例이고,[2] 學說도 대체로 이에 동조한다.[3]

2. 合有物의 讓渡

組合體가 아직 존속한다 하더라도 그 所有物이 제3자에게 讓渡되고 나면 合有의 존재의의가 없어지므로 合有가 종료한다. 다만 전체로서의 組合體 財産을 구성하는 개개의 物件을 處分한 경우에는 殘餘의 財産에 대하여 여전히 合有가 존속한다.[4]

Ⅱ. 合有物의 分割

1. 組合體의 解散事由가 발생하였다 하여 合有關係가 곧 소멸하는 것은 아니고, 淸算節次로서 合有物의 分割이 행하여져야 비로소 合有關係가 완전히 끝나게 된다.[5] 다만 組合體가 해산되면 合有持分은 이제까지의 潛在的인 상태에서 벗어나 구체적인 모습을 띠게 되고, 이후의 共同所有는 共有와 다를 바

1) 大判 60. 5. 5, 4292民上390(總 4-1(A), 812).
2) 大判 61. 12. 28, 4293民上202(要集 民 Ⅰ-2, 1074); 大判 72. 12. 12, 72다1651(集 20-3, 188); 大決 78. 7. 7, 78마129(公 592, 10973); 大判 88. 6. 14, 86다카617(集 36-2, 19); 大判 87. 11. 24, 86다카2484(集 35-3, 261).
3) 郭潤直, 債各, 512; 李英俊, 540.
4) 郭潤直, 350; 金容漢, 340; 金曾漢, 237; 李根植, 325; 李相浩, 194; 李英俊, 539; 李太載, 246.
5) 金基善, 262; 金容漢, 340; 金曾漢, 238; 金顯泰, 295; 李英俊, 540; 李太載, 246.

없으므로,[6] 종래 合有의 대상이었던 物件의 分割에 관하여는 共有物分割에 관한 규정이 準用된다(民 § 274 Ⅱ).[7] 分割의 방법에 관하여 特約이 있는 때에는 물론 그에 따라야 한다. 그리고 分割에 따른 財産分配比率은 特約이 없는 한 合有持分比率(이는 보통 出資比率이 될 것이다. 民 § 273 Ⅰ, Ⅱ 참조)에 의할 것이다.[8]

2. 不動産의 合有登記名義人인 甲·乙·丙 중 甲이 사망한 경우에는 특별한 약정이 없는 한 乙·丙의 合有로 變更登記하며(甲의 相續人이 甲의 지위를 承繼하는 것이 아니다), 다시 乙이 사망한 경우에는 丙의 單獨所有로 登記하고, 丙마저 사망한 경우에는 丙의 相續人名義로 相續登記한다. 다만 甲·乙·丙의 相續人들 사이에는 淸算節次를 밟아야 한다.[9]

[閔 日 榮]

第 275 條(物件의 總有)

① 法人이 아닌 社團의 社員이 集合體로서 物件을 所有할 때에는 總有로 한다.

② 總有에 관하여는 社團의 定款 기타 規約에 의한 외에 다음 2條의 規定에 의한다.

차 례

Ⅰ. 總有의 性質

1. 法人 아닌 社團의 社員이 집합체로서 物件을 소유하는 것이 總有이다(民 § 275 Ⅰ). 總有에서는 소유권의 내용이 管理·處分의 權能과 使用·收益의 權能

6) 方順元, 164; 張庚鶴, 629; 鄭範錫, 150.
7) 瑞民 § 654 Ⅱ도 "달리 정함이 없는 때에는 分割은 共有에 관한 규정에 따른다"고 하고 있다.
8) 大判 64. 12. 22, 63다831(總 4-1(A), 820); 大判 64. 12. 22, 64다220(總 4-1(A), 823).
9) 88. 11. 9. 登記 제622호, 登記先例要旨集 2, 119.

으로 二分되어 전자는 社員의 총체, 즉 法人 아닌 社團에 속하고 후자는 각 社員에게 분속하는 점에서 共有나 合有와 구별된다. 總有에서는 前述(共同所有總說 I.2. 참조)한 바와 같이 持分의 개념이 인정되지 아니한다.

2. 不登 §30는 "① 宗中·門中 기타 代表者나 管理人이 있는 法人 아닌 社團이나 財團에 속하는 부동산의 등기에 관하여는 그 社團 또는 財團을 登記權利者 또는 登記義務者로 한다. ② 前項의 등기는 그 社團 또는 財團의 명의로 그 代表者 또는 管理人이 이를 신청한다"고 되어 있는바,[1] 이 규정은 부동산의 所有權 기타 物權의 保有에 관한 한 法人 아닌 社團을 社團法人과 동일시하는 것이며, 따라서 法人 아닌 社團의 부동산소유관계를 總有로 파악하는 것은 타당성이 없다는 見解가 유력하다.[2] 한걸음 나아가 法人 아닌 社團도 當事者能力(民訴 §48), 登記能力(不登 §30)이 인정되고, 그 자체의 재산만으로 책임을 질 뿐 社員의 個人財産으로는 책임을 지지 않는 점에 비추어 法人 아닌 社團도 독립하여 財産所有의 주체가 된다고 하는 견해도 주장되고 있다.[3]

Ⅱ. 總有의 主體

1. 總有의 主體는 法人 아닌 社團이다.[4] 法人 아닌 社團은 단체이면서도 法人格을 취득하지 못한 人的結合體를 총칭하는 것이므로 그 구체적 모습, 내부조직은 千態萬象이다(法人 아닌 社團의 詳細에 관하여는 民法總則의 法人編 참조). 따라서 이에 대응하는 總有의 모습도 다양할 수밖에 없다. 法人 아닌 社團의 總有財産으로 學說, 判例上 논의되는 주요한 것으로는 宗中財産, 教會財産, 寺刹財産, 洞·里 등 村落共同體[5]의 財産 등이 있는바, 宗中財産, 教會財産, 寺刹財産에 관하여는 後에 따로 詳述하고, 여기서는 洞·里 등 村落共同體의 財産 등에 관하여 살펴본다.

---

1) 法人 아닌 社團名義로 된 土地를 그 구성원들의 共同所有로 登記함에 있어서는 總有物分割의 登記를 하는 것이 아니라, 각 구성원에게 持分移轉登記를 하여야 한다(82. 7. 30. 登記 제310호, 登記先例要旨集 1, 123).

2) 李好珽, 우리 民法上의 共同所有制度에 대한 약간의 疑問", 法學 24-2, 3(83. 9), 114-5.

3) 黃迪仁, 民法論選(上), 164.

4) 獨逸에서는 法人 아닌 社團의 財産所有形態를 合有로 보고 있다(MünchKomm, Bd. 4, §1008 RdNr. 1); 郭潤直, 總則, 230은 合有로 규정하는 것이 좋았다고 한다.

5) 大判 80. 1. 15, 78다2364(公 629, 12623). 村落共同體의 法理에 관한 詳細는 李光秉, 村落共同體의 法理, 143 이하 참조.

2. "洞"이나 "里"는 하나의 행정구역에 지나지 아니하며 그 자체가 法律上 독립한 인격을 갖는 것은 아니다. 따라서 洞·里의 財産은 洞·里에 거주하는 住民 전체가 村落共同體로서 하나의 法人 아닌 社團을 구성하여 洞·里의 財産을 총유한다고 보아야 한다.[6)]

判例도 "리(里)의 행정구역 내에 거주하는 주민들이 주민의 공동편익과 공동복지를 위하여 주민 전부를 구성원으로 한 공동체를 구성하고 행정구역인 리(里)의 명칭을 사용하면서 일정한 재산을 공부상 그 이름으로 소유해온 경우에 이러한 공동체는 이른바 비법인사단으로서 그 재산은 리주민의 총유에 속하고, 행정구역인 리가 지방자치법의 시행에 따라 지방자치단체인 면 또는 군의 소속기관이 되었다고 하여 리주민의 공유인 재산이 면 또는 군의 소유로 바뀌는 것이 아니다"[7)]고 하여 이를 분명히 하였다. 나아가 判例는 行政法上의 행정구역이 아닌 일정한 지역 내에 조직된 洞에 관하여도 같은 論理를 적용한다.[8)]

學說·判例上 인정되는 洞·里 등 村落共同體의 總有財産으로는 山林,[9)] 성황당, 祭祀用 位土,[10)] 마을회관, 마을창고, 農機械[11)] 등이 있다.

3. 法人格이 없는 同窓會, 學會, 政黨, 親睦會 등이 會館 기타의 財産을 所有하는 경우도 總有로 볼 것이다.[12)] 定着難民團體가 공동으로 構築한 堤防을 그 難民들의 總有로 본 判例가 있다.[13)]

---

6) 高昌鉉, "農漁村共同財産에 관한 法的 考察", 郭潤直紀念論文集, 212. 다만 同論文, 215은 오늘날에는 合有로 보아야 할 財産도 있다고 한다.
7) 大判 90.6.26, 90다카8692(公 878, 1578). 同旨 大判 53.4.21, 4285民上162(要集 民 I-1, 541). 또한 大判 78.7.11, 78다409(要集 民 I-1, 41) 참조.
8) 大判 58.2.6, 4289民上617(要集 民 I-1, 541).
9) 大判 58.2.6(註 8).
10) 大判 65.2.9, 64다1768(要集 民 I-1, 541).
11) 高昌鉉(註 6), 203.
12) 權龍雨, 282; 金容漢, 341; 金曾漢, 李太載, 2477; 鄭範錫, 151. 大判 70.5.26, 669누125(集 18-2, 行 4): 비법인사단인 계가 공유수면매립의 면허를 받았다면 공유수면매립상의 권리의무는 면허받은 구성원 전원의 총유에 속하므로 준공인가를 함에 있어서는 면허당시의 계원으로 구성된 계를 상대로 하여야 할 것이며, 가사 계의 규약에 정하는 절차에 의하여 계원의 탈퇴 또는 신규가입이 있었다고 하더라도 면허관청의 인가가 없는 이상 준공당시의 계원을 구성원으로 하는 계에 대하여 한 준공인가처분은 무효이다.
13) 大判 69.4.22, 68다757(集 17-2, 23).

Ⅲ. 總有의 客體

總有의 客體는 한 개의 物件인 수도 있지만 法人 아닌 社團이 다수의 物件으로 구성되는 財產을 가지는 경우에는 그것이 1차적으로 總有의 객체가 되고, 그 財產을 구성하는 개개의 物件이 2차적으로 總有의 객체가 된다.[14]

Ⅳ. 總有의 適用法規

總有에 관하여는 社團의 定款 기타 規約[15]에 의하고, 그것이 없는 경우에는 民 §§276, 277를 적용한다(民 § 275 Ⅱ). 이처럼 總有에 관한 특별규정을 民法에 두고 있는 것은 다른 나라에서 立法例를 찾아보기 어려운 우리 民法의 독특한 태도임은 前述(共同所有總說 Ⅱ.2.)한 바 있다.

[閔 日 榮]

第276條(總有物의 管理, 處分과 使用, 收益)

① 總有物의 管理 및 處分은 社員總會의 決議에 의한다.

② 각 社員은 定款 기타의 規約에 좇아 總有物을 使用, 收益할 수 있다.

차 례

Ⅰ. 權能의 二分化

總有는 前述(民 § 275 해설 Ⅰ.1.)한 바와 같이 所有權 중 管理·處分權能은 法人 아

14) 金容漢, 341; 金曾漢, 239-40; 李太載, 247.

15) 成文의 規約뿐만 아니라 不文의 規約(慣習일 수도 있다)도 포함된다.

닌 社團, 즉 社員의 총체에 속하고, 使用·收益權能은 각 社員에게 分屬하는 점이 본질적인 특징이다. 民 §276는 이를 규정한 것이다.

法人 아닌 社團에 所有權이 없고 각 社員이 제3자 소유의 토지를 使用·收益할 수 있을 뿐인 경우에는 特殊地域權(民 §302)이 성립한다. 詳細는 民 §302의 해설 참조.

Ⅱ. 總有物의 管理·處分

總有物의 管理 및 處分은 社員總會의 決議에 의하여 할 수 있다(民 §276 Ⅰ). 社員總會의 決議없이 행하여진 管理·處分은 효력이 없다.[1] 다만 民 §276 Ⅰ은 任意規定이므로 定款 기타 規約에 다른 정함이 있는 경우에는 그에 따를 것이다(民 §275 Ⅱ). 社員總會의 決議에 관하여 定款 기타 規約에 정함이 없는 경우에는 社團法人의 社員總會의 決議에 관한 규정을 準用할 것이다.[2]

判例上 주로 論議의 대상이 되는 宗中財産, 教會財産의 管理·處分에 관하여는 後述한다.

Ⅲ. 總有物의 使用·收益

總有物을 使用·收益하는 권능은 각 社員에게 分屬되지만, 使用·收益의 구체적인 방법은 定款 기타의 規約에서 정하는 바에 따른다(民 §276 Ⅱ). 定款 기타의 規約에서 정한 방법에 따르지 아니하는 使用·收益에 대하여는 法人 아닌 社團은 그 행위의 중지를 請求할 수 있고 아울러 그로 인한 損害의 배상도 청구할 수 있다.[3] 管理·處分行爲이냐 使用·收益行爲이냐의 한계가 반드시 분명한 것은 아니므로 구체적인 사정에 따라 결정할 수밖에 없다.[4]

社員 1인의 越權的인 使用·收益으로 자기의 使用·收益이 침해된 다른

1) 金基善, 265.
2) 金曾漢, 240; 李英俊, 545.
3) 金基善, 265.
4) 예컨대, 判例는 宗中員이 宗山에 墳墓를 설치하는 행위는 使用·收益이 아닌 處分行爲로 보고 있다. 大判 67. 1. 18, 66다1600(集 15-2, 190).

社員은 그 社員의 使用·收益行爲의 중지 및 손해배상을 請求할 수 있고, 제3자가 使用·收益을 방해한 때에는 法人 아닌 社團 또는 각 社員이 妨害排除 및 損害賠償을 청구할 수 있다.[5]

Ⅳ. 總有物의 保存行爲

民法은 共有·合有에 관하여는 각 共有者·合有者가 단독으로 保存行爲를 할 수 있다고 규정하면서도(民 §§265 但, 272 但), 總有에 관하여는 아무런 언급을 하고 있지 않다.

判例는 舊民法下에서는 總有에서도 合有와 마찬가지로 각 總有者는 단독으로 保存行爲를 할 수 있다고 하였으나,[6] 현행 民法下에서는 保存行爲를 管理行爲의 개념에 포함시켜 社員總會의 決議를 요하는 것으로 보고 있다.[7]

[閔 日 榮]

第277條(總有物에 관한 權利義務의 得喪)

總有物에 관한 社員의 權利義務는 社員의 地位를 取得喪失함으로써 取得喪失한다.

Ⅰ. 社員의 權利義務

總有에 있어서 社員이 總有物에 대하여 가지는 權利義務는 그가 法人 아닌 社團의 구성원이라는 자격에서 비로소 인정되는 것이기 때문에 構成員의 자격을 상실하면 權利義務도 자동적으로 상실한다. 예컨대, 敎會信徒들의 헌금

5) 金基善, 265.
6) 大判 60.5.5, 4292民上191(集 8, 53).
7) 大判 86.9.23, 84다카6(公 788, 2941): "총유물의 보존에 있어서는 공유물의 보존에 관한 민법 제265조의 규정이 적용될 수 없고, 특별한 사정이 없는 한 민법 제276조 제1항 소정의 사원총회의 결의를 거쳐야 한다." 同旨 大判 66.3.15, 65다2465(要集 民 Ⅰ-1, 545); 大判 72.8.22, 72다882(要集 民 Ⅰ-1, 525); 大判 75.5.27, 73다47(公 516, 8475); 大判 80.12.9, 80다2045등(集 28-3, 239).

으로 마련된 敎會堂建物에 대한 신도의 權利義務는 신도로서의 地位의 상실과 동시에 상실하며,[1] 洞·里財産에 대한 주민의 權利義務는 洞·里民이 됨으로써 취득하고 다른 곳으로 移住함으로써 상실한다.[2]

總有物에 대한 社員의 權利로서 주요한 것으로는 總有物의 管理·處分에 참여할 수 있는 權利와 總有物을 使用·收益할 수 있는 權利를 들 수 있다.[3]

Ⅱ. 社員地位의 取得, 喪失

法人 아닌 社團의 社員의 지위는 定款 기타 規約이 정하는 바에 따라 그 社團에 가입·탈퇴함으로써 취득·상실한다. 다만 特別法上으로 社員의 가입·탈퇴에 管轄官廳의 許可를 받도록 요구하고 있는 경우가 있다.[4]

[閔 日 榮]

第 278 條 (準共同所有)

本節의 規定은 所有權 이외의 財産權에 準用한다. 그러나 다른 法律에 特別한 規定이 있으면 그에 의한다.

차 례

Ⅰ. 準共同所有의 意義

所有權 이외의 財産權을 數人이 공동으로 소유하는 것을 準共同所有라고 한다. 共有·合有·總有가 共同所有의 대표적인 형태인 것과 같이 準共同所有

1) 大判 68. 11. 19. 67다2125(要集 民 Ⅰ-1, 542); 大判 88. 3. 22, 86다카1197(公 823, 670).
2) 大判 53. 4. 21, 4285民上162(要集 民 Ⅰ-1, 541).
3) 郭潤直, 352-3; 權龍雨, 283; 金容漢, 342; 張庚鶴, 523.
4) 예컨대, 共有水面埋立에 관한 大判 70. 5. 26, 69누125(集 18-2, 行 4) 참조.

도 準共有・準合有・準總有가 대표적인 모습이다.

共同所有이든 準共同所有든 그 權利者가 數人이라는 점에서는 동일하고, 단지 그 權利가 所有權이냐, 그 밖의 財産權이냐에 차이가 있을 뿐이기 때문에 民法은 準共同所有에 共同所有에 관한 규정을 준용하고 있는 것이다.[1] 다만 法律에 특별한 규정이 있거나 財産權의 종류에 따라 특성상 共同所有의 규정이 준용되지 아니하는 경우가 있음은 물론이다.

Ⅱ. 準共同所有가 認定되는 財産權

1. 所有權 이외의 物權

所有權 이외의 物權으로서 準共同所有의 대상이 되는 주요한 것으로는, 地上權・地役權・傳貰權・留置權・質權・抵當權 등 民法上의 物權과 水利權・溫泉權 등 慣習上의 物權이 있다. 그 중 지역권의 準總有에 관하여는 民 §302의 특별규정이 있고, 유치권・질권은 성립의 당초부터 準共同所有로 되기 보다는 相續에 의하여 準共同所有로 되는 경우가 많을 것이다. 抵當權에 관하여는 前述(民 §265 해설 Ⅲ.1. 참조)한 바와 같이 1번 抵當權이 소멸한 경우에 2번 抵當權의 準共有者는 보존행위로서 1번 抵當權의 抹消를 청구할 수 있다. 共有土地에 관하여 換地豫定地指定處分이 있게 되면 종전 토지의 共有者들은 換地豫定地의 使用・收益權을 준공유하게 된다.[2]

2. 債 權

債權에 대하여도 準共同所有가 인정되는가에 관하여는 견해가 나뉜다. 第1說은 準共同所有가 이론상 성립하나 不可分債權에 관한 규정이 우선 적용된다고 하고,[3] 第2說은 債權의 내용・효력 등에 관하여는 不可分債權을 적용하되 債權에 대한 支配(예컨대, 果實 기타 收益의 分配, 費用의 負擔・處分 등)에 관하여는 準共同所有의 규정을

1) 金容漢, 343; 金曾漢, 242; 李相浩, 196.

2) 安相敦, "換地豫定指定處分과 그 私法上의 效果", 司論 3, 218; 李容勳, "共有物分割의 訴와 이와 關聯된 몇 가지 문제에 대하여", 司論 4, 155.
判例도 같다. 大判 74.2.12, 73다739(公 484, 7743). 同旨 大判 71.9.28, 77다349(要集民 I-1, 548).

3) 多數說이다. 金基善, 258; 金容晉, 160; 金曾漢, 242; 方順元, 166; 李太載, 248; 鄭範錫, 152; 崔栻, 184.

적용하여야 한다고 하고,[4] 第3說은 물건의 支配를 수반하는 債權(예컨대 賃借權)에 관하여는 準共同所有를 인정하나 그렇지 아니한 경우는 準共同所有를 否定한다.[5] 判例는 賣買豫約完結權의 準共有를 인정하면서 이 權利는 準共有者 전원이 함께 행사하여야 한다고 한다.[6]

3. 그 밖의 財產權

民法 이외의 法律에 의한 財產權으로서 準共同所有의 대상이 되는 주요한 것으로는 著作權·特許權·實用新案權·意匠權·商標權 등의 工業所有權, 株式·社債 등 商法上의 財產權 및 鑛業權, 漁業權 등이 있다. 이들 財產權에 대하여는 각각의 根據法律에 별도의 특별규정이 있는 것이 보통이다. 다만 이러한 法律들에 있어서는 일일이「準共有」등으로 표현하지 않고 단순히「共有」등으로 표현하고 있다. 判例上 인정된 것으로 보면, 共有水面埋立權의 準總有,[7] 意匠權의 準合有,[8] 漁業權의 準共有,[9] 河川敷地占用權의 準總有[10] 등이 있다.

[閔 日 榮]

4) 郭潤直, 353; 金容漢, 343; 金顯泰, 299-300; 李相浩, 196; 張庚鶴, 524.
5) 李英俊, 549.
6) 大判 84.6.12, 83다카2282(公 732, 1272); 大判 85.5.28, 84다카2188(公 756, 908). 이 判決에 대한 評釋으로는 金容晋, "數人의 共同名義로 된 擔保假登記에 기한 本登記請求權의 行使", 月報 86-3, 39 이하; 梁承泰, "共同名義로 假登記한 數人의 賣買豫約者의 法律關係", 民判硏 Ⅶ, 18 이하 각 참조. 大判 85.10.8, 85다카604(公 765, 1477); 大判 87.5.26, 85다카2203(公 804, 1049).
7) 大判 70.5.26, 69누125(集 18-2, 行 4). 다만 大判 72.5.23, 72누9(要集 民 Ⅲ-1, 76)은 準合有로 보고 있고, 大判 69.11.25, 65다1352(集 17-4, 36)는 準合有 또는 準總有라고 하고 있다.
8) 大判 82.6.22, 81후43(公 687, 694).
9) 大判 53.2.21, 4285民上118(集 1-5, 6).
10) 大判 77.5.24, 76다512(要集 民 Ⅰ-1, 543).

共同所有 後論

차 례

Ⅰ. 宗中財産

1. 宗中의 意義 및 法的 性格

宗中은 "共同先祖의 墳墓守護, 祭祀, 宗員 상호간의 친목을 목적으로 하는 共同先祖의 후손[1] 중 성년 이상의 남자를 宗員으로 하여 구성되는 종족의 자연적 집단"을 의미한다.[2] 宗中의 法的 性格은 民法上 法人格없는 社團이라는 것이 學說[3]·判例[4]의 일치된 견해이다.

宗中의 意義, 宗中員의 資格과 地位, 宗中規約, 宗中의 機關, 宗中의 法的 性格 등에 관한 상세한 설명은 總則(1) 法人 後論에 되어 있으므로 여기서는 그 설명을 생략한다.

한편 고유한 의미의 宗中은 아니나 共同先祖의 후손들 중 특정지역 거주

1) 공동선조의 후손 중 出系子는 제외한다. 同旨 大判 83. 2. 22, 81다584(集 31-1, 98); 大判 87. 4. 14, 84다카750(公 801, 773).
2) 大判 72. 9. 12, 72다1090(集 20-3, 5); 大判 73. 7. 10, 72다1918(要集 民 Ⅰ-1, 40).
3) 郭潤直, 383; 黃迪仁, 註釋民法(Ⅱ)物權法, 458; 李英俊, 總則, 853.
4) 大判 66. 7. 26, 66다881(集 14-2, 227); 大判 72. 2. 22, 71다2476(集 20-1, 103); 大判 85. 10. 22, 83다카2396(公 766, 1539) 등.

자나 특정범위 내의 자들만으로 墳墓守護나 祭祀 및 친목도모를 위한 조직체를 구성하여 활동하고 있어 그 단체로서의 실체를 認定할 수 있는 경우에는 본래의 의미의 宗中은 아니나 權利能力없는 社團으로서의 단체성을 認定할 여지가 있다.[5)]

2. 宗中財產의 意義

(1) 意 義

宗中이 그의 본래의 목적인 선조의 祭禮와 墳墓의 수호·관리 등을 위하여 所有하는 재산을 통틀어서 宗中財產이라 한다. 宗中財產을 구성하는 것은 動產·不動產·債權 등 다양하나, 宗中財產으로 주가 되는 것은 매장과 祭祀에 제공되는 土地 및 建物과 祭祀, 墳墓의 수축이나 개축, 석물의 시설, 제당의 건축이나 보수, 宗山의 식목, 宗員의 구조, 족보나 선조의 문집간행, 종회 개최 등에 필요한 비용을 마련하기 위한 전답 또는 林野이다. 선조의 墳墓가 있는 林野를 墓山 또는 宗山이라 하고, 祭祀費用 등의 자원인 土地를 宗位土, 門位土, 墓位土 또는 간단히 줄여 位土, 宗土라고 한다.

位土는 다시 祭田과 墓田으로 구별되는데, 祭田은 고조 이하의 祠祭를 위해 설정된 土地이고, 墓田은 親盡 祧遷된 신주의 묘제를 위한 位土로서 祭田이 묘토화되는 경우와 墓祭를 위해 특히 설정된 경우가 있다. 位土로서 位土臺帳에 등재되어 있는 토지도 시효취득의 대상이 된다고 할 것이다.[6)]

宗中財產의 대표적인 것이 墓山과 位土라는 것과 墓山과 位土의 경우 그 所有者는 宗中이라는 것과는 엄밀히 구별되어야 한다. 墓山, 位土 중에는 宗中 아닌 宗孫이나 宗員 個人所有의 것도 있을 수 있다.

(2) 宗中財產制의 起源[7)]

宗中財產制의 기원은 宗中制의 기원과 같은 문제로 볼 수 있다. 宗中制의 기원에 대하여는 삼한시대의 족제에서 연유한 것이라는 설과 麗末李初에 있어서의 유교의 발흥에 수반하여 오로지 중국 전래의 宗禮내지 祭祀에 준거하여 성립된 것이라는 설이 유력하나 그 어느 것도 정설이라고 할 수 없는 형편이다.

---

5) 大判 91. 1. 29, 90다카22537(公 892, 864). 同旨 大判 92. 4. 24, 92다2899(公 922, 1684).
6) 大判 92. 1. 21, 91다33377(公 916, 892).
7) 이에 관한 상세한 설명은 總則(Ⅰ), 804-5; 許奎 외 2명, "宗中·宗中財產에 關한 諸考察(沿革的·實務的)", 司論 4, 12-4, 56 참조.

(3) **宗中財産인 位土에 대한 農地改革法의 취급**

位土에 대하여는 農地改革法上 특별한 취급을 하고 있다. 즉 農地改革法은 農家가 아닌 자와 자경하지 않는 자의 農地를 정부가 매수하여 농민에게 분배함으로써 耕者有田의 원칙을 달성하려는 것을 목적으로 하므로 位土 중 農地는 원래는 당연히 정부의 買收對象이 되나[8] 位土의 특수성을 감안하여 農地改革法은 墳墓를 수호하기 위하여 종전부터 소작료를 징수하지 아니하는 기존의 位土로서 墓每 1위에 2단보 이내의 農地는 買收對象에서 제외하고 있다(農改§6 I vii). 위 규정에 의하여 位土의 認定을 받고자 하는 자는 일정한 서류를 첨부하여 位土認定申請書를 農地所有地 읍, 면장을 거쳐 구청장, 시장 또는 군수에게 제출하여야 하고 위 申請을 인허하였을 때에는 位土臺帳에 등록하게 되어 있다(農改規§12). 그러나 위와 같은 位土認定節次를 거치지 않더라도 農改 §6 I vii 소정의 位土는 동규정에 의하여 위 法에 의한 정부수매나 분배로부터 당연히 제외되는 것이고, 이러한 位土에 대하여 분배절차가 있다 하여도 이는 당연무효이며,[9] 전래되어 온 宗中位土에 대하여 位土認許를 받지 아니하였다 하여 당연히 그 位土의 所有權을 상실한다고 할 수는 없다[10]는 것이 判例의 입장이다.

이와 같은 買收對象에서 제외되는 位土에는 宗中아닌 개인소유의 位土도 포함될 것인가가 문제된다. 位土의 경우 宗中所有임이 일반적인 것으로 보아 입법한 것으로 보이나 位土 자체를 보호하려는 취지에서 볼 때 個人所有의 位土도 買收對象에서 제외된다고 보아야 하지 않을까 생각되나 의문의 여지가 있다 할 것이다. 個人所有의 位土가 買收對象에서 제외된다고 하더라도 그 個人이 農家인 경우 所有할 수 있는 上限인 3정보의 農地 속에는 位土를 포함함이 農地改革法의 정신에 비추어 합당하다고 생각된다.

(4) **宗中의 農地인 位土 取得**

位土가 農地改革法上의 買收對象에서 제외되는 외에 현행 登記實務는 더 나아가 農家 아닌 宗中이 位土로서 農地를 취득하여 登記를 할 수 있는 것까지 허용하고 있다. 즉 登記例規는 農地改革法上 農地를 매수할 수 있는 자는 旣成農家이거나 農家가 되려는 자임을 요하고 동법상 農家란 자연인에 한하므로 法人格없는 社團은 農地를 매수할 수 없는 것이 원칙이다고 하면서도,[11] 한

8) 종중소유의 위토라면 농가란 자연인에 한하므로 농가아닌 자의 농지이고, 개인소유의 위토라면 자경하지 않는 자의 농지일 것이다(후술 종중재산의 관리 참조).

9) 大判 90.12.11, 90다6682(公 889, 456). 同旨 大判 64.6.16, 63다943(集 12-1, 179).

10) 大判 91.3.27, 91다3741(公 896, 1282).

11) 大判 76.5.11, 75다1427(集 24-2, 27, 登記規則 791항).

편으로는 宗中도 일반적으로는(일반재산으로 취득하는 경우 등) 農地를 취득할 수 없다고 할 것이나, 다만 農改 §6 I vii의 규정에 비추어 기존 位土가 없는 墳墓를 수호하기 위하여 墳墓 1위당 600평 이내의 農地를 位土로 하기 위하여는 취득할 수 있다고 하고 있다.[12] 동 例規에 의하면 이 경우 位土로 하기 위하여 農地를 취득한다는 취지가 기재된 農地賣買證明書를 첨부하여 登記申請을 하면 이를 수리하도록 하고 있다.[13]

3. 宗中財産의 法律的 性質(權利歸屬의 形態)

宗中은 權利能力이 없는 社團으로 法人格을 가지지 아니하여 權利主體가 될 수 없으므로[14] 논리적 귀결로 宗員이 宗中財産의 權利主體로 될 수밖에 없다. 判例는 처음에는 宗中財産의 宗中에 속하는 所有形態를 宗中員의 共有에 속하는 것으로 해석하였다.[15] 그러나 共有說을 취할 경우 구성원의 宗中財産에 대한 개별적인 지분처분을 막을 방법의 없는 난점이 생김에 따라 이를 해소하기 위하여 宗中員의 合有로 파악하게 되었다. 즉 조선고등법원은 1927.9.23 연합부판결로서 종전의 共有라는 견해를 변경하여 合有라고 판시한 이래 新民法 시행시까지 이를 유지하여 왔다.[16] 그러나 新民法 시행 이후에 있어서는 判例

12) 登記例規 795항(76.5.10 법정 제303호 각 지방법원장 대 법원행정처장 통첩).

13) 다만, 농림수산부의 지침인 농지매매증명발급심사요령(88.12.3 제정, 91.2.4 개정)에 의하면 위토로 하기 위하여 농지를 취득할 경우에는 농지매매증명을 해주지 않도록 하고 있으므로 현실적으로는 농지를 위토로 취득할 수 있는 길이 사실상 막혀 있으며, 이에 관한 민원이 상당히 제기되고 있는 실정이다. 한편 내무부의 사실증명발급규칙(77.7.18 제정, 예규 409)에 의하면 위토증명도 발급해주지 않도록 되어 있다. 이에 비추어 정부에서는 농지를 위토로 소유하는 것을 가급적 억제하려는 것으로 보인다.

14) 이에 대하여는 權利能力없는 社團이라도 權利主體가 될 수 있다는 유력한 견해가 있다(朴哲雨, "權利能力없는 社團", 법률실무연구 3, 20, 23). 權利能力없는 社團의 경우는 實定法이 總有로 규정하고 있으므로 입법론을 떠나 법해석론으로는 무리가 있으나 權利能力없는 財團의 경우는 법인격을 가지는가에 관계없이 권리주체성을 인정할 수 밖에 없지 않을까 생각된다. 權利能力없는 財團이 부동산을 所有하는 경우 공동소유의 어디에도 해당될 수 없음이 명백하므로 현행 민법하에서 財團의 단독소유로 보지 않는다면 權利能力없는 財團의 경우는 그 권리귀속형태를 설명할 수 없게 된다. 權利能力없는 財團의 개념과 등기능력을 인정하면서도 그 소유형태에 관하여 규정하지 않은 입법의 미비로 볼 수 있으나 현행법하에서는 權利能力없는 財團의 권리주체성을 인정하여 단독소유로 보아야 할 것이다. 郭潤直, 總則, 232; 李英俊, 總則, 858도 權利能力없는 財團의 단독소유로 보고 있다. 다만 두분은 權利能力없는 財團은 登記能力을 가지고 있으므로 登記를 함에 의하여 財團의 單純所有로 된다고 설명하나, 登記名義者가 된다고 하여 바로 그 명의자의 단독소유로 된다는 논리는 성립할 수 없을 것이고(權利能力없는 社團은 그 명의로 등기되나 사단의 단독소유가 아니고 구성원의 총유이다) 위와 같은 이유로 단독소유로 보지 않을 수 없기 때문이라 할 것이다.

15) 朝高判 12.12.13; 朝高判 13.9.12; 朝高判 16.10.27; 朝高判 16.12.19.

16) 朝高判 34.10.12; 大判 56.10.13, 4288民上435(要集 民 I-1, 541); 大判 58.1.30, 4290民上736(要集 民 I-1, 545).

는 한 때 合有說을 취한 적도 있으나[17] 현재는 일관되게 總有說을 취하고 있다.[18] 현행 民法이 權利能力없는 社團의 所有形態를 總有로 보고 있는 이상 宗中財產의 歸屬形態 또한 總有로 보는 것이 당연할 것이다. 학설도 總有로 새기는 데 대체로 일치되어 있다.[19]

4. 墓山, 位土의 權利主體

(1) 歷史的 沿革[20]

고려말 이래의 財產相續法에 의하면 부모가 자녀에게 유산을 分財하는 경우에 각자의 균등한 상속분의 2할 가량을 따로 奉祀條로서 설정하였는데, 경국대전의 법문에 의하면 장자에게 이 奉祀條를 가급하는 것으로 되어 있다. 따라서 분재자인 부모 본인 또는 그 부모를 위해 설정된 位土는 일응 장자손에 의하여 관리되고 계승되면서 祭祀 비용에 충당하는 것이라고 볼 수 있다. 그런데 조선조 후기로 내려오면서 자녀균등상속제가 무너지는 추세와 함께 奉祀條가 매우 과다하게 책정되는 경향이 있었다. 그것은 종법제도의 심화와 宗子宗孫의 지위를 강화함으로써 가부장적 가족제도의 실현을 기하려는 데 그 목적이 있었던 것이다. 따라서 재산이 많은 명문가일수록 이러한 현상이 두드러졌다. 이렇게 해서 宗子宗孫의 정신적·경제적 지위가 강화된 것인데, 宗子宗孫은 이 奉祀條를 자기의 所有物로서 인식하고 타자손들도 그것을 승인하였던 것이다. 그러나 그 처분에는 많은 제약이 가해졌었다. 즉 원래 奉祀條로서 계승되는 位土는 타재산과는 달리 처분할 수 없는 것이며, 만부득이 처분할 경우에는 타자손 내지 宗中의 동의를 얻어서 매매하는 것이 一般慣習이었으며, 매수인측에서도 매매목적물이 位土인 경우에는 宗中의 처분동의서를 요구하거나 환매하지 않겠다는 공증서를 요구하였다. 말하자면 祭田은 宗孫의 所有이나 宗員 또는 宗中의 처분동의권의 제약하에 있는 특수한 재산이었다고 보는 것이 옳을 것이다. 그러나 예외로 그러한 제약을 받지 않고 임의로 처분하는 사례도 없지 않았다. 그것은 오로지 각 가문의 관행여하와 宗孫의 지위여하에 달려 있는 문제이었다.

---

17) 大判 70. 11. 30, 70다1831(要集 民 I-1, 511).

18) 大判 66. 9. 27, 66다1343(要集 民 I-1, 542); 大判 67. 7. 18, 66다1660(集 15-2, 190); 大判 72. 8. 22, 72다882(要集 民 I-1, 525); 大判 92. 4. 24, 91다18965(公 922, 1671) 등.

19) 郭潤直, 384; 黃迪仁(註 3), 458; 李英俊, 總則, 856. 다만 종중과 같은 법인 아닌 사단의 부동산소유관계를 總有로 파악하는 것은 타당성이 없다는 견해도 있다(李好珽, "우리 민법상의 공동소유제도에 대한 약간의 의문", 法學 24-2, 3, 114-5).

20) 朴秉濠, "墓山·位土의 權利主體", 民判研 2, 7-9 참조.

祭田이 墓田으로 된 경우도 祭田의 경우와 대체로 같았다. 원래 朱子家禮에 의하면 도천된 신주에 대한 墓田은 長房이 관장하는 것이므로 그것은 所有權이 宗中에로 이전하는 것으로 보는 것이 옳은 데 실제로는 宗孫이 종전대로 所有하는 사례가 많았다. 다만 자손들이 공동출자하여 설정한 墓田은 명백히 宗中의 공동재산이었다.

墓山인 林野도 位土와 다를 바 없었다. 당해 가문의 관행과 宗孫의 실력적 지위여하에 달려 있는 것이며 宗孫의 지위와 세력이 미미한 경우에는 宗中의 공동재산화하였고 그렇지 않는 경우에는 宗孫, 즉 宗家가 독점적으로 所有·管理하였다.

이상에서 본 바와 같이 역사적 沿革으로 보면 자손들이 공동출자하여 설정한 墓田은 宗中의 공동재산임이 당연하였으나, 유산 중 일부로 설정한 奉祀條(祭田)의 경우와 그 祭田이 墓田으로 된 경우는 각 가문의 관행여하와 宗孫의 지위여하에 따라 宗孫 個人의 재산일 수도 있었고, 종중의 공동재산일 수도 있었다.[21] 물론 宗孫의 個人財產으로 보더라도 그 처분에는 위와 같은 제약이 따르는 경우가 원칙이었나.

(2) 일제 초기에 선언된 慣習法

위와 같은 사정하에서 일정 초기에 선언된 관습법은 位土의 權利歸屬에 관하여 "宗土 또는 位土는 종가의 所有에 속하고 宗孫은 일족의 승인을 얻지 않고 임의로 이를 처분할 수 있다. 그러나 일족의 共有로 할 특별한 원인 또는 약속이 있는 때에는 共有者의 승인을 요한다"[22]고 하고, 또는 "祭位土는 반드시 언제고 봉사손의 所有에 속한다고 할 수 없다. 祭位土는 문중의 共有로 할 수 있는 것이다"[23]고 하여 모두 宗孫의 所有라고 認定하는 데 기울어져 위와 같은 역사적 연혁적으로 본 一般慣例를 그대로 확인했다고 볼 수 있었다.

(3) 조선고등법원 判例

조선고등법원 判例는 처음에는 "묘위토는 관습상 당연히 奉祀孫의 전유에 속하는 것만은 아니다. 또 일문의 공유에 속하는 경우가 있다"[24]고 하여 위 연

21) 일반적으로는 처분에 제약이 따르기는 하나 종손개인의 소유로 의식하는 경향이 더 강하였다고 할 것이다. 그러나 후술하는 바와 같이 판례의 경향은 묘산, 위토의 경우 기본적으로는 사실인정의 문제로 보나 종중소유로 인정하는 쪽으로 오히려 더 기울어져 있지 않나 생각된다.
22) 朝鮮總督府 中樞院, 民事慣習回答彙集, 97(12. 3. 13. 取調局長回答).
23) (前註), 147(13. 9. 12. 政務總監回答).
24) 朝高判 12. 12. 23.

혁적으로 본 一般慣例에 따라 원칙적으로 宗孫의 所有라고 認定하는 데에 기울어진 감이 있었으나 그 후 "위토의 소유권은 奉祀者子孫의 단독소유인 것도 있고 혹은 일문의 공유인 것도 있고 또 혹은 일문중 일파의 공유인 것도 있어서 항상 봉사자자손의 단독소유만에 속한다고 할 수 없다."[25] "조선에 있어서 공동조상의 분묘가 있는 산판의 소유권은 그 종손에 속하는 일도 있고 혹은 공동선조의 자손인 일문 또는 문중일파의 공유에 속하는 일도 있어 반드시 종손의 단독소유가 아니면 자손 전체의 공유라는 관습은 없다. 그것이 누구의 소유이냐는 사실문제에 속한다"[26]고 하여 그 所有關係는 전연 事實問題에 속하는 것이라고 하였다.

(4) 現行判例

判例는 "어느 토지가 특정묘의 위토로 되는 경위는 그 특정묘와 관계있는 종중이 그 소유권을 취득하여 위토설정을 한 경우와 후손 중의 어느 개인이 개인소유의 토지를 특정선조묘의 위토로 설정하는 경우 등이 있을 수 있으므로 위토라는 사실만으로는 이를 종중의 소유로 볼 수 없다 할 것이고, 묘산 또한 이와 마찬가지라 할 것이다"[27]고 하여 조선고등법원판례와 마찬가지로 墓山, 位土의 權利主體에 관하여 순수한 事實認定의 문제로 보고 있다.[28] 그러나 그 주된 경향은 역사적 연혁이나 일제 초기에 선언된 관습법과는 달리 墓山, 位土의 경우 權利主體는 일반적으로 宗中의 所有로 보는 경향이 강하지 않나 한다.

이하에서는 宗中財産에 속하는 墓山, 位土의 設定方法, 使用收益, 管理處分에 관하여 설명한다.

5. 宗中財産의 設定方法

(1) 設定目的

중국에서는 祭田의 설정목적으로 祭祀不湮滅, 財産永久保全의 둘을 들고 있는 데 宗中財産의 설정목적도 일반적으로 이 두 가지라고 생각되고 있다.[29]

25) 朝高判 17.7.17(조선고등법원판결록 4, 701).
26) 朝高判 19.1.31(조선고등법원판결록 6, 26).
27) 大判 91.9.13, 91다14062(公 907, 2531). 同旨 大判 85.11.26, 85다카847(公 768, 118); 大判 84.3.13, 83도1726(公 727, 663).
28) 大判 91.3.27(註 10)는 종중소유의 위토가 문중의 종손에게 상속된다는 관습이 없다고 설시하고 있으나 종중의 위토가 종손에게 상속되어 종손의 소유로 된다는 관습이 없다는 뜻으로 보인다.
29) 許奎(註 7), 65.

(2) **設定方法**

宗中財產의 설정방법은 ① 최초에 시조로 被祭되는 자가 그 생전처분 또는 유언으로 所有土地의 일부를 분할하여 또는 자금을 출연하여 土地를 구입케 하여 자손으로 하여금 영원히 宗中所有의 墓山 또는 位土로 보유하도록 유명한 것, 즉 종족의 共同先祖가 그 의사에 의하여 宗中財產인 墓山 또는 祭位土를 설정하는 것, ② 宗孫이 그 봉사를 위하여 사자의 유산의 일부를 분할하여 宗中財產으로 墓山, 祭田을 설정하는 방법, ③ 종지의 자손이 단독이나 공동의 출연으로 位土를 두고 이를 宗中財產으로 한 것, 즉 종족의 공동출연에 의하여 墓山, 宗田 등의 宗中財產을 설정하는 방법, ④ 기존의 宗中財產으로 교환 또는 매수 대체하거나 그 수익으로 매수 또는 증식시키는 방법, ⑤ 유명한 학자나 공신을 위하여 국가가 사여하여 宗中財產으로 된 경우로 나누어 볼 수 있다.[30]

위 다섯 가지 중 ③, ④와 ⑤의 경우에는 宗中財產임이 명백하나 ①과 ②의 경우 宗孫의 個人財產으로 할 의사로 墓山, 位土를 설정한 것과 외관상의 구별이 명백하지 아니한 경우가 많아[31] 土地調査 및 林野調査 당시에 宗中財產에 관하여 상당한 분규가 발생하였다. 墓山, 位土가 宗中財產으로 설정되었는가의 認定여부는 기본적으로 事實認定의 문제임은 위에서 본 바와 같다.

(3) **宗中財產의 登記方法**

(가) 1930년 朝鮮不動產登記令 개정 이전의 登記方法　　조선시대에는 朱子家禮를 본따 祭田設定에는 立約聞官이라고 하여 宗中財產에 관한 規約을 만들어 官에 신고하고 관청의 장부에 등록하거나 立約聞官의 형식을 밟지 않고 단지 文記·文券의 형식으로 설정하는 방법 등을 취하였다.

일제의 침략과 함께 土地調査令(1912. 8. 13 制令 제2호)과 朝鮮林野調査令(1918. 5. 1 制令 제5호)의 실시에 의한 土地 및 林野調査事業이 시행된 결과 우리 나라 土地制度의 확립, 즉 근대적 의미의 不動產所有權制度의 확립이 이루어지게 되었다.

위 土地調査令에 의하면 土地의 所有者는 조선총독이 정하는 기간 내에 그 주소·성명 또는 명칭 및 所有地의 주소, 지목, 자번호, 사표, 등급, 지번, 결수를 臨時土地調査局長에게 신고하여야 하고(§4), 臨時土地調査局長은 土地의 조사 및 측량을 통해 土地의 所有者 및 그 彊界를 査定(§9)하여 土地臺帳에 査

30) 大決 89. 10. 10, 89다카13353(公 861, 1664); 許奎(註 7), 65-70 참조.

31) 수백년 전에 묘산과 위토를 설정한 자가 이를 종중재산으로 설정한 것인지 종손의 개인재산으로 설정한 것인지를 현재에 와서 구별한다는 것은 거의 불가능하다고 할 것이다.

定으로 확정된 사항을 등록(§17)하도록 규정하고 있으며, 또한 조선임야조사령에 의하면 토지조사령에 의하여 조사한 것을 제외한 임야에 대하여 임야의 소유자는 도(장관)가 정하는 기간 내에 성명 또는 명칭, 주소 및 임야의 소재와 지적을 부윤 또는 면장에게 신고하여야 하고(§3), 부윤 또는 면장이 임야의 조사와 측량을 하여 도(장관)에게 제출하면(§4) 도(장관)가 임야의 소유자 및 그 경계를 사정(§8)한 후 林野臺帳에 査定으로써 확정된 사항을 등록(§17)하도록 규정하고 있다. 그리고 査定에 의하여 所有權을 취득[32]한 所有者는 依用不登 §105에 의하여 土地臺帳 또는 林野臺帳에 所有者로 등록된 것을 증명하여 所有權保存登記를 함으로써 登記簿에 공시하게 되어 있었다.

따라서 墓山과 位土 등 宗中所有財産의 경우에도 종례의 관습적 사실에 의한 所有者를 査定받게 되었는데, 土地調査令이나 林野調査令에 의한 査定 무렵에는 宗中이란 團體名義의 登記方法이나 査定方法을 알지 못하였으므로[33] 宗中財産인 墓山, 位土의 경우도 査定方法은 個人財産인 경우와 마찬가지로 個人名義로 査定을 받아 所有權保存登記를 하였다. 물론 이론상으로는 宗中員 전원의 共有[34]이므로 宗中員全員의 이름으로 査定받아 登記하는 것이 가능하였으나 大宗中에 있어서는 宗中員이 거의 불특정의 多衆이나 같아 실제상은 불가능하였으므로 宗孫 등 일족 중의 특정인의 單獨名義 또는 수인의 宗員의 共有로 査定받아 登記를 한다는 편법을 이용하였다.

그런데 위와 같은 이유로 宗中財産을 個人名義로 査定을 받음에 있어 宗中財産임을 나타내기 위해 어떤 特定査定名義者 옆에 「某宗中財産」을 병기하는 경우가 있었다. 이와 같이 宗中財産임을 査定名義者 옆에 병기한 경우 査定名義人을 누구로 확정하여야 하는 가에 관하여 초기에 査定名義人 個人으로 본 것[35]과 共有者인 査定名義人 1인 및 단체원인 他共有者 전원이 査定名義人으로 된 것으로 봄이 상당하다[36]는 상반된 判例가 있었으나 "토지조사국에서 토지를 사정함에 있어서 공유자의 1인의 성명 및 종종공유재산임을 병기하여

32) 판례는 이러한 査定에 의하여 근대적 의미의 소유권을 원시적·창설적으로 취득하는 것 보고 있다. 大判 91.1.25, 90다10858(公 892, 847) 등 참조.

33) 의용 부동산등기법에는 자연인이나 법인이 아닌 단체의 등기능력을 인정하는 규정이 없었으므로(현행 日本 부동산등기법도 마찬가지이다) 법인 아닌 사단인 종중이 그 명의의 등기를 할 수 없었고, 토지사정은 등기를 전제로 하는 것이었으므로 결국 종중명의로 사정받는 방법은 없었다고 할 것이다.

34) 당시에는 공유로 보았음은 전술한 바와 같다.

35) 朝高判 18.4.16(조선고등법원판결록 5, 274).

36) 朝高判 19.5.9(조선공등법원판결록 6, 355).

사정할 때에는 공유자의 1인은 타공유자 전원과의 신탁계약으로 인하여 외부관계에 있어서는 완전한 소유권을 취득한 것으로 1인의 명의로 사정한 것으로 보아야 하며, 종중소유재산임의 기재는 단지 공유자의 1인인 사정명의인과 타공유자 전원과의 내부관계에서 공유자의 소유임을 표명한 것에 불과하고 토지조사령에 의한 사정으로서 소유권을 확정하는 효력이 없다고 보아야 한다"[37]는 연합부 판결에 의하여 査定名義人은 個人으로 보되 내부관계에서는 宗中財産으로 보았다. 그러나 宗中財産이라도 査定名義人 옆에 宗中財産임을 병기하지 않고 單獨名義로 査定받은 경우도 있었으므로 위와 같은 査定의 형식이 반드시 그 墓山, 位土의 權利主體를 표시하는 것이라고 볼 수는 없을 것이다. 따라서 査定名義人 옆에 宗中財産임이 병기되었다면 宗中財産인데 査定名義人에게 名義信託되었다고 보아야 함이 일반적일 것이나 그렇지 않고 단순히 個人名義로 査定되었다고 하여 반드시 個人財産으로 볼 수는 없을 것이므로 결국 事實認定의 문제로서 이를 해결하여야 할 것이다.

이와 같이 宗中財産을 個人名義로 査定받은 경우 宗中財産임을 主張할 수 있게 하기 위하여 이른바 名義信託理論이 등장하게 되었다.

(나) 1930년 朝鮮不動産登記令 개정 이후의 登記方法 　宗中財産에 관하여 宗中名義로 登記하는 방법이 없어 여러 가지 곤란한 문제가 생기자 1930년 制令 제10호로 朝鮮不動産登記令을 개정하여 동령 §2의 4에 "宗中, 門中 기타 法人이 아닌 社團 또는 재단으로서 조선총독이 정하는 것에 속하는 不動産의 登記에 관하여는 그 社團 또는 재단으로써 登記權利者 또는 登記義務者로 간주한다. 전항의 登記는 그 社團 또는 재단의 이름으로써 그 대표자 또는 관리인이 이를 申請하여야 한다"고 규정하여 宗中이라는 단체에 登記能力을 認定하였다. 이에 비로소 그 실체에 적합한 登記를 할 수 있게 되었다.[38]

그러나 이와 같은 朝鮮不動産登記令의 개정으로 宗中名義로 登記할 수 있는 길이 생기고 난 후에도 登記의 실정은 여전히 宗孫의 名義로 登記하거나 宗中의 유력인사의 名義로 登記하는 일이 많았고 그전에 宗孫 등에게 名義信託한 재산을 宗中名義로 이전하지 않았기 때문에 현재도 宗中名義로 登記된 宗中不動産은 비교적 적으며 종가의 자손이나 아니면 宗員 중의 유력인사의

37) 朝高判 24. 12. 26(조선고등법원판결록 11, 264).

38) 그러나 조선부동산등기령이나 91. 12. 14. 법률 제4422호로 개정되기 전의 부동산등기법상으로는 대표자나 관리인은 등기용지의 기재사항이 아니었으므로 종중명의로 등기된 부동산의 처분에 관한 대표권한을 둘러싸고 많은 분쟁을 야기하게 되었다.

單獨所有 또는 共有로 登記되어 있는 것이 상당히 있다. 이와 같이 宗中名義의 登記가 가능함에도 불구하고 査定된 그대로 혹은 수인 또는 單獨名義로 登記한 채로 방치해 둔 것에서 오늘날 여러 가지 복잡한 법률문제가 생기게 되어 宗中財産에 관한 분쟁이 끊이지 않고 있다.

㈐ 現行不動産登記法　1960.1.1 법률 제536호로 시행된 不動産登記法에 의하여 종전의 조선부동산등기령은 폐지되었으나(부칙 §191) 새로 시행된 不動産登記法도 "宗中, 문중 기타 대표자나 관리인이 있는 법인 아닌 사단이나 재단에 속하는 부동산의 등기에 관하여는 그 사단 또는 재단을 등기권리자 또는 등기의무자로 한다. 제1항의 등기는 사단 또는 재단의 명의로 그 대표자 또는 관리인이 이를 신청한다"는 규정[39]을 두어 宗中에게 登記申請適格, 즉 등기능력을 認定하고 있으므로 宗中은 여전히 그 명의로 등기를 할 수 있게 되었다.

그 후 不動産登記法의 개정(1986.12.23 법률 제3859호)으로 不動産登記申請時에 법인 아닌 사단이나 재단이 등기권리자인 경우 부동산등기용등록번호를 병기하여야 하고(不登 §41 Ⅱ) 이를 등기부에 기재하게 되었다(不登 §57 Ⅱ).

한편 부동산등기용등록번호는 부동산소재지[40] 관할시장(區가 설치되어 있는 市에서는 구청장), 군수가 부여하게 되어 있고(不登 §41-2 Ⅰ iii) 그 절차는 사단이나 재단의 대표자가 등기할 부동산의 표시, 사단이나 재단의 명칭 및 사무소 소재지, 대표자의 성명과 주소가 기재된 登錄番號附與申請書를 제출하면(법인 아닌 사단·재단 및 외국인의 부동산등기용 등록번호 부여절차에 관한 규정 §5) 시장, 군수가 不登規 §56의 규정에 의한 서면[41]을 필요한 경우 요구[42]하는 등에 의하여 단체의 성립이나 대표자의 자격 등 요건을 심사하여(§6) 등록번호를 부여한 후 그 사실을 登錄臺帳에 기재하여 비치하도록(§7) 되어 있다.

나아가 不動産登記法의 새로운 개정(1991.12.14 법률 제4422호)으로 법인 아닌 사단이나 재단의 登記申請時에 申請書에 대표자나 관리인의 성명과 주소를 기재하는 외에 그의 주민등록번호를 병기하도록 하였고(不登 §41 Ⅲ), 이를 등기용지에도 기재하

39) 不登 §30.
40) 부동산등기용등록번호를 부동산소재지 관할 시장·군수가 부여하도록 되어 있는 현행 규정은 문제가 있다고 할 것이다. 등록번호기재의 취지에 비추어 하나의 단체에는 하나의 번호가 부여되므로 부동산소재지 보다는 사무소의 소재지에서 부여하도록 하는 것이 타당할 것이다(법인의 경우 사무소의 소재지 관할등기소에서 부여하고 있다).
41) 단체의 정관 기타 규약, 대표자 또는 관리자임을 증명하는 서면, 民 276 Ⅰ의 결의서, 대표자 또는 관리인의 주민등록표등본인데 그 중 民 276 Ⅰ의 결의서는 등기의무자일 때만 필요한 서면이어서 등기권리자가 부동산등기용 등록번호를 부여받을 때는 첨부할 수 없는 것이므로 제외되어야 할 것이다.
42) 실무상은 신청서의 첨부서면으로 하고 있다.

도록 하였다(不登 §57Ⅱ). 이는 비법인 사단이나 재단의 대표자 또는 관리인을 등기부상 명백히 하여 둠으로써 그에 속하는 부동산의 처분권한이 누구에게 있는지를 쉽게 분간케 하고 이를 통하여 그 부동산의 처분에 따른 법적 분쟁을 예방하기 위한 것이다.[43]

이상과 같이 현행 不動産登記法에 의하면 宗中이 부동산을 취득하려면 먼저 대표자의 자격을 증명하는 서면 등을 첨부하여 부동산등기용등록번호를 부여 받은 후 그 대표자의 주민등록등본을 첨부하여 登記申請을 하여야 하고, 宗中所有 부동산의 등기용지에는 宗中의 부동산등기용등록번호와 대표자의 성명, 주소, 주민등록번호가 기재되게 되어 있다. 따라서 현행법상은 宗中의 대표자가 등기부상 명백히[44] 공시되므로 그 宗中財産의 처분에 관한 대표자를 둘러싼 법적 분쟁은 많이 줄어 들게 되었다.

그러나 위 규정은 해당 不動産登記法 시행 이후 宗中이 취득한 부동산에 관하여 적용될 뿐이므로 부동산등기용 등록번호나 대표자의 성명, 주민등록번호 등의 기재가 시행되지 않던 시절에 등기된 많은 宗中不動産에 대한 문제가 다 해결된 것은 아니라고 할 것이다.

(4) 宗中財産과 名義信託[45]

이러한 실체관계에 부합하지 않는 宗中財産의 登記와 관련된 문제를 해결하기 위하여 判例가 확립한 것이 宗中이 그 재산을 宗孫 또는 宗員 중의 일부의 사람의 名義로 査定을 받아 登記를 한 경우 名義受託者인 査定名義人이 所有權을 취득하고 名義信託者인 宗中은 名義信託契約에 의한 신탁자의 지위에서 名義信託을 해지하고 그 所有權移轉登記를 청구할 수 있음에 그친다는 名義信託理論이다. 따라서 그 宗中財産을 宗中名義로 변경하기 위하여는 名義信託契約을 해지하고 종중 앞에로 所有權移轉登記를 하여야 한다. 宗中이 비록 명의신탁을 해지하였더라도 그 명의로 소유권이전등기를 경료하지 않으면 그 소유권을 취득하였다고 할 수 없다.[46]

이와 같은 宗中財産에 관한 명의신탁이론은 宗中이 그 재산을 회복하는 근거를 마련하여 주었으나 다른 한편 동 이론에 의하면 대외관계에서는 소유명의인의 소유이므로 명의수탁자가 宗中財産을 임의로 처분하더라도 특별한

43) 법원행정처, 부동산・상업등기제도의 주요 개정내용에 관한 해설, 12.
44) 물론 대표자가 변경된 후 변경등기를 하지 않는 경우가 있을 것이므로 완벽한 공시라고는 볼 수 없을 것이다.
45) 名義信託에 관한 상세한 설명은 後論 참조.
46) 大判 91. 1. 25, 90다10858(公 892, 847). 同旨 大判 82. 8. 24, 82다카416(集 30-2, 283).

사정이 없는 한 유효하게 되어 宗中이 그 재산을 다시 찾아올 수 없게 되었다. 이는 거래의 안전을 위하여 부득이한 조치가 아니었나 생각된다.

한편 宗中財産이 명의신탁된다고 하더라도 宗中財産은 그 宗孫이나 宗中을 대표할 수 있는 宗員의 한 사람 또는 수인에게 名義信託(査定 또는 登記)하는 것을 통상의 예로 하는 것이고 宗中員이 아닌 타인에게 名義信託한다는 것은 이례에 속하는 것이라고 할 것이다.[47] 즉 宗中財産은 일반적으로 종중원 아닌 타인에게 名義信託하지 못하는 것이고, 따라서 종중원 아닌 자 名義의 재산은 宗中財産에 속하지 아니한다고 일응 추정해도 상관이 없다고 해석된다.

6. 宗中財産의 使用·收益

통상의 總有의 경우 總有物의 使用·收益權能은 法人 아닌 社團의 각 사원에게 歸屬하나 宗中財産은 매장과 祭祀에 제공되거나 祭祀費用을 마련하기 위한 것이고 宗員의 편익을 위하여 보유하는 것이 아니기 때문에 宗員에 의한 일반의 總有財産과 같은 사용·수익권은 없다.[48]

判例[49]는 "종산에 대한 분묘설치행위는 단순한 사용·수익에 불과한 것이 아니고, 관습에 의한 지상권 유사의 물권을 취득하게 되는 처분행위에 해당된다 할 것인즉 역시 총유체인 종중의 결의가 필요하다 할 것이다"고 판시하고 있다.

7. 宗中財産의 管理

宗中財産의 관리도 일반 總有財産의 관리와 같이 宗中規約의 정하는 바에 따라야 하고 宗中規約에 별도록 정한 바가 없을 때에는 宗中員 총회의 다수결 결의에 따라야 한다.

總有物의 保存에 있어서는 共有物의 保存에 관한 民 §265의 규정은 적용될 수 없고, 특별한 사정이 없는 한 그 관리에 관한 民 §276 I 의 규정에 따라 사원총회의 결의를 거쳐야 한다. 따라서 宗中員들이 총회의 결의없이 保存行爲로서 總有物에 관한 他人名義의 所有權移轉登記가 원인무효라고 主張하면서 그 抹消登記와 宗中所有임의 확인을 구하는 것은 부적법하다.[50] 그러나 宗中總

47) 大判 73. 2. 13, 72다2297(要集 民 I-1, 106).
48) 同旨 郭潤直, 384.
49) 大判 67. 7. 18(註 18).
50) 大判 92. 2. 28, 91다41507(公 918, 1165).

會의 결의가 있으면 宗員이 個人的으로 保存行爲를 할 수 있다.

宗中財産의 관리에 관한 전래의 관습은 관리인을 선임하는 것이 통례였고 宗中財産이라 하여 宗孫에게 당연히 관리권이 있는 것은 아니었다. 宗中財産의 보존·이용·개량 등 이른바 관리를 할 권한을 가지는 자가 누구인가는 각 종족에 있어서 여러 가지로 차이가 있었다. 그러나 종가에 그 관리권을 유보하든가 혹은 유사 또는 도유사라 불리우는 특별관리인을 종회 또는 문회에서 선임하여 이의 관리를 일임하든가의 두 가지 방법 가운데 하나인 듯하다. 宗中管理人의 권한은 宗中財産 그 자체에 대한 일반적인 保存·利用·改良行爲 외에는 종회 등을 召集하여 宗中財産의 운영에 관하여 결의를 구하는 점에 있고 특별한 規約 기타 계약이 있지 않는 한 宗中財産의 처분권은 가지지 아니하는 것을 원칙으로 하였다.

宗中財産의 관리를 종가에 맡기거나 또는 유사·도유사 등으로 불리는 특별관리인을 종회에서 선임하여 관리케 하는 것이 일반적임은 앞서 본바와 같으나 현실적으로는 그들도 직접 관리하는 것은 아니고 통상 묘직, 산직 등으로 하여금 관리케 하고, 그 수익을 분배하여 宗中의 비용에 충당한다.[51]

8. 宗中財産의 處分

(1) 宗中總會의 決議

宗中財産을 處分한다는 것은 원칙적으로 있을 수 없으나, 處分이 불가피한 때에는 일반 총유재산의 管理處分과 같이 宗中規約의 정하는 바에 따라야 하고 宗中規約에 별도로 정한 바가 없을 때에는 宗中員 총회의 다수결 결의에 따라야 한다.

(2) 處分에 있어서의 宗中代表者

종중은 특별한 조직행위없이 구성되는 것이 보통이므로 평소에 종중의 대표기관 내지는 집행기관이 없는 경우가 많다.[52] 그러나 종중재산의 취득이나 처분이란 제3자와의 거래가 필요하게 될 경우에는 대표기관을 선임하여야 한다. 宗中財産의 處分에 있어서는 종회의 결의에 의하여 선임된 宗中의 代表者가 대외적으로 宗中을 대표하여 處分한다. 즉 宗中財産의 處分權은 종회에서 따로 선임된 代表者가 행하므로, 宗中의 門長이나 宗孫이라도 宗中으로부터 宗

51) 郭潤直, 384.
52) 그 대신 법적 대표권한이 없는 종장 또는 문장이 있다.

中財產의 處分權限을 수임받지 않은 한 당연히 재산권을 處分할 권한이 있다고 볼 수는 없다.[53]

앞서 설명한 바와 같이 현행 不動産登記法上으로는 宗中이 등기권리자로서 등기될 때 그 代表者도 함께 등기되어 공시되므로 代表者에 관한 분쟁이 많이 해소되게 되었으나 등기 후 적법한 절차를 통해 代表者가 변경되었음에도 변경등기를 하지 않을 경우에는 등기상의 代表者와 실제 代表者가 일치하지 않아 분쟁을 일으킬 소지가 있다고 할 것이다.

宗中財産에 관한 宗中의 代表者는 일정기간 동안 宗中의 전재산의 管理處分에 관하여 宗中을 대표하는 것이지 동일한 기간동안에 宗中所有의 개개 부동산에 관하여 宗中을 대표하는 代表者를 둘 수는 없다고 할 것이다. 判例[54]도 "동일한 문중이 법인 아닌 사단으로서 때를 같이 하여 문중소유재산마다 대표자를 달리 정하여 그 재산을 소유한다 함은 문중의 동일사단의 성질상 성립될 수 없다"고 판시하고 있다. 다만 종례 소송상 나타나고 있는 사례를 보면 개별 부동산의 處分時마다 宗中總會를 소집하여 財産處分에 관한 결의와 處分에 있어서의 代表者 선출에 관한 결의를 하여 宗中代表를 선임하는 형식을 취하는 경우가 많은데, 이는 宗中財産을 처분하는 경우가 흔하지 않으므로 선임된 代表者는 일회의 處分行爲로 그 임무가 종료되는 수가 많았고 평소에는 財産處分에 관한 代表者를 선임하여 둘 필요가 없었기 때문이 아닌가 한다.[55] 그러나 宗中財産 등기시 代表者가 함께 등기되어 공시되게 된 이상 그 代表者가 적법하게 교체될 때까지 管理處分權限을 계속하여 유지한다고 보아야 할 것이다.

적법한 대표권이 없는 자가 한 處分行爲는 무효이나 宗中이 推認하면 유효하게 된다. 이 경우 추인하는 것은 宗中의 處分行爲와 다를 바 없으므로 規約 또는 宗中員 총회의 의결을 따라야 한다.[56]

대표권이 있는 자가 宗中財産의 處分에 관하여 宗中總會의 결의없이 임의로 處分한 경우에 그 효력은 어떻게 될 것인가가 문제된다. 비법인 사단인 宗

53) 大判 83.12.13, 83다카1463(公 721, 167); 大判 78.5.23, 78다570(公 590, 10918).
54) 大判 72.2.22(註 4).
55) 종례 판례도 종중의 대표자가 계속하여 선임되어 있는 등 조직을 갖추어야 하는 것은 아니다고 판시하고 있다. 大判 91.6.14, 91다2946등(公 901, 1920); 大判 88.9.6, 87다카514(公 834, 1258) 참조. 다만 大判 67.2.21, 66다2532(集 15-1, 134)는 "종중이나 문중에 대표자가 없어 필요할 때마다 이를 선정하는 것은 통상적으로 있을 수 없다"고 판시하고 있으나 의문이다.
56) 大判 89.2.14, 88다카3113(集 37-1, 64).

中의 경우 財產處分에 관하여는 宗中規約에 별도로 정한 바가 없을 때에는 民§276 I 에 의한 결의를 하여야 하고 登記申請時에 정관 기타 규약과 함께 위 결의서를 첨부하도록 되어 있으므로(不登規 §56) 代表者라도 통상의 경우 결의없이 임의로 處分할 수 없으나 결의서를 위조하는 방법에 의하여 處分할 수 있을 것인바, 이 경우는 무효로 보아야 할 것이다.[57]

그런데 宗中員과 宗中間의 소송중 宗中員이 소를 취하하는 대가로 宗中이 계쟁토지의 일부에 대하여 증여계약 해제를 원인으로 한 소유권이전등기말소등기절차를 이행하기로 하는 합의가 이루어져 宗中員이 소를 취하하였다가 宗中이 약속을 이행하지 않자 위 약정을 원인으로 한 소유권이전등기말소청구소송을 제기한 결과 宗中의 소송대리인이 변론에서 위 약정사실을 자백한 사안에서, 원심이 위 약정사실은 인정되나 위 약정이 宗中의 규약이나 宗中員總會의 결의에 따른 것이라고 인정할 증가가 없다고 하여 약정을 무효로 판시한 데에 대하여 대법원[58]은 宗中이 변론에서 위와 같은 합의가 유효하게 이루어진 사실을 자백한 이상 위 자백에 구속되어 합의가 유효하게 이루어졌다는 사실과 배치되는 다른 사실을 인정할 수 없다고 판시하여 원심을 파기하였는바, 위 판시에 의하면 약정사실을 자백한 것을 약정이 유효하게 이루어진 사실을 자백한 것으로 비약한 근거가 명확하지 않으나 대법원은 宗中總會의 적법한 결의가 있었다는 사실도 자백의 대상으로 보지 않았는가 한다.

(3) 名義信託된 宗中財產의 경우에는 所有者가 宗中員의 결의없이 임의로 處分하여도 특단의 사정이 없는 한 유효함은 이미 살펴본 바와 같다.

9. 宗中財產에 관한 紛爭(宗中訴訟)에서의 特殊한 問題

(1) 紛爭의 原因과 類型

㈎ 原　因　　宗中名義로 총유로 登記된 宗中不動產은 비교적 적으며 종가의 자손이나 아니면 宗員 중의 유력인사의 單獨所有 또는 共有로 登記되어 있는 것이 상당히 있는 사실과 그 이유는 위에서 본바와 같다. 여기서 종례 여러 가지 분규 내지 법률문제가 생기고 있다.

㈏ 類　型　　宗中財產의 관한 분쟁의 유형은 크게 둘로 나누어 볼 수 있다. 宗中과 宗員아닌 제3자간의 소송과 宗中과 宗員間의 소송이 그것

57) 大判 92. 4. 24(註 18)도 같은 전제하에서 판시하고 있다.
58) 大判 90. 11. 9, 90다카11254등(公 887, 45).

이다. 前者는 주로 宗中財産인 不動産[59]을 제3자에게 처분한 경우 그 處分의 효력에 관한 것으로서 宗中의 제3취득자를 상대로 한 所有權移轉登記抹消請求訴訟의 형태 또는 제3취득자의 宗中을 상대로 한 所有權移轉登記請求訴訟의 형태를 띠게 되는데, 어느 경우나 處分을 한 자가 宗中財産의 處分에 관하여 적법한 대표권이 있었는가에 관한 것이 쟁점이 된다. 後者는 宗員名義로 登記 또는 대장상 등록되어 있는 不動産에 관하여 宗中이 宗員을 상대로 宗中所有의 재산인데 名義信託한 것임을 主張하여 名義信託解止를 원인으로 하는 所有權移轉登記請求訴訟을 제기하는 형식을 띠게 되는데, 그 소송이 宗中의 적법한 代表者에 의하여 제기되었는가와 그 不動産이 宗中所有의 不動産인가가 쟁점이 된다. 따라서 宗中財産에 관한 분쟁에는 공통적으로 宗中의 적법한 代表者에 관한 문제와 個人名義로 登記된 不動産이 宗中所有의 不動産인가가 쟁점이 되어 있다.[60]

(2) 분쟁에서의 특수한 문제

宗中訴訟에서 문제로 되는 것은 위에서 본바와 같이 먼저 누가 宗中을 대표하여 宗中財産을 處分하거나 宗中財産에 대한 소송수행을 하는 자격(대표권)을 가지는 가이고, 다음으로 과연 어느 경우에 소송대상의 不動産이 사실상 宗中所有인가 하는 것이다.[61] 이는 결국 사실인정의 문제로 귀착되나 특히 후자의 경우 실무상 상당히 어려운 문제이다. 판사 개개인의 宗中觀, 人生觀과도 연결되는 부분이라고 할 것이다.

---

59) 종중원에게 신탁된 경우에는 제3자에의 처분이 원칙적으로 유효하므로 주로 종중명의로 등기된 부동산이 처분된 경우의 문제일 것이다. 앞서 본바와 같이 종중대표자가 등기되는 현행 부동산등기법하에서는 대표자의 자격에 관하여 별문제가 없을 것이나 위와 같은 부동산등기법의 규정이 없던 시절 등기된 대부분의 종중명의의 등기에 있어서는 현재도 문제가 되고 있는 것이다.

60) 그외 名義信託된 宗中不動産에 대한 土地收用으로 인한 공탁금의 귀속과 관련된 문제도 간혹 있으나 名義信託에 관한 일반이론으로 해결할 수 있을 것이다. 즉 종중이 수용의 시기 이전에 명의신탁해지를 원인으로 한 소유권이전등기소송에서 승소하여 종중명의로 등기를 하였을 때에는 이를 근거로 하여 직접 출급할 수 있을 것이나(토지수용보상금의 공탁에 관한 사무처리지침, 90.12.19, 법정행예 제73호), 그외에는 명의신탁한 재산임을 이유로 명의수탁자를 공탁금수령자로 하여 공탁된 공탁금에 대하여 직접 출급을 청구할 수는 없을 것이다. 이 경우 수용의 효과가 발생하면 종중명의의 등기가 불가능하므로 종중이 어떠한 절차로 공탁금에 대하여 권리를 행사할 것인가가 문제되는데 명의수탁자의 소유권이전등기의무가 수용으로 이행불능이 되고 그 代償으로 공탁금출급청구권을 취득하였으므로 명의신탁자인 종중은 명의수탁자로부터 代償으로 취득한 공탁금출급청구권을 양도받아 공탁금출급청구를 할 수 있을 것이다.

61) 종중은 자연발생적인 단체이므로 그 존재(당사자능력)에 관하여는 보통 별 문제가 없다. 종중은 공동선조의 후손이 존재하는 이상 자연적으로 존재하므로 종중의 활동이 미약하였다고 하여 종중이 존재하지 않는 것은 아니기 때문이다.

(3) 정당한 代表者 문제[62)]

이에 관하여는 현재 많은 判例를 통하여 확고한 원칙이 확립되어 있다고 보아도 좋을 것이다. 이를 요약하면 다음과 같다.

(가) 宗中規約, 慣例 代表者 선정에 관한 宗中規約[63)] 또는 慣例가 있으면 이에 따른다. 즉 宗中規約이나 慣例에 의하여 매년 일정한 날에 일정한 장소에서 정기적으로 宗中員들이 집합하여 宗中의 대소사를 처리하기로 되어 있는 경우에는 宗中會議의 召集節次가 필요없고[64)] 그 정기회에서 代表者 선출한 것은 적법하다.[65)] 宗中規約이 있다면 宗員의 일부 소수만 참석해도 유효하고[66)] 대의원에 의한 종회도 가능하다.[67)]

(나) 一般慣習 宗中規約이나 慣例가 없으면 一般慣習에 따른다. 이에 관한 一般慣習을 보면 宗長 또는 도유사 門長이 그 종족 중 국내거주하고 주소가 분명하여 통지가능한 宗員(성년 이상 남자)에게 구두, 전화 또는 세대주를 통하여 召集通知하여 召集한 宗中總會에서 출석자의 과반수 결의로 代表者를 선출한다.[68)]

(a) 召集權者 門長이 선임되어 있지 않고 그 선임에 관한 門中規約이나 관습이 없으면 생존하는 宗員 중 行列이 가장 높고 나이가 많은 사람이 門長이 되는 것이 우리 나라 一般慣習이다.[69)] 적법한 召集權者에게 召集을 요구하였으나 召集權者가 정당한 이유없이 召集하지 아니한 때에는 차석 또는 발기인이 召集할 수 있다.[70)] 宗中의 代表者가 宗中과 이해상반되는 지위에 있어서 총회를 召集하지 아니하거나 召集을 기대할 수 없는 경우에는 代表者가 유고시 그 권한행사를 할 수 있는 자가 총회를 召集할 권한이 있다.[71)] 召集權者가 어느 宗員의 召集에 동의하여 그로 하여금 召集하게 한 경우에도 유효하다.

---

62) 이 문제는 주로 문제의 대표자를 선출한 종중총회 결의의 효력문제에 귀착한다고 할 것이다.

63) 통상 대표자의 임기, 대표자 선정을 위한 종중총회의 소집권자, 소집시기 등을 규정하고 있다.

64) 大判 92. 3. 10, 91다43862(公 919, 1294).

65) 大判 70. 2. 24, 69다1774(集 18-1, 138); 大判 87. 10. 13, 87다카1194(公 813, 1713); 大判 91. 8. 13, 91다1189(公 905, 2329); 大判 91. 10. 11, 91다24038등(公 909, 2713).

66) 大判 82. 5. 11, 81다609(集 30-2, 16).

67) 大判 74. 4. 9, 73다1393(集 22-1, 126).

68) 大判 83. 12. 13(註 53); 大判 77. 1. 25, 76다2199(要集 民 I-1, 85); 大判 87. 2. 24, 86다215등(公 798, 512).

69) 大判 85. 4. 23, 84다카2053(公 754, 786); 大判 83. 7. 26, 80다3106(公 713, 1325).

70) 大判 78. 6. 13, 77다654(集 26-2, 102).

71) 大判 92. 2. 28, 91다30309(公 918, 1160).

(b) 召集通知對象者 통지가능한 모든 성년 이상의 남자에게 통지함으로써 각자가 회의의 토의와 의결에 참여할 수 있는 기회를 주어야 하고,[72] 통지가능한 일부 宗員에게 이러한 召集通知를 결여한 채 개최된 宗中總會의 결의는 통지가능한 宗員의 과반수의 찬성을 얻은 것이라고 하여도 효력이 없다.[73]

(c) 召集通知方法 서면·구두·전화 다른 宗中員을 통하는 등 적당한 방법으로 통지하는 것으로 충분하다.

(d) 決議方法 宗中規約에 다른 규정이 없는 이상 宗員은 서면이나 대리인으로 결의권을 행사할 수 있다 할 것이므로, 일부 宗員이 총회에 직접 출석하지 아니하고 다른 出席宗員에 대한 위임장 제출방식에 의하여 宗中의 代表者選任 등에 관한 결의권을 행사하는 것도 허용된다.[74]

(다) 이상과 같은 요건을 갖추지 않은 宗中總會의 결의는 아무런 효력이 없으므로[75] 그 결의에 의하여 선임된 代表者는 宗中의 적법한 代表者라고 할 수 없을 것이고, 그 代表者가 행한 宗中財産의 處分은 무효라고 할 것이다.

(4) 宗員이 宗中의 代表者의 자격을 다투기 위한 宗中總會決議不存在 또는 無效確認 등의 訴를 제기할 경우의 문제점

(가) 被告適格 宗中을 被告로 할 것인가, 아니면 자연인을 被告로 할 것인가가 문제된다. 判例[76]는 宗中을 被告로 할 것이라고 한다.

(나) 代表者 表示方法 이 경우 宗中을 被告로 한다면 宗中의 代表者는 누구로 표시하여야 할 것인가가 문제되는데, "회사의 이사선임 결의가 무효 또는 부존재임을 주장하여 그 결의의 무효 또는 부존재확인을 구하는 소송에서 회사를 대표할 자는 현재 대표이사로 등기되어 그 직무를 행하는 자라고 할 것이고, 그 대표이사가 무효 또는 부존재확인청구의 대상이 된 결의에 의하여 선임된 이사라고 할지라도 그 소송에서 회사를 대표할 수 있는 자임에는 변함이 없다고 할 것이다"는 회사소송에 관한 判例[77]에 비추어 보면 宗中의 代表者는 그 선임이 부적법하다는 그 사람으로 표시하여야 할 것으로 생각된다.[78]

72) 大判 91.6.25, 91다9466(公 902, 2008).
73) 大判 92.3.10(註 64).
74) 大判 91.11.8, 91다25383(公 911, 77).
75) 同旨 大判 90.11.13, 90다카28542(公 887, 100); 大判 90.11.13, 90다카11971(公 888, 160).
76) 大判 73.12.11, 73다1553(集 21-3, 213); 大判 91.5.10, 90다10247(公 899, 1599).
77) 大判 83.3.22, 82다카1810(集 31-2, 43).
78) 鄭貴鎬, "宗中에 관한 判例의 動向", 民判硏 10, 342.

(다) 判決의 對世的 效力　　이러한 宗員이 宗中을 상대로 한 확인소송의 승소판결의 효력은 宗中 및 그 宗中의 다른 宗員들에게까지는 미친다고 하여야 할 것이다.[79] 그런데 나아가 어느 宗員이 宗中을 상대로 위와 같은 소송에서 승소한 경우 그 판결의 효력이 제3자에 대하여도 미칠 것인가가 문제된다. 위 73다1553 판결은 宗員이 宗中을 상대로 한 판결은 제3자에 대하여도 효력이 미치는 것을 전제로 하고 있는 것처럼 보인다. 그런데 제3자에게도 효력이 미친다는 근거가 무엇인지는 확실하지 않다.

무릇 판결의 효력은 소송당사자간에만 미치고 제3자에게는 미치지 않는 것이 원칙이다. 예외적으로 신분관계, 단체관계 또는 공법상의 법률관계에서 일정범위의 제3자 일반에게 확장되는 경우가 있으나, 그러한 경우는 법률이 특히 명문으로 규정하고 있는 것이다.[80] 따라서 명문의 규정이 없는 현행법하에서는 승소한 宗員은 자격없는 代表者의 그 宗員 자신에 대한 행위는 당연히 부인할 수 있겠지만 그 자격이 없는 代表者의 대외적 행위를 저지하고 그 효력을 부인할 수는 없다고 하여야 할 것이다.[81] 다만 나중에 적법한 대표자를 선임하여 자격없는 대표자와 거래한 자를 상내방으로 하여 소송을 할 때 유리한 증거자료로 활용할 수는 있을 것이다.

(5) **宗中代表者 職務執行停止 및 職務代行者選任 假處分申請**

判例는 被申請人은 신청인 적법한 代表者라고 主張하는 자와 저촉되는 지위에 있는 자이고 宗中 자체는 被申請人이 될 자격이 없다고 한다.[82] 이와 같이 假處分에 있어서는 본안소송에서와 달리 宗中을 被申請人으로 하지 않고 代表者 자격이 없는 宗員인 자연인을 被申請人으로 하는 이유는 상법상 이사선임결의의 무효확인의 訴(商 § 380), 동결의취소의 訴(商 § 376), 이사해임청구의 訴(商 § 385 Ⅱ)의 경우에 被告는 회사가 되지만 이를 본안으로 하는 假處分(商 § 407)에서는 실무의 관행이 회사를 被申請人으로 하지 않고 당해 결의에 의하여 선임된 이사를 被申請人으로 하고 있는 데 연유하는 것인 듯하다.

위의 상법상의 假處分은 당사자간에 있어서뿐만 아니라 제3자에 대하여도 효력이 있으며 假處分에 반하여 행한 행위는 제3자에 대한 관계에서 무효가 된다고 상법학자들은 설명한다. 判例는 宗中의 假處分에 있어서도 이와 마

79) (前註), 343.
80) 예컨대, 家訴 § 21; 商 §§ 190, 328, 376, 380, 381, 430, 446 등.
81) 鄭貴鎬(註 78), 343.
82) 大判 72. 1. 31, 71다2351(集 20-1, 41).

찬가지로 假處分의 효력이 당연히 제3자에게 미치는 것임을 전제로 하는 것 같다. 그러나 宗中代表者에 관한 假處分은 공시방법이 없어 제3자가 假處分이 있음을 알지 못하는 경우가 많은데, 이때에도 그렇게 되는가는 의문이다.[83]

宗員이 종중을 상대로 한 소송이나 假處分에 관하여는 민법이나 민사소송법 어디에도 딱 들어맞는 규정이 없어 의문스러운 점이 많다.

(6) 규모가 큰 宗中에 이르면 분파작용의 심화로 2명 이상의 대표자가 나서서 서로 자기가 적법한 代表者임을 主張하는 경우가 생긴다. 예컨대, 宗員 甲을 중심으로 하는 派와 宗員 乙을 중심으로 하는 派가 각각 별도의 宗中總會를 召集하여 각각 甲과 乙을 그 代表者로 선출한 경우이다.[84]

이 경우 甲派의 宗中이 乙派의 宗中總會決議無效確認을 구하기 위하여는 判例의 취지를 유추하면 宗中을 被告로 하고, 그 代表者를 乙로 표시하여야 할 것처럼 생각된다. 그러나 이 경우 甲派의 宗員인 원고는 甲을 代表者로 하는 宗中이 정통 宗中임을 전제하고 있어 위의 일반적인 경우에서처럼 宗中 내부에서 宗員이 그 宗中總會決議의 무효를 主張하는 것과는 차원이 다르기 때문에 乙을 宗中代表者로 표시하여 제소한다는 것은 이상하다고 하지 않을 수 없으므로 이러한 경우에는 甲을 代表者로 하는 宗中이 원고가 되어 자연인 乙을 상대로 하여 적절한 구체적인 소송을 제기하는 것이 타당하다는 主張이 있다.[85]

(7) **宗中財產認定의 기준**

(가) **審理의 順序와 要件事實** 먼저 林野나 전답의 상황을 확정하여 墓山 또는 位土인가를 확정하여야 할 것이다. 계쟁 不動產이 墓山이나 位土로 인정되지 않는다면 특별한 경우 외에는 宗中財產으로 인정할 수 없을 것이다.

일단 墓山이나 位土로 인정되는 경우에는 그 不動產이 宗中所有인 데 名義信託한 것인지, 공부상의 名義者 개인의 것인지를 사실인정을 통하여 확정하여야 한다. 墓山, 位土인 여부와 이의 權利主體의 문제는 별개의 문제임은 누누히 설명한 바와 같으므로 墓山, 位土라고 하여 바로 宗中所有로 인정하여서는 안될 것이다.

---

83) 同旨 鄭貴鎬(註 78), 344.

84) 교회의 분열과 같이 사단인 종중이 분열된 현상을 나타내는 것인바, 종중의 경우는 그 본질상 분열이 있을 수 없으므로(同旨 總論(1), 806) 교회의 분열과 같은 법리는 적용될 수 없다고 할 것이다.

85) 鄭貴鎬(註 78), 344-5. 그러나 구체적으로 어떤 소송인가는 명백하지 않다.

墓山, 位土가 宗中財產일 요건사실은 墓山, 位土가 宗中財產으로 설정된 사실일 것이므로 個人名義로 登記 또는 대장상 동록된 墓山, 位土가 宗中財產인데 공부상 명의인에게 명의신탁하였임을 主張하는 자는 그러한 설정사실과 명의신탁을 한 경위를 主張·立證하여야 한다.

그러나 判例는 "이건 대지에는 위 묘를 관리하는 고지기가 13대째 살고 있었으며 동 토지에서 생산되는 것을 제수로 사용해 온 사실을 엿볼 수 있는데, 과연 그렇다면 원래 종중재산은 종원에게 신탁하여 그 명의로 사정받아 등기를 하는 것이 통상적인 사례였음을 생각하면 이 건에 있어서 수긍함에 족한 특별한 사정이 없으면 이 건 대지는 일응 피고들 주장과 같이 보조참가인인 종친회의 재산이고 위 소외 성필용 명의의 등기는 보조참가인인 종친회의 신탁에 의한 것이라고 볼 수 없는 바도 아니니 위 분묘의 설치자가 누구이고 이 건 대지가 위 소외인 명의로 사정받기 전에 과연 누구의 재산으로 관리되어 왔으며 그 위에 위 분묘를 수호하는 고지기가 13대나 살아오게 된 사정이 무엇인가 등을 밝히지 아니하고 위 성필용명의로 사정받아 그 명의로 등기가 되었다는 그 이유만으로 곧 이 선 토지가 위 소외인 개인소유라고 단정하는 것은 좀처럼 납득하기 어려운 일이라고 아니할 수 없다. 석명권을 행사할 책무를 다하지 아니하여 심리를 미진하고 나아가서 피고들 주장을 배척하는 데 충분한 이유를 명확히 하지 못하였다고 아니할 수 없다"[86]고 판시하여 일단 묘산, 위토로 인정되면 宗中所有로 볼 여지가 있다는 전제하에서 석명의무를 부과하며 宗中財產이 아닌 이유를 밝혀야 한다고 하고 있다.

(나) 具體的 主張, 立證事實

(a) 宗員名義로 登記된 墓山이나 位土가 宗中所有인지 宗員個人의 所有인지를 판정하는 기준은 명확히 확립되어 있는 것은 아니다. 所有權 자체를 立證할 수는 없으므로 결국 所有權의 귀속원인을 立證하는 수밖에 없다.

(b) 個人名義로 査定된 土地를 宗中所有로 주장하는 경우에는, 査定당시 宗中이 所有管理[87]하고 있던 사실[88]을 立證하여야 할 것이다. 土地가 그 전에 宗中에 귀속된 사실을 입증한다 함은 그 不動產이 宗中財產인 墓山이나

86) 大判 77. 6. 28, 76다1580(公 565, 10169).

87) 토지사정이전에는 근대적 소유권개념이 없어서 엄밀하게 말하면 종중소유의 토지란 없고 종중이 관리하는 토지라고 할 것이다.

88) 그 土地가 査定 이전에 宗中에 귀속된 사실과 査定 당시의 宗中의 관리사실일 것이다. 다만 전자가 입증되면 후자는 추정되므로 특별히 중간에 상실된 사실이 문제가 되지 않는 한 따로 입증할 필요는 없을 것이다.

位土로 설정된 경위를 밝혀 종종재산임을 立證한다는 것이다. 즉 宗員이 공동출자하여 설정한 사실이나 宗中財産의 증식이나 교환으로 설정한 사실을 立證하거나 상속분의 일부를 따로 떼어 봉사조로 설정한 경우에는 당사자의 의사, 당해 宗中의 慣習, 宗孫의 위치 등을 종합하여 볼 때 宗中所有로 설정된 것임을 主張·立證하여야 한다.

그러나 우선 그 土地가 墓山이나 位土로 설정된 경위 자체를 立證하는 것이 어렵거나 사실상 불가능하고 나아가 설정 당시의 당사자의 의사, 관습 등을 立證하기는 불가능에 가깝다고 할 것이다. 이를 엄격히 적용할 경우 宗中財産으로 인정할 수 있는 墓山이나 位土가 거의 없을 것이다. 따라서 判例는 뒤에서 보는 바와 같이 宗中의 主張, 立證責任을 다소 완화하고 있다.

(c) 그러나 他人名義로 査定된 土地를 다시 宗中이 取得하면서 宗員個人에게 名義信託하였다고 主張하는 경우에는 그 취득경위와 신탁과정을 명백히 主張·立證하여야 할 것이다. 특히 宗中名義의 登記가 가능했던 1930년 이후의 취득에 대하여는 합리적인 근거를 제시하여야 할 것으로 생각된다.

(d) 墓山이나 位土가 宗孫名義로 査定되어 있는 경우는 宗中財産을 査定받을 때 보통 종손에게 신탁한 경우가 일반적이었던 점은 宗中에게 유리한 사실이나 위에서 본 바와 같이 墓山이나 位土의 경우 宗孫 個人所有의 것도 많았던 역사적 연혁이나 관습은 宗孫에게 유리한 사실이라고 할 것이고, 宗孫아닌 宗員으로 査定되어 있는 경우는 일반적으로 宗員이 墓山을 所有하는 사실이 더물었다는 점은 宗中에게 유리한 사실이고, 宗中財産인 경우에는 査定時 宗孫에게 신탁하는 것이 보통이었던 사실과 宗員이 개인적으로 출자하여 묘산이나 위토를 구입하여 개인소유로 하는 일도 있었다는 점은 査定名義人에게 유리한 사실이라고 할 것이므로 査定名義人이 宗孫인가 宗員인가는 宗中財産認定에 있어 결정적인 자료로 될 수는 없다고 보아야 할 것이다. 다만 여러 宗中員의 共有 또는 合有로 사정되어 있는 경우[89]에는 그 공유자들 사이에 공유관계가 성립할 만한 합리적인 이유가 없다면 일응 宗中에서 명의신탁한 것으로 볼 여지가 크다고 할 것이고, 종손아닌 종원 한 사람 명의로 사정된 경우에는 개인재산으로 볼 여지가 크다고 할 것이다.

(다) 判例의 一般的 態度(主張立證責任의 緩和) 判例[90]는 "어느 재산

89) 특히 종중의 각 파별로 안분하였거나 상당히 많은 사람 명의로 사정받은 경우.
90) 大判 91.6.14(註 55). 同旨 大決 89.10.10(註 30).

이 종중재산임을 주장하는 당사자는 그 재산이 종중재산으로 설정된 경위에 관하여 주장·입증하여야 할 것이나 이는 반드시 명시적임을 요하지 아니하며 어느 재산이 종중재산이라는 주장·입증 속에 그 설정경위에 관한 사실이 포함되어 있다고 볼 수 있으면 족하고, 그 설정경위의 입증은 간접사실 등을 주장·입증함으로써 그 요건사실을 추인할 수 있으면 족하다"고 판시하여 요건사실인 종중재산으로 설정된 사실(경위)의 主張·立證責任을 완화하고 있다.[91] 즉 判例는 계쟁부동산이 宗中財産으로 설정되었다는 요건사실을 立證함에 있어 오래되어 立證하기 어려운 설정경위에 대한 구체적 사실의 입증 대신에 宗中財産으로 설정된 것으로 추정할 수 있는 여러 간접사실을 立證함으로써 갈음할 수 있다고 하고 있다.

위 91다2946 등 판결은 宗中이 계쟁토지를 宗中財産인 宗山 및 位土로 취득한 경위를 명확하게 立證하지 못하였으나 계쟁토지가 宗中員들의 墓山이거나 位土인 사실, 査定名義人인 9 내지 14인이 모두 여러 지파에서 선정된 종원인 사실, 位土의 경우 査定名義人이나 상속인이 아닌 다른 종원들이 점유관리하여 온 사실, 宗中이 경작자로부터 임대료를 받아 온 사실, 세금을 종손이 査定名義人들 명의로 납부하여 온 사실 등의 간접사실을 立證한 사안에서 계쟁토지가 宗中所有임을 인정하였다.

소송당사자로 하여금 어느 재산에 대하여 오래전에 이루어진 宗中財産 설정행위를 구체적으로 立證하도록 요구하는 것은 그 당사자의 부담을 과중하게 하는 것이며, 실제적으로 오래전 심지어는 수백년 전의 일을 立證하기란 불가능에 가깝기 때문이다.

㈑ 宗中財産 인정 여부에 관한 구체적 기준

(a) 宗中所有로 인정할 수 있는 間接事實 判例에 나타난 것을 보면, 토지조사부에 수필지 토지가 거주지가 서로 다른 宗中員들의 공동명의로 사정받은 것으로 되어 있는 사실,[92] 계촌간도 아닌 종중원들을 각 계파별로 안배하여 소유권이전등기를 한 경우,[93] 査定名義人인 9 내지 14인이 모두 여러 지파에서 선정된 종원인 사실, 位土의 경우 査定名義人이나 상속인이 아닌 다

91) 同旨 大判 87. 7. 14, 85다카1033(公 807, 1321).
92) 大判 91. 8. 13(註 65).
93) 大判 87. 7. 14(註 91). 개인명의로 사정되어 소유권보존등기가 된 토지가 3개파의 1인씩 3인 앞으로 소유권이전등기가 되고, 다시 3개파로 안분(3명, 2명, 2명)된 7명 앞으로 소유권이전등기가 되어 있는 사안이다.

른 종원들이 점유관리하여 온 사실, 宗中이 경작자로부터 임대료를 받아 온 사실, 세금을 종손이 査定名義人들 명의로 납부하여 온 사실[94] 등을 들 수 있다.

(b) 宗中所有로 인정할 수 없는 간접사실 判例에 나타난 것을 보면, 사정된 토지의 규모가 작지 아니한 점에 비하여 그 무렵 실제 이에 걸맞는 宗中으로서의 조직적인 활동이 미약하였던 사실,[95] 종원 명의로 사정된 후 70여년간 계쟁부동산을 두고 다툼이 없었던 사실,[96] 宗中으로서의 조직적인 활동이 미약하여 이로 미루어 계쟁임야나 다른 재산을 점유, 관리한 바가 없다고 보이는 사실[97] 등을 들 수 있다.

(c) 大·小宗中間 귀속문제 判例 중에는 宗中所有의 토지임을 인정하거나 그러한 판단은 유보한 채 大·小宗中 사이의 귀속관계에서 볼 때 소송당사자의 소유임을 인정할 수 없다는 취지의 것도 다수 있다. 그 대표적인 것을 보면, "선조의 생존중에 그 선조를 시조로 하는 종중은 존재할 수 없으므로 망인이 그 생전에 매수한 선산을 망인을 시조로 하는 종중의 소유로 인정한 것은 종중의 성립시기에 관한 법리를 오해하였다."[98] "본건임야 중에 원고종중과 원당파의 공동선조의 분묘가 있는 경우에 그 임야가 종중소유라면, 통상의 경우에는 양파의 공동선조를 시조로 하는 종중의 소유로서 그 종중에서 신탁하는 것이 상례이므로 소종중인 원고종중은 본건 임야의 신탁자가 될 수 없다."[99] "대종중이 있고 대종중의 공동시조의 후손을 공동시조로 한 소종중이 있으며 같은 임야에서 각기 시조의 시제를 지내오고 있는 이 건에 있어서 동 부동산에 대한 소종중성립 전의 관리관계도 명확하지 아니한데, 단지 동임야의 사정명의자가 소종중인 원고종중의 종손이라는 사실만으로 곧 그 부동산이 원고종중에 속하는 재산 ……이라고 단정하지 않으면 안 될 이유가 있다고 할 수 없다"[100]는 것들이다. 위 判例들의 경향은 大·小宗中의 共同墓山이나 位土의 경우에는 원칙적으로 大宗中의 소유로 보는 듯하다.

(마) 어느 경우나 墓山, 位土의 權利主體를 立證할 서증을 명백히 갖추고

94) 이상 大判 91.6.14(註 55).
95) 大判 91.9.13(註 27). 이러한 판시에 미루어 보아 종중이 아무리 자연발생적인 단체라고 하더라도 적어도 사정 당시 종중재산을 종원에게 사정하였다고 하려면 그러한 종중재산을 보유하고 관리를 할 정도의 조직적인 활동은 하고 있었어야 한다고 할 것이다.
96) 大判 91.9.13(註 27).
97) 大判 92.4.14, 91다46533(公 921, 1593).
98) 大判 90.7.10, 89다카33630(公 879, 1689).
99) 大判 66.12.20, 66다2116(集 14-3, 349).
100) 大判 77.9.28, 76다814(民判集 233-525).

있는 경우가 드문 현실에서 그 權利主體를 판정하는 문제는 지극히 어렵다고 할 것이다. 宗中制度를 육성조장할 것인가 혹은 점차적으로 해체시킬 것이냐는 우리 사회가 안고 있는 고민이며, 사건에 따른 구체적 타당성을 기하는 수밖에 없을 것이다.[101)]

Ⅱ. 教會財産

1. 序—宗教團體[102)]

(1) 意 義

宗教團體란 宗教의 教義의 선포, 儀式의 집행, 信者의 教化를 주요목적으로 하는 단체를 의미한다.[103)] 즉 宗教的 요소를 가진 인적·물적조직체라고 할 수 있다. 이러한 宗教團體는 ① 이념적 이데올로기적 요소(教義), ② 관행적 행위양식적 요소(儀式, 行事), ③ 인적조직적 요소(信者), ④ 물적도구적 요소(施設)의 네 가지 구성요소가 결합된 것이라고 할 수 있다.[104)]

위와 같이 宗教團體는 교의의 선포, 제사 그외 宗教儀式 행사의 집행, 신자의 교화육성 등이라고 하는 宗教活動을 목적으로 하는 단체이므로(宗教活動 외에 공익사업, 그외의 사업을 부수적으로 하는 것은 가능하다) 단순히 병의 치료를 목적으로 하는 단체는 宗教團體가 아니다. 또 宗教團體는 教師, 信者 그외 관계인에 의하여 구성되는 단체, 즉 인간의 결합체이므로 불당의 시설만이고 宗教活動을 하는 단체가 아닌 것은 宗教團體라고 할 수 없다.[105)]

(2) 種 類

宗教團體의 종류는 분류기준에 따라 다양할 수 있으나 법률적 의미에서 중요한 분류는 單位宗教團體와 包括宗教團體의 구분일 것이다.

㈎ 單位宗教團體 예배의 시설을 갖춘 寺刹, 教會(支教會) 및 이에 유사한 宗教團體이다. 寺刹이라는 것은 불교교의를 선포하고 불교의식을 행하기 위한 시설을 갖춘 승려·신도로 조직된 단체이고, 教會는 예배물을 안치한

---

101) 朴秉濠(註 20), 12.

102) 이하 종교단체에 관한 설명은 종교법인법이 있는 日本에서의 종교단체에 대한 설명을 중심으로 한 것으로 우리 나라의 경우도 참고가 될 수 있을 것이다.

103) 컬러판세계백과대사전, 17, 260.

104) 竹田盛之輔, "宗教團體と宗教法人", 民事月報 44-9, 19.

105) 竹田盛之輔(前註), 19-20.

教會堂 등의 예배의 시설을 갖춘 敎師·신도 등으로 조직된 단체이다. 單位宗敎團體는 예배의 시설을 갖추는 것이 불가결의 요소이다. 이 점에서 單位宗敎團體는 施設宗敎團體라고 불려지는 경우도 있다. 예배의 시설이라는 것은 寺刹의 본당, 경내불당, 敎會의 회당 등 예배의 용도에 공해지는 건조물, 장소, 제구 그 밖의 물적시설이다.

(나) 包括宗敎團體 單位宗敎團體, 즉 寺刹·敎會 등을 포괄하는 宗派·敎壇·敎會 및 이들에 유사한 宗敎團體이다. 包括宗敎團體는 包括團體로서 單位宗敎團體에 의하여 구성되는 것이 불가결의 요건이다. 包括宗敎團體는 單位宗敎團體를 포괄하는 것이나 그외 신도단체 등의 단체, 宗敎敎師 및 보조자, 在俗信者 등의 개인도 포괄하여 그 구성원으로 한다.

(3) 宗敎團體의 主管者(代表者)

宗敎團體는 교의를 선포하고 의식을 집행하는 宗敎上의 권능을 가지는 성직자, 즉 宗敎敎師 및 그의 보조자와 함께 崇敬者, 교도, 신도 등 소위 재속의 신자에 의하여 구성되어 있는 것이 일반이나 宗敎敎師가 宗敎團體의 핵심이 되는 것이다. 宗敎敎師는 여러 가지 宗敎上의 지위를 가지고 상하복종의 조직을 형성하고 있는데, 그 上長者를 주관자라고 한다. 單位宗敎團體에 있어서는 주관자를 「宗敎主宰者」, 包括宗敎團體에 있어서의 주관자를 「統理者」라고 칭한다. 寺刹의 宗敎主宰者를 주지, 敎會의 宗敎主宰者를 堂會長이라고 한다.

주지 등 宗敎主宰者의 선임방법은 여러 宗敎團體의 규범(종헌, 교헌 등)에 의하여 정하여져 있다. 그 선임방법은 각 宗敎團體의 유래·전통에 따라 다양하나 包括宗敎團體에 포괄되는 單位宗敎團體의 경우 ① 當該 宗敎團體에서 후보자를 선정하고, 이를 包括宗敎團體의 수장인 통리자가 임명하는 방법, ② 當該 宗敎團體가 선정하고 이를 包括宗敎團體 또는 그의 통리자가 승인하는 방법, ③ 當該 宗敎團體가 선임하고, 이를 包括宗敎團體의 통리자가 인증하는 방법, ④ 包括宗敎團體의 통리자 기타 특정의 宗敎上의 지위에 있는 자로 충당하는 방법 등이 있다.

(4) 宗敎團體와 法人格

우리 나라는 모든 宗敎團體에 法人格을 부여하기 위하여 宗敎法人의 설립·운영에 관하여 규정하고 있는 日本의 宗敎法人法과 같은 특별법이 없고, 다만 불교의 경우에는 傳統寺刹保存法이라는 특별법이 있으나 이 법에도 불교단체의 法人格 취득에 관한 규정은 없으므로 우리 나라의 경우 宗敎團體가 法

人格을 취득하려면 民法 규정에 의한 非營利法人으로 주무관청인 문화부의 法人設立許可를 받아 설립등기를 하여야 한다. 1990.9.14 현재 우리 나라의 宗教法人 현황을 보면 다음 표와 같다.[106]

	財團法人	社團法人	계
불 교	19	17	36
개신교	88	41	129
천주교	44	4	48
유 교	15	4	19
그 밖의 宗教	11	2	13
계	117	68	245

日本의 경우는 1987.12.31 현재 183,777개의 宗教法人이 설립되어 있는 바,[107] 우리 나라의 경우 宗教團體의 수에 비하여 宗教法人의 수가 위와 같이 적은 것은 宗教團體 자체의 무관심 내지 무성의에도 원인이 있으나 宗教團體에 대하여 法人格을 부여하는 특별법이 없어 民法의 非營利法人의 규정에 의하여 法人格을 취득하게 되어 있는 현행법하에서 宗教團體에 대한 法人設立許可를 함에 있어 까다로운 요건을 요구하고 있는 현행 문화부의 실무관행과도 무관하지 않다고 할 것이다.

2. 教 會

(1) 意 義

教會라 함은 기독교의 教徒들이 教理의 탐구, 禮拜 기타 信教上 공동목적을 달성하기 위하여 각기 자유의사로 구성한 단체로 일반적으로 정의되고 있으나[108] 하나의 정의로 표현하는 것은 불가능하다. 判例도 그와 같이 教會를 적극적으로 정의하려고 시도하지 않고 일반의 관념에 맡기고 있다.

신학적 개념의 教會는 다양하나 가장 일반적 의미의 教會는 일정한 지역에 있는 기독교도들의 개개의 단체인 支教會를 의미한다. 判例의 대체적 흐름은 支教會만을 法的 生活單位로서의 教會로 인정하고 있다.

106) 문화부, 종무행정(90. 10), 139 이하. 한편 90. 10. 현재 출입국관리법 § 39에 의하여 등록된 외국종교단체는 개신교 17, 천주교 7, 그리스정교 1, 합계 25개이다(위 책, 161 이하).
107) 日本 文化廳編, 宗教年鑑(88년판).
108) 大判 57. 12. 13, 4289民上182(要集 民 I-1, 536).

教會의 의의와 법적 성격은 천주교와 개신교가 판이하게 다르고 개신교의 경우도 長老敎, 監理敎 등 교단에 따라 상이하여 하나의 개념으로 설명할 수 없으므로 敎會의 의의, 법적 성격을 논하려면 구체적인 個別敎會의 正體와 소속교단의 敎會憲法을 살펴보아야 할 것이다. 통상 재판에서 문제되는 것은 거의 대부분 長老正體를 취하는 장로교의 支敎會이므로 이하 특별한 설명이 없는 한 장노교단의 支敎會를 중심으로 설명하기도 한다.

대한예수교장노회(통합)는 憲法에 의하면 牧師와 長老로 각 구성되는 堂會, 老會, 總會의 治理會[109]가 있어 소관 교회행정을 담당하고, 支敎會의 당회장은 노회의 임명을 받아 시무목사가 되며, 지교회에는 堂會 외에 모든 입교인으로 구성되는 교인들의 총회인 공동의회와 장노 등 직원들로 구성되는 諸職會가 있어 의결 및 집행을 담당한다. 支敎會를 설립하려면 入敎人 15인 이상이 있어야 한다. 그리고 支敎會의 직원으로서는 목사, 장노, 집사, 권사, 전도사, 서리집사가 있다.

(2) 法的 性格

대체로 장노교 교단의 支敎會는 法人格없는 社團이라는 것이 學說,[110] 判例의 일치된 견해이다. 敎派變更決議의 효력에 관한 判例[111]와 敎會分裂에 관한 判例[112]는 모두 支敎會가 法人格없는 社團임을 전제로 하고 있다.

(3) 敎壇과의 關係

判例[113]는 "원고교회가 독립성이 있는 비법인사단인 이상 그가 소속하는 노회와의 내부적 관계에 있어서는 그 노회의 규약에 따라 교회의 운영 기타의 종교활동을 하여야 할 것이라 할지라도 그 노회 이외의 대외적 관계에 있어서는 소속교인들의 총의에 의하여 자율적으로 그의 대표자 기타의 임원을 선임하고…… 종교자유의 원칙에 의하여 소속교인의 총의에 의하여 그가 소속할 노회도 선택할 수 있다"고 판시하여 대외적으로는 지교회가 독립된 법적 주체이고, 支敎會와 그가 소속된 교단이나 老會와의 관계는 내부관계에 불과함을 명백히 하고 있다. 한편 敎人들이 소속교단에서 탈퇴하는 것이 반드시 所屬敎

109) 하느님의 명령에 따라 敎會의 평화와 질서를 유지하고 행정과 勸懲을 행하는 권리인 治理權을 가진다.

110) 郭潤直, 總則, 227; 黃迪仁(註 3), 458; 鄭貴鎬, 總則(1), 815, 李英俊, 總則, 854.

111) 大判 78.10.10, 78다716(集 26-3, 109); 大判 80.2.12, 79다1664(集 28-1, 82).

112) 大判 71.2.9, 70다2478(要集 民 I-1, 542); 大判 73.1.16, 72다2070(要集 民 I-1, 537) 등.

113) 大判 67.12.18, 67다2202(集 15-3, 375).

會자체에서 탈퇴하는 것을 의미하지 아니하므로 소속교단에서 탈퇴하였다는 이유만으로 곧 그 敎會의 總有財産에 대한 권리의무를 상실하였다고 볼 수는 없다.[114] 또한 위 判例에서도 판시하였듯이 敎會는 敎人의 총의에 의하는 경우 소속교단의 변경이 가능하다. 소속교단의 규약에 가입과 징계에 관한 규정이 있을 뿐이고, 탈퇴에 관한 규정이 없더라도 소속교단의 변경이 가능하다.[115] 이 경우 敎人의 「총의」란 교회재산의 처분에 관한 총회의 결의와 달리 敎人全員의 의견일치를 의미하는가가 문제되는데, 교단의 변경은 敎會財産의 처분과 달라서 敎人全員의 일치에 의하여야 할 것이고,[116] 이에 다툼이 있어 敎人들이 서로 교단을 달리하게 되는 경우에는 敎會의 分裂問題로 된다고 보아야 할 것이다. 그러나 극히 일부가 교단의 변경에 반대할 경우에도 그러할 것인가는 의문이다. 교단변경은 원칙적으로 전원의 합의에 의하되 교회의 분열로 볼 수 없는 정도의 극소수의 반대가 있는 경우에는 예외로 보아야 하지 않을까 한다. 어쨌던 교단의 변경에는 다수결의 원리가 적용될 수 없다고 할 것이다.

敎會의 건물에 관하여 贈與를 원인으로 한 敎壇(財團法人) 명의의 소유권 이전등기가 되었다한들 그 登記가 되있다는 사실 자체만으로써 교인들의 증여를 위한 共同議會의 決議가 반드시 있은 다음에 소유권이전등기가 된 것이라고 推定할 수 있는 것은 아니라는 判例[117]가 있다.

(4) **代表者**(堂會長)

敎會의 대표기관은 堂會長이다. 堂會長은 일차적으로 支敎會의 시무목사가 된다. 당회는 장노, 집사, 권사를 임명하고 支敎會의 재정을 감독하며 支敎會의 부동산을 관리한다. 敎人들의 총의에 의하여 선임된 堂會長은 老會의 승인이 없더라도 제3자에 대한 관계에서는 여전히 敎會를 대표한다.[118] 한편 判例도 大韓基督長老會 소속 敎會의 대표자는 목사라고 하고,[119] 大韓예수교長老會 소속 支敎會의 대표자에 관하여 敎會의 운영방법을 규율하는 宗憲인 憲法의 규

114) 大判 78. 1. 31, 77다2303(集 26-1, 60).
115) 大判 91. 5. 28, 90다8558(公 900, 1736). 浸禮敎會의 사건이다.
116) 大判 78. 10. 10(註 111)는 구성교인 전원의 총의에 의하지 아니하고 다수교인의 결의에 의하여 한 교회의 교파변경결의는 그 결의에 가담하지 않은 교인에 대하여는 효력이 없다고 하고, 大判 80. 2. 12(註 111)도 교인 45명 중 34명 내지 37명이 참석하여 교파변경결의를 한 경우 그 결의가 교인전원의 총의에 의하였다고 볼 수 없으므로 그 결의는 효력이 없다고 하여 이를 명확히 하고 있고 있다. 同旨 大判 91. 5. 28(前註).
117) 大判 64. 9. 30, 63다758(要集 民 Ⅰ-1, 297). 원칙적으로 교회의 교단(재단법인)에 대한 명의신탁으로 보는 것 같다.
118) 大判 67. 12. 18(註 113).
119) 大判 62. 7. 12, 62다133(集 10-3, 152).

정하는 바에 따라 선임된 자가 된다고 하고 있다.[120)]

(5) 共同議會

支敎會의 敎人總會를 공동의회라 한다. 교회의 최고의사결정기관으로서 敎會의 교파를 변경하는 것도 공동의회의 의결사항이다. 보통 결의방법은 권리능력없는 社團의 일반적 결의 방법인 다수결이다. 그러나 교파변경의 경우 원칙적으로 전원의 의결에 의하여야 한다고 함은 이미 본 바와 같다.

3. 敎會財産의 意義

敎會가 그 목적 수행을 위하여 그 敎人들의 연보, 헌금 기타 수입으로 취득한 재산을 敎會財産이라고 한다. 이하에서는 敎會財産 중 부동산에 관하여서만 보기로 한다.

4. 敎會財産의 權利歸屬形態

(1) 권리능력없는 社團의 소유형태를 總有로 규정하고 있는 현행 民法下에서는 敎人들의 연보·헌금 기타 敎會의 수입으로 이루어진 권리능력없는 社團인 敎會의 재산은 특별한 사정이 없는 한 당해 敎會所屬 신도들의 總有에 속한다고 해석하는 것이 學說의 거의 일치된 견해이다.[121)]

敎會財産의 귀속형태에 관하여 判例는 總有에 관한 규정이 없던 현행 民法 시행 이전에는 合有로 파악하였다.[122)] 新民法 시행 후 대법원은 이에 대하여 초기에는 合有라고 한 判例[123)]와 總有[124)]라고 한 判例가 엇갈려 있어 명확하지 않았으나 현재는 그 敎會所屬 敎人들의 總有로 보는 것으로 확립되었다고 할 것이다.[125)] 敎會를 권리능력없는 社團으로 보는 이상 현행법상 그 재산의 귀속형태는 總有로 봄이 타당하다고 할 것이다.[126)]

120) 大判 75.12.9, 73다1944(要集 民 I-1, 68).
121) 郭潤直, 385; 黃迪仁(註 3), 458. 反對 李好珽(註 19) 참조.
122) 大判 57.12.13, 4289民上182(註 108); 大判 58.8.14, 4289民上569(要集 民 I-1, 536); 大判 59.8.27, 4289民上323(要集 民 I-1, 536); 大判 59.8.27, 4290民上436(要集 民 I-1, 536).
123) 大判 62.1.11, 4293民上395(要集 民 I-1, 536); 大判 70.2.10, 67다2892등(集 18-1, 58); 大判 70.2.24, 68다615(集 18-1, 101); 大判 73.1.16(註 112).
124) 大判 60.7.14, 4291民上547(要集 民 I-1, 541); 大判 68.11.19, 67다2125(要集 民 I-1, 542); 大判 71.2.9(註 112).
125) 大判 80.4.8, 79다1814(公 633, 12775); 大判 80.12.9, 80다2045등(集 28-3, 239); 大判 88.3.22, 86다카1197(公 823, 669) 등.
126) 총유에 대한 규정이 없는 일본에서는 공유설, 합유설, 신탁설, 단독소유설 등이 있지만 총유설이 지배적이다.

따라서 敎會의 敎人으로서의 지위를 상실함과 동시에 그 敎會財產에 관한 권리의무도 상실한다.[127] 다만 敎人들이 敎會의 소속교단으로부터 탈퇴하였다 하여 바로 敎會로부터 탈퇴하였다고 할 수 없음은 이미 보았다.

(2) **救世軍의 재산**

구세군군령군율은 구세군의 전재산은 구세군대장만이 유일한 소유자이고, 구세군대장은 구세군신탁회사라는 명칭을 가진 회사를 설립하여 그 재산을 관리하도록 규정하고 있다. 따라서 구세군은 地域敎會 중심인 一般敎會와는 달리 강력한 중앙집권적 조직을 갖추어 산하 營門의 재산에 관하여 일절의 사권행사를 부인하고 있다고 해석하여야 할 것이므로 구세군재산은 敎人의 헌금에 의한 취득에 관계없이 敎人들의 總有에 속하는 것으로 볼 수 없다.[128]

5. 敎會財產의 取得 및 登記

敎會財產은 敎人들의 헌금으로 이루어지는 것이 대부분이다. 이 점이 후술하는 寺刹財產의 조성경위와 다른 점이고, 敎會와 寺刹의 법적 성격에 대한 차이점의 원인이라고 볼 수 있다. 또한 敎會의 경우 分裂을 인정하는 한 근거이기도 하다.

非法人社團인 敎會의 재산도 종중과 마찬가지로 社團인 敎會를 등기권리자로 하여 등기할 수 있다(不登 §30). 그 등기를 함에 있어서 代表者(堂會長)의 자격을 증명하는 서면 등을 첨부하여 부동산등기용등록번호를 부여받은 후 그 대표자의 주민등록등본을 첨부하여 등기신청을 하여야 하고, 敎會所有의 부동산의 등기용지에는 敎會의 부동산등기용등록번호와 대표자의 성명, 주소, 주민등록번호가 기재되게 되어 있는 점은 종중의 경우와 같으므로 전술한 종중의 등기방법부분을 참고하면 될 것이다. 그런데 敎會財產인 대지와 건물의 등기명의에 관하여 "신도들은 그 총의로서 ……自己敎會名義로 하든가 信者總有名義로 하든가 혹은 그 소속 또는 소속하려는 老會名義로 하든가는 그 신도들의 자유다"는 判例[129]가 있어 마치 敎會名義와 信者總有名義가 별개의 登記名義人인 것처럼 보고 있으나 의문이다.

한편 監理敎會는 財團法人 기독교대한감리회유지재단을 설립하여 모든 예배당과 敎會에 속한 모든 부동산의 소유권은 財團法人 기독교대한감리회유지

127) 大判 68.11.19(註 124); 大判 88.3.22(註 125).
128) 大判 86.7.8, 85다카2468(公 782, 997).
129) 大判 73.8.21, 73다442등(集 21-2, 168).

재단에 속한다고 선언하고 유지재단은 敎會로부터 敎會에 속하는 모든 재산을 증여받아서 등기를 하도록 규정하고 있다. 또한 특칙으로서 敎會紛糾로 인하여 敎會財產의 관리권에 관한 다툼이 발생할 때에는 교단을 이탈한 측에서는 일체의 권리를 주장할 수 없다는 규정을 두고 있다.

6. 敎會財產의 使用·收益

권리능력없는 社團의 각 사원은 정관 기타의 규약에 좇아 總有物을 사용·수익할 수 있다(民 § 276 II). 따라서 敎會의 신도들도 敎會의 장전 기타 일반적으로 승인된 규정에 좇아 敎會財產을 사용·수익할 수 있을 것인바, 敎會財產을 사용·수익하는 가장 중요한 방법은 예배행위라 할 것이므로 신도들은 각자 예배행위를 위하여 敎會堂 건물 등 敎會財產을 사용·수익할 수 있다.

7. 敎會財產의 管理·處分

敎會財產의 관리와 처분은 그 敎會의 정관 기타 규약에 의하거나 그것이 없는 경우에는 그 敎會所屬 敎人들의 총회인 공동의회의 과반수결의에 의하여야 한다.[130] 즉 敎會財產의 처분에 관하여 敎會章程, 會則 기타 일반적으로 승인된 규정에 있으면 그에 따라 유효히 할 수 있으되 그것이 없는 경우에는 民法의 원칙에 따라 敎人總會의 의결에 의하여야 할 것이므로 敎人들 총회의 결의가 없었음에도 있는 것 같이 관계서류를 위조하여 경료한 소유권이전등기는 원인무효의 등기이다.[131] 따라서 비록 그러한 敎會所有土地를 전득하여 등기를 마친 자가 선의라 하더라도 敎會는 그 처분행위의 무효인 사실을 대항할 수 있다.[132]

대표자의 정함이 있는 非法人社團인 敎會가 그 總有財產에 대한 보존행위로서 대표자의 이름으로 소송행위를 하는 경우라도 정관에 달리 규정하고 있다는 등의 특별한 사정이 없는 한 民 §276 I 소정의 사원총회의 결의를 거쳐야 하지 共有物의 보존에 관한 民 §265에 의하여 결의없이 단독명의로 할 수 없다.[133]

130) 大判 80.12.9(註 125).
131) 大判 86.6.10, 86도777(公 780, 903); 大判 86.9.23, 84다카6(公 788, 2941).
132) 大判 89.3.14, 87다카1574(集 37-1, 124).
133) 大判 86.9.23(註 131). 同旨 大判 85.2.8, 84다카730(集 33-1, 45); 大判 80.12.9(註 125).

教會財産의 管理處分에 관한 教會의 대외적 대표자는 堂會長임은 앞서 설명하였다.

8. 教會의 分裂과 教會財産

(1) 教會의 分裂

(가) 意 義 하나의 教會가 두 개 이상의 教會로 나누어지는 것을 教會의 分裂이라 한다. 소속교단이 달라지는 경우는 물론이고, 같은 교단 내의 所屬老會가 달라지는 경우와 나아가 교단이나 老會의 변경이 전혀 없는 分裂도 있을 수 있다.

(나) 分裂槪念의 認定與否

(a) 學 說

(i) 否定說 사회현상으로서의 教會의 分裂을 일부 敎人들의 탈퇴와 新教會의 설립이라는 두 단계의 법현상으로 파악하고, 따라서 新教會는 舊教會의 재산에 대하여 어떠한 권리도 가지지 않는다는 설이다. 즉 教會가 分裂하려면 敎人總會의 分裂決議 등 正式分裂節次를 거쳐야 하며 그러한 절차에 따른 民 §276 소정의 재산처분결의가 없는 한 실질적으로 分裂되었다 하더라도 分裂을 인정하지 않고, 따라서 원래 教會와 동일시 할 수 있는 측이 단독소유한다는 견해이다.[134] 이 설이 그 근거로 들고 있는 것은 ① 사회현상으로서의 教會의 分裂은 단체법적 입장에서 볼 때 반가치적 성격을 가지고 있다는 점, ② 分裂槪念을 인정할 경우 敎人들의 집단적 탈퇴와의 구별이 불명확하여지고 재산귀속의 문제 등이 복잡하여진다는 점 등을 들고 있다.

(ii) 肯定說 이 설은 사회현상으로서의 教會의 分裂을 그 자체 독특한 법현상으로 파악하여 新教會에게 어떤 형태로든 舊教會의 재산에 대하여 권리를 인정하는 설이다. 그 근거로는 ① 사회적 현상으로서의 分裂現象을 법적으로 직시하여 이를 수용하는 것이 형평의 원칙에 부합한다는 점, ② 이를 인정하지 아니할 경우 소수파가 고의로 教會의 운영을 저해하여 다수파를 탈퇴케 함으로써 그 재산을 독점하는 현상을 막을 수 없다는 점 등을 들고 있다. 긍정설이 다수설의 입장이다.[135]

---

134) 崔式, "교회가 분파된 경우의 재산귀속", 司行 14-3, 64.

135) 金曾漢, "판례연구, 교회가 분열한 경우의 교회재산의 귀속-분열 당시의 교도전원의 총유라는 것이 가능하냐", 法學 1-1, 218 이하; 鄭貴鎬, 總則(1), 824 이하; 趙勇衍, "교회의 분열과 재산의 귀속", 民判硏 8, 76.

(b) 判 例　判例[136]는 "어떤 교단에 속하는 교회의 교인들이 그 교회의 소속교단을 변경하는 데는 교인전원의 총의에 의하여야 한다. 그런데 교회의 소속교단의 변경에 관하여 교인들의 의사가 대립되어 일부는 종전의 소속교단에 계속 남아있기로 하는데, 일부는 그 교회의 소속교단을 변경하기로 결의하고 새로운 교단에 가입한 경우에 원래의 교회는 종전의 교단에 속하는 교회와 교단변경을 결의 찬동하는 교인들에 의하여 새로운 교단에 가입한 교회의 두 개로 분열되었다"고 하여 교회의 分裂을 인정하고 있다. 위 判例는 교단의 分裂에 의한 敎會의 分裂에 관한 판시이나 그 밖에 뒤에서 보는 바와 같이 所屬老會의 分裂, 나아가 교단이나 老會의 分裂이 없는 敎會의 分裂까지 인정하고 있다.

(다) 敎會分裂의 要件

(a) 前提事實　敎會의 分裂槪念은 長老政體와 會衆政體를 취하는 교회에서만 문제도 된다. 監督政體를 취하는 敎會에서는 그 성질상 敎人들은 敎會에 관하여 아무런 권리를 갖지 못하고, 다만 순종의 의무만 있을 뿐이므로 문제가 될 수 없다(敎會의 政體에 관한 상세한 설명은 總則(1), 818-23 참조).

(b) 要 件　일단의 敎人들의 이탈에 대하여 이를 단순한 이탈로 볼 것인가, 아니면 分裂로 볼 것인가에 대하여는 그 구별이 용이하지 않다. 判例 역시 명확한 구별기준을 제시하고 있지 않다. 결국 구체적 개별적으로 판단할 수밖에 없는바, 敎會가 分裂되었다고 하기 위하여서는 일반적으로 적어도 다음과 같은 요건을 충족하여야 한다고 설명된다.[137]

첫째, 사회적 현상으로서의 分裂이 있어야 한다. 즉 敎人 사이의 대립이 격화되어 敎會憲法과 다수결원리에 따른 민주적 敎會運營이 현저히 곤란하여지고 이로 말미암아 두 개의 敎會로 나누어져 조직되고 운영되게 되어야 한다. 법적 개념으로서의 敎會의 分裂은 사회적 현상으로서의 敎會의 分裂을 전제로 하는 이상 당연한 요건이다.

둘째, 일부 敎人들이 敎會의 헌법 및 다수결원리에 따르지 아니하는 것에 대해 비난가능성이 없어야 한다. 즉 分裂하게 된 원인에 있어서 법질서로부터 긍정적 평가를 받을 수 있어야 한다. 이것은 사회적 현상으로서의 社團의 分裂이 가지는 반가치적 성격을 극복하기 위해 필요한 요건이다. 예컨대, 敎會財産

136) 大判 85. 2. 8(註 133); 大決 87. 6. 30, 86마478(公 810, 1512).
137) 鄭貴鎬, 總則(1), 826-7; 趙勇衍(註 135), 73-4 참조.

의 사소한 운영문제로 교회가 分裂된 경우에는 敎會의 헌법과 다수결원리에 따르지 아니한 측에 비난이 가해져 이 요건을 충족하지 못할 것이나 절대적인 자유의 영역에 속하는 신앙상의 문제로 敎會가 分裂된 경우에는 이러한 비난 가능성이 없어지고 그 반가치적 성격이 극복되어 이 요건을 충족할 수 있게 된다.

셋째, 敎會財産의 分裂을 인정하는 것이 衡平의 理念에 맞아야 한다. 즉 分裂하여 나간 敎人들 집단에게 從前敎會 소유의 재산에 관하여 지분권을 인정하여 주는 것이 형평의 원칙에서 보아 상당한 경우라야 한다. 이 요건은 동시에 敎會의 分裂을 인정하는 이론적 근거이기도 하다. 형평의 관념에 부합하는 여부를 판단함에 있어서는 敎會財産의 형성과정, 分裂前 敎會와의 교리상 또는 신앙상의 동일성 내지 유사성, 分裂의 과정 등 모든 사정을 참작하여야 한다.

㈑ 敎會의 分裂을 인정한 判例의 事例 "원심확정 사실에 나타난 계속된 일련의 분쟁에 관한 원인, 발전과정 등 분쟁의 경위와 교인들의 의사, 그리고 분쟁 후에 조직된 교회의 교인수 및 조직 등 여러 사정을 모두 참작하여 기존의 교회가 두 개의 교회로 분열된 것으로 보아야 한다"[138]는 대법원의 판시를 볼 때 사회적 현상으로서 敎會의 分裂의 모든 경우를 법적 의미에서의 敎會의 分裂로 보지 않으려는 의도를 엿볼 수 있는 여지가 있으나 敎會의 分裂을 인정한 구체적 사안을 보면 우리 判例는 사회적 의미의 敎會의 分裂이 있으면 상당히 관대하게 법적 의미에서의 敎會의 分裂을 인정하고 있지 않은가 생각된다.

그 구체적 사례를 살펴보면, ① 원래의 敎會의 상위기관인 총회와 老會의 分裂에 따라 支敎會가 소속교단을 달리하는 두 개의 敎會로 分裂된 경우,[139] 전도사에 대하여 조속히 목사안수를 받을 수 있도록 해달라는 취지의 청원을 소속교단이 받아들여 주지 아니하자 전도사를 중심으로 한 일부 신도들이 소속교단을 탈퇴하여 새로운 교단에 가입함으로써 分裂된 경우,[140] 敎人들이 소속교단을 두고 의견이 대립되어 일부가 소속교단을 변경하여 分裂된 경우[141] 등 소속총회(교단)가 다른 교회로 분열된 경우, ② 부목사를 추종하는 敎人들이 공동결의에 의하여 所屬老會를 탈퇴함으로써 從前敎會와 分裂된 경우,[142] 所屬

138) 大判 89. 2. 14, 87다카3037(公 845, 412).
139) 大判 88. 3. 22(註 125).
140) 大判 85. 2. 8(註 133).
141) 大決 87. 6. 30(註 136).
142) 大判 90. 12. 7, 90다카23561(公 889, 436).

老會에서 파송한 목사의 품행과 신앙지도가 문제되어 教人들 사이에 분규가 생겨 일부가 같은 교단소속의 다른 老會로 소속을 변경하여 分裂된 경우[143] 등 소속노회가 다른 교회로 분열된 경우, ③ 같은 노회 안에서 분열된 경우[144] 등이 있다.

㈎ 教會의 分裂과 集團離脫과의 區別 사회적 현상으로서의 教會의 分裂이 있더라도 위와 같은 分裂의 요건을 충족하지 않는 한 教人들의 집단이탈로 보아야 할 것이다. 집단이탈로 인정될 경우에는 이탈한 教人들은 종전 教會財產에 대한 사원으로서의 권리의무를 상실한다.

(2) 教會의 分裂과 教會財產의 歸屬

㈎ 教會財產을 둘러싸고 일어나는 법률문제 중 상당수를 차지하는 것은 한 教會가 分裂하여 두 教會로 나누어진 경우에 分裂 당시의 教會財產의 귀속이 어떻게 되는지에 관한 것이다.

㈏ 判例理論 현행 民法 시행 이전의 判例를 보면 分裂 당시의 그 教會의 신도의 合有라고 하였다.[145] 현행 民法 시행 후 이에 관하여 대법원은 한때 合有說을 취한적도 있으나[146] 그 후 수차의 판결[147]을 통하여 현재 확립된 判例를 형성하고 있다고 할 것인 데 그 기본적 내용은 다음과 같다.

教會가 分裂된 경우에 원래의 教會의 장전 기타 일반적으로 승인된 규정에서 教會가 分裂될 경우를 대비하여 미리 그 재산의 귀속에 관하여 정함이 없다면 教會財產은 分裂 당시의 教人들의 總有에 속한다는 것이다. 따라서 그 재산의 管理處分은 교회가 分裂될 당시의 教人들의 결의에 의하여야 한다. 다만 후술하는 바와 같이 教會財產의 사용·수익에 관하여 分裂 이후의 새로운 教人들의 사용·수익을 인정하는 것에 의하여 分裂 당시 교인들의 總有說을 다소 수정하고 있다고 보여지나 명백하지는 않다.[148]

㈐ 現行判例의 問題點 위와 같은 判例의 입장은 分裂 당시 教人

143) 大判 89. 2. 14(註 138).
144) 大判 70. 2. 24(註 123); 大判 71. 2. 9(註 112).
145) 大判 58. 8. 14(註 122).
146) 大判 62. 1. 11(註 123); 大判 70. 2. 24(註 123); 大判 73. 1. 16(註 112).
147) 大判 85. 9. 10, 84다카1262(公 736, 1323); 大決 87. 6. 30(註 136); 大判 88. 3. 22(註 125); 大判 89. 2. 14(註 138); 大判 90. 12. 7(註 142).
148) 총유재산의 사용·수익권은 사원의 권리임에 비추어 새로운 교인들의 사용·수익권을 인정한다는 것은 적어도 분열 당시의 교인들의 총유라는 이론의 수정을 의미한다고 보아야 할 것이다. 그런데 판례는 여전히 분열 당시의 교인의 총유에 속한다는 표현을 하면서 새로운 교인도 사용·수익할 수 있다고 하는바(大判 89. 2. 14, 87다카3037 등), 그 의미가 명확하지 않다.

들의 總有說이 과연 가능한가? 分裂 당시 교인들의 단체와 分裂된 敎會의 관계는 어떠한가? 分裂 당시 교인들이 다 없어지면 어떻게 되는가? 分裂 당시 교인들의 總有로 보면서 새로운 敎人들에게 사원권에 속하는 사용·수익권을 인정하는 근거는 무엇인가? 이 경우 새로운 敎人은 사용·수익만하고 의결권은 없는가? 사용·수익권과 의결권의 분리가 가능한가? 새로운 敎人들에게 사원권이 인정된다면 分裂 당시 교인들의 總有라는 전제와 모순되지 않는가? 分裂 당시 교인들의 결의방법은 과반수에 의하는가? 등 많은 의문을 일으키고 있다.

우리 民法은 總有의 개념에 관하여 民 §275 I 에서 "法人이 아닌 社團의 사원이 집합체로서 물건을 소유할 때에는 總有로 한다"고 규정함으로써 總有의 개념은 非法人社團의 개념을 전제로 한 것인데, 이미 分裂된 상태에서 分裂 당시의 敎人들이 社團을 이루고 있다고는 도저히 볼 수 없는 것이라는 이론상의 문제점이 있고, 실제상으로도 이미 다수결원리가 그 기능을 발휘할 수 없게 된 分裂 당시의 敎人들이 적절하게 그 재산의 귀속에 관하여 의결을 할 수 있는지가 의문스럽고 가사 재산귀속에 관한 결의가 이루어진다 하더라도 그 내용은 결국 다수파가 재산을 독점하는 것으로 될 것이며, 시간이 경과함에 따라 分裂 당시의 敎人들이 分裂된 각 敎會로부터 탈퇴하여 그 재산의 귀속에 관한 관심이나 이해관계가 없어지는 경우가 많아질 것이라는 문제점이 생기게 된다.

결국 分裂 분열의 교인들의 總有라는 개념은 사실상 존재할 수 없다고 할 것이니 分裂 당시의 교인들의 總有라고 하는 것은 허구의 개념이라고 할 것이다.

㈑ 分裂된 두 敎會의 共有說 이상과 같은 判例理論의 문제점을 해결하기 위하여 주장되고 있는 것이 從前敎會의 재산의 귀속에 관하여는 소극재산의 귀속 등과 관련하여 볼 때도 分裂로 인한 각 敎會가 그 재산을 共有하는 것으로 보아야 할 것이다는 견해이다.[149] 이 경우 共有持分의 비율은 어떻게 보아야 할 것인가가 문제된다. 共有持分은 分裂 당시의 교인들의 수적대비에 의하여야 한다는 견해가 있으나[150] 敎會의 속성상 교인자격과 그 수를 정확히 파악할 수 없다는 현실적인 문제점과 그렇게 되면 수가 많은 敎會에서

149) 金曾漢(註 135), 220; 趙勇衍(註 135), 73; 卞東杰, "교회의 분열과 교회재산의 귀속", 대법원판례해설 9, 33; 朴一煥, "교회가 분열된 경우의 재산귀속관계", 대법원판례해설 12, 132-3.

150) 卞東杰(前註), 33.

마음대로 관리하게 될 것이어서 分裂을 인정하는 본래의 취지에 반하게 되므로 分裂이 인정된다면 敎人의 수에 관계없이 分裂된 두 개의 단체가 2분의 1씩 共有하는 것으로 보는 것이 타당할 것이다. 그래야 한 쪽에서 마음대로 관리할 수 없게 될 것이다. 이와 같이 分裂된 두 敎會의 共有로 볼 경우 두 敎會의 敎人들은 공유지분을 準總有한다고 할 것이다.

(3) 分裂된 敎會財產의 使用·收益

分裂된 각 敎會는 별개 독립의 敎會로서 각각 상대방 敎會의 사용·수익을 방해하지 않는 범위 내에서 總有權者로서 敎會堂 건물 등 종전의 敎會財產을 사용·수익할 수 있다.[151] 또한 敎會의 구성원이 계속적으로 변경되어 가는 敎會의 속성에 비추어 볼 때 이와 같이 分裂된 각 敎會는 새로운 敎人을 받아들일 수 있음은 물론, 예배행위를 주관할 목사를 청빙하여 總有財產인 敎會堂을 사용하여 예배행위를 할 수 있을 것이며, 반드시 分裂 당시의 교인들에 한하여서만 그 사용·수익의 권리가 있는 것이 아니다.[152] 즉 分裂 당시의 교인과 새로운 敎人을 포함한 모든 敎人은 分裂 당시의 敎會財產인 敎會堂建物 등을 계속 사용할 수 있다.

(4) 分裂된 敎會財產의 管理·處分

敎會財產의 보존행위는 敎人總會의 결의가 있어야 하며, 敎會財產을 總有하는 일부 敎人들이 다른 교인들에 대하여 敎會財產의 명도를 구할 수 없을 뿐만 아니라 敎會가 분열되어 敎會財產이 分裂 당시의 교인들의 總有에 속하는 경우 그 등기명의가 分裂된 어느 敎會의 명의로 되었다고 하더라도 이는 그 總有財產임을 공시하는 한에 있어서는 실체관계에 부합하는 등기라고 할 것이므로, 分裂될 당시의 敎人들의 결의가 없는 이상 비록 새로 분열된 교회가 종전 교회명의로 등기되어 있던 부동산의 등기명의인을 새로 분열된 교회명의로 변경하였다고 하더라도 종래 敎會의 일부 교인 및 새로운 교인이 포함된 교회가 종래 교회총유의 부동산에 관한 등기명의인표시변경등기의 말소등기절차이행청구를 할 수 없다고 하는 것이 판례의 입장이다.[153]

分裂된 敎會財產의 귀속에 관하여 分裂 당시 교인들의 總有說을 취한다면 總有物의 管理·處分은 총회의 다수결의 원칙에 의하므로 敎會의 分裂의 경우에도 언제나 과반수의 敎人을 확보한 敎會가 管理·處分權을 가지게 되어 소

151) 大判 88.3.22(註 125); 大判 90.12.21, 90다카22056(公 890, 586).
152) 大判 88.3.22(註 125); 大判 89.2.14(註 138).
153) 大判 85.2.8, 84다카730(註 133); 大判 90.12.7(註 142).

수파 敎人들의 敎會를 배제하고 마음대로 管理·處分할 수 있게 되나 이는 分裂槪念을 인정하여 分裂되어나간 敎人들이 조직한 교회에 대하여도 법적 보호를 해주려는 의도에 반한다. 分裂 당시 교인들의 總有로 보는 判例도 과반수를 확보한 敎會가 임의로 管理·處分한다고 보지는 않는 것으로 보인다. 分裂된 敎會財産의 귀속에 관하여 分裂된 두 敎會의 균등지분에 의한 共有로 본다면 의견일치가 없는 한 어느 敎會도 다른 敎會를 배제한 채 敎會財産을 管理·處分할 수 없게 된다. 즉 합의에 의하여 敎會財産을 管理·處分하던지 합의가 이루어질 수 없다면 共有物分割에 의하여 재산을 분할할 수밖에 없다고 보아야 하지 않을까 한다.

Ⅲ. 寺刹財産

1. 寺 刹

(1) 意 義

寺刹은 佛敎의 전법, 포교, 법요집행 및 신자의 교화육성을 고유목적으로 하는 佛敎團體로서, 고래로 그 목적의 실현을 위하여 역사적인 유래가 있는 불상, 화상, 석불, 석탑 등 많은 고고의 자료와 그 중 불상, 화상 등을 인정하고 예배하는 法堂을 위시하여 僧侶의 기거, 수양을 위한 건물 및 공작물들과 佛敎의 정원은 물론 법요집행이나 僧侶의 의식에 소요되는 물자를 마련하기 위한 토지 및 寺刹의 존엄 또는 풍치의 보지에 필요한 그 주위의 일정구역 내에 임야 등을 所有管理하여 온 傳統이 있는 團體라고 정의할 수 있다.[154)]

寺刹은 宗敎團體이므로 寺刹에도 앞서 본 바와 같은 宗敎團體의 네 가지 구성요소에 대한 설명이 그대로 적용될 수 있다. 즉 이념적 이데올로기적 요소로서의 佛敎敎義, 관행적 행위양식적 요소로서의 佛敎樣式(법요집행), 인적조직적 요소로서의 僧侶 및 信徒, 물적도구적 요소로서의 土地·佛典이나 法堂·僧侶들이 거주하는 요사채 등 시설이 寺刹의 구성요소라고 할 것이고 寺刹은 위와 같은 네 가지 요소를 가진 네 가지 요소와는 별개 독립의 團體라고 할 것이다.[155)]

154) 大判 76. 4. 13, 75다2234(公 536, 9103).

155) 사찰령이나 사찰령이 폐지되고 이를 대체한 불교재산관리법은 사찰 자체에 대한 정의 규정을 두지 않았기 때문에 사찰의 의의에 관하여는 해석에 위임되어 있었다. 현행 전통사찰보존법에 의하면 전통사찰은 "불상 등 불교신앙의 대상으로서의 형상을 봉안하고

寺刹은 그 구성요소인 불전이나 法堂 등과 독립된 독자적인 團體인 점에서 독자적인 존재가 아니고 시설 자체인 私設寺刹(개인소유 절, 個人寺刹인 庵子)과 구별된다고 할 것이다. 즉 개인이 자기의 사재만으로 절을 세워 스스로 절을 管理하고 있는 사설사암은 물적요소 자체를 지칭하는 것에 불과하고 그러한 개인소유의 寺刹은 명목상 중앙종단에 가입하여 그 소속으로 등록되었더라도 佛教目的施設일 뿐 독립된 團體를 이루고 있다 할 수 없다.[156]

(2) 寺刹에 관한 規制法律[157]

(가) 立法沿革 　寺刹에 관한 최초의 규제법률은 韓國佛教를 식민지 정책수행 수단의 하나로 하기 위하여 총독을 정점으로 하는 통제체제를 구축하고자 일정시인 1911.6.3 제령 7호로 시행한 寺刹令이다. 동법과 같은해 7.8. 시행된 동법시행규칙에 의하여 교단은 朝鮮佛教 30本山(뒤에 화엄사의 승격으로 31본산이 됨)으로 정리되고 30개의 교구로 나뉘어졌다. 寺刹令은 해방 이후는 물론 대한민국 정부수립 이후에도 대체로 효력을 지녀오다가 1962.1.20자로 폐지되었으며, 이에 대체하여 군사혁명정부에 의하여 佛教財産管理法이 1962.5.31 법률 제1087호로서 제정·공포시행되었다. 佛教財産管理法은 舊寺刹令의 골간을 그대로 유지하면서 寺刹 등 모든 佛教團體에 대한 등록의무부과, 모든 佛教團體 재산의 처분에 대한 허가제 등 佛教團體에 대한 통제를 한층 더 강화하는 것이어서 違憲論議와 함께 佛教界의 거센 반발을 불러일으켰다. 정부는 佛教界의 불만과 여론을 수용하여 마침내 1987.11.28 새로이 傳統寺刹保存法(법률 제3974호)을 제정·공포하여 공포 후 6개월이 경과한 날로부터 시행하였으며 이로 인하여 舊佛教財産管理法은 폐지되었다. 동법에 의하면 寺刹 중 대통령이 정하는 일정 범위의 寺刹만을 傳統寺刹로 하여 傳統寺刹에 한해서만 그 寺刹의 등록, 재산처분에 대한 허가제를 실시함으로써 나머지 一般寺刹에 대하여는 법적 통제를 하지 않게 되었다.

(나) 規制內容 　위와 같은 법률들의 규제내용은 법률에 따라 다소 차이가 있으나 기본적인 것은 寺刹 및 그 대표자인 住持의 등록 또는 신고에 관

승려가 수행하며 신도를 교화하기 위하여 건립, 축조된 건조물(경내지, 동산 및 부동산을 포함한다. 이하 사찰이라 한다)로서 제3조의 규정에 의하여 등록된 것을 말한다"고 정의되어 있다(§2 i). 즉 전통사찰은 사찰 중에서 전통사찰보존법에 의하여 등록된 사찰을 의미한다고 되어 있어 전통사찰이 아닌 일반사찰에 대한 정의도 아울러 하고 있다고 볼 수 있는데, 위 정의는 사찰의 한 요소인 물적도구적 요소를 강조하여 마치 건조물이나 부동산 등 물건 자체를 사찰로 본 것으로 오해할 소지가 있으나 뒤에서 보는 바와 같이 사찰을 불교의 전법, 포교, 법요집행 및 신자의 교화육성이라는 일정한 목적에 바쳐진 독립된 재산의 집합체, 즉 재단으로 보는 취지의 정의가 아닌가 한다.

156) 同旨 大判 89.10.10, 89다카2902(集 37-3, 170).

157) 상세한 설명은 總則(1), 841-6 참조.

한 조항(舊寺刹令 §4; 舊佛財 §§6, 9; 寺保 §§3, 4), 寺刹財産處分에 대한 許可, 住持의 財産財産 취득제한 등 寺刹財産 및 시설의 보호 내지 管理運營에 관한 통제조항(舊寺刹令 §§2, 5, 6; 舊佛財 §§10, 11; 寺保 §§6, 7, 10, 11) 등으로 볼 수 있다.

㈐ 日本의 宗教團體에 관한 法　참고로 日本의 宗教團體에 관한 法을 보면, 宗教團體에 관한 최초의 법률인 종교단체법의 제정 전에는 民法 시행령 §28에 의하여 神社, 寺院, 祠宇은 당연히 법인으로 보았고, 1939.4.8 법률 제70호로 宗教團體法을 제정하여 사원은 당연히 법인으로 하면서, 그외에 예배의 시설을 갖춘 神社信徒教派, 佛教宗派, 기독교교단은 문부대신의 인가에 의하여 教會는 지방장관의 인가에 의하여 법인으로 되게 하였다. 그 후 1945.12.28 칙령 제719호로 宗教法人令을 공포하여 信徒教派, 佛教宗派, 기독교교단 및 신사, 사원, 教會는 규칙을 작성하여 設立登記를 함으로써 법인으로 성립되게 하되 법인성립에 관할청의 許·認可는 필요없고 성립 후에 신고하도록만 하였다. 그리고 1951.4.3 법률 제126호로 제정·공포된 현행 宗教法人法[158]에 의하면 宗教團體는 신사, 사원, 教會, 수도원 등 單位宗教團體와 單位宗教團體를 포괄하는 團體로 나누어지며 법인의 규칙에 대하여 관할청의 認證을 받은 후 登記를 함으로써 法人格을 취득하도록 되어 있다.

이상과 같은 일본의 宗教團體에 관한 법은 우리의 寺刹에 관한 규제법률들과는 달리 佛教團體뿐만 아니라 모든 宗教團體에 대하여 법인이 될 수 있는 길을 열어두고, 佛教團體인 宗教法人의 설립, 관리, 규칙의 변경, 합병, 해산, 登記 등에 관하여 상세한 규정을 두어 佛教團體의 분쟁의 발생방지와 그 해결에 철저히 대비함으로써 寺刹을 비롯한 宗教團體에 대한 보호에 나서고 있는 점에서 입법취지가 근본적으로 다르다고 할 것이다.

(3) **種　類**

현행법상 사찰은 傳統寺刹保存法에 의하여 서울특별시장, 직할시장, 도지사[159]에게 등록된 傳統寺刹과 그외의 寺刹(이하 一般寺刹이라 한다)로 구분되게 되었다. 이는 寺刹의 법률적 성격 내지 본직적 차이에서의 구별이 아니고 입법목적상의 구별에 불과하다고 할 것이다. 하여튼 傳統寺刹 외의 一般寺刹의 경우는 傳統寺刹保存法의 적용이 없으므로 그 財産의 管理·處分 등은 소속종단의 종헌, 종

158) 同法 §1에 의하면 종교단체가 예배의 시설 기타의 재산을 소유하고, 이를 유지·운영하며 그외 그 목적을 달성하기 위한 업무 및 사업을 운영하는 데 도움을 주기 위하여 종교단체에 법률상의 능력을 부여하는 것을 목적으로 한다고 선언하고 있다.

159) 寺保 §13, 寺保令 §2에 의하여 문화부장관으로부터 위임되어 있다.

법에 의하여 자율적으로 처리되어야 할 것이다. 그러나 舊寺刹令이나 舊佛教財產管理法 시행 당시의 판례를 보면 寺刹에 관한 일반적 사항을 판시하는 것이 많으므로 현재의 傳統寺刹이나 一般寺刹에도 그대로 적용되어야 할 것이 많다고 할 것이다. 이하에서는 傳統寺刹을 포함하는 寺刹 전반에 관한 사항을 傳統寺刹保存法 시행 전후의 판례를 중심으로 설명하기로 한다.

(4) 寺刹로서의 실체인정의 기준

독립한 團體로서의 寺刹의 실체를 인정함에 있어 寺刹 및 주지에 대한 등록제가 시행되던 舊佛教財產管理法 시대에는 동법에 따른 寺刹과 住持 등록의 여부 등을 기준으로 하여야 한다는 취지로 설시한 判例[160]도 있었으나 이를 절대적인 기준으로 볼 수는 없었고, 오히려 동법 시행당시에도 형식적인 면, 즉 중앙종단에의 등록, 舊佛教財產管理法에 의한 佛教團體登錄 또는 住持登錄과 같은 점 못지 않게 실질적인 면, 즉 실질적인 財產所有 및 운영권의 소재, 信徒會등 조직의 유무와 寺刹運營에의 관여정도 등을 중요시하는 判例가 많았다.

즉 管理廳에 의하여 등록이 취소되었어도 그 이후로도 동 寺刹의 住持의 管理 아래 불도봉행을 주재하여 왔다면 佛教團體인 寺刹로서 당사자능력이 있다[161]거다 寺刹이 독립된 團體를 이루고 있는 경우에 있어서는 舊佛教財產管理法에 따른 寺刹 및 住持就任 登錄處分의 유무에 그 寺刹의 실체가 좌우되는 것이 아니므로 독립된 團體를 이루고 있는 寺刹은 그 登錄處分의 유무에 불구하고 권리능력없는 社團 또는 財團으로서의 독립된 권리능력과 소송상의 당사자능력을 가지며 그 團體의 규약에 따라 선임된 대표자가 當該 寺刹을 대표한다.[162]는 判例가 이에 속한다고 할 것이다. 한편 공부상 所有財產이 없다는 등 사유로 말미암아 寺刹登錄이 취소된 정도라면 특별한 사정이 없는 한 동 寺刹은 佛教團體인 寺刹로서 권리능력없는 社團으로 남을 수 없다고 봄이 상당하다는 判例[163]도 있었다.

현행의 傳統寺刹保存法下에서는 傳統寺刹의 경우는 당연히 그 실체가 인정된다고 보아야 할 것이고, 一般寺刹의 경우는 등록제가 없어진 만큼 그 寺刹이 佛教團體로서의 독립된 실체를 가졌는가의 판단은 결국 앞서 본 종교단체의 네 가지 요소를 실질적으로 갖추었는가에 의하여 결정되어야 할 것이다.

160) 大判 72. 7. 11, 68다1872(集 21-1, 1).
161) 大判 79. 11. 13, 79누194(公 625, 12418).
162) 大判 88. 3. 22, 85다카1489(公 823, 665).
163) 大判 79. 2. 13, 78다2430(集 27-1, 140).

(5) 法的 性格

(가) 舊寺刹令 시행 전부터 寺刹은 財産의 주체로 財産을 소유할 수 있는 일종의 법인 유사의 것으로 관습상 인정되어 왔다.[164] 그러나 依用民法(§§33, 34)이나 현행 民法(§§31, 32)에 의하면 법인은 법률의 규정에 의하지 아니하면 성립할 수 없고, 宗敎 등 비영리사업을 목적으로 하는 團體는 주무관청의 許可를 얻어야 법인이 될 수 있게 되어 있는데, 寺刹令, 佛敎財産管理法이나 傳統寺刹保存法에 의하면 寺刹에 대한 法人格을 부여하는 규정이 따로 없고 등록규정만 있을 뿐이므로 寺刹이 법인이 되기 위하여는 民法 규정에 따라 비영리법인으로 주무관청인 문화부장과의 法人設立許可를 받아 設立登記를 하여야 한다.[165]

(나) 그런데 실제에 있어서는 寺刹이 거의 대부분 法人設立登記를 하고 있지 않는 실정으로 이 경우 법인이 아닌 寺刹의 법적 성격을 어떻게 볼 것인가가 문제된다. 앞서 본 宗敎團體의 네 가지 요소 중 어느 부분에 중점을 두는가에 따라 寺刹의 법적 성격에 차이가 있을 수 있는바, 종래의 判例를 분류해 보면 나음과 같다

(a) 傳統寺刹保存法 시행 이전 ① "불교의 포교와 법요집행 등 목적으로 불당 및 부속건물을 세워 동명사라 이름짓고 신도회를 조직한 후 신도회 창립총회에서 그 재산과 업무집행에 관한 규약을 제정하고 그 대표자를 선임한 후 승려를 기거케 하면서 위 설립목적을 달성하기 위한 활동을 해온 사실이 인정되니 원고사찰은 불교단체등록이 되어 있지 않다고 하더라도 권리능력없는 사단에 해당하므로 당사자능력이 있다"[166]고 하여 法人格없는 社團으로 본 것, ② "사찰은 그 소속종파별 전국단체인 종단과는 별개로 당해 사찰재산에 관한 독립된 권리주체인 불교단체로서 사찰을 대표하는 주지에게 사찰재산의 관리처분권이 일임되어 있다"[167]고 하여 법인격없는 財團으로 본 듯한 것,[168] ③ "사찰이 독립된 단체를 이루고 있는 경우에 있어서는 불교재산관리

164) 朝鮮總督府 中樞院, 民事慣習回答彙集, 29(10. 12. 19, 取調局長回答).

165) 日本의 경우는 일찍이 判例가 사원의 법인격을 인정하여 오다가 宗敎法人法에 와서 비단 사원뿐만 아니라 예배의 시설을 갖춘 신사, 교회, 수도원 기타 이와 유사한 團體, 위 團體를 포괄하는 교파, 宗派, 교회, 수도회, 사교구 기타 이와 유사한 團體 등을 宗敎團體에 모두 포함시킨 후 나아가 宗敎團體는 위 법률에 의하여 設立登記를 마침으로써 宗敎法人이 될 수 있도록 규정하기에 이르렀음을 이미 본 바 있다.

166) 大判 82. 2. 23, 81누42(集 30-1, 行 68).

167) 大判 81. 12. 22, 80다1588(公 674, 172).

168) 독립된 권리주체인 불교단체라는 표현이 무엇을 의미하는가는 불명확하나 법인설립에 관하여 허가주의를 취하고 있는 현행법하에서는 법인이라고는 볼 수 없고, 비법인 사단인 경우는 실정법상 구성원의 총유로 보고 있으므로 결국 비법인 재단으로 보는 것으로

법에 따른 사찰 및 주지취임 등록처분의 유무에 의하여 그 사찰의 실체가 좌우되는 것이 아니므로 독립된 단체를 이루고 있는 사찰은 그 등록처분의 유무에 불구하고 권리능력없는 사단 또는 재단으로서의 독립된 권리능력과 소송상의 당사자능력을 가지며 그 단체의 규약에 따라 선임된 대표자가 당해 사찰을 대표한다"[169]고 하여 法人格없는 社團 또는 財團으로 본 것, ④ "사찰은 법인격을 가진 불교재단이므로 사찰을 중건하고 그 재산을 조성증식하는 데 있어서 신도들이 기여한 공로가 크다 할 지라도 그 재산은 사찰의 소유로 귀속되는 것이고 신도들의 소유로 되는 것은 아니다"[170]고 하여 법인격을 가진 財團法人으로 본 것이 있다.

(b) 傳統寺刹保存法 시행 이후 傳統寺刹에 관한 것으로 "전통사찰보존법에 따라 문화공보부에 전통사찰로 등록되어 있고 독립한 사찰로서의 실체도 갖추어 권리능력없는 재단으로 인정되는 사찰의 경우 그 사찰명의로 등기된 재산은 독립한 권리주체인 사찰의 소유인 것이다. 그 사찰의 창건 또는 재산관리에 있어서 신도들이 기여한 바가 크다 하더라도 그것이 신도들의 총유물로서 사찰에 명의신탁된 것이라는 법리는 성립될 수 없다"[171]고 하여 법인격없는 재단으로 본 것[172]과 一般寺刹에 관한 것으로 "일반적인 사찰은 개인사찰과는 달리 법인격없는 사단 또는 재단이므로 사찰과 소속종단, 종파와의 법률관계는 그 형성시에 있어서는 물론이고 그 단절을 의미하는 탈퇴시에 있어서도 당해 사찰의 적법한 의사결정방법에 의해서만 가능한 것이지 주지 한 사람만의 의사결정에 의하여 좌우될 수 없다"[173]고 하여 法人格없는 社團 또는 財團으로 본 것이 있다.

㈐ 寺刹의 법적 성격은 당해 寺刹의 창립과정, 의사결정방법, 주지선출의 방법, 주지임면권의 소재 등을 종합하여 구체적인 경우에 따라 개별적으로 결정할 문제라고 할 것이다.

그러나 傳統寺刹에 관하여 보면, 傳統寺刹이 불상 등 佛教信仰의 대상으로서의 형상을 봉안하고 僧侶가 수행하며 信徒를 교화하기 위하여 건립·축조된 건조물(경내지·동산 및 부동산을 포함한다)로서 寺保 §3의 규정에 의하여 등록된 것을 말한다고 정

해석하여야 할 것이 아닌가 한다.

169) 大判 88. 3. 22(註 162).

170) 大判 70. 2. 10, 66누120등(要集 特 Ⅰ-2, 1043).

171) 大判 91. 6. 14, 91다9336(公 901, 1924).

172) 동 판결이 모든 전통사찰을 법인격없는 재단으로 보는 취지인지는 명백하지 않다.

173) 大判 89. 10. 10, 89다카2902(註 156).

의되는 점[174](寺保 §2 i), 傳統寺刹의 財産에 관한 管理·處分權이 구성원의 총의가 아닌 住持에게 일임되어 있고, 住持의 대표권은 법령에 특별한 규정이 없는 한 무제한적이어서 寺刹의 住持가 소속종단의 결의나 승인 등 내부적인 절차를 거치지 않았다고 하더라도 그 處分行爲는 유효한 것으로 보아야 되는 점, 반면 寺刹財産의 處分에 문화부장관의 許可가 필요한 점 등을 종합하여 볼 때 傳統寺刹은 非法人財團이라고 보는 것이 타당할 것이다. 寺刹을 종단, 信徒會, 僧侶들로부터 독립된 目的財産인 財團으로 볼 때에만 그 財産의 管理處分權이 住持에게 일임되어 있는 등의 법리를 설명하기가 용이할 것이기 때문이다.

一般寺刹의 경우는 구체적 사안에 따라 법인격없는 사단 또는 재단으로 보아야 할 것이나 曹溪宗團에 속하는 오래된 寺刹은 재단에 가깝다고 보아야 할 것이다.

한편 寺刹을 社團으로 보더라도 敎會가 信徒들로 구성된 社團으로서 信徒에게 의결권을 부여하는 것과 달리 寺刹은 信徒會와는 구별되는 별개의 寺刹所屬 僧侶로 이루어진 社團으로 그 의결기구는 僧侶만에 의하여 구성된다고 할 것이고, 敎會와 달리 분열의 개념은 인정될 수 없다(분열의 개념이 인정될 수 없는 자세한 이유는 총론(1), 840-1 참조). 다만 위 81누42 판결은 "원고 동명사는 동명사신도회의 회원으로 조직되고 불당 등 예불시설을 갖춘 寺刹로서 ……법인 아닌 사단으로서 당사자능력이 있고……"라고 판시하여 신도회와 별개의 신도들로 구성된 사단인 寺刹을 인정하고 있으나 의문이다.[175] 이와 같은 경우는 위 寺刹을 신도회와는 독립된 비법인재단으로 보아야 하지 않을까 한다.

(6) **信徒會와의 관계**

敎會가 信徒들로 구성되는 社團인 것과 달리 寺刹은 信徒와는 별개의 僧侶로 구성되는 社團 또는 目的財産인 財團임은 앞서 본 바와 같다. 따라서 信徒는 寺刹의 구성원이 될 수 없다. 다만 佛敎信徒들이 모여 법회 등을 열어 오다가 규약을 제정하여 시행함과 동시에 그 규약에 따라 수집된 信徒會에서 회장과 부회장 및 그외의 운영위원을 선출하여 조직을 갖추고 그때부터 회장을

174) 동규정에 의하면 앞서 본 바와 같이 사찰은 건조물, 경내지, 동산 및 부동산 등 물적 설비 자체를 의미하는 것으로 오인될 소지가 없지 않으나 사찰의 네 요소 중 물적 도구적 요소(시설)를 사찰의 중점적 구성요소로 파악하고 있다고 볼 수 있고, 따라서 사찰은 법인격없는 사단보다는 법인격없는 재단으로 보아야 하지 않을까 한다.

175) 개인이 불당과 부속건물을 세워 동명사라 이름하고 90명의 불교신도를 모아 신도회를 조직한 다음 위의 불당과 부속건물을 포함한 부동산을 증여하고, 신도회는 단체로서의 조직을 갖추고 그 재산을 동명사명의로 등록·관리하면서 승려를 기거하게 하여 종교활동을 한 사안이다.

중심으로 법회 및 포교활동을 해왔다면 이 信徒會는 寺刹과는 별개의 독립된 團體로 非法人社團이라고 보아야 한다.[176] 그리고 이러한 非法人社團인 信徒會는 教會와 마찬가지로 두 개로 분열될 수 있고 그 경우 財産은 분열당시의 그 信徒會 구성원의 총유에 속한다는 判例[177]가 있다.

(7) 宗團과의 관계

判例[178]는 "우리 불교계의 조계종과 태고종에 있어서 사찰이 특정종단과 법률관계를 맺어 그에 소속하게 되면 그 사단의 구성분자로 되는 것이고…… 당해 종단의 종헌·종법 등이 소속사찰에 적용되게 됨에 따라……"고 하여 어느 사찰이 조계종 등 특정종단에 소속된다고 하는 것은 사찰이라는 불교단체가 조계종의 구성원이 되는 것으로 보고 있다.[179] 이에 대하여는 대한불교조계종의 종헌에 의하면 종단은 僧侶와 信徒로 구성된다고 되어 있으므로 어느 寺刹이 曹溪宗에 소속된다고 하는 것은 그 寺刹의 구성원인 僧侶들이 동시에 曹溪宗 종단의 구성원이 된다는 것을 나타내는 것이지 寺刹이라는 佛教團體가 曹溪宗의 구성원이 되는 것은 아니라고 할 것이다는 견해[180]가 있다.

어쨌든 判例 이론에 따르면 大韓佛教曹溪宗이나 法華宗은 산하의 寺刹과 僧侶 및 信徒로써 구성되는 非法人社團으로서의 법적 성격을 가지는 것이어서 그 종단에 소속된 寺刹은 그 구성분자로서 종단의 자치법규인 종헌·종법 등의 적용을 받는데, 그 종헌·종법에 의하면 종단에 소속된 사원의 住持는 종단에서 임면하도록 되어 있다.[181] 따라서 所屬寺刹의 住持 자율임면권은 상실되고 住持任免權은 당해 종단에 귀속된다.[182]

한편 教會와 달리 寺刹은 원칙적으로 所屬僧侶 전원의 총의에 의하여도 그 寺刹의 소속종단을 변경할 수 없다고 할 것이다(자세한 설명은 總論(1), 839-40 참조).

176) 大判 91.10.22, 91다26072(公 910, 2809). 同旨 大判 87.4.28, 86다카1757(公 802, 877).

177) 大判 87.10.26, 85다카1320(公 814, 1777).

178) 大判 89.10.10(註 156).

179) 日本의 종교법인법도 단위종교단체인 사찰이 포괄종교단체인 종단의 구성원인 것으로 보고 있다(§2).

180) 鄭貴鎬, 總論(1), 837-9.

181) 조계종의 경우 본, 말사의 주지는 승려 중 일정한 자격이 있는 자에 한하여 본사는 다수결의 공선으로, 말사는 각사의 종래의 관례를 좇아 師資相承, 法類相續 및 招待繼席法에 의하여 후보자를 정하여(말사는 본사의 승인을 얻어) 종단으로부터 임명을 받게 되는데, 본사주지는 총무원장이 직접임명하고, 말사의 주지는 본사주지가 稟申하여 총무원장이 임명하며, 임기는 모두 4년이다. 住持의 임명은 처음에는 總務院長의 품신을 받아 宗正이 행하는 것으로 하고 있었으나, 주지의 임명을 둘러싼 일대파란을 겪은 끝에 현재는 총무원장이 행하는 것으로 되었다.

182) 大判 89.10.10(註 156).

判例[183]도 信徒會에서 住持任命에 반발하여 소속종단으로부터 탈종을 결의하여도 위 탈종결의는 등록된 寺刹의 탈종에 종정의 승인을 요하도록 한 종헌에 위배되어 無效이다고 하고 있다.

(8) 寺刹의 의사결정

寺刹을 非法人社團으로 보면 의사결정기관의 존재를 필요로 한다. 非法人財團의 경우에는 의사결정기관은 필요없고 管理機關이 필요할 뿐이다. 曹溪宗의 종헌에 의하면 각 본사에는 本, 末寺 住持와 本寺 3職[184]으로 구성되는 본, 말사회가 있어 본, 말사의 예산결의안, 財產處分案 등에 대한 결의를 하며(다만, 종정의 인가를 얻어 시행하도록 되어 있다), 각 寺刹에는 산중 僧侶總員으로 구성되는 山中總會가 있어 該寺의 중요한 사항을 의결하도록 되어 있다. 즉 寺刹의 최고의결기구는 산중총회이다. 敎會가 信徒들로 구성된 社團으로서 信徒에게 의결권을 부여하는 것과 달리 寺刹의 의결기구는 僧侶만에 의하여 구성된다.

(9) 寺刹의 대표기관

(가) 住 持　　舊寺刹令에 의하면 住持는 그 사찰에 속하는 일절의 財產을 管理하고 사무와 법요집행의 책임을 지며 寺刹을 대표하는데(§4), 住持를 정하는 방법 등은 寺法으로 정하며 寺刹의 住持就職에 대하여는 총독의 인가를 받도록 되어 있었다(寺刹規). 한편 舊佛敎財產管理法에 의하면 住持는 當該寺刹을 대표하며 寺刹에 속하는 일체의 財產을 管理하고, 住持가 취임하였을 경우에는 지체없이 문화공보부장관에게 등록하도록 되어 있었고(§9), 傳統寺刹保存法에 의하면 住持는 寺刹의 대표자로서 寺刹을 운영하고 그 財產을 管理하는 僧侶로서(§2 ii) 취임한 날로부터 15일 이내에 문화부장관에게 신고(§4)하도록 되어 있다. 따라서 寺刹의 대표권자가 住持임은 법문상 당연하다고 할 것이나, 이러한 규정에 관계없이 住持는 寺刹을 대표한다고 하여야 할 것이다.

住持만이 寺刹을 대표하고 財產을 管理할 수 있으므로 그 밖에 어느 누구도 住持의 의사에 반하여 寺刹에 거주하거나 寺刹財產을 管理할 수 없으며, 住持의 대표권은 법령에 특별한 규정이 없는 한 무제한적인 것으로 인정된다.

(나) 任命權者　　曹溪宗이나 태고종의 종헌·종법에 의하면 종단에 소속된 사원의 住持는 종단이 임면하도록 되어 있음은 이미 본 바와 같다. 判例도 종단에 등록된 寺刹의 경우, 실질적으로 개인소유 寺刹이거나 또는 종단

183) 大判 91.6.14(註 171).
184) 주지 밑에 있는 총무, 재무, 교무를 말한다.

등록 자체가 권한없는 자에 의하여 이루어진 경우 등을 제외하고는 대체로 종단측의 住持任命權을 인정하여 왔고[185] 반대의 경우는 찾아 보기 힘들다.

즉 判例는 寺刹이 舊佛教財產管理法에 따라서 大韓佛教曹溪宗 所屬寺刹로 등록된 이상 그 住持가 소속 僧侶 및 信徒 일부와 더불어 曹溪宗을 탈퇴하여 천태종으로 전종하는 결의를 하고 새로 천태종정으로부터 위 寺刹住持로 임명을 받았다 하더라도 그들이 천태종 소속의 승려나 신도가 되는 것은 별문제로 하고 위 寺刹이 天台宗寺刹로 변경된다고는 말할 수 없으므로 여전히 위 寺刹의 주지는 曹溪宗正이 임명할 수 있고,[186] 사찰의 信徒들이 그 寺刹의 住持로 하기 위하여 어떤 사람을 선출한 사실이 있다 할지라도 소관관청에 그 寺刹의 住持로 등록된 사람이 따로이 있는 경우에는 특별한 사정이 없는 한 住持로 등록된 그 사람만이 그 寺刹을 대표할 권한이 있다[187]고 한다.

(다) 登錄 또는 申告節次와의 관계 주지가 寺刹의 적법한 대표자가 되려면 원칙적으로 소속종단으로부터의 임명과 주지로서의 취임 및 관할청에의 등록(舊佛教財產管理法) 또는 신고(傳統寺刹保存法)의 절차를 마쳐야 한다. 그 중 어느 하나를 결여하여 분쟁이 생겼을 때에는 구체적 경우의 구체적인 사정에 따라서 寺刹의 대표자가 누구인가를 합목적적으로 판단할 수밖에 없을 것이다.

이에 관한 舊佛教財產管理法 시대의 판례를 보면, 曹溪宗의 종정으로부터 적법히 住持任命을 받고 住持로 취임한 이상 舊佛教財產管理法 소정의 등록절차를 밟기 전이라 할지라도 임명일자로부터 住持로서의 대표자격을 취득하고,[188] 소속종단으로부터 寺刹의 주지로 임명받고 등록을 마친 이상 실제로 주지로서 寺刹에 취임하지 못하였다 하더라도 寺刹의 적법한 대표자라 할 것이나,[189] 임명권자에 의하여 적법하게 임명되었으나 아직 취임 및 등록이 되지 않은 경우에는 대외적인 제3자와의 관계에 있어서는 종전 대표자가 계속 寺刹을 대표한다고 보아야 한다[190]고 한다.

한편 舊佛財 附則 §2와 관련하여 判例[191]는 舊佛教財產管理法 시행 후 동법

185) 大判 72. 3. 31, 71다655(要集 特 I-2, 1044); 大判 76. 6. 22, 76다832(公 542, 9275).
186) 大判 77. 2. 22, 76다1012(要集 特 I-2, 1048).
187) 大決 69. 7. 30, 68마1301(集 17-2, 415); 大判 70. 7. 24, 69다770(要集 特 I-2, 1044); 大判 71. 4. 6, 71다236(集 19-1, 330); 大判 76. 6. 22(註 185).
188) 大判 72. 3. 31(註 185).
189) 大判 83. 12. 27, 83다434(公 723, 317).
190) 大判 87. 3. 10, 86다카399(公 799, 629).
191) 大判 66. 12. 27, 66다466(要集 特 I-2, 1043).

소정기간 내에 住持登錄을 마치지 않은 住持는 住持職에서 해임된 것으로 간주되어 寺刹의 管理權을 상실한다고 하였다.

2. 寺刹財産의 意義

(1) 意 義

寺刹財産이란 寺刹에 속하는 不動産 기타 정부가 정하는 財産을 말하며 정부 또는 관리청에 등록된 것에 한하지 않는다. 寺刹財産은 佛敎의 전법, 포교, 법요의 집행 및 신자의 교화라는 寺刹의 목적구현과 僧侶의 생활유지를 위하여 필요한 건물·토지 등 不動産과 불상, 화상, 석물 기타 佛敎의 의식행사와 僧侶의 일상생활을 위하여 필요한 동산으로 구성된다.[192] 不動産의 경우 管理廳에 佛敎財産으로 등록되어 있는 것 만으로는 부족하고 寺刹名義로 登記되어 있어야 한다.

敎會財産이 기본적으로 연보에 의하여 조성되어 교인들의 총유에 속하는 것과 달리, 寺刹 특히 傳統寺刹에 있어서의 寺刹財産은 대부분 수백년 전부터 축적, 전승되어 온 것으로, 현재의 僧侶들의 출연에 의하여 조성된 것이 아니고, 현세에 信徒들이 시주하는 바가 있더라도 이는 미미하다. 이 점에서도 寺刹은 僧侶나 信徒 등의 인적요소보다는 財産이라는 물적요소에 더 비중이 있는 團體라고 할 것이고, 寺刹의 분열이 인정될 수 없는 한 이유이기도 하다.

(2) 僧侶의 特有財産과의 구별

寺刹財産은 僧侶의 特有財産과는 구별됨이 우리 고유의 관습이었다.[193] 僧侶의 特有財産에 관한 寺刹令 시행 이전부터의 우리의 관습 몇 가지를 보면, 僧侶가 사망한 때에는 그 遺産으로 장식비용을 치루고 나머지는 徒弟가 이를 承繼하고, 徒弟가 여럿이면 得度의 순서에 따라 최상위의 자가 승계한 후 다른 徒弟에게 分配하며, 遺産을 승계할 도제가 없을 때에는 寺刹에 귀속된다.[194] 僧侶가 還俗한 때에는 先師로부터 승계한 財産은 上佐가 이를 승계한다.[195]

3. 寺刹財産의 權利歸屬形態

寺刹財産의 권리귀속 형태는 寺刹의 법률적 성격에 따라서 달라진다고 할

192) 大判 91. 8. 27, 90다19848(公 906, 2414).
193) 民事慣習回答彙集(註 164), 28.
194) (前註), 307.
195) (前註), 309.

것이다. 非法人社團인 寺刹의 경우는 구성원인 所屬僧侶들의 총유라고 할 것이고, 非法人財團인 寺刹의 경우는 그 寺刹의 단독소유[196]라고 할 것이다. 寺刹을 재건하고 그 財產을 조성증식하는 데 있어서 信徒들이 기여한 공로가 크다 할지라도 信徒들의 소유로 될 수는 없다.

4. 寺刹財產의 取得 및 登記

(1) 寺刹財產의 취득

寺刹이 그 종교목적의 달성을 위하여 필수적인 시설(물적 설비)인 토지·건물(法堂) 등 부동산과 불상 등 동산을 취득할 수 있음은 당연하다.

寺刹의 佛敎信徒가 하는 보시는 특별한 사정이 없는 한 당해 寺刹에 대하여 하는 것이고 이 돈으로 취득하거나 건축한 토지나 그 지상의 宗敎施設은 당해 寺刹의 소유로 귀속하는 것이 원칙이다. 즉 寺刹財產은 信徒들의 總有財產이 아니다. 그러나 信徒會가 寺刹과 별개로 독립하여 활동해 오던 團體이고 그 信徒들이 寺刹아닌 信徒會에 한 시주금에 의하여 대지를 매수하고 그 지상에 건물을 신축하였다는 등 특별한 사정이 인정된다면 위 不動產은 寺刹의 소유라고 할 수 없다.[197] 한편 住持가 寺刹의 토지상에 있는 요사채 건물을 매수하는 것은 개인의 소유로 하기 위한 것이라기 보다는 寺刹의 대표자로서 寺刹에서 사용하기 위하여 매수한 것이라거나 寺刹을 위하여 매수한 것이라고 보아야 한다는 判例[198]가 있다.

(2) 寺刹財產의 登記

非法人社團 또는 財團인 寺刹의 財產도 종중이나 敎會와 마찬가지로 寺刹을 登記權利者로 하여 登記할 수 있다(不登 §30). 그 登記를 함에 있어서 代表者(住持)의 자격을 증명하는 서면 등을 첨부하여 不動產登記用登錄番號를 부여받은 후 그 대표자의 주민등록등본을 첨부하여 登記申請을 하여야 하고, 寺刹 소유의 不動產의 登記用紙에는 寺刹의 不動產登記用登錄番號와 대표자의 성명, 주소, 주민등록번호가 기재되게 되어 있는 점은 종중이나 敎會의 경우와 같으므로 자세한 내용은 전술한 종중의 登記方法 부분을 참고하면 될 것이다.

---

196) (註 14) 참조.
197) 大判 91.10.22(註 176).
198) 大判 91.5.14, 91다4560(公 899, 1633).

5. 寺刹財産의 使用·收益

舊寺刹令 §2에 의하면 寺刹의 기지와 가람은 지방장관의 許可를 얻지 아니하고는 전법, 포교, 법요집행과 僧尼 지주의 목적 외에 사용하거나 사용하게 할 수 없고, 舊佛財 §11에 의하면 佛敎團體는 寺刹의 경내건물 또는 경내지의 사용을 폐지하거나, 경내건물 또는 경내지의 용도변경과 그 용도를 寺刹 또는 佛敎團體의 목적 이외의 목적에 제공하고자 할 때에는 각령의 정하는 바에 따라 管理廳의 許可를 받아야 하였으며, 寺保 §6에 의하면 傳統寺刹의 주지가 경내지의 건축물 또는 경내지 사용의 폐지에 해당하는 행위를 할 때에는 문화부 장관의 허가를 받아야 하도록 되어 있다.

6. 寺刹財産의 管理

舊寺刹規 §7에 의하면 住持는 寺刹의 財産目錄書를 총독에게 작성·제공하도록 되어 있었고, 舊佛財 §14에 의하면 佛敎團體는 관할청에 財産目錄을 작성제출하여야 하고 同法 §15에 의하면 寺刹財産에 관한 중대한 증감변동의 현황은 관할청에 신고하도록 규정하고 있었다.

傳統寺刹保存法에 의하여 傳統寺刹로 등록된 寺刹의 財産에 대한 管理權은 同法 §§2 ii, 5, 12 등의 규정에 의하여 그 寺刹 住持에게 일임되어 있는 것이고, 특별한 사정이 없는 한 信徒들의 團體인 信徒會에 그 管理權이 있다고 볼 수 없다.[199] 한편 傳統寺刹은 재산목록을 작성, 비치하여야 하고(寺保 §7), 문화부장관은 傳統寺刹의 주지가 傳統寺刹保存法에 위반하거나 분규로 인하여 동법의 목적을 달성할 수 없다고 인정할 때에는 당해 寺刹의 재산관리인을 임명할 수 있다(寺保 §12).

7. 寺刹財産의 處分

(1) 處分의 意義

寺刹財産의 처분이란 寺刹財産이 가지는 교환가치를 실현하는 것으로서 消費, 變形, 改造, 破壞 등의 사실적 처분과 讓渡, 擔保提供 기타의 법률적 처분이 있다. 寺刹을 一般人에게 처분한 것이 아니고 소속종단을 달리 하는 宗派에게 그 점유를 인정하는 것에 그침으로써 그 財産이 계속 寺刹目的의 수행에 제

199) 大判 91. 6. 14(註 171).

공되는 경우에는 寺刹基本財產의 處分에 해당하지 않는다는 판례[200]가 있다.

(2) **處分權者**(代表者)

寺刹은 그 所屬宗派別 全國團體인 종단과는 별개로 당해 寺刹財產에 관한 독립된 권리주체인 佛敎團體로서 寺刹을 대표하는 住持에게 寺刹財產의 管理處分權이 일임되어 있다.[201] 住持의 대표권은 법령에 특별한 규정이 없는 한 무제한적인 것으로 인정됨은 앞서 본바와 같고, 따라서 寺刹의 住持가 소속종단의 결의나 승인 등 내부적인 절차를 거치지 않았다고 하더라도 그 處分行爲는 유효한 것이다.[202]

(3) **處分에 관한 규제**

(가) 주지의 처분에 대한 관할청의 허가제 許可制의 실시 전인 寺刹令 시행 전에 있어서의 우리 나라의 寺刹財產 關係의 관습을 보면 寺刹所有財產의 處分은 在寺衆僧의 결의에 의하여 이를 행하고, 住持 1인만이 있는 末寺에서는 首寺衆僧의 결의에 의하여야 하며, 왕실 또는 관으로부터 하사된 전토는 處分할 수 없으며,[203] 말사의 房主가 본사의 승인을 경유하지 않고 한 寺刹不動產의 處分은 無效이고, 廢寺된 寺刹의 재산에 관하여 本寺가 특히 그 移屬을 정하지 않은 때에는 당연히 본사에 귀속하는 것으로 되었었다.[204]

舊寺刹令 §5에 의하면 寺刹財產은 총독의 許可를 얻지 않고는 양도하거나 담보에 공하거나 기타 處分을 할 수 없으며, 이에 위반된 행위는 無效이고, 한편 舊佛財 §11에 의하면 佛敎團體는 寺刹 또는 佛敎團體의 동산이나 不動產을 대여, 양도 또는 담보에 공하고자 할 때에는 각령의 정하는 바에 따라 관할청의 許可를 받아야 하고, 寺保 §6 Ⅰ ii에 의하면 傳統寺刹의 주지가 동산 또는 대통령령이 정하는 不動產의 임대, 양도 또는 담보의 제공을 하려면 문화부장관의 許可를 받아야 한다.

寺刹財產에 대한 管理廳의 許可를 정지조건으로 하는 매매행위는 유효한 것으로서 반드시 매매이전에 그 許可를 받아야만 하는 것은 아니고 종국적으로 財產이 處分되는 때까지 許可를 받으면 족하다고 함이 舊佛敎財產管理法시대의 判例의 태도이다.[205]

200) 大判 92.2.11, 91다11049(公 917, 982).
201) 大判 81.12.22(註 167).
202) 大判 92.2.11(註 200).
203) 民事慣習回答彙集(註 164), 28.
204) (前註), 168.
205) 大判 72.3.31(註 185).

㈏ 押留 등 强制執行의 제한 舊佛財 §16에 의하면 佛教團體의 소유에 속하여 불법에 공하는 경내건물 및 토지는 저당권 기타 물권의 실행을 위한 경우 및 파산의 경우를 제외하고는 그 등록 후에 생한 사법상의 금전채권으로 이를 압류할 수 없다고 되어 있었고, 寺保 §10에 의하면 傳統寺刹의 소유에 속하는 전법에 제공되는 경내지의 건조물 및 토지는 저당권 기타 물권의 실행을 위한 경우 또는 파산의 경우를 제외하고는 §3의 규정에 의한 등록 후에 이를 압류할 수 없다고 되어 있다.

傳統寺刹保存法 시행 전의 判例는 주무장관의 許可없는 寺刹財産에 대한 일반적인 양도성이 부정되므로 寺刹財産은 채권자의 일반담보가 될 수 없는 것이고, 따라서 채권자가 이에 대하여 강제집행을 실시하였다 할지라도 그 집행은 불법으로 當然無效로서 경락인은 그 소유권을 취득할 수 없다고 한다.[206] 그러나 寺刹이 무단점유하고 있는 대지의 소유자는 주무관청의 許可가 없더라도 대지소유권에 기하여 그 지상건물의 철거를 청구할 수 있다고 한다.[207] 한편 판례[208]는 寺刹財産에 대한 시효취득도 가능하다고 하는 듯하다.

(4) **許可制의 目的**

舊佛教財産管理法 및 傳統寺刹保存法이 일정한 寺刹財産의 處分에 관하여 관할청의 許可를 받도록 한 것은 寺刹財産을 보호·유지하게 함으로써 寺刹로 하여금 그 본래의 존립목적과 아울러 사회문화향상에 기여케 할 목적으로 이를 규제하는 것이라 할 것이다.[209]

(5) **許可의 性質**

傳統寺刹保存法 시행 전의 판례에 의하면, 문교부장관의 處分許可는 특정한 상대방에 대한 處分行爲의 許可가 아니고 處分의 상대야 누구이든간에 이에 대한 處分行爲를 보충하여 유효하게 하는 행위로서 處分이 완전히 끝날 때까지 許可의 효력은 존속한다고 한다.[210]

(6) **許可없는 경우의 효력**

舊寺刹令 시행당시의 判例[211]가 許可를 받지 아니한 寺刹財産의 處分行爲

206) 大判 60. 9. 15, 4291民上492(集 8, 136); 同旨 大判 62. 1. 25, 4294民上417(要集 特 I-2, 1049); 大決 66. 12. 16, 64마156(要集 特 I-2, 1050).
207) 大判 73. 8. 21, 73다562(要集 特 I-2, 1051).
208) 大判 76. 4. 13(註 154) 참조.
209) 大判 91. 8. 27(註 192); 大判 87. 1. 20, 85다2536(公 796, 359).
210) 大判 67. 2. 28, 66다2442(集 15-1, 147); 大判 71. 12. 14, 71다2092(要集 特 I-2, 1051).
211) 朝高判 27. 2. 15; 大判 62. 4. 12, 4294民上998(集 10-2, 84).

가 無效라 하였음은 법문상(舊寺刹令 §5) 당연하다. 佛敎財產管理法에는 許可의 효력에 관하여 직접적인 규정은 없으나 判例[212]는 舊寺刹令 시행 당시와 동일하게 寺刹이 일정한 財產을 處分함에 許可를 받도록 하였음은 寺刹로 하여금 寺刹財產을 보호유지하게 함으로써 사회문화향상에 기여하게 할 목적으로 그 財產의 管理·處分에 엄격한 규제를 가하였음에 비추어 許可를 받지 않는 寺刹財產의 處分行爲의 효력을 無效라고 하고 있다. 財產의 양도뿐만 아니라 寺刹所有의 임야에 관하여 지상권을 설정함에도 許可는 필요하다고 한다.[213] 허가를 받지 아니한 傳統寺刹 재산의 처분에 관하여도 같이 볼 수 있을 것이다. 다만 寺刹所有 임야에 관하여 주무관청의 許可없음에도 매매를 원인으로 한 所有權移轉登記가 확정판결에 의하여 경료된 경우에 동 寺刹에 의한 許可가 없었음을 원인으로 하는 위 移轉登記抹消請求는 위 확정판결의 기판력에 저촉된다는 판례[214]가 있다.

(7) **許可制의 확장**

舊佛財 §11 I ii에 의하여 관할청의 許可를 받아야만 양도 또는 담보에 제공할 수 있는 不動產이라 함은 寺刹 또는 佛敎團體가 소유하는 不動產을 말하고 여기서 寺刹 또는 佛敎團體 所有不動產이라 함은 관할청에 佛敎財產으로 등록되어 있는 것만으로는 부족하고 民 §186에 의하여 寺刹 또는 佛敎團體의 명의로 登記되어 있는 不動產을 뜻한다.[215] 그리고 寺保 §6 I ii에 의하여야 할 傳統寺刹의 부동산도 마찬가지라고 할 것이다. 그런데 判例는 "당해 재산이 실질적인 사찰소유로서 이를 처분하는 것이 사찰목적의 수행을 불가능하게 하거나 사찰 자체의 존립을 위태롭게 할 우려가 있는 경우라면 비록 그 재산이 제3자에게 명의신탁되어 있다고 하더라도 명의수탁자인 제3자의 허가없는 처분행위는 이를 무효라고 하여야 할 것이다"[216]고 하여 許可制를 확대해석하고 있다.

---

212) 大判 64.6.2, 63다879(集 12-1, 139).
213) 大判 67.11.21, 67다2072(集 15-3, 307).
214) 大判 81.9.8, 80다2442등(公 667, 14320). 현재는 판결에 의한 등기시에도 허가서를 첨부하여야 하므로(등기예규 143-1) 이러한 허가없는 등기가 경료될 수 없다.
215) 大判 87.1.20(註 209).
216) 大判 91.8.27(註 192); 大判 87.1.20(註 209). 취득자가 명의수탁자의 배임행위에 적극 가담하지 않은 경우에도 무효로 보는 취지므로 명의신탁이론의 중요한 예외를 인정한 셈이 되나 거래의 통념상 부동산을 매수하거나 이에 대한 권리를 취득하는 사람으로서는 그 부동산의 현상태가 어떠한가를 조사하여야 할 일반적인 주의의무가 있다고 할 것이므로 명의수탁자로부터 권리를 취득한 제3자의 보호를 외면하는 것이라고는 보여지지 아니한다고 할 것이다.

나아가 寺刹의 목적수행 및 존립 자체를 위하여 필요불가결한 財産의 處分은 관할관청의 許可 여부와 관계없이 無效이다고 판시[217]하고 있다. 즉 寺刹이 佛敎의 전법, 포교, 법요집행과 신자의 교화육성을 직접적인 목적으로 하는 團體라 하여도 그 목적에 배치되지 않는 한, 제사·종교·자선·학술 등의 공익사업에 그 財産의 일부를 절차에 따라 處分한 경우에는 寺刹의 본래의 목적은 아니라 할지라도 역시 寺刹의 목적범위에 속하지 아니한다고 할 수는 없으므로 當然無效라고는 할 수 없으나, 寺刹固有의 목적에 배치되지 않는다고 하더라도 그 財産의 處分으로 寺刹目的을 달성수행하기 불가능하거나 혹은 寺刹자체의 존립을 위태롭게 하거나 존립을 부정하게 되는 정도의 財産處分은 가사 이에 대한 管理廳의 許可가 있었다고 할지라도 그 허가 자체가 중대하고 명백한 하자가 있는 경우로서 당연무효이므로 결국 無效라고 하여 財産의 處分 및 그에 관한 許可에는 스스로 한계가 있음을 설시하고 있다.[218] 한편 판례[219]는 寺刹에의 진입로 중 주요 경내지에 근접된 토지부분은 寺刹의 목적수행이나 존립에 필요불가결한 財産이라고 볼 여지가 있다고 한다.

[李 東 明]

217) 大判 87.1.20(註 209); 大判 81.12.22, 81다731등(公 676, 253); 大判 76.4.13(註 154); 大判 92.2.11(註 200).

218) 大判 64.6.2(註 212); 大判 64.6.9, 63다877; 大判 64.6.4, 63다878; 大判 65.10.19, 65다1676(要集 特 I-2, 1049); 大判 69.11.25, 69다1432(集 17-4, 69).

219) 大判 91.8.27(註 192).

事項索引

民法注解〔Ⅴ〕— 物權(2)

1992年 12月 15日 初版一刷發行
2011年 5月 15日 初版十四刷發行

編輯代表 郭 潤 直
發 行 人 安 鍾 萬
發 行 處 (株)博 英 社
110-102 서울특별시 종로구 평동 13-31번지
전화 (733) 6771-3
FAX (02) 736-4818
등록 1959. 3. 11. 제300-1959-1호(倫)

組 版 所 홍익 m&b

定 價 50,000원 ISBN 978-89-7189-091-2
978-89-7189-089-9(세트)

http://www.pakyoungsa.co.kr